U0667390

科技部创新方法工作专项项目

技术经济学及其应用

TECHNOLOGICAL ECONOMICS
AND ITS APPLICATIONS

齐建国　王宏伟　蔡跃洲 等 著

社会科学文献出版社
SOCIAL SCIENCES ACADEMIC PRESS (CHINA)

致　　谢

本研究的申报、立项和研究得到了中华人民共和国科学技术部万刚部长、刘燕华副部长，中国社会科学院王伟光院长的关心和支持。在申报和研究过程中，得到了科技部基础条件与财务司、中国21世纪议程管理中心以及中国社会科学院办公厅、科研局、国际合作局等部门和有关领导，中国社会科学院数量经济与技术经济研究所内相关研究和工作人员的大力支持和帮助。在此对所有为本项目提供过帮助的人员深表谢意。

前　言

　　根据中国社会科学院和科技部领导关于进一步加强自然科学和社会科学的交叉研究的会谈精神和有关指示，中国社会科学院数量经济与技术经济研究所（以下简称数技经所）向科技部提出进一步加强有关技术经济方法研究的项目申请，在两家单位高层领导关心下，在科技部基础条件和财务司、科技部中国 21 世纪议程管理中心指导支持下，数技经所申报的"技术经济方法研究"纳入科技部创新方法工作专项 2009 年的总体部署中，并获得立项资助，立项编号为：2009IM020400，并着手有关研究。

　　自数技经所接受该研究项目任务以来，根据项目书中的研究要求，为了充分体现数技经所技术经济学交叉学科的特色，结合数技经所已有的研究成果，课题组负责人深刻认识到课题研究的工作量和内容，充分发挥所内研究力量和资源调配的作用，并积极联系所外研究单位，以便汲取众家之长，更好地完成研究任务。在国内数家单位技术经济学及相关领域专家学者的共同努力下，以数技经所的技术经济学研究为基础和主体框架，博采众长，通过项目组全体成员的共同努力，完成了项目申报拟定的研究任务。

　　本项研究的总体目标，旨在对技术经济理论与方法进行创新，形成适合新形势要求，具有中国特色的技术经济理论与方法论体系，运用新的理论方法，对当代新技术、对社会经济发展的影响进行评估；对目前及"十二五"期间国家面临的典型重大技术经济课题进行研究，为国家的科技和经济决策提供科学的理论支撑和建议。

　　本书的主要内容包括：①在总结和借鉴其他相关学科的理论和方法的基础上，对技术经济理论与方法进行创新，形成适合新形势要求，具有中国特色的技术经济理论与方法论体系；②运用技术经济的理论方法，对技术进行评价，尤其是对具有重大突破性的科学技术所产生的经济和社会影响进行评价；③对目前及"十二五"

期间国家面临的典型重大技术经济课题进行研究，为国家的科技和经济决策提供科学的理论支撑和建议。为了突出主题和方便阅读，本成果内容在出版时分为两篇：总报告和技术经济方法研究。其中总报告为整体研究内容的概括性介绍；技术经济方法研究则为具体的研究和阐释，共分为 14 章。

本书为课题组成员的集体智慧结晶，但在具体执行中也各有侧重和分工。本项研究的研究团队以数技经所技术经济理论与方法研究室的人员为基础，所内有关资源、环境、信息化与网络、产业技术经济学科的研究室分担各自专业领域的研究内容。

项目负责人：汪同三

执行负责人：齐建国

项目组成员（按姓氏笔画排序）：

王宏伟　叶秀敏　刘　强　刘建翠　刘满强　齐建国　李文军　李玉红

杨敏英　吴　滨　汪同三　汪向东　张　杰　张　晓　张友国　陈　平

郑世林　姜奇平　彭绪庶　韩胜军　蔡跃洲

刘　伟（博士后）张才明（博士后）

同时，本研究也得到了国内技术经济学界的大力支持和无私协助，协作单位有 6 家（排名不分先后），分别为：

（1）清华大学经济管理学院，负责"技术经济理论创新研究"（部分）、"重大高新技术对经济社会发展作用的评价"中"航空航天技术"的评价研究，负责人雷家骕教授；

（2）浙江大学管理学院，负责"技术经济方法创新研究"（部分），负责人陆文聪教授；

（3）中国石油大学（北京）工商管理学院，负责"重大高新技术对经济社会发展作用的评价"中"新能源及节能技术"的评价研究（部分），负责人冯连勇教授；

（4）江苏大学工商管理学院，负责"重大高新技术对经济社会发展作用的评价"中"新材料技术"的评价研究，负责人梅强教授；

（5）北京科技大学经济管理学院，负责"技术评价研究"（部分），负责人戴淑芬教授；

（6）山东科技大学经济管理学院，负责"技术经济理论创新研究"（部分），负责人陈玉和教授。

各章具体执笔人见书中所注。

本项目研究历时三年完成，针对技术经济研究方法涉及学科较多、在方法体系方面所做的系统性梳理相对不足、研究方法体系总体显得有些庞杂等特点，在研究中借鉴和使用其他相关学科的分析工具的同时，对技术经济方法体系进行系统归纳，并结合技术经济理论的创新发展，构建体现技术经济特点的研究方法体系，在技术经济研究的系统集成方面取得了一定进展，能够体现当前国内关于技术经济的重点关注内容和研究水准，对于国内技术经济及相关领域的同行起到一定的参考和借鉴作用。

由于技术经济学科本身的特点，加之研究时间和能力所限，尽管研究团队尽心尽力工作，但缺点和遗漏在所难免，欢迎读者批评指正。

课题组

二〇一四年十月

CONTENTS 目录

第一篇　总报告

第二篇　技术经济方法研究

第一篇
总报告

技术经济方法研究总报告[*]

　　在主观上，人类每个群体的活动都是为了自身的发展和幸福。在自然界相对人类的欲望所能提供的资源供给不足和环境变化带来的生存压力日益增大的大背景下，群体之间为了争取获得更多生存、发展和幸福生活的资源进行竞争与合作。方法是在竞争与合作中获得优势地位的手段。因此，每个群体，大到一个国家，小到一个家庭，都需要创造更有效的方法来满足群体随着欲望延展而不断提升的幸福需求。

　　在商品经济制度下，经济活动是人类生存、发展和实现幸福的基本活动。经济效率的高低决定了一个民族、一个企业、一个个人在面对有限资源条件下的竞争能力，从而决定了其在竞争中的地位。技术是提高经济活动效率的基础要素。持续的技术进步不断引起生产要素配置方式变化，扩展生产内容，创造新的产品和需求，促进经济增长，提高要素生产效率，增加人的自由度，使人类生活更加丰富多彩、更加富裕。但是，技术进步在使人类生产规模扩大的同时，也促使对资源的消耗快速增加，产生日益复杂的环境污染压力。而且，技术进步本身也需要消耗大量人力、物力等经济资源。

　　技术与经济之间的相互作用这样一种特殊关系，要求我们必须对技术进步与经济发展之间的关系进行研究，探寻它们之间相互作用的规律；要求我们对任何一种社会经济活动的技术方案在决策实施之前进行经济合理性分析，并对技术应用的环境资源与社会经济效果进行评估，以便做到技术上优化和经济上合理，寻求技术应用和创新对人类产生最大的经济社会效用和付出最小的环境资源代价。这是技术经济学的主要研究内容。

　　在当前世界经济发展呈现全球化竞争态势，不同国家纷纷抢占科技竞争制高点

的情况下，加速技术进步，快速发展战略性新兴产业，成为各国政府的重要战略目标之一。但是，各国发展阶段、科学技术基础、资源禀赋、人口与经济规模等都不相同。依据国情，选择最有效的技术创新路径，对有限资源进行合理配置，使科技竞争成为造福人民的有效手段，是保证有效竞争的重要基础。否则，片面追求科技的"先进性"，脱离改善人民生活的本质要求，将会适得其反。这需要技术经济学从技术和经济两个角度进行深入研究，为国家重大技术经济决策提供科学依据。

对实现目标的技术方案进行评估和优化，通过制度安排和资源有效配置促进技术创新，使经济活动具有更高的效率，必须创造有效的方法。没有恰当有效的方法，就难以有效地实现目标。技术经济学是一门通过方法论创新研究技术与经济相互适应和相互促进，以最小的成本投入获得最大效用产出的学科。一方面，要研究创造促进技术创新并使之更有效率的方法；另一方面，要对技术方法应用的综合效果进行全面评估，选择最优化的技术创新与应用方案的方法。促进技术创新和使经济社会发展总是在最优化的技术方案下运行，就能保证各种资源得到最优化配置，从而获得更高的全要素生产率，并有效地消除技术创新的破坏性带来的负面影响。

一　技术经济学：支撑高效率发展和转型的应用性学科

技术经济学是以提高经济建设项目的经济效果为出发点，以苏联的工程项目技术经济论证和西方工程项目可行性研究为基础，顺应新中国经济"多快好省"发展的愿景而诞生的一门学科；是沿着引进、消化、吸收、再创新的发展路径而形成的尚在完善之中的新兴交叉应用经济学科。它以技术进步与经济发展之间的关系及其相互作用的规律为研究对象，对社会经济活动的技术方案及技术选择在决策实施之前进行经济合理性分析，对技术应用的社会、环境与资源效果进行评估，选择技术上优化、经济上合理、技术应用和创新对人类产生最大的经济社会效用和付出最小的环境资源代价的综合实施方案。其基本功能是，为有效管理国民经济和科学技术创新提供基本理论和方法论支撑，针对国民经济和社会发展中各层次的技术与经济交叉问题，以提高经济效率和社会效率为目标，提供评估分析与论证、科学预测与决策的理论和方法论，探索技术和经济相互促进与制约的规律，为各层次的决策者提供决策信息和实施方案建议。

从新中国成立初期苏联援建的"156项重点工程"到20世纪末的三峡工程、南水北调，再到京沪高速铁路、载人飞船等重大工程都进行了全面的技术经济论证。目前所有需经各级政府审批的建设项目都要进行可行性研究。从工程项目的经济评价、价值工程、技术选择、设备更新与技术改造评价等方法体系的建立，到技术进步对经济增长的贡献率测算，再到全要素生产率分析与评估；从国家创新体系建设到国家中长期科技规划；从产业技术政策研究制定到创新型国家建设战略和科技创新政策的形成；从新型工业化、城市化与信息化融合发展战略的确定，到节能减排、发展循环经济，建设"两型社会"，加速经济发展方式转变；从高新技术产业发展战略到加快培育和发展战略性新兴产业，抢占国际经济竞争制高点战略的确定，等等，都有技术经济学的强有力的研究支撑。因此，技术经济学的根本任务是为中国经济建设实践服务。

在1953年实施第一个国民经济和社会发展五年计划时期，作为技术经济学前身的技术经济论证，在我国经济发展中，尤其是大型工业项目建设中起到了很好的作用。从1958年开始受到"大跃进"的影响，国民经济发展走上了不讲经济效益的粗放型增长道路。到1962年，经济学界和中央决策层拨乱反正，把注重经济效果重新放在重要地位，技术经济学被赋予重要任务。在国家《1963～1972年科学技术发展规划纲要》中，技术经济被列为总计十章中的第七章专门进行了规划，规划中指出："一切生产技术，必须既具有技术上的优越性，又具有经济上的合理性，才适宜于推广和应用。所以，生产技术研究成果，应该经过技术经济分析，才能在生产中推广，才能成为国家制订技术措施、技术政策和国民经济计划的完整的科学技术依据。对各项技术的具体内容进行经济效果的计算和分析比较，即进行技术经济的研究，是科学技术工作的一个重要组成部分，是促进科学技术多快好省地服务于社会主义建设的一个重要中间环节。"从该发展规划中不难看出，当时对技术经济学的定义很明确，就是对技术进行经济效果的计算和分析比较，选择既具有技术上的优越性又具有经济上的合理性的生产技术进行推广应用。

《1963～1972年科学技术发展规划纲要》特别指出："技术经济的研究还必须有专业队伍。随着科学技术的迅速进步和各生产部门内部和外部联系的增多，实际工作中出现了许多综合性很强、因素错综复杂的技术经济问题。解决这些问题，需要经常地系统地积累各种技术经济资料，研究评价各种技术的经济效果的理论和方法。由于运筹学和电子计算机等科学技术的进展，既需要有具备技术经济科学知识，也要有较高数学训练的专业人才。因此，在广泛提倡群众性的技术经济研究的同时，需要建立专业的研究机构，培养专门的人才，组织起专业的技术经济的研究队伍，尽快形成技术经济研究的中心。"这一段话的意义也很明确，即技术经济学是以国民经济建设和发展中的技术经济问题为研究导向的，评价各种技术的经济效果的理论和方法是技术经济学理论方法的主要内容。

因此，技术经济学从诞生时起就是一门以解决现实技术经济问题为目标的应用性学科。但在"文化大革命"极"左"思潮的控制下，"宁要社会主义的草，不要资本主义的苗"成为经济建设的基本路线，讲求经济效益被认为是资本主义庸俗经济学，以提高各种技术方案经济效果为目标的技术经济学被视为资本主义的东西，其研究和应用都被叮止了。直到改革开放后的1978年，技术经济学才又被作为一门学科得到发展和应用。

在技术经济学诞生的初期，我国实施的是计划经济体制，所有项目的规划和设计都是依据国家计划需要而进行的。技术经济学作为一门对技术的经济效果进行评估，选择具有最优经济效果、具有先进性的技术的学科，其评估主体是政府，因此，选择技术经济评价方法、确定技术经济评价指标，都是以国民经济评价为主，以企业微观经济效果为辅。因此，在这一阶段，技术经济学是从国民经济宏观整体利益最大化出发来评价微观技术方案的[①]。正是由于这一特征，在改革开放初期党的工作重点在计划经济体制内转向以经济建设为中心的背景下，各级政府掀起了经济建设热潮，大量新的工程项目等待上马，都需要进行技术经济论证，客观上促使技术经济学得到了快速发展。在1978年中国技术经济研究会成立以后，1980年经国务院批准在中国社会科学院成立技术经济与数量经济研究所，之后在20世纪80年代，技术经济研究机构如雨后春笋般成立，国务院也设立了技术经济研究中心（现在演变为国务院发展研究中心），各级政府相继设立技术经济研究中心，各部委纷纷设立技术经济研究所。20世纪80年代是技术经济发展的黄金时期。

上述历史充分说明，中国技术经济学的诞生和发展，完全是基于国民经济发展提高效率和经济增长从盲目追求数量向数量与效益兼顾转型的需求，为20世纪80年代改革开放初期国民经济的高速增长和转型提供了强有力的支撑。

二 改革开放的深入使技术经济学面临创新选择

在经过1980～1990年10年的快速发展以后，进入20世纪90年代和21世纪，

---

① 齐建国：《技术经济学发展综述》，《数量经济技术经济研究》1997年第8期。

随着社会主义市场经济体制的确立，政府逐步从经济项目建设的主体地位上退下来，企业逐渐成为市场主体，成为经济建设项目的实施主体。这要求项目的技术经济评价指标和方法同时向与市场需求相适应的方向转变。

20 世纪 80 年代中期西方的可行性研究理论与方法刚刚引入中国时，曾经引起中国技术经济学界的极大争论。中国的技术经济学是老一代以苏联留学为背景的专家创立和发展起来的，他们的知识背景主要基于苏联计划经济体制的技术经济论证理论与方法体系，与基于西方市场经济体制的项目可行性研究理论与方法体系存在一定的冲突。随着以市场经济体制为目标的改革日益深入，基于市场经济体制的项目可行性研究理论与方法体系更适合实践的需要，因此，可行性理论与方法实际上成为中国项目评估实践中应用的主导理论与方法。国家发改委和建设部（现为住房和城乡建设部）于 2006 年 7 月 3 日以发改投资〔2006〕1325 号文批准发布了《建设项目经济评价方法与参数》（第三版），包括《关于建设项目经济评价工作的若干规定》《建设项目经济评价方法》和《建设项目经济评价参数》三个文件。从方法论来讲，这三个文件是中国技术经济学在项目评价领域的纲领性应用方法体系。当然，除了项目评价，技术经济学还涉及其他诸多领域，如技术创新及其管理、技术政策、生产率、价值工程等的理论与方法研究与应用。

由于种种原因，技术经济学作为一个完整的学科，其理论与方法论研究最近 10 年在国内出现了停滞甚至萎缩，但技术经济学研究的内容却在管理科学中得到全面的应用和发展。在教育部的学位分类中，技术经济学被纳入管理学的工商管理之下，成为一门微观上的经济管理方法科学。这与我国市场经济体制改革日益深入、政府在技术应用和经济项目主体层面上功能日益弱化、企业逐渐成为经济建设项目实施主体和技术创新与应用决策主体有关。国家不再直接干预微观上的竞争性经济建设项目及其技术开发与应用，企业根据市场竞争的具体需要，进行新技术、新产品、新服务的研究与开发，因此，在微观经济建设项目层次上，技术经济学成为微观上的管理手段也是必然的。

但是，随着世界经济与科技革命的全球化发展，在宏观层面上不断涌现出新的重大技术经济决策问题，需要政府和企业共同应对。技术经济学在宏观和微观层面都面临大量新问题需要研究。这对技术经济学理论与方法创新提出了新的挑战。

第一，创新"知识与要素"的技术经济管理方法，促进国家创新能力建设。

1978 年改革开放以来，中国经济持续高速增长了 30 多年，平均增长速度接近10%，创造了世界经济史上的奇迹。至 2020 年，中国仍将继续快速推进工业化、城市化和信息化，重化工产业仍然是经济持续快速增长的重要支撑。但是，随着中国技术水平与发达国家的差距不断缩小，靠引进技术实现嵌入式的技术创新推进产业增长的难度加大，全要素生产率增长呈现下降趋势，经济增长的实践对自主创新的需求加大。技术经济学承担着强化技术预见、加速培育和发展战略性新兴产业、加速自主创新、建设创新型国家等重大决策研究的重任。在这一大背景下，需要国家从体制机制上创新对知识与各种创新要素的管理方法，以实现资源优化配置，提高创新效率。

第二，创新资源、环境的技术经济管理方法，应对资源、环境与气候变化压力。随着资源、环境和气候变化约束不断强化，我国基于重化工产业的增长方式面临越来越大的资源、环境和应对气候变化压力。主要矿产资源和石油天然气能源对进口的依赖程度越来越高，水资源日益短缺；全国接近70%的河流、湖泊被重度污染，流经城市的河流90%受到严重污染，2/3 的城市空气质量对健康有负面影响，其中一氧化碳的污染尤为严重；温室气体减排受到的国际压力持续上升。无论是研究与开发新的替代资源，还是节约和循环利用资源，抑或大力发展碳汇产业实现碳循环，解决这些问题都离不开技术创新，从而离不开技术经济学的研究支撑。

第三，创新技术原始创新的技术经济管理方法，促进经济增长方式转型。中国需要加速从资本驱动型经济增长方式向创新驱动型经济增长方式转变，使中国从世界制造中心向世界创新中心与制造中心融合转变，需要加快原始技术创新速度，需要调整产业结构和利益分配机制，以跨越"中等收入陷阱"，避免"现代化中断"。这不仅需要宏观经济政策和经济体制转型，更需要顺应技术创新周期与经济周期的相互影响规律，按照技术发展规律实施合理的知识和技术创新管理政策，不断对前沿新技术进展进行跟踪评估，实施恰当的持续的创新型国家建设方案和综合成本与效果评价，这是技术经济学之外的学科难以完成的重任。

第四，创新产业技术经济管理方法，促进产业技术升级与发展新兴产业。在产业层面，无论是农业、制造业，还是服务业，我国产业技术体系都是全梯度技术共存的立体化技术结构，最原始的落后技术与最先进的前沿技术同时在生产体系中运行。运用先进技术改造提升农业和制造业，实现资源节约、节能减排的潜力十分巨大。特别是面临新兴技术和新兴产业突飞猛进的发展，对大量新出现的前沿技术经济问题，如新一代信息技术、电子商务、新能源等新兴业态，还没有较好的方法进行全面的评估。在目前的经济体制和发展阶段下，加快应用新技术、新材料、新工艺、新装备改造和替代落后技术和工艺、材料，运用新型信息化技术改造传统产业，实现工业化与信息化融合发展，在经济上存在一定的成本阻力，通过机制和体制创新，加速这一技术经济演变进程，需要在微观产业和企业层面进行深入具体的技术经济研究。在战略性新兴产业层面，以重大技术突破和重大发展需求为基础，促进新兴科技与新兴产业深度融合，在继续做大做强高技术产业的基础上，把节能环保、新一代信息技术、生物、高端装备制造、新能源、新材料等战略性新兴产业培育成为先导性、支柱性产业，更需要从技术和经济两方面进行深入持续的对策性研究。

第五，创新企业技术经济管理方法，激励企业加快技术进步速度。我国绝大多数企业的技术创新能力较弱，缺乏原始创新能力。在市场经济体制下，企业是技术创新的主体，必须创新和优化企业技术创新管理方法。在宏观层面，通过实施合理的产业组织政策、知识产权保护政策、加速技术扩散政策、财政金融对创新的激励政策，为广大企业创造良好的外部新环境，促进企业加大技术创新力度。在微观层面，通过财税金融政策调整，促进企业积极引入新技术、新产品、新工艺，增加研究开发与新技术应用、消化、吸收和再创新能力。特别要注重激励企业与研究开发机构之间建立利益共享、风险共担的技术创新联盟。

综上所述，在中国工业化、城市化和信息化发展的攻坚阶段，在经济全球化不断出现新变化的背景下，我国面临一系列新的重大技术经济问题，使得技术经济学面临扩大研究领域以及创新理论和研究方法的巨大客观需求。传统的技术经济论证已经不能满足国家战略和市场提出的新课题需要。技术经济学作为一门具有中国特色的应用性学科，需要不断创新理论和研究方法。在对新时期国际国内技术经济变化进行深入研究和总结的基础上，概括出新的理论，引入其他学科，包括宏观经济学、微观经济学、产业经济学、计量经济学、创新经济学、知识经济学、循环经济学、生态经济学、资源经济学、能源经济学、技术预见学、管理科学与工程等学科的前沿理论和方法，尤其是定量分析的新方法，建立先进适用的研究方法体系，才能更好地适应我国经济社会发展具有全局性、战略性、长期性、前瞻性的重大问题的研究需要。

三　技术经济理论演进与创新

到目前为止，技术经济学主要以国民经济现实中的技术经济问题为研究对象。由于研究对象复杂，尚没有形成自己完整的理论体系。因此，发展和完善学科需要对原有的学科体系的理论架构进行完善和再创新。

技术经济学作为一门中国特色的应用性经济学科，是中国自己创立和发展起来的。国外目前还没有完全对应的学科。国外研究类似技术经济问题的学科包括工程经济学、费用效益分析、可行性研究、技术创新（进步）经济学、经济性工学（日本）、技术管理、创新管理、厂商经济学等。由于技术经济学既研究经济领域的重大技术问题，也研究技术领域的重大经济问题，因此，其基本理论必将是跨学科的理论融合。为了更好地发现客观规律，研究解决重大的现实技术经济问题，技术经济学需要深入研究跨学科理论交叉，并应十分重视学科的中国特色与国际相关学科的融合。

（一）国外相关学科基础理论的发展和演进

西方经济学者关于技术经济的理论研究起步较早。一般将有关技术经济学的研究阶段以熊彼特时代为基准，分为前熊彼特时代、熊彼特时代和后熊彼特时代。

1. 前熊彼特时代的理论研究

前熊彼特时代的主要代表人物是亚当·斯密（Adam Smith）、Charels Babbage 和 Thorstein Veblen。斯密认为，发明和机器的改进可以大幅度提高生产效率，而劳动分工可以大大提高劳动效率。Babbage 广泛研究了一系列技术经济问题，比如静态与动态经济规模、学习曲线、增加企业规模与市场集中度、交易成本、技术分类、发明、技术的国际转移、技术造成的失业、R&D 支出、技术替代、科学技术和工业之间的联系、科学在国民经济发展中的作用等。Thorstein Veblen 强调机械和工程分类的重要性，他在边际概念和新古典经济学的基础上，提出了经济演进的方式。

事实上，在熊彼特之前，马克思在技术与经济关系的研究方面是最深刻和全面的。马克思不仅研究了技术在生产过程中发挥作用的机制，而且全面深刻地剖析了技术变化对剩余价值的影响，分析了资本有机构成变化对资本运动和经济循环的影响，研究了机器应用和大工业下的生产要素运动规律，研究了技术在人与自然之间的介入对人类经济社会产生的全面影响。马克思对科学技术与经济之间的关系的研究，奠定了技术经济学的基本理论。

2. 熊彼特时代的理论研究

熊彼特认为，所谓创新就是要"建立一种新的生产函数"，即"生产要素的重新组合"，就是要把一种从来没有的生产要素和生产条件引进生产体系中，以实现对生产要素或生产条件的"新组合"。由于所有生产要素都是技术的载体，引进新的生产要素必然形成新的技术组合，使生产的技术效率发生变化，从而改变生产效率和经济效率，进而改变市场结构。熊彼特把引进新的生产要素和生产要素的新组合，统称为创新。作为资本主义"灵魂"的"企业家"的职能就是实现"创新"，引进"新组合"；按照熊彼特的思想，"经济发展"就是整个资本主义社会不断地实现这种"新组合"的过程，或者说资本主义的经济发展就是这种不断创新的结果；这种"新组合"的目的是获得潜在的利润，即最大限度地获取超额利润。对于经济周期波动，熊彼特认为，因为技术变化具有非连续性、非均衡性（有时甚至是革命性）的特征，因此，创新过程也具有同样的特点，经济发展受这种影响也就形成周期性。熊彼特认为，资本主义只是经济变动的一种形式或方法，它不可能是静止的，也不可能永远存在下去。当经济进步使得创新活动本身降为"例行事务"时，企业家将随着创新职能减弱、投资机会减少而消亡，资本主义不能再存在下去，社会将自动地、和平地进入社会主义。从这个意义上说，熊彼特是一个马克思主义者。当然，他所理解的社会主义与马克思、恩格斯所理解的社会主义具有本质性的区别。

3. 后熊彼特和"二战"后时代的理论研究

这个时期有 Thirtle、Ruttan、Dosi、Verspagen、Freeman、Nelson、Blaug、Pavitt、Kennedsy、Thilwall、Baldwin、Scott、Mowery、Rosenberg 等一大批经济学家开始关注技术与经济的关系研究，他们的研究相互联系相互促进。主要代表人物是 Schmookler、Abramowitz 和索洛（Solow），以及后来的新经济增长学派的卢卡斯（Lucas）等。索洛等在 20 世纪 50 年代进行经济增长理论研究时，发现资本和劳动的增加不能完全解释总产出的增加，他们将产出增加的"余值"归结为技术变化带来产出变化的结果。于是他们扩展了一般生产函数的概念，使其能容纳技术进步对经济增长的作用。卢卡斯在其两资本模型中，强调了劳动者脱离生产，从学校正规和非正规的教育中所积累的人力资本对产出与经济增长的作用，把技术变化与人力资本联系起来。

4. 新增长理论

20世纪80年代末，新增长理论随着知识经济时代的来临而兴起。它建立在新古典经济增长理论的基础之上，引入收益递增的假定，内生化经济增长的根本源泉，描绘了一幅崭新的长期增长的图景，在经济理论上取得了重大突破。其理论创新的核心内涵是，由于技术作为知识商品的应用延伸具有非完全排他性和复制的低成本特征，技术的研究与开发使得经济具有边际收益递增规律。新增长理论认为知识作为一种特殊的生产要素，它本身的生产具有成本递减特点，而作为生产投入则具有递增的边际生产力。知识如同其他一般商品一样，研究投入的倍增不一定会取得倍增的知识；但知识具有不同于普通商品的特性，它既不是传统的私人经济产品，也不是公共品，而是介于两者之间的非竞争性的、部分排他性的产品。由于知识不能享有完全的专利和保密，一个厂商创造的新知识对其他厂商的生产具有正的外部性，使作为知识存量和其他投入函数的消费品生产具有递增收益。知识不仅自身具有收益递增的特点，而且会使资本和劳动等要素的收益递增，并改变各要素在生产过程中的结合方式，产生更多新的产品和服务，产生一个"收益递增的增长模式"。由于知识的溢出效应使知识能在不追加投资的基础上反复利用，减轻了资本稀缺性的约束压力。

新增长理论的第二个核心内涵是人力资本内生化。罗默（Rome P.）认为，人力资本是经济增长的主要因素。人力资本作为知识的载体，同知识一样，它不仅能自身形成递增的收益，而且能使资本、劳动等其他要素投入也产生递增收益，从而使整个经济的规模收益递增，从而可以实现长期的经济增长。卢卡斯于1985年发表了《经济发展的机制》，通过建立宏观模型分析人力资本的形成和积累对产出增长的贡献。他将人力资本作为一个独立的因素引入经济增长模型，运用更加微观化的方法把舒尔茨的人力资本概念和索洛的技术进步概念具体化为"每个人""专业化"的人力资本。在生产过程中人力资本以劳动者的技能水平存在，它可以通过专门学习获得，也可以"干中学"不断积累。正是这种不断增长的专业化人力资本使得产出可以长期增长。卢卡斯还引入人力资本外部效应，即"全社会劳动力的人力资本平均水平"。他认为人力资本具有内部效应和外部效应，前者指人力资本收益给个人或家庭带来的增值；后者会从一个人扩散到另一个人身上，从旧产品传递到新产品，从家庭的旧成员传递到新成员，进而使产出具有递增收益。

根据国外技术经济学的研究内容，将国外与技术经济学相关的研究对象进行分类，可以归结为表1所示的内容。

表1 宏观经济学和微观经济学研究中涉及的技术经济学内容

宏观经济问题	宏观技术问题	微观经济问题	微观技术问题
福利	S&T制度、效率与公平	市场结构	技术冲击与创造力
增长	全要素生产率与技术转移扩散	集中度	技术关联与规模经济、技术发现
就业	知识、国家创新体系与人力资本的	产业组织与公司规模	技术的边际效益、技术发明与技术关
投资	技术因素	投资与增长	联
	技术体系	财务效率	R&D、创新与扩散
收入分配	创新簇	竞争力	创新能力与技术效率
商业周期	技术创新周期与创新能力	知识产权	知识与技术的吸收、应用、创新能力
贸易	技术效率、成本与竞争力	技术创新	专利体系、技术许可与技术转移和扩散
通货膨胀	技术决定的成本演变	消费行为	激励、技术轨迹、不同技术绩效
金融货币	资金的时间价值	生产行为	技术创新动力
发展	技术应用能力与获取技术的机会		技术竞争与创新

（二）中国技术经济学发展阶段的判断和学科属性定位

从技术经济学基本范畴、研究对象、理论基础等几个方面入手加以考察，初步结论是，中国的技术经济学目前仍处在发展和调整时期。目前技术经济学还没有形成一个占统治地位的范式，还不是一门成熟的经济学科，尚处于发展阶段。对技术活动及其发展规律的经济学分析，一直是中国和西方技术经济研究学者关注的重要研究领域，不同之处在于我国的技术经济学偏重应用性和对实践的具体指导，国外偏重技术与经济互动规律的揭示和理论解释。无论是我国经济建设的经验，还是来自西方的研究动态，均证实了在当代经济学的研究中重新关注技术要素的重要性，同时，也验证了发展技术经济学的重要理论意义和现实意义。2008年金融危机以后，对应对危机的探讨再次使学术界关注经济周期和技术创新周期的关系。中国技术经济学的理论和方法在学术思想上具有完整的应用经济学的思想和特征，但它同时关注技术本身的发展规律和经济机制，因此，它本质上又是交叉科学（见图1）。

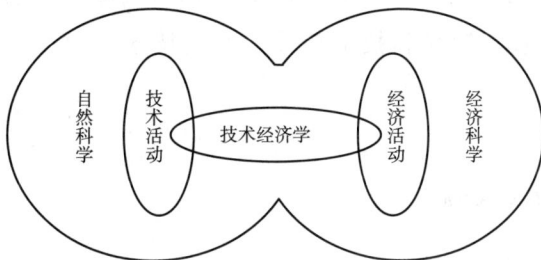

图1 技术经济学科的定位

中国技术经济学理论体系包括基础理论和应用理论两个部分。

1. 中国技术经济学的基础理论构成

中国技术经济学的基础理论包括以下几方面：马克思主义扩大再生产理论、剩余价值理论、经济效果理论、技术经济周期理论；技术进步和技术创新理论；经济增长理论：从古典经济增长到内生经济增长理论；等等。

2. 中国技术经济学的应用理论构成

技术经济学的应用理论除了技术创新的转移和扩散、技术选择理论等之外，前端延伸到技术生成的制度和环境与政策，涉及技术战略和技术政策等领域，后端延伸到技术效果的评价，包括技术效果的载体——工程项目的评价。另外，技术经济学除了研究现存资源的优化配置外，还研究技术资源的创造和开发。因此技术经济学的应用理论应包括以下几方面的理论：技术转移理论、技术选择理论、技术扩散理论等。

工程项目是技术发挥生产力作用的重要载体，因此，应用经济效果理论分析工程项目的可行性，实质上是评价和研究技术的经济可行性以及技术本身的先进性和适用性。从这个角度来看，经济效果理论是技术经济的应用理论之一。

在微观研究领域，技术经济学的基本理论涉及时间价值理论、费用效益理论、微观经济效果理论、福利经济学中的社会效用理论、边际分析、帕累托最优准则和帕累托改进原则，以及企业技术创新、企业技术扩散、技术能力等。它们是技术经济学的微观理论基础。

在产业层面，技术经济学科主要关注的是产业技术创新与技术扩散、技术预测与选择、行业共性关键技术、产业技术标准战略、产业技术升级的路径与战略、高新技术创新与科技产业园区的发展、产业技术政策（包括技术创新政策）、以技术创新为核心的技术进步对行业增长的贡献等。在区域层面，技术经济学科主要关注的是区域技术创新体系、区域技术创新能力、项目对区域经济发展及地区协调发展的作用等。在这些研究领域，涉及的基础理论包括区域不平衡发展论、增长极理论、梯度理论、产业技术转移和技术转让、产业技术扩散、产业技术选择等基础理论。

四　技术经济方法论创新

在方法论方面，由于技术经济研究以问题为导向，研究的内容十分广泛，不同产业的技术经济问题往往具有不同的本质特征，单一方法不能满足需要，因此，技术经济学的方法与其研究的问题一样五花八门，不同领域不同产业的技术经济问题需要用不同的方法进行研究。这就需要对技术经济学方法体系进行系统性梳理，强化对研究对象本质的认识，结合技术经济理论的创新发展，构建体现问题导向的学科研究方法体系，这本身也是一种创新。事实上，中国的技术经济方法体系与其理论一样，也是在引进基础上结合中国实际应用产生的。

（一）技术经济方法体系演变与发展方向

1. 初创时期的技术经济方法体系

在初创时期，由于经济体制仍然是计划经济体制，所有技术经济评价都是基于国家利益最优化的。在方法论上，围绕项目技术方案的经济效果评价，在吸收苏联"部门经济学"、投资经济效果计算、技术经济论证等相关方法基础上，逐步形成了以"国民经济评价"为核心，在考虑"时间价值"因素的前提下以技术方案的"社会纯收入 - 社会全部消耗费用分析"为评判标准的技术经济方法体系（见图2）。

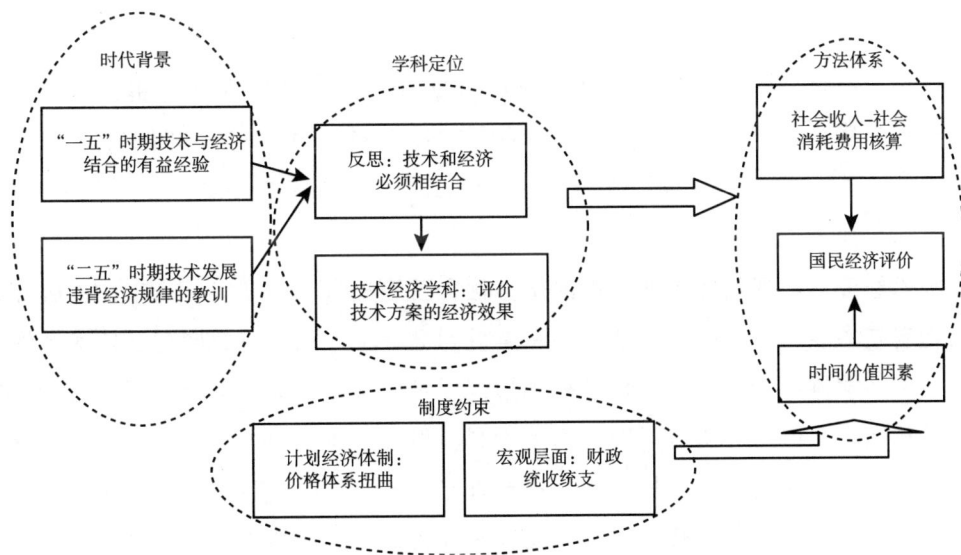

图2　技术经济学科初创时期的方法体系形成

2. 技术经济方法体系的拓展和完善

随着改革开放的日益深入，特别是随着市场经济体系的逐步建立和完善，技术经济学研究领域不断拓展，包括项目可行性研究方法体系在内的发达国家的技术经济评价方法逐步被引入我国技术经济方法体系中。在与国际上经济学相关领域形成交叉的同时，国际上主流经济学的研究范式、方法、工具也开始逐步被引入技术经济研究中，为丰富完善技术经济学方法体系提供了新的养分。

第一，主流经济学的定量分析工具已经被广泛应用于技术经济学相关领域。研究技术进步与经济增长的关系，涉及经济增长理论，必然使用生产函数解析方法、最优化方法、最优控制理论等主流宏观建模方法；进行生产率测算，需要使用经济计量分析、数据包络分析等实证工具；分析技术进步与产业结构变化时，投入－产出分析是必不可少的数量分析工具；分析技术发展规律时，除了数理模型分析和计量实证外，还使用数理模拟等方法。

第二，演化经济学、国家创新体系理论及创新经济学等非主流经济学的一些方法也逐步被引入技术经济学，包括系统动力学及系统分析方法、基于主体建模的微观仿真模拟等定量工具，以及演化分析等非定量分析方法。

第三，研究创新政策和创新行为，还涉及创新主体激励和创新制度设计等问题，即如何通过更为合理的制度安排、政策倾斜激励企业进行更多的创新活动。因此，拓展的方法除演化分析外，还包括制度分析、博弈论与激励机制设计等领域的方法、工具。

此外，在热力学原理与经济核算相结合基础上产生的物质流分析、能源流分析、绿色经济核算等方法在循环经济等特定技术经济领域已经开始得到应用和推广。

3.技术经济方法体系发展方向

技术经济学与现代经济学前沿的交会融合已经成为一种现实，未来这种融合趋势会随着技术经济研究范畴的继续拓展而得到进一步加强。与此同时，技术经济学作为一门多学科综合交叉的新兴学科和边缘学科，无论是研究对象还是研究方法，都涉及相互联系但又有明显区别的相关学科。既需要对具体的细节进行深入分析，又需要从全局的角度进行整体把握。随着研究对象的日益复杂，系统论在未来的技术经济研究中将成为重要甚至占主导地位的方法论。微观细化、宏观集成的趋势将逐步确立并强化。

（二）典型前沿计量分析工具在技术经济研究中的应用

计量分析工具是技术经济学研究中应用最为广泛的一类定量方法。除了工程项目评价外，几乎所有的其他研究范畴都需要使用计量分析工具。计量分析工具的应用本身又细分为不同种类，既有经典的最小二乘（OLS）回归，也有协整分析、微观计量。另外，很多相对前沿的计量分析工具，如分位数回归、空间计量等也被应用于技术经济领域。

1. 分位数回归

传统的线性回归模型描述的是因变量的条件分布受自变量 X 影响的过程。普通最小二乘法是估计回归系数的最基本方法，它描述了自变量 X 对因变量 Y 的均值影响。如果模型中的随机扰动项来自均值为零而且同方差的分布，那么回归系数的最小二乘估计为最佳线性无偏估计（BLUE）；进一步，如果随机扰动项服从正态分布，那么回归系数的最小二乘估计或极大似然估计为最小方差无偏估计（MVUE）。但是在实际的经济生活中，这种假设常常不满足，例如数据出现尖峰或厚尾的分布、存在显著的异方差等情况，这时的最小二乘估计将不再具有上述优良特性且稳健性较差。最小二乘回归假定自变量 X 只能影响因变量 Y 的条件分布位置，但不能影响其分布的刻度或形状的任何其他方面。

为了弥补普通最小二乘法（OLS）在回归分析中的缺陷，Koenker 和 Bassett 于 1978 年提出了分位数回归（Quantile Regression）的思想。它依据因变量 Y 的条件分位数对自变量 X 进行回归，这样得到了所有分位数下的回归模型。因此，相比普通最小二乘回归只能描述自变量 X 对因变量 Y 局部变化影响而言，分位数回归更能精确地描述自变量 X 对因变量 Y 的变化范围以及条件分布形状的影响。分位数回归能够捕捉分布的尾部特征，当自变量对不同部分的因变量的分布产生不同影响时，例如出现左偏或右偏的情况时，它能更加全面地刻画分布的特征，从而得到全面的分析，而且其分位数回归系数估计比 OLS 回归系数估计更稳健。近十多年来分位数回归在国外得到了迅猛的发展，并在经济学、医学、环境科学、生存分析等领域得到了广泛的应用。

尽管分位数回归有显著的优点，但其计算方法较为复杂，因此分位数回归起初并没有像条件均值回归一样迅速发展和普及。就分位数回归方法在技术经济学研究中的应用来看，近年来在技术创新研究、技术外溢研究以及技术效率研究方面已经有不少实证研究。

技术创新方面的研究往往更关注极少数的创新明星（rare and star innovators），分位数回归正是非常合适的研究工具。Coad 和 Rao（2006）指出，考虑到企业是异质的，采用传统的回归方法分析创新对于一般企业（the average firm）的"平均效应"是不合理的。通过分位数回归法的研究显示，创新活动对处于条件分布不同位置的市场价值产生不同影响：对于托宾 Q 值小的企业，股票市场几乎不能识别其创新努力；而对于托宾 Q 值大的企业，市场价值对于其创新高度敏感。

对于技术外溢的研究往往采用条件均值模型（OLS 估计或 GMM 估计），所暗含的假定是：在其他条件相同的情况下，所有企业从技术外溢获益的程度相同；而采用分位数回归法研究发现，在全要素生产率条件分布的不同位置上 FDI 的溢出水平存在差异。

在技术效率方面，传统的随机前沿方法是条件均值估计而不是前沿分析所需要的极大值估计（maximal value estimation）；给定投入品向量 X 的条件下描述最大产出，这一问题等同于估计条件分布 $Y \mid X$ 最高分位数点上的技术方程，分位数回归能够分析不同效率水平下的技术关系，因此分位数回归是合适的方法。

2. 空间计量模型

空间经济计量学的基本思想是将经济单位（如地区或企业）间的相互关系引入模型，对基本线性回归模型通过一个空间权重矩阵 W 进行修正。根据模型设定时对"空间"的体现方法不同，空间经济计量模型主要分成两种类型。一种是空间滞后模型（Spatial Lag Model，SLM），主要用于研究相邻机构或地区的行为对整个系统内其他机构或地区的行为产生影响的情形，探讨各变量在一地区是否有扩散现象（溢出效应）。由于 SLM 模型与时间序列中自回归模型类似，因此 SLM 也被称作空间自回归模型（Spatial Autoregressive Model，SAR）。另一种是空间误差模型（Spatial Error Model，SEM），模型中机构或地区间的相互关系通过其误差项体现，当机构或地区之间的相互作用因所处的相对位置不同而存在差异时，则采用这种模型。SEM 的空间依赖作用存在于扰动误差项中，度量了邻近地区关于因变量的误差冲击对本地区观察值的影响程度。由于 SEM 模型与时间序列中的序列相关问题类似，也被称为空间自相关模型（Spatial Autocorrelation Model，SAC）。

空间计量经济模型被广泛地应用于房地产价格、贸易与环境、经济增长趋同等问题的研究。在技术经济学研究中，空间计量经济模型主要用于研究空间知识溢出和生产率问题。

知识溢出的地理范围是相关的重要研究问题。地理距离在知识溢出的过程中的影响作用是研究的热点。Jaffe（1989）最早研究了大学对于商业研发的空间溢出效应，他构建了地理一致性指数在模型中反映地理效应，并采用传统的计量经济学方法进行研究。随后的研究大多沿用了 Jaffe 的方法。

生产率收敛研究方面，Le Gallo J. 和 Dall'erba（2008）分析了 1975～2000 年欧洲 145 个区域劳动生产率差异，研究考虑了空间效应并采用产业级别的统计数据。结果显示，服务业劳动生产率呈现 σ 收敛，中心区域和外围区域的收敛速度和空间效应各不相同。Le Gallo J. 和 Kamarianakis（2011）分析了 1975～2002 年欧盟的区域生产率差异，研究采用偏离－份额分析法和空间计量经济学相结合的方法，即对偏离－份额分解结果进行时间－空间计量经济学分析。研究发现，生产率的空间模式发现了较大的变化，生产率的空间集聚度下降。类似的研究还有 Dall'erba（2005）、Fotopoulos（2008）等。

（三）典型前沿均衡模拟方法在技术经济研究中的应用

均衡模拟类方法在技术经济相关领域中的应用也比较充分。这些均衡模拟类方法，既包括传统的投入产出分析，也包括主流经济学中常用的可计算一般均衡方法以及基于主体的微观模拟仿真。此外，围绕资源能源节约和物质循环利用而发展出的能源物质流核算也可以算是一种均衡分析方法。

1. 可计算一般均衡（CGE）

CGE 模型是建立在一般均衡理论基础上，主要对政策变动及外部冲击效应进行模拟的一种有效工具。与其他分析工具相比，其最大的特点就是将国民经济各组成部分和经济循环的各个环节都纳入一个统一的框架下，并据此分析外部冲击产生后，经济体各部分经过不断反馈和相互作用后达到的最终状态。

阿罗（Arrow）和德布鲁（Debru）的工作使一般均衡理论形成了比较完整的体系，但其证明是非构造性的，只是证明均衡价格的存在性，而不能告诉人们如何找到均衡价格，因此还无法直接应用于实际。可计算一般均衡模型正是针对一般均衡理论过于抽象、难以用于政策研究的特点应运而生的。

可计算一般均衡模型将一般均衡理论进行简化，使各种主要商品的价格和数量都可以通过模型计算出来。概括地说，就是用一组方程来描述供给、需求以及市场关系（供求关系），在这组方程中不仅商品和生产要素的数量是变量，所有的价格，包括商品价格、工资等也都是变量。在一系列优化条件（生产者成本最小化、利润最大化、消费者效用最大化、进口收益利润最大化、出口成本最小化等）的约束下求解该方程组，得到各市场都达到均衡时的一组数量和价格。

利用 CGE 模型研究技术效率，考虑技术进步的方法是引入自发技术效率改进（Autonomous Efficiency Improvement，AEI）因子，只反映外生的技术进步对生产效率的影响。而在实际的经济系统中，生产效率受到价格等诸多因素的影响，经济系统和部门层面的实际技术效率变化事实上已经综合了外生的 AEI 和内生的各种效应的变化结果。如果在 CGE 的研究中只考虑技术效率外生变化的影响，那么可以在 CGE 模型所有部门的生产结构中对某一投入要素或者全要素生产率引入 AEI 因子。

在 CGE 模型中技术溢出效应可以采用技术传输方程来表示，该方程含有与进口地区相关的 AC 参数和与贸易双方都相关的 SS 参数。X_{rs} 是从 r 出口到 s 的原材料，Y_s 是 s 地区内原材料生产的产品。吸收能力参数 AC_s（$0 \leq AC_s \leq 1$）和结构相似指标 SS_{rs}（$0 \leq SS_{rs} \leq 1$）共同决定了 s 地区获得的由 r 到 s 的技术溢出效率。

对于新技术或技术的重大变化对宏观经济的影响问题的研究，是 CGE 模型在技术经济学应用的新领域。CGE 模型中的弹性参数以及从 SAM 表中计算得到的份额参数是描述各部门技术特征的主要技术参数。

2. 基于主体的微观模拟仿真

现实的经济系统是一个复杂自适应系统（Complex Adaptive Systems，CAS），其复杂性决定了经济主体的有限理性。这意味着主体行为的决定因素要比完全理性假设下更为复杂，包括主体自身的预期、不同主体的偏好差异、主体之间的行为互动、对外界环境变化的反应等。

引入系统复杂性和主体的自适应性以后，利用以新古典理性人假设为基础的最优化模型很难对主体行为和整个系统进行有效刻画。为解决上述问题，需要引入"基于主体计算经济学"（Agent-based Computational Economics，ACE）为技术支撑，构建基于主体行为、具有智能化特征的微观模拟模型。其基本逻辑是，把经济体看作由自主相互作用主体组成的进化系统；通过强有力的计算方法（人工智能）和计算工具（面向对象编程），编程实现具有适应能力、交流能力、学习能力和自治能力的经济智能主体（Agent）；通过模拟现实经济网络而有机地构建主体间的联系。

在建模过程中，综合运用微观计量方法、问卷调查、演化博弈、行为经济分析等方法工具，考察分析政府部门、企业及居民在创新过程中可能存在的行为动机、反应方式，研究政府和企业在创新过程中的互动关系。通过上述主体行为分析，可以形成一个主体活动情景集。在此基础上，利用"基于主体计算经济学"，构建一个基于主体行为的微观模拟模型。模型中包括政府、企业及居民三类主体，每类主体（尤其是企业）又可以细分为多种，每种主体数量可以设定为多个，每个主体都是具有适应性的智能主体。应用著名的分类器系统（Holland，1975）便可以对不同政策情景下企业的行为决策进行微观模拟。整个微观模拟的原理可以大致用图3进行示意，其基本流程是：某项政策的实施相当于给定了某个外部情景。分类器系统自动寻找完全匹配的映射，并根据概率条件确定每个主体的各种对应行为。不同主体之间的行为也会根据设定的行为规则产生交互影响，最终收敛后形成的均衡解便是模拟出的政策效果。

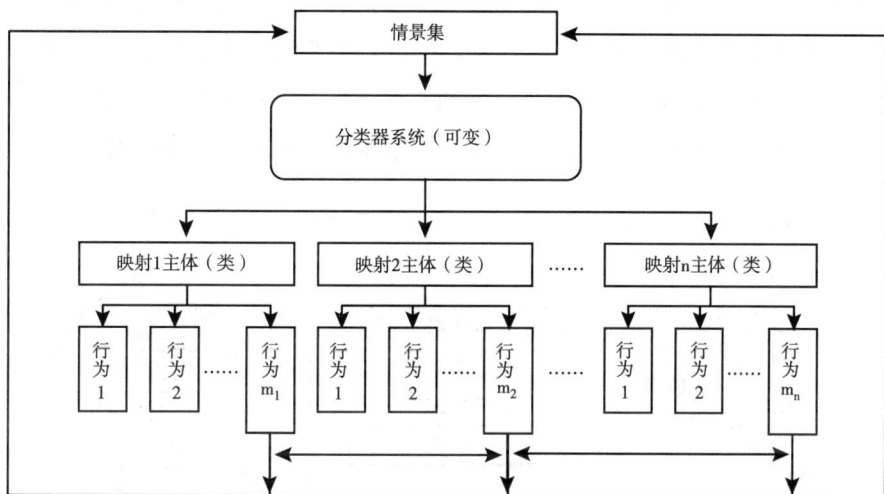

图3 基于主体的微观模拟建模原理示意图

3. 能源与物质流核算

能源与物质流核算是物理学中的热力学原理与经济核算相结合的产物，包括能源核算和物质流核算两部分。无论是能源核算还是物质流核算，都遵循热力学第一定律——能量守恒定律，即能量和物质既不能被创造也不能被消灭。这个定律为进入和流出生态系统、地区或经济系统的能量和物质流的投入产出数量的复式核算提供了理论和实施依据。由于物质和能量并不能相互转换，因此，核算实践中能源核算与物质流核算是分开进行的，核算人员需根据具体情况选择能源账户或物质流账户（Bartelmus，2008）。当然，无论是能源核算还是物质流核算，其基本思想、核算原理都是一致的，核算的最终目的也都是为了更好地促进资源节约和经济社会的可持续发展。

以物质流核算为例，该方法是对经济系统的实物流动进行系统描述的方法，通过分析开采、生产、制造、使用、循环利用和最终丢弃过程中的物质流动情况，为衡量工业经济的物质基础、环境影响和构建可持续发展指标提供综合信息。物质流核算方法起源于将自然资源使用同环境的资源供应力、污染容量联系起来的思考，其基本思想（见图4）有三层含义。①工业经济可以看作一个能够进行新陈代谢的活的有机体，"消化"原材料将其转换为产品和服务，"排泄"废弃物造成环境污染。②人类活动对环境的影响，主要取决于经济系统从环境中获得的自然资源数量和向环境排放的废弃物数量。资源获取产生资源消耗和环境扰动，废弃物排放则造成环境污染问题，两种效应叠加深刻地改变了自然环境的本来面貌。③根据质量守恒定律，对于特定的经济系统，一定时期内输入经济系统的物质总量，等于输出系统的物质总量与留在系统内部的物质总量之和。由此，经济系统对环境影响的实质就是经济系统物质流动对环境的影响，有必要对经济系统的物质流动加以跟踪和调控。

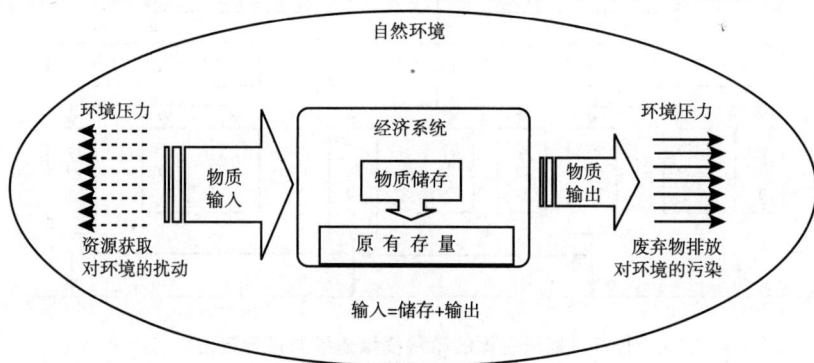

图4 物质流核算的基本思想

五 技术评价

技术本身是价值中性的，但技术的应用往往有着强烈的积极和消极的社会效应。为了更好地利用技术发展对经济社会产生的正面作用，防止或减少对社会、环境等可能产生的消极影响，就应对技术进行科学的评价。

（一）技术评价发展演变进程

技术评价被广泛承认和采用是从20世纪60年代开始的。对技术评价的定义有多种表述，综合起来可概括为：采用科学的方法，从各个方面系统地对技术实践的利弊得失进行综合评价，研究今天的选择对未来的影响，提早预见负面影响，趋利避害，针对可能产生的问题寻求更好的替代解决方案，供决策参考。

1972 年，美国国会成立了技术评价办公室（OTA），是世界上第一个正式的技术评价机构。其后美国很多有争议的政策事务都得益于 OTA。OTA 评价不提供特殊的建议，而是提出清楚明确的选项和可替代方案的结果。1995 年，OTA 因缩减预算而遭关闭，其时已经完成了 700 多份报告，涉及科学技术许多不同领域。

许多欧洲国家的议会相继建立了自己的技术评价部门，如 20 世纪 90 年代成立的欧洲科学技术选择评价中心等。德国也成立了技术评价机构（TAB）。欧洲各国技术评价活动的模式和美国基本相同，但具体运行模式有所不同。20 世纪 80 年代丹麦和荷兰引入参与式技术评价，对社会影响较强的技术的评价，在决策过程中引入更多的公众参与。鉴于医药的特殊性，医药技术评价得到特别重视，成为专门的健康技术评价领域。

20 世纪 80 年代中期，我国也引入了技术评价。2003 年 9 月，科技部颁布《科学技术评价办法》（试行）。《办法》对技术评价的基本程序、评价专家遴选、科学技术计划和项目评价、研究与发展机构和人员评价以及研究与发展成果评价作了明确的规定。但是，《办法》未对技术评价内容和方法作出明确规定。

（二）技术评价的必要性

第一，技术评价的必要性来自技术自身的特性，包括技术应用的外部性。重大技术具有战略性，但往往具有不确定性。技术外部性是指技术的应用对其他经济体，对本行业和其他行业、本地区和其他地区以及宏观经济、生态环境、人类身体健康和伦理道德等各方面产生的短期或长期的有益或有害的影响。技术的战略性是指在一定的历史时期，一些新兴技术或技术集群，对一国乃至世界经济发展和政治全局能够产生的重大影响。当今世界各发达国家，都在为识别和研发战略技术而竭尽全力。技术研发的不确定性主要体现在技术的不确定性和商业的不确定性。为了提高研发效率，尽量减少不确定性和风险，也要进行技术评价。

第二，技术评价是争夺国际经济技术竞争战略制高点的需要。一部世界近代史和现代史，就是一部大规模的技术发明史和激烈的技术与经济竞争史、一部发达国家竞相抢占技术和经济制高点的历史。当前，各国都在不遗余力地发展高技术集群。

第三，技术评价是我国建设创新型国家，赶超国际技术先进水平的需要。10 年来，我国的国际经济技术形势发生了重大变化。中国已经成为生产大国和经济大国，但还不是技术和经济强国，在国际分工产业链中处于较低位置。30 多年的技术引进，使多数产业技术水平有较大提高，但随着与发达国家的技术差距的减小，引进技术受到更多限制。在此情况下，必须下定决心，加强自主研发，全面提高国民经济的技术水平，与国际领先企业共舞。为此，就要加强技术评价研究，提高技术规划和研发管理水平，提高研发效率。

（三）技术评价的分类

按评价主体的类型不同，技术评价可分为政府主管部门的技术评价、行业主管部门的技术评价、地区主管部门的技术评价、大学和研究机构的技术评价、企业的技术评价、金融机构的技术评价等。不同的评价主体在研究开发过程中的职能不同，进行技术评价的出发点和侧重点也不同。评价目的的识别、评价指标的建立、评价模型的选择、权重系数的确定等都与评价主体有关。

按技术研发的演进过程，技术评价可分为基础研究评价、应用研究评价、技术开发评价和技术成果产业化评价。在此之前，还有一个前沿技术选择和技术规划评价阶段。不同阶段的评价各有其侧重点。

按研发活动的进展阶段，技术评价可分为事前评价、事中评价和事后评价。事前评价是对研发过程的预测；事中评价是研发进展过程中的监督检查；事后评价是验收成果和总结经验。

（四）技术评价的原则

在进行技术评价时，要遵循客观性原则、全面性原则、科学性原则、可比性原则、公开性原则、独立性原则等。

（五）技术评价的主要内容

1. 前沿技术选择和科技规划评价

科技发展目标和战略评价是要检验决定科技发展目标/战略与其依据的各种国内外因素是否互为充要条件，并具有可行性。

前沿技术选择是在跟踪国际科学技术发展前沿和技术预测的基础上，甄别和选择某项在本领域居于发展前沿的技术或技术系统，作为编入科技研发规划/计划的备选技术。

前沿技术选择评价的主要内容包括对技术本身的评价，同时要进行成本分析、外部性分析以及机会成本分析。

科技研发规划评价主要进行科技研发规划的必要性分析、科技研发规划的完整性分析、科技研发规划的优先次序分析，以及实施科技研发规划的主客观条件和保障措施分析等项内容。

2. 基础研究项目评价

基础研究的性质是从事理论研究，进行理论创新，通常无法识别其具体应用的前景。但基础理论研究一旦取得突破并实用化，有可能产生重大技术创新，可能催生新的技术集群或新产业集群，从而产生重大的政治、经济、军事、社会、环境效益影响。

基础研究项目评价以理论价值分析和成本分析为主，同时进行机会成本分析，以避免决策失误的损失。

3. 应用研究项目评价

应用研究是在基础研究成果的基础上，具有特定应用目的的技术应用理论研究。

应用研究项目评价除包括基础研究评价的技术理论评价、成本分析、机会成本分析以外，增加了外部性分析。因为应用研究指向某项特定应用，有可能在这方面进行一些粗略的分析。

4. 技术开发项目评价

技术开发是利用应用研究成果或现有知识，研发新技术、新产品、新工艺、新系统和新的服务。技术开发成果通常具有知识产权。基础研究和应用研究成果经由技术开发环节，开发成新技术，才能进入生产，才能转变成直接生产力。一个国家特别是发展中国家，以及一个企业，要想在竞争中生存和发展，可以没有研究能力，但绝不能没有技术开发能力，因为一流的技术是不可能用金钱买到的。

技术开发项目评价是在应用研究技术评价的基础上，增加了需求分析。生产的目的是消费，研发的目的是使用。从应用研究开始，就要关注需求。技术开发阶段要研制特定的新技术或新产品原型，有可能进行较为具体的需求分析。

5. 技术成果产业化项目评价

技术成果产业化是把实验室技术或产品进一步开发出成熟的产品，解决批量生产所需要的设备、工艺、质量保证等一系列技术和管理问题，形成批量生产能力，推向市场，并实现盈利。技术成果产业化，是技术和经济的结合点，是技术进步的关键环节。

技术成果产业化项目评价涉及的范围较之前各层面的评价更为广泛且深入，包括技术可行性评价、财务评价、经济评价、产业和区域经济评价、环境评价、社会评价、不确定性分析等诸多方面。所有评价的深度，应充分满足项目实施的需要。

（六）技术评价方法

技术评价方法包括三类：定性评价法、定量评价法和定性与定量相结合的综合评价法。

1. 定性评价法

定性评价法主要依靠专家的分析与判断，按照一定的标准对被评价对象给出非量化的评价结论。这种方法历史悠久，应用范围较广，适用于无法进行定量分析的情况。定性评价法主要包括同行评议、回溯分析法、专家会议法、德尔菲法和头脑风暴法等。

同行评议是同一领域的专家按一定标准进行的评议，可用于各类科技评价。同行评议通常有三种方式：通信评议；会议评议；现场评议。同行评议容易组织，适用于基础研究和战略基础研究评价。

回溯性分析法是对典型案例进行回顾和剖析，分析关键因素，总结经验，作为未来评价的依据或参考。回溯性分析有四种方法：历史描述；研究活动分析；匹配比较；以及前三种方法的综合。此法适用于基础研究和应用研究项目的事后评价。

专家会议法通过互相启发，发挥集体智慧，可弥补个人知识与经验的局限性，不足之处是容易受权威和多数人意见的影响。这种方法适用于战略决策分析，以及难以量化的大系统和简单小系统。

德尔菲（Delphi）法也称专家调查法，通过通信方式征询专家意见，然后汇总、反馈、再征询，经多次反复，取得比较一致的评价结果。这种方法自20世纪40年代开发以来，在众多领域得到应用。德尔菲法可充分利用专家的经验和学识；采用匿名或背靠背方式，可促使专家独立判断；评价过程经几轮反馈，使专家的意见逐渐趋同。此法适用于对不确定因素的定性评价。

头脑风暴法是召集一批专家在没有提前准备的情况下自由讨论，通过互相激发和质疑，依靠灵感产生创新设想。头脑风暴法需要参与者有较好素质，适用于技术创新时产生替代方案。

2. 定量评价法

定量评价法主要运用数学模型对评价对象的投入、产出等相关数据进行计算，得出定量的评价组合，主要包括计量经济分析法、趋势外推预测法、文献计量法、费用效益分析法、决策树法等。

　　计量经济分析法是在分析过去、预测未来时常用的方法。计量经济模型包括回归分析法、时间序列分析法等多种方法。

　　回归分析法是在掌握大量观察数据的基础上，利用数理统计方法建立因变量与自变量之间的回归关系，来描述它们之间数量上的平均变化关系。回归分析法可分为一元回归分析和多元回归分析、线性回归分析和非线性回归分析等。

　　时间序列法是通过编制和分析时间序列数据及其所反映的发展过程、方向和趋势，进行类推或延伸，预测未来可能达到的水平。其前提是假定事物从过去延续到未来。此法可用于短期预测、中期预测和长期预测。根据对资料分析方法的不同，又可分为简单序时平均数法、加权序时平均数法、移动平均法、加权移动平均法、趋势预测法、指数平滑法等。

　　趋势外推预测法是根据过去和现在的发展趋势推断未来的一类方法，可用于科技、经济和社会发展的预测。其基本假设是：事物是渐进式演变的；决定事物过去发展的因素，也决定其未来的发展；因而可以根据过去和现在，预测未来。趋势外推法常用的函数模型有指数曲线、生长曲线、包络曲线等。

　　文献计量法是利用科学产出的科技文献的定量数据，采用数学和统计学方法，对科学活动规律及其影响进行研究与分析的一种方法。该方法基于 SCI 数据库和专利数据库，采取论文指标、引文指标、专利引文指标等，从宏观层面研究国家的科学能力、科学前沿发展趋势、科学活动的水平及影响，对国家宏观科技政策和科技管理具有一定的参考价值。

　　费用效益分析法是根据具体技术方案投资费用、成本费用、所获收益数据等技术有关指标，如净现值、年费用、投资回收期、内部收益率、外部收益率等指标，并按相应的数据进行比较，选择最优方案的经济效益评价方法。这一方法主要适用于经济效益评估和技术方案评估。

　　决策树法属于风险型决策方法，它运用树状图表示各决策的期望值，通过计算，最终优选出效益最大、成本最小的决策方法。应用此法应具备以下条件：具有明确决策的目标；存在多个备选方案；存在多种自然状态（如气候变化、市场行情、经济发展动向等）；可以计算不同方案在不同自然状态下的损益值；能够估计不同自然状态的发生概率。决策树法条理清晰，程序严谨，定量、定性分析相结合，方法简单，易于掌握，应用性强，适用范围广，适用于技术方案的选择。

　　3. 综合评价法

　　综合评价法是将定性与定量评价方法相结合的评价方法。主要包括情景分析法、层次分析法、交叉影响分析法、定标比超法、反推分析法等。

情景分析法，在假定某种现象或趋势将持续到未来的前提下，对预测对象的未来发展做出种种设想或预计。情景预测法根据不同情景采取不同的预测方法，定量、定性分析相结合，弥补了定性预测和定量预测的各自缺陷。情景分析法主要适用于下列情况：未来发展具有很强的不确定性；未来可能出现新的机遇和挑战，但依据不充分；事物发展可能经历明显的"跳跃"；未来发展有众多因素的影响，其中人为因素影响较为明显。

层次分析法将复杂、多目标决策问题作为一个系统，将目标分解，进而分解为多指标（或准则、约束）的若干层次，通过定性指标模糊量化方法算出层次单排序（权数）和总排序，将定性分析和定量分析相结合，作为多指标、多方案优化决策的系统方法。层次分析法的特点是将复杂问题简单化，简洁、实用，适合于对决策结果难以直接准确计量的项目。

交叉影响法也称交叉概率法，是在德尔菲法和主观概率法基础上发展起来的预测方法。使用这种方法，要主观估计每种新事物在未来出现的概率，以及新事物之间相互影响的概率，然后对事物发展前景进行预测。这种方法可用于风险决策，可降低决策风险，为决策者参考应用，不足之处是主观性较强。

定标比超法是将本国或本单位的技术研究与本领域竞争者（或领先者）进行比较，从而提出行动方案，以弥补自身的不足。定标比超法是一个积极的先发制人的结构化的过程，可以改变工作的行为或过程，最终获得较高的绩效和竞争优势。这一方法适用面广，针对性强，作用多样，有助于改善内部经营，赶超竞争对手。

反推分析法，与传统的趋势外推法相反，从一个期望的未来反向倒推，一直倒推回到现在，来确定实现期望未来的可行性，以及应该采取的相应对策。反推法用于解决长期、复杂的问题，这些问题包括很多社会现象，如技术创新与变革等。

六　高新技术评价的指标体系

对历史上重大经济危机的研究表明，经济在经历真正大的危机后不可能仅靠在短期内的财政、货币政策调整，从根本上实现彻底复苏。每次重大的危机都是在经过若干年的调整后，通过新的重大技术创新引发时代性高科技发展浪潮，出现大量新产品刺激新的消费，一大批新的公司通过获取超额利润，并为消费者带来持续的消费者剩余，才能从根本上使经济得到恢复并进入新的增长周期。高技术创新周期总是与经济周期具有关联性。因此，金融危机以后，各国政府纷纷制订中长期的科技开发计划，加速新能源和节能技术、新一代信息技术、生物技术、先进制造技术等高技术发展。高新技术是一个相对概念，近年来我国各界所认为的高新技术一般包括：①电子信息技术；②新能源及节能技术；③航空航天技术；④新材料技术；⑤资源与环境技术；⑥生物与新医药技术；⑦海洋技术。在我国战略性新兴产业规划中，把节能环保产业列为七大领域之首，因此，涉及节能环保的资源利用与环境保护技术也日益受到关注。

限于研究的资料不充足和技术的复杂性，本报告对高新技术的评价指标体系研究没有包括生物技术和海洋技术。高新技术评价指标体系不仅包括经济指标，也包括社会指标。

（一）新能源技术对经济社会发展作用的综合评价指标体系

由于资源有限而需求在持续增长，化石能源价格不断攀升，因此，各国对能源安全越来越重视。寻求新的清洁的可持续供给的新能源，已成为世界各国的必然选择。新能源种类很多，各种新能源技术在不断创新过程之中，选择技术具有可行性、经济上具有重大潜在市场竞争能力的新能源技术，是高新技术评价的重要任务。对新能源技术评价要遵循科学优选、引导性优选、高技术优选、战略性优选、重要性优选、可持续发展优选等原则，建立综合评价指标体系，全面评价新能源和节能技术对经济社会发展的影响，主要评价指标体系见表2。

本指标体系从总体上分4个层次，即总目标层、目标要素层、因素层及指标层。总目标层是针对开展此项评价工作所要解决的问题而设定的，用以表征新能源技术对经济社会发展的影响程度，并据以确定优先发展次序。目标要素层中的指标是针对解决最终问题所需着重考虑的若干个方面而设定的，它们同时也是影响总目标的几个重要的要素，包括"技术自身状况评价""技术经济效应评价""技术社会效应评价"和"技术环境效应评价"4个目标要素指标。其中，对技术自身状况的评价是发展和应用技术的先决条件，技术对经济、社会和环境的效应评价则是对新能源技术在研发、应用过程中对经济社会主要方面产生的重大影响的评价。因素层各要素的选取主要是针对影响因素层评价而设定的。根据4个目标要素指标，设置了10个因素层指标，在因素层指标下设立了29个指标。选择层次分析法、多层次模糊评判法和主成分分析法三种具体评价工具对建立的指标体系进行计算评价。

表 2 新能源技术对经济社会发展影响的综合评价指标体系

总目标层	目标要素层	因素层	指标层
新能源技术对经济社会发展影响程度	技术自身状况评价	先进性评价	本技术整体先进程度评价
			本技术关键性技术领先程度评价
		重要性评价	现实对本技术发展的紧迫度评价
			本技术应用的广泛度评价
		可行性评价	本技术发展的资源适用度评价
			本技术领域人才保障度评价
			本技术发展的装备匹配度评价
		风险性评价	本技术成熟度评价
			本技术研发难度评价
			技术研发主体的研发能力评价
			技术替代与引进带来的风险评价
	技术经济效应评价	经济价值评价	本技术研发所需投资状况评价
			本技术市场需求状况评价
			本技术应用对新产业成长影响效应评价
			本技术对相关产业带动效应评价
		经济增长模式评价	本技术对相关投入产出的影响效应评价
			本技术提高资源利用效率的程度评价
			本技术提高能源利用效率的程度评价
			本技术产品对改善能源消费结构的影响评价
	技术社会效应评价	社会效应评价	本技术产品对缓解能源安全的影响评价
			本技术及其相关产品对伦理道德适应性评价
			本技术及其相关产品对提高社会运行效率评价
		生活质量评价	本技术应用对就业的拉动作用评价
			本技术应用对居民生活的其他影响评价
	技术环境效应评价	资源依赖度评价	本技术应用对化石能源的依赖度评价
			本技术应用对水资源的依赖度评价
			本技术应用对土地资源的依赖度评价
		大气环境影响评价	本技术应用对减排温室气体的贡献评价
			本技术应用对减排其他废气的贡献评价

（二）航空航天技术对经济社会发展作用的综合评价体系

航空航天技术是一门高度综合的现代科学技术体系。它以基础科学和技术科学为基础，将 20 世纪与 21 世纪的许多前沿技术进行集成应用。涉及空气动力学、气动热力学、结构力学、气动弹性力学、材料科学、电子学、光学、冶金学、工艺学、天文学、气象学、生理学、自动控制和计算技术等多学科多领域。航空航天技术的发展需要一系列技术的支持，它的发展反过来又带动和促进了一系列相关高新技术的发展和创新。由于航空航天技术作为一门高新技术，对军事、政治、经济、科学、文化领域均有重大影响，具有宏观的社会效益与经济效益，对其进行评价就更加困难。本报告在深入研究航空航天技术特征、技术经济效益和社会效益基础上，本着客观原则、综合原则、量化原则和可比原则，建立了航空航天技术对经济社会发展影响的综合评价指标体系（见表3）。在这个指标体系基础上，选择评价模型并就航空航天技术对经济社会发展的影响进行评价。

表3　航空航天技术评价指标体系

总目标层	目标要素层	因素层	指标层
航空航天技术对经济社会发展影响程度	技术可行性评价	技术系统评价	目的性
			先进性
			可靠性
			配套要求
			副作用
			应用潜力
		部件技术评价	先进性
			可靠性
			航空航天领域扩散的可能与障碍
			其他领域扩散的可能与障碍
	技术经济收益评价	直接收益	销售产品或服务
			为国内经济带来的成本节约
			获得关键技术能力与减少对外技术依赖
			对其他行业的带动
		间接收益	新的商业应用
			技术扩散
	共性技术应用的经济合理性评价	收益	对GDP的贡献
			对经济竞争力的贡献
		成本	技术学习与改造的成本
			产品设计改进的成本
			生产线的设计与建设成本
	技术应用的社会有益性评价	对国际关系的影响	国家安全
			国际合作
			国际地位
		对社会生活的影响	对公共事业（环境、气候问题等）的贡献
			新的生活方式
			科研教育
		新知识的产生和创造的可能性	新知识的产生与创新的可能

航空航天技术的综合评价体系不仅包括对技术系统整体的评价，还包括对系统内部件的技术评价，这是航空航天技术评价的特殊要求。

本指标体系从总体上分 4 个层次，即总目标层、目标要素层、因素层及指标层。评价的总目标层为航空航天技术对经济社会发展影响程度。为了对总目标层进行评价，一共使用了 4 个一级指标（目标要素层）进行评价，分别包括技术可行性评价、技术经济收益评价、共性技术应用的经济合理性评价及技术应用的社会有益性评价，主要从技术可行、经济和社会效益角度评价航空航天技术的影响。因素层也就是二级指标，分别界定了对 4 个目标要素层的影响因素，一共包括 9 个因素。其中，技术可行性评价既包括技术系统评价也包括部件技术评价；技术经济收益评价包括直接收益和间接收益要素；共性技术应用的经济合理性评价包括收益和成本要素；技术应用的社会有益性评价包括对国际关系的影响、对社会生活的影响和新知识的产生和创造的可能性。最后在因素层指标下设计了 28 个三级指标，在表 3 中已列出。

根据以上对航空航天技术经济社会影响评价的综合指标体系，针对不同的航空航天技术或研究课题，可以选择主成分分析法、层次分析法、神经网络评价法、模糊数学等方法进行综合评价，根据评价结果可以进一步提出支撑航空航天技术发展的政策建议，以作为政府及相关决策部门的政策参考。

（三） 信息技术对经济社会发展作用的综合评价体系

本报告重点从技术评价、经济评价、社会评价、环境资源评价和战略评价 5 个方面详细分析，在此基础上提出了信息技术对经济社会影响的评价指标体系。其中，信息技术评价包括技术可行性、先进性和风险性 3 个二级指标；信息技术经济评价包括国民经济评价即宏观经济评价和微观经济评价 2 个二级指标；信息技术社会评价包括社会质量评价、社会公平评价、社会可持续发展评价和社会和谐评价共 4 个二级指标；信息技术的环境资源评价包括环境评价指标和资源评价指标；信息技术的战略评价包括政治、国防和国家战略支撑上的评价指标。

传统技术经济评价方法有静态和动态评价方法，由于信息技术评价是一个复杂的系统，单纯地使用传统的静态或动态技术经济评价方法，很难全面反映信息技术的多方面直接或间接效果，因此，可以选择综合评价模型就信息技术对经济社会发展的综合影响进行评价。在评价中，可以采用加权计算进行综合评价记分，然后确定各因子的权重，确定权重的方法一般包括主观赋权法（两两比较法、环比评分法、德尔菲法和层次分析法）、客观赋权法（因子分析法、熵值法、多元统计分析）和组合赋权法。利用以上方法打分后，可以采用模糊数学、主成分分析法等综合评价信息技术对经济社会发展的影响，进而给出相关政策建议。

（四）资源与环境技术对经济社会发展作用的综合评价体系

基于评价指标体系设计的原则，建立资源与环境技术综合评价体系（见表4）。总体上分4个层次，即总目标、一级指标、二级指标、三级指标。总目标设定为"资源与环境技术对经济社会发展作用程度"，并根据最终的评价结果对是否应该发展某项技术，以及各类技术的优先发展次序等资源与环境技术发展战略的关键问题进行回答。

表4 资源与环境技术对经济社会发展作用的综合评价指标体系

总目标	一级指标	二级指标	三级指标
资源与环境技术对经济社会发展作用程度	技术评价（A）	A_1：技术先进性	A_{11}：技术整体先进程度
			A_{12}：关键性技术领先程度
		A_2：技术重要性	A_{21}：技术需求的迫切性
			A_{22}：技术应用的广泛性
		A_3：技术可行性	A_{31}：技术发展的人才保障度
			A_{32}：技术发展的装备匹配度
			A_{33}：技术研发主体的研发能力
		A_4：技术风险性	A_{41}：技术成熟度
			A_{42}：技术后发展度
			A_{43}：技术替代与技术引进
	经济评价（B）	B_1：微观经济效应	B_{11}：技术研发投资
			B_{12}：技术应用产出
			B_{13}：内部收益率
			B_{14}：投资回收期
		B_2：宏观经济效应	B_{21}：技术市场需求状况
			B_{22}：技术应用对新产业成长影响效应
			B_{23}：技术对相关产业带动效应
	社会评价（C）	C_1：社会效应	C_{11}：技术的伦理道德适应性
			C_{12}：技术对社会可持续发展的影响
		C_2：生活质量	C_{21}：技术应用对就业的拉动作用
			C_{22}：技术应用对人体健康的影响
	资源环境评价（D）	D_1：资源影响	D_{11}：技术发展对资源循环利用的贡献
			D_{12}：技术发展对资源消耗的依赖
		D_2：环境影响	D_{21}：技术发展对主要污染物减排的贡献
			D_{22}：技术发展对退化土地修复的贡献

一级指标是针对解决最终问题所需着重考虑的几个方面而设定的，它们同时也是影响总目标的重要因素。根据最终所要解决的问题及已设定的总目标，主要从4个方面对目标问题进行评价描述，分别为技术评价、经济评价、社会评价和资源环境评价4个一级指标。其中，技术评价是发展和应用技术的先决条件，而经济、社会和资源环境的效应评价则是技术在研发及应用过程中对经济社会主要方面产生的重大影响的评价。

二级指标的选取主要是针对一级指标所要考虑的重点及关键问题而设定的，包括10个指标。同样，三级指标是根据二级指标的侧重点及其影响因素设定的，包括25个指标。不同层次的指标共同构成了资源与环境评价指标体系的框架。

根据以上综合评价指标体系框架，首先要对三级指标进行赋值或打分，然后利用两两比较法、环比评分法、德尔菲法、层次分析法等确定各指标因素的权重，然后利用主成分分析法、模糊数学、神经网络分析等方法，就资源与环境技术对经济社会发展作用进行综合评价，最后，根据评价结果以及各层次因素的权重，制定资源与环境技术发展的相关政策建议，供政府及有关决策部门参考。

（五）新材料技术发展对经济社会作用的综合评价体系

新材料技术经济社会综合评价指标体系的设计应围绕三个主要方面：一是对新材料技术本身进行评价；二是对新材料技术产业化产生的经济效益进行评价；三是对新材料技术在生产和应用中产生的社会效益进行评价。围绕这三个层面，评价体系主要包括4大类一级指标（见表5）。

1. 新材料技术的先进性及可靠性评价指标

新材料技术必须具备研究和开发的价值和可操作性。选用技术的先进性、技术的重要性、技术的成熟性和技术的适用性4个指标来表征新材料技术。在技术的先进性方面，设置了与国际同类技术相比、与国内同类技术相比2个指标；在技术的重要性方面设置了技术的需求度和技术的竞争优势2个指标；在技术的成熟性方面设置了技术成果转化程度、权威部门的检测结果、用户认可程度、自主知识产权状况、技术标准完善程度5个指标；在技术的适用性方面设置了对资源条件的要求、对生产环境的要求、对人员条件的要求、环境代价4个指标。

表 5　新材料技术综合评价指标体系

总目标	一级指标	二级指标	三级指标	评判等级及标准		
新材料技术经济评价指标 A	技术评价 A_1	技术先进性 A_{11}	与国际同类技术相比 A_{111}	较好	一般	较差
			与国内同类技术相比 A_{112}	较好	一般	较差
		技术重要性 A_{12}	技术的需求度 A_{121}	较高	一般	较低
			技术的竞争优势 A_{122}	较高	一般	较低
		技术成熟性 A_{13}	技术成果转化程度 A_{131}	较高	一般	较低
			权威部门的检测结果 A_{132}	较高	一般	较低
			用户认可程度 A_{133}	较高	一般	较低
			自主知识产权状况 A_{134}	较高	一般	较低
			技术标准完善程度 A_{135}	完善	一般	无
		技术适用性 A_{14}	对资源条件的要求 A_{141}	较高	一般	较低
			对生产环境的要求 A_{142}	较高	一般	较低
			对人员条件的要求 A_{143}	较高	一般	较低
			环境代价 A_{144}	较低	一般	较高
	市场评价 A_2	市场规模 A_{21}	潜在用户数量 A_{211}	较多	一般	较少
			平均购买数量 A_{212}	较大	一般	较小
		市场潜力 A_{22}	市场容量大小 A_{221}	较大	一般	较小
			在本行业的地位 A_{222}	较高	一般	较低
			需求增长 A_{223}	较快	一般	较慢
		市场能力 A_{23}	市场适应能力 A_{231}	较强	一般	较弱
			市场推广能力 A_{232}	较强	一般	较弱
			市场开拓能力 A_{233}	较强	一般	较弱
	风险评价 A_3	技术风险 A_{31}	技术替代 A_{311}	可能性较小	一般	可能性较大
			技术引进 A_{312}	较难	一般	较容易
		市场风险 A_{32}	价格 A_{321}	波动性较低	一般	波动性较高
			销售量 A_{322}	波动性较低	一般	波动性较高
		管理风险 A_{33}	质量控制 A_{331}	较容易	一般	较难
			成本控制 A_{332}	较容易	一般	较难
			生产效率 A_{333}	较高	一般	较低
		环境风险 A_{34}	经济环境恶化 A_{341}	可能性较小	一般	可能性较大
			资源枯竭 A_{342}	程度较低	一般	程度较高
			政策相容 A_{343}	程度较高	一般	程度较低
	经济评价 A_4	财务评价 A_{41}	净现值 A_{411}	较大	一般	较小
			内部收益率 A_{412}	较大	一般	较小
			投资回收期 A_{413}	较短	一般	较长
		国民经济评价 A_{42}	经济内部收益率 A_{421}	较大	一般	较小
			经济净现值 A_{422}	较大	一般	较小
		社会效益 A_{43}	重复使用率 A_{431}	较高	一般	较低
			回收率 A_{432}	较高	一般	较低
			再资源化率 A_{433}	较高	一般	较低

2. 新材料技术的市场评价指标

新材料技术的开发必须要有良好的市场作为支撑。新材料技术的市场评价指标包括市场规模、市场潜力、市场能力3个指标。在市场规模方面我们设置了潜在用户数量、平均购买数量2个指标；在市场潜力方面我们设置了市场容量大小、在本行业的地位、需求增长3个指标；在市场能力方面我们设置了市场适应能力、市场推广能力、市场开拓能力3个指标。

3. 新材料技术的风险评价指标

新材料技术的开发必须充分考虑风险因素，以提高新材料技术开发的成功率。风险指标包括技术风险、市场风险、管理风险、环境风险4个指标。在技术风险方面我们设置了技术替代、技术引进2个指标；在市场风险方面我们设置了价格、销售量2个指标；在管理风险方面我们设置了质量控制、成本控制、生产效率3个指标；在环境风险方面我们设置了经济环境恶化、资源枯竭、政策相容3个指标。

4. 新材料技术的经济评价指标

新材料技术的开发也必须充分考虑经济因素。经济评价主要考虑财务评价、国民经济评价、社会效益3个指标。在财务评价方面选择净现值、内部收益率、投资回收期3个指标；在国民经济评价方面选择经济内部收益率、经济净现值2个指标；在社会效益方面选择重复使用率、回收率、再资源化率3个指标。

对上述指标进行集成评价，评判等级及标准如表5所示。

七　"十二五"期间几个重大技术经济研究课题

（一）中国由世界制造中心向世界创新中心演变的问题

1. 制造中心与技术创新中心的界定

世界制造中心（或称世界制造基地）指的是产品生产加工环节在特定地域内聚集的状态，是为世界市场大规模提供工业品的生产制造基地。

世界制造产业中心则是世界制造中心、营销中心、研发中心三者的统一。通常，伴随着营销中心和研发中心，还会逐步形成品牌中心。

在发达国家早期的工业化过程中，由于经济全球化程度低，制造中心、新产品研发中心和营销中心三者是融为一体的。而在全球化程度日益提高的当今时代，跨国公司以利润最大化为目标在全球配置资源，导致世界制造产业的发展越来越呈现制造中心与营销中心、研发中心相分离的趋势。分离后的制造中心，一般要受到营销中心和研发中心的支配。进入 21 世纪以来，中国日益成为由跨国公司和世界贸易体系主导的世界制造中心，但我们却没有成为世界创新中心和营销中心。也就是说，中国是世界制造中心，却不是世界制造产业中心。我们处于庞大纵向延伸的利益链条的产品制造部分，但这个利益链条的获利却由研发中心和营销中心主导。

随着世界经济整体规模的日益扩大和进入工业化的国家不断增加，世界制造中心和世界制造产业中心都在出现分散化的现象。随着新兴世界制造中心规模的扩大，在一定程度上也会拉动营销中心和研发中心向其逐步转移，形成新的世界制造产业中心，从而导致世界制造产业中心的分散化。

传统的制造产业中心包括制造中心、研发中心、营销中心及品牌中心，涵盖的内容与技术创新所覆盖的新技术、新设想从形成到大规模商业化的全过程基本吻合。因此，发达国家的世界制造产业中心同时也是世界技术创新中心，是世界技术创新活动的推动者和引领者。因此，发达国家工业化时期作为世界制造产业中心与世界技术创新中心二者之间具有很强的内在一致性。现代社会公认的三代制造产业中心，英国、美国（德国）和日本，它们在成为世界制造产业中心的过程中，同时也成为世界技术创新中心（见图 5）。

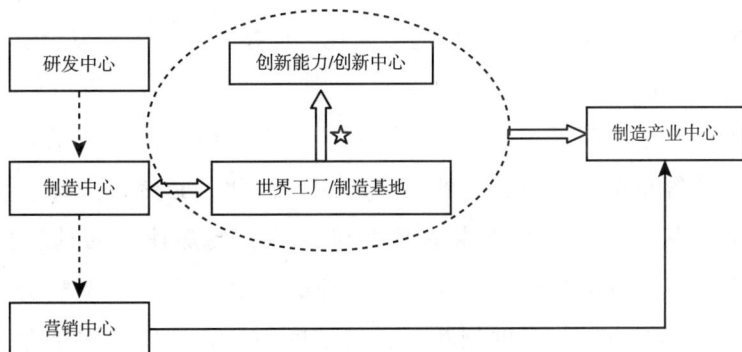

图 5　制造产业中心、技术创新中心等相关概念关系

2. 实现制造中心向技术创新中心跨越的条件分析

工业革命以来，英国、美国、德国及日本的崛起，基本都遵循了"先制造中心、后创新中心"的一般规律。制造中心的形成需要有足够大的经济和市场规模，能够发明和应用先进技术，具有相应的资源禀赋条件作为支撑。宏观层面庞大的生产规模和微观层面降低成本的逐利冲动既对技术进步产生强烈的需求，也为技术革命的催生提供土壤。在这种条件下，如果能够配合适时的制度创新和适度的国家干预，经济体便有很大机会实现由制造中心向技术创新中心的跨越和嬗变。

要成为技术创新中心，首先必须成为制造中心，而能否成为制造中心，与经济体自身的经济和市场规模有着密切的关系；制造中心的形成为新技术实现规模经济和市场价值提供了前提和基础，成为培育技术创新中心的土壤。

除了自身的经济规模外，经济体自身的资源禀赋条件是否具有应用新技术的比较优势，也是促成制造中心向创新中心转变的重要因素。市场空间的大小首先取决于经济体自身的经济规模。对于大的经济体来说，其自身的国内市场空间就很大，能够消化较多的生产能力。而经济体自身的资源禀赋结构则是拓展外部需求的重要条件。如果经济体现有的资源禀赋结构能够与世界已有经济中心（分中心）的禀赋结构形成互补，则将具备较好的贸易条件，基于其自身禀赋优势形成的生产能力将比较容易开拓广阔的国际市场，使自己成为世界制造中心。

技术革命是成为新技术创新中心的前提条件。近代以来，人类社会经历了三次大的技术革命，相应引发了三次产业革命，在催生新产业的同时，引发了世界制造产业的巨大变革，并先后促成英、美、德、日四国由世界制造中心（或分中心）升级为世界技术创新中心。制造中心和技术创新中心形成后，产业发展中的"马太效应"将不断巩固其优势地位。对于后发国家来说，要成为新的世界制造中心和技术创新中心，必须有非常规的机遇和途径。而技术革命的爆发恰恰能够提供上述非常规契机。

打造技术创新中心需要相应的制度创新。技术创新的最终结果和目的是促使新技术、新工艺等在全社会范围内的推广应用，因此，必然带来社会生产力的全面革新和发展。从生产力和生产关系的角度来讲，要加速推动社会生产力的发展，就必须有先进的社会生产关系与之相适应。社会生产关系调整变革适应生产力发展的过程，其本质就是制度创新。通过制度创新，适应技术革命和技术创新的要求，为技术创新中心、制造产业中心乃至世界经济中心的形成提供制度基础和保障。

处于赶超地位的后发国家成为技术创新中心离不开国家战略选择和政府强力推动。无论在何种体制下，国家都具有强大的资源动员和组织能力。政府对经济影响的广泛性是其他任何组织都无法企及的。正因为如此，国家层面的战略选择以及战略确定后，政府部门的强力推动往往能够加速世界制造中心和技术创新中心的形成（见图6）。

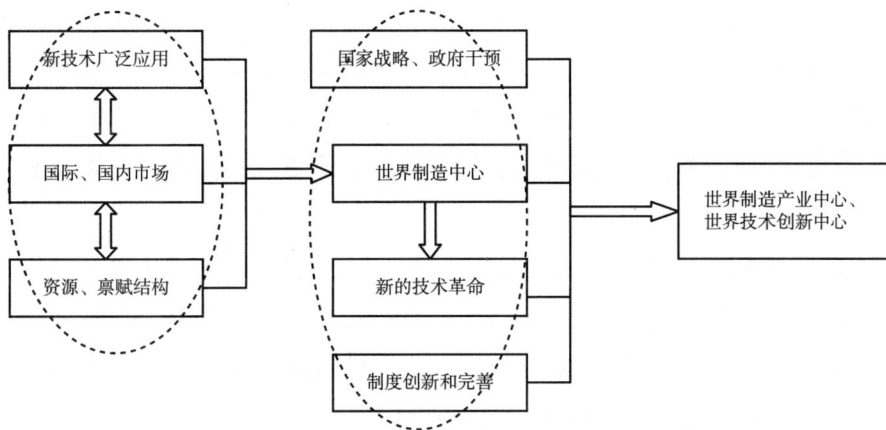

图6　世界制造中心、技术创新中心形成影响因素分析

3. 新中国制造产业发展的历程、现状及突出问题

新中国成立60多年来，我国的制造产业和整个工业经历了一个从无到有、由弱到强、制造产业内部结构不断完善的发展历程，具体可以分为六个阶段。

第一阶段：1949～1957年。新中国成立之初，我国的国民经济结构以农业为主，制造产业在整个国民经济中的比重非常低。

第二阶段：1958～1965年。这一阶段，我国经历了著名的"大跃进"和国民经济调整。"大跃进"中表现出的盲目性导致国民经济重大比例关系的严重失调，工业生产变得难以为继。到1965年，重工业产值占工业产值的比重已经降低到50%以下。

第三阶段：1966～1977年。这期间我国经历了"文化大革命"10年和"文化大革命"后的拨乱反正，制造产业和整个国民经济经历了大起大落。

第四阶段：1978～1987年。消费品短缺问题得到重视，消费品制造产业在这10年逐渐复苏、发展和壮大，并基本消除了消费品短缺问题，各种票证也逐步成为历史。

第五阶段：1988～1997年。沿海地区的制造产业得以快速发展，内地和沿海地区的制造产业以及区域整体经济实力的差距逐渐拉大。

第六阶段：1998年至今。这段时间是中国制造产业快速融入世界体系的重要时期。跨国公司纷纷在华设立制造基地，中国的优秀制造企业也开始走向全球，"中国制造"在2000年以后开始闻名全球。

中国的制造产业发展现状大体可以归纳为以下几个特点：一是制造产业总体规

模已经非常可观；二是制造产业体系总体比较齐全完备；三是某些行业已经有了非常好的发展基础和较强的竞争力；四是企业核心竞争力不强。

中国制造产业存在的最为突出的问题就是技术创新能力不强，具体表现为：一是制造产业整体对外技术依存度过大；二是研发主体结构不合理；三是企业自身的创新能力不足。

4. 中国成为世界制造产业中心和技术创新中心的条件、机遇和挑战

中国要在未来实现由制造中心向技术创新中心和制造产业中心的转变，已经具备了较好的基础条件。第一，中国拥有世界最大的市场规模和需求潜力；第二，中国拥有丰富的劳动力资源和科技人才储备；第三，经过60多年的不断发展，我国打下了较好的制造产业基础；第四，中国已经具备完善的科学技术研究与开发体系，具备自主创新的基本条件。

信息技术的发展及其对传统产业的渗透，使得我国很多领域不再需要遵循原有的创新路径，亦步亦趋地进行追赶，而是可以与发达国家站在基本相同的起跑线上。在物联网的某些技术领域，我们已经取得了较为明显的技术优势。

2008年爆发的全球金融危机虽然在很大程度上影响了中国的外需，给中国经济的平稳发展和结构调整优化带来了较大的负面冲击，但也在客观上为中国制造产业赶超欧美、成为世界技术创新中心和制造产业中心提供了新的契机。

当前，我国的社会主义市场经济体制已日臻完善。经过30多年改革开放，各项体制改革还在进一步深化，将为生产力水平的提高提供更为适应的社会生产关系，也将为制造产业的技术创新和整个创新型国家建设提供更好的制度保障。

然而，要成为未来的世界技术创新中心和制造产业中心，我们同样面临诸多挑战。一是现代技术的高度复合集成特征使得技术创新本身的难度在不断加大。二是我国与发达国家的技术差距在缩小，在新的科学革命和技术革命没有到来之前，国际上技术创新的门槛越来越高，跨国公司对新技术的控制越来越严，靠引进技术实现"嵌入式"技术创新的潜力越来越小。三是国内在相关制度建设方面尚未形成有利于自主创新的激励机制，整个国民收入分配格局处于一种扭曲状态，国有企业领导任免体制、考核机制无法形成强烈的创新激励导向；对于民营企业来说，国内对待中小企业的种种非国民待遇，使民营企业的技术创新面临重重障碍。

5. 中国成为世界技术创新中心和制造产业中心的政策建议

中国通向世界技术创新中心和制造产业中心之路不可能一帆风顺。为有效应对各种可能的调整，实现上述战略目标，有必要从以下方面进行战略和政策方面的

调整。

第一，要切实调整制造产业乃至整个经济发展的战略指导思想，以战略性新兴产业为龙头，从模仿创新战略加速向自主创新和创新型国家战略转变。

第二，要着眼于长期发展，从国家层面进行合理规划，加大国家中长期科技发展规划的落实力度，对企业的自主创新活动进行鼓励和引导。

第三，通过制度创新，加大对企业自主创新活动的利益激励，从财政政策、金融政策等角度全面激励创新。

第四，在实现世界制造产业中心、技术创新中心目标的过程中，要充分把握和顺应时代机遇，重点突破，逐步推进。要特别注意把握可能由新能源技术、新一代信息技术引发的第四次技术革命的时代机遇。

（二）创新型国家的科技战略、科技政策和科技管理问题

1. 创新型国家建设的国家创新体系建设

国家创新体系是一个国家内各有关部门和机构相互作用而形成的系统。从创新体系的组成上看，经济部门、科技部门、教育部门体制改革的力度，适应市场机制的能力，部门之间体制改革的配套程度，都对国家创新体系建设产生影响。

在建设创新型国家的过程中，要以市场为导向，同时也要重视政府所起的重要作用。政府行为既不能取代企业行为和市场作用，但也不能缺位。政府作用主要表现在宏观调控、制定政策、完善科技立法、健全创新环境、实施引导性创新、提供创新的资金支持和建立风险基金、协调创新体系中各创新承担者之间的关系等。政府职能、企业行为和市场机制需要区分开来，这是优化创新外部环境的必然要求。正确处理市场机制和政府行为之间的关系，是技术创新全面实施和国家创新体系建设的根本保证。

企业是技术创新的主体。正是通过企业不断的技术创新，把发明或其他科技成果引入生产过程，增强技术和生产能力，制造出市场需要的商品，形成规模产业，把知识、技术转变为物质财富。也正是由于企业的发展和自身财富的积累，才能够形成新的研发投入，促进技术的更新和突破，又将知识和技术转变为更大的物质财富，从而实现经济与科技发展的良性循环。由于企业所蕴涵的巨大创新需求和所呈现的创新活力，使得各种新发现、新发明不断涌现，各种新技术、新产品、新工艺不断涌现，各种新的社会生产、科研组织方式不断涌现。

增强企业的自主创新能力，一条重要的途径就是加强产学研结合。产学研结合

可以实现资源共享、优势互补、风险分担，缩短研发周期，提高社会综合技术创新能力。无论是知识创新，还是技术创新；无论是高技术开发，还是高新技术产业化；无论是基础研究、应用研究，还是高技术研究，在创新的每个阶段、每个环节都有产学研合作的问题。构筑国家创新体系框架，推动创新体系建设，必须从我国经济社会发展的战略高度，重新认识和评价产学研合作问题，通过实践和探索，走出一条具有中国特色的产学研结合之路，加快我国国家创新体系的建设步伐。

技术创新的主要动力来自市场，市场是技术创新的基本出发点和最终归宿。企业如果不注重市场需求的变化，不注重进行技术创新，企业将丧失潜在的市场机会，就会在竞争中被淘汰。要弄清市场中有哪些问题亟须通过技术创新来解决，包括近期、中期和远期需要解决的问题。要注重提高对市场分析、挖掘、引导、培植、控制的能力，优化组织体系，确保市场的导向作用。要建立从研发、生产到市场三位一体的机制，避免研发与市场"两张皮"。技术创新是否具有良好的市场效果，是检验技术创新成功与否的唯一标准。在强调技术创新着眼于市场需求的同时，不能忽视技术创新引导需求、创造市场的效应，在高新技术领域尤其如此。

区域创新体系是国家创新体系的重要组成部分，建设创新型国家，必须加强区域创新体系建设，这是提高区域创新能力、增强区域竞争力、完善国家创新体系的重要保证。区域创新体系主要依赖对适合地方需要的新知识、新技术和创新的吸收；依赖遍及区域社会结构各个部分的创新扩散；依赖新知识、新技术和创新的生产。区域创新体系建设必须站在国家战略的高度，遵从国家创新体系的整体设计，以区域资源特色、战略目标为着眼点，把增强区域创新能力作为建设国家创新体系的重要内容，通过创建区域创新体系来逐步健全和完善国家创新体系。

2. 创新型国家的科技发展战略

我国的科技发展战略正在摆脱改革开放以来的跟踪模仿模式，向以自主创新为主的发展模式转变。随着我国社会各项事业的发展和国际环境的复杂多变，以"市场换技术"为主要形式的跟踪模式的缺陷日益凸显。无论是从 GDP，还是从外贸进出口总额来看，我国都可以称为世界大国，许多工业品的产量都稳居世界前列。然而，强势增长和弱势竞争力并存、缺乏核心技术、国际竞争力不强是我国面临的突出问题。

建设创新型国家的科技发展战略是：

（1）把基础研究放在自主创新的重要位置。基础研究决定一个民族的原始创新能力，基础研究是自主创新的根基，然而对此并没有达成广泛共识，在科技资源配置的过程中，经常出现基础研究资源投入相对不足的情况。基础研究积累不够，自主创新的能力就受到很大影响，制约了科学技术和经济社会的长远发展。基础研究往往周期较长，需要长期潜心研究，国家财政要给基础研究提供长期稳定支持，保障基础研究的连续性、稳定性。

（2）加快建立以企业为主体、产学研相结合的技术创新体系。建立以企业为主体的技术创新体系对于增强我国自主创新能力至关重要，政府鼓励企业加大对研发活动的投入，大力开发具有自主知识产权的关键技术，形成自己的核心技术和专有技术，提升企业的核心竞争力。鼓励企业合作研发关键共性技术，共同出资，共担风险，共享成果。符合国家战略方向的，政府从政策和投入上给予支持。鼓励企业与科研机构、高校联合共建工程实验室和技术研发平台，鼓励广大科技人员以多种形式与企业合作开展技术研发创新。

（3）实施重点跨越战略，在某些关键技术领域实现跨越式发展。当代科学技术的迅猛发展，为我国实现重点领域的跨越式发展带来了重要机遇。要抓住机遇，在广泛吸收国外先进科技成果的基础上，在具有相对优势的关键技术领域取得突破。要有所为、有所不为，着眼于科学前沿和国家战略需求，紧紧把握可能发生革命性变革的重要研究方向，选择具有一定基础和优势、对国家发展具有全局和长远影响的关键领域，进行部署和实现突破，掌握发展的主动权。

（4）积极培育和发展战略性新兴产业。战略性新兴产业是以重大技术突破和重大发展需求为基础的知识技术密集、物质资源消耗少、成长潜力大、综合效益好的产业，是新兴科技和新兴产业的深度融合，既代表着科技创新方向，也代表着产业发展方向，对未来经济社会发展具有重大引领带动作用。我国发展节能环保、新一代信息技术、生物、高端设备制造、新能源、新材料、新能源汽车等战略性新兴产业，具有全局意义，将为经济社会长期可持续发展提供有力支撑。

（5）加快区域创新集群和区域创新体系建设。区域创新体系是创新型国家建设的关键节点，是带动区域经济结构调整和经济发展方式转变的强大引擎，是各种资源高效集结以促进产业自主创新的重要载体。区域创新体系建设以定位区域创新增长极为突破口，以建立共性技术研发和公共科技服务平台为切入点，促进官、产、学、研等创新资源在区域内有效融合，推动区域创新体系从政策引导型向自主发展型转变。

3. 建设创新型国家的科技政策

我国的科技政策在《国家中长期科学和技术发展规划纲要（2006～2020年）》

的指引下，在激励企业加大创新经费投入、吸引创新人才和企业创新设施建设方面初见成效，初步构建起促进自主创新的政策环境。我国的科技政策是针对某一阶段的特定任务，解决全社会创新总体投资的数量与质量问题、区域创新资源配置的结构不平衡问题，诸如减少和逐步消除创新体系建设中存在的寻租空间；解决技术人才的单向流动问题；提升企业研发机构的数量与能力；提高企业的创新管理水平；解决知识产权与产业发展中能力弱且不平衡的问题；等等。现有科技政策针对性比较强，但大都处于操作层面，这与我国现实的科技生产力水平和管理水平大致相适应。但从长期看，我国的政策应更具有前瞻性、方向性和根本性，消除创新的体制、机制性障碍。充分利用市场配置科技资源，充分尊重企业的主体创新地位，发挥大学的基础和生力军作用，充分发挥国家科研机构的骨干和引领作用，建设社会化、网络化的科技中介服务体系；加强先进适用技术推广应用机制，主要解决研究、开发、产业化管理系统的协同问题，避免研发有机过程、全过程的分割；消除科研立项与评价的计划经济时期的烙印，减少科研开发与市场需求脱节，以技术水平或产业化成果作为评价依据，促进科技成果转化为生产力。

在建设创新型国家的进程中，国家实施了一系列有利于增强我国自主创新能力的科技政策。为重点解决经济社会发展中的重大科技问题，在原国家科技攻关计划基础上，国家开展了科技支撑计划。以重大公益技术及产业共性技术研究开发与应用示范为重点，结合重大工程建设和重大装备开发，加强集成创新和引进消化吸收再创新，着力攻克一批关键技术，提升产业竞争力，为我国经济社会协调发展提供支撑。为了通过核心技术突破和资源集成，在一定时限内完成重大战略产品和关键共性技术，解决制约经济社会发展的重大瓶颈问题，实现创新驱动和内生增长，国家实施了科技重大专项。这些科技重大专项，成为到 2020 年我国科技发展的重中之重。在实施科技重大专项的过程中，创新了科技经费核定模式，改进了财政支持方式，建立了间接费用补偿机制和人员激励机制。推动提高自主创新能力的科技政策还包括，通过制定《国家中长期科学和技术发展规划纲要（2006～2020 年）》《国家"十一五"科学技术发展规划》《国家"十二五"科学技术发展规划》以及一系列的具体规定和措施，支持高新技术企业发展，鼓励用高新技术改造提升传统产业；鼓励民营资本进行科技风险投资；扶持科技中介机构发展；支持科技创业（风险）投资；鼓励各类主体创办为特色产业服务的区域（行业）科技创新服务机构；推进科技创业孵化中心建设，对科技孵化创业的高科技项目给予创业资金等优惠支持；支持各类科技创新载体和服务平台建设；加强科技人力资源建设。我国科技政策存在的不足是相关政策的动态评价制度没有建立起来，因此在创新型国家建设中，就难以根据实际情况有效率地对科技政策做出调整。

4. 创新型国家的科技管理

在建设创新型国家的进程中，在科技管理方面存在的主要问题是，在科技资源配置中，市场机制的基础性作用尚未充分发挥。改革开放后我国引进市场经济机制，并走进全球化浪潮中，但科技管理体制改革的目标一直以科技成果的市场化为目标。虽确立了企业是技术创新的主体的改革道路，但还没有真正建立起符合社会主义市场经济要求的科技体制。在科技资源配置中，市场机制应该充分发挥其应有的指导性作用。然而，目前科技项目的设置并未充分发挥市场经济规律的作用，导致项目研究开发与成果应用分离，科技管理体制与市场经济脱节。国家宏观科技管理体制没有理顺。国家的目标往往成为部门单位的目标，导致科技预算存在严重的多个战略目标现象，且缺乏约束。有关部门、各地方在创新活动中彼此分割、政出多门、各行其是、相互脱节，科研活动分散、重复的现象十分严重，科技装备、科技文献和科技数据没有实现有效共享。科技创新的宏观决策机制不适应发展的需要。科研机构管理僵化，行政管理色彩过浓，不利于创新思维形成和优秀创新人才脱颖而出。创新人才严重不足，兼具科技和法律知识的复合型人才较少，既了解中国国情又能把握国际先进制度创新走向的高层次人才队伍尚未形成。创新人才培养机制没有形成。

建设创新型国家，需要在科技管理制度改革上有新的突破，要树立新的管理理念，探索新的管理办法，建立新的管理制度。科技管理体制的改革，从其核心内容来讲，主要是设定行为主体之间的关系，如政府、企业、高校、研究机构等行为主体之间的关系，理清政府、市场和技术创新主体的定位与功能，整合科技资源，构建可调整的灵活的科技宏观管理的作用机制。

科技管理改革的若干政策建议如下。

（1）转变政府职能，创新科技管理理念。科技管理要创新，科技管理理念必须首先创新。现有科技管理主要思路仍是决策权与执行权一体，这样容易造成科研经费浪费、科技项目与市场需求脱节。只有转变这种管理思路，才能转变政府职能，应该建立决策、执行和监督三方分立的科技投入管理机制。

（2）完善科技立法，规范科研机构体系，明确国家、机构和个人的行为。我国已经颁布了《科技进步法》《成果转让法》《专利法》等多部有关科技活动的法律，但相关的法律体系并不健全。通过完善科技立法，对科技活动内外一些重要的基本的制度做出规范。

（3）建立统揽科技全局的宏观协调管理机制。从国家层面优化科技管理体制是进行改革的根本起点。由国家科技行政主管部门全面负责国家科技发展战略与规划、科技政策和重大科技计划的制订，改革现行重大科技资源的配置和遴选办法，统筹协调国家各部门、各领域的科技计划以及科技投入的分配，监督并考核各部门、各领域科技计划和科技投入。

（4）深化科技管理体制改革，促进产学研合作体制的发展，健全科技成果转化机制。政府应采取多种措施，为建立多种产学研模式提供宏观环境，充分利用社会资源来促进科技的发展。可以借鉴英国的教研公司模式、科学园区模式、联系计划模式（政府联系企业、大学进行成果转化）来建立多种合作模式。产学研模式的多元化和投资主体的多元化将有利于科研成果的转化。

（5）建立健全科技决策咨询和评估监督机制。成立若干专门委员会，由各个学科领域的杰出科学家组成，针对经济社会发展中凸显的重大科学与技术问题提出重大计划和项目等相关建议；设立动态专家库，就相关科学与技术问题为政府提供多层次的咨询，并参与科技计划执行过程的技术监督。

（6）建立和完善科学的科技人才评价机制。发挥科技人才的能动作用，科研院所和高校应建立面向经济社会发展需要的、科学的人才评价标准；建立以学术与技术级别为主的、辅以绩效考核的薪酬制度，给科研人员创造宽松的研究环境。

（三） 中国可持续发展中的能源技术经济问题

在当前经济及社会发展需要技术经济研究的重大战略性课题中，中国可持续发展中的能源是重点之一。当前中国的社会经济正处于工业化、城镇化进程快速发展阶段，尽管自"十一五"以来，节能取得了显著的成效，但是能源消费总量仍表现出快速增长趋势，仍然使中国能源可持续供给、环境污染以及应对气候变化面临日益增大的压力。中国的能源问题已不单纯是能源供需的问题，而成为中国社会经济发展的主要制约因素。

社会各界对于能源问题的关注前所未有，但从研究内容看，仍然缺乏对能源深层次技术经济性问题的研究。例如，节能只关注如何减少当期的单位产品或单位产值的能源消费量，对其经济性缺乏分析，存在节能不节钱的现象，甚至产生减缓我国固定资产的累进速率以及累积能源消费总量快速增长等问题。在我国强化实施科学发展战略的时期，如何更好地利用政策机制推动可持续发展，需要更多地关注技术与能源的关系、能源技术创新对能源发展的影响、能源技术的经济性分析等问题，这些问题的研究对于当前加快推广先进的节能技术、新能源开发技术和能源替代技术至关重要。研究能源可持续发展，不仅要研究能源的经济问题，更要研究能源技术经济性问题。

1. 能源资源供给形势严峻

2010 年，我国原油进口 2.39 亿吨，对外依存度接近 55%，石油安全形势在逐年加剧。能源总量的进口依存度也呈现上升趋势。2000~2010 年，全国能源消费量的年均增速达到 8.9%，而同期的一次能源生产量年均增速为 8.7%，能源消费量增速已超过了国内能源的生产能力。能源净进口总量在近 10 年内年均增长已达到 11.7%。在中国社会经济可持续发展中，能源供给所面临的主要问题：一是人均资源量远远低于世界平均水平；二是过度依赖煤炭能源资源，结构矛盾突出，而且煤炭消费引起的环境问题日益突出；三是我国化石能源储采比下降趋势严重，缺乏经济可采储量，煤炭储采比呈现快速下降的趋势，已经由 45 年降低到 41 年。

2. 缓解能源约束的主要路径

从能源资源角度分析，在各类资源储量有保证的条件下，对于加大煤炭、石油、天然气等化石能源的开采力度，只要有足够的投资，以目前的技术和设备能力实现大规模的开采并不困难，矛盾主要集中在传统能源资源储量与结构约束。因此，缓解能源制约问题除了提高能源效率之外，必须依靠技术创新，大力开发新能源，必须加快能源资源勘探和开发技术的突破，促使我国能源结构多元化。

（1）加快能源资源勘探和高回采率技术创新，增加资源开采储量和有效供给。英国学者 M.G. 韦布、M.J. 里基茨在《能源经济学》中曾经指出："第二次世界大战以后石油储量可供给的年限从 1947 年的 21 年上升到 1960 年的 37 年，在有关未发现石油的储量水平、可发现率以及可开采率等问题上都存在很大的不确定性。""很多报告都认为石油供应很有可能在 20 世纪 80 年代末期开始稳定，90 年代达到高峰，90 年代以后就趋于下降。"[1] 但是，"不与技术状况和开发费用相联系而孤立地去计算能源'资源'储量是没有意义的。据我们所知，阻止能源资源耗竭灾难的发生有两种主要因素，一是实行可能的资源替代，二是技术改革"[2]。他认为能源资源供给量是技术的函数。

①　〔英〕M.G. 韦布、M.J. 里基茨：《能源经济学》，中南财经大学出版社，1987，第 25 页。
②　〔英〕M.G. 韦布、M.J. 里基茨：《能源经济学》，中南财经大学出版社，1987，第 29~30 页。

我国石油资源就是在石油地质理论创新与勘探技术创新的基础上发现和不断增产的。20世纪50~60年代，"陆相盆地生油理论"和"陆相盆地成油理论"指导了克拉玛依油田和大庆油田的发现。60~70年代，"复式油气聚集区带成油理论"促进了渤海湾盆地断块油气藏勘探的加速发展。80年代以来，由于低熟油、煤成油、盆地成藏动力学和层序地层学理论的应用，在四川盆地、鄂尔多斯盆地、塔里木盆地、柴达木盆地相继发现了一批大气田。在油气勘探技术方面，发展形成了综合配套的技术系列，包括地面地质调查技术、地球物理勘探技术、井筒技术和石油地质实验技术，以及盆地模拟、区带评价-圈闭评价的油气资源评价技术。地质勘探已进入三维地质技术、高精度地质数字处理技术、计算机交互地质解释技术以及各种地下成像技术；在测井技术方面，从80年代以来，由数字测井技术到数控测井技术，发展到成像测井技术。这些现代化勘探技术，我国都在广泛应用，并形成国产设备和计算机应用软件。在钻井工艺方面，已完成7200米井深钻探，不仅能钻探中深井，还可钻探定向井、水平井、丛式井以及高温高压特殊工艺井等。勘探技术的进步显著提高了钻探成功率和勘探效益，为我国石油工业的发展做出了巨大贡献。[①] 开发储量到位是实现原油产量持续增长的关键。随着油气勘探的深入发展，勘探的技术难度和成本将日益增加，只有实行多学科联合攻关，在理论上有所创新，才能有效地指导勘探技术发展，使储量有大的增长。

因此，在今后相当长的一个时期内，我国能源增加供给仍然要靠传统能源勘探和开采技术的创新来支撑。要特别重视基础理论的研究和相关技术、设备的开发。提高能源资源的勘测和开发水平是资源安全供应的基本保障。

（2）大力开发新能源是能源资源消费可持续的根本保证。即使不可再生能源资源的勘探技术不断进步，也无法保证能源资源的永续供给，总有一天资源会被用尽，而且这一天正在不断临近。大力开发新能源，才是从根本上解决能源问题的出路。从目前的技术水平来看，可以开发利用的新能源主要包括水力、风力、太阳能、生物质能、氢能、核能、海洋潮汐能、地热能等，海底可燃冰的理论储量大，可供人类利用数百年，但开采技术仍未达到应用阶段。"十二五"期间，我国已把新能源列入国家战略性新兴产业规划中，因此新能源开发和利用将成为未来能源发展的重点。

---

① 田在艺、张庆春、史卜庆：《中国科学院高技术发展报告——21世纪中国油气资源勘探前景》，2006，http：//www.hjcz.org/BBS/read.php？tid=72709。

沿着国务院关于加快培育和发展战略性新兴产业的决定对新能源产业的定位，未来新能源开发的基本思路应为：加快新能源产业的技术进步，建立健全完善的新能源产业体系，不断降低新能源和利用新能源的能源设备的成本，增强市场竞争力，扩大新能源产品的市场应用规模，为实现2020年非化石能源满足能源需求15%的国家目标打下坚实基础，使新能源成为支撑能源可持续供给的重要主导力量。

第一，在太阳能领域，大力推进太阳能电池技术创新，晶硅电池产品效率达到18%～20%，薄膜电池转换效率达到12%以上，快速降低光伏发电成本，争取在10年内使大型光伏发电成本达到与常规电力相当的经济性水平。开发比较完整的太阳能光伏发电产业链，使我国太阳能设备制造和利用达到国际先进水平，建成较为完善的多层次的技术研发和产业服务体系。

第二，在风能领域，建立较为完备的风电产业体系，加速风能发电装备核心技术创新，掌握一批风电场设计运营、风电机组整机设计关键技术，使风电设备制造技术水平和装备能力达到国际先进水平，建立以大型风电机组为主、兼顾小型风电机组的完整装备制造产业链，促进风电市场规模化，带动装备制造业的升级壮大，不断提高风电产业竞争能力。通过建立完善的技术创新服务体系，提升装备制造自主研发能力。要支持扶植技术领先和规模优势的企业做大做强。重点开发适应我国风力资源状况、环境条件以及电网运行要求的大型风电设备；突破轴承、变流器和控制系统等关键零部件的技术水平和制造能力。

第三，在生物质能领域，按照因地制宜、综合利用、清洁高效的原则，与循环经济发展相结合，大力开发综合运用各种先进技术，集成应用大型沼气、秸秆气化、生物液体燃料（生物柴油、生物燃料乙醇等）、生物质成型燃料、微藻生物柴油等实用技术体系。促进纤维素制乙醇等技术创新，快速降低成本，加速非粮作物制取燃料乙醇和生物柴油技术的商业化并实现突破。

第四，在核电领域，在吸取日本和苏联核电事故教训的基础上，加速新一代核电技术研究与开发。特别要加强核安全技术研究与开发，在此基础上，加快第三代核电技术的消化吸收和再创新，推动第三代核电站批量建设。加速实施大型先进压水堆及高温气冷堆核电站科技研发，同时，积极推进快中子堆等第四代核反应堆和小型堆技术研究。争取用10年时间，使我国形成具有国际竞争力的百万千瓦级核电先进技术开发、设计、装备制造、生产应用的产业链能力。

第五，大力开发智能电网技术。用先进的电网运营技术体系，整合各种新能源发电上网存在的问题，使电网成为各种分散化的、不稳定的新能源的集成调峰、稳定供给的能源调节系统，以促进新能源产业的发展。

第六，积极开发地热能、潮汐能、氢能等非常规新能源利用技术，形成能源资源的万条小溪，通过智能电网技术和小区域独立微型电网技术，汇成能源供给的河流。

（四）中国可持续发展中的环境技术经济问题

"十一五"期间在持续的快速工业化和城镇化发展中，中国工业规模迅速扩大。2010 年，中国工业增加值达到 16 万亿元，按照不变价格计算，"十一五"期间累计增长 73.78%，为 2000 年的 2.91 倍。21 世纪以来，我国重化工业化的特征相当明显，重工业成为引领工业增长的主要力量。"十一五"期间，规模以上工业中重工业累计增长 102.5%，比轻工业累计增长率高出 19.3 个百分点；2010 年，重工业比重为 64.81%，比 2005 年提高 2.08 个百分点，比 2000 年提高 4.29 个百分点。在重化工业化大背景下，经济增长的资源环境约束日益强化。据世界银行估计，中国的环境代价占 GDP 的 3% ~ 15%，也有的研究估计高达 20%。生态环境的恶化，不仅造成巨大的经济损失，而且严重地危害公共健康，甚至引发社会矛盾和冲突，形成社会问题和矛盾焦点。

《中华人民共和国国民经济和社会发展第十一个五年规划纲要》进行了完整的约束性指标表达，即"十一五"期间单位国内生产总值能耗降低 20% 左右，主要污染物（二氧化硫、化学需氧量）排放总量减少 10%。国务院发布的"十一五"《节能减排综合性工作方案》确定的任务是，到 2010 年，我国万元国内生产总值能耗要比 2005 年降低 20% 左右；单位工业增加值用水量降低 30%；主要污染物（二氧化硫、化学需氧量）排放总量减少 10%；全国设市城市污水处理率不低于 70%；工业固体废物综合利用率达到 60% 以上。尽管除单位 GDP 能耗下降没有达到预期目标以外，其他指标都超额完成了任务，但"十二五"我国面临的环境压力并没有下降。

"十二五"期间，国民经济仍将处于景气扩张、高位运行周期内。在全球化背景下，继续推进工业化、城镇化、信息化仍是"十二五"经济社会发展的重要任务。经济发展仍处于工业化中期阶段，重化工是工业化中期阶段的基本特征。在内需稳定快速增长的带动下，GDP 年均实际增速有可能达到 9% 左右。到 2015 年，钢材年消费量有可能达到 9 亿吨，水泥消费量将达到 20 亿～21 亿吨，有色金属年消费量将达到 4500 万吨左右。在这样的背景下，资源环境压力更加强化，转变经济发展方式的紧迫性更加突出，对降低资源能源消耗强度和污染排放强度的要求更高。因此，必须在"预防为主，防治结合""谁污染，谁治理""强化环境管理"三大政策和"环境影响评价""三同时""排污收费""环境保护目标责任""城市环境综合整治定量考核""排污申请登记与许可证""限期治理""集中控制"八项制度的基础上，采取一系列有力的技术经济政策，在经济持续高速增长的情况下，实现环境改善。

1. 加快环境税的实施

环境税是对排污者对环境这种社会公共生活环境使用的补偿。它可以使排污者对排放污染物付出成本，使外部成本内部化，能够有效地抑制生产者排放污染物的数量。同时，它也是对"谁污染，谁治理"政策缺陷的一种调整。由于大量中小企业排放的污染物数量达不到污染治理的规模经济水平，缺乏污染治理能力，它们通过缴纳环境税，实际上是委托政府来进行集中治理。用环境税代替排污收费使对排污征收费用变为依法执行，具有强制性，能够更规范地保证税收的稳定性，有利于合理利用资金。

2. 大力发展环保产业

依据技术经济原理，采取专业化社会分工的方式治理环境污染，可以提高效率，降低成本。"谁污染，谁治理"确定的是治理污染的责任，只有大力发展环境保护产业，才能够形成专业化、高效率的环境保护机制。因此，要通过机制和体制创新，促进环境保护产业的快速发展。特别要着重加快发展环保设施社会化运营、环境咨询、环境监理、环境工程技术研究与开发、环境保护设备与材料研究开发、环境工程设计、环境合同管理、环境贸易、环境质量认证评估等环境服务业。鼓励使用环境标志、环保认证和绿色印刷产品。

3. 大力扶持环境保护技术研究与开发

科技创新是环境保护的重要基础，要加大国家层面对环境保护技术研究与开发的支持，强化生产技术与环保技术的集成创新。在国家层面上，根据环境保护外部性强的特点，由国家投入资金，实施环保先进适用技术研发应用、重大环保技术装备及产品产业化示范工程，开展污染减排技术攻关，实施水体污染控制与治理等科技重大专项。在环境管理技术领域，强化制订环保产业统计标准，推进环境专用卫星建设及其应用，提高遥感监测能力，建设环境信息资源中心，加强物联网在污染源自动监控、环境质量实时监测、危险化学品运输等领域的研发应用，推动信息资源共享。在基础研究领域，加强与环境相关的基础研究，推进国家环境保护重点实验室、工程技术中心建设。在教育领域，加强高等院校环境学科和专业建设。

4. 进一步加快循环经济发展，从源头预防污染产生

加大《循环经济促进法》的实施力度，加快制定循环经济相关专门法律法规和政策体系，建立循环经济发展的长效机制。在工业领域，大力推广"产业集聚，企业入园；专业分工，产业成链；生态设计，清洁生产；资源高效，减量优先；技术创新，尊重自然；园区内外，集成循环"的系统集成经济布局与发展模式。在农业与农村，大力发展"种植养殖加工成链，能量物质集成循环，增碳汇，减碳源，低碳生态绿色家园"的工农业复合循环经济模式。在城市经济体系中，推进"工业循环产业链，农业生态碳循环；工农复合大集成，社会运转全循环；政策保障提速度，长效机制保运转；资源产出提效率，环境保护减污染"的综合循环经济发展模式。

5. 积极发展碳循环与碳汇产业

碳循环是在循环经济理论基础上派生的一种应对全球气候变化的新策略。碳循环是自然界在发生各种化学、物理、地质和生物反应与变化过程中产生的碳存在形态变换和转移。与低碳经济强调从源头减少碳利用的做法不同，碳循环侧重于使碳在碳源与碳汇之间不断循环，在循环过程中创造财富，从而降低经济活动的碳排放强度。

碳汇产业是所有以增加碳汇为主要目标，将导致温室效应的气体、气溶胶或它们的前体进行收集并以某种形式储存的循环经济活动的总称。它包括两种形式：一是基于工业体系的碳捕集和储藏技术等，利用工业化技术将导致温室效应的物质捕集起来进行存储或作为碳循环产业（如利用 CO_2 制造塑料）的原料，实现碳减排；二是基于生物过程的碳汇产业，如林业碳汇、渔业碳汇、草原碳汇等经济活动，这些活动实现了碳的固定和储存，并由此减少了大气中的温室气体含量。森林碳汇是最重要的碳汇产业，因为森林具有吸收二氧化碳的超强能力。

碳循环产业是碳汇产业的延伸和扩展，是以减少温室气体排放和节约不可再生含碳资源为目标，将人类在生产生活中产生的温室气体等作为资源实现碳元素循环利用的经济活动的总称。遵循自然规律，通过制度创新，利用先进技术发展碳循环产业可以形成复杂的产业链网络，增加就业，创造财富，将碳循环纳入经济循环之中，在产生温室气体减排效益的同时产生经济效益，使碳循环产业成为增加人类福

祉的新业态，促进应对气候变化行动具有经济动力和可持续性。

国家"十二五"规划确定的应对气候变化的重要目标是，单位 GDP 二氧化碳排放年均减少 3.7 个百分点，到 2015 年比 2010 年减少 17%，达到 1.66 吨/万元；碳生产力年均提高 3.8 个百分点，到 2015 年达到 6024 元/吨。碳汇与碳循环产业发展要为实现上述目标做出重要贡献。

"十二五"期间，以减少二氧化碳排放量为核心目标，推动碳汇和碳循环产业规模化发展，积极应对全球气候变化。到 2015 年，应争取使碳汇和碳循环产业产值超过 3000 亿元，实现减排二氧化碳总量 15 亿 ~20 亿吨。为此，一要利用荒山荒地大力发展高效益林业，进行经济开发，形成大规模的生物质能、生物材料、生物保健品、食品、建材产业链，提高林业碳汇产业的经济效益和可持续发展能力，增加森林碳汇。二要支持秸秆综合利用、草浆造纸、森林工业"三剩物"制建材、尾矿木化制建材等产业的发展，替代木材资源，节省林业碳汇。三要增加农业种植业碳汇、草业碳汇、渔业碳汇、湿地碳汇。实行退耕还草，增建人工草地，实施轮换放牧，增加草原碳汇。因地制宜培育和发展湿地农业、有机农业、农林渔立体混合种植业，充分发挥农业碳汇的作用。四要建立基于先进技术的种植业、饲料工业、养殖业、大型沼气、高效有机肥、农产品加工、节水等跨行业工农复合循环经济联合体，解决沼气池冬季低温不产气和效益低下的节点问题，提升沼气的经济效益和碳循环效率。五要积极开发工业碳捕集技术和二氧化碳利用技术，培育和扶持以二氧化碳为原料的新兴产业的发展。

建议"十二五"期间国家设立基于工农业复合循环经济模式的大中型沼气建设工程，集中力量在全国示范建设 5 家基于高效工农复合循环经济联合体，规模达到 20000 立方米以上、年产沼气量超过 600 万立方米的大型沼气基地。建设 5 家高效率利用生物质废弃物开发生物质能源的示范工程。设立高效益林业碳汇产业体系建设工程，在有条件的地区选择 5 个基于林、材、能、食、生物材料等多产业配套发展的碳汇与碳循环产业林基地。示范基于林业的高效碳汇与碳循环产业的可持续发展模式，监测基于林业的碳汇与碳循环产业的资金流与碳汇效率。设立二氧化碳工业化再利用技术开发工程，在深入进行技术评估的基础上，选择 3 ~5 个有前景的技术方向作为攻关课题进行研究与开发，形成技术积累，为未来大规模应用二氧化碳进行技术储备。

在政策和管理层面，要加快建立和完善碳汇基金制度，支持碳汇和碳循环产业规模化发展。探索建立碳汇银行制度，鼓励企业将增加的碳汇和节省的碳汇存入碳汇银行。研究建立碳税与碳交易制度，尽快在易于核算管理的行业（如冶金、水泥、电力行业等）进行试点示范。积极推行产品的碳排放标志试点。制定国家鼓励和支持发展的低碳技术目录，加大对低碳技术研究与开发的支持力度，加强关键技术的开发与推广；建立碳汇与碳循环产业技术标准体系。建立碳排放计量、监测、审计、核算制度，科学管理二氧化碳排放强度的约束性指标。建立碳汇和碳循环技术与产业数据库、专家智库，免费向社会提供相关信息，建立信息共享机制。加强国际合作，促进向发展中国家转移和扩散低碳与碳循环产业技术。

第二篇
技术经济方法研究

导论*

　　技术经济学以技术变化和经济发展的相互关系为主要研究对象，对技术创新与经济社会发展的相互影响进行评估和评价，为各层级的技术经济决策提供理论和方法论支撑。它是从苏联引进、在我国本土发展起来的应用性经济和管理相交叉的学科，是经济建设科学决策的主要工具之一。早在20世纪50年代我国第一个五年计划展开大规模经济建设期间，我国就开始运用技术经济论证方法对项目综合经济社会效益及可行性进行论证评估。从新中国成立初期苏联援建的"156项重点工程"到近期的三峡工程、南水北调、载人航天等重大工程都进行了技术经济论证，目前所有需经各级政府审批的建设项目都要进行可行性研究。从工程项目经济评价、价值工程、技术选择、设备更新与技术改造评价等方法体系的建立，到技术进步贡献率的测算、生产率变化的本源、产业政策/科技政策、技术创新理论和方法的研究，再到高新技术创业的研究等方面，技术经济分析论证为科学决策做出了重要的贡献。

　　技术经济学的根本任务是为中国经济建设实践服务。尤其，从新中国成立初期到改革开放初期，中国在自身经济落后并且技术匮乏，又受到发达国家技术封锁的困境下，作为具有中国特色的应用性学科，为中国经济建设做出了重大贡献。同时，该时期技术经济学科蓬勃发展，也涌现出一批技术经济领域的大师级人才，例如徐寿波、李京文、傅家骥等学者，引领了整个学科的发展。20世纪末期以来，中国进行大规模市场经济体制改革，政企实现了分离，民营经济在国民经济中的地位不断提高，大量在计划经济时期由政府组织实施的工程项目，转由企业进行建设实施，这也使得技术经济学在政府决策层的地位有所减弱。虽然新时期技术创新加速，对经济社会的影响剧烈而广泛，技术经济学的应用研究一直也跟随实践有所发展，并对各层次的科学决策起到了较大作用，但是由于国家在技术经济基础理论与方法研究上严重缺

　　* 执笔人：王宏伟

乏投入，导致基础研究队伍萎缩，基础研究成果严重滞后于实践的发展需要。

与此同时，中国在经历了经济高速发展后，当前又出现了一系列新的重大技术经济命题。

第一，在国家宏观经济层面上的重大技术经济命题。20世纪90年代到21世纪初期，我国国民经济一直保持着高速增长，但是随着经济高速增长，中国经济正面临着一些严峻考验。一是增长方式粗放。这种增长方式是以增加投入品为基础的增长策略，其特征是资本的增长比GDP增长快，而全要素生产率在这期间呈现下降趋势，技术进步在经济增长中的作用并不显著。二是随着资源和环境约束不断强化，中国目前的增长方式越来越不可持续。全国接近70%的河流、湖泊被重度污染，WHO有报告称2/3的中国城市的空气质量不达标，其中一氧化碳的污染尤为严重。此外，中国还受到国际环保组织节能减排的外部压力。三是中国从资本驱动到创新驱动经济发展方式的转变。按照1990年国际元来计算，2010年中国人均GDP达到了7864国际元，中国要想跨越"中等收入陷阱"并实现成功追赶发达国家，比照日本、韩国、中国台湾等成功追赶型经济体的经验来看，关键转变在于从依靠资本驱动转变到依靠技术进步和创新来驱动经济发展。四是建设创新型国家。国家创新系统是参与和影响创新资源的配置及其利用效率的行为主体、关系网络和运行机制的综合体系，在这个系统中，企业和其他组织等创新主体，通过国家制度的安排及其相互作用，推动知识的创新、引进、扩散和应用，使整个国家的技术创新取得更好绩效。那么，创新型国家的实施方案和经济效果评价成为重要的技术经济研究命题。

第二，在产业经济层面上的重大技术经济命题。一是依靠科技创新推动产业结构升级。无论从三次产业来看，还是从三次产业内部来看，在产业结构中技术含量少、附加值低和对资源依赖程度高的低端产业仍然占据重要地位，而依靠科技创新占有市场的高端产业与发达国家相比占有较低份额。二是培育发展战略性新兴产业。《中华人民共和国国民经济和社会发展第十二个五年规划纲要》中指出，以重大技术突破和重大发展需求为基础，促进新兴科技与新兴产业深度融合，在继续做强做大高技术产业基础上，把战略性新兴产业培育成为先导性、支柱性产业。大力发展节能环保、新一代信息技术、生物、高端装备制造、新能源、新材料等战略性新兴产业。三是改造提升制造业。传统制造业面临技术落后、能耗高、产品附加值低等问题，因此，亟须通过加快应用新技术、新材料、新工艺、新装备改造提升传统产业，提高市场竞争力。而且，需要推动一批产业技术创新服务平台建设，提高制造业技术创新效率。

第三，在微观企业层面也面临一些重大技术经济命题。一方面，创建以企业为主体的技术创新体系。从发达国家来看，企业已经成为技术创新的主体，然而，中国企业所获得的创新资源远远不足，而且，科研院所和高校与企业之间基本上处于割裂状态，难以形成以企业为主体的产学研产相结合的技术创新体系。另一方面，中小企业技术创新缺乏支持力度。中小企业在国民经济中占据了相当大的比重，创造了大量的技术创新成果，并不亚于大型国有企业，但是，政府在支持研发和科研成果产业化方面的财税金融政策并没有向中小企业倾斜，造成了中小企业技术创新动力不足。

综上所述，当前所出现的重大技术经济命题，使得技术经济学面临扩大研究领域以及创新理论和研究方法的巨大压力和客观需求。技术经济学作为一门具有中国特色而又服务于经济建设的应用性学科，正处于发展的"十字路口"上。是继续固守在传统以技术经济评价为基本范畴的学科领域，还是按照国家经济发展阶段的需要对学科领域进行拓展？本课题组认为技术经济学科，在中国"十二五"时期以及以后较长的时期，将面临巨大的发展机遇，原有研究理论和方法难以应对当前的重大研究命题。为了更好地研究我国经济社会发展具有的全局性、战略性、长期性、前瞻性的重大问题，服务于国家经济发展，技术经济学科迫切需要吸纳宏微观经济学、产业经济学、计量经济学、创新经济学、管理科学与工程等学科的前沿理论和方法，将其研究领域拓展到研究与技术经济相关的国家重大命题，不局限于项目技术选择和经济评价等原有的研究范畴，并且在此基础上不断创新技术经济理论和研究方法，建立先进适用的研究方法体系。

回顾现有文献，对技术经济理论和方法体系进行系统的研究文献比较少，更鲜见对技术经济理论和方法体系研究领域进行拓展和创新的研究文献，因此，当前研究难以对技术经济学科建设起到重要的支撑作用，更难以对当前中国面临的重大技术经济命题形成有效的研究。有鉴于此，本课题的总体目标是对技术经济理论与方法进行创新，形成适应新形势要求的具有中国特色的技术经济理论与方法论体系，运用新的理论方法，对当代新技术及其对社会经济发展的影响进行评估；对目前及"十二五"期间国家面临的典型重大技术经济课题进行研究，为国家的科技和经济决策提供科学的理论支撑和建议。本课题是围绕着总体目标展开的，具体研究内容分为三大部分。

一 技术经济理论与方法创新

技术经济学科理论有待创新与完善。技术经济学科尚未形成自己完整的理论体系，理论较零散，缺乏技术经济学学科理论上的系统归纳。因此需要对原有的学科体系和理论架构进行完善和再创新。一方面，由于目前技术经济研究方法涉及学科较多，在方法体系方面所做的系统性梳理相对不足，研究方法体系总体显得有些庞杂；另一方面，目前的研究方法还不能完全满足实践的需要。因此，应对技术经济方法体系进行系统归纳，并结合技术经济理论的创新发展，构建体现技术经济特点的研究方法体系。在新的发展形势下，技术经济学需要总结和借鉴其他相关学科的理论和方法，丰富和完善技术经济学的理论和方法体系。同时，需要进一步处理好学科的中国特色与国际相关学科的融合问题。

（一）国外技术经济理论和方法发展与趋势

在新的发展形势下，为了更好地发现客观规律，研究解决重大的现实问题，技术经济学需要进一步处理好学科的中国特色与国际相关学科的融合问题。本报告将深入研究近年国外有关技术经济理论和方法研究等方面的研究进展与发展趋势，全面吸收先进的成果。

1. 技术进化与技术原创

主要研究了技术进化理论和技术原创的方法。其中，技术进化主要梳理了技术进化理论和技术创新进化理论；技术原创的方法是通过该种方法能够提示新的思路，找寻解决问题的新路径，转换思维方式和思维导向，主要包括基于经验的方法——启发法、基于智力交流激励的方法——头脑风暴法、基于组合的方法——形态分析法、基于对比的方法——综摄法、基于设问的方法——"5W2H"法等、基于解决矛盾的方法——1TRIZ方法等、基于变化思维角色的方法——六顶思考帽法、基于公理的方法——公理化设计法。

2. 技术预测与技术预见

第一，界定了技术预测与技术预见的概念；第二，分析了技术预见的过程以及方法；第三，分析了技术预见的发展趋势；第四，研究了技术预见的主要方法及其过程；第五，介绍了各国的技术预见活动；第六，介绍了跨国技术预见活动；第七，分析了国家关键技术选择。

3. 技术价值评估与技术评价

研究内容包括：①技术价值评估的理论与方法：一方面分析了技术的价值，另一方面分析了技术价值评估方法；②技术价值理论与方法：技术评价的定义、技术评价理论发展、公共政策制定领域的技术评价方法、商业与非政府层面的技术评价方法。

4. 技术进步与经济增长的测算

一方面研究了技术进步的概念与分类、技术进步与经济增长的关系；新经济增长理论评述。另一方面研究了技术对经济增长的贡献的测度，一一介绍了以下研究方法：①Cobb-Douglas 生产函数；②Solow 余值法；③生产率测算方法；④基于投入产出的技术进步测算方法。

5. 技术创新与国家创新体系

主要涉及四方面内容：①技术创新理论的发展，包括技术创新理论的产生与演进、近 10 年技术创新领域研究的热点问题和技术创新理论的新趋势；②开放式创新，包括现有研究和未来研究的方向；③创新网络，包括关于网络多样性的研究和关于网络在创新中作用的研究；④国家创新系统，包括一般创新系统和国家创新系统。

（二）技术经济理论创新与理论框架构建

技术经济学既研究经济领域的重大技术问题，也研究技术领域的重大经济问题。技术经济学科尚未形成自己完整的理论体系，技术经济学界对它的理论构架、学科体系、学科属性、研究对象和研究内容存在争论。目前技术经济学已经开创了许多新的研究领域，例如，网络技术经济分析、生产率分析、资源技术经济、环境技术经济、气候变化的技术经济分析、知识经济、循环经济等，但理论较零散，缺乏技术经济学学科理论上的系统归纳。对于技术经济学在实践应用中的多方面的经验，迫切需要进行深入分析和研究，以便从感性认识上升到理性认识，从经验水平提高到理论水平。同时对原有的学科体系和理论架构需要完善和再创新。主要研究内容如下。

1. 技术经济学基础理论的历史演进

主要从五个角度来梳理技术经济学基础理论的演进，包括技术经济学发展历程回顾、当前技术经济学发展存在的主要问题、技术经济学学科的发展趋势、技术经济学的主要研究对象和研究领域以及技术经济学的理论流派。通过学科基础理论的梳理，对技术经济学基础理论形成了较为清晰的认识，也为技术经济学理论未来发展明确了方向。

2. 国外相关学科基础理论的发展和演进

首先，分析了国外相关学科的发展和表现形式，指出技术经济学科只能找到与其相对对应的经济学科，但是没有完全对应的学科。其次，对西方经济学者关于技术经济学理论研究进行了历史回顾。将有关技术经济学的研究阶段以熊彼特时代为基准，分为前熊彼特时代、熊彼特时代和后熊彼特时代，并阐述了不同时代的代表性理论。再次，分析了国外技术经济的研究对象，并按照宏微观领域进行了分类。最后，研究了国外相关学科的发展趋势和理论研究重点。

3. 可行性研究的理论基础

首先，回顾了西方项目经济评价体系的演进历程；其次，回顾了中国项目经济评价体系发展的演进历程，经历了国外项目评价学习、引进和有中国特色的项目评价创新阶段；最后，研究了项目评价的理论基础，主要包括时间价值理论、经济效果理论、费用效用理论、福利经济学理论和区域发展理论。

4. 技术进步与经济增长的基础理论

20 世纪 80 年代以来，中国对该领域的研究越来越深入，而且，一系列重大应用课题取得了重要成果，如"技术进步和产业结构优化""技术进步与经济增长""生产率与经济增长""转变经济增长方式"等。本课题主要研究了以下内容。一方面，总结了技术进步的发展阶段。一是技术进步理论引进时期（1978～1989年）。在这一时期中，技术进步的概念最先被介绍到国内，接着，技术创新、技术转移和技术转让、技术扩散、技术选择理论被引进到国内，同时，技术进步与经济增长的关系，以及技术进步的测算也被引入并开始应用到国内技术经济问题的研究。二是技术进步理论的快速发展时期（1990～1999 年）。在这一阶段中，一些新的技术进步理论被引入，在此基础上，国内也开始应用这些理论对中国资本存量等问题进行研究。三是技术进步理论应用发展时期（2000 年至今）。在这一阶段中，技术进步理论被广泛地应用到中国经济问题的研究上。另一方面，还梳理了技术进步与经济增长关系的理论基础。主要包括新古典经济增长理论、经济增长因素分析理论、新经济增长理论和社会主义经济增长理论。

5. 技术创新和建设创新型国家的理论基础

一方面，分析了中国创新和建设创新型国家的发展阶段。从实践上看，中国真正意义上的国家创新体系建设和创新型国家建设大致经历了四个发展阶段：一是国家创新体系初步发展阶段（1978～1995年），主要表现是探索国家创新系统的发展模式和创新政策，出台了改革政策和措施；二是国家技术创新系统发展阶段（1995～1998年），在这一时期，突出了企业的技术创新模式，这一阶段的显著特点是确立了市场经济目标，强化了企业的创新功能；三是国家创新体系形成阶段（1998～2006年），提出了面向知识经济时代的国家创新体系，并通过中国科学院开展知识创新工程试点工作；四是创新型国家战略的实施阶段（2006年至今），提出了创新型国家战略，并通过"十二五"规划进行落实。不过，创新型国家指的是一种国家的发展方式，同时也可以反映一个国家的竞争力以及创新能力的状况。目前对创新型国家内涵、特征及其测度等方面都还没有系统的研究，有的只是从国家创新能力、创新绩效、国家创新体系等方面来描述创新型国家，但那些只能说明创新型国家的某一个方面，而不能说明其全部。另外，我国学者在这方面的理论研究还处于比较薄弱的阶段。

另一方面，阐述了国家创新体系和创新型国家的理论基础。西方技术创新理论的研究和发展已形成了新古典学派、新熊彼特学派、制度创新学派和国家创新系统学派四大理论学派。这些创新理论是建设国家创新体系和创新型国家的理论基础。

6. 转变经济增长方式，促进经济、社会和环境的协调发展的理论基础

经济增长方式是推动经济增长的各种要素的组合方式和各种要素组合起来推动经济实现增长的方式，其中科技进步对经济增长方式转变具有核心作用。首先，梳理了转变发展方式的理论和实践过程。其次，阐述了转变经济发展方式的理论基础，主要包括新经济增长理论、科技进步与产业结构关系理论、马克思主义扩大再生产理论和发展经济学发展模式的理论。

7. 技术经济发展阶段的判断和学科属性定位

首先，对技术经济学科发展阶段进行判断，指出技术经济学目前还不是一门成熟的经济学科，尚处于发展的阶段，并没有达到库恩所提出的成熟学科的标准。其次，区分了中国和西方技术经济研究的核心。对技术活动及其发展规律的经济学分析，一直都是中国和西方技术经济研究学者关注的重要研究领域，不同之处在于我国的技术经济学偏重应用性和对实践的具体指导，国外偏重技术与经济互动规律的揭示和理论解释。最后，将技术经济学定位为技术和经济学相结合的交叉学科，属于应用经济学的一个分支。

8. 技术经济学理论体系的构建

一方面，从基础理论和应用研究视角来构建技术经济学的理论体系；另一方

面，从研究领域视角来构建技术经济学的理论体系，具体包括社会主义经济学理论基础、技术经济学的宏观理论基础、技术经济学的微观理论基础、技术经济学的中观理论基础、技术经济学的发展理论基础。

9. 技术经济学理论发展展望

中国技术经济学的根本任务，是为中国经济建设实践服务，并在此基础上丰富和完善技术经济学的理论/方法体系。首先，应加强技术经济学基础理论研究；其次，技术经济学应加强重大现实问题研究实践的理论提炼；最后，加强技术经济学理论研究队伍的建设。

（三）技术经济方法创新

技术经济问题存在于诸多领域，因此，技术经济学研究方法涉及学科较多。技术经济研究方法早已超越了传统的可行性分析方法，系统分析方法、费用效益分析法、优化分析方法、对策方法、投入产出方法、预测法、模拟法以及统筹法等在技术经济研究中已经得到广泛应用。但这些方法还不能完全满足实践的需要，因此必须在不断总结以往应用方法的基础上，进行新的突破和发展。

同时，由于目前技术经济研究方法涉及学科较多，在方法体系方面所做的系统性梳理相对不足，研究方法体系总体显得有些庞杂。因此，在借鉴和使用其他相关学科的分析工具的同时，应对技术经济方法体系进行系统归纳，并结合技术经济理论的创新发展，构建体现技术经济特点的研究方法体系。主要研究内容如下。

1. 技术经济方法体系的拓展与完善

从学科发展历史的视角，全面分析了技术经济学创立以来，经济社会环境、学科研究对象以及学科方法体系发生的变化和调整，并对未来学科及其方法体系的发展趋势进行了展望。技术经济方法体系的形成和完善是适应经济社会现实需求及学科研究范畴调整需要的结果。当前，技术经济学与经济学诸多前沿领域形成交叉融合，技术经济方法体系也在吸收各种定量及定性方法工具过程中得到完善。未来，系统论在技术经济研究中将成为重要甚至占主导地位的方法论，微观细化、宏观集成的趋势将逐步确立并强化。

2. 技术经济方法创新研究

主要进行技术经济方法创新研究，包括计量经济学模型方法、均衡模型方法、系统分析模型方法、综合评价方法。本研究并没有强调传统的技术经济方法，而是将技术经济研究方法进行了拓展和创新，将计量经济学、均衡模型等经济学主流的研究方法引入技术经济学研究领域。技术经济学科作为一门应用经济学科,一方面,这些拓展和创新会促进技术经济研究的规范性和科学性;另一方面,这些拓展和创新是研究当前重大技术经济命题所急需的方法。按照模型概况、原理、特点、应用和展望 5 个层面展开研究。

第一,计量经济学模型方法。主要研究以下内容:①生产函数模型;②分位数回归方法;③结构方程模型;④协整分析模型;⑤空间计量模型。

第二,均衡模型方法。主要研究以下内容:①可计算一般均衡模型;②局部均衡模型;③农户模型。

第三,系统分析模型方法。主要研究内容包括:①气候变化综合评价模型;②能源－环境－经济复杂系统模型;③生态经济模型。

第四,综合评价方法。主要内容包括:①生命周期评价;②技术风险评价;③未来(技术)影响评价;④生命－经济－环境损失的风险测度。

二 建立技术评价的方法体系

由于资源、环境、人口等问题凸现使技术的双刃性成为人们关注的焦点。技术的负面影响往往要在其应用很长时期后才显露出来,而科学技术的高速发展及其复杂性,使人们越来越难以对技术本身及其后果有直观、明确的认识和把握。为了更好地利用技术,正确评估技术发展对经济社会产生的正面作用,防止或减少其对社会、环境等可能产生的消极影响,必须对技术进行评价,尤其需要对具有重大突破性的科学技术所产生的经济和社会影响进行评价。

(一) 技术评价的方法体系

科学技术的发展是一个国家经济社会发展的决定性因素,是国家竞争力的核心要素,是强国富民的重要基础,是国家安全的重要保证。我国经济社会的全面协调可持续发展,新型工业化道路的开拓,都必须建立在科技进步的基础上,科技进步对我国经济持续增长、产业结构优化具有重要意义。

目前有关技术评价的方法大多在总体上阐明各项技术要素在生产过程中所起的作用,以及技术进步对促进生产系统产出增长的作用,而重大技术对经济社会发展作用评价方面的研究较少。技术评价体系既要包含技术在一个生产系统中的作用、水平和潜力的评价,也要包括技术对经济、社会和生态效益的评价。科学技术的重大突破所产生的影响不仅局限于产业部门内部，还要包括对地区或国家经济社会发展影响的评价。

（二）重大高新技术对经济社会发展作用的评价

具有重大突破性作用的科学技术对社会经济发展有巨大的、深刻的、全面的影响。一方面，科学技术增强了人类的多种能力，提高了经济效益；另一方面，科技发展失调也有可能给人类造成危害。为了更好地利用具有重大突破意义的技术，本课题对这些技术所产生的社会经济影响进行评价。具体包括：①信息技术；②航空航天技术；③新材料技术；④新能源及节能技术⑤资源与环境技术。

1. 信息技术对经济社会发展作用的评价研究

首先，阐述了信息技术的广义和狭义的概念，分析了狭义信息技术的特征；讨论了未来中国需要关注的关键信息技术：软件技术、计算机硬件技术、通信技术和互联网技术等七大领域。其次，研究了信息技术经济评价的六个原则：技术先进性原则、技术可行性原则、风险可控原则、战略优先原则、全面评价原则和社会、环境、经济协调发展原则。从信息技术的可行性、先进性和风险性三方面讨论了信息技术经济评价的前提条件。再次，重点从经济评价、社会评价、环境资源评价和战略评价四个方面详细地分析并提出了信息技术评价指标。信息技术的经济评价指标包括国民经济评价指标即宏观经济评价指标和财务评价指标即微观经济评价指标，且每大类效果指标都包括效益性指标和效率上的指标；信息技术社会评价指标包括社会质量评价指标、社会公平评价指标、社会可持续发展评价指标和社会和谐评价指标；信息技术的环境资源评价指标包括环境评价指标和资源评价指标，其中环境评价指标涉及水环境评价指标、土地环境评价指标、空气环境评价指标、太空环境评价指标、噪声环境评价指标、辐射环境评价指标等多个领域，资源评价指标则包括土地资源评价指标、水资源评价指标、原材料评价指标、能源评价指标、矿产资源评价指标、森林水草资源评价指标、海洋太空资源评价指标等；信息技术的战略评价指标包括政治、国防和国家战略支撑上的评价指标。最后，给出了信息技术经济评价方法模型及具体的计算过程。

2. 航空航天技术对经济社会发展作用的评价研究（略）

3. 新材料技术对经济社会发展作用的评价研究（略）

4. 新能源及节能技术对经济社会发展作用的评价研究（略）

5. 资源与环境技术对经济社会发展作用的评价研究（略）

三　当前经济社会发展中需要技术经济研究的重大战略性课题

实践应用性专题研究进展速度较慢，学科在宏观经济领域的应用需要加强。技术经济学科的理论与方法在微观经济领域应用较为普遍，但学科在国家宏观经济与重大决策中的应用，特别是在经济增长中的技术要素和技术发展的经济规律领域方面的应用研究还有待加强。如技术创新周期与经济周期的关系及管理问题，中国可持续发展中的能源、气候变化和环境问题，创新型国家的科技战略、科技政策和科技管理问题，制造中心与技术创新中心的关系问题。这些方面都需要加强研究。

（一）　技术创新周期与经济周期的关系及管理问题

技术发展速度的加快是经济周期变动的主要原因之一。20世纪最后10年的信息技术爆炸带来的经济繁荣似乎已经烟消云散，相反，信息技术带来的过度金融创新及其管理创新的滞后，或监管与规制的缺失却导致今天最严重的世界性金融危机和经济危机。怎样评估技术创新带来的繁荣与破坏性后果？怎样实现创新的效益最大化而避免创新的破坏性？未来技术创新高潮是什么？它将为我们带来什么样的影响？如何大幅度提高科技创新能力，化解经济危机，促进经济平稳发展？这些问题是技术经济必须回答的问题。

（二）　制造中心与技术创新中心的关系问题

发达国家在承担世界制造中心的角色时期，它们同时也是新技术研究与开发的中心和知识产权的创造者。中国已经成为"世界制造中心"，但却与技术研发中心没有重合，而是以引进技术进行制造为主要模式。因此，中国的制造业在定价权和知识产权方面没有主导世界市场，而是受制于他人。如何培养自主创新能力，如何正确处理技术引进与技术研发的关系，怎样才能在制造中心的基础上成为技术创新的中心，涉及复杂的经济、体制、技术、文化等因素，需要从多角度进行综合研究。其中从技术发展规律和经济发展规律两个角度进行技术经济综合研究十分重要。

（三）　中国可持续发展中的能源、气候变化和环境问题

在未来中国的发展中，能源、资源和环境约束是最紧迫、最严峻的问题，解决

我国可持续发展问题的关键在于持续不断进行技术创新，如何依靠科技促进节能减排，降低资源消耗，提高能源资源利用效率，开发新的替代资源，减少环境污染，解决中国发展的瓶颈问题，是技术经济要重点研究的问题。

（四）创新型国家的科技战略、科技政策和科技管理问题

中国政府为加速技术创新，建设创新型国家，采取了一系列政策，投入了大量资源。这些投入是否有效？如何进行正确评估？怎样改进投入方式？如何使科技发展战略与世界的技术发展趋势和国外市场需求相吻合？这些是技术经济要研究的重大问题。

如何在科技创新全球化的背景下，既利用科技全球化带来的机遇，又有效应对挑战，正确处理好知识产权领域的博弈问题？如何加强技术管理，趋利避害，实现技术效益的最大化？也是技术经济要研究的重大问题。

第一部分
技术经济学理论和方法的创新

第一章 技术经济学的理论创新和 理论框架的构建[*]

技术经济学是具有中国特色的应用经济学的一个分支。它是从苏联引进，在我国经济建设和社会经济发展的实践中不断总结和吸引国内外相关学科的理论与方法，逐步发展成为跨技术学科和经济学科的新兴综合性交叉学科。

技术经济学是一门处于发展过程中的学科。由于在经济建设各时期所面临的任务和问题不同，技术经济学的研究对象和范围也在发展和变动，对技术经济学内涵与外延的认识和讨论也在持续。概括说来，技术经济学是探索技术发展的经济规律，经济发展的技术规律，技术与经济相互作用、相互影响、更好结合、协调发展的规律，以取得更好的经济效益、环境效益和社会效益的学科。

目前，技术经济学已经初步形成具有中国特色的理论架构和方法体系。然而，作为一门新兴的学科，技术经济学毕竟还十分年轻，随着科学技术和经济的发展，理论架构有待完善，原有的理论方法有待延伸和拓展到新的应用领域，新的理论和方法有待纳入，相当多的理论问题依然处在争鸣过程之中。学科理论创新已经成为技术经济学未来发展的首要问题。

一 技术经济学基础理论的历史演进

（一）技术经济学发展历程回顾

早在 20 世纪 50 年代我国第一个五年计划开展大规模经济建设期间，我国就开始运用技术经济论证方法对项目综合经济社会效益及可行性进行论证评估。1963

　＊ 执笔人：王宏伟

年，中共中央、国务院批准全国《1963～1972年科学技术发展规划纲要》，把技术经济列为第七大科学技术之一，标志着中国技术经济学的正式诞生。

"文化大革命"时期，技术经济研究的工作基本停止，学科发展大大被削弱。改革开放以后，技术经济学摆脱了"文化大革命"时期停滞不前的局面，进入快速发展期。

进入20世纪80年代后，我国改革开放的力度逐渐加大，经济体制的改革方向也逐步向市场经济过渡，技术经济学的研究逐步适应这种社会实践的需要，引进了大量西方工程经济理论与方法以及西方经济理论中有关技术的研究成果。

进入20世纪90年代后，技术经济学界的注意力转移到应用研究领域，而且所涉猎的领域越来越广泛。进入21世纪以来，随着中国逐步融入国际经济技术竞争之中，中国面临着经济全球化竞争、经济社会协调发展、国家安全威胁和资源环境等战略性挑战。为此，中央提出加快转变经济增长方式，走中国特色自主创新道路，建设创新型国家等战略目标。这些战略的实施为技术经济学研究提出了新的任务和课题，同时也为技术经济学科的深入发展提供了良好的机遇，使技术经济学科进入全面发展时期。

（二）技术经济学发展存在的主要问题

技术经济学在中国的发展，经历了20世纪50～60年代的初创期，80年代以后的快速发展期，目前正处于一个调整期。这一时期的主要特征是：研究领域不断扩展，关注的问题比较分散，有分量的成果不多，学科的理论方法体系不完善，研究队伍的组织交流不足。具体而言，中国的技术经济学发展存在以下几个主要问题。

1. 学科理论和研究方法有待创新与完善

目前在学科的研究对象和学科属性等方面还存在争议，技术经济学科尚未形成自己完整的理论体系，技术经济学界对它的理论构架、学科体系、学科属性、研究对象和研究内容存在较多争论。目前技术经济学已经开创了许多新的研究领域，例如，技术创新、生产率分析、资源经济、环境经济、知识经济、循环经济等，但理论较零散，缺乏技术经济学学科理论上的系统归纳。

以上的现象虽然表明技术经济研究的对象范围不断拓宽，但也反映了技术经济学的理论研究和应用研究还处于一种发散的状态，尤其是近年来理论研究的比重日益减少，有分量的成果不多。学科的基础理论体系建设还需要进一步明确方向，应尽早形成有自身特色的理论体系。同时学科的理论方法体系不完善，原有的学科体系和理论架构需要完善和再创新。同时技术经济分析评价方法发展缓慢，评价方法需要新的突破和发展。

2. 需要进一步处理好学科的中国特色与国际相关学科的融合问题

由于国际上没有与技术经济学完全对应的学科，影响了在这个领域与国外学术界的沟通、交流与合作，一定程度上影响了技术经济学科的发展。国外有关技术发展、技术转移、技术扩散以及技术创新的理论研究等值得关注，有待交流和借鉴。

3. 实践应用性专题研究进展较慢，学科在宏观经济领域的应用需要加强

技术经济学科的理论与方法在微观经济领域应用较为普遍，但学科在国家宏观经济与重大决策中的应用，特别是在经济增长的技术要素和技术发展的经济规律领域方面的应用研究还有待加强。如何利用当前国际技术向中国扩散的历史机遇，实施技术追赶和技术跨越战略，将技术引进与消化吸收、自主创新有机结合起来；如何处理好制造中心与技术研究开发中心的关系问题，走出一条低成本高效益的技术创新之路，促进经济增长方式的转变；如何运用技术创新周期与经济周期的关系，化解经济危机，促进经济平稳发展；如何贯彻创新型国家的科技战略，加强科技管理等，都是技术经济学急待加强的研究领域。

此外，能够体现中国特色的技术经济学教科书很少，有关技术自主创新、技术转移与扩散等核心研究领域的专著极少。

（三）技术经济学学科的发展趋势

随着改革开放，市场经济体系不断完善，技术和经济发展的实践推动着技术经济学的研究范畴也在不断拓展。技术经学学科的发展趋势如下。

1. 专项研究领域不断增加

技术经济工作者几乎对各行各业均有涉猎并建立了专门的研究领域。如已经形成规模的不同行业的项目评价、资产评估等咨询工作，资源类（土地、能源、人力资源等）技术经济研究，环境经济研究，技术经营（管理），软技术，技术进步，技术创新，生产力研究，循环经济，知识经济等。这些领域的研究往往与该领域的其他经济学科或管理学科高度融合，虽然可以看到技术经济学的影子，但已经很难用技术经济学传统理论来概括。

2. 从微观领域向宏观领域不断渗透

传统技术经济学本质上属于微观经济学的应用学科，主要涉及厂商、市场、价格、成本、所得等微观经济学概念。目前相当多的研究涉及投资与消费、就业、社

会福利、产业结构等宏观经济领域，如技术进步与产业结构演进、经济全球化下的技术转移与技术扩散、国家技术创新战略和技术创新体系等。项目评价中的区域经济与宏观经济影响分析，也主要以宏观经济学的理论为指导。

3. 从简单定量分析向应用复杂系统模型深化

当前技术经济学研究的一个显著特点是：一方面，技术经济学常规方法已经从大学、研究院所进入企业和市场咨询机构，发挥着重要作用；另一方面，一些国家重大技术经济课题，往往借助模型化的数学方法，将系统分析、最优化理论、运筹学、计量经济学与技术经济学融为一体，构造更加复杂系统的数学模型进行分析和模拟，如投入产出模型、系统动力学模型、动态系统计量模型、CGE 模型等，大大提高了分析的科学性和可靠性。

（四）技术经济学的主要研究对象和研究领域

技术经济学的根本任务是为中国经济建设实践服务，技术经济学是经济建设科学决策的主要工具之一，其研究成果为各层级的技术经济决策提供理论和方法论支撑。

技术经济学的研究领域，按其研究的层面可包括建设项目的技术经济问题、企业层面的技术经济问题、产业/地区层面的技术经济问题，以及宏观经济层面的技术经济问题；按其研究的内容包括项目评估、各层面的技术经济问题、技术进步理论、生产率分析、产业政策/科技政策的技术经济分析等。

在企业层面，技术经济学科主要关注的是企业技术创新管理、技术过程管理、知识产权管理、创新产权的有效配置等。在产业层面，技术经济学科主要关注的是竞争前技术预测与选择、行业共性关键技术、产业技术创新与技术扩散、产业技术标准战略、产业技术升级的路径与战略、高新技术创业管理等。在国家层面，技术经济学科主要关注的是"跨越式发展"的国家技术战略和技术创新战略、国家技术创新体系的机制与建设、基于国家经济安全的科技安全、信息安全等问题。[1]

（五）技术经济学的理论流派

我国学者对技术经济理论基础的研究散见于教材和少量专著中，而专门的学术论文较少。在教材和专著中，对技术经济理论基础进行研究比较有代表性的有：于

[1] 雷家骕：《技术经济发展前沿》，清华大学出版社，2004。

光远的《论社会主义生产中的经济效果》，徐寿波的《技术经济学概论》，吴岐山等的《技术经济学》，李京文的《技术经济理论与方法》，傅家骥的《工业技术经济学》，许晓峰的《技术经济学》，李京文、郑友敬等的《技术经济手册（理论方法卷）》，陶树人的《技术经济学》，吴添祖的《技术经济学概论》，武春友等的《技术经济学》，傅家骥等的《技术经济学前沿问题》等。迄今为止，关于技术经济学的学科定义和理论流派可以归纳为以下流派。

1. 计划 - 效果学派

代表人物是徐寿波。该学派认为从广义上来看，技术经济学中的技术是"包括劳动工具、劳动对象和劳动者的劳动方法技能等内容的总称"，而经济的含义是指"节约"①。因此，"广义的技术经济学，也可以说是生产与生产力节约学"。"技术经济研究的对象是技术经济问题"，"由于各种技术经济问题大都是以各种技术政策、技术措施和技术方案的经济效果形式出现的，所以各种技术政策、技术措施和技术方案的经济效果也就构成了技术经济学的研究对象"。"具体地说，就是研究技术的经济效果问题，或者说是技术的可行性和经济的合理性问题。"② 需要特别注意的是，在徐寿波（1980、1986）建立的技术经济理论框架里，所说的"经济效果"指的是国民经济层次的宏观经济效果，至于企业或项目的经济利益（包括经济损失）则忽略不计。

徐寿波（1980）在其著作《技术经济学概论》中还提出了"技术经济比较原理"，这一原理提出了两个以上技术方案进行经济效果比较必须具备四个可比条件：一是满足需要上的可比；二是消耗费用上的可比；三是价格指标上的可比；四是时间上的可比。1984年、1986年和1988年，徐寿波在《技术经济学》中先后提出的技术经济学理论除了技术经济比较原理以外还有如下七个原理：技术经济矛盾统一原理、经济效果指标原理、经济增量原理、时间效应原理、供求效应原理、系统相关原理、六力替代原理。

吴岐山（1994）在其主编的《技术经济学》一书中指出："技术经济的基本原理，揭示着技术经济领域中一些基本的规律性问题。"吴岐山认为，这些基本原理包括：一是科学技术要密切结合生产，不断提高劳动生产率；二是技术经济的不平衡性；三是技术经济的可比性，包括产品质和量的可比规范、时间动态的可比原

---

① 徐寿波：《技术经济学概论》，上海科学技术出版社，1980。
② 徐寿波：《技术经济学》，江苏人民出版社，1986。

理、成本效益的比较原理、系统分析原理、技术经济社会协调发展原理。

　　许质武（1993）探讨了技术经济学的基本理论体系。许质武认为，技术经济学的基本理论体系可以概括如下。一是技术和经济相互关系原理。阐明技术和经济既相互依赖、相互促进又相互制约的辩证统一关系。二是技术进步原理。阐明技术进步的模式、形式和方式，技术发展变化规律，技术寿命周期理论，技术研究与开发、创新、扩散理论，技术进步动力和约束机制等。三是经济效益及其评价原理。阐明经济效益的含义、实质和表达方式，经济效益与经济增长的关系，经济增长的促进因素，经济效益评价原则、标准、指标体系等。四是技术进步与经济效益关系原理。阐明技术进步经济效益的表现形式，技术进步促进经济增长，技术进步与产业结构、产品结构变化，技术进步与经济效益的辩证关系，技术进步经济效益的评价指标、方法等。五是技术经济分析的可比性原理。阐明技术经济分析的可比性，技术方案的选择原则，包括满足需要的可比性原理、消耗费用计算的可比性原理、价格的可比性原理及影子价格原理、时间因素的可比性原理。六是资金时间价值和资金等值换算原理。七是市场供求原理和规模经济原理等。

　　李纯波（1987）讨论了技术经济学基本理论的构成问题。他认为技术经济学基本原理主要有以下四个。一是技术与经济发展的杠杆性原理，即技术属于生产力范畴，是提高劳动生产率、扩大经济效果的强大动力，对促进经济发展起着杠杆性作用。二是技术与经济发展的不确定性原理，即技术手段的先进性与经济效果的最佳性，二者之间是一种不确定的关系。三是技术与经济发展的可替代性原理，即就一定时间与一定条件而言，为实现某一确定指标的产品（或工程项目），技术与经济的关系存在不同程度的可替代性，而实现同一目标所需费用的系数，将随着可替代程度的发展而变化。四是技术与经济发展的不平衡性原理，即对任何经济区域或经济单位，在制订一切经济发展规划与确定技术开发方向时，技术与经济的关系有如下规律：各地区资源条件的不平衡，资源利用时间的不平衡，以及产品需求目标的不平衡，从而决定技术开发方向也必然是不平衡的。因此，能否以特定的技术开发方向，去平衡上述一系列不平衡的客观条件，则是决定经济发展速度与获得经济发展效果不同的关键所在。[①]

　　2. 关系 - 效果学派

　　代表人物是李京文、郑友敬。该学派认为经济是"社会生产和再生产过程，

---

　　①　李纯波：《技术经济学原理》，《冶金经济分析》1987 年第 1 期。

即包括生产、分配、交换和消费的社会经济活动",认为"技术经济学的研究对象主要是技术和经济的关系,是技术与经济之间的最佳结合及其运行规律,其目的是求得最佳经济效果"①。"在技术与经济的关系中,经济居于支配地位,技术进步是为经济服务的。技术作为人类进行生产斗争和改善生活的手段,从它的产生起就具有明显的经济目的,因此,任何一种技术,要推广应用,首先必须考虑其经济效果问题。""经济发展是技术进步的起因、归宿和基础。"② 郑友敬(1985)认为:"技术经济学是立足经济,寻求技术与经济的最佳关系,寻求它们协调发展的规律,研究各种不同技术赖以生存的条件,并通过技术比较、经济分析和效果评价,确定技术先进、经济合理的最优经济界限。"③ 该学派拓宽了技术经济学的研究内容,将技术进步的经济学规律等纳入研究视野。

郑友敬(1995)在《技术经济学的发展回顾与趋势展望》一文中指出,技术经济学在理论研究上涉及如下几个方面。一是对经济效益理论的研究。包括经济效益的科学概念与表示方法,经济效益的最佳标准,经济效益的指标与指标体系,经济效益的分类、各类指标的转换与可比计算,经济效益的评价与评价方法以及提高经济效益与遵循客观规律的关系,提高经济效益与提高劳动生产率、提高资源利用效益、提高资金利用效益、提高能源利用效益的关系,提高经济效益的基本途径与措施等。二是对技术进步理论的研究。包括技术进步的内涵、系统规律及其对经济发展、产业结构变化的影响,技术进步对经济增长贡献的定量分析,技术进步发展战略,依靠技术进步发展经济、改造现有企业的措施等。三是对技术选择理论的研究。包括技术选择在技术发展中的作用和意义,技术选择的原则和依据,如何运用技术经济分析方法将技术先进性与经济合理性结合起来,在技术引进中如何考虑我国的基本国情,根据技术选择的基本原则,使引进的技术在技术上先进可行、经济上有利合算、生产上安全适用、社会上有利无害或少害。四是对技术转让理论的研究。包括技术转让的内涵与外延、形式与分类,技术转让对经济发展的影响,技术转让的经济效益分析、评价,如何借鉴国际技术转让经验发展本国经济等。五是对技术经济评价理论的研究。包括项目评价理论的完善、评价原则与分类、评价指标与指标体系、评价方法与方法选择,建立了一套完整的大型与超大型项目的评价体系。六是对技术经济比较理论的研究。包括技术经济比较的原则、可比计算,以及

---

① 李京文:《技术经济的过去、现在和未来》,《数量经济技术经济研究》1987 年第 1 期。
② 李京文:《技术经济的过去、现在和未来》,《数量经济技术经济研究》1987 年第 1 期。
③ 郑友敬:《技术经济基本理论与分析方法》,中国展望出版社,1985。

"实物"与"价值"间可比换算，不同时段的诸多指标的技术经济比较等。七是对技术经济决策理论的研究。包括决策理论、决策程序、决策方法、决策验证。特别是在定量决策的研究上，成果十分显著，已成为各级决策、多级决策不可缺少的依据。八是对时间价值理论的研究。包括时间呆滞期理论及其对技术经济评价的影响，时间因素对工程建设项目经济效益的影响及其影响程度，不同时段的换算及换算系数的确定等。九是对生产率理论的研究。包括生产率的概念界定、测算与测算方法，以及它对经济增长、增长质量的影响及其影响程度等。十是对人力资源开发与利用的研究。认为这是技术经济研究的一个崭新领域，它把对"人"的研究视为一种智力密集的特殊资源进行开发，并作为现代经济增长三大要素（劳力、资本、技术进步）中含量最高（因为资本要素、技术进步要素都与人的素质、人力资源的质量密切相关）、价值系数最大的一个要素进行开发与管理、教育与培训、配置与重组等。

孙续元（2001）指出，技术经济学基本原理的基础部分来自经济效益论，具体内容包括经济效益的科学概念及表示方法研究，经济效益的最佳标准、指标及指标体系的设计研究，评价及评价方法的研究，指标算法的研究等。孙续元认为，技术经济学的基本理论包括两大类。一是技术经济学基本理论的实体理论，是建立在技术管理研究及技术创新研究基础上的。主要包括技术进步理论、技术选择理论、技术转让理论。这些理论主要讨论各种技术活动的意义和作用，定性分析和定量分析的原理及依据，技术活动对国民经济、厂商效益产生影响的方式及规律，国民经济增长及产业、产权结构表现在技术管理和技术创新领域的性质、特点及规律。二是技术经济学基本理论的分析理论，是建立在经济分析理论的基础之上的。主要包括技术经济比较理论、评价理论、决策理论及时间价值理论，主要从经济学的角度解决技术选择和评价的基本原则和可比原则的研究问题、技术方案的分析标准及方案决策的科学化标准、资金的时间呆滞期理论及其对技术经济效益评价的影响，如各种时间价值的折算原理、折算系数理论等。

3. 技术资源最优配置学派

代表人物是傅家骥、吴贵生等。该学派认为："技术经济学是一门研究如何最有效地利用技术资源促进经济增长规律的科学。它的理论基础是经济增长理论。"[①]"在现代社会里，技术已成为一种以知识为基础的再生资源，而且在再生过程中可

---

① 傅家骥、吴贵生主编《技术经济学》，中国经济出版社，1987。

以不断进步。但是，相对于社会的需求来说，技术不论在质量上还是在数量上都是有限的。因此，我们任何时候都无法解决技术资源的稀缺问题。我们所能做到的，仅仅是如何最有效地利用它，这是技术经济学所要研究的基本问题。"因此，"技术经济学是研究最有效地利用技术资源，以促进经济更有效地增长的科学。它属于经济学范畴，是一门应用经济学"。有效利用资源，促进经济增长，就是要在微观上提高资源使用效率，从而在宏观上促进资源优化配置，"主要因素是宏观而不是微观"。[①] 技术经济学的根本任务是探讨技术资源优化配置的理论与方法，揭示技术资源配置与经济增长之间存在的关系及其运动规律。[②]

张文泉（1994）在《关于技术经济学发展的思考与探讨》的论文中认为技术经济学有十大基本原理：一是供求动态平衡原理；二是综合效益原理；三是资源最优配置原理；四是和谐原理；五是生产要素替代原理；六是优化原理；七是可比性原理；八是标准化原理；九是时间效应原理；十是层次原理。

4. 投入产出转换效率学派

代表人物是钟学义等。该学派从技术经济学作为经济学分支的观点来定义技术、技术进步和技术经济学的概念。认为经济活动中投入产出过程达到均衡或平稳状态时投入与产出之间的转换过程就称为技术。基于技术的这种定义，投入与产出之间的关系就可以作为技术关系来描述，从而可以用经济函数（生产函数、成本函数、价格函数等）、投入产出表或者费用与效益之间的关系来描述技术的作用。该学派认为，从经济学的观点来看，当单位投入量对产出的贡献增加时，其增加部分就是技术进步，也就是说只要单位投入的产出量增加了，就有了技术进步。因此，投入产出过程转换效率的提高就是技术进步。因而，经济学中研究的技术进步实际上是指产出增长中扣除因劳动投入和资本投入（依原来的技术进步水平）而增加的作用之后，所有其他因素作用的总和。即除劳动投入和资本投入增加使经济产出量增长之外，其他使经济增长的所有因素均为技术进步。"技术的进步"是技术进步的基础，但不是技术进步的全部内容。该学派认为，技术经济学就是研究经济活动达到均衡或平稳状态时投入与产出之间转换效率的科学。[③]

---

① 傅家骥、吴贵生主编《技术经济学》，中国经济出版社，1987。

② 钟学义、陈平：《技术、技术进步、技术经济学和数量经济学之诠释》，《数量经济技术经济研究》2006年第3期。

③ 钟学义、陈平：《技术、技术进步、技术经济学和数量经济学之诠释》，《数量经济技术经济研究》2006年第3期。

赵树宽、赵英才（1996）撰文讨论了技术经济学的基本原理构成问题。他们认为，作为揭示技术经济学基本规律的基本原理，既可能是技术经济学所特有的，也可能来自其他理论经济学。包括技术的经济效果原理，技术的社会效益原理，技术的可行性原理，科技是第一生产力原理，技术与经济相关性原理，技术进步与经济增长原理，技术、经济、社会协调发展原理。赵树宽、赵英才还指出，上述原理只能是技术经济学原理体系中的一部分，并且是不系统的。随着技术经济学研究的深入，新的基本原理将会不断发现，旧的原理可能因实践的发展而被淘汰。

也有一些学者对技术经济理论有更为宽泛的总结。例如赵国杰指出，技术经济学的理论基础是多学科的，即包括技术学原理、经济学原理、生态学原理、社会学原理和价值理论（文化学原理）。井浩涌等人指出，技术经济学的理论基础包括剩余价值理论和扩大再生产理论、边际效用理论和边际生产力理论、产权经济理论、历史上关于科学技术发展及其作用的理论。此外，张金锁（2001）的《技术经济原理与方法》提出了区域增长极发展模式，彭建刚（2003）的《技术经济学》提出了（实物）期权评价决策原理。

综上所述，可以看到几种有代表性的技术经济学定义均认为技术经济学的核心方法是费用效益分析，技术经济学共同的理论基础是马克思的扩大再生产理论和福利经济学。

（六）国内技术经济学理论体系的演变

关于技术经济学的理论基础，学术界历来存在着不同的看法。从 1986 年 8 月召开的全国技术经济学科理论方法体系学术讨论会开始至今，学者们对技术经济学理论基础问题的讨论就一直在持续。事实上，从技术经济学在我国发展的历史来看，其理论基础并不是固定不变的，而是随着经济体制改革的深入，随着学科内容体系的扩展不断发展变化的。技术经济学作为经济学的一个分支学科，最终是要为经济实践服务的，它在我国的发展必然要受到我国经济制度变迁的影响。

技术经济学在发展之初，是以马克思的剩余价值理论和扩大再生产理论作为其理论基础的，对国民经济发展中涉及的技术与经济问题进行研究。在技术经济学的初创期，中国正处在计划经济时期，指导经济实践的基本经济理论是基于苏联的马克思主义政治经济学。当时的技术经济的理论主要是指微观的应用理论，如经济效益理论、时间价值理论等。需要指出的是，在技术经济学的创建期，也涉及生产率理论，主要是传统的劳动生产率理论。

进入 20 世纪 80 年代后，我国改革开放的力度逐渐加大，经济体制的改革方向也逐步向市场经济过渡，因此，作为社会科学的技术经济学，其研究必须要逐步适应这种社会实践的需要，引入国外相关学科的理论成果成为本学科发展的必然趋势。20 世纪 80 年代以来，技术经济学为适应改革的需要也发生了重大变化，变化的主要特点是引进了大量西方工程经济理论与方法以及西方经济理论中有关技术的研究成果。技术经济学者不仅积极吸收西方经济学中的微观经济理论，而且也吸收了大量的宏观经济理论，不断丰富技术经济学的理论体系。这一时期，技术经济学研究受西方经济学的影响程度越来越深，但是仍然无法完全摆脱苏联的影响，因此，可以说，改革开放以后的技术经济学，其理论基础既有马克思主义政治经济学理论，又有西方经济学的理论。

进入 20 世纪 90 年代后，技术经济学界的注意力转移到应用研究领域，而且所涉猎的领域越来越广泛，技术创新、技术外溢、实物期权、可持续发展、信息化以及高新技术产业化发展等理论逐步充实技术经济学的理论。学者们在技术经济学著作中先后提出了经济效益理论、微观评价原理、宏观评价原理、风险理论、决策理论、技术进步理论、技术创新理论、技术评价理论、技术选择理论、资源有效利用理论、生产力与再生产理论、和谐原理、综合效益原理、层次原理等理论。

二　国外相关学科基础理论的发展和演进

（一）国外相关学科的发展和表现形式

国外技术经济领域的起源最早可追溯到 19 世纪后期。它是根据现代科学技术和社会经济发展的需要，在自然科学和社会科学的发展过程中，互相渗透，互相促进，逐渐形成和发展起来的。20 世纪 30 年代之后，经济学家们注意到科学技术对经济的重大影响，技术经济的研究也随之展开，逐渐形成一门独立的学科。"二战"后，各国都很重视技术进步对经济增长的促进作用。随着数学和计算技术的发展，特别是运筹学、概率论、数理统计等的应用，以及系统工程、计量经济学、最优化技术的飞跃发展，技术经济领域的研究得到了长足发展。

国外没有与我国的技术经济学完全对应的学科。相关性较强的有以下两类研究。一类是设在工科院校的工程经济学（Engineering Economics），有的院校也称为技术经济学（Technological Economics），作为经济学的分支，目的是培养工科学生掌握分析工程、技术应用经济性的能力。这与我国技术经济学相关部分的内容基本一致，名词、术语、方法也大致相同。另一类是有关技术的经济学研究。国外有一些院校设立了与技术经济相关的学科，西方国家有关技术经济学方面的研究主要集中在技术在不同企业、不同产业和不同地区之间的转移和扩散的经济规律，新技术的生成，新技术对企业获得的影响，新技术如何影响市场份额和保持竞争地位，企业的规模和特征如何影响技术创新的类型和数量，以及技术变化对产业发展和经济增长的作用等。在研究方法上，国外更加强调经济学分析范式的运用和理论的形成与创新。

近年来，国外技术经济研究出现了较为活跃的现象。Lee Martin（2006）的专著 *Technomics：The Theory of Industrial Evolution*，分析了技术、经济和组织之间的关系，其后他又指出 Technomics 就是技术和经济的关系问题。这与我们的技术进步和技术创新理论的范围大体一致。

梅里亚姆－韦伯斯特公司（2007）的《韦伯开放词典》中，techonomics 被解释为经济学的一个分支，主要研究基于技术的经济发展的经济影响和结构。咨询公司 RTI 认为，Technology Economics 是使用微观经济学理论评估新技术对产业和社会的影响，对替代技术进行技术和成本的比较；提供技术选择的决策分析，分析市场障碍和公共政策对这些技术的影响；评估技术研发和技术项目的成本和效益。这和我们通常所说的技术经济分析的内容大体一致。

Montana 大学的 Vincent H. Smith 的专著 *The Economics of Technology*，检视了新技术的研发和使用的经济和政策问题。具体包括企业采用现有技术的决策、技术进步进程中政府干预的效果、技术创新对社会不同集团经济福利的影响、政府对研发直接资助和补助的程度、技术评估和成本效益分析的有效性，以及近年世界范围的经济增长和生产率增长率的降低与技术进步率降低的关系等。

（二）西方经济学者关于技术经济学理论研究的历史回顾

西方经济学者关于技术经济学的理论研究起步较早。一般将有关技术经济学的研究阶段以熊彼特时代为基准，分为前熊彼特时代、熊彼特时代和后熊彼特时代。

1. 前熊彼特时代的理论研究

前熊彼特时代的主要代表人物是亚当·斯密（Adam Smith）和 Charels Babbage。斯密认为发明和机器的改进可以大幅度提高生产效率，而劳动分工可以大大提高劳动效率。西方经济学家中真正可以称为技术经济学启蒙的经济学家应是Babbage，他研究的内容广泛，涉及一系列技术经济问题，比如静态与动态经济规模，学习曲线，增加企业规模与市场集中度，交易成本，技术分类，发明，技术的国际转移，技术造成的失业，R&D 支出，技术替代，科学、技术和工业之间的联系，科学在国民经济发展中的作用等。Babbage 的研究和观点对马克思和熊彼特的思想有很大的影响。前熊彼特时代最后一位技术经济学家是 Thorstein Veblen，他强调机械和工程分类的重要性，他在其他经济学家提出边际的概念和新古典经济学时，提出了经济演进的方式。他以社会学和行为学的观点研究技术和经济，其观点与边际分析和静态分析主张的观点并不一致。

2. 熊彼特时代的理论研究

熊彼特（Joseph Schumpeter）由于经历了两次世界大战，因此他对经济和政治的敏感度超过了同时代的经济学家。他认为技术创新的主体是"企业家"，企业家的创新活动是经济兴起和发展的主要原因；创新活动是指在生产和销售经营活动中，发现并使用与众不同的方法，创新活动包括产生新产品和新的生产方法，开辟新市场，开发原料和半成品的新来源，以及建立新兴产业；技术创新引起经济增长并对经济的周期性波动产生影响。熊彼特时代另一位代表人物是希克思（John R. Hicks），他提出了技术中性变化的概念。

3. 后熊彼特和"二战"后时代的理论研究

这个时期研究技术经济的经济学家不只是几位学者，而是一大批经济学家，如Thirtle，Ruttan，Dosi，Verspagen，Freeman，Nelson，Blaug，Pavitt，Kennedsy，Thilwall，Baldwin，Scott，Mowery，Rosenberg，他们的研究相互联系、相互促进。这个时期的主要代表人物是 Schmookler，Abramowitz 和索洛（Solow），以及后来的新经济增长学派的卢卡斯（Lucas）等。索洛他们在 20 世纪 50 年代从事经济增长理论研究时，发现资本和劳动的增加不能完全解释总产出的增加，他们将产出增加的"余值"归结为技术变化带来产出变化的结果。于是他们扩展了一般生产函数的概念，使其能容纳技术进步对经济增长的作用。卢卡斯在两资本模型中，强调了劳动者脱离生产，从学校正规和非正规的教育中所积累的人力资本对产出与经济增长的作用。

（三）国外技术经济学的研究对象

国外技术经济学家认为技术和经济之间的相互关系日益重要，有关技术经济学的定义如下：技术经济是经济学的一个分支，是一方面研究技术与科学的变化，另一方面研究经济的变化，并研究技术和经济两者因果关系的学科。技术经济学既从经济的角度分析技术变化，也从技术的角度分析经济变化。将国外技术经济学的研究对象进行分类，可以归结为以下多方面的内容（见表 1-1）。

表 1-1 国外技术经济学研究对象分类

宏观经济问题	宏观技术问题	微观经济问题	微观技术问题
福利	S&T 制度	市场结构	创造力
增长	专利体系	集中度	发现
就业	国家创新体系	公司规模	发明
投资	技术体系	增长	R&D
收入分配	创新簇	回报率、收益率	创新、创新能力
商业周期	创新能力	生产率	模仿
贸易		竞争力	吸收能力
利率		投资	扩散
通货膨胀		组织	专利
利率			技术许可
生产率			技术多样化
发展			不同技术
			不同技术绩效
			技术轨迹
			范例

（四）国外相关学科的发展趋势和理论研究重点

近年来西方国家技术经济学相关研究发展迅速，当前国外有关技术与经济方面的研究主要集中在以下几个领域：①技术变化与经济增长；②如何建立模型模拟技术生成、选择和模拟技术的主要过程；③技术进步如何进入内生经济增长模型；④不同技术的软资本形成和硬资本形成的决定因素，（事前/事中/事后）如何评价新技术投资；⑤公司内部的 R&D 决策和技术战略的性质和作用；⑥新技术的扩散与转移，新技术扩散与技术替代如何形成产业结构；⑦生产率改进与经济绩效的微观分析与宏观分析；⑧技术创新动力学，技术关系经济学，技术范围的变化；⑨经济与技术周期剧变的分析与预测；⑩技术竞争与经济竞争之间的关系；⑪在积累技术知识和经济财富方面，各种形式的 R&D 和竞争的作用。

国外技术经济学家对技术经济学范式问题与理论形成的研究重点是历史主义、

经验主义、实证主义、折中主义理论和规范理论、通论和特定理论的用途和限制、因果推理和预测的限制等。

三　可行性研究的理论基础

技术经济学各研究领域的基础理论将按照下面的分类进行分析：一是可行性研究的理论基础；二是技术进步与经济增长的理论基础；三是国家创新体系和建设创新型国家的理论基础；四是转变经济增长方式的理论基础；五是环境经济社会协调可持续发展的理论基础。

经过多年的发展，建设项目经济评价工作已经由最初所注重的财务评价、国民经济评价，发展为同时关注社会和环境问题所带来的经济影响、对地区经济社会发展的影响，进而发展形成自身系统性较强的地区经济影响评价、社会评价和环境评价。

（一）西方项目经济评价体系发展的演进

1. 项目评价的初级阶段

技术经济学中的项目经济分析和评价部分在西方称"工程经济""经济性分析"，在日本称"经济工程学"，苏联和前东欧国家称"技术经济计算"或"技术经济论证"。

项目经济评价源于西方，19世纪80年代至20世纪30年代是项目评价的初级阶段。西方国家最早开展财务评价和经济评价的是美国的惠灵顿（A. M. Wellington）（1887），他应用资本化的成本分析方法来选择铁路的最佳长度或路线的曲率[①]。戈尔德曼（O. B. Goldman）（1920）提出了复利计算方法。格兰特（E. L. Grant）（1930）以复利为基础讨论了投资决策的理论和方法。布西（L. E. Bussey）（1978）全面系统地总结了工程项目的资金筹集、经济评价、优化决策以及项目的风险和不确定性分析等。里格斯（J. L. Riggs）（1982）出版了《工程经济学》，系统阐明了货币的时间价值、货币管理、经济决策和风险与不确定性分析等。还有美国唐纳德·G. 纽南的《工程经济分析》和日本千住镇雄的《经济工程学基础》等。

20世纪30年代以前，项目评价基本以私人项目财务评价为主，项目评价的基

---

① 孟巍：《高速公路对区域经济影响分析与评价方法研究》，长沙理工大学博士学位论文，2006。

本目标是私营企业投资利润最大化和降低投资风险。

在项目评价的初级阶段，消费者剩余和公共工程的社会效益是此阶段评价的理论基础。1844 年，法国工程师杜皮特发表了题为《公共工程项目效用的度量》的论文，首先提出了消费者剩余这一概念，并且采用几何图形表示了它的含义。根据消费者剩余的观点，他提出了公共工程的社会效益的概念，他认为公共项目的最小社会效益等于项目净产出乘以产品市场价格。这个最小社会效益与消费者剩余就构成了公共项目的评价准则。

2. 项目评价的应用发展阶段

20 世纪 30 年代至 20 世纪 60 年代中期是项目评价的应用发展阶段。20 世纪 30 年代，西方国家进入经济大萧条时期，在凯恩斯理论影响下，西方国家运用新的财政政策和公共工程项目等措施来挽救萧条的经济，政府干预经济的需要和作用逐渐增强，从国民经济整体的角度以宏观经济效益和社会效益为主要目标的评价工作逐步推进。美国在 20 世纪 30 ~ 40 年代已在大型建设项目经济评价方面形成了较为完整的系统，并进一步推广到欧洲和发展中国家，应用的领域也由传统的水利公共工程领域扩展到工业、农业和其他经济部门。诺贝尔经济学奖获得者丁伯根（Tinbergen J.）教授在 1958 年提出在费用 - 效益分析方法中使用影子价格，进一步促进了传统社会费用 - 效益分析方法的推广和应用。20 世纪 60 ~ 70 年代，以苏联为代表的部门经济评价、以日本为代表的经济性工程分析和以英国为代表的业绩分析也逐渐成熟。

20 世纪 70 年代，随着世界银行"向贫困开战"计划的开展，世界银行在向发展中国家提供开发性项目基金的同时，也将项目评价引入巴西、印度等多个发展中国家。而在第二次世界大战后，许多发展中国家进入经济稳步发展时期，而且其中大部分国家都采用宏观管理、中央计划和公共投资等手段加速经济发展。在发展中国家，由于通货膨胀、外汇缺乏、劳动力（非技术型）过剩、实行保护性措施等原因，造成商品价格严重失真，从而大大增加了项目评价的难度，也直接影响了项目评价在发展中国家的广泛推行。一些发展中国家根据各自的实际情况，逐步形成了适合发展中国家的以现代费用 - 效益分析为主要方法的经济评价。[1]

在此阶段，发展经济学的兴起促进了项目评价在发展中国家的应用，发展经济

---

① 骆绯、林晓言：《项目评价体系发展的现实背景及理论基础》，《铁道经济研究》2004 年第 3 期。

学便成为发展中国家项目评价的理论依据。[①] 此时，经济学家逐渐关心社会效用、生产和消费水平、资源配置、社会福利等问题，这样福利经济学应运而生，福利经济学为项目评价提供了基本概念、原理、福利标准和一般性理论基础。

3. 项目评价的突破发展阶段

20 世纪 70 年代以来，项目评价方法有了新的突破，这一时期的项目评价发展的推动力量主要来源于国际组织。经济合作组织（OECD）在 1968 年出版的《工业项目手册》中提出了新的评价方法，1971 年联合国工业发展组织（UNIDO）在其发表的《项目评估指南》中也提出了新方法。世界银行与联合国工业发展组织都在其项目贷款中同时使用财务分析和经济分析两种方法，如 1968 年牛津大学教授李特尔（Little I.）和米尔利斯（Mirrlees J.）为 OECD 编写的《发展中国家工业项目分析手册》，1972 年 UNDIO 出版的《项目评价准则》和 1975 年世界银行发行的《项目经济分析》等。此后在 1980 年，OECD 出版《工业项目评估手册》一书，提出以项目对国民收入的贡献作为判断项目的价值标准。围绕对新方法论的讨论，许多经济学家从理论研究到实际应用研究都探索了不同的项目评价方法。

（二）我国项目经济评价体系发展的演进

1. 项目评价的学习阶段

我国项目评价工作可以追溯到新中国成立初期对大型建设项目进行的技术经济论证。20 世纪 50 年代初期，中国正处在计划经济时期，在"一穷二白"的基础上开始大规模经济建设。指导经济实践的基本经济理论是基于苏联的马克思主义政治经济学。苏联专家在指导 156 个重大项目建设时，带来了全套经济计划方法，也带来了技术经济分析/工程经济理论和方法。当时，我国学习苏联的经验，开展了对大型建设项目进行技术经济论证的工作。此阶段的项目评价方法主要是以经济效果理论为基础，采用了投资利润率、资金利润率、投资回收期、投资效果系数、最小费用法等静态评价指标和方法进行分析和评价。

2. 项目评价的引进阶段

20 世纪 70 年代末，随着我国经济的对外开放，在西方发达国家应用了 40 多年的投资项目决策工具——可行性研究开始被引进我国。这一时期，项目评价研究

---

① 曹琳剑、刘炳胜、王雪青：《东西方项目评价方法论及其理论演进分析》，《科技管理研究》2010 年第 7 期。

工作进展迅速。我国 1981 年组织力量对大型建设项目经济评价的基本理论和方法论进行研究，1983 年，原国家计委颁发了《关于大型建设项目进行可行性研究的试行管理办法》，正式将可行性研究纳入投资项目决策程序，1987 年 10 月，由原国家计委组织编写、中国计划出版社出版的《建设项目经济评价方法与参数》（计标〔1987〕1359 号）一书，就是在理论研究的基础上，借鉴吸收国外的有益经验，结合我国的实际情况，制定出的一套科学的项目经济评价方法的集中体现，将财务评价和项目经济评价完整地纳入一个评价体系中。对经济评价的程序、方法和指标等做出了明确的规定，并首次颁布了各类经济评价所用的国家参数，其中大量参数的测定走在世界的前列。

这一时期的项目评价方面有代表性的研究成果包括《基本建设经济效果研究》（薛葆鼎、林森木、丁华等，1987）和《项目投资社会评价方法》（陈玉祥、张汉亚，1985）。

3. 有中国特色的项目评价创新发展阶段

随着国家在经济体制诸多方面的改革进一步深化，中国经济和社会都发生了很大变化，社会主义市场经济体制初步建立，市场机制已在相当程度上取代了计划指令在资源配置中的基础性作用，原有的经济评价方法与参数在实践中遇到一些新问题，需要制订更接近市场的、更符合市场化要求的大型建设项目经济评价方法与参数。为此，1993 年，原国家计委和建设部组织专家对《大型建设项目经济评价方法与参数》进行了补充和修订，颁发了《建设项目经济评价方法与参数》（第二版）（计投资〔1993〕530 号）。修改后的《建设项目经济评价方法与参数》（第二版）成为我国各工程咨询、规划设计单位进行投资项目评价的指导性文件，成为各级计划部门审批设计任务书（可行性研究报告）及审查投资贷款的基本依据。在这一评价方法的基础上，国务院发展研究中心、中国社会科学院以及银行系统等多个部门都陆续研究了大型建设项目经济评价办法，并出台了适应不同行业具体情况的评价办法。

近年来，随着我国在投融资、金融、财税、外贸等领域出台了一系列重大改革措施，投资环境发生了深刻变化。为保证项目评价工作能够适应经济发展的需要，保障决策的科学性，2006 年，国家发改委和建设部颁发了《建设项目经济评价方法与参数》（第三版），标志着中国特色项目评价工作走上了科学化和规范化的道路。值得关注的是，根据国内外近年来一些特大型项目评价的实践经验和理论总结，在《建设项目经济评价方法与参数》（第三版）中，增加了大型建设项目对地区、区域经济和宏观经济影响进行分析的内容，界定了特大型项目对区域经济和宏观经济影响分析的有关基本概念，区分了特大型投资项目区域和宏观经济影响分析与一般项目国民经济评价的异同，初步识别了特大型投资项目对区域和宏观经济的影响要素，设定了特大型项目的评价指标和分析方法体系，对进一步完善项目评价和决策体系具有重要意义。

同时也有一些学者就项目评价进行理论和实证分析，例如《跨世纪重大工程技术经济论证》（李京文，1997）；《超大型工程建设项目评价——理论方法研究》（郑友敬，1994）；《项目后评价》（张三力，1998）；《建筑工程技术经济分析》（张洪力等，2005）；《项目经济学》（卢有杰，2006）；《项目评价体系发展的现实背景及理论基础》（骆绯、林晓言，2004）等。

（三）项目评价的理论基础

1. 时间价值理论

时间价值这一概念源自西方经济理论。其实，早在技术经济学的创建期，我国学者已经意识到在进行技术方案的选择时应考虑时间因素，这在徐寿波的《技术经济学概论》中已经体现出来了。

1986年，傅家骥将资金的时间价值的含义归纳为两方面。一方面，将资金用作某项投资，资金在流通－生产－流通中得到一定的收益或利润，即资金增了值。资金在这段时间内所产生的增值，就是资金的"时间价值"。另一方面，如果放弃资金的使用权利，相当于失去收益的机会，也就相当于付出了一定的代价。在一定时期内的这种代价，就是资金的"时间价值"。[1] 1982年，苏挺在《外国经济与管理》上介绍了国外的时间价值概念，指出国外学者分析时间价值的依据是人们共有的"时间偏好"，并在文章中给出了各种复利系数的计算公式，此外，还介绍了如何用贴现方法来评价项目。[2]

2. 经济效果理论

20世纪50年代中期，以于光远为代表的国内经济学者陆续开始了对社会主义经济效果实质、经济效果范围、经济效果指标体系等问题的讨论。1959年，于光远在《人民日报》上发表了题为《用最少的劳动消耗，取得最多的使用价值》的

---

① 傅家骥：《工业技术经济学》（第一版），清华大学出版社，1986，第19页。
② 苏挺：《"货币的时间价值"浅谈》，《外国经济与管理》1982年第1期。

文章。在这篇文章中，于光远倡导经济工作者应把计算经济效果的理论和计算经济效果的方法以及对在各种条件下，各种产品生产的经济效果进行具体的分析和计算作为一个重要的研究任务。如前所述，徐寿波对宏观经济效果进行了较为详尽的论述。①

3. 费用效益理论

费用效益分析是指在使用技术的社会实践中对效果与费用及损失进行比较，以便实现最佳经济效果。大型建设项目的费用和效益比较分析分为内部效应分析和外部效应分析。内部效应是指项目主体付出的费用或得到的收益，分别称为内部费用、财务费用或内部效益、财务收益。外部效应是"第三方"由于此项目而蒙受的损失或得到的收益，分别称为外部费用或外部效益。内部费用与外部费用之和称为完全费用、社会费用或国民经济费用；而内部效益与外部效益之和称为完全效益、社会效益、社会福利或国民经济效益。通常项目主体并不关心降低外部费用，也不关心增加外部效益。目前我国的许多项目主体经常靠牺牲外部效益来降低内部费用，增加内部效益，大大增加了外部成本。

4. 福利经济学理论

福利经济学为项目评价提供了基本概念、原理、福利标准和一般性理论基础。福利经济学中的完全竞争模式、社会效用理论、边际分析，帕累托最优准则和帕累托改进原则成为项目"成本－效益"分析的基石。

根据新福利经济学原理，当国民经济发生变化时，受益者的受益总量足以补偿受损者的受损总量时，就是社会福利的改进。如果支付补偿者的境况因此而变坏，接受补偿者的境况也没有改善，社会福利将会受到损失，必须寻找代价较小的办法来减少外部不经济。一个具体的大型基础设施建设项目的建设，达到国家宏观上的整体最优，并不意味着微观上的每个利益主体也同时达到最优。政府与消费者和生产者不同，其任务是保证社会资源得到有效的分配和使用。在大型基础设施建设项目造成外部影响时，政府应当承担起调整外部影响的任务。

5. 区域发展理论

从哲学角度来看，平衡是相对的，不平衡是绝对的，社会主义经济发展是一个从不平衡到逐步平衡的过程。作为发展目标，考虑发展的协调，社会主义经济应该平衡发展，但由于产业结构的失调、区域发展的不平衡以及资金短缺的现实状况，

---

① 徐寿波：《技术经济学概论》，上海科技出版社，1980。

发展又不可能绝对平衡。所以在一定时期内，必须采取适度倾斜的发展政策，实行不平衡的增长，进而在发展中达到新的平衡。

（1）区域不平衡发展论。赫尔西曼、缪尔达尔等人认为，发展中国家并不具备全面增长的资本和资源，平衡发展在现实中不可能实现，他们在对区域平衡发展理论进行批判的同时提出了区域不平衡发展的观点。他们认为由于不同部门、不同区域有着不同的增长率，存在经济水平和发展速度上的差距，这种非均衡链是经济发展的动力。由于聚集经济的存在，发达区域会因市场的作用而持续、累积地加速增长，并同时产生扩散效应（Spread Effect）和回流效应（Back Wash Effect）。[1] 在市场机制作用下扩散效应小于回流效应，因此发达区域更发达，不发达区域更不发达。要消除这种逐渐扩大的两极分化，必须在制度方面进行重大调整、改革，可以有选择地在若干部门和区域投资，通过带动作用实现整个区域的发展。

（2）增长极理论。增长极理论认为经济空间存在着若干中心、力场或极，产生类似"磁极"作用的各种离心力和向心力，从而产生相互联合的一定范围的"场"，并总是处于非平衡状况的极化过程之中。[2] 所谓增长极，是指各种条件优越、具有区位优势的区域内少数地点，是产业部门集中而优先增长的先发地区。弗朗索瓦·佩鲁等人认为促进落后地区经济发展的关键是采取不平衡发展战略，配置一两个规模较大、增长迅速且具有较大乘数效应的中心城市，实行重点开发。这类中心城市，就是该区域的增长极。当增长极形成之后就要吸纳周围的生产要素，使其本身日益壮大，并使周围区域成为极化区域。当极化作用达到一定程度且增长极扩张到足够强大时会从增长极产生向周围地区的扩散作用，从而带动周围区域增长。在增长极的形成过程中存在着四种效应：乘数效应、支配效应、极化效应和扩散效应。许多国家试图运用这一理论消除落后地区的贫困，促进各地区经济协调发展，并取得了较好的效果。但是增长极理论仍存在一些问题，譬如增长极的合理数量、增长极本身的起始规模与合理规模、增长极内部产业配置和结构优化、增长极的确定与主导产业选择等方面的研究尚待完善。

（3）梯度理论。梯度理论源于美国学者弗农（Raymond Vernon，1966）的"工业生产生命周期阶段论"。[3] 梯度理论的主要观点有以下两点：一是无论在世界

[1] Gunnar Myrdal（1968），*Asian Drama*，New York：Pantheon.
[2] Francois Perroux（1995），"Note on the Notion of Growth Pole"，*Economie Appliquee*. 17：307 – 320.
[3] Raymond Vernon（1966），"International Investment and International Trade in the Product Cycle"，*The Quarterly Journal of Economics*，80（2）：190 – 207.

范围，还是在一国范围，经济技术发展是不平衡的，因此客观上存在经济与技术发展的区域梯度差异；二是如果存在地区技术经济势差，那就存在着技术经济推移的动力，会形成生产力的空间推移，因此客观上存在产业与技术由高梯度地区向低梯度地区扩散与转移的趋势。可以利用生产力的梯度转移规律，实现地区经济的均衡发展。首先让有条件的高梯度地区引进和掌握先进技术，然后逐步依次向下级梯度的地区转移；随着经济的发展，推移的速度加快，可以逐步缩小地区间的差距，实现经济分布的相对均衡，进而实现国民经济的平衡发展。

但是随着经济的发展和实际情况的转变，原有的梯度理论受到质疑：反梯度推移论的拥护者认为梯度推移理论的结果将会是，落后地区永远赶不上先进地区，落后国家永远赶不上先进国家。因此现有生产力水平的梯度顺序，不一定就是引进采用先进技术和经济开发的顺序；后者只能由经济发展的需要和可能性决定。只要有需要并具备条件，就可以引进先进技术进行大规模开发，而不用过多地关注区域所处的梯度。因此落后地区可直接引进世界最新技术，实现超越发展，然后向二级梯度、一级梯度反推移。

四 技术进步与经济增长的理论基础

近 20 年来西方国家对技术进步与经济增长关系方面的论著主要有英国 P. 萨维奥蒂与 V. 沃尔什的《经济与技术进步》、G. 多西等的《技术进步与经济理论》、E. 多马的《经济增长理论》、K. 纳雷安的《技术战略与创新：竞争优势的源泉》、迈克尔·德托佐斯的《美国制造：如何从渐次衰落到重振雄风》、德国赛康德的《争夺世界技术经济霸权之战》。

尽管在我国对技术进步问题的研究早在 20 世纪 50 年代就开始了，但那时的"技术进步"仅仅是作为一个技术术语而存在的，所谓的"技术进步"往往指的是物化技术上的进步，所作的研究也只是定性的分析。我国学者在 20 世纪 80 年代以前对技术进步作用的研究较少，而且研究不够深入。但从 20 世纪 80 年代以来，对技术进步与经济增长的关系，以及经济增长方式转变等有关问题的研究，越来越系统和深入。而且一系列重大应用课题的理论和实证研究取得了重要成果，如"技术进步和产业结构优化""技术进步与经济增长""生产率与经济增长""转变经济增长方式"等，不仅在一系列理论问题上有所突破，而且对各级政府制定政策产生了重要影响。技术进步与经济增长的理论基础主要是经济增长理论。

（一）技术进步的发展阶段

1. 技术进步理论引进时期（1978～1989 年）

技术进步是经济增长的源泉。自主研发和技术扩散（技术外溢）是技术进步的两种主要形式，这两种形式的技术进步都会引起经济扩张。在经历了史无前例的"文化大革命"后，1978 年召开的党的十一届三中全会为技术经济学的发展带来了春天，技术经济学的研究工作开始走上复兴之路。20 世纪 80 年代随着西方经济学思想和成果在中国的传播，技术经济学领域的学者们不断从国外引进基础理论，如技术转让理论、技术评价理论、技术转移理论、技术创新理论、技术进步理论等已经成熟的理论，而且在对原有基础理论不断加强研究的同时，也开始涉猎新的理论研究，包括技术选择理论、技术能力理论、技术扩散理论、技术进化论和技术溢出理论等，这极大地丰富了我国技术进步的理论研究和实证研究。

（1）技术进步的概念。总的来说，在使用"技术进步"一词时有狭义和广义两种理解。狭义技术进步主要指在生产领域和生活领域内所取得的技术进步，指在生产、流通、信息交流等方面所使用的工具和程序水平的提高，也就是在硬技术应用方面所取得的进步。广义技术进步是指产出增长中扣除劳动力和资本投入增加的作用之后，所有其他因素作用的总和。即除劳动力和资本投入增加使经济产出量增长之外，其他使经济增长的所有因素均为技术进步。广义技术进步不仅包括生产设备的更新、生产工艺和方法的完善、劳动者素质的提高等，而且包括管理制度的改善和管理水平的提高、推行新的经济体制和改革政治体制、采用新的组织与管理方法、改善和采用新的决策方法、改善资源的配置方式等。

在现代经济增长理论的文献中，对"技术进步"一词有多种解释，各种解释之间存在着一些细微的差别。例如，索洛认为，技术进步在短期的表达含义是"生产函数任何一种形式的移动（变化）"，"经济的加速和减速、劳动力教育状况的改进以及各种各样使得生产函数发生移动（变化）的因素都可以归入技术进步之中"。由此可以看出，索洛关于技术进步的含义比较宽泛，即影响生产函数移动（变化）的一切因素都是技术进步，其中主要体现在新的资本存量中的技术成果、教育和劳动力素质的改善等。肯德里克在 1961 年出版的《美国的生产率增长趋势》一书中，把经济增长中不能被要素投入增长解释的部分（即"增长余值"）定义为"要素生产率的增长"。在要素生产率的增长中，主要内容是技术进步、技术创新的扩散程度、资源配置的改善、规模经济等。肯德里克所说的要素生产率的增长实质上就是技术进步，这种技术进步包括技术的发明和应用、管理水平的提高、劳动生产率的提高等，肯德里克的定义与索洛的定义相比，内容较为具体一些。

李京文院士认为，技术进步泛指技术在实现一定目标方面所取得的进化和革命。所谓一定目标，即指人们对技术应用所期望达到的目的及其实现程度。如果通过对原有技术（或技术体系）的改造、革新或研究，开发出新的技术（或技术体系）代替旧技术，使其结果更接近于目标，这就是技术进步。

傅家骥教授指出："技术进步并不是人们通常理解的技术的发展和进步，而是指在经济增长中，除资金和劳动力两个投入要素以外所有使产出增长的因素，即经济增长中去掉资金和劳动力增长外的'余值'，实际上，经济增长是各种投入要素共同作用的结果。技术进步并非技术概念，而是一个经济概念。"傅家骥的说法代表了 20 世纪 80 年代中后期的主要观点。[①]

（2）引进的主要技术进步理论。进入 20 世纪 80 年代以后，随着对国外相关学科经济理论了解的逐步深入，我国技术经济学界加快了对西方与本学科相关理论与方法的引进步伐。

①技术创新。目前，学术界公认的观点认为，技术创新的理论观点最初是由美籍奥地利经济学家约瑟夫·阿罗斯·熊彼特于 1912 年在《经济发展理论》一书中提出的。熊彼特之后的创新研究者从不同角度和层次，对创新理论进行了分解研究，并发展出两个独立的分支：一是技术理论，主要以技术创新和市场创新为研究对象；二是制度创新理论，主要以制度和制度形成为研究对象。

20 世纪 70~80 年代，有关技术创新的研究主要以介绍国外技术创新理论成果为主，涉及的研究内容主要有技术创新的内涵、技术创新的类型、技术创新与市场结构的关系等方面。

1978 年，厉以宁在《世界经济》第 10 期上发表了《论资本密集型经济和劳动密集型经济在发展中国家现代化过程中的作用》，提到了技术创新的概念。1984 年，黄觉雏在《上海科技管理》杂志上发表了《技术创新浅论》，他把"技术创新"定义为"把某种设想转变为崭新的或改进了的产品、工艺或劳务并使之推广以获得利益的全过程"。1985 年，王慎之在《浅谈熊彼特的技术创新理论》一文中介绍了加拿大学者海莱纳关于技术创新的分类观点。海莱纳把技术创新分成三种类型，即节约劳动型、节约资本型和中性创新型。在该文中，王慎之还介绍了美国经

---

① 傅家骥：《对我国技术经济学研究对象的新议》，《技术经济》1989 年第 6 期。

济学家卡曼和施瓦茨有关技术创新与市场结构关系的论点。卡曼和施瓦茨认为，影响技术创新活动的变量主要有三个，即竞争程度、企业规模和垄断量；最有利于技术创新的市场结构是介于垄断和完全竞争之间的"中等程度竞争"市场结构。[1]

②技术转移和技术转让。技术转移（Technology Transfer）简单地说就是技术从某一主体向另一主体传递的过程。具体来讲，技术转移指技术持有者通过各种方式将其拥有的生产技术、销售技术或管理技术以及有关的专利转移给他人的行为。技术转移概念从 20 世纪 60 年代提出，其研究至今方兴未艾，目前这一领域的理论研究仍处于发展阶段。技术转移问题的研究主要集中在国与国之间的技术输出和引进方面。[2] 关于技术转移最早的定义是美国人 H. 布鲁克斯在 1966 年提出的："科学和技术通过人类活动被传播的过程。由一些人或机构所开发的系统而合理的知识，被另一些人或机构应用于处理某事物的方法中。"[3] 根据 Keller 的观点[4]，技术扩散导致生产率的提高包括物化的技术溢出与非物化的技术溢出。目前学术界的研究主要集中在前者，即技术和知识包含在商品中，通过商品的流动而发生技术的溢出。Ethier（1982）、Grossman 和 Helpman（1991，1995）[5] 等众多学者的理论研究都充分表明，源于一国的技术知识可以通过进口、出口、外商直接投资 FDI 等越过国界，能提高其他国家的劳动生产率，促进技术进步。[6]

1982 年，施应麟在《财经研究》第 4 期上发表了题为《试论技术转移的经济形式及其战略意义》的文章，指出技术转移是指科学技术成果在具有不同经济利益的地区、部门或企业之间进行转让、移植、传授，技术转移的对象是科学技术成果，既包括物资、设备、设计图纸，也包括科学知识、技术诀窍、生产经验等。此后，我国学者就技术转移的形式、特点、规律、机制与政策等问题展开了系列研究，并取得了一定成果。

1982 年 3 月，夏禹龙等四位学者在上海科学学研究所《研究与建议》第 8 期上，发表了《梯度理论与区域经济》一文，提出了"梯度理论"概念。"梯度理

---

① 王慎之：《浅谈熊彼特的"技术创新理论"》，《经济理论与经济管理》1985 年第 3 期。
② 李果仁：《技术转移理论研究概述》，《科技管理研究》1992 年第 4 期。
③ 康荣平：《技术转移的若干理论》，《科学学研究》1986 年第 3 期。
④ Keller W.（2001），"Knowledge Spillovers at the World's Technology Frontier"，*CEPR Working Paper*，No. 2815.
⑤ Coe E. Helpman（1995），"International R&D Spillovers"，*European Economic Review*，39，859 - 887；Gene Grossman and Elhanan Helpman（1995），"Technology and Trade"，*Handbook of International Economics*，Vol. 3，Gene Grossman and Kenneth Rogoff eds，North-Holland.
⑥ 吕宏芬：《国际投资》，《对外经济贸易大学学报》2011 年第 1 期。

论"的基本思想是：我国由于经济发展的不平衡而形成了一种经济、技术的梯度，内地和边远地区处于"传统技术"水平上，大多数地区处于"中间技术"水平上，少数地区如沿海地区处于"先进技术"水平上；在改革开放的过程中，应当先让沿海地区去掌握世界先进技术，然后，将这些先进技术逐步按梯度向"中间技术"地带和"传统技术"地带转移，这样做是最经济合理的。同年，何钟秀在世界社会学大会第二十三届委员会上提交了《论国内技术的梯度转移》一文，这篇文章进一步把"梯度理论"概括为"梯度推移规律"。[1]

1979年，冯大同在《国际贸易问题》第3期上发表了《关于国际技术转让行动守则草案的几个问题》，1979年3月，李成林在《世界经济译丛》上发表了美国学者小约瑟夫·奈依所写的《美国的技术转让政策》的译文。此后逐渐有学者开始关注跨国公司、发达国家技术转让政策以及技术转让对发展中国家的影响等问题。

③技术扩散。美国经济学家斯通曼曾将一项新技术的广泛应用和推广称为"技术扩散"。熊彼特把技术创新的大面积或大规模的模仿视为技术创新扩散。[2]

Kuznets（1930）对美国、英国、法国、比利时、奥地利等国50年间的工农业生产及各国经济增长情况做了调研，他考察了这些国家60种工业产品和35种农业产品价格变动的时间序列，进而首次提出技术变革可能服从一条S形曲线，这一曲线模式为后来的扩散模型的研究奠定了一个可借鉴的理论基础。Ryan和Gross（1947）进行的夏威夷杂交玉米扩散研究对创新技术扩散的方法论和理论框架等都产生了极大的影响。Mansfield通过对4个行业中12种技术扩散进行研究，率先创造性地将"传染原理"和生长曲线运用于扩散研究中，提出了著名的S形扩散模型。[3] 在1987年《科学学译丛》上登载了美国学者D. 萨哈尔的文章《技术扩散的研究背景与观点》，介绍了国外有关技术扩散的研究情况。此后，我国学者开始介入技术扩散这一研究领域。

④技术选择。我国学者对技术选择问题的研究始于1982年。廖建祥（1982）谈到了经济特区的技术选择问题，指出对不同经营形式应采取不同的技术选择。[4] 其后，在技术经济学的快速发展期内，学者们对技术选择的原则、技术选择的经济评价、技术选择与经济发展的关系、宏观技术选择、微观技术选择及产业技术选择

---

① 何钟秀：《论国内技术的梯度转移》，世界社会学大会第二十三届委员会会议论文，1982。

② 范小虎等：《技术转移及其相关概念的含义辨析》，《科技管理研究》2000年第6期。

③ Mansfield E., "Technical change and the rate of innovation", *Econometric*. 1961 (29).

④ 廖建祥：《我国经济特区的技术选择和政策问题》，《港澳经济》1982年第4期。

等问题进行了初步研究。

1995 年以前，国内对技术选择问题的研究主要集中在技术选择在技术发展中的作用、意义，技术选择的原则、依据，技术选择的经济评价，农业技术选择，以及技术引进中的技术选择等问题上。1995 年，李思一率先对关键技术选择问题进行了研究。其后，学者们除了对上述这些技术选择问题进行研究外，还涉及对产业的技术选择、企业的技术选择、技术选择的影响因素、技术选择的评价等问题的研究，并取得了一定的研究成果。至今，技术选择理论已经成为技术经济学的重要理论之一。

发展中国家虽然可以以较低的成本从发达国家引进技术，但面临哪类技术适合模仿或引进的问题。因此，Atkinson 和 Stiglitz（1969）首次提出了"适宜技术"的概念，来解释发展中国家和发达国家之间所存在的巨大人均收入差距和增长速度的差异，认为"实践中积累知识"（learning by doing）要受到当地特定的投入要素组合的制约。他们将适宜技术的思想引入新古典贸易理论，提出区域性的"干中学"（localized learning by doing）[1]。Rodrick 和 Patents（1991）在一个南北贸易模型中重新强调了适宜技术的重要性。[2]

关于适宜技术，比较有影响的文献是 Basu 和 Wei（1998）与 Acemoglu 和 Zilibotti（2001）。[3] Basu 和 Wei（1998）采用了 Atkinson 和 Stiglitz（1969）的做法：认为技术变迁采用在"实践中积累知识"（learning by doing）的形式，并且他们也认为技术是特定的投入组合所专有的（specific）。他们得出的结论是，如果技术变迁的速度受到本国禀赋结构的制约，那么政府提高本国储蓄率有利于落后经济的增长。[4]

Acemoglu 和 Zilibotti（2001）认为，发达国家研发的技术只是考虑到发达国家要素禀赋结构的最优使用，而没有考虑发展中国家要素禀赋结构偏低的现状，会造成引入技术与要素禀赋结构不匹配（mismatch）现象。并且，适宜技术没有考虑政

① Anthony B. Atkinson and Joseph E. Stiglitz, "A New View of Technological Change", *Economic Journal*, 1969, 79: 573-578.
② Diwan I. Rodrik and D. Patents, "Appropriate Technology, and North-South Trade", *Journal of International Economics*, 1991, 30: 27-47.
③ Daron Acemoglu and Fabrizio Zilibotti, "Productivity Differences", *Quarterly Journal of Economics*, 2001, 116: 563-606.
④ Susanto Basu and David N. Weil, "Appropriate Technology and Growth", *The Quarterly Journal of Economics*, 1998, 113: 1025-1054.

府在其中扮演的角色问题。基于此，林毅夫等（1994，2003a，2003b，2000）提出了遵循比较优势的"技术选择假说"。他们认为，一个国家的要素禀赋结构的升级应该是经济发展的目标而不是经济发展的手段，人为地提升厂商所面临的要素投入结构以迎合发达国家的成熟技术只能使企业缺乏自生能力，并因此引发一连串的经济问题。[①] 因此，考虑到研发技术和引进技术的成本，发展中国家在遵循由自己的要素禀赋结构所决定的比较优势发展时，技术变迁应该是循序渐进的，没有必要研发或引进发达国家最先进的技术。

随着发展中国家要素禀赋结构的提升，发展中国家的产业结构和技术结构也会随着提升，同时，自主的研发相对于技术引进来说重要性也变得越来越大。总之，发展中国家要以最快的速度来提升自己的技术水平，就必须向发达国家引进技术，并按照本国的资源禀赋所决定的比较优势从发达国家引进适宜的技术。只有这样，发展中国家的技术变迁速度才能超过发达国家的技术变迁速度，并最终实现发展中国家的技术水平和人均收入收敛到发达国家的技术水平和人均收入。[②]

Acemoglu，Aghion 和 Zilibotti（2006）认为，如果发展中国家首先模仿发达国家的现行技术，而后进行创新发明，那么发展中国家就有可能向发达国家收敛。如果发展中国家在模仿技术的阶段形成利益集团，那么利益集团就可能阻碍或延缓从模仿技术向技术创新的转变进程，从而就无法实现向发达国家的经济收敛。[③]

而樊纲（1998）从比较优势和后发优势理论来看，发展中国家应该充分利用以适用技术为基础的比较优势，来取得国际贸易分工前提下的经济效益[④]，进而谋取国家的发展。黄梅波和陈同辉（2006）通过对拉美国家和东南亚新兴工业化国家采用不同"技术选择"战略的经济绩效分析，认为采用"适宜技术"的技术选择战略的优势体现在：一是提高人民生活水平，缩小贫富差距；二是全要素生产率得以提高；三是增强国际竞争力；四是有助于适宜技术的动态升级。而采用非适宜技术发展战略的国家经济偏离最优的经济增长路径，这主要体现在：一是较高的进

① 林毅夫、张鹏飞：《适宜技术、技术选择和发展中国家的经济增长》，北京大学中国经济研究中心讨论稿，No. C2005004，2005。

② 林毅夫、董先安、殷韦：《技术选择、技术扩散与经济收敛》，《财经问题研究》2004 年第 6 期，第 3～10 页。

③ D. Acemoglu, Philippe Aghion, Claire Lelarge, John Van Reenen, Fabrizzio Zilibotti（2006），"Technology, Information and the Decentralization of the Firm", *Working Papers*, 2006 – 12, Centre de Recherche en Economie et Statistique, revised Dec. 2006.

④ 樊纲：《论竞争力——关于科技进步与经济效益关系的思考》，《管理世界》1998 年第 3 期，第 10～15 页。

出口关税；二是工业发展落后；三是人民生活无法改善，贫富分化严重；四是拖欠大量外债。[①]

纵观国内外已有的关于技术选择的文献，可以发现国外关于技术选择的研究主要集中于宏观层面的技术选择及其与经济增长、人均收入以及要素禀赋结构的相互作用关系，技术的多样性和异质性，要素相对投入价格和产业结构等对技术选择的影响等。国内的学者主要集中于技术选择的标准与方法、国家或区域的关键技术选择、产业技术选择策略、技术选择与经济增长以及技术体系、技术环境与技术选择等几个方面。因而，国内学者都注意到技术与其所属的环境之间存在重要影响，但是未进行过系统、专门的研究，已有的研究不甚系统、全面。他们将主要精力用于研究技术变迁的速度，而极少关注新技术引入的方向、技术选择策略、引入技术的经济体系结构特征以及它们之间的相互关系等。并且已有文献研究多是从选择技术的"结果"评价来对技术进行选择的。事实上，技术是内生于一定的要素禀赋结构和技术结构当中的，技术选择策略必须与上述因素的结构、价格等相匹配，因而，从理论上看，已有的技术选择方法存在一定缺陷，应该从技术选择的制约因素等"原因"角度考虑技术选择问题。[②]

（3）技术进步与经济增长。进入 20 世纪 80 年代以后，随着对国外相关学科经济理论了解的逐步深入，我国技术经济学界加快了对西方经济学中与本学科相关理论与方法的引进步伐，技术经济学著作中开始出现技术进步的专题，科技进步与经济发展的关系逐渐成为我国技术经济学关注的主题之一。

1986 年，徐寿波在其著作《技术经济学》中提出技术经济的矛盾统一原理，说明了技术和经济存在着互相统一、互相矛盾并互相发展变化的关系。分析科学技术进步在经济建设中的作用，指出科学技术进步包括两大方面因素。一是自然科学技术进步因素，包括 10 个方面的内容，即采用新技术、采用新设备、采用新仪表、采用新工艺、采用新原料、采用新材料、采用新能源、采用新产品、采用新设计和采用新方案；二是社会科学方面技术进步因素，包括 10 个方面的内容，即采用新的方针政策、采用新的法制、采用新的管理体制、采用新的管理方法、采用新的政治思想工作、采用新的经济措施、采用新的行政措施、采用新的规划和计划、采用新的设计和采用新的方案。

---

① 黄梅波、陈同辉：《适宜技术、技术升级与经济增长——基于内生增长模型的经验分析》，《厦门大学学报》（哲学社会科学版）2006 年第 5 期，第 100～106 页。

② 鞠晓伟：《基于生态环境视角的技术选择理论与应用研究》，吉林大学博士学位论文，2007。

1987 年，李纯波发表了《技术经济学原理》一文，指出技术与经济发展的不平衡性原理。这一原理认为，对任何经济区域或经济单位，在确定一切经济技术开发方向时，技术与经济的关系有如下规律：各地区资源条件、时间的不平衡，以及产品需求目标的不平衡，决定了技术开发方向。因此，能否以特定的技术开发方向去平衡上述一系列不平衡，是决定经济发展速度与获得经济发展不同效果的关键。[①]

20 世纪 80 年代末期，王志孟提出了技术进步对经济发展的能动性作用理论、技术的适宜性和条件性原理、系统内技术经济诸因素相互协调与匹配原理和技术手段的替代性原理。[②]

20 世纪 80 年代初，学术界开始对技术进步的含义、特征、类型、结构及其对经济发展的作用进行定量研究。这一时期，对技术进步问题的定量研究主要是介绍国外的技术进步理论和方法，并应用和改进这些理论和方法。也有学者对科技进步的速度、科技进步与产业结构变化的关系问题进行研究。国家计委办公厅 1984 年 7 月 26 日在《印发〈关于经济增长中科学技术的计算方法〉的通知》中，提出了科技进步作用的两种计算方法：即采用"劳动生产率"与"增长速度方程"进行计算。1986 年，中国社会科学院数量经济与技术经济研究所在其完成的国家科委重点招标课题"技术进步与产业结构变化研究"中，运用技术进步理论和模型方法对科技进步与产业结构变化的关系问题进行了深入分析。[③]

（4）技术进步的测算。生产率分析是探求增长源泉的主要工具，同时也是确定增长质量的主要方法。自"二战"以后，国际上生产率研究的重点从偏要素生产率转向全要素生产率。全要素生产率又称为广义技术进步，包含了产业技术的进步、宏观和微观管理水平的提高等广泛的内容，因此也是表示经济增长质量的重要指标。

关于技术进步作用的测算，目前世界上流行的有关生产率测度的方法主要有两大类：参数方法与非参数方法。参数方法包括索洛余值法、隐性变量法和前沿生产函数法等；非参数方法包括 Malmquist 指数方法和 HMB 指数方法等。测量总量全要素生产率的方法主要采用参数方法，其中索洛余值和超越对数方法是经常采用的方

① 李纯波：《技术经济学原理》，《冶金经济分析》1987 年第 1 期。
② 王志孟：《实用技术经济学》，中国金融出版社，1989。
③ 其最终成果见李京文主编《技术进步与产业结构》，经济科学出版社，1986。

法。设定总量生产函数的形式主要有三种：总量生产函数、生产可能性前沿、行业加总函数。[①] 目前，地区和行业的生产率测算主要运用非参数方法。

现代经济增长理论已经证明，经济增长的来源由两部分组成：一是生产要素投入的增加，主要包括资本投入和劳动投入的增加；二是技术进步，又称为全要素生产率的提高。而技术进步包括生产要素质量的变化、知识的进展、资源配置的改善、管理水平的提高、规模经济以及其他因素。

生产率分析是探求增长源泉的主要工具，也是测度、标志增长质量的重要方法。中国对于生产率的研究始于 20 世纪 50 年代，但在一个较长的时期内，我国的生产率研究主要局限于劳动生产率。改革开放以后，通过引进和学习国外的研究成果，国内也逐步加强了对中国生产率和经济增长的研究。1983 年，《经济学译丛》刊登了美国学者杰罗姆·马克的文章《生产率的度量》，该文介绍了西方生产率理论并提到了生产率的"多要素""全要素"方法。史清琪（1985）首先开展了度量我国技术进步的研究，王积业等探讨了一些地区和行业的技术进步和经济增长问题。胡祖光（1986）对全要素生产率展开了研究。[②]

这一时期，有代表性的著作主要有：《技术进步与经济增长》（史清琪等，1985）；《技术进步的评价理论与实践》（王积业主编，1986）；《经济系统的经济效益度量的综合指标——全要素生产率的研究和探讨》（郑绍濂、胡祖光，1986）；《技术进步与产业结构》（四卷）（李京文主编，1986，1987，1990）。

2. 技术进步理论的快速发展时期（1990～1999 年）

（1）技术进步与经济增长。1993 年，许质武发表文章，通过阐明技术进步的模式、形式和方式，技术发展变化规律，技术寿命周期理论，技术研究与开发、创新、扩散理论，技术进步动力和约束机制等，阐述技术进步原理。[③] 1995年，郑友敬在《技术经济学的发展回顾与趋势展望》中指出，对技术进步理论的研究，应包括技术进步的内涵、系统规律及其对经济发展、产业结构变化的影响，技术进步对经济增长贡献的定量分析，技术进步发展战略，依靠技术进步发展经济、改造现有企业的措施等。[④] 1996 年，赵树宽、赵英才撰文讨论了技

---

① Jing Cao, Mun S. Ho Dale, W. Jorgenson, Ren Ruoen, Sun Linlin, *Industrial and Aggregate Measures of Productivity Growth in China*, *1982 - 2000*, Working Paper, 2006.

② 胡祖光：《全要素生产率：理论与实证研究》，《管理现代化》1986 年第 2 期。

③ 许质武：《技术经济学内容体系及发展趋势探析》，《数量经济技术经济研究》1993 年第 1 期。

④ 郑友敬：《技术经济学的发展回顾与趋势展望》，《数量经济技术经济研究》1995 年第 6 期。

术与经济相关性原理、技术进步与经济增长原理，以及技术、经济、社会协调发展原理。[①]

这一时期引进的西方技术进步的观点主要是有关技术溢出（Technological Spillover）的观点。

（2）技术溢出。所谓技术溢出通常是指高技术企业、技术领先者对同行企业及其他企业的技术进步产生的积极影响与促进作用。这种影响与促进作用表现在先进技术一旦获得应用，就会带动本行业甚至相关行业的技术变化，促进经济结构的调整。国外对技术溢出理论的讨论最早可以追溯到 20 世纪 60 年代初。麦克多加在分析 FDI 的一般福利效应时，第一次把技术的溢出效应视为 FDI 的一个重要现象。稍后，科登（Cooden，1960）和卡维斯（Caves，1971）分别考察了 FDI 对最佳关税、产业模式和福利的影响，其中也多次提及溢出效应，实证研究也早有涉及。1974 年，Caves 检验了加拿大和澳大利亚的 FDI 技术溢出效应，Globerman 采用加拿大制造业 1972 年的横截面数据进行的实证研究也证实了 FDI 技术溢出的效应。[②] 李平（1995）发表了两篇关于技术溢出问题的研究文章，从企业间联系的角度分析了技术溢出转移的过程，介绍了泰国经济学家波卡姆关于技术转移阶段划分的观点，该观点认为技术转移过程可分为四个阶段，即直接转移、溢出转移、学习促进和生发效应。其中，溢出转移指的是双方通过订货合同建立起来的联系使得接受订货的一方有机会接触订货者的内部信息，从而订货方可能会将自己的技术秘密无意识地转移给接受订货的一方。[③] 李平在《日本 R&D 的多角化和技术的溢出效应》一文中，介绍了格里列彻斯（1979）有关技术溢出途径的观点，即技术溢出主要有两条途径：一条途径是"物化的溢出效应"；另一条途径是"非物化的溢出效应"。所谓"物化的溢出效应"指的是，其他企业通过研究开发，大大提高了该企业产品的品质和性能，如果另一企业购买了该企业的产品作为中间投入的话，则买方企业就会在事实上享受到卖方企业研究开发的好处；对于买方企业来说，中间产品市场多属于竞争型的，不必担心卖方企业将研究开发的费用全部转嫁到中间产品上来。近年来，我国学者对技术溢出问题展开了更加细致深入的研究，涉及诸如

---

① 赵树宽、赵英才：《技术经济学的基本原理及学科分支的探讨——技术经济学学科体系研究之二》，《技术经济》1996 年第 5 期。

② 李春顶：《FDI 技术溢出路径的深层探析》，《生产力研究》2005 年第 8 期。

③ 李平：《后向联系和技术的溢出转移》，《世界经济与政治》1995 年第 7 期。

FDI 对我国的技术溢出效应、跨国公司对我国的技术溢出效应等问题的实证分析。[①]

这一时期，有关技术进步对产业结构的影响分析成为重要的议题。多位学者都认识到，从根本上来说，产业的形成、分解和新兴产业的诞生都是技术进步的结果。历史经验证明，三次产业的依次出现和重点转移以及各次产业内部各个阶段的依次递进，都与科学技术进步密切相关。在现代人类社会发展历史上，曾发生过三次技术革命，都促进了经济的迅速增长和产业结构的巨大变化。

而且，技术进步对产业结构的影响是多方面的。技术进步通过刺激需求结构、改变就业结构、促使新兴产业出现、改变国际竞争格局等促进产业结构发生变化。技术进步改变产业结构的过程是使产业结构不断合理化、高级化的过程，这一过程带动了整个经济的协调发展，从而使得宏观结构效益和资源配置效率得到提高。傅道臣（1994）以一般经济系统为对象进行分析，把取得的定量关系应用于工业经济系统的实际来考察技术进步与产业结构之间的关系，以及产业结构调整与变革对技术进步和经济增长的作用。[②]

（3）技术进步贡献率的测算。包括对中国资本的估算和对全要素生产率的测算。

①我国经济学家对中国资本估算的方法。在生产率增长率测度中，资本投入采用资本存量。之所以用资本存量是因为本年的产出，是由过去积累的资本与本年投资共同贡献的。美国哈佛大学乔根森教授，把资本按资产所有制形式、资产的用途和资产的种类交叉分类，经过复杂的计算后测量资本投入的数量增长和质量的变化，以此来测度资本投入的数量和质量分别对经济增长的贡献。

我国资本存量的定义主要有三种：固定资产原值加上流动资产净值就是资本存量；固定资产原值或固定资产净值就是资本存量；固定资产净值加上流动资金就是资本存量。我国资本估算的实证研究主要集中在工业资本估算方面，比较有代表性的有以下几种方法。

一是张军扩对资本总量的估算方法。[③] 该方法分为四个步骤。首先，以美国经济学家帕金斯对中国 1952 年资本总量估算为依据，将 1952 年的资本总量确定为 2000 亿元人民币；其次，用各年的净积累额代替各年的净投资额，并以积累额指

---

① 李平：《日本 R&D 的多角化和技术的溢出效应》，《日本问题研究》1995 年第 4 期。

② 傅道臣：《技术进步与产业结构的定量分析》，《科学·经济·社会》1994 年第 1 期。

③ 张军扩：《"七五"期间的经济效益的综合分析》，《经济研究》1991 年第 4 期。

数加以调整，由此得出以不变价格计算的各年的净投资额；再次，先估算出投资转化为资本的时滞系数，然后根据时滞系数与相应投资的乘数之和，计算各年的新增资本数量；最后，以1952年的资本总量为基础，用上年的资本总量加当年的资本增量，求得各年的资本总量。

二是郑玉歆、罗斯基等对工业固定资产的估算方法。[①] 他们将新增固定资产分为建筑安装、设备购置和其他三个部分。建筑安装的价格指数是由厂房单位平方米造价的统计数据估计的，设备购置的价格指数采用机械工业总产值的价格指数（现价计算的总产值和不变价计算的总产值之比），其他的价格指数估算是根据假设条件：其他部分在投资中的比重增加是由于价格变动引起的。将这三部分价格指数按它们在投资中的比重加权求和，便得到工业固定资产的价格指数。然后用该指数去折算住宅部分的新增固定资产以扣除非生产性部分，最后得到按不变价计算的新增工业固定资产。将基期（1980年）的固定资产与新增的固定资产累计相加就得到了按不变价计算的固定资产原值。

三是郭克莎对工业资本的估算方法。[②] 他也将新增固定资产分为建筑安装工程、设备购置（工具器具购置）和其他费用三个部分。由于其他费用的比重较小，他又将其分解纳入前两个部分。建筑安装工程部分的价格指数用建筑业的国民生产总值紧缩指数代替，设备购置（工具器具购置）部分的价格指数用重工业总产值的紧缩指数代替。然后将上述两个价格指数进行加权平均得出固定资产价格指数。再按照非生产性的比重扣除非生产性的固定资产。最后得到按不变价计算的新增工业固定资产。将基期的固定资产与新增的固定资产累计相加就得到了按不变价计算的固定资产原值。

郭克莎同时也对流动资金的价格指数进行了估算，他将工业流动资金分为企业的储备资金、生产资金、成品资金以及超储蓄积压物资和待处理流动资产损失5部分。他认为可根据轻重工业上述5个部分的实物构成特点，以农副产品收购价格指数、重工业总产值紧缩指数、轻工业紧缩指数和全国零售物价总指数的算术平均数代替轻工业流动资金的价格指数；重工业流动资金价格指数可用2/3重工业总产值紧缩指数加1/3全国零售物价总指数来代替。全部工业流动资金的价格指数可根据轻重工业流动资金的价格指数及其权重求出。

---

① 郑玉歆、罗斯基：《体制转换中的中国工业生产率》，社会科学文献出版社，1993。

② 郭克莎：《中国：改革中的经济增长与结构变动》，上海三联书店、上海人民出版社，1993。

四是李京文等的交叉分类估算资本存量的方法。[1] 他们将资本存量定义为固定资产净值加上流动资金。然后将中国的 34 个行业 8 年（1981～1987 年）中每一年的资本存量按资产的所有制形式、资产的用途和资产的种类进行交叉分类。他们对资本存量的估算采用净值，一律按年限平均折旧法，按照过去的折旧率提取折旧后得到的净值，而不是依照实际相对效率的减少来进行。首先按照设备和建筑的所有资产种类估计其折旧率，根据每个行业拥有的各类资产比重，对相应的资产折旧率进行加权，得到行业的设备和建筑的经济折旧率。然后分别使用直线法和几何法来估计行业水平上的资本存量。他们将得到的固定资产原值和净值数据取一阶差分，得到 1981～1987 年各年现价的原值和净值增量，再进行价格处理换算为可比价（1980 年不变价）。在此基础上对原值增量进行折旧来修正净值增量数据。再将修正后的净值增量数据分别加到 1980 年资本存量上（假定 1980 年固定资产净值加上当年存货的初始存量），并加上相应年份可比价的存货投资，即得到各年可比价的交叉分类的资本存量。

②全要素生产率。关于生产率的研究可以说是技术经济学领域内一项重要的研究内容，20 世纪 80 年代对全要素生产率的研究还比较少，进入 90 年代，中国学者对全要素生产率的研究才逐步走向深入。

陈宽（1988）和谢千里、罗斯基、郑玉歆（1992，1995）等对中国的工业生产率进行了研究，得出了改革开放之后中国的工业生产率对经济增长发挥了重大作用的结论。中国社会科学院的李京文等经济学者与美国的乔根森和日本的黑田昌裕等人合作主编的《生产率与中美日经济增长研究》（1993）选取了比较先进的乔根森方法，分析比较了中、美、日三国生产率与经济增长的关系。继中、美、日三国生产率研究之后，中国社会科学院的李京文、钟学义等学者在吸收国内外生产率研究的基础上，对生产率的内涵进行了全新的"内生化"解释，发展了生产率的新概念，对资本和劳动投入的测量方法进行了改进，并从总量层次上对 1953～1995 年的生产率进行了测算。

这一时期，国外已将全要素生产率的研究不断细化，中国在这方面做了一些有益的尝试，已有的研究多是针对全国少数几个行业或特定所有制性质的国有企业，采用的方法大多是随机前沿生产函数法，也有部分学者对单个地区的全要素生产率

---

① 李京文、〔美〕D. W. 乔根森、郑友敬、〔日〕黑田昌裕：《生产率与中美日经济增长研究》，中国社会科学出版社，1993。

进行研究，对各省全要素生产率进行研究。

这一时期代表性的著作主要有《生产率与中美日经济增长研究》（李京文、乔根森、郑友敬、黑田昌裕，1993）、《体制转换中的中国工业生产率》（郑玉歆、罗斯基，1993）、《技术创新》（傅家骥，1992）、《技术创新经济学》（柳卸林，1993）、《技术进步经济学——中外技术创新比较研究》（王海山，1993）、《技术进步跟踪观测系统研究》（郑友敬主编，1994）、《技术进步系统论》（刘满强，1994）、《科技富国论》（李京文，1995）、《技术创新国家系统的改革与重组》（齐建国等，1995）、《中国生产率分析前沿》（李京文、钟学义主编，1998）、《知识经济与国家创新体系》（中国社会科学院研究生院、中国科学院研究生院，1998）、《论技术进步》（郭军主编，1999）等。

3. 技术进步理论应用发展时期（2000~2009 年）

（1）技术进步与经济增长。钟学义等（2006）对技术经济学科中运用的技术进步的概念进行了深化。他们认为，除劳动投入和资本投入增加使经济产出量增长之外，其他使经济增长的所有因素均为技术进步。很明显，经济学中研究的技术进步的内涵，比传统意义上技术进步的内涵有更丰富的内容。比如，市场的扩大、交易费用降低、社会政治环境的变化这些并没有多少"技术"含量却能够带来经济增长的因素，都是技术进步。在经济学研究领域里，是用全要素生产率增长率来描述技术进步的，这正是表明经济学中经常使用的技术进步一词都是指经济学意义上的技术进步，其内涵要比"技术的进步"丰富得多。[1]

这一时期的技术进步与经济增长主要集中在两者关系的机理研究上。刘彬、王汀汀（2006）的《研发投入、技术进步与经济增长》运用 R&D 驱动的内生增长模型解释了为何研发投入的稳定增长没有像其他模型一样导致任何经济增长率的提升[2]。皮建才（2006）[3] 建立了将制度变迁和技术进步统一的经济增长模型。崔鑫生（2008）的《专利表征的技术进步与经济增长的关系文献综述》指出，技术进步是经济增长的源泉。[4] 自主研发和技术扩散（技术外溢）是技术进步的两种主要形式，这两种形式的技术进步都会引起经济的扩张。虽然对以专利为表征的技术进步

① 钟学义、陈平：《技术、技术进步、技术经济学和数量经济学之诠释》，《数量经济技术经济研究》2006 年第 3 期。
② 刘彬、王汀汀：《研发投入、技术进步与经济增长》，《山西财经大学学报》2006 年第 5 期。
③ 皮建才：《制度变迁、技术进步与经济增长》，《经济经纬》2006 年第 6 期。
④ 崔鑫生：《专利表征的技术进步与经济增长的关系文献综述》，《北京工商大学学报》（社会科学版）2008 年第 1 期。

对经济增长的实证分析结果不一致，但国内外的研究学者基本上是认同以专利为表征的技术进步会对经济增长产生积极的影响，只不过对其影响的力度、途径和机制持有不同的观点。

杜春亭（2000）指出技术进步与产业结构变化的关系主要表现在新兴产业的产生、对传统产业的改造和对落后产业的淘汰。推动产业技术进步和产业结构调整应遵循相应的技术原则和技术标准。技术进步对产业结构合理化和高级化的促进作用体现在三个方面：一是技术进步对产业结构变化有着深刻的影响；二是技术进步极大地推动着第三产业和高新技术产业的发展；三是技术进步必然会引起产业组织结构创新。[1]

钟学义（2008）运用投入产出方法，建立了产业结构变化数量分析理论模型，并对 1987~2002 年的科技进步与产业结构变化的规律性进行了实证分析。[2]

（2）主要引进的技术理论——技术能力。关于技术能力的研究主要是 20 世纪 80 年代以后，学者从关注发展中国家的技术发展问题开始并逐步兴起的。"技术能力"最初是由 Stewart 提出和定义的，他认为技术能力是一种自主地做出技术选择、采用和改进所选的技术和产品，并最终内生地创造出新技术的能力。[3] 学者们的研究主要集中在宏观（国家技术能力）和微观（企业技术能力）两个方面。产业集群技术能力是介于宏观技术能力和微观技术能力之间的中观技术能力，目前所进行的研究较少，但是随着技术能力理论的发展和成熟，以及产业集群研究的兴起，越来越多的学者正尝试将技术能力的概念加以拓展，并将其应用到中观层面特别是产业集群的研究中来。

魏江等（2003）认为，技术能力是以集群学习为基础，以支持集群创新能力提高为目的，嵌入在集群创新系统内部人力资源要素、信息要素、固定性资产要素和成员组织要素中的所有内化知识存量的总和。[4] 鲁开根（2004）则认为，产业集群核心能力指集群内企业组织和相关机构在社会网络体系中对学习能力、知识积累、社会资本、整合能力、创新能力的有机融合所产生的一种特殊能力。[5]

Caniels（2001）认为，产业集群的能力是基于集群效率的企业技术能力。[6] 魏

---

① 杜春亭：《技术进步与产业结构演进机理研究》，《陕西青年管理干部学院学报》2000 年第 4 期。

② 钟学义：《经济增长方式转变与科技进步规律性》，方志出版社，2008。

③ Stewart F., *International transfer of technology*, *Issues and policy options*, In Streeten P., Jolly R. (eds), *Recent Issues in World Development*, Oxford：Pergam on Press, 1981, pp. 67 - 110.

④ 魏江、叶波：《产业集群技术能力增长机理研究》，《科学管理研究》2003 年第 1 期。

⑤ 鲁开根：《产业集群核心能力研究》，暨南大学博士学位论文，2004。

⑥ Caniels (2001), *MCJ. Knowledge Spillovers and Economic Growth*, Cheltenham：Edward Elgar.

江等人（1995）研究了企业技术能力评价体系，构成要素包括人的因素、生产设备和测试手段、组织协调与权变能力、信息情报能力、产品高科技含量以及企业申请的专利数和发表的论文数 6 个方面。张帆（2006）构建了产业集群技术能力度量模型，该模型是建立在其研究的二元构架模型基础上的，他认为产业集群技术能力的评价要素由企业、集群组织和构架机制三部分组成，并对浙江省产业集群技术能力增长进行了实证分析。[①]

结合上述观点，产业集群技术能力是以集群企业技术能力为依托的、服务于集群创新绩效的、对集群内各种资源综合运用的能力。这种能力具有以下特征：第一，产业集群技术能力是以集群企业为依托的，也就是说产业集群技术能力离开了集群企业这一主体就不复存在，其归属具有个体性；第二，产业集群技术能力不是集群企业技术能力的简单相加，而是通过一种连接机制作用之后产生的一个整体效应；第三，产业集群技术能力是以集群创新绩效来体现的。集群之间的差异不在于单个企业的创新实力，而是集群作为一个整体呈现的创新能力的不同。[②]

这一时期的主要著作有《21 世纪的中国技术创新系统》（柳卸林、吴贵生、史清琪等，2000）、《技术进步机理与数量分析方法》（肖耀球等，2002）、《中国区域创新体系建设的途径与选择》（陈辉、徐根兴，2006）、《现代循环经济理论与运行机制》（齐建国，2006）、《技术进步规律性研究》（钟学义、陈平主编，2008）、《国家创新体系发展报告 2008》（"国家创新体系建设战略"研究组，2008）。

（3）技术进步贡献率的测算。进入 21 世纪，有关技术进步贡献率的研究主要集中在中国全要素生产率的测算上。学者们对于下列问题有较大的争论：一是全要素生产率对中国改革开放后时期有多大的作用？二是中国的全要素生产率增长在近年来是否下降？最近国内外学者对中国生产率的研究主要集中在以上两个问题上，许多学者针对上述问题进行了深入的研究。但结论差异较大，基本上可以分为两大类：一类持乐观的态度，认为在中国改革开放之后，全要素生产率对中国的增长作用显著，并呈现加速发展的态势；另一类持怀疑的态度，认为全要素生产率对中国的增长作用是暂时的，而且处于下降的趋势。

①有关总量全要素生产率和行业全要素生产率的研究前沿。大多数研究表明，

①　张帆：《基于知识网络的产业集群技术能力增长研究》，浙江大学博士学位论文，2006。
②　郝世绵、赵瑾：《产业集群技术能力研究综述与启示》，《安徽科技学院学报》2010 年第 6 期。

改革开放以来，中国的全要素生产率有了显著提高，全要素生产率对经济增长的贡献是逐步提高的。在 20 世纪 80 年代和 90 年代前期全要素生产率对经济增长的贡献率达到 30% 以上。中国社会科学院数量经济与技术经济研究所的计算结果为 36.2%（李京文，1998）。全要素生产率的改进是中国经济在这一时期主要的增长来源。根据赵国庆（2005）采用索洛余值法的研究表明，1978～2002 年，中国的技术进步对经济增长的贡献超过 40%。[①] 樊纲（2004）采用索洛余值法，通过对各地区全要素生产率表现的测度分析，得出 1982～1999 年，中国 46%～49% 的 GDP 增长来自全要素生产率的增长。

但也有学者认为中国的全要素生产率的增长率出现逐年下降的情况。若将 1978 年改革开放之后全要素生产率的变化趋势分阶段来考察，可以明显地看出 20 世纪 90 年代以后中国的全生产率增长出现了下降趋势。郭庆旺、贾俊雪（2005）采用索洛余值法、隐性变量法和潜在的产出法分别测算中国的全要素生产率，他们的研究结果表明，1979～1993 年，中国的全要素生产率总体上呈现涨跌互现的波动情形，且波动较剧烈；1993 年以后，全要素生产率增长率则出现逐年下降的趋势；直到 2000 年，这种趋势才得以缓解，全要素生产率总体上呈现逐年攀升的势头。中国 1979～2004 年全要素生产率年均增长率为 0.891%，对经济增长的平均贡献率为 9.46%。全要素生产率对经济增长的贡献率偏低的主要原因在于，技术进步偏低（对经济增长的贡献率为 10.13%），以及经济生产能力利用水平与技术效率低下，资源配置不尽合理。与此相对照的是，中国要素投入对经济增长的贡献率高达 90.54%，表明我国经济增长主要依赖要素投入的增长，是一种典型的投入型增长方式。[②]

刘丹鹤等（2009）的《技术进步与中国经济增长质量分析（1978～2007）》利用中国 1978～2007 年的数据，运用增长核算方法分析了中国经济增长的源泉，着重从技术进步和全要素生产率变动角度分析了中国经济增长的质量。研究发现，中国经济增长主要来自要素投入增长；技术进步对中国经济增长的促进作用较小；全要素生产率年均增长率是 2.57%，并在 2000 年以后增幅有所回落。[③]

孙琳琳、任若恩（2005）对中国 1981～2000 年经济增长的源泉进行了分析。

---

① 赵国庆：《中日经济增长的计量经济分析》，《经济理论与经济管理》2005 年第 6 期。

② 郭庆旺、贾俊雪：《中国全要素生产率的测算：1979～2004》，《经济研究》2005 年第 6 期。

③ 刘丹鹤、唐诗磊、李杜：《技术进步与中国经济增长质量分析（1978～2007）》，《经济问题》2009 年第 3 期。

在产业水平上，他们将每种资产的财产所得作为每种资产的权重，通过加总不同资产类型的资本存量估算了资本投入指数。同时，他们运用劳动报酬的比重将每组劳动力的工作小时数加总来反映劳动质量。在这一研究中，应用 KLEMS 框架估价在产业水平上的经济效果，并在全要素生产率经济分析的基础上，考察部门的国际竞争力。①

他们认为，中国强劲的增长和中国融入国际贸易等已经使研究的关注点转移到部门的国际竞争力上。而对部门全要素生产率的研究转向部门的国际竞争力，并在部门水平上量化经济增长的来源。他们在估算与投入产出表相一致的资本投入指数、劳动投入指数和中间投入指数的基础上，估算部门的全要素生产率。他们建立的总量函数分析的结果表明，在整个 1981~2000 年期间资本投入的贡献是增加值增长中最重要的来源。

为了分析中国经济增长的要素贡献，他们定量分析了资本、劳动投入和全要素生产率对产出增长的贡献。资本投入贡献、劳动投入贡献和全要素生产率贡献之和应等于产出增长率。他们把 1981~2002 年分成了 4 个经济周期：1981~1984 年、1984~1988 年、1988~1994 年、1994~2002 年。从 1981~2002 年整个时期来看，中国经济增长主要的来源是资本投入。1984~1988 年、1988~1994 年和 1994~2002 年三个时期资本投入都是首要的经济增长来源，1981~1984 年全要素生产率增长是首要的经济增长来源。从 1981~2002 年整个区间来看，资本投入对中国经济增长的贡献为 49%，而劳动投入对中国经济增长的贡献为 16%，全要素生产率对经济增长的贡献为 35%。总体来看，中国的经济增长是投入增长特别是资本投入增长推动的。中国的经济增长并没有伴随明显的全要素生产率的提高，属于主要由投入推动的经济增长。资本投入的贡献可以表示为资本投入数量贡献和资本投入质量贡献之和。中国资本投入对经济增长的贡献主要来自资本数量的增加，资本投入质量改善对经济增长并没有做出太多的贡献。

2006 年，中国社会科学院的龚飞鸿、刘满强等在《中国经济增长与生产率发展报告》中对 1981~2005 年的中国生产率增长进行了测算，结果表明经济增长中要素投入增长的贡献达到 63.33%，其中，资本投入增长的贡献占 50.76%，生产率增长的贡献占 36.67%，劳动投入增长的贡献只占 12.57%。其后，应用生产函数法，测算了 1981~2006 年 29 个产业部门增长与生产率研究，并对 1987~2006

---

① 孙琳琳、任若恩：《中国资本投入和全要素生产率的估算》，《世界经济》2005 年第 12 期。

年近 20 年我国国民经济发展的根源进行了分析。结果表明，高技术产业的产出较高，但资本投入、劳动投入和中间投入都是比较低的。[①]

②有关地区全要素生产率的研究前沿。国内的少数学者对中国的地区生产率进行了分析。蔡金续（2001）通过测算综合要素生产率，将劳动生产率与资金生产率指标进行统一，综合反映各地区的工业生产率水平，并据此进行评价和分析。结果表明，1995～1998 年，我国工业劳动生产率水平有大幅度提高；资金生产率逐年下降，综合要素生产率呈缓慢上升趋势。在三大地带中，东部、中部地区生产率水平不断提高，而西部地区生产率水平有下降趋势，且与东、中部地区差距越来越大。[②]

叶裕民（2002）在对索洛经济增长核算模型进行分析的基础上，运用政府统计部门国民经济核算的新成果，对全国及各省区市全要素生产率进行了测算，并得出以下结论：一是经济结构的显著变动是全要素生产率提高的重要原因；二是我国的经济增长是属于资本和技术双推动型的；三是资本深化速度的差异是东、中、西部全要素生产率水平差异的重要原因。[③]

邓翔、李建平（2004）通过对地区的生产率进行修正，测算了地区的要素投入和要素投入份额，并利用新古典增长理论的方法对地区的生产率进行测算。他们的研究结果表明，地区经济增长与投入和全要素生产率的提高密切相关。[④]

郑京海和胡鞍钢（2004）通过对省际全要素生产率及其组成部分的测算，从技术效率和技术进步两个不同的方面来考察中国改革开放以来全要素生产率增长的性质和近几年来的变化趋势。结果表明，中国经济增长在 1978～1995 年经历了一个全要素生产率高增长期（为 4.6%），而在 1996～2001 年出现低增长期（为 0.6%）。其变化的具体特征为：技术进步速度减慢，技术效率有所下降。该文还指出，如果仅以 GDP、资本存量和就业人数增长率的数据并采用索洛增长核算公式（取资本权数为 0.6，就业权数为 0.4）来估算生产率的增长，那么 1995～2001 年的全要素生产率年平均增长率仅为 0.64%，即仅占 GDP 年均增长率的 7.8%。

---

① 载汪同三等主编《中国社会科学院数量经济与技术经济研究所发展报告 2006》，社会科学文献出版社，2006。

② 蔡金续：《1995～2000 年——中国地区工业生产率的测定与分析》，《河北经贸大学学报》2001 年第 2 期。

③ 叶裕民：《全国及各省区市全要素生产率的计算和分析》，《经济学家》2002 年第 3 期。

④ 邓翔、李建平：《中国地区增长的动力分析》，《管理世界》2004 年第 11 期。

1978～1995 年，全要素生产率的年均增长率为 3.16%，占 GDP 增长率的 33.6%。显示这两个时期生产率增长有巨大差别。[①]

2009 年，中国社会科学院的龚飞鸿、刘满强等在《中国经济增长与生产率发展报告》中对中国 1980～2007 年各地区的生产率进行测算，结果表明从 6 个经济区来看，华东和中南地区（13 个省市）的贡献合计是 63.91%；从三大区域来看，东部地区 12 省市的贡献率合计是 60.29%。国家经济的发展更多依赖东部地区的发展。[②]

从以上的研究成果综述中，可以看到国内外学者对中国全要素生产率研究所得出的结论总体趋势上大体近似，但具体比例上有所差异，其差异产生的原因主要有以下几点：第一，计算全要素生产率时，学者对数据采集和参数选取有所不同；第二，投入和产出的计量方法有所差异；第三，价值的计算依据不同；第四，在全要素生产率的度量中不但包括了所有没有识别的增长因素，而且包括了概念上和度量上的全部误差。

经过 20 世纪 80～90 年代 20 年的发展，到 21 世纪前 10 年的发展，我国的技术进步及其贡献的理论和实证研究在广大学者的共同努力下已经取得了很大的进步，可以说技术进步理论已经发展为由众多技术经济理论分支构成的规模庞大的理论体系。

（二） 技术进步与经济增长关系的理论基础

技术进步与经济增长关系的理论基础是上述技术进步相关理论与经济增长理论、社会主义增长理论。

西方的经济增长理论经过 300 年的发展，逐渐从劳动决定论，经由资本决定论向技术决定论演进，经过了从古典经济增长理论、现代经济增长理论至新经济理论的发展。

1. 新古典经济增长理论

以索洛为代表的新古典经济增长学派首先将储蓄率或投资率看作外生变量，把产出－资本比率看作内生变量；其次对哈罗德的生产技术提出了批评，提出了经济增长模型的新古典假设。索洛于 1956 年在其著名论文《对经济增长理论的一个贡

① 郑京海、胡鞍钢：《中国改革时期省际生产率增长变化的实证分析》，《经济学》（季刊）2004 年第 12 期。
② 载汪同三等主编《中国社会科学院数量经济与技术经济研究所发展报告 2009》，社会科学文献出版社，2009。

献》中指出，哈罗德问题的关键在于假设生产技术是固定投入要素比例的生产函数。这一假设表明资本和劳动是不可替代的生产要素，索洛通过放松这一假设建立了资本和劳动可以相互替代的新古典经济增长理论。

为了对长期经济增长的现实做出理论解释，新古典经济学家们于 20 世纪 50 年代和 60 年代进一步将外生技术进步引入新古典生产函数，这一改进克服了收益递减的困难，使经济社会的人均收入能够保持长期增长。这个方法既解决了哈罗德的不稳定性问题，也给出了长期增长的一种模型解释。收益递减规律意味着长期稳定增长率完全独立于储蓄－投资额，若计划提高或降低投资率的封闭经济，将造成增长率的上下波动，但波动是暂时的，增长率将最终恢复到它的长期值。这个增长率是人口增长率和技术进步率之和。投资持续变化的持久效果仅仅在于影响稳定状态的产出水平，要想增加人均收入的增长率是不容易的，甚至是不可能的，除非技术进步可以任意改变。

2. 经济增长因素分析理论

1957 年，新古典经济学派的代表人物索洛首先试图估计资本积累和技术进步对美国 1909~1949 年经济增长的相对贡献。肯德里克、丹尼森、库兹涅茨等人进一步对经济增长因素进行了全面和系统的研究。

20 世纪 50 年代，罗伯特·索洛等人以新古典经济增长模型对资本决定论提出了挑战。20 世纪 60 年代初，西方经济增长理论终于突破了只有厂房、机器、存货等有形物质才是资本的传统观念。以美国经济学家丹尼森为代表，建立了一个增长来源的分析和估算体系。他认为增长因素有五个方面：一是劳动力在数量上的增加和质量上的提高；二是资本在数量上的增加；三是资源配置的改善；四是扩大规模的节约；五是技术进步（即知识）及其在生产上的应用。前二者属于生产要素投入量的增长，后三者属于生产要素生产率的提高。丹尼森在对 9 个工业发达国家经济增长的因素分析后，也发现要素投入增加的贡献只占 1/3，有将近 2/3 来自要素投入增加以外的因素，其中主要是技术进步。这证实和巩固了索洛的观点。这些模型强调技术进步对经济增长的决定作用，故被称为"技术进步决定论"。舒尔茨在对一些国家经济所做的实证分析中发现：经济发展中资本－劳动比率长期呈下降趋势；国民收入增长快于土地、资本和劳动投入的增长；工人实际工资大幅度增长。1973 年，哈比森在《作为国家财富的人力资源》一书中对人力资本的作用做了如下的概括：人力资源"构成了一个国家财富的最终基础，资本和自然资源都是生产中的被动因素，只有人是生产中的主动因素。人积累资本、开发资源、组成社会的政治和经济组织，推动民族的发展。显然，一个国家如果不能增进本国人民的知识和技能，并在本国经济中加以有效利用，那么，它就不可能在其他方面有任何进展"①。

1984 年，从徐寿波所著《技术经济学概论》的第二篇第八章"技术方案的经济衡量标准及其公式"的论述中可以看出，当论及"技术方案的社会劳动消耗量"时，已经触及"生产要素理论"。徐寿波指出："一般说来，任何技术方案的社会实践都必须具有以下三个基本条件：即从事劳动的人（包括工人、技术员、管理人员等）、从事劳动所必需的劳动装备和工具（如工厂、机器、设备仪表、工具等）和劳动对象（如原料、材料、燃料、种子、饲料、资源、土地等）。"② 这段论述表明，当时技术经济学的研究是在"生产要素三元论"的指导下进行的，所谓"生产要素三元论"指的是将劳动力、劳动手段和劳动对象视为基本的生产要素。徐寿波这一观点的实质是经济增长因素分析理论。③

3. 新经济增长理论

在 20 世纪 80 年代中期，以罗默、卢卡斯及其追随者为代表的一批经济学家，在对新古典增长理论重新思考的基础上，提出了一组以"内生技术变化"为主要内容的论文，探讨了长期经济增长的可能前景，重新激发了人们对经济增长问题的兴趣，掀起了一股"新增长理论"（或称内生增长理论）研究的浪潮。新增长理论的突出之处是强调经济增长不是外部力量（如外生技术变化、人口增长），而是经济体系内部力量（如内生技术变化）的产物，重视对知识外溢、"边干边学"、人力资本积累、研究与开发、递增收益、开放经济、劳动分工和专业化以及垄断化等问题的研究，重新阐释了经济增长率和人均收入的广泛而持久的跨国差异，对国际经济学和中国经济实践的经济增长产生了广泛而深远的影响。④

熊彼特增长理论在新经济增长理论中占有重要的地位。熊彼特是一个很特殊的经济学家，他既深受马克思主义的影响，又推崇新古典经济学的创始人庞巴维克和瓦尔拉，从而形成了既不同于马克思主义又不同于新古典经济学的熊彼特经济学。⑤

---

① 陈峥嵘：《内生经济增长理论述评》，《江海学刊》1996 年第 6 期。
② 徐寿波：《技术经济学概论》，上海科技出版社，1980。
③ 徐斌：《技术经济理论发展问题研究》，北方交通大学博士学位论文，2007。
④ 庄子银：《新经济增长理论的五大研究思路》，《经济学动态》1997 年第 5 期。
⑤ 熊彼特：《经济发展理论》，商务印书馆，1990，第 87 页。

4. 社会主义经济增长理论

马克思并没有在严格的意义上使用"经济增长"这一概念。所有经济增长的含义在马克思那里都是用"扩大再生产"的概念来表述的。马克思关于经济增长的理论包括三个部分：资本积累的规律；扩大再生产的实现条件；资本主义经济增长过程中利润率下降的趋势。

卡莱茨基 1967 年出版了他的《社会主义经济增长理论导论》一书，阐述了他的社会主义经济增长思想和理论体系。卡莱茨基将社会主义国家的经济增长率区分为自然增长率和实际经济增长率。他认为，自然增长率是由外生变量决定的增长率，外生变量主要是指劳动生产率的增长率和劳动人口的自然增长率；实际经济增长率则是由内生变量决定的经济增长率。

卡莱茨基认为，社会主义经济增长是物质生产过程中三种效应——投资效应、损耗效应和改进效应的混合结果。他进一步认为，社会主义经济增长率还存在一个由外生变量规定的最高限，它决定于劳动生产率增长率和劳动人口的自然增长率。投资率和其他内生变量决定的实际增长率，不可能突破技术进步和人口自然增长所规定的界限。实际增长率达到自然增长率水平，表示技术进步、自然增长的劳动人口得到充分利用。[①] 事实上，社会在达到增长的自然界限之前，会遇到种种限制。这些限制主要来自三个方面：一是积累与消费的矛盾，高积累率和高投资以低消费为代价，会遇到社会消费者的抵制；二是劳动力供给的限制，劳动力资源相对较高经济增长率的需要显得不足，这在苏联和前东欧国家是一个很现实的问题；三是随着增长率的提高，因国内需求增加而使出口减少、进口增多，这导致国际贸易状况的恶化，也会限制经济增长。

卡莱茨基认为可以从以下途径提高经济增长率：一是提高资本集约化程度，即提高投资系数；二是缩短设备生命周期，加速折旧与更新，即提高折旧系数；三是提高现有生产能力利用率，即提高改善系数。

综上所述，无论马克思理论还是经济增长理论的发展过程都体现了人类对于经济增长的认识是一个不断演进、不断深化的过程。300 多年来，西方经济增长理论经历了一条由"物"到"人"、由外生增长到内生增长的演进道路。从斯密重视分工、李嘉图重视资本积累、约翰·穆勒重视合作和规模经济到熊彼特重视创新，这些思想都从不同侧面反映了经济增长的实际。每一种观点都是西方以至世界经济发

---

① 张富春：《资本与经济增长》，经济科学出版社，2000。

展到一定程度的产物。从确立劳动在经济增长中的特殊地位到崇尚物质资本积累的资本决定论，从重视技术进步的作用到强调以人的素质为中心的知识、技术和人力资本的积累，清晰地勾勒出一条人类在迈向工业化的进程中对经济增长源泉的认识渐趋深化的发展轨迹。

五　技术创新和建设创新型国家的理论基础

（一）　中国创新体系和建设创新型国家的发展阶段

从实践上，我国真正意义上的国家创新体系建设和创新型国家建设大致经历了四个发展阶段。①

1. 国家创新体系起步发展阶段（1978～1995 年）

这一阶段的主要表现是探索国家创新系统的发展模式和创新政策，出台了改革政策和措施。

在这一时期，创新模式主要是计划主导模式，即设立国家科技计划，在国家科技计划中引入竞争机制。通过改革拨款制度、培育和发展技术市场等措施，科研机构服务于经济建设的活力不断增强，科研成果商品化、产业化的进程不断加快，这一切都加速了我国国家创新体系的发展。在这一时期，国家科研经费大多以国家科技计划的形式出现，政府工作人员管理科研经费的配置。国家先后出台了一系列的计划：国家重点科技攻关计划、高技术发展计划（"863" 计划）、火炬计划、星火计划、重大成果推广计划、国家自然科学基金、攀登计划等科技计划。与此同时，为迎接世界高新技术革命浪潮，中国也像许多国家一样兴办了许多科技园区。自 1985 年 7 月中国第一个高科技园区 "深圳科学工业区" 成立以来，中国已建立国家级高新技术园区 53 个，总面积达 676.16 平方公里。此外，还有省、市级高新技术园区或经济开发区 70 多个。

国内的国家创新体系研究始于 20 世纪 90 年代中期。1992 年，经济科学出版社出版的〔意〕G. 多西等合编的《技术进步与经济理论》一书，首次将国家创新体系概念引入中国。

---

① 张凤、何传启：《国家创新系统——第二次现代化的发动机》，高等教育出版社，1999。

2. 国家技术创新体系形成阶段（1995～2006 年）

这一阶段的显著特点是确立了市场经济的目标，进行企业制度和产权制度的改革，突出了企业技术创新模式，强化了企业的创新功能。宏观管理体制也发生了重大变化，政府重大科技计划逐步由科技和经济主管部门联合制定，出现了新的参与对象，如国家工程中心、生产力促进中心等，加快了科技成果的商品化、市场化。1995 年，国家启动了"科教兴国"战略。1996 年，国家决定启动技术创新工程，重点是提高企业的技术创新能力。

1997 年底，中国科学院向中央提交的《迎接知识经济时代，建设国家创新体系》的研究报告揭开了国内对国家创新体系研究的序幕。柳卸林（1998）的《中国国家创新体系的现状问题与发展趋势》、柳卸林和石定寰（1999）的《国家创新体系现状与未来》[1]、柳卸林（1998）的《国家创新体系的引入及其对中国的意义》[2]、中国科学与科技政策研究会的《完善和发展中国国家创新体系》的研究报告和名为《国家创新体系的理论与实践》的专著、冯之浚和罗伟（1999）主编的《国家创新体系的理论与政策汇编》[3] 以及李正风和曾国屏（1999）主编的《中国创新系统研究：技术、制度与知识》[4] 都是我国学者有关国家创新体系的重要文献。

1998 年 6 月，国务院通过了中国科学院关于开展知识创新工程试点工作的汇报提纲，决定由中国科学院先行启动知识创新工程，作为国家创新体系试点。

3. 创新型国家战略的实施阶段（2006 年至今）

胡锦涛于 2006 年 1 月 9 日在全国科技大会上宣布中国未来 15 年科技发展的目标：2020 年建成创新型国家。2006 年 6 月 6 日，胡锦涛在"两院"院士大会上的讲话中提到："建设创新型国家，是党中央、国务院从全面建设小康社会、开创中国特色社会主义事业新局面的全局出发做出的一项战略决策。"在 2006 年召开的国家科学技术奖励大会上，温家宝明确提出了"努力将我国建设成为具有国际影响力的创新型国家"的历史性命题。

2006 年 2 月，国务院印发《实施〈国家中长期科学和技术发展规划纲要（2006～2020 年）〉若干配套政策》（国发〔2006〕6 号）。从增加科技投入、加强税收激励、加强金融支持、利用政府采购扶持自主创新、支持引进消化吸收再创新、

① 柳卸林、石定寰主编《国家创新体系现状与未来》，经济管理出版社，1999。
② 柳卸林：《国家创新体系的引入及其对中国的意义》，《中国科技论坛》1998 年第 2 期。
③ 冯之浚、罗伟主编《国家创新体系的理论和政策文献汇编》，群言出版社，1999。
④ 李正风、曾国屏主编《中国创新系统研究：技术、制度与知识》，山东教育出版社，1999。

创造和保护知识产权、加快创新人才队伍培养和建设、发挥教育与科普对创新的促进作用、建设科技创新基地与平台、加强统筹协调十个方面提出了创新政策框架，共60条基本政策措施。近两年来，有关部门和地方政府正在结合实际，陆续制定相应的实施细则，把国家中长期科技发展规划纲要提出的政策落到实处。2007年12月29日，十届全国人大常委会第三十一次会议审议通过修订后的《中华人民共和国科学技术进步法》，于2008年7月1日起施行，为推进全社会科技进步提供了坚实的法律保障和制度基础，以法律形式确立了提高自主创新能力、建设创新型国家的奋斗目标。

创新型国家实质上是一种国家的发展方式，同时也可以反映一个国家的竞争力以及创新能力的状况。目前对于创新型国家内涵、特征及其测度方面都还没有形成完整的体系，更多是从国家创新能力、创新绩效、国家创新体系等不同的角度来描述创新型国家。

目前，我国学者的理论研究基本上是沿着弗里曼和纳尔逊的思路展开的，但理论研究和实证研究都比较薄弱，中国国家创新体系建设和建设创新型国家的理论研究落后于实践的发展。

（二）国家创新体系和创新型国家的理论基础

西方技术创新理论的研究和发展已形成新古典学派、新熊彼特学派、制度创新学派和国家创新系统学派四大理论学派。这些创新理论是建设国家创新体系和创新型国家的理论基础。

1. 熊彼特的创新理论

熊彼特的整个经济理论体系都是以创新为核心来解释资本主义的发生、发展及其变化规律的，他从经济运动的内部去寻找推动经济增长、社会进步、历史发展的深厚基础和本质动因，强调创新活动在资本主义历史发展进程中的主导作用，他将经济理论的逻辑分析与资本主义发展的历史过程结合起来，对资本主义经济运行进行了实证性的动态考察。在熊彼特看来，资本主义经济处在不断运动、变化、发展之中，其本质特征就是运动和发展，是某种破坏均衡而又恢复均衡的力量发生作用的结果，这种推动经济发展的内在力量就是"创新"。熊彼特认为：创新的过程是一个创造性的破坏过程，在创新的持续过程中，具有创新能力和活力的企业蓬勃发展，一批批老企业被淘汰，一批批新企业在崛起，促使生产要素实现优化组合，推动经济不断发展，再加上"创新"是多种多样、千差万别的，其对经济发展的影响就有大小、长短之分，这就形成了发展周期的升降、起伏和波动。

经过 20 世纪八九十年代近 20 年的发展，到了 21 世纪，可以说技术创新理论是由众多理论分支构成的规模庞大的理论体系。在进入 21 世纪的创新理论研究方面，主要的理论研究问题集中在以下几个方面：技术创新政策、技术创新与经济发展的关系、技术创新与企业规模的关系、技术创新模式、技术创新扩散、技术创新能力、技术创新机制、技术创新溢出、产业集群技术创新等。

2. 国家创新系统理论

技术创新的国家创新系统学派以英国学者克里斯托夫·弗里曼、美国学者理查德·纳尔逊等人为代表，该学派通过对日本、美国等国家或地区创新活动特征的实证分析，认为技术创新不仅仅是企业家的功劳，也不是企业的孤立行为，而是由国家创新系统推动的。国家创新系统是参与和影响创新资源的配置及其利用效率的行为主体、关系网络和运行机制的综合体系。在这个系统中，企业和其他组织等创新主体，通过国家制度的安排及其相互作用，推动知识的创新、引进、扩散和应用，使整个国家的技术创新取得更好绩效。国家创新系统理论侧重分析技术创新与国家经济发展实绩的关系，强调国家专有因素对技术创新的影响，并认为国家创新体系是政府、企业、大学研究机构、中介机构等为寻求一系列共同的社会经济目标而建立起来的，将创新作为国家变革和发展的关键动力系统。由此，弗里曼提出了技术创新的国家创新系统理论，将创新主体的激励机制与外部环境条件有机地结合起来，并相继发展了区域创新、产业集群创新等概念和分支理论。①

国家创新体系的系统研究在西方世界受到了学术界的高度关注。进入 20 世纪 80 年代后期，出现了一个从体系的观点来研究创新的新思路。无论是国家层次上的创新，还是区域层次上、产业层次上的创新，都可以看作一个由多种要素及其相互关系组成的体系，即创新体系。创新体系首先是在国家层次上展开研究的，即国家创新体系；而后，学者们又在区域层次上对创新体系进行探讨，即区域创新体系。国家创新体系和区域创新体系的研究相对来说比较成熟，而产业创新体系的研究尚处于初级阶段。

Lundvall 在 20 世纪 70 年代后期就开始领导课题小组研究"国家创新体系"。②

① 周新川、陈劲：《创新研究趋势探讨》，《科学学与科学技术管理》2007 年第 5 期。
② Lundvall B., *Product Innovation and User – Producer Interaction*, Aalborg University Press, 1985.

一般认为，国家创新体系的概念是英国经济学家弗里曼首先提出来的。弗里曼在 1987 年出版的著作《技术政策与经济业绩：来自日本的经验》[1] 和 1988 年发表的论文《日本：一个新的国家创新体系》中明确地提出了国家创新体系的概念，指存在于公共产业部门和私人产业部门——它们的活动及互动决定着新技术的发起、进口、改进和扩散中的各种制度所构成的网络。弗里曼以国家创新体系的框架，从厂商的 R&D 组织和生产体系、政府和通产省的作用、教育和培训等几个方面，对日本的经济奇迹进行了深入的研究。弗里曼（1995）[2] 还从国家创新体系的观点来分析经济强国的兴衰更迭，如工业革命时期英国的兴衰、德国的兴起、"二战"后日本及新兴工业化国家的崛起。

20 世纪 90 年代，国家创新体系的研究获得重要的成果：Lundvall（1992）[3] 主编的《国家创新体系：一种走向创新和交互性学习的理论》认为国家创新体系是植根于其生产体系之中的，而且认为制度起着非常重要的作用；Nelson（1993）主编的《国家创新体系：一个比较研究》以技术变革的存在及其演进特点为切入点，重点放在知识的生产和创新对于国家创新体系的影响上；OECD 1994 年启动"国家创新体系研究项目"，对多个国家的创新体系进行大规模的研究，相当于国家创新体系的"普查"，随之发表了一系列报告；Edquist（1997）[4] 主编了《创新体系：技术、制度和组织》。Lundvall 及其合作者着重国家创新体系的理论研究，特别强调消费者–生产者关系及"学习"在创新中的重要性。他们指出，学习具有制度根植性，即根植于特定的制度之中。Nelson 偏重于历史研究和案例研究，对美、日、英等国家或地区的创新体系进行了深入的案例研究。研究表明，国家创新体系具有复杂性和多样性，没有统一的模式可言。Edquist 更关注创新与经济增长与就业的关系，这些问题在创新研究中是非常重要的。在他们之后，大量的专家学者涉及此项研究，最重要的是 1994 年 OECD 开展的国家创新体系研究，对多个国家的创新体系进行大规模的"调查"和研究，随之出版了大量的研究论文和国别以及综合性分析报告。[5] 但是从总体上来讲，这些关于国家创新体系理论的研究都没有

[1] Chris Freeman *Technology Policy and Economic Performance：Lessons from Japan*，Pinter Pub Ltd.，1987.
[2] Chris Freeman，The national system of innovation in historical perspective. *Cambridge Journal of Economics*，Vol. 19，1995，5–24.
[3] Lundvall B.（ed.），*National Systems of Innovation：Towards a Theory of Innovation and Interactive Learning*，London：Pinter Publishers，1992.
[4] Edquist C.，*Systems of Innovation：Technologies，Institutions，and Organizations*，Pinter，London，1997.
[5] OECD，*National Innovation Systems*，OECD Publications，Paris，1997.

超过 Nelson、Lundvall 和 Freeman 的工作范围。

3. 建设创新型国家的理论

创新型国家的思想就是以创新为主线，系统阐述国家经济社会发展的整体概念体系，也是近 30 年来发达国家对其社会经济发展进程进行研究总结而得出的成果，发达国家依靠创新谋求经济社会快速发展过程的实践归纳。这种思想方法从更深层次透彻地分析了导致国与国之间经济发展差异的根本原因，同时也向世界展示了一条依靠不断完善本国创新体系，提高自身创新能力、创新效率以谋求经济社会和谐发展的道路。最重要的是，创新型国家的理论对创新活动的特征及进程进行的深入分析，使得进一步分析国家层面的创新活动效率以及加快创新型国家建设成为可能。①

从学术研究层面来看，值得回顾的研究主要包括波特的国家竞争力理论（包括瑞士洛桑学院和世界经济论坛基于该理论开展的世界竞争力评价工作），以及美国哈佛大学杰佛里·萨克斯教授关于创新型国家的最直接的论述。

杰佛里·萨克斯是第一个提出中国要成为技术创新国家概念的经济学家，他认为按人口平均获取专利数目来说只有 20 个左右的国家算得上创新型的国家和地区，这些国家（地区）中包括美国、加拿大、西欧国家、日本、韩国、以色列、中国台湾、新加坡、中国香港等。这些国家（地区）的所有发明专利加起来占世界总数的 99%。中国是世界上最大的技术引进、吸纳和升级的国家，但还不是创新型的国家，尤其在那些可以为世界提供所需要产品的有关技术方面。中国只有成为一个技术创新的国家，才能真正赶上国外先进水平，实现经济的长期增长。

他认为，一个国家要想成为创新型的国家，需要从以下几个方面进行努力：构建技术创新的科学基础，积极使用现有知识，形成技术创新的规模效应和集聚，形成有利于技术创新的足够大的市场，形成有利于技术创新的体制基础等。

创新型国家一般具备四个条件：研发投入占国内生产总值的比例在 2% 以上；科技进步贡献率在 70% 以上；对外技术依存度低于 30%；创新产出高。我国无论是从研发投入、科技进步贡献率，还是对外技术依存度方面来看，都与创新型国家有较大差距。

---

① 张磊、王森：《西方技术创新理论的产生与发展综述》，《科技与经济》2007 年第 2 期。

六 转变经济增长方式，促进经济、社会和环境协调发展的理论基础

（一）转变发展方式的理论和实践过程

在人类社会发展的漫长历史上，经济增长的速度和效率是很低的。只是从 18 世纪 60 年代特别是 19 世纪初开始，即在第一次产业革命之后，经济总规模和人均产量才开始持续增长，先是在英国，以后逐渐扩展到美国、法国、比利时、德国，并带动了全世界的经济增长。19 世纪 70 年代至 20 世纪初的第二次产业革命和从 20 世纪 40 年代开始的第三次产业革命更是加快了经济的发展速度。随着三次大的产业革命，一些国家（主要是发达国家）的经济增长方式经历了一个缓慢的转变过程。不过，20 世纪以来，现代科学技术以前所未有的速度迅速发展，40 年代开始的第三次技术革命浪潮大大加快了世界各国（主要是发达国家）经济增长方式转变的进程。美国等发达国家从 60 年代开始至 70 年代，先后完成了经济增长方式的转变。20 世纪初，一些发达国家科技进步对经济增长的贡献率为 5%～20%，而到 20 世纪中叶上升到 40% 左右，70 年代达到 50%～60%，80 年代达到 60%～80%。一些新兴工业化国家（地区），利用"二战"后第三次技术革命的大好时机，大力推进产业升级和加速企业科技进步，也相继在 80 年代完成了经济增长方式的转变。

中国科学发展观和转变经济发展方式的形成，是在长期的发展实践中的经验积累，也是对马克思主义理论中国化的重要发展。早在 1987 年，党的十三大提出要从粗放经营为主逐步转变到以集约经营为主。1995 年，党的十四届五中全会明确提出两个具有全局意义的根本性转变，即经济体制从传统计划经济体制向社会主义市场经济体制转变，经济增长方式从粗放型向集约型转变。1997 年，党的十五大又明确提出："转变经济增长方式，改变高投入、低产出，高消耗、低效益的状况。"党的十六大以来，基于改革的伟大实践，党和国家通过进一步深化认识我国经济发展规律，形成了新时期指导经济社会发展全局的科学发展观。十七大明确提出了从转变经济增长方式到转变经济发展方式为内容的进一步转变，指出科学发展观的第一要义是发展，核心是以人为本，基本要求是全面协调、可持续，根本方法是统筹兼顾。科学发展观的确立是中国对经济发展规律认识进一步深化的重要标志，标志着国家指导经济发展的思路发生了重大飞跃。

中国在经济社会发展的实践过程中探索出跨越高消耗、高污染、低效益的传统

发展方式，边治理边发展，走速度与效率并重，兼顾当前与长远发展，经济和社会、生态环境协调发展的模式。

我国学者在 20 世纪 80 年代以前对技术进步作用的研究较少，而且研究不够深入，但从 80 年代以来对技术进步与经济增长的关系以及经济增长方式及其转变的有关问题进行了深入系统的研究，这些研究既有定性的描述，也有定量的分析。例如"技术进步和产业结构优化""技术进步与经济增长""生产率与经济增长""转变经济增长方式"等一系列重大应用经济学课题的理论和实证研究，不仅在一系列理论问题上有所突破，而且对各级政府制定政策产生了重要影响。这些研究为我们进一步研究技术进步对经济增长方式及其转变的影响，以及如何依靠技术进步加快经济增长方式转变奠定了一定的基础。

进入 20 世纪 90 年代，技术经济学者开始关注经济增长方式及其转变问题，这个问题至今仍是一个热点问题。辛坦（1990）的《关于经济增长方式的转换》指出，经济增长方式是指经济增长的方法与形式，按各生产要素在经济增长中的贡献大小可分为资本密集型和劳动密集型两种，按经济增长依赖于各生产要素数量增加和质量的提高可分为外延型和内涵型，另外还可分为粗放型与集约型、速度型与效益型。辛坦在这篇文章中还介绍了几种与发展中国家经济增长方式有关的国外理论模型；指出经济增长方式转换存在三种主要方式，即资本主义发达国家初期模式、社会主义国家模式和发展中国家模式；最后，他指出，我国今后相当长一段时期内，经济增长方式将以外延型、粗放型和劳动密集型为主。[①] 此后，很多技术经济学者对我国经济增长方式的判断、经济增长方式衡量指标的设置、经济增长方式转变的条件、经济增长方式转变的障碍与政策、经济增长方式转变与产业升级的关系等问题展开了系统研究，取得一些重要成果。[②]

（二）转变经济发展方式的理论基础

经济增长方式是指推动经济增长的各种要素的组合方式和各种要素组合起来推动经济实现增长的方式。简单地说，是指经济增长来源的结构类型。其中最重要的来源在于全要素生产率的贡献率的提高。这实际上也就是意味着科技进步对经济增长方式转变具有核心作用。

---

① 辛坦：《关于经济增长方式的转换》，《宏观经济研究》1990 年第 5 期。
② 徐寿波：《怎样考核经济增长方式转变》，江苏人民出版社，1997。

1. 新经济增长理论

在人类社会发展和技术进步的过程中，人类对技术进步对经济发展和提高生产效率的促进作用等有关经济增长方式及其转变的问题有了比较深刻的认识和理解。新古典学派的许多经济学家早已注意到了这些问题，甚至可以追溯到亚当·斯密和李嘉图等古典经济学家。

从20世纪80年代中期开始，在西方经济学者中，以罗默、卢卡斯及其追随者为代表的一批经济学家，在对新古典增长理论重新思考的基础上，发表了一系列以"内生技术进步"为主要内容的学术论文。以罗默的《收益递增和长期增长》和卢卡斯的《论经济发展机制》的论文为标志，掀起了一股"新增长理论"（或称为"内生增长理论"）研究的浪潮，对技术进步如何影响经济增长给出了内生化的解释，开拓了研究技术进步对经济增长方式及其转变作用的新思路。90年代以来，有关"新增长理论"的论文如雨后春笋般不断增加，其代表人物除罗默、卢卡斯之外，还有斯科特、格鲁斯曼、赫尔普曼等著名经济学家。他们的研究思路和研究结果存在一定的差异，他们对内生经济增长的有关问题所持观点也不尽相同，但是，他们对增长因素的认识是基本一致的。他们大都认为现代经济增长主要由知识积累来推动，内生技术进步是经济增长的主要动力，新思想、技术发明、人力资本积累以及劳动分工和专业化水平的提高等是提高生产率、促进经济长期增长的关键因素。他们突出强调经济增长不是外部力量（人口增长等），而是经济系统内部力量（如内生技术进步等）的产物。

2. 生产要素理论

现代经济增长理论中对经济增长因素的实证分析也印证了上述论断。大多研究结论表明，科技进步已成为发达国家经济增长中的最重要因素，也是现代经济增长的基础，是提高经济增长质量、推动经济增长方式由外延型增长向内涵型增长转变的核心力量。

现代经济增长理论已经证明，经济增长的来源由两部分组成：一是生产要素投入的增加，主要包括资本投入和劳动投入的增加；二是科技进步，又称为全要素生产率的提高。而科技进步包括生产要素质量的变化、知识的进展、资源配置的改善、管理水平的提高、规模经济以及其他因素。

在20世纪50年代以前，经济学家对技术进步作用的研究大都停留在定性分析的阶段。从20世纪50年代开始的几十年里，西方经济学界新古典和新古典综合派的索洛、丹尼森等人相继提出了各自的经济增长理论和模型，并用这些理论和模型对一些国家经济增长的历史进行实证分析和国际比较，对各类生产要素（资本、劳动、中间投入等）和技术进步对经济增长的贡献进行了分解和测算，把技术进步对经济增长作用的研究推向了更加实用的方面。他们通过定量计算经济增长因素对经济增长的贡献发现，现代经济增长的各类因素中，技术进步的作用是巨大的。他们的分析方法和研究成果为我们定量分析技术进步对经济增长方式及其转变的影响和作用，准确把握经济增长方式转变的程度和途径提供了非常有价值的方法和工具。

由于科技进步在促进经济增长中的重要作用，各国决策者都非常重视科技进步，尤其在第二次世界大战之后，各国加大了科技、教育的投入，并把科技进步的重点放在企业，从而推动了各国的经济增长。当今世界经济竞争的背后是科学技术的竞争。科技进步对经济增长的贡献大小也成为评价一个国家（或地区）国际竞争力、经济效益和经济增长质量的重要指标。

3. 科技进步与产业结构关系理论

科技进步使经济结构发生巨大变革，促进产业结构合理化，从而使宏观结构效益和资源配置效率得到提高。

从根本上来说，产业的形成、分解和新兴产业的诞生都是科技进步的结果。从历史上考察，当科技进步积累到一定程度之后（如劳动工具的改善、金属加工技术的发明等）能够使生产能力产生质的变化，使生产方式发生变革，尤其是当某种新技术引起若干产业部门的生产效率产生飞跃时，就会使整个产业社会技术体系发生革命（如三次大的社会分工），从而使产业结构发生急剧变化。历史经验证明，三次产业的依次出现和重点转移以及各次产业内部各个阶段的依次递进，都与科技进步密切相关。在现代人类社会发展历史上，曾发生过三次技术革命，这几次大的技术革命，都促进了经济的迅速增长和产业结构的巨大变化。

科技进步对产业结构的影响是多方面的。科技进步通过刺激需求结构、改变就业结构、促使新兴产业出现、改变国际竞争格局等促进产业结构发生变化。例如，在激烈的国际市场竞争环境中，靠资源优势获胜的机会不断减少，而靠科技进步取胜的机会越来越大，这样就会推动技术密集型产业和高新技术产业的发展。此外，科技进步也可以改变一个国家（地区）在国际市场上的竞争能力，特别是对外贸易占国民经济比重较大的国家（地区），其产业结构就会随着竞争能力的变化而变化。实际上，"二战"之后，科技进步已使国际竞争格局发生巨大变化。一些国家（地区）（如日本、东亚"四小"等）在国际市场上的竞争能力增加很快，并带动了这些国家（地区）的产业结构发生变化。

　　科技进步改变产业结构的过程是使产业结构不断合理化、高级化的过程。在技术比较落后的时期，生产力水平较低，产业部门较少，人们主要靠人类自身的体力和自然界发生联系，技术在生产中应用较少，产业结构中劳动密集型产业、第一产业的比重较大。而随着技术的进步，人类可利用越来越先进的机器设备去从事生产实践活动，技术在人类生产活动中应用的密度越来越大，技术密集型产业和制造业在产业结构中所占比例越来越大，劳动密集型产业和第一产业所占比重越来越小。当技术水平高度发展时，生产的高效率使得直接从事生产活动的人数越来越少，劳动力向第三产业转移又推动了第三产业的发展。科技进步使产业结构不断向合理化、高级化发展的这一过程，带动了整个经济的协调发展，从而使得宏观结构效益和资源配置效率得到提高。

　　4. 马克思主义扩大再生产理论

　　马克思主义政治经济学对技术进步对经济增长的作用这一问题也做过深入研究。马克思在100多年前就曾经指出科学技术是生产力，是现实财富的创造力。他写道："劳动生产力是由多种情况决定的，其中包括：工人的劳动熟练程度，科学的发展水平和它在工艺上应用的程度，生产过程的社会结合，生产资料的规模和效能，以及自然条件。"马克思在论述实现扩大再生产的主要途径时指出："生产逐年扩大是由于两个原因：第一，由于投入生产的资本的不断扩大；第二，由于资本使用的效率不断提高。"又指出："如果生产场所扩大了，就是外延上扩大；如果生产资料效率提高了，就是内涵上扩大。"在这里，马克思把经济增长的原因科学地归结为或是增加生产要素的投入，或是提高生产要素的使用效率，即通过改善生产资料的质量（提高技术水平）和劳动者的素质等，提高生产效率。马克思并把扩大再生产分为两种不同类型：外延的扩大再生产和内涵的扩大再生产。马克思的这些重要论述是我国提出经济增长方式从粗放型向集约型转变的重要理论依据，并成为指导我们进一步研究技术进步和经济增长方式及其转变的有关问题的理论基础。

　　5. 发展经济学发展模式的理论

　　中国社会主义市场经济，是中国特色社会主义的重要组成部分。在改革开放以来的30多年间，首先在朝着市场经济方向进行探索，先后提出过"计划调节为主，市场调节为辅""有计划的商品经济"等设想，进行探索；而后深刻总结了国内外社会主义建设的经验教训，明确提出建设社会主义市场经济的改革道路之后，用了10年左右时间初步建立起社会主义市场经济体制，现在处于完善这一体制的过程中。

中国社会主义市场经济，立足于中国社会主义初级阶段的基本国情。它的建立与成长贯穿于中国三种"转轨"交织在一起的"转轨"时期：一是经济体制上从计划经济转向市场经济；二是经济结构上从"二元经济"转向现代化工业经济；三是增长方式上从粗放型转向集约型，特别是转向以科学发展观为基础的可持续性型。这三重"转轨"交织在一起，要在短短数十年内完成发达国家过去200年才完成的事，其复杂性、艰巨性可想而知。我国在转轨时期所面临的问题，是发达国家过去未曾遇到或经历过的，也是以发达的资本主义市场经济为研究对象的现代西方经济学所从未研究过的。

我国是在经济全球化、信息化时代进行工业化的，我国工业化虽比发达国家晚了200年，但充分利用后发优势，并总结出一系列宝贵经验。例如，资本和资源短缺的中国提出"利用两种资源和两个市场"的总战略，以迎接国际产业转移；还总结出"以信息化带动工业化，以工业化促进信息化"的新型工业化道路。此外，中国还坚决摒弃西方国家过去走过的"先污染、后治理"的发展道路，而是提出了科学发展观，并据此倡导"资源节约型经济""环境友好型经济""循环经济"。这些发展方式都浓浓地凝聚了"中国特色"，都是中国国情和中国人智慧及创造性的结晶。[①] 社会主义在发展中必须处理好经济发展与保护资源、环境的关系。在谋划未来的发展时，既要充分考虑资源和环境的承受力，又要统筹考虑当前发展和未来发展的需要。而资源与环境的有效保护，可以促进经济的持续有效发展。尤其是在制订考核指标体系时，应突出资源合理开发与保护、环境保护与治理的要求。绿色化、低碳化发展和循环经济成为迫在眉睫的科技创新主题。

科学发展观在发展模式上完善了发展经济学。由于科学发展观追求的是人与自然、经济和社会的全面发展、协调发展和可持续发展，因而克服了以往发展观在发展途径、方式上的片面性缺陷，提出了完整的统筹兼顾发展模式，实行"五个统筹"，做到统筹城乡发展、统筹地区发展、统筹经济社会发展、统筹人与自然的和谐发展、统筹国内发展和对外开放。其实质就是加快城市化进程，逐步解决"三农"问题，促进城乡二元经济结构向现代社会经济结构的转变；推进工业化、城市化和市场化，保持比较发达地区快速发展的强劲势头和扶持落后地区的经济社会发展，促进东部的持续发展和中西部的跨越式发展，最终实现地区共同发展；在经

---

① 白永秀、吴丰华：《新中国60年社会主义市场经济理论发展阶段研究》，《当代经济研究》2009年第12期。

济快速发展的基础上实现社会的全面进步，努力提高全体人民的各项福利；维持人口的适度增长、资源的永续利用和良好的生态环境；完善涉外经济体制，实现国内市场与世界市场的对接，充分利用国内外两种资源、两个市场，努力实现中国经济的全面振兴。这无疑充实了发展经济学发展模式的理论。

七　技术经济发展阶段的判断和学科属性定位

（一）技术经济学科发展阶段的判断

1. 库恩学科理论方式的发展规律

库恩认为，科学发展的模式就是由一个常规科学传统转变到另一个常规科学传统，两个传统之间则存在一个插曲——非常科学或科学革命，这一插曲是科学进步的中断。基于这一观点，库恩将一门科学的发展历程描述为以下几个时期。

（1）原始科学时期：各个学派相互争执，争论的焦点是理论的基本思想或基本原则，这一时期该门科学正常的研究方式只能是批判方式而不是解决疑难方式。

（2）常规科学时期：由于某一显著的科学成就形成了统一的范式和解决疑难的传统，这门科学达到成熟，进入常规科学时期。常规科学研究的主要内容和目的是阐明和发展一个范式，研究方式是解决疑难方式。

（3）"革命"科学时期：如果一个范式不再充分地支持一个解决疑难的传统，人们开始纷纷对原有范式表示不满，批判方式再次成为正常的研究方式。

（4）新的常规科学时期危机过去了，范式的选择问题得以解决，出现了新的、被普遍接受的范式。

库恩以上关于范式、共同体以及科学发展模式的论述主要是针对自然科学研究而言的，但无疑对社会科学也有很好的借鉴意义。

2. 技术经济学发展的阶段判断

从技术经济学基本范畴、研究对象、理论基础等几个方面入手加以考察，初步结论是技术经济学目前仍处在发展和调整时期。目前技术经济学还没有形成一个占统治地位的范式。技术经济学目前还不是一门成熟的经济学科，尚处于发展阶段。从表面上看，技术经济学似乎已经进入成熟期，但这仅仅是一种表象，并没有成为库恩所说的成熟科学。

（二）中国和西方技术经济研究的核心

我国技术经济学的创立和发展是基于对忽视技术发展的经济规律的批判，而西方学者发起的技术经济学（The Economics of Technology）是基于对当代主流经济学忽视技术要素，难以解释当代经济增长的反思。古典经济学以劳动产品的交换促进社会分工，社会分工促进技术发展和生产力的提高来解释经济的发展和社会财富的积累，因此技术一直是古典经济学研究的中心环节。无论是亚当·斯密，还是卡尔·马克思都十分重视对技术的研究。西方一批经济学家认为，作为当代主流经济学的新古典经济学忽视技术与经济的互动作用，在各种经济学分析中，只把技术要素作为经济系统的外生变量，在对经济增长的贡献中，仅把最重要的技术进步因素视为除资本和劳动力投入以外剩余的部分，这样就背离了通过技术促进经济发展的古典经济学分析框架，也因此对当代经济增长越来越缺乏解释力。因此，这些经济学家也在倡导建立技术经济学（The Economics of Technology），并把它作为经济学的分支，一方面对技术的变化进行经济分析，另一方面从技术的变化分析经济的变化。

由此可见，对技术活动及其发展的规律的经济学分析，一直都是中国和西方技术经济研究学者关注的重要研究领域，不同之处在于我国的技术经济学偏重应用性和对实践的具体指导，国外偏重技术与经济互动规律的揭示和理论解释。

无论是我国经济建设的经验，还是来自西方的研究动态，均证实了在当代经济学的研究中重新关注技术要素的重要性，同时，也验证了发展技术经济学的重要理论意义和现实意义。

（三）技术经济学的学科定位

任何一门学科在研究自己的特定对象时都必然要借鉴吸收其他学科的相关知识，只有这样才能完成对自己的特定对象的研究。技术经济学同样如此，根据技术经济学的研究内容，其研究的领域涉及经济学、科学学、技术学、工程学、社会学、哲学等主要内容。在进行技术经济研究时，除需要经济科学知识外，往往还涉及技术自然属性的研究，这反映技术经济学的特点，即反映技术科学与经济科学之间的相互渗透、交叉和联系。技术经济学和相关学科的交叉和联系并不能改变技术经济学的经济学科性质。技术经济学的学科性质属于经济学。

一门学科的理论基础是由该门学科的性质决定的。如认为技术经济学的学科性质是交叉科学或综合科学，则其理论基础是自然科学、技术科学和经济科学；如认为技术经济学的学科性质属于经济学，技术经济学的理论基础则是经济科学。

技术经济学是一门技术学和经济学相结合的交叉学科，属于应用经济学的一个分支（见图 1 – 1）。技术经济学的理论属于应用经济学的范畴的最后一个依据，是技术经济学的理论和方法在学术思想上具有完整的应用经济学的思想和特征。应用经济学是一个相对于理论经济学而存在的广义概念，是指直接服务于生产或其他社会经济实践的经济科学，包括应用理论和应用技术，它以理论经济科学成果为理论基础，同时也为理论经济科学提供新的研究课题和研究手段。应用经济学的发展直接关系到国家建设的发展速度。

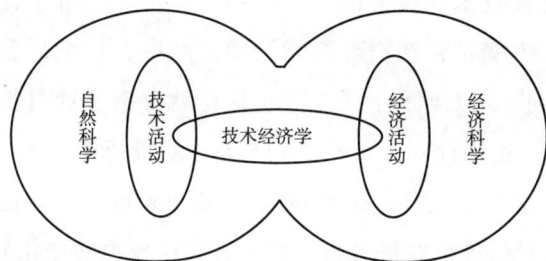

图 1 – 1　技术经济学科的定位

八　技术经济学理论体系的构建

（一）从基础理论和应用研究的视角构建

1. 基础理论的构成

技术经济学是应用经济学的理论和方法研究技术生成的规律性、新旧技术替代过程的规律性、技术进步和技术创新的规律性以及技术资源配置与经济增长之间关系及其运动规律性的科学。因此技术经济学的基础理论应包括以下几方面的理论：马克思的扩大再生产理论；技术周期理论；技术进步和技术创新理论；经济增长理论：从古典经济增长到内生经济增长理论等。

2. 应用理论的构成

技术经济学的应用理论除了技术创新的转移和扩散、技术选择理论等之外，向前延伸是技术生成的制度、环境和政策，涉及技术战略和技术政策等领域，向后延伸到技术效果的评价，包括技术效果的载体——工程项目的评价。另外，技术经济学除了研究现存资源的优化配置外，还研究技术资源的创造和开发。因此技术经济学的应用理论应包括以下几方面的理论：经济效果理论、技术转移理论、技术选择理论、技术扩散理论等。

这里需要指出的是经济效果理论属于应用理论的范畴。20 世纪 80 年代以前，我国技术经济学的研究主要受苏联的影响，其理论基础主要是马克思主义政治经济学，而经济效果理论可以视作技术经济学自身产生和发展起来的一种理论，不应视作其基础理论。

工程项目是技术发挥生产力作用的重要载体，因此应用经济效果理论分析工程项目的可行性，实质上评价和研究技术的经济上的可行性和应用上的先进性和适用性。从这个角度来看，经济效果理论应是技术经济的应用理论之一。

（二）从研究领域视角的构建

技术经济学既不能由传统的或经典的经济学理论和方法来替代，也不会包容传统的或经典的经济学理论，二者之间只是存在一种自然的延拓、发展和交叉关系。事实上，技术经济学与传统的经典的经济学理论的主要区别在于，后者主要是描述性的（即它是试图描述经济如何运行的一种科学，而不涉及应该怎样运行的问题），技术经济学则主要是规范性研究，即它是在尝试建立一系列规则和方法以实现特定的经济目标。[①]

1. 社会主义经济学理论基础

中国社会主义市场经济，是中国特色社会主义的重要组成部分。中国的发展需要社会主义经济学理论的指导。马克思主义扩大再生产理论、剩余价值理论、经济效果理论、社会主义经济增长理论是研究社会主义市场经济的理论基础。

2. 技术经济学的宏观理论基础

在国家层面，技术经济学科主要关注的是国家技术政策（包括技术创新政策）、以技术创新为核心的技术进步对国民经济增长的贡献、"跨越式发展"的国家技术战略和技术创新战略、国家技术创新体系的机制与建设、转变发展方式、建设创新型国家等。

新古典经济增长理论、经济增长因素分析理论、新经济增长理论、创新理论、国家创新系统理论、国家竞争力理论、建设创新型国家的理论等是技术经济学的宏

---

① 孙续元：《技术经济学理论的构建、发展与前瞻》，《经济评论》2001 年第 3 期。

观经济理论基础。

3. 技术经济学的微观理论基础

微观领域主要是研究建设项目的技术经济问题、企业层面的技术经济问题。时间价值理论、费用效益理论、微观经济效果理论、福利经济学中社会效用理论和边际分析、帕累托最优准则和帕累托改进原则，以及企业技术创新、企业技术扩散、技术能力等是技术经济学的微观理论基础。

4. 技术经济学的中观理论基础

产业经济学和区域经济学构成了中观经济学。在产业层面，技术经济学科主要关注的是产业技术创新与技术扩散、技术预测与选择、行业共性关键技术、产业技术标准战略、产业技术升级的路径与战略、高新技术创新与科技产业园区的发展、产业技术政策（包括技术创新政策）、以技术创新为核心的技术进步对行业增长的贡献。在地区层面，技术经济学科主要关注的是区域技术创新体系、区域技术创新能力、项目对于区域经济发展及地区协调发展的作用等。

区域不平衡发展理论、增长极理论、梯度理论、产业技术转移和技术转让、产业技术创新、产业技术扩散、产业技术选择等是技术经济学的中观理论基础。

5. 技术经济学的发展理论基础

经济增长方式转变是一个与制度变迁、产业结构调整、资本形态变化等因素密切关联的长期的动态过程。新中国成立 60 多年，我国经济增长已经经历了 10 个周期，尤其是改革开放 30 多年来呈现"高位平稳型"的新态势。形成"高位平稳型"增长与波动新态势的重要因素是产业结构的变化，或者归因为经济发展方式的转变。[①]

对发展中国家的分析和比较，依据的是发达国家的分析工具和经验，往往并不能解决发展中国家的问题。因此，需要对社会主义的发展模式和发展道路进行总结和提炼，发展经济学发展模式的理论、技术进步与产业结构关系理论都是技术经济学的发展理论基础。

九 技术经济学理论发展展望

中国技术经济学的根本任务，是为中国经济建设实践服务，并在此基础上丰富和完善技术经济学的理论/方法体系。中国技术经济学的发展，不可能脱离中国的

---

① 张旭：《转变经济发展方式的发展经济学考察》，《理论学刊》2010 年第 3 期。

技术经济实践，不能脱离技术经济实践提出的问题和实践的需要。在实践需要的基础上，研究、建立新理论、新方法，应用于实践，并接受实践的检验和修正，如此往复，这应该是中国技术经济学理论发展的一般规律。

（一）应加强技术经济学基础理论研究

技术经济学的发展历史已经表明，技术经济学具有广阔的发展前景和强大的生命力。随着改革开放、市场经济体系的不断完善，技术和经济发展的实践推动着技术经济学的研究范畴也在不断拓展，表现为专项研究领域不断增加、从微观领域向宏观领域不断渗透、从简单定量分析向应用复杂系统模型深化的发展趋势。学科的基础理论体系建设进一步明确方向，以尽早形成有自身特色的理论体系。

（二）技术经济学应加强重大现实问题研究实践的理论提炼

技术经济学在中国的诞生和发展不是偶然的，有其深厚的理论根源和现实基础。技术经济学生命力的最深厚的根源在于中国经济发展现实涌现的大量技术经济问题，及对解决这些问题所需要的技术经济理论和方法。由于新的重大技术经济问题层出不穷，涉及领域急剧扩大，技术经济学面临不断创新的巨大压力和客观需求。目前技术经济学的研究成果较多，但是研究的方向比较分散，真正有针对性、有分量的成果还不多。

技术经济学研究今后应注重基础理论的研究，以便发现新的规律，进行理论创新，并建立先进适用的研究方法体系。尤其要在建设创新型国家、加强技术进步、提高生产率等方面进行理论和方法论探索。

（三）加强技术经济学理论研究队伍的建设

技术经济学在中国已经形成了相当规模的技术经济学队伍，包括进行理论研究的学者和实际工作者，分布在研究机构、大专院校、政府部门、咨询机构、设计机构和各类企业。但是技术经济学的发展仍面临研究力量不足的现状，从事基础研究的人员尤其少，特别是年轻的研究人员严重匮乏。而且目前技术经济学的研究力量分散，组织性不强，相互之间的交流不充分。

今后应该提高理论研究队伍的组织程度，扩大交流协作，整合研究领域，组织重大现实和理论问题的研究，推出有分量的研究成果，在学术实践中涌现学科带头人，促进学科更快发展。

第二章　技术经济研究方法体系及部分前沿工具应用概述[*]

技术经济学作为一门新兴交叉学科，其方法体系的形成与学科发展过程中学科边界、研究对象及目标任务的不断拓展直接相关。从 1962 年正式创立至今的半个世纪历程中，技术经济学适应经济社会发展的需要，其学科边界由成立之初的工程项目技术经济评价逐步拓展为涵盖技术进步、技术转移、生产率测算、国家创新体系、循环经济等主体的综合性学科。与之相应，技术经济学的研究方法也逐步吸收现代经济学、管理学的分析工具而不断完善。

为了尽可能全面地把握技术经济方法体系的发展历程，追踪技术经济方法的应用前沿，本章将首先从学科发展历史的视角，全面分析技术经济学创立以来，经济社会环境、学科研究对象以及学科方法体系发生的变化和调整，并对未来学科及其方法体系的发展趋势进行展望。在此基础上，我们将选择计量分析、均衡模拟两类方法中较为前沿的分析工具，包括分位数回归、空间计量、可计算一般均衡、基于主体的微观模拟、能源与物质流分析等，对其基本原理和在技术经济相关领域的应用情况进行简要介绍。

我们认为，技术经济方法体系的形成和完善是适应经济社会现实需求及学科研究范畴调整需要的结果。当前，技术经济与经济学的诸多前沿领域形成交叉融合，技术经济方法体系也在吸收各种定量及定性方法工具过程中得到完善。另外，从方法论上来看，系统论在技术经济研究中将成为重要甚至占主导地位的方法论，"微观细化、宏观集成"的趋势将逐步确立并强化。当前，可计算一般均衡、微观模拟以及物质流分析等工具在技术经济领域的应用正是该趋势的具体体现。

---

[*] 执笔人：陆文聪、蔡跃洲。

一　技术经济方法体系拓展与完善——基于学科发展历史视角的分析

一门学科研究方法体系的形成与该学科的研究对象、目标任务有着直接关联。技术经济学作为一门应用经济学分支①，创立于 20 世纪 60 年代初，至今已经走过半个世纪的历程。其间，学科初创时所面临的经济环境、制度基础都发生了非常大的变化。为适应不同历史时期我国经济社会发展的需要，技术经济学科的研究对象、内涵、边界等也一直在调整和拓展。在学科不断调整和拓展过程中，相应的学科方法体系也随之不断拓展和完善。本节拟从技术经济学科发展的历史沿革出发，结合不同时期的经济社会宏观环境、技术经济学科对象范畴发生的变化，对技术经济方法体系的形成、拓展情况进行梳理。在此基础上，结合当前经济社会发展现实需求和技术经济学基本特征，就未来技术经济方法体系的进一步拓展和完善进行展望。

（一）学科创建初期形成的方法体系

技术经济学创立于 20 世纪 60 年代初，是当时我国国民经济现实、社会经济制度和所面临的国际政治环境等因素共同作用的产物。初创时期的技术经济方法体系也有着明显的时代特征。

1. 学科创立的时代背景

在 1958 年开始的"大跃进"和"人民公社"运动中，生产技术和经济规律被完全割裂，生产过程中的经济效益被完全忽视。加上自然灾害和苏联政府单方面撕毁协议，国民经济在 1959 年以后遇到了严重困难。1961 年，党的八届九中全会提出"调整、巩固、充实、提高"八字方针，恢复被破坏的国民经济比例关系。到1962 年，经济调整工作已经取得了明显效果。

在中央实施国民经济调整的同时，理论界也在进行反思。事实上，20 世纪 50年代前期建设 156 个援建项目时，我国已经积累了一些技术与经济相结合的正面经验。"对比之下，深感生产技术的发展必须考虑经济规律，技术和经济必须结

---

① 尽管从教育部的学科目录来看"技术经济及管理"划归"工商管理"，属管理学。但学科目录下的"技术经济及管理"实际上包含两块内容，即"技术经济"和"技术管理"。后者理所当然属于管理学范畴，而前者则仍应属于应用经济学范畴。如无特别说明，本章中的"技术经济"主要还是指作为应用经济学分支的技术经济学。

合。"（徐寿波，1988）"为此，当时担任中央科学领导小组成员的著名经济学家于光远便提出，技术发展及其政策制定要讲求经济效果，技术与经济要结合，并指定徐寿波等就国外专门研究技术与经济结合的学科进行调研。"可以说，"一五"时期比较注意技术与经济结合积累的有益经验和"二五"时期技术发展违反经济规律的教训，是"技术经济"学科产生的根本原因和主要历史背景（徐寿波，2009）。

2. 初创时期的学科定位及研究对象

技术经济学初创时期的学科定位同样与其所处的时代背景有着密切关联。学科的创建从根本上来说就是要克服计划经济条件下存在的"割裂技术规律与经济规律关系""忽视经济效率（效果）"等倾向，更好地服务于当时的社会主义经济建设。正如徐寿波（1988）所总结的："以马克思主义和毛泽东思想的经济理论为指导；以社会主义基本经济规律、有计划按比例发展规律和价值规律为依据；以多快好省建设社会主义的要求为目标；以定性和定量相结合的方法为手段；以结合中国的社会主义四化建设的具体实际为基础；以认识和正确处理技术同经济之间的实际矛盾关系为目的。"

以"多快好省建设社会主义的要求"为目标，本质上就是要追求经济效率（效果）；而正确处理"技术同经济之间的实际矛盾"，则意味着技术经济学科的具体目的和主要内容就是："通过对技术方案经济效果的计算、评价来确定技术方案的经济效果……通过算经济账也可以反过来提出技术方案的修改意见和修改要求……从而达到技术与经济的最佳结合与合理匹配。"（李京文，1995）

从研究对象来讲，初创时期的技术经济，主要侧重于国民经济各部门、各领域中的实际技术经济问题，具体包括"合理利用土地""农、林、牧、副、渔综合经营""农业技术改革""食物营养构成""燃料动力""原料材料选择""采用新工艺、新装备和发展产品品种""建筑工业""综合运输""工业生产力的结构、布局和生产规模"十个方面的技术经济研究（徐寿波，2009）。

3. 初创时期的技术经济方法体系

初创时期的学科目标定位和主要研究对象决定了这一阶段技术经济学的主要任务是研究国民经济各部门、各专门领域的具体工程项目技术方案的经济效果评价。围绕项目技术方案的经济效果评价，在吸收苏联及前东欧国家"部门经济学"、投资经济效果计算、技术经济论证等相关方法基础上，逐步形成了以"国民经济评价"为核心，以技术方案的"社会纯收入 - 社会全部消耗费用分析"为评判标准，考虑"时间价值"因素的技术经济方法体系。该方法体系适应了当时经济社会体制的特征，较好解决了计划体制下技术方案与经济效果相互割裂的矛盾（见图2 - 1）。

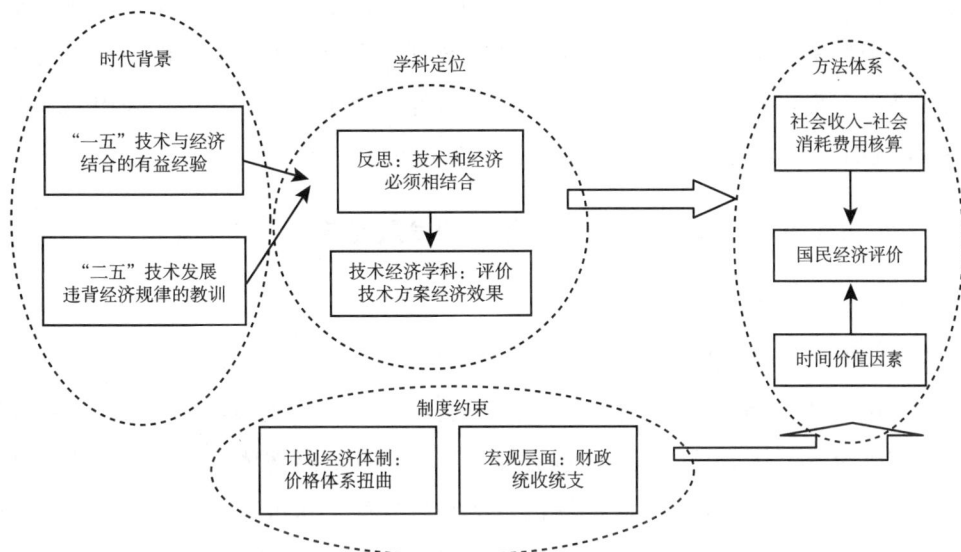

图 2 - 1　技术经济学科初创时期的方法体系形成

　　严格的计划经济体制决定了客观评价工程项目技术方案的经济效果，必须着眼于国民经济评价。新中国成立初期，为应对国内外压力，实施赶超战略，必须由国家主导加快推进工业化、现代化进程。国家主导的工业化推进，在经济体制上必然实行计划经济，以便在全国范围内统一配置资源。因为如果按照市场经济规律运行，后发国家禀赋方面的比较优势无法自发走上加快重工业发展的道路。实施计划经济体制，意味着价格体系的扭曲，商品交换只是存在于形式上。作为微观主体的企业，其账面盈亏并不能反映其真实的经济效益状况。在宏观层面，国家实行统收统支的财政体制，确保能从国家整体核算出总的经济效益。这意味着，当时整个国家就是一个大核算单位，各地区和各部门都是在大核算单位下的"车间和班组"。只有在国家层面进行的核算才能真正反映经济效益的真实情况；单个企业和项目仅从企业本身很难判断其真实的经济效益。因此，要对国民经济各专门领域的具体工程项目进行技术方案的经济效果评价，从微观层面并不能得出真实的结果，必须从国民经济评价的角度，从技术方案能够带来的"社会收入"以及"社会全部消耗费用"的核算出发，才能得出客观的经济效果评价结果。

以"时间价值计算"为基础的"国民经济评价"，从操作层面解决了计划经济条件下，价格信号扭曲无法准确核实、评价工程项目经济效果的难题。就"时间价值"而言，虽然早已成为现代公司财务分析的基础性概念和基本原则，但在 20 世纪 60 年应用它进行经济效果评价则是一项很重要的创举。一方面，计划体制下的企业资金都来源于上级划拨，时间价值、复利、资金融通等对于微观层面的企业来说几乎没有现实意义；另一方面，苏联投资经济效果计算方法中，采用的基本是"投资回收期"等方法，没有考虑资金的"时间价值"。[①]

（二） 改革开放至 20 世纪末方法体系的发展完善

1. 外部环境变化与研究对象的调整

改革开放至 20 世纪末，中国的经济社会发展进入一个全新的阶段。从发展阶段来看，这 20 年正是中国开始加速推进工业化进程、实现经济起飞的重要时期，发展经济成为首要任务；在经济体制方面，传统的计划经济体制逐步向社会主义市场经济体制转型，最大限度发挥市场的资源配置功能、尽可能提高经济效率成为经济实践中的核心问题；在基本建设方面，随着经济的持续增长和国家财力的增强，基础设施和重大工程项目纷纷上马，建设规模不断扩大；在对外经贸往来方面，通过吸引外资、引进技术等方式，加快技术进步和产业升级步伐。

经济发展实践中出现的上述变化，大大拓展了技术经济学的研究范围，为学科的发展提供了更为广阔的舞台。学科的研究对象不再局限于初创时期的技术方案经济效果评价，而是更多地考虑技术发展与经济发展之间的相互关系，研究如何通过技术进步促进经济发展以及技术本身的开发、应用、转移等规律。这一阶段技术经济学研究范围和研究对象的拓展主要体现为以下几个方面：①技术进步与经济增长的关系；②技术进步与产业结构升级；③生产率测算；④经济发展过程中的技术开发、应用、扩散、转移等规律的研究；⑤超大型工程项目的技术经济评价。

2. 技术经济方法体系的拓展

随着研究范围和研究对象的调整扩大，相应的技术经济学方法体系也得到进一步的丰富和拓展。调整后的技术经济学，其研究对象和范畴开始与西方主流经济学

---

① 另外，在人民民主专政的社会主义政治体制下，"时间价值"的提出很容易与旧社会的"高利贷""利滚利"联系在一起，因此在政治上是有风险的。

的相关领域出现交叉，包括经济增长理论、产业经济学等。西方主流经济学的研究范式、方法工具开始逐步引入技术经济研究中，为丰富完善技术经济学方法体系提供了新的养分。

拓展后的技术经济方法体系中，主流经济学的定量分析工具已经成为最重要的组成部分。研究技术进步与经济增长的关系时，涉及经济增长理论，必然使用最优化方法、最优控制理论等主流宏观建模方法；进行生产率测算时，需要使用经济计量分析、数据包络分析等实证工具；分析技术进步与产业结构变化时，投入－产出分析也是必不可少的数量分析工具；分析技术发展规律时，除了数理模型分析和计量实证外，还可能使用数值模拟等方法。

当然，学科初创时的技术方案经济效果评价也因为超大型工程项目的出现而得到进一步的丰富和发展。在超大型工程项目评价中，除了原有的"财务评价"和"国民经济评价"外，还增加了"区域评价""社会评价""不确定性评价"等方面的内容，相应的"综合指标评价""盈亏平衡分析""敏感性分析""概率分析"等方法对原有方法体系也是一种补充（郑友敬等，1994）。

事实上，完善拓展后的技术经济学方法体系所包含的定量分析方法已经远远超出初期经济效果评价（财务评价和国民经济评价）所采用的财务分析方法。这些方法大体可分为5大类，即数理分析类、运筹规划类、概率统计类、均衡模拟类、成本收益类。拓展对象与对应的分析方法见表2-1。

表2-1　改革开放至20世纪末技术经济学研究范围拓展及研究方法体系分类

	技术进步与经济增长	生产率测算	技术进步、扩散、转移规律	技术进步与产业升级	超大型工程项目评价
数理分析类	增长模型、欧拉方程、最优控制	—	动态建模	—	—
运筹规划类	—	DEA 非参数	—	—	AHP
概率统计类	计量分析	计量分析	计量分析	计量分析	概率分析
均衡模拟类	—	—	数值模拟	投入产出分析	—
成本收益类	—	—	—	—	盈亏平衡分析、敏感性分析

（三）21世纪以来方法体系的拓展与完善

1. 经济社会特征及研究对象的拓展

进入21世纪以来，能源、资源、环境对我国经济社会发展的约束越来越大，原有的物质要素驱动型增长模式不具备可持续的条件。与此同时，经济全球化下的国际竞争不断加剧，不占据技术上的制高点，在全球产业分工中将只能处于价值链的低端，永远受制于人；在应对全球气候变化及其他国际事务中处于被动地位。转变经济发展方式，建设创新型国家成为中国经济发展的迫切需求。加快自主创新步伐、提高技术创新水平，成为提升国家核心竞争力、推动经济结构调整和经济发展方式转变的重要途径。应该说，市场经济体制建立和不断完善为创新型国家建设和经济发展方式转变提供了基本的制度基础；而改革开放以来 30 多年的高速增长也为转变发展方式提供了良好的物质基础。

21 世纪以来我国经济社会发展中存在的上述特点，进一步拓展了技术经济学的发展空间，同时也为今后学科的完善指出了新的方向，具体体现为以下方面。

（1）转变发展方式、建设创新型国家的时代要求，使得自主创新成为学科重要研究领域。在自主创新规律等理论研究方面，可以用熊彼特创新理论、新古典增长理论、制度创新理论等相关内容丰富技术经济学科内涵。在现实问题研究方面，重点包括技术的引进、消化、吸收规律，自主创新相关的制度建设和政策措施等。从宏观层面来看，为提升国家整体技术水平和核心竞争力，国家正着力培育和发展战略性新兴产业。以战略性新兴产业为突破口，促进技术进步和产业升级，推动经济发展方式转变，将是新时期技术经济学科研究的重要任务。从微观层面来看，企业作为自主创新最重要的主体，其创新行为、创新激励、创新管理及商业模式，是提高国家自主创新能力的微观基础，也应该成为新时期技术经济学科的重要研究对象。

（2）以"节能减排""环境保护"为核心的绿色创新是当前及未来技术经济学研究的重要领域。从发展趋势来看，绿色发展代表着未来世界发展的主流方向，而实现绿色发展的内在支撑在于绿色创新。从"技术－经济范式"（techno-economic paradigm）来看，绿色创新是既有的技术轨迹（technological trajectory）被新的环境友好型技术轨迹逐步替代的演化过程。

（3）循环经济作为绿色创新实践的具体模式和绿色发展的具体实现形式，也已成为技术经济学的重要研究对象。从技术角度讲，发展循环经济主要是依靠相关节点技术的突破和应用，实现物质资源的循环利用，降低污染排放。从经济角度讲，一方面，物质的循环利用能够最大限度提高资源利用效率；另一方面，循环经济模式顺利运转的前提是经济利润的实现。

（4）全球经济一体化背景下国际技术转移、扩散呈现新的特点，其中的机遇与挑战并存。事实上，当前国际上正在兴起以"绿色壁垒""技术壁垒"为特征的新贸易保护主义。其本质就是发达国家凭借技术优势，通过制定国际规则的形式，限制发展中国家的贸易和发展，是一种新型的技术封锁。如何应对国际技术转移可能遭遇的新障碍，合理利用国际规则，提升国家整体技术水平已经成为当务之急，也应成为未来技术经济学的研究对象。

此外，传统的工程项目技术经济评价，无论是评价范围还是评价内容都有所拓展。

2. 方法体系的拓展与完善

考虑到当前及未来经济社会环境及技术经济学研究对象的上述变化趋势，技术经济学将不断吸纳包括创新经济学、环境经济学、演化经济学、制度经济学等相关学科的研究方法和研究范式，形成一套更为完善的研究方法体系。

（1）国家创新体系研究对方法体系的拓展。国家创新体系及创新型国家建设的相关研究，需要采用相关的定量分析方法，对国家（区域）创新能力及创新效率进行测度，对激励技术创新政策的作用效果进行事后评估和事前模拟。这些定量分析方法，既包括数学规划、计量分析等经济学分析中常用的数量工具，还可能用到以系统论为方法论的非主流经济学工具和方法。

传统经济学建模大多建立在以主体理性、同质等假设为基础的可预期均衡框架下，变量间作用关系基本是线性的。虽然各变量、各因素之间也会有相互反馈，但变量之间作用反馈的传导机制比较清晰。因此，可以以还原论为方法论基础，对其进行解构、分析，传统的数理建模、计量检验等方法恰恰是还原论方法论的具体表现形式。然而，从系统论角度来看，国家创新体系是由政府机构、大学、企业和非营利组织等多个主体相互作用而共同组成的一个复杂系统；国家创新体系的各组成部分也分别是一个复杂系统，而创新体系本身又是更为复杂和庞大的经济社会系统的组成部分（Godin，2007）。系统内部各组成要素之间的关系已经越来越远离简单的线性模式，而呈现网状关系。上述特征决定了——研究国家创新体系还需要使用系统论为指导的工具方法。具体来说，包括系统动力学及系统分析、基于主体建模的微观仿真模拟等定量工具，以及演化分析等非定量分析方法。

事实上，技术创新研究与演化经济学之间有着深刻的渊源。① 从演化经济学角度来看，创新是一项系统工程，而经济增长则是技术、厂商及产业结构、支持及治

---

① 国家创新体系的代表人物尼尔森（Richard Nelson）恰恰也是演化经济学的创始人之一。

理制度等共同演化的结果（Nelson，2008）。研究创新政策和创新行为，还涉及创新主体激励和创新制度设计等问题，即如何通过更为合理的制度安排、政策倾斜激励企业进行更多的创新活动。因此，拓展的方法体现除演化分析外，还包括制度分析、博弈论与激励机制设计等领域的方法工具。

（2）绿色创新及循环经济对方法体系的拓展。绿色创新及循环经济方面的研究，不仅需要使用创新研究普遍使用的上述工具方法，更需要能源物质流分析、绿色经济核算等与能源物质消耗节约相关的定量分析手段。例如，在分析评价经济现实中某项特定的循环经济模式时，最为重要的考量就是该模式能在多大程度上实现资源能源的节约和循环再利用，为此就需要使用能源物质流分析手段；而评价某项绿色创新是否成功，不仅需要考察创新带来的经济效益，更需要考察其带来的节能减排及环境保护方面的成效，这些显然离不开物质流分析及绿色经济核算等方法的支撑。

（3）国际技术转移扩散对方法体系的拓展。21世纪以来的国际技术转移与扩散同经济全球化、新贸易保护主义、应对全球气候变化等问题交织在一起，使技术转移扩散面临的外部环境和影响因素更为复杂，技术转移扩散的传播路径、组织形式等与封闭经济条件下也有所不同。为了能够更好地把握国际技术转移扩散的一般规律，同样需要以系统论作为方法论，从全球政治经济格局演变、创新系统演进等角度进行分析。

跨国公司作为当前经济全球化的重要载体，在全球范围内布局其产业价值链的同时，也直接影响着技术转移扩散的路径和方式。研究跨国公司内部的技术转移扩散涉及产业组织理论、公司理论、价值链分析等方面的分析手段和工具。此外，绿色技术的转移和扩散与应对全球气候变化直接相关，涉及各国之间的合作和博弈，需要采用博弈论作为分析工具。

（4）环境评价及社会评价对方法体系的拓展。当前，分析工程项目及其他经济活动对生态环境产生的潜在影响，已经成为项目评价不可或缺的组成部分，也是传统项目评价方法适应资源节约和环境保护要求而进行的具体拓展。对于一些具有公益性质的公共项目来说，如奥运场馆、世博会展馆等，除了分析项目本身的成本收益外，还需要进行项目的社会评价，即从公共产品角度进行社会成本收益分析，估算项目建设可能带来的社会福利增加。生态环境评价和社会评价的加入是对传统工程项目经济效果分析的又一次拓展，涉及的方法包括绿色经济核算、社会福利分析等（见表2－2）。

表 2 - 2　21 世纪以来技术经济研究范围拓展及研究方法体系分类

	国家创新体系与创新激励政策	绿色创新与循环经济	国际技术转移与扩散	工程项目生态环境及社会评价
数理模型类	欧拉方程、最优控制	数理建模	动态建模	—
运筹规划类	综合评价、AHP、DEA	综合评价、AHP、DEA	—	综合评价、AHP
概率统计类	计量分析(微观计量)	计量分析、绿色经济核算	计量分析	绿色经济核算、概率分析
均衡模拟类	CGE、基于主体的微观模拟仿真、系统动力学	能源物质流平衡分析、实物投入产出	数值模拟	实物投入产出分析
成本收益类	—	盈亏平衡分析、敏感性分析	—	盈亏平衡分析、敏感性分析、社会成本收益分析、福利分析
制度分析类	制度分析	制度分析	公司理论、产业组织理论、价值链分析	—
演化博弈类	演化分析	演化分析、博弈分析	博弈分析	—

（四）未来技术经济学及其方法体系的趋势判断

1. 与经济学前沿融合度不断提高

现代科学的发展越来越呈现专业化和综合化这两种截然不同的趋势。技术经济学作为一门新兴交叉学科，其产生和发展正是上述两种趋势的产物和具体体现。

一方面，现代社会的进步离不开技术进步，技术本身可以看作一种无形要素，渗透在经济社会的各个方面，由此也带来技术经济学科边界的不断拓展。另一方面，从研究对象来看，自主创新、资源环境、生态保护、高技术产业发展、国际技术转移等已逐步成为技术经济学的重要研究对象；而这些研究对象所涉的经济增长理论、环境经济学、资源经济学、循环经济学、国际经济学、制度经济学、演化经济学、产业组织理论、博弈论等都属于主流经济学或现代经济学前沿的领域范畴。因此，技术经济学与现代经济学前沿的交会融合已经成为一种现实，在未来这种融合趋势会随着技术经济研究范畴的继续拓展而得到进一步加强。

另一方面，技术经济学在与相关领域交叉重合的同时，与各相关领域的研究重点又有所不同，有其自身的规律。技术经济学的研究更侧重于上述研究对象中所涉及的技术问题，从技术和经济两方面研究各种现实问题仍然是技术经济学科的根本特征。

2. 更加注重定量分析方法和定性分析方法的结合

技术经济学作为一门应用学科，研究的直接目的是为经济和技术实践活动提供指导性意见和建议。在指导性意见的形成过程中，需要进行大量的实证分析才能归纳提炼出相关规律。早在学科初创时期，以成本收益分析（经济效果分析）为主的定量分析方法在技术经济研究中便占据主导地位。随着技术经济研究范畴的扩大、研究对象复杂程度的提高、与经济学前沿学科的不断融合交叉，数理建模分析、运筹规划、经济计量学、概率统计、经济模拟仿真等定量方法已经成为技术经济研究的必备工具。这种趋势还将进一步强化。

当然，为了能够给经济和技术活动提供具有可操作性的意见和建议，注重定量方法应用的同时，还应注重定量分析与定性分析的结合。任何定量分析工具都有其局限性，不同定量分析得出的相关结果还需要经过定性综合判断，才能形成最终的决策和行动意见。从技术经济学科发展的历程来看，包括工程项目技术经济方案的最终评价、创新行为的演化分析、制度分析等，都属于定性分析的范畴。未来，随着研究对象复杂程度的进一步提高，对于那些暂时无法采用合适定量手段进行分析的领域，定性分析仍将发挥重要作用。

3. 系统论将成为支撑学科发展的方法论

技术经济学作为一门多学科综合交叉的新兴学科和边缘学科，无论是研究对象还是研究方法，都涉及相互联系但又有明显区别的不同部分。既需要对具体的细节进行深入分析，又需要从全局的角度进行整体把握。因此，需要以系统论作为指导技术经济学研究的方法论，这也是由技术经济学的学科特点决定的。

系统论思想的指导作用在技术经济学的几乎所有研究中都有体现。在经济活动评价中，一方面，需要将被评价对象从不同角度进行分解，运用各种定量方法进行分析、对比；另一方面，在各方面定量分析的基础上，需要从整体和全局的角度，对各种结果进行全盘考虑、综合分析，并最终给出结论性的意见。在超大型工程项目、公共工程项目的经济效果、生态环境效果、社会效益等综合评价中，这种分解与综合相结合的分析模式显得尤为重要。

在研究技术活动与经济活动的互动关系时，同样需要从部分和整体两个方向进行分析。例如，在研究产业发展与技术进步规律时，既要从还原论的角度，测度技术进步对产业发展的推动作用，梳理技术进步与产业发展的轨迹和脉络，分析促进技术进步和产业发展的各种因素；同时，还需要从动态和整体角度，对技术进步和产业发展这个系统的演化规律、未来的发展方向进行把握和预测。

至于国家创新体系、国际技术转移扩散等方面的研究，更是需要将研究对象放在一个更大的复杂巨系统中，从系统分析、系统演化的角度进行把握。

4. 微观细化、宏观集成的趋势将得到强化

随着技术经济研究对象的复杂性不断提高，未来技术经济领域的研究将呈现

"微观层面的不断细化、宏观层面的不断集成"的趋势。

从微观层面来看，技术经济学的研究起点就是微观项目的技术经济评价。随着学科边界的拓展和相关定量分析方法的引入，特别是各种微观定量分析方法，如微观计量、基于主体行为的微观模拟等在研究中的应用，未来微观层面的研究将随着各种微观模拟分析手段的提高而得到不断细化。

从宏观层面来看，包括国家创新体系、创新型国家建设、资源环境、生态保护等方面的研究，涉及诸多交叉领域，需要更多地运用系统集成手段，将基于各种不同定量和定性工具分析得出的结果进行综合集成。

（五） 总结性评论

本节前面各部分从学科发展历史的角度，全面分析了技术经济学科创立发展不同时期所面临时代背景的变迁，以及由此引致的研究对象的变化和方法体系的拓展及完善，并对未来学科及其方法体系的发展趋势进行展望。具体有以下几点。

第一，技术经济学方法体系的形成和完善是适应经济社会现实需求和学科研究对象变化而不断调整的结果。

第二，经过半个世纪的发展，技术经济的研究范畴已经与经济学的诸多前沿领域产生了交叉和融合。现代经济学常用的各种定量及定性分析工具也成为技术经济方法体系的重要组成部分。

第三，随着研究对象的日益复杂，系统论在未来的技术经济研究中将成为重要甚至占主导地位的方法论。微观细化、宏观集成的趋势将逐步确立并强化。

二 技术经济研究中部分前沿计量分析工具的应用简介

在上一节中，我们根据不同时期技术经济学研究对象的拓展，对其涉及的方法工具进行了全面梳理。从上一节的方法体系梳理中可以看出，计量分析工具是技术经济学研究中应用最为广泛的一类定量方法。除了工程项目评价外，几乎所有的其他研究范畴都需要使用计量分析工具。当然，计量分析工具的应用本身又细分为不同种类，既有经典的最小二乘（Ordinary Least Sguare，OLS）回归，也有协整分析、微观计量。另外，很多相对前沿的计量分析工具，如分位数回归、空间计量等也被应用于技术经济领域中。本节拟选择分位数回归、空间计量两种较为前沿的计量分析工具，对其基本原理以及在技术经济领域中的应用进行简要介绍。

（一）分位数回归及其在技术经济领域的应用

传统的线性回归模型描述了因变量的条件分布受到自变量 X 的影响过程。普通最小二乘法是估计回归系数的最基本方法，它描述了自变量 X 对因变量 Y 的均值影响。如果模型中的随机扰动项来自均值为零而且同方差的分布，那么回归系数的最小二乘估计为最佳线性无偏估计（Best Linear UnBiased Estimator，BLUE）；进一步，如果随机扰动项服从正态分布，那么回归系数的最小二乘或极大似然估计为最小方差无偏估计（MVUE）。但是在实际经济生活中，这种假设常常不满足，例如数据出现尖峰或厚尾分布、存在显著的异方差等情况，这时的最小二乘估计将不再具有上述优良特性且稳健性较差。最小二乘回归假定自变量 X 只能影响因变量 Y 的条件分布位置，但不能影响其分布的刻度或形状的任何其他方面。

为了弥补普通最小二乘法（OLS）在回归分析中的缺陷，Koenker 和 Bassett 于 1978 年提出了分位数回归（Quantile Regression）的思想。它依据因变量的条件分位数对自变量 X 进行回归，这样得到了所有分位数下的回归模型。因此分位数回归相比普通最小二乘回归只能描述自变量 X 对因变量 Y 局部变化的影响，更能精确地描述自变量 X 对因变量 Y 的变化范围以及条件分布形状的影响。分位数回归能够捕捉分布的尾部特征，当自变量对不同部分的因变量的分布产生不同的影响时，例如出现左偏或右偏的情况时，它能更加全面地刻画分布的特征，从而得到全面的分析，而且其分位数回归系数估计比 OLS 回归系数估计更稳健。近十多年来分位数回归在国外得到了迅猛发展，并在经济学、医学、环境科学、生存分析等领域得到了广泛的应用。

1. 分位数回归的原理、估计及检验

（1）基本原理。分位数回归延伸了以经典条件均值模型为基础的最小二乘法。普通最小二乘估计（OLS）用于描述给定一组自变量时，因变量的平均状态（条件期望）。在高斯 - 马尔可夫假定成立的情况下，回归系数的最小二乘估计量是以自变量样本值为条件的最优线性无偏估计量（BLUE）。但在实际研究中，高斯 - 马尔可夫假定条件往往不能满足，当存在以下问题时：①误差项违反同方差假定；②研究目的不仅是描述因变量的平均状态，而是了解其条件分布尾部的信息；③存在极端异常点（extreme outliers），则最小二乘估计不再是最优线性无偏估计，而且稳健性非常差。分位数回归能够弥补普通最小二乘估计的上述缺陷。

分位数回归实际上是将条件分布函数（conditional distribution function）切分为"片段"而转化为条件分位数函数（conditional quantile function），分位数回归能够分析自变量 x_i 与不同分位点下的因变量 Y 之间的关系。这些"片段"采用分位数来描述条件分布函数的累积分布。对于因变量 Y，给定自变量 $X = x$，其条件分布函数定义为 $F_Y(y \mid x)$。对于 $0 < \tau < 1$，给定 x 条件下，Y 的 τ 分位数函数定义为：

$$Q_\tau(Y_i \mid X_i) = F_Y^{-1}(\tau \mid X_i) = \inf\left\{y \in \square \mid F_Y(y \mid X_i) \geq \tau\right\} \tag{2.1}$$

在随机变量 Y 中，$100\tau\%$ 的部分小于条件分位数函数 Q_τ，$100(1-\tau)\%$ 的部分大于条件分位数函数 Q_τ。随着 τ 取值由 0 到 1，条件分位数函数能够完全描述随机变量 Y 的分布。因此，相比条件均值回归，分位数回归能够更完整地描述随机变量 Y 关于 X 的条件分布。

我们可以通过类比最小二乘估计来说明分位数回归的估计方法。在最小二乘估计中，随机样本 $(y_1, \cdots, y_n)$ 的条件分布函数通过参数函数 $\mu(x_i, \beta)$ 表示，其中 x_i 表示自变量，β 为待估参数，μ 为条件均值，最小二乘估计通过满足绝对偏差平方和最小得到 β 估计值：

$$\hat{\beta} = \operatorname*{argmin}_{\beta \in R} \sum_{i=1}^n \left[y_i - \mu(x_i, \beta)\right]^2 \tag{2.2}$$

类似的，条件分位数函数通过参数函数 $\xi(x_i, \beta)$ 表示，最小绝对离差法通过满足绝对偏差值最小得到 $\beta(\tau)$ 的估计值：

$$\hat{\beta}(\tau) = \operatorname*{argmin}_{\beta \in R} \sum_{i=1}^n \rho_\tau[y_i - \xi(x_i, \beta)] \tag{2.3}$$

其中，ρ_τ 为校验函数（check function），定义如下：

$$\rho_\tau(x) = \mu[\tau - I(x < 0)] = \begin{cases} \tau x & x \geq 0 \\ (\tau-1)x & x < 0 \end{cases} \tag{2.4}$$

其中 $I(\cdot)$ 是指示函数（indicator function）。分位数回归是使误差的绝对值加权之和最小，对模型中的随机扰动项不需要做任何分布的假定，回归模型具有很强的稳健性。校验函数赋予每一误差项以不同的权数，τ 大于 0.5 时，正的误差项被赋予较大的权数，负的误差项则被赋予较小的权数；反之，τ 小于 0.5 时，正的误差项被赋予较小的权数，负的误差项则被赋予较大的权数。

（2）估计与检验。分位数回归模型的估计和检验均有多种方法，鉴于本节的主题在于讨论其应用，仅对其估计和检验方法进行非技术性的总结。

参数分位数回归模型运用线性规划方法估计对应不同分位数的未知参数，主要的算法有：①单纯型算法（simplex method），从一个随机选取的顶点出发搜寻外切多边形的边界，直到找到最优点（Koenker and D'Orey，1987、1994），该方法适用于样本量适中的情况；②内点法（interior point method），从外切多边形的一个内点出发，但不出边界，直到找到最优点（Portnoy and Koenker，1997），该方法在样本量较大的情况下计算效率较高；③预处理内点法（interior point method with preprocessing），通过平滑目标函数来搜寻最优解（Portnoy and Koenker，1997）；④平滑法（smoothing method），兼顾了运算效率和速度（Chen，2004）。对于非参数分位数回归模型，Yu 和 Jones（1998）提出了条件分布估计的双核方法（double-kernel approach）。关于半参数分位数回归模型估计的讨论见 Cole 和 Green（1992）、Koenker 等（1992）和 Yu（1999）。

置信区间估计的方法主要有：①直接估计法（direct estimation），根据回归分位系数的渐近正态性来计算置信区间（Koenker and Bassett，1978）；②秩得分方法（rank score method），Gutenbrunner 等（1993）提出了独立同分布误差模型的秩得分方法，Koenker 和 Machado（1999）将其扩展到位置 – 规模回归模型；③重复抽样方法（resampling method），主要包括 Parzen、Wei 和 Ying（1994）提出的 Bootstrap 算法，He 和 Hu（2002）提出的 MCMB（Markov Chain Marginal Bootstrap）算法，以及 Bose 和 Chatterjee（2003）提出的广义 Bootstrap 算法。上述方法各有优点和缺点，表 2 – 3 对这些方法进行了简单比较。

表 2 – 3　分位数回归中置信区间估计方法的比较

	直接估计法	秩得分方法	重复抽样方法
渐近有效性	满足	某些模型满足	满足
稳健性	在有限样本情况下对平滑的选择比较敏感	参数估计值稳定，在违反模型假定的情况下能得到稳健的参数估计量	小样本情况下的参数估计值不够稳定
计算效率	有效率	处理大型数据比较慢	MCMB 算法处理高维数据效率较高

资料来源：根据 He X. and Wei Y.，*Tutorial on Quantile Regression* 整理。

分位数回归常用的参数显著性检验方法主要有 Wald 检验（Bassett and Koenker，1982）和秩检验（Gutenbrunner et al.，1993）；关于分位数回归模型的拟合优度检验见 Koenker 和 Machado（1999），He 和 Zhu（2003）以及 Wilcox（2008）等文献。

2. 分位数回归在技术经济领域中的应用

尽管分位数回归有显著的优点，但其计算方法较为复杂，因此分位数回归起初并没有像条件均值回归一样迅速发展和普及。就分位数回归方法在技术经济学研究中的应用来看，近年来在技术创新研究、技术外溢研究以及技术效率研究方面已经有过不少实证研究。

（1）技术创新方面的应用。正如 Ebersberger 等（2010）所言，技术创新方面的研究往往更关注极少数的创新明星（rare and star innovators），分位数回归正是非常合适的研究工具。

Coad 和 Rao（2006，2008）在两篇文章中分别研究了创新对企业市场价值的影响、创新对企业成长（firm growth）的影响。Coad 和 Rao（2006）指出，考虑到企业是异质的，采用传统的回归方法分析创新对于一般企业（the average firm）的"平均效应"是不合理的；通过分位数回归法的研究显示，创新活动对处于条件分布不同位置的市场价值产生不同影响：对于托宾 Q 值小的企业，市场几乎不能识别其创新努力；而对于托宾 Q 值大的企业，市场价值对于其创新高度敏感。Coad 和 Rao（2008）在另一研究中分析了创新对企业成长的影响。他们认为，企业的成长率呈现重尾分布，而且高成长率的企业不是异常样本（outliers），而是研究更应该关注的，传统的回归方法往往认为创新对于企业成长的"平均效应"很小而且不显著，因此传统的回归方法在这里并不适用；他们采用分位数回归方法的研究发现，与一般企业相比，创新对于成长最快的企业更为重要。Ebersberger 等（2010）研究了研发支出对于企业创新收益的影响，采用 OLS 估计的结果显示研发支出促进了企业创新收益，而采用分位数回归得出了更丰富的信息：研究显示，研发支出对于 45% ~ 70% 分位数附近的企业（即创新收益为中等水平的企业）的正效应尤其明显，在条件分布的下尾，研发支出的影响并不显著；而在条件分布的上尾，研发支出的回报开始下降。类似的研究还有 Ejermo 和 Gråsjö（2008），Zimmermann（2009），Hölzl（2009），Falk（2010），Spithoven、Frantzen 和 Clarysse（2010）等。一言以蔽之，这些研究都显示分位数回归与最小二乘法相比有诸多优点。

国内采用分位数回归方法的相关研究主要有朱平芳和朱先智（2007）、张信东和薛艳梅（2010）等。朱平芳和朱先智（2007）运用分位数回归方法估计带惩罚（penalized quantile regression method）的非参数回归模型，以上海大中型工业企业为样本，检验了熊彼特"企业规模越大越有利于创新"假设的适用性。张信东和薛艳梅（2010）分析了研发支出对公司成长性的影响，研究表明，研发支出对高速成长公司的影响要大于成长速度较慢的公司。

（2）技术外溢方面的应用。Dimelis 和 Louri（2002）分析了跨国公司所有权结构对技术外溢的影响，由于发现因变量生产率呈现右偏分布，研究采用了分位数回归方法：首先可以避免长尾分布下采用传统估计方法可能导致的偏误，其次使研究能够关注处于条件分布不同位置的生产率受因变量影响的差异。Girma 和 Görg（2005）指出，对于技术外溢的研究往往采用条件均值模型（OLS 估计或 GMM 估计），所暗含的假定是：在其他条件相同的情况下，所有企业从技术外溢获益的程度相同；而他们采用分位数回归方法研究发现，在全要素生产率条件分布的不同位置上 FDI 的溢出水平存在差异。Audretsch、Lehmann 和 Warning（2005）研究了大学的知识外溢对高新企业选址的影响，由于自变量的分布呈现高度偏态，他们选用了分位数回归方法；OLS 估计的结果显示大学的知识外溢对高新企业选址的影响并不显著，而分位数回归则表明知识外溢机制（研究或人力资本）、外溢的知识类型（自然科学或社会科学）都影响到高新企业的选址。Bulut 和 Moschini（2009）分析了美国大学实行专利和许可的经济效益，由于学校的净收入呈现高度的偏态分布，研究没有采用传统的条件均值回归，而是采用了条件分位数回归方法。研究发现，没有医学院的公立大学在所有分位数点以下经济效益表现都较差，而其他类大学（私立大学和有医学院的公立大学）仅在 0.9 分位数点以上有很一般的经济效益表现。类似的研究还有 Ito（2004），Girma 和 Görg（2007），Cassiman 和 Golovko（2007），Békés、Kleinert 和 Toubal（2009），Yaçar 和 Paul（2009）等。

国内类似的研究主要有孙文杰和沈坤荣（2007）、涂涛涛和张建华（2007）等。孙文杰和沈坤荣（2007）采用分位数回归分析了技术引进对国内企业自主研发和技术创新的影响，研究发现，技术引进对中等技术创新强度的内资企业技术创新的促进作用较明显。

（3）技术效率方面的应用。Hendricks 和 Koenker（1992）最早提出了将分位数回归方法应用于前沿生产模型估计的可能性，原因在于前沿生产模型关注的是随机生产面的极端分位点（extreme quantiles）。目前广泛采用的随机前沿分析方法中，非效率项（inefficiency term）和噪声项（noise term）的分布必须满足较强的假定，在经验研究中往往会出现误差项的异方差问题；相比之下，分位数回归是估计 Farell 技术效率更为简便、稳健的方法（Behr，2010）。

Bernini 等（2004）指出，传统的随机前沿方法是条件均值估计而不是前沿分析所需要的极大值估计（maximal value estimation）；给定投入品向量 X 的条件下描述最大产出 y，这一问题等同于估计条件分布 $y \mid X$ 最高分位数点上的技术方程，分位数回归能够分析不同效率水平下的技术关系，因此分位数回归是合适的方法。Bernini 等（2004）研究了意大利旅馆业的生产技术特点，处于条件分布低分位点（技术效率较低）的酒店，劳动回报高于资本回报；而处于条件分布高分位点（技术效率较高）的酒店，资本回报高于劳动回报。研究还表明，随着旅馆的效率增加，规模报酬下降，而传统的方法由于对非技术效率项的设定偏误而高估了规模报酬。Liu、Laporte 和 Ferguson（2008）采用 Monte Carlo 模拟比较了 SFA（the Stochastic Frontier Analysis）方法、DEA（Data Envelopment Analysis）方法以及 0.8 条件分位数回归在估计效率时的表现［不同于 Bernini 等（2004），他们的生产函数并不随产出的分位数点变化而变化］，研究发现，SFA 对于技术非效率项的分布假定非常敏感，DEA 方法则对等产量线上的极端值比较敏感，而 0.8 条件分位数回归是表现最好的方法；但是，0.8 分位数点只是他们的随意选择（尽管不影响他们的这一研究），最优分位数点的选择是有待进一步研究的问题。

在确定型前沿模型（deterministic frontier model）方面，DEA、FDH（Free Disposal Hull）等传统的非参数前沿模型估计方法对极端值或异常值非常敏感，而分位数回归方法以稳健性著称，这使得分位数回归方法在确定型前沿模型估计方法的创新上也有用武之地。Aragon、Daouia 和 Thomas-Agnan（2005）提出了确定型生产前沿的非参数条件分位数估计方法，数值模拟以及实证研究结果显示，与标准的 DEA、FDH 等方法以及 Cazals 等（2002）的非参数均值估计方法相比，在极端值情况下该方法更稳健。Martins-Filho 和 Yao（2008）则进一步提出了平滑非参数条件分位数估计方法（smooth nonparametric conditional quantile estimation），并通过 Monte Carlo 模拟和实证研究说明了该方法的估计量优于 Aragon 等（2005）方法的估计量。

采用分位数回归方法研究技术效率的影响因素则相对少见，Chidmi、Solis 和 Funtanilla（2010）的研究填补了这一空白。Chidmi 等人采用分位数回归方法分析了威斯康星州奶牛场的技术非效率水平（the level of technical inefficiency）的决定因素，他们指出了现有研究往往假定技术非效率水平的决定因素对于所有农场的影响是相同的，而他们的研究试图检验如下假说：随着每个奶牛场与生产前沿的距离不同，这些决定因素对不同的奶牛场产生不同的影响。为了在研究中考虑农场的异质性（heterogeneity），他们提出了两步法：首先估计 C – D 生产函数和技术效率水平，然后采用分位数回归方法分析奶牛场规模、农场主收入、政府转移支付和非家庭劳动力（non-family labor）等因素对于技术效率水平的影响。他们的研究结果证实了在分析技术效率的决定因素时必须考虑农场的异质性。

除了分位数回归方法在上述三个研究领域的应用之外，其他方面的研究主要有技术采用问题、生产率问题等。Adhikari、Mishra 和 Chintawar（2009）采用分位数回归方法分析了年轻的农场主和农场主"新手"（Young and Beginning Farmers，YBFR）选用转基因作物对他们的农场利润分布的影响，研究显示，转基因玉米的选用降低了高分位点（处于利润的条件分布高端）的农场利润，转基因棉花的选用则增加了农场利润。何刚和陈文静（2008）采用分位数回归方法分析了 1994 ~ 2005 年中国各区域和各省份的公共资本和私人资本在各分位点的产出弹性差异。魏下海（2009）则分析了在条件分布不同位置的全要素生产率如何受到贸易开放和人力资本的影响。

（二）空间计量模型及其在技术经济领域的应用

1. 模型的基本原理与估计方法

（1）基本原理。空间经济计量学的基本思想是将经济单位（如地区或企业）间的相互关系引入模型，对基本线性回归模型通过一个空间权重矩阵 W 进行修正。根据模型设定时对"空间"的体现方法不同，空间经济计量模型主要分为两种类型：一种是空间滞后模型（Spatial Lag Model，SLM），主要用于研究相邻机构或地区的行为对整个系统内其他机构或地区的行为产生影响的情形；另一种是空间误差模型（Spatial Error Model，SEM），模型中机构或地区间的相互关系通过其误差项体现，当机构或地区之间的相互作用因所处的相对位置不同而存在差异时，则采用这种模型。

空间滞后模型主要是探讨各变量在一地区是否有扩散现象（溢出效应）。由于 SLM 模型与时间序列中自回归模型类似，因此 SLM 也被称作空间自回归模型（Spatial Autoregressive Model，SAR）。其模型表达式为：

$$y = \rho W_y + X\beta + \varepsilon \tag{2.5}$$

参数 β 反映了自变量对因变量的影响，空间滞后因变量 W_y 是 $n \times n$ 阶的空间权重矩阵，即 n 个机构或地区之间相互关系网络结构矩阵，反映空间距离对区域行为的作用。

空间误差模型存在扰动误差项中的空间依赖作用，度量了邻近地区关于因变量的误差冲击对本地区观察值的影响程度。由于 SEM 模型与时间序列中的序列相关问题类似，也被称为空间自相关模型（Spatial Autocorrelation Model，SAC）。其表达式为：

$$y = X\beta + \varepsilon \tag{2.6}$$

$$\varepsilon = \lambda W_\varepsilon + \mu \tag{2.7}$$

式中，ε 为随机误差项向量，为 $n \times 1$ 阶的截面因变量向量的空间误差系数，μ 为正态分布的随机误差向量。参数 β 反映了自变量 X 对因变量 y 的影响。参数 λ 衡量了样本观察值中的空间依赖作用，即相邻地区的观察值 y 对本地区观察值 y 的影响方向和程度。

（2）估计方法。由于自变量的内生性，对于上述两种模型的估计如果仍采用 OLS，系数估计值会有偏或者无效，需要通过 IV、ML 或 GLS、GMM 等其他方法来进行估计。Anselin（1988）建议采用极大似然法估计空间滞后模型和空间误差模型的参数。判断地区间创新产出行为的空间相关性是否存在，以及 SLM 和 SEM 哪个模型更恰当，一般可通过包括 Moran's I 检验、两个拉格朗日乘数形式 LMERR、LMLAG 及其稳健的 R – LMERR、R – LMLAG 等形式来实现。

由于事先无法根据先验经验推断在 SLM 和 SEM 模型中是否存在空间依赖性，有必要构建一种判别准则，以决定哪种空间模型更符合客观实际。Anselin 和 Florax（1995）提出了如下判别准则：如果在空间依赖性的检验中发现 LMLAG 较之 LMERR 在统计上更显著，且 R – LMLAG 显著而 R – LMERR 不显著，则可以断定适合的模型是空间滞后模型；相反，如果 LMERR 比 LMLAG 在统计上更显著，且 R – LMERR 显著而 R – LMLAG 不显著，则可以断定空间误差模型是恰当的模型。

2. 空间计量模型在技术经济领域中的应用

空间计量经济模型被广泛地应用于房地产价格、贸易与环境、经济增长趋同等问题的研究。在技术经济学研究中，空间计量经济模型主要用于研究空间知识溢出和生产率问题。

（1）在知识溢出研究中的应用。知识积累和溢出是内生增长理论的重要论题，知识溢出的地理范围是相关的重要研究问题。地理距离在知识溢出的过程中的影响作用是研究的热点。Jaffe（1989）最早研究了大学研究对于商业研发的空间溢出效应，他构建了地理一致性指数在模型中反映地理效应，并采用传统的计量经济学方法进行研究。随后的研究大多沿用了 Jaffe 的方法。

由于相邻空间单位上的截面数据可能存在空间自相关性和空间依赖性等空间效应，空间计量经济模型是研究该问题的有效方法（Anselin et al.，1997）。空间计量经济模型逐渐成为知识外溢研究中最常用的方法，这些研究主要包括三类。

第一类研究讨论空间距离对知识溢出的影响。Anselin 等（1997）将 Griliches-Jaffe 知识生产函数扩展为"地理"知识生产函数（"geographic"KPF），采用美国州级和市级统计数据和空间计量模型进行估计，分析了美国大学研究对于高新技术研发的空间溢出效应，研究证实了大学研究与高新技术之间存在空间外部性。Anselin 等（2000）随后又采用了产业级别的统计数据扩展了原来的研究，主要的研究结论是大学研究的空间溢出效应在不同的部门存在显著差异，空间外部性限于某些特定的产业。类似的研究如 Varga（1998，2007）、Fischer 和 Varga（2003）、Bode（2004）等。

第二类研究讨论知识外溢对全要素生产率的影响。例如，Abreu、de Groot 和 Florax（2004）采用 1960～2000 年 73 个国家的数据集，以考虑空间效应 Nelson-Phelps 模型为基础，实证研究了知识外溢对全要素生产率的影响。研究显示，人力资本的水平值和增长率对于 TFP 增长率都有非常显著的正向影响，国家之间的知识溢出有空间特性。Fischer、Scherngell 和 Reismann（2009）分析了跨地区知识外溢对欧洲全要素生产率的影响，因变量为区域水平的 TFP，自变量为区域内和区域外的知识存量，为了控制空间自相关性和异质性，研究采用了空间面板数据模型。研究证实了知识资本可以导致地区之间生产率差异，知识外溢对 TFP 的影响随着空间距离的缩小而增加。

第三类研究则讨论不同类型的知识溢出：Jacobs 溢出（产业间溢出）和 Marshall 溢出（产业内溢出）。例如，Paci 和 Usai（1999）采用空间回归模型分析了 Jacobs 外部性和 Marshall 外部性对意大利企业创新活动空间分布的影响。Autant-Bernard 和 LeSage（2010）采用 1992～2000 年法国专利和研究支出的面板数据，采用贝叶斯空间 Tobit 回归模型估计知识生产函数，分析了地理距离对知识 Jacobs 外部性和 Marshall 外部性的影响。研究显示，随着空间距离增加，Jacobs 外部性比 Marshall 外部性下降得更快。

（2）在生产率研究中的应用。在空间随机前沿模型方面，Barrios 和 Lavado（2010）根据模型的可加性提出了空间随机前沿模型的估计方法，研究显示，该方法由于极大似然估计，空间项或时间－空间项的引入能够改进生产前沿的估计。

Schmidt 等（2009），胡晶、魏传华和吴喜之（2007），林佳显、龙志和和林光平（2010）等都讨论了空间随机前沿模型及其估计方法。

在生产率收敛研究方面，Le Gallo J. 和 Dall'erba（2008）分析了 1975~2000 年欧洲 145 个区域劳动生产率差异，研究考虑了空间效应并采用产业级别的统计数据，结果显示，服务业劳动生产率呈现 σ 收敛，中心区域和外围区域的收敛速度和空间效应各不相同。Le Gallo 和 Kamarianakis（2011）分析了 1975~2002 年欧盟的区域生产率差异，研究采用偏离－份额分析和空间计量经济学分析相结合的方法，即对偏离－份额分解结果进行时间－空间计量经济学分析，研究发现生产率的空间模式发生了较大的变化，生产率的空间集聚度下降。类似的研究还有 Dall'erba（2005）、Fotopoulos（2008）等。Fingleton（2007）运用城市经济学和新地理经济学理论解释了欧盟各区域之间制造业生产率增长差异的原因，并采用多方程空间计量经济模型进行了实证分析。

三 技术经济研究中部分前沿均衡模拟方法的应用简介

从本章第二节的梳理中我们还可以发现，除了计量分析工具外，均衡模拟类方法在技术经济相关领域中的应用也比较充分。这些均衡模拟类方法，既包括传统的投入产出分析，也包括主流经济学中常用的可计算一般均衡方法以及基于主体的微观模拟仿真。此外，围绕资源能源节约和物质循环利用而发展出的能源物质流核算也可以算是一种均衡分析方法。本节将对可计算一般均衡、基于主体的微观模拟仿真和能源物质流核算这三种较为前沿的方法工具及其在技术经济领域中的应用进行简要介绍。

（一）可计算一般均衡及其在技术经济领域的应用

1. 可计算一般均衡（CGE）模型概述

CGE 模型是建立在一般均衡理论基础上，主要对政策变动及外部冲击效应进行模拟的一种有效工具。与其他分析工具相比，其最大的特点就是将国民经济各组成部分和经济循环的各个环节都纳入一个统一的框架下，并据此分析外部冲击产生后，经济体各部分经过不断反馈和相互作用后达到的最终状态。为理解 CGE 模型的一般原理，首先要了解一般均衡分析方法。

（1）一般均衡与局部均衡。微观经济中对市场行为的分析通常都是局部均衡分析（Partial Equilibrium），它在讨论某个市场的供求关系发生变化（均衡状态也同时变化）时，假定这种变化不会对其他市场产生影响，当然也不考虑其他市场的变化对原有市场均衡产生的影响。简单地说，就是"假定其他条件不变"（Ceteris Paribus）。

一般均衡分析与局部均衡分析最大的区别在于，前者强调经济体中各市场和主体（指厂商、消费者等）之间的相互作用，而现实经济中各种市场、各个主体之间恰恰是密切相关和相互影响的。从这一点来看，一般均衡分析似乎更能反映整个经济活动的全貌。例如，假定一国政府为保护本国电视机而提高进口电视机的关税。按照局部均衡分析，关税提高的结果是进口电视机的均衡价格将上升，同时对它的需求量也将减少。如果从一般均衡的角度分析，对进口电视机需求的减少还将进一步导致作为替代物的国产电视机需求的增加以及国产电视机价格的上升；而国产电视机价格的上升又会导致对进口电视机需求的回升。如此反复，直至两个市场同时达到新的均衡。当然，现实经济中与进口电视机市场有关联的还不只国产电视机市场。要确定提高关税对进口电视机市场的影响，从理论上说应该通过对一个联系所有市场的联立方程组进行求解才能真正实现。

作为现代经济理论的核心，一般均衡理论的思想来源于亚当·斯密"看不见的手"的著名论断：在一个分散决策的经济中，追求个人最优的行为会在价格调节下实现社会最优的资源配置，或者说行为人追求个人最优的决策通过价格机制达到相互间的均衡。亚当·斯密在《国富论》中写道："确实，他通常既不打算促进公共的利益，也不知道他自己是在什么程度上促进那种利益……他只是盘算自己的安全……在这种场合，像在其他许多场合一样，他受一只看不见的手的指导，去尽力达到一个非他本意想要达到的目的。……他追求自己的利益，往往使他能比在真正出于本意的情况下更有效地促进社会利益。"

瓦尔拉斯（Walras）在1874年发表的《纯粹经济学要义》中正式提出了一般均衡的概念。瓦尔拉斯认为，消费者和生产者的极大化行为在一定条件下能够并将导致该经济体系每个产品市场和生产要素市场的需求量和供给量之间的均衡。瓦尔拉斯还将上述一般均衡思想用一组方程式表达出来。

采用一般均衡分析方法的一个最重要前提是必须能够证明所考察的经济体中存在一般均衡状态。因此，自瓦尔拉斯以来直至20世纪50年代，一般均衡的研究主要是证明均衡状态的存在性。

瓦尔拉斯本人的证明较为粗糙。在他构造的方程组中所包含（独立的）方程的个数与未知数的个数相等，据此他推断方程组存在唯一的一组解，也就是说可以找到一组价格使得整个经济中各市场同时处于均衡状态。这种证明存在两个缺陷：一是变量个数与（独立的）方程个数相等只有在方程为线性方程的情况下才能得出唯一的一组解，否则并不一定能保证联立方程组存在解；二是即使找到满足联立方程组的一组解也不能证明一般均衡状态就一定成立，因为一组解中有些可能是负数，而负价格在经济中是没有意义的。

20 世纪 40 年代末及 50 年代，数理经济学家们运用更加抽象的数学工具如集合论、拓扑学等精炼了瓦尔拉斯的思想，并用角古静夫不动点定理证明了在有限经济中存在符合帕累托最优的均衡价格。其中，阿罗（Arrow）和德布鲁（Debru）对一般均衡点的存在性、稳定性和唯一性给出了严格的证明，成为 50 年代理论经济学的里程碑式成果。

（2）可计算一般均衡（CGE）的基本原理。阿罗（Arrow）和德布鲁（Debru）的工作使一般均衡理论形成了比较完整的体系，但其证明是非构造性的，只是证明均衡价格的存在性，而不能告诉人们如何找到均衡价格，因此还无法直接应用于实际。可计算一般均衡模型正是针对一般均衡理论过于抽象、难以用于政策研究的特点应运而生的。

可计算一般均衡模型将一般均衡理论进行简化，使各种主要商品的价格和数量都可以通过模型计算出来。概括地说，就是用一组方程来描述供给、需求以及市场关系（供求关系），在这组方程中不仅商品和生产要素的数量是变量，所有的价格，包括商品价格、工资等也都是变量。在一系列优化条件（生产者成本最小化、利润最大化，消费者效用最大化，进口收益利润最大化、出口成本最小化等）的约束下求解该方程组，得到各市场都达到均衡时的一组数量和价格。

可计算一般均衡模型通过对生产供给和最终需求进行详细的数量化描述，使其自身成为具有计量、模拟和演示控制功能的模型，并为完整、系统地刻画国民经济系统提供了一个框架。其基本构成可以归纳为三个部分，即供给部分、需求部分和供求关系部分。

在供给部分，模型主要对商品和要素的生产者行为及其优化条件进行描述，这其中包括生产者（厂商）的生产函数、约束方程，生产要素的供给方程以及优化条件方程等。生产函数和约束条件的设定应基于对现实经济的抽象，并适当考虑方程求解的难易程度。通常，厂商的生产成本最小化可以作为供给函数设定和求解的基本原则。

在需求部分，一般把总需求分解为最终消费、中间产品和投资品三部分，把消费者分为居民、企业和政府三类。模型主要是对消费者行为及其优化条件进行描述，包括消费者的需求函数、约束条件，生产要素的需求函数，中间产品的需求函数及其优化条件。在需求部分涉及的主体是消费者，因此总需求需要在消费者的效用函数和效用最大化的原则下来确定。

市场是联结供求双方的主要渠道。在模型供求关系部分，主要对市场均衡以及对与之关联的预算均衡进行描述。包括产品市场均衡、要素市场均衡、居民收支均衡、政府预算均衡和国际市场均衡等①。

上述供给、需求函数通过供需平衡方程联结在一起，构成了反映整个经济各部分同时处于均衡状态的方程组，通过设定相关参数，代入实际数据，并用特定的算法求解方程组，便可以得到该均衡状态下各市场总需求、总供给以及价格的具体解。得到的方程组的解可以看作一组基准解，在此基础上根据具体需要，对某些政策变动后形成新的均衡做出模拟，将模拟结果与基准均衡相对比，便能分析政策变动对经济中各部分带来的影响，为是否实施新政策提供决策参考。

（3）CGE模型发展概况。CGE模型的最早原型应是20世纪30年代列昂惕夫的投入产出模型。该模型成功地反映了部门间的关联以及产品价格与要素价格间的联系，对后来CGE模型的发展产生了极大影响。自列昂惕夫之后，以投入产出模型为基础的多部门经济模型被广泛应用于发展计划和政策分析。当然，投入产出模型中假定成本是线性的，技术系数是固定的，而且将最终需求看作外生给定的，因此还不能算作真正意义上的一般均衡模型。但就投入产出模型反映经济体中各部门之间的相互关联而言，该模型已具备了一般均衡的基本思想。

1960年，约翰森（Johanson）构造了一个描述挪威经济的模型。该模型的结构比较简单，包括20个成本最小化的产业部门和一个效用最大化的家庭部门。对于这些行为优化主体来讲，价格对它们的消费和生产决策起着重要作用。模型在确定价格时使用了市场均衡假定，并最终得到对家庭收入弹性的估计和关于挪威多部门增长的数量结果。在模型的求解上，约翰森采用了把非线性方程简化分割成线性方程的计算思路，在计算方法上则利用了简单的矩阵求逆算法。该模型被认为是第一个真正意义上的CGE模型。

---

① 实际上，由于库存、失业、赤字等的存在，CGE模型并非一般均衡理论所要求的那样同时达到这些均衡，而只能是有条件的均衡。

20 世纪 60 年代末期斯卡夫（Scarf）开创性地设计了关于均衡价格的计算方法，该算法具有确定的收敛性，可以在有限的步骤内得到确定解。70 年代初，其学生肖温（John Shoven）和惠利（John Whalley）也都成为 CGE 领域的主要研究者。

从总体上说，在 20 世纪 60 年代 CGE 模型的研究并不活跃，因为当时以整个经济为对象的大规模经济计量模型正处于鼎盛时期，经济计量方法所倡导的"让数据说话"对经济学家似乎更有吸引力。

20 世纪 70 年代以后，CGE 模型开始引起广泛的关注并得到迅速发展，主要有两方面的原因。首先，1973 年爆发的石油危机对大型经济计量模型提出了严峻挑战。在以 1973 年之前数据为基础的计量回归方程中，石油价格的系数是不显著的或者为零，也就是说在宏观计量模型中石油价格不是决定经济活动的重要因素。在经济整体处于较平稳状态时，以此进行预测固然能取得较好效果，但一旦面对石油危机，其预测精度就大大降低。相比宏观经济计量模型，在一个较为细致的 CGE 模型中，石油投入是生产函数中的变量。通过成本最小化运算，石油价格的上涨和其他投入品的价格上涨都会作用于 CGE 模拟的经济活动。可以说，石油危机的爆发提高了人们对 CGE 模型的兴趣。

其次，从 20 世纪 70 年代到现在，正是电子信息技术飞速发展的黄金时期。而 CGE 模型技术的发展，也是在这几十年间电子计算机迅速发展和应用的基础之上完成的。在这 30 多年间，CGE 模型在算法、应用以及专门的应用软件等方面都取得了巨大的发展。模型中涉及的部门、主体、地区的划分也越来越细。例如，澳大利亚的 CGE 模型能将经济体细化为 120 个产业部门、56 个地区、280 种职业和几百种家庭。这种详细程度是其他模型方法难以做到的。伴随着 CGE 模型的发展，产生了大量有关的理论、应用及综述的文章和著作，其中代表性的有：Johansen（1960），Scarf（1967a，1967b），Ballard、Fullerton、Shoven 和 Whalley（1985），Dixon 等（1992，1996），Mansur 和 Whalley（1984），Shoven 和 Whalley（1972，1973，1974，1984，1992），Dixon 等（1992，1996，2002）。而我国的 CGE 模型研究和应用基本上是从 20 世纪 90 年代中期开始的，其中代表人物包括：国务院发展研究中心的李善同、翟凡等，中国社会科学院数量经济与技术经济研究所的郑玉歆、樊明太、李雪松、贺菊煌等，华中科技大学的王韬、冯珊、周建军等。此外，有关部委也开发或正在开发各自的 CGE 模型，用来进行政策模拟分析。

2. 可计算一般均衡模型在技术经济领域的应用

（1）在技术效率研究中的应用。传统 CGE 模型描述的是一个静态经济体系，在模型中，不考虑技术进步因素，也不考虑规模收益的变动，这一假设比较适用于一般均衡理论产生初期，但却明显与现实经济相悖。当代经济存在资本集中和技术进步加快的趋势，新技术的广泛采用，使得规模收益不断提高。如何在 CGE 模型中体现技术进步，将是知识经济时期 CGE 模型应用需要解决的重要问题之一。要在 CGE 模型中讨论技术进步问题，至少需要解决两个问题：首先是技术进步的定量评价。对技术进步的定量分析归纳起来有三种方法：生产函数法、技术评价法和指标体系法。对于由方程组构成的 CGE 模型而言，生产函数法是最理想的选择。许多经济学家在利用生产函数对技术进步进行分析方面做了大量的工作，其中以生产函数为框架配合时间序列数据测算技术进步对经济的影响以及索洛于 1957 年提出的技术进步的"余值法"，都为在 CGE 模型中体现技术进步提供了理论与实践上的依据。其次是模型的动态反映。由于在 CGE 模型中引入技术进步因素，要讨论至少两个时期的经济境况，以便进行技术进步的对比研究，这就必然要求建立动态的跨期 CGE 模型。

在 CGE 模型中，通常在技术效率研究中考虑技术进步的方法是引入自发技术效率改进（Autonomous Efficiency Improvement，AEI）因子，只反映外生的技术进步对生产效率的影响。而在实际的经济系统中，生产效率受到价格等诸多因素的影响，经济系统和部门层面的实际技术效率变化事实上已经综合了外生的 AEI 和内生的各种效应的变化结果。如果在 CGE 模型的研究中只考虑技术效率外生变化的影响，那么可以在 CGE 模型中所有部门的生产结构中对某一投入要素或者全要素生产率引入 AEI 因子，处理方法与式（2.8）相同。一般为简单起见，模型假设外生技术进步是"一次完成"的，不涉及时间和资本存量的调整以及相关成本。例如在一般均衡的框架中考察能源效率变化的影响，假设能源效率变化率为 g，能源投入量为 E 和实际利用能值为 ε，如式（2.8）所示，对于最终实际利用的能值而言，能源效率提高1%的效果等同于能源投入量增加 1%。

$$\dot{\varepsilon} = g + \dot{E} \qquad (2.8)$$

CGE 模型中的生产技术可以使用中间投入、资本、劳动、土地和能源的多层嵌套的 CES（Constant Elasity of Substitution，常替代弹性）生产函数来描述，特殊的部门（没有中间投入或没有增加值投入的情况）在总产出层次上使用 Leontief 生产函数进行描述。典型的生产结构如图 2-2 虚线框中所示：

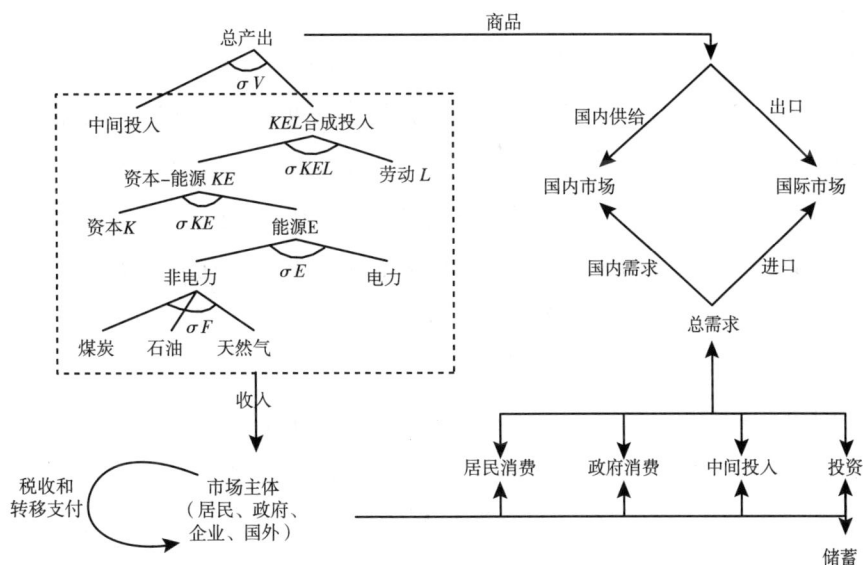

图 2 - 2 CGE 模型基本结构框架

资料来源：由课题组整理并编制。

（2）在技术溢出效应研究中的应用。技术溢出效应研究主要是考察发展中国家进口贸易能否产生技术外溢，从而促进进口国的技术进步或生产率的提高。尽管进口贸易作为技术溢出的一个渠道得到了一定的认同，进口贸易的技术外溢效应也为大量实证研究所证实，但是学者们逐渐发现即使同样的技术传递到发达国家和发展中国家，其产生的技术外溢效应明显不同，即进口贸易技术溢出效应的产生要受到一些因素的影响。进口商品技术溢出大致受以下五个因素的影响：进口渗透率、人力资本、贸易开放度、政府管制和国家的经济发展水平等。Gouranga（2000）构造了一个包括 3 个地区、6 种贸易商品的 GTAP 模型，考察了影响进口贸易这种物化型技术溢出效应产生的因素。研究结论表明，技术移入国的技术吸纳能力、进口贸易量及其产业结构是否与技术溢出国相似等因素共同决定了该国能否成功地获得国外先进技术。

CGE 模型中研究技术溢出效应的基本假设是：技术知识是通过贸易传递的，即双边贸易产生知识溢出，即将出口区创造的发明传输到进口区，进口区的知识资本由此得到提高。能否充分利用国外技术存在两种主要约束。其一，进口区必须有能力吸收由出口区开发的知识，对知识的吸收能力取决于进口区的人力资源、研究水平、知识基础和自身的创新能力等。如果一个国家的吸收能力低，将只能部分地理解和利用外来技术。其二，知识的特点具有国家偏向性。

国际贸易品是地区间技术溢出的载体，技术溢出能否有效提高生产力取决于吸收技术溢出方的吸收能力（AC）和贸易双方的结构相似性（SS）。AC 由双边的人力资本指标来表示国家 A 对国家 B 的知识的吸收能力。双边指标 SS 是基于贸易双方的要素分配比例的相似性而建立的指标，但是与 AC 不同的是，SS 是对称的。上述两个指标共同决定了一个国家对有效吸收技术溢出的"生产效率"参数。实际上，AC 指标不仅仅取决于人力资本，还取决于其他众多要素，例如基础设施、学习效应、本国的 R&D 水平等。

在 CGE 模型中技术溢出效应可以采用技术传输方程来表示，该方程含有与进口区相关的 AC 参数和与贸易双方都相关的 SS 参数。X_{rs} 是从 r 出口到 s 的原材料，Y_s 是 s 地区原材料生产的产品。吸收能力参数 AC_s（$0 \leq AC_s \leq 1$）和结构相似指标 SS_{rs}（$0 \leq SS_{rs} \leq 1$）共同决定了 s 地区获得的由 r 到 s 的技术溢出效率。

CGE 模型中的生产技术方程为：

$$QVA_{s,a} = ava_{s,a} \times \left(\sum_f dva_{s,f,a} \times QF_{s,f,a}^{-rva_a} \right)^{-\frac{1}{rva_{s,a}}} \tag{2.9}$$

技术溢出水平方程为：

$$ava_s = \left(\frac{X_{rs}}{Y_s} \right)^{1 - AC_s \cdot SS_{rs}} \cdot ava_r \tag{2.10}$$

（3）在新技术和产业发展研究中的应用。随着新技术和产业的发展，这种发展对经济的影响越来越引起人们的关注，对一个国家和地区经济的影响受到人们关注。

对于新技术或技术的重大变化对宏观经济的影响问题的研究，是 CGE 模型在技术经济学应用的新领域。在一个 CGE 模型中，生产函数描述的技术包含现有知识条件下的要素组合，组合根据要素相对价格的变化而变化。以交通工具为例，自行车、汽车、火车、飞机甚至是马和马车，所有这些交通工具替代品都是在现有技术条件下消费者根据相对价格进行选择的。那么新技术，主要是包括不是现在的任何价格相对合理设置就能够实现的生产可能性。因此，化石、水电、核电和常规风力发电都可包含在目前的技术组合中，而如果融合新一代的风力发电或生物质能发电技术，则意味着在基本的 CGE 模型中，原有的电力部门的总生产函数会发生改变。如果总生产函数是狭义的代表目前唯一的可能性，那么，技术变化涉及的成本函数的形式，要么允许降低固定生产要素价格，要么进一步扩大替代的可能性，从而扩大利用各类要素的可能性来实现投入价格的变化。在实际的应用建模中，CGE 模型可能包括对当前和新的技术可能性的组合。

在 CGE 模型中的弹性参数以及从 SAM 表中计算得到的份额参数是描述各部门的技术特征的主要技术参数。弹性参数在实证估计的基础上对过去的经济表现和发展规律做出描述，但是受限于经验数据和专家判断。因为 CGE 模型是用来分析不同均衡水平或时间跨度的问题，需要在对新技术的分析上，既反映当前技术的替代可能性，又需要考虑可能改变科技进步的技术研发。

除了弹性参数能在一定程度上反映新技术可能性以外，在 CGE 还包括模型两个导致技术变革的外生因素。首先，经济增长不能只由劳动力和资本积累的增长解释，一个始终存在的剩余生产率因素可以归因于技术进步，尽管这一余值也可能反映了其他变化。对这一余值无论是作为一个全要素生产率的变化还是劳动生产率的提高，都可能作为经济变化的主要决定因素影响未来的预测和各个方面的政策，技术的变化在决定这一余值的过程中起到相当重要的影响。其次，技术的变化未必都是由于要素相对价格的变化所诱致的，例如 20 世纪许多国家经历了长期的GDP 能源强度的下降，而且同时伴随着能源价格的下降，因而价格不是引导节能技术进步的唯一因素，还可归因于管理和制度的改进、政府主导的技术创新等因素。由于这类技术变化的起源复杂，在通常情况下，这种现象反映在模型中是一个单位要素投入所反映的生产力贡献增大，即要素的自主效率参数是指 CGE 模型。

（二）基于主体的微观模拟仿真及其在技术经济领域中的应用

1. 基于主体的微观模拟建模基本原理

可计算一般均衡模型是建立在主体理性假设基础之上的。而现实的经济系统是一个复杂自适应系统（Complex Adaptive Systems，CAS）[①]，其复杂性决定了经济主体的有限理性。这意味着主体行为的决定因素要比完全理性假设下更为复杂，包括主体自身的预期、不同主体偏好差异、主体之间行为互动、对外界环境变化的反应

[①] 复杂适应系统（Complex Adaptive System，CAS）理论是由美国的 John Holland 教授于 1994 年在 Santafe 研究所成立 10 周年时正式提出的。

等。企业（或主体）的生产行为将表示为下式：

$$\begin{cases} Y_h = Y_h(A_h,A_o,K_h,L_h,F_h,I_h,I_o,TI,NTI,\cdots,\varepsilon_h \mid \overline{E}_h) \\ Y_o = Y_o(A_h,A_o,K_o,L_o,F_o,I_o,I_h,TI,NTI,\cdots,\varepsilon_o \mid \overline{E}_o) \end{cases} \quad (2.11)$$

在式（2.11）中，ε 表示其他影响因素，而 $\overline{E}$ 则表示企业主体的有限理性预期。

引入系统复杂性和主体的自适应性以后，利用以新古典理性人假设为基础的最优化模型很难对主体行为和整个系统进行有效刻画。为解决上述问题，需要引入"基于主体计算经济学"（Agent-based Computational Economics，ACE）为技术支撑，构建基于主体行为的具有智能化特征的微观模拟模型。其基本逻辑是，把经济体看作由自主相互作用主体组成的进化系统；通过强有力的计算方法（人工智能）和计算工具（面向对象编程），编程实现具有适应能力、交流能力、学习能力和自治能力的经济智能主体（Agent）；通过模拟现实经济网络而有机地构建主体间的联系。

在建模过程中，综合运用微观计量、问卷调查、演化博弈、行为经济分析等方法工具，考察分析政府部门、企业及居民在创新过程中可能存在的行为动机、反应方式，研究政府和企业在创新过程中的互动关系。通过对上述主体行为的分析，可以形成一个主体活动情景集。在此基础上，利用"基于主体计算经济学"，构建一个基于主体行为的微观模拟模型。模型中包括政府、企业及居民三类主体，每类主体（尤其是企业）又可以细分为多种，每种主体数量可以设定为多个，每个主体都是具有适应性的智能主体。应用著名的分类器系统（Holland，1975）便可以对不同政策情景下企业的行为决策进行微观模拟。整个微观模拟的原理可以大致以图2-3进行示意，其基本流程是：某项政策的实施相当于给定了某个外部情景。分类器系统自动寻找完全匹配的映射，并根据概率条件确定每个主体的各种对应行为。不同主体之间的行为也会根据设定的行为规则产生交互影响，最终收敛后形成的均衡解便是模拟出的政策效果。

2. 基于主体的微观建模在技术经济领域（农业环境评价）中的应用

近年来，基于主体的微观建模在农业环境分析方面得到了较好的应用，并形成了一些农业环境分析方面的集成工具。例如，EMA，Farmsmart，以及 DIALECTE 等（Van der Werf H. MG et al.，2007）。最新的学术成果已有基于农户视角而构建的符合我国小农经济特色的农村经济环境变动分析方法。该方法是基于近年来兴起

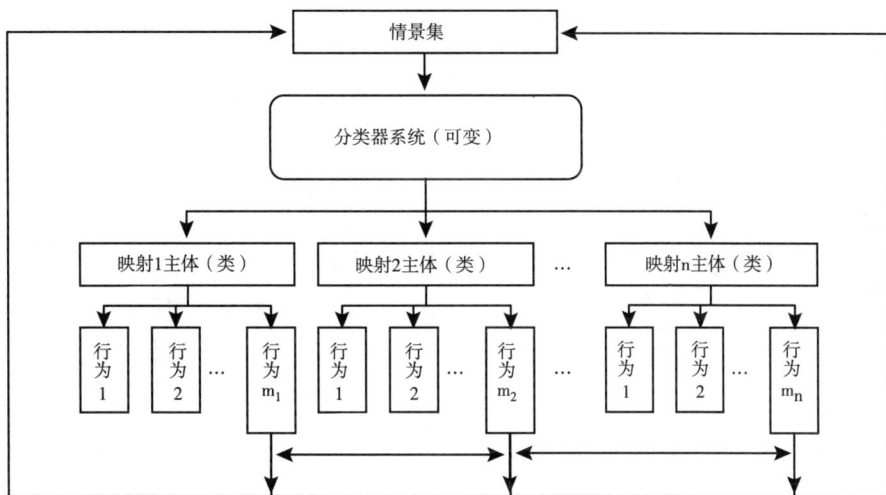

图 2 - 3 基于主体的微观模拟建模原理

的复杂自适应系统理论的多主体建模技术，不仅使模型直观、易理解，同时更好地模拟了农民的现实经济行为；此外，模型主体设计包含异质性，因此无须将不同个体的行为整合成平均变量；再者，多主体模型中微观主体可以通过主动适应学习过程而不断调整自身的决策，以有限理性取代传统的完全理性假设。

（1）系统描述。系统设计了一个 60×60 网格大小的人工村落（表示有 3600 亩可用地），并向其中"投放"了 200 户农户。每户农户具有独特的成员数、贫富程度、年龄、受教育程度、风险偏好等特征，这些都会影响农户的决策。此外，系统还包括了政府、非农就业市场、农资企业等多类主体。系统模拟以 1990 年为基期，各类参数也依照当时情况或目前数据而反推获得。

这些用计算机程序实现的虚拟农户在人工村落中生存，在已设计的"社会环境"和"自然环境"中从事农业生产、消费或外出就业。农户不断地从环境中进行学习、积累经验并自适应调整自己的行为，以期达到更好的生活状态。系统围绕表现农户行为决策和农村环境演变的原则进行设计，大致划分为农户生产子系统、农户消费子系统、社会环境子系统和农村环境评估子系统 4 个子系统。整个系统被命名为 SFRE（Swarm-based Framework of Rural Environment）系统，即基于 Swarm 的农村环境分析框架结构（如图 2 - 4）。

（2）模型假设。模型边界假设：为了确定模型的研究范围，假设模型的最小边界为农户，采用单一模型；模型的最大边界是指模型的讨论范围只涉及农村内源性环境问题，这些均与农户的生产、消费等行为直接相关。

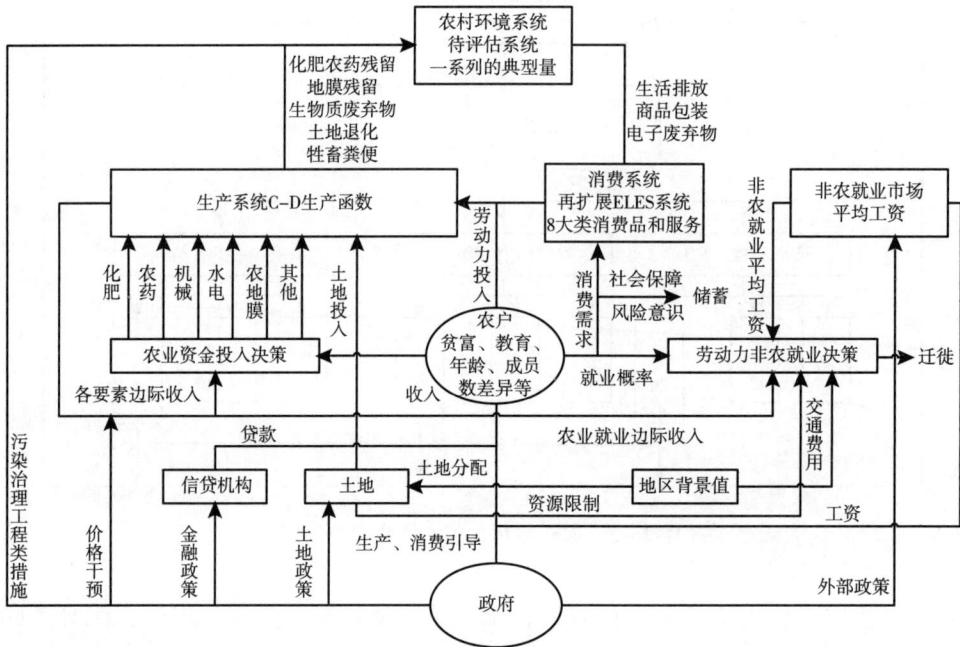

图 2 - 4 SFRE 仿真系统框架

资料来源：由课题组整理而得。

农户异质性假设：主体异质性假定是多主体模型的突出特点，系统中的每个农户都具有年龄、教育程度等独特属性并影响其生产、消费和劳动力供给决策及后果，但模型中并不体现性别差异。

不完全理性假设：这一假设中的理性仅指"经济理性"，但此项研究假定农户行为选择包括非经济动因，在追求经济利益的大前提下，行为选择还受文化传统、主观规范的影响。

可分性假设：鉴于对农户生产和消费决策关系描述的困难，这里采用可分性模型。在每个仿真周期，农户首先进行生产决策并进行相关生产，然后根据生产收益再确定这一周期的消费决策。

环境均一化假设：在模型中构成农户所生存的自然环境和社会环境的"人工世界"中，各要素通过全国平均值抽象而得，因此具有均一性。例如，模型中只有一种虚拟作物和虚拟畜禽，其相当于全国主要的农作物和畜禽按比例抽象的平均生物，具有平均生产率和成本。这种简化也是确保模型能够运行，其计算强度和参数测量能够在可接受的范围内的必要假设。

（3）系统时空设置与农户行为规则设计。作为 SFRE 系统主体且生活在一个 60×60 网格大小（3600 亩可用地）的人工村落中的虚拟农户，可以改变自己的性状，离开或回到这个村落。初始时村庄中有 200 户农户居住在村落的中心地带并按成员数每人分配 2 亩地。虚拟农户在不同情况下用不同的颜色标记。除农户外，村落中还存在耕地、荒地和其他土地，以满足政府、农资生产企业等其他主体执行各自功能的需求。

在此系统中，农户的生产、消费和劳动力供给决策都是以年为周期做出的。系统仿真时间的起点为 1990 年，农户的生产要素的投入量、基本消费需求和价格情况对应中国 1990 年的水平，仿真起始时，所有农户均无外出就业而只从事农业生产，因此也没有非农经济收入。系统中不存在通货膨胀。

农户是系统中最重要的主体，也是系统模拟的基本单元。农户的基本属性按照文献资料的调查结果按分布情况给出。在农户模型中，农户行为规则设计不是简单的主体 – 主体间、主体 – 环境间的互动，而是体现为农户的决策行为流程。在每一个仿真周期，农户决策行为按下述 4 条基本规则执行。

资源配置与约束规则：资源的约束体现在供给不足，如水土资源对农业生产和农户外出就业的影响，资源还包括各种其他生产投入品和消费品。农户决策是基于资源约束下通过对各种资源的合理配置以实现家庭效用最大化。

劳动力供给决策规则：农户估计上一周期农业生产上劳动力投入的边际收益，以此与外地非农就业市场的平均工资进行比较。在综合考虑交通成本、生活成本、就业概率等因素下做出本周期在农业和非农就业市场上劳动力的投入决策。

生产决策规则：农户根据上一周期农业生产和收益情况，确定本周期农业生产投资总额上限并决定农业生产，通过生产函数和利润函数取得当期收益。

消费决策规则：农户依据其人均纯收入水平，通过再扩展的线性支出系统（ELES），确定其在 8 类消费品及服务上的支出和储蓄的比例。

（4）模型设计。SFRE 仿真系统中农户的生产分为种植业生产和养殖业生产。生产系统旨在确定农户生产中的要素投入与产出的关系，从而估计农户生产决策行为的后果，并影响其下一期决策。种植业生产使用 Cobb-Douglas 生产函数估计，养殖业生产则通过养殖品种、饲养周期、饲养成本等综合考察。

系统中虚拟农户所种植的虚拟作物的产量按统计中粮食、油料、棉花、甘蔗、甜菜、水果 6 类加总估计，该虚拟作物的生产函数设计如式（2.12）所示：

$$Y = e^{\alpha_0 + \alpha_1 d_{age} + \alpha_2 d_{edu}} x_1^{\beta_1} x_2^{\beta_2} x_3^{\beta_3} x_4^{\beta_4} x_5^{\beta_5} x_6^{\beta_6} l^{\beta_7} \tag{2.12}$$

式中，Y 为产量；d_{age} 和 d_{edu} 分别表示农户的年龄和受教育程度（二者均分段取值）；$x_1 \sim x_6$ 及 l 分别为化肥投入量、农药投入量、农地膜投入量、农用机械存量、灌溉比例、耕地面积和劳动力投入量；α_0 为常数项；α_1 和 α_2 为效率变量；$\beta_1 \sim \beta_7$ 为投入要素对应的产出弹性。

由此可得系统中农户种植业生产利润函数：

$$\prod = pf(x_1, \cdots, x_6, l) - \sum_{i=1}^{5} p_i x_i + t \tag{2.13}$$

式中，$\prod$ 为利润，p 为虚拟作物的售价，f 为生产函数，p_i 为第 i 类投入要素的售价，t 为其他固定投入、税费成本或补贴收入。

农户消费系统的设计目标是确定农户在不同收入水平下的消费决策、储蓄和扩大再生产投入的倾向，农户对各类消费品消费量的变化将影响生活源污染物产生量及构成变化。系统采用 ELES 模型建立农户需求函数：

$$P_i X_i = P_i X_i^0 + \beta_i \left[Y - \sum_{i=1}^{n} P_i X_i^0 \right] + \sum_j \gamma_{ij} D_j Y \tag{2.14}$$

式中，P_i 为第 i 类消费品的价格，$P_i X_i$ 和 $P_i X_i^0$ 分别表示第 i 类消费品的消费量和基本需求量，Y 为消费者的收入，β_i 为边际消费倾向，D_j 为代表收入等级的虚拟变量，γ_{ij} 为待估参数，表示不同收入等级的消费者在附加支出上对 i 消费品的边际消费倾向的修正值。对式（2.14）进行变换可得：

$$P_i X_i = \alpha_i + \beta_i Y + \sum_j \gamma_{ij} D_j Y \tag{2.15}$$

其中，$\alpha_i = P_i X_i^0 - \beta_i \sum_{i=1}^{n} P_i X_i^0$。

对式（2.15）通过多元线性回归得到再扩展 ELES 联立方程组的参数估计值。如采用 1990 ~ 2005 年中国农村居民消费的统计数据，通过价格指数换算至 1990 年水平，并增加了 2004 ~ 2006 年低收入户数据外的分组数据来弥补缺乏高收入组数据的问题。回归结果显示，农户总基本消费需求约 537 元，总边际消费倾向由低收入户至高收入户先增后减。表明农户由低收入上升到中收入时，其消费进一步趋向满足个人需求，而收入提高到高收入后，在用于附加支出的收入中有更大的比例可以用于储蓄和扩大再生产，即农户生活从"满足温饱"的生存型向发展型过渡。8

类消费品的消费函数为系统预测生活源污染物排放量和消费废物构成提供了依据。

社会环境系统的设计目标，一是为了确定农户所处的社会环境状态，通过设计农户劳动力转移的函数模拟劳动力转向非农部门就业的决策过程；二是模拟政策变动行为所带来的社会环境的改变，并预测其对农户决策的影响和后果。中国农村劳动力生产率偏低且存在着大量农业剩余劳动力，因此在政策允许的情况下，当劳动者外出就业的收益高于本地农业就业时，农户家庭成员就可能选择外出就业。这里用平衡方程式（2.16）来表示劳动力供给决策过程。当方程左右两边相等时，表示农户成员农业就业和非农就业的收益相等；反之，则表示农户成员农业就业和非农就业收益不同，农户会考虑改变劳动力在农业和非农部门间的配置情况：

$$R_{外地} R_{就业} - C_{交通} - C_{其他} = R_{农业} \tag{2.16}$$

式中，$R_{外地}$ 为农户家庭成员外出就业的平均工资，$R_{农业}$ 为农业的劳动力边际收益，$R_{就业}$ 为农户成员外出择业的就业概率，受农户年龄和教育程度的影响，$C_{交通}$ 为交通成本，$C_{其他}$ 为其他成本。平衡方程表示影响农业劳动力转移的主要因素是收入改变的期望、个人因素、外出成本和其他客观因素。

此外，还有农村环境评估系统，用于估计农户生产、消费和劳动力供给决策各种变化下的农户生产源和消费源的污染物排放量和农村环境状态变化，给出已有政策或假设情景下虚拟村落的环境变化特征，并以此映射现实情况。

从环境质量和污染物排放量两方面来考察农村环境变化，在环境质量描述上采用实际施用量/适宜施用量的方法构建污染指数，以表征生产要素的过量投入而导致的耕地污染程度。污染物排放趋势分析对生产源和消费源采用定性与定量相结合的方式，对一些关键污染物如 $NH_3 - N$ 和 COD 进行定量分析。

生产源大气污染物的估计则借鉴以往研究成果，对种植业 $NH_3 - N$ 采用基于NARSES 按国内情况校正的氨排放模型，而养殖业 $NH_3 - N$ 采用基于物质流方法按圈养、放牧、粪便储存、还田施用4阶段重新核算的氨排放清单。水体污染物农田排放按农田标准源强度系数修正后估算，养殖业按《畜禽养殖业污染物排放标准》估算，固体废弃物主要是秸秆和废农用膜，仅作间接分析。生活源污染物的产生主要取决于人工村落中常住的农户人口、农户人均消费量及消费结构的变动，而这分别和农户劳动力转移模型和再扩展 ELES 模型相关。

（三） 能源与物质流核算及其在技术经济领域的应用

能源与物质流核算是物理学中的热力学原理与经济核算相结合的产物，包括能源核算和物质流核算两部分。无论是能源核算还是物质流核算，都遵循热力学第一定律——能量守恒定律，即能量和物质既不能被创造也不能被消灭。这个定律为进入和流出生态系统、地区或经济系统的能量和物质流的投入产出数量的复式核算提供了理论和实施依据。由于物质和能量并不能相互转换，因此，在核算实践中能源核算与物质流核算是分开进行的，核算人员需根据具体情况选择能源账户或物质流账户（Bartelmus，2008）。当然，无论是能源核算还是物质流核算，其基本思想、核算原理都是一致的，核算的最终目的也都是为了更好地促进资源节约和经济社会的可持续发展。因此，为简化起见下面的介绍都以"物质流核算"为例。

1. 物质流核算的基本原理

物质流核算方法是对经济系统的实物流动进行系统描述的方法，通过分析开采、生产、制造、使用、循环利用和最终丢弃过程中的物质流动情况，为衡量工业经济的物质基础、环境影响和构建可持续发展指标提供综合观点。物质流核算方法起源于将自然资源使用同环境的资源供应力、污染容量联系起来的思考，其基本思想有三层含义：①工业经济可以看作一个能够进行新陈代谢的活的有机体，"消化"原材料将其转换为产品和服务，"排泄"废弃物和污染。②人类活动对环境的影响，主要取决于经济系统从环境中获得的自然资源数量和向环境排放的废弃物数量。资源获取产生资源消耗和环境扰动，废弃物排放则造成环境污染问题，两种效应叠加深刻地改变了自然环境的本来面貌。③根据质量守恒定律，对于特定的经济系统，一定时期内输入经济系统的物质总量，等于输出系统的物质总量与留在系统内部的物质总量之和（见图2-5）。由此，经济系统对环境影响的实质就是经济系统物质流动对环境的影响，有必要对经济系统的物质流动加以跟踪和调控。

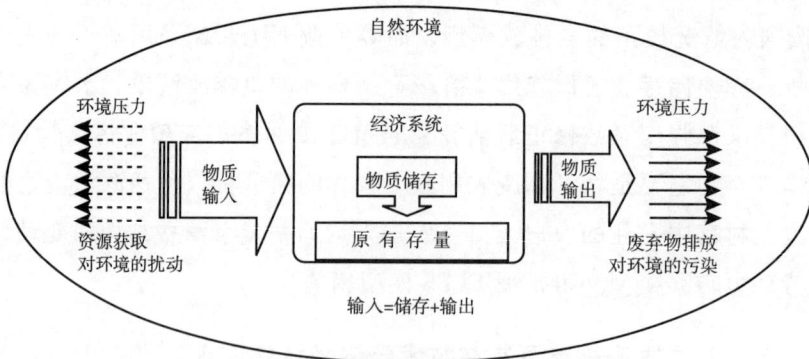

图 2-5　物质流核算的基本思想

　　物质流核算的基本框架是——经济系统的物质输入总量等于物质输出总量与内部储存物质总量之和。以此为基础，对输入、输出系统的物质进行细分，并考虑物质循环利用以及进出口隐流等，可以衍生出多种具体的分析框架。比如，根据经济系统的开放性，可以将物质输入分为本地开采和进口物质，将物质输出分为本地排放和出口物质；根据物质种类，可以将物质分为自然资源、空气、水、产品、废弃物等；根据直接进入经济系统与否，将物质分为直接物质和隐流物质。图 2-6、图 2-7 是当前国际上应用最广、最权威的物质流核算框架，分别由美国的世界资源研究所与欧盟统计局创立。

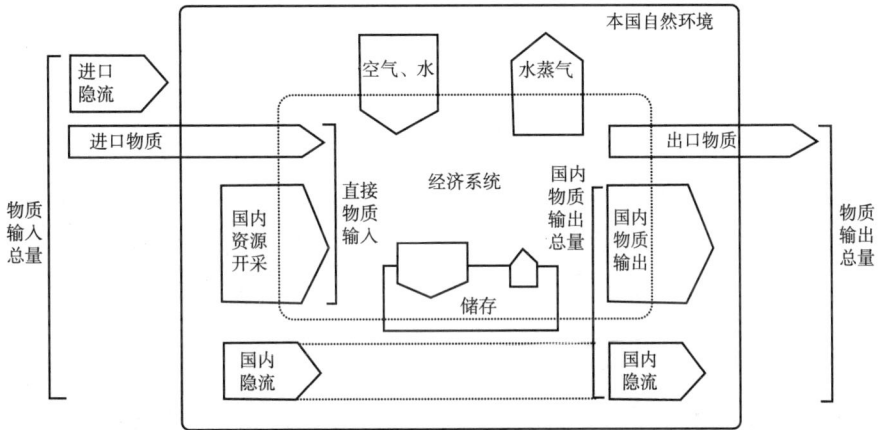

图 2-6　美国世界资源研究所核算框架

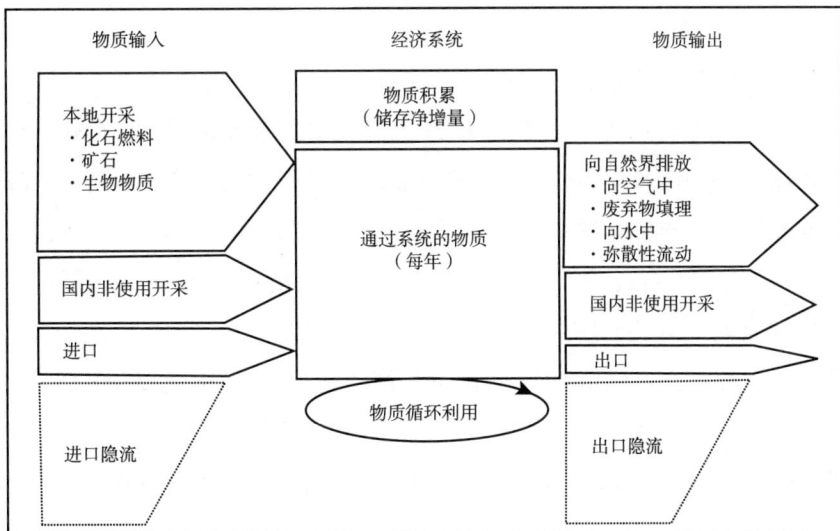

图 2-7　欧盟统计局核算框架

2. 物质流核算的应用实例——德国实物投入产出表

早在 20 世纪 90 年代初，欧洲国家便开始将物质流核算用于研究经济系统中自然资源和物质的流动状况。2001 年，欧盟委员会统计机构提出的方法指南，则是物质流核算理念与方法相结合的系统性尝试（Eurostat, 2001）。而实物投入产出表（Physical Input-Output Table，PIOT）的编制，则可以对物质流在经济系统内部各行业间的分配情况做出比较准确的描述，并可与现有国民经济核算中的价值型投入产出核算进行对比分析，有针对性地进行部门物质流效率指标比较，在物质流与经济核算分析间建立更加直接的联系。

表 2 – 4 是德国的集成实物投入产出表 PIOT，该表的经济部门分类与货币投入产出表和国家核算方法一致。

表 2 – 4　实物投入产出表（德国 1990 年）

单位：百万吨

产出＼投入	转换		△ CAP(资产变化)				物质利用总量
	P	(HH)	C	人造资产	非人造自然资产	X	
P	7.577		3.075	713	48.295	208	59.868
HH	2.645			11	700		3.356
△ CAP	49.252		281[b]	20	56	0	49.609
物质供应总量[a]	59.474		3.356	744	49.051	208	112.833

注：a 物质供应总量 = 直接物质投入量（DMI）；b 非人造自然资源的家庭消耗。
资料来源：Bartelmus（2008, p122）。

表中，供应行表明原料和产品的进口（作为不同部门的物质投入）。出口（X）则是一个单独的最终利用类别，位于最终消费（C）和资本形成（ΔCAP）旁边。生产部门 P 包含 58 个部门，它们相互或为最终利用提供实物产品。家庭（HH）和工厂都制造废物残余产出。这些残余物或被循环利用，或经过环保处理，或进行回收再利用，或被倾倒到自然环境中去。倾倒入环境中的排放物使得资本形成（ΔCAP）中的自然（非生产）"资产"部分不断增加。

德国的实物投入产出表分析结果表明，德国的实物 GDP 为 3603 百万吨（C + ΔCAP，人造资产 + X － M）[①]，如果不计算企业生产的最终产出（主要为新生废物和残余物，48.295 百万吨）和家庭生产的残余物和自然资源（700 百万吨），德国

---

① M = －393 百万吨（在表 2 – 4 中没有表明）。

的实物 GDP 将大幅度降低到 528 百万吨（ΔCAP，人造资产 $+ X - M$）。残余物所带来的强大负荷致使经济远离了理想的最终产出状态。经过上述减法后，余下的实物 GDP 只占全部物质产出的 6%，是残余物总量的 7%。

这些以百万吨为单位的数字，其具体意义是比较含混的。很明显，它们不体现经济生产、消费以及（人造或自然非人造）资本形成的价值或意义。赛泽特和弗雷德（Strassert, 2001；Friend, 2004）认为，这可能说明了为什么一些生态经济学家在规避市场定价的"人类偏见"时，要重新重视斯拉法体系（Sraffian system），即把投入产出的内在定价作为线性规划的对偶解。这种定价方法通过反映现有技术条件、预设线性规划模型的生态和经济约束，避免了市场定价；不能也不愿意考虑人类对物品与服务的偏好。

参考文献

Abreu M., H. L. de Groot, Florax R., 2004, Spatial Patterns of Technology Diffusion: An Empirical Analysis Using TFP, European Regional Science Association conference paper.

Adhikari A., Mishra A. K. and Chintawar S., 2009, Adoption of Technology and Its Impact on Profitability of Young and Beginning Farmers: A Quantile Regression Approach. Selected paper, Southern Agricultural Economics Association Annual Meeting, Atlanta, GA.

Allan G. J., Hanley N. D., McGregor P. G., Swales J. K. and Turner K. R., 2007, "The Impact Of Increased Efficiency In The Industrial Use Of Energy: A Computable General Equilibrium Analysis For The United Kingdom", *Energy Economics*, 29 (4), pp. 779 – 798.

Anselin L. (1988) Spatial econometrics: methods and models. Kluwer Academic Publishers, Boston.

Anselin L., A. Varga and Z. Acs., 1997, "Local geographic spillovers between university research and high technology innovations", *Journal of Urban Economics*, 42: 422 – 448.

Anselin L., A. Varga, Z. Acs, 2000, "Geographical Spillovers and University Research: A Spatial EconometricPerspective", *Growth and Change*, 31 (4): 501 – 515.

Aragon Y., Daouia A., Thomas-Agnan C., 2005, "Nonparametric Frontier Estimation: A Conditional Quantile-based Approach". *Econometric Theory*, 21 (2): 358 – 389.

Armington P. S., 1969, "The Geographic Pattern of Trade and the Effects of Price Changes", *IMF Staff Papers*, Vol. 16, pp. 179 – 199.

Audretsch D. B., Lehmann E. E. and Warning S., 2005, "University Spillovers and New Firm Location", *Research Policy*, 34 (7): 1113 – 1122.

Autant-Bernard C. and J. P. LeSage, 2010, "Quantifying Knowledge Spillovers using Spatial Econometric Models", *Early View*, *Journal of Regional Science*, DOI: 10. 1111/j. 1467 – 9787. 2010. 00705. x

Ballard C. L., Fullerton D., Shoven J. B. and Whalley J., 1985, *A General Equilibrium Model for Tax Policy Evaluation*, Chicago: The University of Chicago Press.

Barreto R. A. and Hughes A. W. , 2004, "Under Performers and Over Achievers: A Quantile Regression Analysis of Growth", *Economic Record*, 80 (248): 17 – 35.

Barrios E. B. and Lavado R. F. , 2010, "Spatial Stochastic Frontier Models, East Asian Bureau of Economic Research", *Microeconomics Working Papers*, No. 2010. 22.

Bartelmus Peter, 2008. Quantitative Eco-nomics: how sustainable are our economies? Springer.

Bassett G. and Koenker R. , 1982, "An Empirical Quantile Function for Linear Models with iid Errors", *Journal of the American Statistical Association*, 77 (378): 407 – 415.

Békés G. , Kleinert J. and Toubal F. , 2009, "Spillovers from Multinationals to Heterogeneous Domestic Firms: Evidence from Hungary", *The World Economy*, 32 (10): 1408 – 1433.

Bergman L. , 1988, "Energy Policy Modeling: A Survey of General Equilibrium Approaches", *Journal of Policy Modeling*, Vol. 10, No. 3, pp. 77 – 99.

Bergman L. , 1990, "Energy and Environment Constraint on Growth: A CGE – Modeling Approach", *Journal of Policy Modeling*, Vol. 12, No. 4, pp. 67 – 91.

Bernini C. , Freo M. and Gardini A. , 2004, "Quantile Estimation of Frontier Production Function", *Empirical Economics*, 29 (2): 373 – 381.

Bode E. , 2004, "The spatial pattern of localized R&D spillovers: an empirical investigation for Germany", *Journal of Economic Geography*, 4 (1): 43 – 64.

Bose A. and Chatterjee S. , 2003, "Generalized Bootstrap for Estimators of Minimizers of Convex Functions", *Journal of Statistical Planning and Inference*, 117 (2): 225 – 239.

Bulut H. and Moschini G. , 2009, "US Universities' Net Returns from Patenting and Licensing: A Quantile Regression Analysis", *Economics of Innovation and New Technology*, 18 (2): 123 – 137.

Cassiman B. and Golovko E. , 2007, "Innovation and the Export-Productivity Link", *IESE Business School Working Paper*, No. 688.

Cazals C. , Florens J. P. and Simar L. , 2002, "Nonparametric Frontier Estimation: A Robust Approach", *Journal of Econometrics*, 106 (1): 1 – 25.

Chen C. , 2004, An Adaptive Algorithm for Quantile Regression. In: Hubert, M. et al. , (Eds.), Theory and Applications of Recent Robust Methods, Series: Statistics for Industry and Technology, Birkhauser, Basel, 39 – 48.

Coad A. and Rao R. , 2006, "Innovation and Market Value: A Quantile regression analysis", *Economics Bulletin*, 15 (13): 1 – 10.

Coad A. and Rao R. , 2008, "Innovation and Firm Growth in High-tech Sectors: A Quantile Regression Approach", *Research Policy*, 37 (4): 633 – 648.

Cole T. J. and Green P. J. , 1992, "Smoothing Reference Centile Curves: the LMS Method and Penalized Likelihood", *Statistics in Medicine*, 11 (10): 1305 – 1319.

Crespo-Cuaresma J. , Foster N. and Stehrer R. , "Determinants of Regional Economic Growth by Quantile", *Regional Studies*, DOI: 10. 1080/00343401003713456.

Dall'erba S. , 2005, "Productivity convergence and spatial dependence among Spanish regions", *Journal of Geographical Systems*, 7 (2): 207 – 227.

Dimelis S. and H. Louri, 2002, "Foreign Direct Investment and Efficiency Benefits: A Conditional Quantile Analysis", *Oxford Economic Papers*, 54: 449 – 469.

Dixon P. B. , Parmenter B. R. , 1996, "Computable General Equilibrium Modeling for Policy Analysis and Forecasting", *Handbook of Computational Economics*, Vol. 1, Edited by Hans, M. et al. , Amsterdam: North-Holland.

Dixon P. B. , Parmenter B. R. and Powell A. A. , 1992, Notes and Problems in Applied General Equilibrium Economics, Amsterdam: North-Holland.

Dixon P. B. , Rimmer M. T. , 2002, Dynamic General Equilibrium modeling for Forecasting and Policy, Amsterdam: North-Holland.

Ebersberger B. et al. , 2010, "Into Thin Air: Using a Quantile Regression Approach to Explore the Relationship between R&D and Innovation", *International Review of Applied Economics*, 24 (1): 95 – 102.

Ejermo O. and Gråsjö U. , The Effects of R&D on Regional Invention and Innovation, CIRCLE Electronic Working Paper Series, 2008 – 03, CIRCLE (Centre for Innovation, Research and Competence in the Learning Economy), Lund University.

Eurostat, 2001, Economy-wide material flow accounts and derived indicators: A methodological guide, Luxembourg: European Communities.

Falk M. , 2010, "Quantile Estimates of the Impact of R&D Intensity on Firm Performance", *Small Business Economics*, DOI: 10.1007/s11187 – 010 – 9290 – 7.

Fingleton B. , 2007, "A multi-equation spatial econometric model, with application to EU manufacturing productivity growth", *Journal of Geographical Systems*, 9 (2): 119 – 144.

Firpo B. S. , Fortin N. M. and Lemieux T. , 2009, "Unconditional Quantile Regression", *Econometrica*, 77 (3): 953 – 973.

Fischer M. M. and A. Varga, 2003, "Spatial knowledge spillovers and university research: Evidence from Austria", *The Annals of Regional Science*, 37 (2): 303 – 322.

Fischer M. M. , T. Scherngell and M. Reismann, 2009, "Knowledge Spillovers and Total Factor Productivity: Evidence Using a Spatial Panel Data Model", *Geographical Analysis*, 41 (2): 204 – 220.

Fotopoulos G. , 2008, "European Union Regional Productivity Dynamics: A 'Distributional' Approach", *Journal of Regional Science*, 48 (2).

Girma S. and Görg H. , 2005, Foreign Direct Investment, Spillovers and Absorptive Capacity: Evidence from Quantile Regressions, Discussion Paper Series 1: Economic Studies 2005, 13, Deutsche Bundesbank, Research Centre.

Girma S. and Görg H. , 2007, "The Role of the Efficiency Gap for Spillovers from FDI: Evidence from the UK Electronics and Engineering Sectors", *Open Economies Review*, 18 (2): 215 – 232.

Godin Benoit, 2007, National Innovation System: the system approach in historical perspective, Project on the History and Sociology of STI Statistics, Working Paper No. 36.

Gouranga, 2000, Embodied Technology Transfer via International Trade and Disaggregation of Labour Payments by Skill Level: A Quantitative Analysis in GTAP Framework, The 3rd Annual GTAP Conference working paper.

Greening L. A. , Greene D. L. and Carmen Difiglio, 2000, "Energy Efficiency and Consumption-the Rebound Effect-a Survey", *Energy Policy*, 28 (6 – 7), pp. 389 – 401.

Gutenbrunner C. et al. , 1993, "Tests of Linear Hypotheses Based on Regression Rank Scores", *Journal of Nonparametric Statistics*, 2 (4): 307 – 333.

Hanley N. , Peter G. M. , Swales J. K. and Turner K. , 2009, "Do Increases In Energy Efficiency Improve Environmental Quality And Sustainability?", *Ecological Economics*, 68 (3), pp. 692 – 709.

Harberger, A. , 1962, "The Incidence of Corporate Income Tax", *Journal of Political Economy*, Vol. 70, pp. 215 – 240.

He, X. , and Zhu, L. X. , 2003, "A Lack of Fit Test for Quantile Regression", *Journal of the American Statistical Association*, 98 (464): 1013 – 1022.

Hendricks W. , Koencker R. , 1992, "Hierarchical Spline Models for Conditional Quantiles and the Demand for Electricity", *Journal of the American Statistical Association*, 87 (417): 58 – 68.

Holland J. H. , 1975, *Adaption in Natural and Artificial Systems*, Ann Arbor, MI: Univ. Mich. Press.

Hölzl W. , 2009, "Is the R&D Behavior of Fast Growing SMEs Different? Evidence from CIS Ⅲ Data for 16 Countries", *Small Business Economics*, 33 (1): 59 – 75.

Horridge J. M. , Parmenter B. R. and Pearson K. R. , 1993, "ORANI – F: A General Equilibrium Model of Australian Economy", *Economic and Financial Computing*, vol. 3.

Ian Sue Wing, 2004, Computable General Equilibrium Models and Their Use in Economy-Wide Policy Analysis, MIT Joint Program on the Science and Policy of Global Change, Technical Note No. 6.

Ito K. , 2004, "Foreign Ownership and Plant Productivity in the Thai Automobile Industry in 1996 and 1998: a Conditional Quantile Analysis", *Journal of Asian Economics*, 15 (2): 321 – 353.

Jaffe A. , 1989, Real effects of academic research, American Economic Review, 79 (5): 957 – 970.

Johansen L. , 1960, A Multi-sectoral Study of Economic Growth, Amsterdam: North-Holland.

Jorgenson D. W. and Wilcoxen P. J. , 1992, Reducing U. S. Carbon Dioxide Emissions: The Cost of Different Goals, in J. R. Moroney (Eds.), Advances in the Economics of Energy Resources, Vol. 7. Greenwich, CT: JAI Press, pp. 125 – 158.

Keller W. J. , 1980, *Tax Incidence: A General Equilibrium Approach*, Amsterdam: North-Holland.

Koenker R. and Bassett G. , 1978, "Regression Quantiles", *Econometrica*, 46 (1): 33 – 50.

Koenker R. and Machado J. A. F. , 1999, "Goodness of Fit and Related Inference Processes for Quantile Regression", *Journal of the American Statistical Association*, 94 (448): 1296 – 1310.

Koenker R. , Portnoy S. and Ng P. , 1992, Nonparametric Estimation of Conditional Quantile Functions, in: Dodge Y. , (Eds.), L1 Statistical Analysis and Related Methods, Amsterdam: Elsevier, 217 – 229.

Koenker R. W. and d'Orey, 1987, 1994, "Computing regression quantiles", *Applied Statistics*, 36, 383 – 393, and 43, 410 – 414.

Le Gallo J. and Dall'erba S. , 2008, Spatial and sectoral productivity convergence between European regions, 1975 – 2000. Papers in Regional Science 87 (4): 505 – 525.

Le Gallo J. and Y. Kamarianakis, 2011, "The Evolution of Regional Productivity Disparities in the European Union from 1975 to 2002: A Combination of Shift – Share and Spatial Econometrics", *Regional Studies* 45 (1): 123 – 139.

Mansur, A. and Whalley J. , 1984, "Numerical Specification of Applied General Equilibrium Models: Estimation, Calibration, and Data", Chapter3 in Scarf, H. and Shoven, J. (Eds.), Applied General Equilibrium Analysis, Cambridge University Press, 1984.

Martins-Filho C. and Yao F. , 2008, "A Smooth Nonparametric Conditional Quantile Frontier Estimator", *Journal of Econometrics*, 143 (2): 317 – 333.

Miles W. , 2004, "Human Capital and Economic Growth: A Quantile Regression Approach", *Applied Econometrics and International Development*, 4 (2): 5 – 18.

Mosteller F. and Tukey J. , 1977, *Data Analysis and Regression: A Second Course in Statistics*, Reading, MA: Addison-Wesley.

Nelson Richard, 2008, "Economic Development from the Perspective of Evolutionary Economic Theory", *Oxford Development Studies*, Vol. 36, No. 1, pp. 9 – 21 March 2008.

Paci, R. and S. Usai, 1999, "Externalities, knowledge spillovers and the spatial distribution of innovation", *Geo Journal* 49 (4): 381 – 390.

Paelinck J. and Klaassen L., 1979, Spatial Econometrics. Saxon House, Farnborough.

Parzen M. I., Wei L., and Ying Z., 1994, "A Resampling Method Based on Pivotal Estimating Functions", *Biometrika*, 81 (2): 341–350.

Portnoy S. and Koenker R., 1997, "The Gaussian Hare and the Laplacian Tortoise: Computability of Squared-error vs. Absolute-error Estimators, with discussion", *Statistical Science*, 12 (4): 279–300.

PRCGEM 课题组:《中国税制改革效应的一般均衡分析》,《数量经济技术经济研究》2002 年第 9 期。

Scarf H., 1967a, "The Approximation of Fixed Points of A Continuous Mapping", *SIAM Journal of Applied Mathematics*, Vol. 15 (5), pp. 328–343.

Scarf H., 1967b, On the Computation of Equilibrium Prices, In Fellner, W. (Eds), Ten Essays in Honor of Irving Fisher. New York: Wiley.

Schmidt A., A. Moreira et al., 2009, "Spatial stochastic frontier models: accounting for unobserved local determinants of inefficiency", *Journal of Productivity Analysis*, 31 (2): 101–112.

Schulz T. P, 1990, "Testing the neoclassical model of family labor supply and fertility", *The Journal of Human Resources*, 25 (4): 599–634.

Shoven J. B. and Whalley J, 1972, "A General Equilibrium Calculation of the Effects of Differential Taxation of Income from Capital in the U. S. ", *Journal of Public Economics*, Vol. 1, pp. 281–321.

Shoven J. B. and Whalley J., 1973, "General Equilibrium with Taxes: A Computable Procedure and an Existence Proof", *Review of Economic Studies*, Vol. 40, pp. 475–489.

Shoven J. B. and Whalley J., 1974, "On the Computation of Competitive Equilibrium on International Trade", *Journal of Economic Literature*, Vol. 4, pp. 341–354.

Shoven J. B. and Whalley J., 1984, "Applied General Equilibrium Models of Taxation and International Trade: An Introduction and Survey", *Journal of Economic Literature*, Vol. 22, pp. 1007–1051.

Shoven J. B. and Whalley J., 1992, *Applying General Equilibrium*, New York: Cambridge University Press.

Spithoven A., Frantzen D. and Clarysse B., 2010, "Heterogeneous Firm-Level Effects of Knowledge Exchanges on Product Innovation: Differences between Dynamic and Lagging Product Innovators", *Journal of Product Innovation Management*, 27 (3): 362–381.

Turner K., 2009, "Negative Rebound And Disinvestment Effects In Response To An Improvement In Energy Efficiency In The UK Economy", *Energy Economics*, 31 (5), pp. 648–666.

Van der Werf H. M. G., Tzilivakis J., Lewis K., et al., "Environmental impacts of farm scenarios according to five assessment methods. Agriculture", *Ecosystems and Environment*, 2007, 118.

Varga A., 1998, University research and regional innovation: A spatial econometric analysis of academic technology transfers. Dordrecht: Kluwer Academic Publishers.

Varga A., 2007, Localised knowledge inputs and innovation: The role of spatially mediated knowledge spillovers in Hungary. Acta Oeconomica 57 (1).

Varian H. R., 1992, *Microeconomic Analysis*, New York: Norton.

Whalley J., 1985, *Trade Liberalization among Major World Trading Areas*, Cambridge, MA: MIT Press.

Wilcox R. R., 2008, "Quantile Regression: A Simplified Approach to a Goodness-of-fit Test", *Journal of Data Science*, 6 (4): 547–556.

Yaçar M. and Paul C. J. M., 2009, "Size and Foreign Ownership Effects on Productivity and Efficiency: An Analysis of Turkish Motor Vehicle and Parts Plant", *Review of Development Economics*, 13 (4): 576–591.

Yu K. and Jones, M. C., 1998, "Local Linear Regression Quantile Estimation", *Journal of the American*

Statistical Association, 93（441）：228－238.

Yu K.，1999，"Smoothing Regression Quantile by Combining k – NN with Local Linear Fitting"，*Statistica Sinica*, 9：759－771.

Zimmermann V.，2009，"The Impact of Innovation on Employment in Small and Medium Enterprises with Different Growth Rates"，*Journal of Economics and Statistics*, 229（2－3）：313－326.

蔡跃洲：《技术经济学研究方法及方法论述评》，《数量经济技术经济研究》2009 年第 10 期。

郭树生：《技术经济学的研究对象》，中国社会科学院数量经济与技术经济研究所内部讲座材料，2009。

何刚、陈文静：《公共资本和私人资本的生产效率及其区域差异——基于分位数回归模型的研究》，《数量经济技术经济研究》2008 年第 9 期。

胡晶、魏传华、吴喜之：《空间误差自相关随机前沿模型及其估计》，《统计与信息论坛》2007 年第 2 期。

雷家骕、程源：《技术经济学科发展述评与展望》，《数量经济技术经济研究》2004 年第 8 期。

雷家骕、程源、杨湘玉：《技术经济学的基础理论与方法》，高等教育出版社，2004。

李京文：《论技术经济学的理论来源、研究对象与研究方法》，载李京文著《科技富国论》，社会科学文献出版社，1995。

李善同、翟凡、徐林：《中国加入世界贸易组织对中国经济的影响——动态一般均衡分析》，《世界经济》2000 年第 2 期。

李善同等：《中国经济的社会核算矩阵》，《数量经济技术经济研究》1996 年第 1 期。

林佳显、龙志和、林光平：《空间面板随机前沿模型及技术效率估计》，《商业经济与管理》2010 年第 5 期。

卢明森：《综合集成法——整体论与还原论的辩证统一》，载中国系统工程学会、上海交通大学编《钱学森系统科学思想研究》，上海交通大学出版社，2007。

马阳：《技术经济学讲座①：技术经济学的发展过程和前景》，《科技和产业》2002 年第 2 期。

苗东升：《钱学森论系统方法论》，载中国系统工程学会、上海交通大学编《钱学森系统科学思想研究》，上海交通大学出版社，2007。

齐建国：《技术经济学发展综述》，《数量经济技术经济研究》1997 年第 8 期。

王韬、周建军：《我国进口关税减让的宏观经济效应——可计算一般均衡模型分析》，《系统工程》2004 年第 2 期。

魏下海：《贸易开放、人力资本与中国全要素生产率——基于分位数回归方法的经验研究》，《数量经济技术经济研究》2009 年第 7 期。

徐寿波：《技术经济学》（第四版），江苏人民出版社，2007。

徐寿波：《建国 60 年中国"技术经济"科学技术发展的回顾与展望》，《北京交通大学学报》（社会科学版）2009 年第 4 期。

翟凡、李善同、冯珊等：《一个中国经济的可计算一般均衡模型》，《数量经济技术经济研究》1997 年第 3 期。

张信东、薛艳梅：《R&D 支出与公司成长性之关系及阶段特征——基于分位数回归技术的实证研究》，《科学学与科学技术管理》2010 年第 6 期。

郑友敬等：《超大型工程建设项目评价——理论方法研究》，社会科学文献出版社，1994。

郑玉歆、樊明太：《中国 CGE 模型及政策分析》，社会科学文献出版社，1999。

朱彩飞：《可持续发展研究中的物质流核算方法：问题与趋势》，《生态经济》（学术版）2008 年第 1 期。

朱平芳、朱先智：《企业创新人力投入强度规模效应的分位点回归研究》，《数量经济技术经济研究》2007 年第 3 期。

朱启贵：《能源流核算与节能减排统计指标体系》，《上海交通大学学报》2010 年第 6 期。

第二部分
建立技术评价的方法体系

引 言 *

21 世纪，人类进入了一个科技发展的新纪元，重大高新技术发展引起的技术革命浪潮对人类经济社会的发展产生了巨大影响。世界发达国家走出 2008 年发生的金融危机后，各国竞相加快发展新能源、新材料、信息、航空航天等重大高新技术，而且各国之间围绕着重大高新技术及其产业发展的竞争更加激烈。改革开放以来，中国经济经历了令世界瞩目的高速增长，但这种增长主要是依靠资本深化的粗放式经济增长方式，此发展方式变得越来越不可持续。中国要想跨越"中等收入陷阱"，并成功追赶发达国家，经济发展方式必须要转变，从以资本驱动转变为技术驱动的国家经济发展，逐步建立创新型国家。依靠科技立国和强国，成为中国经济进一步发展的重要趋势。《中华人民共和国国民经济和社会发展第十二个五年规划纲要》中提出，大力发展节能环保、新一代信息技术、新能源、新材料、新能源汽车等战略性新兴产业。值得指出的是，战略性新兴产业发展同样离不开重大高新技术的支撑。面对新形势，加快发展重大高新技术，抢占国际竞争制高点，必将成为转变经济发展方式的重要抓手。因此，重视研究重大高新技术发展对经济社会变革的影响，对于中国在"十二五"期间乃至较长期制定正确的科技发展政策，促进科技和经济社会的全面进步有着非常重要的意义。

具有重大突破的科学技术对社会发展有巨大的、深刻的、全面的影响。尤其重大高新技术不仅会带动国家经济发展，而且也会对社会发展产生积极影响，已经成为世界各国政策倾斜的重要领域。虽然重大高新技术对国家经济社会发展至关重要，但是当一个国家的资源禀赋较低，而且，重大高新技术发展相对其他国家并没有比较优势时，该国在重大高新技术领域的盲目赶超将会对经济社会发展产生负面影响，反而会抑制有比较优势产业的发展，最终影响国民经济增长。同时，尽管重

---
* 执笔人：郑世林。

大高新技术虽然已成为世界经济新的增长点和主要推动力，但它给人类带来的生态环境、伦理道德、社会稳定和国家安全等危机和挑战同样是严峻的。因此，为了更好地开发和利用具有重大突破意义的技术，有必要对这些技术所产生的社会经济影响进行评价。中国正处于改革开放、加快经济发展方式转变的攻坚时期，面临着日益严峻的资源环境约束，而且在重大高新技术领域远远落后于发达国家，高端技术基本处于受制于发达国家的境地。重大高新技术发展和利用对于中国转变经济发展方式，以及追赶发达国家科学技术水平具有重要意义。然而，不按市场经济规律的盲目赶超，以及不遵循高新技术特征和发展规律的粗放式推进，可能会对中国重大高新技术和行业发展乃至经济社会发展造成负面影响。有鉴于此，就中国重大高新技术对经济社会发展的影响进行技术经济评价，是一项不可或缺的重要工作。

高新科学技术，也称为高技术、高科技。高新技术就一般而言，实际上指的是当代新兴学科与高技术水平，特别是尖端技术和先进技术，它反映了科学向技术的迅速转化以及科学与技术的高度融合，是生产力发挥巨大作用的重要因素。重大高新技术可以主要概括为以下几个特征：一是重要性，重大高新技术直接关系到国家的经济、政治、军事地位，体现了一个国家的战略实力；二是原创性，重大高新技术是在广泛利用现代科学技术成果的基础上，通过高昂投入，在原有知识和技术长期积累基础上所实现的带有独创性和突破性的科技创新；三是先进性，重大高新技术在科学技术领域具有领先优势，高新技术一旦得到突破，技术的领先就形成了对市场的垄断，保证了超额垄断利润的形成；四是风险性，重大高新技术的探索处于科学技术的前沿，任何一项开创性的构思、设计和实施都具有风险性，并且其高额垄断利润也决定了其具有高投入和高风险的特征；五是复杂性，重大高新技术不是某一项技术的单项突破，重大创新更多地出现在学科交叉领域，需要丰富的成果源、强大的技术储备和充足的人才支持，而且也需要政府财政政策的倾斜；六是驱动性，重大高新技术在相当大程度上是经济发展的驱动力，它广泛渗透到传统行业中，带动各个行业的发展。一般认为，重大高新技术包括六大技术领域：①电子信息技术；②新能源及节能技术；③航空航天技术；④新材料技术；⑤资源与环境技术；⑥生物与新医药技术。

针对这六个重大高新技术领域，本部分着重对当前我国战略性新兴产业领域紧密相关的四个重大技术领域进行综合技术经济评价，即电子信息技术、航空航天技术、资源与环境技术和新材料技术。在对各个重大高新技术领域评价时，不仅考察其对经济发展的影响，也考察其对人类社会的影响。首先，对不同重大高新技术领域进行科学的界定。包括某一重大高新技术领域所涉及的概念、主要技术经济特征以及可能涉及的子技术领域。其次，设计重大高新技术对经济社会影响的三级综合评价指标体系。一方面，经济评价主要从经济规模、投入规模、市场需求、技术与资源禀赋的适应程度、竞争力、对经济增长方式转变的影响等角度来构建指标体系；另一方面，社会评价主要从生活质量改善、环境质量改善、资源改善、伦理道德、社会稳定和国家安全要求来构建评价指标体系。再次，构建重大高新技术对经济社会发展影响的综合评价模型。评价模型主要包括层次分析法、主成分分析法、模糊数学法、神经网络方法等运筹学方法。最后，利用以上指标体系和评价模型，结合行业统计数据和实际案例进行实证分析。

第三章 技术评价体系研究[*]

随着科学技术的发展，其对经济社会的作用越来越大，影响的范围越来越广，融入的周期越来越短，介入的程度越来越深。与此同时，随着人口的增长、经济的快速发展，人类也面临着越来越多的严重挑战，如资源的短缺甚至耗竭，环境的污染，生态平衡的破坏，核武器、生化武器和一些生化物品的滥用对生命的威胁，以及各种高新技术产品的不当使用对社会和精神生活的干扰，等等。造成这种情况的原因是复杂的，但一些技术的不当使用和负效应也是重要原因之一。技术本身是价值中性的，但技术的应用往往有着强烈的积极和消极的社会效应。科学技术的高速发展及其复杂性，使人们越来越难以对技术本身及其后果有直观、明确的认识和把握，而使用技术的负面影响也时常要在很长时期以后才能显露出来。为了更好地利用技术，正确评估技术发展对经济社会产生的正面作用，防止或减少对社会、环境等可能产生的消极影响，就应对技术进行详尽的评价。

技术评价既要评价技术在其自身生产技术系统中的直接作用，也要评价技术对经济、社会和生态效益的影响。科学技术的重大突破所产生的影响不仅局限于产业部门内部，因此重大技术突破的评价还要包括其对地区或国家经济社会发展的影响。同时，为了实现同一技术或经济目标，也可能存在多种技术手段和技术路径，带来的经济成果也可能差异很大，对地区经济发展和生态环境的影响也会有不同，这些都要在技术选择时予以考虑。因此，通过技术评价，对不同的技术措施、方案的技术效果与经济、社会和生态效果进行必要的分析、计算、比较和评价，经过科学分析与科学论证，选择适合本国国情、地区资源特点、自然生态条件的优化方案，以先进技术取代落后技术，以适用技术取代不适用的技术，从而保证具有较好的经济、社会和环境效益，这就是技术评价的任务。

---

* 执笔人：戴淑芬、刘建翠、田林子、刘满强。

一　技术评价发展综述

（一）技术评价的提出

技术评价这一专门术语是 Philip Yeager 在 1966 年第一次使用的，Philip Yeager 当时是美国国会议员 Emilio Q. Daddario 的助手。但是 Tom Settle 认为技术评价的思想源于英国，早在 17 世纪 60 年代就诞生了，并伴随着 1776 年亚当·斯密的《国富论》的出版而成熟。也有学者认为技术评价的起源可以追溯到 19 世纪 20 年代。20 世纪初，美国成立国会服务部（CRS），直接针对各委员会及议员们提出的各类问题进行研究、分析和评估，其中与科学技术有关的研究、分析和评价可认为是技术评价的雏形。20 世纪三四十年代，W. F. 奥格本（W. F. Ogburn）和 S. C. 吉尔菲兰（Gilfillan）也在技术评估和预测方面进行过研究。尽管如此，技术评价作为正式术语被广泛采用，并且其重要性得到确认是在 20 世纪 60 年代。

对于技术评价的有代表性意义的一些定义有：

美国的技术评价办公室 OTA（Office of Technology Assessment）第一任主席 Emilio Q. Daddario 的定义是："技术评价是政策研究的一种形式，它为政策制定者提供了一个综合的评价。在理想的情况下，它是一个能够提出适当问题并能获得正确和及时的答案的系统。它能够识别政策问题，评价多种替代行动方案的影响，并且提供研究结果。它是一种系统地评价技术发展的性质、作用、地位和利害得失的分析方法。""在某一技术系统建立前、建立中和建立后，有必要鉴定和研究它的作用和后果，目的是为了改进对整个技术社会的管理，包括把未曾意料到的、不是预期的和不需要的后果减少到最低限度。评价包括预测和预见、回溯评价以及当前的监测和分析；测量包括非经济的、主观的价值，以及直接的可触知的量。最重要的是，评价要求在建议新技术扎根于人类组织的社会经济复合体以前，预测新技术的灾难性后果，预测和避免不可逆的不良后果。"美国 OTA 认为，关键的问题是技术应用的结果要尽最大可能地被预先认知、理解和提出关于现存和新兴国家问题的公众政策。

美国国家科学基金会对技术评价的基本原理阐述为：技术评价有助于满足社会对信息的需要，以提供技术应用中的决策依据。

美国国会图书馆的国会研究服务机构的技术评价定义是：技术评价是一种有目

的地监视技术变革种种后果的过程。它包括初期的只限于某些局部地区短期效益、费用的平衡，但它远不只包括这一点，它还包括在尽可能宽的范围内、在尽可能长的时间范围内来识别受影响集团和那些未预期的影响。

J. 科尔茨的定义是："技术评价是对决策者提供全面评价的一种政策研究，是系统地评价某一技术规划的性质、意义、状况和优缺点的一种分析方法，用来揭示三类后果：合意的、不合意的和不确定的。"

日本科学技术厅认为：技术评估就是综合检查、评价技术的直接效果、负效果和潜在的可能性，将技术控制在整个社会希望的方向。因此，不单纯是技术的评价，而且要用人类的手来控制狂奔的现代技术。

Gibbons 和 Voyer 在为加拿大科学院研究技术评价时给出技术评价的定义是：提供社会应用和扩散一项技术给物理、社会、经济和政治系统带来的内部和外部结果（短期的、中期的、长期的）的信息并系统分析的活动。这些信息和系统分析被结构化并用于帮助被委任操作那些（物理、社会、经济和政治）系统的决策制定者。

总之，对技术评价的定义和目的虽然有许多种表述，但基本思想大体是一致的，都是采用科学的方法，从各个方面系统地对技术实践的利弊得失进行综合评价，研究今天的选择对未来的影响，提早预见负面影响，趋利避害，针对可能产生的问题寻求更好的替代解决方案，供决策参考。

（二） 国外技术评价的发展

1972 年，美国国会成立了技术评价办公室（OTA），成为第一个正式的技术评价机构。其后美国很多有争论的政策事务都得益于 OTA。OTA 评价不提供特殊的建议，而是提出清楚明确的选项和可替代方案的结果。OTA 的另一个特点是其技术评价的完全性和包含性的风格。1995 年，OTA 因缩减预算而遭关闭，其时 OTA 已经完成了 700 多份报告，涉及科学技术许多不同方面的主题。OTA 没有规定特定的公式化方法，而是建立了一个通用的方法和过程，即广泛征集咨询小组以及外部专家的建议，鼓励采用各种方法搜集数据和信息。虽然规定了通用的方法和过程，但每个项目研究为了达到不同的要求都可以选择自己所需要的数据收集和研究方法。

之后，技术评价活动中心转移到德国。效仿美国的做法，德国成立了技术评价机构（TAB）。今天独立的研究机构——技术评价与系统分析研究所（Institute for

Technology Assessment and System Analysis，ITAS）是德国和世界各地的技术评价机构的联系平台。许多欧洲国家的议会也相继建立了自己的技术评价部门。20 世纪 90 年代，技术评价受到欧洲议会的普遍重视，导致成立了官方的科学技术选择评价中心（Scientific Technological Options Assessment，STOA）和欧洲议会技术评价网络（European Parliamentary Technology Assessment Network，EPTA）。欧洲委员会还发起了一些技术评价网络如欧洲技术评价网络（European Technology Assessment Network，ETAN）等。欧洲各国技术评价活动的模式和美国基本相同，但具体运行方式有所不同。

现代技术评价认为技术评价重点不仅是对技术后果的预测，还应该包括技术设计与开发本身，认为技术发展的各个阶段都与相关社会因素的参与密切相关，技术发展应是一个包括社会学习在内的不断反馈的过程。不同的技术评价中最成功的是环境影响分析（Environmental Impact Analysis，EIA）和风险分析（Risk Analysis，RA）。

20 世纪 80 年代，丹麦和荷兰引入了参与式技术评价（Participatory Technology Assessment，PTA），对社会影响较强的技术，在决策制定过程中引入更多的公众参与。参与技术评价的范围更加广泛，包括政界人士、非政府组织、贸易联盟、媒体人士、科学家、技术开发人员以及非教派人士等。和传统技术评价一样，参与式技术评价的重点仍是对新技术及其潜在影响进行早期预测，作为制定政策的依据。参与式技术评价的主要方法有对话讨论（dialogue forua）、中心小组（focus groups）、未来座谈（future-panels）和讨论会（consensus conferences）等。对争议较大的技术评价，如与生物技术和基因技术有关的技术，主要采用层次会议（lay conference）和讨论会（consensus conferences）等方法。

20 世纪 80 年代中期，技术评价方法更加丰富，推出了建构性技术评价（Constructive Technology Assessment，CTA）和创新性技术评价（Innovative Technology Assessment，ITA）等，这些方法都关注技术开发人员之间的互动以影响技术开发过程。建构性技术评价的一个核心观点是技术设计过程应该对那些受技术影响的人们开放。因此评价网络对技术开发、政策制定以及技术使用者等开放，在技术发展的早期就注重技术评价的整合。建构性技术评价区别于参与式技术评价的关键特征，是前者只与设计过程相联系。建构性技术评价开始出现在荷兰，1986 年由当时的荷兰技术评价组织提出。创新性技术评价是 20 世纪 80 年代德国技术评价研讨会产生的成果，其目的和实践与建构性技术评价基本相同。

很多国家从事医药技术评价。这一分支领域经常被称为健康技术评价（Health Technology Assessment，HTA）。技术评价在医药领域比在其他领域得到更多关注，主要是因为为医疗服务付账的部门很难把费用降下来。它们有强烈的动机阻止新技术应用，直到新药的安全性和有效性得到确实证明之后。医药技术评价的发展有其自身的规则，独立于其他类型的技术评价。

隐私影响评价（Privacy Impact Assessment，PIA）的提出是为了分析和评估特殊的活动或技术在隐私方面的潜在影响。隐私影响评价早在20世纪70年代就出现了，但直到20世纪90年代才受到关注。隐私影响评价的主要目的是帮助决策部门判断新技术、信息系统或政策是否违背基本的隐私要求。

近期还有一种平等影响评价（Equality Impact Assessment，EQIA），集中关注一个特定的实践活动的影响怎样能够保障平等，特别是对不同的个体和团体中机会平等的影响。

当前各国的技术评价领域大体相同，主要集中在信息与通信、生命科学、材料与加工、先进制造、资源与能源、医疗保健、交通运输、农业、海洋地球和空间服务等领域，但使用的方法略有差异。各国进行技术评价，大都结合本国具体情况，从本国经济社会发展需求出发。美国在许多技术领域处于世界领先地位，选择关键技术，主要从技术供给能力来考虑。日本、德国和英国等国重点考虑社会经济发展目标，选择实现这些目标所需要的技术。

当代技术的发展，各种学科相互交错，更新速度加快，与经济社会发展的联系越来越紧密，传统的趋势外推等方法已不能适应，多数国家采用大规模德尔菲调查法，把社会各方面专家的分散智力综合集成为战略性智力，收到了比较好的效果。此外一些国家也采用情景分析法等其他方法。

当前，发达国家和新兴工业化国家都高度重视发展科学技术，加大研发投入，以取得未来发展的主动权。为提高研发效率，避免决策失误，取得更多成果，也都更加重视技术评价工作，把技术评价作为提高政府决策能力的一项长期的基础性工作。

（三）中国技术评价的发展

从20世纪80年代中期开始，技术评价被介绍和传播到我国，主要侧重于具体项目或技术的分析模型和方法的探索。

进入20世纪90年代，我国学者和政府管理部门对科技评价理论和方法进行了很多有益的探索和研究。90 年代初，黄擎明在国家自然科学基金支持下，以"技术评估的理论、方法与实践"为题进行了研究，1990 年出版了《技术评估——理论、方法与实践》一书，对我国的技术评价理论和实践起了重要作用。各科技支持机构也积极资助技术评价研究，其中包括国家自然科学基金委 1999 年资助项目"科学研究的综合绩效评价方法研究及应用"；国家软科学研究计划 1996 年项目"我国科技成果评价方法与管理模式研究"；国家软科学研究计划 2000 年指导性计划项目"我国基础研究评价存在的问题及对策研究"；2002 年国家自然科学基金重点项目"应用技术评价理论与方法研究"等。国家自然科学基金管理科学部在 2001 年公布的《管理科学"十五"优先资助领域论证报告》把技术管理作为重要的资助领域之一，包括组织创新研究、科学技术评价的理论与方法、企业技术管理与知识管理、技术战略与技术预测、科技安全问题研究、创新管理及其与科技政策的关系以及我国科学研究体系的整体设计与资源配置等。

20 世纪 90 年代末期，技术评价工作在我国陆续开展起来。1997 年，科技部批准成立了"国家科技评估中心"，并在 12 个省市和部门开展科技成果评价试点工作。2003 年 5 月 15 日，五部委联合印发《关于改进科学技术评价工作的决定》。2003 年 9 月 22 日，为加强和改进科学技术评价工作，建立健全科学技术评价制度，规范科学技术评价活动，正确引导科学技术工作健康发展，根据国家有关法律法规和《关于改进科学技术评价工作的决定》，科技部颁布了《科学技术评价办法》（试行）（以下简称《办法》）。《办法》指明，科学技术评价是科学技术管理工作的重要组成部分，是推动国家科学技术事业持续健康发展、促进科学技术资源优化配置、提高科学技术管理水平的重要手段和保障。《办法》指出，科学技术评价是指受托方根据委托方明确的目的，按照规定的原则、程序和标准，运用科学、可行的方法对科学技术活动以及与科学技术活动相关的事项所进行的论证、评审、评议、评估、验收等活动。《办法》对技术评价的基本程序、评价专家遴选、科学技术计划和项目评价、研究与发展机构和人员评价以及研究与发展成果评价做了明确的规定。《办法》适用于对中央或地方财政资金资助的科学技术计划、项目、机构、人员、成果的科学技术评价。但是，《办法》未对技术评价内容和方法做出明确规定。

总体来看，我国技术评价与国外相比仍有相当大的差距。虽然评价方法与国外相似，但还应从我国实际情况出发，在评价方法的创新、评价指标的改进、评价的规范性和独立性等方面做更多的改进和提高。特别是在我国经济总量和研发投入迅速增长、创新型国家建设任务紧迫的情况下，切实提高科技规划、科技管理和技术评价水平，提高研发效率，提高研发质量，就显得特别重要。

二 技术评价的必要性

20世纪60年代以来，在世界范围内科学技术以前所未有的速度发展，从方方面面改变着人类的经济发展方式和社会生活，也越来越影响和制约我们的生活形态。一方面，现代科学技术发展给人类带来了巨大的物质财富，快速推动了人类社会的发展；另一方面，由于某些技术自身的不完善、不合理的社会政治经济制度以及人的不合理的行为，导致一系列重大危害，成为实现可持续发展的巨大障碍。近几年来，各国频繁出现的各种自然灾害，再一次为人类社会的可持续发展敲响了警钟。科学技术的发展滚滚向前，这是社会发展的主旋律，任何人和任何组织都不可能阻挡。尊重科学技术发展内在规律，完善科学技术管理体制，健全科学技术发展的配套工程，尤其是加强科学的环境管理，是实现可持续发展的重要内容，而技术评价更是作为科技管理，甚至环境管理不可缺少的环节，是推动可持续发展的重要举措。

（一）技术自身的特性

技术评价的必要性首先来自技术自身的特性，包括技术应用的外部性、重大技术具有的战略性以及技术发展的不确定性等。

1. 技术的外部性

外部性是一个经济学概念，通常指一个经济主体的经济活动对另一个经济主体所产生的有害或有益的影响。技术外部性是指技术的应用对其他经济体，对本行业和其他行业、本地区和其他地区以及宏观经济，对环境和社会，对人类身体健康和伦理道德等各方面产生的短期或长期的有益或有害的影响。

例如，高速铁路建设，直接效益是提供快捷舒适的客运服务，但它还会对民航客运产生竞争压力，促使其提高服务质量、降低成本，同时也会影响其业务收入。此外，高速铁路网建设需要大量钢铁，会促进钢铁业的发展。但同时金属冶炼是高能耗、高污染的行业，又会影响节能减排任务的完成。如此等等，积极的和消极的影响，复杂交错，都要进行仔细评估。

又如，大型水电工程是针对自然界的重大技术措施，直接效益是发电和调节旱涝，但也会造成一系列其他方面的影响。如对水路运输的影响，或疏通水路便利通航，或阻断河道中断航线；对周边地质结构的影响，有可能引发或远或近地区的地质灾害；隔断水路对水生动物迁徙和繁殖产生影响；对周边气候的影响；大量移民引发的经济和社会成本；对自然景观和旅游业的影响，等等。这些正面或负面的影响，有的可能要在若干年之后才能显现，因而更要审慎评估。

发展航天技术的目的是探索宇宙，是科学研究，主要功能是认识世界，通常不具备直接的经济功能。但航天工程是一个综合的技术系统，需要诸多行业和技术的协作配合，从而可以在研制过程中拉动众多技术和行业的发展。同时在航天工程完成之后，这些技术成果又可以推广应用到很多行业中去，从而带动这些行业的技术进步。

转基因技术是一个备受争论的技术。经转基因技术处理的作物可以具有特殊的遗传特性，可以大幅度提高作物产量。如今，转基因技术已经广泛推广，世界大豆种植面积的 3/4、棉花种植面积的 1/2、玉米种植面积的 1/4、油菜种植面积的 1/5 都是转基因作物。尽管如此，对转基因作物和食品环境及安全危害的争论却从未停止。2010 年 8 月，美国地区法官对孟山都公司培育的转基因甜菜发出禁种令，理由是其产生的花粉可能会蔓延到与甜菜相关的其他作物，从而造成环境问题。[1] 又如 2007 年，研究发现，美国 27 个州蜜蜂锐减，分析认为，祸首可能是杀虫剂、细菌、病毒或转基因作物改变了蜜蜂行为。由于世界 80% 的植物靠蜜蜂传粉，所以这种影响可能是致命的。爱因斯坦曾说："如果蜜蜂从地球上消失了，人类最多只能活四年。"因为"没有蜜蜂，就没有授粉，就没有植物，就没有动物，就没有人类"。

一个技术措施，微观评价可能是合理的，但宏观评价可能是不合理的。如我国西部某地在某条江上违规建设数十座小水电，可以增加财政收入 3000 万元。但是这些小水电严重破坏了地质环境，扰动地表面积达 300 多平方公里，弃渣达 3800 多万立方米。这些工程与弃渣既破坏了河岸山体的稳定，巨大的石块又容易在狭窄河道中形成"自然坝"造成堰塞湖。2010 年 8 月，该地发生特大泥石流灾害，灾害造成 1400 多人死亡，近 300 人失踪，2500 多人受伤。中央和省里投入资金 50 亿元人民币，用于该地灾害后重建、恢复生态。[2] 图微观小利，造成宏观大损。从技

---

① 张田勘：《转基因之争的新变化》，《南方周末》2010 年 10 月 21 日。

② 《聚焦水流困局之二：建在地质断裂带上的水电站》，中央电视台《经济半小时》，2011 年 8 月 2 日，http：//jingji. cntv. cn/20110802/118782. shtml。

术评价角度，这种项目是不能成立的。

以上事例说明，很多技术的外部性是相当显著的，对于人类环境、社会、经济各个方面都有着深远的影响，需要在其研发之前和推出之后，进行详尽的评价。

2. 技术的战略性

某项新兴技术或技术集群，如果对一国或世界未来经济社会发展全局能够产生重大影响，则称其为战略性技术。战略性技术对提高国家和产业的国际竞争力，提高人民生活质量，增加就业，保护环境，具有重要作用。战略性技术是国家长远和根本利益之所在，掌握了这些技术，就掌握了未来发展的主动权，反之就会陷于被动。遵循技术和产业发展规律，发挥主观能动性，预测和识别战略技术，促进其发展，是技术评价的重要任务，也是各国竞相努力的目标。

历史上，战略性技术和技术集群的出现，此起彼伏，依次递进，构成了技术和产业发展的壮观图景。古代中国农业发达，在生产工具、青铜器和铁制农具、耕作技术、水利工程、农作物的种植推广等方面都取得了突出成就，造就了数百年的繁荣，在世界经济史上居于领先地位数百年。18 世纪以蒸汽机、纺织机等技术发明为代表的技术革命催生了第一次产业革命，造就了大英帝国的繁荣。19 世纪以电动机、发电机技术为代表的电力革命，催生了电力、电子、化学、汽车、航空等一大批技术密集型产业兴起，技术从机械化时代进入了电气化时代。从 20 世纪中叶起，开始了以电子计算机、原子能、航天空间技术等为标志的第三次技术革命，人类进入高技术时代。这些都是当时战略性技术的代表。当前，以节能环保、新能源、信息技术、生物技术等为代表的新的战略性技术和产业正在酝酿形成，各国为争夺战略主导权的竞争方兴未艾。

新的战略性技术的特征主要表现在以下六个方面。

（1）能够有效解决可持续发展面临的约束，为经济社会长期发展提供技术基础。国家战略性技术应该能够支持经济社会可持续发展，全面提高综合国力，提高国家产业的国际竞争力，加快信息化和工业化进程。战略性技术要能大体反映未来10 年技术进步方向的关键性领域，如在能源、环境、社会发展等方面产生巨大影响。

（2）能够满足大国经济发展需要，有助于建立与大国产业和大国经济结构相适应的技术结构。与一些实施外向型战略的小国相比，大国经济发展应以国内需要为主，保持国内生产和技术体系相对独立性和完整性。从大国产业的国际地位要求和大国经济结构目标的需要出发，许多重要产业的发展和重大技术开发必须自主承担。在一些重要的竞争性领域保持产业技术的领先地位，也是大国参与国际产业分工和国际竞争的基础条件。

（3）能对经济结构调整和产业升级具有关键性影响。这里指的是能够打破产业升级的技术障碍、代表产业发展方向、蕴藏巨大产业机会的技术，特别是在新技术革命中起重大作用并在未来产业发展中起带头作用的重大技术。在新的国际竞争中，各国经济都有自身的特色和比较优势。随着技术进步推动的国际新分工体系的调整，中国的劳动力、市场规模和制造能力等比较优势将构成现实的产业竞争优势。"十二五"期间，我国应该充分利用这一调整的机遇，加快促进我国若干成长性较好的产业部门，如船舶制造、装备制造、纺织等领域，以及电子信息技术、生物技术、纳米技术等前沿技术，掌握具有国际竞争能力的产业核心技术。

（4）购买成本特别高或买不到，必须自主开发的技术。这种技术一般可称之为非交易性战略性技术。在现代国际竞争中，技术竞争以及技术控制一直处于核心地位。一些决定产业国际实力的关键技术，通常是在市场上买不来的，或者技术领先国故意抬高价格，使技术引入国必须支付高昂的成本。中国是发展潜力巨大的国家，更容易受到某些发达国家的技术封锁，因此必须有自己相对独立的战略性产业和战略性技术，必须保持相对独立的产业技术创新体系。虽然产业全球化趋势日益加强，产业技术的融合步伐不断加快，但产业体系和产业技术的相对独立性对于确立一国产业技术的国际地位，并提高本国在国际贸易中的谈判能力，增加在国际竞争中的技术威慑力，作用仍然非常明显。

（5）需要国家进行长期持续支持。战略性技术往往是需要进行持续投入，需要数年、几十年的努力才能见效的。应该树立战略性技术的长期支持观念。政府的持续支持是确保战略性技术发展的关键，特别是对于技术投入能力相对不足的发展中国家，更需要在相对集中的领域进行持续的支持。

（6）能够满足维护国家安全及国家其他需要。当代产业的全球竞争并不是弱化了国家因素，相反无论国际竞争以什么方式进行，国家因素总能发挥作用，并从根本上体现为国家利益。维护国家利益仍是技术发展的最根本战略目标。[①]

从国际经验看，一项战略性技术的发展通常需要几代人、几届政府持续不断的努力，需要国家、企业界的持续投入。缺乏稳定持续的支持，通常是导致战略性技术及产业发展失败的重要原因。

---

① 晋和平、王元：《二十一世纪初国家关键技术选择及其政策思考》，《航天工业管理》2001 年第 9 期。

3. 技术研发的不确定性

技术研发的另一个特点是高度不确定性和高风险性。

奈特1921年区分了不确定性和风险。不确定性是因信息不足而造成的期望值与实际值之间的偏差。风险是由随机原因造成的期望值与实际值之间的偏差。风险本质上是与同质事件总体分布相关的统计概念，其结果可以用概率规律描述。技术研发是不同质的事件，其结果无法用概率规律描述。①

技术研发的不确定性主要体现在技术的不确定性和商业的不确定性。

技术的不确定性，包括技术研发能否成功是不确定的，研发成功的时间是不确定的。从基础研究到成果推广应用通常不是一个简单的线性过程，而是一个艰苦的反复摸索的探索过程，充满艰险，在任何阶段都可能因失败而中止。期望所有研发活动按时取得成果并不现实。失败是科学研究的一个部分。失败也是成果，它告诉同行和后人此路不通，不要重蹈覆辙。科学史和技术史上失败的案例比比皆是。

商业的不确定性是指一项技术能否开发成为一个成熟的产品，以及这一产品能否获得市场的有效响应并取得商业上的成功是不确定的。不能为市场认可的技术成果只能成为一个技术工艺品而停留在实验室里。

一个突出的例子是美国摩托罗拉公司推出的铱星系统。这个全球移动通信系统投资34亿美元，用66颗卫星组成一个网络系统，不借助地面站提供全球无线通信业务。但是由于成本过高，无法获得足够的用户群，在1998年开通半年后申请破产，归于失败。

一般说，越靠近前端的理论研究，技术的不确定性和商业的不确定性就越强，而随着研发活动的演进，不确定性就越小。从基础研究到应用研究到技术开发再到成果产业化的过程，就是一个从不确定走向确定的过程。技术应用的市场化成功是这一过程的完结。

由于研发活动的不确定性，为了提高研发效率，在研发活动的各个阶段，在研发活动之前和进行过程之中，不断进行评价，适时提出终止、继续、加强和修改、补充方案的建议。

（二）争夺国际经济技术竞争的战略制高点

一部世界近代和现代史，就是一部大规模的技术发明史和激烈的技术与经济竞

---

① 〔美〕库姆斯等：《经济学与技术进步》，商务印书馆，1989，第68页。

争史，一部各发达国家竞相抢占技术和经济制高点的历史。在历次技术和产业革命中，掌握核心技术的国家在激烈的国际竞争中取得主导权。20 世纪中后期以来，在经济全球化程度不断加深、信息化迅速推进的背景下，这种趋势愈加明显，争夺技术和经济主导权的斗争日趋激烈。

在古代，自秦汉开始到中世纪，中国在一个相当长的时期内曾经是世界科学技术和经济的中心。14 ~ 16 世纪，意大利掀起文艺复兴运动，反封建、反神学，出现思想解放高潮，促进了科学与艺术的发展，使意大利成为近代世界科学技术和经济的中心。

16 世纪末以后，德国爆发内战，意大利分裂为许多小国，世界科技中心从意大利转移到英国。英国著名哲学家和科学家培根提出要实现科学的伟大复兴，论述知识的价值，提倡科学实验和研究自然科学。英国政府高度重视科学技术，批准成立了皇家学会等学术组织。牛顿发表《自然哲学的数学原理》并发现力学三大定律。科学成就成为技术革命先导。纺织业出现机械化，并带动众多部门的机械化。瓦特在前人基础上发明和完善了高效蒸汽机，产业革命发生。英国经济迅速繁荣，同时大规模海外扩张，开始了大英帝国"日不落"的历史。英国的繁荣一直持续到 19 世纪末。

18 世纪初，法国出现启蒙运动，以狄德罗为首的哲学家形成了法国百科全书派，宣传自由、平等和人道主义，提倡民主和科学，出现了一次思想大解放。同时，在牛顿学说的影响下，出现了一批科学家和科研成果，如著名数学家及力学家拉格朗日、数学家和天文学家拉普拉斯、现代化学之父拉瓦锡等。但是由于体制、文化等多方面原因，法国的科学成就未能转化为生产力，科学中心未能转化成技术和经济中心。科学中心未必就能演化为技术和经济中心，此为一例，其中原委值得探究。

19 世纪后期，世界科技和经济中心转移到德国。德国原本是落后的农业国。英国产业革命后，大批德国人去英国和法国留学。德国政府重视知识，整顿教育制度，创立了教学、科研统一的高教体系。19 世纪中叶，一大批著名科学家涌现出来，如数学家雅可比、高斯，物理学家欧姆，化学家李比希等。德国建立了第一批工业实验室，开世界有组织研发活动的先河。德国特别注意科学技术和工业的结合，出现一批善于应用科技成果于生产的企业家。这一点特别重要，使得科技优势迅速转化为经济优势，德国煤和煤化学工业、钢铁工业、化学工业等产业在世界上迅速领先。德国用了 40 年就完成了英国 100 年才完成的工业化过程，其科技和经济发展势头保持了一个相当长的时期。

美国有着重视科学、技术和教育的传统。独立战争后1787年制定的美国宪法，就规定了促进科学技术、保护科技成果的方针。美国很多政界领袖本身就是科学家，如本杰明、富兰克林和杰弗逊等。美国历史上不仅出现了很多著名科学家，而且涌现了众多大发明家，如爱迪生、贝尔等。两次世界大战摧残了欧洲，却给大洋彼岸带来了难得的发展机会。依战乱之助，美国吸引了世界各地的科学家和各类优秀人才，成了世界人才宝库。美国政府利用战争中获得的资金大幅度增加科技投入。20世纪，美国建立和完善了钢铁、化工、电力、汽车、飞机、电子等技术和产业，随后领先进行了第三次技术革命，包括原子能（1942年）、计算机（1940年）、空间技术（1957年）、微电子技术（1970年）等技术。20世纪70年代以来，以微电子技术和基因重组技术为特征，美国又领导了一场世界范围的技术革命，形成了一个以信息技术为先导，包括新材料、新能源、航天技术和海洋技术为主要内容的高技术体系，并在80年代后期迅速地商业化和产业化，推向全世界，换来了20世纪末10年高增长低通胀的黄金增长期。在现在和可预见的将来，美国仍然是世界科学技术研发中心和经济中心。①

当前，世界经济发展日益高技术化，科学技术对世界产业结构升级发挥着越来越大的作用。这主要表现在以下几个方面。

1. 产业发展高层次化

人类活动最早是采集和狩猎，然后进入农业社会、工业社会、后工业社会等。农业社会以第一产业为主。到工业社会，以第二产业包括工业、矿业、建筑业为主；到后工业社会，以第三产业包括高新技术、通信、运输、金融保险、教育与科研、商业与服务等为主。随着科学技术的发展，生产力和产业结构不断向高层次发展。

2. 产品的科技含量高度密集化

产品中的科技含量，是指产品在加工制作过程中更多采用科学技术从而增加了价值量。近几十年来，由于科学技术进步，产品的增加价值快速提升。扣除通货膨胀因素，每隔10年，产品的单位重量价格就上升10~30倍。随着科技进步，产品科技含量向高密度发展，其价值必然迅速增长。

3. 生产力的结构、形式发生了重大变化

经典理论认为，生产力 = 劳动者 + 劳动资料 + 劳动对象。新的观点认为，生产

① 程耿东：《世界科技、经济中心的转移及留给我们的思考》，2002-10-31，http：//www.cas.cn/jzd/jys/jyslt/200210/t20021031_1677475.shtml。

力 =（劳动者 + 劳动资料 + 劳动对象 + 经济管理 + 经济信息 + 教育）× 科学技术。更有专家认为，生产力 =（劳动者 + 劳动资料 + 劳动对象）^{科学技术}，把科学技术当作指数。科学技术在生产中的作用，是对其他要素效能的提高，当它与其他要素结合后，对生产力会产生巨大的倍增效应或指数式增长效应。科学技术使劳动者素质提高，使劳动资料效率提高，使劳动对象的利用程度提高。经济管理高效化，使经济信息发挥指导作用，教育使劳动者适应科技化生产的要求。

4. 促进产业的国际分工不断发展，各国对产业链中高附加值环节的争夺日益激烈

当前，我国企业在全球价值链中大体处于生产环节，而生产环节的不利局面，给我国经济和社会的进一步发展带来了不利影响。我国企业依靠低廉的劳动力成本优势和自然资源消耗，通过加工配套、代工生产（OEM）和外包等方式，从低端路径较快地、较大规模地切入全球价值链。目前，我国已成为跨国公司外包和全球采购的主要地区。我国整体处于生产环节的不利局面表现在：第一，生产环节属于低附加值的环节，不论是从生产者驱动的全球价值链，还是从购买者驱动的全球价值链的角度来看，都是如此。随着生产环节的技术壁垒不断降低，越来越多的发展中国家以各种方式加入到生产环节。随之，交换价格向处于主导地位的发达国家倾斜，导致生产环节的增加值不断降低。1995 ~ 2005 年，我国商品在国际市场上出口数量指数上升了 91%，而价格贸易条件指数却下降了 23%。由此可见，我国的经济增长是一种低水平增长，出口产品的附加值不但没有增加，反而在不断下降。第二，生产环节是低技术、劳动力密集型环节。这对我国的技术发展、人力资本的利用和积累都非常不利。低端路径使我国高层次的技术人员向外资企业流失，限制了我国企业技术能力的提升，不利于高新技术产业的发展。外资品牌的进入使国内品牌面临激烈竞争，民族品牌面临严峻的挑战。核心能力的不足使国内不少企业逐渐放弃向价值链高端环节延伸的努力，单纯地追求静态比较优势和短期利益，疏于长期发展规划和能力养成。对外国技术和销售渠道等的依赖，也使我国企业整体独立性被削弱。第三，生产环节是耗费大量资源和能源的环节。发达国家利用发展中国家融入国际分工体系的时机，将一些高能耗、高污染的价值链转移到各发展中国家，导致发展中国家在经济增长的同时，资源被大量消耗，环境被严重污染，生态平衡被破坏，发展中国家的经济增长付出了巨大社会成本。我国目前的现状也是如此，经济发展的同时付出巨大代价，并阻碍了我国第三产业的进一步发展和经济增长方式的转变，也不利于高素质劳动力就业，无法使人均收入持续增长，无法改变我国在国际交换中的不利地位。第四，生产环节主要利用低劳动力成本要素。一方

面地理弹性高，外来资本在我国的根植性差，后向关联效应弱，一旦劳动力成本优势不在，外来资本就很容易迁移到其他地方；另一方面造成国内同类产业过多集聚在出口、引资方面，恶性竞争和重复建设严重。这两方面都会危及我国的产业安全及国家安全。

目前，各发达国家都在新兴战略技术研发上展开竞争。这些领域包括电子信息、先进制造、新材料、生物、能源、资源、环境以及跨学科技术等。在这些领域取得突破的国家，将在未来的国际经济技术竞争中取得优势。

由于科学技术的战略重要性和高度不确定性，各发达国家，尽管体制和模式有所不同，但都不遗余力地加大研发投入，制订研发规划，加快研发进程。为此，也都在提高科学技术评价的水平，提高研发规划的科学性，选准关乎经济发展和国家安全的关键技术和产业，努力提高研发效率，力图掌握未来科技和经济发展主导权。半个世纪以来，各发达国家之所以高度关注技术评价研究，道理也就在于此。

（三）建设创新型国家，赶超国际技术先进水平

我国曾是一个一穷二白的穷国弱国，近代以来备受欺凌。20 世纪 50 年代引进苏联技术，在现代技术基础上初步建立起较为完整的国民经济体系。改革开放以后，通过引进先进技术，各产业技术基础显著提高。进入 21 世纪以来，我国经济发展和技术进步进入一个新的发展阶段，出现了新的特点。

2001 年我国加入世界贸易组织以后，中国市场逐步开放，大量外国商品进入中国市场，大批外资企业进入中国，我国企业直接面对激烈的国际竞争。中国经济逐步全面融入国际经济体系，中国产业和企业成为国际产业和技术体系中的一个组成部分。

改革开放以后，我国各产业的技术基础取得长足进步。2006 年底，近七成大中型企业的生产设备达到国际、国内先进水平，达到一般水平的占 32%。近八成企业新增了生产设备，新增设备技术水平达到国际、国内先进水平的占 77%。但多数企业技术创新不足。超过四成的企业没有新产品推出。五成企业自有品牌产品比重不足 50%。[1] 很多产业和企业产品质量水平低，物耗能耗高，与国际先进水平存在相当大的差距。掌握核心技术的产业和企业不多，大多数产业居于国际产业价

---

[1] 《我国大中型工业企业设备技术水平普遍提升》，国家统计局对 2006 年四季度工业企业生产经营状况及趋势调查报告，http://www.zgxxb.com.cn/gyjj/201002242644.shtml。

值链低端。

中国已经成为生产大国，成为"世界工厂"。但主要是由沿海地区本土企业通过代工生产方式大量吸纳跨国公司订单，利用我国廉价劳动力进行生产，再使用外国公司品牌通过外国公司的销售渠道在国际市场出售，或在国内市场销售。这种方式是我国国际贸易爆炸式增长的主要原因之一，半数以上的进出口贸易是加工贸易，在出口产品中真正拥有自己品牌的不到10%，能够在全球有影响力的名牌几乎没有。中国在国际化的过程中仍处于代工贴牌阶段，少数尝试通过自主品牌进入国际市场的企业只能走低端路线，还往往陷入发达国家反倾销的贸易陷阱。

研发－生产－营销这个一体化序列在地理上分离，是当代经济全球化过程中国际分工出现的重要现象。发达国家先进企业掌握价值链的两端，依靠技术垄断、知识产权、品牌和营销渠道赚取绝大部分利润，发展中国家只能依靠廉价的劳动力得到少量的加工费，并且付出了惨重的环境代价。这一现象在一定时期内有其必然性，但我们不能甘心于此。从长期看，仅仅依靠代工生产并不能实现中国可持续发展的目标。其一，如果中国企业不创造出自身技术能力优势，长期甘当配角的国际代工者角色，仅仅赚取低廉手工费，可能被长期锁定在粗放型发展的道路上，而这种发展道路往往是以资源消耗和污染环境为代价的。其二，仅仅以代工参与国际分工的地位是不稳固的。随着中国劳动力和其他要素成本的上升，中国企业代工生产的优势将逐渐消失，跨国公司可能将外包订单给予劳动力价格更为便宜的国家，容易出现由外向型经济造成的产业衰退。

近年来，经过几轮技术引进，我国优势产业和领先企业的技术水平接近国际水平，即将向国际先进水平冲击，与国际企业巨擘共舞。在此情况下，必然遇到技术封锁和技术壁垒，自主创新提上日程。

一批先进企业开始走出国门，直接介入国际技术经济竞争。在近代全球化进程中，中国从被炮舰轰破国门，到被全球化，现在开始主动出击，走出国门，转向主动全球化。

同时，资源、能源、环境刚性约束增强，国际压力加大。提高技术和管理水平，缓解资源、环境压力，成为紧迫课题。

2008年国际金融危机爆发，西方主要国家经济衰退，中国经济仍然保持较快的增长，加之金砖国家经济表现强劲，国际经济格局发生变化。中国作为世界大国的地位和作用凸显。

我国经济总量持续增长，世界排名稳步提高。我国GDP2005年超过意大利，

2006 年超过英国，2007 年超过德国，2010 年超过日本，跃居世界第二位。我国制造业规模、市场总量、外汇储备、能源消耗、二氧化碳排放等都进入了世界前列。尽管我国经济结构性问题仍很多，改革开放的路还长，但确实已经成为世界经济大国，在国际政治经济格局中发挥着越来越大的作用。相应的，我们也应在科学技术发展上承担更多责任，在国际产业分工中体现大国的分量。

国内外经济技术发展态势提示我们，中国不但要做制造大国，而且要做制造强国；不仅要做经济大国，而且要做经济强国。为了提高我国经济发展质量，提升各产业在国际分工链条中的地位，我们必须下定决心，加强自主研发，全面提高国民经济的技术水平，与国际领先企业共舞。为此，在国家、产业、地区和企业层面，都要全面规划我国技术进步，统筹安排研发规划和研发活动。在这种情况下，加强技术评价研究，提高技术规划和研发管理水平，提高研发效率，具有特别重要的意义。

三 技术评价的分类

技术评价可以从评价主体、研发活动的演进过程和研发活动的进展阶段等各角度进行分类。不同类别的技术评价各有其特点。

（一）按评价主体分

按评价主体的类型不同，技术评价可分为政府主管部门的技术评价、行业主管部门的技术评价、地区主管部门的技术评价、大学和研究机构的技术评价、企业的技术评价、金融机构的技术评价等。不同的评价主体在研究开发过程中的职能不同，进行技术评价的出发点和侧重点也不同。评价目的的识别、评价指标的建立、评价模型的选择、权重系数的确定等都与评价主体有关。

对于外部性较强、涉及面较广的研究开发项目，应进行跨学科的全面分析与评价。要综合考虑相关方面和利益群体的利益，必要时应吸收相关利益群体直接参与，以提高技术评价和决策的科学性、客观性、全面性和透明性。

1. 主管部门的技术评价

（1）科技主管部门的技术评价。科学技术部是主管全国科学技术发展的国务院职能部门，其主要职能包括：牵头拟订科技发展规划和方针、政策；组织制订国家重点基础研究计划、高技术研究发展计划和科技支撑计划，统筹协调基础研究、前沿技术研究、重大社会公益性技术研究及关键技术、共性技术研究，牵头组织国民经济与社会发展重要领域的重大关键技术攻关；组织科技重大专项的论证和实施；编制和实施国家重点实验室等科技基地计划；制定政策引导类科技计划并指导实施等。

由上可知，制定全国科学技术规划和各类科学技术项目并组织实施是科技部的重要职能。这些规划和项目的目标，就是要为我国经济和社会发展提供充分的技术储备，建立和保持我国科技竞争力，达到建设创新型国家的要求。为实现这些目标，在这些规划和项目的制定和实施过程中，就要进行科学、详尽的技术评价。

2003 年 9 月，科技部颁布了《科学技术评价办法》（试行），提出了科学技术评价工作的原则要求：要按照"目标导向、分类实施、客观公正、注重实效"的要求，有利于鼓励原始性创新，有利于促进科学技术成果转化和产业化，有利于发现和培育优秀人才，有利于营造宽松的创新环境，有利于防止和惩治学术不端行为。《办法》将技术评价分为科学技术计划评价、科学技术项目评价、战略性基础研究项目评价、自由探索性基础研究项目评价、应用研究项目评价、科学技术产业化项目评价、社会公益性研究项目评价、科学技术条件建设与支撑服务项目评价、研究与发展机构评价、研究与发展人员评价、科学技术成果评价等。同时，指出立项评审、中期评估和结题验收重点评价项目的侧重点。

因此，科技部主持的各类规划和项目的技术评价，是从全国科学技术发展的全局出发，更注重技术评价的先进性、全面性、战略性、创新性、科学性、客观性等，确保各类研发计划和研发活动相互衔接和有效实施，确保国家科技和经济发展战略的实现。

相应的，各地方科技主管部门的技术评价，也要从地方科技发展的全局出发，力图建立和保持地方科技优势和科技竞争力。

（2）国家发展和改革委员会的技术评价。国家发展和改革委员会，是统管全国经济和社会发展的国务院综合管理部门，其主要职能之一，就是拟订并组织实施国民经济和社会发展战略、中长期规划和年度计划，统筹协调经济社会发展，规划和实施重大建设项目。科技发展规划和科技研发项目，是国民经济规划和计划的重要组成部分。重大建设项目的实施也要体现技术进步的要求。

因此，国家发改委的技术评价，应着眼国家科技、经济和社会发展全局，注重科技计划及项目与经济和社会发展计划及项目的衔接与平衡，促进科技与经济的有机结合；考察科技计划与项目是否符合国家技术、产业、社会发展、资源环境等项政策的要求，确保国家科技、经济和社会全面协调发展，提高经济发展质量，提高国家综合竞争力。

国家发改委的技术评价，代表国家审查项目，特别关注技术项目的宏观方面。当项目的微观评价和宏观评价发生冲突时，要以宏观评价为主决定取舍。项目微观效益好，宏观效益不好，超过可接受/可控制程度的，应予以否决。项目微观效益不好，宏观考虑所必需的，应由国家制定支持政策或给予补贴，促其上马。

相应的，各地方发改委的技术评价，也应从地方科技、经济与社会发展的全局出发，做好科技计划及项目与经济和社会发展计划及项目的衔接与平衡，评价和审批项目。

（3）财政部门的技术评价。财政部是管理国家财政收支、制定财税政策和实施财政监督的国务院综合职能部门。地方财政部门管理地方财政收支、实施财政监督。在促进科技发展方面，财政部门承担着制定支持科技发展的财政政策、审核科技项目并落实科技发展资金等项职能。地方财政部门，承担支持各地方科技发展的职责。凡涉及财政拨款的科技项目，财政部门都会进行评价、审查。

财政部门对各级科技项目的评价，重点是核查其成本/效益估算是否准确合理，也要审查其是否符合国家技术政策、产业政策、资源环境政策的要求，配套资金是否落实，产业和经济评价是否得当等项内容。

科技三项费用包括新产品试制费、中间试验费和重大科研项目补助费，是国家财政科技拨款的重要组成部分，是实施中央和地方各级重点科技计划项目的重要资金来源。对此项资金支持项目的审查也是财政部门技术评价的重要内容。

其他还有环境、资源、卫生等政府部门的技术评价，各有其侧重点，在此不一一赘述。

2. 行业主管部门和行业协会的技术评价

目前我国的行业主管部门包括工业和信息化部、住房和城乡建设部、交通运输部、水利部、农业部等。这些部门承担着全面规划和管理本行业发展，制定行业技术政策、技术发展规划，组织重大新技术攻关、新产品/新技术研发和应用推广，促进行业技术进步的职能。

目前我国国家级行业协会包括机械、轻工、钢铁、纺织、建材、石油化工、有色金属、煤炭、商业、物流等，这些协会大都是从原来的主管部门转化过来的。此外还有更多的各级专业行业协会，总数达4万多家。这些行业协会都承担着制订行业技术发展规划，组织协调重大新技术攻关、新产品研发和应用推广，促进行业技术进步的职能。

行业主管部门和行业协会的技术评价，从行业技术进步全局出发，关注技术的战略性、先进性、全面性、创新性等内容，关注技术研发项目是否能够带动行业技术升级和行业发展，对上下游行业的带动能力如何，是否符合行业技术政策、产业政策、资源环境政策的要求等项内容。

3. 研究机构的技术评价

研究机构是从事研究与开发活动的专门机构。我国的研究机构，主要包括国家、地方和各产业的专业研究机构以及大学里的研发团队，也包括民营的研发组织。一般说来，研发机构主要从事基础研究和应用研究，承担着基础理论、应用理论和实验原型的研发职能，是技术进步的先头部队。研究机构的资金来源，主要来自申请政府及其相关机构的专项研发资金。一个经济体的基础性研究和开发的力量越强，效率越高，成果越多，其技术基础和技术储备就越雄厚，发展的后劲儿就越足。

大学和研究机构的技术规划和研究项目的评价，着眼于国际科学技术前沿以及国家经济发展需要的全局，关注技术的前瞻性、前沿性、战略性、基础性和关键性，兼顾技术潜在和现实经济应用前景，考察研发成本，估计可能的环境、社会和经济的外部性。

4. 企业技术评价

企业是国民经济的细胞，也是一个经济体活力的基础。改革开放以来，我国大部分国有企业经过转制成为自主经营、自负盈亏的市场主体。民营企业蓬勃发展，已成为国民经济的重要组成部分。加入 WTO 10 年来，我国企业全面融入国际经济技术竞争，并开始从被动走向主动，走出国门的企业也日渐增多。经过几十年的技术引进，各行业的技术水平显著提高，一些先进企业开始接近国际先进水平，技术来源日益困难，自主研发提上日程。同时，市场秩序也逐步完善。企业作为技术研发和技术创新的主体地位正逐步形成。在发达国家，超过 70% 的研发活动是在企业进行的。我国企业也应成为技术研发和技术创新的主力军。很多企业正在稳步向这一方向推进。

技术是企业生产经营的基础。在市场经济条件下，在激烈的国际经济技术竞争中，一个企业要想生存和发展，就必须夯实自己的技术基础，掌握核心技术，取得技术优势，并在此基础上发展品牌和营销，才能逐步提升企业竞争实力，走向国际分工产业链的高端。任何有进取心的企业，都应从自身的长远持续发展出发，拟订长期研究发展战略和规划，制订短、中、长期的研发计划并认真组织实施，建立充分的技术储备。在制订和实施这些计划的过程中，都需要进行缜密的技术评价。

企业的技术评价，要从企业自身条件和发展全局出发。科学研究计划和项目的预测和评价，着眼于理论研究的前瞻性，抢占行业技术和市场竞争的制高点，关注研究的前瞻性、创新性、可行性、潜在的应用前景，以及研究成本等项内容。技术开发和产品研制项目，更关注技术的可靠性、成熟度和研发成本控制，以及市场需求预测和项目财务分析。所有研发规划和项目评价，都要注意符合国家和产业的技术政策、产业政策、环境资源政策的要求。

5. 金融机构的技术评价

金融机构是专门从事货币信用活动的中介组织。这里主要指商业银行和政策性银行。

商业银行通常不介入非营利的研究活动。但对有明确应用前景的技术和产品的开发活动，特别是进入新技术的产业化阶段，金融的介入是必要的。各国经验表明，一大批充满活力的科技型企业是一个经济体创新活力的重要组成部分。金融机构积极支持科技型中小企业的研发和成果推广，对推动我国科技创新也是非常重要的。

银行新技术项目贷款的审核出发点是自己资金的安全，即项目能否按时还贷。为此，银行的技术项目评价，主要关注项目技术的可行性如何、市场需求是否确实、项目的成本/效益分析是否准确、还贷计划能否落实等项内容。

政策性银行不以营利为目的，根据国家科技政策的要求，支持研究机构和科技型企业的研发活动。政策性银行技术评价的重点，是考察科技项目是否符合国家科技政策和科技规划的要求，新技术的重要性和可行性，研发能力是否充分，研发条件是否具备，研发成本是否适当等，以支持项目顺利进行并取得成果。

（二）　按技术研发的演进过程分

技术研发的演进过程，通常要经过基础研究、应用研究和技术开发，之后进入技术成果产业化阶段。对应于这些演进阶段，都要进行相应的技术评价。而不同阶段科技项目的评价，各有其侧重点。

在进行研发之前，还有一个务虚阶段，就是预测技术发展趋势，制订技术发展规划或计划。这些规划和计划是否得当，也要进行评价。计划的失误是最大的失误。战略不当，计划不周，导致贻误战机，所造成的损失，往往是惨重的。

1. 前沿技术选择和技术规划的技术评价

研究开发活动启动之前，首先要对技术发展趋势进行预测，甄别和挑选若干特定技术，制订研发规划/计划，然后实施这些规划/计划。我们把这个阶段的技术评价称为前沿技术选择评价和技术规划评价。

前沿技术选择评价，是在对国际技术前沿长期跟踪和技术预测的基础上，着眼于世界或产业技术发展前沿，并根据自身的需要与可能，遴选所要研发的技术，对该研发技术的必要性和可行性进行评价，提出研发规划的策略建议。这是研发规划和项目确立前的预研究。

技术发展规划，是从经济和技术发展目标以及自身的条件出发，兼顾需要与可能，对未来一段时期将要研发的技术进行全面筛选、甄别、排序，找出制约一个经济体或产业/行业/企业发展的前沿技术、关键技术、难点技术，并制定相应的对策和计划。技术发展规划是一个经济体技术经济活动的总蓝图，规定着较长时期的总任务、总目标、主要步骤和主要措施，是一种战略性的方案。技术规划是新技术研发的第一步，技术发展规划是否得当，对一个经济体技术和经济的长远全面发展、保持核心竞争力至关重要。研发计划是规划指导下的实施方案。

技术发展规划评价，侧重于规划是否全面，所选技术的重要程度、需要程度如何，研发难度的大小如何，是否具有可行性，研发技术顺序的排列是否合理，配套条件是否落实，各项措施是否得当等。

技术研发计划的评价，则要检查计划是否全面、所选技术是否得当、研发方案是否可行、各方面条件是否具备且落实、各项措施是否落实等项内容，确保计划的可操作性。

2. 基础研究项目评价

《联合国教科文组织技术统计手册》定义，基础研究"主要是为了取得关于现象和可观察的事实的基本原理的新知识，并不以任何特定的或具体的应用为目的而开展的实证性工作或理论性工作"。因此，基础研究是从事单纯性理论研究，进行理论创新，产生新知识、新原理。同时，基础研究的突破也有可能成为重大、根本性技术创新及技术创新集群的源头。

科学精神、科学素质、科学方法的普及，是一个国家长期繁荣和发展的深厚的文化积淀，也是一个国家、一个民族文明程度的标志。

一个经济体基础研究的规模，取决于其价值取向、研究能力和经济实力。我国是一个大国，有一定研究能力，近年经济实力有所增强，我们应该根据国家发展战略和建立创新型国家的要求，根据学科发展和经济社会发展的需要，有计划地加大基础研究规模和深度。

基础研究的主体主要是专业研究院所和大学的研究团队，以及有实力的领先企业的研发部门。基础研究经费主要来自政府资助，以及领先企业的研发投入。国家应通过技术研发规划的要求，建立研究项目指南，引导研究机构开展此类项目研究。

基础研究具有研究不确定性高、研究难度大且需要研究者长期持续积累等特点，成果以学术成果形式出现，具有公开性和共享性，因此基础研究评价注重研究选题的重要性、研究路线的合理性、主客观研究条件是否具备，以及研究成本是否合理等项内容。

3. 应用研究项目评价

《联合国教科文组织技术统计手册》将应用研究定义为"主要是为了达到某一具体的实用目的或目标而获取新知识所进行的独创性研究"。因此，应用研究是基础研究的延伸，是在基础研究成果的基础上具有特定应用目的的技术理论的研究。应用研究的成果，是技术理论的创新。应用研究的主体，依然主要是专业研究院所和大学的研究机构，以及领先企业的研发部门。应用研究经费，主要来自政府资助，以及领先企业的研发经费。

应用研究仍具有不确定性高、难度大等特点，因此应用研究评价也注重研究选题的重要性、研究路线的合理性、研究条件是否具备，以及研究成本是否合理等项内容。同时，应用研究也要评价其应用的可能性，以及该项技术可能产生的外部性。

4. 技术开发项目评价

技术开发是指利用基础研究、应用研究的成果，或现有知识及实际经验，为生产新产品、新材料、新设备、新装置、新工艺、新系统和新的服务，或对已有的生产进行实质性改进而进行的系统性工作。技术开发的成果形式主要是新产品原型、原始样机，或专利、专有知识等。技术开发的成果通常具有知识产权，产权归开发者所有，转让是有偿的。技术开发的主体，应该主要是企业的研发部门和一些侧重技术开发的研究机构，以及科技型企业。在技术开发资金中，重要尖端技术、关键技术和公益技术开发主要来自财政支持，其他大部分应用产品和技术的研发应来自企业的研发投入。

技术开发是技术原理转化为技术产品和工艺的过程，仍具有程度不等的技术的不确定性，以及程度不等的开发难度。因此技术开发项目评价注重新技术选题的重要性、技术路线的合理性、开发条件是否落实以及开发成本是否合理等项内容。同时，技术开发评价也要进行该项新产品、新技术的需求分析，研究需求的类型和规模等。还要对该项技术可能产生的外部性进行较为详尽的分析。

5. 技术成果产业化项目评价

技术成果产业化，是将技术开发过程所创造的新产品、新技术进一步开发成为成熟的产品，形成批量生产能力，并推向市场的过程。这里有两个关键。一个是解决从新产品样机或实验室技术到大批量生产所需要的设备、工艺、质量保证等一系列技术和管理问题；另一个是将新产品推向市场，并实现盈利。技术成果产业化是技术和经济结合的关键一步，是技术进步理论中所称的技术创新阶段。技术成果产业化或技术创新的主体是企业。技术成果产业化或技术创新所需资金，应主要由企业筹集。公益性新产品的产业化，通常得到财政支持。

技术成果产业化项目评价，主要包括技术和经济两个方面。技术方面的评价，要考察新产品批量生产的所有技术措施，包括设备、工艺、质量控制等措施是否可行。经济方面的评价，首先要详细考察新产品的需求预测是否合理，然后要考察项目的财务状况。对规模较大的项目，还要进行产业经济评价、地区经济评价、国民经济评价。对环境和社会外部性较强的项目，还要进行环境经济评价和社会评价。

（三）按研发活动的进展阶段分

按研发活动的进展阶段分，技术评价可分为事前评价、事中评价和事后评价。事前评价是对研发过程的预测，要力求客观、准确。事中评价是研发进展过程中的监督检查，找出实际进展与计划的偏差，采取措施纠正偏差或修改计划。事后评价是验收成果和总结经验。各阶段的评价都很重要，不可偏废。

四 技术评价的原则

技术评价是为了正确地进行技术选择，准确评价技术值的系统化过程。在评价过程中要考虑多方面的因素，各因素之间又存在复杂的相关关系，因此技术评价又是一项复杂的系统工程。所以，在对技术进行评价时，要遵循正确的评价原则，使评价结果尽量客观、准确、科学、可行，能够经受时间和实践的考验。

（一）客观性原则

技术评价和技术决策是一个主观过程，评价者和决策者都在依照自身的知识水平和主观价值进行评价和选择，同时评价过程也会受各方面的影响。为了保证评价的科学、准确，评价者和决策者都要尽量排除主观偏见，尽量做到客观、公正。为此，首先要使评价团队的知识结构和专业水平满足评价的要求；其次要严格按照技术发展的客观规律进行评价和选择；最后要尽量排除各相关利益方的干扰，以求评价的客观、公正、准确。

（二）全面性原则

重大技术的社会影响，往往广泛而又深远。相应的，技术评价也要尽量做到全面且深入。全面性原则要求在技术评价过程中，尽可能全面分析和估价技术的各种社会效应。既要考虑其技术和经济效益，也要考虑对社会、环境、伦理道德等方面的影响；既要看到眼前的、直接的、显著的效益，又要看到长期的、间接的、潜在的效应；既要重视技术的积极作用和影响，又要充分估计到消极作用和不良后果。全面性原则还要求，在评价过程中不能只重视局部效益最佳，而更应重视整体效益最佳。

（三）科学性原则

科学是有系统的知识。科学活动是探索客观世界的规律性。坚持技术评价的科学性，首先要有从实际出发、实事求是、勇于探索、坚持真理的科学态度；其次要按科学技术发展和研究开发的规律办事；再次要讲究科学方法，概念准确，事实清楚，论证严密，各种数据准确无误；最后要在实践检验中不断修正，力求评价结果趋于准确。

（四）可比性原则

技术评价的目标是筛选出一定条件下的最优方案或较优方案。这就要进行多方案比较，有比较才能鉴别优劣，这是技术评价的基本指导思想。技术评价要尽量避免"单打一"。要尽量分析不同的技术路线、技术方案甚至不同种类的可替代技术，依照一定的标准进行选择，以求其综合效果最佳。

（五）公开性原则

除少数涉及国家秘密的项目外，评价程序要坚持"公平、公正、公开"，以保证评价的客观、正确。评价团队的组成要公开。评价过程要公开。评价内容要公开，供业内和相关社会群体讨论检验。评价结果要公开。特别是对社会、环境、伦理、健康影响较大的技术，要充分吸收公众参与，以求决策的科学化、民主化。

（六） 独立性原则

研究开发项目确立与否可能涉及相关组织或社会群体的利益。为了自身利益，这些组织或群体可能采取各种手段影响评价过程。为了保证评价结果的客观、公正和准确，有必要保持评价的独立性。评价团队要利益独立，与所评价的内容没有任何利益纠葛。评价过程要独立，不受任何利益群体和人士的干扰。要制定严明的评价纪律。发现违规，应依律严肃处理，评价结果应推倒重来。

五 技术评价的主要内容

本部分讨论技术评价的主要内容。依照研发活动的进程，分别讨论前沿技术选择和技术规划评价、基础研究项目技术评价、应用研究项目技术评价、技术开发项目技术评价和技术成果产业化项目技术评价的主要内容。

（一） 前沿技术选择和技术规划评价

开展研究开发活动的一项基础工作，是要长期跟踪国际科学技术发展前沿，展望与预测科学技术发展趋势。任何机构的研究开发活动，都起源于此基础上。甄别和筛选出一批本领域居于发展前沿的技术，并进行优先次序的排列，然后根据需要与可能，制订出科学的技术发展规划或计划，往下再进入实施阶段，实施这些规划或计划。前沿技术的甄选是否得当，科技发展规划编制是否科学、全面、合理、可行，也应进行评价，我们称之为前沿技术选择和技术规划评价。这些规划和评价过程可以在不同层级进行，可以是国家科技规划部门，产业和地区的技术主管部门，以及企业或研发机构的研发主管部门。

以下讨论前沿技术选择和技术规划评价的主要内容。

1. 科技发展目标和战略评价

首先要确定科技发展目标或战略，这是进行技术选择和制订科技发展规划的出发点和归宿。

确定国家科学技术发展目标和战略需要考虑的主要因素包括：国际政治经济形

势，国际科学技术发展状况和趋势，国际诸因素带来的挑战；国内政治经济形势，国内科学技术发展状况和趋势，国内诸因素带来的挑战；国家经济和社会发展的总目标、总战略，及其对科学技术发展提出的要求；国内发展科学技术的主客观条件分析，等等。

综合考虑以上各种因素，制定国家科学技术发展总体目标和战略。

然后对科技发展规划（或技术研发计划）的目标和战略进行评价。

科技发展目标和战略评价，要检验决定科技发展目标/战略与其依据的各种因素是否互为充要条件，即：

——所制定的科技发展目标/战略，且只有这样的目标/战略，能够应对国际政治、经济和技术等各方面的挑战；

——所制定的科技发展目标/战略，且只有这样的目标/战略，能够应对国内诸因素的挑战；

——所制定的科技发展目标/战略，且只有这样的目标/战略，符合国家经济和社会发展总目标以及对科学技术发展提出的要求；

——实现所制定的科技发展目标和战略，且只有这样的目标/战略，与各种主客观条件相适应，具有可行性。

2. 前沿技术选择评价

在长期跟踪国际科学技术发展前沿和技术预测的基础上，甄别和选择某项在本领域居于发展前沿的技术或技术系统，作为编入科技研发规划/计划的备选技术。

前沿技术选择评价的主要内容包括技术评价，以及成本分析、外部性分析和机会成本分析等。

（1）技术评价。

——新技术的学科和产业定位。首先说明所选技术的专业定位。理论研究要说明其所属的学科分类及其在该学科细分类中的位置，以及所处的发展阶段。技术开发要说明其所属的产业类别、技术类别，以及在该产业或技术体系中的具体位置。说明其所属的技术范式，以及在该技术范式、技术轨迹中的位置。

例如，生物芯片属于免疫学（一级学科），应用免疫（二级学科），免疫学检测和诊断（三级学科）；或属于生物化学与分子生物学（一级学科），方法与技术（二级学科）。又如，光磁电效应研究属于机械工程（一级学科），光学仪器（二级学科），激光器件和激光设备－激光技术（三级学科）。再如，集成度半导体芯片发展遵循/形成一条技术轨迹，从 0.35 微米到 0.25 微米到 0.13 微米到 0.08 微米再到 90 纳米等。

——新技术的国内外进展分析。全面、深入地分析研究所选技术国内外的进展情况，阐明该项技术研究目前达到的阶段、遇到的主要问题、主要难点以及可能的发展趋势等。

——技术的社会功能定位。阐明所选技术或理论的主要社会功能。一般说来，纯粹的理论研究的主要功用是认识世界，具有认识价值。航天工程的目的是探索宇宙，具有认识价值，但同时也具有显示国家形象和实力的政治价值。武器研究的功用是军事价值，以及战略价值。一般导向的生产资料和消费资料的技术具有经济价值。阐明技术的功用可以确定此项研究的目的。

——新技术的重要性和创新性分析。阐明该技术的具体功用，在本技术系统或理论体系中的地位和作用。

阐明研发该项技术的重要性、对理论发展的意义和技术发展的意义、对行业/产业技术进步的意义等。

估计该项技术的重要性等级。技术重要性等级可划分为核心技术、重大技术、重要技术、一般技术。

估计该项研究的创新等级。创新等级可划分为根本性创新/原始创新、重大创新、重要创新、一般创新。

——相关替代技术方案分析。对相关技术进行全面分析和比较。说明为什么选择此项技术而不是其他技术。目的在于选择正确的技术范式，避免走错路、走弯路。

有时候，技术范式的选择决定了成败。如 20 世纪 80 年代初在高清电视技术范式选择上，日本选择了 1125 行扫描模拟显示技术并取得进展，美国则选择了数字技术。最后数字技术战胜模拟技术，日本一度失掉了重大的技术主动权。

——新技术研发的技术路线、目标和难点。阐明该技术研发要达到的主要目标、要突破的主要难点、研发的难度和不确定性、期望取得的成果等。

阐明研发预计采用的技术路线，不同技术路线的对比。说明所采用的技术路线的可行性。

估计该项研发的不确定性程度。不确定性程度可划分为很高、高、一般。

估计该项研发的难度等级。难度等级可划分为高难度、中等难度、一般难度。

（2）成本分析。估计该项研发可能需要的费用的数量范围；需要的研发力量以及相应配套条件是否具备。

（3）外部性分析。对该项技术可能产生的产业影响、环境影响和社会影响进行预测和分析。

说明所产生的负面影响是否在可接受/可控制的范围之内。

（4）机会成本分析。机会成本是一个经济学概念。这里是指放弃此项技术研发，或选择此项技术而放弃另一项技术可能带来的损失。

技术选择错误有时会带来重大损失。一个突出的例子，是20世纪80年代初我国"运十"研制成功以后却放弃大飞机继续研发的案例。这次决策的代价是失去了一个产业发展的机会，失去了20年后在国际民航客机市场上和波音、空客三分天下的机会。

因此，重大技术和技术系统的选择和决策，应进行机会成本分析。

（5）前沿技术选择的综合评价。单项评价不能取代综合评价。各单项评价的结果可能有矛盾，这就要进行权衡。权衡的标准有政治、经济、国家安全、环境、资源、社会、伦理道德等标准。权衡的原则可以考虑以下方面：

以经济标准为主，兼顾其他原则。一般竞争性民用技术/产品，应以经济标准为主，兼顾其他标准，如环境、社会等标准。

以主要标准为主，兼顾其他原则。其他类别技术/产品，通常以某项主要标准为主，兼顾其他标准。如航天技术以国际政治和科学探索为主，兼顾成本等标准。当年原子武器研制，决策是以国家战略安全和国际战略考虑为主，但也要考虑经济承受力，等等。

一票否决原则。凡对国家安全、环境、社会等造成重大负面影响的，超过可承受界限的，实行一票否决。

在这个项目预研究阶段，由于信息不充分，评价可能比较粗略，不甚准确，项目决策也可能存在风险。在这种情况下，评价和决策可反复进行。必要时，已经上马的项目可以中止。已经否决的可以重新选择，以避免决策失误。

3. 科技研发规划评价

——科技研发规划的必要性分析。科技研发规划的必要性分析，是检验列入规划的技术研发项目，全部是实现科技发展目标/战略所必需的，没有任何一项技术与实现科技发展目标/战略无关或不一致。

——科技研发规划的完整性分析。科技研发规划的完整性分析，是检验列入规划的研发技术项目，可充分保证实现科技发展目标/战略，没有其他实现科技发展目标/战略所必需的技术被排除在规划之外。

——科技研发规划的优先次序分析。列入科技规划的各项技术，应按其重要程度排序，以根据预算等主客观条件的约束，分期分批安排实施。应对这种排序进行检验，提出确认或调整建议，以保证排序的正确。

——实施技术研发规划的主客观条件和保障措施分析。应对实施规划所需的主客观条件进行分析，包括资金、研发人员、设备、研发辅助条件、政策支持、其他部门的配合等。对条件不足的部分，应制订切实可行的保障措施，以保障研发规划得以顺利实施。

产业、地区和企业的技术研发规划/计划，可比照以上思路进行评价。

（二）基础研究项目评价

基础研究主要从事单纯性理论研究，进行理论创新，产生新知识、新原理，通常无法识别其具体应用领域。但基础理论研究一旦取得突破并实用化，有可能产生重大技术创新，可能催生新的技术集群或新的行业的诞生，从而产生重大的政治、经济、军事、社会、环境效益。历史上，这样的案例不胜枚举。广义地说，现代社会的各个方面几乎都来自近代以来科学技术理论的发现，来自数学、物理学、化学、天文学、地质学、生物学等学科的突破。如20世纪40年代固体物理的进展导致半导体技术的发展，成为催生计算机、通信、自动控制等产业革命的核心技术。化学、生物学和医学的突破导致新的药物学和医疗技术的发展，对促进人类健康做出巨大贡献。核物理学的发现导致原子武器和民用核技术的发展，等等。基础研究的成果通常是公开、共享的，人们关注的，是某项理论的发现权。即使如此，有追求、有能力的国家或企业，应在基础理论研究方面投入较大的力量，为人类做出较大的贡献。

基础研究项目评价，以技术评价和成本分析为主，同时进行机会成本分析，以避免决策失误的损失。

1. 技术评价

——研究项目的性质、地位和作用分析。阐明该项理论研究的学科性质、在该学科理论体系中的地位、对该学科的发展可能产生的作用等。说明开展此项研究的必要性。

——研究项目的国内外进展分析。详细分析国内外该项研究的发展历程、研究现状、取得的成果、遇到的问题、发展的趋势等。说明开展此项研究的必要性。

——研究项目的研究内容和目标。说明该项研究的主要内容、要达到的主要目标、预计产生的成果等。

——研究项目的主要难点、研究路线和研究方法。分析该项研究的主要难点、解决难点的主要思路、预计采用的主要研究路线以及所使用的主要研究方法等。对可能的替代方案进行比较分析，论证所预定的研究路线和研究方法的正确性和有效性。

估计该项研究的不确定性程度。不确定性程度可划分为很高、高、一般。

估计该项研究的难度等级。难度等级可划分为高难度、中等难度、一般难度。

估计该项研究的创新等级。创新等级可划分为根本性创新/原始创新、重大创新、重要创新、一般创新。

——研究项目的主客观条件分析。分析该项研究的主客观条件，包括研究力量、研究经验、研究积累、设备条件、协作条件等是否具备。对不足部分，提出切实可行的弥补办法。

2. 成本分析

分析该项研究的成本预算，包括人员费用、设备购置、专用仪器研制、材料采购、调研协作费用等。核查各项开支估算是否正确，避免过高或过低估计预算。

3. 机会成本分析

对重大理论研究决策进行机会成本分析。分析放弃此项理论研究，或选择此项研究而放弃另一项研究可能带来的损失。

4. 综合评价

在以上各项评价的基础上，对该项目进行综合评价。主要考虑该项研究是否必要、研究路线和方法是否可行、研究预算是否合理以及主客观条件是否具备等，提出实施或不实施该项研究的建议，或对该项研究设计提出改进建议。

（三）应用研究项目评价

应用研究是在基础研究成果的基础上，或利用现有的知识存量，对具有特定应用目的的技术理论的研究。应用研究的成果，为实用技术的开发提供理论支持，是技术开发的先导性研究。应用研究主要由专门的研究院所和大学的研究团队承担。世界各领域处于领先地位的公司，也都在应用研究上投入较大力量，为未来的产品和服务的开发奠定基础。应用研究的成果是技术理论创新，通常是公开、共享的。但与技术开发紧密相连的应用研究，通常会形成研究积淀和人才积累，从而为随后的技术开发打下坚实的基础，形成国家或企业的技术优势。

应用研究项目评价，在基础研究评价的基础上，增加了外部性分析。因为应用研究指向某项特定应用，有可能在这方面进行一些粗略的分析。

1. 技术评价

——研究项目的性质、地位和作用分析。阐明该项研究的学科性质、在该学科体系中的地位、对该学科的发展可能产生的作用等。说明开展此项研究的必要性。

——研究项目的国内外进展分析。详细分析国内外该项研究的发展历程、研究现状、取得的成果、遇到的问题、发展的趋势等。说明开展此项研究的必要性。

——研究项目的研究内容和目标。说明该项研究的主要内容、要达到的主要目标、预计产生的成果等。

——研究项目的主要难点、研究路线和研究方法。分析该项研究的主要难点、解决难点的主要思路、预计采用的主要研究路线以及所使用的主要研究方法等。对可能的替代方案进行比较分析。论证所预定的研究路线和研究方法的正确性和有效性。

估计该项研究的不确定性程度。不确定性程度可划分为很高、高、一般。

估计该项研究的难度等级。难度等级可划分为高难度、中等难度、一般难度。

估计该项研究的创新等级。创新等级可划分为根本性创新/原始创新、重大创新、重要创新、一般创新。

——该项研究可能的应用领域。说明应用研究针对的应用领域，估计这些领域的具体范围。估计相应的技术突破可能产生的新技术、新产品的性质、地位、作用。估计其对产业技术进步和产业发展，以及对整个经济产生的影响。

——研究项目的主客观条件分析。分析该项研究的主客观条件，包括研究力量、研究经验与研究积累、设备条件、协作条件等是否具备。对不足部分，提出切实可行的弥补措施。

2. 成本分析

分析该项研究的成本预算，包括人员费用、设备购置、专用仪器研制、设备材料采购、调研协作费用等。核查各项开支估算是否正确，避免过高或过低估计预算。

3. 机会成本分析

对重大应用研究决策进行机会成本分析。分析放弃此项应用研究，或选择此项研究而放弃另一项研究可能带来的损失。

4. 外部性分析

应用研究的成果将导致特定应用，因此应对基于此研究的新技术和新产品可能的潜在外部性影响进行估计、分析。这些外部性包括对产业技术进步和产业发展的可能影响，对整个经济可能的影响，可能的环境影响、社会影响、道德伦理影响等。

在应用研究阶段，这种估计是粗略的，但有些情况下是可能的。如 20 世纪 40 年代在原子能理论研究中，通过计算核裂变所释放的能量，可以估计原子弹的爆炸当量、杀伤力以及对当地环境的影响等。

5. 综合评价

在以上各项评价的基础上，对该项目进行综合评价，主要考虑该项研究是否必要、研究路线和方法是否可行、研究预算是否合理以及主客观条件是否具备等，提出实施或不实施该项研究的建议。或对该项研究设计提出改进建议。

（四）技术开发项目评价

技术开发是利用应用研究成果或现有知识，研发新技术、新产品、新工艺、新系统和新的服务。基础研究和应用研究成果通常是公开的，技术开发成果则通常具有知识产权。基础研究和应用研究成果需经由技术开发环节，开发成新技术，才能进入生产，才能转变成直接生产力。一个国家特别是发展中国家，以及一个企业，要想在竞争中生存和发展，可以没有研究能力，但绝不能没有技术开发能力。因为一流的技术是绝不可能用金钱买到的。

技术开发项目评价，在应用研究技术评价基础上，增加了需求分析。生产的目的是消费，研发的目的是使用。从应用研究开始，就要关注需求。到了技术开发阶段，要研制特定的新技术或新产品原型，有可能进行较为具体的需求分析。技术开发要体现需求的要求。技术开发的需求评价要关注需求的种类和规模。

1. 技术评价

——新技术的性质、地位和作用分析。阐明该项技术所属技术类别、产业和产品分类类别。说明该项技术的技术范式，以及在其技术系统和技术轨迹中的地位和作用。说明该项技术、产品和服务的功能和用途。说明开展此项技术开发的必要性。

——新技术的国内外研发进展分析。详细分析国内外该项技术开发的发展历程、研究现状、取得的成果、遇到的主要问题、发展的趋势等，特别是主要竞争对手的开发进展情况。说明开发此项技术的必要性。

——新技术开发的主要目标、主要难点和技术路线。说明该项技术开发要达到的主要目标、新技术或新产品的主要功能特点、主要技术参数等。分析该项技术开发的主要难点，以及解决难点的主要思路。说明预计采用的技术路线。对可能采用的技术路线和技术方法进行对比分析，论证所采用的技术路线和方法的优越性、可行性和有效性。

估计技术开发的不确定性程度。不确定性程度可分为很高、高、一般。

估计技术开发的难度等级。难度等级可划分为高难度、中等难度、一般难度。

——新技术的重要性和创新性分析。说明新技术在本技术系统中的地位和作用、对本企业和本行业的作用。

估计新技术的重要性等级。技术重要性等级可划分为核心技术、重大技术、重要技术、一般技术。

估计该项研究的创新等级。创新等级可划分为根本性创新/原始创新、重大创新、重要创新、一般创新。

——技术开发的主客观条件分析。分析该项技术开发的主客观条件，包括技术力量、开发经验和积累、设备条件、协作条件等是否落实。对不足部分，提出切实可行的弥补办法。

2. 成本分析

分析该项技术开发的成本，包括人员费用、设备购置、材料采购、调研协作费用等。核查各项开支估算是否正确，避免过高或过低的估算。

3. 需求分析

对新技术、新产品、新服务的需求进行初步预测和分析。

一般民用产品主要是市场需求。初步预测现实和潜在需求的规模，以及对产品功能、规格品种、预期价格等方面的要求。

军事需求、公益性需求等，取决于国家政策和政府采购的需要，分析这种需求的功能要求、规格品种、需求数量、价格预期等。

4. 外部性评价

根据该项研发所创造的新技术、新工艺、新材料等的性质和特点，估计其对本产业和其他相关产业可能产生的积极或消极的影响；对当地环境可能产生的积极或消极的影响；对当地社会可能产生的积极或消极的影响；对当地居民健康可能产生的积极或消极的影响，等等。

在技术开发阶段，技术的外部性分析仍然是初步的，但比应用研究阶段具体得多。对较强的外部性效应，应提出应对对策。

5. 机会成本分析

分析放弃此项技术开发，或选择其他技术而放弃本项技术开发对国家、产业或企业可能带来的损失，避免决策失误。

6. 综合评价

在以上各项分析评价的基础上，对该项目进行综合评价，主要考虑该项技术开发是否必要、技术路线和方法是否可行、主客观条件是否具备、开发成本是否合理、需求预测是否合理以及可能的外部性的种类和程度等，提出实施或不实施该项技术开发的建议，或对该项技术开发提出改进建议。

（五）技术成果产业化项目评价

技术开发的成果是实验室技术。技术成果产业化就是把这些实验室技术或产品进一步开发出成熟的产品，解决大批量生产所需要的设备、工艺、质量保证等一系列技术和管理问题，形成批量生产能力，推向市场，并实现盈利。技术成果产业化，是技术和经济的结合点，是技术进步的关键环节。

技术成果产业化项目评价，涉及的范围较之前各层面的评价更为广泛且深入，既包括技术评价和经济评价，也包括财务评价、环境评价、社会评价等诸多方面。所有评价项目的深度，应充分满足项目实施的需要。

1. 技术评价

——该项技术的性质、地位和作用。阐明该项技术的类别和产品类别。说明该项技术在其技术体系、产品体系和产业体系中的地位和作用。

说明该技术的重要性：核心技术、关键技术、重要技术或一般技术。

说明该技术的创新等级：根本创新/原始创新、重大创新、重要创新或一般创新。

说明该项技术、产品和服务的功能和用途。

说明该项技术成果产业化的必要性。

——该项技术和产品的国内外进展。分析国内外该项技术和产品的开发状况、遇到的问题、发展的趋势等，特别是竞争对手的开发进展情况。说明开展此项技术产业化的必要性。

——该项技术产业化的主要目标。说明该项技术产业化要达到的主要目标、预计达到的主要功能、主要技术参数等。说明该项技术开发对本行业或企业的作用。

——该项技术产业化的技术路线、工艺路线、设备配置、质量保障及方案比较。对该项目技术路线、工艺路线、设备研发和配置、质量保障体系等方面的合理性、可行性、可靠性、经济性、安全性等进行检验和分析。

对可能采用的不同方案进行比较和筛选。

——该项目的生产方案。分析项目的生产规模、厂址选择、厂区布置、辅助设施安排、实施计划等是否合理。

——项目主要技术经济指标分析。分析项目的主要技术经济指标，说明其在同行业中所处的水平以及是否符合国家各项相关标准和政策。这些指标包括：主要原材料消耗指标；单位产品能源消耗指标；单位产品污染物排放指标；生产副产品和废弃物的综合利用状况，等等。

——实施该项目的主客观条件分析。分析该项技术开发的主客观条件，包括设计、工艺、质量管理力量，专用设备研制和通用设备配套状况，原材料落实状况，能源落实状况，协作条件等条件是否落实。对不足部分，是否有切实可行的弥补措施。

2. 财务评价

项目财务评价是从项目自身角度考察项目的经济合理性。

——需求预测与分析。分析市场对该产品的需求，包括品种、规格与数量，预测市场可能接受的价格水平。

——总投资估算。估算项目总投资，包括固定资产投资和生产经营所需的流动资金数量等。

——制订资金筹措方案。包括自有资金、政府拨款、银行贷款等资金的数量和比例。

——成本估算。估算分析该项目成本，包括人员费用、设备购置、原材料采购、调研协作费用、管理费用、污染处理费用、利息开支等。核查各项成本估算是否完整、准确，避免多列或遗漏项目，避免过高或过低的估算。

——编制财务报表。在上述各项估算基础上，编制财务报表。

基本报表包括现金流量表、损益表、资金来源与运作表、资产负债表和外汇平衡表等。辅助报表包括固定资产投资估算表、流动资产估算表、投资计划与资金筹措表、主要产出物与投入物的价格依据表、单位产品生产成本估算表、无形与递延资产摊销估算表、固定资产折旧费估算表、总费用估算表、产品销售收入和销售税金及附加税估算表、借款还本付息计算表、财务外汇流量表等。

——分析财务评价指标。项目财务评价的主要财务指标包括：

①项目盈利能力指标。主要计算财务内部收益率、投资回收期等。根据项目特点及实际需要，也可计算财务净现值、投资利润率、投资利税率和资本金利润率等指标。

财务内部收益率（IRR）是项目在整个计算期内各年净现金流量现值累计等于零时的折现率，它反映项目所占用资金的盈利率，是考察项目盈利能力的主要动态评价指标。IRR可根据财务现金流量表中净现金流量用试差法求得。该值越大越好。当所求得的IRR不小于行业基准收益率或设定的折现率时，即认为其盈利能力已满足最低要求，在财务评价上是可以接受的。

投资回收期是以项目的净收益抵偿全部投资所需要的时间，是考察项目投资回收能力的主要静态评价指标。其计算公式为：

$$投资回收期 = 累计净现金流量开始出现正值的年份 - 1 + 上年累计净现金流量的绝对值 ÷ 当年净现金流量$$

投资回收期越小越好。如项目投资回收期不大于行业的基准投资回收期或设定的回收期时，即表明项目是可行的。

财务净现值（NPV）是按行业的基准收益率或设定的折现率，将项目计算期内各年净现金流量折现到投入期初的现值之和。它是考察项目在计算期内盈利能力的动态指标。该值越大越好。NPV可根据财务现金流量表计算求得，当NPV大于或等于零时可认为项目是可行的。

投资利润率、投资利税率和资本金利润率这三项指标均是反映项目盈利水平的静态相对指标，可根据损益表中的有关数据计算。其计算公式为：

$$投资利润（税）率 = [年利润（税）总额或年平均利润（税）总额 ÷ 项目总投资] × 100\%$$
$$资本金利润率 = （年利润总额或年平均利润总额 ÷ 资本金） × 100\%$$

这些指标值越大越好。当求得的数值不小于行业平均水平时，即认为项目是可行的。

②项目清偿能力指标。主要计算资产负债率、借款偿还期、流动比率、速动比率等指标。

资产负债率是反映项目各年所面临的财务风险及偿债能力的指标，可根据资产负债表计算求得。其计算公式为：

$$资产负债率 =（负债总额 \div 全部资产总额）\times 100\%$$

一般来说，在项目投入期资产负债率较高（100%左右），但投产后应逐年下降，最后达到一个合适的水平（如60%左右）。需要指出的是，资产负债率并非一成不变，可因项目的具体情况而定。对实力较强、成长性好的项目，可适当提高。

流动比率和速动比率是反映项目各年偿付流动负债的指标，可根据资产负债表计算求得。其计算公式为：

$$流动比率 =（流动资产 \div 流动负债）\times 100\%$$
$$速动比率 =（速动资产 \div 流动负债）\times 100\%$$

一般来说，流动比率以2:1较合适，速动比率以1:1较合适。

借款偿还期是项目投产后可用于还款的资金偿还借款本利所需的时间。可由资金来源与运作表及国内借款还本付息计算表直接推算。该值越小越好，当借款偿还期满足贷款机构的要求期限时，即认为项目是有清偿能力的。

③外汇效果分析。外汇效果分析是涉及产品出口创汇及替代进口节汇的项目，应对其进行分析，其分析指标包括财务外汇净现值、换汇成本及节汇成本。

财务外汇净现值可通过外汇流量表，以外汇贷款利率为折现率，采用净现值计算方法进行计算，该值越大越好。该值大于零时，即认为该项目可行。

财务换汇成本指换取1美元外汇所需要的人民币金额，即等于项目计算期内生产出口产品所投入的国内的现值与财务外汇净现值之比，该值越小越好。当该值不大于国家标准汇率时即认为可行。

财务节汇成本指节约1美元外汇所需要的人民币金额，它等于项目计算期内生产替代进口产品所投入的国内资源的现值与替代进口节约外汇的净现值之比，主要用于生产替代进口产品的项目，该值越小越好。当该值不大于国家标准汇率时即认为可行。

④财务评价参数。财务评价参数是由国家发改委定期测定发布的，通过公布各行业的投资平均（基准）收益水平，为项目评价提供权威性参考标准。

3. 经济评价

经济评价又称为国民经济评价，是按照资源合理配置的原则，从国家整体角度考察技术方案的效益和费用，用货物影子价格、影子汇率、影子工资和社会折现率等经济参数，分析计算技术方案对国民经济的净贡献，评价项目的经济合理性。

经济评价与财务评价相比，评价方法有类似之处，但评价角度不同，效益与费用的构成及范围不同，采用的价格体系和参数不同，评价的内容也不尽相同。

（1）国民经济效益。国民经济效益分为直接效益和间接效益，国民经济费用分为直接费用和间接费用。直接效益和直接费用可称为内部效果，间接效益和间接费用可称为外部效果。

——直接效益与直接费用——内部效果。直接效益是技术方案产出物直接生成的，并在技术方案范围内计算的经济效益。一般表现为：因技术的实施增加产出物或者服务的数量以满足国内需求的效益；替代效益较低的相同或类似企业的产出物或者服务，使被替代企业减产（停产）从而减少国家有用资源耗费或者损失的效益；增加出口或者减少进口从而增加或者节约的外汇等。

直接费用是技术方案使用投入物所形成的，并在技术方案范围内计算的费用。一般表现为：其他部门为本技术的实施提供投入物，需要扩大生产规模所耗费的资源费用；减少对其他项目或者最终消费投入物的供应而放弃的效益；增加进口或者减少出口从而耗用或者减少的外汇等。

——间接效益与间接费用——外部效果。外部效果是指技术方案对国民经济做出的贡献与国民经济为技术方案付出的代价中，在直接效益与直接费用中未得到反映的那部分效益（间接效益）与费用（间接费用）。外部效果应包括以下几个方面：

①产业关联效果。因技术的实施带动其他产业的经济发展，这是间接效益。

②环境和生态效果。有些技术方案会对自然环境和生态产生污染和破坏。主要包括：排放污水造成水污染；排放有害气体和粉尘造成空气污染；噪声污染；放射性污染；临时性的或永久性的交通阻塞、航道阻塞；自然环境的改变对生态造成破坏，等等。

③技术扩散效果。技术扩散和示范效果是由于技术先进的方案会培养和造就大量的技术人员和管理人员。他们除了为本企业服务外，由于人员流动、技术交流对整个社会经济发展也会带来好处。

为防止外部效果计算扩大化，技术方案的外部效果一般只计算一次相关效果，不应连续计算。

（2）国民经济评价指标及参数。国民经济评价以宏观盈利能力为主，评价指标包括经济内部收益率和经济净现值。

国民经济评价采用影子价格、社会折现率、影子汇率等作为评价参数和价格体系。

影子价格是指资源处于最佳分配状态时，其边际产出价值。也可说是社会经济处于某种最优状态下，能够反映社会劳动消耗、资源稀缺程度和对最终产品需求情况的价格。

社会折现率是用以衡量资金时间价值的重要参数，代表社会资金被占用应获得的最低收益率，并用作不同年份价值换算的折现率。

影子汇率是指能反映外汇真实价值的汇率。

4. 产业经济评价

技术成果产业化项目对本产业和相关产业的影响，可考虑以下内容：

新技术采用和推广对本产业技术升级和技术改进的提升作用；

新技术采用和推广对上下游产业技术升级和技术改进的提升作用；

新技术采用和推广对本产业生产率提高和增加值增加的促进作用；

新技术采用和推广对上下游产业生产率提高和增加值增加的促进作用，等等。

5. 区域经济评价

对规模较大的项目，实施后可能引起项目所在区域经济总量和经济结构较大变化的，应进行区域经济评价。可能引起区域内社会结构以及群体利益格局较大变化的，应进行社会评价。这里区域的范围，依具体情况可以是项目所在的省、市、县等层级。

（1）对区域经济发展的贡献。重大技术项目对 GDP 增量的影响可以分为两部分。第一部分是项目实施自身所带来的 GDP 增量；第二部分是技术使用的乘数效应，即对其上下游产业的拉动，从而引起国内生产总值的再增加。

（2）对区域产业结构的影响。产业结构是国民经济各产业之间的生产技术经济联系与数量比例关系。较大项目投资可直接造成所在地产业结构变化的，应对这种影响进行评价。

产业影响力系数是指重大技术项目所在地的产业，当其新增产出满足社会需求时，每增加一个单位最终需求，对国民经济中其他产业的影响程度。其计算公式为：

$$T_j = \frac{\sum\limits_{i=1}^{n} b_{ij}}{\sum\limits_{j=1}^{n} \sum\limits_{i=1}^{n} b_{ij}/n}$$

其中，b_{ij} 为列昂惕夫逆矩阵系数，即完全消耗系数，表示生产第 j 个部门的一个最终总产品对第 i 个部门的完全消耗量；n 为国民经济的产业部门总数。

$T_j > 1$，表明该产业的影响力在全部产业中处于平均水平之上，影响力系数越大，该产业对其他产业部门的带动作用越强，区域经济影响越明显。

（3）对地方财政收支平衡的影响。重大技术项目由于规模巨大，需要耗费大量的财力。所以，重大技术方案的建设往往需要国家直接或间接的财政资金投入，包括预算拨款、投资补助、贷款贴息等建设性财政资金投入，经营性补贴，直接或间接的借款还本付息责任，对技术项目给予的优惠政策等。如果这类技术方案耗费过多，必然会影响财政收支平衡。

无论是在技术项目实施过程中，还是技术项目实施后，都会对当地及国家财政收入做出贡献，包括缴纳的各种税费、政府公共部门投资收益等。税收是财政收入的主要来源，地方财政收入的高低决定了地方政府对技术方案的投资的支持力度。

（4）对就业和收入分配的影响。

——就业效果影响。政府追求的宏观调控目标之一是实现社会充分就业。我国存在大量过剩劳动力，因此评价技术方案的就业效果显得尤为重要。重大技术项目的建设产生的就业机会，包括直接就业机会和间接就业机会；技术项目建设期的就业机会和运营期的就业机会。

劳动力投入系数分析法是通过分析技术项目投资中劳动力的投入量，来计算行业产出增加导致行业就业增加的能力的一种方法。

就业效果还可采用总就业效果、直接就业效果、间接就业效果等指标来分析。

——收入分配影响。收入分配效果是指技术项目在生产经营过程中所产生的净产值在职工、企业、地方和国家等不同方面的分配比例情况。项目实施对区域收入分配产生较大影响的，应进行分析。

6. 环境评价

随着社会经济和技术的快速发展，技术对环境的影响也越来越大，环境污染越来越严重。环境技术评价成为必然。环境技术评价集中在对四种结果的潜在的环境影响进行描述，即对人类健康的影响、对地方自然环境的影响、对全球环境的影响和对资源保护的影响等。[①]

（1）对人类健康和安全的影响。这一类影响主要是指对社区居民及员工健康

---

① 刘战礼：《环境技术评价的理论与模型研究》，吉林大学硕士学位论文，2007。

和安全的潜在影响，包括可能的伤害、不舒适或者死亡等。此类影响的核心在于技术方案的实施可能会排放有毒物质引起环境的影响或者减少环境中的有毒物质。评价时应厘清：排放物的毒性及潜在危害；在普通操作或泄漏等突发事故中有毒有害的挥发性化学物质的排放量；受到伤害的人群的大小；因有毒物质的增加而增加的公共设施；减少的有毒物质量，等等。应对这些影响进行定量分析。

（2）对当地自然环境的影响。这一类别影响主要指技术对于生物体及其栖息场所、自然生态系统的生命缓冲容量以及生物多样性诸方面的影响。应特别关注濒临灭绝的稀有动植物种属减少和独特的生物栖息地消失现象。应从以下方面进行评价：生物栖息地流失或迁移；栖息地在地理上的分离；排放废物带来的污染环境的化学污染物可能直接危害到的植物群和动物群，也可能通过富营养化和酸化改变生态系统的功能。

（3）对全球环境的影响。这类影响可能在某个给定区域内并非主要影响因素。但在全球范围内进行技术评价时就需要考虑这类影响，尤其可作为一种累积影响。如全球气候变暖、臭氧层的破坏。

（4）稀有或不可再生资源的使用。在技术中使用昂贵而稀有的资源时，可能存在这类影响。评估资源影响时，必须考虑资源所在地区或全球范围内的相对稀有性，以及在工艺周期中对资源的需求。要评价技术对资源的使用方式可能对自然资源的持续性影响：资源的消耗率大于资源的补充率；所使用的资源被其他技术同时使用或者污染；资源的单位使用量在降低。

在量化指标方面，直接环境经济效益表现为因减少污染物排放而节约的活劳动、物化劳动和降低的污染损失，因某一特殊污染物的增加造成的受伤害人群的补偿费用等；间接环境效益表现为居民体质的增强、发病率的降低、劳动和休息条件的改善、自然景观的保护、自然资源的增值等。

7. 社会评价

技术影响社会结构及社区状况的方式很多，这里主要考虑以下几个方面：

对文化资源与价值的影响。在文化、宗教、历史、科学或其他社会价值氛围较突出的地区，项目可能对这些方面产生的影响。

对社区社会稳定的影响。需要考虑大批外来员工（包括家眷）对社区的影响。以及由于过度开发当地资源对当地居民生活的影响，以及由此产生的再就业等问题。

平均问题。项目对社区内不同群体的影响可能是不平均、不成比例的。应关注受影响较大的群体，特别关注对当地贫困人口、儿童及妇女的潜在影响。

对就业的影响。项目实施会增加或减少的就业人数等。

8. 不确定性分析

不确定性分析是指对决策方案受到各种事前无法控制的外部因素变化与影响所进行的研究和估计。不确定性分析可以尽量弄清和减少不确定性因素对经济效益的影响，预测技术方案投资对某些不可预见的政治与经济风险的抗冲击能力，从而提高技术方案投资的可靠性和稳定性，避免投产后不能获得预期收益，导致企业亏损。

进行不确定性分析，需要依靠决策人的知识、经验、信息和对未来发展的判断能力，也要采用科学的分析方法。通常采用的方法有盈亏平衡分析、敏感性分析、概率分析和准则分析。这几种方法的使用范围：①盈亏平衡分析只用于财务评价，敏感性分析和概率分析可同时用于财务评价和国民经济评价；②当有关变量的变化有一定范围时，可采用盈亏平衡分析或敏感性分析；③当有关变量的变化遵循统计规律时，可采取概率分析方法；④当有关变量的变化既无范围又无规律时，可采取准则分析方法。

（1）盈亏平衡分析。盈亏平衡分析是通过盈亏平衡点（BEP）分析项目成本与收益的平衡关系的一种方法。盈亏平衡点就是项目成本曲线与收入曲线的交点。成本曲线是固定成本、可变成本、产品产量等变量的函数。收入曲线是产品价格、销售量等变量的函数。盈亏平衡点越低，说明技术方案的盈利性越大，亏损的可能性越小，技术方案有较大的抗风险能力。用这一方法可分析上述变量变化时项目的盈亏关系，判断投资方案对不确定性因素变化的承受能力，为决策提供依据。

（2）敏感性分析。敏感性分析是指从众多不确定性因素中找出对投资技术方案经济效益指标有重要影响的敏感性因素，并分析、测算其对技术方案经济效益指标的影响程度和敏感性程度，进而判断技术方案承受风险能力的一种不确定性分析方法。

根据技术方案评价内容的不同，经济评价中对经济净现值、经济内部收益率所作的敏感性分析，称为经济敏感性分析；对财务评价指标所作的敏感性分析，称为财务敏感性分析。

敏感性分析有助于确定哪些风险对技术方案具有最大的潜在影响。它把所有其他不确定性因素保持在基准值的条件下，考察技术方案的每项因素的不确定性对目标产生多大程度的影响。

根据不确定性因素每次变动数目的多少，敏感性分析法可以分为单因素敏感性分析法和多因素敏感性分析法。

单因素敏感性分析法，是每次只变动一个因素，而其他因素保持不变的分析方法。

多因素敏感性分析法，是假定其他不确定性因素不变的条件下，计算分析两种或两种以上不确定性因素同时发生变动对技术方案经济效益的影响程度。多因素敏感性分析一般是在单因素敏感性分析基础上进行的，且分析的基本原理与单因素敏感性分析大体相同。需要注意的是，多因素敏感性分析需要进一步假定同时变动的几个因素都应是相互独立的，且各因素发生变化的概率相同。

（3）风险分析。风险分析是通过对风险因素的识别，采用定性分析和定量分析的方法，估计各风险因素对技术方案的影响程度及发生的可能性，揭示影响技术方案成败的关键风险因素，提出相应的风险对策，为投资决策服务。风险分析包括以下内容。

——风险识别。风险识别是指采用系统论的观点对技术方案全面考察综合分析，找出潜在的各种风险因素，并对各种风险进行比较、分类，确定各因素间的相关性与独立性，判断其发生的可能性及对技术方案的影响程度。

风险识别要根据行业和技术方案的特点，采用分析和分解原则，把综合性的风险问题分解为多层次的风险因素。

常用的方法主要有风险分解法、流程图法、头脑风暴法和情景分析法等。在具体操作中，大多通过专家调查的方式完成。

——风险估计。风险估计方法分为概率估计法和影响估计法。概率估计法分为主观概率和客观概率。影响估计法包括概率树分析和蒙特卡洛模拟。

——风险评价。风险评价是在风险估计的基础上，通过相应的指标体系和评价标准，对风险程度进行划分，以揭示影响技术方案成败的关键风险因素。风险评价包括单因素风险评价和整体风险评价。

单因素风险评价，即评价单个风险因素对技术方案的影响程度，以找出影响技术方案的关键风险因素。评价方法主要有风险概率矩阵、专家评价法等。

技术方案整体风险评价，即综合评价若干主要风险因素对技术方案整体的影响程度。对于重大投资技术方案或估计风险很大的技术方案，应进行投资技术方案整体风险分析。

——风险对策。根据上述步骤确认的各项风险，有针对性地提出应对各项风险的对策，避免风险的发生或将风险损失减低到最低程度，以提高投资的安全性，促使技术方案获得成功。

风险对策研究的结果应及时反馈到项目评价的各个方面，并据此修改部分数据或调整方案，进行技术方案的再设计。

（4）准则分析法。不确定条件下的决策，从决策的冒险意识角度，可考虑以下准则。

最大最大准则，又称乐观法或大中取大法。这种方法的思想基础是对客观情况持乐观态度，选择最有利情况下获得最大收益的方案。

最大最小准则，又称小中取大法或悲观法。这种方法的基本态度是悲观与保守，选择最不利情况下获得最大收益的方案。

9. 综合评价

在以上各项分析评价的基础上，对该项目进行综合评价，主要考虑该项技术产业化项目是否必要、研发技术路线和方法是否可行、主客观条件是否具备，以及可能的外部性的种类和程度等，提出实施或不实施该项技术产业化项目的建议，或对该项目提出改进建议。

一般来说，技术可行、微观经济合理是项目成立的必要条件。毕竟，企业经营的目的是盈利。正式投产时，生产的工艺技术必须是成熟的、可靠的、安全的。产品的性能和质量，要符合国家的相关标准，要受到相关法规的约束，要接受消费者的检验，以及媒体的监督。

微观经济效益好、宏观经济效益不好的项目，应有补正的措施，消除宏观负效益。否则，应予以否定。

项目微观效益不好、宏观考虑所必需的，应由国家制定支持政策或给予补贴，促其上马。

微观效益好、环境效益不好、污染严重、超过当地污染物排放标准和控制总量的项目，应有补正的措施，消除环境负效益。无法补正的，应予以否定。

微观效益好，社会效益不好，影响当地社会稳定、公正、和谐的项目，应有补正的措施，消除社会负效益。无法补正的，应予以否定。

微观效益好，但危及国家政治、经济、军事安全的项目，应有补正的措施，消除安全隐患。无法补正的，应予以否定。

六　技术评价方法

技术是人类改造世界、利用世界的手段和方法。技术进步是客观规律和历史趋势。技术本身是中性的，但技术的利用有着强烈的积极或消极的社会效应。人类利用技术的目的，在于改善人民的生活，推动经济发展和社会进步。新技术的开发与应用，应该能够对社会有利无害或趋利避害，最大化技术的积极效应，采取有效措施消除技术的消极效应，实现技术、经济、社会、环境的协调发展。为此，在应用技术之前，就要进行技术评价。

要使技术评价做到客观、公正、准确，就要有正确的理论和方法指导。一般来说，技术评价的指导理论是马克思主义理论，基础理论包括经济学、技术进步理论、科学学、技术学、技术经济理论、福利经济学、科学发展观理论等，具体应用理论包括技术预测、优化理论、会计学、数理统计、统计学、预测学等理论和方法。在长期的实践中，技术评价形成了技术评价的方法体系。一般来说，目的决定方法，方法服从于目的。技术评价的方法体系不是封闭的，要根据实际需要不断补充和发展。

从技术评价方法的属性看，有三类方法，定性评价法、定量评价法和定性与定量相结合的综合评价法。

定性评价法主要依靠专家的分析与判断，按照一定的标准对被评价对象给出非量化的评价结论。这种方法历史悠久，应用范围较广，适用于无法进行定量分析的情况。定性评价法主要包括同行评议、回溯分析法、专家会议法、德尔菲法和头脑风暴法等。

定量评价法主要运用数学模型对评价过程中得到的投入、产出等相关数据进行计算，得出定量的评价组合，主要包括计量经济分析法、趋势外推预测法、文献计量法、费用效用分析法、决策树法等。

综合评价法是将定性与定量评价方法相结合的评价方法。主要包括情景分析法、层次分析法、交叉影响分析法、定标比超法、反推法等。

评价方法种类繁多。这里介绍常用和比较重要的方法，应用时可以根据需要选择，灵活组合。

（一）定性评价法

1. 同行评议[1]

同行评议是指某一领域或邻近领域的专家采用统一的评价标准，共同对涉及相

---

[1] 张先恩主编《科学技术评价理论与实践》，科学技术出版社，2008。

关领域的事项进行独立的价值评议的过程，其结果为有关部门的决策提供依据。同行评议广泛应用于各类科技评价活动，通常有四种运行方式：一是通信评议（函评、网评）；二是会议评议；三是通信评议与会议评议相结合；四是现场评议。

同行评议最突出的特点是能够满足"价值评议"的要求。同行评议的优点是：①容易组织实施；②能分析潜在影响；③对好奇心驱动的基础研究和战略基础研究的价值评价非常有效。但也具有明显的缺点，这种方法仅代表了少数人的意见，并只能获得定性信息，还有评价时可能掺杂人为因素。

此方法常常用于评价已经完成或正在进行或即将进行的项目和计划，适用范围最广，特别是对基础研究和应用研究的评价。

2. 回溯性案例分析法

回溯性案例分析法是指对关键事件或典型案例进行回顾和剖析，分析导致关键事件发生的内外部因素，或分析和评价典型案例成功的关键因素，总结经验或不足，为未来的评价提供依据或参考。

回溯性案例分析法主要有四种类型：①历史描述；②研究活动分析；③匹配比较；④前三种类型与其他方法的结合。

回溯性案例分析法有三个方面的优势：首先，能明确地阐述某一现象出现的方式和过程以及出现的原因；其次，在针对某一专题开展绩效评估而缺乏强有力的理论支持时，该方法可以有效地发挥作用；最后，有利于深入探讨科学技术影响和效果中的特殊现象，加深研究人员对这些现象的认识。但是，该方法也具有明显的缺点：一是结论没有普适性；二是评价结果不能累加起来反映整体；三是实施程序比较复杂。并且研究周期长、成本高，在实际中常与其他方法结合应用。

回溯性案例分析法适用于已经完成的基础研究和应用研究项目或计划。

3. 专家会议法

专家会议法是指根据规定的原则选定一定数量的专家，按照一定的方式组织专家会议，发挥专家集体的智能结构效应，对预测对象未来的发展趋势及状况，做出判断的方法。

专家会议有助于专家们交换意见，通过互相启发，可以弥补个人意见的不足；通过内外信息的交流与反馈，产生"思维共振"，进而将产生的创造性思维活动集中于预测对象，在较短时间内得到富有成效的创造性成果，为决策提供依据。但是，专家会议法也有不足之处，如有时心理因素影响较大；易屈服于权威或大多数人意见；易受劝说性意见的影响；不愿意轻易改变自己已经发表过的意见，等等。

这种方法适用于战略层次的决策分析对象，不能或难以量化的大系统以及简单的小系统。

4. 德尔菲法

德尔菲法也称专家调查法。它采用通信方式分别将所需解决的问题单独发送到各个专家手中，征询意见，然后回收汇总全部专家的意见，并整理出综合意见；随后将综合意见和预测问题再分别反馈给专家，再次征询意见，各专家依据综合意见修改自己原有的意见，然后再汇总；这样经过多次反复，逐步取得比较一致的预测结果。该方法自从 20 世纪 40 年代发展以来，在众多领域得到了应用。

德尔菲法的典型特征是：①吸收专家参与预测，充分利用专家的经验和学识；②采用匿名或"背靠背"的方式，能使每一位专家独立自主地做出自己的判断；③预测过程经几轮反馈，使专家的意见逐渐趋同。德尔菲法的这些特点使它成为一种最有效的判断预测法。

德尔菲法同专家会议法既有联系又有区别。德尔菲法能发挥专家会议法的优点：①能充分发挥各位专家的作用，集思广益，准确性高；②能把各位专家意见的分歧点表达出来，取各家之长，避各家之短。同时，德尔菲法又能避免专家会议法的缺点：①权威人士的意见影响他人的意见；②有些专家碍于情面，不愿意发表与其他人不同的意见；③出于自尊心而不愿意修改自己原来不全面的意见。德尔菲法的主要缺点是过程比较复杂，花费时间较长。

德尔菲法适用于对不确定性因素的定性预测。

5. 头脑风暴法

头脑风暴法是指一群专家就某一专题发挥无限制的自由联想和讨论，其目的在于产生新观念或激发创新设想。

头脑风暴法又可分为直接头脑风暴法（通常简称头脑风暴法）和质疑头脑风暴法（也称反头脑风暴法）。前者是专家群体决策，尽可能激发创造性，产生尽可能多的设想的方法；后者则是对前者提出的设想、方案逐一质疑，分析其现实可行性的方法。

头脑风暴法的激发机理：

第一，联想反应。联想是产生新观念的基本过程。在集体讨论问题的过程中，每提出一个新的观念，都能引发他人的联想。相继产生一连串的新观念，产生连锁反应，形成新观念堆，为创造性地解决问题提供更多的可能性。

第二，热情感染。在不受任何限制的情况下，集体讨论问题能激发人的热情。人人自由发言，相互影响、相互感染，能形成热潮，突破固有观念的束缚，最大限度地发挥创造性思维能力。

第三，竞争意识。在有竞争意识情况下，人人争先恐后、竞相发言，不断地开动思维机器，力求有独到见解、新奇观念。心理学的原理告诉我们，人类有争强好胜心理，在有竞争意识的情况下，人的心理活动效率可提高 50% 或更多。

第四，个人欲望。在集体讨论解决问题过程中，个人的欲望自由不受任何干扰和控制，是非常重要的。头脑风暴法有一条原则，不得批评仓促的发言，甚至不许有任何怀疑的表情、动作、神色。这就使每个人能畅所欲言，提出大量的新观念。

头脑风暴法实施的成本（时间、费用等）是很高的。另外，头脑风暴法要求参与者有较好的素质。这些因素是否满足会影响头脑风暴法实施的效果。

头脑风暴法适用于技术创新时产生替代方案。

（二）定量评价法

定量评价法可用来分析评价技术项目绩效、科技投入与产出的关系、需求关系、技术发展与经济增长之间的关系等。

1. 计量经济分析法

计量经济分析法是在分析过去、预测未来时常常用到的方法。计量经济模型包括回归分析法、时间序列分析法等多种方法。

（1）回归分析法。当预测目标变量（称因变量）由于一种或几种影响因素变量（称自变量）的变化而发生变化时，根据某一个自变量或几个自变量的变动，来解释推测因变量变动的方向和程度，常用回归分析法建立数学模型。即在掌握大量观察数据的基础上，利用数理统计方法建立因变量与自变量之间的回归关系函数表达式，来描述它们之间数量上的平均变化关系。这种函数表达式称回归方程式。

在回归分析中，当研究的因果关系只涉及因变量和一个自变量时，叫作一元回归分析；当研究的因果关系涉及因变量和两个或两个以上自变量时，叫作多元回归分析。又依据描述自变量与因变量之间因果关系的函数表达式是线性的还是非线性的，分为线性回归分析和非线性回归分析。

应用回归预测法时应首先确定变量之间是否存在相关关系。如果变量之间不存在相关关系，应用回归预测法就会得出错误的结果。正确应用回归分析预测时应注意：用定性分析判断现象之间的依存关系；避免回归预测的任意外推；使用合适的数据资料。

（2）时间序列分析法。时间序列法就是通过编制和分析时间序列，根据时间序列所反映出来的发展过程、方向和趋势，进行类推或延伸，借以预测下一段时间或以后若干年内可能达到的水平。其前提是假定事物由过去延续到未来。

时间序列预测法可用于短期预测、中期预测和长期预测。根据对资料分析方法的不同，又可分为简单序时平均数法、加权序时平均数法、移动平均法、加权移动平均法、趋势预测法、指数平滑法等。

简单序时平均数法，也称算术平均法。即把若干历史时期的统计数值作为观察值，求出其算术平均数作为下期预测值。这种方法基于下列假设：过去这样，今后也将这样，把近期和远期数据等同化和平均化，因此只适用于事物变化不大的趋势预测。如果事物呈现某种上升或下降的趋势，就不宜采用此法。

加权序时平均数法就是把各个时期的历史数据按近期和远期影响程度进行加权，求出平均值，作为下期预测值。

简单移动平均法，就是相继移动计算若干时期的算术平均数作为下期预测值。

加权移动平均法，即将简单移动平均数进行加权计算。在确定权数时，近期观察值的权数应该大些，远期观察值的权数应该小些。

上述几种方法虽然简便，能迅速求出预测值，但由于没有考虑整个社会经济发展的新动向和其他因素的影响，所以准确性较差。应根据新的情况，对预测结果做必要的修正。

指数平滑法，即根据历史资料的上期实际数和预测值，用指数加权的办法进行预测。此法实质上是由内加权移动平均法演变而来的一种方法，优点是只要有上期实际数和上期预测值，就可计算下期的预测值，这样可以节省很多数据和处理数据的时间，减少数据的存储量，方法简便。是国外广泛使用的一种短期预测方法。

2. 趋势外推法

趋势外推法（Trend Extrapolation）是根据过去和现在的发展趋势推断未来的一类方法的总称，用于科技、经济和社会发展的预测。

趋势外推的基本假设为：未来是过去和现在连续发展的结果。趋势外推法的基本假定是：决定事物过去发展的因素，在很大程度上也决定该事物未来的发展，其变化不会太大；事物发展过程一般都是渐进式的变化，而不是跳跃式的变化，事物的发展规律可以掌握。依据这种规律推导，就可以预测出它的未来趋势和状态。

趋势外推法首先由 R. 赖恩用于科技预测。应用趋势外推法进行预测，主要包括以下 6 个步骤：①选择预测参数；②收集必要的数据；③拟合曲线；④趋势外推；⑤预测说明；⑥研究预测结果在制订规划和决策中的应用。

趋势外推预测法和所有的时间序列分析一样，都基于下边两个基本假设：①决定事物过去发展的因素，在很大程度上仍决定事物的未来发展，这些因素作用的机理和数量关系是不变的，或变化不大；②未来发展的过程属于渐进过程，不是跳跃式的变化，即促使社会经济现象不规则波动的因素，是不稳定的短期起作用的因素，它对社会经济现象只产生局部的偶然影响。

趋势外推法最常用的函数模型，有指数曲线、生长曲线、包络曲线等。

指数曲线法（Exponential Curve）是一种重要的趋势外推法。当描述某一客观事物的指标或参数在散点图上的数据点构成指数曲线或近似指数曲线时，表明该事物的发展是按指数规律或近似指数规律变化的。如果在预测期限内，有理由说明该事物仍将按此规律发展，则可按指数曲线外推。

许多研究结果表明，技术发展，有时包括社会发展，其定量特性往往表现为按指数规律或近似指数规律增长，一种技术的发展通常要经过发生、发展和成熟三个阶段。在技术发展进入成熟阶段之前，有一个高速发展时期。一般来说，在这个时期内，很多技术特性的发展是符合指数增长规律的。例如，运输工具的速度、发动机效率、电站容量、计算机的存储容量和运算速度等，其发展规律均表现为指数增长趋势。

对于处在发生和发展阶段的技术，指数曲线法是一种重要的预测方法。一次指数曲线因与这个阶段的发展趋势相适应，所以比较适合处于发生和发展阶段技术的预测，一次指数曲线也可用于经济预测，因为它与许多经济现象的发展过程相适应；二次指数曲线和修正指数曲线则主要用于经济方面的预测。

生长曲线模型（Growth Curve Models）可以描述事物发生、发展和成熟的全过程，是情报研究中常用的一种方法。

生长曲线法几乎可用来研究每个技术领域的发展，它不仅可以描述技术发展的基本倾向，而更重要的是，它可以说明一项技术的增长由高速发展变为缓慢发展的转折时期，为规划决策确定开发新技术的恰当时机提供依据。

生长曲线描述一项单元技术的发展过程，而包络曲线（Envelop Curve）描述整个技术系统的发展过程。一项单元技术有功能特性上限，而由一系列单元技术构成的整个技术系统，不会因单元技术达到性能上限而停止发展。例如，把计算机作为整个技术系统，则分别以电子管→晶体管→中小规模集成电路→大规模集成电路作为逻辑元件的相应计算机就是它的单元技术。随着单元技术的更替，计算机技术性能在不断提高。

由于单元技术的连续更替，在时间－特性图上表现为一系列的 S 形曲线，随时间的推移，后一条 S 形曲线的性能比前一条 S 形曲线的性能有所提高。如果把这一系列 S 形曲线编成一条包络曲线，其形状也往往是一条 S 形曲线。R. 艾尔斯（Ayres）通过对整个技术系统实际发展过程的观察和分析，列举了许多实例，用以说明整个技术系统的发展是符合包络曲线规律的。例如粒子加速器工作能量的增加、白炽灯效率的提高、航空发动机功率的增长、交通工具速度的提高等。

这些事实说明，整个技术系统的发展也是连续的，呈现某种规律性，符合或近似符合包络曲线规律。这一规律是制订长远科技发展规划的一个依据。

用包络曲线外推，可以估计某个技术系统的特性参数在未来某一时间将会达到什么水平，适用于长期技术预测。此外，它还有以下两个方面的实际用途：

一是用于分析新技术可能出现的时机。根据整个技术系统的特性参数遵循包络曲线发展的规律，当某一单元技术的性能趋于其上限时，通常会有另一新的单元技术出现，推动整个技术系统的发展。按照这个原理，如果将包络曲线法与生长曲线法结合起来使用，当现有技术的性能水平接近其上限时，规划制定者就应该估计，是否会有另一新的单元技术出现，从而相应做出新技术的科研规划和计划，并加以实施，以保持产品的先进性。

二是用于验证规划中制订的技术参数指标是否合理，为未来产品设计的功能特性参数提供评价依据。如果目标规定的技术参数值在外推的包络曲线之上，表明有可能冒进；反之，则可能是偏于保守的。

3. 文献计量法

文献计量法是利用科学产出的科技文献计量指标的定量数据，采用数学和统计学方法，对科学活动规律及其影响进行研究与分析的一种方法。

运用文献计量法，基于 SCI 数据库和专利数据库，采取论文指标、引文指标、专利引文指标等从宏观层面研究国家的科学能力、科学前沿发展趋势、科学活动的水平及影响具有统计学意义上的合理性和可信度，对国家宏观科技政策和科技管理具有一定的参考价值。该方法在微观层面只是同行评议方法的辅助或补充手段，是综合评价指标体系中的一部分。

文献计量法在实际应用中存在的主要问题有：论文数量只反映论文产出的多

少，而不是质量；忽视了非期刊的学术交流方式；论文出版随期刊、研究领域的不同而存在差异；引文指标不一定能体现引文与被引用论文之间的联系；错误的工作和方法论的研究的引用次数都可能比较高；存在收录论文的语言限制问题等。

在具体应用文献计量法进行科学研究绩效评估时，应处理好宏观与微观、数量与质量的关系，注意定量与定性方法的有效结合。①

4. 费用效益分析法

费用效益分析法是根据具体技术方案投资费用、成本费用、所获收益等技术数据有关指标，如净现值、年费用、投资回收期、内部收益率、外部收益率等指标，并按相应的数据进行比较，选择最优方案的经济效益评价方法。这一方法主要适用于经济效益评估和技术方案评估。

5. 决策树法

决策树法（Decision Tree）就是运用树状图表示各决策的期望值，通过计算，最终优选出效益最大、成本最小的决策方法。决策树法属于风险型决策方法。它一般都是自上而下生成的。每个决策或事件（即自然状态）都可能引出两个或多个事件，导致不同的结果，把这种决策分支画成图形很像一棵树的枝干，故称决策树。

决策树一般由方块结点、圆形结点、方案枝、概率枝等组成。方块结点称为决策结点，由结点引出若干条细支，每条细支代表一个方案，称为方案枝；圆形结点称为状态结点，由状态结点引出若干条细支，表示不同的自然状态，称为概率枝。每条概率枝代表一种自然状态。在每条细枝上标明客观状态的内容及其出现的概率。在概率枝的最末梢标明该方案在该自然状态下所达到的结果（收益值或损失值）。这样树形图由左向右、由简到繁展开，组成一个树状网络图。

应用决策树决策方法必须具备以下条件：①具有决策者期望达到的明确目标；②存在决策者可以选择的两个以上的可行备选方案；③存在决策者无法控制的两种以上的自然状态（如气候变化、市场行情、经济发展动向等）；④不同行动方案在不同自然状态下的收益值或损失值（简称损益值）可以计算出来；⑤决策者能估计出不同的自然状态发生的概率。

决策树法具有许多优点：条理清晰，程序严谨，定量、定性分析相结合，方法简单，易于掌握，应用性强，适用范围广等，适用于技术方案的选择。

---

① 张先恩主编《科学技术评价理论与实践》，科学技术出版社，2008。

6. 相关树法

相关树法是在决策树法的基础上，加上矩阵理论发展起来的一种定量预测方法。

相关树法是一种典型的规范性预测方法，它提供了未来目标与现时决策相关联的桥梁。相关树法是根据技术系统的子系统或各级发展趋势的综合去预测技术系统的发展。其原理是：如果整体系统需要达到某一目标（特性参数）时，必定要求各子系统或各级都要达到相应的目标。也就是说，整体系统发展目标的实现要由各子系统或各级子系统的技术发展目标的实现所决定。

相关树法适用于那些按因果关系、复杂程度和从属关系分成的预测系统。在整个预测过程中，每搭配一种准则、划分一个系统，实际上就是为了实现某种目标或解决某一问题，也就是对未来的预测对象可能出现的某种发展趋势做出预测。

相关树法的核心问题是分析等级结构，每一级分支的交点被称为顶点，每一顶点至少要分出两个分支，可以如此一直划分下去，数量根据需要不用限制。实质上，相关树法是对一个复杂系统进行分解的技术。经分解后每个个体应是有机的，并用相关树法来确定每个局部对子系统或大系统的意义和地位。

7. 检查表法

检查表又称调查表、统计分析表等。以简单的数据，用容易理解的方式，制成图形或表格，必要时记上检查记号，并加以统计整理，作为进一步分析或核对检查之用。

检查表一般由两部分组成，一部分为检查内容，主要包括查什么和怎么查的问题；另一部分为审核记录。

检查表的使用目的：记录某种事件发生的频率，分析其未来的发展趋势。

使用检查表的注意事项：①应尽量取得分层的信息；②应尽量简便地取得数据；③应立即与需要采取的措施相结合，应事先规定对什么样的数据发出警告，停止生产或向上级报告；④检查项目，如果是很久以前制订现已不适用的，必须重新研究和修订；⑤通常情况下归类中不能出现"其他问题类"。

8. KSIM 法

此方法原是朱利叶·凯恩（Julius Kane）于 1972 年开发的一种计算机模拟语言。运用这种方法进行技术预测，就是把预测对象看作一个由多变量构成的目标系统，其中又把每一个变量看成时间的函数，研究各变量之间的相互作用，利用逐步迭代预测系统各变量的未来值，从而确定系统未来状态。KSIM 法的特点是把专家意见和计算机技术结合起来，可以充分利用从主观判断到各种精度水平的数据。

KSIM 法的基本步骤是：①首先根据有关专家的意见，确定所研究系统的主要变量及某一对变量之间的相互影响；②分析变量的交叉影响及其对预测变量的作用；③建立预测模型，预测出目标的变化动态，其中一个变量对另一个变量的影响可以是正的，也可以是负的。

系统中的变量规定有如下性质：①系统变量值是有界的；②一个变量将会增长或减少取决于其他变量对它的影响是正的还是负的；③当一个变量接近其上界或下界时，它对系统的影响反应就趋于零；④在其他条件相同时，一个变量增大后，将对系统产生较大的影响；⑤复合的交互作用用二元交互作用的闭合环路描述。所有的变量都是按着逻辑增长曲线（S 形曲线）增长或减小的，在接近饱和点或最低点时自动地限制了对影响的反应率。这种方法适用于具有相互作用的多变量系统的预测。

9. 敏感性分析法

敏感性分析法是指从众多不确定性因素中找出对投资项目经济效益指标有重要影响的敏感性因素，并分析、测算其对项目经济效益指标的影响程度和敏感性程度，进而判断项目承受风险能力的一种不确定性分析方法。

敏感性分析有助于确定哪些风险对项目具有最大的潜在影响。它把所有其他不确定性因素保持在基准值的条件下，考察项目的每项要素的不确定性对目标产生多大程度的影响。

敏感性分析法的目的：①找出影响项目经济效益变动的敏感性因素，分析敏感性因素变动的原因，并为进一步进行不确定性分析（如概率分析）提供依据；②研究不确定性因素变动引起项目经济效益值变动的范围或极限值，分析判断项目承担风险的能力；③比较多方案的敏感性大小，以便在经济效益值相似的情况下，从中选出不敏感的投资方案。

根据不确定性因素每次变动数目的多少，敏感性分析可以分为单因素敏感性分析和多因素敏感性分析。每次只变动一个因素而其他因素保持不变时所做的敏感性分析，称为单因素敏感性分析法。多因素敏感性分析是指在假定其他不确定性因素不变条件下，计算分析两种或两种以上不确定性因素同时发生变动，对项目经济效益值的影响程度，确定敏感性因素及其极限值。多因素敏感性分析一般是在单因素敏感性分析基础上进行的，且分析的基本原理与单因素敏感性分析大体相同，但需要注意的是，多因素敏感性分析需要进一步假定同时变动的几个因素都是相互独立的，且各因素发生变化的概率相同。

（三）综合评价法

1. 情景分析法

情景分析法，是假定某种现象或某种趋势将持续到未来的前提下，对预测对象可能出现的情况或引起的后果做出预测的方法。通常用来对预测对象的未来发展做出种种设想或预计。

情景分析法适用于资金密集、产品/技术开发的前导期长、战略调整所需投入大、风险高的产业，以及不确定性因素太多、无法进行唯一准确预测的情况。

情景分析法不同于一般的预测方法特点，其主要表现在：

一是考虑问题周全，又具有灵活性，它尽可能地考虑将来会出现的各种状况和各种不同的环境因素，将所有的可能尽可能展示出来，有利于决策者进行分析。

二是能及时发现未来可能出现的难题，以便采取行动消除或减轻它们的影响，使决策者更好地进行决策。

情景预测法在分析过程中根据不同情景采取不同的预测方法，使定量、定性分析相结合，这样就弥补了定性预测和定量预测的各自缺陷。情景分析法在下列情况下的贡献明显：

①未来发展具有很强的不确定性；

②未来有可能出现新的机遇和挑战，但依据并不充分；

③事物发展将或可能经历明显的"跳跃"；

④在未来发展中，有众多因素的影响，其中人为因素（决策的选择等）影响较为明显。

情景分析法的优点是，使战略能够适应备用的环境情景，同时开阔管理者的思路，扩展视野，提高他们对环境威胁的警惕，同时不失对长期机遇的把握。即使实际情况并没有发生所预期的情况，至少可以建立组织接受不确定性和实施战略变化的心理准备。但是，环境的渐变很难察觉，这时情景分析法就难以适应，且情景的形成很费时间。

2. 层次分析法

层次分析法（Analytic Hierarchy Process，AHP）是指将一个复杂的多目标决策问题作为一个系统，将目标分解为多个目标或准则，进而分解为多指标（或准则、约束）的若干层次，通过定性指标模糊量化方法算出层次单排序（权数）和总排序，以作为目标（多指标）、多方案优化决策的系统方法，是定性和定量分析的结合。

层次分析法的特点是在对复杂的决策问题的本质、影响因素及其内在关系等进行深入分析的基础上，利用较少的定量信息使决策的思维过程数学化，从而为多目标、多准则或无结构特性的复杂决策问题提供简便的决策方法，即将复杂问题简单化，简洁实用，尤其适合于对决策结果难以直接准确计量的项目。

3. 交叉影响法

交叉影响法，即交叉概率法，是美国在 20 世纪 60 年代在德尔菲法和主观概率法基础上发展起来的一种新的预测方法。这种方法是主观估计每种新事物在未来出现的概率，以及新事物之间相互影响的概率，对事物发展前景进行预测的方法。

交叉影响法能考虑事件之间的相互影响及其程度和方向，也能把有大量可能结果的数据，有系统地整理成易于分析的形式。应用于风险决策时，对决策问题的影响事件做了全面的考虑。既考虑了正面影响，又考虑了负面影响，是一种综合分析问题的思想方法，避免了片面性，减少了决策失误。这种方法可以用于风险决策，可降低决策风险，为决策者参考应用。但是，因主观性较强，交叉影响因素应更加明确、具体、严格地定义。

4. 定标比超法

定标比超法是指将本国（企事业单位、个人）技术研究领域与在该领域活动的竞争者（或领先者）进行比较，从而提出行动方案，以弥补自身的不足。

定标比超法是一个发现和实施最佳实践活动的过程，这种实践活动通过提供真实的模型，根据自己的客观实际情况，对照该模型确定自己的目标，并制定相应措施和行动步骤以达到加快实现目标的目的。因此，定标比超法是一个积极的先发制人的、结构化的过程，它可以改变工作的行为或过程，最终获得较高的绩效和竞争优势。

定标比超法的优点是：①适用面广；②针对性强，应选取最需要改进并且能出效果的环节进行；③作用多样，有助于改善内部经营，赶超竞争对手。但是，因为定标比超法只是片面、局部的比较，片面性、局部性是它不可避免的缺点，当比超对象处于不断运动发展变化的状态时，该方法是不可用的。

5. 结构模型解释法

结构模型解释法是现代系统工程中广泛应用的一种分析方法，是结构模型化技术的一种。它是将复杂的系统分解为若干子系统要素，利用人们的实践经验和知识以及计算机的帮助，最终构成一个多级递阶的结构模型。此模型以定性分析为主，属于概念模型，可以把模糊不清的思想、看法转化为直观的具有良好结构关系的模型。特别适用于变量众多、关系复杂而结构不清晰的系统分析，也可用于方案的排序等。

它的应用范围十分广泛，从能源问题等国际性问题到地区经济开发、企事业甚至个人范围的问题等都可使用。

6. 反推分析法

反推分析法（Backcasting Analysis）区别于其他方法的主要特征是"关注"，它不是关注可能要发生什么样的未来，而是关注如何实现所期望的未来。它是一个清晰的规范性研究，涉及从一个所期望的未来反向倒推，一直倒推回到现在，来确定所描述的未来实现的可行性，以及该采取什么样的相应政策。[①]

传统的预测方法主要是由现在的发展趋势进行外推，推导出未来可能会发生什么情况，这个情况不一定与我们所期望的未来相符。反推法是站在我们所期望未来的角度上来考虑问题，反向寻找由当前情形去实现这个所期望未来的所有可能路径，并加上各种物质上和社会方面（如伦理、法规、政策等）的限制条件，分析各种情况的后果和它们主要由哪些关键因素所驱动。二者的区别见表 3 - 1。

表 3 - 1　反推法与传统预测之间的区别

	预测法	反推法
哲学观点	因果关系，决定论（判断的内容）	因果关系、目的论；局部不确定（发现的内容）
前景看法	占支配地位的趋势，可能的未来；可能的边际调整；如何适应趋势	需要解决的社会问题；期望的未来，人类选择的范围；战略决策；行动的保留权
途　径	面向未来的趋势外推；敏感性分析	定义期望的未来；分解后果和条件，把这些未来情景物化
方　法	各种经济模型	局部的、有条件的外推来突出所期望的倾向以及技术条件限制
技　巧	各种数学运算方法	—

反推法的特征有以下几个方面。

一是定位。反推法定位于解决长期、复杂的社会问题。它的目标是让不同层次的决策者拓宽对问题解决方案的认识，并突出不同的战略方案选择所带来的后果，

---

① 饶祖海、全允桓：《面向未来的研究——反推法》，《技术经济与管理研究》2003 年第 3 期。

方便决策者在不同的价值观中形成一个对未来的判断，并形成自己的观点。

二是研究结果。反推法的研究结果是对未来的各种可能的想象，以及关于这些想象的可行性和相应后果的整体分析，还包括对那些有驱动力量的主要因素的分析。反推法还突出各种相应后果的正面影响和负面影响，并限定什么是技术和社会条件所能够达到的，从而寻找所期望的可能实现的未来，以及实现途径。

三是服务对象。反推法服务于决策制定者，例如政府机构、政治团体、市政当局、企业领导层等。反推法提供给社会中不同的决策制定者一个更好的基础，用来讨论目标和做出决策。它相当于一个决策制定过程的信息输入。

四是实施方法。反推法的实施，就是从所期望的未来的角度出发，反向倒推，寻找各种由现状到达所期望未来的方法和途径，并检查那些能让我们从现状达到所期望未来的途径在物质上和社会方面的可能性。这里要注意的是这个所期望未来并不是唯一的，它可能是多个可供选择的情景。所以，反推法并没有特别明确的目的，它是以一种很开放的眼光去对待各种可能的未来情况，突出不同解决方案和战略的正面和负面后果。

在使用反推法时，应注意以下几点。

一是做好情景描绘。这是反推法的出发点，也是以后工作的基础。所以，合理的、尽可能多的假设想象是非常重要的，它是反推法成功与否的关键。情景描绘可以通过组织一个多学科的专家组来实施，专家要来自不同的领域和不同的层次，要有充分的代表性。情景的收集可采用头脑风暴法集思广益，然后逐一进行分析，找出一个或者多个比较理想的未来的情景。

二是要有开放的眼光。由于我们当前知识的局限性，我们可能会基于现有知识形成一些判断，如什么是可能的，或者什么是理想的，这将阻碍我们去寻找新的途径和方法，甚至把一些很好的而以现在的眼光看来却是很荒谬的方法排除在外。所以我们不能被现有的知识和理解所阻碍，要采用开放的眼光看待各种可能的途径和方法，寻找理想的解决办法。

三是预测。使用反推法并不排除预测方法，预测方法与反推法的实施方式是不同的，在实施反推法的同时也要进行预测，没有预测，当问题朝着我们所不希望的方向发展时我们可能就难以察觉。而且，预测方法得出的结果可以与反推法得出的结果进行比较，用以检查反推法的实施是否合理有效。

典型的反推法用于解决长期、复杂的问题，这些问题包括很多社会现象，如技术创新与变革等。

7. 模糊综合评价法

模糊综合评价法是一种基于模糊数学的综合评价方法。该综合评价法根据模糊数学的隶属度理论把定性评价转化为定量评价,即用模糊数学对受到多种因素制约的事物或对象做出一个总体的评价。它具有结果清晰、系统性强的特点,能较好地解决模糊的、难以量化的问题,适合各种非确定性问题的解决。

模糊综合评价法的最显著特点是:

一是相互比较。以最优的评价因素值为基准,其评价值为 1;其余欠优的评价因素依据欠优的程度得到相应的评价值。

二是可以依据各类评价因素的特征,确定评价值与评价因素值之间的函数关系(即隶属度函数)。确定这种函数关系(隶属度函数)有很多种方法,例如 F 统计方法、各种类型的 F 分布等。当然,也可以请有经验的评价专家进行评价,直接给出评价值。

8. 效用分析决策法

效用分析决策法是风险型决策的基本方法之一。它是利用效用价值的理论和方法,对风险和收益进行比较,从而进行决策的方法。在一般的决策问题中,决策者对方案的选择通常是比较不同方案的期望货币收益值的大小,然后选择其中的较大者为最佳方案。但在许多场合,情况并不是这样,最佳方案的选择往往因决策者的价值判断而异。因为对同等收益,在不同风险的情况下,决策可能不同;在同等风险的情况下,不同的人对待风险的态度也不同,其决策也将不同。

效用分析决策法的原理:①同一决策者对不同风险程度的损益值有不同的效用值;②效用值的变化构成决策者的效用曲线;③利用效用曲线分析备选方案,计算期望效用值,然后根据期望效用值的大小,决定最佳方案。

效用分析的基本作用:一是考察决策者自己对风险的态度和判断能力,以提高决策者的素质;二是咨询部门用以判断决策者对该部门所提供的方案采纳的可能性,也可以用以比较不同的决策方法对决策的影响,提高决策的质量。

这种方法适用于技术方案的绩效评价。

9. 主成分分析法

主成分分析也称主分量分析(Principal Components Analysis,PCA),旨在利用降维的思想,把多指标转化为少数几个综合指标。它是一种简化数据集的技术,是一个线性变换。这个变换把数据变换到一个新的坐标系中,使得任何数据投影的第一大方差在第一个坐标(称为第一主成分)上,第二大方差在第二个坐标(第二主成分）上，依此类推。主成分分析经常会减少数据集的维数，同时保持数据集对方差贡献最大的特征。这是通过保留低阶主成分、忽略高阶主成分做到的。这样低阶成分往往能够保留数据的最重要方面。

科技效果是很难具体量化的。在实际评估工作中，我们常常会选用几个有代表性的综合指标，采用打分的方法来进行评估，故综合指标的选取是重点和难点。而主成分分析法正是解决这一问题的理想工具。因为评估所涉及的众多变量之间既然有一定的相关性，就必然存在起支配作用的因素。根据这一点，通过对原始变量相关矩阵内部结构的关系研究，找出影响科技效果某一要素的几个综合指标，使综合指标为原来变量的线性拟合。这样，综合指标不仅保留了原始变量的主要信息，且彼此间不相关，又比原始变量具有某些更优越的性质，就使我们在研究复杂的科技效果评估问题时，容易抓住主要矛盾。

主成分分析法的基本原理：主成分分析法是一种降维的统计方法，它借助一个正交变换，将其分量相关的原随机向量转化成其分量不相关的新随机向量，这在代数上表现为将原随机向量的协方差矩阵变换成对角形矩阵，在几何上表现为将原坐标系变换成新的正交坐标系，使之指向样本点散布最开的 p 个正交方向，然后对多维变量系统进行降维处理，使之能以一个较高的精度转换成低维变量系统，再通过构造适当的价值函数，进一步把低维系统转化成一维系统。

随着学科的发展和交叉，还有许多方法处于发展和研究中，并不断出现新的研究思路和方法，形成日益扩大的评价方法系统。例如技术伦理评价、整合评价、信息论方法、灰色系统理论与灰色综合评价、智能化方法的新发展、物元分析方法与可拓评价、动态综合评价、交互式多目标的综合评价方法、交合分析法、基于粗糙集理论的评价方法等。

从以上的介绍可以看出，对于不同类型、不同层面、不同阶段的科学技术，其评价的具体方法均不相同。可以说几乎没有一种是在技术评价的全过程中都通用的，只是分别适用于技术评价的一定范围。如何选择合适的方法对技术及其方案进行评价是至关重要的。因此对评价方法的研究应注重在方法集中如何科学、快速、正确地找出与评价的对象相匹配的方法来运用。评价的方法选择的原则是选择有效而且高效率的方法进行技术评价。

第四章 新能源技术对经济社会发展作用的评价[*]

随着世界经济的不断发展，世界能源需求的持续增长，化石能源价格的不断攀升，各国对能源安全越来越重视。寻求新的、清洁的、可持续的能源来满足能源需求，已成为世界各国的必然选择。在此背景下，有关国家在新能源及其技术应用上取得了长足的发展，并对经济社会产生了重大的影响。与国外相比，我国对新能源及其技术的理论研究、评价研究和影响研究相对薄弱，研究不系统、不全面。因此，开展新能源技术影响与评价的相关研究，对于认识新能源的特点，建立新能源及其技术的理论评价指标体系和评价方法，全面评价新能源和节能技术对经济社会发展的影响，具有重大的理论和现实意义。

一 新能源界定、种类及产业特征

（一）新能源界定及其种类

新能源是与常规能源相对应的一个概念，随着时代的发展和人们对能源认识的不断深化，新能源所蕴涵的内涵和范畴也在不断地变化和更新。1978 年 12 月 20 日，联合国第三十三届大会通过了 148 号决议，将太阳能、地热能、风能、潮汐能、海水温差能、波浪能、木柴、木炭、泥炭、生物质转化、畜力、油页岩、焦油砂及水能共14 种能源确定为新能源和可再生能源。1981 年 8 月 10 日至 21 日，在联合国新能源和可再生能源会议之后，各国对该类能源的称谓有所不同，但共同的认识是，除常规的化石能源和核能之外，其他能源都可称为新能源和可再生能源，主要包括太阳能、

＊ 执笔人：冯连勇。

地热能、风能、海洋能、生物质能、氢能和水能。之后，联合国开发计划署（UNDP）又把新能源和可再生能源分为三大类：一是大中型水电；二是新可再生能源，包括小水电、太阳能、风能、现代生物质能、地热能、海洋能等；三是传统生物质能。

在国内，1991 年出版的《热工技术词典》将新能源称为"新型能源"，亦称"非传统能源"，是指新近才开始借助较先进技术加以有效利用的能源，包括太阳能、风能、生物质能、地热能、潮汐能、氢能和激光等。《自然科学学科辞典》认为，新能源主要是指太阳能、风能、海洋能、地热能、生物质能、核能等。2005 年《资源环境法词典》将新能源解释为尚处于研究开发阶段或仅有少量利用的能源，它是通过新技术和新材料开发利用的能源，如太阳能、海洋能、风能、地热能、电力、氢能、核能等。

在对新能源种类界定的过程中，一方面受到技术发展、能源利用历史等因素的影响，国内外对新能源的界定不尽相同，其界定范围随着各国、各地区的能源利用历史和科学技术水平高低而有所差异，比如核能在工业发达国家已列为常规能源，而在大多数发展中国家则仍被视作新能源。另一方面，尽管有些能源有着悠久的开发利用历史，但仍将其列为新能源，例如太阳能和风能的开发利用很早便开始了，但由于还需要通过系统研究和开发才能提高利用效率，扩大适用范围，所以仍然属于新能源。而在 2009 年由中国科学院能源领域战略研究组编制的《中国至 2050 年能源科技发展路线图》中，将新能源和可再生能源区分开来，新能源的划分范围相较于以往有了明显的缩小，仅包括氢能、天然气水合物以及核聚变，而风能、太阳能等能源则被明确划分到可再生能源的行列中。

此外需要注意的是，新能源与可再生能源在严格意义上来说是有区别的。并不是所有的新能源都属于可再生能源，也并不是所有的可再生能源都属于新能源。比如，核能作为一种新能源，其原料铀属于不可再生的资源，因此核能不属于可再生能源。水能作为一种可再生能源，由于其大中型水电的技术成熟且已被大规模利用，因此将其看作常规能源，而不属于新能源的范畴。

综上所述，新能源只是一个相对概念，是指在采用新技术和新材料的基础上系统开发利用的能源。因此，根据国内外对新能源的界定，可以认为新能源主要包括太阳能、风能、生物质能、地热能、海洋能、氢能、天然气水合物、油页岩、油砂、气变油、煤制油、二甲醚等。其应用发展状况如表 4 – 1 所示。

（二）新能源及其产业特征

1. 新能源特征

与常规能源对比分析，新能源具有以下几个特点：一是在开发利用规模方面，

表 4-1　主要新能源的用途及发展现状

种类	用途	发展现状
太阳能	光伏发电(离网型和并网型)、太阳能热利用(包括太阳能热水器、太阳灶、太阳房及太阳能温室、太阳能干燥系统、太阳能热动力水泵)、光化学转换(试验中)	太阳能光伏产业发展迅速,家用太阳能热利用和市场相对成熟,太阳能热发电系统研发已经起步
风能	风力发电、风力提水、制热、风帆助航	风电产业发展势头迅猛,兆瓦级风机机组生产基本实现国产化,海上风电场建设也已拉开序幕
生物质能	农作物秸秆、畜禽粪便(生产沼气)、农产品加工副产品(稻壳、玉米芯、甘蔗渣、棉花)、能源作物(生产燃料乙醇、生物质乙烯和生物柴油的甜高粱、甘蔗、木薯、甘薯、油菜)	已经历燃料取热、沼气热电联供、生物质直燃、气化发电、制取液体燃料和化工原料等过程,技术不断成熟,能源植物研究、纤维素制液体燃料研究与国际相关研究同步
地热能	发电、建筑物供热、制冷、务农	地热资源的开发与利用历史较长,勘查技术较为成熟;热泵技术渐趋成熟并开始走向市场
海洋能	潮汐能、波浪能、潮流能、海流能、海水温度差能和海水盐度差能	海洋能研究全面展开,尤其是波浪能发电技术达到国际先进水平,潮汐能已开始大规模利用
核能	核能发电、核能供热、核动力	核电在我国已进入发展阶段,拥有比较完整的核工业体系,核电站建设速度加快;实验快中子增殖堆和高温气冷实验堆等多项关键技术取得了重要进展;核聚变研究已步入世界先进水平
氢能	氢能发电和燃料电池	氢能研究基本与国际同步
天然气水合物	工农业生产、交通运输、家庭生活燃料、燃料电池、制取氢气和炭黑	天然气水合物的基础和应用基础研究已经开展;中国成为继美国、日本、印度之后第四个通过国家级研发计划采集到天然气水合物实物样品的国家

新能源较之常规能源要小;二是从生产技术的难度上来看,新能源开发的技术含量较高,难度较大;三是从所含能量密度而言,新能源的能量密度一般较低,且高度分散;四是从能源资源的丰富程度来看,新能源资源一般较为丰富,且多为可再生能源;五是从能源的清洁环保角度来看,新能源一般比较清洁干净,使用中对生态环境的损害较少,污染物排放量小,可实现二氧化碳等污染物零排放或低排放;六是从能源供应的持续性而言,一些新能源往往受资源特性的影响而具有间歇性与随机性的特点,难以实现持续供应。

2. 新能源产业特征

新能源产业相对于传统能源产业而言,具有以下几个特征。

一是新能源产业是改善国家能源消费结构、保障国家能源安全、实现国家可持续发展、履行对国际社会减排承诺的关键产业,是需要国家强力推进的战略性新兴产业。能源问题关系国家社会、经济安全,充足稳定的能源供应是国家经济可持续发展的重要基础。对我国而言，经济发展对常规化石能源的大量消费已经产生了一些严重的问题。首先是持续增加的石油进口，2008 年，我国石油对外依存度已经超过 50%，已经严重影响了我国的石油安全，对经济发展构成了巨大的潜在威胁；其次，天然气和煤炭产量也不及消费量，均已开始进口；此外，以煤炭为主的传统化石能源的大量使用已经使我国面临巨大的环境压力，且随着国际社会对气候变化问题关注程度的日益提高，我国面临的减排压力也越来越大。总之，能源短缺、环境污染是我国当前以及未来较长一段时期内面临的主要问题。在此情况下必须强有力地推进新能源产业的大力发展。

二是新能源产业通常属于资本密集型和技术密集型产业，具有高风险、高投入的特点。新能源产业与传统常规能源产业相比，一个显著特征就是整个产业发展所需的技术的研发难度大，其技术研发需要巨大资本投入予以支撑，而且还存在很高的研发风险。目前，由技术障碍导致的成本高、市场小是新能源发展的重大制约因素。如我国在风电方面遇到的最大困难，就是由于技术水平低、创新能力弱，使风机等设备的制造能力长期停留在国外过时的技术状态中。低的技术水平导致高的产品成本，高的产品成本又导致低的市场竞争力，进而导致低的产业收入，降低企业积极性，抑制技术研发投入，从而形成恶性循环。因此，新能源产业中资本投入和技术研发往往需要国家的支持和引导。

三是新能源产业突出技术的重要性，技术更新快、时效性强是其又一特点。新能源产业对技术具有高度的敏感性，一项新技术的研制可能带来产品生产成本的大幅下降，大大提高产品市场竞争力。因此，新能源产业竞争的关键就是技术的竞争。为了不断获得竞争优势，各国和大型企业集团纷纷投资新能源技术研发，从而使新能源技术研发取得了快速发展，技术更新速度越来越快，技术应用的时效性也越来越强。新能源产业中技术的这一特性也使得该产业成为竞争最为激烈、淘汰率很高的产业之一。

四是新能源产业具有自然垄断性。

（三）新能源发展对我国经济社会的影响

1. 新能源将促进我国经济可持续增长，为经济发展带来新的增长点

目前，国内严峻的能源供应形势与长期的化石能源消耗所带来的环境问题已经成为制约我国经济可持续发展的关键问题之一。新能源的出现及发展将很好地解决这一问题。一方面，发展新能源产业，可以有效地改变经济增长方式，降低经济发展中的能源消耗，为日益增大的能源需求提供补充及辅助，引领中国经济走向低碳化；另一方面，发展新能源产业孕育着巨大的投资机会，将有效拉动经济增长。加快调整能源结构，积极发展新能源、可再生能源、低碳能源，构筑稳定、经济、清洁、安全的能源供应体系，以能源的可持续发展保障经济社会可持续发展，是当前我国经济发展的首要任务。

同时，发展新能源也是开拓新的经济增长点的需要。首先，新能源产业的发展将起到巨大的促进和带动经济及相关产业发展的作用。一方面，新能源的开发利用需要大量的地区资源和人力、物力，这将对促进地区经济发展具有重要意义；另一方面，新能源的开发利用也需要大量的设备，将对装备制造业等其他相关产业的发展起到很好的带动作用。其次，新能源产业自身已经形成了一个新的经济增长领域。我国太阳能热水器的成功经验说明，可再生能源和新能源可以形成重大产业，在推动经济增长中发挥重要作用。近几年国际上太阳能、风力发电的年增长速度分别达到 15% 和 30%，我国太阳能热水器的年增长速度也达到 15% 以上，新能源已成为一个新兴的经济增长领域。更重要的是，新能源是经济增长的制高点。此前，中国很大程度上都在跟随国际的发展，缺乏制订国际标准和规则的主导权。而在新能源领域，中国将与其他国家一起竞争。一旦在新能源技术方面取得突破，将牢牢掌握相关产品的话语权，进一步加快中国经济增长，为经济发展带来新的增长点。

2. 新能源催生新兴产业，提供广泛的就业机会

新能源产业涉及面很广，如风能、核能、太阳能、光伏等，其涉猎面越广，所带来的就业岗位也就越多。随着新能源的进一步发展，在我国将逐步形成以新能源为依托的产业链，不仅新能源产业本身可以吸纳相当数量的就业，而且其上游和下游产业对就业也有极大促进作用。新能源产业本身大多是技术密集型而非劳动密集型企业，但是其上下游产业大多却是劳动密集型产业，那么这些企业就将成为农民工就业的"蓄水池"。与此同时，我国应制定相关政策避免像传统产业"两头在外"的局面再次发生，应尽可能地把新能源产业链完整地留在国内，那么像上游的技术创新、产品研发以及下游的产品销售和售后服务等环节还可以为大量的大学毕业生提供更多就业机会，将进一步改变目前大学毕业生"就业难"的现况，为更多毕业大学生提供合适就业岗位。

在太和顾问公司 2009 年发布的《能源化工行业人力资源报告》显示，截至 2007 年底，光伏行业的就业人数逐年成倍上升，已从 2005 年仅有 1.4 万余人发

展到 8.3 万余人，增长了近 5 倍。2008 年，光伏行业也没有停下人员扩张的脚步，2008 年底，行业就业人数比上年有较大的增幅，部分中上游企业甚至在上半年就制订了万人招聘计划的目标。在美国，仅 2006 年一年，新能源工业就产生了 362 亿美元收入，创造了 19.6 万个直接工作机会和 45.2 万个间接就业机会，制造、建设、安装、工程规划、统计和管理各个方面的就业机会非常宽泛。德国也宣布今后在新能源领域中的就业人数要超过汽车领域就业的人数。据专家预测，随着新能源产业的进一步发展，新能源产业将每年为 6000 多万名大学毕业生带来就业机会。

3. 新能源产业的发展促进了传统产业的转型升级

在金融危机的背景下，全球需求结构面临重大调整，传统产业空间不断萎缩。新能源产业作为新兴产业的重要领域，正在逐步"抢占"传统产业的发展市场。同时，随着能源价格的不断上涨，国家对环境保护力度的不断加强，以及各种新能源使用及开发政策的出台，我国传统产业面临前所未有的考验。如何在新形势下继续生存和发展，是很多传统企业需要面对的新问题。这既是新能源给传统企业带来的新压力，同时也是新契机。所谓新压力是新能源的使用需要消耗大量资本，给企业运营带来巨大压力。所谓新契机是指伴随着新能源技术的发展，新能源企业可以实现生产成本和环境治理成本的双重下降，从而为企业未来发展带来强大的竞争优势，为企业发展带来新的契机。历史的车轮是不断前行的，发展新能源产业是经济发展和能源结构转型的必然趋势，传统企业的产业转型也是企业发展的必经之路。所以，加快使用新能源以改造传统产业，推进能源乃至整个产业结构的调整，是经济发展的当务之急，这也是新能源为传统产业转型升级提供的新动力。

4. 新能源为我国化解能源危机带来了新的希望

据中国汽车工业协会统计，2009 年，中国累计生产汽车 1379.10 万辆，销售汽车 1364.48 万辆，首次超越美国成为世界汽车产销量第一大国。2010 年，产销量实现了稳步快速上涨，全年汽车产销量分别增长 32.44% 和 32.37%，达到 1826.47 万辆和 1806.19 万辆，产销量稳居全球之首。

但就在中国成为世界第一汽车大国的同时，汽车产业的高速发展却再次挑动中国能源安全这根脆弱的神经。据国际能源署统计，全球交通运输设备的石油需求占总需求量约 60%。在中国，这一数字约为 35%。能源安全面临巨大压力。

有关统计数据显示，2008 年，亚洲人口和经济总量分别占全球的 59% 和 44%，能源消费总量占 29%。预计未来 20 年亚洲能源消费将持续增加，2030 年占全球能源消费总量的份额将增加至 48%，届时全球能源消费增量的 2/3 将来自亚洲。

随着亚洲地区能源消费的持续增加，全球能源贸易中心也逐步向亚洲转移，由全球能源资源分布不均衡导致的能源地区性和结构性短缺的矛盾将进一步加剧。据最新 BP 能源统计，2010 年，全球一次能源消费总量达到 120 亿吨油当量，中国占 20.3%，已超越美国成为世界第一大能源消费国。预计未来中国的能源需求还将进一步增加，能源对外依存度也将不断提升，2030 年，我国石油对外依存度有可能达到 75%，天然气对外依存度将接近 40%，煤炭对外依存度也将接近 10%。

新能源的出现，为我国化解能源危机带来了新的希望，大力发展新能源是我国解决能源安全危机的一个重要手段。能源安全关系到我国经济的长期稳定发展，所以加快新能源发展，对于我国经济发展具有极其重大的意义。

二　新能源技术分类及其发展状况

（一）新能源技术分类

所谓新能源技术，主要是指关于新能源研究、开发、生产、转换、输送、储存、分配和利用的技术。在新能源技术的应用方面，如风力发电技术、太阳能光伏发电技术、太阳能热发电技术、第二代核裂变技术、第三代核裂变技术等新能源技术，已经在世界上得到了不同程度的应用。而同时，氢能利用技术、天然气水合物利用技术等新能源技术仍处于研究试验阶段。

在评价新能源及其技术对经济社会发展的影响时，需要根据新能源的利用情况对新能源技术进行分类。在新能源技术的分类过程中，我们应该注意到：一方面，在新能源的应用过程中，一些新能源技术已经被淘汰掉了，比如 20 世纪 50 年代和 60 年代采用的第一代核裂变技术，由于技术、经济、安全等因素的限制，其反应堆如今已经退役；另一方面，一些传统能源的利用技术也属于新能源技术，比如水能就属于传统能源，但由于小水电在整个水电中的比重很小，且发展前景很好，因而小水电属于新能源，小水电技术也属于新能源技术。

在此，我们针对几种主要的新能源，综合考虑资源性、贡献度、环境性、自主创新性、实现性和经济性各方面因素，确定了各类新能源在利用过程中所采用的主要技术（见表 4 - 2）。

表4-2 主要的新能源技术分类

类型		主要技术	关键技术
太阳能	太阳能热利用	太阳能热发电技术	塔式太阳能热发电技术
			槽式太阳能热发电技术
			碟式太阳能热发电技术
	太阳能光伏	太阳能光伏发电技术	晶硅太阳电池技术
			非晶硅及薄膜光伏电池技术
风能		风力发电技术	陆地风力发电技术
			海上风力发电技术
生物质能		生物质能利用技术	生物质发电技术
			生物柴油技术
			生物沼气技术
			生物乙醇技术
			生物制氢技术
地热能		地热能利用技术	地热发电技术
			直接利用技术
海洋能	波浪能	波浪能发电技术	海洋能独立发电技术商业示范系统、海洋能大规模独立发电技术
	潮汐能	潮汐能发电技术	
	潮流能	潮流能发电技术	
核能		核电技术	第三代核电技术
			第四代核电技术
			核聚变技术
氢能		氢能利用技术	制氢技术
			氢的储运技术
			氢能应用技术
天然气水合物		天然气水合物利用技术	天然气水合物勘探技术
			天然气水合物评价技术
			天然气水合物开采技术

（二）主要新能源技术介绍

1. 太阳能热发电技术

太阳能是"取之不尽、用之不竭"的洁净能源，是人类赖以生存和发展的最为基础的能源形式。首先，太阳能资源量十分丰富，尽管地球接收到的能量只是太阳能发出总量的二十二亿分之一，但每秒也有 1.765×10^{17} 焦的能量，相当于600万吨标准煤所产生的能量；其次，太阳能分布广泛，可以就地开发，没有运输问题，特别是对于偏远地区的能源供应更具有利用价值；再次，太阳能是一种洁净能源，在开发利用过程中不会产生环境污染。但是，太阳能也存在缺点，即分散性、间歇性和不稳定性，这也成为阻碍太阳能大规模开发利用的一大屏障。

对我国而言，我国幅员辽阔，陆地表面每年接收到的太阳辐射能约为 50×10^{18} 千焦，全国各地太阳年辐射总量达 335～837 千焦/平方厘米·年，中值为 586 千焦/平方厘米·年。因此，我国有丰富的太阳能资源，开发潜能巨大。

太阳能的利用方式分为太阳能热利用和太阳能光伏，而在太阳能热利用过程中，最为主要的一类技术便是太阳能热发电技术。所谓太阳能热发电技术，就是指利用聚光集热装置把太阳能聚集起来加热某种工质，从而驱动热机并带动发电机发电。其能量转换过程首先是将太阳辐射能转换为热能，然后将热能转换为机械能，最后再将机械能转换为电能。太阳能热发电技术由电站总体系统集成技术、光学技术、热学技术、材料技术、控制技术、传动技术等组成，发电系统复杂，环节众多。典型的太阳能热发电系统由集热系统、热传输系统、蓄热与热交换系统以及发电系统组成。其系统具有如下三个特点：一是聚光集热，提高太阳辐射的能流密度和工作温度。二是储能，变间断为连续，变不稳定为稳定。三是多能互补，将太阳能利用与传统能源结合起来，从而追求最佳的技术经济性。

按聚光集热的方式不同，主流的太阳能热发电技术主要有三类，分别是槽式太阳能热发电技术、塔式太阳能热发电技术以及碟式太阳能热发电技术。槽式太阳能热发电技术是通过槽式抛物面反射镜将太阳光聚集到位于抛物线焦点的吸热器（集热管）对传热工质加热，或直接形成蒸气汇集到汽轮机，或汇集到热交换器，再把热量传递给汽轮机回路中的工质来发电。这种太阳能热发电系统的聚光集热子系统是由许许多多分散布置的槽形抛物面镜聚光集热器串联、并联组成的，容量可大可小。塔式太阳能热发电技术是利用众多的定日镜阵列，将太阳辐射反射到置于高塔顶部的吸热器上，加热传热工质产生过热蒸气，用来驱动汽轮机以带动发电机组发电，从而将太阳能转换为电能。根据传热介质和储热方式的不同，电站的整体拓扑结构存在差异，从而系统的运行方式和性能特点都有所不同。目前世界上在运行的塔式电站主要采用溶盐或水/蒸气作为传热介质，以吸收聚焦后的太阳能。碟式太阳能热发电技术通过旋转抛物面碟形聚光器将太阳辐射聚集到接收器中，接收器将能量吸收后传递到热电转换系统，从而实现太阳能到电能的转换。碟式太阳能热发电的效率很高，但系统单机容量较小，因而适合建立分布式能源系统，特别是在一些偏远地区，具有更好的适应性。三类技术的比较见表 4-3。

表 4 – 3　太阳能热发电现状及项目成本

参　数	槽式系统	塔式系统	碟式系统
规模(兆瓦)	30 ~ 320	10 ~ 20	5 ~ 25
运行温度(℃)	390/734	565/1049	750/1382
年容量因子(%)	23 ~ 50	20 ~ 77	25
峰值效率(%)	20	23	24
年净效率(%)	11 ~ 16	7 ~ 20	12 ~ 25
商业化情况	可商业化	示范阶段	试验样机阶段
技术开发风险	低	中	高
可否储能	有限制	可以	蓄电池
能否组成混合系统	可以	可以	可以
成本(美元/平方米)	630 ~ 275	475 ~ 200	3100 ~ 320
成本(美元/瓦)	4.0 ~ 2.7	4.4 ~ 2.5	12.6 ~ 1.3
成本(美元/Wp)	4.0 ~ 1.3	2.4 ~ 0.9	12.6 ~ 1.1

资料来源：罗运俊等：《太阳能热利用技术》，化学工业出版社，2005。

太阳能热发电的优势较多，比如太阳能资源丰富，时间长久，在阳光充足的地区，其发电效率高达30%，而且该技术减少了污染物和温室气体的排放，因而具有良好的环保效果。但是，太阳能热利用技术在应用过程中还存在着许多障碍。例如，由于地球表面接受太阳辐射的能量密度低，太阳能热发电系统的集热面积要比同容量火电厂煤场的占地面积大10倍左右。发电系统要获得很高的系统效率，就必须采用高倍率的聚光集热装置，从而使单位容量的造价很高，其发电成本目前难以与火力发电竞争。

由于受到上述因素的限制，尽管太阳能热发电技术在不断完善和提高，但商业化程度并未达到太阳能热水器和太阳能电池的水平。随着常规化石能源的涨价和日益枯竭，发展太阳能热发电技术的经济性、社会合理性正逐渐显现，特别是在常规能源匮乏、交通不便而太阳能资源丰富的边远地区，当需要热电联合开发时，采用太阳能热发电技术是有利的、可行的。因此，综合考虑上述各方面因素，尽管在技术开发过程中遇到了各种障碍，但太阳能热发电技术仍具有很好的发展前景。

国外在太阳能热发电技术应用方面，进入20世纪70年代以来，美国、西班牙、德国、瑞士、法国、意大利、日本等主要发达国家开始了对太阳能热发电技术的大规模研究，并于1981年由法国、德国和意大利等9个国家联合在意大利西西里岛建造了额定功率为1兆瓦的世界首座并网运行的塔式太阳能热发电站。在随后的研究开发工作中，西方各国又相继建立了塔式系统、槽式系统和碟式系统等不同形式的示范装置。目前世界上已建成了 13 座塔式电站、14 座槽式电站以及 7 座碟式发电装置。其中塔式和槽式太阳能热发电技术均已有商业化运行电站，碟式太阳能热发电利用技术在欧美各发达国家的推动下，其商业化应用进程也在不断加快。有专家预测，2020 年前后，太阳能热发电系统将在发达国家实现商业化，并逐步向发展中国家扩展。在政府和工业界的联合大力推动下，目前美国和欧洲等西方发达国家在太阳能热发电领域已处于商业化的前夕。

国内在太阳能热发电技术应用方面，早在 20 世纪 70 年代末，我国的部分科研院所和高等院校就已经对太阳能热发电技术展开了应用基础研究工作，但由于种种原因，其发展仍十分滞后。目前，我国在该技术领域仍处于初期研发阶段，在总体系统设计技术、聚光系统、光热转换系统、测量技术以及设备制造材料技术等方面，无论是科研水平、开发与利用规模还是产业发展都同国际先进水平有一定的差距。但进入 20 世纪末期，出于对能源安全、环境保护等问题的考虑，加之有关专家学者的大力宣传和倡导，国家相关部门更加重视对该领域的研究，并给予大力支持，在"八五""九五"和"十五"期间，原国家科委和现在的科技部，均将大型太阳能热发电关键技术列入国家重点科技攻关计划，将小型碟式太阳能热发电装置的研制列入"863"计划。在国家的大力推动下，太阳能热发电技术取得了一系列成果。例如，"十五"期间，中国科学院电工研究所、皇明太阳能集团和新疆新能源公司共同研制了 4 套太阳能多碟聚光器和单碟聚光器，其中多碟聚光器焦点处温度约为1600℃，放置太阳能斯特林发电装置，于 2007 年开始发电，经国外专家评议，该设备在技术及经济指标上均达到了国际先进水平。科学技术部在"十一五"期间设立"863"计划重点项目——"太阳能热发电技术及系统示范"，由中国科学院电工研究所承担，在北京延庆县建造中国第一座兆瓦级太阳能塔式热发电站，并于 2010 年底运行发电。该项目的建成标志着中国在太阳能热发电领域进入了一个新的阶段。

2. 太阳能光伏发电技术

太阳能光伏发电可直接将太阳能转换成电能，是一种不需要燃料、无污染获取电能的高新技术。在太阳能的有效利用中，光伏发电是近年来太阳能众多利用方式中发展最快、最具活力的研究领域。简单说来，光伏发电就是利用半导体材料光伏效应直接将太阳能转换为电能的一种形式。光伏发电的原理为：利用光生伏打效应原理制成晶体硅太阳能电池，将太阳的光能转换成电能，称为光-电转换，即太阳能光伏发电。当太阳光（或其他光）照射到太阳能电池上时，太阳能电池吸收光能，产生光生电子-空穴对。在电池内建电场的作用下，光生电子和空穴分离，电池两端出现异号电荷积累，即产生"光生电压"，这就是"光生伏打效应"。若在内建电场的两侧引出电极并接上负载，则负载就有了"光生电流"流过，从而获得功率输出。这样，太阳能的光能就变成了可以使用的电能。

太阳能光伏发电技术主要涉及太阳能电池、逆变器、控制器、蓄电池等方面。

太阳能电池是太阳能光伏发电的核心组件，其作用是在有光的情况下，将太阳辐射能直接转换成直流电，是能量转换的器件。对太阳能电池的研究主要集中在提高光电转换率上。太阳能电池主要有以下几种类型：单晶硅太阳能电池、多晶硅太阳能电池、非晶硅太阳能电池、碲化镉电池、铜铟硒电池等。电池类型及相关运行效率如表4-4和表4-5所示。

表4-4　太阳能电池分类汇总

种类	电池类型	商用效率	实验室效率	优 点	缺 点
晶硅电池	单晶硅	14%～17%	23%	效率高、技术成熟	原料成本高
	多晶硅	13%～15%	20.3%	效率较高、技术成熟	原料成本较高
薄膜电池	非晶硅	5%～8%	13%	弱光效应好、成本相对较低	转化率相对较低
	碲化镉	5%～8%	15.8%	弱光效应好、成本相对较低	有毒、污染环境
	铜铟硒	5%～8%	15.3%	弱光效应好、成本相对较低	稀有金属

表4-5　已报道的各种太阳能电池的最高效率

电池种类	光电转换效率（%）	研制单位	备注
单晶硅太阳能电池	24.7±0.5	澳大利亚新南威尔士大学	4平方厘米
背接触聚光单晶硅电池	26.8±0.8	美国Sun Power公司	96倍聚光
GsAs多结太阳能电池	40.7±1.7	Spectrolab	240倍聚光
多晶硅太阳能电池	20.3±0.5	德国弗朗和费	1.002平方厘米
非晶硅太阳能电池	14.5（初始）±0.7 12.8（稳定）±0.7	美国USSC公司	0.27平方厘米
CuInGaSe	19.5±0.6	美国国家可再生能源实验室	0.410平方厘米
CdTe	16.6±0.5	美国国家可再生能源实验室	1.032平方厘米
多晶硅薄膜太阳能电池	16.6±0.5	德国斯图加特	4.017平方厘米
纳米太阳能电池	10.1±0.2	日本中渊公司	2微米厚膜
燃料敏化太阳能电池	11.0±0.5	EPFL	0.25平方厘米
超薄基区异质结太阳能电池HIT	21.2	日本	100.5平方厘米

逆变器是将直流电转变成交流电的设备。太阳能发电系统对逆变器的主要要求是可靠、效率高、波形畸变小、功率因数高。在可靠性和可恢复性方面，要求逆变器应具有一定的抗干扰能力、环境适应能力、瞬时过载能力及各种保护功能的能力。在

逆变器输出效率方面，大功率逆变器在满载时，效率必须在 90% 或 95% 以上，中小功率的逆变器在满载时，效率必须在 85% 或 90% 以上。在逆变器额定功率 10% 的情况下，也要保证 90% 以上的转换效率（大功率逆变器）。目前离网逆变器技术已较为成熟，该类逆变器不需要孤岛保护能力。而大型太阳能光伏并网电站的控制逆变技术是太阳能光伏并网发电领域的核心技术之一，必须具有孤岛保护的能力。

控制器的作用是控制太阳能发电系统的工作状态，控制器的主要功能是使太阳能发电系统始终处于发电的最大功率点附近，以获得最高效率。

蓄电池是将太阳能转换成的直流电储存起来，供负载使用。白天蓄电池处于充电状态，晚上负载用电全部由蓄电池供给。蓄电池在技术上是十分成熟的，一般采用铅酸电池，在小微型系统中，也可用镍氢电池、镍镉电池或锂电池。

太阳能光伏发电系统的运行方式主要分为并网运行、离网运行和混合运行三类方式。并网系统是将光伏发电系统与公共电网连接，共同承担供电任务。它是太阳能光伏发电进入大规模商业化发电阶段，成为电力工业组成部分的重要方向，也是当今世界太阳能光伏发电技术发展的主流趋势。离网系统是指光伏发电系统未与公共电网连接，又称为独立太阳能光伏发电系统。主要应用于远离公共电网的无电区和一些特殊场所。混合系统指光伏系统可与生物质能发电系统、风力发电系统或柴油发电系统等其他发电系统组合，以保证持续电力供应。混合系统可以采取并网或者离网的形式。

目前，世界各国已经普遍将新能源的开发利用提高至战略地位，其中光伏发电技术已成为实现能源可持续发展的重中之重。其优势主要体现在以下几个方面：一是太阳能资源取之不尽、用之不竭，随处可开发利用；二是光伏材料资源储量丰富；三是光伏发电技术对环境保护具有积极作用。太阳能光伏发电具有诱人的前景，但还有以下几个问题需要关注：一是明确战略目标和持续长期的行动。鉴于光伏发电技术为能源供应以及对环境和社会的贡献，需要制订短期（2015 年）、中期（2030 年）和长期（2030 年以后）的战略目标。二是创造可持续的市场。在过去一段时间里，全球光伏发电市场迅速成长。但是，这个市场可能会因政策的改变而变得脆弱，因为政策的改变会使投资不安全。因此，通过各种渠道引导市场投资也是很重要的方面。三是降低发电成本。太阳能电池目前仍然较贵，何时能达到平价上网，即何时使光伏发电的成本达到常规能源发电价格的水平，是备受关注的问题。据 2009 年德意志银行的一份研究报告估算，当多晶硅材料从 250 美元/公斤降到 50 美元/公斤时，太阳能电池的售价将从 4 美元/瓦降到 2 美元/瓦。按此计算，太阳能电池售价为 15 元人民币/瓦，加上系统安装，约为 30 元/瓦，也就是 3 万元/千瓦，这也是世界平均水平。美国推出的"太阳能先导计划"的目标是到 2015 年将太阳能发电的成本降到 0.1 美元/千瓦时，德意志银行的预测是到 2015 年可以降到 0.15 美元/千瓦时，约合人民币 1 元/千瓦时。

由于国际光伏市场潜力巨大，因此，各国争相投入巨资扩大生产，以争一席之地。根据欧洲光伏工业协会（EPIA）的研究报告，全球光伏产业在过去 10 年中高速发展，增长速度逐年递增，1998 ~ 2008 年，全球累计光伏装机容量年均增长率在 30% 以上。2008 年全球累计装机容量已接近 15 吉瓦，比 2007 年的 9 吉瓦增加了 5.6 吉瓦，增长率创新高，达到 60%。目前，全球装机容量前 4 位的国家分别是德国、日本、西班牙和美国。在新增装机容量方面，位居前 4 位的国家分别是西班牙、德国、美国和韩国。

我国于 1958 年开始研究光伏电池，1971 年首次成功应用于我国发射的东方红二号卫星上。我国光伏工业在 20 世纪 80 年代以前尚处于雏形，太阳能电池的年产量一直徘徊在 10 千瓦以下，价格也非常高。在"六五"和"七五"期间，国家开始对光伏工业和光伏市场的发展给予支持，中央和地方政府在光伏领域投入了一定资金，使我国原本弱小的太阳能电池工业得到了发展并建立了示范工程项目。2000 年以后，受国际大环境的影响，我国光伏发电产业开始大跨步发展。至 2009 年底，我国太阳能光伏发电累计装机容量约为 750 万千瓦。但是，目前我国光伏产业的总体发展水平同国外相比还有很大差距，具体表现为：生产规模小，技术水平较低，专用原材料国产化水平低，成本居高不下，市场培育和发展迟缓，缺乏市场培育和开拓的政策和措施支持。

3. 风力发电技术

风是由太阳辐射热引起的一种自然现象。当太阳照射到地球表面，地表各处受热不同，产生温差，进而引起大气的对流运动（即风），大气流动所产生的动能即为风能。我国风能资源丰富，主要集中在东部沿海及附近岛屿、北部（东北、华北、西北）地区、内陆个别地区及近海，有着巨大的开发利用潜力。目前，风能的主要应用领域是风力发电，而我国是世界上五大风电强国之一，陆地和海上的可开发装机总容量大约为 7 亿 ~ 12 亿千瓦，具有雄厚的风电资源基础。

风力发电技术是通过风力发电机组实现风能到机械能再到电能的转换。具体来说，就是风能推动叶轮旋转，叶轮带动转动轴和增速机，增速机带动发电机，发电机通过输电电缆最终将电能输送到地面控制系统的过程。

　　风力发电技术的核心是风力发电机组，包括风力机和发电机两部分：风力机的作用是将风能转换为机械能，它可以分为水平轴（主要）和垂直轴两种；发电机的作用是将机械能转换为电能，目前除传统的交直流发电机外，还出现了一些新型风力发电机。

　　风力发电机组有多种分类方式。按风力发电机的功率来分，可分为 4 种，分别为微型（额定功率为 50 ~ 1000 瓦）、小型（额定功率为 1 ~ 10 千瓦）、中型（额定功率为 10 ~ 100 千瓦）和大型（额定功率大于 100 千瓦）风力发电机组；按运行方式来分，可分为独立运行和并网运行两种方式的风力发电机组。

　　控制系统也是风力发电技术中很重要的一个部分，其发展大致经历了定桨距恒速恒频控制、变桨距恒速恒频控制、变桨距或定桨距变速恒频控制三个阶段。以并网运行的风力发电机组为例，其控制系统不仅要观测电网、风况和机组运行数据，对机组进行并网与脱网控制，以确保运行过程的安全性和可靠性，还需要根据风速和风向的变化，对机组进行优化控制，以提高机组的运行效率和发电质量。

　　为了降低风力发电成本和提高经济利用价值，风电技术在不断发展变化，其变化趋势主要体现在两个方面。一是风电机组单机规模向大型化发展（见表 4 - 6）。这是因为增大单机容量可以提高风能利用率，降低单位成本，扩大规模效应，减少占地面积。单机容量的扩增在技术上主要通过采用变速恒频技术、变桨距技术、无齿轮箱直驱技术、增大风轮直径、使用较长叶片和新型材料等来实现。现在的热点是研究开发兆瓦级大型风电机组。二是重视发展海上风电技术。目前，陆地风力发电技术已基本成熟，海上风电正成为风能利用的焦点。海上风机是在陆地风机基础上针对海上风资源环境"海洋化"发展起来的。而由于海上风电开发成本较高，海上风机的功率普遍较大，已投入商业化运行的海上风电机组的单机容量多为1.5 ~ 3.6 兆瓦，风叶直径达 65 ~ 104 米。

表 4 - 6　2006 ~ 2008 年全球风电机组功率分布

单位：%

功率范围	2006 年	2007 年	2008 年
<759 千瓦	2.4	1.3	0.5
759 ~ 1499 千瓦	31.0	29.8	13.1
1500 ~ 2500 千瓦	62.2	63.7	80.4
>2500 千瓦	4.3	5.3	6.0
合　计	100.0	100.0	100.0

资料来源：BTM Consult（以上份额按照装机容量计算得出）。

　　风力发电是一项多学科、可持续发展、绿色环保的综合技术。它具有很多优势，例如与水资源在季节上互补，能在一定程度上弥补缺水期的发电不足。可以说风电是目前成本最接近常规电力、发展前景最好的可再生能源发电品种，而且其发展对促进经济增长、促进就业、环境保护和温室气体减排也起到了重要作用。

　　但是，风力发电的应用和推广还受到很多因素的制约。从风能本身特点来看，制约因素主要是能源密度低、稳定性差、间歇性强，这些因素将影响电网的调度和运行方式、频率控制、电压调整、潮流分布、电能质量和运行的稳定性。从风电并网来看，电网设施落后、电网企业不愿接纳风电上网、风电与电网的兼容性差等是影响风电发展的重要因素。

　　目前，全球已有100多个国家在开发风电，欧美国家纷纷通过强制上网、价格激励、税收优惠、投资补贴和出口信贷等手段支持风电的发展，世界风电市场形成了以欧盟、美国和亚洲为主的格局。2009年，全球风电装机容量达到1.58亿千瓦，累计增长率达到31.9%。全球的风电机组正朝着更大功率的方向发展，自2004年德国REPower制造出第一台5兆瓦样机后，各国紧随其后，开始研发5兆瓦级以上的风电机，美国正计划制造10兆瓦的机组。未来4～10兆瓦风机将可能成为大型风机的主流。此外，在海上风电开发上，尽管开发商和风电设备制造商已有十几年的经验，但是严格说来海上风电技术仍停留在将陆上风电技术应用在海上的初级阶段。目前，投入商业化运行的海上风电机组单机容量多为1.5～3.6兆瓦，风叶直径为65～104米，德国的海上风电技术处于领先地位，已有5兆瓦海上风机成功安装应用，另有6兆瓦海上风机已研制成功，现处于试测阶段。

　　我国的风电技术起步于20世纪70年代，历经几个五年计划的科技攻关后，成功地从百瓦级小型风电机组发展到兆瓦级大型风电机组，进步速度非常快。尤其是在"十五"和"十一五"期间，国家非常重视风能技术的发展，在国家"863"计划和科技支撑计划中设立了多个风能开发领域的课题，以促进风力发电关键技术和设备的研发及对海上风电的探索，并取得了十分显著的成绩。目前，国内的中小型风电机组的设计和制造技术除了能满足内需外，还能向国外进行技术转让。而大型风电机组仍处于研制开发中，2009年，我国在多兆瓦级（不低于2兆瓦）风电机组研制上取得了丰硕的成果，如金风科技股份有限公司研制的2.5兆瓦和3兆瓦的风电机组已在风电场投入试运行，此外，已有多家风电装备企业正在研发5兆瓦以上的风电机组。而在海上风电技术方面，相比欧洲国家，我国仍处于开发的初级阶段。我国第一个海上风力发电项目——上海东海大桥10万千瓦海上风电项目标志着我国海上风电示范工作的开始。该项目计划安装 34 台单机容量 3 兆瓦的海上风机，2010 年已全部安装并并网投入运营。总的来说，我国风电技术在短短的几十年内进步飞速，2009 年累计装机容量已达到 25828 兆瓦（见图 4 – 1）。

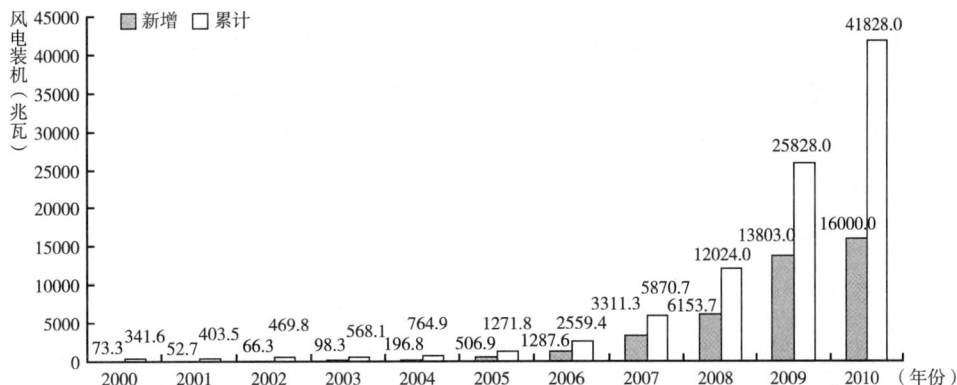

图 4 – 1　我国风电发展状况

资料来源：2009 年前资料来自《中国风电发展报告 2010》，2010 年资料来自网络。

4. 生物质能利用技术

生物质是指任何可再生的或可循环的有机物质（不包括多年生长用材林），包括专用的能源作物与能源林木，粮食作物和饲料作物残留物，林木和木材废弃物残留物，各种水生植物、草、残留物、纤维和动物废弃物，城市垃圾和其他废弃材料等。全部的生物质构成了生物质资源，即绿色生物通过光合作用产生的有机物质及其衍生物，它是生物能量的总载体。而从生物质中所获取的能源即为生物能源，包括热能、电能和各种生物燃料，如生物柴油、生物乙醇、生物气体（沼气）、生物制氢等。

生物质通过光合作用将太阳能固定于地球，生物质能转换技术可以有效地利用生物质能源，生产各种清洁燃料替代矿物燃料，以减少对化石能源的依赖程度，缓解能源资源枯竭压力，减轻能源消费的环境污染。

生物质能可以通过物理、化学、生物转换加以利用。物理转换方法是将生物质粉碎至一定的粒度，在高压条件不添加黏合剂下，挤压成型，成型物可进一步炭化为木炭；化学转换方法包括直接燃烧、直接液化、直接气化、热解等；生物转换方法是指利用生物质原料的生物化学作用和微生物的新陈代谢作用生产气化燃料和液化燃料。在上述三种转换方法下，生物质能利用技术主要包括生物质发电技术、生物柴油技术、生物沼气技术、生物乙醇技术、生物制氢技术等。

生物质发电技术总体上是技术最成熟、发展规模最大的现代生物质能利用技术，主要包括生物质直接燃烧发电技术、生物质－煤混合燃烧发电技术、生物质气化发电技术三种。直接燃烧发电技术发电成本取决于原料成本，为 0.7 元/千瓦时左右；混燃发电技术的投资成本很小，发电成本相对较低，在 0.5 元/千瓦时以下；气化发电技术规模在数千瓦至数兆瓦，发电成本在 0.5~0.7 元/千瓦时。生物质发电技术已经成熟，由于其对资源的高度依赖，成本下降和效率提高的潜力和空间不大。

生物柴油是指从可再生脂质原料提炼出的一种长链脂肪酸单烷基酯，是一种含氧量极高的复杂有机成分的混合物。根据原料来源不同，生物柴油可分为植物柴油和动物柴油。生物柴油技术主要包括两种：第一种是以物理法为基础的直接混合法和微乳液法，而且微乳液法已基本取代直接混合法；第二种是以化学法为基础的高温裂解法和酯交换法，目前酯交换法是世界生物柴油生产的主流技术。

沼气是多种微生物在严格条件下发酵分解有机物的产物，主要成分是甲烷。沼气技术可以将有机物中 90% 左右的化学能释放出来，转换成机械能、电能及热能。目前，农村户用小型沼气技术已比较成熟，技术核心是沼气池，埋地圆柱形水压式是利用比较广泛的一种；大中型沼气技术正日益成熟，它主要用以处理城市污水、工业有机废水、人畜粪便及生活垃圾等。

燃料乙醇技术是指以淀粉类、糖类或木质纤维素等生物质为原料通过发酵生产乙醇。淀粉类和糖类乙醇技术已经比较成熟，产品已基本上可与高价石油竞争，应用范围不断扩大。如美国以玉米为原料生产，2009 年产量达 410 亿升，居世界第一位，巴西以蔗糖和蜂蜜为原料，2009 年产量为 260 亿升，两国均将其直接作为燃料或与汽油以一定的比例混合在机动车中使用；虽然木质纤维素乙醇技术尚处于研究开发阶段，但由于木质纤维素对粮食原料的替代性，纤维素乙醇技术已成为燃料乙醇生产发展的必然趋势，估计在 2020 年前后可以实现商业化。

生物制氢技术包含两个过程：第一个过程是通过厌氧菌的水解和发酵生产出氢气，第二个过程是在前一过程的基础上发酵生成更多的氢气。该技术的核心是开发产氢速度快、氢产量高、产氢较纯的微生物。生物制氢的发展前景非常广阔，但是其技术难度很大，成本很高。

生物质具有很多优点，种类多，分布广，可就地利用，能直接转换为清洁液体燃料，具有良好的环保和节能效应，而且与化石燃料的利用方式兼容。因此利用生物质制取品位高的气体和液体燃料，不但可以弥补化石燃料的不足，缓解石油对外依存度高的被动局面，保障能源战略安全，而且可以达到保护生态环境的目的。但是，生物质也存在热值低、能源密度低、不宜运输等劣势，这也是生物质能利用亟待解决的难题。

近年来，生物质能产业在世界范围内迅速发展，尤其是进入 21 世纪，随着国际油价不断攀升及《京都议定书》生效，生物质能更是成为国际可再生能源领域的焦点。2009 年，全球燃料乙醇产量 760 亿升，生物柴油产量 170 亿升，生物质发电装机容量达 54 吉瓦。许多国家根据本国的资源特点，制定研究计划和政策，大力研发生物质能利用技术，并形成了具有本国特色的生物质能产业。生物质直接燃烧发电技术在北美和欧洲应用发展比较成熟，一般建设在大型农场或农业非常集中的地区。德国自 1991 年就开始生产生物柴油的实践，其产量与生产能力逐年攀升，现已成为世界上最大的生物柴油生产国。截至 2010 年初，德国生物柴油总产能已达到 492.1 万吨；巴西 1973 年为了应对石油危机，建立了国家乙醇计划，目前已成为世界上最大的乙醇生产和消费国；印度是沼气使用历史悠久的国家，在 1975 年启动国家沼气开发计划（NPBO）后，其生物质压缩成型技术、气化技术等进展显著。

我国对生物质能的开发利用也极为重视，生物质发电技术、燃料乙醇技术和生物柴油技术已得到市场的认可。2009 年，我国生物质发电装机容量已达 4 吉瓦，约占世界生物质发电总装机容量的 6%；在沼气利用方面，户用沼气共有 3230 万户，年产气量 124 亿立方米，沼气工程共处理工业废弃物约 1.5 亿立方米，处理农业废弃物 7.6 亿立方米。自 20 世纪 70 年代以来，连续在五个五年计划中将生物质能利用技术的研究与应用作为重点科技攻关计划。自 2001 年起，已连续在两个五年计划中都列入了国家高技术发展计划（"863"）和国家重大基础研究计划（"973"），开展和实施了一系列生物质能利用研究项目和示范工程，推动了我国生物质能技术和产业发展。

5. 地热能利用技术

地热能即地球内部蕴藏着的热能，是地球在漫长的演变过程中在地下积累起来的能量。地热能主要有两种来源，一种来自地球深处的高温熔融体，另一种源自放射性元素的衰变。我国地热资源丰富，可优先开发的地热田主要分布在华北盆地、关中盆地、汾渭盆地、昆明盆地和东南沿海等地。按照目前开发利用的经济技术水平估算，全国每年可开发利用的地下热水资源总量约 68.45 亿立方米，所含发热量折合约 3284.8 万吨标准煤的发热量。山区和平原区（盆地）地热水可开采热量分别占总量的 35% 和 65%。据初步估计，我国地热可采储量约相当于 4626.5 亿吨标准煤，资源潜力占全球总量的 7.9%。因此，地热能的大量开发和利用可以在很大程度上缓解我国能源供应紧张的现状，具有较好的开发前景。

地热能根据属性不同可分为四种：水热型地热能、地压地热能、干热岩地热能、岩浆热能。目前，只有水热型地热能已被商业化开发，其他三种尚处于研究阶段，有待技术上的突破。水热型地热能根据开发利用目的的不同，又可以分为高温（150℃）及中低温（中温 90℃~150℃；低温 90℃）水热资源。前者主要用于地热发电，后者主要用于地热直接利用（如供暖、制冷、工农业用热和旅游疗养等）。中低温水热也可用于发电，但装机容量一般都非常小（100~300 千瓦）。

热能的开发利用有两个方面，即发电和直接利用。

地热发电技术是以地下热水和蒸气为动力源的一种新型发电技术，主要有两种，分别是高温地热发电技术和中低温地热发电技术。其基本原理与火力发电类似，但是不需要庞大的锅炉和燃料，只需要利用载热体把热能从地下带到地面。高温地热发电技术是利用 150℃ 以上的地热蒸气推动汽轮机发电。中低温地热发电技术是利用温度在 90℃~120℃ 的中低温地热水或水蒸气发电的技术，主要包括双循环发电技术和闪蒸发电技术。目前中低温地热发电效率较低，更高效的循环工质和更好的循环泵是提高中低温地热发电效率的两个关键。

地热的直接利用非常广泛，主要包括供热采暖、洗浴与疗养、温室、工业利用、养殖、农业干燥以及地热旅游等。地热直接利用的核心是地热供暖技术，它可以分为两种。一种是常规地热供暖技术，是指将从地下开采出来的热水直接送入暖气系统中，用作人类生产生活供暖的直接热量来源；另一种是地源热泵技术。热泵是利用卡诺循环和逆卡诺循环原理转移冷量和热量的设备，地源热泵技术是指将浅层土壤中的热量或冷量转移到需要的地方，以实现建筑物的供热或制冷。它能有效利用蕴藏在地表浅层的资源，拓宽了地热能的应用范围。

地热能具有很多优良特性，如分布广、热流密度大、使用方便、流量与温度参数稳定、不受天气影响，而且中低温地热资源具有勘探风险小、开发周期短以及经济效益好等优势。但是地热资源在分布上具有地域性，不能远程运输，只能就近开发利用。此外，地热直接利用相对地热发电来说，周期短，风险小，投资回报快，经济效益更为显著。总的来说，地热资源的开发利用有助于改善能源结构、缓解能源紧张形势，对发展循环经济，建设资源节约型、环境友好型社会有重要意义，前景广阔。

世界地热能利用起源于 1904 年，至今已有 100 多年的历史。其中地热发电技术呈现多元化发展趋势。2009 年底，世界地热发电累计装机容量已达 10710 兆瓦，排名前五位的国家分别为美国、菲律宾、印度尼西亚、墨西哥和意大利。在地热直接利用技术中，地源热泵技术受到欧美国家的青睐，是未来地热利用的主要关注点。世界地热开发利用的典范之一是冰岛，它的地热能利用技术居世界领先水平，全国 90% 的供热都是利用地热能，特别是其首都雷克雅未克，已实现 100% 地热供暖，是世界上唯一一座无烟城市。根据《世界能源展望 2010》（*World Energy Outlook* 2010），地热发电成本将会不断降低，而世界各国将继续加大对地热发电技术研发的投资，预计 2010～2035 年投资将达到 750 亿美元。

我国从 20 世纪 70 年代开始利用地热发电，90 年代开始地热直接利用。在国内自主研究开发和在国际先进技术支持下，我国地热技术发展迅速。2009 年，我国地热发电累计装机容量为 24 兆瓦，占世界总量的 0.2%；常规地热直接利用容量为 3688 兆瓦，如将地源热泵利用的浅层地温能包括在内，则设备总容量为 8898 兆瓦。近 20 年来，我国地热直接利用容量始终保持世界第一位，地源热泵在短短 10 年内从起步跃升至世界第二位。而且地热能利用带来了良好的环境效益，2009 年使我国二氧化碳减排 1000 万吨。我国对地热能利用技术的研发非常重视，"十一五"期间，国家"863"计划设立了地热能相关技术研究的专题，如 2008 年的"西藏中低温地热能发电新技术"、2009 年的"低温地热压缩吸收式热泵系统及关键技术研究"，并取得了一定程度的进展。

6. 波浪能发电技术

波浪能是一种密度低、不稳定、无污染、可再生、储量大、分布广、利用难的能源。由于目前波浪能的利用地点大都局限在海岸附近，因此还容易受到海洋灾害性气候的侵袭。此外，波浪能开发成本高，规模小，经济效益一般，投资回收期相对较长，这些都在一定程度上束缚了波浪能的大规模商业化开发利用和发展。但随着理论和实践方面的不断成熟，加之开发波浪能具有良好的社会效益，波浪能的开发利用仍将具有良好的前景。

波浪能发电是指利用海面波浪的垂直运动、水平运动和海浪中水的压力变化产生的能量发电。具体的发电原理为：利用波浪的推动力，使波浪能转化为推动空气流动的压力，气流推动空气涡轮机叶片旋转而带动发电机发电。通常波浪能要经过三级转换：第一级为受波体，用以吸收波浪能；第二级为中间转换装置，它优化第一级转换，产生足够稳定的能量；第三级为发电装置，将稳定的能量转化为电能。

波浪能利用的关键是波浪能转换装置，一般包括采集系统和转换系统两个部分。

采集系统用来吸收波浪能。通常采集系统的形式有振荡水柱式、振荡浮子式、摆式、鸭式、筏式、收缩坡道式、蚌式等，同时通过波浪绕射或折射的聚波技术，以及通过系统与波浪共振的惯性聚波技术等可以在一定程度上提高波浪能浮效率。转换系统把吸收的波浪能转换为某种特定形式的机械能或电。能量转换系统有空气叶轮、低水头水轮机、液压系统、机械系统以及发电机等，通常通过可控叶片、变阻尼、整流、定压等方法提高转换效率，通过能量缓冲和调励磁等方法提高能量质量。

目前的振荡水柱式波能装置都利用空气作为转换的介质，能量的采集通过气室完成，气室的下部开口在水下与海水连通，气室的上部开口与大气连通。在波浪力的作用下，气室下部的水柱做强迫振动，压缩气室的空气往复通过喷嘴，将波浪能转换成空气的压力势能和动能，在喷嘴安装一个空气透平并将透平转轴与发电机相连，可利用压缩气流驱动透平旋转并带动发电机发电。摆式波能装置是在波浪的作用下，通过摆体做前后或上下摆动，将波浪能转换成摆轴的动能。与摆轴相连的通常是液压装置，它将摆的动能转换成液力泵的动能，再带动发电机发电。此种装置的转换效率较高，但维护较为困难。聚波水库装置利用喇叭形的收缩波道，波浪在逐渐变窄的波道中，波高不断地被放大，直至波峰溢过边墙，将波浪能转换成势能储存在储水库中，可用水轮发电机组进行发电。这种装置的优点是一级转换没有活动部件，可靠性好，维护费用低，系统出力稳定，但对地形要求相对苛刻。

由于在地球纬度为 40°～60°的西海岸区域主要存在能量很大的西风，这一区域的海洋波浪具有高能量，其峰值大约有 100 千瓦/米。所以，处于这一区域的国家，如北美的美国和加拿大、欧洲的大部分国家以及亚洲的日本等国家，在海浪发电方面的研究一直处于世界的前沿。

据资料统计，我国海岸线沿岸波浪能资源平均理论功率大约为 1000 余万千瓦，其中中国台湾省沿岸最多，为 429 万千瓦，占全国总量的 1/3；其次是浙江、广东、福建和山东等沿岸较多，为 161 万～205 万千瓦，占全国总量的 55%；其他省市沿岸则较少，为 14.4 万～56.3 万千瓦。中国的波浪能发电研究始于 20 世纪 70 年代，1975 年我国制成了 1 千瓦波电浮标，并在浙江省嵊山岛试验。自 1985 年起，我国研制了多种小型产品，其中600多台作为航标灯用，并出口到日本等国。1989年，中国在珠海市大万山岛建成第一座多振荡水柱型岸基式试验波浪电站，其装机容量为3千瓦。广州能源研究所已将其改建成一座20千瓦的波力电站，并于1996年2月试发电成功，逐步完善后即向岛上提供补充电源。"九五"期间，在科技部科技攻关计划支持下，广州能源研究所正在广东汕尾市遮浪研建100千瓦波力电站，这是一座与电网并网运行的岸式振荡水柱型波能装置，波能转换效率较高，达到了设计要求。同时，由天津国家海洋局海洋技术研究所研建的100千瓦摆式波力电站，已于1999年9月在青岛即墨大官岛试运行成功。我国计划至2020年，在山东、海南、广东各建1座1000千瓦级的岸式波力电站。

7. 潮汐能发电技术

潮汐能发电是利用海湾、河口等有利地形，建筑水堤，形成水库，以便于大量蓄积海水，并在坝中或坝旁建造水力发电厂房，通过水轮发电机组进行发电。潮汐能发电与普通水力发电原理类似，区别在于海水与河水不同，蓄积的海水落差不大，但流量较大，并且呈间歇性，从而潮汐能发电的水轮机的结构要适合低水头、大流量的特点。

目前，潮汐电站的形式可大致分为三种。第一种是单库单向型潮汐电站。这种电站只有一个蓄水库，利用落潮发电。水轮发电机组只要满足单方向通水发电的要求就可以了。所以建筑物和发电设备的结构比较简单，投资较少。第二种是单库双向型潮汐电站。这种潮汐电站的主要优点是，除水库内外水位相平外，不管在涨潮时还是在落潮时均能发电，其发电的时间和发电量都比单向潮汐电站多，能够比较充分地利用潮汐能量。第三种是双库单向型潮汐电站，需要建造两个毗邻的水库，一个水库仅在涨潮时进水，另一个水库在落潮时出水。这样一来，前一个水库的水位便始终比后一个水库高，水轮发电机安装在两个水库之间的隔坝内，可以利用两个水库的水位差全天发电。

潮汐能发电的优点：潮汐能蕴藏量大，运行成本低；潮汐能发电对于环境影响较小，发电不排放废气、废渣、废水；潮汐发电的水库都是利用河口或海湾建成的，不占用耕地，也不像河川水电站或者火电站那样要淹没或占用大面积土地；潮汐能发电不受洪水、枯水期等水文因素影响；潮汐电站的堤坝较低，容易建造，投资也较少。

潮汐能发电优点很多，但也有其不足之处，如机电设备常与海水、盐雾及海生物接触，有防腐、防污等特殊要求；随着潮汐的涨、落，能量亦有起伏变化，影响发电、供电质量。

同时潮汐电站也存在一些环境问题：潮汐电站不但会改变潮差和潮流，还会改变海水温度和水质；拦潮坝会对地下水和排水等带来不利影响，并会加剧海岸侵蚀；潮汐电站还会影响鸟类生长环境及种群的生存，另外由于水轮机的运转可能会导致鱼类死亡，并会妨碍溯河产卵的鱼种的溯游，因此潮汐电站也对鱼类有潜在影响。

就全世界而言，潮汐能源的开发利用程度还很低。目前制约潮汐能发电的因素主要是成本，到目前为止，由于常规电站廉价电费的竞争，建成投产的商业用潮汐电站不多。

世界上潮汐能资源较丰富的国家都在进行开发利用研究，尤以法国、英国、美国、加拿大等国开展较早。法国于 1968 年开始建成首座潮汐电站。继法国之后，苏联建成总装机容量为 800 千瓦的潮汐电站。1984 年，加拿大首座潮汐电站建成。英国、韩国、印度、澳大利亚和阿根廷等国对规模数十万千瓦到数百万千瓦的潮汐电站建设方案进行了不同深度的研究。近年来潮汐能的开发研究仍在不断地进行中。

我国利用潮汐能发电始于 20 世纪 50 年代后期。70 年代，国家科委、水电部等主管部门开始组织系统进行潮汐能利用、潮汐发电机组的研制，进行了电站的勘测设计，并于 70 年代末建设了一批较大的潮汐电站，总装机容量约 6000 千瓦，其中包括国家科委"六五"攻关项目浙江温岭县的江厦潮汐试验电站。80 年代水电部、国家海洋局组织了全国潮汐能源普查，1985 年由水电部华东勘测设计院进行了汇总，基本上摸清了我国潮汐能分布情况。90 年代，包括潮汐能在内的新能源列入国家"九五"计划，兴建了万千瓦级的潮汐试验电站。目前，我国正在运行发电的潮汐电站共有 8 座，总装机容量为 6000 千瓦，每年发电量 1000 万千瓦时，仅次于法国、加拿大，居世界第三位。

8. 潮流能发电技术

潮流主要是指伴随潮汐现象而产生的有规律的海水流，潮流每天两次改变其大小和方向。而潮流能发电则是直接利用涨落潮水的水流冲击叶轮等机械装置进行发电。

潮流发电系统由水轮机、传动装置、控制装置和电能控制转换装置等组成，其中水轮机的设计制造是潮流发电技术的关键，其性能的优劣直接决定着发电效率的高低。

对于传统的用于水库的水力发电机组，水轮机是通过压力差推动叶片转动的。

与传统水轮机不同，潮流发电水轮机直接将水的流动动能转化为机械能带动发电机，是一种无压降低水头的水轮机，潮流发电机组的输出电能取决于潮流速度，与潮高关系不大。

目前潮流发电水轮机分为水平轴和垂直轴两类。水平轴水轮机（也称轴流式水轮机）的旋转轴方向与水流方向平行，其发电功率大小受水流方向影响较大，一般需要安装偏航调节系统，根据水流方向来控制水轮的转轴方向，才能充分利用水流携带的能量提高发电输出功率，叶片的个数、间距的变化也会影响水轮机的性能。垂直轴水轮机的旋转轴方向与水流方向垂直，根据旋转轴与水平面所成的夹角不同又可以分为横轴和竖轴两种。横轴水轮机的旋转轴与水平面平行，叶片获得的能量大小与来流方向有关，因此也要有偏航调节系统。竖轴水轮机的旋转轴与水平面垂直，叶片获得的能量大小不受水流方向的影响，不需要安装偏航调节系统，而且旋转轴还可以直接将扭矩输出，因此应用得更多。如果不做说明，那么垂直轴水轮机一般总是指竖轴水轮机。

与传统水轮机组相比，潮流发电水轮机的效率很低，为了提高机组效率，机组通常带有一种辅助结构导流罩，导流罩不仅可以提高效率，还可以减少海草生物对设备的影响。

潮流发电机组的发电机可以是同步发电机，也可以是异步发电机，其中同步发电需要恒定的和较高的转速，而异步发电机对转速的要求相对较低。

由于水能的密度远大于风能，所以潮流发电机组的固定装置将承受更大载荷力矩才能保证整个系统的稳定，因此对固定方式有一定要求。目前固定方式采用较多的有漂浮式、系泊式、基桩式和重力式等，每种固定方式各有优缺点，必须根据项目的环境进行选择。漂浮式的机组采用船体承载，比较适合容量较小的机组固定，比较灵活；系泊式采用绳索把机组固定在海底，操作方便，但不够安全；基桩式固定需要打桩，占地面积小，但是强度不大，不适应环境恶劣的区域；重力式有很好的强度，适合较恶劣的环境，但是占地面积大。

潮流发电技术的研究开始于 20 世纪 70 年代中期，最初主要进行了理论研究、潮流能资源评估和经济可行性分析等相关基础性工作。随着研究工作的深入，潮流发电作为一种有发展潜力的新能源利用技术而备受重视，目前欧洲的英国、挪威、瑞典等，北美洲的加拿大、美国，亚洲的日本、韩国等已出现很多专门从事潮流能开发的研究机构和公司，如表 4-7 所示。在实际应用方面，世界上许多国家和地区都已建成一定规模装机容量的潮流能电站。

表 4 – 7　国外潮流发电装置

研究单位	水轮机名称	水平轴	垂直轴	导流罩
Marine Current Tidal	SeaFlow&SeaGen	√		
Hammerfest Strm	Blue concept	√		
Blue energy	Davis Hydro turbines		√	√
SMD Hydrovision	TidEl	√		
Ponte di Archimede	Kobold		√	
GCK Technology	Gorlow Helical Turbine		√	
Lunar Energy	Rotech Tidal Turbine	√		√
Open Hydro Group	Open Centre Turbine	√		
Sea Power	Exim		√	
UEK	Underwater Elcetric Kite	√		√
Verdant Power	RITE Turbine	√		
Clena Current	Tidal Turbine Generator	√		
Marine Energy generation	Delta Stream	√		

　　在潮流能方面，我国主要开展了一些小规模示范和试验工作，目前处在关键技术研究与示范阶段。在"八五"和"九五"期间，先后研建了"万向Ⅰ"型 70 千瓦潮流实验电站和"万向Ⅱ"型 40 千瓦潮流实验电站。"十一五"期间，在科技支撑计划支持下，我国启动了一项百万千瓦级垂直轴潮流能示范实验电站和小型水平轴潮流能示范电站的研建工作。

　　与国外潮流能发电技术相比，我国在潮流能发电技术研究与开发方面与世界先进水平并没有太大的差距，但在机组的大小和装机容量上有很大差别，这一问题需要通过扩大示范规模尽快加以解决。同时，由于潮流能资源分布于湾口水道地区，潮流能装置的安装有时会对该海域的航运造成影响。因此做好海域使用规划，协调各方面的海域使用需求，对于潮流能乃至整个海洋能的开发利用至关重要。为进一步促进潮流能的开发利用，还要做好以下工作：①政府应加大对潮流能开发利用技术的支持力度，扩大潮流能电站的示范规模，促进潮流能关键技术的突破，尽快提升机组的装机容量与发电装机环境的适应性，推动潮流能开发利用技术的规模化、商业化进程；②做好海域使用规划，协调好潮流能开发利用与其他涉海活动的用海需求，特别是要协调解决好潮流能开发与航运之间的用海矛盾；③通过政府的鼓励与引导，加快对国外先进潮流能技术的引进消化吸收。

　　9. 核电技术

　　核能是由于原子核内部结构发生变化而释放出的能量。其能量的释放主要是通过如下三种方式实现的：核裂变、核聚变与核衰变。核裂变是可裂变重核裂变成两个、三个或更多个中等质量核的核反应；核聚变是由轻原子核聚合成较重的原子核，同时释放出巨大能量的核反应；核衰变是原子核自发射出某种粒子而变为另一种核的过程，是一种自然的慢得多的裂变形式。同其他能源相比，核能有着密度高、资源量丰富以及利用稳定的优点。但是，核能在利用中也存在一些缺点，如产生高低价放射性废料、产生废热比较多、热污染比较严重等。

目前中国探明铀矿的储量仅有 6.8 万吨，但根据国际原子能机构（IAEA）预测报告显示，中国可能的铀储量为 177 万吨，是世界上铀资源潜力最大的国家之一。因此，我国有着巨大的核能开发潜力。

在核能的应用领域，目前最为主要的是核电技术。核电技术利用的核能来自核裂变能和核聚变能。核裂变能是指重原子分裂成两个或多个较轻原子核，产生链式反应，释放巨大能量，是目前我们利用核能的主要来源。核聚变能是指两个较轻原子核聚合成一个较重的原子核，并释放出巨大的能量，是我们未来要积极开发的能源。核电技术基于核能获得方式的不同可以分为核裂变技术和核聚变技术。

（1）核裂变技术。目前我们广泛利用的核电技术是核裂变技术，也可称之为狭义的核电技术，其工作原理是用核燃料铀在反应堆的设备内发生裂变而产生大量热能，再用处于高压力下的水把热量带出，在蒸气发生器内产生蒸气，蒸气推动汽轮机带着发电机一起旋转，电就源源不断地产生出来。其中，一项核电技术的关键组成部分，即核反应堆，主要包括以下几种：压水堆、沸水堆、重水堆、高温气冷堆和快中子堆。采用国际普遍公认的划分方法，根据反应堆的"代"，我们把核电技术分为四代。

第一代核电技术出现于 20 世纪 50～60 年代，利用原子核裂变能发电。如美国的希平港压水堆、德累斯顿沸水堆以及英国的镁诺克斯石墨气冷堆等。国际上把上述试验性和原型核电机组称为第一代核电机组。到目前为止，第一代技术已经被淘汰。

第二代核电技术是出现在 20 世纪 60 年代后期在试验性和原型核电机组基础上建造的以商用、安全、经济为主要特点的技术。代表的机型为压水堆、沸水堆、重水堆、气冷堆和压力管式石墨水冷堆。目前世界上商业运行的 400 多座核电机组绝大部分是在这段时期建成的，习惯上称之为第二代核电机组。

第三代核电技术就是在第二代基础上进行改进的以先进性、安全性、经济性、高燃耗等为特点的技术。目前代表的机型为美国西屋的 AP1000、欧洲压水堆

（EPR）和先进沸水堆（ABWR）。国际上通常把这些满足美国电力公司要求文件或欧洲电力公司要求文件的核电机组称为第三代核电机组。

第四代核电技术正处于研发阶段，预计2030年后投入运行。第四代核电技术以可持续发展、经济性、安全性、可靠性、防止核扩散为特点。主要的技术发展方向是熔盐反应堆、超临界水冷反应堆、超高温反应堆、液态金属冷却快中子增殖反应堆和气冷快中子反应堆。

（2）核聚变技术。对于核聚变技术而言，目前，大规模的商用仍然是一个远期目标，仍需要很多研发的努力，包括通过技术工程和科学进步达到材料和系统最优化。至少在2050年以前，这种技术不太可能被推广。

从总体上来讲，虽然核电技术处于不断进步的过程中，但目前仍处于发展阶段。技术方面，第三代、第四代技术以及核聚变技术仍处于实验阶段，距离大规模的商业化仍有很长的路要走；安全方面，由于其事故危害大，导致公众对其接受程度很低，这是困扰核电发展的一个重要障碍；经济方面，技术投资成本依然高昂，降低成本仍然是需要优先考虑的问题，并且各项投资费用还受贴现率的影响，较大型反应堆虽能降低单位投资成本，但会增加项目总投资成本（见表4-8）。

表4-8　核电技术投资及应用相关成本

贴现率（投资）（%）	核电成本（美元/千瓦时）	投资占发电总成本（%）	运行维护成本（%）	燃料循环成本（%）
5	0.021~0.031	50	30	20
10	0.030~0.050	70	20	10

核电技术在应用过程中虽然存在诸多挑战，但从全球角度而言，核能仍然是未来最具希望的能源。因为核能零碳排放、化石能源的有限性与污染性，注定了核能需要为全球的电力生产贡献力量。1990~2010年，核电装机容量增长了13%。

从中国自身而言，受电力需求增加、环境能源问题突出、能源利用经济性问题的影响，需要加大对核能利用的推广程度。目前，我国拥有比较完整的核工业体系，核电站建设速度加快；实验快中子增殖堆和高温气冷实验堆等多项关键技术取得了重要的进展。但是目前尚不具备独立自主规模化生产核心设备的能力，对第三、第四代先进堆的研究仍与国际水平存在较大差距。为提高核能利用的自主创新能力，我们将把以下两个方面作为着力点：一方面积极发展以提高核电站的安全性、经济性、核物废料最小化为主要目标的第四代核能技术，改进和提高热堆核能系统水平，发展快堆核能系统及其燃料闭合循环技术，实现铀资源利用的最优化；另一方面，发展高放射性和废物处置技术，发展次锕系核素和长寿命裂变产物焚烧技术，实现核废料最少化。

10. 氢能利用技术

氢具有高挥发性、高能量，是能源载体和燃料。同时氢在工业生产中也有广泛应用，全世界每年工业用氢量为 5500 亿立方米。氢能在 21 世纪可能是人类最期待的二次能源，其优点有来源广、燃烧值高、清洁无毒、燃烧稳定性好、存在形式多等特点。但由于获取廉价氢、氢气安全高效储存与运输以及应用技术的开发等方面还存在着问题，氢能利用距离我们的日常生活还比较遥远。

氢能技术的开发和利用可以分为三个方面：制氢技术、氢的储存及运输和氢能的应用。

制氢技术包括化石燃料制氢技术、电解水制氢、生物制氢、太阳能分解水制氢、热化学分解水制氢及其他制氢技术。制氢技术是氢能广泛应用的基础，目前，水电解制氢、生物制氢等方法已形成规模。低价电解水制氢方法在今后将是氢能规模制备的主要方法，但仍存在高能耗的问题。

氢的储存及运输技术是目前发展氢能的主要障碍，其重要原因在于氢具有易燃易爆的特性。氢气的储存可分为物理法和化学法。物理储存包括液氢、高压氢气、活性炭吸附、碳纤维和碳纳米管、玻璃微球和地下岩洞等储存技术；化学储存方法包括化学氢化物、有机液态氢化物、无机物和铁磁性材料等储存方法（见表 4 - 9）。氢气运输主要包括压缩氢气和液氢两种。随着金属氢化物储氢、配位氢化物储氢等技术的成熟，未来氢气运输方式会发生重大变化。

表 4 - 9　常见储氢技术

储氢技术	优　点	缺　点
压缩气体	运输和使用方便、可靠	使用和运输有危险，运费较高
液氢储氢	储氢能力大	储氢能耗大，使用不方便
金属氢化物储氢	运输和使用安全	储氢量小，金属氢化物易破裂
低压吸附储氢	低温储氢能力大	运输和保存需低温

资料来源：《2009～2010 年中国氢能行业深度评估及市场调查研究发展分析报告》。

氢能利用包括以下三个方面：一是利用氢和氧化剂发生反应释放出的热能，一般来说是氢的直接燃烧，应用于内燃机和火箭发动机；二是利用氢和氧化剂在催化剂作用下的电化学反应直接获取电能，例如燃料电池技术；三是利用氢的热核反应释放出核能，例如氢弹。

人们普遍认为，燃料电池是未来人类社会最主要的发电及动力设备。燃料电池技术的最新发展及其诱人的前景，使全世界都看到氢能源的可行性与必然性。

尽管氢能各环节技术都在不断完善和提高，但目前并不能达到替代化石能源的商业化的规模利用。随着常规化石能源价格的上涨和资源量的有限性，发展氢能技术的经济性和合理性正日益凸显。氢能利用技术具有广阔的发展前景。

近年来，美国、日本、欧盟都制订了氢能发展规划，投入了大量经费支持氢能开发和应用示范活动。美国一直重视氢能，2003 年，布什政府投资 17 亿美元启动氢燃料开发计划。欧盟在 2002 ~ 2006 年第六个框架研究计划中，对氢能和燃料电池研究的投资为 2500 万 ~ 3000 万欧元。日本研究氢能比较早，目前燃料电池是日本氢能的主要研究方向，主要侧重于汽车氢燃料的推广与应用。从目前来看，日本燃料电池技术开发以及氢的制造、运输、储存技术都已基本成熟。

中国对氢能的研究与开发可以追溯到 20 世纪 60 年代初。为发展本国的航天事业，我国科学家对作为火箭燃料的液氢的生产、H_2/O_2 燃料电池的研制与开发进行了大量而有效的工作。在 20 世纪 70 年代，我们开始把氢作为能源载体和新的能源系统进行开发。目前，我国在氢能源的关键技术上已经有了大量的积累，并具备了与国际同步的技术实力。但是廉价的制氢技术和安全可靠的储存与运输方法仍是我们亟待解决的两大核心问题。为进一步开发氢能，推动氢能利用的发展，氢能技术已被列入《科学发展"十五"计划和 2015 年远景规划（新能源领域）》。

11. 天然气水合物利用技术

天然气水合物又称固体甲烷，是由天然气与水在高压低温条件下形成的类冰状结晶物质，亦被称为"可燃冰""汽冰""白冰""固体瓦斯"，具有储量大、埋藏浅、分布范围广、能量密度高、清洁、高效等优点，是 21 世纪具有良好前景的后续能源。

天然气水合物可分为陆上天然气水合物气藏和海洋天然气水合物气藏。世界上绝大部分的天然气水合物存在于海洋里，储存在深水的海底沉积物中，只有极少数的天然气水合物是分布在常年冰冻的陆地上的。目前陆上天然气水合物气藏与我们一般简单的气藏能源储存形式相同，都在成岩的层状地层中，因此同常规气层的开采程序基本相同，其气源来自下浮地层中的常规气藏的热解气。海洋天然气水合物多发现于上新世地层，其重填的天然气大多数来自同层沉积物形成的生物气。

目前，美国、日本等国均已在各自海域发现并开采出天然气水合物。据中国南海研究院院长吴士存估计，从目前地质构造条件看，我国南海天然气水合物的资源量为 643.5 亿~772.5 亿吨油当量。《中国石油替代能源发展概述》预测，仅在南海北部的天然气水合物储量就相当于我国陆上石油总量的 50% 左右。同时，我国陆上永久冻土带天然气水合物蕴藏量丰富。因此，我国发展天然气水合物的潜力巨大。

天然气水合物相关技术主要包括勘探技术、评价技术和开采技术。勘探技术主要包括地震勘探法、地球化学法及地质勘探法。评价技术包括两种方法：一是通过地质地球物理勘探和钻探，发现和取得天然气水合物层的有关系数，预测分布并计算出资源量；二是通过取得的实际参数和模拟实验建立天然气水合物形成与释气的数学模型，用数值模拟方法研究其分布和资源量，同时模拟天然气水合物生成和释气的动态过程。天然气水合物的开采技术分别包括热激发、化学试剂法、减压法、置换法及固体开采法。其中前三种是传统的开采方法，后两种是新型开采方法。

在上述天然气水合物相关技术中，开采技术是天然气水合物利用的关键，并且也是各国研究关注的热点，因此，这里主要针对天然气开采技术进行介绍。天然气水合物开采的基本原理是将水合物分解成水和气，然后收集天然气加以利用。具体包括如下几种方法。

热激发开采法是直接对天然气水合物层进行加热，使天然气水合物层的温度超过其平衡温度，从而促使天然气水合物分解为水与天然气的开采方法。这种方法经历了直接向天然气水合物层中注入热流体加热、火驱法加热、井下电磁加热以及微波加热等发展历程。热激发开采法可实现循环注热，且作用方式较快。加热方式的不断改进，促进了热激发开采法的发展。但这种方法至今尚未很好地解决热利用效率较低的问题，而且只能进行局部加热，因此该方法有待进一步完善。

减压开采法是一种通过降低压力促使天然气水合物分解的开采方法。减压途径主要有两种：一是采用低密度泥浆钻井达到减压目的；二是当天然气水合物层下方存在游离气或其他流体时，通过泵出天然气水合物层下方的游离气或其他流体来降低天然气水合物层的压力。减压开采法不需要连续激发，成本较低，适合大面积开采，尤其适用于存在下浮游离气层的天然气水合物气藏的开采，是天然气水合物传统开采方法中最有前景的一种技术。但它对天然气水合物气藏的性质有特殊的要求，只有当天然气水合物气藏位于温压平衡边界附近时，减压开采法才具有经济可行性。

化学试剂注入开采法通过向天然气水合物层注入某些化学试剂，如盐水、甲醇、乙醇、乙二醇、甘油等，破坏天然气水合物气藏的相平衡条件，促使天然气水合物分解。这种方法虽然可降低初期能量输入，但它所需要的化学试剂昂贵，对天然气水合物层的作用缓慢，而且还会带来一些环境问题，所以，目前对这种方法投入的研究相对较少。

CO_2 置换开法。这种方法首先由日本研究者提出，在一定温度条件下，天然气水合物保持稳定需要的压力比 CO_2 水合物更高。因此在某一特定的压力范围内，天然气水合物会分解，而 CO_2 水合物则易于形成并保持稳定。如果此时向天然气水合物气藏内注入 CO_2 气体，CO_2 气体就可能与天然气水合物分解出的水生成 CO_2 水合物。这种作用释放出的热量可使天然气水合物的分解反应得以持续地进行下去。

固体开采法。固体开采法最初是直接采集海底固态天然气水合物，将天然气水合物拖至浅水区进行控制性分解。这种方法进而演化为混合开采法或称矿泥浆开采法。

天然气水合物的形成需要低温、高压和气源，这些赋存所需要的特殊温度和压力条件，使人们采集天然气水合物的实物样品难度大、投资高、配套设施与技术要求高，而且大规模的天然气水合物沉睡在深深的海底。这些开采方法有的还处于试验阶段，尚未形成成熟的天然气水合物开采技术。实践表明，单单采用某一种方法来开采天然气水合物是不经济的，只有博采众长，综合不同方法的优点才能达到对天然气水合物的有效开采。同时，开采天然气水合物也是世界性难题，由于天然气水合物开采的相关理论不成熟，开采技术不成熟，所以在开采过程中可能会引发海底滑坡、海水毒化、温室效应、地质灾害等问题。

目前世界上已有 100 多个国家发现了天然气水合物存在的实物样品和存在标志，其中海洋 78 处，永久冻土带 38 处，已有 40 多个国家和地区开展了天然气水合物研究或调查勘探。近年来，天然气水合物的研究已经进入了突破阶段，国际上有三个公认的开发实验区：加拿大马更些三角洲和美国阿拉斯加北部斜坡的永久冻土区；日本南部海槽；美国的墨西哥湾。目前，俄罗斯位于西西伯利亚东北部的 Messoyakha 天然气水合物矿田已成功生产了 20 年；加拿大已经完成了天然气水合物的试验性开采；日本和美国都已确定了商业开采时间表。

我国对天然气水合物的研究起步较晚，从 1999 年才开始对天然气水合物开展实质性的调查和研究。近年来，国土资源部、科技部、财政部、国家发改委等部委领导非常重视天然气水合物的调查与研究。首先是对我国管辖海域的地震勘查资料进行分析，在南海的北部陆坡和西沙群岛南坡等处发现了海底天然气水合物存在的似海底地震反射层（BSR）标志。并在海底天然气水合物的成因、地球化学、地球物理特征、资料处理解释、钻孔取样、测井分析、资源评价、海底地质灾害等方面进行了系统的研究，并取得了丰富的数据。目前，我们已经取得天然气水合物的样品。但是，我们需要清醒地看到，与国际先进研究水平相比，我们还存在着很大的差距。

（三）　新能源技术的特点

通过上面对各类技术的介绍我们不难看出，新能源技术主要具有如下特点。

一是各类新能源技术的投资规模庞大，使得新能源生产成本相对于传统化石能源普遍较高，缺乏市场竞争力，需要政策扶持，具有很大的风险性。例如，太阳能光伏发电技术的投资成本达到 2000～3000 美元/千瓦，相对于常规能源，缺乏市场竞争力，需要得到国家的政策扶持才能实现技术的推广。

二是新能源技术的技术含量高，且难度较大，除生物质发电技术等一部分新能源技术已经成熟，大多数技术如太阳能光伏发电、太阳能热发电等技术还具有很大的发展空间，特别是像氢能的储运、天然气水合物勘探开发等技术要取得突破，仍面临许多技术障碍。

三是研发周期长。新能源技术的研发周期很长，技术的突破、成熟周期往往长达几十年的时间。例如，核裂变技术从 20 世纪 50 年代便开始了技术研发，到目前为止，核裂变技术还在不断发展，已经进入了第三代，而第四代核电技术正处于研发阶段，并将于 2030 年后投入运行。

四是新能源技术的发展潜力巨大。一方面，新能源资源量丰富，其消费量在能源消费总量中的比重还很小，还有很大的增长空间，这为新能源技术的发展奠定了坚实的物质基础；另一方面，新能源技术要发展成熟到具有相当的竞争力，使新能源能够达到商业化利用的规模，仍要有很长的一段路要走，其发展空间十分广阔。

（四）　我国新能源技术未来发展路线图

新能源的未来发展状况将在很大程度上影响我国能源结构改善、温室气体减排和国家能源安全的实现和保障程度。然而，由于决定新能源发展的能源技术具有技术含量高、研发难度大、技术关联性强、研发周期长、研发投入高、研发风险大等特点，因此，如果技术的发展只是盲目地全盘推进或全盘引进，毫无战略性规划，缺乏选择性的引进与发展，那么势必造成资源的浪费与技术发展的混乱。所以，对于新能源技术选择、研发和相应的新能源种类的发展都需要科学合理的规划引导，遵循一定的路线，这也就是所说的新能源科技发展路线图。

新能源技术发展路线的设计需要综合考虑诸多因素。一是能源科学需求，即经济和社会发展有没有对能源科学与技术提出某方面的要求；二是能源科学任务，即为了满足上述要求而要在能源科技领域完成的任务；三是能源技术选择，即为了完成上述任务需要哪些能源技术支持并在这些技术之间做出选择；四是研发计划，即为所选择的关键技术研发制订可行的项目研究计划；五是政策与资源保障，即为完成上述科技目标而提供所需的人、财、物等资源和管理保障。只有这样，才能使技术的发展和应用服务于经济和社会的发展，将技术的作用发挥到最大。

目前，国内对新能源技术未来发展路线的研究尚处于起步阶段，2007年，中国科学院组织并启动了中国至2050年重要领域科技发展路线图，分18个领域进行研究，其中在能源领域就涉及对中国新能源技术未来发展路线的研究，结合该研究，我们对上述提到的主要新能源技术的未来发展路线行进阐述。

1. 我国新能源技术发展总体战略规划

目前，中国大部分的能源核心技术和装备都依赖国外，因此，为了逐步摆脱这种局面，必须实事求是，战略性地规划并部署资源来发展能源科技，使其能支撑能源产业的发展。对于新能源产业而言，应该做到：对于那些自主研发但在时间上已经无法满足需求的技术，或者通过研发已经无法赶上国际先进水平的技术，应选择引进、消化、吸收和再创新的路线；对于未来具有良好应用前景，但国内外都还处于研究阶段，尚存在许多技术难题或尚未进入应用的技术，要准确切入关键的科学问题，选择关键技术攻关与重点突破的路线；对于未来具有重大需求但目前尚处于科学前沿的潜在技术，应选择完全自主创新的研究路线。

具体而言，在不同的时间段内，中国应该有针对性地研发下述新能源技术：

在2020年前，重点研发生物质燃料技术、风力发电技术、太阳能热发电技术、太阳能光伏发电技术、生物质发电技术等，使这些技术实现技术突破，并向成熟技术过渡；重视第三代核反应堆技术的引进、消化、吸收与再创新；推进第四代核反应堆技术的研发；做好地热能利用技术、氢能利用技术、天然气水合物开发与利用技术、波浪能发电技术、潮汐能发电技术、潮流能发电技术、核聚变技术等的基础研究工作。通过相关技术的研发及应用，逐步提高新能源在总能源消费中的比重，减少 CO_2 排放。

2021~2035年，使生物质燃料技术、风力发电技术、太阳能热发电技术、太阳能光伏发电技术、生物质发电技术等成为成熟技术，并且获得规模化商业应用；在氢能利用技术、天然气水合物开发与利用技术、新一代核电技术和核废料处理技术、波浪能发电技术、潮汐能发电技术、潮流能发电技术等方面加强研发，实现技术突破；重视地热能技术；进一步深化核聚变技术的相关基础研究工作。通过相关技术的研发及应用，在较大程度上提高新能源比重，进一步减少 CO_2 排放。

2036～2050 年，使天然气水合物开发与利用技术，氢能利用技术，地热能利用技术，波浪能、潮汐能和潮流能等海洋能发电技术成为成熟技术，并且获得规模化商业应用。核聚变技术取得突破，部分技术成熟。通过相关技术的研发及应用，新能源比重大幅提高，基本形成以化石能源和新能源为主的低碳型能源结构与以自主创新技术为支撑的中国新能源工业体系。

2. 我国新能源技术应用的时间安排

在 2020 年前，主要是现有技术的规模化应用、改进和集成，同时一批 20 世纪或 21 世纪初研发的技术逐步取得突破，达到技术成熟，并最终实现商业化应用。2021～2035 年，主要是在前一阶段的研究和关键技术突破等的基础上，使一批先进的新能源技术开始进入商业化应用阶段，并初步形成具有自主知识产权技术的新能源产业。2036～2050 年，一批前期部署的自主创新研究成果转化为成熟技术并进入规模化商业应用阶段，形成具有我国特色的新能源产业。各个时期各新能源技术的应用状况如表 4-10 所示。

表 4-10　不同时间段我国新能源技术应用状况

能源种类	对应技术类别	各类别技术应用状况		
		2020 年前	2021～2035 年	2036～2050 年
核电	核电技术	第二代核电技术、第三代核电技术	第四代核电技术、核废料处理技术	核聚变示范堆技术
太阳能	太阳能热发电技术	太阳能主动热利用技术、太阳能被动热利用技术、太阳能热水器	太阳能热发电技术与系统	太空太阳能发电
	太阳能光伏发电技术	非晶硅太阳能电池、单晶硅太阳能电池、多晶硅太阳能电池	薄膜光伏电池技术	新概念太阳能电池
风能	风能发电技术	5 兆瓦风电技术、陆地风力发电技术	高性价比、高可靠性风电机组技术	
生物质能	生物质液体燃料技术	农村生物质燃料、第一代生物质能(生物质发电、燃料乙醇、生物柴油)商业化应用	生物质替代石油技术	能源植物、含油微生物规模化能源开发；藻类生物质利用技术

续表

能源种类	对应技术类别	各类别技术应用状况		
		2020 年前	2021~2035 年	2036~2050 年
地热能	深层地热能利用技术	中低温地热能发电技术、高温地热能发电技术、地热（源）热泵技术、地热梯级利用技术	增强型地热利用技术	
海洋能	波浪能发电技术	基础研究	海洋能独立发电技术商业示范系统	海洋能大规模独立发电技术
	潮汐能发电技术			
	潮流能发电技术			
氢能	氢能利用技术	基础研究	氢能利用技术	燃料电池技术、氢能规模发电技术
天然气水合物	天然气水合物开发与利用技术	基础研究	海底天然气水合物开发与利用技术	永久冻土带天然气勘探和开采技术

资料来源：根据中国科学院《中国至 2050 年能源科技发展路线图》整理绘制。

三　新能源技术对经济社会发展影响的综合评价指标体系设计

（一）　新能源技术对经济社会发展影响的综合评价系统

新能源技术对经济社会发展影响的综合评价系统如图 4-2 所示，由新能源技术评价系统和新能源技术应用效果评价系统两部分构成。

新能源技术评价系统主要针对新能源技术自身状况进行综合评价。新能源技术是国家出于战略和长远发展考虑，决定发展的重大前瞻性技术，具有技术含量高、投资大、风险高等特点。因此，在技术评价系统中，主要从技术的先进性、重要性、可行性和风险性进行考虑。

新能源技术应用效果评价系统主要针对新能源技术在应用过程中对经济、社会和环境三方面产生的影响进行综合评价。新能源技术只有通过应用才能将其内在价值表现出来，因此，在新能源技术通过技术评价后，就要将其作用于新能源资源，生产新能源产品，经过仓储、运输、销售等环节并被最终消费者消费。而新能源技术在应用过程中，不仅涉及资源利用，而且还涉及诸多其他生产要素，如资金、设备、劳动力、燃料、土地和水资源等。可以看出，新能源技术的应用不仅会对经济社会产生影响，如改变经济增长模式、增加社会就业等，同时也会

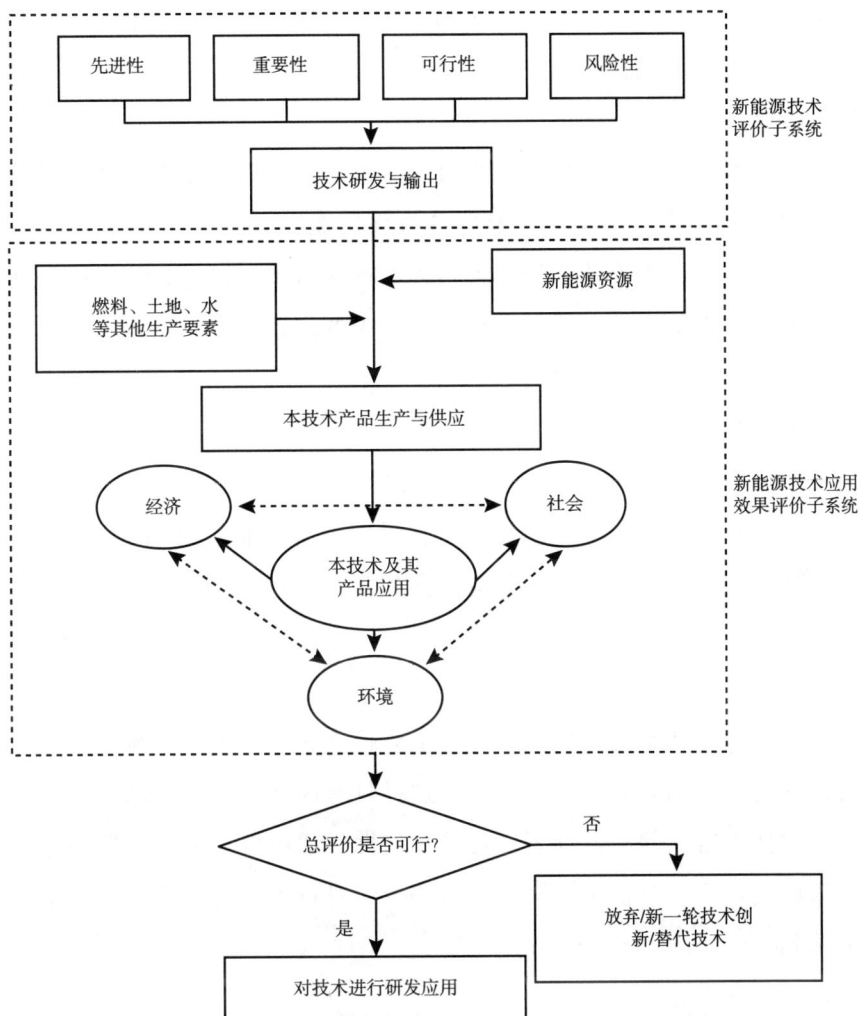

图 4 - 2 新能源技术对经济社会发展影响的综合评价系统

对环境产生影响，如资源的消耗、新能源产品利用后对大气环境的改善等。综合而言，对新能源技术的综合评价系统包括两个子系统和四个方面，这四个方面是技术自身评价、技术的经济性评价、技术的社会性评价和技术的环境性评价。

（二）新能源技术综合评价指标体系设计原则

新能源技术综合评价指标体系就是要在上述综合评价系统分析的基础上，针对新能源技术评价的四个方面，优选出合适的指标，建立起相互联系、互为补充的一套指标体系。对于指标的设计，本章采用分层讨论的方法进行设计，构建分层次的新能源技术综合评价指标体系，为了达到科学性、规范性和可参照性，评价指标的筛选必须遵循一定的原则。

1. 科学性优选原则

指标体系的科学性是确保评价结果合理、准确的基础，指标体系在设计时必须能够客观反映新能源技术以及所涉及的各方面因素，并反映这些因素间的内在联系、本质特点和规律，准确体现被评价对象的本质特征。此外，科学性原则还体现在评价方法的科学性上，特别是对于评价指标中的定性指标，如果不采取严谨、科学的态度，就无法保证评价结论的可信度。

2. 引导性优选原则

新能源技术评价指标体系应该具有较好的引导性，可用于指导相关部门、地区、用能单位制定新能源技术使用政策以及设定节能目标，出台相关规划、计划、实施方案和措施，把新能源的使用和节能落到实处，坚持不懈、注重实效地开展新能源技术管理。

3. 高技术性优选原则

技术影响评价不同于传统项目评价的最大特点在于，技术影响评价的基础是对技术本身的评价，特别是对于新能源技术这样具有高技术含量、高风险、高投入的技术而言，对技术本身的深入剖析，对其先进性、适用性、可实现性进行认识、分析、评价以后，才可以对技术的影响进行评价，对技术本身的评价是技术对外界影响评价的基础。

4. 战略性优选原则

新能源产业的发展关乎国家的能源战略，继而影响国家发展战略。新能源技术作为新能源产业发展的核心和关键，理应在其对经济社会影响的评价中重点考虑技术的战略性，即新能源技术的发展目标或者未来实现后所带来的效果，必须与国民经济发展的总体要求相匹配、相一致，必须有利于保障国家能源安全，符合国家长远发展目标。

5. 紧迫性优选原则

面对我国日益严峻的能源短缺和环境污染问题，同时为了实现我国对国际社会减少温室气体排放、改善气候环境的承诺，对新能源的发展及其技术的研发和应用必须树立紧迫性的意识。因此，在对某项新能源技术进行评价的过程中，一定要考虑该项技术对我国解决能源短缺、改善环境的紧迫性。

6. 重要性优选原则

新能源技术具有重要的作用，主要表现在两方面：一是技术自身的重要性；二是技术应用后对其他产业具有巨大的带动作用。因此，新能源技术评价指标的设计，既要考虑技术自身的重要性，在技术评价环节予以反映；也要注重其对其他产业的带动作用，在经济评价环节予以反映。

7. 可持续发展优选原则

经济的可持续发展离不开能源，但也受制于传统能源使用对环境的巨大破坏，经济的发展面临着能源消耗和环境破坏的双重压力，新能源技术正是解决这一问题的重要技术手段，它将在提高资源与能源利用效率、改善环境方面起到很大的作用。因此，指标的选取应考虑新能源技术应用对经济社会可持续发展的影响。

（三）新能源技术综合评价指标体系设计的主要内容

新能源技术的应用首先应建立在对技术本身的评价之上，只有当目标新能源技术具有潜在的研发与应用价值的情况下，该项技术才能被鼓励并加以研发和应用。在此之后，应针对该技术应用之后所产生的经济效应、社会效应和环境效应对其进行综合评价。因此，新能源技术对经济社会影响的综合评价指标体系设计主要应包含以下四方面的内容。

1. 新能源技术自身的技术性评价

新能源技术的研发具有高投入、高风险同时又具有高回报的特点，因此，对于新能源技术研发及应用一定要考虑该技术本身的一些状况，以便对是否应用本技术做出合理判断。在新能源技术自身的技术性评价中，本章主要从技术的先进性、重要性、可行性和风险性四个方面考虑。

在技术的先进性方面，重点考虑技术整体的先进水平和关键性技术的先进水平；在重要性方面则考虑国家发展对该技术需求的紧迫性程度和该技术应用的广泛性；在可行性方面重点从资源适用性、人才保障性和设备匹配性加以考虑；在风险性方面则从技术成熟度、研发难度、研发主体的技术能力和技术替代等带来的风险等加以考虑。

2. 新能源技术的经济性评价

新能源技术的经济性表现为抵消投入后所带来的经济利益和效率的提高。本章主要从经济价值和经济增长模式两方面进行考虑。

在经济价值方面，主要包括技术投入与市场需求、技术对新产业成长的影响及相关产业的带动作用；在经济增长模式方面，主要包括投入产出率的变动、对资源及能源利用效率的提高以及对能源消费结构的改善等。

3. 新能源技术的社会性评价

新能源技术对社会的影响主要从两方面衡量：一是在社会效应方面，主要包括本技术及其相关产品应用对缓解能源安全的影响、本技术及其相关产品对伦理道德适应性和本技术及其相关产品应用对提高社会运行效率的影响；二是在生活质量方面，表现为就业的提高及其他相关方面的改善。

4. 新能源技术的环境性评价

无论对世界还是对我国而言，当前面临的两大问题主要集中在经济发展对能源资源的消耗以及长期的化石能源消耗对气候的改变，而这一改变主要是由温室气体的排放引起的。新能源技术的环境性评价正是针对这两项进行的。

（四） 新能源技术综合评价指标体系的建立

1. 新能源技术综合评价指标体系构成

根据以上指标评选原则，本章建立的新能源技术综合评价指标体系如表 4 – 11 所示。本指标体系从总体上分 4 个层次，即总目标层、目标要素层、因素层及指标层。总目标层是针对开展此项评价工作所要解决的问题而设定的，本章将其设定为“新能源技术对经济社会发展影响程度”，并根据最终的评价结果对是否应该发展某项新能源技术、多项新能源技术的优先发展次序等新能源技术发展战略的关键问题进行回答。

目标要素层中的指标是针对解决最终问题所需要着重考虑的若干个方面而设定的，它们同时也是影响总目标的几个重要因素。根据最终所要解决的问题及已设定的总目标，本章主要从四个方面对目标问题进行研究，这四个方面也就是前文提到的新能源技术综合评价指标体系设计的四个主要内容，据此设定“技术自身状况评价”“技术经济效应评价”“技术社会效应评价”和“技术环境效应评价”四个目标要素层指标。其中，对技术自身状况的评价是发展和应用技术的先决条件，而技术对经济、社会和环境的效应评价则是技术在研发、应用过程中对经济社会主要方面产生的重大影响的评价。

因素层各要素的选取主要是针对目标要素所要考虑的重点及关键而设定的，根据四个目标要素所考虑的重点及所受的影响因素，本章设置了 10 个因素层指标，以涵盖四个目标要素的特点、评价的核心及关键。同理，根据各因素层指标的侧重点及其影响因素，下设 29 个指标用于评价，这些指标层及相关指标共同构建了评价指标体系的框架和内容。

表 4 – 11　新能源技术对经济社会发展影响的综合评价指标体系

总目标层	目标要素层	因素层	指标层
新能源技术对经济社会发展影响程度	技术自身状况评价	先进性评价	本技术整体先进程度评价
			本技术关键性技术领先程度评价
		重要性评价	现实对本技术发展的紧迫度评价
			本技术应用的广泛度评价
		可行性评价	本技术发展的资源适用度评价
			本技术领域人才保障度评价
			本技术发展的装备匹配度评价
		风险性评价	本技术成熟度评价
			本技术研发难度评价
			本技术研发主体的研发能力评价
			技术替代与引进带来的风险评价
	技术经济效应评价	经济价值评价	本技术研发所需投资状况评价
			本技术市场需求状况评价
			本技术应用对新产业成长影响效应评价
			本技术对相关产业带动效应评价
		经济增长模式评价	本技术对相关投入产出的影响效应评价
			本技术提高资源利用效率的程度评价
			本技术提高能源利用效率的程度评价
			本技术产品对改善能源消费结构的影响评价
	技术社会效应评价	社会效应评价	本技术及其相关产品对缓解能源安全的影响评价
			本技术及其相关产品对伦理道德适应性评价
			本技术及其相关产品对提高社会运行效率评价
		生活质量评价	本技术应用对就业的拉动作用评价
			本技术应用对居民生活的其他影响评价
	技术环境效应评价	资源依赖度评价	本技术应用对化石能源的依赖评价
			本技术应用对水资源的依赖评价
			本技术应用对土地资源的依赖评价
		大气环境影响评价	本技术应用对减排温室气体的贡献评价
			本技术应用对减排其他废气的贡献评价

2. 新能源技术综合评价指标体系各指标解释

（1）技术先进性评价指标。技术先进性评价中考虑了两个指标：本技术整体先进程度评价、本技术关键性技术领先程度评价。

——本技术整体先进程度评价。"本技术整体先进程度评价"旨在从技术整体角度评价目标区域内某项待发展技术的先进程度。指标属性为"正指标"，即指标值越大，表明越先进。在具体操作中，由于先进程度属于比较概念，因此，用本技术与国际先进技术差距进行具体衡量，差距越小，意味着该技术越先进，包含的功能也较多，研发应用的效益也就越大。在指标的分析中，主要从两方面考虑其与先进水平的差距：

- 本技术的年代水平评价值；
- 本技术的功能性评价值。

一般而言，技术的年代水平越靠后，与国际先进水平差距越小，其先进程度越高；技术的功能性越强，与国际先进水平的差距也越小，其先进程度也越高。在评价过程中，可以将上述两方面作为该指标的子指标，再由子指标的得分计算出该指标的得分。需要注意的是，在该指标操作中需要对国际先进水平进行较深入的了解，才能给出更为准确的评分（见表4-12）。

表4-12　本技术整体先进程度评价

目标指标	子指标	差距很大	差距较大	差距一般	差距较小	差距非常小
本技术整体先进程度评价	本技术年代水平评价(权重)	[0~20)	[20~40)	[40~60)	[60~80)	[80~100]
	本技术功能性评价(权重)	[0~20)	[20~40)	[40~60)	[60~80)	[80~100]

——本技术关键性技术领先程度评价。对于任何技术而言，都有一项或若干项关键性的技术，这些技术往往是制约该技术整体研发进程和应用效果的关键，其研发突破将在很大程度上推动整体技术的发展。"本技术关键性技术领先程度评价"即针对某项评价技术中的关键技术进行评价，以了解其领先状况。指标属性为"正指标"，即技术的关键技术越领先，其优势也就越大，先进性也就越强。在具体操作中，其领先程度也可以用该关键技术与国际同领域先进技术的差距进行描述，差距越小，其领先程度也就越高（见表4-13）。

表4-13　本技术关键性技术领先程度评价

目标指标	关键技术类别	重要性[1]	差距很大	差距较大	差距一般	差距较小	差距非常小
本技术关键性技术领先程度评价	技术1	A_1	[0~20)	[20~40)	[40~60)	[60~80)	[80~100]
	技术2	A_2	[0~20)	[20~40)	[40~60)	[60~80)	[80~100]
	……	……	[0~20)	[20~40)	[40~60)	[60~80)	[80~100]
	技术n[2]	A_n	[0~20)	[20~40)	[40~60)	[60~80)	[80~100]

注：①重要性是指该关键技术在本技术中的重要程度，用权重表示，权重越大，其重要性越强，权重之和为1，重要性可通过专家打分法得出。②n为关键技术的个数。

（2）技术重要性评价指标。技术的重要性反映技术本身对社会、经济发展的推动力，对改善社会、经济发展中的问题有积极作用，反映该技术应用对社会、经济的贡献度大小。技术重要性需要从以下两个指标进行综合考虑：现实对本技术发展的紧迫度评价和本技术应用的广泛度评价。

——现实对本技术发展的紧迫度评价。"现实对本技术发展的紧迫度评价"反映的是社会、经济发展对该技术的需求程度和企盼性，是国家综合考虑当前及未来的能源、环境和经济发展形势及发展需求，对某项新能源技术需求的急切性。该指标属"正指标"，即紧迫度越高，表明该技术越重要，其研发的推动力越强，国家政策等外部环境相对就越好，未来的市场潜力越大，对技术发展越有利。紧迫度大小可以通过专家评价及社会的需求程度、企盼程度进行综合分析，可将其紧迫度划分为 5 个等级，如表 4-14 所示。

表 4-14　现实对本技术发展的紧迫度评价

目标指标	紧迫度很低	紧迫度较低	一般紧迫	紧迫度较高	紧迫度很高
现实对本技术发展的紧迫度评价	[0~20)	[20~40)	[40~60)	[60~80)	[80~100]

——本技术应用的广泛度评价。新能源技术不仅可以应用于新能源领域，还有可能被应用到其他领域，新能源技术中的某些关键技术可能对其他领域的发展起到推动作用，关键技术还有可能与其他领域相关技术结合，从而产生核心技术。可以说，新能源技术作为一项技术，可以被众多领域吸收、应用。"本技术应用的广泛度评价"反映的正是某项技术研发成功后所能应用的经济社会领域大小和多少。该指标属于"正指标"，即应用范围越广泛，其重要性就越强，带动作用就越大，潜在价值也就越大。广泛度的测度可以采用调研的方法，并将其划分为 5 个等级，如表 4-15 所示。

表 4-15　本技术应用的广泛度评价

目标指标	广泛度很低	广泛度较低	一般广泛	广泛度较高	广泛度很高
本技术应用的广泛度评价	[0~20)	[20~40)	[40~60)	[60~80)	[80~100]

（3）技术可行性评价指标。技术可行性评价主要是对技术是否具有研发及应用的资源条件、研究人员、装备状况等的综合评判。本部分主要包括三方面的评价指标：本技术发展的资源适用度评价、本技术领域人才保障度评价和本技术发展的

装备匹配度评价。

——本技术发展的资源适用度评价。新能源技术一旦研发成功，就可以用于对资源进行开发，并生产出相关的新能源产品。新能源技术如果脱离了资源，相关产品的生产就会脱节，如此，新能源技术也就体现不了价值。因此，在新能源研发前，必须考虑技术与资源的适应性，因为不同地区的新能源资源富集程度和自身特点不同，因此适合发展的新能源技术也不同。例如，某些国家或地区十分缺水，但日照条件却非常好，那么该地区就适宜发展太阳能技术而非水电技术。"本技术发展的资源适用度评价"即评价某一区域内目标新能源技术的发展与该区域内资源的适用程度。该指标属于"正指标"，即适用度越高，发展该技术的可行性就越大。在实际分析中，可以从两方面进行考虑：

- 本技术发展所需资源的丰富程度评价；
- 本技术发展所需资源的地区特性评价。

一般而言，某项目标技术所需要的资源丰富程度越高，说明该地区能为技术应用提供坚实的资源基础，越适合发展该技术。除此之外，虽然有些地区有着丰富的资源，但是其特性难以满足技术的要求，那么也不适合发展该技术，如某些地区常年有风，其连续性较好，而有些地区虽然风量很大，但连续性较差。对于某些生物质技术而言，对生物质资源也有很多特殊的要求，如含硫量、灰分量等。因此，还需要对该地区资源的特性进行评价（见表4-16）。

表4-16　本技术发展的资源适用度评价

目标指标	子指标	适用度极低	较不适用	一般适用	较适用	非常适用
本技术发展的资源适用度评价	地区资源丰富程度（权重）	$[0\sim20)$	$[20\sim40)$	$[40\sim60)$	$[60\sim80)$	$[80\sim100]$
	地区资源富集特点（权重）	$[0\sim20)$	$[20\sim40)$	$[40\sim60)$	$[60\sim80)$	$[80\sim100]$

——本技术领域人才保障度评价。技术的研发需要人才，特别是对于重大高新技术之一的新能源技术而言，其研发更需要大量的高端人才。"本技术领域人才保障度评价"就是要对某项技术领域内的人才数量、人才质量和潜在人才培育状况等进行综合评价。该指标属"正指标"，即某项技术领域内人才保障度越高，其研发基础越好，可行性才更强。在实际评价中，可从以下三方面进行考虑：

- 本技术领域人才数量评价；

- 本技术领域人才质量评价；
- 从事本技术研究的科研院所及机构数量。

其中，人才质量可以用具有博士后、博士、硕士、学士等学位的人员比例来衡量（见表 4 - 17）。

表 4 - 17   本技术领域人才保障度评价

目标指标	子指标	保障度极低	保障度较低	一般保障	保障度较高	保障度极高
本技术领域人才保障度评价	人才数量（权重）	[0~20)	[20~40)	[40~60)	[60~80)	[80~100]
	人才质量（权重）	[0~20)	[20~40)	[40~60)	[60~80)	[80~100]
	科研院所及机构数量（权重）	[0~20)	[20~40)	[40~60)	[60~80)	[80~100]

——本技术发展的装备匹配度评价。装备是技术的物化和载体，也是进行技术研发和技术应用的重要硬件支撑。与人才状况一样，是技术开发及应用不可或缺的重要因素之一。"本技术发展的装备匹配度评价"即对某项技术研发和应用中装备的投资量、数量等状况与技术的匹配程度进行评价。该指标属"正指标"，即匹配度越高，其可行性越强（见表 4 - 18）。

表 4 - 18   本技术发展的装备匹配度评价

目标指标	匹配度很低	匹配度较低	一般匹配	匹配度较高	匹配度很高
本技术发展的装备匹配度评价	[0~20)	[20~40)	[40~60)	[60~80)	[80~100]

（4）技术风险性评价指标。广义的技术风险是指技术从开发到应用过程中的诸多不确定性因素所造成的人类社会和自然环境的利益遭受损失的风险。狭义技术风险则专指在技术创新和研发中由于技术本身的复杂性和其他相关因素变化的不确定性而可能导致的技术创新及开发的失败所带来的风险。在技术自身评价环节，主要评价的是狭义的技术风险。技术风险评价指标主要包括四个方面：即技术成熟度评价、技术研发难度评价、技术研发主体的研发能力评价和技术替代与引进带来的风险评价。

——本技术成熟度评价。"本技术成熟度评价"衡量技术生命周期、相关工艺流程以及配套技术等方面所具有的产业化实用程度。该指标属"逆指标"，即技术成熟度越高，技术研发所承担的风险就越小；反之，则越大。将技术成熟度划分为 5 个等级，即小试、中试、工业示范、工业应用和商业化，其评分如表 4 - 19 所示。

表 4 – 19   本技术成熟度评价

目标指标	小试	中试	工业示范	工业应用	商业化
本技术成熟度评价	[0 ~ 20)	[20 ~ 40)	[40 ~ 60)	[60 ~ 80)	[80 ~ 100]

——本技术研发难度评价。"本技术研发难度评价"衡量技术的复杂性以及技术研发过程的难度。新能源技术的开发是一个未知领域，其中存在诸多不确定性，开发难度系数大，有些关键环节需要多年的攻关才有可能突破，故其存在很大的风险性。该指标属于"正指标"，即技术研发难度越大，其研发风险越大；反之，则风险比较小（见表 4 – 20）。

表 4 – 20   本技术研发难度评价

目标指标	难度较小	难度一般	难度较大	难度非常大	难度极大
本技术研发难度评价	[0 ~ 20)	[20 ~ 40)	[40 ~ 60)	[60 ~ 80)	[80 ~ 100]

——技术研发主体的研发能力评价。"技术研发主体的研发能力评价"衡量的是技术研发主体的技术研发能力，属"逆指标"，即研发主体的研发能力越强，技术研发成功的可能性越大，其面临的风险越小。在实际操作中，主要从技术研发主体的科研成果进行考量，其研发成果数目越多、质量越高，自主产权数量越多，表明其研发能力越强（见表 4 – 21）。

表 4 – 21   技术研发主体的研发能力评价

目标指标	难度较小	难度一般	难度较大	难度非常大	难度极大
技术研发主体的研发能力评价	[0 ~ 20)	[20 ~ 40)	[40 ~ 60)	[60 ~ 80)	[80 ~ 100]

——技术替代与引进带来的风险评价。当前，技术进步和技术变革十分迅速和频繁，因此，很难保证某项技术能够长久地保持优势，替代性技术的发展和相关技术的引进很可能会削弱该技术的优势，在压缩新技术应用空间的同时，还会缩短新技术使用寿命，从而使新技术失去应用价值或价值缩水。"技术替代与引进带来的风险评价"主要衡量由于技术替代和技术引进给新技术带来的损失。该指标属"正指标"，即技术替代与引进的风险越大，新技术发展面临的风险也就越大；反之，则比较小（见表 4 – 22）。

表 4 - 22 技术替代与引进带来的风险评价

目标指标	子指标	风险极小	风险较小	中等风险	风险较大	风险极大
技术替代与引进带来的风险评价	技术替代（权重）	[0~20)	[20~40)	[40~60)	[60~80)	[80~100]
	技术引进（权重）	[0~20)	[20~40)	[40~60)	[60~80)	[80~100]

（5）经济价值评价指标。技术的经济价值评价主要评价技术研发及应用对经济在价值量方面的影响，是衡量技术对经济贡献的重要形式之一。技术的经济价值贯穿在该技术的研发与应用整个过程中，本章主要从四个方面进行衡量：本技术研发所需投资状况评价、本技术市场需求状况评价、本技术应用对新产业成长影响效应评价和本技术对相关产业带动效应评价。

——本技术研发所需投资状况评价。新能源技术的研发需要攻克多个科技难题，需要大量人力、物力和财力的投资，这些都是技术成本的重要构成部分，技术成本越大，未来相关产品生产时对成本的回收越难，并且承受技术研发失败的经济风险越大。"本技术研发所需投资状况评价"主要衡量技术在研发环节所需投资量的大小。该指标属于"逆指标"，即投资量越大，其经济价值越小。在具体衡量中，可以用投资量多少对该指标进行衡量（见表 4 - 23）。

表 4 - 23 本技术研发所需投资状况评价

目标指标	投资较小	投资一般	投资较大	投资非常大	投资极大
本技术研发所需投资状况评价	[0~20)	[20~40)	[40~60)	[60~80)	[80~100]

——本技术市场需求状况评价。任何产品、任何技术最终都需要通过市场来实现其价值，市场需求状况是对该技术价值的一个检验。"本技术市场需求状况评价"就是针对这一状况进行评价，属"正指标"，即市场需求状况越好，其蕴涵的巨大市场潜力对该技术的发展、运作具有巨大的推动作用，因此其经济价值也就越大。一般可以通过以下三方面对该指标进行衡量：

● 技术当期市场需求量评价；

● 技术未来市场需求量评价；

● 技术未来需求增长的稳定性。

一般而言，当期及未来市场需求量越大，未来需求增长越稳定，则该技术的市场需求状况越好（见表 4 - 24）。

表4－24　本技术市场需求状况评价

目标指标	子指标	需求小	需求一般	需求较大	需求很大	需求极大
本技术市场需求状况评价	当期市场需求量(权重)	[0～20)	[20～40)	[40～60)	[60～80)	[80～100]
	未来市场需求量(权重)	[0～20)	[20～40)	[40～60)	[60～80)	[80～100]
	需求增长稳定性(权重)	[0～20)	[20～40)	[40～60)	[60～80)	[80～100]

——本技术应用对新产业成长影响效应评价。技术的革新和突破一般都会带来相关新产业的诞生，同样，新能源技术的应用往往可以为相关领域的新产业的成长奠定基础和先决条件，"本技术应用对新产业成长影响效应评价"就是对这种推动作用的衡量。该指标属"正指标"，即影响越大，其蕴涵的经济价值也就越大。在实际应用时，可以从以下三方面加以考虑：

- 本技术产品功能评价；
- 本技术相关新产品市场需求量评价；
- 本技术应用对降低产品成本的贡献（或对产业规模化的影响评价）。

一般而言，技术研发应用对新产业的影响主要表现为产品功能的提升、新产品需求的提升以及规模化生产带来的产品成本的下降，从而进一步推进产业的发展（见表4－25）。

表4－25　本技术应用对新产业成长影响效应评价

目标指标	子指标	贡献度小	贡献度一般	贡献度较大	贡献度很大	贡献度极大
本技术应用对新产业成长影响效应评价	产品功能提升贡献(权重)	[0～20)	[20～40)	[40～60)	[60～80)	[80～100]
	市场需求提升贡献(权重)	[0～20)	[20～40)	[40～60)	[60～80)	[80～100]
	产品成本降低贡献(权重)	[0～20)	[20～40)	[40～60)	[60～80)	[80～100]

——本技术对相关产业带动效应评价。新能源技术的发展及应用具有重要的作用，其重要性除了技术本身的重要性、技术发展对新产业发展成长的巨大推动作用外，另一个体现其重要性的方面就是对其他相关产业的带动作用。"本技术对相关产业带动效应评价"就是对这方面效应进行评价。该指标属"正指标"，即带动效应越大，其发挥的作用越大，所带来的经济价值也就越大。在具体衡量中，可以从以下两方面加以考虑：

- 本技术对相关配套产品市场带动效应评价；
- 本技术对相关产业改造与升级效应评价（见表4－26）。

表 4 - 26　本技术对相关产业带动效应评价

目标指标	子指标	效应较小	效应一般	效应较大	效应很大	效应极大
本技术对相关产业带动效应评价	对相关配套产品市场带动效应（权重）	[0~20)	[20~40)	[40~60)	[60~80)	[80~100]
	相关产业改造与升级效应（权重）	[0~20)	[20~40)	[40~60)	[60~80)	[80~100]

（6）经济增长模式评价指标。经济增长模式评价是指由新能源技术应用所引起的经济增长方式的转变，主要包括技术应用对相关投入产出的影响效应评价、技术对提高资源利用效率的程度评价、技术对提高能源利用效率的程度评价和技术产品使用对改善能源消费结构的影响评价四方面。

——本技术对相关投入产出的影响效应评价。技术研发与应用能够大大提高产品生产率，"本技术对相关投入产出的影响效应评价"就是对这一影响的评价。该指标属"正指标"，即如果一项技术应用后其产品投入产出率得到显著提高，即单位投入所获产出大大提升，表明相同投入所带来的经济增长量将更大，经济增长速度将更快，技术的发展一般都是从高投入经济增长模式向低投入经济增长模式转变。在具体操作中，需要从以下两方面进行考虑：

• 本技术产品生产的投入产出率提高程度评价；

• 本技术对相关产品投入产出率提高程度评价（见表 4 - 27）。

表 4 - 27　本技术对相关投入产出的影响效应评价

目标指标	子指标	提高度小	提高度一般	提高度较大	提高度很大	提高度极大
本技术对相关投入产出的影响效应评价	对本技术产品投入产出率提高度（权重）	[0~20)	[20~40)	[40~60)	[60~80)	[80~100]
	对相关产品投入产出率提高度（权重）	[0~20)	[20~40)	[40~60)	[60~80)	[80~100]

——本技术提高资源利用效率的程度评价。"本技术提高资源利用效率的程度评价"衡量的是该技术应用后所带来的资源类物质利用效率的提高，这些资源包括矿产资源、水资源和土地资源等。技术应用对资源利用效率的提高会引起经济增长方式的转变，这种转变往往表现为单位资源消耗对经济增长贡献的变动。该指标属于"正指标"，即对资源利用程度提高越显著，对经济增长模式的优化越有利（见表 4 - 28）。

表 4 - 28　本技术提高资源利用效率的程度评价

目标指标	比较基础	提升小	提升一般	提升较大	提升很大	提升极大
本技术提高资源利用效率的程度评价	技术应用前资源利用效率	[0~20)	[20~40)	[40~60)	[60~80)	[80~100]

——本技术提高能源利用效率的程度评价。"本技术提高能源利用效率的程度评价"衡量的是该技术应用后所带来的能源类物质利用效率的提高，这些能源包括煤炭、电力和石油等。与对资源的利用效率影响相似，能源利用效率的提高也会对经济增长模式产生一定的影响，将有利于经济增长从高能源密集型向低能源密集型转变。该指标属于"正指标"，即对能源利用程度提高越显著，对经济增长模式的优化越有利（见表 4 - 29）。

表 4 - 29　本技术提高能源利用效率的程度评价

目标指标	比较基础	提升小	提升一般	提升较大	提升很大	提升极大
本技术提高能源利用效率的程度评价	技术应用前能源利用效率	[0~20)	[20~40)	[40~60)	[60~80)	[80~100]

——本技术产品对改善能源消费结构的影响评价。新能源技术应用的一个非常大的影响就是对新能源产业发展的影响。伴随着新能源技术的大力发展与广泛应用，未来新能源在我国能源消费结构中的比重也将不断提高，从而逐渐改变我国长期以来以高化石能源消耗来发展经济的模式。因此，评价新能源技术应用结果对改善能源消费结构的影响、对提高新能源在能源消费结构中的比例是研究新能源技术对经济增长模式影响的一个关键环节。"本技术产品对改善能源消费结构的影响评价"就是对这一影响的评价。该指标属"正指标"，其值越大，则对能源消费结构改善程度越大，对经济增长模式的转变、能源消费结构的优化越有利。在具体评价中，可以通过新能源占一次能源消费比例的提高来衡量（见表 4 - 30）。

表 4 - 30　本技术产品对改善能源消费结构的影响评价

目标指标	比较基础	改善极小	改善较小	改善一般	改善较大	改善极大
本技术产品对改善能源消费结构的影响评价	技术应用前新能源占一次能源消费的比例	[0~20)	[20~40)	[40~60)	[60~80)	[80~100]

（7）社会效应评价指标。技术发展及应用不仅会对经济产生影响，而且还会对社会产生影响。因此，技术的发展及应用还需要考虑其对社会各方面的影响，这些影响主要表现在三个方面：一是技术及其相关产品对社会伦理道德的影响，即是否符合当前的伦理道德；二是技术及其相关产品应用后对社会运行效率的影响；三是技术及其相关产品应用后对缓解能源安全的影响。

——本技术及其相关产品对伦理道德适应性评价。"本技术及其相关产品对伦理道德适应性评价"主要评价技术的研发及其产品的应用对社会伦理道德的影响，即与伦理道德是否相适应。新能源技术的开发和相关产品的生产会消耗资源，并且对环境造成影响。有些技术在投入生产时，需要大量的资源支撑，如生物质能，一般的生物质能技术在使用的过程中，会消耗大量的土地资源和水资源，故不适合在一些耕地资源和水资源相对缺乏的地方发展，否则会影响当地的生活和生产，其所造成的社会负面影响将会远远大于新能源的开发利用本身所带来的社会效益，有违社会道德。此外，还有用玉米等粮食制取乙醇的技术，也与当前很多人的道德理念不相符。因此，某项技术的研发及应用，必须与当前的伦理道德观念相适应。该指标属"正指标"，即适应度越高，社会效应越好（见表4－31）。

表4－31　本技术及其相关产品对伦理道德的适应性评价

目标指标	适应度很低	一般适应	适应度较高	适应度很高	适应度极高
本技术及其相关产品对伦理道德的适应性评价	[0～20)	[20～40)	[40～60)	[60～80)	[80～100]

——本技术及其相关产品对提高社会运行效率评价。经济社会发展与资源的失调问题已经在近年来逐渐显现，表现之一就是资源短缺、资源价格高涨对社会运行效率的影响，导致社会运行成本提升、效率低下等。例如，能源供应缺乏导致的油荒、气荒，会影响工业部门的正常运行，交通运输业的效率也会受到很大程度的影响。新能源技术的应用，不仅能够大大提升资源和能源的利用效率，还能为社会提供较为丰富的新能源供应，这在一定程度上缓解了经济社会与资源和能源的失衡，提高了社会整体运行效率。"本技术及其相关产品对提高社会运行效率评价"就是针对这一提升效果进行评价，属"正指标"，即提升越大，社会效应越好（见表4－32）。

表4-32　本技术及其相关产品对提高社会运行效率评价

目标指标	提高非常小	提高较小	一般提高	较大提高	提高很大
本技术及其相关产品对提高社会运行效率评价	[0~20)	[20~40)	[40~60)	[60~80)	[80~100]

　　——本技术及其相关产品对缓解能源安全的影响评价。当前，能源供应不足、进口依存度不断提升是很多地区和国家面临的难题，而新能源技术的应用则能在一定程度上增加总体能源供应，同时减少对外部进口的依赖，从而起到缓解能源安全的作用。"本技术及其相关产品对缓解能源安全的影响评价"即新能源技术应用所带来的新能源供应的增加对缓解能源安全的程度。该指标属"正指标"，即对能源安全的提升越大，其社会效益越大。在实际运用中，可以从以下三方面进行考虑：

- 本技术应用对减少能源进口量评价；
- 本技术应用对降低石油对外依存度评价；
- 本技术应用对降低能源对外依存度评价（见表4-33）。

表4-33　本技术及其相关产品对缓解能源安全的影响评价

目标指标	子指标	减少或降幅极小	减少或降幅较小	减少或降幅中等	减少或降幅较大	减少或降幅很大
本技术及其相关产品对缓解能源安全的影响评价	能源进口的减少量(权重)	[0~20)	[20~40)	[40~60)	[60~80)	[80~100]
	石油对外依存度降幅(权重)	[0~20)	[20~40)	[40~60)	[60~80)	[80~100]
	能源对外依存度降幅(权重)	[0~20)	[20~40)	[40~60)	[60~80)	[80~100]

　　（8）生活质量评价指标。技术的有效、合理使用会改善生活质量。当然，在技术投入到实际生产过程中时，难免会对当地产生一定的负面效应，影响正常的生产和生活。因此，客观评价技术所带来的益处及可能带来的不良影响，是评价该技术是否可行、是否适合大规模使用的重要依据之一。本章主要从两方面衡量技术对生活质量的影响：一是对就业的拉动作用评价，二是对居民生活的其他影响评价。

　　——本技术应用对就业的拉动作用评价。就业问题与居民生活质量密切相关，并在很大程度上决定了社会的稳定性。而新能源技术的合理应用能够带动新产业及相关产业的大发展，从而在较大程度上提高当地的就业率。"本技术应用对就业的拉动作用评价"就是针对新能源技术应用后对就业的提升作用而进行的评价，属"正指标"，即提升越大，对居民生活质量的改善贡献越大。在具体操作中，可以从以下两方面考虑：

- 本技术应用对增加就业人数的评价；
- 本技术应用对就业率提升的评价（见表4-34）。

表4-34　本技术应用对就业的拉动作用评价

目标指标	子指标	增加或提升极小	增加或提升较小	增加或提升一般	增加或提升较大	增加或提升很大
本技术应用对就业的拉动作用评价	就业人数的增加量（权重）	[0~20)	[20~40)	[40~60)	[60~80)	[80~100]
	就业率的提升（权重）	[0~20)	[20~40)	[40~60)	[60~80)	[80~100]

——本技术应用对居民生活的其他影响评价。新能源技术应用对居民生活的影响除了提升就业外，还会产生一些其他的影响，这些影响可能是正向的提升，也有可能是负面的影响，如产生的噪声等。"本技术应用对居民生活的其他影响评价"就是对这些其他影响进行的评价，因此，在具体操作中，应针对目标评价技术的自身特点，选择具有针对性的方面进行考虑，并据此判断指标属性，是"正指标"还是"逆指标"（见表4-35）。

表4-35　本技术应用对居民生活的其他影响评价

目标指标	子指标	影响极小	影响较小	影响一般	影响较大	影响很大
本技术应用对居民生活的其他影响评价	指标1（权重）	[0~20)	[20~40)	[40~60)	[60~80)	[80~100]
	指标2（权重）	[0~20)	[20~40)	[40~60)	[60~80)	[80~100]
	……	[0~20)	[20~40)	[40~60)	[60~80)	[80~100]
	指标n（权重）	[0~20)	[20~40)	[40~60)	[60~80)	[80~100]

（9）资源依赖度评价。任何产业的运行和发展都需要消耗资源，如能源、水资源、土地资源等，新能源技术在开发及其相关产品的生产中同样不可避免地需要消耗各种资源。资源是稀缺的、有限的，对其过分依赖势必会给其未来发展带来巨大风险。新能源技术对众多资源都有依赖性，这些资源直接制约着其正常运作和发展，这里着重选择化石能源、水资源和土地资源这三个相对比较重要的资源进行依赖性评价。这三个指标的属性都是"负指标"，即值越大，所承受的风险越大，越

不利于该技术未来的发展。

——本技术应用对化石能源的依赖评价。新能源技术的研发和相关产品的生产会产生大量能源，但是在这些过程中同样需要消耗能源，尤其是化石能源。当前，我国的化石能源供给相对比较紧张，研究对其依赖程度对于定位新能源技术发展方向、发展新能源技术相关产业都具有重要的意义。研究新能源技术对化石能源的依赖程度首先需要对依赖程度进行界定，根据化石能源可供应情况及本技术的能源需求量情况综合判断，将依赖度划分为五个层次：过高依赖、较高依赖，中等依赖，较低依赖、低微依赖（见表4-36）。

表4-36　本技术应用对化石能源的依赖评价

目标指标	考虑方面	过高依赖	较高依赖	中等依赖	较低依赖	低微依赖
本技术应用对化石能源的依赖评价	煤（权重）	[0~20)	[20~40)	[40~60)	[60~80)	[80~100]
	石油（权重）	[0~20)	[20~40)	[40~60)	[60~80)	[80~100]
	天然气（权重）	[0~20)	[20~40)	[40~60)	[60~80)	[80~100]

——本技术应用对水资源的依赖评价。新能源技术相关产品的生产离不开对水资源的消耗，对当地的水资源丰富程度、水质都有一定的要求，同样将其划分为五个层次：过高依赖、较高依赖，中等依赖，较低依赖、低微依赖。例如，当本技术相关产品生产时对水资源消耗过大，对水质的要求高，若当地水资源供应出现紧缺或者水质受到破坏，将严重影响该技术相关产品的正常生产时，可以认为该技术对水资源的依赖程度过高，需要引起重视（见表4-37）。

表4-37　本技术应用对水资源的依赖评价

目标指标	过高依赖	较高依赖	中等依赖	较低依赖	低微依赖
本技术应用对水资源的依赖评价	[0~20)	[20~40)	[40~60)	[60~80)	[80~100]

——本技术应用对土地资源的依赖评价。土地资源是各产业发展的基本条件，新能源技术的开发、相关产品的生产都离不开土地资源。有些新能源技术的应用对土地资源的需求量多，如生物质能技术，在其相关产品的生产过程中，需要大量秸秆等有机体作为原料，生物质能不仅要求大量的土地资源作为相关技术发展的先决条件，而且还对土地资源的质量有着很高的要求；而有些新能源技术对土地资源的要求就相对低一些，如光伏发电技术等。考虑到土地资源的稀缺性以及土地资源质

量，技术对土地资源的依赖程度越大，越不适合未来的发展。同样将其依赖程度划分为五个层次（见表4－38）。

表4－38　本技术应用对土地资源的依赖评价

目标指标	过高依赖	较高依赖	中等依赖	较低依赖	低微依赖
本技术应用对土地资源的依赖评价	[0~20)	[20~40)	[40~60)	[60~80)	[80~100]

（10）大气环境影响评价。新能源技术的开发及相关产品的生产虽然也会造成一定的环境负外部性，但是和常规能源的应用相比，其环境污染程度要小。因此，新能源技术对改善环境质量、减少温室气体等的排放具有积极作用。

——本技术应用对减排温室气体的贡献评价。为了评价新能源技术的应用对减少温室气体排放的评价，需要与常规能源技术进行比较。以发电为例，我国常规的发电能源结构主要以燃煤为主，如火力发电技术，在发电过程中会产生大量二氧化碳、二氧化硫、粉尘、烟尘等。通过新能源技术发电所排放的相关污染物要小得多，故可以通过对比衡量出新能源技术对减排温室气体的贡献。该指标为"正指标"，即值越大，说明其对大气环境质量改善作用越好，带来的环境效益越大。首先根据各常规技术的排放量进行综合衡量，得出一个常规技术温室气体排放量，然后根据新能源技术温室气体排放量，计算出差值，根据差值大小对其减排贡献进行评价（见表4－39）。

表4－39　本技术应用对减排温室气体的贡献评价

目标指标	差值细微	差值较小	差值一般	差值较大	差值很大
本技术应用对减排温室气体的贡献评价	[0~20)	[20~40)	[40~60)	[60~80)	[80~100]

——本技术应用对减排其他废气的贡献评价。大自然对排放到其中的污染物具有一定的承载能力，只要不超过其承载范围，污染物可以被逐渐分解，环境会保持一定的质量。当排放物过多时，正常的环境系统被打破，就会造成不同程度的环境污染。新能源技术的开发及相关产品的生产不可避免地会造成对环境的破坏，但相比常规能源技术而言要小，同理可以根据排放差值评价新能源技术对减排其他废气的贡献。该指标的属性同样为"正指标"，即值越大，相对于常规技术所排放的污染物越少，对改善大气环境的积极作用越强（见表4－40）。

表 4 - 40　本技术应用对减排其他废气的贡献评价

表 4 - 40　本技术应用对减排其他废气的贡献评价

目标指标	差值细微	差值较小	差值一般	差值较大	差值很大
本技术应用对减排其他废气的贡献评价	[0~20)	[20~40)	[40~60)	[60~80)	[80~100]

四　新能源技术对经济社会发展影响的评价方法

新能源技术对经济社会发展影响的指标体系建立之后，需要采用适合的方法对其进行计算评价。在建立指标体系的过程中，可以发现该指标体系呈现多目标、多层级的特征。因此，本章针对这一特征，选择层次分析法、多层次模糊评判法和主成分分析法三种方法对建立的指标体系进行计算评价。

（一）层次分析法

对不同的新能源技术类型，在新能源技术综合评价指标体系构架下对其进行综合评价，也就是对产生社会经济影响的新能源技术进行一个总的评价。新能源技术所产生的社会经济影响程度的大小需要通过不同类型技术之间各要素的对比才能体现出来。而层次分析法（Analytical Hierarchy Process，AHP）的特点之一便是每一个层次的各元素相对于上一层次某元素进行两两比较判断，从而得到其相对重要程度的比较标度，提高评价的准确程度。因此，采用层次分析法在新能源技术综合评价指标体系框架下对不同新能源技术进行评判，会得到较为客观、贴近实际的结果。其评判步骤具体如下。

1. 明确问题，建立层次

首先，要弄清出 AHP 法要解决的问题、问题的范围、所包含的元素和元素之间的相互关系。然后将问题包含的元素分组，每一组作为一个层次，并按照目标层、判据层、指标层排成若干层次。其中，层次的正确划分和各元素间关系的正确描述是层次分析法的关键。

2. 建立判断矩阵和进行两两元素比较

建立判断矩阵是层次分析法中最为关键的一步，就是以矩阵的形式来表述每一层次中各元素相对上一层次某元素的相对重要程度。例如 Y 层次中元素 Y_k 与其下一层次（即 X 层）的元素 X_1，X_2，…，X_n 有关，要分析 X 层各元素关于 Y_k 的相对重要程度，可以构造如下判断矩阵（见表 4 - 41）。

表4-41　构造判断矩阵

Y_k	X_1	X_2	...	X_j	...	X_n
X_1	x_{11}	x_{12}	...	x_{1j}	...	x_{1n}
X_2	x_{21}	x_{22}	...	x_{2j}	...	x_{2n}
$\vdots$	$\vdots$	$\vdots$	...	$\vdots$	...	$\vdots$
X_i	x_{i1}	x_{i2}	...	x_{ij}	...	x_{in}
$\vdots$	$\vdots$	$\vdots$	...	$\vdots$	...	$\vdots$
X_n	x_{n1}	x_{n2}	...	x_{nj}	...	x_{nn}

其中 x_{ij} 表示元素 X_i 与 X_j 相对于 Y_k 而言的相对重要程度，即重要性的比较标度。对 x_{ij} 进行比较评分，以表4-42所示的分值给予确定。

表4-42　九级标度法

说明 I	x_{ij}	说明 II	x_{ji}
X_i 与 X_j 同样重要	1	X_i 与 X_j 同样重要	1
X_i 比 X_j 稍微重要	3	X_i 比 X_j 略不重要	1/3
X_i 比 X_j 明显重要	5	X_i 比 X_j 明显不重要	1/5
X_i 比 X_j 很重要	7	X_i 比 X_j 很不重要	1/7
X_i 比 X_j 极端重要	9	X_i 比 X_j 极不重要	1/9
表示上述两个程度之间	2、4、6、8	表示上述两个程度之间	1/2、1/4、1/6、1/8

构造判断矩阵是运用 AHP 法的重要环节，参加层次分析的决策人员，要对层次结构中每一层次的元素的重要性（或优劣性）做出判断，并通过引入以上九级标度，形成判断矩阵。判断矩阵是 AHP 法的信息来源，它表示针对上一层次某元素而言本层次与之有关的元素之间相对重要性的比较。

判断矩阵具有下列性质：

$$x_{ij} > 0; x_{ji} = 1/x_{ij}$$

在代数中，凡是符合上面条件的矩阵，称之为正互反矩阵，显然有 $x_{ii} = x_{jj} = 1$。

如果在正互反矩阵中，各元素存在如下关系 $x_{ij} = x_{ik} \cdot x_{kj}$，则这个矩阵就具有完全一致性。然而，由于客观事物的复杂性、人们认识上的多样性和可能产生的片面性，要求每一个矩阵都具有完全一致性是不可能的。为了考察判断矩阵能否用于层次分析，就要对判断矩阵做一致性检验。一致性检验是和排序同步进行的。

3. 层次单排序与一致性检验

层次单排序是根据判断矩阵，计算对于上一层次中某元素和本层次与之有联系的元素的重要性权重。层次单排序是总排序的基础。

层次单排序主要计算判断矩阵的最大特征值和与之相对应的特征向量，即根据线性代数中的知识（Perron 定理），对于 n 阶判断矩阵 B，必有符合

$$|\lambda I - B| = 0(I \text{ 为单位矩阵})$$

的最大特征值 $\lambda_{max} \geq n$ 存在，且为单根。特别地，当判断矩阵具有完全一致性时，$\lambda_{max} = n$，其余特征值均为 0。

根据判断矩阵的最大特征值，计算与之相对应的特征向量（根据 Perron 定理，这个特征向量为正），它即为满足 $BW = \lambda_{max}W$ 的 W，W 的分量 W_i 就是对应元素单排序的权重。

为了检验判断矩阵的一致性，我们引入一致性指标 CI，其值按下式计算：

$$CI = \frac{\lambda_{max} - n}{n - 1}$$

式中，λ_{max} 为 n 阶判断矩阵的最大特征根。

显然，如果判断矩阵具有完全一致性，那么有 $\lambda_{max} = n$，则 $CI = 0$；如果 λ_{max} 略大于 n，则判断矩阵具有满意的一致性。

对于不同阶的判断矩阵，其 CI 值不同，阶数 n 越大，CI 值就越大。为了度量不同阶判断矩阵是否具有满意的一致性，就需要引入判断矩阵的平均随机一致性指标 RI。RI 是一个系数，不同阶次的数值见表 4－43。

表 4－43　随机一致性指标 RI 的数值

n	1	2	3	4	5	6
RI	0	0	0.58	0.96	1.12	1.24
n	7	8	9	10	11	12
RI	1.32	1.41	1.45	1.49	1.52	1.54

从判断矩阵的定义可知，对于一阶、二阶矩阵，判断矩阵总是完全一致的，不必计算一致性指标。当 $n \geq 3$ 时，判断矩阵的一致性指标 CI 与同阶平均随机一致性指标 RI 之比称为随机一致性比值，记作 CR，即：

$$CR = \frac{CI}{RI}$$

若求得的 CR < 0.1，那么判断矩阵具有满意的一致性，该判断矩阵可以用作层次分析；若求得的 CR ≥ 0.1，则判断矩阵不具有满意的一致性，需要对判断矩阵进

行调整和修正，一直到矩阵满足 CR < 0.1 为止。

4. 层次总排序与一致性检验

所谓层次总排序就是针对最高层目标而言，本层次各要素重要性的次序排列。总排序需要从上到下逐层进行顺序，最高层次的总排序就是其层次单排序。

假定上一层次 Y 各要素指标 Y_1，Y_2，$\cdots$，Y_m 的总排序已经完成，其权重为 W_1，W_2，$\cdots$，W_m；且本层次 X 各元素 X_1，X_2，$\cdots$，X_n 对 Y_j 的层次单排序结果是 W_{j1}，W_{j2}，$\cdots$，W_{jn}，则本层次总排序如表 4 - 44 所示。

表 4 - 44　层次总排序

层次 Y ＼ 层次 X	Y_1	Y_2	$\cdots$	Y_j	$\cdots$	Y_m	层次 X 的总排序
	W_1	W_2	$\cdots$	W_j	$\cdots$	W_m	
X_1	W_{11}	W_{21}	$\cdots$	W_{j1}	$\cdots$	W_{m1}	$\sum W_j W_{j1}$
X_2	W_{12}	W_{22}	$\cdots$	W_{j2}	$\cdots$	W_{m2}	$\sum W_j W_{j2}$
$\vdots$	$\vdots$	$\vdots$		$\vdots$		$\vdots$	$\vdots$
X_i	W_{1i}	W_{2i}	$\cdots$	W_{ji}	$\cdots$	W_{mi}	$\sum W_j W_{ji}$
$\vdots$	$\vdots$	$\vdots$		$\vdots$		$\vdots$	$\vdots$
X_n	W_{1n}	W_{2n}	$\cdots$	W_{jn}	$\cdots$	W_{mn}	$\sum W_j W_{jn}$

由方案层 X 的总排序结果，就可以得出方案的优劣次序。

在进行层次总排序后，也需要进行与层次单排序相同的一致性检验。

AHP 的实施流程如图 4 - 3 所示。

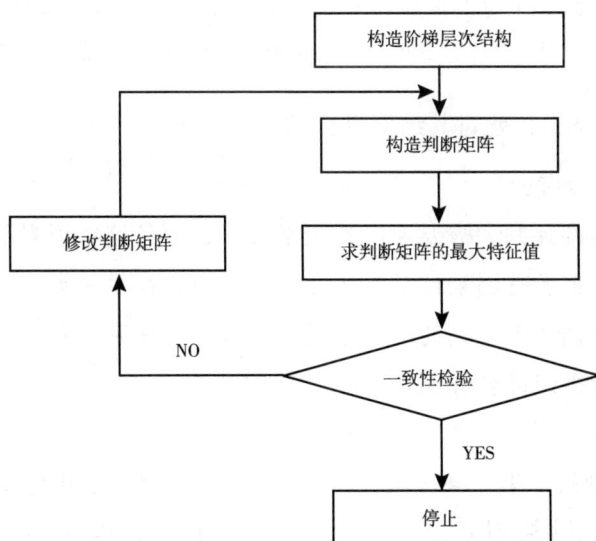

图 4 - 3　AHP 的实施流程

（二） 多层次模糊综合评判法

模糊综合评判方法，是一种运用模糊数学原理分析和评价具有"模糊性"的事物的系统分析方法。它是一种以模糊推理为主的定性与定量相结合、精确与非精确相统一的分析评价方法。多层次模糊综合评判，就是在以模糊综合评判为初始模型（即称为一级模糊综合评判）的基础上，再进行模糊综合评判，并可根据需要多层次进行下去。由于这种方法在处理各种难以用精确数学方法描述的复杂系统问题方面的独特的优越性，近年来已在许多学科领域中得到了十分广泛的应用。

1. 一级模糊综合评判

（1）建立评判对象因素集 $U = \{u_1, u_2, \cdots, u_n\}$ ，这里的因素是定义的参数指标。

（2）建立评判集 $V = \{v_1, v_2, \cdots, v_n\}$ ，对最后一级指标作出的可能结果的集合，即进行评估定级。

（3）对 U 中各因素取不同的权重，确定权重集 $W = \{w_1, w_2, \cdots, w_n\}$ 。

（4）建立模糊矩阵 $R = \begin{bmatrix} r_{11} & r_{12} & \cdots & r_{1m} \\ r_{21} & r_{22} & \cdots & r_{2m} \\ \cdots & \cdots & \cdots & \cdots \\ r_{n1} & r_{n2} & \cdots & r_{nm} \end{bmatrix}$ ， R 为各因素评价结果的集合， r_{ij}

为第 i 个评价因素对第 j 个评价等级的隶属度，反映评价因素与评级等级之间用隶属度表示的模糊关系， n 为被评价因素的个数， m 为评判集中评价等级的个数。

（5）建立综合评判模型 $B = W \cdot R$ ，记 $B = (b_1, b_2, \cdots, b_n)$ ，它是 V 上的一个模糊子集。若 $\sum_{j=1}^{m} b_j \neq 1$ ，就对其结果进行归一化处理。

2. 多级模糊综合评判

对于复杂问题的评判，需要考虑的因素很多，而且这些因素还可能分属不同的层次。为此，可先把所有因素按某些属性分成几类，在每一类范围内开展第一级综合评判，之后再根据各类评判的结果进行第二级综合评判。对于更复杂的问题还可分成更多层次进行多级综合评判。

现以二级评判为例，其具体的步骤如下。

（1）建立评价指标集 $U = \{U_1, U_2, \cdots, U_p\}$ 。对任意指标 U_i （ $i = 1, 2, \cdots, p$ ）根据需要可进行多层划分， $U_i = \{U_{i1}, U_{i2}, \cdots, U_{in}\}$ ，其中 $n = \{U_i\}$ ，表示集合的元素个数。同时，应满足 $U_i \cap U_j = \phi$ （ $i, j = 1, 2, \cdots, p$ ；且 $i \neq j$ ）。

（2）建立评判集 $V = \{v_1, v_2, \cdots, v_m\}$。

（3）对低级的因素子集 $U_i = \{U_{i1}, U_{i2}, \cdots, U_{in}\}$ 进行综合评判。由于各因素重要程度不同，需要赋予不同的权重系数。设 U_i 上的权重分配为 $A_i = \{a_{i1}, a_{i2}, \cdots, a_{in}\}$，$\sum_{j=1}^{n} a_{ij} = 1$，$a_{ij} \geqslant 0 (j = 1, 2, \cdots, n)$。对该子集中各因素进行单因素评价，建立评判矩阵 R_i，进而可求得综合评判：

$$A_i \circ R_i = B_i (i = 1, 2, \cdots, p)$$

（4）对上一级因素集 $U = \{U_1, U_2, \cdots, U_p\}$ 进行综合评判，设相应因素的权重为 $A = \{a_1, a_2, \cdots, a_p\}$，$\sum_{i=1}^{p} a_i = 1$，$a_i \geqslant 0 (i = 1, 2, \cdots, p)$。总评判矩阵为 $R = \{B_1, B_2, \cdots, B_p\}^T$，则可求得最后综合评判：$B = A \circ R$。

（三）主成分分析法

1. 主成分分析法简介

主成分分析也称为主分量分析，是利用降维的思想，把多指标转化为少数几个综合指标。在实证问题研究中，由于各指标在不同程度上反映了所研究问题的某些信息，并且指标之间有一定的相关性，因而各指标所反映的信息在一定程度上有重叠。在研究多指标问题时，指标太多会增加计算量和增加分析问题时的复杂性，人们希望在分析过程中，涉及的指标较少，得到的信息量较多。主成分分析法正是适应这一要求产生的，是解决这一类问题的理想工具。

主成分分析法是一种数学变换的方法，它把给定的一组相关指标通过线性变换转成另一组不相关的指标，这些新的指标按照方差依次递减的顺序排列。在数学变换中保持指标的总方差不变，使第一指标具有最大的方差，称为第一主成分；第二指标的方差次大，并且和第一变量不相关，称为第二主成分。依此类推，I 个变量就有 I 个主成分。

这种方法避免了在综合评分等方法中权重确定的主观性和随意性，评价结果比较符合实际情况；同时，主成分分量表现为原指标的线性组合，如果最后综合指标包括所有分量，则可以得到精确的结果，百分之百地保留原指标提供的变差信息，即使舍弃若干分量，也可以保证将85%以上的变差信息体现在综合评分中，使评价结果真实可靠。它是在实际中应用得比较广的一种方法。由于第一主成分在所有的主成分中包含的信息量最大，因而在研究综合评价问题时常采用第一主成分来比较不同实体间的差别。

综上所述，该方法的优点主要体现在两个方面：一是权重确定具有客观性，二是评价结果真实可靠。

2. 主成分分析法的基本原理

设原来的指标为 x_1，x_2，$\cdots$，x_n，将这些指标划为少数几个综合指标后，分别为 y_1，y_2，$\cdots$，y_m（$m \leqslant n$），则：

$$
\begin{cases}
y_1 = l_{11}x_1 + l_{12}x_2 + \cdots + l_{1n}x_n \\
y_2 = l_{21}x_1 + l_{22}x_2 + \cdots + l_{2n}x_n \\
\cdots\cdots \\
y_m = l_{m1}x_1 + l_{m2}x_2 + \cdots + l_{mn}x_n
\end{cases}
$$

式中，y_1，y_2，$\cdots$，y_m 分别称为原指标 x_1，x_2，$\cdots$，x_n 的第一，第二，$\cdots$，第 m 主成分，在实际问题的分析中，常挑选前几个最大的主成分。其中，y_i 与 y_j（$i \neq j$；i，$j = 1$，2，$\cdots$，m）相互无关。y_1 是 x_1，x_2，$\cdots$，x_n 的一切线性组合中方差最大者，y_2 是与 y_1 不相关的 x_1，x_2，$\cdots$，x_n 的所有线性组合中方差最大者，$\cdots$，y_m 是与 y_1，y_2，$\cdots$，y_{m-1} 都不相关的 x_1，x_2，$\cdots$，x_n 的所有线性组合中方差最大者。

3. 主成分分析法的计算步骤

（1）计算相关系数矩阵：

$$
R = \begin{bmatrix}
r_{11} & r_{12} & \cdots & r_{1n} \\
r_{21} & r_{22} & \cdots & r_{2n} \\
\cdots\cdots & & & \\
r_{n1} & r_{n1} & \cdots & r_{nn}
\end{bmatrix}
$$

其中

$$
r_{ij} = \frac{\sum_{k=1}^{p}(x_{ki} - \overline{x_i})(x_{kj} - \overline{x_j})}{\sqrt{\sum_{k=1}^{p}(x_{ki} - \overline{x_i})^2 \sum_{k=1}^{p}(x_{kj} - \overline{x_j})^2}} \quad (p = 1,2,3,\cdots)
$$

（2）计算特征值与特征向量。解特征方程 $|\lambda I - R| = 0$，通常用雅可比法（Jacobi）求出特征值 λ_i（$i = 1$，2，$\cdots$，n），并使其按大小顺序排列，即 $\lambda_1 \geqslant \lambda_2 \geqslant \cdots \geqslant \lambda_n \geqslant 0$。

分别求出对应于特征值 λ_i 的特征向量 e_i（$i = 1$，2，$\cdots$，n）。这里要求 $\|e_i\| =$

1，即 $\sum\limits_{j=1}^{n} e_{ij}^2 = 1$ ，其中 λe_{ij} 表示向量 e_i 的第 j 个分量。

（3）计算主成分贡献率及累计贡献率。主成分 y_i 贡献率为：

$$\frac{\lambda_i}{\sum\limits_{k=1}^{n} \lambda_k} \qquad (i = 1, 2, \cdots, n)$$

累计贡献率为：

$$\frac{\sum\limits_{k=1}^{i} \lambda_k}{\sum\limits_{k=1}^{n} \lambda_k} \qquad (i = 1, 2, \cdots, n)$$

一般取累计贡献率达 85% ~95% 的特征值 λ_1，λ_2，$\cdots$，λ_m 所对应的第一，第二，$\cdots$，第 m（$m \leq n$）个主成分。

（4）计算主成分载荷：

$$l_{ij} = p(y_i, x_j) = \sqrt{\lambda_i} e_{ij} \qquad (i, j = 1, 2, \cdots, p)$$

计算各主成分的得分：

$$Y = \begin{bmatrix} y_{11} & y_{12} & \cdots & y_{1m} \\ y_{21} & y_{22} & \cdots & y_{2m} \\ \cdots\cdots \\ y_{n1} & y_{n1} & \cdots & y_{nm} \end{bmatrix}$$

（5）对主成分进行综合评价。对 m 个主成分进行加权求和，即得最终评价值，权数为每个主成分的贡献率。

附录：对燃料乙醇技术的经济社会发展综合评价

燃料乙醇技术是以玉米、小麦、薯类、纤维素等为原料，通过生物转化，制成燃料乙醇的技术，目前主要用于汽车燃油。生物乙醇兴起源于巴西和美国，这些国家推广使用生物乙醇给国家带来了巨大的综合效益。如在刺激农业生产、完善能源安全体系、减少对石油的依赖、增加就业、改善燃油品质及大气质量等方面。许多农业资源国均已制定规划，积极发展生物乙醇产业。对我国而言，发展燃料乙醇技术十分紧迫，对降低汽车排放污染和对进口原油的依赖及节约外汇具有重要意义。相对于美国、巴西等国家，中国燃料乙醇技术的研发较晚，产业规模小，目前有 5 家企业从事燃料乙醇的生产。现基于新能源技术对经济社会发展影响的综合评价指标体系，利用层次分析法针对我国生物燃料乙醇技术进行综合评判。

一　指标体系的制定及赋值

新能源技术涉及领域广泛、种类繁多，技术之间存在着明显的差异，而生物乙醇技术作为生物质能利用技术中的一个重要技术，也具有自己的特点。在此，针对生物燃料乙醇技术，结合上述新能源技术对经济社会发展影响的综合评价指标体系，建立生物乙醇技术综合评价指标体系并予以赋值。

（一）技术自身状况评价

1. 先进性评价

（1）本技术状态所处发展阶段评价。目前由于本技术还未能取得突破，生产成本很高，尚无法实现商业化生产，需要国家的政策扶持。但从 2000 年起，我国开始了燃料乙醇试点工作，截至 2009 年，我国已有吉林燃料乙醇公司、河南天冠燃料乙醇公司等 5 家企业从事燃料乙醇的生产。燃料乙醇产量也开始快速增长，从 2003 年的 7 万吨猛增到 2008 年的 165 万吨。预计 2015 年我国燃料乙醇生产能力将达到 210 万吨/年。评价标准见表 4 – 45。

表 4 – 45　燃料乙醇技术所处发展阶段

技术所处发展阶段	理论阶段	研发阶段	商业化阶段	得分
分　值	1	3	5	4

（2）本技术与国际先进水平差距评价。目前，美国和巴西的燃料乙醇技术相对比较成熟，其 2008 年的燃料乙醇产量分别达到 2690 万吨和 1711 万吨，占世界总产量的 85%。尤其是巴西，2001 年政府取消了对燃料乙醇的补贴，完全实现了商业化。由于没有掌握核心技术，致使我国的燃料乙醇技术与国际先进水平尚有一定差距，从而导致产品生产成本较高，国外商业化应用程度明显高于我国。评价标准见表 4 – 46。

表4-46　我国燃料乙醇技术与国际先进水平差距

与国际先进水平差距	差距很大	差距较大	差距较小	差距很小	没有差距	得　分
分　值	1	2	3	4	5	3

2. 重要性评价

（1）本技术发展的需求紧迫度评价。随着能源需求的日益增长和石油供应紧张矛盾加剧，以及全球环境压力的不断增大，燃料乙醇技术以其清洁、环保和可再生性得到世界各国的普遍关注，对该技术的需求紧迫度日益突出。2008年，全球燃料乙醇的消费量为5176万吨，占全球汽油消费的2.5%。而随着需求紧迫度的不断加大，2013年全球燃料乙醇的需求量达到8215万吨，据美国能源信息中心预计，2025年，全球燃料乙醇消费量将达到17753万吨，占全球汽油消费的10%。评价标准见表4-47。

表4-47　燃料乙醇技术发展紧迫度

技术发展紧迫度评价	紧迫度很低	紧迫度较低	一般紧迫	紧迫度较高	紧迫度很高	得分
分　值	1	2	3	4	5	4

（2）本技术应用的广泛度评价。该技术产品主要应用于车用乙醇汽油领域。车用乙醇汽油是一种新型混合燃料，国际上称汽油醇，在汽油组分油中加入一定比例的变性燃料乙醇而成。此外，其技术产品又是一种良好的汽油增氧剂和高辛烷值调和组分，用以替代甲基叔丁基醚或乙基叔丁基醚。用乙醇作增氧剂，可显著降低汽车尾气中的有害物质。评价标准见表4-48。

表4-48　燃料乙醇技术应用的广泛度

广泛度	广泛度很低	广泛度较低	一般广泛	广泛度较高	广泛度很高	得分
分　值	1	2	3	4	5	4

3. 可行性评价

（1）本技术发展的资源适用度评价。制造燃料乙醇的原料主要有3类：淀粉原料，是制造生物乙醇的主要原料，约占各种生物原料的80%，如玉米（占35%）、薯类（占45%）等；糖类原料，如蜜糖、蔗糖、甜菜、甜高粱等；纤维质原料，如树枝、木屑、工厂纤维质下脚料等。燃料乙醇的原料资源丰富，仅以玉米为例，2010 年，我国玉米产量为 17250 万吨，以每生产 1 吨乙醇需 2.82 吨玉米计算，可以生产 6117 万吨的燃料乙醇。但作为重要的粮食作物，玉米等原料的生产并不可能全部用于燃料乙醇的生产，耕地和原料供给问题将限制燃料乙醇的应用。评价标准见表 4 - 49。

表 4 - 49　燃料乙醇技术发展的资源适用度

资源状况综合评判	很差	较差	一般	较好	很好	得分
分　值	1	2	3	4	5	3

（2）本技术发展影响因素的适应性评价。生物乙醇技术的发展将取决于三方面因素：一是石油价格的变化，如果未来石油价格保持在目前的高水平上或继续上涨，这必将推动生物乙醇技术的进一步发展；二是生物乙醇原料生产的发展，如果生产原料向以非粮原料为主过渡，且产量大幅增加，未来生物乙醇技术的发展前景将更为广阔；三是农产品价格的变化情况，如果农产品价格持续保持在高位运行，这必然会增加生物乙醇的生产成本，世界各国也必须在能源安全和粮食安全之间做出取舍。评价标准见表 4 - 50。

表 4 - 50　燃料乙醇技术发展影响因素的适应性

本技术发展影响因素的适应性	很小	较小	一般	较大	很大	得分
分　值	1	2	3	4	5	3

4. 风险性评价

（1）本技术的技术风险评价。本技术的工艺技术风险较低。其关键设备在中国乃至世界均有同类装置运行生产，因而设备制造风险较低。评价标准见表 4 - 51。

表 4 - 51　燃料乙醇技术风险

本技术的风险	很大	较大	一般	较小	很小	得分
分　值	1	2	3	4	5	4

（2）技术替代带来的风险评价。经过筛选，LNG 利用技术是燃料乙醇技术在车用燃料领域中最大的潜在威胁。作为该技术产品，LNG 是目前唯一能大规模、

全方位替代石油燃料的能源产品，拥有大规模的可替代性。LNG 作为车用燃料，其自身的热效率转化、环保性甚至优于其他新能源，该技术现已开始在全国部分城市进行试点。评价标准见表 4 - 52。

表 4 - 52　燃料乙醇的技术替代风险

技术替代的风险	很大	较大	一般	较小	很小	得分
分　值	1	2	3	4	5	2

（二）技术经济效应评价

1. 经济价值评价

（1）本技术的市场需求评价。目前，作为本技术的主要产品，我国燃料乙醇 2009 年的消费量达到 149.3 万吨，成为继巴西、美国之后第三大生物燃料乙醇生产国和消费国。根据国家规划，2020 年生物燃料乙醇年利用量将达到 1000 万吨。我国燃料乙醇市场主要表现为"价格锁定、定量生产、定向销售、定额补贴"。因此，燃料乙醇市场前景广阔，并不需要考虑燃料乙醇的市场需求。评价标准见表4 - 53。

表 4 - 53　燃料乙醇技术的市场需求

本技术的市场需求	很小	较小	一般	较大	很大	得分
分　值	1	2	3	4	5	5

（2）本技术的成本评价。按照行业平均水平，每生产 1 吨乙醇，以玉米为原料的生产成本为 5280 元，以木薯为原料的生产成本为 4000 元，以纤维素为原料的生产成本高达 6000 ~ 6500 元。其中，原料成本是总生产成本的主要部分，我国国内的生物乙醇项目基本都是依靠政府的巨额补贴才能生存的。评价标准见表 4 - 54。

表 4 - 54　燃料乙醇技术的生产成本

本技术的生产成本	很高	较高	一般	较低	很低	得分
分　值	1	2	3	4	5	2

（3）本技术的经济效益评价。目前国内的燃料乙醇技术在应用过程中，其项目是低收益的，这主要是因为较高的生产成本和较低的成品销售价格造成的。而较

低的成品销售价格是因为我国实施燃料乙醇价格与 90 号汽油价格挂钩的定价机制。评价标准见表 4 - 55。

表 4 - 55　燃料乙醇技术的经济效益

本技术的经济效益	很差	较差	一般	较好	很好	得分
分　值	1	2	3	4	5	3

（4）本技术的经营风险评价。在价格方面，当国际原油价格大幅波动或是原材料价格出现大幅波动时，燃料乙醇生产企业将出现大规模的亏损；在原材料供应方面，原材料供应存在一定的不确定性，原材料产量有限，如果原材料供应吃紧，原材料供应价格被抬高，将会压缩企业盈利空间；在政策方面，由于当前我国燃料乙醇技术正处于探索期，需要国家政策的扶持，但随着燃料乙醇最终的完全市场化，企业的利润将完全转变为动态。评价标准见表 4 - 56。

表 4 - 56　燃料乙醇技术的经营风险

本技术的经营风险	很大	较大	一般	较小	很小	得分
分　值	1	2	3	4	5	2

2. 经济增长模式评价

（1）本技术对相关投入产出的影响效应评价。根据生产原料的不同，燃料乙醇技术又分为玉米燃料乙醇技术、甘蔗燃料乙醇技术、木薯燃料乙醇技术、甜高粱燃料乙醇技术、柳枝稷燃料乙醇技术等。对于不同的技术，其能量的投入产出效率也不尽相同。例如玉米的能量投入产出率为 1:1.3，甘蔗为 1:9，木薯为 1:1.35，甜高粱为 1:1.65，柳枝稷为 1:10。目前我国主要以玉米为原料生产燃料乙醇，而用甘蔗和柳枝稷为原料生产燃料乙醇明显更具有优势，具有提高燃料乙醇投入产出率的潜力。与其他新能源技术相比，燃料乙醇技术的总体投入产出率还很低。评价标准见表 4 - 57。

表 4 - 57　燃料乙醇技术对相关投入产出的影响效应

本技术对提高相关投入产出效率的影响	很小	较小	一般	较大	很大	得分
分　值	1	2	3	4	5	1

（2）本技术提高资源利用效率的程度评价。我国以玉米、木薯、红薯和小麦为原料。目前，以粮食为原料生产燃料乙醇的产业发展受到一定的限制，特别是在中国这样一个人口众多的发展中国家，燃料乙醇产业的进一步发展必须高度重视粮食安全。为提高资源利用效率，需要将非粮食作物替代粮食的原料路线作为燃料乙醇产业的发展趋势。中国燃料乙醇产业将按照中国政府"不得占用耕地、不得消耗粮食、不得破坏生态环境"的原则发展非粮燃料乙醇。但从另一方面讲，以非粮作物作为生产燃料乙醇的原料，对于提高资源利用效率的程度也十分有限。以我国广西木薯燃料乙醇项目为例，该地区木薯种植面积和产量均占全国60%以上，产量约为780万吨，现北海项目的木薯需求量已占当地产量的20%以上。如果根据规划，生产90万吨燃料乙醇，则需要630万吨木薯，约占广西木薯总产量的80%。该技术的利用将会占用耕地面积，消耗粮食，造成负面影响。评价标准见表4－58。

表4－58 燃料乙醇技术提高资源利用效率的程度

本技术对提高资源利用效率的程度	没有提高	提高程度较小	提高程度一般	提高程度较大	提高程度很大	得分
分 值	1	2	3	4	5	2

（3）本技术提高能源利用效率的程度评价。将乙醇与汽油按照一定比例混合，其作为汽油增氧剂和高辛烷值调和组分，用以代替四乙基铅和MTBE，可显著降低汽车尾气中的有害物质，起到净化空气的作用。评价标准见表4－59。

表4－59 燃料乙醇技术提高能源利用效率的程度

本技术对提高能源利用效率的程度	很小	较小	一般	较大	很大	得分
分 值	1	2	3	4	5	2

（4）本技术产品对改善能源消费结构的影响评价。由于受到耕地、原料供给以及技术自身等因素的限制，我国燃料乙醇的产量十分有限，尽管发展迅速，但2008年的总产量不到200万吨，与2009年石油表观消费量40837.5万吨相比，对改善能源消费结构的影响很小。评价标准见表4－60。

表 4 – 60   燃料乙醇对改善能源消费结构的影响

本技术产品对改善能源消费结构的影响	很小	较小	一般	较大	很大	得分
分　值	1	2	3	4	5	1

（三）技术社会效应评价

1. 社会效应评价

（1）本技术及其相关产品对缓解能源安全的影响。受到原材料产量的限制，燃料乙醇产量有限，在车用乙醇汽油领域，现阶段尚不具备大规模向汽油添加的条件，也不可能完全取代汽油成为全新的能源。评价标准见表 4 – 61。

表 4 – 61   燃料乙醇技术对缓解能源安全的影响

本技术对缓解能源安全的影响	很小	较小	一般	较大	很大	得分
分　值	1	2	3	4	5	2

（2）本技术及其相关产品对伦理道德适应性评价。国际上对燃料乙醇技术的应用存在着争议。部分学者认为生物液体燃料的发展是导致近期农产品价格上涨的主要原因之一。农产品价格的上涨，引发了一系列社会矛盾，很多国际组织、政府部门和学者开始对生物液体燃料的发展提出了质疑。为避免生物能源"与人争粮"和"与粮争地"，我国正将生物能源发展的重点向非粮原料领域转移。评价标准见表 4 – 62。

表 4 – 62   燃料乙醇技术及其相关产品对伦理道德的适应性

本技术及其相关产品对伦理道德适应性	不适应	适应性较小	适应性一般	适应性较高	适应性很高	得分
分　值	1	2	3	4	5	1

（3）本技术及其相关产品对社会运行效率的影响评价。燃料乙醇主要应用于车用乙醇汽油领域，将燃料乙醇与汽油按一定比例混合，可以有效减少排放，提高发动机的动力，消除积碳的形成，延长部件使用寿命，提高汽车性能，有利于交通运输业的发展，提高社会运行效率。评价标准见表 4 – 63。

表 4 – 63　　燃料乙醇技术及其相关产品对社会运行效率的影响

本技术及其相关产品对提高社会运行效率的影响	很小	较小	一般	较大	很大	得分
分　　值	1	2	3	4	5	3

2. 生活质量评价

（1）本技术应用对就业的拉动作用评价。目前，我国燃料乙醇技术的应用规模还很小，仅有 5 家企业从事燃料乙醇的生产，对相关产业的拉动有限。其评价标准见表 4 – 64。

表 4 – 64　　燃料乙醇技术对就业的拉动作用

本技术应用对就业的拉动作用	拉动很小	拉动较小	拉动一般	拉动较大	拉动很大	得分
分　　值	1	2	3	4	5	2

（2）本技术及相关产品对居民的其他影响效应评价。燃料乙醇技术的应用一方面有利于缓解能源供应紧张的局面。但另一方面，由于要消耗大量的粮食作物，会影响对居民的粮食供给，出现"与民争粮"的情况，影响居民生活质量。粮食供给的下降，会造成供需关系的失衡，推高粮食价格，也会对居民的生活水平产生负面影响。评价标准见表 4 – 65。

表 4 – 65　　燃料乙醇技术对居民的其他影响效应

本技术及相关产品对居民的其他影响	影响很差	影响较差	影响一般	影响较好	影响很好	得分
分　　值	1	2	3	4	5	3

（四）技术环境效应评价

1. 资源依赖度评价

（1）本技术应用对化石能源的依赖评价。燃料乙醇技术主要以粮食等作物为原料，生产过程中对化石能源的依赖程度不高。见表 4 – 66。

表 4 – 66　　燃料乙醇技术对化石能源的依赖程度

本技术应用对化石能源的依赖程度	很大	较大	一般	较小	很小	得分
分　　值	1	2	3	4	5	5

（2）本技术应用对水资源的依赖评价。燃料乙醇技术在生产过程中需要大量的水资源，每生产1吨燃料乙醇，将排出大约10～15吨的酒糟，其中含水量达92%～95%。见表4-67。

表4-67 燃料乙醇技术对水资源的依赖程度

本技术应用对水资源的依赖程度	很大	较大	一般	较小	很小	得分
分 值	1	2	3	4	5	2

（3）本技术应用对土地资源的依赖评价。燃料乙醇技术主要以粮食等作物为原料，需要占用大量的耕地，对于土地资源本就十分紧张的中国，发展燃料乙醇技术可能要消耗大量土地。见表4-68。

表4-68 燃料乙醇技术对土地资源的依赖程度

本技术应用对土地资源的依赖程度	很大	较大	一般	较小	很小	得分
分 值	1	2	3	4	5	1

2. 大气环境影响评价

本技术应用对减排温室气体的贡献评价。加入乙醇的汽油与普通汽油相比，可以降低CO_2的排放量，碳氧化合物、氮氧化合物等都有不同程度的降低。评价标准见表4-69。

表4-69 燃料乙醇技术对减排温室气体的贡献

本技术应用对减排温室气体的贡献评价	很大	较大	一般	较小	很小	得分
分 值	1	2	3	4	5	3

二 指标体系的综合评价

首先，构造判断矩阵，现以目标要素层为例，如表4-70所示。

随后，利用方根法，计算目标要素层的权重。技术、经济、社会、环境四个要素的权重分别为0.3333、0.1111、0.2222、0.3333。经一致性检验，其$\lambda_{max}=4$，$CR=0<0.1$，通过了一致性检验。用同样方法计算因素层、指标层的权重，如表4-71所示。

表 4 – 70　目标要素层权重判断矩阵构造

指　标	技　术	经　济	社　会	环　境
技　术	1/1	3/1	3/2	1/1
经　济	3/1	1/1	1/2	1/3
社　会	2/3	2/1	1/1	2/3
环　境	1/1	3/1	3/2	1/1

表 4 – 71　各级指标权重

总目标	目标要素	权重	因素层	权重	指标层	权重	实际权重	评分
燃料乙醇技术对经济社会发展影响程度	技术自身状况评价	0.33	先进性评价	0.46	本技术所处发展阶段评价	0.40	0.06	4
					本技术与国际先进水平差距评价	0.60	0.09	3
			重要性评价	0.15	本技术发展的需求紧迫度评价	0.60	0.03	4
					本技术应用的广泛度评价	0.40	0.02	4
			可行性评价	0.15	本技术发展的资源适用度评价	0.40	0.02	3
					本技术发展影响因素的适应性评价	0.60	0.03	3
			风险性评价	0.23	本技术的技术风险评价	0.60	0.05	4
					技术替代带来的风险评价	0.40	0.03	2
	技术经济效应评价	0.11	经济价值评价	0.40	本技术的市场需求评价	0.25	0.01	5
					本技术的成本评价	0.25	0.01	2
					本技术的经济效益评价	0.25	0.01	3
					本技术的经营风险评价	0.25	0.01	2
			经济增长模式评价	0.60	本技术对相关投入产出的影响效应评价	0.25	0.02	1
					本技术提高资源利用效率的程度评价	0.25	0.02	2
					本技术提高能源利用效率的程度评价	0.25	0.02	2
					本技术产品对改善能源消费结构的影响评价	0.25	0.02	1
	技术社会效应评价	0.22	社会效应评价	0.50	本技术产品对缓解能源安全的影响	0.50	0.06	2
					本技术及其相关产品对伦理道德适应性评价	0.30	0.03	1
					本技术及其相关产品对社会运行效率的影响评价	0.20	0.02	3
			生活质量评价	0.50	本技术应用对就业的拉动作用评价	0.40	0.04	2
					本技术及相关产品对居民的其他影响效应评价	0.60	0.07	3
	技术环境效应评价	0.33	资源依赖度评价	0.50	本技术应用对化石能源的依赖评价	0.33	0.06	5
					本技术应用对水资源的依赖评价	0.33	0.06	2
					本技术应用对土地资源的依赖评价	0.33	0.06	1
			大气环境影响评价	0.50	本技术应用对减排温室气体的贡献评价	1.00	0.17	3

最后，根据各指标权重及得分，计算燃料乙醇技术对经济社会发展影响的综合得分。其公式为：

$$A = \sum_{i=1}^{n} \omega_i \cdot a_i$$

式中，A 为综合得分，ω_i 表示第 i 个指标的权重，a_i 表示第 i 个指标的得分。根据公式，燃料乙醇技术对经济社会发展影响的综合得分为 2.8059 分。

参考文献

中国科学院能源领域战略研究组：《中国至 2050 年能源科技发展路线图》，科学出版社，2009。

翟秀静、刘奎人、韩庆：《新能源技术》（第二版），化学工业出版社，2010。

严陆光、顾国彪、贺德馨等：《中国电气工程大典（第七卷）——可再生能源发电工程》，中国电力出版社，2010。

中国科学技术信息研究所：《能源技术领域分析报告 2008》，科学技术文献出版社，2008。

张立文、张聚伟、田葳、张晓红：《太阳能光伏发电技术及其应用》，《应用能源技术》2010 年第 3 期。

张全生：《浅述光伏发电系统的作用及现状》，《科技创新导报》2010 年第 11 期。

尹淞：《太阳能光伏发电主要技术与进展》，《电力技术》2009 年第 11 期。

黄亚平：《太阳能光伏发电研究现状与发展前景探讨》，《广东白云学院学报》2007 年第 2 期。

陈诺夫、白一鸣：《光伏发电与资源环境》，《电力技术》2010 年第 2 期。

尹淞、郝继红：《我国太阳能光伏发电技术应用综述》，《电力技术》2009 年第 3 期。

王斯成：《光伏发电的四大关键问题》，《中国电力企业管理》2009 年第 19 期。

European Photovoltaic Industry Association Renewable Energy House, Global Market Outlook for Photovoltaics until 2013 http//www. epia. org/, 2008 – 04 – 01.

罗如意、林晔：《世界光伏发电产业的发展与展望》，《能源技术》2009 年第 5 期。

国家高技术研究发展计划先进能源技术领域专家组：《中国先进能源技术发展概论》，中国石化出版社，2010。

惠晶、方光辉：《新能源转换与控制技术》，机械工业出版社，2008。

原鲲、王希麟：《风能概论》，化学工业出版社，2010。

李俊峰、施鹏飞、高虎：《中国能源发展报告 2010》，海南出版社，2010。

中国科学院生物质资源领域战略研究组：《中国至 2050 年生物质资源科技发展路线图》，科学出版社，2009。

宋安东：《可再生能源的微生物转化技术》，科学出版社，2009。

刘寅立、焦永芳：《波浪能开发与利用研究进展》，《中国高新技术企业》2009 年第 2 期。

李成魁、廖文俊、王宇鑫：《世界海洋波浪能发电技术研究进展》，《国内外动态》2010 年第 2 期。

谢秋菊、廖小青、卢冰、陈晓华：《国外潮汐能利用开发》，《水利科技与经济》2009 年第 8 期。

戴军、单忠德、王西峰、杨杰：《潮流发电技术的发展现状及趋势》，《能源技术》2010 年第 1 期。

Gorlov A. M. , *Development of The Helical Reaction Hydrarlic Turbine*, Boston, 1998.

Gorlov A. M. , *Hydroelectric Power Generator*, Boston, 2002.

Khan M. J. , Iqbal M. T. , Quaicoe J. E. , *A Technology Review Current Turbine Systems*, IEEE, 2006:
2288 – 2293.

Drouen L. , Charpentier J. F. , Study of *Innovative Electrical Machine Fitted to Marine Current Turbines*,
IEEE, 2007: 1 – 6.

Fraenkel P. L. , "Power from Marine Currents, Proceedings of Institution of Mechanical Engineers Part
A", *Journal of Power and Energy Special Issue Paper*, 2002, 216: 1 – 14.

戴庆忠:《潮流能发电机潮流能发电装置》,《东方电机》2010 年第 2 期。

李代广编《神秘的可燃冰》,化学工业出版社,2009。

马栩泉编著《核能开发与应用》,化学工业出版社,2005。

《2009 ~ 2011 年中国氢能行业深度评估及市场调查研究发展分析报告》,北京华研中商经济信息
中心,2010。

吴传芝等:《天然气水合物开采研究现状》,《地质科技情报》2008 年第 1 期。

何贤杰、盛昌明、刘增洁等:《石油安全评价指标体系初步研究》,地质出版社,2006。

李虹、董亮、谢明华:《基于新兴产业视角的中国可再生能源产业发展综合评价与结构优化问题
研究》,科技创新促进中国能源可持续发展——首届"中国工程院/国家能源局能源论坛"论文集,
化学工业出版社,2010。

王德元、陈汉平等:《生物质能利用技术综合评价研究》,《能源工程》2009 年第 1 期。

Heo E. , et al. , "Analysis of the assessment factors for renewable energy dissemination program
evaluation using fuzzy AHP ", *Renewable and Sustainable Energy Reviews*, 14 (2010) 2214 – 2220.

Annette Evans, Vladimir Strezov, Tim J. Evans. , "Assessment of sustainability indicators for renewable
energy technologies", *Renewable and Sustainable Energy Reviews*, 13 (2009) 1082 – 1088.

第五章　航空航天技术对经济社会发展作用的评价*

本章分为五个部分：第一部分简要介绍航空航天技术的发展及其特点；第二部分介绍航空航天技术对经济社会发展的作用，通过一些例子突出航空航天共性技术对航空航天业以及对其他行业和对社会发展的作用；第三部分介绍国内外对航空航天技术项目进行评价的典型方法和实例；第四部分探讨对航空航天技术发展进行评价的一个可能框架；第五部分则以前面的认识和框架为基础，对北斗卫星导航系统的经济社会发展作用进行评价。

一　航空航天技术概述

航空航天是人类利用载人或不载人的飞行器在地球大气层中和大气层外的外层空间（太空）的航行活动的总称。其中，大气层中的活动为航空，所使用的飞行器为航空飞行器；大气层外的活动为航天，所使用的飞行器为航天飞行器。也有人将火箭与导弹单列一类。

航空航天技术是一门高度综合的现代科学技术。它以基础科学和技术科学为基础，集中应用了 20 世纪与 21 世纪的许多工程技术的新成就。它集众多学科与新成就于一体，例如涉及空气动力学、气动热力学、结构力学、气动弹性力学、电子学、光学、冶金学、工艺学、天文学、气象学、生理学、自动控制和计算机技术等，同时还离不开冶金、化工、燃料、机械、电子、纺织、建材等工业部门的合作与支持。

航空与航天既有区别，又有联系。不同类型的飞行器（航空器与航天器）虽然有很大差异，但它们在技术上存在着很多共性问题。20 世纪 70 年代后，航空与

---

* 执笔人：雷家骕等。

航天之间在技术上相互交叉、相互渗透的现象日益明显，例如航天飞机就是航天与航空技术综合的产物。

航空航天技术的发展需要一系列技术的支持，反过来它的发展又带动和促进了一系列技术的发展和创新。同时，航空航天技术作为一门高新技术，对军事、政治、经济、科学、文化领域均有重大影响，具有宏观的社会效益与经济效益。

（一）航空技术发展的历史脉络和我国航空技术的发展

1. 航空技术发展的历史脉络

航空是指飞行器在地球大气层内的航行活动，航空科学技术是现代高新科学技术的综合产物。百年来的航空成就更是在基础科学和技术科学的支撑下集中应用了20世纪工程技术方面的诸多成果。当今航空技术发展的主要动力首先来自材料学、发动机、电子技术、自动控制和计算机技术的快速发展。

综观百年来航空科技的发展，大致可将其分为五大阶段[①]。

第一阶段（1903~1919年）：实现动力升空、自主飞行的初始阶段。这一阶段，有人操纵的内燃机动力飞机试飞成功，并在发展的最初十几年间，飞机航速提高了一倍，飞机的气动方案不断改进，并已经研制出全金属硬壳式结构的战斗机和运输机，飞机驾驶突破了目视飞行，已经研制出多种机载仪表，掌握了无线电操纵技术。直升机出现。对空气动力学、飞机性能、机体结构与材料以及发动机、机载设备等方面的大量研究工作全面展开，出现了半经验性的空气动力学理论，以及理想或无黏性流体力学的数学理论。在此期间，美国成立了国家航空咨询委员会，即日后的美国航空航天局。

第二阶段（1919~1939年）：活塞发动机螺旋桨式动力装置快速发展的阶段。这一时期经历了两次世界大战间的激烈的军备竞赛，世界各门科学技术的最新成果被迅速应用到航空领域。这一阶段，活塞发动机螺旋桨式动力装置发展到了极致，飞机升限超过8000米，航程突破3000公里；在飞机外形和结构上，这一阶段也有突破，如发动机罩、收放起落架和层流技术应用使飞机速度有大幅度提高，同时采用襟翼提高飞机起降性能和安全性，在机载设备上配置了无线电罗盘、陀螺导航系统、无线电空地通信系统，提升了航行的安全性，个别飞机还装上了雷达；在飞机设计规范和标准方面，特别是民航飞机航行的安全保证受到各航空大国的重视，相

---

① 俞公沼：《航空科学技术百年回顾》，《现代军事》2003年第11期。

继制订了飞机强度规范和适航标准，并日趋完善。

在此期间，人类研究建立了飞机设计方法，并积累了空气动力学、飞行力学和结构强度等方面大量的实验资料。特别是 1930 年后，建立了计算飞机特性、稳定性和强度的基本方法，掌握了飞行试验结果的处理方法。

第三阶段（1939～1947 年）：涡轮喷气式发动机出现与喷气式飞机的发展阶段。这一阶段标志着航空动力技术划时代的变革。1939 年，德国第一架涡轮喷气式飞机试飞成功。涡轮喷气式发动机出现，改变了航空技术的面貌，使飞机性能得到大幅度提高，使飞机的速度接近并超过声速，飞机的飞行高度增加，飞机的航程更远，并可以做到体积更大、载重更多等。

第四阶段（1947 年～20 世纪 50 年代中期）：突破声障与航空超声速阶段。在这一阶段，主要解决了喷气动力飞机的三大航空科学技术难题，即声障、气动弹性、疲劳断裂问题。声障是指把飞机飞行速度提高到超过声速时遇到的障碍。该问题通过创新提出的后掠翼理论和面积律翼身布局方案得到解决。气动弹性，即飞机由于飞行速度的提高而产生结构变形，通过气动力耦合致使飞机翼面等结构部件发生高频振动。一旦共振发生，将会导致空中断裂事故。在该阶段，气弹问题在理论和计算上都有了大幅度的进展和妥善解决方法。疲劳断裂，即高空飞机的气密机舱在升、降过程中，由内外压差交变而引发疲劳，发生断裂。为此，设立了新的疲劳断裂学科，建立了新飞机设计规范。

第五阶段（1958 年以后）：超声速理论和高新科技武装航空技术的阶段。这一阶段，人类社会开始进入航空超声速时代（飞机的航速达到或超过 2 倍声速，即 2 马赫），航空高新技术不断出现并综合应用。由于喷气发动机发展迅速，日益趋向于"三高"（高涵道比、高压缩比和高涡轮前温度），不仅使发动机的推力和推重比大大提高，而且耗油率和经济性也大为改善。

在飞机气动力布局的进展方面，自 20 世纪 70 年代开展主动涡控制技术研究，采用形前缘和狭长机翼、翼根前缘边条翼和水平翼气动布局等，使旋涡动力学和脱体涡非线性升力的应用日趋完善。

在飞机的操纵方面，在电传和光传操纵的基础上发展了随控布局飞机（CCV）和主动控制技术（ACT）。这项技术综合考虑飞机的气动布局、结构可调、发动机变矢量和稳定操纵等诸多因素，以选择飞机最佳外形、降低飞行阻力、减轻结构重量，从而提高飞机各项性能指标，并改善乘坐条件。

五代俄罗斯战斗机或四代半欧、美各国战斗机在这一发展阶段中跃上蓝天。它们形式各异，但气动性能大致相近，在机动性、灵敏性和隐身方面有突出表现，配装制导的空空、空地武器后，杀伤威力大大提高。民用航空领域最引人注目的是欧洲联合研制的、马赫的"协和"式超声速客机。

2. 我国航空科技发展现状[①]

新中国成立之初，人民空军建设和航空工业建设被提到重要议事日程上。1951年4月17日，中央军委和政务院颁布了《关于航空工业建设的决定》，决定成立航空工业管理委员会，同时在重工业部设立航空工业局，这标志着中国航空工业正式建立。

如今，我国航空工业形成了具有相当规模和基础、配套较齐全的工业体系。其间，研制生产了各类军用飞机14000多架、民用飞机1400多架、50000多台航空发动机、14000枚导弹，与世界上70多个国家和地区建立了工业、科技和贸易合作关系，并向20余个国家出口飞机。

当前中国航空科技的发展主要是结合自主创新与技术合作。图5-1为Aero Strategy（一家国际航空咨询公司）所报道的中国自主研发飞机的计划。

Past	Licensed copies/derivatives of aircraft developed in USSR and USA					
Present	**Aircraft programs in production or under development**					
Name	**Type**	**Manufacturer**	**Launched**	**EIS**	**Engine**	**Engine Manufacturer**
JH-7	Fighter-bomber	Xian Aircraft Industry Company	1983	1992	WS-9	Xian Aero Engine Corp.
JF-17	Fighter	• Chengdu Aircraft Industry Corp. • Pakistan Aeronautical Complex	1999	2007	RD-93	Klimov (RU)
J-10	Fighter	Chengdu Aircraft Industry Corp.	1986	2003	AL-31	NPO Saturn (RU)
ARJ21	Regional jet	ACAC consortium	2002	2010	CF34-10A	GE Aviation (US)
Future						
MA700	Turboprop	XAC + R&D support from Antonov	2007	2015	PW127M	Pratt & Whitney
C919	Narrowbody	Commercial Aircraft Corp. of China	2007	2016	LEAP-X1C	CFMI

图5-1　中国飞机自主研发计划的发展

资料来源：Aero Strategy。

该公司还评价了中国在航空技术上与发达国家的主要差距（见图5-2）。

图5-3是该公司所报道的中国与国际航空业领先企业合作的计划。

----

① 黄静：《我国航空工业发展历程回顾与思考》，《航空科学技术》2000年第2期。

Competence Gap	Comment
Systems engineering	• A well-known competency gap for aerospace and other industries
Advanced supply chain management skills	• The emerging value chain paradigm requires management of sophisticated supply chains
Advanced materials	• Includes advanced composites and super alloys • In the 11th five year plan
Avionics capability	• China traditionally relied on Russian systems for advanced avionics systems
Aeroengines & advanced mechanical systems	• Aeroengines are many years behind airframe capability; a well-known weakness • This is also true of complex mechanical systems (e.g. APU, landing gear)
FAA/EASA certification experience	• China lacks experience in certifying aircraft outside China • The ARJ21 is an early test
Customer support	• China has not shown the ability to provide world-class customer support • China's inconsistent customs and its parts VAT make it difficult to complete "fast cycle" MRO activities for non-Chinese customers on a timely basis

图 5 – 2 中国航空技术与发达国家主要技术差距

资料来源：Aero Strategy。

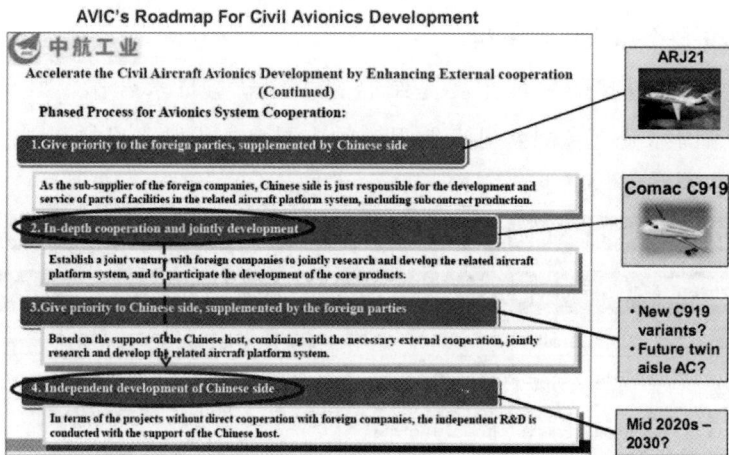

图 5 – 3 中国通过合作发展航空技术能力的计划

资料来源：Aero Strategy。

总之，在政府支持与中国民用航空市场迅速增长的背景下，中国的航空技术获得了发展的资源与动力，进行自主创新与合作相结合的发展。虽然目前还与先进国家存在差距，但中国航空技术能力正在迅速提升。

（二）航天技术发展的历史脉络和我国航天技术的发展

1. 航天技术发展的历史脉络①

航天技术作为当前和未来最具影响力的高新技术之一，已成为推动新军事变

---

① 过崇伟：《航空航天技术概论》，北京航空航天大学出版社，1992。

革、经济社会和科学进步的重要力量，同时也是世界各国国家地位和综合实力的具体体现。

从 1957 年 8～12 月苏联和美国先后成功地发射洲际弹道导弹以来，重大的航天活动可列举如下：

1957 年 10 月，苏联成功发射世界第一颗人造地球卫星，标志着人类活动范围的又一次飞跃，开创了人类航天的新纪元。

1961 年，苏联 Ю. A. 加加林乘坐"东方"1 号飞船进入太空，绕地球飞行 108 分钟后安全返回地面，开创了世界载人航天的新时代。

1969 年，美国 N. A. 阿姆斯特朗和 E. E. 奥尔德林乘坐"阿波罗"11 号飞船在月球静海西南角着陆，登月成功，成为涉足地球之外另一天体的首批人员。他们在月球上安放了科学实验装置；拍摄了月面照片；搜集了 22 千克月球岩石与土壤样品，然后自月面起飞，与指挥舱会合，返回地球。

1981 年 4 月，世界上第一架垂直起飞、水平着陆、可重复使用的美国航天飞机"哥伦比亚"号试飞成功，标志着航天运载器由一次使用的运载火箭转向重复使用的航天运载器的新阶段。航天飞机综合应用了许多现代科学技术成果，是火箭、航天器和航空器的综合产物。由于可以多次重复使用，因此发射成本低，而且用途广泛，为人类提供了比较理想的航天运载工具，使航天技术为国民经济服务开创了更加广阔的前景，从而成为人类航天史上重要的里程碑。

在无人空间探测方面：

1970 年 12 月，苏联"金星"7 号探测器首次在金星上实现了软着陆。

1971 年 12 月，苏联"火星"3 号探测器首次在火星表面软着陆。

1972 年 3 月，美国发射"先驱者"10 号探测器，经过 11 年飞行，于 1983 年 6 月越过海王星轨道，而后成为飞离太阳系的第一个人造天体。

1977 年 9 月，美国发射"旅行者"2 号探测器，对天王星、海王星进行探测。

1989 年 10 月，美国"阿特兰蒂斯"号航天飞机将"伽利略"号宇宙飞船送入轨道，使"伽利略"号飞船登上为时 6 年、行程约为 38 亿公里的漫长征途，在 1995 年 12 月抵达木星。

20 世纪 60 年代以来，为科学研究、国民经济和军事服务的各种科学卫星与应用卫星得到了很大的发展。70 年代后，各种卫星向多用途、高可靠、长寿命、低成本的方向发展并取得了显著的效益。具有代表性的大事可列举如下：

1958 年 12 月，美国发射了世界第一颗通信卫星"斯科尔"号。

1960 年 4 月，美国先后发射了世界第一颗气象卫星"泰罗斯"1 号和导航卫星"子午仪"1B 号。

1962 年 7 月，美国发射了世界第一颗地球同步轨道通信卫星。

1964 年 8 月，美国发射了世界第一颗地球静止轨道通信卫星。

1965 年 4 月，美国成功发射了世界第一颗商用通信卫星"国际通信卫星"1 号，正式为北美与欧洲之间提供通信业务。它标志着通信卫星进入了实用阶段。

1972 年 7 月，美国发射了世界第一颗地球资源卫星"陆地卫星"1 号。

1982 年 11 月，美国航天飞机开始商业性飞行。

1984 年 11 月，美国航天飞机成功施放了两颗卫星并回收了两颗失效的通信卫星，第一次实现了双向运载任务。

1983 年 4 月，美国发射了世界第一颗跟踪和数据中继卫星。

2. 我国航天技术的发展

中国的航天事业真正得以起步并蓬勃发展，是在中华人民共和国成立后的 20 世纪 60 年代。此后，我国在卫星技术、载人航天技术和深空探测技术等领域取得了一系列重大突破。

（1）人造地球卫星领域。从 1957 年 10 月世界上第一颗人造卫星上天开始，我国就启动了卫星的预研工作。1968 年 2 月，中国空间技术研究院正式成立。

1970 年 4 月，我国成功发射第一颗人造地球卫星"东方红"1 号。

1975 年，我国第一颗返回式人造卫星发射成功并按预定计划返回地面。

1980 年 5 月，我国首次向南太平洋预定海域发射大型运载火箭成功。

1981 年 9 月，我国首次用一枚运载火箭（"风暴"1 号）将 3 颗不同用途的科学实验卫星送入轨道（"一箭三星"）。

1984 年 4 月，我国成功发射第一颗地球静止轨道试验通信卫星。

截至 2007 年 12 月，我国自主研制和发射并成功运行了 80 余颗不同类型的人造地球卫星，目前我国已形成返回式遥感卫星、"东方红"通信卫星、"风云"气象卫星、"实践"科学探测与技术试验卫星、"资源"地球资源卫星和"北斗"导航定位卫星 6 个卫星系列。海洋卫星系列即将形成，各类卫星的整体水平明显提高，达到 20 世纪 90 年代国际水平。

（2）载人航天领域。1970 年我国第一颗人造卫星发射成功一年后，在国防科委领导下，中国科学家开展了载人飞船的研究，定名为"714"工程，计划研制能载 2 名航天员的"曙光"号飞船。该项工程于 1975 年由中央决定下马。

1986 年 3 月，我国《高技术研究发展计划纲要》（"863"计划）把载人航天技术的预先研究工作列为重点发展项目。

1992 年 9 月，中共中央十三届政治局常委会第 195 次会议，批准了中央军委《关于开展我国载人飞船工程研制的请示》，作出了发展中国载人航天工程的战略决策。

1999 年 11 月 20 日，我国的"神舟"1 号试验飞船发射升空并顺利返回。

2001 年 1 月 10 日，我国的第一艘无人飞船——"神舟"2 号试验飞船发射成功，并在太空飞行了 7 天后返回地面。

2002 年 3 月 25 日，"神舟"3 号飞船成功发射并回收。"神舟"3 号飞船具备了航天员逃逸和应急救生功能，改进和完善了伞系统并搭载了模拟人。

2002 年 12 月 30 日，"神舟"4 号无人试验飞船发射成功，在完成预定的空间科学和技术试验后于 2003 年 1 月 5 日准确着陆。

2003 年 10 月 15 日，我国第一艘载人飞船"神舟"5 号胜利升空并于 10 月 16 日安全降落在内蒙古主着陆场。我国成为世界上第三个有能力把航天员送入太空的国家。

2005 年 10 月 12 日，"神舟"6 号成功发射，并于 10 月 15 日回收，载两人。

2008 年 9 月 25 日，我国在实现关键技术突破的前提下发射"神舟"7 号宇宙飞船，搭载 3 名宇航员升空并执行出舱试验任务成功。

（3）月球探测领域。目前，我国在空间技术领域也有了很大发展，我国基本掌握了地球轨道航天器研制、发射和运行控制技术。2003 年 3 月，由中国国家航天局宣布正式启动了月球探测计划。"嫦娥"登月计划是中国月球探测工程的第一阶段的规划，包括"绕""落""回"三步，都是无人探测。

该计划的第一期工程命名为"嫦娥一号"工程，即研制和发射第一颗月球探测卫星，发射进入月球轨道后进行绕月探测；二期工程包含"嫦娥二号"卫星环月观测任务和"嫦娥三号""嫦娥四号"探测器"软着陆"与月面巡视探测任务；探月三期工程的核心是完成无人月球表面采样返回，科学上将深化对月壤、月球形成演化的认识，技术上将突破月面采样、月面起飞上升等关键技术。

2007 年 10 月，我国成功发射"嫦娥一号"月球探测卫星，进入绕月探测并圆满成功。"嫦娥二号"卫星于 2010 年 10 月成功发射。"嫦娥三号"卫星（着陆探测器和巡视探测器）主要实现月球软着陆和巡视探测任务，已于 2013 年 12 月成功发射。

我国探月工程一期和二期均由月球探测器、运载火箭、测控通信、发射场和地面应用共五个系统组成，我们将它们称为"五大系统"，而"嫦娥"工程三期除这五个系统外，还要增加着陆回收系统。对于载人登月来说，它将由数量更多的复杂系统组成。

（三）航空航天技术的内在联系与航空航天共性技术

1. 航天技术体系

航天科学包含的主要专业有飞行器设计、气动、结构、飞行器推进系统、飞行控制、航天电子、人机与环境工程、航天材料、航天制造技术等；航天技术主要包括航天器技术、航天器运行控制技术、航天器军事应用技术、航天运载器技术、航天器发射技术、航天测控技术、载人航天技术、空间攻防技术等。

（1）航天器技术：航天器研究、设计、制造、试验、管理等技术的总称。包括航天器总体技术，主要包括航天器总体设计、总装、综合测试、环境模拟试验、可靠性等技术；航天器有效载荷技术，主要涉及侦察、预警、通信、导航、测绘、战场环境探测等技术领域，可分为信息获取类、信息传输类、时空基准类、物质和能量传输类等有效载荷技术；航天器平台技术，主要包括航天器结构与机构、热控制、制导导航与控制、推进、电源、测控与通信、综合电子、返回与着陆等技术。

（2）航天器运行控制技术：对在轨运行的航天器进行状态监视与测量和飞行任务管理与控制的工程技术。主要包括航天器运行段的测量控制、资源调度和任务规划、运行控制方案生成、加密控制、数据接收等技术。

（3）航天器军事应用技术：应用航天器实现侦察监视、预警探测、通信中继、导航定位、战场环境探测、地球测量等任务的技术总称。主要包括总体与综合应用技术、侦察监视应用技术、数据传输分发应用技术、时空基准应用技术、环境探测应用技术等。

（4）航天运载器技术：航天运载器研究、设计、制造、试验的综合性工程技术。主要包括总体设计、推进、制导和控制、结构设计制造、可靠性设计、计划管理、试验等技术。航天运载器通常是一次性运载火箭，航天飞机也具有运载器功能。

（5）航天器发射技术：发射航天运载器，将航天器送入预定轨道的技术。主要包括测试、加注、瞄准、指挥控制、勤务保障、安全控制、紧急故障处理与逃逸救生等技术。

（6）航天测控技术：跟踪、监测与控制航天运载器及航天器的飞行轨迹、姿态及工作状态的技术。按照其功能，可分为跟踪测轨技术、遥测技术和遥控技术；按航天器的类型，可分为环地航天器测控技术（近地轨道航天器和地球同步轨道卫星）、深空探测器测控技术和载人航天器测控技术；按照航天器的飞行阶段，可分为发射段测控、在轨运行段测控、返回段测控和回收测控等技术。

（7）载人航天技术：用于载人航天器的设计、制造、试验、发射、运行、返回、交会对接、控制、管理和使用的综合性工程技术。保证航天员安全进入太空、返回地面，提供航天员太空工作、生活条件是载人航天的特殊要求。航天医学工程、环境控制与生命保障、返回与着陆、应急救生等技术是载人航天技术的核心内容。

（8）空间攻防技术：用于实施和保障空间攻防作战的技术的统称。主要包括空间投送技术、空间态势感知技术、进攻性空间攻防技术（包括空间武器技术：空间武器平台技术、空间武器载荷技术；反卫星技术：核能反卫星技术、动能反卫星技术、激光反卫星技术、微波反卫星技术、粒子束反卫星技术、直接上升式拦截技术、共轨式拦截技术；空间信息对抗技术；软杀伤技术；硬摧毁技术；等等）和防御性空间攻防技术（星载假目标技术、航天器防护技术、星座技术、轨道机动技术、快速重构技术等）。

2. 航空技术体系

作为一个重要的综合性科学技术领域，航空科学技术在整个 20 世纪的科学技术大舞台上扮演了十分引人注目的角色。尤其是第二次世界大战结束以来的航空科学技术，几乎渗透人类社会的方方面面，发挥着巨大而深远的影响。航空技术是工程性很强的学科，其进展与工程技术成就紧密相连，往往通过工程技术成就体现。例如航空发动机、空气动力学、层流湍流理论、飞行器结构力学、强度理论、维修工程、浮空器技术、仿真技术、救生技术、风洞实验技术以及系统工程方法、全寿命管理等重点学科领域。

（1）空气动力学。空气动力学是航空器设计需要考虑的关键内容，目的是如何提高未来飞机的性能。飞机机翼表面流动的层流化是提高飞机巡航升阻比的最有效技术手段。从绕翼型流动的边界层来看，翼表面有转捩点，转捩点前为层流，之后转变为湍流，要得到实用的层流化机翼设计方法，必须弄清楚附面层的转捩机理。高速飞机在起飞着陆状态下的低速气动设计也是工程设计中亟待解决的问题。

（2）推进技术。今后一段时间的发展目标仍然是提高热机和推进效率、降低燃油消耗、提高推力级、减轻重量、减少排放、增加可靠性、提高使用寿命和减少维护工作量。

（3）材料和结构。金属材料仍然是今后民用飞机机体的主要用材，因而要发展铝锂合金，在不降低寿命的条件下提高材料的刚度、韧性和抗腐蚀能力，同时也要开展高强度材料的研究与开发。研究和发展实用的复合材料结构的设计、分析、制造、检验和修理方法，研究复合材料的操作容限机理和实用的无损探伤技术。研究和开发耐高温树脂基和陶瓷基复合材料。

（4）航空电子与控制。为提高航空器的运送能力，要充分利用各种来源的导航信息，实施航迹的跟踪与管理。为实现全天候起降，要建立可靠的防撞系统。研制新的风切变探测装置及其回避系统。在座舱显示系统方面，要增加显示信息和数据，增强视景画面，利用语音控制来提高飞行员的操作正确性。

（5）总体综合设计。航空器总体设计是一个涉及诸多学科的复杂系统工程，寿命周期与可承受性的考虑使得总体综合设计更具挑战性。多学科设计优化（MDO）技术有助于获取一个最优的或平衡的设计方案，气动/隐身、气动/结构、结构/主动控制以及更多学科的一体化设计无疑是该领域未来的发展方向。总体方案的可行性、可存活性和可承受性方面的研究也将受到关注。

3. 航空航天共性技术

共性技术的提法最早是在 1988 年，美国在先进技术计划（ATP）中提出：共性技术是存在潜在的机会，可以应用于多个产业的产品或工艺的科学事实，这种科学事实在这里具体表现为科学概念、技术组成、产品工艺以及科学调查。

目前，国内外公认的定义是：共性技术是指在很多领域内已经或未来可能被普遍应用，其研发成果可共享并对整个产业或多个产业及其企业产生深度影响的一类技术。

从产业共性技术涉及的层次角度，共性技术可以分为产业间共性技术、产业内共性技术。产业间共性技术属于国家（国际范围涉及不多）层次的共性技术，为多个产业提供技术平台，如数字信号处理技术、CAD 技术以及 ICT（Information and Communication Technology）、生物、新材料等以科学为基础的技术；产业内共性技术为本产业内部的多个企业提供技术平台，主要为所在产业服务，如钢铁行业的连铸连轧技术、煤炭行业的煤矿安全技术，产业内技术一般进入固定的技术轨道，为多个企业的相关产品提供不同应用的技术支撑。这两个层次的共性技术一般统称为产业共性技术。

对共性技术的层次，顾淑林提出了依照在创新过程中的作用而做的区分，认为在共性技术中有三个层次的研究是非常重要的[①]：一是机器设备和其他投入品技术；二是基础元件、部件等共性的核心技术能力；三是应用科学和工程科学知识。这些层次在航空航天共性技术中都有重要体现。

航空航天共性技术主要是指在航空相关产业与航天相关产业都能够应用的技术。航空航天技术的发展主要体现了多学科和高技术的特点，这种特点体现在航空航天技术的高度相关性上，也体现在航空航天技术与其他领域技术的广泛联系与相互影响上。

下面以大飞机项目中涉及的关键技术为例，说明航空航天领域中共性技术的性质。这些技术既是某一领域中的关键技术，同时也是在航空航天领域及其他行业技术发展中起重要作用的技术。从下面的介绍中可以看出：这些技术的解决不只是解决了大飞机研发中的难题，同时还会对其他领域的一系列难题做出贡献。在大飞机项目中，需要解决以下关键技术。

（1）多学科优化、综合设计技术。多学科优化设计是一种通过充分利用和探索系统中相互作用的协同机制来设计复杂系统和子系统的方法论。20世纪80年代末90年代初首先在美国航空航天工业界兴起，目前已成为美国等发达国家工业设计界一个新的研究领域，受到企业研究人员及学术界的广泛关注。

如在大飞机设计过程中涉及气动、结构、控制、发动机等很多学科，而传统的串行设计方式的最大弊端，在于它人为割裂了各学科之间的相互作用，并没有利用各学科之间相互影响产生的协同效应。传统的设计方法只能获得局部的最优解，很有可能失去全局最优解，而且设计周期长、成本高。这些特点显然不能适应越来越多且越来越苛刻的设计要求的发展趋势。

（2）气动技术。航天器与航空器的研究、设计、制造、试验、管理等技术中空气动力学是航天器与航空器设计需要考虑的关键内容，目的是如何提高未来航天器与航空器的性能。CFD方法是计算机辅助空气动力设计（CAAD）的核心，计算机性能的提高为CFD进行复杂流场的数值模拟提供了广阔的前景，它在飞机气动设计中的应用日益扩大。

---

① 顾淑林：《如何促进我国产业共性技术的研发》，《中国科技论坛》2006年9月。

（3）复合材料技术。先进复合材料的应用是当今世界提高航天器与航空器性能与经济性的重要措施之一。美国及欧盟为保持其在复合材料技术发展中的领先地位，持续地通过专项复合材料技术发展计划和其他结构技术综合发展计划的形式，全面地组织开展复合材料技术研究，并在技术达到一定成熟度时进行综合演示验证，不断取得技术先进、经济可接受的技术成果。如 Boeing 和 Airbus 公司在飞机的研制与改型中，不但继承以往机型已应用的技术，而且对上述计划中所取得的成果有选择地进行应用，降低了技术风险，提高了飞机性能与市场竞争力，其 A380 复合材料的用量达到 25%，B787 和 A350 将超过 50%，从而使复合材料在飞机上的应用在 21 世纪初产生了飞跃。

（4）航空航天制造工程。航空航天工业就其行业性质来说，属于制造业范畴。现代航空航天制造技术是集现代科学技术成果之大成的制造技术，远远高于一般机械制造技术，日益由一般机械制造向高技术和提供技术密集型产品的高精尖先进制造技术的方向发展。

航空航天制造工程的技术状况，是衡量一个国家科技发展综合水平的重要标志。由先进制造技术支撑的航空航天工业被誉为工业之花，它集中代表了一个国家的最高制造水平和技术实力。航空航天制造工程高度发展，对飞机、火箭、导弹和航天器的可靠性和使用寿命的提高、综合技术性能的改善、研制和生产成本的降低，甚至总体设计思想的具体实现均起着决定性作用。

航空航天制造工程又是市场竞争的重要基础。要发展航空航天工业并有效地占领市场，不仅要不断地更新设计、开发新产品，更重要的是具备一个现代化的航空航天制造工程系统。很多新工艺、新材料、新设备、新技术都是在航空航天制造工程中率先使用的。

（5）飞行电子与控制技术。为提高航空器的运送能力，要充分利用各种来源的导航信息，实施航迹的跟踪与管理的技术，以及跟踪、监测与控制航天运载器及航天器的飞行轨迹、姿态及工作状态的技术。

（6）数字化网络协同研制环境。这是大飞机制造的发展平台和应用数字化技术，可以使飞机研制总装的周期大大缩短。数字化飞机制造过程的实质是一个产品数字建模、数据传递、拓延和加工处理的过程，最终形成的飞机产品尤其是大飞机，可以看作数据的物质表现。美国波音公司首先实现以无纸作业的数字化样机为手段，开发了新一代先进的波音 777 客机，使其提前一年投入市场。洛克希德·马丁公司在新一代联合战斗机 JSF 研制中，广泛应用数字化技术，使飞机总装一次完成，制造成本降低 50%，研制周期从原来的 42 个月缩短至 24 个月。

正像中国航天科技集团科技委在 2009 年年会中提出的："前沿技术与关键共性技术是衔接从科学原理到工程应用的桥梁，是开展背景型号关键技术攻关的基础。"① 所以，在航空航天技术发展中应当特别重视共性技术的突破与应用，在航空航天技术评价中应当强调对共性技术的评价。

二　航空航天共性技术发展对于经济社会发展的作用的认识角度

（一）　航空航天共性技术发展对航空航天产业发展的助推作用

作为一个重要的综合性科学技术领域，航空航天科学技术在整个 20 世纪的科学技术大舞台上扮演了十分引人注目的角色。尤其是第二次世界大战结束以来的航空科学技术，几乎渗透了人类社会的方方面面，发挥着巨大而深远的影响。

航空航天共性技术的发展可直接推动产品升级和新技术、新工艺、新材料的不断出现，使航空航天产品本身更具竞争力，对于航空航天产品的生产和销售起到助推作用。新技术可以从产品的成本、性能角度提升产品品质，产品升级、产品更新换代速度更快。

航空航天共性技术的发展催生出新的学科和产业，如智能材料科学就是材料科学与计算机科学相结合的产物。智能材料是一门新兴的多学科交叉的综合科学，涵盖了材料、力学、机械、电子、控制、电磁等多种学科，是当前工程学科发展的前沿。在过去的几十年里，智能材料已经在航空、航天、舰船、建筑等军事和民用领域中得到广泛运用。

智能材料包括：形状记忆合金及聚合物；电致活性聚合物（EAP）；压电材料；多功能材料；智能复合材料；电（磁）流变材料；电（磁）致伸缩材料；光纤传感器；无线传感器；超弹性玻璃；微机电系统（MEMS）传感器及驱动器；手性材料（Chiral Materials）；可调性电介质材料（Tunable Dielectrics）；导电聚合物；热－电材料；电、光、热致变色材料；介电弹性体；荧光材料；纳米复合材料；光、电致发光材料；磷光材料；聚合物凝胶；智能结构力学分析等。

此外还有智能结构系统，智能结构是将传感元件、驱动元件以及微电子处理控

---

① 索阿娣、左秋红：《高度关注前沿技术和关键共性技术》，《中国航天报》2009 年 7 月 17 日。

制芯片与主体结构材料集成为一个整体，使结构材料本身具有智能特性。它的发展和应用意味着工程结构功能的增强、结构使用效率的提高和结构形式的优化，以及结构维护成本的降低。众多优点使得智能结构的研究得到广泛的关注。目前国内外对智能结构的研究概括起来主要包括智能结构的振动噪声控制、自适应结构、健康监测、高性能功能材料与器件、智能结构的系统集成等几个方面。由于智能结构中的驱动器与功能材料的性能是限制智能结构发展的重要因素，大力研究高性能功能材料与器件是目前智能结构研究的一个重要课题与研究热点。

智能结构系统的概念最早是由美国军方在 20 世纪 80 年代初在航空领域提出并开展研究的。目前已在航空领域逐步得到了应用。现代战斗机、军机、大型民用运输机都在向高机动、轻质、超大宽体等性能发展，智能结构系统可以有效提高飞行器的机动性、可靠性、经济性等性能。其中可变智能结构系统的研究至今仍然是国内外的一个研究热点，世界各国正在积极研制智能结构的可变飞行器技术，以及智能蒙皮技术。

与常规结构相比，智能结构不仅具有承受载荷的能力，而且还具有识别、分析、处理及控制等多种功能，并能进行数据的传输和多种参数的检测，包括应变、损伤、温度、压力、声音、光波等；还能够动作，具有主动改变材料中的应力分布、强度、刚度、电磁场、光学性能等多种功能；从而使结构材料本身具有自诊断、自适应、自学习、自修复、自增殖、自衰减等能力。飞行器智能结构技术是确保现代飞行器结构先进、机构新颖、飞行安全并满足其技术指标的高新技术之一。

例如，美国在 20 世纪 80～90 年代开展的 MAW（Mission Adaptive Wing）自适应机翼计划将一架 F-111 改装为基于智能结构的任务自适应机翼研究机，试飞结果表明，在巡航状态下，飞行阻力降低 7%。又如，波音公司在波音 777-300ER 的发动机 GE-115B 的尾喷口采用可变体"V"形结构，其中集成了 SMA 形状记忆合金驱动器，在不同飞行阶段通过改变"V"形结构的形状来降低喷射的噪声，取得了非常好的降噪效果。

这些例子都说明在航空航天技术的发展中，航空航天共性技术的重要贡献。

（二）航空航天共性技术的发展、扩散、应用对各行业发展的助推作用

1. 航空航天活动本身对于国民经济中各产业的带动作用

在世界新技术革命浪潮中，航空航天技术引起了世界各国的高度重视，飞机、航天产品等宇航技术已与经济效益融为一体，由单一投资型迅速转向收益型业务，

这已成为面向21世纪高科技发展战略的重要组成部分。

从航空航天共性技术所涉及的产业来看，纵向上，这个产业部门本身是以科学研究与技术开发为基础的科研生产联合体，是典型的技术密集型与资金密集型产业，就产业的投入构成来说，其人、财、物的投入在研究与发展方面所占比重往往大于生产投入。

横向上，航空航天共性技术产业是现代科学技术以大型系统工程形式的高度集成。航空航天领域几乎荟萃了当今世界上科学技术的全部最新成果和各个专业的人才。不论从应用科学的层次上还是从技术的层次上比较，迄今没有任何其他产业部门的综合性可以同航天领域相比。航空航天技术的发展需要国民经济各部门、科学技术各领域的广泛支持与配合，同时，航空航天技术的发展也促进和带动了这些部门和领域的发展。因而，航空航天共性技术对于产业的带动作用，我们可以从三个角度来认识。

第一，从技术角度。航空航天共性技术相关产业为技术密集型产业，技术本身的不断发展与技术进步本身推动了航空航天共性技术产业在纵向产业链各环节上技术的不断提升。从而，相关产品的技术性能获得提升，产品更新与升级换代加速，新技术应用提升产业实力的效果明显。

第二，产品性能的提升要求相关配套产业的加工制造能力的相应匹配。从产品设备生产、相关配件产业等方面更进一步地刺激上下游产业提高或加强制造能力及水平，间接促进相关行业的技术研发、进步及转化，整体上有提升产业链价值能力的作用。如飞机发动机技术的提升带动发动机产业整体的技术提升。

第三，技术提升对于相应的"软件"要求也更高。这一方面是指产业中人员素质的自我提升以及整体协作性的提高；另一方面是指产业中各企业的相关管理水平的上升，这一方面的提升对于企业与产业发展具有无形且重要的促进作用。

2. 航空航天技术与其他产业结合对经济发展的促进作用

航空航天技术对于经济发展的作用体现在航空航天技术在与其他产业结合后产生的经济效益。航空航天技术与农业、信息、材料、能源、医药等产业结合实现产业化，从而发挥更大的作用。从国外的经验来看，对于空天技术的利用和产业化的趋势明显，通过产业化，空天技术带动了各领域技术进步，与民用技术领域相互结合，在经济发展、产业升级等方面发挥了巨大的作用。

如利用空间的微重力和高真空度环境制造新型材料和药物，能获得极大的经济效益。在药物制造方面，用电泳、等速电泳等电聚焦工艺，可以制造出防治产生血栓的尿激酶（在太空制造要比在地球上便宜 10 倍）、β 细胞（治疗糖尿病）等 20 余种药物；在材料冶炼加工方面，美国制造出多孔铅锌合金，苏联制造成功铝钨合金，日本试制出镍－碳化钛合金、碳纤维增强复合材料等。

国外具体的成熟案例表明在许多产业的发展中，空天技术对于产业发展的引领与促进作用，典型的是国外航空航天技术成功产业化的案例[①]：

- 可吞服的体温探测药丸技术产业化；
- 钢筋混凝土结构防腐处理技术产业化；
- 非晶硅薄膜柔性太阳能电池技术产业化；
- 碳纳米管制备；
- 利用航天技术设计制造泳衣的技术产业化；
- 利用航天知识和资源制作空间站模拟游戏；
- 增进教育和娱乐的航天地球图像信息技术产业化；
- 聚合物纤维材料技术产业化。

近年来，国内也做了不少对于航空航天技术的转化与开发工作。如在卫星应用方面试制和建立了"卫星数据采集系统"示范工程；依据航天控制阀门原理，结合国际先进技术，开发了燃气调压设备；运用军用复合材料的研究和纤维缠绕技术，开发了纤维全缠绕铝内胆气瓶等系列产品；利用航天液压控制技术和伺服系统的先进技术和产品，开发了电站液压伺服系统；凭借军工产品早期失效的研究经验和可靠性研究，并将导弹武器系统软件开发经验与成果应用到税控产品的研制中，完善了税控产品的信息安全解决方案；运用导电塑料应用技术，在导塑电位器和车用传感器等产品上拓展；等等。

这些例子都说明，航空航天共性技术在扩散或与其他产业嫁接后对产业技术发展与经济发展能起到很好的推进作用。

（三）航空航天共性技术的发展、扩散、应用对社会发展的助推作用

除了巨大的经济意义之外，航空航天技术还直接关系到政治、军事、外交、科技、教育、文化、体育、卫生等部门和人民生活的各个领域，是一个国家综合国力的标志。今天，航空技术还在国民经济越来越多的领域获得应用，包括空中测绘、地质勘探、石油开采、资源调查、播种施肥、除草治虫、森林防火、医疗救护、旅

---

① 《国外航天领域军民两用技术产业化案例研究》，《军民两用技术与产品》，2008～2009。

游观光、线路巡查、新闻采集、影视制作、治安巡逻、海洋监视、治理污染、反毒缉私、体育运动、休闲娱乐等。

1. 航空航天科技对政治及综合国力的影响

航天科技对政治的影响主要体现在两个方面：一是在国际上提高一个国家的战略地位；二是在国内增强国家的凝聚力。

若干年来，各发达国家在发展战略上都将增强综合国力作为首要目标，其核心就是高科技的发展，而航天科技就是其主要内容之一。2003 年 10 月 15 日，中国第一艘载人航天飞船"神舟"五号发射成功，成为全球继美、俄之后第三个有能力把人送入太空轨道的国家。2005 年 10 月 12 日，"神舟"六号载人飞船成功发射，与"神五"相比，"神六"技术水平更高、难度更大，反映了中国的航天科技不断进步并趋于成熟，展示了综合国力和国际竞争力，提升了中国航天大国的地位，增进了世界各国对中国发展成就的了解和信心，进一步提高了中华民族的国际声望，使国家战略处于有利的位置，国家的安全可以进一步得到保障，从而获得一个稳定的发展环境。这正是航天科技对于提升一个国家国际地位的典型体现。

然而，航天科技活动的负面政治影响也特别显著。由于航天科技活动特殊的高战略性、高投入性、高度社会效应的特点，一般都由政府直接组织、控制和推动。政治力量的作用既可有力地促进太空科技朝着有利于人类根本价值取向的方向发展，同时一些国家也会将地球上的霸权行为延伸到太空，使航天活动带来负面的社会政治价值。

冷战时期这种负面影响在美苏太空争霸中得到充分展现。当时全世界数千次空间活动中，美苏两霸占95%。苏联为极端地追求空中优势，空间发射次数竟占2/3以上，造成经济社会的不协调发展，最终也促成它付出了解体的政治代价。

2. 对教育、科研的作用

仅卫星广播电视教育就使我国几千万人通过这所"空中"学校接受了培训，节省资源数百亿元。此外，航空航天对于新知识的发现与创造起着重要作用。航天揭开了从太空观测、研究地球和整个宇宙的新时代。各种航天器发现了地球磁层、地冕、太阳风，基本上了解了它们的结构及其相互影响，测量了太阳系行星的大气参数、表面结构和化学成分，在宇宙中发现了大量的 X 射线、γ 射线、红外天体、地外行星、极高能量的粒子和恒星诞生与消亡的过程以及可能是黑洞的天体。通过获得的这些极其丰富的信息，大大更新了人类对于地球空间、太阳系和整个宇宙的认识，推动了天文学、空间物理学、高能物理学等的发展，形成了一些新的学科分支。卫星观测和勘查等新技术推动了气象学、海洋学、水文学、地质学、地理学、测绘学的发展，产生了卫星气象学、卫星海洋学、卫星测绘学等一系列新的分支学科。

载人航天器为人类创造了一个极高真空、微重力、超低温、无污染、强太阳辐射的天然实验室，可借以开展地面上无法进行的物理、化学、生物、医学、遗传工程等领域的科学研究，可试制合成新医药，冶炼纯金属和特殊合金，试验生产超强、超纯、超导材料和大型超纯晶体，并由此带动人工智能、机器人、遥感操作工序自动化、光学通信、无线电传输、数据处理和新材料、新工艺、新能源等大量新技术的发展，进而产生一系列新的专业。世界航天发展的历史表明，航天技术在开展科学研究、推动技术进步方面具有特殊的地位和重要作用，又为基础研究和高新技术发展创造了最好的条件。它不仅推进了我国的整体创新能力，还在重点领域有了创新突破，带动了基础学科的发展；同时，伴随空间技术的发展还形成了许多边缘学科，如空间工艺学、空间生物学等。"神六"的升空还大大激发了中国对科研的重视，引发国人的科技创新思维。

航天科技的发展，既能够推进对宇宙自然的科学认识，又可以带动整个科学技术的发展与创新。航天科技将影响整个现代科技领域。如载人航天科技攻关，能够带动一大批高新技术领域水平的提高，促进科学技术的全面进步。载人航天工程涉及近代力学、天文学、地球科学、航天医学、空间科学等学科，以及系统工程、自动控制、计算机、推进技术、通信、遥感、新能源、新材料、微电子、光电子等。

3. 对防灾减灾与自然环境的作用

利用卫星遥感技术开展国土资源和耕地面积调查，有助于促进水灾、火灾救灾工作。总之，由航天科技活动所引发的科技革命，将带领人类进入全新的"太空文明"时代，切实改变人类社会现有的生活模式。随着地球资源环境的恶化，作为人类生存第四疆域的外层空间，将为人类提供充满希望的全新生活平台。航天科技为人类开发自然资源和改善环境开拓了一条根本道路。

航天科技活动的领域是外层空间。它是人类活动由陆地－海洋－大气层顺序扩展的第四环境，蕴藏着丰富且诱人的无限空间资源。航天科技的产生与发展，使人类进入空间新环境，直接开发和利用其资源成为可能。面对全球性的资源环境危机，航天科技意义不可低估，甚至被称为"第四次工业革命"。

这些例子都说明，航空航天共性技术的扩散与应用对现代社会做出了巨大贡献。这正是航空航天技术成为各国相互竞争的前沿领域的原因。

三 航空航天技术发展对经济社会发展作用的评价方法

(一)评价原则

本节将介绍国内外对航空航天技术评价的一些研究与应用实例。以下的原则是在这些研究与应用中被广泛应用的原则①。

客观原则:要求评价者站在公正的立场上,采用科学的评价方法,实事求是地去收集有关的信息资料,为公正评价奠定良好的客观基础。

综合原则:航空航天技术是现代系统工程,属于大科学系统,其经济效益不仅体现在具体、个别的技术项目上,而且还反映在整个产业甚至是整个国民经济的综合效益上,因此航空航天技术项目经济评价,一定要坚持在具体项目评价的基础上,进行产业综合评价的原则。

量化原则:航空航天技术项目经济投入量、经济产出量在有些情况下难以准确描述,这就给评价工作带来一定难度,为此必须采取科学方法对有关经济指标进行量化处理。

可比原则:评价范围、评价对象、评价内容、评价标准要具有可比性,也就是要将被评价对象的输入量、输出量用同一个尺度来度量,以保证科学与合理。

根据航空航天技术经济特征、评价内容及指标体系的建立原则,其经济评价指标体系可以归纳为三类:经济评价指标、技术评价指标、社会效益评价指标。

(二)技术评价方法

技术评价指标从技术方面反映项目优劣,具体指标有技术先进性、技术可靠性、技术成熟程度、市场需求程度等。

按照技术评价理论的一般要求,对于技术的先进性、实用性、安全性和配套性需要进行综合的评价。这需要综合考察工程拟采用的工艺流程及技术装备是否兼有先进、实用、安全、配套等特点。如果引进技术和设备,则要考虑其设备和技术的先进性,考虑国内有无生产零配件的能力、国内装备与其配套情况以及采购价格的合理性。对采用的新工艺、新设备必须先经过试验、检验、鉴定,确认其安全、可

---

① 何业才:《航天技术项目经济评价研究》,《数量经济技术经济研究》1996年第4期。

靠、适用后方可使用。如需要多渠道购买设备，还需要分析这些设备工艺技术的相互配套和衔接以及这些设备、技术所采用的标准。另外，还需要分析使用某项技术对使用者及周围人群的健康和生命可能发生哪些影响。无论一项技术的经济效益有多大，如果缺乏安全性，那就不能使用这样的技术。

西方发达国家十分重视航空航天技术系统的管理工作，以空中交通管理系统为例，建立了一系列的系统评价体系，其指标体系的选择、评价方法的制订值得我们学习借鉴。

美国联邦航空管理局（FAA）通过系统容量办公室（the Office of System Capacity），与海洋和近海集成产品开发团队（the Oceanic and Offshore Integrated Product Team）合作研发了新一代空管系统效能评估系统，该评估系统主要用以度量考察空管系统的能力和效率。该评估系统制订了初始的空管系统效能指标和度量方法，建立了一套统一的指标体系，给出了具体的度量方法、数据收集和评估方法、评估结果的可靠性等。采用的指标体系包括灵活性、可预报性、可达性和延误4个一级指标，以及20个初始指标。

欧洲空管系统评估机构/组织是EUROCONTROL效能评估委员会（Performance Review Committee，PRC）成员之一，PRC空中交通管理效能评估系统于1999年由EUROCONTROL效能评估委员会设定，共确定了10个主要效能领域（KPA），每个主要效能领域有一个或多个效能指标。按重要性顺序排列，10个主要效能领域为安全、延误、成本效率、预见性、可达性、灵活性、飞行效率、可用性、环境和公平性。

为了满足空中交通增长的需要，提高容量，保证安全，欧盟提出了"单一欧洲天空"（SES）的概念，以通过立法手段革新欧洲的空中交通管理。SESAR从11个方面（关键效能区域）建立了空管效能框架，并确定了空管效能目标。效能目标的量化成为现代化欧洲空管系统开发和部署的基础。由于SES提出时间不长，目前只有少数规定得以实施，因此，PRC无法采用惯用定量方式进行评估，或直接根据立法活动本身确定其影响。因此，PRC采用的评估方法是对目前空中交通管理（ATM）存在的主要问题（安全、容量、飞行效率、成本效率、可预测性）进行定性的综合分析，并评估SES立法规定对主要ATM问题涉及程度。

（三）经济效益评价方法

经济评价指标从经济方面反映航空航天工程直接经济效益。具体指标有投资收益率、总投资额、费用限制、内部收益率等。根据何业才（1996）的总结归纳，航空航天类技术项目的经济效益评价方法主要有以下几种。

1. 直接投入产出法

这里的投入产出法并不是一般教科书上说的投入产出表法，而是指通过对某项技术的经济投入与经济产出的具体度量来测定该项技术的投入（N）与产出（M）比，此比值（E）即为通常所说的直接经济效益。

$$E = \sum_{i=1}^{n} E_i = \sum_{i=1}^{n} M_i / N_i$$

式中，n 为技术项目数。N_i 是国家对某项航空航天技术的直接经济投入数，可以通过历史统计资料查找，属于已知信息。但某项航空航天技术的直接经济产出数 M_i，在计划经济体制条件下，除实物量可知外，经济量指标则难以等价确定，因而给计算工作带来困难。实际上是按偏低的国家计划价格计算航天技术产出导致航天技术经济效益低下的错觉。因为，航天技术经济产出量的计算价格基数与国民经济其他产业的价格基数确定方法不同，当然可比性就很差。此种方法若在航天系统内部，也就是把航天系统作为计算的坐标系，用来评价各个航天技术项目或评价各个航天企事业单位的经济效益，则是可取的，也是较为简单的一种方法。

2. 连锁效益法

此种方法是将航天技术项目的各种产出，尤其是技术的产出对其他产业部门的发展所带来的间接经济效益，作为该项技术直接产出的经济量的一种补充，累加于其直接经济效益之中，即：

$$M_{ci} = M_i + M'_i$$

式中，M_{ci} 为第 i 项技术经济产出量累加值；M_i 为第 i 项技术直接经济产出量；M'_i 为第 i 项技术间接经济产出量。

所谓连锁效益法，就是将技术的直接经济产出量与其间接经济产出量之和，同其经济投入量之比，其比值就是连锁效益。

$$E = \frac{M_i + M'_i}{N_i + N'_i}$$

式中，N'_i 为第 i 项技术二次扩散或三次扩散的投入量。

此法比直接投入产出法进了一步，已经把航空航天技术的产出从本系统内扩展到其他产业部门，从理论上解决了航空航天技术产出效果的完全性问题，但具体操作困难较大，有待进一步研究。在现阶段，可在典型调查的基础上，通过专家咨询，求出航空航天技术一次扩散或二次扩散的经济产出系数 α_i，则有：

$$M_{ci} = M_i + M_i' = M_i(1 + \alpha_i) \qquad (\alpha_i \geq 0)$$

α_i 值应随技术寿命周期的延长、技术扩散阶段的延伸而不断呈递减趋势，直至为零。

类似产业资金内部利润率对比指数法。

所谓资金内部利润率是指航空航天技术项目在整个寿命周期内累计净现值等于零的贴现利率 (I)，其数学表达式为：

$$\sum_{t=0}^{n} C_t / (1 + I)^t = 0$$

式中：C_t 为某项航空航天技术逐年投入资金当年货币值，亦称现金值；I 为某项航空航天技术资金内部利润率；n 为某项航空航天技术寿命周期；t 为年限。

这个表达式的经济含义是，假定某项航空航天技术项目所有开发经费全部由贷款筹措，这些贷款利率恰好是该项目的内部利润率时，则该项目寿命终了时，正好所有资金收支相抵。I 值可用表格逼近法求出。整个航空航天产业在某一段时期内可求出一个航空航天产业内部利润率 I_H，也可求出类似产业，比如加工行业在同一期间的内部利润率 I_c，然后将两者进行比较，求得资金内部利润率对比指数：

$$\beta = I_H / I_c$$

当 $\beta > 1$ 时，则航空航天技术经济效益高于加工行业；当 $\beta < 1$ 时，则航空航天技术经济效益低于加工行业。采用此法计算整个行业的内部利润率所需要的经济投入量与经济产出量，在相关的部门都可查到相应的统计资料。

类似产业资金内部利润率对比指数法，是把航空航天产业放在整个国民经济系统中来考虑问题，也就是以整个国民经济作为航空航天技术经济评价的坐标系，将航空航天类似产业或类似技术的经济效益作为对比对象，在一定程度上能反映航空航天技术的相对经济效益，只要认真而又系统地收集有关统计资料，做起来也是不困难的。

3. 假设外购法

此方法是指假设我国的军用或民用的所有航空航天技术（含产品）自己完全不研制、不生产，也就是不需要开发与生产的投资，全部由国外购进来装备我们的产业，发展我们的国民经济，看其外购费用与国内科研开发、生产费用对比值的大小，以推算我国航空航天技术经济效益的方法。可表示如下：

$$\gamma = w/c$$

式中，w 为假设外购航空航天技术费用；c 为假设自行研制生产的航空航天技术费用；γ 为外购费用与自制费用之比值。

这个公式在计算时要注意以下问题：

①w、c 的计算对象、计算时间、计算价格以及币种都应该一致；

②w、c 可以针对某一项航空航天技术进行计算，也可以是多项航空航天技术的累加，也就是多项技术费用的代数和；

③航空航天技术、产品应该是以国防现代化的要求为标准来规划航空航天战略武器、战术武器，以及军用卫星的品种与数量，在我们尚未完全做到这一点时，可以先按照国内实际研制、生产的航空航天产品的品种、数量来假设等值、等量外购的航空航天产品与技术。

此种方法只是假设，实际上世界上没有任何一个国家能把航空航天尖端技术毫无保留地卖给我们。真正国防现代化是买不来的，也不是我们买得起的，可行的办法是自力更生，靠自己适当的投入，以取得较高的效益。

（四）社会效益评价方法

社会效益评价指标用于评价航空航天工程的非经济效益的指标，它们大都不能用经济性尺度或难以用经济性尺度进行衡量。另外航空航天工程的间接经济效益也很难完全从经济上衡量，因而对这一部分难以用经济计量表示的间接效益采用"社会效益评价指标"，以反映项目对相关产业经济和技术发展产生影响的深度和广度。社会效益评价指标具体有政治影响、军事实力、经济与技术波及效果、教育水平等。

目前，对于技术的社会效益的评价还不甚全面，而对于社会效益的评价是对技术的最终评价，它代表了对技术发展的认可程度。因而，在对于技术进行社会评价时，应该更全面地考虑技术发展对于社会发展的作用。在这里，应该考虑的因素有由于技术替代作用而减少的人力使用以及由于技术而带来的产业发展从而吸纳的劳动力情况等。

此外，目前关于航空航天技术的社会效益评价的定量研究还不是很多，比较有代表性的有闫相斌等（2009）[①] 采用条件价值法分析的资源卫星的社会效益。条件

[①]　闫相斌、李一军、梁迎春、褚芳芳：《我国资源卫星的社会效益及其 CVM 评价》，《系统工程理论与实践》2009 年第 7 期。

价值法（Contingent Valuation Method，CVM）是应用最广、影响最大的非市场价值评估技术。其最常用的方法是在假想市场情况下，询问个人为使用或保护某种给定的物品或服务而愿意支付的最大货币数量（Willingness to Pay，WTP），或询问他们为失去某种给定的物品或服务而愿意接受补偿的最大货币数量（Willingness to Accept，WTA）。

从 20 世纪 70 年代早期开始，CVM 用于各种公共物品及相关政策的效益评估。目前 CVM 已成为美国政府部门广为认同的价值评估方法之一，并在英国、加拿大、澳大利亚、挪威、日本等国家和地区，以及世界银行、未来资源研究所等国际机构获得了日益广泛的应用。欧盟国家过去 20 年的研究表明，CVM 在帮助公共决策方面是一个很有潜力的技术。

CVM 的基本步骤可归纳为：①创建假想市场；②获得个人支付意愿或受偿意愿；③评估平均 WTP 或 WTA；④估计支付意愿/受偿意愿曲线。其中获得个人WTP 或 WTA 的问卷设计和平均 WTP 或 WTA 的计算是最为关键的环节。

社会效益的定量化评价是当前管理科学研究的前沿领域和热点问题，仍有待进一步发展深入。由于社会效益无法像经济贡献那样进行准确量化，需要结合具体的项目和技术具体分析，在目前现有的相关研究中大都是通过建立评价指标体系或者描述性评价等方式进行研究的。

例如，杨军、曹冲（2004）[①] 在对北斗卫星导航系统的社会效益分析中，主要从以下几个方面进行了表述：①北斗系统的民用开放在产业化的过程中，不仅增加了国家税收，而且能接纳几千人甚至上万人的就业。②北斗系统的民用开放应用提高了应用部门行业的工作效率，改善了人们的生活质量；同时，对环境保护、气象预报能力的提高，以及犯罪案件的递减都会带来明显的社会效益。③北斗系统的民用开放可以使国内用户使用自主知识产权的卫星导航系统，拉动国内用户对卫星导航系统的需求，推进我国北斗二代系统的建设。④北斗系统的民用开放对我国卫星导航定位的产业化、民族化，提高我国卫星导航定位的应用水平，推动国民经济信息化的进程，带动相关产业的结构调整、升级有着极为重要的意义。

富为（2008）[②] 曾提出了一套民航社会效益评估的指标体系，包括三级指标（见表 5 - 1）。

[①] 杨军、曹冲：《我国北斗卫星导航系统应用需求及效益分析》，《武汉大学学报》（信息科学版）2004 年第 9 期。

[②] 富为：《民航社会效益的定量化评估方法探讨》，《中国民用航空》2008 年第 12 期。

王志清等（2009）① 曾经研究过我国机场发展的社会效益评价，主要从以下几个方面进行了分析：①民用机场是国家战略资源和国防基础设施的重要组成部分。在和平时期，民用机场是国际交往和国家安全的重要部门；在战争或特殊时期，民用机场可以为国家军事目的服务。②民用机场为区域和区域之间带来快速、便捷的航空运输服务，促进人员、物资的快速流动，有利于加快产业结构调整，促进产业结构升级。③在偏远地区建设民用机场，通过实现航空运输改善偏远地区与外界联系条件，加强各民族社会、文化交流，增进民族团结，促进地区稳定。④民用机场是社会公共服务体系和应急救援体系的重要组成部分。四川成都机场、广汉机场、

表 5 - 1 民航社会效益评估指标体系

	二级指标	三级指标	标准值	评估值
一级指标：民航社会效益	M1：民族融合均衡发展	M11：群体性事件数量		
		M12：贫富收入差距倍数		
		M13：城市恩格尔系数		
		M14：农村恩格尔系数		
		M15：少数民族人口比例		
	总分			
	M2：应急救援等公共服务体系建设	M21：公共危机事件发生次数		
		M22：应急救援次数		
		M23：通航应急救援次数		
		M24：其他人道主义救援次数		
	总分			
	M3：国家战略价值	M31：地理位置总体评估		
		M32：军事价值		
		M33：对外交往次数		
	总分			
	M4：观念转变	M41：人均乘飞机出行次数		
		M42：城镇人均可支配收入		
		M43：农村人均可支配收入		
	总分			
	M5：文化传播与宣传	M51：大型演出次数		
		M52：大型会展次数		
		M53：城市竞争力排名		
	总分			

---

① 王志清、钟山、赵闯、刘雪妮：《我国机场业发展的经济社会效益评价研究》，《中国民用航空》2009 年第 11 期。

绵阳机场在汶川特大地震的抗震救灾斗争中都发挥了不可替代的重要作用。⑤与公路、铁路等其他交通运输方式相比，民用机场建设土地资源占用少，按照单位客运量占地面积计算，民航分别是公路、铁路的 1/29.2 和 1/4.5，节约了土地资源。

四 航空航天技术发展对经济社会发展作用的评价框架

（一）航空航天技术评价的特殊性

航空航天技术由于投资大、周期长以及它的多学科和综合性的特点，是现代大科学和大工程的一个代表领域。对航空航天技术进行评价，其目的是对发展所考虑的技术的全面的结果进行评价，以提供给公共政策制定者具有科学基础的结论。它包括以下几个方面的目的①：

- 对可能达到的目标进行评价；
- 对可能的负面影响进行评价；
- 对实施该技术所需要的条件进行评价；
- 对该技术的潜力进行评价；
- 在不同技术方案之间做出选择。

我国的航空航天事业在近年取得了巨大的发展，这是因为：一方面政府加大了对该领域研究与发展的支持，另一方面是由于市场需求的增长。② 同时，也应当注意到：我国在航空航天领域中仍在很多方面落后于以美国为代表的领先国家。而航空航天领域的技术由于处在科学与工程技术的前沿，是各国进行竞争的重要领域，同时，其各种技术具有直接的或间接的军事用途，因而不同于其他产业中的技术，航空航天技术的合作受国际政治的支配。这些背景是在我国进行航空航天技术评价中应当考虑的。具体地说，应当考虑到所评价的项目对引进技术或自主创新的贡献，也应当把国际竞争与合作作为评价的重要维度。

航空航天事业主要由国家支持，因而技术评价主要是从公共政策的需要进行评价，但也会有从企业的角度进行评价的需要。两者的区别在于：政府政策考虑的是

---

① Armin Grunwald and Hartmut Sax, "Technology assessment in space activities: status and outlook," *Space policy*, 1995, 11 (4), pp. 269 - 274.

② Roger Cliff, Chad J. R., and David Yang, *Ready for takeoff: China's advancing aerospace industry*, Rand corporation, 2011.

技术应用的全部结果，而企业考虑的只是影响它的收益的结果。与公共政策相联系的技术评价关注技术对外界的影响，而企业的技术评价关注的是外界对企业的影响。[①] 本章所考虑的只是从公共政策的角度出发所作的评价。它也可应用于企业进行评价的情况，但侧重点会有不同。

对技术的评价可能在技术的发展的不同阶段进行。由此可区分为事前的、事中的和事后的。其区别，一方面在于所使用的数据不同，另一方面在于产生的建议的性质的不同。事前的评价依据的主要是技术本身的实验的数据以及对其他方面的预测，而它对政策的作用在于是否需要支持该技术；事中的评价可得到更多的反馈，因而评价可以更加准确，而它对政策的作用在于是否继续发展该技术或应当做出调整；事后的评价可以获得最全面的数据，而它对政策的作用则主要在于回顾和总结。这些评价因为所处的阶段不同，会有不同的侧重，并使用不同的数据，但总的评价的框架则是相似的。由于本章的任务只在于提出评价的分析框架，因此，在下面的讨论中不对不同阶段的评价加以区分。

航空航天技术评价作为公共政策特别是技术评价（Technology Assessment）的一个重要领域，可以包括的范围很广。以美国国会技术评价局 20 世纪八九十年代所做的评价为例，可以看出其范围和具体目的的差异（见表 5 - 2）。这些差异主要是为了服务于公共决策的需要而产生的。因此，航空航天技术评价的对象可能是一个项目、一项技术或一个领域，而其建议可能涉及科技发展战略、国防战略、产业政策、管制政策等方面。但这些评价都需要结合技术的、经济的与社会（政治）的视角，并选择合适的方法进行数据收集与分析，并得出可供选择的选项。在本章中，将不对航空航天技术评价的具体类型加以区分，只讨论一般的概念框架，即在评价中应加以考虑的技术、经济、社会（政治）的维度。

表 5 - 2　OTA 对航空航天技术的若干评价报告（1980 ~ 1995 年）

报告题目	时间	主要任务	解决问题
International cooperation and competition in civilian space activities	1985 年	空间战略分析	对国际竞争与市场演化的政治经济考虑
Solar power satellites	1981 年	对未来情景的评价	发展关键技术的必要性

续表

报告题目	时间	主要任务	解决问题
Exploring the moon and mars：choices for the nation	1990 年	对未来情景的评价	发展关键技术的必要性
Access to space：the future of US space transportation system	1990 年	技术导向的研究	技术对环境的影响
The future of remote sensing form space	1993 年	对空间技术应用的特殊领域的研究	从科学发展出发来分析发展空间技术的要求

资料来源：Armin Grunwald and Hartmut Sax，1995。

（二）航空航天共性技术应用技术可行性评价的概念框架

前面介绍了认识航空航天技术的全面结果的几个视角。这些视角也是实际进行评价所应遵循的框架。下面将依照技术、经济、社会这三个方面对航空航天技术评价提供一个可行的框架。从这三个角度出发去评价，所使用的数据收集方法和得出结论的方法可能不同。比如说，技术评价主要依靠实验数据与专家判断，而经济合理性则需要依靠对市场的预测。由于航空航天技术评价涉及国防战略、科学战略等复杂内容，有些地方可以使用定量的描述，有些地方则需要依靠定性的判断。本章只涉及所应遵循的概念框架，而不涉及具体进行评价时所应采用的收集数据和得出结论的方法。

技术可行性评价仅涉及技术可能达到何种目标的问题。技术指达到某种目的的手段，因而是否发展某一项技术的决策首先需要了解的是该技术能否达到目的、有什么副作用、需要什么条件。一项技术在达到主要目的之外，还可以有许多应用潜力。了解这些潜力是技术可行性评价的第二个目的。它又可分为两个层次：一是直接的应用，它是指（在主要目标之外）不需要改变被评价的系统就可以利用其功能的机会；二是技术扩散，它是指该系统所包括的技术通过改进可应用于其他任务或领域的潜力。因此，航空航天技术可行性评价的逻辑框架可以用图 5 - 4 来表示。

进一步，对航空航天技术项目进行评价应当区分两个层次：一是系统的层次，或是整体的层次，它要评价的主要是该系统或项目作为整体能否达到预定目的、会不会有负面影响、需要什么配套条件才能使该系统或项目真正运行起来等；二是部件的层次，或是该系统或项目中所包含的具体的技术，它要评价的是系统所包含的各项具体技术的先进性、可靠性以及该技术通过改进在其他领域扩散的可能与障碍等。区分这两个层次之所以重要，是因为航空航天技术经常是大规模的系统，甚至包含复杂的子系统（见图 5 - 5）。

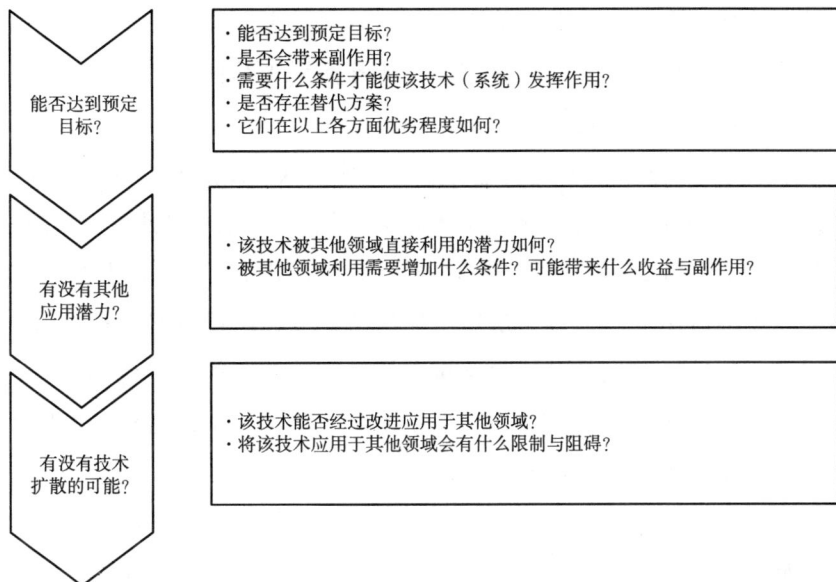

图 5 - 4　航空航天技术可行性评价的基本流程

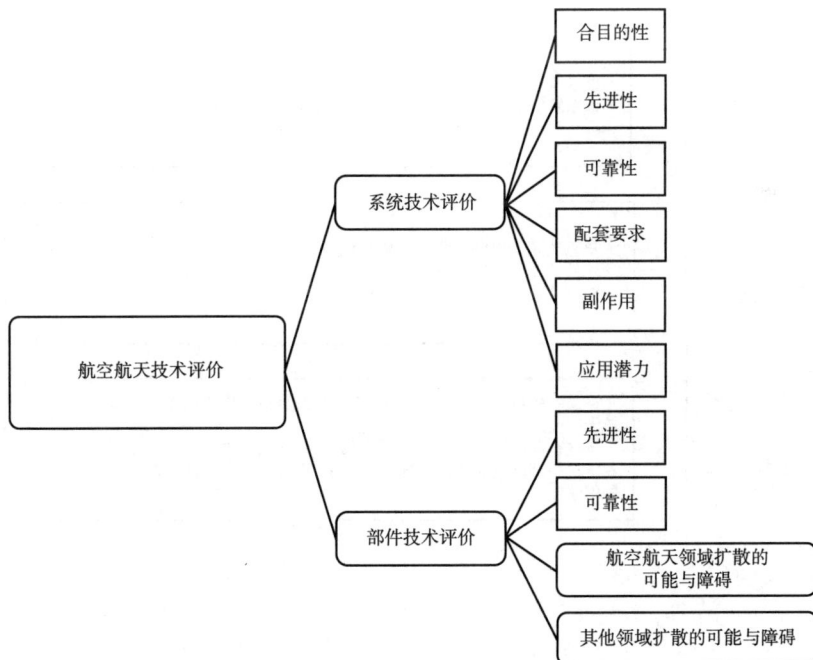

图 5 - 5　航空航天技术可行性评价的层次

系统的层次和部件的层次的划分是基于这样一个性质：系统的设计经常是独特的，为了实现一个事前设定的目标而设计。因而，它的首要标准是能否达到预定目标，其次是在实现这个目标过程中会产生什么其他结果。技术对于环境、气候或其他技术可能造成副作用。此外，该系统还可能被使用于其他目的。这种使用是在不改变系统设计的情况下直接可以应用的情况。

同时，部件技术经常可以通过改进应用于其他领域。比如说，为一种型号的飞机而设计的发动机可以应用于其他飞机。又比如说，为航天员设计的服装、食品等可以通过适当的改进适用于其他具有特殊要求的情况。这种应用可称为"共性技术的扩散"。

把共性技术的应用区分为两个层次：应用与扩散，可以较好地评价航空航天共性技术应用的可行性。首先是在其他领域直接使用该系统所能提供的服务，它不需要改变被评价的系统的构成。比如由于卫星系统的建设带来的通信上的应用。为此需要评价这些应用需要的条件以及建立的标准和管制的必要性。其次是将航空航天技术中的部件技术加以改进之后能够适用于其他目的因而具有扩散到其他领域的潜力，为此需要进一步评价这种应用是否存在其他设计问题或是在生产上需要重新设计生产线。图 5-6 给出了航空航天共性技术应用的技术可行性评价的框架。

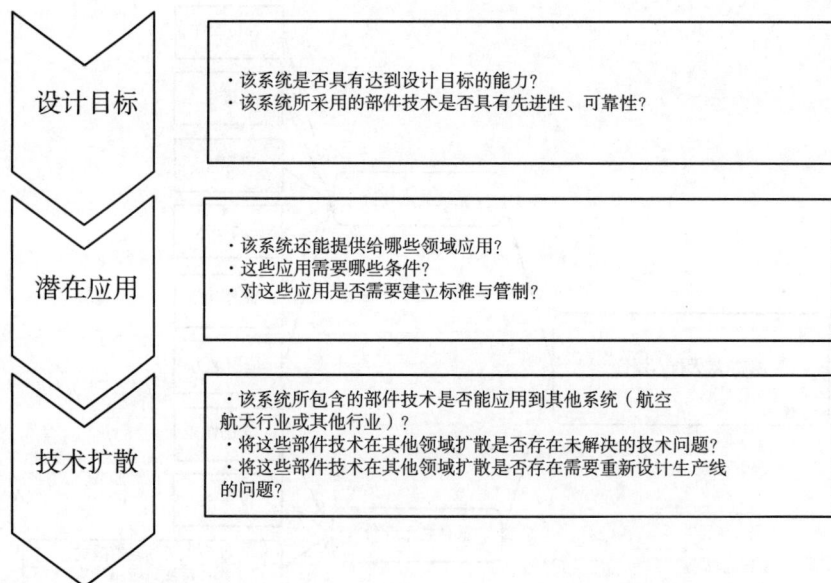

图 5-6 航空航天共性技术应用的技术可行性评价框架

（三）航空航天共性技术应用经济合理性评价的概念框架

经济评价的基本概念是投入与收益。就单个项目来说，当收益超过投入时，该项目就是经济上合理的，反之则是不合理的。如果存在多个项目，还需要对多个项目进行比较。因此，关键是如何评价投入与收益。在这两者中，收益又是较难评价的。作为从公共政策出发的评价，其收益并非单指项目本身所获得的收益，而是包括整个社会所获得的收益，因此，更加难以准确评价。

航空航天技术的经济评价更加困难，这是因为它有不同于其他领域的技术的特点：首先，航空航天技术是国际竞争的重要领域，因而技术交易的障碍很大，不能使用市场价格来衡量其经济性；其次，即使存在购买技术的可能，独立发展自己的技术仍然具有战略意义；最后，由于航空航天技术处在科技发展的前沿，它的许多应用在目前都难以准确预测。① 因此，在航空航天技术的经济评价中就不能简单使用收益投入比作为是否在经济上合理的标准，还应当考虑其战略意义和对未来科技发展的意义。在航空航天技术的经济评价中必须使用与国家发展战略相匹配的标准来衡量，也就是说，判断航空航天技术是否经济上合理的标准在很大程度上是政治性的，必须由政策制定者去决定。而技术评价的目的只是提供全面、有根据的事实来帮助决策者进行决定。

在分析框架上，对航空航天技术的评价仍然是从投入与收益两方面去进行分析，而重点应放在收益的评价上。图5-7给出了对航空航天技术经济收益评价的一般框架。

航空航天技术的经济收益应区分为直接收益与间接收益。直接收益指由于该项目的建设而带来的经济贡献；而间接收益是由于该技术的发展而产生的进一步利用的机会。由于从公共政策的角度来看，收益指的是整个社会的收益，因而应当把间接收益包括进来。

航空航天技术的直接经济收益可能包括四方面：

• 它可能直接产生产品或服务，可以在国内或国际上销售，这一部分的价值应当通过市场调查与预测加以评价；

• 它可能使国内的用户由于不必使用外国的产品与服务而带来成本节约，这一部分节约不一定由该项目获得，但从公共政策的角度应当包括在经济收益之中，这一部分也应当通过市场调查与预测来加以评价；

• 它可能使我国获得关键技术能力或减少对外技术依赖，对此的判断应当根据国际竞争的态势和我国的发展战略加以评价；

• 可能由于该技术的应用而产生对其他行业的需求，并因此带动生产与就业，

① 关士续、孔照君、孟庆伟：《正确评价卫星技术效益应坚持的几个基本观念》，《世界导弹与航天》1990年第2期。

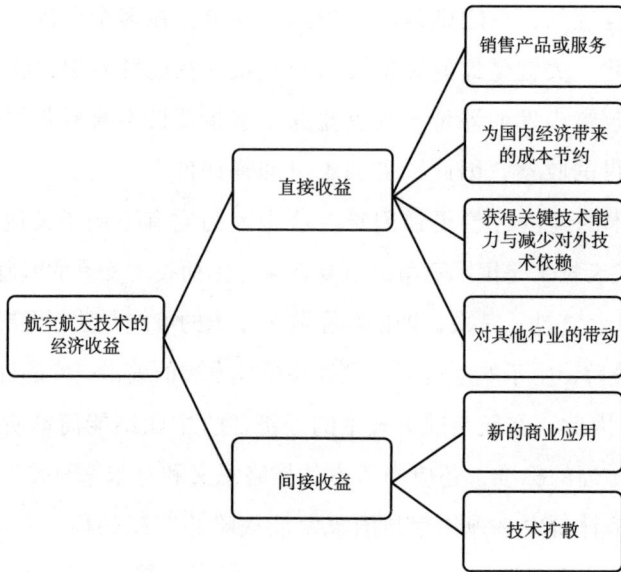

图 5 - 7　航空航天技术的经济收益评价

作为公共政策评价，这部分也应当作为收益来考虑。

间接收益指需要通过进一步的投入才能产生的经济贡献。它可能包括两个方面：

●新的商业应用：由于该技术的应用，在其他领域可能通过利用该技术的服务而开发出新的商业应用来。比如说，由于卫星系统的应用，就产生了 GPS 的产品与服务。这一部分的价值也是航空航天技术给社会带来的经济贡献。

●技术扩散：上面的商业应用指的是在航空航天技术的外部通过建立新的技术与手段来使用航空航天技术所能提供的服务与产品，而技术扩散指的是把航空航天技术中的一部分（主要是部件技术）通过进一步开发使其适用于其他领域的目的，因而引起技术的扩散。

由于航空航天技术具有多学科、综合性的特点，因此，其中许多技术都具有共性技术的特点。对这些共性技术的应用作出评价对公共政策来说是很重要的。因此，需要对其作进一步论述。

首先，应当注意共性技术应用的成本。航空航天技术中的很多产品并不是为大规模制造而设计的，在其设计过程中往往也以技术指标作为最主要的标准，因此，要在其领域中使用这些技术往往需要在产品与生产上都进行重新设计。[①] 此外，要

————————

① The students of the technology transfer design project team, "Technology transfer: bridging space and society", *Acta Astronautica*, Vol. 41, 1997.

将技术从航空航天领域转移到其他领域可能涉及技术学习的成本，并且在转移之后也可能需要对原有设备进行技术改造。这些在分析评价时应当加以估计。

其次，航空航天共性技术应用带来的收益应当从两方面去考虑：一是所产生的市场价值，这需要通过市场调查，通过与同类产品的比较来预测其市场价值；二是对经济竞争力的贡献，它可能通过解决技术难题、加强知识流动、加快产品开发等方式对其他行业竞争力的提高做出贡献。

图 5-8 给出了航空航天共性技术应用经济合理性评价的分析框架。只有对应用的可能的收益与克服障碍所需要的成本加以比较，才能全面评价其经济合理性。

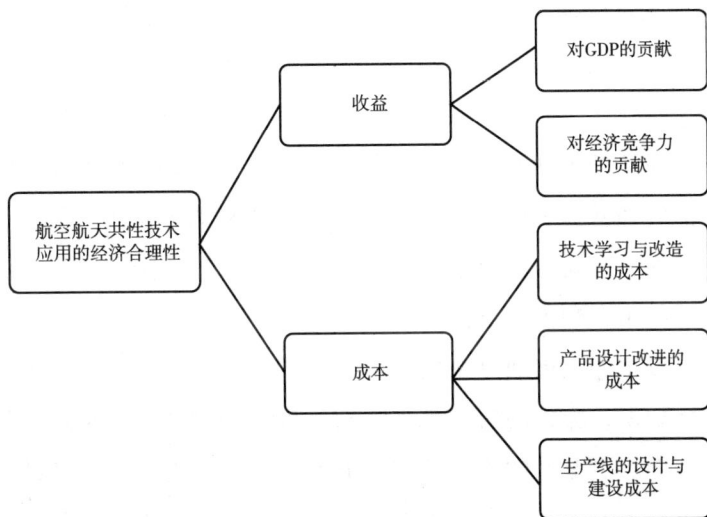

图 5-8　航空航天共性技术应用的经济合理性评价

（四）航空航天共性技术应用社会有益性评价的概念框架

从公共政策的角度来看，对技术的评价需要关注的是其对整个社会的影响，而不是只对某些领域的影响；关注的是整个社会的收益，而不是某个项目的收益。因此，对政策制定者来说，除了技术可行性和经济收益的可能性的评价之外，需要对技术对社会的影响做出全面的评价。

社会有益性的评价对航空航天技术评价来说具有非常重要的意义。这是由航空航天技术的特殊性带来的。就像上面曾指出的，航空航天技术处在科学技术的前沿，具有多学科、综合性等特点，也是国际竞争的重要领域，会对社会发生非常复杂的影响。因而对其社会影响做出全面的评价非常困难，在很多方面需要做出定性的判断。

首先，应当考虑发展航空航天技术对国际关系的影响。由于航空航天技术具有潜在的或直接的军事用途，因而对这些技术对国防的贡献做出评价是非常重要的。这就需要以对其他国家的发展的了解为基础，在我国国防战略的指导下，作出专业的分析。由于航空航天是国际竞争的重要领域，而各国的发展水平参差不齐。发展中国家虽然想发展航空航天技术，但许多都受到技术与经济实力的限制而无法参与。[①] 这实际上提供了促进国际合作的空间。通过这些合作，一方面可能引进技术，另一方面也可能出口技术。因此，由航空航天技术带来的改善国际关系的可能是非常值得重视的一个方面。同时，由于航空航天技术是国际竞争的前沿，发展航空航天技术所带来的国际地位的提升和国民自豪感的提升都是非常重要的，对此应当结合我国所处的发展阶段与发展战略加以正确的评估。

其次，发展航空航天技术给社会生活带来巨大的变化是评价的另一个重要的方面。第一个值得注意的方面是在应付自然灾害和突发事件上的作用。航空航天技术在灾害预测、监测和救援上有非常关键的作用，是其他手段所不能替代的。随着航空航天技术的发展，在这方面可能还有更多的更有效的应用。应当以技术数据为基础，对航空航天技术在预测、监测灾害和实施救援上的作用作出评价。第二个方面是由于航空航天技术的发展而带来的生活方式的改变，这是航空航天技术带给全体国民的利益。比如说，廉价的航空带来的旅行方式的改变，卫星通信带来的娱乐与获得信息的更有效、更有益的方法等。对此作出评价将有利于公共政策的决策得到公民的支持。第三个方面是在科研教育上的贡献。这个方面同样是不可低估的。由于航空航天技术的发展可以在科学上做更多的探索，对教育手段、内容也提供了新的选择，因而是科学发展战略中的重要步骤。同样重要的是，航空航天成就对于激励青少年对科学技术的向往有不可替代的作用。没有什么比科学技术的成就更能激励青少年去追求科学了。因此，应当对航空航天技术所能提供的科研和教育上的可能性进行评价。

最后，航空航天技术往往包含基础研究与应用研究，由此所产生的新知识本身就是公共政策的目标之一。对此的评价应当根据国家的科技发展战略，对航空航天技术发展对新知识产生的可能贡献以及由于这些知识的传播而可能激励的研究与创新做出评价。

---

① U. M. Leloglu and E. Kocaoglan, "Establishing space industry in developing countries: opportunities and difficulties", *Advances in space research*, 42 (2008) 1879 - 1886.

只有在这些方面都做出有根据的评价，才能对航空航天技术发展的社会贡献做出全面的评价。图5-9给出了航空航天技术应用的社会有益性评价的框架。

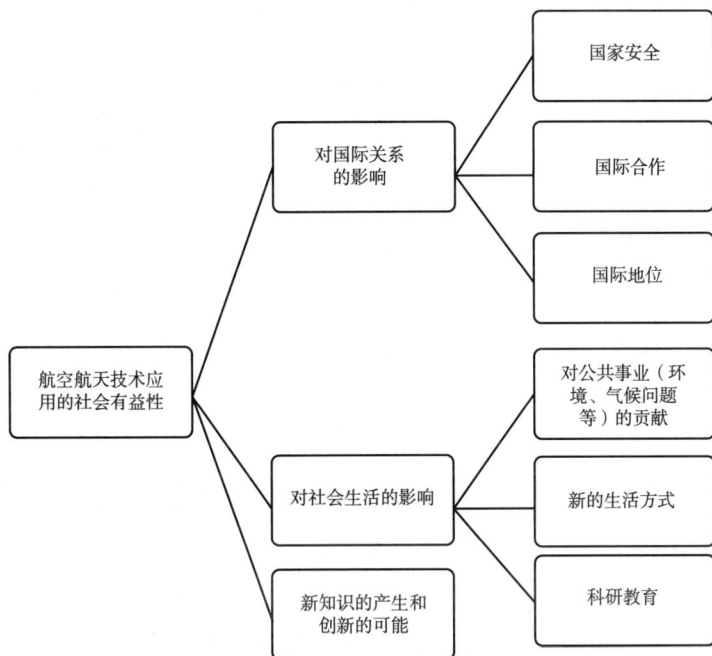

图5-9　航空航天技术应用的社会有益性评价框架

五　案例：北斗卫星导航系统对我国经济社会发展作用的评价

（一）北斗卫星导航系统简介[①]

1. 概述

北斗卫星导航系统（BeiDou Navigation Satellite System）是中国正在实施的自主发展、独立运行的全球卫星导航系统。系统建设目标是：建成独立自主、开放兼容、技术先进、稳定可靠的覆盖全球的北斗卫星导航系统，促进卫星导航产业链形成，形成完善的国家卫星导航应用产业支撑、推广和保障体系，推动卫星导航在国民经济社会各行业的广泛应用。

---

① www.beidou.gov.cn.

北斗卫星导航系统由空间段、地面段和用户段三部分组成：空间段包括 5 颗静止轨道卫星和 30 颗非静止轨道卫星；地面段包括主控站、注入站和监测站等若干个地面站；用户段包括北斗用户终端以及与其他卫星导航系统兼容的终端。

2. 发展历程

卫星导航系统是重要的空间信息基础设施。中国高度重视卫星导航系统的建设，一直在努力探索和发展拥有自主知识产权的卫星导航系统。2000 年，首先建成北斗导航试验系统，使我国成为继美、俄之后的世界上第三个拥有自主卫星导航系统的国家。该系统已成功应用于测绘、电信、水利、渔业、交通运输、森林防火、减灾救灾和公共安全等诸多领域，产生了显著的经济效益和社会效益。特别是在 2008 年北京奥运会、汶川抗震救灾中发挥了重要作用。为更好地服务于国家建设与发展，满足全球应用需求，我国启动实施了北斗卫星导航系统建设。

3. 建设原则

北斗卫星导航系统的建设与发展，以应用推广和产业发展为根本目标，不仅要建成系统，更要用好系统，强调质量、安全、应用、效益，遵循以下建设原则：

（1）开放性。北斗卫星导航系统的建设、发展和应用将对全世界开放，为全球用户提供高质量的免费服务，积极与世界各国开展广泛而深入的交流与合作，促进各卫星导航系统间的兼容与互操作，推动卫星导航技术与产业的发展。

（2）自主性。中国将自主建设和运行北斗卫星导航系统，北斗卫星导航系统可独立为全球用户提供服务。

（3）兼容性。在全球卫星导航系统国际委员会（ICG）和国际电联（ITU）框架下，使北斗卫星导航系统与世界各卫星导航系统实现兼容与互操作，使所有用户都能享受到卫星导航发展的成果。

（4）渐进性。中国将积极稳妥地推进北斗卫星导航系统的建设与发展，不断完善服务质量，并实现各阶段的无缝衔接。

4. 发展计划

目前，我国正在实施北斗卫星导航系统建设。根据系统建设总体规划，2012 年左右，系统具备覆盖亚太地区的定位、导航和授时以及短报文通信服务能力；2020 年左右，建成覆盖全球的北斗卫星导航系统。

5. 服务

北斗卫星导航系统致力于向全球用户提供高质量的定位、导航和授时服务，包括开放服务和授权服务两种方式。开放服务是向全球免费提供定位、测速和授时服务，定位精度 10 米，测速精度 0.2 米/秒，授时精度 10 纳秒。授权服务是为高精度、高可靠卫星导航需求的用户提供定位、测速、授时和通信服务以及系统完好性信息。

（二）北斗卫星导航系统技术应用的技术可行性评价

1. 北斗卫星导航系统的技术原理

我国的卫星导航计划从试验导航卫星，即北斗一号开始。现在正在建设第二代北斗卫星导航系统。到目前为止，第一代北斗卫星导航系统已经得到了广泛的应用，第二代的应用将随着第二代卫星系统的建设进行。

北斗一号卫星导航定位系统采用双星定位体制，由 2 颗地球静止卫星（GEO）对用户双向测距，由 1 个配有电子高程图库的地面中心站进行位置解算。定位由用户终端向中心站发出请求，中心站对其进行位置解算后将定位信息发送给该用户。双星定位原理是基于三球交会原理，即以 2 颗卫星的已知坐标为圆心，各以测定的本星至用户机距离为半径，形成 2 个球面，用户机必然位于这 2 个球面交线的圆弧上。中心站电子高程地图库提供的是一个以地心为球心、以球心至地球表面高度为半径的非均匀球面。求解圆弧线与地球表面交点，并已知目标在赤道平面北侧，即可获得用户的二维位置。如图 5－10 所示。

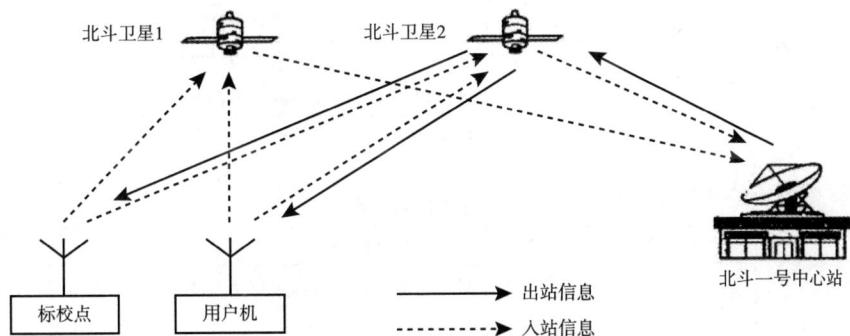

图 5－10　北斗一号卫星导航系统工作原理

资料来源：周露、刘宝忠：《北斗卫星定位系统的技术特征分析与应用》，《全球定位系统》2004 年 4 月。

现在我国正在建设北斗第二代卫星导航系统。2007 年，随着一颗北斗地球同步卫星和中轨道卫星升空之后，北斗二代系统进入建设期。建成之后将包括 5 颗地球同步卫星和 30 颗中轨道卫星。

第二代北斗卫星导航系统的基本工作原理是：空间段卫星接收地面运控系统上

行注入的导航电文及参数，并且连续向地面用户发播卫星导航信号，用户接收到至少4颗卫星信号后，进行伪距测量和定位解算，最后得到定位结果。同时为了保持地面运控系统各站之间时间同步，以及地面站与卫星之间时间同步，通过站间和星地时间比对观测与处理完成地面站间和卫星与地面站间时间同步。分布在国土内的监测站负责对其可视范围内的卫星进行监测，采集各类观测数据后将其发送至主控站，由主控站完成卫星轨道精密确定及其他导航参数的确定、广域差分信息和完好性信息处理，形成上行的导航电文及参数。①

2. 北斗卫星导航系统技术应用的技术评价

到目前得到比较多应用开发的是第一代北斗导航卫星系统，因此，下面的论述以此为主。导航卫星主要提供定位、授时服务，而北斗卫星还具有短信功能。这些功能的应用前景非常广泛。表5-3列出了一些重要的应用领域以及应用实例。

表5-3 北斗一号应用范围与实例

应用分类	典型应用	应用实例
数据采集、监测类	水文、水情测报	长江三峡水情遥测系统；金沙江水情自动测报系统
	气象测报	北京奥运会、珠峰气象测报
	地理监测	青藏高原地应力监测
	海洋监测	海洋资料浮漂数据传输
	农田墒情监测	新疆生产建设兵团农田墒情监测系统
监控、指挥调度类	车辆监控	奥运安保车辆位置监控服务；新疆公众交通卫星导航监控系统；西藏长途客/货车监控指挥调度系统
	海洋渔业监管	东海、南海、南沙渔船船位监测系统
	灾情报告、救援调配	汶川地震救援部队、直升机调配；基于北斗系统的国家救灾应急指挥调度系统
	安全生产监控	黑龙江某煤矿安全生产监控系统
	危险品监控	北斗卫星危化品运输监控指挥系统；涩宁兰石油/天然气管道监控系统
军事应用	部队定位与授时、武器平台导航、指挥自动化、紧急求援	

北斗一号的应用特点如下②：

● 系统覆盖我国全部国土及周边领域；

---

① 《第二代北斗卫星导航系统简介及应用展望》，《卫星与网络杂志》2008年第11期，第64页。
② 唐金元、于潞、王思臣：《北斗卫星导航定位系统应用现状分析》，《全球定位系统》2008年第2期，第26~30页。

- 系统定位、授时精度能够满足导航需要；
- 系统双向报文通信功能应用优势明显，这是 GPS 等系统所不具备的。

这些都是北斗一号技术上的优势，但在应用上它也有劣势，主要是：

- 系统使用有源定位制（北斗二代则使用与 GPS 近似的无源定位体制，用户只需要被动接收），使得用户的隐蔽性、实时性较差，并且用户容量受限；
- 此种设计还导致该系统对地面处理中心依赖过大；
- 此种设计也导致用户终端必须具备发射功能，因而导致终端成本较高、体积难以缩小等不利于用户的特点。

（三） 北斗卫星导航系统技术应用的经济合理性评价

1. 北斗卫星导航系统在民用领域的应用

北斗卫星导航系统在设计之初是一个相对封闭的系统，并且属于最高机密。2002 年，国务院发布的《航天白皮书》中明确鼓励北斗卫星导航系统向民用领域开放。随着国家主管部门授权从事北斗系统运营服务业务的首家企业——北斗星通公司的成立，北斗卫星导航服务正式进入市场化运行阶段，并逐渐显现良好的市场前景和经济收益预期。

2008 年，北斗导航定位系统已有 30 多万个民用用户，直接产值逾 35 亿元人民币，保守估计相关产业的经济带动是其直接产值的 10 倍以上。北斗卫星导航定位系统的盈利点主要包括北斗终端用户机的销售、各种各样的应用系统建设、北斗运营服务费的收取等。北斗卫星导航系统可以有以下几种应用模式。

（1） 小型集团监控应用。移动目标配置基本型北斗卫星导航系统用户机，集团监控中心配置指挥型用户机和相应的计算机设备及监控软件，快速构建实用的监控管理应用系统。

（2） 大型集团监控应用。移动目标配置基本型北斗卫星导航系统用户机，集团监控中心配置北斗卫星导航系统天基指挥所设备，通过地面网络接入北斗卫星导航系统运营服务中心，完成大规模、跨区域的移动目标监控管理和指挥调度。

（3） 自主导航应用。利用北斗卫星导航系统基本型用户机、多模型用户机进行车辆、船舶等的自主导航。

（4） 通信应用。利用北斗通信终端，实现点对点、点对多点的通信。这种应用模式适合于各类数据采集和数据传输用户，如水文观测、环境监测等。

（5） 授时应用。利用北斗卫星导航系统授时终端，进行通信、电力、铁路等网络的精确授时、校时、时间同步等应用。

2. 北斗卫星导航系统的市场需求前景分析

卫星导航市场的规模正在迅速增长，近年增长最快的是车载与个人应用。据估计，我国车载导航市场在 2020 年将达到 270 亿元。① 再加上手机应用，有估计认为，个人卫星导航市场到 2015 年就将达到 3000 亿元。② 这些估计之间有差距，但都说明正是近年个人应用市场的迅速增长，导致对市场规模的预期迅速上升。从具体的、分类型的用户角度来看，我国北斗卫星导航系统未来几年的国内市场需求前景主要体现在以下几个方面。

（1）2009 年，我国铁路机车拥有数量共 17825 台，平均日装车量近 15 万辆。基于铁路安全和运输安全保障体系的考虑，一直未采用 GPS，而北斗卫星导航系统是我国自主知识产权的导航系统，具有定位、授时和双向短信功能，在铁路运输安全保障体系中具有其他定位手段无法替代的作用。

（2）我国拥有民用近海渔业船只 30 多万艘，海上渔业又是我国卫星导航应用较早的领域，GPS 已经占领了比较大的市场，但由于受通信方式的限制，和陆地管理部门联系困难，而北斗卫星导航系统则具有明显的优势。

（3）2009 年，我国公路营运汽车拥有量近 1100 万辆，其中 900 万辆是货运汽车。以长途运输为例，这是我国卫星导航系统在物流运输管理上能发挥重大作用的领域，其应用市场需求迫切、潜力巨大。近年来，我国运输市场持续升温，各种物流系统均显示出对卫星导航车辆监控管理系统的明显需求。目前，各省市为了加强交通运输管理，已逐步要求在长途客运车辆上安装卫星导航监控记录装置。特别在广大的西部和东、中部部分通信困难地区，北斗卫星导航系统的定位和通信功能可以很好地解决这些问题。同时，国内几家大汽车厂，如一汽、东风、上汽等均有在豪华轿车或普通轿车上将卫星导航系统作为标准配置的打算和行动，目前每年都有 10 万台的需求量，且会保持相当长时间的稳定增长趋势。

（4）2009 年，我国沿海规模以上港口货物吞吐量达 4.8 亿吨，且呈逐月递增态势。长期以来，我国沿海和内河船舶运输的安全和生产调度的通信手段一直很落后，90% 以上的机动船舶没有装备必备的通信导航设备。北斗卫星导航系统覆盖我国东部和南部海域，具有定位和通信功能，可作为沿海内河船舶遇险安全通信保障

① 黄力远、易枫：《中国车载卫星导航市场需求分析与预测》，《中国高新技术企业》2009 年第 13 期。
② 曹冲：《卫星导航系统及产业现状和发展前景研究》，《全球定位系统》2009 年第 4 期。

手段和运营调度指挥工具。

（5）我国正在积极推进国产大飞机的研制工作，国产大飞机也是北斗卫星导航系统重要的潜在用户之一。

（6）移动通信基站和电力线路配送都需要精密的时钟，从安全性和可靠性角度考虑，在国家关键经济部门，使用我国自主的北斗卫星导航系统授时的时间比GPS时间要好得多。

（7）我国的环保、水利、气象、地震、森林防火、油气田、邮政部门需要先进的通信手段，进行关键信息与定位信息的监测和信息控制传输。北斗卫星导航系统较之其他方式具有较强的市场渗透能力和价格优势。

此外，随着区域性卫星导航系统的完成和全球性卫星导航系统的建立，北斗卫星导航系统还将拥有大量的国际市场需求。

3. 北斗卫星导航系统市场竞争的优劣势分析

目前世界上主要的卫星导航系统如表5-4所示。其中得到最广泛应用的是GPS，我国卫星导航市场也主要被GPS占据。

表 5-4　世界主要卫星导航系统

名　称	建设者	覆盖	建设状态	卫星数目	备注
GPS（全球定位系统）	美国	全球	已建成	24 MEO	现有32颗工作卫星
WAAS（广域增强系统）	美国	增强	已建成	3 GEO	2008年完全工作状态
GLONASS（全球导航卫星系统）	俄罗斯	全球	恢复中	24 MEO	2008年18颗卫星
Galileo（全球导航卫星服务）	欧洲	全球	建设中	30 MEO	2013年建成
EGNOS（欧洲境地导航重叠系统）	欧洲	增强	已建成	3 GEO	2010年通过航空认证
QZSS（准天顶卫星系统）	日本	区域	建设中	3 IGSO	2009年一期
MSAS（多功能卫星增强系统）	日本	增强	已建成	2 GEO	2007年建成
IRNSS（印度无线导航卫星系统）	印度	区域	建设中	3 GEO,4 IGSO	2012年建成
GAGAN（GPS与静地增强系统）	印度	增强	建设中	3 GEO	2010年建成

资料来源：郑睿：《中国卫星导航系统的最新进展》，《卫星与网络》2009年第4期，第60~63页。

和市场上现有的其他卫星导航系统（特别是GPS系统）比较起来，在国内市场上，北斗卫星导航系统有其优势与劣势。下面对此进行分析。

（1）北斗卫星导航系统的优势。主要有以下四方面。

• 北斗卫星导航系统是我国具有自主产权的卫星导航系统，安全性高。

• 北斗卫星导航系统既有导航定位功能，又有报文通信功能，使用该系统不需要再建通信链路，不需要租用卫星信道，不仅使用方便，而且可以取得非常明显的价格优势。

• 北斗卫星导航系统中心站可以保留全部北斗终端用户机的位置及时间信息；同时，卫星导航增强系统中心站也实时存储有大量非常有价值的 GPS 差分数据。因此，北斗民用运营服务系统可为用户提供更加丰富的信息服务及精密导航定位服务，这是其他系统所不能提供的增值服务优势。

• 北斗卫星导航系统覆盖范围广，可以覆盖中国本土及周边国家和地区，特别是近海海域地区，目前存在较大的海外市场，而其他服务系统又不能提供较合适的服务，北斗民用市场和运营服务系统在市场延伸和服务范围方面具有一定的优势。

（2）北斗卫星导航系统的劣势①。主要有以下几方面。

• 北斗卫星导航系统和北斗民用运营服务系统建设较晚，进入市场较迟，市场基础较弱；

• 北斗民用运营服务系统是新建系统，未经历实际应用考验，其应用还不够完善和成熟；

• 第一代北斗卫星导航系统终端设备价格太高，无法与 GPS 竞争；

• 用户终端设备研制开发滞后，跟不上应用需求；

• 民用市场过分自由化和无序竞争，影响了该产业的健康发展。

（四）北斗卫星导航系统技术应用的社会有益性评价

北斗卫星导航系统的重要意义在于打破了美国在全球卫星定位领域的垄断。卫星导航技术引起人们关注是从 1991 年海湾战争后开始的，美国在海湾战争中的一个"撒手锏"就是 GPS。随着 GPS 向民用开放，它所蕴藏的巨大商机被发掘出来。GPS 不仅用于导弹、飞船的导航定位，更是广泛用于飞机、汽车、船舶的导航定位，公安、银行、医疗、消防等用它建立监控、报警、救援系统，企业用它建立现代物流管理系统，农业、林业、环保、资源调查、物理勘探、电信等都离不开导航定位，特别是随着卫星导航接收机的集成微型化，出现各种融通信、计算机、GPS 于一体的个人信息终端，使卫星导航技术从专业应用走向大众应用，成为继通信、互联网之后的 IT 第三个新的增长点。卫星导航技术是国家综合国力的重要组成部分。正因为这样，美国、俄罗斯、欧盟都不惜

---

① 唐金元、于潞、王思臣：《北斗卫星导航定位系统应用现状分析》，《全球定位系统》2008 年第 2 期。

投入巨资建设卫星导航系统。中国的卫星导航应用近年来发展迅速，但是绝大多数应用都是建立在美国的 GPS 之上的。如果一旦发生战争，美国关闭应用或设置障碍，后果不堪设想。作为中国这样的大国，必须拥有有自主知识产权的卫星导航系统。

　　此外，北斗卫星导航系统还会给我国带来极大的社会效益，主要表现在如下几方面。

　　●北斗卫星导航系统的民用开放在产业化的过程中，不仅增加了国家税收，而且能直接接纳上万人甚至几万人的就业。

　　●北斗卫星导航系统的民用开放应用提高了应用部门的工作效率，改善了人们的生活质量；同时对环境保护、气象预报能力的提高，以及犯罪案件的递减都会带来明显的社会效益。

　　●北斗卫星导航系统的民用开放可以使国内用户使用自主知识产权的卫星导航系统，拉动国内用户对卫星导航系统的需求，推进新一代的卫星导航系统建设及相关空天技术的发展。

　　●北斗卫星导航系统的民用开放对我国卫星导航定位的产业化、民族化，提高我国卫星导航定位的应用水平，推动国民经济信息化的发展，带动相关产业的结构调整、升级有着极为重要的意义。

　　●北斗卫星导航系统提高了我国科技的国际地位，并促进了国际合作。

　　●北斗卫星导航系统的建设促进了一大批基础研究的进行。

　　●通过创新比赛、科普教育等方式，我国在航空航天领域的成就激发了青少年对科学的信仰与追求。

（五）结论

　　由于北斗卫星导航系统仍在建设之中，因此，以上的讨论属于事中的评价。这种评价应当通过搜集实际应用实例、市场响应和相关数据，以提出进一步的政策建议。由于本章目的在于以此为案例来说明航空航天技术应用评价的概念框架，因此，本章并非详尽、严密的研究。

　　可以把上面的讨论总结如表 5 - 5 所示。

　　通过这种评价可能提出以下建议：

　　●加快技术标准与技术认证建设，以保证产业化健康进行；

　　●激励技术转移，刺激相关设备与系统的建设；

表 5–5　北斗卫星导航系统技术应用评价

评价角度	评价项目	评价内容
技术可行性	可行性	定位、授时精度合乎多数环境的要求 双向报文通信具有优势 隐蔽性、实时性不足
	必要条件	客户终端开发 技术标准、技术认证方案的建立 应用系统开发
经济合理性	潜力	市场增长迅猛 应用范围广泛 形成新产业 促进自主创新
	障碍	市场开拓困难（由于GPS已经成为被广泛接受的技术） 用户成本过高 与其他技术（如手机、汽车）整合不足 客户端开发滞后 知识扩散不足
社会有益性	国际关系	对国家安全贡献巨大 提高国家地位 产生国际合作机会
	社会生活	对灾害预防、救援贡献巨大 提供新的生活方式 通过教育活动激发青少年的科学热情
	新知识生产	促进应用科学与基础科学研究

• 进一步的技术开发与市场开发的策略应当基于发挥优势、避开威胁的考虑，积极利用技术优点，针对需要定位、通信功能并且安全要求较高、成本要求较低的企业用户进行开发，而在个人市场（如车载设备、手机应用上）应以建立客户基础为主（短期内不应以赢利为目的）；

• 积极研究相关产业政策；

• 迅速推进客户端、应用系统的研究开发；

• 加强国际合作。

从对北斗卫星导航系统技术应用的评价可以看出：航空航天技术由于其综合性对国民经济有巨大的拉动与提升的功能，但在评价中应当充分考虑到这些应用的障碍，并及早提出政策建议。这些障碍主要有：

• 技术转移的障碍；

• 技术标准与技术认证建设；

●应用所需要的产品与生产线的设计。

由于本研究的目的是以对北斗卫星导航系统应用的案例分析来说明航空航天技术应用评价的框架，因此，很多结论仍不深入。对北斗卫星导航系统应用中存在的障碍加以更深入的研究，不但对其迅速产业化有意义，而且对于技术转移、技术评价的研究也会有重要意义，这是很值得在以后加以研究的。

参考文献

俞公沼：《航空科学技术百年回顾》，《现代军事》2003 年第 11 期。

黄静：《我国航空工业发展历程回顾与思考》，《航空科学技术》2000 年第 2 期。

过崇伟：《航空航天技术概论》，北京航空航天大学出版社，1992。

孙福泉等：《如何促进我国产业共性技术的研发》，《中国科技论坛》2006 年第 5 期。

索阿娣、左秋红：《高度关注前沿技术和关键共性技术》，《中国航天报》2009 年 7 月 17 日。

仝爱莲、孙薇、张楠国：《外航天领域军民两用技术产业化案例研究》，《军民两用技术与产品》2008 ~ 2009 年。

何业才：《航天技术项目经济评价研究》，《数量经济技术经济研究》1996 年第 4 期。

闫相斌、李一军、梁迎春、褚芳芳：《我国资源卫星的社会效益及其 CVM 评价》，《系统工程理论与实践》2009 年第 7 期。

杨军、曹冲：《我国北斗卫星导航系统应用需求及效益分析》，《武汉大学学报（信息科学版）》2004 年第 9 期。

富为：《民航社会效益的定量化评估方法探讨》，《中国民用航空》2008 年第 12 期。

王志清、钟山、赵闯、刘雪妮：《我国机场业发展的经济社会效益评价研究》，《中国民用航空》2009 年第 11 期。

Armin Grunwald and Hartmut Sax, "Technology assessment in space activities: status and outlook", *Space Policy*, 1995, 11, (4), pp. 269 – 274.

Roger Cliff, Chad J. R. , and David Yang, *Ready for takeoff: China's advancing aerospace industry*, Rand corporation, 2011.

Joseph F. Coates, "A 21st century agenda for technology assessment", *Technological forecasting and social change* 67, pp. 303 – 308, 2001.

Armin Grunwald and Hartmut Sax, 1995.

关士续、孔照君、孟庆伟：《正确评价卫星技术效益应坚持的几个基本观念》，《世界导弹与航天》1990 年第 2 期。

The students of the technology transfer design project team, "Technology transfer: bridging space and society", *Acta Astronautica*, Vol. 41, 1997.

U. M. Leloglu and E. Kocaoglan, "Establishing space industry in developing countries: opportunities and difficulties", *Advances in Space Research*, 42 (2008), pp. 1879 – 1886.

周露、刘宝忠：《北斗卫星定位系统的技术特征分析与应用》，《全球定位系统》2004 年第 4 期。

《第二代北斗卫星导航系统简介及应用展望》，《卫星与网络杂志》2008 年第 11 期。

唐金元、于潞、王思臣：《北斗卫星导航定位系统应用现状分析》，《全球定位系统》2008 年第 2 期。

黄力远、易枫：《中国车载卫星导航市场需求分析与预测》，《中国高新技术企业》2009 年第 13 期。

曹冲：《卫星导航系统及产业现状和发展前景研究》，《全球定位系统》2009 年第 4 期。

郑睿：《中国卫星导航系统的最新进展》，《卫星与网络》2009 年第 4 期。

第六章 信息技术对经济社会发展作用的评价[*]

一 信息的概念、分类和产业

（一）信息的概念

信息的概念非常多样化，不同的学科、不同的领域有不同的定义，有不同的描述。归纳起来，目前比较全面的有关信息的定义大概有以下七个。

1. 从接受信息的认识主体来定义

如中国《辞源》对信息的定义"信息就是收信者事先所不知道的报道"即如此，类似的定义还有申农（Shannon）在 1948 年写的《通信的数学理论》中定义为"信息是能够消除不确定性的东西"。

2. 从产生信息的客观对象来定义

例如"信息是客观世界各种事物变化和特征的反映""信息是事物运动的状态和方式"[①]，这类定义说明客观世界是"形"，而信息就是反映它的"影"。因此有的学者认为："信息是能够变换载体并保持其基本内容的、在运动过程中至少一端与生物或控制系统相连接的一种特殊的物质运动形式，其内容取决于过程端点的活动状态或反映状态。"[②]

3. 从信息所依附的载体来定义

例如大多数人把信息定义为"信息是信号、数据、资料、情报、消息、新闻和知识的总称"[③]，这种定义说明信息作为内容有它的外在表现形式。美国经济学

---

[*] 执笔人：张才明、汪向东等。

① 乌家培、谢康、王明明：《信息经济学》，高等教育出版社，2002，第 18 页。

② 葛伟民：《信息经济学》，上海人民出版社，1989，第 5 页。

③ 乌家培、谢康、王明明：《信息经济学》，高等教育出版社，2002，第 18 页。

家奈特（F. H. Knight）在 1921 年出版的《风险、不确定性和利润》一书中，甚至把信息定义为"信息是一种主要的商品"。

4. 从区别能量和物质来定义

把信息和能量、物质定义为反映客观存在并不依赖人们发现和认识时间早晚的三个基本科学概念之一。定义为信息是区别于物质、能量的另一个构成世界的重要因素。

5. 从信息的发送、传输、接收的统一客体和主体之间的相互作用来定义

信息论和控制论的创始人之一维纳（N. Wiener）在《人有人的用处》中对信息定义为："信息是人们在适应外部世界并且使这种适应反作用于世界的过程中，同外部世界进行交换的内容的名称。"艾什比（Ashby）在 1956 年《控制论导论》中则从观察者的分辨能力来确定集合的属性时定义信息为"信息就是集合的变异度"。"信息是使概率分布发生变动的东西"（Tribesful，1971）。

6. 从信息的内容和载体角度综合定义信息

有些学者还就此综合定义做了狭义和广义的划分，认为"狭义地理解，信息就是一种消息、资料和数据。广义地理解，信息是物质的一种普遍性，是物质存在方式和运动的规律与特点的表现形式"[①]。

7. 从能量与物质平衡扩散后的状态或功能的角度上定义信息

如"信息是负熵，信息是加工知识的原材料"（Brillouin，1956），"信息是一种场"（Берт，1971），"信息是与控制论系统相联系的一种功能现象"（Украцичев，1963）。

上述信息的概念都有其道理和科学性，从信息在人与客观世界的关系中所发挥的作用来看，笔者偏重于信息论和控制论的创始人之一维纳（N. Wiener）对信息的定义。

（二）信息的分类

对于信息的分类，不同的学者有不同的分类，根据维纳（N. Wiener）的信息定义，并拓展到人作用于外界过程的方式、渠道，结合人的信息感官功能和信息所表现出来的状态，归纳有关文献[②]，对信息的类别可以划分为以下四类。

---

① 马费成：《情报经济学》，武汉大学出版社，1991，第 22 页。
② 葛伟民：《信息经济学》，上海人民出版社，1989，第 5 ~ 10 页；乌家培、谢康、王明明：《信息经济学》，高等教育出版社，2002，第 15 ~ 30 页；马费成：《情报经济学》，武汉大学出版社，1991，第 10 ~ 35 页。

1. 客观信息

就是永恒存在的状态信息，一般指发送方输出的客观存在的信息，并且不以它是否被接收方接收为转移的恒在信息。类似乌家培教授等分类中的自在信息[①]。

2. 运动信息

是指发送方已经发出，接收方还没有收到，正处于传输中的信息；它可能会在传输中减弱、变化或消失，也可能完整传输到接收方，总之是处于一种运动状态的信息。

3. 判断信息

就是接收方已有的先验信息，及对接收到的信息的解释系统，它具有保存、选择、判断和分析信息的过程能力，这个概念和乌家培教授等分类中的积存信息基本上相同。

4. 再生信息

是指接收方依据特定目的和实际能力所得到的信息，它能排除对发送方了解的不确定性，可以增加接收方的组织程度，即有序性。类似乌家培教授等分类中的自为信息。

这四种类型的信息也可以按照信息的流通状态，对应人的信息感官功能，可以分别——对应人类的感觉器官、传导神经网络、思维器官和效应器官四大信息器官。人们首先要通过感觉器官来获取它，通过视觉、听觉、嗅觉、味觉、触觉甚至第六感觉来获取客观信息。同时，人类可以通过传导神经网络来传递信息，传导神经网络包括导入神经网络和导出神经网络以及中间传导神经网络，它们都是运动信息的载体。接收方在接到发送方发来的恒在信息，将通过思维器官进行各种信息处理，包括记忆、联想、分析和决策，以至产生再生信息。对再生信息的执行表现出来的就是判断信息。通过操作器官如手、行走器官如脚、语言器官如舌等效应器官来执行或表达思维器官发出的命令又是再生信息。

（三）信息产业

日本学者认为，信息产业就是一切与各种信息的生产、采集、加工、存储、流通、传播和服务等有关的产业。[②] 我国乌家培教授认为"信息产业是从事信息技术

---

① 乌家培等曾对信息的含义进行了三种划分，即自在信息、积存信息和自为信息。见乌家培、谢康、王明明《信息经济学》，高等教育出版社，2002，第19页。

② 靖继鹏：《应用信息经济学》，科学出版社，2002，第165页。

设备制造以及信息的生产、加工、存储、流通与服务的新兴产业部门"①，一般由信息设备制造业（硬件业）和信息服务业（含软件）构成。也有学者侧重从产业结构上对信息产业进行定义，如司有和就认为："信息产业就是以信息为产业活动的对象，以提供信息产品和信息劳务为产出，供用户进行信息消费的产业的总称。"② 笔者认为，信息技术产业即信息产业，可以是指一切从事与信息和信息技术有关的经济活动的产业总和。

二 信息技术的概念、分类和特征

（一）信息技术的概念

"信息技术是指完成信息收集、存储、加工、发布、传送和利用等技术的总和。"③ 这个概念目前比较流行，引用也是最多、最广泛的，即使有的描述不是完全与此相同，但意思都差不多。笔者认为，这个概念没有考虑到软的信息技术。也有学者认为"信息技术是用于信息操作的各种方法和技能，以及工艺过程或作业程序的相关工具及物资设备"④，这个定义考虑了方法和技能，但也同样没有考虑其他软性信息技术如管理制度、信息技术解决方案等。"自然技术是硬技术，社会技术是软技术……如果说硬技术是指生产力的话，那么软技术就是指生产关系和上层建筑的内容。新的广义技术的概念应该包括硬技术和软技术两个方面。"⑤

因此，信息技术也可以有广义和狭义之分，广义信息技术的概念也应该涵盖软、硬信息技术范畴，信息技术是指一切涉及信息的生产、收集、存储、处理、流通和应用的技术、相关方法、制度和技能，以及相关工具和物资设备等。信息技术是涉及信息的一切自然技术和社会技术，包括信息劳动者的技能，也包括信息劳动工具和信息劳动对象，同时还包括涉及信息技术的管理制度、方法体系、信息技术解决方案、系统集成和信息技术服务等。狭义信息技术是指以现代微电子为应用基础的信息和通信技术（Information and Communications Technology，ICT）。主要包括

① 乌家培：《经济、信息、信息化》，东北财经大学出版社，1996，第74页。
② 司有和：《信息产业学》，重庆出版社，2001，第5页。
③ 曲维枝：《信息产业与我国经济社会发展》，人民出版社，2002，第1页。
④ 张正德：《美国信息技术的发展及其经济影响》，武汉大学出版社，1995，第7页。
⑤ 徐寿波：《技术经济学》，江苏人民出版社，1988，第6~8页。

计算机软、硬件技术，互联网技术和通信技术，以及信息传输传感技术。本章讨论的信息技术以狭义信息技术为主。

信息技术作为一种区别于农业技术、工业技术、能源技术、商业技术等技术门类的技术，在社会经济活动中一直存在。从历史的角度来看，信息技术经历了古老的"结绳记事""穿珠计数"，到文字的发明、印刷术、指南针、电报、电话等通信技术，直到今天的以计算机技术为典型代表的现代信息技术，尤其是从 20 世纪 60 年代以来，随着半导体技术、微电子技术、集成电路技术、通信技术和计算机技术等领域的突飞猛进，现代信息技术得到革命性的发展，信息技术对社会经济活动的影响越来越大，信息技术的经济问题也越来越突出，人们也越来越重视和关注信息技术的发展。随着时间的推移，未来信息技术发展也将越来越快、越来越先进，对社会经济的发展影响将越来越大、越来越显著，有必要重视并开展信息技术经济评价研究。

（二）信息技术的分类

1. 信息技术科学中的信息技术分类

人体信息器官从功能上分，主要有感觉器官、传导神经器官、思维器官和效应器官四大类。感觉器官主要功能是获取信息，包括视觉、听觉、嗅觉、味觉、触觉甚至第六感觉直觉；传导神经器官主要功能是传递信息，包括导入神经网络和导出神经网络以及中间传导神经网络；思维器官主要功能是处理和再生信息，包括记忆、联想、分析、推理和决策等；效应器官主要功能是使用并反馈信息，包括操作器官（如手）、行走器官（如脚）、语言器官（如舌）等。

信息技术从根本上来看，都是为了扩展和延伸人的信息器官功能，因此，可以把狭义信息技术归类成相应的获取信息的信息技术、传输信息的信息技术、处理和再生信息的信息技术以及应用和反馈信息的信息技术四大类[①]。获取信息的信息技术代表如感测技术，它是为了扩展和延伸感觉器官功能，包括遥感和遥测技术等；传输信息的信息技术代表如通信技术，它是为了扩展和延伸传导神经器官功能，包括一般意义上的通信技术和跨时域传递信息的存储技术等；处理和再生信息的信息技术代表如智能技术，它是为了扩展和延伸思维器官功能，包括计算机软硬件技术、人工智能技术和人工神经网络技术等；应用和反馈信息的信息技术代表如控制

---

① 孟晓维、张桂芳：《信息技术解读》，山东大学出版社，2006，第 16～18 页。

技术，它是为了扩展和延伸效应器官功能，包括调节技术和控制技术等。①

按照人体信息器官和信息技术的对应关系，信息技术的分类如表6-1所示。

表6-1 按人体信息器官划分的狭义信息技术分类

人体信息器官	人体信息器官功能	对应信息技术	对应信息技术代表	对应的细化信息技术代表
感觉器官	获取信息	信息获取技术	感测技术	雷达、传感技术、遥感技术、遥测技术、探测技术等
			内容技术	信息挖掘技术、数据库技术等
			其他技术	其他技术
传导神经器官	传递信息	信息传输技术	通信技术	传输技术、卫星通信技术、光纤通信技术、信息交换技术等
			网络技术	接入接出网络技术、网管网控技术等
			传输软件技术	通信软件技术、网络软件技术等
			传播技术	通信、广播、电视、邮政等
			其他技术	其他技术
思维器官	处理和再生信息	信息处理技术	计算机硬件技术	芯片技术、存储技术、主板技术、总线技术等
			计算机软件技术	软件工程技术、软件检测技术、设计技术等
			多媒体技术	多媒体信息转换技术等
			人工智能技术	数字化技术、智能技术、模拟技术等
			人工神经网络技术	神经决策技术等
			信息处理技术	计算技术、统计分析技术、文件处理技术、档案处理技术、报表技术等
			其他技术	其他技术
效应器官	应用和反馈信息	信息应用技术	控制技术	导弹控制技术、调节技术和控制技术等
			自动化技术	工厂自动化技术、办公自动化技术、家庭自动化技术等
			互联通信技术	集成技术、人机接口技术等
			机器人技术	机器人技术等
			显现技术	CT技术等
			其他技术	其他技术

上面的信息技术的分类方法是目前在信息技术科学中比较被认同和被接受的分类方法。另外，也有学者按照信息的技术载体或信息技术的支撑技术，把信息技术分为微电子信息技术、光电子信息技术、超导电子信息技术、分子电子信息技术、生物信息技术等②。还有学者按照技术要素直接给信息技术分类为微电子技术、通

---

① 张正德：《美国信息技术的发展及其经济影响》，武汉大学出版社，1995，第7~8页。
② 乌家培、谢康、王明明：《信息经济学》，高等教育出版社，2002，第104页。

信技术、计算机技术、网络技术、软件技术等①。

2. 信息技术的软、硬分类

信息技术的分类，像信息的分类一样，不同的学科领域、不同的学者有不同的划分方法，从各自的划分目的和用途来说，都有其科学性和合理性。从信息技术经济学的研究目的和需要出发，笔者认为也可以有自己的分类。根据技术经济学中的关于技术的软、硬分类方法②，笔者把信息技术也划分为硬信息技术和软信息技术两大类③。一般来说，本身即是可见物质或介质的所有信息技术，都可以划分为硬信息技术，比如计算机等；本身不可见，或者需要借助其他介质来体现的所有信息技术，都可以划分为软信息技术，如软件技术、信息技术解决方案、信息技术管理制度和信息技术方法体系等。硬信息技术侧重于机器、设备、工具等，而软信息技术侧重于软件、信息服务等。其中，硬信息技术主要包括计算机类硬件及其设备技术、通信类硬件及其设备技术、电子与半导体类硬件及其设备技术、科学仪器类硬件及其设备技术、其他信息技术硬件及其设备技术等。软信息技术包括各种软件技术、各种信息服务技术、各种信息技术解决方案、信息技术管理制度和信息技术方法体系等。每一类型中又包括很多细化的信息技术。如软信息技术中的软件技术就包括各种信息系统，各种软件如数据库软件、办公软件、杀毒软件、企业管理软件、中间件软件、分析决策软件、社会信息管理软件等各种软件技术。值得说明的是，有的信息技术本身硬件或设备属于硬信息技术范畴，但它的使用和运行则表现为软信息技术，如电话机、交换机等都是硬信息技术，但运用电话机通电话即通信则是一种信息服务技术。因此，电话机本身是硬信息技术，但通信则是一种软信息技术。在很多方面或领域，实际中都需要软、硬信息技术搭配起来才可以正常使用，才可以产生经济效果。归纳起来，从信息技术经济学的角度考虑，广义信息技术的分类可以用图 6-1 表示。

（三）信息技术的特征

相对于其他技术，信息技术具有高扩散性、高成本性、高创新性、高收益性、高风险性、高兼容性以及高路径依赖性等特性。

---

① 曲维枝：《信息产业与我国经济社会发展》，人民出版社，2002，第 2 页。
② 徐寿波：《技术经济学》，江苏人民出版社，1988，第 7 页。
③ 张才明：《信息技术的概念与分类问题研究》，《北京交通大学学报（社会科学版）》2008 年第 6 期。

信息技术
- 硬信息技术
  - 计算机类硬件及其设备技术 → 包括计算机整机及其辅助设备，计算机零部件如中央处理器、键盘、显示器、硬盘、电源、未包含信息的磁盘、光盘等硬件及其设备技术
  - 通信类硬件及其设备技术 → 包括电话机、手机、电视机、程控交换机、传真机、数据交换机、电视与广播发送设备等技术
  - 电子与半导体类硬件及其设备技术 → 包括电子、电路、集成电路块、芯片、真空干燥机、光刻机、切割机、显微镜及半导体测试设备及电子与半导体类零部件等技术
  - 科学仪器类硬件及其设备技术 → 包括分光仪、光电设备、电子显微镜等硬件及其设备技术
  - 其他信息设备技术 → 包括音乐等影视娱乐服务设备、办公设备等技术
- 软信息技术
  - 软件技术 → 包括各种信息系统，各种软件如数据库软件、办公软件、杀毒软件、企业管理软件、中间件软件、分析决策软件、游戏软件、社会信息管理软件等技术
  - 信息服务技术 → 包括各类图书馆、情报中心、博物馆、文化教育、科学研究、电话、电视、广播通信、邮政电信、互联网、局域网、社会经济信息服务、影视服务、电子数据交互服务、网络接入与网站域名服务、电子邮件、专业咨询服务等信息服务类型的信息技术
  - 信息技术解决方案、管理制度和方法 → 包括各种系统集成解决方案、信息技术解决方案、有关信息技术的管理制度和方法等技术

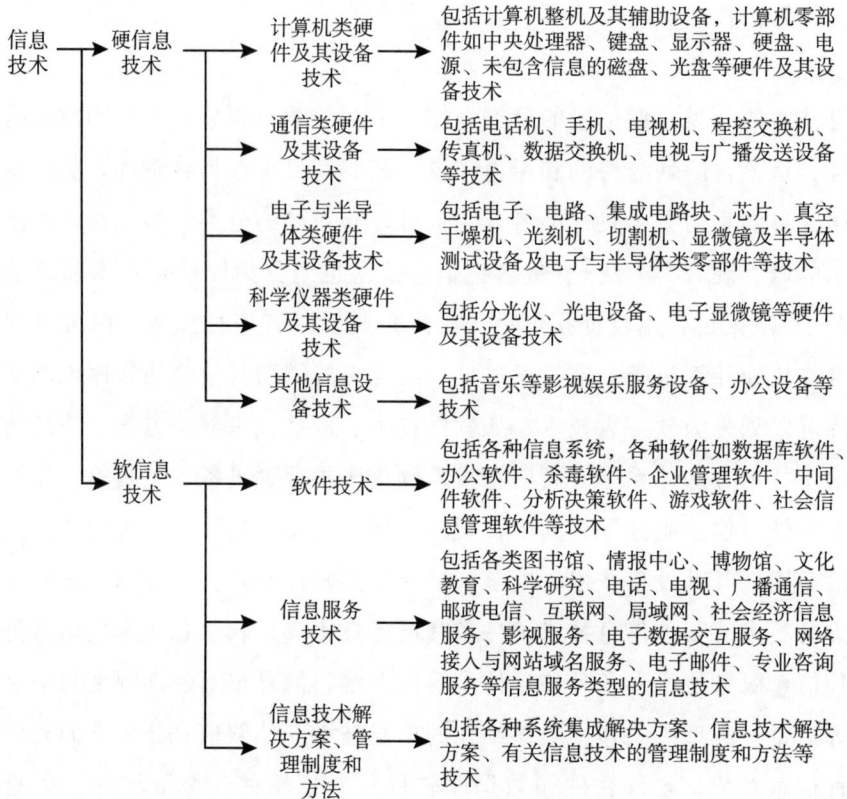

图 6 - 1　信息技术的软、硬分类

资料来源：张才明：《信息技术的概念与分类问题研究》，《北京交通大学学报（社会科学版）》2008 年第 6 期。

1. 高扩散性

高扩散性是指信息技术的转移、延伸、扩展，以及技术与产业之间相互影响、相互聚集非常快速和强烈。由于信息技术的多样性，可以应用到的行业和领域非常广，对各行业的影响力也非常强，同时，信息技术对信息产业和其他产业具有非常强的带动性，无论在产业内部还是产业外部，都可以产生技术集结和产业聚集效应，带动区域和产业的群体经济发展。例如美国经济从 1991 年 3 月以后开始逐年回升，创造出"新经济"奇迹，正是依靠信息技术的发展，促进了诸如微电子、半导体、激光、超导等产业内部的发展，也带动了诸如新材料、新能源、机器制造、仪器仪表、海洋和航空航天等产业外部的发展，美国依靠以信息技术为基础的高新技术产业的迅速发展，并利用其对传统产业进行改造，获得了经济的持续辉煌。现在中国有很多城市和区域规划高新技术科技园区，也正是希望能够发挥信息

技术的高扩散性，产生产业和区域的优势聚集效应。一般说来，信息技术的标准越兼容，产业的聚集性越大，经济效益的扩散性越高。

2. 高成本性

高成本性是指信息技术由于大多是高智力和高资金的高新技术，因而启动资金、研发资金和人力成本都非常庞大，特别是在初始阶段，投资成本非常高，有的甚至单个的部门、公司、个人和组织很难承担，需要国家出面组织投资。例如典型的电信通信行业，由于是基础性的网络产业，投资异常庞大，在很多国家都是由国有控股或国有公司组织研发和运营的。

3. 高创新性

高创新性是指信息技术的创新越来越频繁，带来的竞争程度和替代速度异常快速。目前信息技术已经进入了一个加速发展和创新的时期，它的更新速度基本上是每三年扩充一倍，信息技术专利几乎每年新增 30 万件，科研资料的有效寿命平均只有 5 年①。由于信息技术具有高度的创新性，使得信息技术的竞争程度和替代速度大大高于其他技术。又正因为更新速度快、竞争激烈，任何企业或组织要想保持在信息技术领域的技术优势，必须不停地进行信息技术创新，否则，在下一个信息技术进步的波段就可能被别的信息技术所代替。这样高创新性使得竞争加剧，激烈的竞争又推动了创新，周而复始，循环推进，在信息技术的发展上体现得特别明显。当然一定时期和范围的成熟信息技术有可能对其本领域的信息技术研发设置了门槛，无形中形成了壁垒，但实际上也很难形成绝对的垄断，几乎永远存在竞争。因此，可以说，信息技术一定会永远具有替代性、高创新性，以及高竞争性。

4. 高收益性

高收益性是指信息技术生产过程中的低消耗、高产出、高附加值。信息技术产业基本上是运用信息资源和智力劳动，信息资源的边际成本是非常低的，可以重复使用，而智力劳动是一种高效益的劳动，所以信息技术具有非常明显的高收益特性。国际电联 2003 年的统计结果显示，一个国家对通信建设的投资每增加 1%，其人均国民收入可提高 3%。由此可以看出，一旦信息技术经营成功，将获得巨大的社会收益。

5. 高风险性

高风险性是指伴随着高收益的同时，信息技术还具有高风险性。因为信息技术

---

① 张正德：《美国信息技术的发展及其经济影响》，武汉大学出版社，1995，第 27 页。

往往处于当代科学技术的前沿，具有明显的超前性，从技术原理、构思到技术开发、组织实施、市场推广甚至企业经营管理等，都可能由于技术不成熟造成不确定性，可能由于市场定位不准等造成产销不对路，导致风险，而且往往一旦失败，将可能导致巨大损失。2002 年，摩托罗拉公司的铱星项目的失败，导致巨大损失就是典型事例。据 2001 年美国高技术局对高技术企业的一般统计，美国以计算机技术为代表的高技术企业的成功率通常只有 15% ~ 20%，60% 以上受挫，几乎 20% 濒临破产，显然，信息技术比其他技术具有更大的风险性。

6. 高兼容性

高兼容性是指在信息技术之间在技术标准上具有高度的兼容性。因为信息技术往往在实际应用时需要多个或多种信息技术配合使用或组合成一个新的完整信息技术系统，才能发挥或发挥最大的经济效果，单独的某种信息技术孤立应用，往往不能很好地发挥作用，甚至没有任何用途。比如计算机软件的应用，必须借助计算机硬件才能很好地使用，如果软、硬件之间的技术标准不能兼容，那就无法发挥作用；同样在软件与软件之间，如 DOS 操作系统与 ERP 应用软件系统，包括数据库系统等必须在底层技术标准上兼容，否则无法应用；硬件与硬件之间也需要在技术上兼容，比如网口与计算机端口、鼠标与电脑识别等从尺寸到驱动程序等都必须兼容，否则相互之间无法应用。不同的系统组件往往是由不同的制造商以不同的生产或商业模式制造出来的，这就要求一个系统的任何一种组件必须遵从某种技术兼容性标准与系统的其余部分相互兼容，以确保整个系统能正常地配合运作。一般说来，兼容性越高，信息技术的竞争力越强，扩散性越好，收益性越好，对经济增长的作用也越大，反之则越差。

7. 高路径依赖性

高路径依赖性是指消费者在消费信息技术之后，不容易发生转移。传统产品的消费者只有当有特定的消费偏好或出于品牌忠诚时才会选择某一固定品牌或型号种类的产品消费，否则一般都会选择"更好"的产品，比较容易发生消费转移。而对于信息技术而言，由于消费者使用或熟悉某一信息技术的学习成本比较高，特别是在软信息技术领域，消费转换时不仅要放弃原有的知识和经验，重新接受学习和训练，为此付出巨大的时间和精力等成本，而且还要承担因新的软、硬信息技术系统和设备等各种资产的兼容性差异造成的损失，有的软信息技术如互联网技术还具有"外部性"，这时候转换还会导致由于新信息技术用户少而带来的网络外部收益损失等成本。因此，消费者一旦选择了某一品牌或类型的信息技术特别是软信息技术，在基本上可以满足其需要的范围内，消费者不会轻易地去转换，而只会尽可能地通过原有信息技术的升级来不断提高性能以不断满足需要。信息技术的路径依赖性在软信息技术领域表现得比较突出，在硬信息技术领域也存在路径依赖性。这种信息技术的路径依赖性也有学者称为"消费锁定"①。

对于信息技术的特性，不同的学者还有更多的不同看法、不同说法，例如认为信息技术还具有高渗透性、高倍增性、高带动性、高投入性②等。

三　关键信息技术

信息技术种类繁多，且各自内容不同，信息技术对未来的影响又同样很难估量，出于国家战略和产业发展考虑，基于信息技术发展的现实基础，有必要对众多的信息技术做一些梳理，并对一些重点的关键信息技术进行重点突破。参照《国家重点支持的高新技术领域——信息技术》所列范畴，笔者认为，未来 20 年内，我国需要考虑在以下几大信息技术领域进行重点突破。

（一）软件技术

软件技术是信息技术的典型代表，从产业层次上分，软件技术最底层就是操作系统，然后就是中间件技术和数据库技术，基于中间件和数据库技术之上的就是各种应用系统，比如 ERP 系统、先进柔性制造系统等。软件技术涵盖的内容非常多，一般来说包括系统软件、支撑软件、中间件软件、嵌入式软件、计算机辅助工程管理软件、中文及多语种处理软件、图形和图像软件、金融信息化软件、地理信息系统、电子商务软件、电子政务软件、企业管理软件等。

对于我国来说，未来软件技术的关键领域应该考虑操作系统技术、中间件技术和大型数据库技术、先进柔性制造系统技术。

1. 操作系统技术

计算机操作系统是管理电脑硬件与软件资源的程序，同时也是整个系统的内核与基石。操作系统大致包括 5 个方面的管理功能：进程与处理机管理、作业管理、

① 张小蒂、倪云虎：《网络经济》，高等教育出版社，2002，第 31 页。
② 曲维枝：《信息产业与我国经济社会发展》，人民出版社，2002，第 4~6 页。

存储管理、设备管理、文件管理。目前主流的常见的电脑操作系统有 DOS、OS/2、UNIX、XENIX、LINUX、Windows、Netware 等，手机操作系统主要有 PalmOS、Symbian、Windows mobile、Linux、Android、iPhoneOS、黑莓七种。

操作系统技术相当于计算机产业（包括软硬件）的咽喉，我们有必要在操作系统中占有一席之地，倘若再不做研究和发展，对于我国信息技术产业有致命的约束。

2. 中间件技术

中间件技术是位于平台（硬件和操作系统）和应用之间的通用服务，这些服务具有标准的程序接口和协议。针对不同的操作系统和硬件平台，它们可以有符合接口和协议规范的多种实现。中间件技术的发展将极大带动上下游的硬件和软件产业的发展，尤其是应用软件产业的发展。目前我国已有部分厂家和机构在大力发展和研究中间件技术。

3. 大型数据库技术

数据库技术是按照数据结构来组织、存储和管理数据的仓库的软件技术，随着信息技术和市场的发展，数据管理不再仅仅是存储和管理数据，而转变成用户所需要的各种数据管理的方式。海量数据存储的大型数据库系统都在各个方面得到了广泛的应用。目前全球主流的大型数据库技术都掌握在 Oralce、微软的 SQL、IBM 的 DB2 等手上。

数据库技术是决定整个应用软件产业的基础，没有一个良好的数据库技术作支撑，我国的应用软件产业就不可能真正独立发展起来，没有自己的数据库技术，对于未来互联网应用上的数据安全就没有保证。

4. 先进柔性制造系统

先进柔性制造技术是先进的应用软件系统之一。之所以是关键信息技术之一，重要的不仅仅是本身作为软件技术有庞大的市场和产业拉动作用，更多的是，先进柔性制造系统技术能够帮助广大的制造企业提高效率和管理水平，可以极大地提高传统工业的产出和质量，目前全球顶级柔性制造系统技术都掌握在国外大型软件厂商手中，比如 Oracle、SAP 等。国内众多的软件厂商与它们还有很大差距。

（二）计算机硬件技术

计算机硬件技术主要包括计算机及终端技术、各类计算机外围设备技术。计算机硬件技术也是信息技术最直接的物化产业，看得见，摸得着。在组装和生产上，我国目前处于不落后状态，虽然在硬件设计上有待提高。但是一些关键硬件技术领域仍然是我们的瓶颈，仍然需要特别关注和突破，比如 CPU 技术、光盘技术等领域。

1. CPU 技术

CPU 是中央处理器（Central Processing Unit）的缩写，CPU 是电脑中的核心配件，是计算机的运算核心和控制核心。电脑中所有操作都由 CPU 负责读取指令、对指令译码并执行指令。

目前全球主流的 CPU 技术厂家基本上都掌握在外国公司手中，尤其以 Intel 公司、AMD 公司为主，国产龙芯最新第二代 CPU 在技术和性能上也只能达到现在市场上 Intel 和 AMD 的低端 CPU 的水平。

2. 光盘技术

光盘技术是以光信息作为存储物的载体，用来存储数据的一种技术。分不可擦写光盘，如 CD – ROM、DVD – ROM 等；可擦写光盘，如 CD – RW、DVD – RAM 等。目前在日本已经推出了更为精细和海量存储的"蓝光"光盘技术。

（三）广播与通信技术

广播与通信技术是全球 20 世纪 80 年代以来发展最快的领域之一。现代广播与通信技术逐渐从以话音为主向以数据为主转移，交换技术也相应从传统的电路交换技术逐步转向数据交换和宽带交换，以及适应下一代网络基于 IP 的业务综合特点的软交换方向发展。

广播与通信技术主要包括光传输技术、小型接入设备技术、无线接入技术、移动通信系统的配套技术、软交换和 VoIP 系统、通信业务运营支撑管理系统、电信网络增值业务应用系统、演播室设备技术、广播交互信息处理系统、广播信息保护系统、数字地面电视技术、地面无线数字广播电视技术、专业音视频信息处理系统、光发射与接收技术、电台与电视台自动化技术、网络运营综合管理系统、IPTV 技术、高端个人媒体信息服务平台

在广播与通信技术领域，我国需要考虑并关注 4G、5G、光电通信技术、三网合一中的增值应用技术等。

1. 4G、5G 技术

在第三代移动通信标准（3G）中，国际电信联盟曾确定了 10 种候选技术，并

批准其中的 5 项为国际标准。经过市场选择，最后 TD – SCDMA、WCDMA 和 CDMA2000 三种主流技术成功实现商用。而下一代移动通信网络技术的叫法很多，4G 只是一个通用的名称，4G 技术又称 IMT – Advanced 技术。中国自主知识产权的 TD – LTE – Advanced 成功入围国际电信联盟的 4G 候选标准。

4G 是 3G 技术的进一步演化，是在传统通信网络和技术的基础上不断提高无线通信的网络效率和功能。同时，它包含的不仅仅是一项技术，而是多种技术的融合。不仅仅包括传统移动通信领域的技术，还包括宽带无线接入领域的新技术及广播电视领域的技术。

韩国已经启动 5G 技术的研发，我国在 3G 技术上没有落后，在 4G 和 5G 等技术上仍然不能放松，这不仅仅是技术话语权，更多的是产业话语权以及庞大的产业利益。

2. 光电通信技术

光电通信技术指的是光电子技术在通信中的应用技术，在未来相当长的时间内，光纤通信技术仍然是主流，大容量的光纤通信技术仍然值得发展和应用。

3. 三网合一中的增值应用技术

当前我国已经发布了三网合一策略，并启动了试点。但由于体制和历史原因，我国的三网合一进展一直不顺利，未来我国需要加速推进三网合一，通过技术改造，使电信网、计算机网和有线电视网三大网络融合，并能够提供包括语音、数据、图像等综合多媒体的通信业务。

三网合一将带动整条产业链的发展，包括内容提供商、服务提供商、运营商以及光纤通信设备制造商在内的更大发展，而作为增值应用技术的提供源，内容提供商将是主阵地，值得关注和重点发展。

（四）互联网及相关网络技术

互联网及相关网络技术是未来信息技术的重要领域，信息技术的创新应用未来将主要发生在互联网领域中。在可预见的未来 20 年，我国需要关注包括云计算技术、IPV6 技术、物联网技术、移动互联网技术等关键互联网技术。

1. 云计算技术

云计算技术（Cloud Computing）是分布式计算技术的一种，其最基本的概念，是透过网络将庞大的计算处理程序自动分拆成无数个较小的子程序，再交由多部服务器所组成的庞大系统经搜寻、计算分析之后将处理结果回传给用户。透过这项技术，网络服务提供者可以在数秒之内，达成处理数以千万计甚至亿计的信息，达到和"超级计算机"同样强大效能的网络服务。

目前来看，在我国推进云计算技术应用最主要的障碍在于体制，需要从国家宏观角度进行战略布局，提供国家层面的管理保障，以解决"云端"广大应用者对信用和安全的疑虑。

2. IPV6 技术

目前我们使用的第二代互联网 IPV4 技术，核心技术属于美国。它的最大问题是网络地址资源有限。从理论上讲，可以编址 1600 万个网络、40 亿台主机，但采用 A、B、C 三类编址方式后，可用的网络地址和主机地址的数目大打折扣，以致目前的 IP 地址近乎枯竭。其中北美占有 3/4，约 30 亿个，而人口最多的亚洲只有不到 4 亿个，中国只有 3000 多万个，只相当于美国麻省理工学院的数量。地址不足，严重地制约了我国及其他国家互联网的应用和发展。

IPV6 正处在不断发展和完善的过程中，它在不久的将来将取代目前被广泛使用的 IPV4，每个人将拥有更多 IP 地址。

3. 物联网技术

物联网技术的核心和基础仍然是互联网技术，是在互联网技术基础上的延伸和扩展的一种网络技术；其用户端延伸和扩展到了任何物品和物品之间，进行信息交换和通信。因此，物联网技术的定义是：通过射频识别（RFID）、红外感应器、全球定位系统、激光扫描器等信息传感设备，按约定的协议，将任何物品与互联网相连接，进行信息交换和通信，以实现智能化识别、定位、追踪、监控和管理的一种网络技术叫作物联网技术。

中国的物联网技术研发水平处于世界前列，具有重大的影响力，中国科学院1999 年就启动了传感网研究，与其他国家相比具有同发优势。该院组成了庞大的技术团队，先后投入数亿元，在无线智能传感器、网络通信技术、微型传感器、传感器终端机、移动基站等取得重大进展。目前我国已拥有从材料、技术、器件、系统到网络的完整产业链，在世界传感网领域，中国与德国、美国、韩国一起，成为国际标准制定的主导国之一。

4. 移动互联网技术

移动互联网，就是将移动通信和互联网二者结合起来，成为一体。移动互联网技术的关键技术包括移动 IPV4、移动 IPV6、移动子网、移动互联网安全和多播以及切换管理技术。"小巧轻便"及"通信便捷"两个特点，决定了移动互联网技术与 PC 互联网技术的根本不同之处。随着移动通信技术和互联网技术的越来越快的发展，移动互联网技术将得到广泛的发展和应用，其市场潜力巨大，可以说移动互联网将是下一个互联网经济神话。

（五）微电子与新型电子元器件技术

微电子技术主要包括集成电路设计技术、集成电路产品设计技术、集成电路封装技术、集成电路测试技术、集成电路芯片制造技术；新型电子元器件技术主要是指集成光电子器件技术、半导体发光技术、片式和集成无源元件技术、片式半导体器件技术、中高档机电组件技术等。

在微电子技术领域我们尤其需要特别关注集成电路设计技术；新型电子元器件技术尤其要关注光电子技术。

1. 集成电路设计技术

集成电路设计技术是现代电子和信息技术的应用基础，集成电路设计技术包括设计环境管理器、原理图编辑、版图编辑、自动版图生成、版图验证以及参数提取与反标器件、模型、参数提取以及仿真工具等技术，甚至可以决定一个国家信息技术产业的兴衰。

2. 光电子技术

光电子技术也是未来信息技术发展的关键技术之一，光电子技术主要集中应用在显示、存储、通信和影像等领域，在未来发展中占有举足轻重的地位，包括光电器件、光纤通信、激光器、激光加工等领域，未来仍然是光电子技术应用的热点和关键点。

（六）信息安全技术

随着计算机等信息技术的飞速发展和广泛应用，在带来社会经济活动的效率和效益提高的同时，也带来了巨大的安全问题。进入 21 世纪，信息安全的内涵也在不断地延伸，从最初的信息保密性发展到信息的完整性、可用性、可控性和不可否认性，进而又发展为"攻（攻击）、防（防范）、测（检测）、控（控制）、管（管理）、评（评估）"等多方面的基础理论和实施技术，计算机信息安全问题越来越受关注。

信息安全技术包括信息安全测评类技术、信息安全管理类技术、信息安全应用类技术、信息安全基础类技术、信息网络安全类技术、专用安全类如密码技术等。

（七）　智能应用技术

智能应用技术是指综合应用各类软、硬信息技术和其他技术，实现综合智能业务应用。目前主流上比较关注的智能应用信息技术有智能交通技术、智能电网技术、智能医疗技术、智能家电技术、智能建筑技术、智能网络技术等。

以上是笔者认为应该关注的关键信息技术，当然还有更多的其他信息技术仍然不能放弃，仍然需要重视（参见本文附录《国家重点支持的高新技术领域——信息技术》）。

四　信息技术对经济社会发展作用的评价原则

（一）　技术先进原则

由于 ICT 技术发展的速度惊人，因此，在进行信息技术经济评价时，我们要尽量选择全球或全国业界到目前为止先进的技术作为一个基本出发点，尽量选择有自主知识产权的信息技术方案，以保证信息技术在一定时期内处于领先状态，同时也保证信息技术方案在以后有不断发展和扩充的余地。

（二）　技术可行原则

信息技术上的可行性是指拟采用的信息技术必须在其特定的技术条件和经济条件及社会条件下可行，可以迅速消化、投产、提高并能取得良好的经济效益。具有先进性的信息技术不一定就可行，而不可行的信息技术是不可能取得良好的经济效益的。

（三）　风险可控原则

信息技术具有明显的高风险性和不确定性特征，对信息技术进行经济评价时，必然要考虑风险可控问题。对于高风险的信息技术方案，需要采用多种安全防范技术和措施，保障信息技术的安全性、可靠性的需求得到满足。

（四）　战略优先原则

信息技术不同于以往的传统技术，信息技术对经济、社会乃至政治、国防等各个领域的影响非常巨大深远。在诸多信息技术评价领域，出于国家安全和战略发展，有必要优先考虑战略评价，尤其是国防安全及国家战略布局上的评价。战略优先原则不仅仅体现在局部与整体效果评价上的优先，也是信息技术应用本身战略效果评价上的体现。

（五）全面评价原则

在信息技术评价过程中，需要尽可能全面分析和估价信息技术作用的各种效果。既要看到眼前的、直接的、显著的效益，又要看到具有长期影响的潜在效应；既要重视信息技术对社会的积极作用和影响，又要充分估计到它的消极作用和不良后果；既要考虑局部效益相对最佳，也要重视整体效益相对最佳。

（六）社会、环境、经济协调发展原则

社会、环境、经济协调发展原则是对全面评价原则的一个补充，就是在全面评价的基础上，尤其要重视和注意社会、环境与经济之间的协调发展评价。也就是说，信息技术方案即使在某一方面效益显著，但在其他方面，尤其是在社会、环境与经济某一方面或某两方面都很差，那么这个方案就违背了社会、环境、经济协调发展原则，也是不可取的。

五　信息技术对经济社会发展作用的评价指标设计

本章将从技术评价、经济评价、社会评价、环境资源和战略评价四个维度建立信息技术经济评价指标体系。考虑到简洁性和可操作性，同时为了回避后期数据处理过程中指标之间的相关性问题，在同类指标中尽量采用单一指标，并且以选择具有信息技术特性的指标为主。

（一）信息技术的技术评价指标

技术经济评价的本质就是选择"性价比"最优的方案，它首先是"性比"，然后才是"价比"。任何一个信息技术方案在做技术经济评价之前都需要对该信息技术方案做技术上的可行性评价，这是信息技术经济评价的前提。如果在技术上都不可行、不成立，那么就没有进行技术经济评价的必要，只要当该信息技术方案在技术上是可行的才可以进行技术经济评价。

由于信息技术的先进性、适应性、利用水平、创新能力、扩散程度随着不同的信息技术、不同行业、不同领域而有所不同，一般难以用统一的指标量度；信息技术"性比"评价指标在不同的信息技术方案、不同类型信息技术中，都会有很大不同，包括由于技术标准和规范的不同，信息技术评价标准也会不同。

信息技术方案的技术评价包括技术可行性评价、技术先进性评价和技术风险性评价。技术的可行性评价是评价信息技术方案对应用者的合适程度和功能应用上的可行程度；技术的先进性评价是评价信息技术方案在同类技术或产品中的先进程度、所处的行业技术地位；信息技术风险性评价是评价相对于某个期望信息技术经济结果可能发生的变动情况或者导致发生损失的可能性。

无论是信息技术的可行性评价、先进性评价还是风险性评价，评价指标及其评价标准和具体的信息技术方案的种类、性质等密切相关，不同类别的信息技术方案需要采用不同的技术评价指标和标准，比如电子行业的信息技术方案、邮政通信的信息技术方案与计算机的信息技术方案的技术评价指标和技术标准是完全不同的，尤其是软信息技术和硬信息技术方案的技术评价指标和评价标准更加明显不同。本章以 ERP 软件为例来说明信息技术方案的技术评价指标体系。ERP（即 Enterprise Resource Planning 的缩写）系统即企业资源规划系统，是以管理思想为基础，建立在信息技术基础上的一整套企业管理信息软件系统，其目的是为了整合、优化企业资源，提高企业经营效率。从信息技术的分类来看，ERP 系统属于软信息技术。2003 年出版的《企业资源规划系统（ERP）规范应用指南》[①] 详细列出了长达数百页的 ERP 系统达到商品化的技术规范。笔者认为一套基本的 ERP 系统至少需要涵盖采购、销售、库存、生产制造和财务会计等组成模块。

1. 信息技术的可行性评价指标

信息技术的可行性评价是评价信息技术方案对应用者的合适程度和功能应用上的可行程度。评价该信息技术方案价值实现是否可行，同时也评价该信息技术方案本身在技术上是否可行。在做技术经济评价前，我们必须选择技术上可行的信息技术方案来进行评价。作为 ERP 系统评价来说，主要评价 ERP 系统的技术功能上的可行。如表 6 - 2 所示。

---

① 邓超：《企业资源规划系统（ERP）规范应用指南》，电子工业出版社，2003，第 151 ~ 288 页。

表 6 – 2 ERP 系统的可行性评价指标

评价领域	一级指标	二级指标	指标评价标准
技术可行性指标	采购业务	供应商管理	是否支持供应商信息、评价和等级分类等
		价格管理	是否支持价格记录、最高最低价格控制、寻价对比等
		采购计划管理	是否支持采购计划生成、审批、更改与维护等
		请购管理	是否支持自动生成请购单修改、审批及维护等
		招标管理	是否支持招标业务管理等
		采购管理	是否支持采购单的生成、修改、审批及记录和跟踪等
		采购合同管理	是否支持合同生成、修改、审批、跟踪和结算管理等
		到货管理	是否支持自动生成到货单、到货检验和入库业务等
		退货管理	是否支持自动生成退货单、退货控制、审批和结算等
		进口管理	是否支持预付采购或赊单等进口业务管理等
		进货代销管理	是否提供进货代销转存货等功能支持进货代销业务等
		采购运输管理	是否提供运输单生成、跟踪信息及在途统计功能等
		采购返还管理	是否支持返利与返物等形式的采购返还处理业务等
		采购结算管理	是否支持自动一次或多次采购结算,并与财务系统集成等
		采购分析	是否提供多种分析报表如价格分析、供应商分析、采购波动分析、到货质量分析、到货及时率分析等
	库存业务	库存定义	是否提供仓库设置、权限定义、仓位设置、核算期等
		条形码业务	是否支持物品的条形码管理等
		安全库存管理	是否支持最低、最高等安全库存管理业务等
		库位管理	是否提供物品的库位、仓位、货位等业务管理等
		批号批次管理	是否提供物品的批号批次管理等
		入库管理	是否支持物品的入库单生成、审核、修改业务等
		出库管理	是否支持物品的出库单生成、审核、修改业务等
		调拨管理	是否支持集团及内部单位的物品调拨业务等
		盘点管理	是否支持定时的物品的自动盘点业务等
		移库管理	是否提供物品的移库功能等
		有效期管理	是否提供物品的有效期管理等
		库存预测分析	是否提供物品的库存量预测功能等
		存货 ABC 分析	是否提供存货 ABC 分析报表等
		可用量分析	是否提供实时的物品的可用量分析报表等
		库存成本分析	是否提供实时的物品的库存成本分析报表等
		库存报警	是否支持有效期报警、最高最低库存量报警等
		库存账表	是否提供库存流水、明细等账表
	销售业务	客户管理	是否提供客户全面信息生成、审批、修改及历史记录等
		渠道管理	是否提供渠道商信息、信用、物品、销售考核业务等
		销售价格管理	是否支持灵活多样的销售价格政策及最低价控制等
		信用管理	是否支持多级的客户、渠道的信用设置、控制和分析等

续表

评价领域	一级指标	二级指标	指标评价标准
技术可行性指标	销售业务	销售计划管理	是否提供销售计划的自动生成、审批等业务管理
		销售预测管理	是否提供多样的销售预测如产品销售量、金额预测等
		销售报价管理	是否提供模拟报价、报价控制和审批等功能
		销售订单管理	是否支持自动订单生成、审批、修改及跟踪等业务管理
		销售合同管理	是否支持合同的生成、修改、审批、跟踪和结算管理等
		销售发货管理	是否支持自动生成发货单、修改、审批和跟踪业务等
		销售退货管理	是否支持多种方式的销售退货及结算业务等
		委托代销管理	是否支持委托代销业务等
		出口管理	是否支持常规出口业务等
		销售运输管理	是否支持销售发运及跟踪业务等
		零售管理	是否支持多种方式的零售业务及能否与零售终端集成等
		分销管理	是否支持多种方式的分销业务管理等
		销售佣金管理	能否提供业务人员的销售佣金处理,如提成计算等
		销售结算	是否支持自动一次或多次销售结算,并与财务系统集成等
		销售发票	是否支持自动生成的销售发票,并与财务系统集成等
		销售费用分析	是否提供多角度的销售费用分析报表等
		销售收入分析	是否提供多角度的销售收入分析报表等
		渠道分析	是否提供渠道销售分析报表等
		客户分析	是否提供多角度的客户价值分析报表等
		销售绩效分析	是否提供多角度的销售绩效分析报表等
	生产制造业务	物料清单	是否支持多层多样的 BOM 设置和维护等
		工程变更管理	是否支持工程变更业务管理,并与其他模块集成等
		生产预测管理	是否提供自动的生产数量、时间、成本等生产预测
		生产计划管理	是否支持自动生成生产计划、审批和维护,并自动排产等
		生产工单管理	是否支持自动生成工单,提供审批和维护及跟踪功能等
		物料需求计划	是否支持自动生成物料需求单,提供审批和维护功能等
		生产能力管理	是否支持生产能力分析、规划、产能安排和优化业务等
		生产备料管理	是否支持实时的自动生成备料单,并形成领退料单等
		生产领退料	是否支持自动的领退料单生成、修改、审批和记录等
		生产返工管理	是否支持生产返工业务,并提供相应的领退料业务和排产等
		委外加工管理	是否支持委外加工业务,并提供相应的领退料业务和排产等
		工艺路线管理	是否支持生产工艺流程,并提供相应的领退料业务和排产等
		生产看板管理	是否提供生产进度等看板式管理
		生产工序管理	是否提供多种生产工序,并集成相应的领退料业务和排产等
		车间管理	是否提供车间作业计划、进度,并集成领料和排产安排等
		生产排程管理	是否提供具体的生产排程计划、审批、集成领料等

续表

评价领域	一级指标	二级指标	指标评价标准
技术可行性指标	生产制造业务	生产质量管理	是否提供生产检验方案、检验执行和结果反馈业务等
		生产完工管理	是否支持生产完工的原材料、工时、废料、成品管理等
		生产批次管理	是否支持产成品或半成品的批号批次管理等
		生产设备管理	是否提供生产设备信息、状态和维修管理，并与产能集成等
		生产入库管理	是否提供产成品的完工入库管理，并与库存管理集成等
		生产成本核算	是否支持全面的动态成本核算，提供实际和模拟成本报表等
		生产领料分析	是否提供全面的生产用料分析报表等
		生产完工分析	是否提供全面的产成品分析报表等
		生产质量分析	是否提供产成品率、废品率等分析报表等
		生产效率分析	是否提供人均产成品数、单位工时完工数等分析报表等
	财务会计	应收管理	是否支持从销售发票、应收款、收款单到凭证分录全部操作业务，是否支持冲账、预收款业务，提供应收账表等
		应付管理	是否支持从采购发票、应付款、付款单到凭证分录全部操作业务，是否支持冲账、预付款业务，提供应付账表等
		总账管理	是否提供自动凭证操作和记账业务，提供期初和月结功能，提供总账报表等
		固定资产管理	是否支持固定资产卡片管理，支持从固定资产的购入、变动到维修、盘点等业务操作，是否支持折旧处理以及在财务账表上的反映等
		财务分析	是否提供包括现金流量表、损益表、资产负债表三大报表在内的各种财务分析报表等

信息技术的可行性评价是非常重要的一环评价，如果从可行性评价上得不到支持，则该信息技术方案就没有必要立项。信息技术方案在可行性评价上必须得到一定的支持，该方案才值得继续做其他评价。

2. 信息技术的先进性评价指标

信息技术先进性评价是评价信息技术方案在同类技术或产品中的先进程度、所处的行业技术地位，我们需要尽量选择技术先进的信息技术方案。要判断一项信息技术是否先进，需要一系列技术指标进行判断，评价 ERP 系统的技术是否先进可以考虑如下指标（见表 6-3）。

表 6 – 3　ERP 系统的先进性评价指标

评价领域	一级指标	二级指标	指标评价标准
技术先进性指标	平台性指标	系统平台	是否支持 Windows2000/XP/Vista/Linux 等主流系统
		数据库平台	是否支持 MS – SQL/Sybase/DB2/Oracle 等主流数据库
		部署平台	是否支持 B/S 和 C/S 应用部署
		应用基础平台	是否支持系统所有的基础数据和公共功能的平台化
	集成性指标	分子系统整合	是否支持各分子系统既可独立使用也可集成使用
		集成电子商务	是否支持网上采购、网上销售业务及结算等网上业务
		异地数据整合	是否支持异地各种数据的整合和集中
		企业应用集成	是否支持与其他系统集成及数据交换
	安全性指标	权限管理	是否支持用户角色权限、功能模块权限和数量权限等
		密码管理	是否支持密码授权、密码权限修改和记录
		网络安全	是否支持主流防火墙管理
		操作安全	是否支持操作记录备份
		数据管理	是否支持数据备份
		异常信息检测	是否支持异常信息定义、自动检查、发送报告
	易用性指标	用户学习	是否提供安装手册、操作使用手册等
		知识转移	是否提供数据结构说明文档、系统程序说明文档等
		信息传递	是否支持集成 Email 邮件等信息发送功能
		帮助指导	是否提供在线帮助指南或操作导航功能
	灵活性指标	其他应用整合	是否支持多币种、多语言、多税率等
		使用者界面	是否可配置自己的界面如图形界面、浏览器界面等
		信息搜寻	界面输入输出是否支持模糊信息自动搜寻
		单据应用	是否支持自定义单据设计和输出
		报表界面	是否支持灵活的报表输入、输出、执行、查询等

3. 信息技术的风险性评价指标

信息技术仅有新颖先进、实施可行还不够，还应有一定的成熟性。即使信息技术在研究领域很领先，如果在运行使用中却因各种因素而时常出现故障和存在不可控的风险，也会使信息技术不能正常发挥作用，甚至会带来巨大负面作用，这样的技术由于存在过大的风险，也要慎重考虑。信息技术本身具有高风险性（包括投资周期风险、实施应用风险、经济回报风险、社会影响风险和生态环境风险）的特点，例如，由于信息技术的不成熟性，往往造成一些巨额投资得不到回报，同时，由于信息技术对社会经济发展影响的不可预见性，某些信息技术的发展可能会对现有经济、环境、社会、文化等造成冲击，进而可导致整个社会经济结构的失调与震荡。如信息技术的飞速发展，导致网络安全、经济信息安全乃至国家安全的问题。因此，在开发、利用信息技术时，应该尽量降低其风险性，以避免损失。

以 ERP 软件技术为例，信息技术风险性评价指标可以考虑如下几方面：

满意度：用户使用的反馈投诉率；

信息准确度：用户数据或信息的误差次数；

维护风险：是否具备可方便维护技术方案或系统的运行能力；

需求调整风险：是否具备可以根据用户需求进行灵活调整的能力；

扩展风险：是否具备可根据用户需求扩展新的功能；

升级风险：是否具备可通过升级换代提升性能和扩展功能；

稳定性风险：工作过程中的故障率；

移植风险：可在不同环境中进行工作；

交付风险：信息技术实施交付的延误周期；

竞争风险：市场占有率或技术市场地位；

政策风险：国家政策调整的可能性。

（二）信息技术的经济评价指标

对信息技术的经济合理性进行定量的评价是信息技术经济评价的重要内容，根本目的就是要选择成本最少、收益最多的信息技术方案。信息技术经济评价有宏观评价与微观评价之分。宏观经济评价也可以叫国民经济评价，它是站在全社会和国家的立场上，对信息技术方案所发生的内外部经济利益关系进行分析计算；微观信息技术经济评价是站在局部利益主体（如企业、行业、地区、项目）的立场上，对信息技术方案本身所发生的经济利益关系进行分析计算。

无论是宏观信息技术经济评价指标还是微观信息技术经济评价指标都可以分为两大类型评价指标，即效益型指标和效率型指标。效益型指标大部分是可以直接进行定量计算的显性指标；而效率型指标大部分是间接指标，是需要间接进行定量计算的隐性指标。

1. 宏观经济评价指标

宏观经济评价指标既要考虑本技术所带来的直接宏观经济效果，也要充分考虑它的间接效果，信息技术方案的国民经济评价指标见表 6 – 4。

表6-4　信息技术的宏观经济评价指标

指标类型	指标名称	指标定义	备注
效益性指标	信息技术产业经济总量占比	信息技术产业总值/GDP	
	信息技术产业经济结构指标	信息技术产业服务总值/信息技术产业总值	
	信息技术产业人均经济指标	信息技术总产值/产业总人数	
效率性指标	信息技术全员劳动生产率	信息技术净产值/平均职工人数	
	行业信息技术投资效果系数	1/信息技术产业基准投资回收期	
	信息技术产业全要素生产率	信息技术产业全要素生产率	

　　注：信息技术产业基准投资回收期可以从信息技术产业部门相关统计数据中得到；若没有，可以采用产业内常用标准，如国内的计算机硬件领域基准投资回收期一般为7年，计算机软件领域基准投资回收期一般为5~6年。信息技术产业全要素生产率可以通过索洛残差法或其他经济计量方法得到；也有很多学者进行过研究，可以直接引用有关数据。其他指标可以通过国家相关部门的统计数据进行计算得到。

　　2. 微观经济评价指标

　　微观经济评价主要是财务评价，是从信息技术方案本身（即只考虑信息技术项目个体方案本身）角度考虑它的直接和间接效果，以下指标也是仅仅对信息技术方案本身进行计算（见表6-5）。

表6-5　信息技术的微观经济评价指标

指标类型	指标名称	指标定义	备注
效益性指标	信息技术经济总量指标	信息技术方案总产值	
	信息技术成本总量指标	信息技术方案总成本	
	信息技术净现值	在信息技术寿命期内不同时间上的净现金流量,按一定折现率和统一的基准时间进行折现的累计值	
效率性指标	信息技术方案投入产出比	信息技术总产值/信息技术总投资	
	信息技术销售收入增长率	（新技术平均一年的销售收入—原技术平均一年的销售收入）/原技术平均一年的销售收入	
	信息技术企业偿债能力指标	如速动比率＝（流动资产合计—存货净额）÷流动负债合计	
	信息技术企业营运能力指标	如总资产周转率＝企业销售收入净额/资产总额	
	信息技术企业盈利能力指标	如资本金利润率＝企业利润总额/资本金总额	
	信息技术企业发展能力指标	如净资产增长率＝本年净资产增长额÷上年净资产总额	
	信息技术企业劳动生产率	信息技术总产值/企业职工总人数	
	信息技术企业生产运营效率指标	反映不同信息技术所带来的运营效率提高的指标	

　　其中，信息技术企业生产运营效率是和具体的信息技术内容和方案密切相关的，需要用的指标能反映不同信息技术所带来的运营效率的提高。以ERP软件技术为例，生产运营效率指标见表6-6。

表 6 - 6　ERP 软件技术的生产运营效率指标

一级指标	二级指标	评价指标标准
企业运营效率	采购到货及时率	及时到货订单数/采购总订单数
	采购合格率	采购合格订单数/采购总订单数
	库存损耗率	库存损耗总金额/入库总金额
	安全库存率	物品安全库存品种数/在库物品品种总数
	销售收入增长率	(本期销售总额—上期销售总额)/上期销售总额
	销售成本与销售收入比	销售总成本/销售总收入
	销售退货率	销售退货订单数/销售总订单数
	成品制造及时率	成品及时制造产品数/总制造产品数
	产成品完好率	完好产品数/总制造产品数
	生产成本与销售收入比	生产总成本/销售总收入
	呆账坏账率	呆账坏账总额/总账余额
	财务错账率	错账凭证数/凭证总笔数
	人均净利润	净利润/总员工数

注：表中微观经济指标的计算需要确定具体的信息技术方案或项目或企业主体，进行一段时间内的数据收集，部分通过计算获得。

（三）信息技术的社会评价指标

在社会评价上，信息技术必须有利于社会的稳定和发展，因此，需要尽可能采用能够改善劳动条件、改善人们生活条件的信息技术方案；信息技术方案的社会评价指标范围很广，按照科学发展观和社会可持续发展的要求，信息技术的社会评价指标必须体现以人为本、构建和谐社会、实现社会可持续发展的目的。

1. 社会质量评价指标

信息技术对现代社会生活方式、质量等都会带来不同程度的影响，因此，需要考虑信息技术方案对社会质量影响的评价（见表 6 - 7）。

表 6 - 7　信息技术对社会质量影响的评价指标

一级指标	二级指标	评价指标计算标准
社会质量指标	生活质量水平类指标	人均信息技术消费总额/人均消费总额
	社会信息文明类指标	手机与电话用户数或电脑用户数
	信息技术人口比重	从事信息技术产业人口占总人口比重
	新增就业效果类	新增就业人数/信息技术方案总投资
	医疗信息化水平类	医疗卫生信息技术投入增长率

注：生活质量水平类指标中的人均信息技术消费总额/人均消费总额的确定可以通过调查问卷获得；社会信息文明类指标可以对手机与电话用户数相加，同时与电脑用户数进行五五加权；信息技术对于医疗质量的改善具有特别明显的积极作用，借助信息技术能够帮助医生进行良好的检查和诊断，能够提高医疗效率和效果。

2. 社会公平评价指标

信息技术对社会信息的公开透明带来重大影响，影响社会公平。信息技术方案的社会公平评价指标见表6-8。

表6-8　信息技术的社会公平评价指标

一级指标	二级指标	评价指标计算标准
社会公平指标	收入公平性类指标	网商产值/商业总产值
	政府透明度类指标	电子政务普及率
	公众参与度类指标	网民人数
	社会保障类指标	异地参保人数/社会人数
	教育机会平等类指标	网校与网络教育机构数量

注：收入公平性类指标采用网商产值/商业总产值进行评价，是因为网商行为的门槛很低，基础条件要求不多，尤其是有像阿里巴巴这样的平台供应商。因此，网商产值/商业总产值的比值在一定程度上反映了信息技术带来的收入公平性改善。网商产值和商业总产值都可以在相关统计数据中获得。

电子政务普及率是指以政府部门为主体的电子政务网站或电子政务平台的应用率。

信息技术对公众参与度的影响最大的莫过于网民人数的增加，将来如果有电子或网络投票，比如听证会采用网络听证，那么可以很好地体现信息技术对公众参与度的影响。在目前阶段，笔者直接选择网民人数作为计算指标。

信息技术对社会保障指标最直接的影响就是可以在技术上非常良好地实行异地参保、异地领保。

利用信息技术，可以扩大对教育资源的共享，改善教育机会平等状况。

3. 社会可持续发展评价指标

信息技术尤其是一些软信息技术，不仅无害、低碳、消耗资源少，而且对社会其他行业和整个社会经济都有巨大的促进作用。信息技术方案的社会可持续发展评价指标见表6-9。

表6-9　信息技术的社会可持续发展评价指标

一级指标	二级指标	评价指标计算标准
可持续发展指标	教育类指标	高等教育信息技术专业录取人数
	从业人员类指标	信息技术从业人数/社会总从业人数
	信息化水平类指标	信息化水平指数 NIQ
	社会成本类指标	网络会议次数增长率
	社会创新能力类指标	信息技术专利申请增长率
	社会创新效果类指标	信息技术科技成果转化率
	培训与继续教育类指标	网络教育与培训总产值/GDP
	贫困人口减少效果类指标	贫困人口减少/信息技术项目投资
	研究与开发经费类指标	信息技术研究与开发经费/全社会研究与开发经费

注：信息化水平指数 NIQ 的确定有相关学者研究，可以直接引用相关数据。参见靖继鹏《应用信息经济学》，科学出版社，2002，第300页。

信息技术的广泛应用可以大力节省社会成本，尤其是一些运营成本，比如政府会议，大规模采用网络会议，可以减少会议成本。其他指标都可以通过收集相关数据并进行适当计算获得。

4. 社会和谐评价指标

信息技术还可用于反腐败、网络追查逃犯，利用先进的信息技术，可以实现很多以前无法实现的目标。信息技术对和谐社会建设的作用影响直接，同时更多的是间接影响，虽然不能完全说以下指标都是信息技术带来的，但都会有影响，因此，信息技术的社会和谐的评价指标见表6-10。

表6-10　信息技术的社会和谐的评价指标

一级指标	二级指标	评价指标计算标准
社会和谐指标	城乡差别类指标	农村信息化水平指数
	国民幸福类指标	国民幸福指数=收入的递增率/基尼系数×失业率×通货膨胀率
	隐性失业占比类指标	个体网络从业人数/失业人数
	消费者满意类指标	信息技术消费者投诉增长率/社会投诉增长率

注：农村信息化水平指数有很多学者专家研究，可以直接引用相关数据。参见：黄志文：《中部六省农村信息化水平比较分析》，《现代农业科技》2009年第15期；刘世洪等：《基于"综合指数法"的农村信息化测度分析平台研发》，《农业网络信息》2007年第7期。

信息技术的广泛应用在某种程度上可以提高国民幸福指数，比如适度的游戏、网络购物的便利和低价等，但同时也会带来负面影响，如网络欺诈等；国民幸福指数是一个综合的评价指数，有很多学者专家研究，可以直接引用相关数据。

隐性失业是指表面上是就业，实际上是失业。随着信息技术的广泛应用尤其网络电子商务的兴起，很多个体采用网络就业，因此个体网络从业人数/失业人数指标在一定程度上可以反映信息技术对改善失业的积极影响，当然还有很多其他方面的影响，只不过这些数据和指标更容易获得。

（四）信息技术的环境资源和战略评价指标

分析信息技术对自然资源是否进行了综合开发利用，评价信息技术对生态环境是否进行了积极保护，对实现信息技术方案的目标具有重要的影响。

1. 环境评价指标

环境是人类生存和发展的必要条件。技术对环境及可持续发展的影响已经得到各国的认同和重视，信息技术也不例外。环境评价会涉及水环境评价、土地环境评价、空气环境评价、太空环境评价、噪声环境评价、辐射环境评价等多个领域（见表6-11）。

2. 资源评价指标

现代信息技术是以微电子应用为基础的，离不开硅，而无论是作为原材料硅的提取，还是信息技术本身的生产和使用，都需要消耗一定能源和其他资源，因此有必要对信息技术做资源评价（见表6-12）。

表 6-11　信息技术的环境评价指标

一级指标	二级指标	评价指标计算标准
环境总体评价	环保投资占比	环保投资中的信息技术投资/环保总投资
	环境事故预警频率	借助于信息技术实现年环境事故预警发生次数

注：信息技术已经被广泛应用于环境事故预警，因此年环境事故预警发生次数在很大程度上反映了信息技术对环境事故的积极防范作用。

信息技术对水环境、土地环境、空气环境、太空环境、噪声环境、辐射环境的影响取决于具体的信息技术；有的信息技术可能对上述环境都有影响，有的可能只对部分环境有影响。比如，软件信息技术对上述这些环境影响都很小，而电信则会对辐射环境和太空环境有影响，计算机硬件则对水环境、土地环境、噪声环境甚至空气环境等有影响。笔者认为：对于不同信息技术所带来的具体指标如何确定，指标的框架内容可以保持不变，但可以在指标的权重上做调整，从而实现指标的选择。比如 ERP 系统软件技术对环境的影响几乎为零，那么在环境评价指标上，可以设置其权重为零，即环境评价指标不参与 ERP 系统软件技术的评价。

表 6-12　信息技术的资源评价指标

一级指标	二级指标	评价指标计算标准
综合资源评价指标	信息技术的综合能耗指标：产值能源消耗率	能源消耗总量/信息技术总产值
	信息技术对一次性资源消耗产值	消耗一次资源（包括煤、石油、铁矿石、十种有色金属矿、稀土矿、磷矿、硫矿、石灰石、沙石等）所产出的项目生产总值
	信息技术的单位产值能耗	信息技术的能源消耗量/总产值

注：环境与资源评价指标体系只是一个总体指标框架，具体详细的信息技术方案还可以更细化，比如一般企业用软件对海洋太空资源、环境和森林植被资源的影响几乎为零，但是对于卫星通信技术，就会有对太空环境和太空资源的影响。因此，具体信息技术还可选择更细的评价指标，如土地、水、海洋、太空、森林植被等资源指标。对于不同信息技术所带来的具体指标如何确定问题，笔者认为，指标的框架内容可以保持不变，但可以在指标的权重上做调整，从而实现指标的选择。比如 ERP 系统软件技术不会产生海洋、太空资源和环境问题，那么在海洋、太空和环境评价指标上，可以设置其权重为零，即海洋、太空和环境评价指标不参与 ERP 系统软件技术的评价；而对于卫星通信技术，则会产生太空资源问题，那么其权重则不能为零，应参与评价。

3. 信息技术的战略评价指标

信息技术的战略评价主要是从国家战略层面对信息技术做评价。笔者认为主要可以从政治、国防安全、国家发展战略三个方面进行，其评价指标可以通过专家或相关部门进行定性确定（见表 6-13）。

表 6-13　信息技术的战略评价指标

一级指标	二级指标	评价指标标准
政治评价指标	党的方针政策	信息技术是否违背党的方针政策
国防安全评价指标	战备能力	信息技术是否有助于提高战备能力
	安全建设	信息技术是否会带来国防安全漏洞或是否加强国防安全建设
国家发展战略评价指标	国家政策适合度	信息技术是否符合国家相关技术产业政策
	国家战略技术支持度	信息技术是否在国家支持的技术行列

六　信息技术对经济社会发展作用的评价方法与模型

（一）信息技术经济评价方法

传统技术经济评价方法有静态和动态评价方法，由于信息技术评价是一个复杂的系统，单纯地使用传统的静态或动态技术经济评价方法，很难全面反映信息技术的多方面直接或间接效果。信息技术经济评价需要考虑技术评价、经济评价、社会评价、环境资源评价和战略评价多个方面的指标。因此，比较适合使用综合评价方法，综合评价是指对多属性体系结构描述的对象系统做出全局性、整体性的评价。综合评价方法主要针对评价的共性问题研究，为科学、客观评价提供了一个很好的保证。

信息技术经济综合评价就是建立在上述的指标体系上，采用加权计算进行综合评价记分。该模型最重要的就是各因子的权重确定。确定权重的方法一般包括主观赋权法（两两比较法、环比评分法、德尔菲法和层次分析法）、客观赋权法（因子分析法、熵值法、多元统计分析）和组合赋权法。本章以德尔菲法和层次分析法为例简单介绍。

1. 德尔菲（Delphi）法

德尔菲（Delphi）法即向专家发函征求意见的调研方法，常用于预测及确定指标的权重，其工作程序与预测大体相同，对象和目的不同。首先，将拟定的综合评价指标体系及对指标的说明以信函形式发给各位专家，专家根据对各指标相对重要程度的判断，按规定的量值范围（一般取［0，1］区间）为各指标评定权值。专家意见返回后，组织者要进行统计处理，检查各专家意见的集中分散程度，以便决定是否再进行下一轮调查。

2. 层次分析法

层次分析法（Analytic Hierarchy Process，简称 AHP）是美国运筹学家、匹茨堡大学萨蒂（A. L. Saaty）教授于 20 世纪 70 年代初期为美国国防部研究"根据各个工业部门对国家福利的贡献大小而进行电力分配"课题时提出的一种简便、灵活而实用的多准则决策方法。作为系统工程中对非定量事件的评价分析方法，层次分析法特别适用于那些仅用定量分析难以解决的复杂问题。层次分析法在对复杂决策问题的本质、影响因素及其内在关系等进行深入分析的基础上，将与决策密切相关的因素分解为目标、准则、方案等层次，利用较少的定量信息使决策的思维过程模型化，并在此基础上进行定性和定量分析，为多目标、多准则或无结构特性的复杂决策问题提供简便的决策方法。目前，层次分析法已广泛地应用于经济计划和管理、能源开发利用与资源分析、城市产业规划、行为科学、军事指挥、交通运输、生物制药、教育以及水资源分析利用等各个领域。

层次分析法首先将复杂问题层次化，根据影响问题不同要素之间的关联关系将各要素进行分类组合，形成一个多层次的分析结构模型，并对各层因素进行两两对比分析，依据1~9比率标度构造判断矩阵，求解其矩阵最大特征根及特征向量得到各因素的相对权重，最后通过计算各方案对于最佳方案的相对权重值，得到方案的优劣排序。

层次分析法的建模赋权过程可以分为四个步骤：

①建立多层次递阶结构；

②两两比较构造各层次的判断矩阵；

③计算权重进行单排序及一致性检验；

④加权平均进行总排序并进行一致性检验。

（二）信息技术综合评价模型

在实际评价中，往往需要对信息技术方案进行技术、经济、社会、环境资源和战略五个方面的全面评价，只从技术上评价它是否先进、是否可行，从经济上评价它是否经济、是否合理，都不够，还需要对它进行环境资源和战略评价。由于信息技术经济评价指标量纲不同，以及指标价值方向上的不同（有的是正指标，有的是负指标），因而有必要对信息技术的技术、经济、社会、环境资源和战略评价指标做适当的数学处理，常用方法可用层次分析法即 AHP 法，从而构建一个信息技术方案的综合评价模型，并进行定量计算和评价。

1. 定性指标量化

为了避免主观判断所引起的失误，对定性指标的准确性采用语义差别隶属度赋值法，比如 ERP 系统这一信息技术方案的技术评价基本指标就可以按照其对应的指标评价标准进行赋值，将"是"与"否"的定性指标值分为1~5分。也可以按照是与否的程度分为优秀、良好、一般、差、恶劣1~5档。若是采用划分1~5档的方法，就还需要对每个档次内容所反映指标的趋向程度提出明确、具体的要求，建立各档次与隶属度之间的对应关系。每个档次根据指标内容的趋向程度对应指标评价值为 5~1 分：即第一档（优秀）对应指标评价值为 5 分；第二档（良好）对应指标评价值为 4 分；第三档（一般）对应指标评价值为 3 分；第四档（差）对应指标评价值为 2 分；第五档（恶劣）对应指标评价值为 1 分。

2. 定量指标无量纲化

按照对评价对象作用方向的不同，定量指标分为正指标（要求数值越大越好）、逆指标（要求数值越小越好）和适度指标（要求数值以适中为好）。对于逆指标，为了简单化，还将采用逆逆指标法：即把逆指标变为与它相反的一个正指标值，如库存损耗率，在计算出库存损耗率后，再用 1—库存损耗率得出一个新的正指标：库存完好率。这样，信息技术方案的所有定量评价指标都可以转化为正向指标，转为正指标的目的就是为了统一性，这样在后面的无量纲化处理时更加方便。

采用模糊数学中的隶属赋值方法，以定量指标所适用的评分制中的最大值、最小值和平均值为标准，对正向指标进行无量纲化处理，将定量指标值转换成指标平均值，对应的指标模糊量化模型是：

$$R_{ij} = \frac{5}{2} + \frac{5}{2}\sin\left\{\frac{\pi\left[X_{ij} - \frac{X_{jmax} + X_{jmin}}{2}\right]}{(X_{jmax} - X_{jmin})}\right\} \qquad X_{jmin} < X_{ij} < X_{jmax} \qquad (6-1)$$

其中，R_{ij} 为信息技术方案的评价体系中第 i 项评价要素第 j 项定量指标的评价值；X_{ij} 为第 i 项评价要素第 j 项定量指标的原值；X_{jmax} 为第 j 项定量指标所用的评分制中的最大值；X_{jmin} 为第 j 项定量指标所用的评分制中的最小值。

按照上面的指标模糊量化模型处理，得出定量指标评价值都在 0~5 分之间，当 $R_{ij} < 1$ 时，取 $R_{ij} = 1$；当 $1 \leqslant R_{ij} \leqslant 5$ 时，取实际值。这样处理后，各指标评价值就成为同度量指标，具有可比性和可统一计算性。

3. 指标权重的确定

信息技术方案综合评价指标体系中的每个指标的重要性程度是不同的，在各级指标确定后，其指标间的隶属关系也确定了，但还需要确定每一层指标之间的相对权重。信息技术方案的综合评价指标权重的确定有两种方法：一是用判断矩阵确定评价指标权重；二是由专家根据经验和国家有关规定以及方案评价时的实际情况直接给出。

（1）用判断矩阵确定评价指标权重。其步骤如下：

①建立两两相对的比较判断矩阵。对于隶属于同一层次的各指标，分别对两个指标间的重要度进行两两比较。相等的取 5/5；相对较强的取 6/4；相对强的取 7/

3；相对很强的取 8/2；绝对强的取 9/1；其余的介于两者之间的分别取 5.5/4.5、6.5/3.5、7.5/2.5、8.5/1.5 等。经过上述标度，列出各层面需要比较的指标的判断矩阵，如对于某一层中需要比较的指标构成的判断矩阵可以表示为：

$$\begin{bmatrix} A & B_1 & B_2 & \cdots & B_n \\ B_1 & 1 & b_{12} & \cdots & b_{1n} \\ B_2 & b_{21} & 1 & \cdots & b_{2n} \\ \vdots & \vdots & \vdots & \vdots & \vdots \\ B_n & b_{n1} & b_{n2} & \cdots & 1 \end{bmatrix}$$

②进行层次单排序与层次总排序。求出上述指标权重的判断矩阵的特征向量即得到了各指标在各自层面的权重数（即层次单排序）。首先采用上述方法确定三级指标之间的权重，得出其二级指标的评价值；然后同样采用上述方法，再计算二级指标之间的权重；最后在评价领域上，每一层次指标（即评价领域层）对总目标的权重数（即层次总排序）又是一个相对权重数，可以通过如下步骤求得。

设第 $k-1$ 层有 m 个指标 C_1，C_2，$\cdots$，C_m，对任意一指标 C_i，其对应的第 k 层指标的相对权重为：

$$b_j^k = (b_{1j}^k, b_{2j}^k, \cdots, b_{nj}^k)^T \qquad (6-2)$$

其中，j 为第 $k-1$ 层的指标个数，$j=1$，2，$\cdots$，m。又知上一层 m 个指标的组合权数为：

$$a_j^{k-1} = (a_{1j}^{k-1}, a_{2j}^{k-1}, \cdots, a_{nj}^{k-1})^T \qquad (6-3)$$

这样，可以求出每一层次所有指标对总目标的权重数为：

$$a^k = b^k \times a^{k-1} = b^k a^{k-1} \cdots b^3 a^2 \qquad (3 < k \le h) \qquad (6-4)$$

其中，k 为综合评价指标层数；a^2 为第二层指标的排序向量。

（2）专家直接确定评价指标权重。用判断矩阵法确定指标的权重，计算起来比较复杂，特别是层次越多、指标越多，过程越复杂，计算越麻烦。专家直接确定指标权重则非常简便、实用，也是可行的，但有主观人为因素影响。专家直接确定指标权重就是一组专家根据经验和国家有关规定、常例及方案特殊情况等因素，直接确定信息技术方案评价指标体系中的各层次指标之间的权重，取各专家的平均值，然后根据评价值，加权综合得出总的信息技术方案的评价值。

（三）信息技术的综合评价模型

根据上述定性指标的定量化、定量指标的无量纲化处理和层次排序权重确定后，或者直接采用专家确定指标权重，并对有关指标进行直接打分后，最终可以得出一个信息技术方案的综合评价模型，计算公式为：

$$V_{IT} = \sum R_{ij} A_{ij} \qquad (6-5)$$

其中，V_{IT}为信息技术方案的综合评价值；R_{ij}为第 i 项层次第 j 项指标的评价值；A_{ij}为第 i 项层次第 j 项指标对总目标的权重。

需要说明的是，这个综合评价值计算方法，除了适用于上述的多个评价区域和多层的指标评价外，也可以用在评价单独的某一层的信息技术经济评价和比较，那样则 R_{ij}为该层所属的下面的各指标评价值；A_{ij}为该层所属的下面的各指标对该层指标即该层总目标的权重。比如只评价或比较信息技术方案的技术上是否可行、是否先进，那么 R_{ij}就仅仅是技术评价指标领域的评价值，A_{ij}是各技术评价指标在技术评价指标领域的权重，就不涉及其他如经济、社会、环境等评价领域；同样如果只评价或比较信息技术方案在经济上是否经济、是否合理，那么 R_{ij}就仅仅是经济评价指标领域的评价值，A_{ij}是各经济评价指标在经济评价指标领域的权重，也不涉及如技术、社会、环境资源等其他评价领域。

参考文献

汪向东：《信息化：中国 21 世纪的选择》，社会科学文献出版社，1998。

徐寿波：《技术经济学》（第 4 版），江苏人民出版社，1988。

张才明：《构建信息技术经济学学科体系》，《北京交通大学学报》2006 年第 4 期。

曲维枝：《信息产业与我国经济社会发展》，人民出版社，2002。

张才明：《信息技术的概念和分类问题研究》，《北京交通大学学报（社会科学版）》2008 年第 3 期。

张小蒂、倪云虎：《网络经济》，高等教育出版社，2002。

张才明：《信息技术经济学框架研究》，北京交通大学博士学位论文，2008。

靖继鹏：《应用信息经济学》，科学出版社，2002。

方卫国、陈凤荣：《信息技术价值评估》，《北京航空航天大学学报（社会科学版）》2005 年第 2 期。

附录：国家重点支持的高新技术领域
——电子信息技术

一　软件

（一）系统软件

操作系统软件技术，包括实时操作系统技术、小型专用操作系统技术、数据库管理系统技术、基于 EFI 的通用或专用 BIOS 系统技术等。

（二）支撑软件

测试支撑环境与平台技术；软件管理工具套件技术；数据挖掘与数据呈现、分析工具技术；虚拟现实（包括游戏类）的软件开发环境与工具技术；面向特定应用领域的软件生成环境与工具、套件技术；模块封装、企业服务总线（ESB）、服务绑定等的工具软件技术；面向行业应用及基于相关封装技术的软件构件库技术等。

（三）中间件软件

行业应用的关键业务控制；基于浏览器/服务器（B/S）和面向 Web 服务及 SOA 架构的应用服务器；面向业务流程再造；支持异种智能终端间数据传输的控制等。

（四）嵌入式软件

嵌入式图形用户界面技术；嵌入式数据库管理技术；嵌入式网络技术；嵌入式 Java 平台技术；嵌入式软件开发环境构建技术；嵌入式支撑软件层中的其他关键软件模块研发及生成技术；面向特定应用领域的嵌入式软件支撑平台（包括智能手机软件平台、信息家电软件平台、汽车电子软件平台等）技术；嵌入式系统整体解决方案的技术研发等。

（五） 计算机辅助工程管理软件

用于工程规划、工程管理/产品设计、开发、生产制造等过程中使用的软件工作平台或软件工具。包括基于模型数字化定义（MBD）技术的计算机辅助产品设计、制造及工艺软件技术；面向行业的产品数据分析和管理软件技术；基于计算机协同工作的辅助设计软件技术；快速成型的产品设计和制造软件技术；具有行业特色的专用计算机辅助工程管理/产品开发工具技术；产品全生命周期管理（PLM）系统软件技术；计算机辅 助工程（CAE）相关软件技术等。

（六） 中文及多语种处理软件

中文及多语种处理软件是指针对中国语言文字（包括汉语和少数民族语言文字）和外国语言文字开发的识别、编辑、翻译、印刷等方面的应用软件。包括基于智能技术的中、外文字识别软件技术；语言处理类（包括少数民族语言）文字处理软件技术；基于先进语言学理论的 中文翻译软件技术；语音识别软件和语音合成软件技术；集成中文手写识别、语音识别/合成、机器翻译等多项智能中文处理技术的应用软件技术；具有多语种交叉 的软件应用开发环境和平台构建技术等。

（七） 图形和图像软件

支持多通道输入/输出的用户界面软件技术；基于内容的图形图像检索及管理软件技术；基于海量图像数据的服务软件技术；具有交互功能与可量测计算能力的3D软件技术；具有真实感的3D模型与3D景观生成软件技术；遥感图像处理与分析软件技术等。

（八） 金融信息化软件

金融信息化软件是指面向银行、证券、保险行业等金融领域服务业务创新的软件。包括支持网上财、税、库、行、海关等联网业务运作的软件技术；基于金融领域管理主题的数据仓库或数据集市及其应用等技术；金融行业领域的财务评估、评级软件技术；金融领域新型 服务模式的软件技术等。

（九） 地理信息系统

网络环境下多系统运行的 GIS 软件平台构建技术；基于3D/4D（即带有时间

标志）技术的 GIS 开发平台构建技术；组件式和可移动应用的 GIS 软件包技术等。

（十）电子商务软件

基于 Web 服务（Web Services）及面向服务体系架构（SOA）的电子商务应用集成环境及其生成工具软件或套件的技术；面向电子交易或事务处理服务的各类支持平台、软件工具或套件的技术；支持电子商务协同应用的软件环境、平台或工具套件的技术；面向桌面和移动终端设备应用的信息搜索与服务软件或工具的技术；面向行业的电子商务评估软件或工具的技术；支持新的交易模式的工具软件和应用软件技术等。

（十一）电子政务软件

用于构建电子政务系统或平台的软件构件及工具套件技术；跨系统的电子政务协同应用软件环境、平台、工具 等技术；应急事件联动系统的应用软件技术；面向电子政务应用的现场及移动监管稽核软件和工具技术；面向电子政务应用的跨业务系统工作流软件技术；异构系统 下政务信息交换及共享软件技术；面向电子政务应用的决策支持软件和工具技术等。

（十二）企业管理软件

数据分析与决策支持的商业智能（BI）软件技术；基于 RFID 和 GPS 应用的现代物流管理软件技术；企业集群协同的供应链管理（SCM）软件技术；面向客户个性化服务的客户关系管理（CRM）软件技术等。

二　微电子技术

（一）集成电路设计技术

自主品牌 ICCAD 工具版本优化和技术提升，包括设计环境管理器、原理图编辑、版图编辑、自动版图生成、版图验证以及参数提取与反标等工具；器件模型、参数提取以及仿真工具等专用技术。

（二）集成电路产品设计技术

音视频电路、电源电路等量大面广的集成电路产品设计开发；专用集成电路芯片开发；具有自主知识产权的高端通用芯片 CPU、DSP 等的开发与产业化；符合国家标准、具有自主知识产权、重点整机配套的集成电路产品，3G 移动终端电路、数字电视电路、无线局域网电路等。

（三）集成电路封装技术

小外型有引线扁平封装（SOP）、四边有引线塑料扁平封装（PQFP）、有引线塑封芯片载体（PLCC）等高密度塑封的大生产技术研究，成品率达到 99% 以上；新型的封装形式，包括采用薄型载带封装、塑料针栅阵列（PGA）、球栅阵列（PBGA）、多芯片组装（MCM）、芯片倒装焊（FlipChip）、WLP（Wafer Level Package）、CSMP（Chip Size Module Package）、3D（3 Dimension）等封装工艺技术。

（四）集成电路测试技术

集成电路品种的测试软件，包括圆片（Wafer）测试及成品测试、芯片设计分析验证测试软件；提高集成电路测试系统使用效率的软/硬件工具、设计测试自动连接工具等。

（五）集成电路芯片制造技术

CMOS 工艺技术、CMOS 加工技术、BiCMOS 技术以及各种与 CMOS 兼容工艺的 SoC 产品的工业化技术；双极型工艺技术、CMOS 加工技术与 BiCMOS 加工技术；宽带隙半导体基集成电路工艺技术；电力电子集成器件工艺技术。

（六）集成光电子器件技术

半导体大功率高速激光器；大功率泵激光器；高速 PIN – FET 模块；阵列探测器；10Gbit/s～40Gbit/s 光发射及接收模块；用于高传输速率多模光纤技术的光发射与接收器件；非线性光电器件；平面波导器件（PLC）（包括 CWDM 复用/解复用、OADM 分插复用、光开关、可调光衰减器等）。

三　计算机及网络技术

（一）计算机及终端技术

手持和移动计算机（HPC、PPC、PDA）；具有特定功能的行业应用终端，包括金融、公安、税务、教育、交通、民政等行业的应用，集信息采集（包括条形码、RFID、视频等）、认证支付和无线连接等功能的便携式智能终端等；基于电信网络或/和计算机网络的智能终端等。

（二）各类计算机外围设备技术

具有自主知识产权的计算机外围设备，包括打印机、复印机等；计算机外围设备的关键部件，包括打印机硒鼓、墨盒、色带等；计算机使用的安全存储设备，存储、移动存储设备等；基于 USB 技术、蓝牙技术、闪联技术标准的各类外部设备及器材；基于标志管理和强认证技术；基于视频、射频等识别技术。

（三）网络技术

基于标准协议（如 SNMP 和 ITSM 等）的应用于企业网和行业专网的信息服务管理和网络管理软件，包括监控软件、IP 业务管理软件等；ISP、ICP 的增值业务软件和应用平台等；用于企业和家庭的中、低端无线网络设备，包括无线接入点、无线网关、无线网桥、无线路由器、无线网卡等；以及符合蓝牙、UWB 标准的近距离（几米到十几米）无线收发技术等；向 IPV4、向 IPV6 过渡的中、低端网络设备和终端。

（四）空间信息获取及综合应用集成系统

空间数据获取系统，包括低空遥感系统、基于导航定位的精密测量与检测系统、与 PDA 及移动通信部件一体化的数据获取设备等；导航定位综合应用集成系统，包括基于"北斗一号"卫星导航定位应用的主动/被动的导航、定位设备及公众服务系统；基于位置服务（LBS）技术的应用系统平台；时空数据库的构建及其应用技术等。

（五）面向行业及企业信息化的应用系统

融合多种通信手段的企业信息通信集成技术；智能化的知识管理；工作流、多媒体；基于 SOA 架构建立的企业信息化集成应用。

（六）传感器网络节点、软件和系统

面向特定行业的传感器网络节点、软件或应用系统；传感器网络节点的硬件平

台和模块、嵌入式软件平台及协议软件等；传感器网络节点的网络接口产品模块、软件等（采用 OEM 或 CKD 方式的集成生产项目除外）。

四　通信技术

（一）光传输技术

可用于城域网和接入网的新型光传输设备技术，包括中/低端新型多业务光传输设备和系统、新型光接入设备和系统、新型低成本小型化波分复用传输设备和系统、光传输设备中新型关键模块光传输系统仿真计算等专用软件。

（二）小型接入设备技术

适合国内的网络状况和用户特殊应用需求的小型接入设备技术，包括各类综合接入设备、各种互联网接入设备（IAD）；利用无线接入、电力线接入、CATV 接入等的行业专用接入设备（包括远程监控等）；其他新型中小型综合接入设备。

（三）无线接入技术

调制方式多样、能适应复杂使用环境的移动通信接入技术的无线接入设备及其关键部件，包括宽带无线接入设备，如基站、终端、网关等；基于IEEE802.11 等协议的基站与无线局域网终端设备；基于 IEEE802.16 等协议的宽带无线城域网终端设备、系统和技术；各类高效率无线终端设备和特种无线技术和设备等；固定无线接入设备；各种无线城域网设备和系统，包括增强型 WLAN基站和终端等。

（四）移动通信系统的配套技术

适用于移动通信网络等的系列配套技术，包括 3G 系统的直放站（含无线）配套设备；用于各种基站间互联的各种传输设备；移动通信网络规划优化软件与工具；基站与无线的 RF 信号光纤拉远传输设备；移动通信的网络测试、监视和分析仪表等；数字集群系统的配套技术；其他基于移动通信网络的行业应用的配套技术。

（五）　软交换和 VoIP 系统

基于分组交换原理的下一代网络系统和设备技术，包括中小型 IP 电话系统及设备；面向特定行业和企业应用、集成 VoIP 功能的呼叫中心系统及设备；VoIP 系统的监测和监控技术等。

（六）　业务运营支撑管理系统

网络和资源管理系统；结算和计费系统；业务管理和性能分析系统；经营分析与决策支持系统；客户服务管理系统；服务质量管理系统；各类通信设备的测试系统；适用于上述系统的组件产品，包括各类中间件等。

（七）　电信网络增值业务应用系统

固定网、2.5G/3G 移动、互联网等网络的增值业务应用软件技术，包括各类增值业务的综合开发平台；流媒体、手机可视电话、手机 QQ、IPTV 等的应用系统；基于电信网、互联网等的增值业务和应用系统；基于 P2P 技术的各类应用系统，包括即时通信系统等；基于现有网络技术的增值业务平台；支持网络融合和业务融合的增值业务应用平台及系统。

五　广播电视技术

（一）　演播室设备技术

与数字电视系统相适应的各类数字化电子设备技术，包括演播室数字视频服务器、数字视频切换控制台、数字音视频非线性编辑服务器；节目的电子交换、节目制播系统软件、面向数字媒体版权保护的加解密和密钥管理、数字版权保护等系统；适合我国地面电视标准的地面数字电视传输设备；地面－有线合一的数字电视传输设备；符合我国标准的具有自主知识产权的数字电视发射与转发设备；卫星数字电视调制器、有线数字电视调制器、地面数字电视调制器；广播电视监控系统及设备；用于 IP 网络、移动接收服务网络的数据网关、数据协议转发服务器；有线数字电视和卫星数字电视运营商的运营支撑系统；以电子节目指南、综合信息发布、数据广播以及交互电视等构成的业务应用系统。

（二）　交互信息处理系统

能够实现交互式控制的服务端系统技术。

（三）　信息保护系统

能够实现各种信息媒体整体版权保护的系统技术。

（四）　数字地面电视技术

可提高收发机性能的技术，与单频组网、覆盖补点、专用测试等应用相关的技术，包括数字电视单频网适配器、广播信号覆盖补点器、GB20600－2006 广播信号发生器、GB20600－2006 广播信号分析仪等。

（五）　地面无线数字广播电视技术

符合国家《地面数字电视广播传输标准》的设备技术，包括数字广播电视发射机、数字广播电视复用器、数字广播电视信道编码调制器、无线地面数字广播技术。

（六）　专业音视频信息处理系统

公共交通、公共场所等各类专业级网络化的音视频处理系统技术。

（七）　光发射、接收技术

具备自主知识产权的光发射和光接收设备的技术，包括激光器模块、光电转换模块、调幅返送光发射机、室外型宽带光接收机等。

（八）　电台、电视台自动化技术

适合电台、电视台开展音频及视像节目编、采、播业务的技术，包括具备发射机单机模拟量、开关量的选择 与采集，控制信号接口选择功能的设备；能对发射机工作状态实现控制、监测、记录、分析、诊断、显示、报警等功能的设备；能对全系统实现数据处理的计算机设 备；能对发射机房多机系统实现自动化控制管理的设备等。

（九）　网络运营综合管理系统

基于卫星、有线、无线电视传输的、能实现分级网络运营管理、能实现全网传输设备的维护、设置及业务管理一体化的软件系统的技术，包括广播影视传输覆盖网的管理系统、有线电视分配网网络管理系统等。

（十）　IPTV 技术

电信、计算机和广电三大网络的业务应用融合的技术，包括 IPTV 路由器和交换器、IPTV 终端设备、IPTV 监管系统和设备、IPTV 前端设备等。

（十一）　高端个人媒体信息服务平台

移动办公软件技术，包括个人信息综合处理平台、便携式个人信息综合处理终端等（采用 OEM 或 CKD 方式的集成生产项目除外）。

六　新型电子元器件

（一）　半导体发光技术

半导体发光二极管用外延片制造技术，生长高效高亮度低光衰高抗静电的外延片技术，包括采用 GaN 基外延片/Si 基外延片/蓝宝石衬底外延片技术；半导体发光二极管制作技术；大功率高效高亮度低光衰高抗静电的发光二极管技术；高效高亮度低光衰高抗静电的发光二极管技术；半导体照明用长寿命高效荧光粉、热匹配性能和密封性能好的封装树脂材料和热沉材料技术等。

（二）　片式和集成无源元件技术

片式复合网络、片式 EMI/EMP 复合元件和 LTCC 集成无源元件；片式高温、高频、大容量多层陶瓷电容器（MLCC）；片式 NTC、PTC 热敏电阻和片式多层压敏电阻；片式高频、高稳定、高精度频率器件等。

（三）　片式半导体器件技术

小型、超小型有引线及无引线产品；采用低弧度键合、超薄封装的相关产品；功率型有引线及无引线产品等。

（四）　中高档机电组件技术

符合工业标准的超小型高密度高传输速度的连接器；新一代通信继电器，小体积、大电流、组合式继电器和固体光 MOS 继电器；高保真、高灵敏度、低功耗电声器件；刚挠结合板和 HDI 高密度积层板等。

七 信息安全技术

（一）安全测评类

对网络与系统的安全性能进行测试与评估的技术；对安全产品的功能、性能进行测试与评估，能满足行业或用户对安全产品自测评需求的技术等。

（二）安全管理类

具备安全集中管理、控制与审计分析等功能的综合安全管理类技术；具备安全策略、安全控制措施的统一配置、分发和审核功能的安全管理类技术等。

（三）安全应用类

具有电子政务相关应用安全软件及相关技术；具有电子商务相关应用安全软件及相关技术；具有公众信息服务相关应用安全软件及相关技术等。

（四）安全基础类

操作系统安全的相关支撑技术；数据库安全管理的相关支撑技术；安全路由器和交换设备的研发和生产技术；安全中间件技术；可信计算和标志认证相关支撑技术等。

（五）网络安全类

网络攻击防护技术；网络异常监控技术；无线与移动安全接入技术；恶意代码防护技术；网络内容安全管理技术等。

（六）专用安全类

密码及其应用技术；安全隔离与交换等边界防护技术；屏蔽、抑制及干扰类电磁泄漏发射防护和检测技术；存储设备和介质中信息的防护、销毁及存储介质的使用管理技术；高速安全芯片技术；安全事件取证和证据保全技术（市场前景不明朗、低水平重复，以及简单的技术引进类信息安全软件及其相关产品除外）等。

八　智能交通技术

（一）先进的交通管理和控制技术

具备可扩展性的适于中小城市信号设备和控制的技术；可支持多种下端协议的上端控制系统的软件技术研发；交通应急指挥管理相关设备的技术研发和生产；网络环境下的外场交通数据综合接入设备的技术研发和生产；交通事件自动检测和事件管理的软件技术研发等。

（二）交通基础信息采集、处理设备及相关软件技术

采用微波、主被动红外、激光、超声波技术（不含视频）设备，可用于采集交通量、速度、车型、占有率、车头时距等交通流参数；车辆、站场枢纽客流统计检测设备生产及分析技术；用于公众服务的动态交通信息融合、处理软件技术研发；交通基础设施状态监测设备的软件研发和生产技术；内河船舶交通量自动检测设备技术研发等。

（三）先进的公共交通管理设备和系统技术

大容量快速公交系统（BRT）运营调度管理系统（含车、路边设备）技术研发；公交（含大容量公交）自动售检票系统技术研发，能够支持现金、信用卡、预付费卡等多种支付方式；大中城市公共交通运营组织与调度管理相关设备和系统的技术研发等。

（四）车载电子设备和系统技术

具有实时接收数据能力，并可进行本地路径动态规划功能的车载导航设备的研发及生产；符合国家标准的电子不停车收费系统技术研发；车载安全驾驶辅助产品生产技术等。

第七章 资源与环境技术对经济社会发展作用的评价[*]

一 资源与环境技术的概念界定及其分类

（一）资源与环境技术的概念

资源与环境是人类生存和发展的基本条件，其中自然资源是国民经济与社会发展的重要物质基础。然而，随着物质生活水平的提高和人口的增长，人类对自然资源的需求日益增大，同时对环境的破坏也日趋加剧。如何以最低的环境代价确保经济持续增长，同时还能使自然资源可持续利用，已成为当代所有国家在经济、社会发展过程中所面临的一大难题。资源与环境技术作为直接作用于资源与环境问题的重大高新技术，已被我国列入七大战略性新兴产业的关键技术之一，对其进行深入研究具有重要的理论价值和应用价值。

1. 资源

（1）资源的概念。资源通常被解释为"资财之源，一般指天然的财源"（《辞海》）。由于人们在研究领域和研究角度上存在着差别，资源又有广义和狭义之分。

广义的资源指人类生存发展和享受所需要的一切物质的和非物质的要素。因此，资源既包括一切为人类所需要的自然物，如阳光、空气、水、矿产、土壤、植物及动物等，也包括以人类劳动产品形式出现的一切有用物，如各种房屋、设备、其他消费性商品及生产资料性商品，还包括无形的资财，如信息、知识和技术，以及人类本身的体力和智力。由于人类社会财富的创造不仅来源于自然界，而且还来源于人类社会，因此资源不仅包括物质的要素，也包括非物质的要素。

狭义的资源仅指自然资源，联合国环境规划署（UNEP）对资源下过这样的定

---

* 执笔人：刘伟。

义："所谓自然资源，是指在一定时间、地点条件下能够产生经济价值的、以提高人类当前和将来福利的自然环境因素和条件的总称。"《英国大百科全书》把资源说成是人类可以利用的自然生成物以及生成这些成分的环境功能。前者包括土地、水、大气、岩石、矿物及森林、草地、矿产和海洋等，后者则指太阳能、生态系统的环境机能、地球物理化学的循环机能等。

本章研究将资源的范围仅限定为自然资源。

（2）自然资源的分类。首先，按资源的实物类型划分，自然资源包括土地资源、气候资源、水资源、生物资源、矿产资源、能源资源、海洋资源等。

①土地资源。土地是地球陆地表面部分，是人类生活和生产活动的主要空间场所，土地包含地球特定地域表面及其以上和以下的大气、土壤及基础地质、水文和植被，它还包含这一地域范围过去和目前的人类活动的种种结果，以及动物就它们对目前和未来人类利用土地所施加的重要影响。土地是由地形、土壤、植被、岩石、水文和气候等因素组成的一个独立的自然综合体。

②气候资源。气候资源是指地球上生命赖以产生、存在和发展的基本条件，也是人类生存和发展工农业生产的物质和能源。气候资源包括太阳辐射、热量、降水、空气及其运动等要素。太阳辐射是地球上一切生物代谢活动的能量源泉，也是气候发展变化的动力。降水是地球上水循环的核心环节，是生命活动和自然界水分消耗的补给源。空气运动不仅可以调节和输送水热资源，而且可将大气的各种组分不断输送扩散，供给生命物质满足其需要。

③水资源。水资源是指在目前技术和经济条件下，比较容易被人类利用的补给条件好的那部分淡水量。水资源包括湖泊淡水、土壤水、大气水和河川水等淡水。随着科学技术的发展，海水淡化前景广阔，因此，从广义上讲，海水也应算水资源。

④生物资源。生物资源是指生物圈中全部动物、植被和微生物。生物资源的分类也是各种各样的，通常采用生物分类的传统体系，将生物资源分为植物资源和动物资源，在植物资源中又可以群落的生态外貌特征划分为森林资源、草原资源、荒漠资源和沼泽资源等；动物资源按其类群可分为哺乳动物类资源、鸟类资源、爬行类动物资源、两栖类动物资源以及鱼类资源等。

⑤矿产资源。经过一定的地质过程形成的，赋存于地壳内或地壳上的固态、液态或气态物质，当它们达到工业利用的要求时，称之为矿产资源。其分类方法较多，一般按矿物不同物理性质和用途划分为黑色金属、有色金属、冶金辅助原料、燃料、化工原料、建筑材料、特种非金属、稀土稀有分散元素8类。

⑥能源资源。能够提供某种形式能量的物质或物质的运动都可以称为能源。大自然赋予我们多种多样的能源：一是来自太阳的能量，除辐射能外，还有经其转换的多种形式的能源；二是来自地球本身的能量，如热能和原子能；三是来自地球与其他天体相互作用所产生的能量，如潮汐能。能源有多种分类形式，一般可分为常规能源和新能源，常规能源指当前已被人类社会广泛利用的能源，如石油、煤炭等；新能源是指在当前技术和经济条件下，尚未被人类广泛利用，但已经或即将被利用的能源，如太阳能、地热、潮汐能等。

⑦海洋资源。海洋资源是指其来源、形成和存在方式都直接与海水有关的物质和能量。可分为海洋生物资源、海底矿产资源、海水化学资源和海洋动力资源。海洋生物资源包括生长和繁衍在海水中的一切有生命的动物和能进行光合作用的植物。海底矿产资源主要包括滨海砂矿、陆架油气和深海沉积矿床等。海水化学资源包括海水中所含大量化学物质和淡水。海洋动力资源主要指海洋里的波浪、海流、潮汐、温度差、密度差、压力差等所蕴藏的巨大能量。

其次，从可持续发展的角度出发，自然资源可划分为耗竭性资源和非耗竭性资源。非耗竭性资源包括恒定性资源和易误用及污染的资源。耗竭性资源包括可更新（可再生）资源和不可更新（不可再生）资源。这些资源的进一步细分，见图 7 - 1。

2. 环境

（1）环境的概念。在环境科学领域，环境的含义是：以人类社会为主体的外部世界的总体。环境是人类进行生产和生活的场所，是人类生存与发展的物质基础。人类环境包括自然环境和社会环境。自然环境是人类赖以生存、发展生产所必需的自然条件和自然资源的总称。自然环境既为人类提供了生存环境，也为人类生存提供了必要的资源。自然资源与自然环境是密不可分的，自然资源是自然环境的重要组成部分。环境科学将地球环境按其组成要素分为大气环境、水环境、土壤环境和生态环境。前三种环境又可称为物化环境。从人类的角度看，它们都是人类生存与发展所依赖的环境。按照这一定义，环境包括已经为人类所认识的、直接或间接影响人类生存和发展的物理世界的所有事物。《中华人民共和国环境保护法》所称的环境是：影响人类社会生存和发展的各种天然的和经过人工改造的自然因素的总体，包括大气、水、海洋、土地、矿藏、森林、草原、野生动物、自然古迹、人文遗迹、自然保护区、风景名胜区、城市和乡村等。

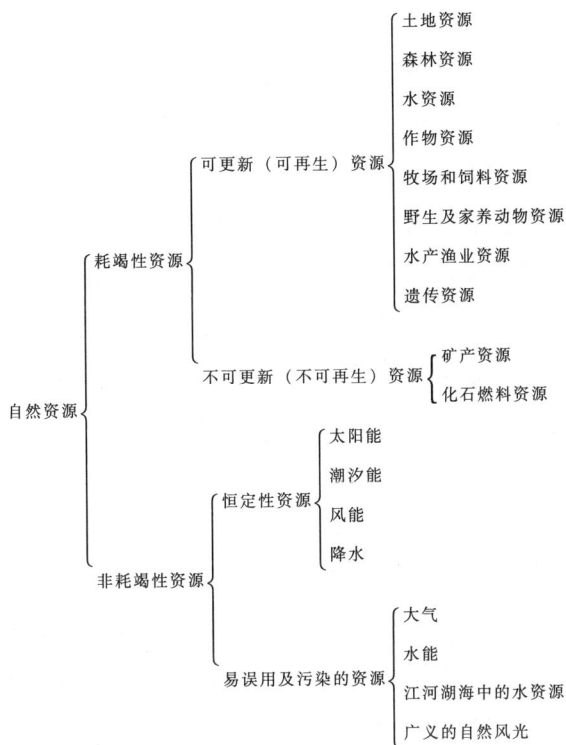

图 7 – 1 自然资源的分类

（2）环境问题。所谓环境问题，是指由于人类活动作用于周围环境所引起的环境质量变化，以及这种变化对人类的生产、生活和健康造成的影响。自从有了人类以后，环境问题就存在了，只是随着经济和社会的发展而不断变化。特别是20世纪50年代以来，社会生产力和科学技术突飞猛进，人口数量激增，人类征服自然界的能力大大增强，环境的反作用便日益强烈地显露出来，成为世界各国人民共同关心的全球性问题。当前，全球面临着十大环境问题。

①人口问题。医疗保健条件和生活水平的提高，使得人口出生率和成活率迅速提高，死亡率大幅度下降，引起全球人口急剧增长。地球上的自然资源是有限的，可以支持的人口的能力也是有限的。

②"温室效应"。工业革命以来，大气中二氧化碳、甲烷、氮氧化物、氟氯烃等气体的含量不断增加，这些气体对地表放射出的长波辐射有强烈的吸收作用，并能透过太阳对地球短波辐射，在空气中充当玻璃或塑料膜的角色，导致地球表面和低层大气温度升高，全球变暖，造成"温室效应"。

③"厄尔尼诺现象"。海洋水温上升，过多的热量使海水将热量转给大气，并以无法预测的方式改变大气环流，重新安排大气的正常环境流，使风暴改向，打乱本来可能预报的季节天气特征的格局，引发干旱、洪水、暴风雪等自然灾害，这种具破坏性的洋流被称为"厄尔尼诺现象"。

④臭氧层被破坏。臭氧层可以阻挡对生物有害的由太阳发出的紫外线辐射，但由于工业生产排放的氟氯烃物质和日常生活中冰箱、空调、喷雾剂等氟氯烃制冷剂进入大气并上升到平流层后，通过复杂的物理化学过程，会与臭氧反应，使臭氧层变薄。臭氧层可以吸收来自太阳辐射中 99% 的紫外线，臭氧层被破坏会威胁人类健康，影响农作物生长和海洋生物的繁殖。

⑤酸雨现象。酸雨的形成主要是由于现代工业的发展，像燃烧矿物燃料、金属冶炼等向大气排放硫氧化物和氮氧化物。酸雨危及河流、湖泊中的水生生物，危及水质、土壤、森林和各种建筑物。酸雨区已占我国国土面积的 40%。

⑥土地荒漠化。土地荒漠化指气候变异和人类活动影响等因素造成的干旱、半干旱以及亚湿润干旱地区的土地退化，包括沙漠化和石漠化。据联合国 1995 年统计，全球荒漠化面积为 4560 万平方公里，几乎等于俄罗斯、中国、加拿大、美国土地面积的总和，每年给全球造成直接经济损失达 423 亿美元，间接经济损失是直接经济损失的 2~3 倍。另据联合国环境规划署统计：全世界每年有 600 万公顷的土地变为沙漠，沙进人退，土地不断被蚕食。目前，全世界受荒漠化影响的国家有 100 多个。

⑦森林破坏。目前，地球上的森林覆盖率不到 1/3，已不足 4000 万平方公里，且锐减的趋势仍在继续，热带雨林的减少尤为严重。1990~1995 年，地球上每年有 11.7 万平方公里的森林消失，现在则达到每年 16 万平方公里的消失速度。森林的减少直接影响地球的气候变化，导致降水量下降、气温上升，又减少了土壤的蓄水能力，加重了洪水、干旱等自然灾害。

⑧生物多样性减少。20 世纪以来，科学技术的发展和应用扩大了人类对自然的影响范围和能力，人类的活动加快了地球上物种的灭绝速度。20 世纪 90 年代以来，平均每天灭绝的物种达 140 个；地球正面临第 6 次大规模的物种灭绝，与前 5 次不同的是，导致这场悲剧的正是人类自己。其中，对野生动物的狂捕滥杀、对生态环境的污染和破坏是物种灭绝的两个主要原因。物种的不断灭绝，将会导致生态平衡的破坏，或食物链的破坏，这种危害的程度是人类所无法估计的。

⑨淡水资源问题。地球表面有 70% 的面积被水覆盖，由于开发困难和技术条

件的限制，到目前为止，地球上的水资源只有1%可供人类使用，被称为可用水资源。可用水资源既是基础性自然资源，又是战略性经济资源，拥有安全的可用水资源是一个国家综合国力的有机组成部分。目前，全球60%的大陆面积淡水资源不足，100多个国家严重缺水，其中缺水最为严重的有40个国家，有20多亿人口饮用水紧缺，世界上已经有近80%的人口受到水荒的威胁。由于过度开采，地球上的淡水资源正在枯竭。据预测，从21世纪初开始，世界上有1/4的地方长期缺水；到2030年，全球将大约有2/3的人口缺水。加剧淡水资源危机的另一个重要原因是水污染，水资源地正在受到来自多方面的污染，污水直接入河形成的点污染，无节制的施用农药造成的面污染，河道、湖泊无清水、不流动造成的天然自净能力下降，使水环境的治理难度越来越大。

⑩大气污染。大气污染是指由于人类的生产、生活活动，向大气中排放的各种污染物质超过了环境所允许的极限，使大气质量恶化，对人体、动物、物品产生不良影响或受到破坏时的大气状况。

3. 资源与环境技术

目前学术界还没有关于资源与环境技术的统一定义，根据本章研究的范围，我们认为资源与环境技术就是对自然资源进行高效开发、综合利用，对环境污染进行有效控制、实时监控与生态环境保护的重大高新技术。资源与环境技术作为直接作用于资源与环境问题的重大高新技术，已被我国列入七大战略性新兴产业的关键技术之一，对其进行深入研究具有重要的理论价值和应用价值。

（二）资源与环境技术的分类

1. 水污染控制技术

（1）城镇污水处理技术。主要包括：城市污水生物处理新技术及生物与化学联合处理技术；中、小城镇生活污水低能耗处理技术；村镇生活污水处理技术；村镇小型源分离处理技术，低能耗生活污水处理技术。

（2）工业废水处理技术。主要包括：有毒难降解工业废水处理技术，有毒有害化工和放射性废水处理技术，湿式催化氧化技术；重金属废水集成化处理和回收技术与成套装置，煤化工等行业高氨氮废水处理技术与装置，固定化微生物高效脱氮技术；采油废水处理及回注，高含盐废水处理工艺与技术；高浓度工业有机废水处理工艺与技术，高效厌氧生物反应器；高效生物填料，薄膜负载型光催化材料，膜材料及组件，高效水处理药剂的研制，新型复合型絮凝剂处理高浓度、高色度印染废水技术。

（3）城市和工业节水和废水资源化技术。主要包括：生产过程工业冷却水重复利用药剂、技术，管网水质在线检测和防漏技术；各类工业废水深度处理回用集成技术；城市污水处理和再生水生产的集成技术；工业、城市废水处理中污泥的处理、处置和资源化技术。

（4）面源水污染的控制技术。主要包括：规模化农业面源污染控制技术及生态处理技术；水产养殖水循环利用和污染控制技术；畜禽养殖场废水厌氧处理沼气高效利用技术。

（5）雨水、海水、苦咸水利用技术。主要包括：雨水收集利用与回渗技术与装置，苦咸水淡化技术；海水膜法低成本淡化技术及关键材料，规模化海水淡化技术；海水、卤水直接利用及综合利用技术。

（6）饮用水安全保障技术。主要包括：灵敏、快速水质在线检测技术；饮用水有机物的高级催化氧化技术，高效膜过滤技术，安全消毒技术，高效控藻、除藻和藻毒素去除技术；饮用水有机物高效吸附剂、高效混凝剂及强化混凝技术；农村饮用水除氟、除砷技术与装置，边远地区和农村饮用水安全消毒小型设备和技术。

2. 大气污染控制技术

（1）煤燃烧污染防治技术。主要包括：燃煤电厂烟气脱硫技术及副产品综合利用技术；烟气脱硫关键技术；烟气脱硝选择性催化还原技术；煤化工转化过程中的废气污染防治技术；高效长寿命除尘技术。

（2）机动车排放控制技术。主要包括：机动车控制用高性能蜂窝载体、满足欧Ⅲ、欧Ⅳ标准汽车净化技术；满足欧Ⅲ、欧Ⅳ标准的柴油车净化技术；颗粒物捕集器及再生技术；催化氧化与还原技术；满足欧Ⅱ、欧Ⅲ标准摩托车净化技术。

（3）工业可挥发性有机污染物防治技术。主要包括：高效长寿命的吸附材料和吸附回收装置；高效低耗催化材料与燃烧装置；低浓度污染物的高效吸附－催化技术及联合燃烧装置；恶臭废气的捕集与防治技术；油气回收分离技术：针对油库、加油站油气的挥发性有机化合物（VOCs）控制技术。

（4）局部环境空气质量提高与污染防治技术。主要包括城市公共设施空气环境的消毒杀菌、除尘、净化和提高空气氧含量的技术。

（5）其他重污染行业空气污染防治技术。主要包括：高性能除尘滤料和高性能电、袋组合式除尘技术；特殊行业工业排放的有毒有害废气、二噁英、恶臭气体的控制技术；工业排放温室气体的减排技术，碳减排及碳转化利用技术。

3. 固体废弃物的处理与综合利用技术

（1）危险固体废弃物的处置技术。主要包括：危险废物高效焚烧技术，焚烧渣、飞灰熔融技术；危险废物安全填埋处置技术，危险废物固化技术、设备和固化药剂；医疗废物收运、高温消毒处理技术；有害化学品处理技术，放射性废物处理与整备技术与装备；电子废物处置、回收和再利用技术。

（2）工业固体废弃物的资源综合利用技术。主要包括：利用工业固体废弃物生产复合材料、尾矿微晶玻璃、轻质建材、地膜、水泥替代物、工程结构制品等技术；电厂粉煤灰及煤矿矸石、冶金废渣等废弃物的资源回收与综合利用技术；废弃物资源化处理技术。

（3）有机固体废物的处理和资源化技术。主要包括：利用农作物秸秆等废弃植物纤维生产复合板材及其他建材制品的技术；有机垃圾破碎、分选等预处理技术；填埋物气体回收利用技术；填埋场高效防渗技术；小城镇垃圾处理适用技术。

4. 环境监测技术

（1）在线连续自动监测技术。主要包括：环境空气质量自动监测系统（粉尘、细颗粒物、二氧化硫、氮氧化物、酸沉降、沙尘天气、机动车排气等）；地表水水质自动监测系统（化学需氧量、余氯、BOD水质、氨氮、石油类、挥发酚、微量有机污染物、总氮、总磷等）；污染源自动监测系统（傅立叶红外测量烟气污染物、烟气含湿量；砷、总铅、总锌；氰化物、氟化物等）；大气中超细颗粒物、有机污染物等采样分析技术。

（2）应急监测技术。主要包括：便携式现场快速测定技术，污染事故应急监测等危险废物特性鉴别、环境监控及灾害预警技术；移动式应急环境监测技术（便携式快速有毒有害气体监测仪及测试组件；便携式水质监测仪与测试组件；便携式工业危险物、重金属、有毒有害化合物的快速监测专用仪器及系统）；应急安全供水技术；应急处理火灾、泄漏造成的环境污染技术。

（3）生态环境监测技术。主要包括：海洋环境监测技术，环境遥感监测系统；脆弱生态资源环境监控及灾害预警技术；多物种生物在线检测技术，水中微量有机污染物的富集技术，持久性有机污染物采样、分析技术。

5. 生态环境建设与保护技术

主要包括：水土流失防治技术，沙漠化防治技术，天然林保护、植被恢复和重建技术，林草综合加工技术及配套机械设备；湿地保护、恢复与利用及其监测技术，矿山生态恢复、污染土壤修复、非点源污染控制技术；持久性有机污染物

（POPs）替代技术；国家生物多样性预警监测和评价技术，系统生态功能区恢复与重建技术。

6. 清洁生产与循环经济技术

（1）重点行业污染减排和"零排放"关键技术。主要包括：电镀、皮革、酿造、化工、冶金、造纸、钢铁、电子等行业污染减排关键技术；上述行业工艺过程中废气、废水、废物资源化回收利用技术。

（2）污水和固体废物回收利用技术。主要包括：污水深度处理安全消毒和高值利用技术；城市景观水深度脱氮除磷处理技术；矿产废渣资源化利用技术；工业无机、有机固体废物资源化处理技术。

（3）清洁生产关键技术。主要包括：煤洁净燃烧、能量梯级利用技术；有毒有害原材料、破坏臭氧层物质替代技术。

（4）绿色制造关键技术。主要包括：绿色基础材料及其制备技术；高效、节能、环保和可循环的新型制造工艺及装备；机电产品表面修复和再制造技术；绿色制造技术在产品开发、加工制造、销售服务及回收利用等产品全生命周期中的应用。

7. 资源高效开发与综合利用技术

（1）提高资源回收利用率的采矿、选矿技术。主要包括：复杂难采矿床规模化开采及开发利用产业化技术；复杂多金属矿高效分离技术；难处理氧化矿高效分离与提取技术；多金属硫化矿电化学控制浮选技术；就地浸矿及生物提取技术；采选过程智能控制及信息化技术。

（2）共、伴生矿产的分选提取技术。主要包括：综合回收共、伴生矿物的联合选矿技术；共、伴生非金属矿物的回收、深加工技术；伴生稀贵金属元素富集提取分离技术。

（3）极低品位资源和尾矿资源综合利用技术。主要包括：极低品位、难选冶金属矿有价金属综合回收利用技术；大用量、低成本、高附加值尾矿微晶玻璃技术；尾矿中有价元素综合回收技术。

二　我国资源与环境技术的发展现状及存在问题

（一）我国可持续发展面临的资源与环境制约

目前，我国环境污染仍未得到遏制，重大污染事件频发，水、矿产资源等自然资源短缺现象依然严峻。2008年环保部处理的全国突发环境事件上升22.7%（见2008年《中国环境公报》）。环境形势依然严峻，严重威胁民生安全。在水环境方面，地表水污染范围已由支流向干流、下游向上游、区域向流域、地表向地下蔓延，50%城市地下水受污染，饮用水安全存在严重隐患。预计到2020年，我国GDP总量将达到68万亿元，人均GDP将超过5600美元，城市化率将达到58%，人口总量将超过14亿人，能源消耗将近40亿吨标准煤。随着经济和社会的发展，我国的资源需求和消耗会不断增加，人地关系和经济开发与生态保护的冲突会越来越大，人们对生态环境质量的要求会不断提高，维持稳定、良好的生态环境任务将越来越重，并面临各种挑战。

1. 资源短缺的制约

（1）能源严重短缺，能源结构不合理。随着中国经济的高速增长，工业化、城镇化进程的不断加快，对能源的需求日益增加。2007年，全年能源消费总量为26.5亿吨标准煤，比上年增长7.8%。原油消费量3.4亿吨，增长6.3%，成为仅次于美国的石油消费大国。由于经济增长方式粗放、能源结构不合理、能源技术装备水平低、管理水平相对落后，加之能源价格的高位运行，能源特别是石油对外依存度日益增高，能源安全和风险已经不仅是经济问题，而同政治、军事紧密联系在一起。

（2）土地荒漠化加速发展，生态危害严重，危及国家耕地安全。中国是世界上受荒漠化危害较为严重的国家之一，荒漠化土地面积大、分布广、危害严重。全国荒漠化面积为262.2万平方公里，占中国陆地面积的27.3%，遍及13个省（自治区、直辖市）的598个县（旗），近4亿人口受到影响，每年造成直接经济损失达540多亿元。目前，荒漠化发展速度还在进一步加快，致使扬尘天气迅速增加，造成了巨大的经济损失和严重的生态后果，治理速度赶不上破坏速度。中国严重的水土流失几乎遍及所有大的江河流域，目前水土流失面积达367万平方公里，占中国陆地总面积的38%，每年因水土流失损失的土壤达50亿吨；因水土流失而毁掉的耕地达270万平方公里，年均损失约6万平方公里；由于泥沙淤积，全国湖泊面积缩小了186万平方公里，占现有湖泊面积的40%，江河引洪能力降低，灾害频发。

（3）水资源严重短缺，水环境严重恶化。中国淡水资源仅占世界的8%，人均占有水资源量仅及世界人均水平的1/4，是世界公认的贫水国。中国的水资源具有以下几个特点。一是缺水严重。除城市、工业缺水严重外，全国农田每年因缺水造成的粮食减产为 750 亿～1000 亿千克；有约 8000 万农村人口和 4000 多万头牲畜饮水困难。二是水利用效率低，水资源浪费严重。目前，中国农业灌溉水的利用系数仅为 0.3～0.4，水的农业生产效率为 0.8 千克/立方米，不及发达国家的一半。三是开采利用不合理，加上河流上下游用水缺乏科学规划和统筹调度，对地下水的掠夺性开采，引起了一系列的生态退化问题。四是水污染没有得到有效的控制。从城市、工矿、企业排出来未经处理的污水已使七大江河、五大湖泊 20%～30% 的水体遭受污染，仅黄河流域四级水污染河段就有 12000 公里，占干支流总长度的 60% 以上。

（4）粮食安全问题。2007 年，我国粮食产量达到 5015 亿千克，能够做到 13 亿人口粮食需求的基本自给。近年来，世界粮食价格大幅度攀高，供求关系发生新的变化，全球已有 1 亿人口面临饥荒。我国农业生产特别是粮食生产，因耕地不断减少、气候变化异常、污染日益加重、基础设施薄弱等因素，维系未来 15 亿人口的粮食安全风险将会长期存在。

2. 环境承载力的制约

（1）环境约束瓶颈加大，环境污染呈加剧蔓延趋势。目前，中国环境问题最突出的矛盾有以下几个方面：一是在工业化过程中，造纸、酿造、建材、冶金等行业的发展使环境污染和生态破坏日益加剧；二是以煤为主的能源结构将长期存在，二氧化硫、烟尘、粉尘等的治理任务更加艰巨；三是城市化过程中基础设施建设落后，垃圾、污水等问题得不到妥善处理；四是在农业和农村发展过程中，化肥和农药的使用、养殖业的无序发展等加剧了农村环境污染，既损害农民健康，又威胁农产品安全；五是在社会消费转型当中，电子废弃物、机动车尾气、有害建筑材料和室内装饰不当等各类新的污染呈迅速上升的趋势；六是转基因产品、新化学品等新技术和新产品将给环境和人民健康带来潜在的威胁。中国社会科学院有关研究成果显示，中国在 20 世纪 90 年代末，每年因各类环境污染所造成的经济损失高达 1800 多亿元，其中水污染损失为 1440 亿元。《中国绿色国民经济核算研究报告 2004》研究成果表明，2004 年，因环境污染造成的经济损失为 5118 亿元，占当年 GDP 的 3.05%。

（2）城市环境问题日益突出。伴随着工业化和农村剩余劳动力的转移，中国的城市化水平将迅速提高，2015 年将超过 50%。同时，城镇污染排放将大量增加，全国城市生活污水和垃圾产量将比 2000 年分别增长约 1.3 倍和 2 倍。到 2030 年，中国工业用水的需求将增至 5 倍以上。如果不采取有效的措施，大量城镇废水、电子垃圾、废弃的汽车、工业危险废物、新化学物质及其他有害废物大量进入环境，将给城市生态保护与环境污染控制增加难度，并派生出严重的二次环境污染。此外，大城市落后工业将向快速发展的中小城镇转移，进一步加重中小城镇的环境污染。城市的高速集约化发展和农村城市化，还将增加对水环境和生态系统的压力，造成城区的自然水系、植被格局和物种组成发生明显变化，农田和保护地面积减少，区域生态系统的调节能力下降。

（3）新污染物质和持久性有机污染物的危害逐步显现，生态环境风险加大。一些新型污染物质，如抗生素、内分泌干扰物、藻类毒素、杀虫剂氧化副产物等对生态系统、食品安全、人体健康等，存在着更大的风险和更久远、更难以预料的潜在影响，持久性有机污染物的危害加重。环境中有毒污染物不仅具有毒性，同时还有很多其他效应，包括致癌、致畸、致突变性，而且还具有内分泌干扰效应，直接威胁野生动物甚至人类的生存和繁衍。一些有毒污染物在环境中难降解、具有高脂溶性，可以在食物链中富集，能够通过蒸发－冷凝、大气和水的输送而影响到区域环境和全球环境。

（4）气候变化问题严重。气候变化导致我国极端气象灾害发生的频率、强度和区域分布变得更加复杂和难以把握。国际社会围绕如何减缓气候变化问题外交谈判更加激烈，要求我国减排温室气体的压力越来越大。气候变化问题已非单纯的气候问题和环境问题。气候变化影响了人类的生存和发展，深度触及农业和粮食安全、水资源安全、能源安全、生态安全和公共卫生安全。

（二）我国资源与环境技术的发展现状

1. 水污染控制领域

水污染控制的常规工艺技术水平与国际基本同步，A/O 法、A^2/O 法、SBR、氧化沟、接触氧化、膜生物反应器等各类生物处理技术和各类物理、化学和物化处理技术已广泛应用于工程实践。部分特殊污染物处理技术、膜技术、紫外线消毒技术等部分关键技术及设备与国际先进水平有一定差距。

（1）在饮用水水质安全保障方面，重点研究了饮用水除铁、除锰、除氟、除硝酸盐、除溴酸盐及病源微生物的原理、技术和方法，初步探讨了给水管网水质稳定性控制、管网输配以及安全消毒技术，建立了水中絮体形态原位识别的方法，研究了梯度催化氧化、催化电化学还原、纳米改性超滤膜、荷电改性超滤膜、微絮凝等饮用水深度处理技术，研发了高效率的滤料等水处理材料和设备。在武汉、苏州等 11 个典型城市进行了城市水质改善技术综合示范与应用。纳米絮凝剂等产品已实现工业化生产并开始大量出口。

（2）在污水处理、回用及污泥处置方面，从典型的低温菌中纯化了有机污染物的降解酶，完成了低温菌处理污水的中试；在 SBR 系统中成功培养了不同形态的好氧颗粒污泥，探讨了不同运行条件对脱氮性能的影响和控制；验证了低氧污泥危机膨胀节能理论，探索了低氧污泥微膨胀与短程同步硝化新技术的耦合技术；采用生物膜电极反应器对实际工业难降解有机废水进行降解；构建了耦合脱硫和硫回收的新型厌氧反应器，脱硫率为 80% 以上；将光催化和固定化酶催化工艺相结合提高氯酚降解；实现了生物造粒流化床污水处理装置在实际工程中的推广应用。

（3）在工业废水处理方面，针对含氮杂环芳烃污水处理，筛选出三株具有突出的降解活性和适应能力的细菌并建立了基于 SBR 工艺的生物强化技术系统；通过固定化细胞色素 P450 处理制药废水，确定了用于固定化的合适载体以及最优条件；初步完成了新型"电去离子（EDI）/纳滤"膜集成技术用于重金属废水处理；完成了移动床生物膜（MBBR）工艺处理模拟印染废水的参数优化；优化了白腐真菌关键酶制剂处理难降解有机工业废水系统并进行了生产性试验。

（4）在水环境污染控制与水体修复方面，针对不同尺度的富营养化水体（城市或景观水体、富营养化湖泊）开展有针对性的研究，分别利用微生物、水生植物、水生动物、化感物质以及生态调控技术对营养化水体进行修复，通过改良及优化溶藻菌、食藻原生动物及重组噬藻体，提高了其在天然水体环境中的溶藻性能；通过选育、转基因等技术手段，获得超积累氮磷的水生植物突变体；采用水平流射流复氧设备"液－气－液二级射流"，结合生物膜技术，达到了藻类去除的目的。

2. 大气污染控制领域

我国电除尘技术已经达到了国际先进水平并广泛应用于电力、建材、钢铁、冶金等行业；我国火电厂脱硫所需配套设备和材料已基本实现国产化，并拥有 30 万千瓦火电机组自主知识产权的烟气脱硫主流工艺技术；但我国在有机废气治理、室内空气污染治理方面起步较晚，治理技术水平较低，尚处于研究阶段；机动车尾气净化可满足部分在用车尾气净化要求，但技术水平并不能满足机动车发展需要。

（1）在工业燃煤烟气控制技术方面，针对石灰、电石渣两种钙基湿法脱硫工艺，筛选和制备了高效的 NO 气相氧化催化剂；在烧结机烟气半干法脱硫成套化技术与设备方面，搭建了 500 立方米/时多功能、可组装循环硫化床 SO_2 实验平台，进行了改性脱硫灰的建材利用技术的开发。在工业燃煤锅炉回收型氧化镁法烟气脱硫技术与设备方面，积极开展菱镁矿尾矿示范工程项目。在大型燃煤电站锅炉 SCR 烟气脱硝技术与示范方面，SCR 脱硝反应器以及高性能喷氨格栅的开发方面取得了较好进展。从工艺、装置和系统设计方面建立了大型燃煤电站锅炉湿法烟气脱硫脱硝一体化技术，并应用到示范工程建设中。

（2）在机动车尾气净化方面，完成了重型柴油车 OBD 系统的技术方案、柴油机电控系统 ECU 技术研究；优化了多孔金属间化合物/陶瓷（IMC）材料制造设备及载体和过滤体结构优化；针对轻型柴油车污染物排放的特点，开展了四效催化剂催化活性评价，以及组合四效净化技术的实验室工作和台架实验前期研究工作。设计制备了 Al_2O_3 担载的纳米催化剂，采用两段催化剂床层，对于 NO_x 转化为 N_2 的选择性很高；开发了较传统 NO_x 储存还原催化剂（NSR）储存量高一倍、还原性能更优异的 Pt/Co/Ba/Al 催化体系，同时开发了以弱碱性 Mg 为 NO_x 储存单元主体组分的高比表面催化剂，制备了密偶催化剂（CCC）和 HC 吸附储存催化剂（HC‑AOC）以及纳米双金属低温三效催化剂（TWC）。在替代燃料车尾气排放污染控制技术方面，设计研制的 CNG 车甲烷氧化催化转化器具有良好的甲烷转化效率，已用于上海柴油机股份有限公司 SC8DT250Q4 单燃料 CNG 发动机上，通过了国Ⅳ排放认证，并装备到北汽福田客车上。

（3）在室内空气污染控制方面，建立了年产 200 吨银系抗菌生产线、年产 200 吨新型抗菌材料生产线。以 PP 为原料，通过融喷法制备具有良好抗菌性能的空调过滤组件，开发制备了具有优良的耐候性、耐水性、耐溶剂性，并具有抗菌达 99% 的功能涂料，已应用到空气净化器和中央空调净化单元。建立了 Pt/TiO_2 催化剂生产线，已经成功组装到空气净化器，并在 2008 年北京奥运会场馆的空气净化中得到了应用。

（4）在大气复合污染防治方面，在广州组织了珠三角示范区重点城市群大气复合污染综合防治技术与集成示范，在关键设备和技术研发方面取得了多项重要进展。完成了大气复合污染的临界水平指标体系和技术方法框架，获得了珠江三角洲的临界水平分布；逐步建立了空气质量卫星遥感监测原型系统、空气质量多模式集合预报系统。

3. 固体废弃物处理与处置领域

近年来，固体废弃物处理技术发展较快，开发了中小型回转窑焚烧、热解焚烧等技术。大型城市垃圾焚烧技术已实现国产化，垃圾填埋仍是我国垃圾处理的主导技术，在危险废物和医疗废物处理技术方面总体上处于探索和起步阶段。危险废物和医疗废物处置技术水平与发达国家尚有一段差距。总体来看，我国固体废物处置技术与发达国家尚有一段差距，远不能满足国内经济和社会发展的需要。

（1）在固体废弃物处理与循环利用方面，针对有代表性固体废弃物，如锰锌铁氧体废料、废弃泡沫、电子电器外壳塑料、废弃硒鼓及印刷电路板等开发资源化新工艺，已成功制备初始磁导率为13000亨/米的锰锌铁氧体产品，建成年处理锰锌铁氧体废料1000吨的工业生产线；完成了废弃泡沫、电子电器外壳塑料的无害化回收及资源化利用研究产品的中批量试验；实现了全自动硒鼓资源化成套设备集成与改进；研发了废旧电子电器塑料溶剂降解脱溴及热裂解通用高效的脱卤方法。

（2）在危险废物无害化与循环利用方面，在含铬提钒尾渣清洁利用的核心技术上取得突破，特别是钒铬高效转化以及钒铬萃取分离技术取得重要进展，尾渣中钒、铬回收率大于80%。在重金属毒性锌渣循环利用方面，国内自主研发的硫酸盐生物还原－硫化物沉淀法，能够使锌以硫化锌的形式沉淀分离，实现锌渣的资源化利用与无害化处置。在危废填埋场防渗方面，完成了渗漏污染预警信号源的样机和数据采集设备的样机研制，完成了危废填埋场防渗层渗漏修补技术电法再定位工作、渗滤液导排系统管道检测机器人样机的定制和初步调试。

（3）在生活垃圾处置与农业废弃物循环利用方面，已经实现秸秆酶解制作乙醇、棉花秸秆用于造纸等高值化利用技术，避免了传统的焚烧法带来的环境污染；造纸过程产生的黑液经过生物转化，可以用于土壤的改良。在农村推广沼气池，使得牲畜粪便转化为沼气，减少秸秆、木材作为能源燃烧所带来的污染。发展了具有自主知识产权的生活垃圾焚烧飞灰的化学稳定技术。

4. 土壤污染修复领域

开展了符合污染农田土壤、矿区及周边污染农田土壤植物联合修复技术与示范研究，形成了包括修复植物筛选与驯化、田间栽培与农艺调控等一系列成果。虽然我国的植物修复研究起步较晚，但近年来得到了较快的发展。同时，在污染土壤重金属有效性降低、低积累作物和品种筛选与培育也取得了进展。这些研究为进一步研发污染土壤修复技术奠定了基础。

（1）在重金属污染土壤方面，建立了重金属污染土壤的物化和植物修复技术。开展了重金属污染土壤电动修复研究，从处理单一 Cu 污染土壤到 Cu－Zn 复合污染土壤，发展了重金属污染土壤的电动－化学、电动－反应墙和电动－植物等联合修复方法，为发展重金属污染场地修复理论和技术提供了研究基础。提出了 EDDS 配位强化植物修复重金属的技术原理，建立了基于镉超积累植物（伴矿景天）、铜积累植物（海州香薷）和常规作物（玉米）套作的边修复边生产模式，建立了育苗繁殖、移栽、水肥管理等农艺管理技术和收获物处置技术。

（2）在 POPs 污染土壤方面、生物修复技术原理方面取得了创新性成果，深入研究了污染土壤中 PAHs 的漆酶降解转化效应和机理；成功构建了 PCP 高效降解转基因工程菌，为 POPs 污染土壤修复积累了宝贵的微生物资源；建立了基于分子水平及污染物特异致毒机理的土壤有机污染诊断方法，为揭示 POPs 污染土壤的微生物过程及其机理提供了方法学；提出了以菌根真菌修复 PAHs 等有机污染物的新途径，揭示了植物和菌根真菌对苯并芘的动态降解及其酶学机理；基于自然界植物与微生物的共生关系，研究验证了豆科植物 - 菌根真菌 - 根瘤菌三位一体的生态修复功能，提出了 POPs 污染土壤生物联合修复技术的新原理。

5. 环境监测领域

大气污染和空气质量连续监控系统、水污染源和水环境质量连续监测系统、声环境质量连续监测系统、污染治理设施过程控制技术、各种采样仪等的开发和生产能力、技术水平均有了较大发展，基本实现了产业化应用。但总体技术水平仍较低，缺乏核心技术，在产品质量、性能稳定性、配套性等方面有较大差距。

（1）在大气监测方面，加强了汽车尾气道边监测技术系统、城市大气污染自动监测技术系统、烟气连续排放监测技术与设备的批量生产和推广应用。研制的大气细粒子源解析技术系统，能够识别不同类型城市大气污染源，已在广州和深圳进行了示范应用。对单颗粒气溶胶实时在线监测飞行时间质谱仪进行了真空系统、软件和总体集成设计，完成了天顶散射光 DOAS 系统整体设计及关键部件的设计加工，并在上海崇明岛进行了为期 1 个月的外场测试。初步完成了重点污染面源排放 VOCs 及温室气体连续自动监测技术与设备原理样机，建立了空气质量卫星遥感监测原型系统。

（2）在水质监测方面，开展了便携式水质分析仪的结构设计和部件选型，机载多通道激光雷达海面油污染监测技术系统的搭建、部分软件设计和谱库建设，以及基于多光谱的水质遥感模型等研究。提出了可以用极化雷达数据实现对水质进行遥感监测。具有自主知识产权的微囊藻毒素标准样品与快速监测试剂盒在多个国内饮用水厂中得到应用。研制成功"水质在线生物安全预警系统"，并装备四川成都最大的自来水厂，结合自来水公司现有监测，共同防范地震后水源水质突发性污染事故。针对水环境中经常出现的病毒和致病菌，建立水环境致病菌快速检测技术，建立了基于 xMAP 液态芯片的多重快速检测平台，以及用于高通量快速检测环境中致病菌高通量检测芯片技术。

（3）在重金属与新型污染物监测方面，完成了便携式多功能重金属在线监测电化学系统的研制与开发。建立了多种金属离子，如铅、镉、汞、六价铬等检测的分析方法，并且针对不同的分析对象，通过采用不同的电化学手段来实现样品的灵敏监测。建立了二噁英类、多氯联苯类的分析检测方法体系，完成了适合有机氯农药等污染物环境监测分析的 28 种方法，为环境健康研究和毒害物质环境管理提供了技术基础。

（三）我国资源与环境技术发展存在的问题

我国资源与环境技术的发展取得了一定的成绩，但与国际先进水平相比仍然存在较大差距，主要表现在以下几个方面。

1. 缺乏原创新研究，手段与技术相对落后

以水处理领域的两大类核心材料膜和药剂为例，我国除了微滤膜和常规水处理药剂能够实现自给外，反渗透膜、离子交换膜和高端水处理药剂等几乎全部依赖进口。关键环保技术与装备依赖进口，不仅造成我国污染治理设备投资高居不下，而且制约我国环保目标的顺利实现。

2. 研究与应用结合不够紧密，缺少自主知识产权的集成技术

以环境技术为例，目前的环境科技无法满足环境决策、环境管理、环境污染防治和大力发展环保产业的需求，同时，环境科技的研究水平与巨大的环保产业市场尚不匹配，新兴环保产业对市场的拉动作用尚有巨大的潜力和空间。

3. 缺乏大跨度的学科交叉综合研究

从总体上看，我国的资源与环境技术研究的基础薄弱、手段相对落后，尤其缺乏先进有效的环保技术，缺乏大跨度学科综合交叉研究。目前，所形成的清洁生产与污染控制技术多为局部性、单元性的，针对我国行业特色的原创性、集成性清洁生产重大技术体系尚未建立，不能够全面适应国家重点行业绿色化升级与生态环境改善的整体要求。从污染程度和种类上说，常规的污染问题（如化学需氧量、二氧化硫等）尚未得到解决，新的污染问题（如 POPs、环境激素等）呈现复合型污染的态势。以监测技术为例，各学科交叉融合的遥感监测刚起步，遥感信息的处理系统尚未完全形成，大量数据得不到有效利用，在温室气体、气溶胶、蓝藻暴发及环境污染事故监测以及生态环境监测中尚不能发挥更好的作用，不能满足现有环境污染的监测需求。

三　资源与环境技术对经济社会发展作用的理论分析

（一）资源与环境技术对经济发展作用的理论分析

经济过程在物质上依赖资源与环境，经济活动必然产生环境成本与资源消耗。资源与环境在整体上是一种稀缺性"资产"，它有三种主要的经济功能：资源与环境为经济过程提供物质和能量来源；环境为经济过程提供吸收其排放废物的功能；环境的服务功能。从环境所承载的经济功能来看，资源与环境的稀缺性使得开发资源与环境技术对于提升环境经济承载能力的作用显而易见。资源与环境技术的经济作用体现在以下几个方面。

1. 从根本上转变经济增长方式，实现经济的可持续增长

传统的经济增长过度依赖不可再生资源的消耗以及以高污染、高排放所造成的环境恶化为前提，使我国土地、淡水、能源、矿产资源和环境状况对经济发展已构成严重制约。我国已经把节约资源作为基本国策，发展循环经济，保护生态环境，加快建设资源节约型、环境友好型社会，促进经济发展与人口、资源、环境相协调，从根本上转变经济增长方式，实现经济的可持续增长。而资源与环境技术的发展是实现这一目标的重要途径。资源与环境技术的研发和应用会促进不可再生资源的高效开发、综合利用以及不可再生资源的有效替代，破除经济增长的资源制约。同时，也通过节能减排技术、资源循环利用技术使传统的高资源消耗、高污染、高排放的经济增长方式向绿色经济和循环经济的增长方式转变，促进产业结构调整，形成新兴产业，实现经济的可持续增长。

2. 促进产业结构的调整和新兴产业的形成，并带动相关产业的发展

资源与环境技术的应用促使循环经济、绿色经济模式的形成，而新型经济增长模式必将带动环保产业领域的不断拓展，并通过人才培养、研发、市场推广等带动相关产业发展。通过各种资源高效开发与综合利用技术、清洁生产技术、污染控制技术的创新应用，对现有产业结构进行生态转型，构建以生态环境保护和资源节约利用为基础的绿色产业结构。传统的粗放型生产方式给我国自然生态环境带来严重破坏，未来数年，我国将有一大批重要环境功能区保护和建设、矿山土地复垦与环境恢复、化学品污染场地环境修复以及饮用水源环境修复与保护等大型项目及相关技术得以实施，给环保产业带来重要的市场机遇，并优化产业结构。通过清洁生产

技术的研究、开发与推广，推动节能技术、废旧产品回收利用技术等新技术的开发与推广使用，推动洁净产品和绿色制造技术的创新，从根本上促进国民经济产业结构高效化、高度化和合理化。

3. 为相关企业的发展带来新的机会

资源与环境问题的日益突出，使得世界各国都高度重视并积极鼓励资源与环境技术的研发和应用。政府逐渐将土地、空气和水资源等公共物品纳入价格机制作用范围之内，通过监管、税收、污染排放权定价等措施，参与资源与环境技术研发和应用的企业会从中获得政策支持、税收优惠及通过交易污染排放权而获利。同时，资源与环境技术及产品的市场需求前景广阔，也为相关企业的发展带来新的机会。

（二）资源与环境技术对社会发展作用的理论分析

环境是资源的载体，是人类赖以生存发展的基础。"环境友好型社会"更为关注生产和消费活动对自然生态环境的影响，强调人类必须将其生产和生活强度规范在生态环境的承载能力范围之内，强调综合运用技术、经济、管理等多种措施降低经济社会对环境的影响。资源与环境技术的根本出发点是解决资源和环境的瓶颈制约，资源与环境技术对社会发展的影响主要是对生态环境的影响，同时，也对就业、区域经济协调发展和人民生活方式产生重要影响。资源与环境技术对社会发展的影响主要体现在以下几个方面。

1. 促进生态环境和人们生活环境的改善

资源与环境技术的应用对缓解不可再生资源的消耗、替代和高效利用会产生重要作用，可以科学地从源头保护生态，恢复已退化的生态系统，有效治理与修复已经被污染的环境并防止产生新的污染，阻断和减轻污染对生态系统和人类健康的危害，为社会的可持续发展提供技术保障。资源与环境技术的应用对污染物的减排、减少自然资源的消耗会起到积极作用，有利于改善水资源环境、空气环境、土壤环境乃至整个生活环境。

2. 促进合理的城市化与区域可持续发展

伴随着我国国民经济新一轮的高速增长，城市化进程进入了加速发展阶段。城市化不仅表现为人口由农村向城市转移、城市区域的扩张，还表现为城市成为生产和消费高度集中、资源和能源消费高度密集、污染物排放巨大的区域。落实科学发展观、构建和谐社会，迫切需要在城市化和区域可持续发展领域建立强大的科技支撑体系，而资源与环境技术对于解决城市化进程和区域可持续发展过程中的资源短缺制约（能源、水资源、土地、粮食等）和环境承载力制约（生态环境恶化、气象灾害频发、生态屏障地区的脆弱）起到巨大作用。通过开发经济适用的工业和生活污染防治、废弃物综合利用等方面的技术，创新发展城市环境服务业和资源回收利用业，为城市化和区域可持续发展提供有力的技术支撑。

3. 增加新的就业机会，促进人民生活方式的改变

资源与环境技术的广泛应用将会形成许多新兴产业，促进经济的快速发展，而经济的发展和新兴产业的形成将会创造大量的就业机会，吸引大量的人员就业，而其上游和下游产业对就业也有极大的促进作用。同时，资源与环境技术的应用也会提供更多的高科技产品和服务，这些高科技产品和服务将会显著改善人们的生活质量和生活方式。绿色消费就是一种全新的消费理念和消费方式，与传统消费相比，其消费过程是无害少害、无污染低污染，是一种健康的消费模式。资源与环境技术的应用为新的消费模式形成提供了可靠的技术保障。

总之，技术本身具有双刃性，在充分发挥资源与环境技术对经济社会发展的积极作用的同时，也应该尽量减少和消除其负面影响，使其真正为经济发展和社会进步做出贡献。

四 资源与环境技术对经济社会发展作用的评价指标体系构建

(一) 技术评价指标体系理论

科学技术评价就是对科学技术与主体之间价值关系的全面认识，是对科学技术功能及其效应的综合估价活动，它是从社会、经济、环境等多维视野对科学技术分析比较和综合判断的认识过程。评价指标体系是评价的一个重要环节。评价指标体系是被评价对象的目标及衡量这些目标的指标按照其内在的因果和隶属关系构成的树状结构。一般情况下，技术评价指标体系是一个由多层评价指标构成的递阶层次结构。各评价指标是评价对象的目标内涵的体现及衡量测定的尺度，评价指标的名称和指标值分别是质和量的规定。而设立指标体系既要考虑指标对被评价对象所产生的效果的表达，还要考虑指标体系的逻辑层次关系。

1. 技术评价指标体系的构成

为了保证技术评价的合理性和正确性，在选择技术评价指标时，必须从技

术所能产生影响的不同层面全面地进行挖掘。我们认为应该从以下四个方面进行分析。

（1）技术效果层面。技术层面的评价就是对技术本身的评价，以所采用的技术措施为评价对象，如技术措施、工艺路线、生产设备、生产组织方式等。评价的内容包括技术的先进性、可行性、适用性、可靠性、成功率、标准化、系列化、技术的负效应、实现技术措施的生产技术条件、协作条件及物资供应条件等。而对现代技术的评价除考虑以上各指标外，更注重考虑对技术措施能否实现系统的整体功能及实现程度的指标的挖掘。不同学科领域的技术都具有不同于其他领域的独特的技术特征，在对技术评价指标挖掘时，应结合专门技术进一步具体化。

（2）经济效果层面。技术研发或应用的根本目的是实现更多的经济利益，技术的先进性将直接表现在产品的性能、质量和结构工艺方面，也表现在劳动生产率、投资利用率、资源损耗等方面，这些因素最终将反映到产品的成本费用和收益上，即经济的合理性。因此，在经济效果层面对技术的评价是技术评价的重要内容之一。经济效果层面的技术评价是以技术和其他投入要素对经济利益的增加为评价对象，并对一组经济指标做出定量描述。相对于社会效果而言，经济效果评价更注重从微观角度，在国家现行价格体系的条件下，从财务角度分析、评估技术可能给企业增加的盈利能力。因此，从不同角度、不同程度对这一层面进行技术评价指标挖掘能够反映技术带来的直接经济效益。

（3）社会效果层面。对技术在经济层面的评价只是从技术本身的经济效果的角度来评价，但它并不能评价技术对整个国民经济和社会发展的影响和作用，因此，还需要从宏观的角度对技术的社会效果进行客观的评价。经验证明，宏观经济增长与资源有限性是矛盾的，只有使资源有效利用，才能实现宏观经济增长的目标。也就是说，只有能够较好地协调经济效果和社会效果关系的技术才能使宏观经济增长与技术发展达到协同共进的目的。因此，在对技术进行评价时，不仅要注重挖掘反映经济效果的指标，还要在社会效果的层面进行指标挖掘，以使技术评价指标体系能够优选出经济效益好并且资源配置合理有效的技术。评价技术社会效果的指标主要表现为技术的使用对社会可能带来的影响，这种影响多数表现为无形效果。因此，在这个层面上，除一些指标（如收入分配效果指标、劳动就业效果指标、产品国际竞争力指标和环境保护效果指标等）可以用定量的形式表示外，还有一些能够反映技术社会效果的重要指标（如生态平衡、人口结构、文化素质改变、社会基础设施，以及政治、军事等）无法量化，所以，技术社会效果的评价指标是定性与定量相结合的。

（4）资源环境效益层面。世界性的资源环境问题越来越突出，在资源环境效益层面的指标也成为技术评价的又一个重要方面。人类社会的发展与自然环境之间是一种相互制约、相互促进的关系，随着人类对自然资源的需求量越来越大，各种废弃物的排放也越来越多，资源环境对人类社会发展的制约作用也越来越明显。所以，在对技术进行评价时，要更加注重从资源环境效益层面挖掘评价指标。挖掘技术评价在资源环境效益层面的指标是一项综合性很强的技术工作，它需要预测技术对大气、水质、动植物、岩石、土壤等可能产生的影响，因此，对这一层面指标的挖掘需要相关专业技术人员的合作。另外，对这一层面指标的挖掘，不仅要考虑技术对环境的近期影响，还要考虑技术对环境的长期影响。

2. 评价指标体系的设计原则

对技术进行评价是一项复杂的系统工程，在对技术评价的指标体系进行设计时，要在能够反映技术指标体系评价特点的前提下，遵循正确的评价原则，尽量使指标简单明了，抓住主要因素，使其在实际操作中具有良好的可行性。

（1）客观性原则。虽然技术评价的目标和决策者具有主观的价值观念，在技术评价的过程中，决策者和评价者都按主观的价值观念进行评价和选择，但是，这种主观的选择不是纯粹的主观自由意志，而是根据技术发展的客观规律对技术进行评价和选择。如果没有客观的评价标准，就不能形成相对统一的评价意见，也不可能做出正确的决策。

（2）全面性原则。这一原则要求在技术评价的过程中，尽可能全面分析和评价技术作用的各种社会效应，既要看到眼前的、直接的、显著的效益，又要看到具有长期影响的潜在效应；既要重视技术对社会的积极作用和影响，又要充分估计到它的消极作用和不良后果。全面性原则还要求，在评价过程中不能只重视局部效益最佳，而更应重视整体效益最佳。

（3）可比性原则。有比较才能鉴别优劣，对技术的评价要通过比较才能做出鉴定。但是这种比较一定要有可比性，没有可比性的比较的主观猜测程度较强，不能对技术做出客观评价。指标的可比性原则，正是要求指标必须反映评价对象的共同属性。可比性建立在同一性的基础上，即同类可比，异类不可比。质的一致性是可比的前提，这是因为："不同物的量只有化为同一单位后，才能在量上相互比较。"可比性越强，评价结果就越可信。

（4）末级指标可测性原则。这一原则要求在建立的评价指标体系中，末级指标要尽可能量化，能按等级打分，具有可操作性。例如，反映技术的整体效益的指标为一级指标，那么分别反映技术的经济效益、社会效益和技术效益的指标则为二级指标，二级指标又可以由一些相对独立的因素组成，这些相对独立的因素就是可以测量的末级指标。

（5）科学性原则。科学性原则是指评价的内容要有科学的规定性，各项指标的概念要科学、确切，有精确的内涵和外延，计算范围要明确，不能含糊其辞，指标体系应尽可能全面地、合理地反映评价对象的本质特征。

（6）系统优化原则。系统优化原则是指设立指标的数量多少及其指标体系的结构形式应以全面系统地反映评价目标为原则，从整体角度来设立评价指标体系。指标体系应由若干同质指标组成并形成系统结构，属于不同类型的指标不能相互合并，主要指标和伴随指标也不应并列。

（7）实用性原则。实用性原则是指评价指标体系必须含义明确、数据规范、繁简适中、计算简便易行。评价指标所规定的要求应符合被评价对象的实际情况，即所规定的要求要适当，既不能要求过高，也不能要求过低。

（8）独立性原则。独立性原则是指评价指标体系中的各项指标之间应保持相互独立，不能相互隶属和相互重叠。换句话说，就是指在同一层次的各项指标间不能存在任何包含与被包含的关系，即不能相互推演，从这一项导出另一项来，也不能把不同内容的指标纳入一个指标之中。

（二）资源与环境技术评价指标体系

1. 资源与环境技术对经济社会发展作用的技术路线

资源与环境技术对经济社会发展作用的技术路线，如图 7-2 所示，由技术评价，经济、社会、资源环境评价，技术选择三部分构成。首先，资源与环境技术具有技术含量高、投资大、风险高等特点，技术评价着重对技术自身的先进性、重要性、可行性和风险性四个方面进行考虑。其次，资源与环境技术应用效果评价主要针对技术在应用过程中对经济、社会和资源环境三方面产生的影响进行综合评价。资源与环境技术的应用不仅会对经济社会产生影响，如改变经济增长模式、增加社会就业等，同时也会更加直接地对资源环境产生影响，如资源的循环利用、有害污染物的减排、环境保护等。最后，根据技术评价及其应用效果评价的结果，进行技术选择。总之，资源与环境技术的评价过程是一个系统化过程，为具体技术评价操作提供了可行依据。

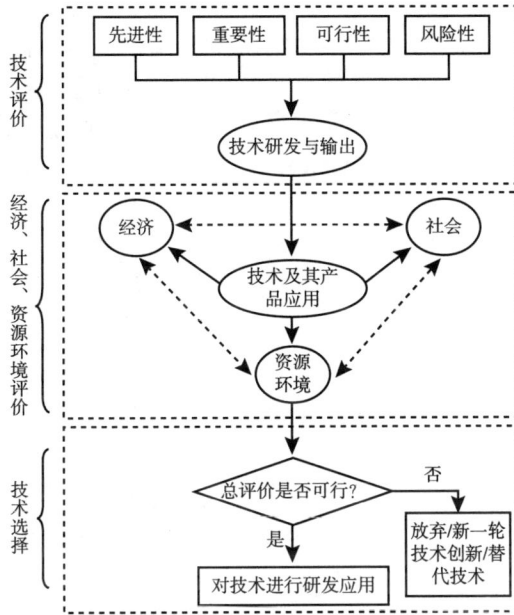

图 7 - 2　资源与环境技术对经济社会发展作用的技术路线

2. 资源与环境技术评价指标体系的构成

基于评价指标体系设计的原则，我们建立了资源与环境技术综合评判指标体系，如表 7 - 1 所示。评价指标体系从总体上分 4 个层次，即总目标、一级指标、二级指标、三级指标。总目标是针对开展此项评价工作所要解决的问题而设定的，我们将其设定为"资源与环境技术对经济社会发展作用程度"，并根据最终的评价结果对是否应该发展某项技术以及各类技术的优先发展次序等资源与环境技术发展战略的关键问题进行回答。

一级指标是针对解决最终问题所需要着重考虑的几个方面而设定的，它们同时也是影响总目标的重要因素。根据最终所要解决的问题及已设定的总目标，我们主要从 4 个方面对目标问题进行研究，分别为技术评价、经济评价、社会评价和资源环境评价 4 个一级指标。其中，技术评价是发展和应用技术的先决条件，而经济、社会和资源环境的效应评价则是技术在研发及应用过程中对经济社会主要方面产生的重大影响的评价。

表 7 - 1　资源与环境技术对经济社会发展作用的综合评价指标体系

总目标	一级指标	二级指标	三级指标
资源与环境技术对经济社会发展作用程度	技术评价（A）	A_1:技术先进性	A_{11}:技术整体先进程度
			A_{12}:关键性技术领先程度
		A_2:技术重要性	A_{21}:技术需求的迫切性
			A_{22}:技术应用的广泛性
		A_3:技术可行性	A_{31}:技术发展的人才保障度
			A_{32}:技术发展的装备匹配度
			A_{33}:技术研发主体的研发能力
		A_4:技术风险性	A_{41}:技术成熟度
			A_{42}:技术后发展程度
			A_{43}:技术替代与技术引进
	经济评价（B）	B_1:微观经济效应	B_{11}:技术研发投资
			B_{12}:技术应用产出
			B_{13}:内部收益率
			B_{14}:投资回收期
		B_2:宏观经济效应	B_{21}:技术市场需求状况
			B_{22}:技术应用对新产业成长影响效应
			B_{23}:技术对相关产业带动效应
	社会评价（C）	C_1:社会效应	C_{11}:技术的伦理道德适应性
			C_{12}:技术对社会可持续发展的影响
		C_2:生活质量	C_{21}:技术应用对就业的拉动作用
			C_{22}:技术应用对人体健康的影响
	资源环境评价（D）	D_1:资源影响	D_{11}:技术发展对资源循环利用的贡献
			D_{12}:技术发展对资源消耗的依赖
		D_2:环境影响	D_{21}:技术发展对主要污染物减排的贡献
			D_{22}:技术发展对退化土地修复的贡献

　　二级指标的选取主要是针对一级指标所要考虑的重点及关键而设定的，我们设置了 10 个二级指标。根据二级指标的侧重点及其影响因素，我们共设置了 25 个三级指标用于具体评价，不同层次的指标共同构成了资源与环境评价指标体系的框架。

（三）资源与环境技术评价指标体系的指标解释

1. 技术评价（A）

（1）A_1：技术先进性。技术先进性评价包含两个三级指标：技术整体先进程度、关键性技术领先程度。

①A$_{11}$：技术整体先进程度。"技术整体先进程度"是指从技术整体角度评判某项待发展技术的先进程度，指标属性为"正指标"，即指标值越大，表明越先进。在具体操作中，由于先进程度属于比较概念，因此，用本项技术与国内外同领域具有先进水平的资源与环境技术的性能、性状、工艺参数的差距进行具体衡量，差距越小，意味着该技术越先进，包含的功能也较多，研发应用的效益也就越大。需要注意的是，该指标操作中需要对技术的国际先进水平进行较深入的了解，才能给出较为准确的评分。可以在时间维度上标定，定义为该技术使用时间与所在领域国内外最新的成熟技术投入使用时间的差距，根据具体技术周期情况对相差的年度数划分等级给分（见表7-2）。

表7-2　技术整体先进程度评价

三级指标	差距很大	差距较大	差距一般	差距较小	差距非常小
技术整体先进程度	[0~20)	[20~40)	[40~60)	[60~80)	[80~100]

②A$_{12}$：关键性技术领先程度。对于任何技术而言，都有一项或若干项关键性的技术，这些技术往往是制约该技术研发进程和应用效果的关键。"关键性技术领先程度"是指针对某项技术中的关键性技术进行的评判，指标属性为"正指标"，即技术所包含的关键性技术越领先，技术本身的优势也就越大，先进性也就越强。在具体操作中，关键性技术领先程度可以用该项关键性技术与国内外同领域先进技术的差距进行描述，差距越小，其领先程度也就越高（见表7-3）。

表7-3　关键性技术领先程度评价

三级指标	差距很大	差距较大	差距一般	差距较小	差距非常小
关键性技术领先程度	[0~20)	[20~40)	[40~60)	[60~80)	[80~100]

（2）A$_2$：技术重要性。技术的重要性反映了技术应用对经济社会发展的贡献度大小。技术重要性评价包含两个三级指标：技术需求的迫切性、技术应用的广泛性。

①A$_{21}$：技术需求的迫切性。"技术需求的迫切性"是指经济社会发展对该项资源与环境技术需求的迫切程度。该指标属"正指标"，即该技术越能够适用于当前亟待解决的资源与环境问题，则迫切性越强，表明该技术重要性越大。技术需求的迫切

性越强，其研发的推动力就越强，国家政策等外部环境就越好，未来的市场潜力越大，对技术发展越有利。迫切性大小可以通过专家评价，结合国家、企业以及公众的判断进行综合分析（见表7-4）。

表7-4 技术需求的迫切性评价

三级指标	迫切性非常低	迫切性较低	一般迫切	迫切性较高	迫切性非常高
技术需求的迫切性	$[0\sim20)$	$[20\sim40)$	$[40\sim60)$	$[60\sim80)$	$[80\sim100]$

②A_{22}：技术应用的广泛性。"技术应用的广泛性"是指某项资源与环境技术能够拓展和应用的经济社会领域的多少。该指标属"正指标"，即应用范围越广泛，其重要性就越强，带动作用就越大，潜在价值也就越大。广泛性大小可以采用调研的方法来确定（见表7-5）。

表7-5 技术应用的广泛性评价

三级指标	广泛性非常低	广泛性较低	一般广泛	广泛性较高	广泛性非常高
技术应用的广泛性	$[0\sim20)$	$[20\sim40)$	$[40\sim60)$	$[60\sim80)$	$[80\sim100]$

（3）A_3：技术可行性。技术可行性评价包括三个三级指标：技术发展的人才保障度、技术发展的装备匹配度、技术研发主体的研发能力。

①A_{31}：技术发展的人才保障度。重大高新技术的研发及应用需要大量高端人才作为保障。"技术发展的人才保障度"是指某项资源与环境技术领域内的人才数量和人才质量状况。该指标属"正指标"，即某项技术领域内人才保障度越高，其研发基础越好，技术可行性越强。在实际评价中，此指标可进一步细分为以下两个子指标：

• 技术发展的人才数量；
• 技术发展的人才质量。

其中，人才质量可以用具有博士后、博士、硕士、学士等学位的人员比例来衡量。该指标可按行业来制订标准分等级衡量（见表7-6）。

表7-6 技术发展的人才保障度评价

三级指标	子指标	保障度很低	保障度较低	保障度一般	保障度较高	保障度很高
技术发展的人才保障度	人才数量（权重）	$[0\sim20)$	$[20\sim40)$	$[40\sim60)$	$[60\sim80)$	$[80\sim100]$
	人才质量（权重）	$[0\sim20)$	$[20\sim40)$	$[40\sim60)$	$[60\sim80)$	$[80\sim100]$

②A_{32}：技术发展的装备匹配度。装备是技术的物化和载体，也是进行技术研发和应用的重要硬件支撑。"技术发展的装备匹配度"是指某项资源与环境技术研发和应用中装备的投资量、数量、先进性等状况。该指标属"正指标"，即匹配度越高，其技术可行性越强。该指标可按行业来制订标准分等级衡量（见表7-7）。

表7-7　技术发展的装备匹配度评价

三级指标	匹配度很低	匹配度较低	匹配度一般	匹配度较高	匹配度很高
技术发展的装备匹配度	[0~20)	[20~40)	[40~60)	[60~80)	[80~100]

③A_{33}：技术研发主体的研发能力。"技术研发主体的研发能力"是指从事资源与环境技术研发主体的技术研发能力，属"正指标"，即研发主体的研发能力越强，技术研发成功的可能性越大，其技术可行性越强。在实际操作中，可以用技术研发主体的科研成果进行度量，其科研成果数目越多、质量越高、自主产权数量越多，表明其研发能力越强（见表7-8）。

表7-8　技术研发主体的研发能力评价

三级指标	能力很弱	能力较弱	能力一般	能力较强	能力很强
技术研发主体研发能力	[0~20)	[20~40)	[40~60)	[60~80)	[80~100]

（4）A_4：技术风险性。技术风险是指在技术研发中由于技术本身的复杂性和其他相关因素变化的不确定性而可能导致的研发失败所带来的风险。技术风险性评价指标包含三个三级指标：技术成熟度、技术后发展程度、技术替代与技术引进。

①A_{41}：技术成熟度。"技术成熟度"是指技术在生命周期、相关工艺流程以及配套技术等方面所具有的产业化实用程度、技术本身的可靠性以及技术的标准化程度。该指标属"逆指标"，即技术成熟度越高，技术研发所承担的风险就越小，反之，则越大。该指标一般可以通过以下三个子指标进行衡量：

- 技术成果转化；
- 技术可靠性；
- 技术的标准化。

技术成果转化子指标衡量技术的实际应用水平，可以采用调研的方法来确定（见表7-9）。

表7-9 技术成熟度评价 (a)

三级指标	子指标	小试	中试	工业示范	工业应用	商业化
技术成熟度	技术成果转化（权重）	[0~20)	[20~40)	[40~60)	[60~80)	[80~100]

技术可靠性可以用技术正常使用时间内故障出现的概率和可维修、改进的程度综合来考虑。可按行业来制订标准分等级衡量（见表7-10）。

表7-10 技术成熟度评价 (b)

三级指标	子指标	可靠性很低	可靠性较低	可靠性一般	可靠性较高	可靠性很高
技术成熟度	技术可靠性（权重）	[0~20)	[20~40)	[40~60)	[60~80)	[80~100]

技术的标准化指标衡量技术体系的完善程度，技术标准越完善，该技术体系越成熟。可按行业来制订标准分等级衡量（见表7-11）。

表7-11 技术成熟度评价 (c)

三级指标	子指标	非常不完善	较不完善	一般完善	较完善	非常完善
技术成熟度	技术的标准化（权重）	[0~20)	[20~40)	[40~60)	[60~80)	[80~100]

②A_{42}：技术后发展程度。"技术后发展程度"是指技术自身进一步持续发展的能力，主要包括技术的可延展性和可改进性，决定了技术的使用寿命。该指标属"逆指标"，即技术后发展程度越强，其研发风险越小，反之，则风险比较大。本指标需要专家的定性衡量（见表7-12）。

表7-12 技术后发展程度

三级指标	后发展程度很弱	后发展程度较弱	后发展程度一般	后发展程度较强	后发展程度很强
技术后发展程度	[0~20)	[20~40)	[40~60)	[60~80)	[80~100]

③A_{43}：技术替代与技术引进。由于技术进步和技术变革，某项技术很难长久保持优势，替代性技术的发展和相关技术的引进很可能会削弱该技术的优势，在压缩新技术使用空间的同时，还会缩短新技术使用寿命，从而使新技术失去应用价值或价值缩水。"技术替代与技术引进"是指由于技术替代和技术引进给新技术带来

的损失。该指标属"正指标",即技术替代与引进的可能性越大,新技术发展面临的风险也就越大,反之,则比较小。一般可以通过以下两个子指标对该指标进行衡量:

- 技术替代;
- 技术引进。

这两个指标大小可以通过专家评价,结合国内外相关技术发展状况、专利保护程度等进行综合分析(见表 7 - 13)。

表 7 - 13　技术替代与技术引进评价

三级指标	子指标	可能性很小	可能性较小	可能性中等	可能性较大	可能性很大
技术替代与技术引进	技术替代(权重)	[0 ~ 20)	[20 ~ 40)	[40 ~ 60)	[60 ~ 80)	[80 ~ 100]
	技术引进(权重)	[0 ~ 20)	[20 ~ 40)	[40 ~ 60)	[60 ~ 80)	[80 ~ 100]

2. 经济评价(B)

(1) B_1:微观经济效应评价。微观经济评价是从企业角度衡量资源与环境技术的研发及应用的直接和间接经济效果。微观经济评价指标主要包含四个三级指标:技术研发投资、技术应用产出、内部收益率、投资回收期。

①B_{11}:技术研发投资。资源与环境技术的研发需要大量的人力、物力和财力的投资,这些都是技术成本的重要构成部分,技术成本越大,成本的回收越难,承受技术研发失败的经济风险越大。"技术研发投资"是指技术在研发环节所需投资的大小,该指标属"逆指标",即投资越大,其经济价值越小。在评价过程中,可以用投资量多少对该指标进行衡量(见表 7 - 14)。

表 7 - 14　技术研发投资评价

三级指标	投资很大	投资较大	投资一般	投资较小	投资很小
技术研发投资	[0 ~ 20)	[20 ~ 40)	[40 ~ 60)	[60 ~ 80)	[80 ~ 100]

②B_{12}:技术应用产出。资源与环境技术的应用会形成大量新的产品和新兴产业,有助于降低企业成本,增加企业收益。"技术应用产出"是指技术在应用过程中所创造的收益大小,该指标属"正指标",即产出越大,其投资价值越大。在评价过程中,可以用产出规模对该指标进行衡量(见表 7 - 15)。

表 7 – 15 技术应用产出评价

三级指标	产出很小	产出较小	产出一般	产出较大	产出很大
技术应用产出	[0～20)	[20～40)	[40～60)	[60～80)	[80～100]

③B_{13}：内部收益率。"内部收益率"是指技术的投资可望达到的报酬率。该指标属"正指标"，即内部收益率越大，投资资金的增值率越高。在评价过程中，此指标可以通过计算公式具体计算得到（见表 7 – 16）。

表 7 – 16 内部收益率评价

三级指标	收益率很小	收益率较小	收益率一般	收益率较大	收益率很大
内部收益率	[0～20)	[20～40)	[40～60)	[60～80)	[80～100]

④B_{14}：投资回收期。"投资回收期"反映了技术应用的一定期间现金流入的多少，该指标属"逆指标"，即投资回收期越短，项目占用资金越短，投资风险越小。在评价过程中，此指标可以通过计算公式具体计算得到（见表 7 – 17）。

表 7 – 17 投资回收期评价

三级指标	回收期很长	回收期较长	回收期一般	回收期较短	回收期很短
投资回收期	[0～20)	[20～40)	[40～60)	[60～80)	[80～100]

（2）B_2：宏观经济效应评价。宏观经济效应评价是从产业角度衡量资源与环境技术的研发及应用的直接和间接经济效果，宏观经济评价指标主要包含三个三级指标：技术市场需求状况、技术应用对新产业成长影响效应、技术对相关产业带动效应。

①B_{21}：技术市场需求状况。任何技术最终都需要通过市场来实现其价值，"技术市场需求状况"是对该项技术价值的检验，该指标属"正指标"，即市场需求状况越好，其蕴涵的市场潜力对该技术的发展具有的推动作用越强，因此其经济价值也就越大。可以通过以下三个子指标对该指标进行衡量：

• 技术当期市场需求量；

• 技术未来市场需求量；

• 技术未来需求增长的稳定性。

一般而言，当期及未来市场需求量越大，未来需求增长越稳定，则该技术的市场需求状况越好。这些指标可以通过市场调研进行预测（见表 7 – 18）。

表 7 - 18　技术市场需求评价

三级指标	子指标	需求很小	需求较小	需求一般	需求较大	需求很大
技术市场需求	当期需求量（权重）	$[0\sim20)$	$[20\sim40)$	$[40\sim60)$	$[60\sim80)$	$[80\sim100]$
	未来需求量（权重）	$[0\sim20)$	$[20\sim40)$	$[40\sim60)$	$[60\sim80)$	$[80\sim100]$
	需求增速稳定性（权重）	$[0\sim20)$	$[20\sim40)$	$[40\sim60)$	$[60\sim80)$	$[80\sim100]$

②B_{22}：技术应用对新产业成长影响效应。"技术应用对新产业成长影响效应"是指资源与环境技术的研发和应用对相关领域的新兴产业成长的推动作用。该指标属"正指标"，即影响越大，其蕴涵的经济价值也就越大。一般而言，技术研发应用对新产业的影响主要表现为产品功能的提升、新产品需求的提升以及规模化生产带来的产品成本的下降。因此，可以用以下三个子指标对该指标进行衡量：

- 技术应用对产品功能提升的贡献；
- 技术应用对相关新产品市场需求量提升的贡献；
- 技术应用对降低产品成本的贡献。

这些指标可以通过市场调研结合专家评价来确定（见表 7 - 19）。

表 7 - 19　技术应用对新产业成长影响效应评价

三级指标	子指标	贡献度很小	贡献度较小	贡献度一般	贡献度较大	贡献度很大
技术应用对新产业成长影响效应	产品功能提升贡献（权重）	$[0\sim20)$	$[20\sim40)$	$[40\sim60)$	$[60\sim80)$	$[80\sim100]$
	市场需求量提升贡献（权重）	$[0\sim20)$	$[20\sim40)$	$[40\sim60)$	$[60\sim80)$	$[80\sim100]$
	产品成本降低贡献（权重）	$[0\sim20)$	$[20\sim40)$	$[40\sim60)$	$[60\sim80)$	$[80\sim100]$

③B_{23}：技术对相关产业带动效应。"技术对相关产业带动效应"是指资源与环境技术发展除对新产业发展成长的巨大推动作用外，对其他相关产业的带动作用。该指标属"正指标"，即带动效应越大，其发挥的作用越大，所带来的经济价值也就越大。可以用以下两个子指标对该指标进行衡量：

- 技术带动相关配套产品市场效应；
- 技术对相关产业改造与升级效应（见表 7 - 20）。

3. 社会评价（C）

（1）C_1：社会效应评价。技术发展的社会效应评价主要包括两个三级指标：技术的伦理道德适应性、技术对社会可持续发展的影响。

表 7 – 20　技术对相关产业带动效应评价

三级指标	子指标	效应很小	效应较小	效应一般	效应较大	效应很大
技术对相关产业带动效应	带动相关配套产品市场效应（权重）	[0~20)	[20~40)	[40~60)	[60~80)	[80~100]
	对相关产业改造与升级效应（权重）	[0~20)	[20~40)	[40~60)	[60~80)	[80~100]

①C_{11}：技术的伦理道德适应性。"技术的伦理道德适应性"是指技术的研发及其产品的应用对社会伦理道德的影响，即与伦理道德是否相适应。技术的研发和相关产品的生产会消耗资源，并且对环境造成影响。有些技术在投入生产时，需要大量的资源支撑，如生物质能技术在使用的过程中，会消耗大量的土地资源和水资源，故其不适合在一些耕地资源和水资源相对缺乏的地方发展，否则会影响当地的生活和生产，所造成的社会负面影响将远远大于新能源的开发利用本身所带来的社会效益，有违社会道德。因此，某项技术的研发及应用，必须与当前的伦理道德观念相适应。该指标属"正指标"，即适应度越高，社会效应越好（见表 7 – 21）。

表 7 – 21　技术的伦理道德适应性评价

三级指标	适应度很低	适应度较低	适应度一般	适应度较高	适应度很高
技术的伦理道德适应性	[0~20)	[20~40)	[40~60)	[60~80)	[80~100]

②C_{12}：技术对社会可持续发展能力的影响。经济社会发展与资源环境的失调问题已经在近年来逐渐显现，表现之一就是资源短缺、资源价格高涨、环境破坏对社会可持续发展的影响，导致社会运行成本提升、效率低下等。资源与环境技术的运用，能够大大提升资源循环利用效率，保护生态环境，提升社会的可持续发展能力。"技术对社会可持续发展能力的影响"就是针对这一提升效果进行的评价，属"正指标"，即提升越大，社会可持续发展能力越强（见表 7 – 22）。

表 7 – 22　技术对社会可持续发展的影响评价

三级指标	影响非常小	影响较小	影响一般	影响较大	影响很大
技术对社会可持续发展的影响	[0~20)	[20~40)	[40~60)	[60~80)	[80~100]

（2）C_2：生活质量评价。技术的有效合理使用会改善生活质量，也难免会产生一定的负面效应，影响正常的生产和生活。技术对生活质量影响的评价包括两个

三级指标：技术应用对就业的拉动作用、技术应用对人体健康的影响。

①C_{21}：技术应用对就业的拉动作用。就业问题与居民生活质量密切相关，并在很大程度上决定了社会的稳定性。资源与环境技术的合理应用能够带动新产业及相关产业的发展，从而在较大程度上提高就业率。"技术应用对就业的拉动作用"是指针对资源与环境技术应用后对就业的提升作用而进行的评价，属"正指标"，即提升越大，对居民生活质量的改善贡献越大。在具体操作中，可以从以下两方面考虑：

- 技术应用对增加就业人数的影响；
- 技术应用对就业率提升的影响（见表7-23）。

表7-23　技术应用对就业的拉动作用评价

三级指标	子指标	增加或提升极小	增加或提升较小	增加或提升一般	增加或提升较大	增加或提升很大
技术应用对就业的拉动作用	就业人数的增加量（权重）	[0~20)	[20~40)	[40~60)	[60~80)	[80~100]
	就业率的提升（权重）	[0~20)	[20~40)	[40~60)	[60~80)	[80~100]

②C_{22}：技术应用对人体健康的影响。资源与环境技术应用对人们生活质量影响的一个重要方面就是对人体健康的影响，各种污染的减少都会有利于人体健康。"技术应用对人体健康的影响"是对这方面进行的评价，该指标属"正指标"，即影响越大，对人们的生活质量改善越大。指标度量可以结合以往统计数据进行预测（见表7-24）。

表7-24　技术应用对人体健康的影响评价

三级指标	影响极小	影响较小	影响一般	影响较大	影响很大
技术应用对人体健康的影响	[0~20)	[20~40)	[40~60)	[60~80)	[80~100]

4. 资源环境评价（D）

资源与环境技术的直接作用对象就是资源环境，技术本身对不可再生自然资源是否进行了综合开发和循环利用，对生态环境是否进行了有效保护，对资源与环境技术方案的目标实现具有重要的影响。

（1）D_1：资源影响评价。资源与环境技术的应用，一方面会提高各类资源

（如水资源、矿产资源、能源资源等）的循环利用效率，另一方面也不可避免地需要消耗各种资源。资源是稀缺的、有限的，对其过分依赖势必给其未来发展带来巨大风险。技术发展的资源影响评价主要包括两个三级指标：技术发展对资源循环利用的贡献、技术发展对资源消耗的依赖。

①D_{11}：技术发展对资源循环利用的贡献。资源与环境技术的发展对不可再生资源的综合开发和循环利用，对新型材料和能源对传统资源的替代具有重要意义。"技术发展对资源循环利用的贡献"是指资源与环境技术的发展对资源利用的影响。由于不同资源与环境技术对不同类型的资源循环利用的贡献具有较强的针对性，在具体技术的评价过程中，选择不同的子指标进行评价。我们设定的子指标包括水循环利用、废气综合利用、固体废弃物处置利用、新材料利用率、新能源利用率。该指标属"正指标"，即贡献越大，资源的综合开发和循环利用能力越强，越有利于自然资源的保护。指标度量可以结合实际数据进行计算，并根据技术特点和专家评价确定一般的贡献标准（见表7-25）。

表 7-25　技术发展对资源循环利用的贡献评价

三级指标	子指标	贡献很小	贡献较小	贡献一般	贡献较大	贡献很大
技术发展对资源循环利用的贡献	水循环利用	[0~20)	[20~40)	[40~60)	[60~80)	[80~100]
	废气综合利用	[0~20)	[20~40)	[40~60)	[60~80)	[80~100]
	固体废弃物处置利用	[0~20)	[20~40)	[40~60)	[60~80)	[80~100]
	新材料利用率	[0~20)	[20~40)	[40~60)	[60~80)	[80~100]
	新能源利用率	[0~20)	[20~40)	[40~60)	[60~80)	[80~100]

②D_{12}：技术发展对资源消耗的依赖。资源与环境技术的研发和相关产品的生产会促使资源的节约和循环利用，但是在这些过程中同样需要资源的消耗。根据资源消耗的类型不同，我们设定的子指标包括水资源依赖、能源资源依赖、矿产资源依赖、土地资源依赖。该指标属"逆指标"，即资源依赖越强，所承受的风险越大，越不利于技术未来的发展。指标度量可以结合实际数据进行计算，并根据技术特点和专家评价确定一般的贡献标准（见表7-26）。

（2）D_2：环境影响评价。资源与环境技术的开发及相关产品的生产虽然也会造成一定的环境负外部性，但是更重要的作用是对环境质量的改善。技术发展的环境影响评价主要包括两个三级指标：技术发展对主要污染物减排的贡献、技术发展对退化土地修复的贡献。

表 7 - 26　技术发展对资源消耗的依赖评价

三级指标	子指标	依赖很强	依赖较强	依赖中等	依赖较弱	依赖很弱
技术发展对资源消耗的依赖	水资源依赖(权重)	[0~20)	[20~40)	[40~60)	[60~80)	[80~100]
	能源资源依赖(权重)	[0~20)	[20~40)	[40~60)	[60~80)	[80~100]
	矿产资源依赖(权重)	[0~20)	[20~40)	[40~60)	[60~80)	[80~100]
	土地资源依赖(权重)	[0~20)	[20~40)	[40~60)	[60~80)	[80~100]

①D_{21}：技术发展对主要污染物减排的贡献。"技术发展对主要污染物减排的贡献"是指资源与环境技术的研发和应用对各种污染物进行处理，使污染物排放量减少的作用。根据各类技术的不同作用，我们将该指标细化为三个子指标：水污染物减排、固体废弃物减排、硫氧（碳氧、氮氧）化物及烟尘减排。该指标为"正指标"，即贡献越大，说明技术对环境质量改善的作用越好，带来的环境效益越大。指标度量可以结合实际数据进行计算，并根据技术特点和专家评价确定一般的贡献标准（见表 7 - 27）。

表 7 - 27　技术发展对主要污染物减排的贡献评价

三级指标	子指标	贡献很小	贡献较小	贡献一般	贡献较大	贡献很大
技术发展对主要污染物减排的贡献	水污染物减排	[0~20)	[20~40)	[40~60)	[60~80)	[80~100]
	固体废弃物减排	[0~20)	[20~40)	[40~60)	[60~80)	[80~100]
	硫氧(碳氧、氮氧)化物及烟尘减排	[0~20)	[20~40)	[40~60)	[60~80)	[80~100]

②D_{22}：技术发展对退化土地修复的贡献。"技术发展对退化土地修复的贡献"是指资源与环境技术对使用土地，或由于一种应力或数种应力结合致使雨浇地、水浇地或草原、牧场、森林和林地的生物或经济生产力和复杂性下降或丧失进行修复的作用程度。该指标的属性为"正指标"，即贡献越大，技术对于退化土地的修复能力越强，对自然环境改善的积极作用越强。指标度量可以结合实际数据进行计算，并根据技术特点和专家评价确定一般的贡献标准（见表 7 - 28）。

表 7 - 28　技术发展对退化土地修复的贡献评价

三级指标	贡献很小	贡献较小	贡献一般	贡献较大	贡献很大
技术发展对退化土地修复的贡献	[0~20)	[20~40)	[40~60)	[60~80)	[80~100]

（四）评价方法选择

不同层面和类型的技术所适用的评价方法各有不同。这里我们介绍较为常用的模糊综合评判法和主成分分析法两种评价方法的原理和步骤。

1. 模糊综合评判法

模糊综合评判方法，是一种运用模糊数学原理分析和评价具有"模糊性"的事物的系统分析方法。它是一种以模糊推理为主的定性与定量相结合、精确与非精确相统一的分析评价方法。多层次模糊综合评判，就是在以模糊综合评判为初始模型（称为一级模糊综合评判）的基础上，再进行模糊综合评判，并可根据需要多层次进行下去。由于这种方法在处理各种难以用精确数学方法描述的复杂系统问题方面表现出的独特的优越性，近年来已在许多学科领域中得到了十分广泛的应用。

（1）确定评价指标权重。采用模糊综合评价方法的最重要一步就是指标权重的确定，确定权重的方法一般包括主观赋权法（两两比较法、环比评分法、德尔菲法和层次分析法）、客观赋权法（均方差法、因子分析法、熵值法、多元统计分析）和组合赋权法。下面介绍几种常用的权重确定方法。

①德尔菲法。德尔菲法作为一种主观、定性的方法，不仅可以用于预测领域，而且可以广泛应用于各种评价指标体系的建立和具体指标的确定过程。

德尔菲法依据系统的程序，采用匿名发表意见的方式，即专家之间不得互相讨论，不发生横向联系，只能与调查人员发生关系，通过多轮次调查专家对问卷所提问题的看法，经过反复征询、归纳、修改，最后汇总成专家基本一致的看法，作为预测的结果。

德尔菲法的具体实施步骤如下。

第一，组成专家小组。按照课题所需要的知识范围，确定专家。专家人数的多少，可根据预测课题的大小和涉及面的宽窄而定，一般不超过20人。

第二，向所有专家提出所要预测的问题及有关要求，并附上有关这个问题的所有背景材料，同时请专家提出还需要什么材料。然后，由专家做出书面答复。

第三，各位专家根据他们所收到的材料，提出自己的预测意见，并说明自己是怎样利用这些材料并提出预测值的。

第四，将各位专家第一次判断意见汇总，列成图表，进行对比，再分发给各位专家，让专家比较自己同他人的不同意见，修改自己的意见和判断。也可以把各位专家的意见加以整理，或请身份更高的其他专家加以评论，然后把这些意见再分送给各位专家，以便他们参考后修改自己的意见。

第五，将所有专家的修改意见收集起来，汇总，再次分发给各位专家，以便做第二次修改。逐轮收集意见并为专家反馈信息是德尔菲法的主要环节。收集意见和信息反馈一般要经过三、四轮。在向专家进行反馈的时候，只给出各种意见，但并不说明发表各种意见的专家的具体姓名。这一过程重复进行，直到每一位专家不再改变自己的意见为止。

第六，对专家的意见进行综合处理。

对于经济目的性较强的技术开发和产业化的项目，采用经济计量的方法则更为客观、准确。在对同类科技项目、计划和机构进行比较的时候，则往往采用多指标综合评价方法。

②层次分析法（AHP法）。AHP法的基本出发点是：在一般决策问题中，针对某一目标，较难对若干因素做出精确的判断，并且难以用数量来表示它们相对于目标的重要性，从而排出大小次序，为决策者提供依据，但它却较容易对任意两因素做出精确判断，并给出相对重要性之比的数量关系。AHP法的基本过程可概括为如图7-3所示的求解过程。

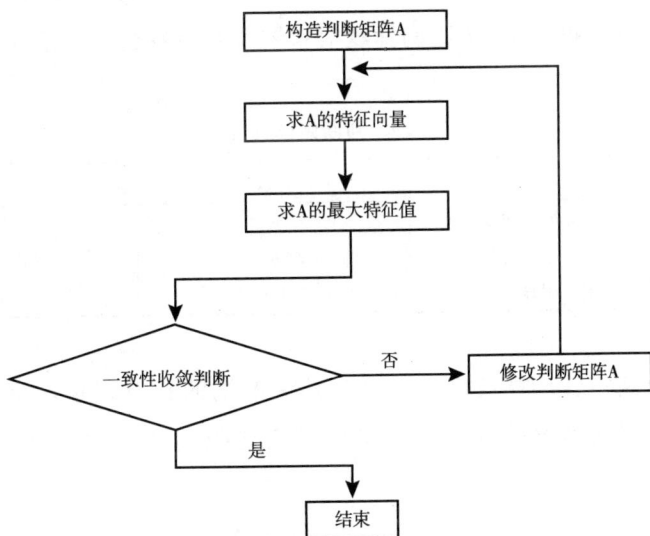

图7-3　AHP法求解过程

应用AHP法进行决策时，主要分为以下步骤。

第一，分析系统中各因素之间的关系，建立系统的递阶层次结构，构造层次分析结构模型。

在层次分析结构模型中，复杂系统分解成若干组成因素，这些因素按属性分成若干组，形成不同层次，同一层的因素作为准则层对下一层某些（不一定是全部）因素起支配作用，作为准则这一层的元素又受上一层元素的支配。一般分为 3 个层次。最高层 z：称为目标层，一般是一个总体的目标。中间层 $y = \{y_1, y_2, \cdots, y_n\}$：为实现目标所涉及的中间环节，称为准则层。这层可以有若干个层次。最底层 $x = \{x_1, x_2, \cdots, x_n\}$：为实现目标可供选择的各种措施、决策方案等，称为措施层或方案层。

第二，对同一层次中各因素对上一层某一准则的重要性进行两两比较，构造判断矩阵。并写成矩阵形式：

$$A = (a_{ij})_{n \times n}$$

其中，元素 a_{ij} 满足：

$$a_{ij} = \frac{1}{a_{ji}} \qquad (i, j = 1, 2, \cdots, n; i \neq j)$$
$$a_{ii} = 1 \qquad (i = 1, 2, \cdots, n)$$

式中，A 为判断矩阵；n 为两两比较的因素数目；a_{ij} 为因素 i 比 j 相对某一准则的重要性比例尺度，可按 $1 \sim 9$ 比例标度对重要性程度赋值，如表 7-29 所示。

表 7-29　判断矩阵标度标准

标度	含义	标度	含义
1	i 与 j 同等重要	7	i 比 j 非常重要
3	i 比 j 稍微重要	9	i 比 j 极端重要
5	i 比 j 明显重要	2、4、6、8	介于上述重要程度之间

第三，由判断矩阵计算被比较因素对某一准则的相对权重。由于在 AHP 法中计算判断矩阵的最大特征值和特征向量并不需要很高的精度，故用近似法计算即可，计算步骤如下：

一是计算判断矩阵每行所有元素的几何平均值：

$$\varpi_i = \sqrt[n]{\prod_{j=1}^{n} a_{ij}} \qquad (i = 1, 2, \cdots, n)$$

得到：

$$\varpi = (\varpi_1, \varpi_2, \cdots, \varpi_n)^T$$

二是将 ϖ_i 归一化，即计算：

$$\varpi_i = \frac{\varpi_i}{\sum\limits_{j=1}^{n} \varpi_i} \qquad (i = 1, 2, \cdots, n)$$

得到 $\varpi = (\varpi_1, \varpi_2, \cdots, \varpi_n)^T$，即为所求特征向量的近似值，也就是各因素的相对权重。

三是计算判断矩阵的最大特征值：

$$\lambda_{\max} = \sum_{i=1}^{n} \frac{(A\varpi)_i}{n\varpi_i}$$

其中 $(A\varpi)_i$ 为向量 $A\varpi$ 的 i 个元素。

第四，进行一致性检验。计算一致性比率 $CR = \dfrac{CI}{RI}$，其中 $CI = \dfrac{\lambda_{\max} - n}{n-1}$。RI 可以查表 7-30 得到。一般而言，CR 越小，判断矩阵的一致性越好。通常认为当 $CR \leqslant 0.10$ 时，判断矩阵符合满意的一致性标准，否则，需要修正判断矩阵，直到检验通过。

表 7-30　平均一致性指标 RI 值

n	1	2	3	4	5	6	7	8	9
RI	0.00	0.00	0.58	0.90	1.12	1.24	1.32	1.41	1.45

第五，计算各层因素对系统目标的综合权重。同时可对各因素或准则对系统目标实现程度的作用（相对权重）进行排序。即计算最底层对目标层的相对权重。

第六，进行组合一致性检验。$CI = \sum\limits_{i=1}^{n} CI_i W_i$，$RI = \sum\limits_{i=1}^{n} RI_i W_i$，若 $CR = \dfrac{CI}{RI} < 0.10$，则通过一致性检验，其中 W_i 表示中间层相对于最高层的权重系数。

③均方差法。权重系数应当是各个指标在指标总体中的变异程度对其他指标影响程度的度量，赋权的大小取决于该指标取值的变化或波动程度。

均方差法取权重系数为：

$$w_j = \frac{s_j}{\sum\limits_{i=1}^{m} s_k}, \qquad (j = 1, 2, \cdots, m)$$

式中

$$s_j^2 = \frac{1}{n} \sum_{i=1}^{n} (x_{ij} - \bar{x_j})^2$$

$$\bar{x_j} = \frac{1}{n} \sum_{i=1}^{n} x_{ij}$$

④组合赋权法。主观赋权法虽然反映了评价者的主观判断或直觉，但在综合评价结果或排序中可能产生一定的主观随意性，即可能受到评价者的知识、经验及偏好的影响。客观赋权法虽然通常利用比较完善的数学理论与方法，避免了主观赋权法的弊病，但也有不足之处。例如，对同一指标体系的两组不同的样本，即使用同一种方法来确定各指标的权重系数，结果也可能会有差异。客观赋权法忽视了评价者的主观信息，而此信息对于新技术评价来说，有时是非常重要的。本章在评价指标体系构建中，采用主观权重与客观权重的均值作为各指标最后的权重。综合集成赋权法的基本思想，就是从逻辑上将上述两类赋权法有机地结合起来，使所确定的权重系数同时体现主观信息和客观信息。常用的组合赋权法包括加法集成法和乘法集成法。其中乘法集成法的"倍增效应"使大者越大，小者越小。加法集成法的基本原理如下：设 p_j，q_j 分别是主观赋权法和客观赋权法原理生成的指标 x_j 的权重系数，则称 $w_j = ap_j + (1-a)q_j, j = 1, 2, \cdots, m$，为同时体现主客观信息集成特征的权重系数。

根据资源与环境技术的特点，我们采用德尔菲法和层次分析法结合起来确定权重。首先，采用德尔菲法通过调查专家给出的初始权重，运用层次分析法进行处理。层次分析法的信息基础是人们对每一层次各个元素的相互重要性给出的判断。这些判断通过引入适当的标度进行量化，形成判断矩阵。相对重要性的值是根据专家意见和分析人员的认识，经过反复研究后确定的。经综合分析，给出相应的判断矩阵。

其次，进行层次单排序。根据判断矩阵计算对于上一层某元素而言本层次与之有联系的元素重要性次序的权值，它是本层次所有元素针对上一层次而言的重要性进行排序的基础。利用方根计算各判断矩阵的特征向量、最大特征根。权数分配是否合理需要进行一致性检验，检验公式为：CR = CI/RI，式中 CI 为判断矩阵的一般一致性指标，CI = $(\lambda_{max} - n) / (n - 1)$，$n$ 为判断矩阵的阶数；RI 为判断矩阵的随机一致性指标，CR 为随机一致性比例。当 CR < 0.1 时，认为判断矩阵有满意的一致性。

最后，进行层次总排序，利用同一层次中所有层次单排序的结果，计算针对上一层次而言，本层次所有元素重要性权值。根据以上结果，得到各评价指标的权数分配。

（2）一级模糊综合评判。具体步骤如下：

①建立评判对象因素集 $U = \{u_1, u_2, \cdots, u_n\}$，这里的因素是定义的参数指标；

②建立评判集 $V = \{v_1, v_2, \cdots, v_n\}$，对最后一级指标作出的可能结果的集合，即进行评估定级；

③对 U 中各因素取不同的权重，确定权重集 $W = \{w_1, w_2, \cdots, w_n\}$；

④建立模糊矩阵 $R = \begin{bmatrix} r_{11} & r_{12} & \cdots & r_{1m} \\ r_{21} & r_{22} & \cdots & r_{2m} \\ \cdots & \cdots & \cdots & \cdots \\ r_{n1} & r_{n2} & \cdots & r_{nm} \end{bmatrix}$，$R$ 为各因素评价结果的集合，r_{ij} 为第 i 个评价因素对第 j 个评价等级的隶属度，反映评价因素与评级等级之间用隶属度表示的模糊关系，n 为被评价因素的个数，m 为评判集中评价等级的个数；

⑤建立综合评判模型：$B = W \circ R$，记 $B = (b_1, b_2, \cdots, b_n)$，它是 V 上的一个模糊子集，若 $\sum_{j=1}^{m} b_j \neq 1$，就对其结果进行归一化处理。

（3）多级模糊综合评判。对于复杂问题的评判，需要考虑的因素很多，而且这些因素还可能分属不同的层次。为此，可先把所有因素按某些属性分成几类，在每一类范围内开展第一级综合评判，之后再根据各类评判的结果进行第二级综合评判。对于更复杂的问题还可分成更多层次进行多级综合评判。

现以二级评判为例，其具体的步骤如下：

①建立评价指标集。$U = \{U_1, U_2, \cdots, U_p\}$。对任意指标 U_i（$i = 1, 2, \cdots, p$）根据需要可进行多层划分，$U_i = \{U_{i1}, U_{i2}, \cdots, U_{in}\}$，其中 $n = \{U_i\}$，表示集合的元素个数。同时，应满足 $U_i \cap U_j = \phi$（$i, j = 1, 2, \cdots, p$，且 $i \neq j$）。

②建立评判集 $V = \{v_1, v_2, \cdots, v_m\}$。

③对低级的因素子集 $U_i = \{U_{i1}, U_{i2}, \cdots, U_{in}\}$ 进行综合评判。由于各因素重要程度不同，需要赋予不同的权重系数。设 U_i 上的权重分配为 $A_i = \{a_{i1}, a_{i2}, \cdots, a_{in}\}$，$\sum_{j=1}^{n} a_{ij} = 1$，$a_{ij} \geq 0$。对该子集中各因素进行单因素评价，建立评判矩阵 R_i，进而可求得综合评判：

$$A_i \circ R_i = B_i \qquad (i = 1, 2, \cdots, p)$$

④对上一级因素集 $U = \{U_1,\ U_2,\ \cdots,\ U_p\}$ 进行综合评判，设相应因素的权重为 $A = \{a_1, a_2, \cdots, a_p\}$，$\sum_{i=1}^{p} a_i = 1$，$a_i \geqslant 0$ $(i = 1,\ 2,\ \cdots,\ p)$。总评判矩阵为 $R = \{B_1, B_2, \cdots, B_p\}^T$，则可求得最后综合评判：$B = A \circ R$。

2. 主成分分析法

主成分分析也称为主分量分析，是利用降维的思想，把多指标转化为少数几个综合指标。在实证问题研究中，由于各指标在不同程度上反映了所研究问题的某些信息，并且指标之间有一定的相关性，因而各指标所反映的信息在一定程度上有重叠。在研究多指标问题时，指标太多会增加计算量和增加分析问题时的复杂性，人们希望在分析过程中，涉及的指标较少，得到的信息量较多。主成分分析法正是适应这一要求产生的，是解决这一类问题的理想工具。

（1）主成分分析法的特征。主成分分析法是一种数学变换的方法，它把给定的一组相关指标通过线性变换转成另一组不相关的指标，这些新的指标按照方差依次递减的顺序排列。在数学变换中保持指标的总方差不变，使第一指标具有最大的方差，称为第一主成分，第二指标的方差次大，并且和第一变量不相关，称为第二主成分。依此类推，I 个变量就有 I 个主成分。

这种方法避免了在综合评分等方法中权重确定的主观性和随意性，评价结果比较符合实际情况；同时，主成分分量表现为原指标的线性组合，如果最后综合指标包括所有分量，则可以得到精确的结果，即百分之百地保留原指标提供的信息，即使舍弃若干分量，也能将 85% 以上的信息体现在综合评分中，使评价结果真实可靠。这种方法是在实际中应用比较广泛的一种方法。由于其第一主成分在所有的主成分中包含的信息量最大，因而在研究综合评价问题时常采用第一主成分来比较不同实体间的差别。

综上所述，该方法的优点主要体现在两个方面：一是权重确定具有客观性；二是评价结果真实可靠。

（2）主成分分析法的基本原理。设原来的指标为 x_1，x_2，$\cdots$，x_n，将这些指标划为少数几个综合指标后，分别用 y_1，y_2，$\cdots$，y_m $(m \leqslant n)$ 表示，则有：

$$\begin{cases} y_1 = l_{11}x_1 + l_{12}x_2 + \cdots + l_{1n}x_n \\ y_2 = l_{21}x_1 + l_{22}x_2 + \cdots + l_{2n}x_n \\ \qquad \cdots\cdots \\ y_m = l_{m1}x_1 + l_{m2}x_2 + \cdots + l_{mn}x_n \end{cases}$$

式中，y_1，y_2，$\cdots$，y_m 分别称为原指标 x_1，x_2，$\cdots$，x_n 的第一，第二，$\cdots$，第 m 主成分，在实际问题的分析中，常挑选前几个最大的主成分。其中，y_i 与 y_j（$i \neq j$；i，$j = 1$，2，$\cdots$，m）相互无关。y_1 是 x_1，x_2，$\cdots$，x_n 的一切线性组合中方差最大者，y_2 是与 y_1 不相关的 x_1，x_2，$\cdots$，x_n 的所有线性组合中方差最大者，$\cdots$，y_m 是与 y_1，y_2，$\cdots$，y_{m-1} 都不相关的 x_1，x_2，$\cdots$，x_n 的所有线性组合中方差最大者。

（3）主成分分析法的计算步骤如下：

①计算相关系数矩阵：

$$R = \begin{bmatrix} r_{11} & r_{12} & \cdots & r_{1n} \\ r_{21} & r_{22} & \cdots & r_{2n} \\ \cdots & \cdots & \cdots & \cdots \\ r_{n1} & r_{n1} & \cdots & r_{nn} \end{bmatrix}$$

其中

$$r_{ij} = \frac{\sum_{k=1}^{p} (x_{ki} - \bar{x}_i)(x_{kj} - \bar{x}_j)}{\sqrt{\sum_{k=1}^{p} (x_{ki} - \bar{x}_i)^2 \sum_{k=1}^{p} (x_{kj} - \bar{x}_j)^2}} \qquad (p = 1,2,3,\cdots)$$

②计算特征值与特征向量。解特征方程 $|\lambda - R| = 0$，通常用雅可比法（Jacobi）求出特征值 λ_i（$i = 1$，2，$\cdots$，n），并使其按大小顺序排列，即 $\lambda_1 \geq \lambda_2 \geq \cdots \geq \lambda_n \geq 0$。

分别求出对应于特征值 λ_i 的特征向量 e_i（$i = 1$，2，$\cdots$，n）。这里要求 $\|e_i\| = 1$，即 $\sum_{j=1}^{n} e_{ij}^2 = 1$，其中 e_{ij} 表示向量 e_i 的第 j 个分量。

③计算主成分贡献率及累计贡献率。主成分 y_i 的贡献率为：

$$\frac{\lambda_i}{\sum_{k=1}^{n} \lambda_k} \qquad (i = 1,2,\cdots,n)$$

累计贡献率为：

$$\frac{\sum_{k=1}^{i} \lambda_k}{\sum_{k=1}^{n} \lambda_k} \qquad (i = 1,2,\cdots,n)$$

一般取累计贡献率达 85% ~95% 的特征值 λ_1，λ_2，$\cdots$，λ_m 所对应的第一，第

二，…，第 m（$m \leqslant n$）个主成分。

④计算主成分载荷：

$$l_{ij} = p(y_i, x_j) = \sqrt{\lambda_i} e_{ij} \qquad (i,j = 1,2,\cdots,p)$$

计算各主成分的得分：

$$Y = \begin{bmatrix} y_{11} & y_{12} & \cdots & y_{1m} \\ y_{21} & y_{22} & \cdots & y_{2m} \\ \cdots & \cdots & \cdots & \cdots \\ y_{n1} & y_{n1} & \cdots & y_{nm} \end{bmatrix}$$

⑤对主成分进行综合评价。对 m 个主成分进行加权求和，即得最终评价值，权数为每个主成分的贡献率。

基于所构建的资源与环境技术评价指标体系所呈现的多目标、多层级特征，我们选择模糊综合评价方法对资源与环境技术进行评价。

五 资源与环境技术发展的任务及关键共性技术选择

（一）资源与环境技术发展的任务

资源与环境技术发展的任务应以优化经济结构和产业布局为方向，通过大力发展清洁生产、循环经济，统筹环境承载力和经济社会发展模式，实现经济增长方式转变，建设环境友好型、资源节约型社会。

1. 全面实施水体污染治理与修复

（1）流域污染防治与修复。从源头削减、过程阻断、质量修复等多方面开展流域污染防治技术，针对工业点源排放污染物，研究开发点源污染全过程综合防治技术、以深度净化为重点全流程综合集成技术等；针对面源污染，发展区域面源污染全流程综合防治技术、面源污染物输送过程与阻断技术等；针对水体修复，开发切实可行的湖泊富营养化防治技术、水环境生态修复关键技术，探索水体复合污染机制等问题。

（2）地下水与饮用水安全保障。开展饮用水源保护及饮用水安全保障新技术研究。研发新型有毒外源污染物及天然污染物高效去除技术、高毒性副产物的生成阻断和控制技术及组合工艺，保障饮用水安全；加强全国饮用水源污染修复关键技术、受污染地下水防治与修复关键技术研究，保护饮用水源，建立适合我国国情的地下水健康风险评价方法和指标体系。

（3）污废水多尺度资源化利用。通过研发污废水中重金属等物质的多尺度资源化利用技术，实现污废水中有价值资源的回收与高效利用。

2. 区域复合大气污染综合防治与控制

以区域整体空气质量改善为目标，建立区域大气质量管理协调机制和机构，推动从点源大气污染治理向区域联合减排转变。

（1）复合污染协同控制。对酸沉降、臭氧、微细颗粒物、重金属等各种相关的大气环境问题进行整体考虑，推动从单一污染物治理向以 SO_2、NO_x、VOCs、Hg 和微细颗粒物等污染物为核心的复合污染综合控制转变，实现多种污染物的协同有效控制。针对 SO_2、NO_x、VOCs、Hg 和微细颗粒物等污染物开展区域大气污染综合防治，同时重点考虑汞、二氧化碳等全球性污染物的协同减排。

（2）以全过程控制为核心的大气污染综合治理。以污染源达标排放为基础，促进结构调整和清洁生产，推动大气污染防治从末端治理向源头预防为主的全过程控制转变，加强重点工业行业大气污染物减排技术研究，兼顾工业锅炉等其他燃煤源、农业面源和无组织排放的污染治理技术开发，针对多种大气污染源进行全面治理。

（3）区域大气污染综合防治。在识别空气污染、分析大气污染来源的基础上，针对区域复合大气污染中的关键问题，全面系统地开展区域监测、污染来源评估、预测预警与区域控制技术体系的研究，为我国未来城市健康发展提供重要的技术储备。重点是加快区域空气质量立体观测网络、区域大气污染的预测预警系统的建设等。

3. 污染土壤及场地复合污染修复

我国土壤及场地复合污染防治与修复技术的研发既要为解决农田、工业场地、矿区及周边土壤污染以及生态敏感的湿地土壤污染等问题提供技术与管理支持，也要联系国家的经济社会发展现状和相关的技术研发基础与条件，需要有针对性地研发能适合原位或异位、现场或离场的土壤修复技术与设备，能适用于不同的土壤类型与条件、土地利用方式和复合污染类型的土壤修复技术，以及能使土地再开发利用工程化应用的修复技术体系。

（1）针对受微量持久性污染物污染的中、轻度农业土壤或湿地土壤，着力研发中低污染农田土壤重金属的物化稳定、植物超积累修复技术与低积累植物阻隔控制技术、物化－生物联合修复技术与设备，研制可移动式修复植物收获、包装与运输装备，研发修复植物资源化装置；研制高效降解农药型生化酶制剂等修复剂型及其生产成套设备、农田土壤修复剂快速注入系统、精确定深及多地块无线监控网络设备；研究有机－无机混合污染农田及菜地土壤的多目标物化－生物协同修复技术与设备，建立综合示范工程与修复评估体系，以保障农产品安全和生态安全。

（2）针对化工、冶炼等污染场地搬迁造成的重污染场地土壤，在发展短期风险削减与控制技术的同时，着力研究复合污染场地的优先修复点位确定方法和修复技术决策支持系统，研发场地土壤－地下水一体化修复工程技术及具有自主知识产权的成套修复技术与设备；形成系统的场地土壤环境质量标准和技术规范，以保障人居环境安全健康。重点研发冶金类重金属污染场地绿色固化/稳定化、梯度淋洗技术及其制剂，开发单元模块集成的固化/稳定资源化一体化设备、大容量梯度淋洗成套设备，并建立成套修复技术体系；研发石化类挥发性有机物污染场地高效空气吹脱技术，研发化工类难降解有机物污染场地大功率脉冲低温等离子体氧化、催化还原修复技术；研发农药类可生物降解有机物污染场地涡流双相生物降解、车载式回转连续堆制生物降解技术，建立可移动式高效生物修复技术与装备体系；研发重金属－有机物复合污染场地土壤双蒸馏修复技术。

（3）针对矿区及尾矿污染土壤，着力研究能控制水土流失与污染物扩散的生物稳定化与生态工程修复技术，将矿区边际土壤开发为植物固碳和生物质能源生产的基地，以保障矿区土壤及周边饮用水的生态环境安全，并提高其生态服务价值。重点研发矿区重（类）金属污染及边际土壤植物稳定、原位控制与生态修复技术；研发煤矸石污染土壤的生物固硫、抑制氧化等酸化控制技术，开展土壤重金属与有机污染物的物化－生物联合修复技术、工程修复与生态修复相结合的修复技术，研发煤矿固体废弃物堆场污染物的原位控制技术和生态工程修复技术。

4. 全面保障固体废弃物资源化与安全处置

（1）固体（危险）废弃物资源化综合利用。针对我国重金属废弃物环境污染问题突出、重金属一次资源储量严重不足的现状，重点突破电子废弃物、有毒废渣等具有高污染性和资源可回收性的固体（危险）废弃物的绿色资源化处理技术，中长期将突破废弃物的二次资源多层分级深度循环利用技术。重点开展电子废弃物金属与非金属的高效/绿色分离回收技术，重金属废渣的资源清洁转化、多金属短程绿色分离、二次污染控制等关键共性技术研发，以及重要装备、过程强化与优化集成、工程示范等不同层面的应用研究。

（2）危险固体废弃物无害化处理。针对环境风险特别巨大、资源化利用价值低的危险固体废弃物，重点研究危险废弃物安全处理及稳定化新技术；废弃农药类持久性有机物、多氯联苯、苯并芘等污染物处理技术。

5. 重点行业清洁生产与循环经济

围绕资源高效、清洁、循环利用和节能减排，通过研发重污染行业源头减污、清洁生产核心技术，实现清洁生产技术跨越式发展，引领支撑重点行业绿色技术升级，推进环境保护方式由末端治理向全过程控制的根本性转变。通过绿色技术与资源循环利用，实现资源能源节约与源头减排，构建工业生态系统，为建设资源节约型和环境友好型社会提供有力支撑。

（1）重污染过程清洁生产。研发矿产资源高效、清洁、循环利用的清洁工艺与深度综合利用技术。包括矿产资源物质转化的清洁新工艺研发，建立高效、节能、毒性原料介质替代、物质多层循环的绿色新过程，从不同尺度优化过程与设备的低环境负荷设计、放大、集成和调控；矿产资源深加工与产品高值化集成技术；替代剧毒原料、介质、催化剂的石油化工、精细化工清洁工艺技术。研究重点是突破剧毒原料、介质替代的重要有机化工中间体的绿色合成技术，运用多反应过程耦合、绿色催化方法建立替代剧毒原料的清洁生产新过程。

（2）可再生资源的再生循环利用。近阶段突破的重点包括：替代强酸强碱介质天然纤维素高值化利用清洁工艺技术；大宗发酵产品的清洁生产技术绿色化提升，形成介质内循环与废物零排放的典型生物质加工生产过程的清洁生产技术体系，中长期将实现天然可再生资源的高效生物炼制。

（3）生态工业系统集成与资源循环。短期要突破高能耗、重污染行业密集区域的工业生态与循环经济构建技术，开展生态工业系统集成技术研究，并进一步开展基于动脉－静脉产业一体化的循环经济技术集成系统生态技术。中长期要建立资源加工领域交叉更加广泛、区域尺度更大的工业生态与循环经济区域示范技术，并建立清洁生产与循环经济的科学量化评价方法和国家技术标准。

6. 加强长期、连续环境监测与风险预警体系建设

（1）长期、连续环境监测技术体系。以国家环境管理需求为导向，以促进环境监测技术产业化为目标，瞄准国际环境监测技术发展方向，研发环境监测新技术新方法，建立完善的环境监测技术体系。重点突破水、土、气环境介质和生态系统功能的先进化学和生物传感器、超痕量监测分析技术、形态分析技术的研究，基于

物理学的在线环境监测技术及其设备研制。针对区域环境质量监测，开展基于地基、车载、机载等多平台的新型环境遥感和监测高新技术研发，建立环境质量立体监测系统。重点研发环境监测专用的高分辨率光谱卫星载荷，或发射专用高分辨率监测卫星，其光谱范围扩展到紫外和近红外；同时发展卫星遥感监测应用技术体系、航空遥感监测技术，提对高遥感监测的精密度和准确度。在全球环境变化监测技术方面，重点研发大尺度环境变化准确监测技术，如对汞、持久性有机污染物等准确监测的技术，提升适应环境变化的能力。

（2）环境质量风险预警支撑体系的建立。针对我国重金属物质、有毒有机物、内分泌干扰物质等新型污染物日益突出的趋势，在掌握污染物排放强度与环境质量变化的基础上，重点开展污染排放与环境质量变化的模型、新型污染物的致毒机理与快速诊断技术、环境过程系统模拟与仿真技术、环境污染风险评价技术与在线诊断技术研究，建立区域环境质量风险技术体系与风险应急监测体系，实现对环境质量的预测预报。

（二）资源与环境关键共性技术选择

1. 多学科交叉融合关键共性技术

基于多学科交叉融合重大关键共性技术，在以下方面进行融合研究：基于纳米材料，研发在大气、水体、土壤和其他环境治理及修复方面的高效功能材料，以及针对高浓度工业废水资源回收的吸附技术与膜技术；在治理工业 VOCs 污染方面，研制开发起燃温度低、稳定性好的新型催化材料；基于物理、生物和化学的传感器研制，发展部署嵌入式智能传感器网络系统；开展基于地基、车载、机载等多平台的新型环境遥感和环境质量立体监测系统，环境监测专用的高分辨率光谱卫星载荷的研制；信息技术和高性能计算技术的综合利用，以提升模拟、预测和可视化技术水平；开发各区域（流域）范围内不同尺度的污染物源汇解析和污染趋势预测模型与软件，建立难降解有毒有害物质生态安全与风险评价指标体系；构建无线数据传输－终端处理－模型/模拟耦合系统，提升不同模型和数据集之间的综合集成能力，形成污染预警和预报技术。

2. 清洁减排关键共性技术

（1）源头减排－清洁生产替代技术。针对我国特色资源与替代资源加工转化过程中的重污染过程，开展绿色过程工程与循环经济工程重大基础理论研究，重点突破钒钛磁铁矿、两性金属矿产、低品位铜/钴/镍复杂多金属矿、稀土矿产、锰矿等特色战略金属矿产资源的高效提取与温和转化新介质与可循环利用新体系；油气资源加工转化利用过程中有毒有害原料/介质/催化剂替代的原子经济性新反应与绿色过程工程新技术；生物质替代资源的能源化资源化利用过程中的多组分同步利用与介质高效循环低污染排放新工艺、新过程。建立有我国特色资源与替代资源产业绿色技术升级的重大清洁生产替代技术体系。

（2）源头降耗－梯级利用－节能节水共性技术。针对化工、冶金、建材等高耗能生产过程，重点突破能量密集型工业窑炉、大型反应器能效提高的新设备与新技术；高波动、分布化的中低温余热、中低品位余能等高效回收与梯级利用的关键技术与成套设备；大型复杂系统能量优化集成设计新方法与关键技术；整体替代高耗能落后工艺过程的源头大幅度减低能耗的新工艺与集成技术。针对化工、冶金、轻工等高耗水生产过程，重点突破源头大幅度节水的新工艺与新过程；工业废水深度处理与回用组合技术；高浓度废水资源化能源化技术；分质供水、串级供水、循环供水、废水回用等节水集成技术与设备；高耗水复杂过程用水最小化网络优化设计新方法与关键技术。建立重点行业源头大幅度降耗与梯级利用的节能、节水重大关键共性技术。

（3）复合污染协同控制关键共性技术。我国环境污染范围大，污染物种类多，随着区域环境质量的恶化，呈现点源与面源污染共存、生活污染和工业排放叠加、各种新旧污染与二次污染复合的态势，结构性污染呈现不同空间尺度的梯度转移和变化，单一污染物逐渐向复合污染趋势发展。环境工程科技发展迫切需要开发研究复合污染协同控制关键共性技术，实现复合污染的协同减排。争取在以下方面取得重大突破：在大气复合污染方面，开发以颗粒物、硫氧化物、氮氧化物、挥发性有机物等污染物为核心的复合污染协同有效控制技术；在水体复合污染方面，深入研究物理、物化、生物强化技术在复合污染迁移转化过程中的作用和机制，开展过程模拟技术和反应器优化设计，开发复合污染方面经济高效强化处理技术；在土壤复合污染方面，开发绿色/安全/环境友好的土壤生物修复技术、协同联合的土壤综合修复模式，研发场地土壤－地下水一体化修复工程技术与设备、控制水土流失与污染物扩散的生物稳定化与生态修复技术。

第八章 新材料技术对经济社会发展作用的评价*

"十二五"期间，面临世界金融危机逐渐消退，经济复苏即将来临，基础材料产业起飞，亟待高新技术强力支撑，亟须发展高新技术，促进产业经济发展方式转变；同时能源与资源制约瓶颈凸现，需要发展环境友好和绿色材料技术，确保经济可持续发展。面对资源、人口和环境的巨大压力，无论是发展新材料还是改造革新基础材料，都必须重视从生产到使用的全过程对环境的影响。因此，材料产业和技术的发展面临一个根本性转变，从过度消耗资源、能源和损坏环境，转变为珍惜资源、节约能源、保护环境，走与资源和环境协调发展的道路。

温家宝在 2009 年 11 月 4 日发表的题为《让科技引领中国可持续发展》的讲话中指出："我国发展新兴战略性产业，具备一定的比较优势和广阔的发展空间，完全可以有所作为。""新材料产业发展对中国成为世界制造强国至关重要。""必须加快微电子和光电子材料和器件、新型功能材料、高性能结构材料、纳米材料和器件等领域的科技攻关，尽快形成具有世界先进水平的新材料与智能绿色制造体系"。学习这一重要讲话，使我们再一次明确认识到：新材料在我国经济发展中有着重要地位，对我国现代化建设和实现可持续发展有着重要作用。

新材料制造技术是一种现代化的高新技术，新材料产业是现代化的高新技术产业。新材料的发展包括：第一，运用新概念和新的成型工艺与制造技术，制备出具有高性能或特殊功能的新材料；第二，对传统材料的再开发，使其性能得到重大改进和提高。

---

* 执笔人：梅强。

新材料产业除了包括新材料产品本身形成的产业之外，还应包括与之配套的新材料加工制造与装备制造产业、传统材料技术提升产业、质量保证与验证体系及其他服务性产业等。新材料产业具有技术密集度高、学科交叉性强、研发投入及风险高、产品的附加值高、生产与市场的国际性强等特点。新材料产业化水平和规模已成为衡量一个国家经济建设、科技进步和国防实力的重要标志。世界各国，特别是发达国家都十分重视新材料产业的发展。

新材料产业是当今世界各国重点发展的高新技术产业之一。新材料技术对其他领域的发展起着引导、支撑和相互依存的关键性作用，是最具推动力的共性基础技术。具有优异性能或特定功能、应用前景广阔的新材料已成为发展信息、航天、能源、生物等高技术的重要基础材料。

一　新材料技术的界定

（一）新材料概念

新材料是指那些新出现或已在发展中的、具有传统材料所不具备的优异性能和特殊功能的材料。新材料与传统材料之间并没有截然的分界，新材料在传统材料基础上发展而成，传统材料经过组成、结构、设计和工艺上的改进从而提高材料性能或出现新的性能都可发展成为新材料。

（二）新材料分类

新材料作为高新技术的基础和先导，应用范围极其广泛，它同信息技术、生物技术一起成为 21 世纪最重要和最具发展潜力的领域。同传统材料一样，新材料可以从结构组成、功能和应用领域等多种不同角度进行分类，不同的分类之间相互交叉和嵌套。目前，一般按应用领域和当今的研究热点把新材料分为以下几个主要领域。

1. 电子信息材料

电子信息材料是指在微电子、光电子技术和新型元器件基础产品领域中所用的材料，主要包括以单晶硅为代表的半导体微电子材料；以激光晶体为代表的光电子材料；以介质陶瓷和热敏陶瓷为代表的电子陶瓷材料；以钕铁硼永磁材料为代表的磁性材料；光纤通信材料；以磁存储和光盘存储为主的数据存储材料；压电晶体与薄膜材料。这些基础材料及其产品支撑着通信、计算机、信息技术与网络技术等现代信息产业的发展。

2. 新能源材料

新能源和再生清洁能源技术是21世纪世界经济发展中最具有决定性影响的五个技术领域之一，新能源包括太阳能、生物质能、核能、风能、地热、海洋能等一次能源以及二次能源中的氢能等。新能源材料则是指实现新能源的转化和利用以及发展新能源技术中所要用到的关键材料。主要包括以储氢电极合金材料为代表的镍氢电池材料、以嵌锂碳负极和$LiCoO_2$正极为代表的锂离子电池材料、燃料电池材料、以 Si 半导体材料为代表的太阳能电池材料以及以铀、氘、氚为代表的反应堆核能材料等。

关注可持续发展，资源、能源、环境相关材料成为发展热点。促进战略矿产资源的高效分离、提取和大宗战略紧缺矿产资源的高效清洁利用的新材料技术和产品，适用于多种能量转换过程（包括太阳能、核能、风能等）和能量储存、传输等的新型能源材料，石油化工所需的新型催化材料，水处理所需的膜材料等都成为新材料的热点领域。

3. 纳米材料

纳米材料是指由尺寸在0.1～100纳米的超细颗粒构成的具有小尺寸效应的零维、一维、二维、三维材料的总称。纳米材料的概念形成于20世纪80年代中期，由于纳米材料会表现出特异的光、电、磁、热、力学、机械等性能，纳米技术迅速渗透到材料的各个领域，成为当前世界科学研究的热点。按物理形态分，纳米材料大致可分为纳米粉末、纳米纤维、纳米膜、纳米块体和纳米相分离液体五类。尽管目前实现工业化生产的纳米材料主要是碳酸钙、白炭黑、氧化锌等纳米粉体材料，其他基本上还处于实验室的初级研究阶段，大规模应用预计要到5～10年以后，但毫无疑问，以纳米材料为代表的纳米科技必将对21世纪的经济和社会发展产生深刻的影响。

4. 复合材料

复合材料是由两种或多种性质不同的材料通过物理和化学复合，组成具有两个或两个以上相态结构的材料。该类材料不仅性能优于组成中的任意一个单独的材料，而且具有组分单独不具有的独特性能。

复合材料按用途主要可分为结构复合材料和功能复合材料两大类。结构复合材料主要作为承力结构使用的材料，由能承受载荷的增强体组元（如玻璃、陶瓷、碳素、高聚物、金属、天然纤维、织物、晶须、片材和颗粒等）与能联结增强体成为整体材料同时又起传力作用的基体组元（如树脂、金属、陶瓷、玻璃、碳和水泥等）构成。结构材料通常按基体的不同分为聚合物基复合材料、金属基复合材料、陶瓷基复合材料、碳基复合材料和水泥基复合材料等。功能材料是指除力学性能以外还提供其他物理、化学、生物等性能的复合材料。包括压电、导电、雷达隐身、永磁、光致变色、吸声、阻燃、生物自吸收等种类繁多的复合材料，具有广阔的发展前景。

5. 生态环境材料

生态环境材料的特点是消耗的资源和能源少，对生态和环境污染小，再生利用率高，而且从材料制造、使用、废弃直到再生循环利用的整个寿命过程，都与生态环境相协调。主要包括：环境相容材料，如纯天然材料（木材、石材等）、仿生物材料（人工骨、人工器脏等）、绿色包装材料（绿色包装袋、包装容器）、生态建材（无毒装饰材料等）；环境降解材料（生物降解塑料等）；环境工程材料，如环境修复材料、环境净化材料（分子筛材料、离子筛材料）、环境替代材料（无磷洗衣粉助剂）等。

6. 生物医用材料

生物医用材料（或称生物材料）与生物系统相互接触后可以对生物体的组织、器官或功能进行诊断、治疗、增强或替代生物体内的任意组织、器官或功能。按材料组成和性质分为医用金属材料、医用高分子材料、生物陶瓷材料和生物医学复合材料等。金属、陶瓷、高分子及其复合材料是应用最广泛的生物医用材料。按应用生物医用材料又可分为可降解与吸收材料、组织工程材料与人工器官、控制释放材料、仿生智能材料等。

7. 智能材料

20世纪80年代中期人们提出了智能材料的概念：智能材料是模仿生命系统，能感知环境变化并能实时地改变自身的一种或多种性能参数，具有所期望的、能与变化后的环境相适应的复合材料或材料的复合。

智能材料是一种集材料与结构、智能处理、执行系统、控制系统和传感系统于一体的复杂的材料体系。它的设计与合成几乎横跨所有高技术学科领域。构成智能材料的基本材料有压电材料、形状记忆材料、光导纤维、电（磁）流变液、磁致伸缩材料、具有气敏等无机半导体材料和智能高分子材料等。一般说来，智能材料有七大功能，即传感功能、反馈功能、信息识别与积累功能、响应功能、自诊断能力、自修复能力和自适应能力。

8. 高性能结构材料

结构材料指以力学性能为主的工程材料，它是国民经济中应用最为广泛的材料，从日用品、建筑到汽车、飞机、卫星和火箭等，均以某种形式的结构框架获得其外形、大小和强度。钢铁、有色金属等传统材料都属于此类。高性能结构材料一般指具有更高的强度、硬度、塑性、韧性等力学性能，并适应特殊环境要求的结构材料，包括新型金属材料、高性能结构陶瓷材料和高分子材料等。

9. 新型功能材料

功能材料是指表现出力学性能以外的电、磁、光、生物、化学等特殊性质的材料。除前面介绍过的信息、能源、纳米、生物医用等材料外，新型功能材料主要还包括高温超导材料、磁性材料、金刚石薄膜、功能高分子材料等。

10. 先进陶瓷材料

先进陶瓷材料是指采用精制的高纯、超细的无机化合物为原料及先进的制备工艺技术制造出的性能优异的产品。根据工程技术对产品使用性能的要求，制造的产品可以分别具有压电、铁电、导电、半导体、磁性等或具有高强、高韧、高硬、耐磨、耐腐蚀、耐高温、高热导、绝热或良好生物相容性等优异性能。

先进陶瓷材料一般分为结构陶瓷、陶瓷基复合材料和功能陶瓷三类。大部分功能陶瓷在电子工业中应用十分广泛，通常也称为电子陶瓷材料。如用于制造芯片的陶瓷绝缘材料、陶瓷基板材料、陶瓷封装材料以及用于制造电子器件的电容器陶瓷、压电陶瓷、铁氧体磁性材料等。

（三）新材料技术的发展及应用前景

1. 电子信息材料

电子信息材料的总体发展趋势是向着大尺寸、高均匀性、高完整性，以及薄膜化、多功能化和集成化方向发展。

当前的研究热点和技术前沿包括大直径（12 英寸以上）单晶硅抛光片和外延片，用于微电子等行业，是制造 CPU 芯片等微电子基础元器件的支撑衬底材料；大直径 ZnO 单晶，用来作为制造 LED 发光器件的衬底，以及其他电子、光学器件；柔性晶体管，主要是在高分子材料中制备晶体管，实现可卷曲薄片显示器或电脑等；光子晶体，可以实现对光路的控制，同时实现光子计算；SiC、GaN、ZnSe 等以宽禁带半导体材料为代表的第三代半导体材料，可以用在大功率电子器件等场合；有机显示材料，可以替代以无机非金属为主的发光材料，具有柔性、亮度高、成本低、功耗小等优势；各种纳米电子材料，可以用来制造微纳器件、工具、系统等；深紫外线性光学晶体材料，如 KBBF 单晶可以作为制造激光以及 LED 发光前驱体。

根据中国电子材料行业协会提供的数据，我国从事电子信息材料的企业已近千家，从业人员超过 10 万人，2009 年产值达 1300 亿元。我国已经成为中小尺寸单晶硅最大的生产国，印刷电路板、覆铜板、磁性材料、有机薄膜等材料产量已连续 3 年位居世界第一，形成了浙江、安徽、山东、广东等多个电子信息材料聚集发展的产业基地。

未来几年全球光学光电子市场仍会以 10% 左右的年增长率持续发展。2013 年，全球光学光电子产业规模达到 5250 亿美元。到 2015 年，光学光电子产业将会取代传统电子产业，成为 21 世纪最大的产业。中国光学光电子产业的规模将以超过全球光学光电子产业 10% 左右的增速发展，2010 年，中国光学光电子产业的规模已达到 3750 亿元。

未来 10 年，TFT - LCD 将在新型平板显示产业中占据主流地位，2015 年，总产值有望超过 1300 亿美元，占整个平板显示产业的 91%。LED 产业也将在下游照明和背光源需求的强劲带动下，步入爆发式增长时期，预计最快在 2015 年 LED 在中国照明市场的占有率将达到 20%，带动产业规模达 5000 亿元。未来随着 TFT - LCD 和 LED 的发展，电子信息材料应用前景广阔。

2. 新能源材料

在新能源的发展过程中，新能源材料起到了不可替代的重要作用，引导和支撑了新能源的发展。核能材料是发展核能的重要基础；储能材料是发展节能的清洁交通和新型储能器件的重要支撑；新能源材料是推动氢能燃料电池快速发展的重要保障。提高能效，降低成本，节约资源，环境友好，将成为新能源发展的永恒主题，新能源材料将得到越来越广泛的应用。

以多晶硅材料为例，在国际和国内光伏市场需求的拉动下，我国多晶硅材料产业规模快速扩大，对全球多晶硅产业格局也产生了较为明显的影响。据调查，截至 2009 年底，我国已建、在建和拟建的采用改良西门子法和硅烷法多晶硅生产企业 52 家，此外另有 30 家企业在开展冶金物理等方法进行低成本多晶硅生产技术研发。2009 年，我国多晶硅产量达 1.8 万吨，产能接近 5 万吨，已有 20 多家千吨级规模的多晶硅生产线投产。多晶硅在 2010 年底，已达到 3.5 万吨的年生产能力，设计产能达到 9 万吨，接近全世界产能的一半左右。但是我国每年仍需大量进口多晶硅材料。

　　新能源材料当前的研究热点和技术前沿包括锂离子电池关键材料，如新型正极材料，可以提高锂离子电池的充放电等性能，以延长使用寿命；高能储氢材料，储氢用钛系合金等，可以大大提高储氢率以及使用安全性；聚合物电池材料，在相近电池表现情况下，极大降低成本；中温固体氧化物燃料电池电解质材料，该材料可以提高燃料电池性能，降低成本；多晶薄膜太阳能电池材料，可以用来生产低成本、高效率的电池片；晶硅用纳米硅粉，可以在只增加一步加工工艺的情况下，将晶硅电池的效率提高至少1%；N型高寿命单晶硅片，用于制备电池等转化效率大于19%的高效电池等；大尺寸LED用低成本衬底材料，可以用来替代目前昂贵的蓝宝石、SiC等衬底；ZnO、Al透明导电薄膜，该薄膜具有良好的透光性和良好的导电率，而且成本低，可以替代目前的。

　　3. 纳米材料

　　纳米材料当前的研究热点和技术前沿包括：以碳纳米管为代表的纳米组装材料；纳米陶瓷和纳米复合材料等高性能纳米结构材料，可以大大提高这些材料的气敏、光敏、压敏等性能；纳米涂层材料的设计与合成，例如超疏水纳米涂层等；单电子晶体管、纳米激光器和纳米开关等纳米电子器件的研制、C_{60}超高密度信息存储材料，应用在微纳计算机上，可以提高计算速度、增大存储密度；大尺寸石墨烯薄膜（二维纳米材料），可用在超高强度薄膜、超低阻透明导电薄膜等领域；纳米金属粉体材料，可以用来制作具有超塑性等优异性能的金属块体。

　　4. 复合材料

　　现代高科技的发展离不开复合材料，复合材料对现代科学技术的发展，有着十分重要的作用。复合材料的研究深度和应用广度及其生产发展的速度和规模，已成为衡量一个国家科学技术先进水平的重要标志之一。进入21世纪以来，全球复合材料市场快速增长，亚洲尤其中国市场增长较快。今后几年我国复合材料仍处于快速发展期。从具体应用看，仅玻璃钢业国家提出的节能减排目标，2010年二氧化硫比2005年减少10%，这项目标会拉动玻璃钢的更广泛应用；造船业和汽车业的发展也会带动玻璃钢业的发展。从子行业应用看增长力度最强的，有3个领域，它们是建筑、汽车、风电。它们将形成新的热点。

　　建筑市场将成为中国最大的复合材料市场。建筑是复合材料的一个重要应用之处，在其他重要行业、消费品市场和电子电器市场中，主要是家用电器和电子行业设备等热塑性塑料制品。纤维复合材料的基础设施应用，包括在桥梁、房屋、道路中的基础应用，国内外都十分广泛，它与传统材料相比有很多优点，特别是在桥梁上和在房屋外墙、隧道工程，以及大型储仓修补和加固方面市场广阔。

汽车制造中复合材料的使用也会迅速增长。近年中国汽车市场年增长超过30%，是全世界增长最快的，同时受高经济增长和生活水平提高推动，能源需求正超出国内的供应能力，又从另一方面为具有"减负"作用的复合材料提供了空间。例如基体树脂由传统的通用邻苯、间苯树脂、环氧树脂、酚醛树脂，向高性能的环氧乙烯基酯树脂发展，增强材料从玻璃纤维向高性能的碳纤维、芳纶纤维等发展。这些高性能材料的使用，大大改善了复合材料的结构及性能，提高了成型速度和制造质量，加速了复合材料在汽车上的实用化进程。相信随着汽车工业的发展，将会开发出各种性能优异的原材料，以适应和推动日益增长的汽车工业的需求。进入21世纪以来，许多世界著名的汽车制造商，投入大量人力、物力开展了复合材料技术研究，以及先进复合材料在汽车工业中的应用研究。

风力发电是复合材料新的巨大市场。风力发电需要大量复合材料，目前绝大多数风力发电机的转子叶片、机舱罩和整流罩都采用复合材料制造。每台风力发电机有3个叶片，叶片的规模越来越大，一个大型的海上风力机叶片长度在60米以上，重量可能达到20吨。由此可见这些风力机部件，为复合材料创造了一个非常强大的需求市场。风力发电机用复合材料主要以玻璃纤维为增强材料，碳纤维的应用也在增多。

未来复合材料的研究方向主要集中在纳米复合材料、仿生复合材料和多功能智能复合材料等领域。未来的功能复合材料比重将超过结构复合材料，成为复合材料发展的主流。

5. 生态环境材料

生态环境材料研究的主要方向有：第一，减少人均材料流量，减少材料集约化程度；第二，减少寿命周期中的环境负荷，使用生态化的生产工艺；第三，开发天然能源，使用藏量丰富的矿物和天然材料；第四，避免使用有害物质，使用"清洁"材料；第五，使用长寿命材料，强化再生利用，强化生物降解性；第六，修复环境，强调生态效率（性能-环境负荷比）；第七，环境负荷小的高分子合金的设计；第八，可再生循环高分子材料的设计；第九，完全降解高分子材料的设计；第十，高分子材料加工和使用过程中产生的有害物质无害化处理技术。

生物降解材料是目前研究的热点之一。近年来发展的生物降解性吸收高分子材料，在完成医疗作用后，在一定时间内被水解或酶解成小分子参与正常的代谢循环，从而被人体吸收或排泄。生物降解塑料已被用在血管外科、矫形外科、体内药物释放基体和吸收性缝合线等医疗领域。农用降解材料最终转化成提高土质的材料，主要有农用覆膜、药物的控制释放。在塑料卡中（如信用卡、IP 卡等）加入降解性材料也能使其在废弃后迅速降解而不污染环境。目前在美国等西方发达国家，包装材料和方便袋等都已使用可降解的纸材料或纸袋。这些材料的使用大大降低了对环境的白色污染，提高了环境质量。我国目前已经开始重视白色污染的问题，2008 年 6 月 1 日开始实行的"限塑令"就充分说明了这一点。

长寿命高分子材料的开发是未来高分子材料重要研究内容之一，通过延长高分子材料的使用寿命，从而提高资源的利用率，降低资源开发速度。组织工程材料是用于取代某些生物体组织器官或恢复、维持以及改善其功能的一类仿生物材料。常见的组织工程材料包括组织引导材料、组织诱导材料、组织隔离材料、组织修复材料和组织替换材料等。仿生智能材料是指能模仿生命系统，同时具有感知和驱动双重功能的材料。仿生智能材料刚刚出现十余年，但已经发展成为生物材料领域最引人注目的研究热点之一。

生态建筑材料，是指有利于保护生态环境、提高居住质量、性能优异、多功能的建筑材料，是一类对人体、周边环境无害的健康型、环保型、安全型的建筑材料，是相对于传统建筑材料而言的一类新型建筑材料，是生态环境材料在建筑材料领域的延伸。目前主要研究与开发的生态建筑材料有：利废环保型生态建材，如利用电厂固体废弃物生产高性能新型墙体材料等；节能型生态建材，如光电化学电池玻璃窗、太阳能储热住宅等；保健型生态建材，如远红外陶瓷可活化空气和水；抗菌材料，如采用光触媒的抗菌面砖和卫生陶瓷等。

开发门类齐全的环境工程材料，对环境进行净化、修复或替代处理，逐渐改善地球的生态环境，使之向可持续发展方向前进，是生态环境材料应用研究的一个重要方面。目前对环境工程材料的开发主要集中在三个方面：环境净化材料、环境修复材料、环境替代材料。目前已开发的环境净化材料主要有大气污染控制材料、水污染控制材料以及其他污染控制材料等。目前已开发利用的环境修复材料有防止土壤沙化的固沙植被材料、二氧化碳固化材料以及臭氧层修复材料等。目前环境替代材料研究开发的重点是替代氟利昂的制冷剂材料、工业和民用的无磷化学品材料、工业石棉替代材料以及其他有害物（如水银等）的替代材料。还有，那些环境负荷较重的建筑材料，如铝门窗替代材料等。

总之，生态环境材料必将成为未来新材料的一个重要分支。作为跨材料科学、环境科学以及生态科学等学科的新型材料，在保持资源平衡、能源平衡和环境平衡，实现社会和经济的可持续发展等方面将起到非常重要的作用。如果在生产和生活中广泛使用该类材料，就可以实现社会的可持续发展，使资源和能源得到有效的利用，使我们的生产和生活环境得到有效的保护。该类材料代表着科学技术发展的方向和社会发展进步的趋势，必将对人类社会进步起到巨大的推动作用。

6. 生物医用材料

生物医用材料是一类用于诊断、治疗或替换人体组织、器官或增进其功能的新型高技术材料，是材料科学技术中一个正在发展的新领域，不仅技术含量和经济价值高，而且与患者生命和健康密切相关。近十多年来，生物医用材料及制品的市场一直保持 20% 左右的增长率。

生物医用材料的研究和发展方向主要为：

第一，改进和发展生物医用材料的生物相容性评价，为生物材料的实际应用提供有效评估机制。今后对材料生物相容性的研究主要集中在以下三个方面：生物医用材料对组织、器官的全面生理影响；降解材料在体内的代谢过程；生物医用材料对细胞、组织、器官间的信息传递、基因调控的影响。例如聚乳酸 - 聚乙醇酸可降解材料，用于成本低、降解性能优异的产品；心血管支架材料，要求具有良好的血液相容性和抗疲劳性能；钛合金系植入材料，具有强度高、耐腐蚀、耐磨损等特点。

第二，研究具有全面生理功能的人工器官和组织材料，如人工心脏等，其生物相容性、功能完整、体积微小是其重要技术指标。

第三，复合生物材料能有效解决材料的强度、韧性及生物相容性问题，目前研究较多的是合金、碳纤维/高分子材料、无机材料。

第四，研究新药物载体材料，如纳米靶向定位材料，提高药物利用效率，减小药物副作用。

第五，血液净化材料利用滤膜、吸附剂等生物材料，将体内内源性或外源性毒物（致病物质）专一性或高选择性地去除，从而达到治病的目的。是治疗尿毒症、各种药物中毒、免疫性疾病、高脂血症等各种疑难病症的有效手段。血液净化材料的研究和临床应用已成为生物材料发展的热点。

第六，纳米生物材料在医学上主要用作药物控释材料和药物载体。从物质性质上可以将纳米生物材料分为金属纳米颗粒、无机非金属纳米颗粒和生物降解性高的分子纳米颗粒；从形态上可以将纳米生物材料分为纳米脂质体、固体脂质纳米粒、纳米囊（纳米球）和聚合物胶束。纳米材料作为基因治疗的理想载体，具有承载容量大、安全性能高的特点。近年来新合成的树脂状高分子材料作为基因导入的载体值得关注。纳米定向诊断材料,可以利用纳米发光体等材料,进行表面功能键修饰,直接吸附病变组织,从而简化诊断程序,提高诊断准确性。

第七,仿生矿化材料,如羟基磷灰石基人造骨骼、牙齿等,具有良好的生物相容性。

第八,人造支架材料,可以作为骨骼、皮肤再生的支架材料,从而促进组织再生。

第九,生物体植入集成电路,包括生物功能修复集成电路的设计与制造;生物功能修复 IC 封装材料及其生物相容性研究;生物电传感材料及其生物相容性研究。

我国生物医用材料产业进步较快,2009 年,全行业总产值 2200 亿元,同比增长 15%,实现利润超过 200 亿元。但总体看,与国际产业差距较大,表现为国内产品结构不尽合理,细分程度低,高端产品仍以进口为主。2009 年,我国有近5000 家生产生物医用材料的企业,产值超过亿元的企业超过 120 家,已经形成较大产业规模。

7. 智能材料

智能材料的出现将使人类文明进入一个新高度,科学家预言,智能材料的研制和大规模应用将导致材料科学发展的重大革命。

在建筑方面,用玻璃丝和聚丙烯制成的多孔状中空纤维,将其掺入混凝土中后,在混凝土过度挠曲时,它会被撕裂,从而释放出一些化学物质,来充填和黏合混凝土中的裂缝。防腐蚀纤维则被包在钢筋周围,当钢筋周围的酸度达到一定值时,纤维的涂层就会溶解,从纤维中释放出能阻止混凝土中的钢筋被腐蚀的物质。

在飞机制造方面,科学家正在研制具有如下功能的智能材料:当飞机在飞行中遇到涡流或猛烈的逆风时,机翼中的智能材料能迅速变形,并带动机翼改变形状,从而消除涡流或逆风的影响,使飞机仍能平稳地飞行。可进行损伤评估和寿命预测的飞机自诊断监测系统。该系统可自行判断突然的结构损伤和累积损伤,根据飞行经历和损伤数据预计飞机结构的寿命,从而在保证安全的情况下,大大减少停飞检修次数和常规维护费用,使商用飞机能获得可观的经济效益。此外,还有人设想用智能材料制成涂料,涂在机身和机翼上,当机身或机翼内出现应力时,涂料会改变颜色,以示警告。

在医疗方面,智能材料和结构可用来制造无须马达控制并有触觉响应的假肢。这些假肢可模仿人体肌肉的平滑运动,利用其可控的形状恢复作用力,灵巧地抓起易碎物体，如盛满水的纸杯等。

在军事方面，在航空航天器中植入能探测激光、核辐射等多种传感器的智能蒙皮，可用于对敌方威胁进行监视和预警。

今后智能材料的研究重点包括以下六个方面：第一，智能材料概念设计的仿生学理论研究；第二，智能材料内禀特性及智商评价体系的研究；第三，耗散结构理论应用于智能材料的研究；第四，机敏材料的复合集成原理及设计理论；第五，智能结构集成的非线性理论；第六，仿人智能控制理论等。

8. 高性能结构材料

高性能结构材料当前的研究热点包括：高温合金，例如以钨钼合金为代表的高温合金，在晶体生长热场材料等领域有广阔的应用前景；无磁低温用钢，主要是氮增强的奥氏体不锈钢，具有低温高强度等特点；新型铝合金和镁合金，具有强度高、耐腐蚀等优异性能；低合金超高强度钢，主要是通过细晶化，来提高钢材的强度，已经成功应用在北京鸟巢体育馆的钢支架上；高温结构陶瓷材料，具有抗高温蠕变、抗氧化等功能；高分子合金，属于一种质轻、强度高的材料。

9. 新型功能材料

功能材料当前的研究热点包括：纳米功能材料、纳米晶稀土永磁和稀土储氢合金材料、大块非晶材料，也称金属玻璃，具有硬度高、耐磨损等特点，应用在高尔夫球杆等高端产品上；高温超导材料，目标是实现室温条件下的超导材料，可以极大地减少电力输送损耗；磁性形状记忆合金材料，属于新型形状记忆合金，利用磁性驱动形状记忆效应，不同于以往的温度驱动形状记忆合金，将在磁驱动、磁感应等领域得到广泛应用；磁性高分子材料，使高分子具有磁性，极大拓展了高分子材料的应用领域；金刚石薄膜的制备技术，目前主要的技术难点是制备大尺寸的金刚石单晶薄膜或晶元，该类材料将在高温、高速、宽带电子器件以及光学器件中得到广泛应用。

10. 先进陶瓷材料

由于先进结构陶瓷具有耐高温、高强度、高硬度、高耐磨、耐腐蚀和抗氧化等一系列优异性能，可以承受金属材料和高分子材料难以胜任的严酷工作环境，已成为许多新兴科学技术得以实现的关键，在能源、航空航天、机械、交通、冶金、化工、电子和生物医学等方面有着广泛的应用前景。例如用氧化铝和氧化镁混合在1800℃高温下制成的全透明镁铝尖晶石陶瓷，外观极似玻璃，但其硬度、强度和化学稳定性都大大超过玻璃，可以用它作为飞机挡风材料，也可作为高级轿车的防弹窗、坦克的观察窗、炸弹瞄准具，以及飞机、导弹的雷达天线罩等。

最近十多年间，各国在用于生物医学及生物化学工程的各种生物陶瓷的临床应用研究很活跃，生物陶瓷的总产值约占整个特种陶瓷产值的 5%。

先进陶瓷材料当前的研究热点包括陶瓷材料的强韧化技术，主要通过氧化锆增韧技术，降低陶瓷的脆性，提高其韧性，从而拓展其应用范围；纳米陶瓷材料的制备合成技术，以纳米粉体为前驱体，进行陶瓷材料的合成，从而获得更好的掺杂效果，得到更优异的力学等性能；先进结构陶瓷材料体系的设计，主要从成分和结构设计两方面，提高陶瓷材料的力学性能，延长其使用寿命，降低失效风险；电子陶瓷材料的高匀、超细技术，使其电学性能更加平稳、均匀，使其制备的电子器件体积更小、抗击穿等电学性能更好。

（四）若干国家未来材料技术发展目标

新材料与信息技术、生物技术共同构成了当今世界高新技术的 3 大支柱，已被世界公认为最重要、发展最快的高新技术产业之一。发达国家非常重视对材料技术发展趋势的把握，都把材料技术作为技术预见的一个重要领域，并在制订国家科技与产业发展计划时将其列为 21 世纪优先发展的关键技术之一。

1. 美国

美国新材料科技战略目标是保持其在本领域的全球领导地位，支撑信息技术、生命科学、环境科学和纳米技术等发展，并满足国防、能源、电子信息等重要部门和领域的需求。因此美国把生物材料、信息材料、纳米材料、极端环境材料及材料计算科学列为主要前沿研究领域。

2. 日本

日本材料技术的战略目标是保持其产品的国际竞争力，注重实用性，在尖端领域赶超美国，如纳米技术与材料被日本列为 4 大重点发展领域之一。日本对新材料的研发与传统材料的改进采取了并进的策略，注重已有材料的性能提高、合理利用及回收再生，并在这些方面领先于世界。

3. 英国

英国可望在 2015 年前实现的各项重要技术，其中材料领域 80 项，涉及的子领域有传统陶瓷、先进陶瓷、生物材料、合成材料、半导体与光电材料、轻金属、材料设计模拟、纳米技术、粉末冶金、木材、包装材料、表面工程等。

4．德国

德国在化学与材料领域共确定了 109 个可望在 2025 年前实现的技术，并按照其在扩展人类知识、促进经济发展、带动社会进步、解决生态问题、创造就业机会 5 个方面的重要程度进行打分排序，选出关键技术。德国的目标是加强材料技术领域在国际上的先导性的、可持续的技术地位，并将材料技术创新作为国际上重要的技术领域，促进成果转化为实际应用。

5．韩国

韩国材料技术的战略目标是成为继美国、日本、德国之后的世界产业第 4 强国。材料科技是确保 2025 年国家竞争力的 6 项核心技术之一，也是为其他领域技术突破发展的技术。

二　影响新材料技术发展的主要因素

（一）技术发展水平的挑战

新材料行业涉及自然科学和工程技术，多学科交叉渗透，知识和技术高度密集。同时，新材料技术应用领域宽广，种类纷繁，涉及多个行业，不仅包括市场一度热衷的纳米材料、磁性材料等产品，还包括与能源结合紧密的新型能源材料，与信息产业紧密结合的光通信材料，更有聚氨酯、氯化聚乙烯、有机氟材料等传统高分子材料。因此，新材料不仅是国防建设的基础，而且已经成为高新技术发展的保障条件。新材料技术的发展水平体现了世界各国科技、人才、资源和综合实力的竞争水平。不少国家都致力于把材料技术的发展纳入产、学、研一体化的研发平台，以使材料开发能够满足各个部门的不同要求。

另外，新材料产业的产品往往是一个完整的工业产品的附件，所以，对附件产品的技术更新能力要求会更高，否则，在作为附件退出时，新材料产品可能会变得一文不值。由此可见，新材料本身具有较高的技术壁垒和技术风险。

我国新材料某些领域已经达到与国际同步的水平，比如在激光晶体、光学晶体材料等方面处于世界领先地位，在磷酸铁锂电池方面，其在新能源汽车上的应用已在国际上稍稍领先。目前我国新材料有 10% 左右的领域国际领先，60%～70% 处于追赶状态，还有 20%～30% 存在相当差距。整体而言，我国还只是一个材料大国，距离材料强国还有较大距离。

例如我国生物医用材料产业进步较快，2009 年，全行业总产值 2200 亿元，同比增长 15%，实现利润超过 200 亿元。但总体看，与国际产业差距较大，表现为国内产品结构不尽合理、细分程度低、高端产品仍以进口为主。

同样，磁性材料是我国具有出口优势的产品，但我国磁性材料产品主要以中低档为主，国内市场竞争激烈，特别是随着能源、人工费用的上涨和波动，加上原料价格在 2009 年底的恢复性上扬，导致生产制造成本上升，磁性材料企业呈现量增利降的状况，只有少数企业利润较好。

（二）高投入、高风险的挑战

1. 新材料从研发到技术成熟所需的时间长

新材料不同于电子设备和机械装置，很多性能通过实验室短期试验就可以得到，而是很多问题需要经过长时间才能暴露，因此，很多性能优良的材料往往因为耐久性差而退出了市场。例如，在磁性材料领域，国内一家公司给日本某硬盘厂商生产电机的配套磁环，其中一批硬盘被安装到银行的数据服务器中，随着使用，磁环出现了失效，导致硬盘故障，银行重要数据丢失，造成了巨大的损失。

由此可见，新材料在投入生产和使用前，一定要经过严格的检验和一定时间的试用，以充分暴露实验室中不能发现的问题，只有经过全面检验的新材料才能投入到大规模的生产中。在新材料投入大规模生产前，还要经过严格的小试、中试过程，不能为了赶进度或者怕投入而省略必要的步骤，否则，一旦出现问题，带来的损失将是巨大的。

2. 新材料技术研发的资金需求量大

从资金壁垒的角度分析，由于新材料产业的特点，其进入成本除了生产环节的资金投入外，还需要巨额的前期科研经费及产业化运作成本（指科研产品的中试费用、性能质量的稳定性检验、新产品的推广宣传等），因此，对资金的需求量很大。比如各国都在积极研究的纳米技术，各国投入的科研经费及用于民用成果的推广费用，十分庞大。

作为一个风险性较强的行业，对新材料产业的投资还往往带有风险投资的性质，这是因为，依托高新技术在原有的体系内植入新型技术就不可避免地存在较多风险，企业必须充分分析和把握这些风险。这些风险包括技术风险、市场风险和财务风险。其中财务风险也是构成资金壁垒的因素之一，这种风险具体表现为对新材料项目的投资预算和投资效益均存在较大的不确定性，新材料产业的风险性特征决定了新材料产业化过程中必将面临较为严重的资金约束。特别是在产业化的初始阶段，这种资金约束往往显得尤为严重。由于我国的风险投资机制还不健全，新材料技术主要靠政府财政和部分有实力的企业的投入来实现产业化，使得一大批有科研和产业化冲动的企业和研究机构无法取得必要的资金，无法突破资金的限制进入，无法找到安全的退出通道，妨碍了产业化的进程

3. 新材料技术研发和应用的风险大

从风险角度看，首先，应用领域的发展，对新材料的技术要求进一步提高，研发风险提高；其次，新材料品种多，大批量产品相对较少，由于工艺集成度加大，生产流程缩短，知识转化为技术和产品的效率提高，存在行业风险；最后，由于高新技术发展迅猛，新材料本身更新换代速度加快，生命周期缩短，产品风险加大。

（三）产业化的挑战

我国新材料产业发展当前面临的主要问题有以下几个方面。一是新材料企业研发、创新水平低下，很多技术含量高的产品长期只能依赖进口。很多新材料开始时往往市场规模偏小，大企业不愿意为之付出高额的研发和试制经费，而中小企业又没有足够的实力来开发，造成长期依赖进口的局面。二是国家的产业政策经常互不衔接，有的甚至相互矛盾。如按照国家 2009 年发布的过剩产能的目录，要求对产能过剩的企业不予扶持，因此在国家具体优惠政策中就把很多新技术、新产品及进口替代的产品排除在外，导致这些产业技术进步缓慢。实际上对于过剩产能的行业更是要强调节能降耗、技术创新，尤其是对于那些能够实现进口替代的产品要大力扶持。三是相关的技术标准制订滞后，不能适应快速发展的技术进步要求，没有技术标准就等于该产品的市场无法推进。四是企业的融资渠道不畅，新产品从研发到大规模生产所需的资金巨大，很多新材料产品研发出来后无法投入市场实现资金回笼。

为了促进新材料产业的发展，2009 年，国家发改委已经批复 30 个国家高技术产业基地，其中包括 7 个新材料产业基地，目标是形成 100 个左右产业特色鲜明、创新能力强、产业链完善、产值规模超过千亿元的产业集群。到 2009 年底，科技部认定了 77 个国家高新技术产业化基地，其中包括新材料产业基地 30 余家。工业和信息化部、商务部也批准建立多家相关产业化基地。这是我国第一次从国家层面大规模建立新材料产业化基地，说明产业集群化、基地化将成为我国新材料产业发展的主要方式，也是我国力求新材料产业发展模式转变的重要措施。

（四）技术原创及知识产权的挑战

新材料产业作为战略性新兴产业和未来经济体系中的支柱性产业，受到国家和各级政府的高度重视。无论是从论文数量上，还是从专利申请数量上看，我国材料科学科研水平近年来都取得了长足进步。据 2009 年中国科技论文统计结果显示，我国材料学科发表的论文占世界材料科学领域论文的 17.4%，仅次于美国，列第二位，被引用次数排在世界第三位。此外，从 2004 年 1 月 1 日至 2009 年 6 月 30 日，我国材料专利领域约申请了 69 万件专利，居世界第三位，仅次于日本和美国。而从 2008 年开始，中国在材料专利领域申请的专利数量就已经占到了世界第一位。

但是，与材料学科硕果累累的科研水平相对应的却是我国新材料产业发展面临着国外跨国公司的专利封锁的局面。以先进电池材料为例，磷酸铁锂材料作为锂电池正极材料行业的最前沿技术，具有无污染、安全性能好、放电容量大、寿命长等优点，被认为是下一代动力电池的关键材料。但是，就是这样一项关系到我国未来多个支柱行业的新材料技术，目前海外专利已经被国外公司掌控。拥有专利的美国德克萨斯大学和两家加拿大公司相互进行了交叉授权，共同控制了磷酸铁锂世界市场。尽管德州大学目前没有在中国申请磷酸铁锂的专利，但是中国产品走向海外市场并非易事。此外，磷酸铁锂作为正极材料，还面临着包碳技术的专利。拥有这一技术的加拿大公司，2008 年在中国成功申请了专利。现在数十家中国电池企业正在联合起诉，试图使该公司在国内申请的这项专利无效。但如果起诉失败，中国的磷酸铁锂电池企业将面临巨额的专利费。

（五）国际竞争的挑战

当前材料科学与工程领域正进入一个史无前例的创新发展时期，新材料是其他高新技术发展的支撑和先导，其研究水平和产业化规模已成为衡量一个国家和地区经济发展、科技进步和国防实力的重要标志。

一方面，各国政府高度重视新材料产业发展。美国、日本、欧盟是世界新材料生产的主要国家和地区。在加强对量大面广的传统材料改造的同时，高度重视新材料产业的发展，各国政府部门相继制订了推动新材料产业和科技发展的相关计划。如美国的"国家纳米计划""光电子计划""太阳能电池（光伏）发电计划""下一代照明光源计划""先进汽车材料计划"等；日本的"纳米材料计划""21 世纪之光计划"等；德国的"21 世纪新材料计划"和欧盟的"纳米计划"等。目前，世界新材料产业重点发展方向主要集中在信息材料、生物医用材料、新能源材料、航空航天材料、生态环境材料、纳米材料、超导材料等领域。

另一方面，跨国公司在新材料方面的竞争也越来越激烈。这些企业规模大、研发能力强、产业链完善，主要通过战略联盟、大量的研发投入、产业技术及市场标准制订并控制知识产权，寻求在竞争中处于优势甚至垄断地位。这对我国新材料技术的研究和产业化发展带来很大的挑战。

尤其是在金融危机之后，新材料产业成为重要经济增长点。随着金融危机的影响在 2009 年逐步减弱，各国都在试图将经济复苏与经济转型结合起来，努力寻找经济复苏以后的经济增长点。新材料产业成为我国培育新的经济增长点的重要选择。一方面，可以预见新材料、新能源将成为新一轮科技竞争和产业竞争的重要领域。中国作为经济大国，必然要参与这一轮国际产业的竞争，并力求取得战略性突破。另一方面，在全球气候变暖的背景下，以低能耗、低污染为基础的"低碳经济"成为全球热点，我国也对发展低碳经济、减排等作出了国际承诺，低碳经济的争夺战已在全球悄然打响。新材料作为绿色经济、低碳经济的基础，国家在新材料技术发展方面的投入将显著增加，而相关产业也将成为我国重要的经济增长点。2009 年下半年，新材料产业不但在金融危机中率先企稳回升，还在国内产业调整结构、转变发展方式、实现产业升级的背景下，被列为战略性新兴产业之一

三　新材料技术（产业）对经济社会影响的定性分析

（一）新材料技术成为其他高新技术的重要支撑

新材料的发明和应用引发全球新的技术革新。例如，计算机的普及是以"单晶硅"的产业化为前提的；太阳能的广泛应用也是以"多晶硅"材料的发明使用为前提的；电动汽车的普及必须要以充电电池的产业化为前提；人造卫星要以高温复合材料的发明为基本条件，如此等等，都表明信息技术、新能源技术、航空航天技术等战略性新兴产业的突飞猛进都离不开材料领域的突破和变革。正是由于新材料的发明和应用造就了诸多新兴产业，没有新材料发明就很难推动这些产业革命性的发展。

（二）新材料产业促进其他产业的发展

从新材料产业与其他产业的关系来说，具有如下特点。

第一，先导性、基础性和带动性。新材料广泛应用于信息、能源、交通、医疗等各个领域，是其他高新技术及其产业发展的基础和先导。

第二，新材料产业与上下游相关产业进一步融合，产业结构垂直扩散。新材料产业的发展依赖上下游相关产业的发展，特别是与用户合作的进一步创新开发，才能使新材料产品最终走向市场。

第三，新材料与传统产业紧密结合，产业结构横向扩散。随着高技术的发展，传统材料产业向新材料产业发展。

激烈的市场竞争使得新材料产业必须按市场需求来选择发展方向和调整产业结构。因此，当代新材料产业的整合重组日益加剧，产业结构呈现横向扩散和互相包容的特点。随着新材料的迅速发展，新材料产业与基础材料产业的结合日益紧密，并使新材料产业向基础材料产业渗透。随着元器件的微型化和集成化，使新材料产业与器件制造一体化的趋势日益明显，新材料产业与上下游产业相互合作与融合更加紧密，使新材料产业结构出现垂直扩散的趋势。这种趋势减少了材料产业化的中间环节，加快了研究成果的转化，降低了研发与市场风险，有利于提高企业竞争力。

"十五"期间，材料领域根据国内外材料技术发展趋势和国家经济社会发展的重大需求，在新兴前沿技术和我国具有科技或资源优势的方向取得了新突破。在纳米材料技术、超导材料与技术、新型显示技术等方面，突破关键新材料制备技术和应用技术，提高工程化、产业化水平，取得了一批具有自主知识产权的创新成果，带动了新兴产业的发展。在半导体照明材料、超大规模集成电路配套材料、新型光电子材料与器件、无源电子元件材料、稀土永磁材料、高性能储能材料等方面取得了技术突破，为信息、能源、交通等重点行业的技术进步提供了重要支撑。在钢铁、化工、建材、纺织等传统产业攻克了一批共性关键技术，如高性能碳素钢先进工业化制造、万吨级稀土顺丁橡胶工业化制备、复合功能薄膜浮法玻璃制备、纺织印染后整理、新农药创制、全氟离子交换膜等一批技术成果，为相关基础材料产业的技术改造和产业结构调整奠定了成熟的技术基础。

（三）新材料技术提高人们的生活质量

海湾战争结束，标志着世界进入缓和时期，军事强国间激烈的军备竞争改为强烈的经济竞争。因此，新材料发展的主要驱动力由军事需求转为经济需求。进入

21 世纪，新能源开发、信息处理和应用、生态环境保护、卫生医疗保健将成为新材料发展的最根本动力。工业和商业的全球化更加注重材料的经济性、知识产权价值和与商业战略的关系，新材料在发展绿色工业方面将会发挥更大作用。新材料的发展将在很大程度上围绕如何提高人类的生活质量展开。

21 世纪以来，高技术的快速发展使人们的视野进一步扩展，思维进一步创新，人类的研究探索朝着更广阔的空间和更低维的纵深发展，这就要借助在光、电、磁、声、热和力学方面具有特殊性能的新型功能材料。而电子计算机的模拟和控制将发挥越来越重要的作用。20 世纪 60 年代开发出来的新型硅材料，使人类进入了高度电子信息化时代。尽管超纯硅材料使计算机的速度提高到每秒千万亿次，但人类并没有满足。新型的智能化结构材料使用特殊的传感功能元件如光纤、压电晶片等，结合高效的微处理机和精密的执行元件，构成智能化的控制回路，从而赋予材料以自适应、自诊断、自调节、自修复等智能化功能，特别适用于超高音速飞机结构及其他要求超高精密控制的地方。人性化的新材料产品使"以人为本"的理念更为突出，在使用时更方便、更安全、更经济、更环保。从产品的设计到加工制造都是以改善生态环境、提高生活质量为宗旨的。新型生物医用材料用于对生物体诊断、治疗、修复或替换其病损组织，或采用与人体相容的芯片植入，大幅提高疗效或增强器官功能。当代生物医用材料已处于重大突破的边缘，不远的将来，科学家有可能用生物材料设计和制造整个人体器官，为挽救生命和提高人类整体健康水平做出贡献。

（四）新材料技术更加注重可持续发展

可持续发展是当代人类社会最关心的热门话题。影响人类社会可持续发展的因素很多，其中最主要的是矿产资源与化石能源的日益枯竭，生态与环境的不断恶化，世界人口的迅速增加以及人均需求的显著提高，对人类社会的生存和可持续发展提出了严峻的挑战。

而新材料是现代高技术的基础和先导，对实现人类社会的可持续发展具有举足轻重的作用。当前，新材料发展所面临的主要任务是：①发展新能源材料，这将成为今后相当长的一个时期新材料发展的首要任务，包括发展新型太阳能与光伏材料、核能材料、高效电池材料、储能材料和生物质能材料等；②发展绿色材料，包括发展环境工程和生态工程材料、绿色建筑材料、节能减排降耗材料和资源回收再生材料等；③发展绿色制造技术，包括发展高效、低耗、无污染或小污染、资源可回收再利用制造技术，超大尺寸整体构件、超低维材料制造技术，复杂工艺装备和制造技术以及计算机控制的自动化制造技术等。

（五）新材料技术在国防工业中发挥重要作用

新材料是综合国力竞争的重要领域和国防力量的重要物质基础，是提高军队机械化水平的物质支撑和提高信息化程度的基础条件，许多国家都将开发新材料作为优先发展的重点项目，特别是对军用新材料技术的发展给予高度重视。

在美国国防部制定的面向21世纪的国防科技战略规划体系中，把材料与制备工艺技术定为4个具有最高优先发展的领域之一，提出优先发展结构与多功能材料技术、能量与动力材料技术、光电子材料技术、有机与合成功能材料技术、生物衍生与生物诱发材料技术五大重点。德国分析了世界高技术发展态势，提出21世纪的9大重点领域，首选就是新材料，在总共研发的80个课题中，属于新材料的有24个。

在支撑新军事变革和武器装备迅速发展的过程中，军用新材料发展趋势表现在以下几个方面。一是复合化。通过微观、中观和宏观层次的复合，大幅度提高材料的综合性能。二是低维化。通过纳米技术制备纳米颗粒（零维）、纳米线（一维）、纳米薄膜（二维）等纳米材料与器件，以实现武器装备的小型化。三是高性能化。通过材料的力学性能、工艺性能以及物理、化学性能指标的提高，实现综合性能不断优化，为提高武器装备的性能奠定物质基础。四是多功能化。通过材料成分、组织、结构的优化设计和精确控制，使单一材料具备多项功能，以达到简化武器装备结构设计，实现小型化、高可靠性的目的。五是低成本化。通过节能、改进材料制备和加工技术、提高成品率和材料利用率等方法降低材料制备及应用成本。

当前，世界各国重点发展和研究的军用新材料，主要包括信息材料、能源材料、纳米材料、先进复合材料等。其目的就是要最大限度地用材料的高性能支撑武器装备的高性能和新功能。

我国政府对新材料的研究开发也给予了高度重视，近年出台了一系列相关鼓励政策，建设了一批新材料研发中心和重点实验室。预计到"十二五"末期初步搭建适应我国武器装备发展需求、具有自主知识产权的共用、关键国防材料体系，建立"面向国防，军民两用"的先进材料研究发展中心和成果转化基地。

（六）新材料产业有效促进地区经济的发展

据相关研究报告显示，2009年，全球新材料产业总体规模达到9980亿美元，中国新材料产业规模达到 5031 亿元，同比增长 25%。由新材料带动而产生的新产品和新技术则是更大的市场。

近年来，我国政府在新材料产业发展过程中给予大力支持，目前已初步形成了比较完整的新材料产业体系。截至 2009 年底，我国区域性新材料产业基地已达 88 家，全国 20 多个省市将新材料作为高新技术产业发展重点之一，北京、湖南、山东等地新材料产业发展势头强劲，新材料产业正逐步成为地区经济的重要增长极之一。

以江苏省为例，2008 年，全省新材料产业销售收入达 4881 亿元，占全省高新技术产业的比重由 2004 年的 15.09% 提高到 2008 年的 24.03%，其中，10 类重点发展的新材料产业销售收入达 2000 亿元，拥有国家级新材料特色产业基地 18 个，销售收入过亿元的企业近 80 家。至 2012 年，江苏省全省新材料产业销售规模达 11000 亿元。其中，10 类重点发展的新材料产业销售规模达 5400 亿元，实现建设万亿元级产业目标，促进新材料产业成为江苏省支柱产业。至 2015 年，全省新材料产业销售规模达 20000 亿元。其中，10 类重点发展新材料产业销售规模达 10000 亿元。

四 新材料技术经济社会综合评价指标体系的建立

新材料技术经济社会综合评价指标体系的设计应围绕三个主要方面：一是对新材料技术本身进行评价；二是对新材料技术产业化产生的经济效益进行评价；三是对新材料技术在生产和应用中产生的社会效益进行评价。

（一）指标体系的选择原则

1. 特定性原则

对新材料技术的评价的目标有两个：一是对技术进行客观性评价，指出优缺点；二是对被评价的技术进行比较，选择出值得投入和发展的技术。

2. 导向性原则

导向性原则是指通过指标体系的评价，能够帮助有关部门和企业对新材料技术的优缺点做出比较准确的判断，从而帮助它们制定相关的投资规划和发展规划。

3. 可操作性原则

可操作性原则包括两个方面：第一，验证指标所需要的数据能够获得，有时一些定性指标数据获取难度大，要考虑是否有近似方法获得数据；第二，对于同类型的新材料技术，能够用相同的尺度来衡量被评价的对象，从而做出竞争性评价。

4. 相关性原则

评价指标体系中的各个指标之间有一定的内在逻辑关系，能互为补充、互相验证。就新材料技术而言，其技术本身与其产生的经济效益和社会效益之间必然有相互联系，在设置指标的时候要避免各个指标出现过多的信息包容，使它们的内涵重叠。

5. 可跟踪原则

评价的目的是为了监督，由于新材料技术的发展具有较大的不确定性，投资风险也较大，因此要对技术活动进行事前、事中和事后的评价，而且评价在一定阶段之后要对评价的效果进行跟踪和再评价。因此评价指标的设置要便于跟踪监测和控制。

（二）指标设计思路

1. 技术评价因素分析

如前面所述，新材料技术从研发到技术成熟，再到规模化生产和应用，本身所需要的周期比较长。不管是应用创新还是材料创新，其性质决定了在未实现产业化进入市场推广之前都存在不确定性，因此对新材料的技术评价不能够仅仅从"新"的角度来考虑。

新材料技术成果在实际应用中有三个效应：一是质量传递效应，新材料的技术质量将传递到产品的制造和应用过程中；二是技术倍增效应，针对新材料的特点，在实际的生产和应用过程中新设计、新工艺、新结构、新测试技术将大量产生；三是产品转化效应，以新材料为基础的部件在实际应用中有时会出现失效现象。材料的失效具有四个特点：涉及面广、潜伏期长、危害大、处理难度大。

因此，在实际中需要对新材料技术的先进性、重要性、成熟性和适用性进行综合的评价。

2. 经济评价因素分析

在新材料项目评价模型研究中建立的方案竞争力模型中，投资获利性包括投资规模、权益比例、期望收益率、投资回收速度、投资者保护条款和变现潜力几个分项。在产业化技术项目评价中，将项目效益分为经济效益和社会效益两个方面。在经济效益方面，主要利用净现值率、项目投资回收期率和内部收益率三个指标；在社会效益方面，主要包括环境效益（对生态系统能源的影响、对大气的污染、危险废弃物等）和促进就业两大方面。从科研管理部门对科技开发项目的要求看，经济评价利用了技术开发投资、净现值、投资回收期和内部收益率几个财务评价指标，再加上收益标准差这个风险评价指标来评价。

3. 风险评价因素分析

由于其高度的创新性，人们很难获取关于这一过程比较完整、准确的信息，即信息是残缺的。这种残缺表现为：虽然对未来情况有所了解，如对某些定性评价指标有所了解，但对如概率、可能的风险损失、投资收益变动等定量指标很难做出估计。由于信息残缺，使得直接定量评价风险的大小是不可能的。关于风险评价指标，在信息残缺条件下，只能用定性评价指标。新材料产业化技术项目风险的来源主要有环境、技术本身、市场以及管理等方面。根据新材料产业项目风险来源构建风险评价指标体系：环境风险、技术风险、市场风险和管理风险。从区域角度考虑：因为所有的项目都必须置于一定的区域环境中进行，项目投资活动的成败，将不仅仅取决于项目自身的技术、物资条件，还不可避免地受到外部区域环境（包括政治、经济、社会、人文等）的影响，即是高新技术项目的区域风险。

4. 产品技术经济综合评价方法

产品技术经济综合评价是由技术性评价、经济性评价、市场环境评价、生态环境评价、风险效益评价等组成的综合评价系统。评价的结果最终要以指标表示，指标从不同的侧面对产品进行评价。常用的综合评价方法有层次分析法、模糊综合评价法和模糊层次综合评价法等。层次分析法是指将决策问题的有关元素分解成目标、准则、方案等层次，在此基础上进行定性分析和定量分析的一种决策方法。模糊综合评价法就是用专家群体鉴定意见所得出的各鉴定指标等级的隶属度模糊综合评价法，拥有对复杂系统和不确定因素独特的分析判别能力。

（三）新材料技术对经济社会发展的影响的指标体系

1. 评价指标体系层次的解释

（1）评价新材料技术方面的指标。新材料技术必须具备研究和开发的价值和可操作性。我们设置了技术的先进性、技术的重要性、技术的成熟性和技术的适用性4个指标。在技术的先进性方面，设置了与国际同类技术相比、与国内同类技术相比2个指标；在技术的重要性方面设置了技术的需求度和技术的竞争优势2个指标；在技术的成熟性方面设置了技术成果转化程度、权威部门检测结果、用户认可程度、自主知识产权状况、技术标准完善程度 5 个指标；在技术的适用性方面设置了对资源条件的要求、对经济条件的要求、对人员条件的要求、环境代价 4 个指标。

（2）评价新材料技术市场方面的指标。新材料技术的开发必须要有良好的市场作为支撑。我们设置了市场规模、市场潜力、市场能力 3 个指标。在市场规模方面我们设置了潜在用户数量、平均购买数量 2 个指标；在市场潜力方面我们设置了市场容量大小、在本行业的地位、需求增长 3 个指标；在市场能力方面我们设置了市场适应能力、市场推广能力、市场开拓能力 3 个指标。

（3）评价新材料技术风险方面的指标。新材料技术的开发必须充分考虑风险因素，以提高新材料技术开发的成功率。我们设置了技术风险、市场风险、管理风险、环境风险 4 个指标。在技术风险方面我们设置了技术替代、技术引进 2 个指标；在市场风险方面我们设置了价格、销售量 2 个指标；在管理风险方面我们设置了质量控制、成本控制、生产效率 3 个指标；在环境风险方面我们设置了经济环境恶化、资源枯竭、政策相容 3 个指标。

（4）评价新材料技术经济方面的指标。新材料技术的开发必须充分考虑经济因素。我们设置了财务评价、国民经济评价、社会效益评价 3 个指标。在财务评价方面我们设置了净现值、内部收益率、投资回收期 3 个指标；在国民经济评价方面我们设置了经济内部收益率、经济净现值 2 个指标；在社会效益评价方面我们设置了重复使用率、回收率、再资源化率 3 个指标。

2. 各指标具体内涵

（1）技术方面。包括 4 方面指标：

①技术的先进性。包括 2 个指标：

• A_{111}：与国际同类技术相比：

定义：与国际上其他组织所掌握的新材料技术的性能、性状、工艺参数进行比较。

意义：该指标考察技术在国际上的竞争力。若所掌握的技术是国际上其他组织尚未掌握的，则技术处于国际领先水平；若所掌握的技术国际上已有少部分其他组织也在研究和应用，且彼此水平接近，则处于国际先进水平；若所掌握的技术在国际范围内已被较多组织掌握并应用，则该技术的先进性较差。

• A_{112}：与国内同类技术相比：

定义：与国内其他组织所掌握的新材料技术的性能、性状、工艺参数进行比较。

意义：该指标考察技术在国内的竞争力。国内掌握该技术的其他组织越少，其他组织所掌握的水平越低，则该技术越先进。

②技术的重要性。包括 2 个指标：

● A_{121}：技术的需求度：

定义：市场对于该新材料的需求的广泛程度和需求的迫切程度。

意义：考察新材料技术研发的意义。若该技术能够拓展和应用的领域越广泛，则需求度越高；若该技术能够适用于当前亟待解决的材料问题，则该技术需求的迫切程度越高。

● A_{122}：技术的竞争优势：

定义：与其他替代性材料相比，该新材料所具有的突破性性能。

意义：考察新材料技术研发的意义。若该材料具备其他替代材料所不可比拟的突破性性能，则该材料的技术竞争优势越大。

③技术的成熟性。包括 5 个指标：

● A_{131}：技术成果转化程度：

定义：将研究室的技术成果应用于实际生产实践当中。

意义：考察新材料技术实际应用的水平。技术成果的转化程度可以从高到低划分为三个等级：大规模生产阶段、小规模生产阶段、中间试验或者工业化试验阶段。

● A_{132}：权威部门检测结果：

定义：国家级或省部级权威检测机构对该技术的判断，检测结果包括对新材料的基本性能、稳定性和安全性的评价。

意义：通过引入外部评价机构对该技术进行综合评价。评价的结果越好，则说明该技术越成熟。

● A_{133}：用户认可程度：

定义：用户在实际使用中对该材料的直观感受。

意义：考察该新材料在实际应用中的情况。用户认可程度越高，则说明该技术发展得越成熟。

● A_{134}：自主知识产权状况：

定义：对新材料技术的专利权的掌握程度。

意义：考察该技术在法律上的被认可程度。所拥有的专利越多，受法律保护的程度越高。

• A$_{135}$：技术标准完善程度：

定义：指相关技术事项在一定范围内的统一规定。包括基础技术标准、产品标准、工艺标准、检测试验方法标准，及安全、卫生、环保标准等。

意义：考察该技术体系的完善程度。技术标准越完善，说明该技术体系越成熟，在一定程度上可以形成技术壁垒。技术标准的制订要对国际上通用标准和国外先进标准认真研究，积极采用，以便能与国际贸易及生产体系接轨。

④技术的适用性。包括 4 个指标：

• A$_{141}$：对资源条件的要求：

定义：在新材料技术生产中对原材料、生产环境和设备的要求。

意义：考察该技术对资源要求的高低。该新材料生产所需的原材料的供应量越大，价格越低，则原材料的获取成本越低；该新材料生产对于生产环境的温度、湿度、照明度、洁净度等的要求越低，则生产环境所需的维持费用越低；对设备的要求要综合考虑新材料在实际生产中是否能够直接应用现有设备，是否需要对现有设备进行改进，以及是否需要引进或者设计新设备。

• A$_{142}$：对经济条件的要求：

定义：新材料技术研发的投入成本和产业化投入成本。

意义：考察该技术对所需资金的要求。研发的投入成本和产业化的投入成本越高，该技术的资金壁垒越高。

• A$_{143}$：对人员条件的要求：

定义：新材料技术在生产过程中对一线生产人员的要求。

意义：考察该技术生产和应用的难度。由于新材料技术的研发工作基本上都是由高科技人才完成的，因此，对于人员条件的考察主要是指新材料技术在生产过程中对一线生产人员的要求。某些新材料技术本身虽然具备很高的科技含量，但是在生产过程中引进先进的专业设备之后，对生产人员只要求会按照标准操作设备即可，则其对人员的要求低；而另一些新材料技术的生产过程也非常复杂，需要具备专业知识和技能的人员才可以完成，则其对人员的要求条件高。对人员的要求越高，企业的人工成本越高。

• A$_{144}$：环境代价：

定义：新材料的生产和应用对环境的负面影响。

意义：新材料在生产和应用过程中的污染和损耗越大，环境代价越大。如果某项新材料对人类的贡献不足以弥补其生产过程中对环境的污染和损耗，那么该项技术也不值得大力发展。

（2）市场方面。包括 3 方面指标：

①市场规模。包括 2 个指标：

• A_{211}：潜在用户数量：

定义：准备购买新材料技术的用户数量。

意义：该指标是对新材料技术市场规模的考察，潜在用户数量越多，市场规模越大。

• A_{212}：平均购买数量：

定义：指新材料技术用户平均购买的数量。

意义：该指标是对新材料技术市场规模的考察，平均购买数量越多，市场规模越大。

②市场潜力。包括 3 个指标：

• A_{221}：市场容量大小：

定义：指新材料技术市场容量的大小。

意义：该指标是对新材料技术市场潜力的考察，市场容量越大，市场潜力就越大。

• A_{222}：在本行业的地位：

定义：指新材料技术在本行业的排名的高低。

意义：该指标是对新材料技术市场潜力的考察，在本行业的地位越高，市场潜力就越大。

• A_{223}：需求增长：

定义：$需求增长率 = \dfrac{需求增长量}{基期需求量} \times 100\%$

意义：该指标是对新材料技术市场潜力的考察，需求增长率越高，市场潜力就越大。

③市场能力。包括 3 个指标：

• A_{231}：市场适应能力：

定义：指新材料技术适应市场需求的能力的高低。

意义：该指标是对新材料技术市场能力的考察，市场适应能力越强，市场能力就越强。

- A_{232}：市场推广能力：

定义：指新材料技术在市场上进行推广的能力的高低。

意义：该指标是对新材料技术市场能力的考察，市场推广能力越强，市场能力就越强。

- A_{233}：市场开拓能力：

定义：指新材料技术开拓市场的能力的高低。

意义：该指标是对新材料技术市场能力的考察，市场开拓能力越强，市场能力就越强。

（3）风险方面。包括 4 方面指标：

①技术风险。包括 2 个指标：

- A_{311}：技术替代：

定义：指新材料技术被替代的可能性的高低。

意义：该指标是对新材料技术技术风险的考察，技术替代的可能性越大，技术风险就越高。

- A_{312}：技术引进：

定义：指新材料技术引进的可能性的高低。

意义：该指标是对新材料技术技术风险的考察，技术引进的可能性越大，技术风险就越高。

②市场风险：包括 2 个指标：

- A_{321}：价格：

定义：指新材料技术价格波动的可能性的高低。

意义：该指标是对新材料技术市场风险的考察，价格波动的可能性越大，市场风险就越高。

- A_{322}：销售量：

定义：指新材料技术销售量波动的可能性的高低。

意义：该指标是对新材料技术市场风险的考察，销售量波动的可能性越大，市场风险就越高。

③管理风险。包括 3 个指标：

- A_{331}：质量控制：

定义：指新材料技术质量控制的难易程度。

意义：该指标是对新材料技术管理风险的考察，质量控制难度越大，管理风险就越高。

- A$_{332}$：成本控制：

定义：指新材料技术成本控制的难易程度。

意义：该指标是对新材料技术管理风险的考察，成本控制难度越大，管理风险就越高。

- A$_{333}$：生产效率：

定义：指新材料技术生产效率的高低。

意义：该指标是对新材料技术管理风险的考察，生产效率越低，管理风险就越高。

④环境风险。包括 3 个指标：

- A$_{341}$：经济环境恶化：

定义：指新材料技术开发中所面临的经济环境恶化的可能性的高低。

意义：该指标是对新材料技术环境风险的考察，经济环境恶化可能性越大，环境风险就越高。

- A$_{342}$：资源枯竭：

定义：指新材料技术开发中所面临的资源枯竭的程度高低。

意义：该指标是对新材料技术环境风险的考察，资源枯竭的程度越高，环境风险就越高。

- A$_{343}$：政策相容：

定义：指新材料技术与国家和行业所制定的标准、政策和法规相容程度的高低。

意义：该指标是对新材料技术环境风险的考察，政策相容度越低，环境风险就越高。

（4）经济评价。包括 3 方面指标：

①财务评价。包括 3 个指标：

- A$_{411}$：净现值：

定义：净现值是指投资方案所产生的现金净流量以资金成本为贴现率折现之后与原始投资额现值的差额。

意义：该指标反映了项目的投资效益，净现值大于零则方案可行，且净现值越大，方案越优，投资效益越好。

- A$_{412}$：内部收益率：

定义：内部收益率就是资金流入现值总额与资金流出现值总额相等、净现值等于零时的折现率。

意义：该指标反映一项投资可望达到的报酬率，内部收益率大于等于基准收益率时，该项目是可行的。且内部收益率越大，投资资金增值率越高。

● A_{413}：投资回收期：

定义：投资回收期是指从项目的投建之日起，用项目所得的净收益偿还原始投资所需要的年限。

意义：该指标反映了一定期间现金流入的多少，作为一个经济效果的一个评价指标，投资回收期越短，项目占用资金就越短，投资风险越小。

②国民经济评价。包括2个指标：

● A_{421}：经济内部收益率：

定义：它是项目在计算期内各年经济净效益流量的现值累计等于零时的折现率。

意义：经济内部收益率等于或大于社会折现率，表明项目对国民经济的净贡献达到或超过了要求的水平，这时应认为项目是可以被接受的。

● A_{422}：经济净现值：

定义：经济净现值是反映项目对国民经济净贡献的绝对指标。它是指用社会折现率将项目计算期内各年的净效益流量折算到建设期初的现值之和。

表达式为：

$$NPV = \sum_{t=0}^{n} (CI - CO)_t (1 + i_0)^{-t}$$

其中，NPV 为净现值；CI_t 为第 t 年现金流入额；CO_t 为第 t 年现金流出额；n 为项目寿命年限；i_0 为基准折现率。

意义：经济净现值等于或大于零，表示国家为拟建项目付出代价后，可以得到符合社会折现率的社会盈余，或除得到符合社会折现率的社会盈余外，还可以得到以现值计算的超额社会盈余，这时就认为项目是可以被接受的。

③社会效益评价。包括3个指标：

● A_{431}：重复使用率：

定义：指材料重复使用的比率。

意义：该指标是对新材料技术社会效益的考察，重复使用率越高，社会效益就越高。

● A_{432}：回收利用率：

定义：指新材料回收利用量占生产量的比率。

意义：该指标是对新材料技术社会效益的考察，回收利用率越高，社会效益就越高。

● A_{433}：再资源化率：

定义：指新材料再资源化量占新材料生产量的比率

意义：该指标是对新材料技术社会效益的考察，再资源化率越高，社会效益就越高。

3. 综合指标体系

根据以上指标设计原则和评价内容，本课题在综合、分析、总结已有评价方法和指标的基础上，建立新材料技术评价的综合指标体系，如表 8 - 1 所示。当然，在具体项目评价时，根据实际情况对指标选取可做若干调整。

表 8 - 1　新材料技术综合评价指标体系

总目标	一级	二级	三级	评判等级及标准		
新材料技术经济评价指标 A	技术评价 A_1	技术先进性 A_{11}	与国际同类技术相比 A_{111}	较好	一般	较差
			与国内同类技术相比 A_{112}	较好	一般	较差
		技术重要性 A_{12}	技术的需求度 A_{121}	较高	一般	较低
			技术的竞争优势 A_{122}	较大	一般	较小
		技术成熟性 A_{13}	技术成果转化程度 A_{131}	较高	一般	较低
			权威部门的检测结果 A_{132}	较好	一般	较差
			用户认可程度 A_{133}	较高	一般	较低
			自主知识产权状况 A_{134}	较高	一般	较低
			技术标准完善程度 A_{135}	较好	一般	较差
		技术适用性 A_{14}	对资源条件的要求 A_{141}	较高	一般	较低
			对经济条件的要求 A_{142}	较高	一般	较低
			对人员条件的要求 A_{143}	较高	一般	较低
			环境代价 A_{144}	较低	一般	较高
	市场评价 A_2	市场规模 A_{21}	潜在用户数量 A_{211}	较多	一般	较少
			平均购买数量 A_{212}	较多	一般	较少
		市场潜力 A_{22}	市场容量大小 A_{221}	较大	一般	较小
			在本行业的地位 A_{222}	较高	一般	较低
			需求增长 A_{223}	较快	一般	较慢
		市场能力 A_{23}	市场适应能力 A_{231}	较强	一般	较弱
			市场推广能力 A_{232}	较强	一般	较弱
			市场开拓能力 A_{233}	较强	一般	较弱

续表

总目标	一级	二级	三级	评判等级及标准		
新材料技术经济评价指标 A	风险评价 A₃	技术风险 A₃₁	技术替代 A₃₁₁	可能性较小	一般	可能性较大
			技术引进 A₃₁₂	较难	一般	较易
		市场风险 A₃₂	价格 A₃₂₁	波动性较小	一般	波动性较大
			销售量 A₃₂₂	波动性较小	一般	波动性较大
		管理风险 A₃₃	质量控制 A₃₃₁	较易	一般	较难
			成本控制 A₃₃₂	较易	一般	较难
			生产效率 A₃₃₃	较高	一般	较低
		环境风险 A₃₄	经济环境恶化 A₃₄₁	可能性较小	一般	可能性较大
			资源枯竭 A₃₄₂	程度较低	一般	程度较高
			政策相容 A₃₄₃	程度较高	一般	程度较低
	经济评价 A₄	财务评价 A₄₁	净现值 A₄₁₁	较大	一般	较小
			内部收益率 A₄₁₂	较大	一般	较小
			投资回收期 A₄₁₃	较短	一般	较长
		国民经济评价 A₄₂	经济内部收益率 A₄₂₁	较大	一般	较小
			经济净现值 A₄₂₂	较大	一般	较小
		社会效益评价 A₄₃	重复使用率 A₄₃₁	较高	一般	较低
			回收率 A₄₃₂	较高	一般	较低
			再资源化率 A₄₃₃	较高	一般	较低

（四）新材料重点产业选择的原则

重点产业不仅是国民经济的主导部门，更在于它能够有效地吸收技术革命的成果，而且技术进步率也高于其他经济部门。

从18世纪末到19世纪初的蒸汽机、纺织机，再到19世纪末至20世纪20年代重化学工业、汽车工业和20世纪中叶以来的计算机、新材料、新能源的兴起，都标志着重点产业对每次技术革命成果的吸纳。正是因为这些以不同时期技术革命成果为基础的重点产业适应了当时的技术进步和市场需求，所以才能有效地提高劳动生产率，从而创造出新的需求和较高的利益。

重点产业是以供求关系为中心的。重点产业部门的产品有着现实的、巨大的、潜在的社会需求，同时它又是其他产业部门巨大的需求者。在双向需求关系中，重点产业部门处于中心环节，因为其供求量大、市场广阔、易组织大批量生产、产值比重大、增长快、经济效益高。

重点产业在发展上是有序的。各个时期的重点产业部门不是一成不变的，它随着技术进步和供求关系的变化而不断更替，新的重点产业部门不断地取代旧的重点产业部门，这种取代顺序由技术进步顺序和社会供求能力的发展顺序而决定。虽然，某时期后进国家借鉴先进国家经验可以缩短和加速发展进程，但总体上看是由低级到高级依次发展。

综合重点产业的特点，我们不难发现重点产业选择应符合技术进步方向，遵循演变顺序，依据速度和效益组成原则，以供求关系为中心，考虑前瞻、回顾、旁侧的影响。

1. 新材料重点产业选择应符合技术进步方向

进入 21 世纪以后，科技的发展和全球市场的竞争，使得重点产业更替周期相对缩短，一个国家和地区能否及时根据技术进步情况迅速重组或转移重点产业以赢得市场，是决定这个国家和地区经济发展状况的关键。机械、化工、电力这三个部门之所以成为工业化时期的重点产业部门，是因为它们代表了技术进步的方向，高新技术产业成为当代重点产业部门，更能说明它们代表了技术进步方向。也正是科学技术对生产发展的这种巨大推动力，才决定了重点产业选择应随着科学技术和整个生产力的发展而发展，以科学技术发展的方向为方向。

2. 新材料重点产业选择应依据速度和效益组成原则

速度和效益相统一是重点产业选择的客观要求。在效益方面，应考虑的因素包括投入产出效率、市场可能占有率、可能实现的利润率、劳动生产提高率、资本资产增值率和发展能力等；在速度方面，应考虑对其他非重点产业的前瞻、回顾和旁侧的影响，防止脱节。

3. 新材料重点产业选择应遵循供求关系和总量平衡原则

重点产业是支柱产业，从产业结构发展的角度看，在经济发展的特定阶段，供求矛盾是重点产业形成的瓶颈和关键。不仅如此，落后地区选择重点产业应分析经济现状，在充分考虑供求矛盾和总量平衡后，选择适合自己发展阶段的工业。我国正处于工业化初中期，农业作为基础产业应予以重视。但如果把农业作为重点产业是错位的战略选择，导致的结果只能是落后于工业化程度比较高的地区，其重点产业的选择应为高加工度和知识型产业。

在做出选择决策时，除充分考虑技术发展方向、速度和效益组成等因素外，从宏观角度分析供求状况、总量平衡情况也是十分重要的一环。

4. 新材料重点产业选择应依据序列化原则

技术进步、社会供求发展都存在由低级向高级、由简单向复杂演变的过程，所以，重点产业的选择也存在较为严格的发展顺序。虽然各地区的具体情况和所处的发展阶段不一样，参与社会分工和在全局中的战略地位有所差异，演进顺序时间长短不同，但一般不宜跨越阶段。因为产业演进的后一阶段总是以前一阶段为前提和基础的。从生产要素上看，应遵循劳动密集型向资金密集型、技术密集型逐步过渡；从劳动对象上看，应遵循采掘工业向原材料工业再向加工工业过渡；从吸收科技成果方面看，应遵循传统产业与用科学技术改造传统产业相结合的演变顺序；从产出角度看，应遵循由低附加值向高附加值再向更高附加值的演变顺序，这是产业演进的一般规律。但在特殊条件下，吸纳科技成果能加速顺序化进程，任何超越阶段的妄想，不按经济规律办事，都会导致失败。

五 新材料技术的综合评价

（一）科技评价方法

当前科技评价的方法归纳起来可以分为三类：定性的评价方法、定量的评价方法、定性和定量相结合的评价方法。

定性的评价方法主要依靠专家的分析与判断，按照一定的标准对被评价对象给出评价结论。例如德尔菲法、同行评议法、回溯性案例分析法。

定量评价方法主要运用数学模型对科学研究活动的投入、产出等相关数据进行计算，得出定量的评价结论。主要包括文献计量法和经济计量法。

综合评价方法是一类将定性评价方法和定量评价方法相结合的评价方法。主要包括定标比超方法和多指标综合评价方法。

日本国家科技政策研究所进行的第八次科技预见工作采用了文献计量法、德尔菲法和情景分析法。如图 8-1 所示。

从图 8-1 可以看出，对于不同的待评价对象，要选取不同的评价方法，这是做好评价工作的关键。

在实践中，同行评议法在评价技术项目、评定技术成果以及评议研究机构的运作等方面应用较为普遍。例如，美国政府对高等院校的研究拨款 90% 是通过同行评议来决定的。值得注意的是，美国科技评估是政府出资但不主持评估，在科研投入上，美国联邦政府提供了超过半数的经费支持，但没有分管一家科技评估机构，也没有主持具体的评估活动，在一定程度上保证了评估的公平性和合理性。

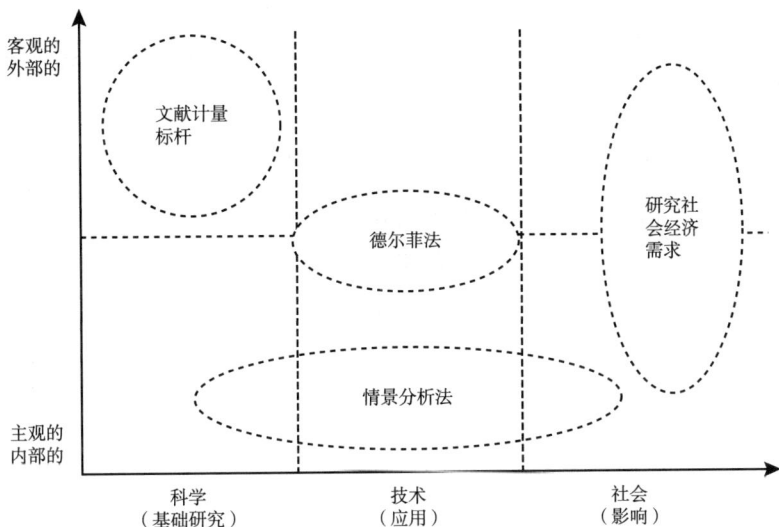

图 8 - 1　技术预见的方法

德尔菲法作为一种主观、定性的方法，不仅可以用于预测领域，而且可以广泛应用于各种评价指标体系的建立和具体指标的确定过程。

德尔菲法依据系统的程序，采用匿名发表意见的方式，即专家之间不得互相讨论，不发生横向联系，只能与调查人员发生关系，通过多轮次调查专家对问卷所提问题的看法，经过反复征询、归纳、修改，最后汇总成专家基本一致的看法，作为预测的结果。

对于经济目的性较强的技术开发和产业化的项目，采用经济计量的方法则更为客观、准确。在对同类科技项目、计划和机构进行比较的时候，则往往采用多指标综合评价方法。

目前，很多国家科技评价以定性分析为主的方法进行评价。如美国、法国、日本等国家科技评价目前采用定性和定量分析相结合的方法；英国、瑞士进行科技评价以定性分析为主。

（二）新材料技术的综合评价方法

新材料项目具有高新技术项目的一般特点，同时还具有自身的特色。新材料的评价应该强调其新颖而且有效的技术，对技术实施的环境条件、技术条件和经济条件等的适应程度。为了提高产业化的成功率，就必须考虑稳定规模化生产的程度，在小试或中试阶段进行改进完善。同一技术或稍加改进的技术能适用于多种产品的制造，将有利于降低投资风险和提高范围经济效益。在我国目前经济条件下，应结合产业开发和技术平台的优势，在技术平台基础之上进行产品多样化的发展。新材料不同于传统材料的一点是，新材料是为了满足新出现的需求，面对的是一个需要开发或者尚未成熟的市场，需要引导、创造市场和消费需求，并逐步获得市场份额的扩张。因此，新材料项目更注重未来潜在市场的开发和占领，其产品要符合市场和社会的发展要求，还要有高素质的营销队伍和合理的营销方案。新材料项目的风险贯穿于技术研发、产业化与产品使用的全阶段。与传统项目不同，新材料新技术的研发、产品化和商品化等阶段均存在不同的风险。由于其创新性和缺乏历史数据，因此风险评价难度大，准确性低，而且以定性评价为主。

经济评价为企业投资决策和项目建设提供重要依据，有利于资源的有效配置和合理使用，有利于经济发展目标和社会发展目标协调一致。由于新材料项目本身的特性，不涉及企业组织的评价，难以获得定量计算所需的数据，因此以定性评价为主。

新材料项目也可以应用模糊层次综合评价法对其进行综合评价。

1. 指标赋权方法介绍

（1）基于"功能驱动"原理的赋权法。基于"功能驱动"原理的赋权法实质是根据评价指标的相对重要程度来确定权重系数。主要方法包括集值迭代法、AHP法、G_1 法和 G_2 法等。其中，AHP 法较为常用。

AHP 法的基本出发点是：在一般决策问题中，针对某一目标，较难对若干因素做出精确的判断，并且难以用数量来表示它们相对于目标的重要性，从而排出大小次序，为决策者提供依据。但它却较容易地对任意两因素做出精确判断，并给出相对重要性之比的数量关系。AHP 法的基本过程可概括为如图 8 - 2 所示的求解过程：

应用 AHP 法进行决策时，主要分为以下步骤。

第一，分析系统中各因素之间的关系，建立系统的递阶层次结构，构造层次分析结构模型。

在层次分析结构模型中，复杂系统分解成若干组成因素，这些因素按属性分成若干组，形成不同层次。同一层的因素作为准则层对下一层某些（不一定是全部）因素起支配作用，作为准则，这一层的元素又受上一层元素的支配。一般分为三个层次。最高层 z，称之为目标层，一般是一个总体的目标。中间层 $y = \{y_1, y_2, \cdots, y_n\}$，为实现目标所涉及的中间环节，称之为准则层。这层可以有若干个层次。最底层

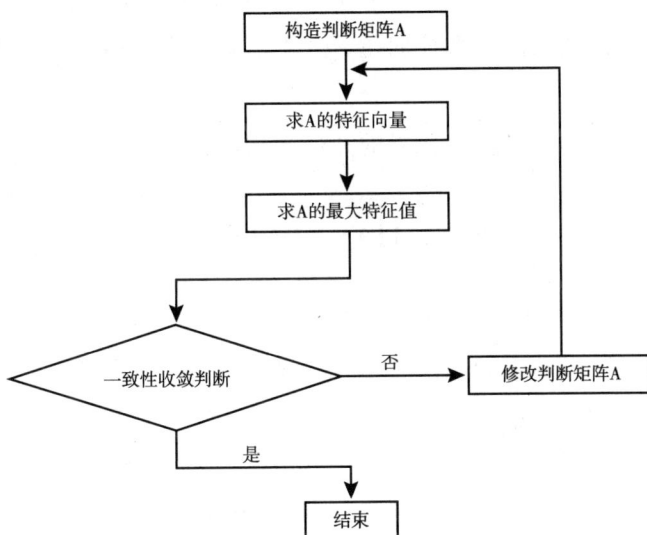

图 8-2　AHP 法求解过程

$x = \{x_1, x_2, \cdots, x_n\}$，为实现目标可供选择的各种措施、决策方案等，称之为措施层或方案层。

第二，对同一层次中各因素对上一层某一准则的重要性进行两两比较，构造判断矩阵。并写成矩阵形式：

$$A = (a_{ij})_{n \times n}$$

其中元素 a_{ij} 满足：

$$a_{ij} = \frac{1}{a_{ji}} \qquad (i,j = 1,2,\cdots,n; i \neq j)$$
$$a_{ij} = 1 \qquad (i,j = 1,2,\cdots,n; i = j)$$

式中，A 为判断矩阵；n 为两两比较的因素数目；a_{ij} 为因素 i 比 j 相对某一准则的重要性比例尺度，可按 $1\sim9$ 比例标度对重要性程度赋值，如表 8-2 所示。

表 8-2　判断矩阵标度标准表

标　度	含　义	标　度	含　义
1	i 与 j 同等重要	7	i 比 j 非常重要
3	i 比 j 稍微重要	9	i 比 j 极端重要
5	i 比 j 明显重要	2、4、6、8	介于上述重要程度之间

第三，由判断矩阵计算被比较因素对某一准则的相对权重。由于在 AHP 法中计算判断矩阵的最大特征值和特征向量，并不需要很高的精度，故用近似法计算即可，计算步骤如下：

首先计算判断矩阵每行所有元素的几何平均值：

$$\omega_i = \sqrt[n]{\prod_{j=1}^{n} a_{ij}} \quad i = 1,2,\cdots,n$$

得到：

$$\omega = (\omega_1, \omega_2, \cdots, \omega_n)^T$$

然后将 ϖ_i 归一化，即计算：

$$\varpi_i = \frac{\omega_i}{\sum_{i=1}^{n} \omega_i} \quad i = 1,2,\cdots,n$$

得到 $\varpi = (\varpi_1, \varpi_2, \ldots, \varpi_n)^T$，即为所求特征向量的近似值，也就是各因素的相对权重。

最后计算判断矩阵的最大特征值：

$$\lambda_{max} = \sum_{i=1}^{n} \frac{(A\varpi)_i}{n\varpi_i}$$

其中，$(A\varpi)_i$ 为向量 $A\varpi$ 的第 i 个元素。

第四，进行一致性检验。计算一致性比率 $CR = \dfrac{CI}{RI}$，其中 $CI = \dfrac{\lambda_{max} - n}{n-1}$。RI 可以查表 8 – 3 得到。一般而言，CR 越小，判断矩阵的一致性越好。通常认为当 CR ≤ 0.10 时，判断矩阵符合满意的一致性标准，否则，需要修正判断矩阵，直到检验通过。

表 8 – 3　平均一致性指标 RI 值

n	1	2	3	4	5	6	7	8	9
RI	0.00	0.00	0.58	0.90	1.12	1.24	1.32	1.41	1.45

第五，计算各层因素对系统目标的综合权重。同时可对各因素或准则对系统目标实现程度的作用（相对权重）进行排序，即计算最底层对目标层的相对权重。

第六，进行组合一致性检验。$CI = \sum_{i=1}^{n} CI_i W_i$，$RI = \sum_{i=1}^{n} RI_i W_i$，$CR = \dfrac{CI}{RI} < 0.10$，则

通过一致性检验，其中 W_i 表示中间层相对于最高层的权重系数。

（2）基于"差异驱动"的赋权法。基于"差异驱动"赋权法的基本思想是：权重系数应当是各个指标在指标总体中的变异程度对其他指标影响程度的度量，赋权法的大小取决于该指标取值的变化或波动程度。常用的方法有：突出整体差异的"拉开档次"法，突出局部差异的均方差法、极差法及熵值法。本文采用均方差法进行赋权，该方法属于一种客观赋权法。

均方差法取权重系数为：

$$w_j = \frac{s_j}{\sum_{j=1}^{m} s_j} \qquad (j = 1,2,\cdots,m)$$

式中

$$s_j^2 = \frac{1}{n}\sum_{i=1}^{n}(x_{ij} - \bar{x}_j)^2 \qquad (i = 1,2,\cdots,n; j = 1,2,\cdots,m)$$

$$\bar{x}_j = \frac{1}{n}\sum_{i=1}^{n}x_{ij} \qquad (i = 1,2,\cdots,n; j = 1,2,\cdots,m)$$

（3）综合集成赋权法。基于"功能驱动"原理的主观赋权法，虽然反映了评价者的主观判断或直觉，但在综合评价结果或排序中可能产生一定的主观随意性，即可能受到评价者的知识、经验及偏好的影响。而基于"差异驱动"原理的客观赋权法，虽然通常利用比较完善的数学理论与方法，避免了主观赋权法的弊病，但也有不足之处。例如，对同一指标体系的两组不同的样本，即使用同一种方法来确定各指标的权重系数，结果也可能会有差异。客观赋权法忽视了评价者的主观信息，而此信息对于新材料评价来说，有时是非常重要的。本章在评价指标体系构建中，采用主观权重与客观权重的均值作为各指标最后的权重。综合集成赋权法的基本思想，就是从逻辑上将上述两类赋权法有机地结合起来，使所确定的权重系数同时体现主观信息和客观信息。常用的综合集成赋权法包括加法集成法和乘法集成法。其中乘法集成法的"倍增效应"使大者越大，小者越小。所以，本章选择加法集成法。加法集成法的基本原理如下：

设 p_j, q_j 是分别基于"差异驱动"原理和"功能驱动"原理生成的指标 x_j 的权重系数，则称

$$w_j = ap_j + (1-a)q_j, \qquad (j = 1,2,\cdots,m)$$

是同时体现主客观信息集成特征的权重系数。

2. 模糊多因素多层次综合评判

当评判问题中考虑的因素很多时，通常采用分层法来解决，即将因素按照某些属性分成几类，每一层次的单因素评价又是低一层次的多因素综合的结果。同样，低一层次的单因素评价也可以是更低层次的多因素的综合，对这种模糊性因素作出的综合评价就是模糊多因素多层次综合评判。

设系统有 n 个待选对象，有 m 个评价因素，每个评价指标对每一个备择对象的评判用指标特征向量表示，则系统有 $m \times n$ 阶指标特征量矩阵。

$$X = \begin{bmatrix} x_{11} & x_{12} & \cdots & x_{1n} \\ x_{21} & x_{22} & \cdots & x_{2n} \\ \cdots & \cdots & \cdots & \cdots \\ x_{m1} & x_{m2} & \cdots & x_{mn} \end{bmatrix} \quad \left(\begin{matrix} i = 1,2,\cdots,m \\ j = 1,2,\cdots,n \end{matrix} \right)$$

式中，x_{ij} 是第 j 个备择对象的第 i 个评价因素的指标特征向量。采用扎德提出的最大、最小隶属度函数模型，可将指标特征量矩阵转化为指标隶属度矩阵：

$$R = \begin{bmatrix} \underset{\sim}{R_1} \\ \underset{\sim}{R_2} \\ \cdots \\ \underset{\sim}{R_m} \end{bmatrix} = \begin{bmatrix} \underset{\sim}{r_{11}} & \underset{\sim}{r_{12}} & \cdots & \underset{\sim}{r_{1n}} \\ \underset{\sim}{r_{21}} & \underset{\sim}{r_{22}} & \cdots & \underset{\sim}{r_{2n}} \\ \cdots & \cdots & \cdots & \cdots \\ \underset{\sim}{r_{m1}} & \underset{\sim}{r_{m2}} & \cdots & \underset{\sim}{r_{mn}} \end{bmatrix} = (r_{ij}) \quad \left(\begin{matrix} i = 1,2,\cdots,m \\ j = 1,2,\cdots,n \end{matrix} \right)$$

对于越大越优型的评价因素可用下式计算：

$$r = \begin{cases} 1 & f(x) = \sup(f) \\ \left[\dfrac{f(x) - \inf(f)}{\sup(f) - \inf(f)} \right]^p & \inf(f) < f(x) < \sup(f) \\ 0 & f(x) = \inf(f) \end{cases}$$

对于越小越优型的评价因素可用下式计算：

$$r = \begin{cases} 1 & f(x) = \inf(f) \\ \left[\dfrac{\sup(f) - f(x)}{\sup(f) - \inf(f)} \right]^p & \inf(f) < f(x) < \sup(f) \\ 0 & f(x) = \sup(f) \end{cases}$$

在此，取 $p = 1$ 的线性形式，$\sup(f)$、$\inf(f)$ 分别为函数 $f(x)$ 的最大值和最小值。如果新材料指标权重向量为：

$$W = \begin{bmatrix} w_1 & w_2 & \cdots & w_m \end{bmatrix}$$

则

$$Z = W \cdot R$$

即为新材料各指标的评价值，而

$$z_i = \sum_{k=1}^{m} w_k \times r_{ik}$$

就是新材料第 i 个二级指标的评价值。对于新材料的综合评价值可以由各个二级指标评价值的加权求和得出。

3. 系统聚类分析法

"物以类聚"，通过聚类分析可以将新材料分成若干类，找出每一类共同的特点，以便于更好地研究，从中发现新材料发展的特点和规律。为新材料产业的政策制定提供有效帮助。

为将样品进行分类，需要研究样品间的相似程度。一般而言，研究样品的相似程度有两种尺度：一种是相似系数，另一种是距离。距离是将样品看成空间中的一点，样品间距离愈小，表示样品愈接近。距离较近的样品归为一类，而较远的则属于另一类。可以采用距离法进行分类。令 d_{ij} 表示样品 x_i 与 x_j 的距离。根据闵可夫斯基（Minkowski）距离法可得：

$$d_{ij}(q) = \left| \sum_{k=1}^{m} \left| x_{ik} - x_{jk} \right|^q \right|^{\frac{1}{q}}$$

式中，当 $q = 1$ 时为绝对值距离；当 $q = 2$ 时为欧氏距离；当 $q = 3$ 时为切比雪夫距离。

新材料产业技术发展水平是许多不确定的因素共同作用的结果。由于影响新材料的多种因素的重要程度存在着不分明性，不易进行精确的判断，因此采用模糊评判法对新材料产业发展状况进行评价。可分为以下几个步骤，如图 8 - 3 所示。

六　案例

（一）案例 1：Innovalight 公司纳米硅墨新材料评价

成立于 2005 年的 Innovalight 公司是位于美国加州的新材料公司，其核心产品是纳米硅墨，应用在晶硅太阳能电池行业。

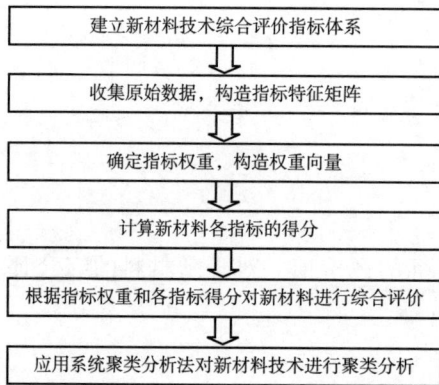

图 8 – 3 基于模糊评判法的新材料技术综合评价

在 20 世纪 90 年代初，全球能源危机出现，使得新能源、新材料技术受到广泛重视，作为新能源技术的太阳能电池技术也得到了发展。到 2004 年之后，随着日本和德国的百万屋顶计划、上网电价优惠政策等政府的支持，太阳能电池市场得到了井喷式发展。Innovalight 公司看准了太阳能电池行业巨大的发展潜力，于是进入该领域。

但是太阳能领域的飞速发展，却始终需要政府补贴，产品的成本、效率是瓶颈，整个产业的发展，必须坚持降低成本或提高效率这两种途径。因此，Innovalight 公司决定把公司的主要业务集中在如何提高太阳能电池的效率上。对于晶硅太阳能电池而言，其对波长小于 550 纳米的太阳光的吸收效率很低，如果晶硅太阳能电池片能够利用这部分太阳能光，那么晶硅太阳能电池片的效率就会得到提高。Innovalight 公司结合自己在新材料领域内的强大研发能力，决定利用纳米硅墨来提高晶硅电池对高能量太阳光子的吸收效率。

对于该公司的这项技术具体评价如下。

1. 技术先进性

产品所针对的产业瓶颈：第一代太阳能电池产品，即晶硅太阳能电池，其固有问题之一是对波长小于 550 纳米的太阳光的吸收效率比较低。因此，要提高晶硅电池效率，那么提高电池对该波段太阳光的利用率是非常有效的方法之一。目前，理论计算表明，纳米硅的禁带宽度可以被扩大，从而对短波长太阳光的吸收增强，进而增强太阳能电池效率。因此，国内外有很多大学、公司都在进行纳米硅的制备研究。

产品的加工难度：纳米硅的制备很有难度，主要在以下几个方面：①尺寸要达到纳米级别；②尺寸分布范围要小；③要避免表面氧化。对于硅而言，制备尺寸分布窄的纳米粉末是有难度的，而要避免其表面氧化的难度更大，因为体硅暴露在空气中会立即被氧化，纳米硅的表面积远远大于体硅，因此其氧化速度要比体硅大得多。所以，Innovalight 公司的硅墨技术能够保证纳米硅尺寸分布窄并且不被氧化，是非常先进的产品。

2. 技术的重要性

该公司提供的纳米硅墨，应用非常简单，只需要在标准硅晶体太阳能电池制造工艺当中，增加一步工序就可以。与传统的纳米硅生产工艺相比，如等离子增强化学气相沉积、溶胶凝胶等方法，该方法大大节约了成本，其效果也远远好于传统方法制备的纳米硅。

3. 技术的成熟性

该公司拥有产业界经验丰富的专家，有强大的研发团队，目前已经拥有 60 多项美国专利，有很好的知识产权，有效保护其在该领域的技术先进性。

4. 技术适用性

该产品的应用非常广泛，凡是晶硅太阳能电池生产厂商，都可以使用该产品。在 2010 年，晶硅太阳能电池的产量占全部太阳能电池产品市场的 80% 以上。

该公司在其纳米硅墨产品的基础之上，开发加工制造平台 CougarTM，该平台可以直接连入标准太阳能电池生产线，具有自动化工作模式，使得客户能够非常简便地使用该产品。另外，该制造平台操作非常简单，保证了产品质量的稳定性。因此，该产品对技术应用人员没有特殊要求。

5. 市场评价

作为新能源技术产品之一，太阳能电池（光伏产品）是前景非常光明的产品，光伏产业是增长非常快的朝阳产业。1999～2009 年，国际太阳能电池行业的平均增长率约为 50%。2009 年，全球光伏产量为 10.7GW。根据 Solarbuzz 提供的数据，2010 年的全球太阳能公司新增产能为 11.2GW，到 2010 年底，全球光伏市场达到 16.3GW。Innovalight 公司的产品是用于光伏产业的，因此，光伏产业的飞速发展，也给 Innovalight 公司带来广袤的市场。

目前晶硅太阳能电池占全部太阳能电池产品市场份额的 80%，这些电池都可以采用 Innovalight 公司的产品来提高效率。因此，Innovalight 公司的产品将在光伏产业中发挥重要的作用。

6. 风险评价

Innovalight 公司所掌握的利用纳米硅墨来提高晶硅电池对高能量太阳光子的吸收效率的技术，是目前在该领域内处于世界领先地位的技术，当前还没有其他公司的技术可以达到或接近该技术的水平，技术的被替代性低。公司拥有 60 多项美国专利，使公司的知识产权获得很好的法律保护，而对于其他的组织而言，要引进这项技术则要支付高额的专利费用。

由于近几年世界范围内太阳能产业的大力发展，该公司产品的销售量也是逐年上升的。目前产品价格比较稳定，虽然太阳能产业本身的周期性较强，但是该产品带来的附加值是非常固定的，因此其销售价格的波动性不大。如果该领域内出现新技术，则不排除以后价格会发生变化。

Innovalight 公司的员工是来自世界各地顶尖的工程师和化学家，因此公司的产品质量和生产效率非常高。也正因为如此，公司吸引了众多世界一流的投资者，从而也增强了公司应对行业环境和经济环境波动的能力。

7. 经济评价

使用该产品后，晶硅太阳能电池的转化效率提高至少 1 个百分点。按照太阳能电池效率每提高 1 个百分点，销售价格提高 19% 来计算；从成本角度来计算，使用该产品后，太阳能电池效率每提高 1 个百分点，其成本降低 6%。因此该技术将会产生巨大的经济效益。

从 2005 年开始，Innovalight 公司投入大量资金，聘请了来自世界领先的太阳能和材料企业的许多顶尖的工程师和化学家，致力于研究纳米硅墨技术，在纳米硅尺寸均匀性、抗氧化、易用性等方面获得很多突破。

自从其产品推向市场以来，获得了巨大的成功，世界前 20 位的许多太阳能公司，如晶澳、林洋等公司，都采用了该公司的产品。该产品应用在晶硅太阳能电池之后，可以使其效率提高至少 1 个百分点，也就是意味着可以提高售价 19%，给企业带来了巨大的经济效益。经过 6 年的经营，Innovalight 公司已经在该新材料领域处于领先地位。

从社会效益方面来看，目前地球上的石油、煤炭等化石能源消耗殆尽，人类必须寻找新能源才能继续繁衍下去。太阳光给地球的能量是异常巨大的，但是没有被利用起来。太阳能光伏技术就是把太阳光直接转化成电能，为人类提供能源。因此太阳能光伏发电是目前全球最重要的可替代新能源之一，并且其光伏并网发电的发展势头位列各种新能源发展之首。Innovalight 公司的产品直接应用于晶硅太阳能电池，属于太阳能光伏行业的产品。该产品能够使得晶硅太阳能电池的成本进一步降低，可以使得光伏发电的成本逐渐接近火力等传统发电成本，能够尽早让普通大众都能够使用，因此，Innovalight 公司的产品具有很好的社会效益。

综上所述，Innovalight 公司为了提高晶硅电池对高能量太阳光子的吸收效率，经过综合评价，决定开发纳米硅墨新材料技术。

（二）案例 2：A 省"十一五"重点新材料领域技术预测与关键技术选择

本案例是 A 省制定"十一五"重点新材料领域技术预测与关键技术选择的主要研究成果节选。

1. 新材料技术评价的综合指标体系

新材料领域技术预测与关键技术选择的指标体系的设计主要围绕三个方面：一是对新材料技术的市场需求进行评价；二是对新材料技术本身进行评价；三是对新材料技术能实现的预期效果进行评价。

综合三方面的考虑和新材料关键技术选择原则，设计了新材料技术评价的综合评价指标体系。见表 8-4。

表 8-4　新材料技术评价的综合指标体系

一层指标	二层指标	三层指标
新材料技术评价指标体系 A	技术评价 A_1	技术先进性 A_{11}
		技术重要性 A_{12}
		技术通用性 A_{13}
		技术成熟性 A_{14}
	经济评价 A_2	财务评价 A_{21}
		国民经济评价 A_{22}
		社会效益评价 A_{23}
	风险评价 A_3	技术风险 A_{31}
		市场风险 A_{32}
		管理风险 A_{33}
		环境风险 A_{34}

2. 新材料领域技术预测与关键技术选择的评价方法

新材料领域关键技术的选择是许多不确定的因素共同作用的结果。由于影响新材料关键技术选择的多种因素的重要程度存在着不分明性，不易进行精确的判断，因此采用模糊评判法对新材料技术进行评价。共分为以下几个步骤，如图 8-4 所示。

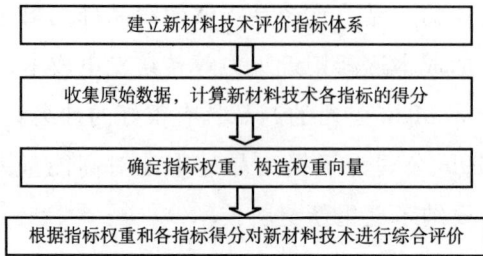

图 8 - 4　基于模糊评判法的新材料技术综合评价

（1）收集原始数据。由于新材料技术的评价指标多为定性指标，即使是定量指标也难以精确地进行预测，因此采用打分的方法，用"1~5"五个分值打分。在技术评价方面，"1"表示很不高，"2"表示不太高，"3"表示一般，"4"表示较高，"5"表示很高；在经济评价方面，"1"表示经济效果极小，"2"表示经济效果较小，"3"表示经济效果一般，"4"表示经济效果较大，"5"表示经济效果极大；在风险评价方面，"1"表示风险极高，"2"表示风险较高，"3"表示风险一般，"4"表示风险较小，"5"表示风险极小。

课题组设计了"新材料领域技术预测调查问卷"，按照德尔菲法的步骤对新材料领域的专家学者反复征询意见。课题组对回收的问卷进行了数据处理，计算出了各指标的得分。

（2）确定各指标的权重。新材料技术综合评价指标很多，各指标的重要程度不完全相同。对各指标权重的确定是通过 AHP 法（层次分析法）来进行的。各指标权重的确定可以概括为以下几个步骤，如图 8 - 5 所示。

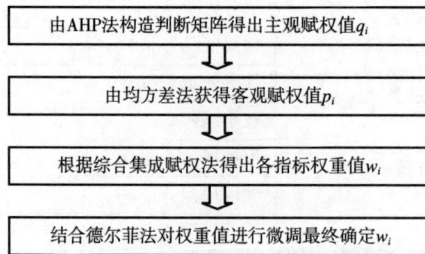

图 8 - 5　新材料技术指标体系各指标权重的确定

判断矩阵就是对评价指标体系层次分析结构模型中每一层次各指标相对重要性作出判断，并把这些判断通过比例标度构成用数值表示的矩阵。判断矩阵是利用层次分析法确定各评价指标相对重要性权重系数的基础，它直接关系到各项指标权重系数确定的科学性和合理性。通常在确定判断矩阵时采用 1～9 尺度法，1 为同等重要，3 为稍重要，5 为明显重要，7 位非常重要，9 为极端重要，2、4、6、8 的重要程度在前面两个相邻等级之间。

课题组设计了"新材料技术评价指标权重问卷调查表"，按照德尔菲法的步骤对新材料领域的专家学者反复征询意见。

根据回收的问卷对各指标间相对重要程度的调查结果进行加权平均，取其均值构造判断矩阵。依据层次分析法来确定权重并进行一致性检验，具体结果见图 8-6～图 8-9。其中：目标层为新材料技术综合评价（A），准则层为技术评价（A_1）、经济评价（A_2）、风险评价（A_3）。

A	A_1	A_2	A_3	W_i
A_1	1.000	0.486	2.207	0.281
A_2	2.058	1.000	4.200	0.580
A_3	0.493	0.238	1.000	0.138

$\lambda_{max} = 2.019$；$CR = 0.012 < 0.1$

图 8-6 目标层 A 判断矩阵及权重

A_1	A_{11}	A_{12}	A_{13}	A_{14}	W_i
A_{11}	1.000	1.905	1.807	3.278	0.417
A_{12}	0.525	1.000	1.540	2.457	0.269
A_{13}	0.553	0.649	1.000	1.386	0.190
A_{14}	0.305	0.407	0.722	1.000	0.124

$\lambda_{max} = 4.0283$；$CR = 0.0105 < 0.1$

图 8-7 准则层 A_1 判断矩阵及权重

A_2	A_{21}	A_{22}	A_{23}	W_i
A_{21}	1.000	0.418	2.027	0.264
A_{22}	2.392	1.000	4.200	0.600
A_{23}	0.493	0.238	1.000	0.136

$\lambda_{max} = 3.0019$；$CR = 0.0016 < 0.1$

图 8-8 准则层 A_2 判断矩阵及权重

A_3	A_{31}	A_{32}	A_{33}	A_{34}	W_i
A_{31}	1.000	2.410	3.649	3.960	0.496
A_{32}	0.417	1.000	3.635	3.040	0.298
A_{33}	0.274	0.275	1.000	1.129	0.109
A_{34}	0.253	0.239	0.886	1.000	0.097

$$\lambda_{max} = 4.0160; CR = 0.0059 < 0.1$$

图 8 – 9　准则层 A_3 判断矩阵及权重

综合 AHP 法获得的权重值及德尔菲法调查的权重值,最终得出新材料技术评价指标体系各指标权重(限于篇幅原因,此处略去计算过程),具体结果见表 8 – 5。

表 8 – 5　新材料技术评价指标体系各指标权重的确定

二层权重		Delphi 法	w_i
	技术评价 A_1	0.259	0.281
新材料技术评价指标 A	经济评价 A_2	0.562	0.580
	风险评价 A_3	0.179	0.138
	权重和	1.000	1.000
三层权重		Delphi 法	w_i
	技术先进性 A_{11}	0.391	0.417
	技术重要性 A_{12}	0.253	0.269
技术评价 A_1	技术通用性 A_{13}	0.201	0.190
	技术成熟性 A_{14}	0.155	0.124
	权重和	1.000	1.000
	财务评价 A_{21}	0.278	0.264
经济评价 A_2	国民经济评价 A_{22}	0.585	0.600
	社会效益评价 A_{23}	0.137	0.136
	权重和	1.000	1.000
	技术风险 A_{31}	0.337	0.496
	市场风险 A_{32}	0.223	0.298
风险评价 A_3	管理风险 A_{33}	0.271	0.109
	环境风险 A_{34}	0.169	0.097
	权重和	1.000	1.000

3. A 省新材料领域应选择的重点技术

在运用德尔菲法时除了收集新材料技术评价指标的得分和重要程度之外,还收集到新材料领域可供选择的重点技术名录。课题组又走访了国内知名材料领域的权威专家,进行了个别专家深度访谈,对 A 省新材料领域技术预测与关键技术的选择进行深度探讨。

在综合运用德尔菲法和个别专家深度访谈的基础上，结合 A 省新材料产业发展现状和技术基础，得到该省新材料领域重点选择的关键技术结果如下。

（1）光电子信息材料。本领域的主要研究内容：

——高性能半导体材料及器件。主要包括大尺寸、高均质、高晶格完整性单晶硅、宽禁带半导体材料，以该类材料为基础的高集成度、高处理速度的芯片、相配套的封装材料与技术、器件。

——支撑先进显示技术与器件的高性能发光材料。其中主要包括机电致发光材料、宽禁带半导体发光材料、胆甾相液晶材料、新型稀土发光材料等。

——光通信材料。应主要研究光子晶体（人工带隙材料）和光纤材料，以及与其相配套的光器件。

——新型电子元器件材料。重点是开发利用 A 省东海石英资源，形成电子陶瓷材料及器件产业；加快发展 A 省高性能稀土软磁和稀土永磁材料产业。

（2）新能源材料。本领域的主要研究内容：

——高性能太阳能电池材料，包括晶体硅材料、多晶硅材料、Ⅱ～Ⅵ族多晶薄膜材料、Ⅲ～Ⅴ族化合物材料。

——先进二次电池及超级电容器材料，包括高性能储氢材料、锂离子电池材料、超级电容器材料、高功率 M_h – Ni 电池材料。

——燃料电池材料，包括固体氧化物燃料电池材料、固体氧化物燃料电池结构设计、固体氧化物燃料电池控制系统。

（3）先进复合材料。本领域的主要研究内容：

——金属基复合材料的关键成形技术。其中以化学法原位内生颗粒复合相液态铸造成形技术和金属半固态成形技术为重点，并可延伸到内生纳米颗粒或短纤维增强技术。

——陶瓷基复合材料。主要研究结构陶瓷的增韧技术，以实现如陶瓷刀具等产品的产业化；具有优良功能特性的复合陶瓷（如敏感材料、净化过滤材料等）。

——特种纤维及其复合材料。重点研究低成本、高性能、特种用途的玻璃纤维、碳纤维、氨纶纤维、芳纶纤维和以此为原料的树脂基复合材料的制备技术。

——双金属材料。主要包括铝–铜、钛–铜、铝–钛、铜–铝等双金属材料的设计与成形技术。

——金属基纳米颗粒复合材料。纳米复合材料的先进制备技术及体系建立；纳米复合材料中的纳米第二相大小、形状和分布控制；线材或块体纳米复合材料的致密度；纳米复合材料微观组织与功能特性之间的相互关系；研究获得铝基纳米复合材料及其应用产品。

（4）生态环境材料。本领域的主要研究内容：

——与重要化工产品生产配套的化工新材料。包括新型、高效的催化材料的研究，用于各种特殊用途的膜材料的设计与制造；大型乙烯裂解和分离装置与技术等。

——高品质工程塑料及合金。一方面要开发新型的高性能工程塑料及合金，另一方面要从可持续发展角度进行各种工业化生产的新工艺、新技术、新设备研究与开发。

——高端有机材料。主要是有机硅和有机氟材料的高端产品以及与此相关的技术关键和设备的研究。

——新性能表面涂装材料。主要包括环保型防腐涂料；环保型高性能工业涂料和建筑涂料；耐高温涂覆材料；钢结构防火、防腐涂料；高档汽车用金属涂料等。

——相关工业急需的高端化工产品。如子午线轮胎生产的关键原材料（纤维、胶乳、炭黑、橡胶等），重要交通道路沥青（AH – 70、AH – 90 等牌号）等。

（5）高性能结构材料。包括：

①高性能钢铁材料。本领域的主要研究内容：

——新一代超级钢及其关键技术。通过提高钢的洁净度、改善钢的均匀性、细化钢的晶粒度和组织，使三类用量最大的钢材——碳素钢、低合金钢、合金结构钢品质大幅度提高（强度和寿命翻一番）。

——优质工模具钢的深度开发。在已有高速钢产业基础上，研究开发在高强度、高速等恶劣服役环境下使用的刀具用钢及其配套技术和产品的后处理工艺。

——专用高品质低合金、合金钢及其制品。包括各类油井用专用钢管、制丝用高质量硬线、易切削非调质钢、汽车高级齿轮钢等。

——功能钢铁材料及其相关技术。包括海洋技术用耐海水及海洋大气腐蚀钢及钢筋、信息技术用铁基功能材料、生物技术用抗菌不锈钢、高性能取向磁钢材料及工艺、涂层钢板等。

——相关的关键工程技术。如超细组织钢铁材料的控冷控轧及后续热加工，高均质（全等轴晶）连铸坯、高洁净钢的冶炼工艺、轿车用薄板的成形技术、高强耐热合金钢的铸锻工艺和焊接技术、材料特性的量化模拟与可靠性预测技术等。

②先进轻合金材料。本领域的主要研究内容：

——高性能铝合金的研究开发。第一，研究和开发新型高强高韧铝合金材料：通过纯化和净化研究，提高铝合金的综合性能，开发新型高强高韧铝合金材料。第二，开发配套的分析、检测和控制设备：开发配套的炉前元素快速分析设备、熔体气体含量分析设备、熔体变质效果检测设备、高精度温控装置以及高效率、高精度除气装置等。第三，铝合金先进成形技术：通过对铝合金半固态成形温度的优选和控制，优化铝合金半固态成形工艺，开发铝合金半固态成形技术和成套设备。

——高性能镁合金的研究开发。超高强度镁合金：通过多元合金化实现多种机制下的强化，获得高强度；开发先进制备技术与工艺，获得基于非晶、纳米晶及纳米颗粒强化的超高强镁合金。耐热镁合金：进一步研究镁合金蠕变机制基础上，通过合金化和微合金化（稀土、Ti、Zr 等）提高镁合金的高温强度和蠕变抗力，开发出新型耐热镁合金。新型变形镁合金：通过成分和组织控制，研究获得具有良好塑变能力和高的应变速率的变形镁合金，开发相应的挤压与轧制技术。

——先进的凝固成形技术研究。如大块非晶纳米块体镁合金快速凝固技术、半固态成型无收缩硅橡胶覆膜技术、涂层转移法精铸技术等。

——基于应用的后加工技术。如先进的镁合金表面处理技术；镁、铝合金系列化产品（线、板、带、薄板、异形材等）的加工与焊接；镁合金的液态铸轧技术等。

参考文献

何友中：《高新技术产业化项目的可行性研究》，《中国投资与建设》1997 年第 9 期。

赵剑峰：《高新技术投资项目评价模型研究》，《科技进步与对策》1999 年第 6 期。

刘立立、严德名：《科技型中小企业技术创新基金项目评价模型研究》，《上海大学学报（自然科学版）》2001 年第 7 期。

唐炎钊：《我国高科技风险投资综合评估指标体系设计》，《科技进步与对策》2003 年第 11 期。

杨立保：《新材料技术项目验收评价方法研究》，《科研管理》1996 年第 6 期。

杨锁强、樊建新：《产业化技术项目评价指标的系统集成与综合评价模型的构建》，《研究与发展管理》2004 年第 4 期。

左铁镛：《建造新时代的新材料技术》，《科技潮》1999 年第 2 期。

韦东远：《世界新材料技术及其产业发展总态势》，《海峡科技与产业》2004 年第 6 期。

许江萍：《突破新材料产业发展的瓶颈》，《中国科技投资》2010 年第 9 期。

成奕：《新材料产业的发展：如何实现技术和市场的对接》，《中国科技投资》2010 第 9 期。

李超：《新材料产业发展趋势》，《技术与市场》2008 年第 6 期。

曲选辉、于广华：《新材料产业发展现状与趋势》，《中国科技投资》2008 年第 10 期。

王握文：《新材料技术：为新军事变革奠基》，《解放军报》2009 年 7 月 17 日。

曹乃承：《新材料企业面临的技术风险案例及分析》，《新材料产业》2009 年第 12 期。

原磊、罗仲伟：《中国化工新材料产业发展现状与对策》，《中国经贸导刊》2010 年第 3 期。

徐坚：《中国新材料产业技术发展"十二五"展望》，《化工新型材料》2010 年第 1 期。

李建保、周益春等：《新材料科学及其实用技术》，清华大学出版社，2004。

张晓强：《中国高技术产业发展年鉴（2010）》，北京理工大学出版社，2010。

张录平、李晖等：《高分子生态环境材料的研究进展》，《工程塑料应用》2009 年第 9 期。

陈秀丽、裴先茹：《管窥：智能高分子材料的研究进展》，《化学工程与装备》2010 年第 3 期。

侯婷、朱东华：《基于 SWOT 分析的创新项目技术评价与决策研究》，《科研管理》2006 年第 7 期。

郭英：《纳米材料的应用分析》，《硅谷》2010 年第 9 期。

孙涛、苏达根：《生态环境材料研究重点及趋势》，《新材料产业》2006 年第 3 期。

刘昌盛、陈芳萍：《生物医用材料及其产业化概况与发展思考》，《新材料产业》2010 年第 7 期。

路学成、任莹：《先进结构陶瓷材料的研究进展》，《佛山陶瓷》2009 年第 1 期。

蒋利军、张向军：《新能源材料的研究进展》，《中国材料进展》2009 年第 8 期。

杨飞、王身国：《中国生物医用材料的科研与产业化现状》，《新材料产业》2010 年第 7 期。

李建民、叶继涛等：《国外技术预见新进展及启示》，第三届科技政策与管理学术研讨会暨第二届科教发展战略论坛论文汇编，2007。

李海丽、胡志松等：《国外材料技术》，《前沿》2009 年第 4 期。

Scienceand Technology Foresight Survey DelphiAnalysis, May 2005, http: //www. nistep. go. jp/index - e. html.

耿保友：《新材料科技导论》，浙江大学出版社，2007。

张先恩等：《科学技术评价理论与实践》，科学出版社，2008。

潘云涛：《科技评价理论、方法及实证》，科学技术文献出版社，2008。

第三部分
当前经济社会发展中需要技术经济研究的重大战略性课题

第九章　技术创新周期与经济周期的关系研究[*]

一　经济周期的含义、特征与类型

（一）经济周期的含义

经济学家很早就注意到经济周期现象的存在。经济周期（Business Cycle），也称经济循环、商业周期、商业循环或景气循环，是指经济运行中周期性出现的经济扩张与经济紧缩交替更迭、循环往复的一种现象。

在不同历史时期，不同经济学家对经济周期有不同的理解。"二战"前，由于经济周期表现为总产量绝对量的变动过程，因此，古典经济学家认为，经济周期是经济总量的上升和下降的交替过程。1860 年，朱格拉（Clement Juglar）将经济周期定义为"重复发生的，虽然不一定是完全相同的经济波动形式"；哈耶克（Friedrich A. von Hayek，1929）认为经济周期则是这种偏离状态的反复出现；米切尔（Wesley C. Mitchell）在 1927 年出版的《商业循环问题及其调整》（*Business Cycles：The Problem and Its Setting*）一书中将经济周期定义为"经济变量水平的扩张和收缩的系列"，这是被经常引用的古典经济周期定义。[①]

"二战"后，总产量绝对量下降的现象几乎不存在了，因此，现代经济学家对经济周期的定义也发生了改变，认为经济周期是经济增长率的周期性变动，卢卡斯（Robert E. Lucas，1977）对经济周期的定义是，"经济周期是经济变量对平稳增长趋势的偏离"，其含义是，经济周期是经济增长率的上升和下降的交替过程[②]。伯恩斯（Arthur F. Burns）在 1946 年出版的《衡量经济周期》（*Measuring Business*

---

　*　彭绪庶。

　①　王悦：《西方经济周期与经济波动理论回顾》，《求索》2006 年第 10 期。

　②　王悦：《西方经济周期与经济波动理论回顾》，《求索》2006 年第 10 期。

Cycles）一书中将经济周期界定如下："经济周期是在主要以工商企业形式组织其活动的国家的总体经济活动中所看到的一种波动。一个周期由许多经济领域在差不多相同的时间所发生的扩张，以及随之而来的相似的衰退、收缩和复苏，与下一个周期的扩张阶段相连的复苏所组成；这种变化的序列是反复发生的，但不是定期的；经济周期的长度从一年以上到十年、二十年不等；它们不能再分为具有接近其振幅的类似特征的更短周期。"[①] 这个定义是西方经济学界公认的非常经典的定义，并被美国全国经济研究局——美国研究经济周期的权威机构，作为确定经济周期顶峰与谷底的标准。

（二）经济周期的阶段性特征

在一个经济周期中，许多经济指标会同时呈现持续的扩张或收缩，即阶段性特征。在理论研究中，通常一种方法是把经济周期分为上升（扩张）和下降（收缩或衰退）两个阶段。上升阶段也称为繁荣，最高点称为顶峰，也是经济由盛转衰的转折点，此后经济就进入下降阶段，即衰退。衰退严重则经济进入萧条，衰退的最低点称为谷底。同样，谷底也是经济由衰转盛的一个转折点，此后经济进入上升阶段。经济从一个顶峰到另一个顶峰，或者从一个谷底到另一个谷底，就是一次完整的经济周期。为了能更好地分析经济周期中的阶段性特征，通常也将经济周期分为繁荣、衰退、萧条和复苏四个阶段，见图 9 - 1。显然，繁荣的最高点是顶峰或波峰（peak），这是繁荣的极盛时期，也是由繁荣转向衰退的开始。萧条的最低点是谷底或波谷（trough），这是萧条的最严重时期，也是由萧条转向复苏的开始。两个波峰之间或两个波谷之间即是一个完整的经济周期。

以大多数经济部门的扩张与收缩为标志，主要经济指标呈现周期性、阶段性波动，这就是经济周期的主要特征。例如，美国著名经济学家萨缪尔森对经济周期的定义就是"国民总产出、总收入、总就业量的波动，持续时间通常为 2 ~ 10 年，它以大多数经济部门的扩张或收缩为标志"[②]。除此之外，消费者需求、投资、企业利润、股票市场、利率等都会呈现上升或下降的阶段性特征。但按照一般的理解，经济周期主要还是表现为国民经济中国民总产出、总收入和总就业上下波动的循环

---

① 陈乐一：《对西方经济周期理论的一般考察》，《财经问题研究》1998 年第 4 期。

② 保罗·萨缪尔森、威廉·诺德豪斯著《经济学》（第 18 版），人民邮电出版社，2008，第 406 页。

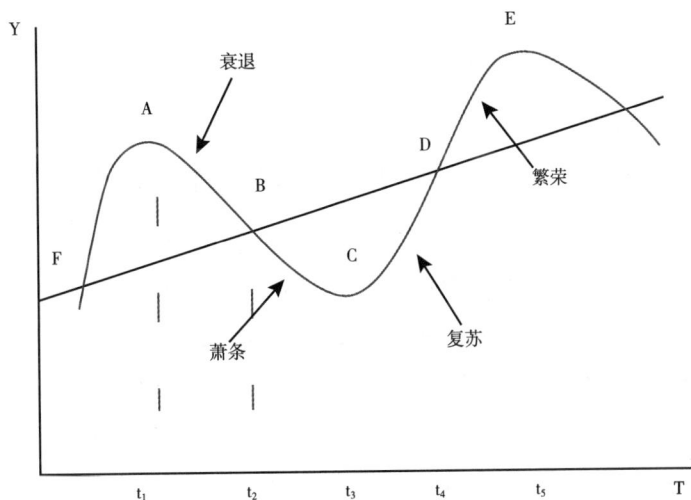

图 9 - 1 经济周期的四个阶段

运行过程。为了分析方便，经济增长率上升或下降的交替变化过程通常是最重要的观察指标。

（三）经济周期的类型

经济史上不同经济学家区分了不同类型的经济周期，主要有四种类型。

1. 朱格拉周期

法国经济学家朱格拉（C. Juglar）于 1862 年出版了《法国、英国及美国的商业危机及其周期》，首先认识到经济活动中波浪般的变动，提出了经济事件有其周期性的思想。他把周期分为三个阶段，即繁荣、危机、清算。认为危机或恐慌并不是一种独立的现象，而是这三个连续阶段中的一个。这三个阶段在经济中顺序地反复出现，就形成了周期现象。他根据对物价水平、生产等统计指标的分析，确定了每一个经济周期的长度约为 9～10 年。因此，"朱格拉周期"（Juglar Cycle）也被称为"主要经济周期"，或中周期、中波。

2. 基钦周期

英国统计学家约瑟夫·基钦（J. Kitchen）于 1923 年发表的《经济因素中的周期与趋势》中研究了 1890～1922 年英国与美国的物价、银行结算、利率等资料，并提出经济周期可以分成两类，即大周期和小周期，或主要周期与次要周期。一个大周期通常是两个或三个小周期的总和，而小周期是平均长度为 40 个月（3～4年）的经济周期，其根本原因是由于农业丰歉影响食物价格。基钦周期中的小周期也被称为短周期或短波。

3. 康德拉季耶夫周期

俄国经济学家康德拉季耶夫（N. D. Codrulieff）于 1925 年提出，资本主义经济中存在着平均 50 ~ 60 年一个的周期，故称"康德拉季耶夫周期"，也被称为长周期或长波。

后期很多经济学家承认长波的存在，但对长波起始时间划分并不一致。例如，康德拉季耶夫本人认为，第一个长期波动是 1780 年到 1844 ~ 1851 年，其中上升期从 1780 年到 1810 ~ 1817 年，下降期从 1810 ~ 1817 年至 1844 ~ 1851 年。第二个长期波动是从 1844 ~ 1851 年到 1890 ~ 1896 年，其中上升期是从 1844 ~ 1851 年开始持续到 1870 ~ 1875 年，下降期是从 1870 ~ 1875 年持续到 1890 ~ 1896 年。第三个长期波动是从 1890 ~ 1896 年开始，持续到某年，其中上升期从 1890 ~ 1896 年持续到 1914 ~ 1920 年，下降期大约从 1914 ~ 1920 年开始。熊彼特沿袭康德拉季耶夫的观点，认为资本主义的第一个长波大约是 1783 ~ 1842 年，即第一次产业革命。第二个长波大约为 1842 ~ 1897 年，即蒸汽机和钢铁时代，或者可称之为世界铁路化时代。第三个长波大约为 1897 年至 20 世纪 20 年代末，被称作电气、化学和汽车的时代。日本一桥大学经济学家篠原三代平对世界经济周期的划分为：1870 ~ 1920 年，1920 ~ 1970 年，1970 ~ 2020 年，各个时间段分界点都处于世界经济发展的顶峰。

4. 库兹涅茨周期

美国经济学家库兹涅茨在 1930 年的著作《生产和价格的长期变动》（*Secular Movement in Production and Price*）中，通过考察美、英、法、比、奥等国家从 19 世纪中到 20 世纪初的经济变动情况，用统计资料分析了经济周期的长短，提出了平均长度为 20 年左右的"库兹涅茨周期"（Kuznets Cycle）（中长周期或长波），认为长波的形成与人口增长率的变动、铁路的兴衰、建筑业的起伏密切相关，因此库兹涅茨周期也被称为建筑业周期（见表 9 - 1）。

表 9 - 1　经济周期的主要类型

周期类型	初始研究者与时间	时间跨度	备注
基钦周期	英国经济学家基钦, 1923 年	40 个月（3 ~ 4 年）	小周期, 短周期, 短波
朱格拉周期	法国经济学家朱格拉, 1862 年	9 ~ 10 年	中周期, 中波, 主要经济周期
康德拉季耶夫周期	俄国经济学家康德拉季耶夫, 1925 年	50 ~ 60 年	大周期, 长周期, 长波
库兹涅茨周期	美国经济学家库兹涅茨, 1930 年	20 年	长周期, 建筑业周期, 长波

二　技术创新周期的基本理论

（一）创新、技术创新和科技创新

在最一般意义上，创新意味着改变。在对创新做出开拓性贡献的熊彼特那里，创新是指把一种从来没有的关于生产要素和生产条件的"新组合"引进生产体系中，实现生产要素或生产条件的重新组合，即建立一种新的生产函数。创新主要包括五种情形：生产一种新产品，采用新的生产方法，开辟新的市场，创造新的原料供应来源，形成新的生产组织形式。

从经济学的视角看，对创新概念的理解主要是从技术和经济相结合的角度，探讨技术创新在经济发展过程中的作用。因此，在经济学的一般意义上，创新就是指技术创新，是生产函数的改变，与具体硬技术变化无关。后人所谓的产品创新、技术创新、市场创新和制度创新等，都是从不同角度进行的深化研究。在这种情形下，技术创新应是单纯的硬技术的创新。显然，不论是单纯的硬技术创新，还是产品创新、市场创新或制度创新，其结果都是经济学意义上的技术创新。

从科技工作的角度看，创新实际上是指科技创新，主要是指硬技术的创新。显然，在短期内，科技创新与技术创新不同，但科技创新是技术创新的重要内容。由于科技创新将引发产品、市场甚至组织、制度等全面的创新，从长期来看，科技创新和技术创新在效果或最终表现形式上是一致的，因此科技创新和技术创新几乎没有差别。[①]　本章在这里，并不特别区分创新、技术创新或科技创新。

（二）技术创新的周期性规律

经济周期已得到广泛认可。就个体而言，创新活动是连续进行的，是否存在创新周期还存在争议，也没有得到足够重视。事实上，创新也具有周期性。从微观上来看，这种周期性主要表现在两个方面：一是具体技术从诞生到应用，再到新技术出现而将其淘汰，技术具有生命周期特征；二是仅仅指从科学理论诞生到其指导下的技术出现，或新技术从发明到商业化的时间过程。自20世纪以来，尤其是"二

---

① 是制度催生新的技术，还是技术引发新的制度？是生产力发展促进生产关系变革，还是生产关系促进生产力发展？在短期内，也许可以区分清楚。但在长期内，并不容易看清楚。类似的争论也许在未来仍无法达成共识。这里只是从不同学科角度出发探讨概念间的差异。

战"以后，人们普遍意识到技术创新对经济社会发展的巨大促进作用，无论是科学理论转化为技术发明的速度，还是技术商品化的速度，都呈加速趋势，技术创新短周期化日益明显。

科学理论突破，或者持续的创新活动积累到一定程度引发质变，常常导致技术创新出现重大突破，即形成突破性创新，通常也称之为突破式创新或根本性创新（radical innovation）。Freeman（1988）对创新成果产生的时间段和从属部门进行的调查发现，它们都表现出非均衡分布的趋势。这意味着取得突破性创新，出现技术飞跃，并不是连续的，而是具有一定偶然性和阶段性。与此同时，突破性创新会引起科技和产业界重视，常常会引起深入研究和大量跟风、模仿，形成以此为核心的技术创新高潮，其标志通常是以突破性创新和渐进性创新结合为基础，最终催生某些全新产业部门，或对若干经济部门产生有深远影响的技术体系。Schumpter（1963）认为，创新是一个不连续的过程，"蜂聚"是最常见形式。因此，单纯从技术创新角度看，随着突破性创新之后出现的技术体系和技术集群在本质上是完全相同的。

宏观上，技术创新周期性就表现在主导技术体系或创新集群随时间变化所呈现出的变化和更迭，如图9-2所示。S曲线与典型的技术演化规律曲线相同，在技术创新突破点后（A、B、C），相应的技术体系或创新集群开始逐渐占据主导地位，围绕渐进性创新的拓展、技术演化的推进，其主导地位最终将为新技术体系或创新集群所取代。但总体上，人类技术创新活动仍是持续发展的。

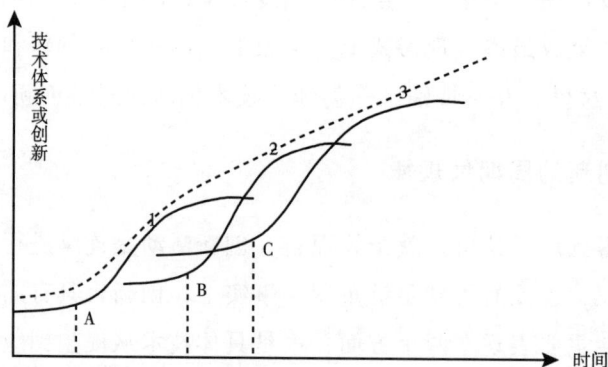

图9-2 技术创新周期性规律的宏观表现形式

近代科学史已证实，在每次重大科学突破之后，短期内会出现知识爆炸，而两次突破之间都有一段相当长的间歇，通常是技术创新产出的一个低谷。美国宾夕法尼亚大学吉利法尔克教授对120项技术革新项目的研究发现，近代基础研究和开发活动的高潮分布于 1825 年、1885 年和 1935 年前后，并不是连续增长或均匀分布的。技术创新活动具有鲜明的时代特征和技术特征，如 20 世纪 30 年代的化学合成技术创新，90 年代的互联网技术创新等，都有力地表明技术创新具有周期性。尽管如此，严格地说，技术创新周期性规律仍然是一种经验性规律，其积极意义在于揭示技术创新影响也存在相应的周期性，科技发展政策应如何避免由于技术创新处于低谷带来的不利影响，以及开展科学预见工作，政策激励加速创新集群的出现。

（三）技术创新长周期的历史表现

创新周期如何表现？尤其是周期时间跨度有多长？由于创新突破的性质和程度不同，难有固定模式。尤其是在短期内，由于创新活动的连续性，创新周期在短期内几乎不存在。因此，技术创新周期主要表现为一种长周期现象。相比较而言，熊彼特和曼德尔等从创新视角对经济中的长波现象进行分析，给出了比较令人信服的解释。范·杜因考察了 13 个部门中的 80 项创新，发现创新的集群式更替是出现长波现象的主要成因。熊彼特还通过创新浪潮起伏分析了资本主义发展的三次长波。随后，门施和弗里曼等根据技术创新进展与资本主义经济发展进行了拓展研究。

目前人们基本能达成共识的是，自第一次工业革命以来，技术革命是突破性创新的一种特殊表现形式，是形成新技术体系和创新集群的典型表现，也是形成科技创新长周期的重要驱动力量。Perez（2002）分析了一次典型技术革命的生命周期，与科技创新周期性规律表现形式如出一辙，见图 9-3。这一周期包括酝酿期和四个阶段。酝酿期之后的大爆炸类似于出现触发技术革命的突破性创新，其后在几个阶段中逐步形成新技术体系，出现创新集群。

综合科技史学家和经济学家的不同研究，虽然对历次技术革命的起止时间、科技创新形成的主导技术体系名称等仍存在不同观点，一个较能达成共识的是，自第一次工业革命以来，已先后发生了五次技术革命，形成了五个技术创新长周期。熊彼特较早分析了最初的三个，即第一次从 18 世纪 70 年代到 19 世纪 30 年代，主要以英国纺织工业出现的一系列创新为基础；第二次从 19 世纪 40 年代到 90 年代，主要以铁路工业创新为基础；第三次从 19 世纪 90 年代到 20 世纪 30 年代，主要以电子业、化工业和内燃机方面的创新为主。Perez（2002）对此给出了最新的详细分析，见图 9-4。

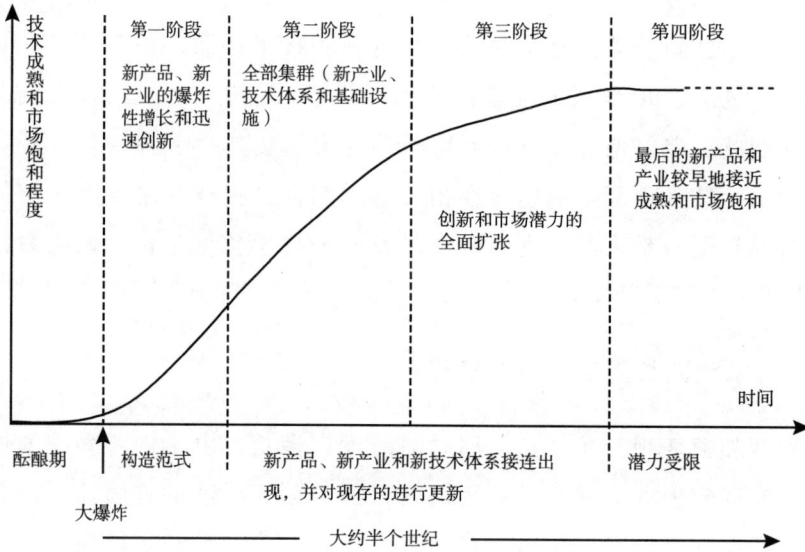

图 9 - 3 一次技术革命的生命周期

资料来源：Perez Carlota（2002），*Technological Revolutions and Financial Capital：The Dynamics of bubbles and Golden Ages*，Cheltenham，Elgar。

	技术革命或创新集群	突破性的科技创新	导入期		转折点	展开期	
			爆发阶段	狂热阶段	↓	协同阶段	成熟阶段
第一次	工业革命	动力和纺织工厂化	1771年	18世纪70年代~80年代早期	18世纪80年代~90年代早期	1793~1797年	1798~1812年	1813~1829年
第二次	蒸汽和钢铁	蒸汽机，冶金、制造	1829年	19世纪30年代	19世纪40年代	1848~1850年	1850~1857年	1857~1873年
第三次	钢铁、电力	电力、冶金	1875年	1875~1884年	1884~1893年	1893~1895年	1895~1907年	1908~1918年
第四次	能源、汽车和大规模生产	石油化工、汽车	1908年	1908~1920年	1920~1929年	1929~1933年（欧）1933~1943年（美）	1943~1959年	1960~1974年
第五次	信息和远程通信	计算机、通信和互联网	1971年	1971~1987年	1987~2001年	2001年？↓↑	21世纪~	

图 9 - 4 历史上的五次创新长周期

资料来源：Perez Carlota（2002），*Technological Revolutions and Financial Capital：The Dynamics of Bubbles and Golden Ages*；Freeman C.，Loucas F.（2001），*As time Goes by — From the Industrial Revolutions to the Information Revolution*，Oxford University Press。

三　创新周期影响经济周期的传导机制

（一）创新周期与经济周期的关系和耦合发展

从上述对经济周期研究的简单回顾和对创新周期的分析可以发现，创新长周期与经济长周期（长波）之间的一致性程度极高。事实上，经济周期主要是统计得出的一种经验性规律。导致经济周期发生的原因是多方面的，也有不同的解释，其中将创新与经济增长联系在一起是一种很自然的想法。早在康德拉季耶夫提出长波理论时，他就观察到这样一种情况：在一个周期的前25～30年，由于重要的技术发明、新资源的开发利用等因素，导致投资热潮，带动经济迅速增长，使经济处于繁荣时期。此后，随着带动经济迅速增长的动力渐渐耗尽，同时企业在激烈的竞争中生产能力过剩和利润萎缩，使整个经济出现衰退乃至萧条，相当一批企业破产。经过一段时间的合理化调整和降低生产成本，国民经济逐渐适应这种严峻的条件。同时，由于不断深入的科学研究导致新一轮创新，企业家觉察到新的市场中存在着盈利机会，投资热潮再次出现，下一个经济繁荣时期又将开始。

虽然康德拉季耶夫观察到了创新对形成经济长周期的作用，但他并没有继续深入研究，而是将经济周期产生的原因归结为固定资本品更新换代。在此基础上，熊彼特把分析重点从基本资本品转向创新与经济增长的交互作用，简单地说，熊彼特认为，经济周期是由引入创新频率变化产生的波动造成的。创新在扩散过程中，能刺激大规模投资，引起经济高涨。经济高涨导致价格下跌，一旦投资机会消失，经济便转入衰退。创新是不连续的、不稳定的和不均匀的，同时又具有多样性，正是因为创新对经济发展的影响范围和程度有所不同，有的带来较短的波动，有的则导致较长的潜在高涨，从而形成了不同长度的经济周期。熊彼特解释了资本主义经济发展过程中大体存在三种长度不同的周期，即长周期康德拉季耶夫周期、中周期朱格拉周期和短周期基钦周期，或称之为长波、中波和短波，这三种周期都与特定的技术创新活动紧密联系，且作用机理基本相同。例如，各个时期的主要技术发明及其应用发展是各个"长波"的标志，"短周期"即"短波"的根源是影响较小和实现期限较短的创新，事实上很可能是一些适应性的波动。上述几种周期并存而且相互交织存在，一个"长波"大约包括六个"中程周期"，而一个中程周期大约包含三个"短波"。

　　熊彼特的开创性研究初步揭示了创新与经济周期之间的密切关系,"新熊彼特主义"者如杜因、门斯、弗里曼、克拉克等用实证方法从不同角度验证了熊彼特的观点,并进一步丰富了创新理论。例如,范·杜因(Van Dujin, 1977, 1981)发现创新频率与长波各阶段之间存在着密切联系,即现有产业的产品创新和工艺创新往往集中出现于经济长周期下降的萧条阶段,而新产业的产品创新和基础产业的工艺创新则往往集中出现在上升阶段。他还认为,孕育、成长、成熟、饱和四阶段的创新生命周期决定了产业(一系列产品)生命周期也依此模式,见表9-2。

表9-2　创新频率与长波各阶段之间的关系

创新类型	衰退	萧条	回升	繁荣
产品创新(现有产业)	+	+ + +	+ + +	+
工艺创新(现有产业)	+ +	+ + +	+	+ +
产品创新(新产业)	+	+	+ + + +	+ +
工艺创新(基础产业)	+ +	+	+ +	+ + +

　　注:"+"越多表示频次越大。

　　资料来源:Van Duijn:《伴随时间推移的不同创新》,《未来》1981年8月号,转引自刘崇仪等《经济周期论》,2006。

　　格·门斯通过对1740~1960年技术创新资料的分析发现,大批基本性技术创新分别集中出现在1770年、1825年、1886年和1935年左右,这正处于世界经济增长的低谷,而此前则恰好是发生了所谓的技术僵局。经济增长长波与技术创新频度波动的关系,以及1800~1973年美国物价指数与基本性技术创新频度的逆相位关系,都证明了这一点。格·门斯据此认为,创新是"萧条扳机",当既存创新对经济增长的推动力消耗完,企业家都会努力推出新的基本性创新,因此创新主要出现在萧条期,并推动经济复苏。萨哈尔(1983)整理了1850~1970年几组基本性技术创新的统计资料发现,重要技术创新长周期大约为48年,与康德拉季耶夫长周期相差无几。多数创新出现在萧条结束时或经济趋势复苏时,在一定程度上验证了格·门斯的"萧条扳机"说。

　　另一方面,也有很多研究证据表明创新周期与经济周期之间并非简单的因果关系。例如,Kingston(2006)就认为熊彼特低估了法律制度的重要性。范·杜因(1986)对1921~1957年13个工业部门约80项创新的考察发现,若经济增长按衰退(1921~1929年)、萧条(1930~1937年)、复苏(1938~1948

年）的走向考察，创新流量呈递增趋势（5－11－15），若经济增长按复苏、繁荣（1949～1957年）、衰退走向考察，创新流量呈递减趋势（15－9－5）。创新成了经济增长的先导信号。

综合各方面的研究来看，各种经济周期理论也都不同程度承认，经济周期与创新之间存在着密切联系。创新效应是一个长周期变量，但经济周期的出现是多因素共同作用的结果，尤其是石油危机、战争等外部性因素均可引发短期经济周期波动。由于宏观调控手段日益丰富、成熟，经济周期本身的运行规律也在不断发生变化，因此，二者的关系更多地体现在创新长周期与经济长周期的密切相关和高度耦合上。

事实上，恩格斯早在《关于英国工人阶级状况》的研究中，就已大致描绘了与重大技术革命联系在一起的就业和产量长期波动，熊彼特认为这是康德拉季耶夫理论的前奏（Schumpeter，1990）。康德拉季耶夫自己也认为，长波是由主要固定资本产品如蒸汽机、发电机和电动机等更新换代所引起的，它包含新一代的主要固定资本品取代旧的主要固定资本品。熊彼特自己更认为，创新是经济发展和经济波动的原动力，康德拉季耶夫长周期是由那些影响深远、以产业革命为代表的重大创新集群引起的。每一次长波都包括一次产业革命及其消化吸收过程，长波起伏与创新集群更替相一致。

迄今为止，对创新长周期与经济长波周期最有信服力的分析仍仅限于近代历史上以几次工业革命为代表的周期性现象，也是对二者惊人一致的最有力证明。工业革命实际上是以技术革命的形式出现的，却以工业结构变动尤其是新兴主导产业的兴起来命名。熊彼特曾经描述了其时已发生的三次经济长波周期："长波 I"大约为1783～1842年，即"产业革命时期"，主要技术创新是蒸汽机的发明及应用推广；"长波 II"为1842～1897年，是"钢铁时代"，主要技术创新是钢铁与蒸汽机结合，开创铁路时代和汽车时代；"长波 III"从1897年开始至20世纪30年代的大萧条，是"电气、能源和化学时代"，主要技术创新是电力和石油化工成为新的动力能源被广泛应用，工业化国家进入重化工时代。科技史家和新熊彼特主义者如Freeman、Perez等又进行了进一步的研究和细分，现在多数人已承认自近代工业革命以来，共发生了五次经济长波。包括第一次工业革命在内，这五个经济长波周期与以技术革命为标志的五次创新长周期是一致的。

（二）创新浪潮、集群与经济周期波动

熊彼特认为，康德拉季耶夫所发现的每次较大的经济高涨都是建立在一个新的

投资浪潮基础上的，而这种新投资浪潮又是同一种或几种重要技术，如蒸汽动力和电力技术的推广结合在一起的。因此，每一个康德拉季耶夫长波都与一次技术创新的高潮相吻合。在一个创新周期中，两次创新浪潮的出现促成了以投资波动为重要特征的经济周期变化。首先，创新必然是通过新的生产要素组合，或新技术直接改变生产方式，提高生产效率，从而为创新者带来超额利润，引起其他企业仿效，形成第一次创新浪潮。创新浪潮促使对资本品需求扩大和银行信用扩张，促进了生产资本品的部门扩张，进而又促进生产消费品的部门扩张，形成经济繁荣景象。其次，扩张引起物价普遍上涨，投资机会增加，投机活动也随之产生，第二次创新浪潮形成。积极的一面是，信用扩张促进金融市场大发展，金融市场与持续性创新互动可以保持投资者和创新者的吸引力，在第二次创新浪潮中诞生大量渐进性创新，推动科技进步，促进经济繁荣；不利的一面是，第二次创新浪潮中包含了失误和过度投机行为，随着创新扩散，超额利润水平逐步走低，直至趋于平均利润水平。盈利机会减少，银行信用扩张，对资本品的需求减少，企业投资剧减，创新同时也减缓，经济进入衰退状态。在熊彼特"创造性破坏"思想的基础上，Aghion 和 Howitt 将蒸汽动力、电动发动机、计算机等技术称之为导致技术出现巨大跨越、对经济产生深远影响的"通用技术"。通用性技术创新会推动经济的长期增长，但对宏观经济的显著效果通常需要数十年的时间才能显现出来。在此期间，通用性技术的引入和应用扩散并不是平稳的，其呈现不规则的创新波浪，从而使经济增长表现出周期性特征（刘志铭、郭惠武，2007）。

后熊彼特主义者则用创新集群概念进一步解释创新在长波周期中的作用。例如，乔治·雷发现康氏长周期出现低潮的前 10 ~ 20 年，技术创新就会集群式出现。弗里曼等认为，在一个长波周期中，基础性创新集群导致经济增长复苏，改进性创新集群导致经济增长繁荣，而在市场需求饱和、盈利机会消失之际，创新减少，经济也陷入萧条（Freeman，1982）。Freeman 等（2001）和 Perez（2002）详细分析了自第一次工业革命以来的五次创新集群和经济周期，如图 9 - 4。Hirooka（2003）讨论了创新的非线性演化和创新在康德拉季耶夫长周期经济增长中的作用，尤其强调了创新与泡沫经济和经济衰退的因果关系。与 Perez（2002）不同的是，Hirooka 总结了工业革命以来的四次经济长波周期以及创新集群演进，见表 9 - 3。Hirooka 发现，通常在经济长周期的萧条期，创新大量出现，形成重要创新集群。在创新沿着非线性的类 S 形演化路径发展达到技术创新生命周期的饱和期时，经济复苏，逐步由萧条发展至繁荣末期。

表 9 - 3　四次创新集群和四次康德拉季耶夫长波

	创新集群	周期时间	波峰转折点
长波 I	纺织机械、棉花使用	1789~1846 年	1925 年
长波 II	炼铁、英国和美国铁路建设	1846~1897 年	1872 年
长波 III	炼钢、石油、电力和汽车	1897~1950 年	1929 年
长波 IV	电视机、石化、航天飞机、计算机	1950~1990 年	1973 年

资料来源：Hirooka，M.，"Nonlinear dynamism of innovation and business cycles". *Journal of Evolutionary Economics*，2003，13（5）：549 - 576.

（三）技术供给随机波动与真实经济周期

真实经济周期理论出现于 20 世纪 80 年代，主要关注经济周期的性质、原因以及减少经济周期波动稳定经济的政策措施。与经济周期理论或凯恩斯主义把宏观经济区分为长期与短期不同，该理论认为，在长期和短期中决定经济的因素都是既有总供给又有总需求，长期与短期区分毫无意义。经济周期不是实际国内生产总值与潜在的或充分就业的国内生产总值的背离，其本身就是经济趋势或潜在的或充分就业的国内生产总值的变动，不存在与长期趋势不同的短期经济背离，经济周期与经济增长实际上是一个问题。

与凯恩斯主义认为源于市场机制的不完善不同，真实经济周期理论则认为市场机制本身是完善的，经济周期源于经济体系之外的一些真实因素的冲击，即"外部冲击"，其中最重要且数量最多的是技术冲击。这与传统经济周期理论强调需求面冲击或货币变化干扰不同，技术冲击属于供给层面因素。技术供给冲击导致技术进步率大幅度随机波动，从而引起了总量生产函数的移动，改变了全要素生产率和工资及利率等经济变量的相对价格，使产出的长期增长路径也呈现出随机的跳跃性，而市场机制本身无法预测这些因素的变动与出现，所以经济运行发生周期性波动。反过来看，当真实的技术冲击引起全要素生产率波动时，理性预期经济主体从效用期望值最大化目标出发，会根据相对价格的变动来调整劳动供给和消费，导致产量和就业的波动。因此，经济波动也是技术进步对总量生产函数产生冲击后人们进行帕累托最优调整的结果，在跨时劳动替代的作用下，一次性技术冲击能够引起实际产量的持续波动。由于社会生产各部门之间存在着密切的相互联系，发生于某一个部门的技术冲击也会引起整个宏观经济的波动，从而产生经济周期。

（四）技术经济范式变迁、结构变化和经济周期波动

Dosi（1982）将哲学上的"范式"概念引入技术创新研究并提出了"技术范式"概念，将其定义为"解决所选择的技术经济问题的一种模式"，是"进一步创新的技术机会和有关如何利用这些机会的基本程序"。Freeman（1992）则进一步延伸出"技术经济范式"概念，并认为技术经济范式意味着这样一种过程：从经济角度对具备技术可行性的创新对象进行选择，分别经过较长一段时间进行新范式的确定和在整个系统中进行扩散，最终影响几乎所有经济部门的生产及分配的结构与条件。技术经济范式变迁是由于那些具备"创造性破坏"特征的创新引起的，如蒸汽动力和电力传播等，这也就是技术革命的结果。Perez（1983，1985，2002）把技术经济范式扩展到制度创新领域，她认为一种技术经济范式包括一整套代表"最优实践"的通用技术、新规则和惯例，是一种最优的惯行模式。技术经济范式形成有赖于技术革命，资本主义世界一共发生过五次技术革命（见图 9-4），每一次都形成了与预期相适应的技术经济范式。

Freeman 和 Perez（1988）还分析了技术革命形成技术经济范式的传导机制，即影响极为深远甚至对整个经济行为造成影响的创新引起关键生产要素发生变化，促使生产成本下降，供应能力无限扩张，同时应用前景广阔，这导致与其匹配的技术体系逐渐占主体地位，"当上一个周期的关键生产要素及其相关技术群，给出了收益递减或者对于进一步提高生产率或对于新的盈利性投资的潜力已接近极限的强烈信号时"，新的技术经济范式正式形成，并将在相当长时期内影响经济结构和运行。至于结构变化的原因，Freeman（1988）认为，在技术革命引起范式变迁过程中，投资行为的不确定性几乎影响所有的投资决策，产量无法根据市场需求变动做出精确调整，以至很可能出现以生产过剩现象为代表的周期性危机。与此同时，新范式下先导产业的发展和过去范式下的主导产业增长趋缓，甚至走向衰落，就是由一个既定的技术体制向另一个技术体制过渡过程中通常会产生的结构性危机。Freeman 还解释了 20 世纪 30 年代和 80 年代的两次结构危机，前者是因为向以资源密集型大规模生产与流通系统转换所导致的，后者则是因为世界经济重心向基于信息技术的信息密集型产品与工艺研发转向而导致的。

事实上，结构变化既是范式变迁的结果，也是范式变迁影响经济周期性波动的重要见证。在正常情况下，技术创新可以提升产业技术水平，使产业结构向高度化的趋势迈进，同时通过改变就业结构或影响需求结构以促进产业结构调整。反过来，产业结构自身调整和消费结构变化也可以推动技术创新。因此，在这种自然的

渐进式创新条件下，结构变化也是一种自然调整过程。创新由于引入了新的生产函数，有助于拓展生产可能性空间，提高社会潜在产出能力和产出水平，提高劳动生产率，抑制通货膨胀，因而可以增强经济增长的持续性与稳定性，弱化经济周期波动。

但当爆发技术革命时，技术经济范式的变迁过程实际上也是诞生新兴产业的过程，大量人力资本投资和物质资本投资都流向新兴产业和与之相关的产业，企业可以获得超额创新收益。在新兴技术成长为新的主导生产技术体系的过程中，虽然"传统产业"也可能因新技术扩散而获得产业升级的机会，但其发展速度、影响和辐射能力远落后于新兴产业。新兴产业进入快速增长和规模报酬递增阶段，迅速发展成为占主导地位的产业体系。与此同时，社会经济的就业结构、收入结构和消费结构等虽然不会发生与产业技术结构和产业结构同步的大幅变动，但均会发生相应变化。因此，技术革命条件下的技术经济范式变迁过程，实际上是诞生新兴主导生产技术体系和主导产业体系，快速冲击原有主导生产技术体系和主导产业体系的过程。由于结构变化呈现"突发性"特点，很容易破坏原有经济体的均衡状态。如果这种调整与石油危机等其他外部冲击叠加在一起，就将进一步加剧经济周期波动。由于技术创新的不平衡性，尤其是技术革命是创新长周期的标志，且冲击力大、辐射面广、辐射能力强，经济体从失衡状态回复到均衡状态需要的时间也越长，这就使得创新长周期与经济长周期通过结构变化具有了某种逻辑上的连接。

四　周期视角下国际金融危机的再审视

（一）国际金融危机引发经济长波的转折点

现在人们已公认，本次国际金融危机起始于美国次级贷款危机，后来升级引发次债危机，并进一步蔓延至整个金融市场，成为席卷全球的国际金融危机。金融危机虽然是一种货币现象，但本次国际金融危机早已传导并影响到各国实体经济部门。例如，据美国商务部统计，2008年10月，新房销售量下降5.3%，按调整后的年率计算只有43.3万套。汽车市场与2007年同期相比下降32%，均是1991年以来的最差水平。耐用品消费支出减少直接影响企业投资和开工率，如具有代表性的通用、克莱斯勒等破产，导致经济增长减速，甚至出现衰退。

对于这次金融危机是否已演变为经济危机，早期理论界和政策界有不同看法。但毋庸置疑的是，金融危机对实体经济造成了巨大冲击，导致实体经济部门的衰退却是不争的事实。例如，2008 年，美国实际 GDP 增长从 2007 的 2.1% 下降到 0.4%，商品消费支出增长从 3.1% 下降到 -2.1%，以季度显示的经济衰退更加明显，见图 9 - 5。另据美国劳动部统计显示，自 2007 年 12 月美国经济陷入衰退以来至 2009 年 10 月，失业人数增加 820 万人，失业率提高了 5.3 个百分点，2009 年 10 月，失业率达 10.2%，为 26 年来最高水平，凸显经济衰退的严重性。

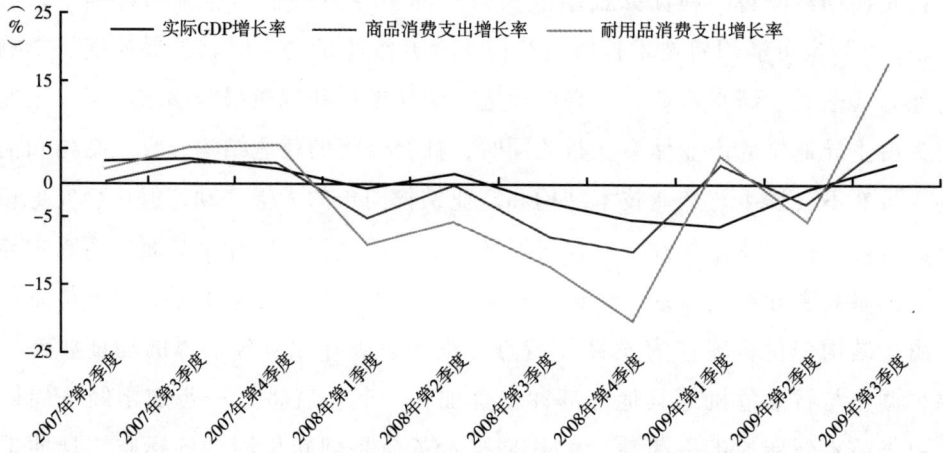

图 9 - 5　2007 ~ 2009 年美国经济季度产出和商品消费增长变化

资料来源：CEIC 数据库。

金融危机对实体经济的影响并不仅限于美国，而是迅速影响到全球，主要经济体无一幸免，见图 9 - 6。无论是世界银行还是国际货币组织，均大幅下调世界经

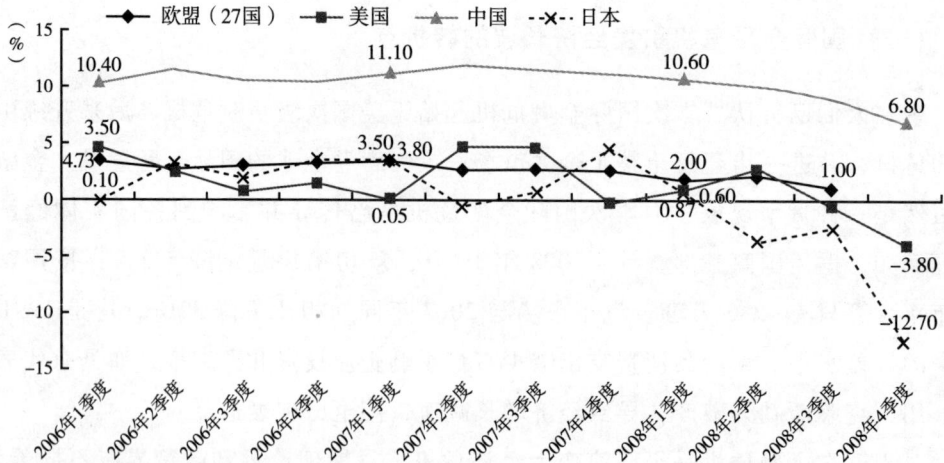

图 9 - 6　2006 ~ 2008 年欧、美、日和中国 GDP 季度增长率比较

济增长率，见表 9 - 4。GDP 总值占全球 90%、贸易占全球贸易 80% 的 G20 国家中，只有中国、印度和印尼维持较高的经济增长率，沙特和南非小幅增长，但与同期相比，增长率均大幅下滑，其他主要发达经济体均呈负增长状态，这也使 2009 年成为"二战"后世界经济衰退最严重的一年。

表 9 - 4　世界银行对 G20 2009 年经济增长率和失业率的预测

	美国	加拿大	墨西哥	欧盟	英国	法国	德国	意大利	土耳其	俄罗斯
GDP 增长率(%)	-4.0	-3.0	-2.8	-2.4	-3.7	-3.3	-5.3	-4.3	-3.3	-5.6
失业率(%)	9.1	8.8	5.3	9.0	7.7	9.9	8.9	9.2	12.2	8.4

	日本	韩国	巴西	阿根廷	澳大利亚	中国	印度	印尼	沙特	南非
GDP 增长率(%)	-6.6	-3.0	-0.3	-0.7	-0.3	6.3	4.3	3.4	0.7	0.8
失业率(%)	4.9	4.0	8.5	7.3	6.1	4.6	—	—	—	21.9

资料来源：世界银行网站；笔者根据世界银行预测整理而得。

　　时至今日，尽管金融危机已经过去，但世界经济复苏缓慢而脆弱，且仍然面临许多不确定因素的困扰。美国作为最重要的世界发达经济体，自 2009 年 6 月以来，失业率长期维持在 9.5% ~ 10%。虽历经两轮量化宽松政策，但仍然增长乏力。各国应对危机的财政刺激方案加剧了不少国家原本就已经捉襟见肘的财政状况，目前美国国债超过 14 万亿美元，约占 GDP 的 96%，日本公共债务超过 GDP 的 200%，17 个欧盟国家债务均超过 GDP 的 90%。美国主权信用危机和欧洲主权债务危机为世界经济的平稳复苏投下了巨大阴影。国际财经界甚至有观点认为，全球经济走向极有可能出现反复，爆发新一轮金融危机和经济衰退的可能性正在加大（王东，2011）。2010 年，IMF 在《世界经济展望报告》中曾警告，全球经济将面临更大风险。2011 年初，联合国也下调了对世界经济和欧美主要经济区经济增长率预测，见表 9 - 5。从全球范围看，由于目前政府财政赤字和主权债务危机是各国普遍存在的问题，并不仅仅局限于欧洲、日本和美国，经济二次探底的可能性始终不能排除（王东，2011）。

表 9 - 5　联合国对欧美经济发展的预测

地区	指标(%)	2000 年	2001 年	2002 年	2003 年	2004 年	2005 年	2006 年	2007 年	2008 年	2009 年	2010 年	2011 年	2012 年
世界	年实际 GDP 增长率		1.7	2.1	3	4	3.6	4.1	4	2	-2	4	3	4
北美	年实际 GDP 增长率		1.1	1.9	2	4	3.1	2.7	2	0	-3	3	3	3
欧盟	年实际 GDP 增长率		2	1.3	1	3	2	3.2	3	1	-4	2	2	2
北美	年 CPI 通胀率	3.3	2.8	1.6	2	3	3.3	3.1	3	4	-0	2	2	2
欧盟	年 CPI 通胀率	2.6	2.7	2.3	2	2	2.2	2.2	2	4	0.8	2	2	2

资料来源：联合国网站；笔者整理。

显然，从国际金融危机后对全球实体经济的影响和经济复苏过程来看，以美国为例（见表 9 - 6），国际金融危机已演化升级为"二战"后最大的经济衰退，经济复苏过程也是"二战"后最疲软的阶段。世界经济明显进入了一个经济周期的波谷，经济衰退最明显的 2009 年是一个波谷转折点。如果从美国经济和世界经济的长波周期来看，距离上一次比较大的经济周期波谷转折点 1973 年大约历时 36 年。国际金融危机恰恰引发了一个长波周期的转折点。

表 9 - 6　第二次世界大战后美国 5 次衰退中实体经济指标的变化

衰退开始年份	1973	1981	1990	2001	2007
工业生产总值累计跌幅(%)	12.9	9.4	4.2	6.1	12.1
就业人数累计跌幅(%)	2.8	3.1	1.5	2	3.7
失业率(最高值,%)	9	10.8	7.8	6.3	8.5
工业生产衰退行业比例(最高值,%)	84.3	70.7	77.4	70.8	84.6
就业衰退行业比例(最高值,%)	—	—	67.5	69.7	80.1

资料来源：曹永福：《美国 1973 年以来 5 次经济衰退的定量比较》，工作论文，DSWP200902，2009 年 4 月。原文数据统计截止到 2009 年 2 月，因此实际的经济衰退更为严重。

（二）ICT 创新驱动的第五次长波周期进入下降阶段

根据 Freeman（1988）和 Perez（2002）等的分析，自工业革命后，已先后经历五次创新长周期和相应的五次经济长波周期，见图 9 - 4。与前两次工业革命在某一个国家或地区即反应出明显的经济长波周期不同，后来的经济长波周期界限是模糊的。从熊彼特描述的"长波Ⅲ"开始，由于两次世界大战的外部偶然因素，需要经济恢复时间，同时战后的全球化把资本主义世界更紧密地联系在一起，资本能够不依赖创新而通过投入新的市场而获得超额利润，因此第三次长波周期的衰退与恢复期交织在一起，被外力拉长了，直到 20 世纪 80 年代才得以结束恢复期。在解释 20 世纪 70 年代至 90 年代前工业化国家普遍的生产率减退时，有学者就认为，衰退原因可以追溯到第二次工业革命时期电、内燃机等重大发明，这些伟大发明的优势直到 20 世纪 70 年代初才被用尽。由于拉动第四次长波周期的技术创新应用尚处于培育期和潜伏期，80 年代的发达国家普遍陷入"滞涨"状态，这是另一种形式的萧条。从周期时长来看，由于创新频率加快，长波时长逐步呈缩短趋势。

目前正处于第五次长波周期中。第五次长波周期是由 ICT 创新带动的。ICT 创新的基础是半导体技术。Nelson 等许多人都认为，半导体是继 19 世纪末电发明之后最重要的发明。Helpman 等指出，半导体技术具有广泛的知识基础，能与其他技术和发明结合，形成新的发明，并被应用到许多方面。如计算机、集成电路、激光、光纤、软件、材料学和电子学等诸多领域。这一点就像蒸汽机、钢、电和石油化工一样。半导体技术应用最重要的作用是替代真空电子管，最显著的结合是形成信息技术（IT）产业。

重大的新一轮技术创新高潮的到来通常需要长时间的潜伏期，这是长波周期较长的重要原因。19 世纪 40 年代末，采用晶体管的电子计算机诞生，但直到 70 年代个人计算机诞生，才开始真正形成信息产业。经过漫长的复苏，到 90 年代，信息产业逐渐成为主流，推动发达国家经济进入新一轮的经济繁荣期。同样以美国为例，据美国商务部（1999）统计，1990～1999 年，美国信息技术产业国内总收入平均每年增长 10.4%，大大高于经济总量增长速度，占经济的比重由 5.5% 上升到 8.2%。据哈佛大学乔根森教授研究测算发现，1990～1995 年计算机价格年均下降 15%，而 1995～1998 年计算机价格加速下降，达到年均 28%。计算机价格的持续大幅度下降对美国的低通货膨胀起到了重要的作用。1996 年以后，计算机和电信产业价格下降致使美国的通货膨胀每年减少 0.4 个百分点以上。由于对计算机和通信设备的投资占美国的资本投资比重已经超过 40%，计算机和通信设备价格的大幅度持续下降，使得美国的投资效益大大提高，经济规模快速膨胀，在劳动生产率快速提高的情况下，就业稳步增加。同时，作为投资品的计算机和通信设备价格快速下降，为这些技术和产品向传统产业的渗透奠定了良好的基础。1995～1999 年，美国 GDP 实际增长率平均为 3.8%，而计算机和电信产业的贡献即达 0.87%。另一方面，以全要素生产率计，1973～1995 年美国全要素生产率年均仅增长 0.34%，而 1995～1998 年年均增长率则为 0.99%，资本深化和计算机价格下降使平均劳动生产率年均额外增长 0.49 个百分点，全要素生产率增长加快使平均劳动生产率年均额外增长 0.63 个百分点。这些都没有考虑计算机与通信技术广泛使用而产生的间接影响。如果考虑进去，ICT 的作用将更加显著。这也从侧面说明，美国经济高速增长主要得益于计算机技术的发展及其导致的价格下降和全要素生产率上升导致的价格下降（见表 9 - 7）。

同时，信息技术也开始成为新一轮全球增长中的最重要推手。例如，1989～1995 年，世界和 G7 国家的 GDP 平均增长分别为 2.50% 和 2.18%，其中来自信息技术的贡献分别只有 0.27% 和 0.38%。1995～2003 年，信息技术的贡献已分别上升到 0.53% 和 0.69%。ICT 技术创新的效果并不仅仅体现在技术层面，还引起了广

表 9 – 7　1995 ~ 1999 年美国计算机和电信产业对经济的贡献

计算机和电信产业对实际 GDP 的贡献						
	1995 年	1996 年	1997 年	1998 年	1999 年	1995 ~ 1999 年平均
GDP 实际增长率(%)	2.7	3.6	4.2	4.3	4.2	3.8
计算机和电信产业的贡献(百分点)	0.73	0.90	0.80	0.99	0.92	0.87
其中　计算机和软件	0.62	0.76	0.71	0.86	0.80	0.75
其中　电　信	0.11	0.14	0.08	0.13	0.13	0.12
对美国国内价格的贡献						
通货膨胀率(%)	2.2	1.8	1.6	0.7	1.5	1.6
计算机和电信产业的贡献(百分点)	- 0.24	- 0.41	- 0.42	- 0.49	- 0.45	- 0.40
其中　计算机和软件	- 0.24	- 0.43	- 0.45	- 0.50	- 0.43	- 0.41
其中　电　信	0.00	0.02	0.3	0.01	0.02	0.01

资料来源：Bureau of Economic Analysis, US Department of Commerce, www. bea. doc. gov/bea/grance. htm。

泛的制度创新，如微观上出现一个以大批高科技中小企业为代表的创新"蜂聚"时期，资金层面的"融资"创新，以及政府层面上的政策创新等（刘树成等，2000）。"信息时代""网络时代"等流行语的出现，也从侧面说明，以 ICT 为代表的技术经济范式已占据主导地位。

ICT 创新驱动形成了第五次经济长波周期，但并没有改写经济周期运转的基本规律。例如，到 2000 年第三季度，美国经济增长急速下滑，从第二季度的 5.6% 降低到第三季度的 2.2%，2001 年第一季度仅增长 1%。纳斯达克股指的急速跳水，标志着美国基于 ICT 创新浪潮带来的 10 年经济繁荣结束，"新经济"泡沫破灭。尽管在"新经济"泡沫破裂后，美国仍不乏 Apple、Google 和 RIM 等公司不断推出令人眼花缭乱的科技创新，但并不能否认 ICT 创新整体回报下降和对美国产出贡献下降的事实。由于大量投资投向信息技术，价格竞争使利润平均化，大量原有的 IT 企业开始逐渐转向，最典型的是生产外包和向服务转型。如美国 Dell、HP 等逐渐采用 OEM 的方式在低成本的发展中国家生产，甚至芯片巨头 Intel 也在考虑生产外包，IBM 干脆将个人笔记本业务卖给联想集团。ICT 对经济的支撑作用在下降，引领美国经济增长的贡献降低，见表 9 - 8。这表明，到 2000 年中期时，随着 ICT 创新迅速普及，以单晶硅为基础的 ICT 创新效率达到顶峰，进一步创新的边际效率下降，创新从产品的快速升级换代转向了增值服务开发，渐进性创新开始占据主流。企业获取创新超额利润的机会逐渐减少，实体经济对资本需求增长放缓，ICT 创新驱动的第五次长波周期开始进入下降阶段。

表 9 - 8　美国部分 ICT 产业最终销售对产出贡献变化

年份	1997	1998	1999	2000	2001	2002	2003	2004	2005
GDP 增长率(%)	4.5	4.2	4.5	3.7	0.5	1.6	2.7	4.2	3.2
计算机、软件和通信设备最终销售对产出的贡献(百分点)	1.05	0.88	0.97	0.82	0.13	- 0.25	0.23	0.32	0.35
计算机	0.5	0.43	0.42	0.31	0.14	0.03	0.15	0.06	0.16
软件	0.4	0.31	0.35	0.24	- 0.02	- 0.04	0.07	0.18	0.12
通信设备	0.15	0.14	0.2	0.27	0.01	- 0.24	0.01	0.07	0.07

　　资料来源：陈漓高、齐俊妍：《信息技术的外溢与第五轮经济长波的发展趋势》《世界经济研究》2007 年第 7 期。

（三）创新趋缓是酝酿国际金融危机风险和导致经济收缩的深层次原因之一

　　关于国际金融危机爆发的原因，政策理论界和媒体讨论甚多。毫无疑问，金融自由化推动下毫无节制的金融创新，但同时金融监管缺失、宽松货币政策和信用膨胀，以及部分发达经济体经济增长模式本身的缺陷等，都是导致金融危机的直接和主要原因。但从技术革命尤其是创新周期视角看，创新趋缓导致企业投资和经济增长点缺失，客观上对酝酿国际金融危机风险也起到了重要作用。

　　Perez（2002）分析了在一个创新长周期中技术革命演进与金融资本的互动关系。在第一阶段，新技术体现的利润创造潜力吸引大量金融资本，根据需要不断开发出新金融工具，金融资本变得极富"创新性"。生产资本和金融资本在职能上的分离，便于投资流向掌握技术的新型企业家，客观上起到了促进技术革命深化、帮助传播技术革命的作用。但另一方面，也存在大量寻找盈利机会的"闲置货币"，尤其是大量投资于技术基础设施的资本成为无法达到预期的过度投资，很容易形成狂热的金融泡沫，如历史上的"运河热""铁路热"和"互联网热"等，这是第二阶段的典型特征。与此同时，在这一阶段，生产资本包括革命性的产业成为金融资本操纵和投机的对象，金融资本与生产资本几乎完全对立，金融资本实际上担当了创造性毁灭的执行者的角色。直到使金融资本的账面价值与真实价值重新取得一致，逐步重新建立金融资本与生产资本之间的适当联系，生产资本重新被明确为财富的创造者，而金融资本是促进者，二者的协同一致实现真实增长和真实红利。在技术革命的成熟阶段，即第四阶段，急于投出资金的数量要比投资机会增长得更快，金融资本开始寻求出口，投资于遥远地区和重大新技术，前者会在以后导致债务危机，后者则将引发下一次技术革命。显然，如果以 ICT 创新驱动的第五次经济长波周期来看，Perez 的分析与此极其吻合。

根据技术创新经济周期理论，在形成"第二次浪潮"过程中，投机活动和银行信用膨胀越严重，"虚火"越旺。创新成果的大量出现和广泛应用，将自动而必然地导致信用紧缩，因此当经济由繁荣转入衰退阶段时，往往都是由信用问题开始的，这就使得重大经济危机常常都是首先从金融危机开始的。从科技创新的角度看，20 世纪的大萧条是这样，21 世纪初这场始自美国的国际金融危机中也有类似的影子。不同的是，在世纪之交的美国，由于实体经济部门的投资回报率也开始下降，大量资本涌入虚拟资本市场，导致互联网泡沫的迅速泛起和快速破灭。这既是资本无力从创新领域直接获得利润的证明，也加速了新一轮经济周期进入"穷途末路"的衰退期。这表明，这一轮经济长波周期即便不是已越过其繁荣的高峰阶段，至少是进入一个暂时低谷。如果没有新的技术创新提供投资空间，衰退只是早晚和程度不同而已。在此意义上，国际金融危机爆发引起经济衰退只是"新经济"泡沫破灭后美国经济收缩在时间和空间上的后续延伸。林毅夫（2008）在接受记者采访时就指出，2001 年互联网泡沫破裂时美国经济就应该陷入衰退，金融危机的爆发与美国政府没有处理好泡沫破裂后美国经济增长的动力有关。钟伟等（2008）也认为，美国金融危机实际上是被人为拉长而积聚了严重失衡的经济周期的一次硬性回归。危机调整的原因，从实体经济看，在于以信息通信技术和生物基因技术为核心的"新经济"出现收缩，以及能源等国际初级产品的冲击。

在 ICT 创新贡献不断下降时，如果有其他创新涌现并弥补这些"缺口"，美国经济仍将维持稳定增长。事实上，ICT 创新贡献下降不过是美国创新趋缓大背景下的一种自然结果。从统计数据可以看出，从 2000 年开始，美国研发强度和授权美国专利量都呈下降趋势，标志着美国创新活动趋缓。约翰·高（2009）比较了美国部分创新指标相对于其他国家的变化和表现，例如，1988～2001 年，美国科学家研究论文发表量增长率为 13%，同期欧洲和亚洲的这项增长率分别是 59% 和 119%。自 1999 年以来，美国的高技术贸易赤字几乎翻了一番，软件开发、光电子、先进原材料、柔性制造和生物技术等几乎每一个领域都处于赤字状态。一些产业界人士如美国网络巨人 CISCO 公司前 CTO 埃斯特琳甚至认为，政府和大学研究经费减少抑制了技术创新。在互联网泡沫后，风险投资商和企业家往往只追求短期的退出利益，不在乎颠覆性的技术开发。硅谷的创新虽然层出不穷，但很多都是短期的增量式创新。总体上，美国创新能力已出现危机（李子，2009）。2005 年，美国国家科学院发表报告，提醒国会必须增加科研投入，否则美国科技领先地位将会因为亚洲教育和科研基地崛起而动摇。显然，尽管这些观点可能是"醒世警言"，尽管对美国科技创新活动整体的评价存在不同看法，但美国科技创新活跃程度下降、缺乏革命性的科技创新成果诞生却是不争的事实。

理论上，当实体经济部门的投资空间被压缩，大量的资金由于缺乏有利可图的产业投资机会，只有从事耐用品消费、投资和进入虚拟金融部门，推动金融工具不断创新，虚拟经济以比实体经济更快的速度发展，导致资产价格膨胀，甚至形成资产价格泡沫。与此同时，也在不断积累金融风险。由于包括 ICT 创新在内的美国创新活跃程度整体下降，2001 年以后，为了在"新经济"泡沫破灭后刺激经济增长，美国逐步放松信贷条件，并利用 ICT 创新和"新经济"引发的金融衍生工具刺激货币流动性。最典型的是，美联储连续 27 次降息，联邦基金利率从 6.5% 降到 1%，并保持了一年多的时间，虽然暂时扭转了经济衰退，但不仅没有从根本上解决问题，反而"进一步压缩弹簧"，加剧了爆发金融危机的风险。

五　小结和简要的政策含义

创新能促进经济增长，创新与经济增长都呈现明显的周期性规律，但形成创新周期与经济周期的机制不同。科技创新创造新的产业，超额利润吸引大量投资，引起结构变化和投资波动，并进而导致经济波动，呈现经济周期特征。需要注意的是，经济危机爆发则有很多短期偶然因素，经济周期的出现是多因素共同作用的结果。短期内，外部冲击如石油危机、自然灾害、战争甚至政治变动等都可能影响经济波动。这些都从侧面说明，创新周期与经济周期之间的关系是复杂的。

金融危机是经济周期波动中的重要经济现象。至于创新与金融危机之间的关系，则更加复杂。即使是 Perez（2002）认为技术革命从早期阶段到后期阶段的过程中有时会发生一场标志性的金融危机，但任何一次具体危机都是由多种机制引发的。存在着源于技术生命周期作用的因果链条，但并不是所有金融崩溃都具有相同本质，且符合某种与技术革命传播有关的严格的因果次序。创新形成的新产业促进对资本品的需求扩张，推动了金融创新和金融市场发展。反过来，金融创新、信用市场发展以及生产资本与金融资本分离也将促进创新和创新扩散。技术革命或重大技术突破常因投机活动过盛而形成短期泡沫，但并不能因此而直接导致金融危机。

分析创新周期与经济周期之间的关系，其政策意义在于：

首先，揭示了创新长周期与经济长周期能高度耦合。长期看，尤其是历史上几次产业技术革命的观点深入人心，间接证实了科技创新长周期与经济长周期的密切关系，这方面的共识也更多。

其次，ICT 创新驱动的第五次创新长周期和经济长周期都开始进入下降阶段，当前正处于重要的周期转折期。如果没有新的技术创新提供投资空间，衰退只是早晚和程度不同而已。短期内，采取政策加大创新支持力度，推动创新，既可以增加富余资本"出口"，降低酝酿金融危机的风险，更可以创造投资机会，培育新的经济增长点，加快经济复苏。更重要的是，在转折期内，爆发新技术革命的可能性在增加。但新技术革命的主导技术体系是什么，目前尚不得而知。各主要经济体在国际金融危机期爆发后均调整了自身国家创新战略。当前尤其是应密切关注各国创新战略重点，加大对未来技术的创新研究，为未来做准备，争取在"下一波"周期的繁荣中抢占先机和制高点。

参考文献

Bureau of Labor Stastics, http：//stats. bls. gov.

Freeman C. , et al. , Unemployment and technological innovation. Westport, Lonnectict：Green Wood Press, 1982.

Freeman C. and Perez C. , 1988, "Structural Crises of Adjustment, Business Cycles and Investment Behavior". pp. 3866 in *Technology Change and Economic Theory*, edited by G. Dosi, C. Freeman, R. Nelson, G. Silverberg and L. Soete. London：Pinter Publishers.

Landefild J. S. and Franmenni B. M. , Measuring the New Economy, www. bea. gov/scb/pdf/beawide/2001/0301mne. pdf.

Jorgenson D. W. and Stiruh. K. J. , Raising the Speed Limit：US Economic Growth in Information Age. Economic Department Working Paper No. 261.

Oliner S. D. & Sichel D. E. , The Resurgence of Growth in the Late 1990's：Is Information Technology the Story? *Journal of Economic Perspectives*, Fall 2000.

Reinhart Carmen M. , Rogoff Kenneth S. , Is the 2007 US Sub2Prime Financial Crisis So Different? An International Historical Comparison. *American Economic Review*, 2008, 98 (2)：pp. 339 – 344.

Roubini, Nouriel. The Worst Financial Crisis Since the Great Depression, http：//www. Rgemonitor. com/roubini_ monitor/253618/the_ worst_ financial_ crisis_ since_ the_ great_ dep ression.

Sahal D. , 1983, Invention, innovation and economic development. Technology forcasting and social change, Vo. 23, No. 3, 1983.

U. S. Census Bureau, Statistical Abstract of the United State, 1999.

恩格斯：《英国工人阶级状况》，《马克思恩格斯全集》（第 2 卷），1972。

范·杜因：《创新随时间的波动》，《国外经济学论文选（10）》，商务印书馆，1986。

范·杜因：《经济长波与创新》，上海译文出版社，1993。

李子：《衰竭的美国创新力》，《中国保险报》2009 年 12 月 18 日。

林毅夫：《金融危机祸起 2001 年互联网泡沫》，《北京商报》2008 年 10 月 8 日。

刘树成、李实：《解读新经济》，《中国社会科学院院报》，2000 年 9 月 12 日。

刘秀萍、陈淮：《投资美国的未来——奥巴马政府的科技创新计划》，《中国科学基金》2009 年第 2 期。

刘志铭、郭惠武：《创造性破坏、经济增长与经济结构：新古典熊彼特主义增长理论的发展》，《经济评论》2007 年第 2 期。

王东：《全球经济艰难复苏下行风险依然存在——2010 年全球经济回顾与 2011 年前景展望》，《现代经济探讨》2011 年第 1 期。

熊彼特：《经济发展理论：对于利润、资本、信贷、利息和经济周期的考察》，商务印书馆，1990。

余永定：《美国次贷危机：背景、原因与发展》，《当代亚太》2008 年第 5 期。

赵涛著：《经济长波论》，中国人民大学出版社，1988。

钟伟、巴曙松等：《对当前宏观经济的一些看法——兼论经济调整周期》，《经济学动态》2008 年第 10 期。

第十章 中国可持续发展中的生态环境问题及其技术经济分析[*]

序言 对当前中国生态环境状态的基本判断

经济全球化的国际分工模式,一方面为我国经济的高速增长创造了外部条件,另一方面日益加速我国资源环境消耗。在此背景下,综合考察改革开放以来我国经济社会发展的成绩及其资源环境代价,为缓解能源供需矛盾、保持经济平稳较快发展、推动经济结构调整和产业技术进步、改善环境质量,我国政府适时果断地做出了节能减排的重大决策。对此,《中华人民共和国国民经济和社会发展第十一个五年规划纲要》进行了完整的约束性指标表达,即"十一五"期间单位国内生产总值能耗降低 20% 左右,主要污染物(二氧化硫、化学需氧量)排放总量减少10%。

我们对当前中国生态环境状态的基本判断主要从节能减排的角度,辅之以其他生态环境指标进行考察。

显然,节能减排是贯彻落实科学发展观、构建社会主义和谐社会的重大举措;是建设资源节约型、环境友好型社会的必然选择;是推进经济结构调整、转变增长方式的必由之路;是提高人民生活质量、维护中华民族长远利益的必然要求。

更进一步,据《节能减排综合性工作方案》,到 2010 年,我国万元国内生产总值能耗要比 2005 年降低 20% 左右;单位工业增加值用水量降低 30%;主要污染物(二氧化硫、化学需氧量)排放总量减少 10%,全国设市城市污水处理率不低于 70%,工业固体废物综合利用率达到 60% 以上。

---

* 执笔人:张晓等。

(一)"节能减排"政策的起步背景

在"十一五"规划起步的第一年 2006 年，我国污染物减排的形势不容乐观。全国二氧化硫排放量达 2594.4 万吨，化学需氧量排放量达 1431.3 万吨，这两项主要污染物排放总量指标不降反升，分别比 2005 年增长 1.8% 和 1.2%。

另一方面，"十五"至"十一五"初期，我国生态资源也呈现恶化的趋势，主要表现在以下几个方面。

水土流失严重。新中国成立初期，全国水土流失面积为 116 万平方公里。据测算，目前中国水土流失面积为 179.4 万平方公里，占全国国土面积的 18.7%。

沙漠化迅速发展。中国是世界上沙漠化受害最深的国家之一。北方地区沙漠、戈壁、沙漠化土地已超过 149 万平方公里，约占国土面积的 15.5%。目前约有 5900 万亩农田、7400 万亩草场、2000 多公里铁路以及许多城镇、工矿、乡村受到沙漠化威胁。

草原退化加剧。全国草原退化面积达 10 亿亩，目前仍以每年 2000 多万亩的退化速度在扩大。由于草原退化，牧畜过载，牧草产量持续下降。

森林资源锐减。中国是世界上人均森林面积最少的国家之一。中国许多主要林区，森林面积大幅度减少，全国森林采伐量和消耗量远远超过林木生长量。若按目前的消耗水平，绝大多数国有森工企业将面临无成熟林可采的局面。森林赤字是最典型的生态赤字，当代人已经过早过多地消耗了后代人应享用的森林资源。

生物物种加速灭绝。据估计，中国的植物物种中 15% ~ 20% 处于濒危状态，仅高等植物中濒危植物就高达 4000 ~ 5000 种。属于中国特有的物种和国家规定重点保护的珍贵、濒危野生动物有 312 个种和类，正式列入国家濒危植物名录的第一批植物有 354 种。

水资源短缺。由于中国水资源时空分布极不均衡且利用效率低，北方地区严重缺水，给工农业生产和人民生活造成很大影响。据统计，目前我国 600 多座城市中，有 400 多座供水不足，其中 100 多座城市严重缺水，中国西北、华北、东北等北方城市几乎全都缺水，年缺水量约 60 亿立方米。北京市人均用水量只相当于一些发达国家首都的 1/3；农村有 3.6 亿人口喝不上符合卫生标准的水，成为健康问题；西北农村有 5000 多万人和 3000 多万头牲畜得不到饮水保障。这些在短期内都难以缓解。淡水资源不足已成为影响中国许多地区社会和经济发展的重要因素。地下水位下降，湖泊面积缩小。多年来，由于过分开采地下水，在北方地区形成 8 个总面积达 1.5 万平方公里的超产区，导致华北地区地下水位每年平均下降 12 厘米。1949 年以来，中国湖泊减少了 500 多个，面积缩小约 1.86 万平方公里，占现有面积的 26.3%，湖泊蓄水量减少 513 亿立方米，其中淡水量减少 340 亿立方米。

水体污染明显加重。据 1987 年典型城市监测调查，有 42% 的城市饮用水源地受到严重污染；63% 的城市受到不同程度的污染。在调查的 532 条河流中，有 82% 的河流受到不同程度的污染。全国约有 7 亿人饮用大肠杆菌超标水，约有 1.7 亿人饮用受有机物污染的水。

大气污染严重。中国大气污染属于煤烟型污染，目前中国能源消耗以煤为主，约占能源消费总量的 3/4。煤是一种肮脏能源，燃烧产生大量的粉尘、二氧化碳等污染物，是中国大气污染日益严重的主要原因。近年来，全国城市生活垃圾为 6000 万吨/年，比 10 年前增加了一倍。在 380 个城市中，至少有 2/3 的城市处在垃圾包围之中。

环境污染向农村蔓延。乡镇企业迅速发展成为农村工业化的重要方向，以及二元经济结构向现代经济结构转变的中介。与此同时，也给农村带来生态环境更大范围的污染，对农业资源、矿产资源造成更为严重的浪费。1978 年以前，农村环境污染主要是化肥、农药等，1978 年以后乡镇企业成为农村主要污染源。

众所周知，生态环境是一种特殊资产。生态破坏、环境污染本身就构成经济损失和财富流失。生态指标恶化已经直接而且明显地影响了现期经济指标和预期经济趋势。

（二）"节能减排"政策的预期成效与资源环境压力的长期存在

面对局部改善、整体恶化的生态环境形势，"十一五"期间，我国政府综合运用法律、经济、技术和必要的行政手段推动节能减排，终于取得了预期的成绩。到 2010 年，全国单位国内生产总值能耗下降 19.06%，全国化学需氧量排放量和二氧化硫排放量分别下降 12.45%、14.29%，基本完成或超额完成"十一五"规划纲要确定的目标。[①] 另据统计，2010 年全国城市大气中二氧化硫年平均浓度达到国家

---

① 资料来源：中国新闻网，www.Chinanews.net.cn，2011 年 2 月 12 日。

环境空气质量二级标准。①

除此之外，我国生态环境在"十一五"期间也得到了不同程度的改善，如森林覆盖率，由 2000 年的 16.55%、2005 年的 18.21%②提高到 2008 年的 20.36%；荒漠化土地面积实现了净减少，20 世纪末，年均扩展约 1 万平方公里，现在为年均减少 7585 平方公里，沙化土地由年均扩展 3436 平方公里转变为年均减少 1283 平方公里。

尽管"十一五"期间通过节能减排及生态恢复建设等工作推动的环境保护绩效好于"十五"，但是，由于我国正处于工业化、城市化的大发展时期，公众对于富裕生活的追求欲望高涨，加之全球化背景下的国际分工模式的影响，我们将长期面临资源、环境的双重压力，在短时间内很难解脱。

一　转变经济发展方式：应对未来可持续发展的资源环境紧约束

经过 30 多年的改革开放和持续的高速发展，我国经济总量（国内生产总值）在 2010 年达到 39.8 万亿元，列世界第二位；与此同时，进出口总额也居世界第二位，据此，我国已成为名副其实的世界经济大国。这一成绩在总量层面彰显改革开放的经济成就。伴随着经济总量的持续增长，我国世界大国的形象逐步树立。励精图治，我国现代化"三步走"战略已经成功走过两步，离预期的目标越来越近。然而，历史的经验告诉我们，距离成功越近，面临的困难越大。环顾全球，成功启动现代化进程的国家不在少数，能够持续推进现代化进程并最终获得成功的却不多见。不少国家在迈入现代化进程后，最初的发展势头相当不错，后来却出现停滞甚至发生逆转，关键原因就是没有及时对发展方式做出调整，没有形成可持续发展的机制。对于我国而言，要成功应对挑战，保持现代化的连续性和可持续性，就必须把握全局，抓住机遇，使发展方式的转变由市场的自发走向改革的自觉。

现实的压力是，尽管改革发展的成绩巨大，我国发展中不平衡、不协调、不可持续的问题依然相当突出：经济增长的资源环境约束强化，投资和消费关系失衡，收入分配差距较大，科技创新能力不强，产业结构不合理，农业基础仍然薄弱，城

---

① 资料来源：中国经济网，2011 年 6 月 3 日。
② 资料来源：国家统计局网站，www.stats.gov.cn。

乡区域发展不协调，就业总量压力和结构性矛盾并存，社会矛盾明显增多。面对如此的现实压力，努力实现发展进程中质与量的统一、快与好的统一、物与人的统一、人与自然的统一，一切都离不开加快转变经济发展方式。

我们认为，在当前可持续发展面临的诸多问题中，资源环境对于经济发展的约束尤为紧迫，已经成为影响我国经济社会可持续发展的重要因素，因此，转变经济发展方式并不是居安思危的哲学思考和远期目标，而已经成为"不得不"在当下立即行动的被迫选择。

（一） 改革开放以来我国经济成就的资源环境代价

我国改革开放以来取得的巨大发展成就，有目共睹。然而，支撑举世瞩目的经济成就的资源环境代价也很可观。据世界银行估计，中国的环境代价占 GDP 的 3% ~ 15%，另有研究估计高达 20%；生态环境的恶化，不仅造成巨大的经济损失，而且严重地危害公共健康，甚至引发社会矛盾和冲突，形成社会问题和矛盾焦点。

在用来衡量人类消耗土地等自然资源和环境容量指标的生态足迹上，虽然我国的数据（2.1 公顷/人）低于全球平均值（2.7 公顷/人），但是我国的生态赤字（自然资源消耗超过了生物生产能力）却大于全球平均值（1.2 > 0.6）[1]，这说明，与产生的经济总量相对应，我国资源与环境总量消耗也相当巨大，已经超过了我国的生态环境承载力。

特别是，在现阶段和可见的未来，资源环境因素对我国的可持续发展呈现紧约束。具体表现为以下几个方面。

1. 我国能源消耗强度偏高，石油安全形势进一步加剧

2010 年，我国一次能源消费量为 32.5 亿吨标准煤，已成为全球第一能源消费大国。实际上，早在 2002 年，我国能源消费已列全球第二位，仅次于美国。尽管 2006 ~ 2010 年"十一五"期间，全国单位国内生产总值能耗下降 19.06%，基本完成节能减排的目标，但是，我国能源消耗强度仍偏高，是美国的 3 倍、日本的 5 倍。2010 年，我国 GDP 总量首次超过日本，而日本的能源消费总量是 6.6 亿吨标准煤；2010 年我国出口超过德国，而德国仅消费 4.4 亿吨标准煤。[2]

---

[1] 2005 年数据参见：张晓：《全球化挑战可持续发展——基于生态环境与贫困的视角》，载张晓主编《中国环境与发展评论（第四卷）——全球化背景下的中国环境与发展》，中国社会科学出版社，2010，第 3 ~ 25 页。

[2] 资料来源：《京华时报》2011 年 2 月 26 日。

中东局势紧张导致国际油价大涨，我国从中东和非洲进口的原油占我国原油进口总量的60%左右。2010年，我国原油进口2.39亿吨，同比增长17.5%左右，对外依存度接近55%，据此，石油安全形势进一步加剧。与此同时，我国进口液化天然气934万吨，比2009年增长75%，天然气对外依存度超过了15%。[①]

2. 大气、水污染进一步恶化，垃圾问题加剧

（1）大气环境。我国的单位GDP能源消耗强度高出OECD国家平均水平的20%，尚未实现原煤入洗率50%的目标，安装烟气脱硫装置的比例也低于预期。而且，机动车污染已经成为城市大气污染的最主要来源。城市大容量交通还没有受到足够的重视，鼓励小轿车消费正在成为各个城市的发展战略和拉动内需的重要支柱；自行车的使用在下降；城市交通效率正在逐步降低；燃油的质量较差（例如硫含量高）。凡此种种，尽管已付出了诸多努力，中国一些大城市的大气环境质量仍然位于世界上最糟糕的城市之列。[②]

（2）水环境。中国的水环境状况不容乐观，值得高度关注。集中表现在以下方面。

第一，由于工业、农业和生活的污染排放，部分河流、湖泊和沿海水体受到严重污染。2009年全国河流水质情况见表10-1。表中数据显示，水质较差（低于Ⅱ类）的河流合计约占总量的65%，其中最差质量的劣Ⅴ类河流竟占近20%。

表10-1　2009年全国河流水质状况

	Ⅰ类	Ⅱ类	Ⅲ类	Ⅳ类	Ⅴ类	劣Ⅴ类
占总量比例(%)	4.6	31.1	23.2	14.4	7.4	19.3

资料来源：国家统计局，www.stats.gov.cn。

污染已经使得水生态系统严重退化，对人类健康构成了重要威胁，并有可能影响到经济增长。使用未经处理的水影响了发展质量，尤其是在那些贫困和欠发达的地区。需要继续对水服务进行宏观意义上的大规模投资，如在城市地区进行水网投资储备并满足大规模的城市化及农民进城的需求。

第二，中国人均水资源占有量很低（为世界平均水平的1/4），并且分布极不

均匀（例如，北部和西部地区仅占1/10），在600多个城市中，有400个面临着水资源短缺的问题。表10-2的数据表明，总体上，我国城市人均用水量呈现下降趋势，与此同时，污水排放总量呈现增长态势。

表 10 - 2 中国城市用水状况

年份	城市数	人均生活用水 （升/日）	污水排放量 （亿立方米）	污水处理率 （%）
2000	663	220.2	331.8	34.3
2005	661	204.1	359.5	52.0
2006	656	188.3	362.5	55.7
2009	655	176.6	371.2	75.3

资料来源：国家统计局，www.stats.gov.cn。

第三，随着地表水的污染和匮乏，在很多农村和城市地区，对地下水的需求远远超过了再补给率。维持城市和农业用水的高水平（且低效）已经成为不可能。正在实施的南水北调工程，到2020年每年将有超过400亿立方米的水从长江流域调到北方平原地区。但是，如果不对城市、工业和农村用户进行严格的需求管理，没有实际落实对水资源的可持续使用，调水量仍然不能满足经济增长和生态恢复的总需求。[①]

（3）固体废弃物。有相当部分的废物以非受控制的方式倾倒，例如在城市周边随意堆放，并呈现快速增加的态势，给人体健康和环境带来了风险。"十五"计划制订的城市垃圾填埋量150千克/日的目标没有能够实现，废物总的产生量提高了80%。表10-3的数据显示，虽然生活垃圾无害化处理率有所提高，但清运的垃圾数量，2009年比2000年增长了33%。

表 10 - 3 中国城市垃圾状况

年份	生活垃圾清运量（万吨）	生活垃圾无害化处理率（%）
2000	11819	—
2005	15577	51.7
2006	14841	52.2
2009	15734	71.4

资料来源：国家统计局，www.stats.gov.cn。

---

① 资料来源：OECD。

与大气和水环境管理相比，在政府投资分配上，废物管理仍然是一个弱项。由于废物收费远低于废物管理的运行费用，而且地方部门在征收上存在困难，因此，在总体上，固体废弃物的处理过于集中在垃圾填埋上（占到城市最终废物的44%），分类收集和资源循环利用效果尚不理想。焚烧和堆肥仅仅分别占城市废物处理的3%和5%。

3. 土壤的重金属污染日渐成为影响人体健康的突出问题

因矿产资源乱挖滥采造成的农田重金属污染，如今已经到了非常严重的地步。在云南、广西，还有湖南、四川、贵州等重金属主产区，很多矿区周围都已经形成了日渐扩散的重金属污染土地。国土资源部曾公开表示，中国每年有1200万吨粮食遭到重金属污染，直接经济损失超过200亿元。而这些粮食足够每年多养活4000多万人。同时，如果这些粮食流入市场，后果将不堪设想。

大规模的土壤重金属污染，源于20世纪80年代中期以来，国内实行的"有水快流"的矿业开采政策。因为采矿权的混乱导致我国矿业多年来一直存在着集中度不足、开采工艺落后、统筹规划欠缺的"三大短板"。在我国已探明的矿产储量中，共生伴生矿床的比重占80%以上，可是，只有2%的矿山综合利用率在70%以上，75%的矿产综合利用率不到2.5%。也就是说，我国绝大多数矿山都只是开发极少数矿石，将更多的矿产资源破坏和废弃了，形成尾矿，进而成为土壤污染的源头。裸露堆放的矿渣，如砷、汞、镉、铅、铬等重金属废渣，通过雨水进入地下水系统。此外，化工企业排放的污水也是构成土壤重金属污染的污染源。

严重的问题是，中国几乎没有关于重金属污染土地的种植规范，中国正在进入因重金属污染造成的环境健康危机高发期。例如，在我国南方，大量被污染土地仍在正常生产稻米。值得一提的是，无论农业部门近年的抽查，还是学者的研究均表明，中国约10%的稻米存在镉超标问题。对于全球稻米消费量最大的国家来说，这无疑是一个沉重的现实。[1]

污染土地上产出的污染稻米，绝大部分可以畅通无阻地上市流通。这导致污染稻米产区以外的城乡居民也有危险。就全国而言，食用此类污染稻米，必然对人体健康构成极大的危害，最终影响人民群众的生活质量。

4. 过量施用农药、化肥，与土壤污染叠加形成食品安全威胁

由于人口增加及人均土地量紧张，加之人类日常生活对蛋白质等营养需求的

---

① 资料来源：新浪网，http://www.sina.com.cn，2011年2月28日。

不断提高，化学农业对于保证新增人口以及更高品质粮食、肉、蛋、水产品、蔬菜、水果等的需求起着重要作用。然而，在世界范围内，化学农业都导致严重的农业污染。以氮肥为例，农业生产中氮肥利用率低、损失率高，对生态环境产生污染，已经成为世界性的问题。据2010年发布的《第一次全国污染源普查公报》中的水污染的部分数据（目前还缺乏大气、土壤等相关数据），农业源排放的总氮和总磷已经超过全国总量的一半（详见表10-4）。另据估计，2008年因我国农户过量施用氮肥造成的直接经济损失为155.5亿元，约占当年第一产业增加值的10%。[①]

表10-4　《第一次全国污染源普查公报》中水污染部分数据

单位：万吨

	化学需氧量（COD）	总氮	总磷
全　国	3028.96	472.89	42.32
农业源	1324.09（44%）	270.46（57%）	28.47（67%）

注：括号中百分比数字为占全国总量份额。
资料来源：环境保护部网站，http://www.zhb.gov.cn/。

（二）转变经济发展方式的国际资源环境利用背景

加入WTO以来，中国已经成为带动全球经济发展的重要引擎，然而，中国经济的高速增长并非没有代价，如上所述，生态环境的急剧恶化就是其中之一。而且，由于中国的人口基数和经济规模，其生态环境问题也正在迅速国际化，并对国际社会造成越来越大的影响。因此，对我国生态环境问题的认识与判断，不能不扩大到国际视角来审视。

2008～2009年国际金融危机对世界经济包括对我国经济的巨大冲击，突显了我国经济发展方式的弊端。在"后危机时代"，围绕市场、资源、人才、技术、标准等的竞争更加激烈，气候变化以及能源资源安全、粮食安全等全球性问题更加突出，各种形式的保护主义抬头，我国发展的外部环境更趋复杂，国际资源的利用成本越来越高，环境保护已经成为世界潮流。因此，抢占世界经济发展新的制高点，

[①]　程存旺、石嫣、温铁军：《氮肥的真实成本（二）》，绿色和平组织，2010年8月。

把握好全球经济分工中的新定位，创造参与国际经济合作和竞争的新优势，充分高效地利用世界资源与环境，离不开加快转变经济发展方式。

考察造成我国生态环境问题的基础性原因及其产生的国际背景，有几个关键问题是我们必须面对的。

1. 发展和消费模式

西方工业化国家以往的发展模式是建立在大量消耗能源、粮食等基础性资源上的，是不可持续的，不仅不适合中国这样的发展中国家，而且也不再继续适合西方发达国家。2005年的数据表明，高收入国家具有最高的生态赤字，是全球平均水平的4.5倍，是低收入国家的27倍。收入的贫富差距还深刻地包含着全球生态环境资源利用的巨大不平等。[①] 全球化石能源的有限性、水资源分布的不均衡性必然导致各国由于争夺资源而引发的冲突；全球气候变化以及区域环境问题的跨界影响，也使一国的环境不再是孤立的国内性的，甚至不再是地区性的，污染也不再是可以任意转移的。

为了真正解决生态环境问题，我们应该考虑摒弃那种以化石燃料为基础、以汽车产业为中心、大面积住宅、粮食高消费等传统消费观念，转向资源节约、环境友好、重复使用、循环利用的发展模式，以可再生能源为基础、以公共交通为中心、崇尚经济适用住宅、节俭等内容的消费模式。

2. 发展结构

随着中国融入全球化、市场化进程的推进，发达国家向我国的产业转移以及我国国内区域间的产业转移，带来了我国经济结构的变化，这在一段时间内成为推动我国经济增长的主要动力和支柱。但是，一些行业，如造纸、制砖、水泥制造、印染、服装等，由于存在技术落后或规模不足等问题，造成严重的环境污染，成为发展最快的污染源（参见表10-5）。另外，工业能源利用率在我国不同行业之间的分布很不均衡，一些行业，如汽车制造、机械加工、发电等已经达到国际水平，而一些传统行业，如采煤、炼焦、水泥、化工等还在使用过时的技术，这也成为污染的原因之一。

表10-5的数据表明，我国的一些重要产业部门，要么是大量消耗水资源和大量排放污水，如造纸、化工、纺织印染、食品加工、钢铁、电力等行业；要么是污染大气的大户，如钢铁、水泥、电力、化工等部门。

---

① 张晓：《全球化挑战可持续发展——基于生态环境与贫困的视角》，载：张晓主编《中国环境与发展评论（第四卷）——全球化背景下的中国环境与发展》，中国社会科学出版社，2010，第3~25页。

表 10 – 5　行业污染情况（2009 年）

行　业	工业废水排放总量（万吨）	工业废水中污染物排放量		工业 SO₂ 排放总量（吨）	工业粉尘排放量（吨）
		化学需氧量（吨）	氨氮（吨）		
行业总计	2090300	3791653	245039. 4	16940645	4761993
农副食品加工业	143838	526186	19355. 5	160944	3835
纺织业	239116	313087	16050. 9	256113	1701
造纸及纸制品业	392604	1097204	27385. 2	457366	7501
化学原料及化学制品制造业	297062	427237	87553. 0	975160	111570
煤炭开采和洗选业	80236	91673	4709. 6	149861	187839
黑色金属冶炼及压延加工业	125978	115122	8641. 3	1701839	841489
有色金属冶炼及压延加工业	28976	27270	7086. 0	660890	88353
电力、热力的生产和供应业	149010	44842	1402. 5	9329904	6734
石油加工、炼焦及核燃料	66406	80019	7273. 4	614235	155458
非金属矿物制品业	32777	29832	1505. 5	1605237	3090423

资料来源：国家统计局网站，http：//www. stats. gov. cn/tjsj/qtsj/。

应该说，形成目前我国产业结构不是偶然的，它意味着市场导向、出口主导、扩大就业的发展战略取得了成功，但是，在全球生态环境资源紧缺的条件下继续沿用这样的结构模式，需要付出比发达国家曾经付出的更大的代价。因此，进一步深化改革的重要内容是调整产业结构。

3. 对外贸易消耗资源和环境容量

改革开放以来，对外贸易一直是中国经济发展的重要引擎和支柱。表10 – 6的数据表明，进入21 世纪后，中国出口贸易占 GDP 的份额呈现快速增长，一直维持在20% 以上，一度高达30% 以上；而净出口（出口 – 进口）贸易额除若干年份外，均为顺差，2007 年占 GDP 的份额高达8% 以上，这些都显示国内经济发展对于出口贸易的依赖。

表 10 – 6　改革开放以来中国出口贸易占 GDP 份额的变化

年份	贸易出口额（亿美元）	出口/GDP（%）	净出口/GDP（%）
1978	97. 50	4. 60	– 0. 54
1980	181. 20	5. 97	– 0. 61
1985	275. 45	8. 97	– 4. 98
1990	624. 23	15. 99	2. 20
1991	718. 93	17. 57	1. 97
1992	847. 99	17. 37	0. 87

续表

年份	贸易出口额(亿美元)	出口/GDP(%)	净出口/GDP(%)
1993	917.18	14.96	-1.99
1994	1209.21	21.62	0.96
1995	1491.05	20.48	2.31
1996	1512.64	17.67	1.43
1997	1828.84	19.20	4.25
1998	1838.80	18.04	4.26
1999	1952.07	18.02	2.70
2000	2492.56	20.80	2.01
2001	2660.92	20.09	1.70
2002	3255.76	22.39	2.09
2003	4384.19	26.72	1.54
2004	5932.64	30.71	1.67
2005	7647.75	34.19	4.57
2006	9733.64	36.61	6.71
2007	12290.32	37.45	8.08
2008	14455.50	31.97	6.65
2009	12008.45	24.09	3.94

资料来源：www.stats.gov.cn/tjsj/ndsj。

　　伴随着出口产品的生产和贸易额的增长，是资源和环境容量的消耗，即隐含在出口产品中的宝贵的能源和水资源也出口了；与此同时，出口产品越多，也意味着更多排放的污染物被留在中国。表 10-7 显示的是中国外贸出口的隐含能源、隐含水资源以及污染物排放量。数据表明，中国出口产品所消耗的能源、水资源占产业部门消耗总量的份额达 33%，净出口（出口-进口）产品的这一数字为 7% ~ 10%；出口产品污染物排放占 30% 左右，净出口占 10% 以上；出口和净出口的资源消耗和环境污染都呈增长态势。我们更为关注的是，净出口产品消耗资源与加重污染所释放的信号，说明我国的对外贸易是建立在过度消耗资源环境的基础上的，不利于我国资源环境保护，从根本上说，不利于我国未来的可持续发展。

　　除了上述的产业结构问题外，对外贸易中加工贸易比重偏大是造成大量消耗我国稀缺的能源、水资源同时带来严重的环境污染问题的根源。2000 年我国加工贸易出口额占总量的 55%，2009 年占 49%。[①]

----

　　① 资料来源：《中国统计年鉴》；国家统计局网站。

表 10 – 7　中国出口贸易的隐含资源与环境容量占全国总量的份额

单位：%

	2002 年	2005 年	2007 年
	能源[①]		
出　口	25	33.4	31.88
净出口	– 0.26	6.32	13.22
	水资源[②]		
出　口	18	32.8	—
净出口	4.1	7.7	—
	二氧化碳排放[①]		
出　口	25.07	33.59	32.04
净出口	– 0.21	6.56	13.38
	二氧化硫排放[①]		
出　口	24.07	31.3	29.4
净出口	1.18	6.61	11.41
	排放废水中的 COD 含量[①]		
出　口	25.78	31.63	26.92
净出口	7.54	11.98	14.12

资料来源：①张友国：《国际贸易对中国能源需求和环境质量的影响》，载张晓主编《中国环境与发展评论（第四卷）——全球化背景下的中国环境与发展》，中国社会科学出版社，2010。
②张晓：《中国对外贸易的虚拟水含量及其政策含义》，载张晓主编《中国环境与发展评论（第四卷）——全球化背景下的中国环境与发展》，中国社会科学出版社，2010。

4. 我国的国际贸易条件

除了前文所述造成大量消耗我国稀缺的能源、水资源，同时带来严重的环境污染问题外，我国对外贸易中加工贸易比重偏大以及国内经济发展对于出口贸易的依赖两大特点，还使得贸易条件容易对整体经济结构产生巨大影响，最终因产生通胀而影响国民的整体福利。

国际贸易条件是出口价格指数与进口价格指数的比值。由于我国对外贸易中加工贸易比重偏大，即需要大量进口初级产品，同时出口制成品，使得我国贸易条件变化受国际初级产品和制成品的价格影响很大。当前，全球化已经形成新的最终产品价值链，作为加工环节，真正能影响产品价值构成的份额为 10% ~ 30%（不超过 30%），价值构成的大头为基础初级产品（能源、原料）和服务所占据。考察初级产品侧，一方面，上游初级产品已经被寡头垄断，国际市场的初级产品的价格呈不断上涨态势；另一方面，我国的对外贸易特点造成对于资源、能源的进口过度依赖，实际成为抬高国际市场此类大宗商品价格的重要因素。此外，我国存在的大量低附加值出口企业，恶性竞争与产能过剩，使得它们出口议价能力极其低下，不得不以更低的价格出卖产品。再考察服务侧，长期以来，我国服务业发展与国际水平差距较大，特别是商品的专利、设计、零售、物流、中介、金融等服务更多地为跨国垄断资本所控制，在价格决定、利润分配等方面，我国缺乏决定权。凡此种种，经初级产品（进口价格上涨）和服务（利润分配权缺失造成获利空间极其有限）两方面的挤压，作为最终产品价值链的加工环节，我国不得不承受出口价格下跌而实际造成的贸易条件恶化的苦果。贸易条件恶化可能传导到国内，造成企业亏损加剧及新一轮通货膨胀。

（三）转变经济发展方式的资源环境目标和途径

我们认为，应对我国未来可持续发展的资源环境紧约束的有效途径是转变经济发展方式。

总体上，转变经济发展方式的目标是：坚持把经济结构战略性调整作为主攻方向，坚持把科技进步和创新作为重要支撑，坚持把保障和改善民生作为根本出发点和落脚点，坚持把建设资源节约型、环境友好型社会作为重要着力点，坚持把改革开放作为强大动力。这"五个坚持"，体现了科学发展观的内在要求，反映了对发展中国特色社会主义的规律性认识。其中，建设"两型（资源节约型、环境友好型）社会"充分反映出目前和未来我国转变经济发展方式的资源环境目标的重要内容。

实现内涵资源环境目标的转变经济发展方式的途径如下。

1. 调整结构

基于目前形势和对综合国力的判断，"十二五"规划（以下简称《规划》）全面、详细地阐述了近期内如何转变经济发展方式的具体战略意图，其中，针对调整产业结构，《规划》分别从传统产业和战略性新兴产业两个方面进行了讨论。

在传统产业方面，有针对性地提到在装备制造、船舶、汽车、冶金、建材、石化、纺织等重点产业调整中特别强调将节能、环保和资源综合利用作为发展方向；在战略性新兴产业方面，节能环保、新能源、新能源汽车以及低污染的信息技术、新材料等产业被列为培育的重点。[①] 这充分反映出，以保护资源环境为主要目标的转变经济发展方式已经被细化和分解，今后的工作是落实。

---

① 参见《中华人民共和国国民经济和社会发展第十二个五年规划纲要》，人民出版社，2011。

　　更广义地讲，转变经济发展方式、建设"两型社会"的关键是调整产业结构，巩固第一产业，提升第二产业，做大第三产业，构建现代产业体系。改革开放以来，尽管经济取得了长足的发展，但是，农业基础薄弱，"靠天吃饭"的局面没有根本改变；工业大而不强，制造业规模虽已居世界第三位，但缺乏自主知识产权、核心技术和世界知名品牌，消耗高、污染多的行业和企业所占比重过高；服务业发展滞后，其增加值占国内生产总值的比重比中低收入国家平均水平低十几个百分点，特别是现代服务业的数量和质量远不能满足需求。产业结构不合理的状况，不仅加大了资源环境的压力，影响经济整体素质和效益的提高，也不利于缓解就业压力，影响经济的稳定性。因此，必须立足于优化产业结构推动发展，把调整产业结构作为推动发展的主线：加强农业基础地位，逐步实现农业由弱变壮；提高工业技术水平，实现工业由大变强；发展服务业，实现服务业发展由慢变快，使经济增长由主要依靠第二产业带动向依靠第一、第二、第三产业协同带动转变。

　　2. 绿色发展

　　当今世界，绿色发展已经成为一个重要趋势，许多国家把发展绿色产业作为推动经济结构调整的重要举措，突出绿色的理念和内涵，甚至实施所谓"绿色新政"，以此来谋划后金融危机时代的发展，并以此更加有效地利用资源，扩大市场需求，提供新的就业，培育新的经济增长点。因此，以绿色发展为途径，我们不仅可以加快经济发展方式转变，而且还可以提高国家整体的国际竞争力。当前，世界主要国家纷纷把新能源、新材料、生物医药、节能环保作为新一轮产业发展的重点，抢占未来经济发展制高点。与传统产业相比，我国在若干新技术领域与发达国家的差距较小。如新能源，我国初步形成规模较大、体系相对完善的新能源产业，加上广阔的市场前景，可望形成与发达国家相比具有成本优势、与发展中国家相比具有技术优势的独特竞争力。大力发展绿色经济，可以推动产业结构优化升级，形成新的经济增长点，在国际经济技术竞争中赢得主动。

　　绿色经济以传统产业升级改造为支撑，以发展绿色新兴产业为导向，在保持经济稳定增长的同时，促进技术创新，创造就业机会，降低经济社会发展对资源能源的消耗及对生态环境的负面影响。

　　在发展绿色经济的过程中，围绕"绿色"内涵，有几个关键点：第一，要对传统产业进行升级改造，主要目的是提高资源利用效率、控制污染物和温室气体排放[1]，以

---

　　① 关于中国温室气体排放的讨论详见本章第三节。

新的技术标准或采用信息技术提升传统产业；第二，推动节能产业发展；第三，发展新能源产业；第四，通过循环经济手段，推动再生资源、再制造产业发展；第五，推动以处理废水、废气、固体废弃物等为主要目的环境保护产业[①]以及电子技术、生物、航空航天、新材料、海洋等战略性新兴产业的发展。

实现上述五个关键点，需要采取"硬"（新技术、新装备）及"软"（新标准、规划以及财政、税收、金融、服务、教育等）两方面的措施相配套，才可能将绿色经济作为转变经济发展方式的一个重要途径，在真正意义上转变我国一直沿袭的传统发展方式。

绿色发展是《规划》的鲜明特色，它分别从区域协调发展、生态环境保护、建设资源节约型环境友好型社会等方面进行了讨论。

3. 政府职责

我国经济发展方式存在的问题，既同我国经济发展的阶段性有关，也同我国经济发展内外部环境的变化有关，更同政府职能转变滞后有关。政府的职能和行为决定着政府管理的基本方向和主要形式，政府作为公共权力行使者、政策措施制定者、经济活动管理者、国有资产所有者、改革创新组织者所具有的特殊地位，决定了政府对经济发展方式具有广泛的、重要的影响和作用。要加快经济发展方式转变，就必须加快政府职能转变。

转变经济发展方式就是实现经济转型，就是在资源环境约束下，优化配置生产要素，调整提升经济结构，以尽量少的投入获得尽量多的产出。但从根源上看，转变经济发展方式其实是一个政府转型问题，就是推进政府职能转变，实现从全能型、管制型、审批型政府向服务型政府转变，建设一个行为规范、工作透明、勤政高效、清正廉洁的人民满意的政府。粗放型经济发展方式的病症在经济领域，病根却是行政体制。政府职能"错位""越位"和"缺位"，对企业和市场过度干预，会造成经济结构的扭曲和资源配置的低效。

我国传统的经济发展模式，人们习惯了"集中力量办大事"、决策高效率、组织强有力的政府行为方式，不能正视这其中政府职能的"错位""越位"和"缺位"所导致的资源环境的扭曲配置和低效率。转变经济发展方式，政府特别需要转变传统职能，处理好几个关键问题：第一，在改善民生与经济发展的关系中，政府应比以往任何时候更加注意改善民生，将公共资源向民生事业倾斜，保护资源环

---

① 关于环境保护产业的深入讨论详见本章第二节。

境也是民生的重要组成部分；第二，健全、培育和维护公平的市场机制和经济环境，让更多的民间资本进入可能进入的领域，拓宽民间投资进入绿色经济的渠道。

可以预期的是，转变经济发展方式已逐步融入政府职责和社会、科技、教育、文化、经济（金融、财政）、管理各领域，这些都从不同的角度为发展方式的真正转变提供了制度和措施上的可靠保证。

二 解决现实生态环境问题的一种技术选择：环境保护产业

（一）环保产业的市场发展

1. 国外环保产业的发展

随着环境问题的不断增加，环保产业近年来受到国内日益广泛的重视。产生于20世纪70年代的环保产业是一个新兴和特殊的产业门类，区别于传统产业消耗资源和污染环境的发展模式，环保产业提供的污染控制产品和环境服务不仅创造了经济效益，而且包含了社会和环境效益。

对环保产业的定义和内涵一直以来存在着不同的认识，这种认识的不同在行业统计、行业管理和政策覆盖等方面产生了很大的分歧和困难。一般有广义环保产业和狭义环保产业之分，也有将广义环保产业称为环境产业。大部分发达国家包括美国、日本和欧盟采用了广义的环保产业定义方法，涉及"从摇篮到坟墓"整个污染过程的环境产品项目和服务内容，而不是仅仅局限在末端治理的狭义概念。基于这样的广义概念，环保产业自其产生以来在许多经济发达国家增长迅速并成为国家主要财政收入之一。

在过去近20年中，全球环保市场不断扩大。1990年，全球环保市场约为2000亿美元，1996年为4530亿美元，2000年达6530亿美元，目前已经超过7000亿美元，年均增长率达7.1%，远远超过全球经济增长速度，保持着持续发展态势。从环保产业的发展历程来看，该产业最先在经合组织（OECD）发达国家兴起，这些国家一直占据着全球环保产业市场的绝对份额。据美国国际环保商业公司统计，2000年，全球6530亿美元的环保市场中，OECD发达国家市场总额高达5439亿美元，约占83.3%。在环保产业高速发展阶段，增长率通常可达到本国GDP增长率的1~2倍。以美国为例，1971~1989年，美国环保产业的增长率一直保持在GDP增长率的2倍以上，环保产业在国民经济中的占比不断提高，几乎呈直线提升，该阶段可认定为美国环保产业的高速发展阶段，增长率常年保持在 10% 以上。1990~2000 年，环保产业增速放缓，以 4% 为中心上下波动，为高速发展阶段后的成熟期，增长率与 GDP 增速基本相当。2000 年后，世界范围内的环保压力增大，美国环保产业势头再起，并未如其他传统产业一样进入衰退期，增长率继续攀升，环保产业在 GDP 中的占比仍在提高。

2. 中国环保产业市场

我国的环保产业市场从 20 世纪 90 年代开始出现比较快速的增长，以城市污水基础设施建设为例，由于我国城镇污水处理工作起步较晚，直至 20 世纪 80 年代初，才建成第一座现代化的污水处理厂。从 2000 年开始，城镇污水处理事业加快发展，城镇污水处理量年均增长超过 10%，10 年累计增长 145%。目前我国正在建设的城镇污水处理项目 1929 个，可新增污水处理能力约 4900 万立方米/日。在建和已建项目处理能力总和预计可达 1.6 亿立方米/日，基本与美国的处理能力相当，我国将成为全世界污水处理能力最大的国家之一。

污水处理已成为我国实现节能减排工作目标的主要手段，污水处理设施对污染物减排的贡献率不断提高。2009 年，全国城镇污水处理厂污水处理量达到 279 亿立方米，是 2005 年的 1.9 倍，城市污水处理率已达 75.25%，较"十五"末提高了 23 个百分点；城镇污水处理厂平均运行负荷率达到 76.6%，较"十五"末提高了 11 个百分点。城镇污水处理厂全年累计削减化学需氧量（COD）达 770 多万吨。

截至 2010 年 6 月，全国设市城市、县及部分重点建制镇累计建成城镇污水处理厂 2389 座，总处理能力达到 1.15 亿立方米/日，分别是"十五"末的 3 倍和 2 倍。西藏自治区第一座污水处理厂昌都地区污水处理厂的建成调试，标志着我国所有省、自治区、直辖市均已建成城镇污水处理厂，其中北京、上海、山东、江苏、浙江、河南、安徽、海南等省（直辖市）实现了县县建有污水处理厂。

中国环保产业发端于"七五"期间，环保投资规模随后逐渐扩大，"十五"期间环保投入复合增长率达 16.6%；"十一五"期间，在建设"资源节约型、环境友好型社会"的总体规划指引下，环境保护投资总额达 1.54 万亿元，较"十五"期间增加 83%；据悉，国家环境保护"十二五"规划已初步确定，"十二五"期间中国环保投资将达 3.1 万亿元，较"十一五"期间 1.54 万亿元的投资额上升 101%，年平均增速达 24.2%，环保投资力度的加大促进了行业的高速发展。中国环保投资占 GDP 的比重自 2001 年的 1.01% 提升至 2008 年的 1.43%，所处的水平与美国环保产业 20 世纪 80 年代水平相当，该阶段为美国环保产业高速发展的后半段，环保产业的增速约为 GDP 增速的 2 倍。因此，若是中国 GDP 保持 8% 的增速，2015年环保投资/GDP 提升至 2.5%，则 2015 年中国环保投资额将达 1.35 万亿元，2008～2015 年复合增长率可至 16.97%。

环保行业属于公用事业，行业发展受到国家政策导向的影响，除了资金投入外，政策支持也是推动环保行业发展的主要动力。目前我国已经进入工业化中后期阶段，从国外的经验来看，政府对环保的重视和大规模投入一般发生在工业化后期，而从实际情况来看，国际社会对中国减排的呼声越来越大，国内民众的环保意识也逐渐增强，因此在经济结构转型的过程中，环保产业将被高度关注。2010 年由国家发改委牵头起草的《节能环保产业发展规划（征求意见稿）》三轮征求意见程序已全部结束，该项规划已在 2012 年出台，该规划明确了环保行业的发展目标、优惠政策、重点发展产业等，成为推动中国环保产业高速发展的政策基石。

另外，环保部于 2009 年启动了环境保护"十二五"规划的编制工作，首先，在延续"十一五"总量控制原则的基础上，再增加两项约束性指标：水中的氨氮和空气中的氮氧化物；其次，作为"十一五"总量控制指标的 COD 减排将扩展至农村，磷、重金属等其他污染物可能不会被列入全国性减排约束性指标，而是要求地方列入区域约束性指标；最后，在工业源方面，脱硫脱硝还将继续推进，可能要增加电厂的电除尘和布袋除尘，以控制颗粒物的排放。根据规划草案，"十二五"期间对设定的新增环保处理能力制定了具体的目标值，如新增污水配套管网建设能力20 万吨，新增污水处理规模 9000 万吨，升级改造污水处理规模 5000 万吨，新增污泥日处理能力 4.7 万吨，新增垃圾填埋能力 25 万吨，新增垃圾焚烧日处理能力 15 万吨，这些具体目标的设定为环保产业发展的线路指明了方向，实施的可行度高。

环保产业黄金时代的来临，必将给下属的各个子行业带来巨大的投资机会，其中的固废治理、污水处理和大气治理最值得关注。

（1）废水处理行业表现出较为显著的成熟期特质。从成长性来看，污水处理行业高速增长或将放缓；但从城市污水处理率来看，该领域未来的投资仍会加强。2009 年，中国城市污水处理率达 72.30%，与发达国家 90% 的处理率仍有较大差距，行业仍存在增长动力，但在污水排放总量受到严格限制、处理率不断提高的情况下，中国污水处理行业的高速增长将放缓。从污水处理投资上看，中国"十二五"期间，工业污水处理厂、市政污水处理厂、农业等领域会有超过 1 万亿元的投资空间，环保部的预测报告也表明，"十二五"期间中国的废水治理投资正常情况下可达 1.06 亿元，且"十三五"总投入较"十二五"仍有 30% 以上的增长，污水处理行业未来的投资仍会加强。

（2）目前，在二氧化硫排放压力有所减缓后，国家对氮氧化物的治理成为新的重点，其中火电厂仍是氮氧化物排放的主要来源。据全国第一次污染源普查报告，2009 年中国氮氧化物排放量居前几位的行业有：电力、热力的生产和供应业733.38 万吨，非金属矿物制品业 201.24 万吨，黑色金属冶炼及压延加工业 81.74万吨，化学原料及化学制品制造业 41.98 万吨，石油加工、炼焦及核燃料加工业29.80 万吨。上述 5 个行业氮氧化物排放量合计占工业源氮氧化物排放量的91.5%，因此脱硝市场仍主要面向火电厂等主要行业。目前，《火电厂大气污染物排放标准》正在修订中，氮氧化物排放浓度限值将大幅度趋严，烟气脱硝将成为"十二五"火电厂氮氧化物控制的主要手段。

（3）固废处理行业发展加速。由于城市生活垃圾问题日益突出，固废行业发展空间巨大。随着中国城镇化的逐渐推进，城市生活垃圾产生量与日俱增，对垃圾清运量的要求也不断提高。2001～2008 年，城市垃圾产量复合增长率为 5%，而垃圾清运量的增速仅为 2.03%，整体来看，垃圾清运的速度不及垃圾产生的速度，垃圾围城现象出现，垃圾处理问题开始引起民众和政府的高度重视。截至 2007 年，我国未经处理的城市生活垃圾累计堆存量已达 70 多亿吨，侵占土地面积超过 5 亿多平方米，全国 660 个城市中有约 200 个城市陷入垃圾包围之中。"十一五"期间，中国固废处理投资规模 2100 亿元，年均增速 18.5%，其中垃圾处理以 25% 的增速位列环保投资之首，但固体废物处理问题依旧在恶化，因此中国固废处理投资规模需继续加大以抑制这种趋势。而作为环保产业的重要一环，与污水处理和大气处理相比，中国目前固废处理行业仍处于初始阶段，产业化程度和市场集中度均非常低，投资规模的加大将为行业的发展提供巨大的动力。

（二）中国环保产业发展的技术状况

经济条件越好的地方越有能力也更愿意做环保，这是社会经济均衡发展的必然选择。某种程度上环保产业的规模和水平一般会与这个地区或国家的经济发展水平和人们的生活水平相对应。在国内经济区域发展不平衡的条件下，国内的环保产业分布也呈现明显的区域特征，如经济状况比较好的江苏、浙江、广东、山东等东部沿海省份，在环保领域的投入比较大，同时环保产业的发展也远快于其他中西部省份。以经济状况很好的江苏为例，近年来环保产业的发展不仅在整体规模上提升很快，在企业群体数量上也达到了国内最好水平。据当地不完全统计，仅江苏无锡地区，环保企业的数量就已经超过 3000 家，几乎占国内环保企业数量的 1/10，而且其平均效益水平也高于国内环保企业平均水平 5 个百分点。

与中国目前的经济总量对比，国内环保产业的发展质量和发展速度还是很不相称的。而如果从国内的产业结构、收益水平、地方财政收益等情况来看，中国环保产业的现状又是必然的。其基本特征为：①数量众多，但企业个体规模很小，企业布局分散，产业集中度不高，低水平竞争严重。据环保部 2008 年公布的数据看，国内目前涉及环保的企业数量 3.5 万家，从业人员不到 600 万人，年产值上亿元的企业数量只占企业总数的 1% 左右，不到百人规模的企业占总数的 40% 左右。现有企业中从事附加值较高的环境服务业的数量不到 10%，从业人员的教育水平虽然近 10 年随着国内环境教育体系的逐渐建立和扩充而有所改观，但企业中的本科以上的从业人员数量比例依然很小，这部分导致环保企业的技术附加值较低，环保施工业和环保设备加工业依然是产业规模的主要组成部分，环境投资、环境运营管理等新兴分支虽然呈现良好的快速上升势头，但目前尚十分薄弱。国内环保产业在东部沿海部分省市的聚集度过高，中部和西部省份环保企业的数量和规模都普遍很小，无法应对可能出现的当地环保市场的快速扩容。②由于环保企业的规模偏小，绝大部分企业没有自己的研发能力和技术创新能力，而且企业由于技术装备落后，其产品的加工精度、设施的自动化控制水平普遍很低。与国外相比，国内环境技术的总体水平目前只相当于西方工业化国家 20 世纪 70 年代的水平，只有少量环保企业的技术水平达到了国际 90 年代标准。以目前已经交付使用的污水治理设施来看，只有约 1/3 能够达到设计要求，正常运行；有 1/3 虽然达不到设计要求，但能勉强维持；另有 1/3 则基本无法运转，除非进行大规模改造和更换设备。这在我们本已经捉襟见肘的环保投资中造成了极大的浪费。造成国内环保产业技术水平低的原因是多方面的，固然我们工业基础薄弱，国家在环保领域中的研发投入规模有限，但我们的商业环境恶劣，知识产权保护形同虚设，技术进步不能获得应有的回报也对此形成了很大的影响。在国内环保企业之间，模仿、抄袭、技术剽窃的现象十分普遍，大家都认同"谁搞技术创新谁吃亏，谁会抄袭谁得利"的尴尬局面。在此背景下，国外具有先进技术的环保企业对进入中国市场或与国内环保企业进行合作十分为难，即使是进入国内市场也多半会选择独资和自建销售体系，这也在很大程度上影响了国外技术的有效传导，降低了国内环境技术的进步速度。③国内的环保市场目前还基本掌控在各级地方政府的手中，或者地方政府对当地的环保市场具有很大的影响力和支配能力，由于利益的诱因，国内的环保市场呈现出非常明显的条块分割，权贵市场经济介入严重，造成了环保市场很多畸形现象。这是目前国内环保企业无法迅速成长和实现全国经营的最重要因素。④由于国内在环保领域中的投资相对在污水处理和烟尘控制方面较为集中，所以也造成了国内环保企业多集中于这两个领域。以江苏宜兴地区为例，其庞大的环保企业群体中，有80%都集中于污水产业链的各种设备材料制造，而剩余的20%也基本与烟尘控制治理相关，仅从产业集中度上就可以看出其竞争的激烈程度和产业的重复程度。另外，国内环保企业热衷于污染控制设备及其相关环境产品的生产制造，并不关注生态恢复、环境管理、信息和咨询服务等生态环境的整体控制，其发展尚处于以末端治理为基本特征的初级阶段。

总的来说，中国环保产业发展的现状和能力局限有其多方面的原因。首先，相对弱化的中央计划指令和尚未完善的市场经济导致政府对环境事业和环保产业调控与监管不力，具体表现形式为行政管理条块分割、市场割据和地方保护主义。违背了经济发展规律的指令性计划和行政干预在一定程度上取代了市场机制，许多地方出现了市场混乱、重复建设和地方保护等现象，这些因素造成了环保产业实际需求不利的局面。其次，缺乏有效的财政和金融手段支持国内环境质量改善。目前环境保护的基本模式仍然是以中央和各级地方政府为中心的"排污收费－基础建设"传统模式，即环境保护投资、建设和运营主要是以政府为中心的国家福利性事业，缺乏充分的商业化运作。再次，在国家和企业两个层次上缺乏有效的科技和研发系统、革新机制和科技成果转化能力。中国科技研发系统的组织结构和机制上的缺陷无法将科研成果和污染企业的实际需求有效联系起来，在对国内科研成果转化不利的同时也无法有效地消化和吸收国外先进技术，从而国内环保产业的供给不足。最后，社会与公众没有对环境政策执行和企业污染排放构成有效的社会压力，进而丧失了推进环保产业需求发展的原动力。由于国内政治和经济甚至传统文化因素的影响，环境非政府组织、社团和公众参与环境政策制定与企业污染控制的环境管理机制仍远未得到发展。

（三）促进中国环保产业发展的因素分析

既然环保产业的基本特征是其连接着经济生产活动和自然环境改善，环保产业应当被视为可持续发展的内在需求。在通过提供和交换环境技术、产品和服务以获取经济效益并得到自身生产力增长的同时，环保产业还创造了巨大的环境和社会效益。对于产业需求方的环境状况改善和供给方的技术革新而言，环保产业的根本发展机制在于环保企业为追求自身利益最大化所产生的供给结构和供给量能否有效地满足市场需求，以及能否成功地在政府宏观调控与监管条件下依照市场机制进行环境技术、产品和服务的市场交换。尽管中国的市场化进程已经持续了30多年，但是公平和有效竞争的市场机制由于受到政府行政干预等因素的影响至今尚未完全建立起来，市场割据和地方保护主义仍十分严重。由自由市场经济和政府指令性计划构成的中国市场经济体制，是决定环保产业需求和供给两方面发展的重要体制性约束。由此中国环保产业自身的革新发展主要取决于：首先，环保产业市场需求能否有效地刺激国内环保企业的发展潜力，产生规模经济和高效合理的产业结构并推动国民经济和环境发展，即"有效需求"；其次，环保产业供给能否在研发战略、技术转移和技术扩散的基础上通过自身的技术革新来满足市场需求结构，即"有效供给"。

当前国内环保产业的市场需求包括：①国家和区域重大生态恢复和污染控制项目的政府采购，如已经实行的"三河""三湖"治理、南水北调工程、滇池综合治理工程、天然林自然保护工程等；②以提高城市发展运行水平、服务地方经济和民众健康为目标的环境基础设施建设，如污水处理厂、污水收集管网、垃圾填埋场、垃圾焚烧发电厂、危险废弃物处理场等；③生产企业的环境污染控制与清洁生产，如企业的各种污染治理设施、环境管理系统、环境经营系统、污染物再生等；④提高家庭生活水平的公民个人消费；⑤出口/海外市场需求。

影响环保产业需求结构的因素为：①国家和地区经济发展水平，环保市场的投入能力；②环境战略与政策、手段与执行和政府调控；③体制结构，环保市场的管理模式，环保市场的商业环境；④公众健康水平，环境意识和公众压力；⑤经济驱动利益，贸易全球化和出口导向型经济。

国家经济发展水平在很大程度上决定着产业部门发展。作为影响产业发展的宏观变量，与国家经济发展水平具有强烈相关性的中央和地方各级政府的环境保护投资是构成污染控制和环境改善的主要资本驱动力和环保产业市场的需求拉动力。虽然中央政府对于环境事业的投入不断增加，但经济发展速度的快速增长和产业结构的限制，以及有限环境投资的有效利用程度目前仍难以遏制国内生态环境继续恶化的趋势。如果以目前政府为中心的传统融资方式，未来10年仅城市环境基础设施建设和运营的资金缺口因区域不同将依然高达20%～50%，环境污染对全国和地方经济发展的影响不仅不会缩小，而且还会继续扩大。由此可见，环保市场资本的多样化和降低市场准入壁垒将在今后很大程度上决定环境事业和环保产业的发展。

同时，生产经营企业对于自身环境污染的控制措施和环境政策的执行能力将会因为政府的干预力度、环境管理监督方式、民众的环境消费意愿和公众的环境话语权而呈现很大的不同，而这也将在很大程度上决定着国内环保产业市场容量的大小并可直接强有力地拉动环保产业发展。由于经济发展仍处于国家战略的首要地位，中国各级政府的环境调控能力和执行能力所形成的有效环境市场不足以支撑环保产业的迅速健康发展。作为环境事业的主要管理协调者和环保产业发展的主要推动者，由于在经费和行政资源分配等方面强烈依赖于地方各级政府，地方环保部门在推进企业污染控制的同时必然会将当地政府的意愿作为主要工作指针进行考虑，从而形成中国环保产业发展的主要行政体制壁垒。作为污染企业一方，即使在政府鼓励和公众压力之下仍然会对实施企业内部污染控制犹豫不决；环境投资巨大、经济效益隐蔽性和利益回报长期性通常会使得企业担心环境改善并不能在实践中产生直接经济效益，同时企业环境负责人也往往只考虑如何解决企业污染和风险管理问题，而很少顾及如何从环境决策角度为企业创造更加有利的竞争条件。作为影响环保产业发展的社会因素，中国公众的环境意识尚未构成有效的市场需求拉动力。随着中国环保市场逐步国际化和国际政治越来越强地影响中国政府在环保领域的关注度和决策力，国际环保产业也会越来越多地进入中国的环保市场，它们在带来先进技术、先进管理和经验的同时，也会加快国内环保产业的竞争激烈程度并在某种程度上影响中国环境治理技术模式和产业发展过程。

（四）中国环保产业供给特征分析

环保产业是典型的需求供给型经济的体现，什么样的产业需求和拉动模式也自然会产生和伴随着什么样的产业供给模式与能力。环保产业作为供给支撑型产业，其服务的基本内容和特征为：①对环境友好的生产技术和社会管理技术；②满足各种环境需求的环境产品与设备及其相应的安装、调试、运行和维护；③生态恢复与环境治理项目的规划、设计、建设、运行和管理；④各种环境信息的收集、集成、发布与环境咨询；⑤环境教育与培训、环境管理和其他服务。

尽管在实践中很难完全详细区别和划分上述五类产业供给，但从产业发展本质和基本特征来看，环境技术处于环保产业供给结构中的核心地位。环保产业从总的供给特征上看是一种典型的服务产业，不论是政府、企业还是民众，其最终需要的是一种能够带来更好环境的供给系统，尽管在这个服务产业内部又划分出生产制造、运营管理和咨询服务，但环境安全的系统服务提供商应该是环保产业一个总的产业特征定位。

在国内，环保产业由于受到 GDP 优先、产业经济贡献度小、产业边界模糊、民营企业占据数量上的主要构成等因素的影响，一直没有形成比较明确和体系化的产业政策的帮扶。尚未完善的市场经济体制与过多的政府行政干预极大地弱化了政府对产业发展的宏观调控能力。环保产业的发展除了政府的有效投入外，其长久的健康发展将更多地依赖于一个公平、透明、较少政府干预的市场经济的建立和巩固。

环保技术的研发和应用决定了环保产业结构和企业自身发展。虽然中国环境技术的科研水平在总体上与发达国家差距不大，但在环保产品质量、制造水平和系统控制水平等方面却远远落后于当今世界水平。一方面，与国外相比，中国自行开发和应用环境技术与创新的能力十分有限，相应的研发投资规模较小；研发活动主要由国家公共部门和研究机构承担，环境技术科研成果的实际利用和商业转化程度不高；科技和研发系统的基本特征是吸收、消化和复制发达国家已有的技术成果，而不是更多地依赖于基于本土环境需求特征的创新。另一方面，尽管国内产品具有价格和维修等方面的优势，但有条件的企业，特别是一些大中型国有企业仍愿意采用国外的同等产品或服务。大部分企业认为国外产品具备更为优秀的品质和信誉，国外公司也拥有更为可靠的和先进的技术和经验。

环保产业发展的核心要素是政府在环境投资、环境监督管理和环境市场维护等方面的体制性变革。就环保产业的市场而言，通过实施综合污染控制措施与转变企业生产技术过程，改善企业环境行为并创造更加有力的整体竞争力，使其在生产成本和企业革新等方面同时获得环境效益与经济效益；就环保产业作为支撑和供给产业而言，需要国家对于产业发展战略给出明确的指导性规划和具体的扶持政策，以及建立科学有效的政府调控机制。仅仅依靠传统模式下的政府行政干预并不能完全克服产业发展过程中的结构性体制约束。同时，转型中的市场经济体制（包括公平竞争的市场机制）与行政指令性计划手段，阻碍了市场对于环境技术、产品和服务的需求清晰和精确地传递到产业供给方，严重影响到环保企业的生产和经营决策，进而与其他非市场性体制约束一起作用于企业自身技术革新与能力建设。

环保产业发展涉及体制革新、组织革新和技术革新，这三者是一个相互关联的动态演进过程。从经济、社会与环境三方面科学认识环保产业发展的客观规律，积极推进管理体制、政策项目和市场机制变革将为中国环保产业注入持续强劲的发展动力。

三　中国温室气体排放计算：方法与实证分析

改革开放以来，中国经济以年均 9.5% 的速度增长，举世瞩目，而与此同时，中国以煤炭为主的能源消耗逐年增长，二氧化碳排放量屡屡超出国际机构的预期，成为全球应对气候变化问题关注的焦点之一。2007 年，国际能源署（IEA）出版的《世界能源展望》，对中国和印度未来能源供需和碳排放进行了情景研究。当前，中国温室气体排放不仅是国际能源和环境组织以及欧美发达国家相关机构研究的重点之一（UNFCCC，World Bank，IEA，WRI，EIA，PBL），也逐渐成为国内学术界的研究热点。

本节主要介绍国际通行的温室气体排放计算方法，同时回顾已有的中国温室气体排放量的研究，最后对这些方法在实践中应注意的问题，如二氧化碳排放因子的确定、中国社会经济活动水平的确定以及其他排放源进行了分析。

（一）温室气体排放计算在气候变化问题研究中的地位

气候变化问题打破了传统生态环境问题的局域性特点，成为全球性的环境难题。气候谈判在当前国际政治经济关系中处于核心地位，所受到的关注不亚于历史上的全球裁军、削减核武器以及环境大会。

气候变化问题是一个囊括了温室气体排放、大气浓度、辐射强迫[①]、气候变化、影响和损失等一系列问题的综合性课题，研究领域横跨自然科学和社会科学，它上到与国家最高决策联系，下到测算一头牛反刍所释放的温室气体（见图 10-1）。

温室气体排放在气候变化问题中处于基础研究地位，是其他问题展开研究的前提，例如情景分析，必须先对温室气体（GHG）排放量进行估算，才能算出它在大气中的浓度，从而作为重要参数输入全球气候模型。与其他议题不同的是，排放问题与政策相关性弱，具有较小的不确定性。这与气候变化、影响和损失研究恰恰相反，后者的特点是较强的政策相关性和较大的不确定性。

---

① 在大气最高处所测量的单位面积内的能量变化。根据 IPCC 评估报告，辐射强迫是对某个因子改变地球 - 大气系统射入和逸出能量平衡影响程度的一种度量，它同时是一种指数，反映了该因子在潜在气候变化机制中的重要性。正强迫使地球表面增暖，负强迫则使其降冷。IPCC 报告中的辐射强迫值，是相对于工业化前（定义为 1750 年）的差值，并以瓦/平方米为单位表述。http：//en. wikipedia. org/wiki/Radiative_forcing。

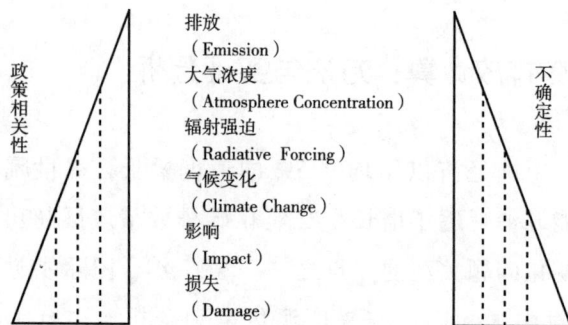

图 10 - 1　温室气体排放在气候变化问题研究中的地位

（二）温室气体排放的计算方法及原则

1. 温室气体排放——计算方法

经过十几年的实践，政府间气候变化专门委员会（IPCC）已经形成一套相对完整的 GHG 排放清单的核算方法，陆续编制和更新了排放清单指南（1996，2006）。某一时间内，某一单位的社会经济活动所排放的温室气体排放量为：

$$E_t = \sum_{it} A_{it} \cdot EF_{it} \tag{10-1}$$

其中，E 为排放量，A 是排放 GHG 的社会经济活动，EF 是排放因子，i 代表社会经济活动的类别。单位的口径范围，既可以是微观的项目层面，比如清洁发展机制（CDM）项目，也可以是中观的地区或者行业的排放量，还可以是宏观的一国或多国的排放清单。

排放因子是核算公式中最关键的因素。一般来说，对于不同的层面，采用不同的方法。对于 CDM 项目中的排放因子，需要根据具体项目，通过测算项目本身的排放因子来计算排放量。因此，不同的 CDM 排放因子不同。对于一国排放清单，一般采用较为粗略的方法，最简单的是采用 IPCC 指南提供的缺省值（default），更复杂的是根据特定国家或地区的实际情况，采用符合本地特征的排放因子，更进一步的是区分本地不同的排放源。在实际操作中，应根据实际情况选择最可行的方法，以获得最佳估算结果。

2. 需要满足的原则

GHG 排放的计算方法需要满足以下几个原则①。

---

① http：//www.epa.gov/ttn/chief/conference/ei12/poster/todorova.pdf.

（1）透明性（Transparency）。GHG 排放计算的假设和方法应当解释清晰，以便于采用该清单数据的对象能够重复计算过程。这是计算清单数据最重要的原则。

（2）一致性（Consistency）。计算方法和数据口径在时间上前后一致。

（3）可比较性（Comparability）。各方的清单比较要采用缔约国大会（COP）认可的方法，比如 IPCC 指南。这是横向比较的统一性。

（4）完整性（Completeness）。计算的边界要完整，包括两层含义：第一，不仅是 IPCC 指南中已有的排放源或者汇，而且还包括指南中没有而某些国家特有的排放源或汇；第二，地理边界的完整。

（5）精确性（Accuracy）。这是度量准确性的一个相对指标，即不能使测算结果系统性地高估或低估，并且尽可能地排除不确定性。采用合适的方法和数据提高结果的精确性。

以上特点统称为 TCCCA 原则。

（三）温室气体种类及排放源

1. 温室气体种类

在众多的温室气体中，二氧化碳的增温潜势相对最低，但是其生命期相对其他两种重要的温室气体甲烷和氢氟氮化物却比较高。表 10-8 中列出了几种主要的温室气体。

表 10-8　温室气体的种类与特征

种　类	增温效应（%）	生命期（年）	100 年全球增温潜势（GWP）
二氧化碳（CO_2）	63	50~200	1
甲烷（CH_4）	15	12~17	23
氧化亚氮（N_2O）	4	120	296
氢氟碳化物（HFCs）	11	13	1200
全氟化碳（PFCs）	—	50000	—
六氟化硫（SF_6）及其他	7	3200	22200

资料来源：《京都议定书》附件 A。

2. 温室气体排放源

国家温室气体排放清单指南中，把温室气体排放源分为 5 类：化石能源燃烧、工业生产过程、农业、土地利用变化和林业（LULUCF）以及废弃物（见图 10-2）。

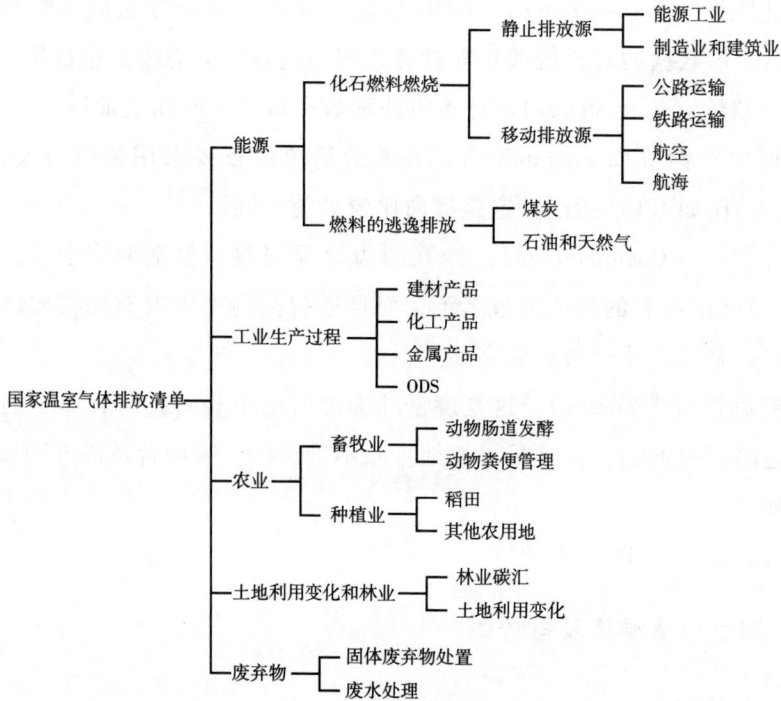

图 10 - 2 温室气体主要排放源

资料来源：IPCC, *Guidelines for National Greenhouse Gas Inventories*, 2006。

（1）二氧化碳。二氧化碳的主要排放源包括化石燃料燃烧、工业生产过程、土地利用变化和林业以及废弃物。

（2）甲烷。甲烷的主要排放源包括工业生产过程、农业和废弃物。

（3）氮氧化物。氧化亚氮（N_2O）的主要排放源包括化石燃料燃烧（包括汽车尾气）、工业生产过程（硝酸生产、合成氨生产、尿素生产）、农业废弃物燃烧、农业土壤、土地利用变化和森林。

氮氧化物（NO_x）的主要排放源包括化石燃料燃烧、工业生产过程（有色金属生产、硝酸生产、氮肥生产、炼钢过程、乙烯生产）、农业废弃物燃烧、土地利用变化和森林。

（4）氢氟碳化物。氢氟碳化物（HFCs）的主要排放源包括以下几个方面：

氢氟碳化物生产过程：作为 HCFC - 22 生产过程中的副产品，HFC - 23 的排放估计为 HCFC - 22 产量的 4%。在氟利昂的生产过程中，泄漏量估计为产量的 0.5%。

空调和冰箱使用和废弃过程、泡沫塑料、溶剂、灭火器、烟雾剂容器。

（5）全氟化碳。全氟化碳（PFCs）的主要排放源包括冰箱使用和废弃过程、泡沫塑料、溶剂、灭火器、烟雾剂容器。

（6）六氟化硫。六氟化硫（SF_6）的主要排放源包括高压电器设备的绝缘液体、灭火设备和防爆设备、铝和镁铸造过程。六氟化硫在铝和镁铸造过程中作为隔离气体使用。由于六氟化硫是惰性气体，因此在其生产过程中的排放量等于使用量。但是，在能源所进行的排放清单调查中，结论是中国的铝和镁铸造过程中不使用六氟化硫，因此目前其排放量为零。

（四）对中国温室气体排放量估算的已有研究

自 20 世纪 90 年代起，中国政府有关部门组织开展了多项有关中国温室气体方面的研究。如由国家科委和亚洲开发银行共同完成的《中国的全球气候变化国家对策研究》、由国家环保总局和世界银行共同完成的《中国温室气体控制的问题与对策》、GEF 项目分报告《1990 年中国温室气体控制源与汇估算》、国家科委组织的《气候变化国家研究》《亚洲减少温室气体最小成本对策研究》以及国家气候变化协调小组办公室组织的《中国温室气体源排放和汇吸收研究结果的综合分析》和《我国温室气体的排放现状及未来构想》等。国家发改委能源所、清华大学、中国科学院大气物理研究所、中国农业科学院和北京市环境监测中心等单位的有关专家参加了这些研究工作。

我国对温室气体排放估算主要以二氧化碳为主，这不但因为二氧化碳在温室气体中比重最大，而且与我国其他温室气体数据的难以获得有关。高树婷等（1994）估计了 1990 年中国温室气体排放量，二氧化碳为 21.2 亿吨，官方公布的数字为 24.0 亿吨，比官方数字小的原因部分是由于测算的工业部门只有水泥行业。他们预测到 2010 年排放 39.6 亿吨二氧化碳，2020 年排放 49.0 亿吨二氧化碳。现在来看，预测数字过于保守。

张仁健等（2001）根据《修订的气专委 1996 年国家温室气体清单编制指南》，测算出 1990 年我国二氧化碳排放量为 22.19 亿吨，其中 92.5% 来自化石燃料，工业排放源中的 47.2% 来自水泥行业。1994 年，二氧化碳排放量增加到 27.88 亿吨，比 1990 年增加了 25.6%。

2005 年，最具权威的 UNFCCC 公布了中国 1994 年温室气体排放量，大约为 40.58 亿吨二氧化碳当量（不包括土地利用变化和林业），占 122 个非《公约》附件一缔约国的 34.6%。温室气体包括二氧化碳、甲烷和氧化亚氮,其中,二氧化碳排放量 30.73 亿吨,占三种温室气体的 75.7%。能源部门排放的温室气体最多,其次是农业和工业。这些数据是中国政府依据气专委编制的国家温室气体排放清单指南而整理的,具有较强的权威性和全面性(见表 10 – 9)。

表 10 – 9 1994 年中国温室气体排放量(二氧化碳当量)

	能 源	工 业	农 业	废 物	合 计
排放量(亿吨)	30.08	2.83	6.05	1.62	40.58
比重(%)	74.1	7.0	14.9	4.0	100.0

资料来源:UNFCCC,非《公约》附件一所列缔约方初次国家信息通报的第六份汇编和综合报告:温室气体人为源排放量和汇清除量清单,2005。

美国橡树岭国家实验室(ORNL)二氧化碳信息分析中心利用能源消耗、水泥产量和废气燃烧数据,估算了有工业活动以来,各国二氧化碳排放量。根据他们的计算,1990 年和 1994 年中国分别排放二氧化碳 24.1 亿吨和 30.0 亿吨,分别占当年全球二氧化碳总排放的 10.7% 和 13.1%(见表 10 – 10)。截至 2006 年,中国累计碳排放占世界的 8.4%,是美国的 1/3。

表 10 – 10 CDIAC 对中国二氧化碳排放量的估计

年份	排放总量(亿吨)	年均增长率(%)	占全球比重(%)
1990	24.1	—	10.7
1994	30.0	—	13.1
2000	34.1	2.6	13.8
2001	34.9	2.4	13.8
2002	37.0	6.1	14.5
2003	43.5	17.6	16.3
2004	51.0	17.1	18.1
2005	56.3	10.3	19.2
2006	61.0	8.5	20.2

资料来源:美国橡树岭国家实验室二氧化碳信息分析中心网站,cdiac. ornl. gov/trends/emis/meth_ reg. html。

2007 年,国际能源署(IEA)报告,2005 年中国化石燃料相关的二氧化碳排放为 51 亿吨,2006 年排放 56 亿吨,2007 年达到了 60 亿吨,占世界总量的 21%,

比美国多 3 亿吨。2007 年，荷兰环境评估署第一次向世界宣布，2006 年中国二氧化碳排放成为世界第一，他们计算当年中国二氧化碳排放量已经比美国高出 8%，成为世界第一（2009 年他们将这个数字更新为 65.9 亿吨，超过美国 13%，他们的计算范围是化石燃料和水泥）。2009 年，美国能源信息局（EIA，2009）报告中国在 2006 年的碳排放超过了美国。有学者对此表示异议，他们估计 2006 年中国二氧化碳排放为 56.7 亿吨，低于美国 59.55 亿吨的排放量（见表 10 – 11）。

表 10 – 11　中国二氧化碳排放量研究汇总

研究机构/作者	发表年份	计算范围	1990 年	1994 年	2004 年	2005 年	2006 年	2007 年	2008 年
高树婷等	1994	化石燃料、水泥	21.2						
张仁健等	2001	化石燃料、工业过程	22.19	27.88					
UNFCCC	2005	依据 IPCC 编制清单指南		30.73					
ORNL	2009	化石燃料、水泥和废气燃烧	24.1	30.0	51.0	56.3	61.0		
IEA	2007	化石燃料	24.11		47.61	51	56	60	
EIA	2009	化石燃料	22.62		47.07	52.49	60.18		
荷兰环境评估署	2007	化石燃料，水泥				58.9	65.9	71.3	75.5
Guan 等	2008	化石燃料，水泥，冶金，化工					56.7		

资料来源：高树婷、张慧琴、杨礼荣等：《我国温室气体排放量估测初探》，《环境科学研究》1994 年第 6 期，第 56 ~ 59 页；张仁健、王明星、郑循华等：《中国二氧化碳排放源现状分析》，《气候与环境研究》2001 年第 3 期，第 331 ~ 327 页；UNFCCC，非《公约》附件一所列缔约方初次国家信息通报的第六份汇编和综合报告：温室气体人为源排放量和汇清除量清单，2005；http://cdiac. ornl. gov/trends/emis/meth_ reg. html；IEA，CO₂ *Emissions from Fuel Combustion*，2009；EIA，*International Energy Outlook*，2009；EIA，*International Energy Outlook*，2009；Dabo Guan，Klaus Hubacek，Christopher L. Weber，et al.，The Drivers of Chinese CO₂ Emissions from 1980 to 2030，*Global Environmental Change*，2008，626 – 634。

（五）中国二氧化碳排放源和排放因子的确定

化石燃料燃烧和工业生产过程等经济活动是人类活动排放二氧化碳的主要来源，化石燃料燃烧和工业生产过程占 1994 年中国二氧化碳总排放量的 90% 以上。当然，还有其他人类活动也排放二氧化碳，如生物质燃烧、垃圾焚烧、土地和森林用途改变等，但是，这些活动相比化石燃料燃烧和工业生产过程，排放量相对较少，而且目前的研究成果很少。因此，这里主要分析化石燃料燃烧和工业生产过程两种排放源的排放因子。

1. 化石燃料排放源

能源部门通常是温室气体排放的最重要部门。发达国家能源部门二氧化碳排放量一般占该部门温室气体总排放量的95%[1]。固定源燃烧通常造成能源部门温室气体排放的约70%。这些排放的大约一半与能源工业中的燃烧相关，主要是发电厂和炼油厂。移动源燃烧（道路和其他交通）造成能源部门约1/4的排放量。在燃烧过程中，化石燃料中的碳和氢（不考虑硫）转化为二氧化碳和水。

计算化石燃料二氧化碳排放量有两种方法：参考方法（reference approach）和部门方法（sectoral approach）。通常，前者基于不同类型燃料，是自上而下（top - down）的方法；后者基于不同技术工艺，是自下而上（bottom - up）的方法。两种方法的结果可以进行交叉检验（IPCC，2006）。

燃料燃烧释放CO_2排放因子主要取决于燃料的碳含量。燃烧条件（燃烧效率、在矿渣和炉灰等物中的碳残留）相对不重要。因此，CO_2排放可以基于燃烧的燃料总量和燃料中平均碳含量进行相当精确的估算。

由于地质条件差异，不同国家化石燃料的热值和含碳量并不相同。2006年气专委指南给出各种化石燃料单位热值的碳排放系数，作为核算国在缺乏相关资料情况下的参考值。转换为单位标煤当量后，无烟煤排放系数是0.785，原油为0.585，天然气为0.449，焦炭为0.856。

国家发改委能源所测定的煤炭、石油、天然气碳排放系数分别为0.651、0.543、0.404（高树婷等，1994）。

美国橡树岭国家实验室（ORNL）提出的燃煤、燃油和燃气的碳排放系数分别为0.733、0.596和0.411（钱杰、俞立中，2003）（见表10 - 12）。

表 10 - 12　不同类型燃料碳含量估算系数

单位：标煤当量

机构/产品	煤炭	石油	天然气	焦炭
国家发改委能源所	0.651	0.543	0.404	
ORNL	0.733	0.596	0.411	
IPCC	0.785[1]	0.585[2]	0.449	0.856

注：①无烟煤；②原油。

资料来源：高树婷、张慧琴、杨礼荣等：《我国温室气体排放量估测初探》，《环境科学研究》1994年第6期，第56~59页；钱杰、俞立中：《上海市化石燃料排放二氧化碳贡献量的研究》，《上海环境科学》2003年第11期，第836~839页；IPCC. *2006 IPCC Guideline for National Greenhouse Gas Inventories*，2006。

①　另外两种温室气体为甲烷和氧化亚氮。

可以看到，我国能源所采用的排放系数较低，而国外机构较高。如气专委提供的缺省煤炭碳排放系数比我国能源所系数高出 20.6%，石油和天然气分别高出 7.7% 和 11.1%。这种情况必然影响到二氧化碳排放量的数量。

2. 工业生产过程排放源

工业排放源是指工业生产过程中排放的温室气体，不包括生产过程中使用燃料而产生的温室气体，主要排放源是从化学或物理转化材料等工业过程释放的。如普通硅酸盐水泥是以石灰石和黏土为主要原料，经过粉磨、煅烧，再加入石膏及混合材磨细而生成的。石灰石在煅烧过程中，碳酸钙（$CaCO_3$）受热分解而排放 CO_2，另外石灰石中 1% 左右的 $MgCO_3$ 加热分解也排放少量 CO_2。从中国的实际情况看，水泥、石灰、钢铁、铝、肥料等工业品已有很大生产规模，因此，工业过程中的 CO_2 排放量相当可观，它由工业品产量和单位产量的二氧化碳排放系数决定。

以水泥生产为例，国内学者测算，每生产 1 吨水泥，生产工艺就要排放 CO_2 约 0.365 吨（朱松丽，2000），也有来自地区的调研数字是 0.41（吴萱，2006），美国橡树岭国家实验室（ORNL）经验排放系数约为 0.4987。有两个因素决定了排放系数的大小：第一，熟料中氧化钙含量的比重，这决定了熟料排放二氧化碳的量，含量越高，排放系数越大；第二，熟料转化成水泥的比例关系。2006 年气专委指南给出熟料的排放系数为 0.5071，一般按照 0.75 吨熟料生产 1 吨水泥来计算，水泥二氧化碳排放系数大约是 0.3803。

本章计算六种在生产过程中产生二氧化碳的产品，除水泥外，还有石灰、玻璃、氨气、纯碱和原铝，后五种产品单位产量的二氧化碳排放系数分别为 0.75、0.20、3.273、0.138 和 1.6。这些系数都来自 2006 年气专委指南提供的缺省值（见表 10-13）。

表 10-13　主要工业品生产过程中二氧化碳排放因子

产品	水泥	石灰	玻璃	氨气	纯碱	原铝
排放系数	0.3803	0.75	0.20	3.273	0.138	1.6

资料来源：IPCC, *2006 IPCC Guideline for National Greenhouse Gas Inventories*, 2006.

（六）社会经济活动水平的确定

尽管在公式（10-1）中，社会经济活动水平是一个相对简单的变量，但是，活动水平数据的获得是相当困难的。比如，采用参考法计算二氧化碳排放量，通常用煤炭消费量替代煤炭燃烧量作为活动水平值，因为前者更容易从统计部门获得。然而，煤炭消费量作为排放二氧化碳的活动水平数据相当笼统，因为煤炭不仅用于燃烧，还可以用于化工原料。比如，焦化是应用最早且至今仍然最重要的方法，其主要目的是制取冶金用焦炭，同时副产煤气和苯、甲苯、二甲苯、萘等芳烃。除了焦炭之外，这些化工品中都有碳分子，但是并不用于燃烧目的。

对于石油而言，化工产品产量更加可观。我国已是世界制造业大国，2010 年，我国工业增加值仅次于美国。合成橡胶、合成树脂（塑料）和合成纤维产量均位居世界前列。我国乙烯、塑料和化学纤维的产量都达到千万吨以上，合成橡胶为275 万吨（参见表 10－14）。这些化工原料是重要的生产原料，这些原料用的能源并不燃烧，因此，应当从能源消费量中扣除。

表 10－14　我国主要化工产品产量

年 份	乙烯(万吨)	初级形态的塑料(万吨)	化学纤维(万吨)	合成橡胶(万吨)
1978	38.0	67.9	28.5	
1980	49.0	89.8	45.0	
1985	65.2	123.4	94.8	
1990	157.2	227.0	165.4	
1995	240.1	516.9	341.2	58.6
2000	470.0	1087.5	694.0	86.5
2005	755.5	2308.9	1664.8	205.1
2006	940.5	2602.6	2073.2	199.8
2007	1027.8	3184.5	2413.8	228.9
2008	987.6	3680.2	2453.3	296.0
2009	1072.6	3630.0	2747.3	274.9

资料来源：历年《中国统计年鉴》。

从目前来看，仅用煤炭、石油和天然气消费量数据来估算二氧化碳排放量存在相当程度的高估。考虑到中国的制造业大国地位，必须将煤化工和石油化工产品等非燃烧碳从中扣除。

（七）中国二氧化碳排放量估计

1. 基础数据

（1）用作燃烧的化石燃料。为了计算用作燃烧的化石能源，必须剔除工业原料用途部分，有两个途径来估算后者的比例。第一个是专家法，根据化工行业业内人士的估计，我国原煤、石油、天然气消费中用作非燃料的比例各为 2.5% ~ 3.5%、21% ~ 25%、32% ~ 38%（高树婷等，1994）。这是 20 世纪 90 年代的比例，近期的一些资料显示，化工行业的石油比例超过 20%[①]（朱煜，2005）。

第二个方法来自能源统计资料，按行业分能源消费量，假设"化工原料及化学制品业、化学纤维制造业"行业用煤炭、原油和天然气都用于工业原料，2008 年这个比例分别在 5.6%、7.9% 和 24.7% 左右。

这两个方法在煤炭和石油比例上有一定的差异，考虑到煤炭化工行业的发展，第一个方法可能低估了用于原料的比例，但是第二种方法包括了行业燃烧用煤，又有高估倾向。考虑到石油加工行业会产生非燃料用副产品，而第二种方法可能低估了原油用于原料的比例。为了便于比较，以行业专家法为基准，能源非燃料比例分别取 3.5%、21%、32%。

化石燃料消费量数据来自历年《中国统计年鉴》公布的煤炭和石油平衡表。天然气的数据来自分行业消耗量的加总。

假设用于燃烧的化石能源，无论转化成何种二次能源，其含碳量均没有损失，这样，最后排放的二氧化碳量与用一次能源测算的排放量相同。但是，需要剔除净出口的二次能源。我国出口较多的二次能源有焦炭、成品油，进口较多的是成品油。成品油进出口已经计入石油进出口，而焦炭没有列入煤炭的进出口，故仅考虑焦炭进出口。这部分数据从历年《中国统计年鉴》获得。

（2）工业生产过程。除石灰外，水泥等工业品产量来自历年《中国统计年鉴》《中国工业经济统计年鉴》，2008 年的数字来自《中国统计摘要 2009》《中国统计月报》《2008 年国民经济和社会发展统计公报》。石灰产量没有直接可获得的数据，只能通过间接方式估算，根据中国石灰协会的资料，石灰石主要用于工业中间投入，如建筑用石灰（水泥）占 70.4%，其余 30% 左右用于冶金、电石、烧碱、造纸等工业制造。假设这个比例保持不变，而且用于其他用途的石灰都排放了二氧化碳，那么石灰排放二氧化碳在水泥与其他行业的比例大约为7:3，我们以水泥业排放二氧化碳量来推算其他行业用石灰的二氧化碳排放量（见表 10 – 15）。

[①]　朱煜：《中国石油市场结构和未来发展趋势》，《当代石油石化》2005 年第 11 期，第 15、16 页。

表 10 – 15　我国二氧化碳排放源基础数据

排放源	单位	1994 年	2000 年	2004 年	2005 年	2006 年	2007 年	2008 年
能源消费								
煤炭	10^4 吨	128532.3	124537.4	193596.0	216557.5	239216.5	258641.4	281095.9
石油	10^4 吨	14024.6	21232.0	28749.3	30086.2	32245.2	34031.6	35496.2
天然气	10^8 立方米	173.4	245.1	396.7	479.1	561.4	695.2	812.9
出口焦炭	10^4 吨	404.0	1520.0	1501.0	1276.0	1447.0	1530.0	1213.0
工业品产量								
电解铝	10^4 吨	146.2	279.4	669.0	778.7	926.6	1234.0	1317.6
平板玻璃	10^4 吨	596.3	917.6	1851.3	2010.5	2328.7	2695.9	2759.3
合成氨	10^4 吨	2436.8	3363.7	4135.1	4596.3	4936.8	5171.1	4995.2
纯碱	10^4 吨	581.4	834.0	1334.7	1421.1	1560.0	1765.0	1881.3
水泥	10^4 吨	42118.0	59700.0	96682.0	106884.8	123676.5	136117.3	140000.0

资料来源：《中国统计年鉴》《中国工业经济统计年鉴》《中国统计摘要》《中国统计月报》和《2008 年国民经济和社会发展统计公报》。

2. 估算结果与分析

按照前述方法和数据，得到 2000 年以来我国二氧化碳排放量的初步估计，估算 1994 年的排放量便于和已有估算值进行比较。本章以根据能源所系数计算的结果为主，而根据 2006 年气专委指南系数的计算结果作为参考（见表 10 – 16）。

表 10 – 16　我国二氧化碳排放量初步估算结果

单位（亿吨）	1994 年	2000 年	2004 年	2005 年	2006 年	2007 年	2008 年
化石燃料燃烧							
按能源所系数计算							
煤炭	21.1	20.5	31.9	35.6	39.4	42.6	46.3
石油	3.2	4.8	6.5	6.8	7.2	7.6	8.0
天然气	0.5	0.8	1.2	1.5	1.7	2.1	2.5
减焦炭	0.1	0.5	0.5	0.4	0.4	0.5	0.4
合　计	24.7	25.6	39.1	43.5	47.9	51.8	56.4
按气专委系数计算							
煤炭	25.5	24.7	38.4	43.0	47.5	51.3	55.8
石油	3.4	5.1	7.0	7.3	7.8	8.2	8.6
天然气	0.2	0.3	0.5	0.7	0.8	0.9	1.1
减焦炭	0.1	0.5	0.5	0.4	0.4	0.5	0.4
合　计	29.0	29.6	45.4	50.6	55.7	59.9	65.1

续表

单位(亿吨)	1994 年	2000 年	2004 年	2005 年	2006 年	2007 年	2008 年
生产过程							
电解铝	0.02	0.04	0.11	0.12	0.15	0.20	0.21
平板玻璃	0.01	0.02	0.04	0.04	0.05	0.05	0.06
合成氨	0.80	1.10	1.35	1.50	1.62	1.69	1.63
纯碱	0.01	0.01	0.02	0.02	0.02	0.02	0.03
水泥	1.60	2.27	3.68	4.06	4.70	5.18	5.32
石灰(除水泥外)	0.69	0.97	1.58	1.74	2.02	2.22	2.28
合计	3.13	4.42	6.77	7.50	8.55	9.36	9.53
全部[①]	27.8	30.0	45.8	51.0	56.4	61.2	65.9
参考值[②]	32.1	34.1	52.2	58.0	64.1	69.4	74.6

注：①按能源所系数计算。②按 2006 年气专委指南提供系数计算。

（1）估算结果。2007 年，我国排放二氧化碳 61.2 亿吨，其中燃料燃烧放出二氧化碳 51.8 亿吨，占全部排放量的 84.6%，工业过程排放 9.4 亿吨。排放最多的前三项排放源依次是煤炭、石油和水泥，分别占全部排放量的 70.2%、15.2% 和 8.4%。2008 年，我国排放二氧化碳 64.6 亿吨，人均二氧化碳排放 4.9 吨。2000～2008 年，我国碳排放年均增长 9.8%，而 GDP 年均增速为 10.5%，平均碳排放弹性系数为 0.9；而 1994～2004 年，我国二氧化碳排放量年均增长 4.9%，平均碳排放弹性系数为 0.6。我国经济结构朝向碳排放密度较高的行业发展。

从增长趋势来看，2007 年，我国二氧化碳排放量比 1994 年增长了 112%，其中，生产过程增长了 199%，化石燃料燃烧增长了 101%。尽管煤炭排放的增长率低于平均水平，但是由于其基数大，96.4% 的增长率对全部二氧化碳排放量的增加贡献了 65.2%，成为二氧化碳排放量增加的最大贡献者。石油和水泥分别居于第二和第三位。

（2）主要排放源分析。煤炭是我国最主要的二氧化碳排放源。在一次能源中，煤炭的单位热值含碳量最高，而煤炭在我国能源结构中占最大比重，这就决定了我国二氧化碳排放量相当可观。2007 年，仅煤炭燃烧排放二氧化碳就有 42.6 亿吨，比 1994 年增长了 96.4%。煤炭是发电的主要燃料。2007 年，煤炭的一半用于发电，这个比重在 1990 年为 1/4。发电量的迅速增长是煤炭消费增加的最主要原因，仅"十五"期间，在发电量接近翻番的情况下，发电用煤增长了 1 倍。电力需求的增长主要来自金属冶炼、发电、化学原料制造、采掘业和非金属矿物制造业，这些行业消耗了 52% 的电力。

石油主要用于终端消费。我国石油需求的增加，主要来自交通运输工具的快速增长。截至 2007 年底，我国民用汽车保有量达到 4358 万辆，是 1985 年的 14 倍。私人汽车的增长尤其迅速，2007 年，我国私人汽车的数量是 1985 年的 101 倍，而以小型客车为主的载客汽车是 1985 年的 1200 倍。交通运输业消费的石油，从 1980 年的 912 万吨，增加到 2007 年的 12297 万吨，占石油消费总量的比重从 10.4% 提高到 33.6%。

随着我国重工业的发展，工业过程二氧化碳排放量占总排放量的比重逐渐提高。1994 年，工业过程排放二氧化碳 3.1 亿吨，比重是 10.8%，2007 年提高到了 9.4 亿吨，占全部排放量的 15.4%。我国水泥生产规模之巨以及增长之快，对二氧化碳排放量增长的贡献，值得特别关注。水泥工业排放二氧化碳占排放总量的比重从 1994 年的 5.5% 提高到 2007 年的 8.4%。改革开放以来，大规模城镇建设带动了建材工业的迅速发展，我国水泥产量在 20 世纪 80 年代就已经居世界首位。1990 年，中国水泥产量达到 2.1 亿吨，占世界产量的 18.4%。20 世纪 90 年代后期以来，我国为拉大内需，国家扩大基础设施建设；启动住房改革；高校扩建；"村村通公路"工程的实施，等等，都刺激了对水泥的消耗。2000 年以来，水泥的产量以超过 10% 的速度增长，至 2007 年，中国的水泥产量达到了 13.6 亿吨，是 1990 年产量的 6.5 倍，占世界产量的 59%。1980 ~ 2007 年，中国水泥产量年均增长 11.1%，增加了 16 倍，世界水泥产量增加了 14.4 亿吨，中国贡献了其中的 89.2%。在国家快速工业化和城市化过程中，水泥消费必然快速增长，到工业化和城市化后期，对水泥的需求会逐渐稳定，最后减少。但是，不可否认，我国目前的水泥消耗有一定程度的浪费情况，如我国设计寿命为 50 年的建筑物，实际使用寿命为 30 年；还存在超前消费情况，如大学盲目扩建。中国在水泥需求的管理方面，有一定的减排空间。

3. 计算结果的可靠性分析

（1）计算结果的比较。本章采用自上而下的参考方法，估算的 1994 年二氧化碳排放量大约为 27.8 亿吨，范围包括化石燃料燃烧和排放二氧化碳的主要工业品生产过程。UNFCCC 公布的 1994 年中国二氧化碳排放量约为 30.7 亿吨，这是中国政府向 UNFCCC 提交的具有权威性的报告。本章计算的数字比 UNFCCC 低约 9%，因为本章仅计算了 6 种工业品排放源，且没有将生物质燃烧、垃圾焚烧等计算在内。

（2）高估排放量的两个因素。本章可能有两个因素高估了二氧化碳的排放量。

第一，低估了原料用燃料的量，因此高估了燃烧用燃料的数量。煤炭用于工业原料的比例取值 3.5%，这是 20 世纪 90 年代得出的数据，最近 10 年我国煤化工产业发展很快，非燃料用的煤化工产品储存的碳含量将越来越多，对这方面的研究有赖于获得更加详细的能源用途数据，以及煤化工产品的回收利用资料。

第二，冶金行业在冶炼过程中，钢材和生铁成品中含有一定比例的碳，这可能高估煤炭燃烧的碳排放。钢中含碳量的比例在 0.04% ~ 2.3%，尽管这是一个很小的比例，但是对于一个钢铁生产大国来说，不可忽视。如果按照平均 1% 的含量计算，2007 年我国钢材产量 5.66 亿吨，钢材中含碳量折合成二氧化碳，相当于多计算了 0.2 亿吨二氧化碳排放量，占 2007 年二氧化碳排放总量的 0.3%。

（3）选择排放系数的影响。在碳排放源中，化石燃料占主要部分，而化石燃料碳排放系数的选择对计算结果有显著影响。同样是计算 2006 年中国化石燃料燃烧排放二氧化碳，各国外机构估算的结果有不小差异，美国能源信息局最多，达到了 60.2 亿吨，而美国二氧化碳信息研究中心的估计最小，为 55.0 亿吨，国际能源署的估计为 56.5 亿吨。

本章用能源所系数测算的化石燃料燃烧排放量最少，只有 48 亿吨，而按 2006 年气专委指南系数的计算结果要高出近 9 亿吨，后者比能源所系数结果高出 18.5%。这个差异的主要原因在于气专委排放系数较高，而国内系数较低。这与中国煤炭资源的特点有一定关系。中国煤种虽然齐全，但优质煤资源较少，褐煤和低变质烟煤数量较大，占查明资源储量的 55%，高变质的贫煤和无烟煤仅占查明资源储量的 17%。因此，我国煤炭的单位热值较国外低，含碳量也低，如果采用气专委或者国外机构提供的系数，就会高估我国煤炭排放二氧化碳的数量。

（八）其他排放源不容忽视

最后要说明的是，除了化石燃料燃烧和工业生产过程，农业、土地利用变化及林业和废弃物排放的二氧化碳呈现上升趋势，不容忽视。

1. 农业

农业排放温室气体主要是甲烷，排放源来自稻田、牲畜肠道发酵及动物粪便。我国稻田面积变动不大。但是，随着人们生活水平的提高，居民对肉食的需求明显增加，牛羊饲养数量猛增，导致排放源的社会经济活动水平数量显著提高。

从第二次全国农业普查资料来看，我国农村畜禽饲养规模都有不同程度的扩张，其中，奶牛增加了1000多万头，增长了350%（参见表10－17）。

表10－17　我国农村主要畜禽存栏数量及变化

	单位	1996年	2006年	增加数量	增长(%)
大牲畜	万头	13360.6	24091.6	10731.0	80.3
奶牛	万头	332.9	1506.1	1173.2	352.4
猪	万头	36283.6	41850.4	5566.8	15.3
山羊	万只	12315.8	14763.6	2447.8	19.9
绵羊	万只	11412.5	13134.0	1721.5	15.1
家禽	万只	267664.7	483401.1	215736.4	80.6

资料来源：中国第二次全国农业普查资料综合提要。

2. 土地利用变化及林业

（1）土地利用。土地利用分为：

有林地：满足森林定义标准的土地；

农地：包括不满足森林定义标准的混农林系统；

草地：包括未利用草地、放牧地、不满足森林定义标准的混牧林系统；

湿地：永久或季节性水湿地，包括河流、湖泊、沼泽、水库等。

居住用地：居住用地，包括工矿用地、交通基础设施用地。

其他用地：包括裸地、裸岩、冰川、荒漠等。

不同的土地利用方式固碳的能力大不相同。湿地的土壤固碳能力最强，将近农地的10倍，其次是北方森林和温带草原。在植被中，森林和湿地的固碳能力高，而草地和农地固碳能力几乎为零。总起来看，农地的固碳能力很弱，仅高于荒漠和半荒漠地（见图10－3）。

随着我国城市化和工业化的进行，土地利用向着释放碳汇的方向发展：森林、草原和湿地被辟为农地，而农地转换成建设用地。这对我国温室气体排放量的贡献将越来越显著。

（2）林业。全球陆地生态系统碳储量约24770亿吨碳，其中植被碳约占20%，土壤碳约占80%。占全球土地面积30%的森林，其森林植被的碳储量约占全球植被碳的77%，森林土壤的碳储量约占全球土壤碳的39%。因此，土地利用及其变化和林业是重要的二氧化碳排放源或汇。

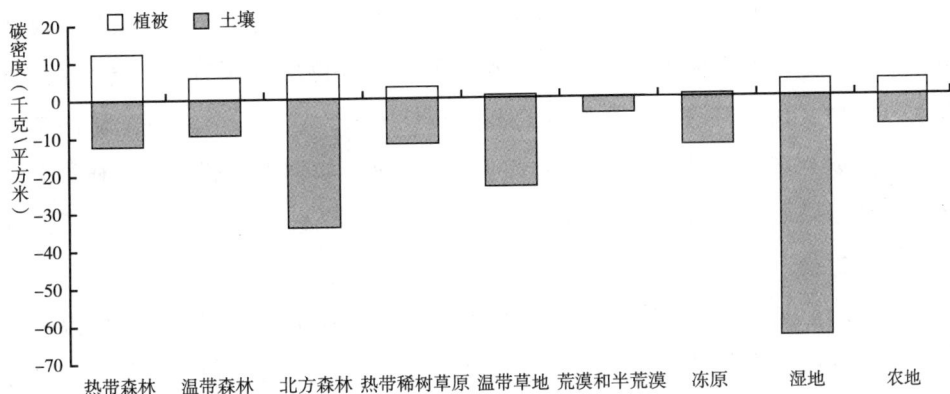

图 10－3　不同土地利用方式植被与土壤的碳密度

毁林①是大气 CO_2 的重要的排放源，不仅导致生物量碳排放（除部分木材及其木制品可以较长时间保存外），而且毁林引起的土地利用变化还将引起森林土壤有机碳（SOC）的大量排放。在 1950 年以前，毁林主要发生于北美和欧洲等温带地区以及热带亚洲和南美。在 1950 年以后，北美和欧洲（除苏联外）的毁林基本遏止，而此期间热带亚洲、拉丁美洲和非洲热带地区的毁林大幅增加，从而成为大气 CO_2 的主要排放源。

过去，我国为了提高粮食产量，大面积砍伐森林，森林覆盖率较低。1995 年，我国森林覆盖率仅为 13%。从 1998 年开始，我国开始实施退耕还林工程，2009 年森林覆盖率达到 20%。这对提高碳汇有一定的贡献。

3. 废弃物

废弃物处理领域的主要源有：废弃物填埋处理的 CH_4 排放；生活污水和工业废水及淤泥处理的 CH_4 排放和 N_2O 排放；废弃物焚烧的 CO_2 排放；等等。

无论是固体废弃物还是污水排放量，我国都是有增无减，废弃物处置排放的温室气体将呈现上升趋势。

四　减缓我国温室气体排放的技术选择之一：碳汇产业及碳汇机制创新

本章把所有能够提高碳循环效率、减少温室气体排放的经济活动都纳入碳汇产

———————

① 指森林向其他土地利用的转化或林木冠层覆盖度长期或永久降低到一定的阈值以下。

业。因此，碳汇产业包括两种形式：一是基于工业体系的能源节约、能源替代和物质循环利用技术，如工业节能技术、节能汽车、以可再生能源替代传统化石能源、以再生的木材替代钢材水泥以及碳捕集和储藏技术等，这些技术实现了碳的减量化并由此实现碳减排；二是基于生物技术的碳汇产业，如种植业碳汇、森林碳汇、渔业碳汇、草原碳汇等，这些活动实现了碳的固定和长期储存，并由此减少了大气中的温室气体含量。

碳循环产业是碳汇产业的延伸和扩展。将碳汇产业汇集和存储的含碳温室气体作为原材料进行生产创造经济效益，使碳元素在碳、碳水化合物、二氧化碳等各种形态之间不断循环转化，在转化过程中为人类提供服务，是碳循环产业的基本内涵。按照自然规律发展碳循环产业可以形成复杂的产业链网络，替代化石能源支撑经济增长，创造就业机会。

自《京都协议书》产生碳汇概念以来，森林碳汇是最主要的碳汇产业，因为森林具有吸收二氧化碳的超强能力。森林面积虽然只占陆地总面积的1/3，但森林植被区的碳储量几乎占到陆地碳库总量的一半。同时一些国家和地区还进行草原碳汇、渔业碳汇以及农业碳汇方面的探索。

森林碳汇是在全球较为普遍实施的碳汇产业。森林与气候变化有着直接的联系，树木通过光合作用吸收大量二氧化碳。增加森林碳汇主要通过减少自然林采伐、增加人工造林面积来实现。

草原碳汇适用于草原资源较为丰富的地区。草原是陆地生态系统中第二大碳库，约占陆地碳库总储量的34%。据推算，1亩天然草原固碳能力为0.1吨，相当于减少二氧化碳排放量0.46吨。由此推算，我国现有草原面积60亿亩，草原固碳能力为6亿吨。实行适当的退耕还草、增加人工草地、实施轮换放牧等都有助于增加草原碳汇。

农耕地也是重要的陆地碳库之一，约占陆地碳库总储量的17%。传统农业遵循农作物的自然生长规律，对于土壤中的生态环境没有太多改变。在农业现代化过程中，大面积开垦农田、施用化肥和农药破坏了土壤中的生态环境，使农耕地的碳库效应受到威胁。有研究证明，保持土壤湿度、增加土壤的有机物有助于提高农耕地吸收二氧化碳的能力。因此，因地制宜地培育和发展湿地农业、有机农业、农林渔立体混合种植业都可以发挥农业碳汇的作用。

海洋是地球上最大的碳库，整个海洋含有的碳总量达到39万亿吨，占全球碳总量的93%，约为大气的53倍。根据联合国《蓝碳》报告，地球上超过一半

（55%）的生物碳或是绿色碳捕获是由海洋生物完成的，这些海洋生物包括浮游生物、细菌、海藻、盐沼植物和红树林。碳汇就是根据这些海洋生物的固碳特点，在沿海地区大规模人工养殖藻类和贝类等海洋生物。

（一）碳汇产业"十二五"发展目标

国家"十二五"规划在关于今后五年经济社会发展的主要目标中明确提出：单位国内生产总值能源消耗和二氧化碳排放大幅下降，单位国内生产总值能源消耗降低16%，单位国内生产总值二氧化碳排放降低17%。主要污染物排放总量显著减少，生态环境质量明显改善。在积极应对全球气候变化的政策措施中进一步提出：把大幅降低能源消耗强度和二氧化碳排放强度作为约束性指标，有效控制温室气体排放。合理控制能源消费总量，抑制高耗能产业过快增长，提高能源利用效率。强化节能目标责任考核，完善节能法规和标准，健全节能市场化机制和对企业的激励与约束，实施重点节能工程，推广先进节能技术和产品，加快推行合同能源管理，抓好工业、建筑业、交通运输业等重点领域节能。调整能源消费结构，增加非化石能源比重。提高森林覆盖率，增加蓄积量，增强固碳能力。加强适应气候变化特别是应对极端气候事件能力建设。建立完善温室气体排放和节能减排统计监测制度，加强气候变化科学研究，加快低碳技术研发和应用，逐步建立碳排放交易市场。坚持共同但有区别的责任原则，积极开展应对全球气候变化国际合作。

国家"十二五"规划的相关目标为我国碳循环与碳汇产业"十二五"发展目标设定和重点任务提出了原则要求。根据该目标，我国碳循环与碳汇产业"十二五"发展总目标应包括如下定量目标：

- **二氧化碳减排量（强度减排）**

"十二五"发展目标是：我国单位 GDP 二氧化碳排放年均减少 3.7 个百分点，到 2015 年比 2010 年减少 17%。我国政府提出 2020 年要在 2005 年的基础上单位 GDP 碳排放减少 40% ~ 45%，每年降低 2.67 ~ 3 个百分点。

- **碳生产力强度与碳排放强度**

碳生产力强度和碳排放强度是互为倒数的关系，前者是指单位二氧化碳创造的 GDP，后者是万元 GDP 排放的二氧化碳。"十二五"发展目标是：我国碳生产力强度年均提高 3.8 个百分点，碳排放强度年均降低 3.7 个百分点。2010 年，我国 GDP 约为 40 万亿元，二氧化碳排放量约为 80 多亿吨，碳生产力强度为 5000 元/吨，碳排放强度为 2 吨/万元。据此计算，到 2015 年，我国碳生产力强度应为 6024

元/吨，碳排放强度应为 1.66 吨/万元；5 年内的二氧化碳排放量将达到 438 亿吨，比碳强度保持 2010 年的 2 吨/万元的情景减少二氧化碳排放 54 亿吨。

- **碳汇总量**

2009 年 9 月，胡锦涛在联合国气候变化峰会上代表中国政府提出，要大力增加森林碳汇，到 2020 年森林面积比 2005 年增加 4000 万公顷，森林蓄积量比 2005 年增加 13 亿立方米。相当于每年增加森林面积 267 万公顷，增加森林蓄积量 8667 万立方米。国家"十二五"规划提出，"十二五"期间森林覆盖率提高 6.4%（由 2010 年的 20.36% 提高到 21.66%），森林蓄积量增加 6 亿立方米。据此确定，中国"十二五"期间，应增加森林面积 1333 万公顷，增加森林蓄积量 6 亿立方米。

按照国家"十二五"规划，森林面积每年增加 267 万公顷，森林蓄积量每年增加 12000 万立方米，到 2015 年，森林面积比 2010 年增加 1333 万公顷，森林蓄积量比 2010 年增加 6 亿立方米；5 年内新增蓄积量的植被碳汇将储碳约 3 亿吨，相当于吸收二氧化碳 11 亿吨，达到"十二五"期间实现二氧化碳排放强度下降目标需要完成的二氧化碳减排量的 20%。

以大中型沼气等生物质能源为节点，大力发展基于工农业复合循环经济的碳循环产业，在 2010 年已建设大中型沼气工程 2.26 万处的基础上，于 2015 年末达到 4.52 万处，全部沼气总产量从 2010 年的约 130 亿立方米增加到 200 亿立方米，可替代约 1540 万吨标煤，减排二氧化碳 4035 万吨，5 年累计生产沼气 848 亿立方米，约相当于减排二氧化碳 1.7 亿吨；再加上其他生物质能的利用，5 年累计通过碳循环产业生产生物质能源减排二氧化碳近 2.2 亿吨。

通过对全国 1.2 亿公顷耕地的 2% 即 240 万公顷耕地开展碳汇农业管理实践，利用有机肥替代化肥，减少化肥生产过程的碳排放，并通过有机肥施用、秸秆还田和免耕措施改善土壤的碳汇性能，5 年累计实现增加碳汇 5400 万吨，相当于减排二氧化碳近 2 亿吨。

通过秸秆作为原材料综合利用节省木材消耗 1000 万吨，节约碳汇 500 万吨，相当于吸收二氧化碳 1830 万吨（按 1 吨木材折 0.5 吨碳、折 1.83 吨二氧化碳计）。

碳汇与碳循环产业的二氧化碳减排总量达到 15.4 亿吨，达到"十二五"期间实现排放强度下降目标需要完成的二氧化碳减排量的近 29%。

除了上述定量目标，"十二五"期间，为促进碳汇与碳循环产业发展，还应构筑相应的政策制度保障，其确定目标如下：第一，研究制定低碳产业发展目录和低碳产业发展门槛政策；第二，积极推动实施促进碳循环和碳汇产业发展相关的多元化财政政策工具；第三，积极审慎探索实施对市场主体的耗能排放行为起约束作用的税收政策体系，如碳税等；第四，健全相关配套的机制，如中介服务机制、产品能耗标志等；第五，构建林业碳汇交易法律制度，完善制度框架体系和相关配套政策规范。

1. 碳汇产业发展与管理目标

碳汇产业是从大气中清除温室气体、气溶胶或温室气体前体的任何经济活动或机制形成的产业。最常见的包括陆地碳汇、森林碳汇和海洋碳汇等。碳汇产业，尤其是森林碳汇，通过产业方式发展碳汇林，既可以给予当地适当经济补偿，促进其发展，又可以加强生态环境保护和建设，促进可持续发展。开发与利用消耗臭氧层物质替代品也是一种碳汇产业。具备科技智力资源优势和条件的地区，应利用自身科技、人才和市场优势，加快开发利用消耗臭氧层物质替代品。

碳汇交易是发达国家出资向发展中国家购买碳汇指标，通过市场机制实现森林生态价值补偿的一种有效途径。国际上对于林业碳汇问题的研究起始于 20 世纪 60 年代中后期。自 2005 年《京都议定书》正式生效起，国内对林业碳汇的研究逐渐发展起来，主要包括清洁发展机制下对碳汇项目有关问题的认识、造林和再造林碳汇项目的交易规则及政策选择、优先发展区域选择、管理现状、评价指标体系，以及气候变化与中国林业碳汇政策研究等方面。

"十二五"期间，我国碳汇产业的发展目标是，积极探索建立碳汇交易机制和真正意义上的碳排放权交易市场，加强碳汇管理政策和碳汇产业关键技术研究，建立完善碳计量体系等碳汇交易的基础性工作，推动碳汇交易。科学地进行森林经营活动，通过多种途径增强森林碳汇能力。发展湿地、草业、渔业等其他可能的碳汇形式。

森林是地球上最大、最优良的碳汇。要想不断增强森林的碳吸收能力，就需要科学地进行森林经营活动。"十二五"期间，我国应着重从以下途径增加森林碳汇，发展碳汇产业。一是通过造林绿化、退化生态系统恢复、加强森林管理等增加陆地植被和土壤碳储量；二是通过减少毁林、改进采伐作业方式、提高木材利用效率以及加强森林病虫害防治等保护现有森林生态系统中储存的碳，减少其向大气中的排放；三是寻找碳替代，包括以耐用木质林产品替代能源密集型材料，使用太阳能、林木生物质能源等可再生能源；四是通过特殊的技术和手段，将大气中的二氧化碳永久地封存于地下和海洋深处。

碳汇管理政策是碳汇管理的核心，对具体的碳汇工作起着重要的指导作用。碳汇政策的制定需要从碳汇管理的实践产生又反过来指导实践。中国碳汇管理政策包括以下方面：①制定宏观政策。为促进 CDM 项目活动的有效开展，2005 年 10 月 12 日，国家发改委颁布了清洁发展机制项目运行管理办法，规定了 CDM 项目管理的相关制度和基本原则。国家林业局也在 2003 年底成立了碳汇管理办公室，具体负责林业碳汇工作的协调和管理。②搭建信息平台。气候变化和林业碳汇是个新事物，普及基础知识和扩大宣传都很重要。为此，除了开展人员培训、国际交流、专题报道外，国家发改委气候办、国家林业局碳汇办及中国气象局等单位还结合各自业务分别搭建了网络信息平台，包括中国清洁发展机制网、中国气候变化信息网、中国碳汇网等，为信息的及时发布和互相交流提供了快速便捷的渠道。③研究优先区域。《京都议定书》正式生效后，为了规范有序地开展 CDM 碳汇项目，国家林业局开展了"造林再造林优选区域选择与评价"研究。拟根据研究结果，制定中国林业碳汇相关的政策、规则和技术标准等，指导和促进 CDM 碳汇项目的开展。④推动碳汇非京都市场的发育。研究林业碳汇问题的根本目的是促进森林生态效益市场化机制的形成。考察目前国际碳交易市场以及中国的经济发展现状，引导和培育非京都碳汇市场的发育是推动中国森林生态效益价值化、实现生态效益补偿市场化的有效途径。因此，尝试建立"绿色碳基金"，吸引企业和个人参与造林绿化，获取碳信用。在提高国民环保意识、减排意识的同时，拓展林业建设的筹资渠道。

"十二五"期间，我国碳汇管理政策研究应加强以下方面工作：一是森林碳汇产权化。由于排碳权交易的出现，那些需要获得较大空间排放二氧化碳的部门和单位有机会通过购买方式获得排碳权。这样在市场上与排碳权挂钩的林业碳汇必然成为一种资产。因此，拥有林业碳汇就有了财产权利。二是森林生态功能有形化。一方面，形成碳源的单位是确定的，其放出的二氧化碳的数量是可以测定的；另一方面，森林吸收的二氧化碳也是可以计量的。森林生态功能计量的基础与碳源相对应，成为商品并可以进入市场交易。三是森林生态服务市场化。林业长期为社会经济发展提供经济、生态和社会服务。由于生态效益的外部性，服务对象不明确，难以通过市场实现有偿使用。《联合国气候变化框架公约》的实施及《京都议定书》的生效，把森林汇集二氧化碳放出氧气这一最大生态功能的无形服务有形化了。林业生态补偿多元化的局面正在形成。

2. 碳循环产业发展与管理目标

碳循环产业主要是指借助制度创新和技术集成创新，通过延长碳素循环路径，实现产出规模增加情况下的碳效率提高，间接降低碳排放强度的经济活动。在这种情况下，产业范围要足够宽。因为从单一小的产业活动来看，碳素流量可能并不会减少，甚至有可能增加，但由于在不同产业活动间建立起物质流，碳素流以固态形式循环，并减少交易环节的碳排放量，最终使总体的单位产出的碳排放量出现下降。紧密联合的大型化工基地或冶金化工基地、生态产业园、工农业复合循环经济产业园等都是碳循环产业的例子。

以工农业复合循环经济产业园为例，种植业为养殖业提供有机饲料，在减少养殖业畜禽类动物温室气体排放的同时，利用畜禽废弃物为原料建设沼气系统，沼气系统可供居民生活用能或直接发电，电力供应畜禽屠宰和食品加工业，后者的废弃物也可以用来建设沼气系统。沼气系统的沼液和沼渣通过进一步生物发酵处理，加工成液态肥，可以返回种植业。在整个系统中，太阳能和生物技术成为驱动产业园运转的物理支撑，制度上将不同利益主体根据物质流建立紧密合作关系至关重要。由于碳素主要是以固态形式循环，产出增加了，但碳排放量却很低。工农业复合循环经济模式的碳循环产业，通过在规模化、设施化、标准化和有机化的基础上，集农业种植业、养殖业、农副产品加工业和废弃物处理加工业、有机肥、沼气新能源等于一体，延长碳循环路径，促进相对减碳，同时提高农业产业竞争力，通过实现以农促工、以工带农促进区域城乡一体化发展。工农业复合循环经济是关系农业低碳发展、新农村建设和城乡一体化的综合性集成解决方案，这些都涉及制度创新和技术集成创新，但需要以市场机制为主导，通过利益相关主体的链接形成产业活动。

"十二五"期间，我国碳循环产业的发展目标是，大力发展工农业复合循环经济，鼓励建立紧密联合的大型化工基地或冶金化工基地，发展生态产业园，加大对工业、农业、林业等产业碳循环关键技术的研发和成果应用推广。

（二）"十二五"期间的关键技术

中国走低碳发展之路，全面发展循环经济，促进碳循环，提高碳效率，有很多途径。第一，推进市场竞争——资源投入减量化优先，实现广义节能；第二，再使用与再制造——实现高碳能源载体的循环利用；第三，废弃物资源化——碳能源载体资源的替代（粉煤灰、高炉渣、钢渣制水泥，替代水泥熟料）。

围绕这些途径，必须认识并解决其中关键技术，加强技术研发，促进技术成果产业化。"十二五"期间，将低碳发展的重点放在传统产业节能、提高碳能源利用效率上，研究列出碳循环与碳汇关键技术目录，加大科研基金支持力度，加快碳循环与碳汇关键技术研究，重点攻克高耗能领域的节能关键技术，促进技术成果产业化，大力提高一次能源和终端能源利用效率。应加强对节能、提高能效、洁净煤、可再生能源、先进核能、碳捕获利用与封存等低碳和零碳技术的研发和产业化投入。探索利用地球工程减缓排放或者温度升高的方式。积极推进煤层气、生物质能、地热、海洋能等能源的科学开发利用及相关技术研究。要慎重发展高成本的太阳能产业，紧密跟踪发达国家低碳经济关键技术研究与开发动态，启动节能与新能源关键重大技术攻关计划，搞好技术储备。

对碳循环和碳汇产业关键技术研发，应加强激励政策和配套支持，鼓励自主创新。通过税收扶持等政策，鼓励企业加大对自主创新成果产业化的研发投入。加大自主创新成果产业化投融资支持力度，营造有利于自主创新成果产业化的良好环境。

主要产业的碳循环和碳汇的关键技术如下。

1. 工业节能减排的关键技术措施

国际能源署（IEA）在《能源技术展望》（IEA，2008）中指出，工业领域存在降低能源需求、减少二氧化碳排放的巨大潜能。关键的减排技术措施包括：提高发动机、泵、锅炉、加热系统的热效率；增加材料的循环利用；使用新的更加先进的生产工艺和材料；提高材料使用效率等。工业部门最大的二氧化碳排放源为钢铁工业，非金属矿物制品主要为水泥、玻璃和陶瓷、化学和石化制品。具有节能和降低二氧化碳排放的巨大潜能的新型尖端工业技术主要包括石化工艺中替代蒸馏的先进薄膜技术、钢铁直接浇铸工艺、石化工业使用生物原料来替代石油和天然气等。具体的，主要行业的节能减排关键技术包括以下方面。

（1）钢铁工业。主要减排技术有：①干法熄焦技术（CDQ）。目前，中国已有干法熄焦技术装备 49 套，在建项目约 40 套。②煤调湿技术（CMC）。③高炉炉顶煤气压差发电技术（TRT）。④转炉余热蒸汽发电技术。⑤燃气 – 蒸汽联合循环发电技术（CCPP）。⑥高炉喷煤技术。⑦氧气转炉炼钢。⑧电炉炼钢。⑨高效蓄热式加热炉技术。⑩高温节能涂料。⑪直接还原和熔融还原技术。⑫CO_2 捕集和封存技术（CCS）。

（2）石油和化工行业。主要减排技术有：①烧碱工业电解槽节能改造；②纯碱工业采用联碱法生产工艺；③硫酸工业低温热能回收利用技术；④大型密闭电石炉；⑤引进大型合成氨装置；⑥乙烯工业节能减排技术；⑦CO_2 捕集和封存技术

（CCS）。

（3）水泥工业。节能和 CO_2 减排技术主要包括：①高效粉磨设备及技术；②熟料烧成技术；③新型干法水泥生产线余热发电；④电机拖动系统变频调速节能改造；⑤废弃物替代原料和燃料；⑥ CO_2 捕集和封存技术（CCS）。

（4）玻璃行业。推广应用浮法工艺玻璃生产技术及设备，如熔化技术、成形技术和生产优质低耗浮法玻璃的软件技术及设备等。发展日熔化量 500 吨以上的大型优质浮法玻璃生产线，改造现有技术水平较低的平板玻璃生产线，推广现代化节能窑炉。采用强化窑炉全保温技术，减少燃料消耗。减少废气排放量和火焰空间的热强度，延长窑炉使用寿命。采用先进的熔窑设计技术，优化窑炉结构，合理选用熔窑耐火材料，采用先进的窑炉控制设备和热工控制系统。采用富氧、全氧燃烧技术，减少废气的排放量。采用电辅助加热、玻璃液鼓泡等技术，提高玻璃的熔化率，改善玻璃液的熔化质量，降低单位热耗。推广在重油中加入乳化剂或纳米添加剂等添加剂技术。发展玻璃熔窑中低温余热利用及发电。

（5）砖瓦行业。企业节能技术改造，发展空心砖、混凝土砌块、加气混凝土制品等；充分利用工业废渣，包括建筑垃圾和城市生活垃圾，特别是废渣中残余热量的二次利用；优质节能型产品的开发、生产和推广，推行使用节能型装备，实现清洁化生产工艺和循环经济模式；采用窑炉余热人工干燥工艺技术。

（6）造纸工业。采用新型蒸煮、余热回收、热电联产以及废纸利用技术，同时还要考虑污染物减排；化学制浆采用连续蒸煮或低能耗间歇蒸煮，发展高得率制浆技术和低能耗机械制浆技术；高效废纸脱墨技术；多段逆流洗涤、全封闭热筛选、中高浓度漂白技术和设备；造纸机采用新型脱水器材、真空系统优化设计和运行、宽压区压榨、全封闭式汽罩、热泵、热回收技术等；制浆、造纸工艺过程及管理系统计算机控制技术。提高木浆比重，扩大废纸回收利用，合理利用非木纤维。

（7）有色金属工业。推广先进的铜闪速熔炼工艺，加快淘汰和改造鼓风炉、反射炉、电炉等传统铜熔炼工艺。发展大型氧化铝生产预焙电解槽工艺。

（8）工业部门各行业通用的 CO_2 减排技术。主要包括高效变频节能电机、高效燃煤工业锅炉和窑炉、高效工业照明、热电联产和余热、余能回收利用等。

2. 林业固碳减排的关键技术措施

（1）增强林地碳吸存能力措施。通过选种育种和种植技术，可以提高树木成材速率，增加单位面积的固碳效率。目前，杉木、马尾松、桉树、杨树等速生优良树种的大面积栽培已发挥了巨大的固碳效益。其他具有高碳吸存潜力的林木如杂交柳、杂交杨、柳枝稷、芦竹、柳属灌木等的选育开始得到重视。今后碳汇人工林的林木选育应从固碳效率出发,重视碳吸存相关的林木性状(如生长速率、含碳率、木材密度、深根性等)和固碳机理的研究。另外,应注意对乡土树种的选择,以增强适应性、保护生物多样性,同时促进就地育苗就地种植,以减少苗木运输过程中的碳排放。

(2)林地减排措施。在营林生产上应尽量避免采取皆伐、火烧,以减少土壤碳排放。采用良好林地更新方式也能较大程度提高人工林固碳效率。人工促进天然更新比传统的人工林皆伐、火烧后再造纯林能明显提高林地固碳能力。

(3)确定合理轮伐期。森林碳汇经营目标有别于传统的用材林经营,调整轮伐期长短是保持和提高林地固碳效率的重要管理措施。应兼顾碳汇和木材双重效益,确定碳汇经营的合理轮伐期。

(4)森林保护。保护现有的成熟森林特别是老龄林将获取很大的碳吸存效益。因此,加强森林防火和病虫害管理,保护现有森林资源,是增加森林碳汇的一个重要途径。

(5)退化地造林。对退化地,因地制宜开展造林活动。在干旱缺水的西部地区,造林选择应慎重,注意采用适地适树、乡土树种优先、按不同效益区划选择树种、多种乔灌草植物相结合等技术措施,特别需要注意造林的负面效应。对于严重退化的红壤侵蚀区,科学的造林模式与人工管理措施相结合对固碳和植被恢复效果亦同样重要。沿海防护林建设也是增加我国森林碳汇能力的途径之一。合理选择沿海防护林树种及混交模式不仅能稳定防护林群落,也能够通过改良土壤提高生态系统碳储存能力。

(6)生物能源林。目前我国还有宜林荒山荒地5700多万公顷和1亿公顷的边际性土地,可用于大力发展生物质能源技术,发展以培养能源领域生物质能源林产业(生物柴油、生物乙醇燃料)原材料及生产工艺的关键技术。

(7)农林复合经营。农林复合系统固碳,与单一栽培的人工林或农作物相比能获得更高的地上和地下部分净碳吸存。农林复合系统源汇效应取决于其建立前的土地利用情况和当前的管理措施,合理的设计和管理能使其成为有效的碳汇。

(8)木材高利用率加工技术、木制品寿命延长技术和循环利用技术。应用先进木材切割技术可以直接提高原材出材率。木制品使用寿命延长技术可以减少木材的需要量,采用化学药品处理、物理压缩以及与其他材料单元(合成高聚物、金属、非金属等)复合而成的新型材料,可使木制品碳储藏效果延长而减排。

3. 农业固碳减排的关键技术措施

农业减排主要有如下两种主要技术途径：通过土壤吸收大气 CO_2 储存于土壤而增"汇"，通过减少农业活动的 CH_4 和 N_2O 向大气的排放而减"源"，它们构成共同降低大气温室气体浓度的农业减排技术。但是，由于农业土壤碳主要是附存于土壤有机质的有机碳，它是极重要的土壤功能活性物质，增汇同时起到改善土壤质量和生产力的作用，而减排技术和措施需要在生产过程中另外增加技术和生产资料投入，可能增加生产成本和农业生产过程的能源消耗成本而带来一定的排放成本。

（1）土壤固碳。是农业上最有效和具有生产促进作用的减排技术。国际上已初步构成包括促进作物生物量碳的土壤储存技术（有机物施入、作物秸秆覆盖）、土壤碳保护技术（保护性耕作的物理保护、化学调理剂稳定技术）和外源碳土壤封存技术（废弃物碳土壤封存、深层分派技术）等多方面的农业固碳技术框架。国外推广和实施最为广泛的技术措施是保护性耕作、养分综合管理以及农田转化为林地和草地等利用转变途径。近 5 年来，将作物秸秆高温无氧热裂解转化为生物黑炭而封存于土壤的生物黑炭技术等一些固碳减排新兴技术正在世界上试验推广。

（2）合理施肥。有机无机配合施肥是提高作物产量的关键管理技术，也是提高土壤碳储存的最重要技术，通过增加有机物质输入、改善和优化土壤微生物群落而达到稳定有机质，使土壤得以保持更多的土壤有机碳。通过配方施肥和有机无机配合施肥等合理施肥措施而提高我国土壤有机碳储存是构建我国土壤碳库的重要农业管理途径。

（3）保护性耕作。国外的保护性耕作是保护和提高土壤碳库的最重要和有代表性的固碳技术途径。各种耕作方式都对土壤造成不同程度的扰动。耕作使得有机质分解条件如土壤透气性和土壤含水量等被改变，同时耕作也破坏了土壤的团粒结构，使稳定的、被吸附的有机质易于分解，增强土壤有机碳的矿化；土壤扰动还改变根系生物量，从而引起土壤呼吸速率加快。因此，少免耕能够明显减弱耕作对土壤的物理干扰，减弱风雨对土壤的侵蚀作用，促进土壤有机碳的物理保护，从而减少土壤呼吸损失，达到延长碳的平均滞留时间，从而增加农田土壤的固碳。结合秸秆还田的保护性耕作技术等固碳技术已在全球 70 多个国家推广应用。

（4）水分管理与灌溉。农田排灌设施配套下水稻产量提高而增加了有机物输入。河流携带悬浮质有机物也提高了有机物质的农田输入。但是，稻田漫/畦灌提高有机碳储存可能与灌溉水在农田的滞留时间延长而增加了悬浮质的输入。因此，合理和良好的灌溉和水分管理可以起到一定的促进土壤有机碳积累而增汇的效果。

（5）生物能作物生产。通过种植生物能作物生产生物燃料而替代部分化石能源。因生物能是吸收大气 CO_2 而产生能源，因而替补了相应能量的化石燃烧，从而表现为减排。生物能作物包括利用边际土地种植柳枝稷和柳树、狼尾草、芒萁等生产生物柴油，农业土地种植玉米、甘蔗、高粱、油菜生产乙醇、甲烷等生物燃料，利用热带湿地种植棕榈树生产棕榈油等。最近 3 年来，关于种植生物能作物生产生物柴油和生物乙醇而替代化石燃料有较多争论。首先，牵涉与农业的争地问题。其次，以往的评估过分强调了生物能作物的能源转化效率，而没有考虑转化为生物能生产同样会产生土地利用转变下的碳库损失问题。

虽然针对农田 CO_2、CH_4 和 N_2O 排放都明确了一些有效的减排措施，但由于一些农田温室气体排放之间存在明显的消长关系使得农田温室气体减排呈现复杂性。例如，稻田中期烤田在有效抑制 CH_4 排放的同时，显著增加了 N_2O 排放（Cai et al.，1997）；秸秆还田在有效增加土壤碳库量的同时，稻田秸秆直接还田却明显促进了 CH_4 排放（马二登等，2010）。因此，基于 CO_2、CH_4 和 N_2O 排放的综合温室效应指标，寻求农田综合减排措施正成为国内外研究的重点，也是当前农田温室气体减排的核心任务。另外，需要强调的是农田温室气体减排措施要以保证和提高农业生产力为前提，在保证粮食安全的前提下，寻求减缓气候变化的农业管理技术，实现农业的生产效应、环境效应和气候效应的协调统一，促进全球变化背景下的农业可持续发展。

农业温室气体减排技术的潜力还需要考虑减排与农业生产力的关系。中国农业应对气候变化首先是保持农业的持续发展，保持对仍然增长着的中国人口的粮食和纤维的稳定供应。保持高生产能力下的固碳减排是中国农业缓解气候变化的必然途径，这也是农业当前实际固碳减排能力弱于发达国家的根本缘由。评价一项固碳减排技术的可推广性及可达到的减排潜力需要首先考虑是否是在保持生产能力的基础上。因此，宜用单位产出的固碳减排效果评价技术的潜力；另外，考察农业固碳减排技术的减缓气候变化效应，不但需要分析其即时效果，而且需要结合其全作物生长期的能源平衡，即需要对农作物生产的全生命周期的整体分析（LCFA）和用于生产特定收获物的所有环节的能源平衡分析（即农业生产的碳足迹）。有研究表明，从农业系统固碳减排技术的生产与环境效益的集成分析和农作物生产周期的碳足迹分析，可以证明有机无机配合施肥是中国农业减缓气候变化最有效、最经济的技术途径，尤其是中国有机废弃物资源化与循环农业仍是一个亟待解决的问题。对于生物黑炭技术，由于一方面可解决秸秆燃烧释放温室气体问题，另一方面又具有改良土壤和增产的良好效应，将是未来减缓气候变化的一种可行的潜在技术选择。

（三）　碳汇机制创新

开展碳循环与碳汇机制研究是推动产业发展的必要基础和先决条件。"十二五"期间我国应设立林业碳汇产业专项基金，大力发展林业碳汇产业。要在全国范围内进行林权制度改革。可以进行荒山私有化试点，制定相应林木管理与砍伐技术标准，扩大林木所有者林木经营管理自主权，激励业主植树造林和经营的积极性，并按照碳汇贸易机制给予补贴。为使碳循环和碳汇产业顺利推进和发展，应加强碳循环与碳汇机制方面的专项研究，完善碳汇计量和检测手段，设立排放标准和排放成本核算，建立碳排放检测和认证制度，建立碳排放交易（管理）制度，建立碳排放配额核定和交易的账户管理制度，在国内建立碳排放替代机制，即实施国内清洁发展机制（CDM）项目，积极开展碳排放的有关试点，推动碳汇市场的建立和有序运行。

1. 当前国内外碳汇机制状况

碳交易是《京都议定书》为促进全球温室气体排减，以国际公法作为依据的温室气体排减量交易。在 6 种被要求排减的温室气体中，二氧化碳（CO_2）为最大宗，所以这种交易以每吨二氧化碳当量为计算单位，所以通称为"碳交易"。其交易市场称为碳市场（Carbon Market）。

目前世界上的碳交易所共有 5 个：欧盟的排放权交易体系（European Union Greenhouse Gas Emission Trading Scheme，EU ETS）、英国的排放权交易体系（UK Emissions Trading Group，ETG）、美国的芝加哥气候交易所（Chicago Climate Exchange，CCX）、澳洲的气候交易所（Australian Climate Exchange，ACX）、中国的天津排放权交易所（China Tianjin Climate Exchange，TCX）。

由于美国及澳大利亚均没有签署《京都议定书》，所以只有欧盟排放权交易制及英国排放权交易制是国际性的交易所，美、澳的两个交易所只有象征性意义。

欧洲在推动碳交易方面最为积极。自 2011 年 3 月起，全球飞往欧盟的航空公司都必须向欧盟提交碳排放监测报告，否则将得不到免费排放配额。而到 2012 年，这些航空公司必须参与欧盟碳交易体系（EU ETS），以保证到 2013 年能够分配到足够的排放配额，否则将面临巨额罚款，甚至被强迫停航。

《京都议定书》生效后，全球碳交易市场出现了爆炸式的增长，2007 年全球碳交易市场价值达 400 亿欧元，比 2006 年的 220 亿欧元上升了 81.8%，2008 年上半年全球碳交易市场总值甚至与 2007 年全年持平。2012 年全球碳交易市场容量达到 1500 亿美元。

我国对碳交易越来越重视。现已拥有北京环境交易所、上海环境能源交易所、天津排放权交易所，但目前的交易还仅限于节能环保技术的转让交易。我国积极参与 CDM 项目合作，截至 2009 年 4 月，国家发改委批准的 CDM 项目接近 2000 个，在联合国 CDM 执行理事会注册成功的项目接近 500 个，居世界首位。

"中国东北部敖汉旗防治荒漠化青年造林项目"是《京都议定书》生效以来，我国与国际社会合作的首个林业"碳汇"项目。在第一个有效期的 5 年时间内投资 153 万美元，（约合人民币 1300 万元，其中意大利资助 1150 万元），在内蒙古敖汉旗荒沙地造林 4.5 万亩，使约 2500 名当地农民和林场工人受益，该项目实施的总体目标是提高实施可持续发展政策的能力，并将首次尝试以森林碳汇为途径，将防治荒漠化及改善沙区生存条件与增加荒漠化地区农民收入相结合，填补了我国森林"碳汇"项目的空白。

中国在广西成苍梧、环江两县成功开发了全球第一个造林再造林碳汇项目，该项目规划造林面积 4000 公顷，利用造林能吸收并储存二氧化碳（即"固碳"）的功能，通过经 CDM 认可的方法计算后充抵《京都议定书》确定的二氧化碳减排量，由生物碳基金会收购后进行交易。这一项目碳汇从 2008 年开始交易，销售期为 30 年。碳汇造林全部利用荒山，除了改善生态、减缓温室效应外，还能帮助山区农民实现减贫目的。其他林业碳汇项目还包括：美国 3M 公司资助的在云南、四川实施的"森林多重效益"项目；日本庆应义塾大学在辽宁营造防风固沙试验林项目；荷兰、芬兰的公司及有关国际组织在河北、山西等地实施的林业项目。这些项目已取得了较大进展，呈现明显的生态、经济和社会效益。在此基础上，仍需要加大 CDM 在中国市场的运作以及相关政策、标准和方法学研究与试验示范，拓展未来更大的碳汇交易市场份额。

自 2008 年以来，全国各省份纷纷成立环境权益类交易机构。2008 年 8 月 5

日，北京环境交易所和上海环境能源交易所在同一天成立；同年 9 月 25 日，天津排放权交易所成立；随后武汉、长沙、深圳、昆明等地纷纷成立了环境权益交易所。

虽然我国目前尚未建立碳排放权交易体系，但自愿性的碳交易机制和专门平台早在 2010 年世博会期间就已经启动。世博自愿减排活动由上海世博局、上海市发改委、上海市环保局、上海环交所负责组织，通过购买自愿减排量抵消世博会的部分碳排放。世博自愿减排交易平台的建立是我国系统性的碳交易的开始，在国际上产生了重大影响。

上海环交所世博自愿减排活动平台包括登录、信息发布、查询、交易、支付、结算、登记注册等在内的多个系统，是我国首个集信息发布、活动推广、减排量交易、结算交割等多种功能于一体的自愿减排交易平台。

从 2011 年 3 月起，上海环交所对上海首批共 9 家重点工业企业展开碳核算。在此次企业碳核算试点工作中，上海环交所将组织相关专业机构，参照国际通用的核算标准，形成适合国情的核算标准体系，对首批 9 家上海虹口区试点工业企业展开碳核算。首批参与碳核算试点工作的企业，涵盖了医疗器械、建筑设备、电气、电子材料等多个行业。

2. 推动我国碳汇交易机制的建立和制度创新

目前我国仍在探索建立碳排放权交易体系，在制度设计方面还需要大量的工作。"十二五"期间，我国应积极探索建立碳汇交易机制和真正意义上的碳排放权交易市场，加强碳汇管理政策和碳汇产业关键技术研究，建立完善碳计量体系等碳汇交易的基础性工作，积极创造条件推动碳汇交易。

林业碳汇的管理和运行离不开政策和法律的指引。目前国内关于林业碳汇的法律研究开始受到学者们的重视。李怒云等（2005）主张建立、实施与碳汇项目的区域布局相配套的管理政策；曹开东（2008）建议推进相关部门规章、区域约束的制定及国家立法，以推动林业碳汇志愿市场的建立；杨华等（2008）主张国内立法要按照各缔约方政府的规定行使等；邓海峰（2009）认为，要通过政策和法律的引导，使市场主体能够看到项目可能带来的潜在生态价值，并通过制度设计，把生态利益转化为现实的经济利益。林业碳汇交易受到森林法、环境法等法律规范的调整，交易本身还受合同法、金融法等法律法规的制约。构建我国的林业碳汇交易法律制度，需要考虑确定以下方面内容。

第一，确定林业碳汇交易法律关系主体。林业碳汇交易法律关系主体包括买方和卖方。国际林业碳汇非志愿市场交易是以国家为主体资格的，在整个碳汇市场中，碳汇的买方只能概括为《京都议定书》附件 I 中各国政府以及世界银行属下的碳基金，卖方主要是发展中国家。我国要建立碳汇交易市场，需要政府对企业碳排放作出强制性规定，碳汇买方应主要指企业，卖方一般是森林的所有者或经营者，包括个体农户、集体林场、国有林场以及其他拥有或经营森林资源的个人、企业及其他实体。

第二，确定林业碳汇交易法律关系客体。在法学理论上，法律行为的客体应该指法律关系中主体的权利和义务所指向的对象。林业碳汇交易的客体应为林业碳汇，在《京都议定书》中，量化为京都减排单位，即某一组织为完成京都协议规定的排放限制承诺而使用的单位。在《京都议定书》的大背景下，那些必须获得较大空间排放二氧化碳的部门和单位就必然通过有偿购买方式获得其必需的排碳权。我国确定林业碳汇法律关系客体时，应该借鉴发达国家碳汇交易的做法和经验，具有相当的确定性和具体性。

第三，确定林业碳汇交易的第三方。碳汇交易第三方主要是碳汇交易的经纪人和计量认证机构。经纪人的主要作用是寻找合适的碳汇供给方和购买者。计量认证机构是由清洁发展机制执行理事会指定的审议核查机构，主要承担分析碳汇项目和基线设计可行性的责任。经纪人提供的是报告订立交易的机会或者提供订立交易的媒介服务，须按委托人（买方委托或者卖方委托）的指示和要求从事活动，取得报酬，并且对鉴定结果的真实性和有效性承担法律上的责任。我国应该规范发展碳汇交易中介咨询服务行业，使其满足碳汇交易第三方的资格和功能要求。

第四，确定林业碳汇交易法律行为的生效要件。林业碳汇交易法律行为的成立与普通民事法律行为同样需要经过要约和承诺两个阶段，该行为成立后需要考虑其是否生效。一般而言，林业碳汇交易生效要件应当包括四点，即当事人的行为能力、意思表示的真实性、交易内容的合法性和特殊的生效要件。

第五，确定林业碳汇交易价格形成机制。交易价格包括市场调节价和政府指导价。林业碳汇的交易价格决定着碳汇交易双方的利益分配和生态效益补偿的计算。因此，林业碳汇交易价格不能按照一般商品的交易原则进行，应执行政府指导价，即由政府价格主管部门或者其他有关部门，依照价格法的规定，按照定价权限和范围规定基准价及其浮动幅度，指导经营者制定价格。但政府对于林业碳汇交易的指导价不能用同一的价格尺度标准来制定，应结合不同区域的实际情况，根据碳汇项目对当地社区生活的改善程度、生物多样性保护情况、造林成本等因素来综合确定不同区域的指导价格。关键是要建立合理的交易价格形成机制。

第六，确定林业碳汇交易的履行方式。林业碳汇交易的履行方式能保证交易的顺利履行，主要包括事前交易、吨年交易和事后交易三种方式。事前交易是指碳汇交易买方（或投资者）在项目正式实施之前就提供整个项目资本或以交易双方商定的总碳汇支付价款，买方成为项目实际的碳汇拥有者并参与项目的全过程；吨年交易是指林业碳汇交易买方根据项目每年林业碳汇的实际增加量乘以交易商定的价格进行年度支付，买卖双方具有同时履行义务；事后交易是指碳汇卖方自己设计、申请、融资并实施林业碳汇项目，获得核证减排量（CER）后再寻找碳信用买方进行交易，即卖方具有先履行义务。确定林业碳汇交易的履行方式及其相应的抗辩权，是构建相关法律体系必须考虑的内容。

第七，明确林业碳汇交易各主体之间的风险分担和利益分配。风险是交易标的物由于不可归责于双方当事人的事由毁损、灭失所造成的损失。在买卖合同中，标的物毁损、灭失风险转移的基本规则是从交付开始转移。林业碳汇交易中存在特殊的风险。碳汇交易中森林的生长周期较长，林业生产经济效益会受到病虫害等因素的影响而呈现较大的不确定性。在这一期间，国际碳汇市场可能发生很大变化，如果按合同法的基本规则把交付定义为项目履行期届满时，那么在履行期届满时碳汇林的风险才发生转移，就意味着卖方在长达几年至十几年的时间内都要承担森林毁损、灭失的风险，使卖方承担的风险过大。因此，应该在交易主体之间合理确定交易中的风险分担原则和方法。交易生效之前的审批风险也应合理确定。如果双方已有订立交易的意向，那么在交易生效之前的审批风险（即双方认为可以获得审批而最终没有得到批准的风险）应该由双方合理分担，而不应由单独一方来承担。再者，关于林业碳汇项目报酬的风险负担，可以参照租赁合同中关于报酬风险负担的规定。在林业碳汇项目运行过程中，一旦发生风险，买方支付的价款应该由卖方予以返还，这样符合权利义务一致的法律原则。在此认为费用的风险负担不具有溯及力，即已经交付价款的不再返还，没有交付价款的可以不再交付。

第八，林业碳汇交易的违约责任承担方式。法律上违约责任承担主要包括实际履行、违约金、赔偿损失和定金四种主要方式及修理、更换、重作、退货等补充方式。违反林业碳汇交易也构成一种违约责任。它的违约责任承担与普通违约责任承担不完全一致。森林资源的技术性、复杂性决定了其多变性，极易使实际履行变得不可能或不符合交易的目的。而且在林业碳汇交易中规定解除交易的优先权也限制了实际履行原则的适用。林业碳汇交易除追求经济利益外，在很多情况下以获得环境利益为目标，一旦其权利受到损害，不仅经济赔偿无法完全弥补，也很难有其他合适的赔偿方式。因此，在林业碳汇交易中的违约责任承担方式还可以采取替代履行的方式。

第九，林业碳汇交易的争议解决。根据合同法的规定，合同争议解决的常规方法可以有调解、仲裁和诉讼。调解是一种不具有法律强制执行力的方式，所以不适合具有涉外因素的林业碳汇交易。民间仲裁也很难达到林业碳汇交易争议解决所要求的权威性和公正性。一方面，民间仲裁不宜对林业碳汇交易中体现的国家意志进行约束；另一方面，对政府参与的行政仲裁制度，在政府本身是林业碳汇交易一方当事人的情况下，很难做到公正。而国际商事仲裁可以克服民间仲裁的缺陷，是一种可以选择的纠纷解决途径。诉讼对于林业碳汇交易而言是一种有效的纠纷解决方式，通过司法权威确保对争议的公正处理。交易双方当事人是一种合同关系，近似于平权关系，因此，可以以民事诉讼制度为基础，设计专门的适用于包括林业碳汇交易纠纷在内的环境资源合同纠纷的诉讼制度，或者可以在民事诉讼制度之外，附加若干包括林业碳汇交易纠纷在内的关于环境资源纠纷的不同于普通民事诉讼程序的特别规定。

参考文献

UNFCCC. Inventories of Anthropogenic Emissions by Sources and Removals by Sinks of Greenhouse Gases, 2005 – 10 – 25, http: //unfccc. int.

Boden, T. A., G. Marland, and R. J. Andres. Global, Regional, and National Fossil-Fuel CO_2 Emissions, Carbon Dioxide Information Analysis Center, Oak Ridge National Laboratory, U. S. Department of Energy. 2009, http: //cdiac. ornl. gov/trends/emis/meth_ reg. html.

International Energy Agency. World Energy Outlook 2007: China and India Insight, 2007, http: // www. iea. org/publications/free_ new_ Desc. asp? PUBS_ ID = 1927.

International Energy Agency. CO_2 Emissions from Fuel Combustion: Highlights, 2009, http: // www. iea. org/co2highlights/.

Netherland Environmental Assessment Agency. China now no. 1 in CO_2 emissions; USA in second position, 2007, http: //www. pbl. nl/en/dossiers/Climatechange.

US Energy Information Administration. International Energy Outlook 2009, 2009 – 05 – 27, http: // www. eia. doe. gov/oiaf/ieo/index. html.

Dabo Guan, Klaus Hubacek, Christopher L. Weber, et al. , "The Drivers of Chinese CO_2 Emissions from1980 to 2030". *Global Environmental Change*, 2008, 626 – 634.

IPCC 2006. 2006 IPCC Guidelines for National Greenhouse Gas Inventories. Prepared by the National Greenhouse Gas Inventories Programme, Eggleston H. S., Buendia L., Miwa K., Ngara T. and Tanabe K. (eds). Published: IGES, Japan. 2006.

Mann L. K. "Changes in soil carbon storage after cultivation". *Soil Science*, 1986, 142: 279 - 288.

Bruce P., Frome M., "Carbon sequestration in soil", *Journal of Soil and Water Conservation*, 1999, 54: 382 - 389.

Guo L. B., Gifford R. M. "Soil carbon stocks and land use change: a meta analysis", *Global Change Biology*, 2002, 8 (4): 345 - 352.

Fang J Y, Chen A. P., Peng C H, et al., "Change in forest biomass carbon storage in China between 1949 and 1998", *Science*, 292 (22): 320 - 322.

钱杰、俞立中：《上海市化石燃料排放二氧化碳贡献量的研究》，《上海环境科学》2003 年第 11 期。

朱松丽：《水泥行业的温室气体排放及减排措施浅析》，《中国能源》2000 年第 7 期。

吴萱：《水泥生产中 CO_2 产生量计算及利用途径分析》，《环境保护科学》2006 年第 6 期。

国家统计局：《中国统计年鉴 2008》，中国统计出版社，2008。

国家统计局：《中国统计摘要 2009》，中国统计出版社，2009。

国家统计局：《中国工业经济统计年鉴 2008》，中国统计出版社，2008。

中国石灰协会：《中国石灰行业 2004 年上半年发展形势的分析与展望》，《中国建材》2004 年第 7 期。

钟喆、胡芳：《我国建筑物使用平均寿命为 30 年》，《新华每日电讯》2006 年 6 月 27 日，http://news.xinhuanet.com/mrdx/2006 - 06/27/content_ 4755341.htm，2009 年 12 月 29 日。

张国宝编《中国能源发展报告 2009》，经济科学出版社，2009。

张仁健、王明星、郑循华等：《中国二氧化碳排放源现状分析》，《气候与环境研究》2001 年第 3 期。

高树婷、张慧琴、杨礼荣等：《我国温室气体排放量估测初探》，《环境科学研究》1994 年第 6 期。

李百兴：《推进我国碳会计发展》，《中国社会科学报》2011 年 3 月 10 日。

邹丽梅、王跃先：《中国林业碳汇交易法律制度的构建》，《安徽农业科学》2010 年第 5 期。

李怒云、宋维明：《气候变化与中国林业碳汇政策研究综述》，《林业经济》2006 年第 6 期。

于洪贤、李友华：《生物碳汇类型的特性研究》，《经济研究导刊》2010 年第 5 期。

王平、盛连喜、燕红、周道玮、宋彦涛：《植物功能性状与湿地生态系统土壤碳汇功能》，《生态学报》2010 年第 24 期。

第十一章 中国可持续发展中的
能源技术经济问题[*]

对中国可持续发展中的能源问题研究要立足于充分把握中国能源供需基本形势，判断影响发展的关键核心因素，提出在我国能源问题中与技术相关的需要研究的重大战略性问题，尽早展开技术经济研究，寻求以最小的能源消耗、最少的环境污染影响，即以效益最大化的技术经济研究原则、思路与方法来解决中国能源可持续发展问题。

一　中国能源供需的基本形势

当前中国的社会经济正处于工业化、城镇化进程快速发展阶段，尽管自"十一五"以来，各级政府在单位 GDP 能耗强度下降 20% 的目标下，节能取得了显著的成效，但是由于高消耗、高污染的经济发展模式不是一蹴而就可以改变的，能源消费总量仍表现出快速增长趋势。2010 年全年一次能源消费总量近 32.5 亿吨标煤，是 2000 年的 2.35 倍。能源消费量的急剧增长，已经给中国能源的供应以及环境带来很大的压力。

中国的能源问题已不单纯是能源供需的问题，而成为中国社会经济发展的主要制约因素。首先，要客观地认识中国的能源资源与供需状况；其次，要分析人类历史上是如何一次次地突破能源约束的，在当前我们缓解能源资源约束的主要路径是什么。

（一）中国能源资源不容乐观

1. 人均资源量低

从能源总量上看，中国是一个资源大国。2007 年《中国的能源状况与政策》

白皮书数据表明：中国能源资源总量比较丰富，拥有较为丰富的化石能源资源。其中，煤炭占主导地位。2006 年，煤炭保有资源量 10345 亿吨，剩余探明可采储量约占世界的 13%，列世界第三位。已探明的石油、天然气资源储量相对不足，油页岩、煤层气等非常规化石能源储量潜力较大。中国拥有较为丰富的可再生能源资源。水力资源理论蕴藏量折合年发电量为 6. 19 万亿千瓦时，经济可开发年发电量约 1. 76 万亿千瓦时，相当于世界水力资源量的 12%，列世界首位。但是我国人口众多，使得人均能源资源的占有率低下。优质的能源资源石油、天然气人均资源量仅为世界平均水平的 1/15 左右，国内占据资源优势的煤炭和水力资源人均拥有量也仅相当于世界平均水平的 50% 左右。[①]

2. 能源结构矛盾突出

在当今世界能源消费结构以化石能源为主的时代，我国化石能源资源结构的特点是"多煤、少油、气不足"。与多数发达国家以石油、天然气为主的能源结构不同，我国的能源结构受资源与传统发展模式所限，长期以煤炭为主。目前我国快速增长的交通用能必须依靠石油进口才能解决，石油供应受各种因素影响，安全问题越来越突出。

国内的核能资源也是有限的。为缓解电力工业发展对煤炭需求以及减排温室气体的压力，政府提出要大力发展核能，至 2020 年期望达到 4000 万 ~ 4800 万千瓦的核电容量。但要满足大力调整能源结构的要求，继续扩大核电的装机容量存在极大的困难，问题是我国天然铀资源严重短缺。包括未来可能探明和可能进口的优质铀资源，仅能支撑约 6000 万千瓦的各类热中子堆发电站，包括压水堆、重水堆、高温气冷堆、熔盐堆等先进核反应堆，运行 40 年。[②]

因此，中国能源消费结构的改善与能源资源储量之间将长期存在结构性矛盾。只有寄托于开发替代化石能源资源，包括发展可再生能源，促使能源结构多元化。

3. 能源进口依存度在增长

在能源需求大幅增长的市场驱动下，我国的能源政策强调：一方面要加大国内能源生产强度，另一方面要扩大能源进口，充分利用国际能源资源与市场。

2010 年，我国原油进口 2. 39 亿吨，对外依存度接近 55%，石油安全形势在逐年加剧。同时，由于国内外煤炭价格的差距以及国内煤炭运输能力有限，煤炭的进

---

① 中华人民共和国国务院新闻办公室：《中国的能源状况与政策》白皮书，2007 年 12 月。
② 庆承瑞主编、何祚庥等著《中国能源战略思考——大力发展可再生能源是中国能源发展的必由之路》，北京师范大学出版社，2009，第 4 页。

口也呈现增长趋势。

在石油进口增加的主导下，我国能源的进口依存度则呈现上升趋势。2000～2010年，全国能源消费量的年均增速达到 8.9%。而同期的一次能源生产量年均增速为8.7%，能源消费量增速已超过了国内能源的生产能力。供需不足部分需要依靠进口来补充，才能达到能源平衡。中国的能源净进口总量在近 10 年年均增长已达到11.7%。

由于自 2000 年以来中国能源生产量增速显著低于能源消费总量的增速，而且2003 年后供需矛盾呈现扩大的趋势，能源供需之间的矛盾在逐年加大。从图 11 - 1可以看到：近年来，国内能源生产可以满足 90% 以上的消费量。如果依靠大量消耗资源发展经济的模式没有根本改变，那么我国能源对外进口依存度也存在增长的趋势。

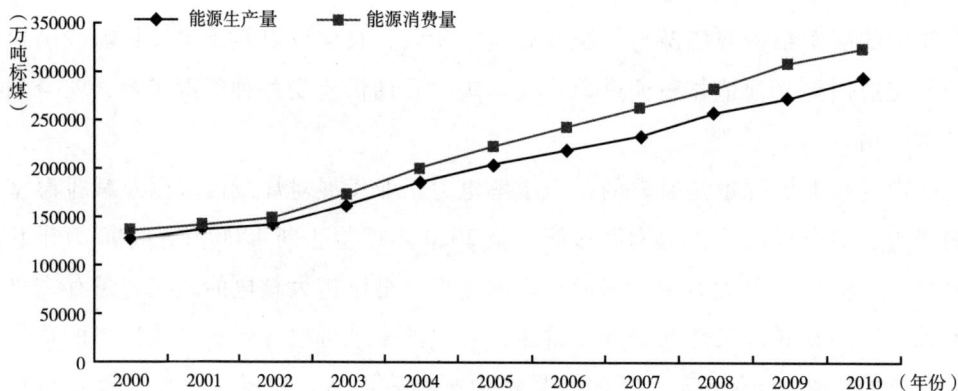

图 11 - 1　2000～2010 年中国能源的生产与消费

4. 化石能源储采比下降趋势严重

虽然我国能源生产总量在不断增长，但是国内能源资源的自给率呈现下降趋势。主要能源资源的储采比已呈现明显下降的趋势，例如我国最为丰富的煤炭资源，可采储量 2008 年与 2007 年均为 1145 亿吨，没有新的增加，但是由于煤炭需求的大幅增加，煤炭的生产量快速增长，造成储采比呈现快速下降的趋势，由 45年降低到 41 年。

近年来，我国煤炭产量快速增长的趋势没有改变，2009 年煤炭产量已经达到30.5 亿吨，比 2008 年增长 8.8%。因此，如果资源勘探没有突破，过快地增加煤炭产量必将加大煤炭生产的安全风险，其中包括资源的供应安全风险以及开采生产环节的安全风险。

5. 能源环境问题日益突出

在各种能源的开采、运输以及使用的各个环节中，煤炭对生态环境的影响最大。由于我国能源消费以煤炭为主，能源消费量的急剧增加对环境破坏的威胁也随之增加。2009 年，我国废水排放总量已达 589 亿吨，二氧化硫排放量为 2214 万吨，烟尘排放量为 847 万吨，酸雨面积超过国土面积的 1/3，二氧化碳等温室气体的排放量也在不断增加，环境问题造成的国际压力不断增加。

从能源资源角度分析，在各类资源储量有保证的条件下，对于加大煤炭、石油、天然气等化石能源的开采力度，只要有足够的投资，以目前的技术和设备能力实现大规模的开采并不是很困难的。因此，在中国社会经济可持续发展中，能源所面临的问题：一是人均资源量低于世界平均水平；二是过度依赖传统能源资源，结构矛盾突出；三是能源进口依存度在增长，能源供应安全风险加大；四是化石能源储采比下降趋势严重，缺乏经济可采储量；五是能源环境问题日益突出。归根结底，中国能源的可持续发展问题除了能源效率之外，矛盾主要集中在传统能源资源储量与结构的资源约束。化石能源资源的数量与结构的硬性约束将是我国走向现代化、实现可持续发展的瓶颈，必须正视如此严峻的传统能源资源状况。

（二）缓解资源约束的主要路径

自然界的初始能源有煤炭、石油、天然气、非常规油气、水能、风能、核能、海洋潮汐能、地热能、太阳能、氢能等，但是除少量可以直接作为燃料利用或作为动力获取能量外，绝大部分都需要通过技术设备将它们转化成便利与高效应用的机械能、热能或电能。其中水能、海洋潮汐能和风能可以通过涡轮机转化为机械能；太阳能、氢能可以通过电池效应转化为电能；煤炭、石油、天然气、非常规油气以及太阳能等其他能源资源可以通过锅炉或集热装置转化为高热能利用或再通过发电装置转化为电能利用。从原始状态的一次能源向电力等二次能源转换技术的发明，显著提高了能源利用的便利性和洁净性，同时也扩大了能源的利用强度。如果超导技术有新的突破，将直接提高电力传输的效率，进一步提高电力的普及应用率。在追求能源利用便利性、洁净性的过程中，转化设备和传输的技术性直接决定了转化效率，是提高能源利用率的关键所在，是能源利用技术创新的主要对象。

为了满足生产与生活所需能源，开拓和寻找能源资源一直是人类探索的目标。人类从可感受的地面水力资源、风力能源资源、太阳能资源、潮汐能到地下的化石能源资源、地热资源，再到生物质能的转化和微观的核裂变反应、核聚变反应的实验历程，反映出人类对能源资源的迫切需求与探索。能源开发与利用的种类越来越多，地域越来越广。从人类居住地的周边地域开始勘测，逐步扩展，甚至到了渺无人烟的荒漠地带和风浪多变的海洋区域。勘探和开发的深度也在不断延展，煤炭和油气的开采深度在不断地向地心延伸。随着资源在经济发展中的作用越来越显著，经济学将资源作为增长的限制因素。对于一个国家，资源的短缺可以依靠进口解决；但是对于全球，紧缺的资源则必须要依靠技术进步才能得到一定程度的缓解。

虽然人类在不断拓展化石能源资源的开采范围和加大开采力度，但是化石能源资源的不可再生性和有限性制约了经济未来可持续发展的能力。因此，要提高能源供应的安全度，更多要依靠能源资源勘探和开发的技术突破，以及能源使用的改善、节约技术和能源替代技术的发明。探索新能源的利用以及研发化石能源资源的勘测技术将成为保障未来人类对能源持续供应的关键。只有勘测和研发的理论以及开采技术和设备有新的进展，可利用能源的品种和数量才能得到拓展。21世纪以来，人类的能源开发利用开始向能源可持续开发利用进军，由数量有限的、不可再生的化石能源向着可以再生利用的太阳能、风能、潮汐能、生物质能等领域扩展，进入一个开拓、替代传统能源开发与利用的新时代。

综上所述，突破能源资源的制约需要能源勘探、开发和利用技术的创新。而且由于能源利用无所不在的广泛性，其他行业领域的技术创新也会直接作用于其所用能源资源的需求，影响能源结构发生变化。可见，涉及一系列能够被社会所用的生产、生活可能性的技术创新将直接或间接地对能源资源的需求形势产生影响。

当代新古典经济学家们，如索洛（1974）和斯蒂格利兹（1979）强调技术进步和替代品降低了资源的稀缺性。① 虽然一些学者强调自然法则约束着技术进步和替代，但是技术发展在当今人类的文明发展中的作用是不可否认的。从能源的发展史可见，在科学技术进步的推动下，能源资源对社会经济发展的制约被屡屡突破。在多种生产技术出现的时代，人们要选择那些投入最少、效益最佳的技术，产生了以成本效益分析为核心的项目评价理论和技术经济学。同样在能源开发利用中也离

---

① 〔美〕阿兰·V. 尼斯、詹姆斯·L. 斯威尼主编《自然资源与能源经济学手册》（第3卷），李晓西等译，经济科学出版社，2010，第162页。

不开技术经济研究。为了保障社会经济稳定持续发展，有效地解决能源开发利用造成的环境负面影响，需要对各项能源技术进行客观的全面分析。当前能源领域关注的多项技术经济热点研究问题，均围绕着实现保障能源安全、减少碳排放、保护生存环境的各种目标，能源技术经济研究是实现国家能源战略和制定能源政策的依据。

二　技术创新突破能源约束

人类与其他动物显著的区别特征之一就是会使用工具，即会发明技术以充分利用各种自然资源为自己服务。人类的文明史从学会使用火开始。人类逐渐掌握了可以替代劳力的水力、风力等自然资源的利用，探索出煤炭、石油、天然气等化石能源资源的利用方式。如何合理开发与利用能源的本质问题就是发明相应的技术和设计便利的设施，人类的能源发展历史就是一部人类的技术创新历史。

人类生存水平的改善和生产水平的提高越来越离不开能源，能源已经成为资本、劳力外的主要生产要素，特别是当前社会经济现代化的发展可以说就是生产与生活能源化的发展。能源资源对未来社会经济发展的约束，只有实现技术创新的突破才能破解。

（一）技术创新推动世界能源结构的演变

世界一次能源消费结构先后经历了以薪柴为主、以煤为主和以石油为主的时代，并在向以天然气为主转变。同时，水能、核能、风能、太阳能、生物质能等可再生能源也得到更广泛的利用。人类文明史自钻木取火开始，薪柴是保持火种的主要能源资源。在很长一段时期内，人类除了设计出风车、水轮机利用风能、水能提供动力外，主要使用的能源就是薪柴。普遍认为，最初能源的革新与金属制造有关。早期铜、铁矿的熔炼主要是采用木炭作为燃料，但随着冶炼需求增加，薪柴的成长更新速度不及消费量增长速度，木材资源供应日渐不足，价格迅速上涨，煤炭资源开始逐步替代了薪柴。在工业革命初期的英国，这种趋势最为明显。以蒸汽机技术为代表的工业革命，进一步加速煤炭取代薪柴的过程，确立了煤炭作为工业主要能源的基础性地位。随后内燃机的出现加速了交通运输工具的普及，石油液体能源的效率与便捷的优势提升了其在世界能源消费结构中的地位。从 20 世纪 60 年代开始，石油逐步取代煤炭，成为世界第一大能源，1967 年，液体燃料在一次能源中的比重已经达到 40.4%，超越了固体燃料 38.8% 的比例。[①] 核电技术的发展使铀资源成为一项重要的能源。

总体上看，这一时期能源替代的过程存在以下特征。第一，在替代过程中，技术起到了决定性的作用，相关技术的出现确立了化石能源在工业体系中的核心作用。第二，工业化初期的能源替代具有坚实的需求基础，这主要是由于资本主义发展所带来的大规模生产，客观上加大了能源的需求量。第三，需要指出的是，在煤炭开始大规模使用的时期，尚不存在严格意义上的工业体系，虽然对前期发展的部分工业中木材能源进行了替代，但更多地表现为围绕煤炭使用而建立的工业体系。相对煤炭而言，石油兴起时工业体系已经基本构建，但仍属于发展早期，工业资本存量整体处于较低水平，而且石油资源在提高整个工业运转效率的同时，丰富和完善了工业体系，创造了大量的新型工业部门，成为现代工业形成的重要基础。由此可见，在替代原有能源的同时，创造新型产业或新型部门发展的绝对优势，使得能源消费总量达到一个新的高度，在一定意义上具有增量替代的特点。由此可见，技术创新和技术进步对能源的发展具有显著的推动作用。[②] 也可以说，能源消费结构的转化进程客观地反映出人类技术创新与进步的推动作用。技术进步的历程决定了全球能源消费格局演变的历程。

虽然当今人类追求环境保护和可持续发展，对能源结构有所要求，但最终还是由能源供应成本来决定其所使用的能源地位，而这个供应成本则取决于能源的技术，包括能源开发、能源传输以及能源利用各个环节的技术。

（二）技术创新发现能源资源储量

英国学者 M. G. 韦布、M. J. 里基茨在《能源经济学》中关于石油储量的论述是这样的："二次世界大战以后石油储量可供给的年限从 1947 年的 21 年上升到 1960 年的 37 年，在有关未发现石油的储量水平、可发现率以及可开采率等问题上都存在很大的不确定性。""很多报告都认为石油供应很有可能在 80 年代末期开始稳定，90 年代达到高峰，90 年代以后趋于下降。"[③] 但是，"不与技术状况和开发费用相联系而孤立地去计算能源'资源'储量是没有意义的。这样并不意味着不

---

① 张抗等：《中国石油天然气发展战略》，地质出版社、石油工业出版社、中国石化出版社，2002，第 417 页。

② 杨敏英、吴滨：《我国石油替代的战略选择》，《经济研究参考》2010 年第 51 期，第 40~55 页。

③ 〔英〕M. G. 韦布、M. J. 里基茨：《能源经济学》，中南财经大学出版社，1987，第 25 页。

以技术状况和开发费用去计算能源'资源'储量就没有启示作用，只是说这样做对于推迟能源资源耗竭灾难的发生没有多少帮助。据我们所知，阻止能源资源耗竭灾难的发生有两种主要因素，一是实行可能的资源替代，二是技术改革"[①]。而且，明确论述了"能源资源必然是技术的函数。例如只有到20世纪50年代，核反应堆能源发展到商业使用时铀才被列为能源储量"。并阐述了影响能源资源开采效率的问题："可采资源的回采率是很多因素的函数，这些因素包括技术状况和地质条件等。在整个开采时期和不同矿藏之间回采率是有不同变化的。如美国在40年代的石油回采率是25%，到1975年时回采率已达32%左右。英国北海油田的回采率已提高到40%。"[②] 无论能源资源的储量确定还是开采程度都主要决定于技术发展，是技术的函数。

事实正是如此。例如，我国石油资源从无到有的生产，就是在石油地质理论与勘探技术发展的基础上实现的，科学的理论研究是技术创新的基础。我国石油地质工作者在学习引进国外先进经验和理论的同时，不断总结和发展符合中国特点的石油地质理论，有效地指导了油气勘探实践。20世纪50~60年代，"陆相盆地生油理论"和"陆相盆地成油理论"指导了克拉玛依油田和大庆油田的发现。60~70年代，"复式油气聚集区带成油理论"促进了渤海湾盆地断块油气藏勘探的加速发展。80年代以来，由于低熟油、煤成油、盆地成藏动力学和层序地层学理论的应用，在四川盆地、鄂尔多斯盆地、塔里木盆地、柴达木盆地相继发现了一批大气田。在油气勘探技术方面，发展形成了综合配套的技术系列，包括地面地质调查技术、地球物理勘探技术、井筒技术和石油地质实验技术，以及盆地模拟、区带评价－圈闭评价的油气资源评价技术。地震勘探已进入三维地震技术、高精度地震数字处理技术、计算机交互地震解释技术以及各种地下成像技术；在测井技术方面，从20世纪80年代以来，由数字测井技术到数控测井技术，发展到成像测井技术。这些现代化勘探技术，我国都在广泛应用，并形成了国产设备和计算机应用软件。在钻井工艺方面，已完成7200米井深钻探，不仅能钻探中深井，还可钻探定向井、水平井、丛式井以及高温高压特殊工艺井等。勘探技术的进步显著提高了钻探成功率和勘探效益，为我国石油工业的发展做出了巨大贡献。[③] 开发储量到位是实现原

① 〔英〕M. G. 韦布、M. J. 里基茨：《能源经济学》，中南财经大学出版社，1987，第29~30页。

② 〔英〕M. G. 韦布、M. J. 里基茨：《能源经济学》，中南财经大学出版社，1987，第22~23页。

③ 田在艺、张庆春、史卜庆：《中国科学院高技术发展报告——21世纪中国油气资源勘探前景》，2006年12月。http://www.hjcz.org/BBS/read.php? tid =72709。

油产量持续增长的关键。随着油气勘探的深入发展，勘探的技术难度和成本将日益增加，只有实行多学科联合攻关，在理论上有所创新，才能有效地指导勘探技术发展，使储量有大的增长。

由此可见，重视基础理论的研究和相关技术、设备的开发，提高能源资源的勘测和开发水平是能源资源安全供应的基本保障。

（三）突破传统能源资源约束要依靠技术创新

随着社会经济发展，在石油消费量仍在大幅上涨的今天，人们越来越强烈地意识到对石油资源过分依赖的严重后果，石油资源的不可再生性（至少在有限的时间内），以及大量化石能源消费的污染外部性，环境问题日渐突出，积极开发核能、风能、太阳能等新能源成为重要选择。我们目前正处于一个"原有工业模式和生活方式延续下的能源替代"阶段，新能源在全球范围内发展趋势明显加速。

与历史上能源结构更替的过程不同，相对于工业革命时期的技术创新与需求增长形成的能源替代，现阶段的环境因素与化石能源资源供给危机感形成的能源替代，紧迫的压力更加凸显。新能源发展的外在动力和基本目标是以替代现有和仍在增长的化石能源消费为主，对能源和环境的危机感带来的能源替代需求将推动技术革新。突破传统能源资源约束的能源替代本质上属于技术创新。第一，依照经典的经济学，能源替代具有明显的技术特征。一般而言，在特定技术条件下，使用能源的种类往往是既定的，生产中要素替代主要表现为该类能源与其他非能源要素之间的替代，而不同种类能源要素之间的替代大多要通过改变技术条件来形成新的生产可能性曲线。此外，就替代程度而言，一般所说的能源替代属于大规模、全方位的替代，以技术创新为基础是这种替代的必然选择。第二，在历次能源替代中，新技术的出现起到决定性作用。从对历次能源替代的简要回顾可知，从远古时期对火的控制，到风车、水车，再到引发工业革命的蒸汽机乃至后来的内燃机、电力设备，能源发展的历史中无处不渗透着技术创新的作用。正是这些"无意识"或"有意识"的技术突破，使得人类驾驭能源的能力不断提高，一次又一次成功地发现和利用更高效的能源，将经济社会的发展推向新的高度。"在过去6000年的大部分时间里，人类历史的主要特点就是不断奋斗，用更有用的方式来驾驭越来越多的能源"，"物质进步的进程就一直伴随着对燃料和能源体系越来越先进的掌握技巧"①。

---

① 〔美〕保罗·罗伯茨：《石油的终结：濒临危机的新世界》，吴文忠译，中信出版社，2005，前言。

从这个意义上讲，世界能源替代和发展史就是一部与能源相关的技术创新史。第三，在现阶段能源替代中，技术创新所起的作用更加突出。现阶段能源替代的目标是对在经济生活中大规模使用的化石能源的替代，在这个过程中技术创新的作用至关重要。面对数量如此之大的化石能源和日益严重的环境问题，开发规模足以支撑人类经济社会发展需要、可再生的、清洁高效的新型能源本身就是一种技术创新活动；对原有能源转换和配送系统进行改造，以适应新能源的要求，也需要依靠技术创新来实现；对于已经建立起来的异常庞大的、以化石能源为基础的消费体系而言，在不影响经济社会发展和最大限度保护社会财富的前提下，实现向新能源消费转变更是必须建立在技术不断创新的基础之上。综上所述，现阶段能源替代的内涵可以概括为，在原有工业模式和生活方式仍在延续的条件下，以新型可再生清洁能源替代已经大量使用并仍在快速增长的化石能源为主要目标的一种技术创新活动。[1]

帕萨·达斯古普塔在《自然资源寻求替代品的时期》一文中提出：是什么机制导致我们不断追求革新——寻求资源替代的技术改良特性？这种因素在数量上共有 9 个，经常重叠且常常同时出现。第一，有一种革新是给定的资源能够用于特定的目的。在冶炼生铁时采用煤使技术得以进步，针对受控热核聚变的研究和发展计划就基于这种革新。第二，发展新型材料，诸如合成纤维的开发。第三，通过技术进步提高资源提取过程的生产力，换言之，技术革新促使某些矿物的提取更廉价（例如 20 世纪早期大型掘土设备的制造使得品位等级低的矿区进行露天采矿成为可能）。第四，科学和技术发明使勘探活动变得更廉价，航空摄影和地震学的发展在此过程中非常重要。第五，提高资源利用率的技术进步。第六，技术进步使人们能够开采低等级但含量丰富的矿产。例如泡沫复选技术的发明使低等级的硫化物能够以经济的方式集中。第七，循环利用原料、降低成本的技术的持续发展。第八，以低品位资源代替逐渐减少的高品位资源。第九是机制，它是由经济学家发现的，如达斯古普塔和希尔（Dasgupta and Heal，1974）[2]、索洛（Solow，1974）[3]、斯蒂格利兹（Stiglitz，1979）[4]。它是指固定的加工资本替代逐渐减少的资源。这样的可能

① 杨敏英、吴滨：《我国石油替代的战略选择》，《经济研究参考》2010 年第 51 期，第 40~55 页。

② Dasgupta. P and G. Heal，"The Optimal Depletion of Exhaustible Resources"，*Review of Economic Studies*，*Symposium Issue*，1974，pp. 1–23.

③ Solow. R. M.，"The Economics Resources or the Resources of Economics"，*American Economic Review 649 Papers and Proceedings*，1974，pp. 1–21.

④ Stiglitz. J，"A Neoclassical Analysis of the Economics of Natural Resources"，in：V. Kerry Smith（ed.），*Scarcity and Growth Reconsidered*（Johns Hopkins University Press，Baltimore，MD，）1979.

性是有限的。超出某一点，生产中的固定资本对资源尤其是能源起补充作用。这一替代弹性是渐进小于 1 的。[1] 在影响资源替代所提及的这些因素中，技术创新是核心。

目前各国促进能源发展的主要途径有：①改进现有能源技术，减少对环境的影响；②改进能源管理，促进新型能效技术的发展与推广；③开发先进能源技术和替代能源，如新能源载体和可再生能源。[2] 这些措施都是紧紧围绕着技术创新，包括如何推动技术创新。技术创新加大了对传统能源资源的开采量，扩大了能源资源生产供应的品种，减少了工业产品生产过程中的能源投入量。然而，社会的发展存在很大的不确定性。经济学家和计量经济学家能够精确地完全地追述技术进步的过程，但却不能提供理论来解释它的发展变化。结果就是，不同于历史发展趋势的技术发展很难被预测，但它对未来的消费是相当重要的。[3] 我们正处在一个科学技术快速发展的新时代，因此，需要加强技术创新机制的研究，这也是能源技术经济的重要研究内容之一。

三　能源技术经济研究是实现国家能源战略和制定能源政策的依据

（一）国家能源产业的战略性方向

在全球化的经济时代，一个国家的社会经济发展需要充分利用资源优化配置理论，利用好国内国外两种资源、两个市场。因此，密切关注国际能源发展的变化动向、了解世界能源发展战略的方向是非常必要的。

进入 21 世纪以来，为了解决能源安全、环境保护以及气候变化等日益突出的问题，世界上许多国家和经济体都将发展低碳经济作为转变经济发展的目标，并以此提出了开发利用可再生能源等新能源作为能源战略的发展目标，制定了相关的激励措施。据不完全统计，世界上已有 73 个国家或经济体制定了明确的新能源目标和法律政策，极大地促进了全球新能源产业的发展。特别是以风电、太阳能发电为

① 〔美〕阿兰·V. 尼斯、詹姆斯·L. 斯威尼主编《自然资源与能源经济学手册》（第 3 卷），李晓西等译，经济科学出版社，2010，第 324~325 页。
② 张军、李小春等编著《国际能源战略与新能源技术进展》，科学出版社，2008，第 49 页。
③ 〔美〕阿兰·V. 尼斯、詹姆斯·L. 斯威尼主编《自然资源与能源经济学手册》（第 3 卷），李晓西等译，经济科学出版社，2010，第 217 页。

代表的新能源发展最为突出。为了占领世界技术市场，新能源的研发成为世界各国能源发展战略的重点。

欧盟是发展可再生能源最早、成效最显著的经济体，提出的目标是到 2020 年可再生能源消费达到 20%，到 2050 年达到 50%。欧盟为强化其在可再生能源领域的相对优势，在德国、西班牙等国的推进下，成立了国际可再生能源机构。

美国在气候变化问题上态度暧昧，但在发展新能源问题上态度明朗，奥巴马上台伊始就提出了能源新政，将新能源视为保障国家核心利益和提高国家竞争力的重要手段。2009 年，众议院通过的《美国清洁能源与安全法案》，正式提出了国家层面的可再生能源目标，投入 1500 亿美元发展清洁能源，争取到 2025 年可再生能源电力达到总电力的 25%。

日本提出"绿色能源新政"，计划到 2030 年可再生能源发电量达到总用电量的 20%，最近又提出发展光伏产业的宏伟计划。

我国的能源发展战略——节能处于我国能源战略的优先地位，而且是一项长期持久的任务；低碳化的新能源的研发是缓解我国能源资源对经济发展的约束、减缓气候变化压力的必然选择；鉴于我国能源资源以煤为主的结构，为了保障能源安全，不能忽视洁净煤技术的发展。因此，我国能源产业的战略性方向要立足于节能、新能源与洁净煤技术。我国能源产业的战略性方向在国家"十二五"战略性新兴产业发展规划中已基本确定。

在经济全球化的环境中，应对气候变化将成为影响国际贸易的壁垒，并将成为影响各国未来能源发展的关键因素。在各国政府的高度重视和支持下，目前在全球范围内以风电、太阳能发电为代表的新能源产业正在迅速崛起。一个国家的新能源技术水平将充分展现其技术实力与经济社会的发展潜力。国家能源产业战略性方向以创新型的能源技术为突破，要求实现促进各种可再生能源技术逐步成熟和完善、向规模化发展、成本呈现下降趋势、市场竞争力快速增强等，这些目标均突出体现了加强能源技术经济研究的必要性。

（二）科学发展要依靠基础性研究

胡锦涛在 2010 年两院院士大会上指出："世界范围内经济发展方式正从资源依赖型、投资驱动型向创新驱动型为主转变。要建设创新型国家，加快转变经济发展方式，赢得发展先机和主动权，最根本的是要靠科技的力量，最关键的是要大幅度提高自主创新能力。世界各国都在积极追求绿色、智能、可持续的发展。"

技术创新意味着在相同的投入要素下，产出更多，或者是在相对要素价格保持不变的情况下，要素的比例发生变化，这些变化都将对经济发展方式的转型做出贡献。

由于能源在经济发展中的基础性作用，能源工业的技术革新是实现国家绿色、智能、可持续发展的领军产业，能源资源的开发、传输以及利用技术的变革与发展趋势必然会涉及农业、生物产业、化工业、汽车业等各行业领域，与环保产业的关系更是密切。能源产业是高消耗、高污染的产业，要实现对传统发展的突破，一靠合理的技术路线，二靠有效的创新激励机制。

无论是硬技术还是软技术都需要有扎实的基础研究支持，才能实现成本最小化、效益最大化的科学发展。因此，需要在大专院校加强能源技术专业人员培养，在科研院所和企业继续增加能源技术的研发投入，在确立项目时强化项目的可行性研究以及项目建成后的评估工作，不断完善项目的技术评价，提高科学性。

（三）能源政策和标准制定需要强化能源技术经济研究

目前，能源技术经济学的原理已普遍应用在我国的项目评价中，包括项目可行性研究和项目的后评估。在能源战略与政策的制定中也需要逐步强化能源技术经济学的应用。

为了实现国家能源发展战略，及时解决能源产业发展存在的问题，需要合理依据国家的资源禀赋条件，充分利用区域与行业的发展优势，以正确的能源政策来引导发展，实现资源优化配置、环境保护等各项政府的社会经济目标。政府的主要职能之一就是：需要在改善社会环境的目标下对各种能源的投资激励与优惠政策做出最佳选择，并制定相关的能源法律、政策。普遍认为，当前我国能源产业发展存在的主要问题是：结构不合理、创新能力不足、市场机制不健全与政策机制不完善。其中政策机制不完善，反映出我国的能源政策制定缺乏充分的科学的论证。例如，在促进可再生能源发展的战略实施过程中，政府通过大量的补贴建设风电场、太阳能发电场等可再生能源发电设施，但是由于对发电、输电以及配电的全过程缺乏全面的技术经济论证研究，导致风机发了电，却上不了网，设备利用小时数很低，设备闲置浪费了大量的投资，并在一定程度上阻碍了这些可再生能源发电的快速发展。因此，在制定各项能源战略措施的实施政策时，必须首先强化措施实施全过程的技术经济分析，以各环节合理的规划与配套设施建设、配套的政策体系来避免损失。

　　能源政策对于国家的社会经济发展至关重要，而且对环境潜在影响巨大。制定、实施能源政策是政府的责任，也是实现其政治纲领的基础。"经济学对能源政策决策者处理问题都是有用的。经济学在阐明问题和探索采用不同政策选择方案时都有重要作用。与其他政策领域相比，经济学的一种相对长处就在于它很强调'选择'这个词，不仅是在资源利用上要进行选择，在为达到既定目标运用不同的政策手段上也要进行选择。其中，政策性费用分析是情景分析方法中的主要内容。当需要作价值判断时，例如在选择能源价格政策和选择贴现率涉及分配收益问题时，使用经济分析方法对于弄清这些问题就很有用。"因为"交易费用与政策性费用存在于资源配置制度中，不能假设不存在这类费用，也不能保证在公营经济方面行政官员就会像仁慈的君主那样行动。他们可能有自己的理由认为和整个社会比较起来公营经济更倾向于风险规避。看来一个行政官员的仕途如果与著名的投资不良后果联系着是不会有什么好前途的，即使他曾发表过正确的声明，说明过他是认真地准确地执行了使用的投资标准的"①。还有，"可运用经济模型预示在确定政策上可能产生的结果，对实现特定目标的不同政策手段的相对效果进行比较分析。例如对不同税收手段与补助手段时的经济学分析；确定不同政策实施时所需要的各种信息，等等。如美国在70年代，天然气的价格大大低于相同热值的石油的成本，采用基本的供求分析就能预示所选择的定价政策可能产生的结果：将价格控制在市场结算价格以下时必然会出现过多的需求，必然会抑制生产和抑制新的勘探。事实证明就是如此"②。

　　能源政策往往带有一系列相应的措施与项目行动来体现、落实，并要具体分析各项措施可能会带来的后果。利用经济学理论指导能源政策的制定，这个思想在2003年的英国能源白皮书也有体现。如在减排二氧化碳的目标下，可以采用各种不同的技术措施方案，例如植树绿化固碳、二氧化碳填埋、研发推广无碳能源等。首先需要充分了解各种技术的发展状况、技术实施的成本以及效益，并进行对比分析，选择成本低、效益好或具有发展潜力和前景的技术路线进行普及推广，分析结论将为决策提供参考依据。没有政策出台之前的技术经济学分析，就无法得知涉及技术类的能源政策推行后，可能会对未来社会和经济发展产生的影响程度。为实现

---

① 〔英〕M. G. 韦布、M. J. 里基茨：《能源经济学》，罗根基译，中南财经大学出版社，1987，第239页。

② 〔英〕M. G. 韦布、M. J. 里基茨，：《能源经济学》，罗根基译，中南财经大学出版社，1987，第305~306页。

英国减排二氧化碳的承诺目标，研究机构进行了大量的模型计算和分析，估计在满足 2000~2050 年能源供应的基础上，对各种方案的排放量和各方案所需要的减排量进行经济成本和政策影响分析，最终确定到 2020 年达到削减 15~25 兆吨碳的目标。[①] 目前在发达国家普遍运用经济学的原理和方法帮助政府选择决策方案，选择技术路线，制定能源政策，在对各种产品能耗的技术标准制定中更是离不开能源技术经济的分析。

四　当前能源领域需要技术经济研究的重大战略性问题

在明确国家未来能源发展战略的前提下，提高能源效率、有效控制能源消费量的过快增长、调整优化能源结构、减少能源生产和消费各个环节对环境的影响是当前我国能源领域的主攻方向。因此，政府需要加大对节能降耗的各项技术措施、政策的研究，加大可再生能源以及清洁能源技术的战略性投资力度，以加快从实验室研究到产业化的进程。影响我国能源发展的重点技术问题有多个，有的是近期需要解决的重点问题，有的则是会影响未来能源长远发展的重点问题。

中国科学院 2009 年曾发布面向 2050 年科技发展路线图，其中凝练出十个旨在引领我国能源科技发展、造就中国特色新型能源工业、满足经济社会发展需求的重要技术方向。这十大技术方向包括高效非化石燃料地面交通技术、煤的洁净和高附加值利用技术、电网安全稳定技术、可再生能源规模发电技术、生物质液体燃料和原材料技术、深层地热工程化技术、氢能利用技术、天然气水合物开发与利用技术、新型核电与核废料处理技术、具有潜在发展前景的能源技术。路线图还提出我国能源科技创新近、中、远期发展的阶段目标。2020 年前后，突破新型煤炭高效清洁利用技术，初步形成煤基能源与化工的工业体系；突破轨道交通技术、纯电动汽车技术，初步实现地面交通电动化的商业应用等。2035 年前后，初步形成以太阳能光伏技术、风能技术等为主的分布式、独立微网的新型电力系统；突破新一代核电技术和核废料处理技术等。2050 年前后，突破天然气水合物开发与利用技术、氢能利用技术、燃料电池汽车技术、深层地热工程化技术、海洋能发电技术等，基本形成化石能源、核能、新能源与可再生能源等并重的低碳型多元能源结构。

近年来，我国能源领域的相关研究得到了快速发展，能源效率显著提高，新能

---

① 杨敏英：《国家能源政策制定机制探讨》，《经济研究参考》2006 年第 36 期，第 45~51 页。

源的比重明显增加。但同时，我国能源需求压力依然严重，能源及环境问题仍是目前和未来一段时期我国经济社会发展的主要矛盾，能源领域众多重大战略性问题亟待突破。一般而言，战略性问题集中体现长远发展。确定能源重大战略性问题必须基于我国未来能源总体发展趋势，同时还要兼顾当今所面临的具体现实问题统筹考虑，形成综合发展体系。整体而言，我国能源领域重大战略性问题既需要长远考虑，也要重视现实分析。从长期来看，逐步实现新型可再生能源对传统能源的替代是破解能源环境问题的基本途径，当前国际新能源技术的优先研究主要有氢能与燃料电池、生物能、太阳能、风能、海洋能、地热能与电网技术。[①] 因此，紧跟国际能源研究新动向，要结合国情需要，结合以上所述重要的能源技术方向，确定当前我国能源领域需要技术经济研究的重大战略性问题。就近期而言，大力促进节能技术的研发和应用，包括各主要领域能源效率提高和能源系统整体优化，是应对现有矛盾的重要对策。在近期目标与长远目标相结合的技术研发导向下，突出基础性理论研究与实证研究。

从全球能源战略的发展趋势和我国能源发展的战略考虑，当前我国能源领域需要技术经济研究的重大战略性问题以及研究的重点内容分述如下。

（一）节能技术经济研究

节能在我国能源发展战略中处于优先地位，也是当今世界能源发展的方向和国家社会经济发展的战略选择。特别是在传统能源在一段时期内还占据绝对优势地位的背景下，节能具有重要的战略意义。

首先，要正确理解节能的内在含义与其所具有的意义。节能不是简单地要求人们不用电、不调温，忍受昏暗、阴冷或闷热的恶劣环境，而是要求在满足人类基本生活舒适的前提下，发挥能源的最大效益，以求最少量地消费能源。节能的根本目标就是要提高能源利用效率。能源效率指标的对比与分析，一种是以物理量为基准的计量标准，即单位产品的能源消耗量，如标煤/万吨，另一种是以货币量为基准的计量标准，即单位产值的能源消耗量，如标煤/万元。无论哪一种计量方式，都是要使处于分子位置的能源消费量降到最低。能源效率的改进直接关系到国家利益，因为提升能源效率的项目涉及领域广泛，几乎囊括经济的各个部门，而且可以通过技术设备的更新换代或者能源替代各种方案的节能措施来增

[①]　张军、李小春等编著《国际能源战略与新能源技术进展》，科学出版社，2008，第83～106页。

加就业和国家财政收入。不少国家已将提高能源效率的项目纳入国家的经济发展战略项目中。[①]

其次,节能是一项复杂的系统工程。节约能源一方面需要从身边的点滴做起,杜绝浪费;另一方面又需要积极创新,开发节能新技术与新设备,获得技术上的支持。然而,无论是新技术的研发,还是原有设备的更新换代都需要大量资金投入。从经济学观念看,节能不仅要看设备能源利用的效率,而且要进行节能资本投入的分析,只有二者结合最优才可被市场接受。因此投融资问题的核心就离不开费用效益分析,以判断技术的可行性与风险性,确定改进技术的设备应用与推广的范围和程度,是否可尽快收回投资并获得效益。

能源效率问题的实质就是要低成本、高效益。在我国就存在节能却不省钱的普遍现象,如绿色照明工程中,消费者购置节能灯具,虽然可以节省一些电费,但却因为节能设备昂贵,总投入不减,甚至由于劣质节能设备的频繁更换而增加费用。如果高额的投入成本没有在低运行费中回收,人们是不会利用这种节能设备的。因此,如何进一步提高能源效率,有效降低节能的成本是十分敏感的问题,这直接关系到节能的政策力度与节能的可持续性。

在目前进一步深入开展节能活动中,应强化节能的技术经济研究,需要关注以下几个主要问题。

1. 能源效率的研究

我国将节能减排目标确立为"十一五"期间政府重要的考核指标,极大地促进了节能减排技术的发展,实现了单位产值能耗的降低。在中央政府的节能目标下,能源技术经济学领域有关能源效率的研究也得到了前所未有的进展。各种研究报告、论文涉及各地区、各行业的能源效率、存在的主要问题及对策,对协助政府实现节能目标的政策制定与调整起到了参谋与促动的作用,同时也推动了关于能源效率的学科理论建设。

地区与国家的单位产值能源消耗量、各行业的单位产品能源消耗量、能源资源开采效率、能源传输效率、终端能源利用效率、单位能源产出值、某一用能产品的耗能量等多种能源效率指标用于不同的分析研究对象,以判断经济运行的质量与产业的发展水平。能源效率指标已成为判断产品的节能标志。

---

① Bruce Tonna, Jean H. Peretzb, "State-level benefits of energy efficiency", *Energy Policy*, 35(2007), pp. 3665 –3674.

能源效率的影响因素分析是研究的重要内容。在能源效率的分析中，不仅有能源资源特性所决定的效率因素，还有技术、设备、管理、价格、制度与经济等多种因素相互作用影响。寻求其中关键的影响因素，探讨提高能源效率措施的研究结论将直接关系到节能政策的制定。

产品能耗标准应作为淘汰落后生产能力的主要依据。因此，为了持续提高能源效率，就需要密切跟踪技术进步发展状况，分析新技术推广的成本效益，不断地调整产品的耗能标准。这种以技术标准为市场标准的节能政策措施，将更有利于推动企业节能的自主性与积极性，是节能持续发展的基本推动力。

能源效率是节能技术推广应用的基础性指标，也是国家规划的约束性指标，相关问题的深化是节能技术经济研究的重要内容。从目前我国能源效率的研究状况看，还需要加强以下方面。①能源效率测算的研究工作。现有能源效率的测算多达几十种，既有物理层面的，也有经济层面的，各种测算方法不甚一致，全面理顺和统一能源效率的测算，确定能源效率的权威性和统一标准与方法具有重要现实意义。②能源效率的影响因素分析。万元增加值能耗是一个相对较为综合的指标，充分理解其影响因素，有助于科学地评价能源效率提高，以及改进能源效率的政策、措施。③区域能源效率测算。不同区域处于不同发展阶段，能源效率具有不同特点。深入开展相关研究有助于我国节能目标的细化，更加符合区域经济社会发展实际，增强节能目标的可达性。

2. 节能项目的评价

节能技术的研发需要人才与资金投入。在推广技术的过程中往往会遇到这样的问题：有些技术是节能的，但却不经济；有些技术是可行的，而且是经济合理的，但需要投入大量的资金进行设备更新或改造。在企业资金有限的情况下，银行贷款是必然的选择。为了克服贷款融资机构对项目收益性不确定引起的投融资障碍，必须做好节能项目的评价。因此，为了减少投资风险，赢得企业对节能新技术应用的积极性，争取银行贷款促进节能项目研发与推广，节能技术的成本效益分析成为目前能源技术经济学的主要内容。

我国在加大节能减排力度的措施中，主要是"上大压小"，取缔了大批高能耗的设备，降低了未来能耗的增长。"上大压小"的行政性指令使得一些未到寿命期的设备提前退役。设备的过早报废，存在对设备制造过程所消耗能源的浪费。同时，由此也损失了一定数量的固定资产，减缓了国民财富的积累速率。

如何正确地选择节能政策，达到成本最小化的节能，需要全面地进行技术经济分析论证。将全生命周期成本分析方法[①]用于工业节能降耗的研究，对工业产品的全生命周期成本及能耗进行分析是必要的，可有效地指导工业节能降耗生产，合理选择工艺设施，也有助于增强政策制定的合理性。

目前，节能技术已经有了良好的发展基础，众多新技术层出不穷，企业应用面临多种技术路径选择，技术评价是重要基础性工作。相关领域的研究应主要包括：①节能技术评价理论研究，包括指标体系完善和评价方法研究；②重点领域的节能技术的评价，突出不同领域的技术特点；③同一领域节能技术的比较研究，侧重同一门类节能技术的对比分析；④节能技术研发项目的评价，对其研发投入和应用效果的评价。

3. 能源项目延伸的循环经济可行性论证与评估方法的改进

能源工程项目的可行性论证与评价是传统的能源技术经济学的主要研究内容。在节能与环境政策影响下，发展循环经济，延伸能源产业链，需要将单一的能源项目评价拓展为一个较完整的能源系统，包括对余热与余压的利用、对排放废气废料综合利用环节的技术、市场论证与效益评价。

有必要正视在循环经济产业链中由于某个环节缺乏市场需求就很难将理想的循环经济链延伸下去的客观情况，因为循环链中那些市场需求量不大或无必要的产品实质是增加了新的能耗和新的废品。如何避免循环而不经济的现象，这要求研究人员的知识面要宽、深，既要懂技术，又要了解市场经济的活动，提出科学合理的能源产业延伸链方案与循环经济的评价方法，指导循环经济工业园区的规划。

循环经济通过实现资源能源减量化、循环化综合利用，达到其经济效益的最大化，是节能降耗的重要途径。目前，循环经济已经得到了政府和企业的高度重视，形成多种成功模式，成效显著。能源领域循环经济的研究主要包括：①循环经济项目节能效果综合评价，以便更加准确地测算循环经济在节能中的作用和贡献；②循环经济中能源系统优化，即基于循环经济理念构建最优的能源供应和应用体系；③循环经济项目对区域能源体系乃至区域经济社会发展的协调效应。

4. 节能减排的潜力与途径分析

政府和企业制定经济发展战略的主要内容之一就是要正确地制定节能减排的目标，首先需要准确分析自身存在的节能潜力。采用国家之间、地区之间各发展

---

① 王晓芳、宗刚、祁卓娅、韩新民：《工业节能降耗的全生命周期成本研究》，《成组技术与生产现代化》2008年第4期，第4~8页。

阶段的能源效率比较，单位产品能源消耗比较以及历史性地回顾评价自身的能源效率改进过程并开发模型，计算节能潜力。在研究过程中发现，国家之间的单位产值能耗比较，存在着汇率造成的经济总量的争论；单位产品能耗除了取决于企业工艺技术的先进程度、用能设备效率的高低和管理水平的不同，还需要分析所用原材料和燃料的品质，例如冶金行业的单位产品能耗很大程度上由矿产品的品位所决定，发电的单位能耗很大程度上由所用燃料所决定；发展阶段的比较研究存在的历史特异性也需要正确分析，特别强调全球日新月异的技术发展对节能潜力的影响，还要充分认识到某些节能技术设备由于投资巨大，对节能潜力的发挥是有限度的。

对节能潜力的正确分析是探求节能途径的前提。重点分析对象不仅要关注生产环节，例如电力工业、钢铁冶金工业、化学工业、建材业等各主要耗能行业，还需要关注消费环节，例如建筑耗能、交通运输耗能等各主要耗能部门。虽然消费环节的单位产值能耗比生产环节的单位产值能耗低，但是控制能源消费总量的快速增长不容忽视。在分析过程中就可以发现关键因素，对症下药找措施，加快挖掘节能潜力的进程。

具体而言，相关领域的研究重点有：①我国能源技术先进性研究，侧重于能源技术的国内外比较研究；②节能技术发展趋势分析，包括节能技术路线图构建；③重点高耗能领域节能技术潜力评估，为我国节能目标制定提供依据；④节能技术的研发机制，新型产学研合作机制的构建；⑤节能技术应用与经济社会发展的关联关系，重点分析不同节能技术应用途径及其对经济社会发展的影响。

5. 能源需求管理技术

减少能源消费量的快速增长速率，加强能源需求侧管理（DSM）是完全必要的。这一概念是20世纪90年代初从发达国家引进的，它是以先进的技术设备为基础、以经济效益为中心、以法制为保障、以政策为先导的能源需求管理，而且曾获得了可观的节能成效。如何进一步在我国深入开展能源需求侧管理，提高我国的能源效率是持续开展节能活动需要研究的课题。

能源生产企业如电力公司，为了增加企业利润，往往想方设法要求用户增加消费量，以增加企业的盈利空间，因此由能源生产企业来促进能源消费者节能，在市场为导向的企业管理理念下，是没有积极性的，是不现实的。为促进能源消费终端的节能，需要一个独立的节能服务公司（ESCO）或采用合同能源管理（EMC）来促进能源需求侧的节能活动开展。在新技术和设备层出不穷的时代，改变原有的技术依赖路径，选择环保、经济的能源，更新原有设备需要大量的投资，包括企业技术人员的培训。因此，能源需求侧管理既要关注新技术的发展，及时制定和修订产品耗能标准，又要关注政策的引导，对节能项目做出确切的技术经济评价，还包括协助企业解决节能投资的启动资金等一系列服务，最终使能源供应方、需求方、能源服务公司和资金提供者"共赢"，实现节能的最佳效果。目前我国已在推广节能服务，但是基础薄弱。培养有职业道德素质、有能源知识技术的业务人员是当前的关键工作，需要在大专院校设立相关专业和增强对现有节能服务公司的业务培训，设置并考核能源服务工程师资格证，形成专业的节能服务队伍，逐步建立起具有长期激励机制效应的能效市场。

能源需求侧管理的主要研究领域包括：①能源需求侧管理优化，特别是基于信息化技术发展和新能源特点的能源需求侧管理的发展新趋势和新技术；②智能电网建设与能源需求侧管理，实现电力规划和管理的新突破；③节能技术应用机制，能源管理发展中存在的问题及其对策，促进节能技术推广应用的政策体系；④国家能源管理政策研究，针对我国目前能源政策主要问题，增强能源价格机制、能源环境税收机制、能源市场管理机制等方面的研究。

6. 节能指标要具有技术经济分析基础

各种节能分析方法表明，节能主要依靠技术进步节能和结构改善节能来实现。其中结构节能包括产业结构、产品结构以及能源结构等多种因素，实现结构节能有许多不可逾越的时间、资源等约束，各地区由于历史上经济基础的不同、资源配置的不同，在能源强度指标方面不具备可比性。而技术节能的经济性对于企业发展是非常关键的，在当今科学技术快速发展时代，技术创新的成本也在增加。因此，需要依据各地区、各行业的具体状况，客观、详尽地进行节能潜力分析。只有具备经济效益的节能指标，才能有落实的主动性，才具备可操作性。

节能指标的制定与分解要具有科学性，离不开技术经济的理论与分析方法。否则在落实单位产值能耗指标的政绩考核制度下，不计经济成本、不计民生基本需求的各种措施出台，就会失去原本利国利民的节能政策初衷。相关理论研究具有长期性和紧迫性，目前应该尽快完善能源技术经济学的研究，进一步构建全面反映能源和经济社会发展新趋势的能源技术经济学的研究体系和研究内容，为我国相关领域的研究提供理论支撑。

当前节能与新能源发展的难点就是经济性差，在没有相关政策激励下，改变这种局面十分困难。要发展节能与新能源技术，政府的激励政策与强制性的法令措施均不可缺失。除去能源价格因素之外，节能的经济可行性及市场可行性、风险性分析是节能政策研究与节能目标、节能措施出台的难点。必须依据技术经济学理论指导下的分析评价方法来进行各种新技术的综合比较分析，才能合理规划各类项目，做出战略性资源开发项目的选择，对各种新技术分门别类地提出不同的激励制度，制定合理的政策补贴，并客观判断节能潜力，使节能具有更大的社会与经济效益，具有主动性与可持续性，这就是能源技术经济与政策分析的关键结合点。

（二）能源安全的技术经济研究

首先，"能源安全"的概念需要统一和规范。一般而言，指能源的供应是否能保证经济发展的需求，供应保障率高就是能源安全。除了能源供应缺口问题，出于能源对经济的渗透力，能源价格是能源安全的一个重要方面。但也有的学者认为，能源安全不仅有供应安全，还有使用安全，包括开发利用造成的环境效应对人体的危害程度应该考虑进去。这表明，人们对能源供应首先是满足数量的要求，进而提出优质清洁的质量要求。当前人们最关注的能源安全问题就是优质能源，特别是各国石油供应缺口问题，多集中于安全供应的对策研究。能源安全的对策研究不仅存在国际政治经济、能源价格等能源经济问题，还存在大量的能源技术经济问题。

消费者对能源品种、数量的需求鼓励生产者在生产结构上做出不断的调整，但是各国的能源生产结构必然要受到资源的制约，不足部分必须依靠国际能源贸易来调剂补充。能源安全的危机不是由能源资源即将耗尽而引发的，而是源于能源贸易的安全感不足。从世界石油资源的储量和分布看，其高度集中在局势不稳定的中东地区。石油价格上涨对经济的冲击令人记忆犹新。因此，在国际贸易中，无论石油数量，还是原油价格，都是令人关注的中心，并成为影响全球经济的重要因素。石油已成为国际政治中举足轻重的战略资源，对资源的争夺甚至成为近代战争爆发的根源之一，对石油安全储备的讨论已成为国内能源安全研究的主流。对石油安全的研究也拓展了对能源安全的技术经济研究，体现在对能源资源经济可采储量含义的拓展、能源储备的技术经济分析方面以及加强我国的能源建设项目分析、评价方法与世界接轨的研究方面。

1. 经济可采储量含义的拓展

对于不可再生资源的储量问题存在两种截然不同的观点。

乐观的观点就是资源开发利用是投资与技术的函数，只要有资金、技术投入，就会有储量，资源的储量会随价格上升而增加。开发商会在追求高额利润的驱使下，加大勘探开发投资力度，某些年度石油储量增长就是有力的说明，并坚信只有当获取成本超过价格时，投资才会停止，资源储量才会衰竭，并将转向新的开发技术或其他项目。

另一种悲观的观点就是资源枯竭论，地球上一定数量的资源是可以耗尽的。人类对资源探明得越来越多，开发得越来越快。然而不可再生的化石能源资源总量不会增长，一段时间后，可耗尽资源随其价格的上升将会形成永久性的短缺。因此，面对国家有限的石油资源，有的人认为，引入外国投资实施开发比把石油留在地下更糟糕。要关注复杂的耗尽问题，必须将价格与供应之间的关系、技术进步与其他政治、经济等因素结合起来分析。

能源储量有基础储量、精查储量、探明储量、经济可采储量等不同的术语与统计方法，关系到每一个地区、国家乃至全球的资源状况分析，对能源供应能力的建设规划具有直接指导意义，是能源安全的基本分析数据。资源储量伴随勘探技术的发展在增长，而勘探技术的发展与储量的增加一方面与资源的禀赋程度相关，另一方面与勘探资金和勘探技术的科技研发的投入程度密切相关。因此，各类资源的储量数据是一个动态值。伴随经济形势发展，能源资源的开采量每一年都在变化，因此资源储采比也是一个动态的数值。某种资源储采比的逐年缩小，就意味着这种资源的耗竭速率在加快，如果不尽快加大勘查力度，在剩余可采储量萎缩与开采力度加大的矛盾激化下，就有可能发生危机。为了保障此种能源的供应安全还必须进行替代品的研发，例如当前世界能源结构中所占比重最大的石油，其供需形势就典型地代表了不可再生能源资源潜藏着中长期的危机问题。

经济可采储量是判断资源开采是否具有经济效益的基础数据，开采的经济性随着开采技术的提高或者资源价格的提高而提高，使得过去原本不值得开采的资源获得了新生，提高了储量的利用程度。例如国际原油价格的提高，促进了含油率很低的油砂、页岩油的开采，注水采油等高成本的采油技术延长了油田的寿命。这些开采技术的应用要利用大量的机械设备与电力、燃料等动力，因此开采过程中所消耗的能源与开采后可获得能源的比率、净能源率这些技术指标将决定能源资源开发的价值，而不能单纯算财务账，以低价的能源开采高价的能源，虽然经济上短期可以获利，但是对于合理利用能源资源、保护能源资源的长期安全却是不利的。由此可见，对于经济可采储量的界定需要更深入的研究。

具体而言，相关领域的研究重点为：①能源储量经济性分析，即不同能源储量开采的经济价值；②能源探测技术的最新进展和发展趋势，为全面评估未来能源储备提供决策依据；③能源储采比的影响因素，包括经济、国际资源状况、技术、环境等因素对能源储采比的影响；④能源储量的动态数据库建设。

2. 能源储备的技术经济性

关于石油储备的研究讨论在我国石油进口依存度逐年增长的形势下成为能源经济的研究热点问题，国家石油储备计划提到了议事日程上。储量的多少、储备形式及其周转利用等问题直接关系到未来用油现在购买的货币时间价值问题，储备是要付出极高的经济代价的。如何权衡储备带来的经济、政治等各方面的成本与效益，是一个系统分析问题，其中存在大量的技术经济分析问题。

石油储备需要动用大量的资金建设石油储备基地设施，并且要在石油低价时期购进，才能实现建立石油储备的初始目标。而且，石油储备本身就具有极强的安全性，需要设备先进，安全措施到位。储备的成本极高，加上石油的储备期限对石油质量的影响等因素，石油储备的技术经济性越来越受到业内人士的重视。只有以最经济合理的方式构成石油安全储备系统，才能保证经济稳定、安全。

一些专家认为，石油已从战略性资源和"武器"回归到一般商品的属性，石油进口依存度的提高，不值得大惊小怪，它与石油供应安全没有直接的关系。动用很多资金去搞石油储备，是得不偿失的。有的专家甚至认为全球经济一体化，不用一兵一卒就可以在国际市场上买到任何所需要的矿产资源。[①] 有关建立国家石油战略储备的讨论与纷争从未停息。主要的争议点在于建立石油储备的目的、功能、模式以及代价与效果等问题。

不赞成目前急于建立石油战略储备的理由如下。一是建立石油战略储备还没有成为当务之急。目前，在我国能源结构中，煤炭占70%，这说明在国家财政支出的战略排序上，石油战略储备的位次可以稍往后放。二是从能源安全问题入手兼顾石油安全，远比单独考虑石油安全要有意义得多。建立石油战略储备必须放在石油安全、能源安全、经济安全、国家安全等几个不同层次的大背景下去考虑，在其他安全问题没有明确的预案时，单纯解决战略储备问题作用不大。三是即便我国按照发达国家的惯例建立了石油战略储备，也只是杯水车薪，显然无助于缓解我国石油增产滞后的矛盾，更何况达到这个目标还有一个漫长的过程。因而考虑石油安全问题的着眼点不能局限在建立战略储备上。四是研究问题的出发点更多地要转向用软投入来解

---

① 周凤起：《对中国石油供应安全的再思考》，石油经济网，2005 年 3 月 9 日。

决硬问题。研究油价波动或突发事件发生时的保障和应急预案，比建立石油战略储备要紧迫得多；建立良好的风险规避机制和风险投资基金也比建立储备的通用性强得多。可以设法采取市场的方式，如期货避险来加以实现。在这种情况下，风险是分散的，利益是直接的，企业对风险和收益的权衡，比起政府搞石油战略储备将所有的风险都捏在手里要好得多。五是中国与日本、美国不同，日本自己完全不生产石油，为此建立石油储备或许有其必要；而美国财大气粗，建立石油储备的机会成本相对较小。可中国的情形完全不同。[①]

在 2000 年有专家曾分析预测，即使需求按下限估计，石油产量按上限估计，2010 年时我国的石油供求缺口也将在 1 亿吨以上。2010 年和 2020 年中国石油保障程度只有 71% 和 62%。在未来 10~15 年，中国石油进口比例将达到 30%~40%。但是实际上，我国的石油进口依存度在 2009 年已超过 50%，2010 年达到 55%，远远超过预测值。我国的石油供应对国外资源的依赖程度越高，受国际市场影响的程度也将越深。这不仅意味着更大的经济风险，而且还可能潜藏着更高的政治风险和国家安全风险。

还有学者提出：忽视占我国能源消耗 70% 的煤炭是不能够保证中国能源安全的，中国必须搞能源供给的多元化，实行煤炭的战略储备。

通过在煤炭的主产区和主销区实行煤炭的战略储备，可以有效地减轻种种原因造成的供给中断对我国经济发展的影响，同时也能化解各种由于能源供给风险引起的危机。而且，有利于抑制煤炭价格的剧烈波动。

各种能源储备的时间长短关系到其品质的变化，而且储备的品种、数量与储备的方式还关系到经济性，储备的布局关系到运输的便利性与安全性，这些都要进行技术经济分析，才能使能源储备经济安全。

能源战略储备的研究重点包括：①能源战略储备与经济社会发展的关联关系，能源战略储备在经济社会发展中的地位和作用，能源战略储备对经济社会发展的促进作用等；②能源战略储备合理规模评估，系统评估我国能源战略储备动态最优规模；③能源战略储备体系构建，包括不同能源储备之间的关联关系，能源战略储备方式和区域布局；④能源战略储备机制建设，国际能源战略储备管理机制及可供借鉴的经验，我国能源战略储备储存和供给机制，能源战略储备与期货市场的相互影响；⑤能源战略储备的管理体系构建。

---

① 《石油战略储备，利多还是弊大？》，CCTV，2001 年 7 月 19 日。

（三）非化石能源技术经济研究

化石能源的不可再生性以及人类能源消费量的逐年增长构成了尖锐的供需矛盾。当前令人困惑的是，世界能源消费随人口增多与生活舒适度提高的要求在无止境地增长，而能源资源中煤炭、石油、天然气、核燃料等都是不可再生资源，只能与消费趋势呈反向发展，剩余储量在不断地减少。在现代生活中，石油大量消费，问题尤为突出，未来的化石能源危机并不是耸人听闻。为了保证人类可持续发展所需的能源供应，自 20 世纪后期以来，世界各国的能源发展战略转向了重视可再生能源的多元化发展，催生并积极推动了以风电、太阳能发电为主的各种可再生能源技术发展。到 21 世纪初，在发展低碳经济的理念下，强调非化石能源的能源发展战略。非化石能源技术不仅包括可再生能源技术，也包括核能技术。氢能和燃料电池都被认为是可以替代石油、解决未来能源安全与环境问题最有前景的技术，制取氢气的技术很多，关键在于原料的可用性与保障程度，以及加工转化的成本。

在减排温室气体、保护生存环境的强烈呼声中，可再生能源被视为有利于环境的洁净能源和未来主要的可持续利用的能源，越来越受到重视。保障能源安全供应的发展思路将可再生能源摆在了许多国家能源发展战略的重要地位。可以说，掌握了可再生能源经济开发利用技术，就把握了未来的能源市场。发达国家在能源战略中明确可再生能源的比例要逐年增加，甚至强制性地提出了各电力公司采用可再生能源的要求。中国政府也明确了"到 2020 年，非化石能源占一次能源消费的比重达到 15% 左右"。非化石能源技术经济研究对于多种能源资源开发利用、改变国家以至世界的能源结构意义重大。

不少石油巨头看准了这个市场方向，加大投资对太阳能、风能、潮汐能、生物质能、氢能和燃料电池进行研究与生产。可再生能源的推广应用一方面取决于政府的政策导向；另一方面取决于企业对项目技术研发的积极性、技术的成熟度与经济性的决策。政府制定优先鼓励项目的政策，选择的基本依据就是要依靠各种项目的技术经济评价结论，企业对发展项目的选择与判断同样离不开获取各种项目技术经济评价结论的信息。

非化石能源（包括可再生能源）技术经济研究主要是对各种能源的技术性、成熟性、环境性、经济性、风险性等进行研究与比较，探索改进技术的要点，并寻求消耗能源少、生产成本低廉、性能好且易于推广的技术。采用的技术评价方法会对各种技术的评价结论有直接影响。如果仅对项目的投资进行财务评价是不完全的，它不能计算出对能源生产的实际贡献。因为目前利用率很低的能源多是效率低、不稳定的能源，要提高其利用率，就必须进行有效的转换，例如将具有时间性、季节性强的风能、太阳能、潮汐能等可再生能源转化为电能。在进行能源转换的过程中，需要生产转化的设备，例如太阳能光板、风机等，核电的生产也需要开采铀矿并加工提炼成核燃料，而且在生产过程中还需要对排放的污染物进行处理、对核废料进行处理等，这些生产与治污活动都要消耗大量的能源资源、原材料和其他资源。那么，这些在各个环节中所耗能量是否可在设备使用期间收回并且能够在设备寿命期内有能源的正向产出？这些疑问都需要进行技术项目生命全周期的净能源率计算，才能证明此项技术对于能源可持续发展的意义。

可再生能源发电最显著的特性就是可再生性与不稳定性。为了充分利用其可再生性，必须增强电网的抗冲击能力，解决不稳定性电源的接入问题，发展智能电网的技术就十分必要。为了保障电网的稳定安全运行，对接入的电源也有基本技术要求，这不仅是工程技术问题，也涉及可再生能源电站的经济规模确定问题，涉及电源点接入问题，不仅考虑边远地区的独立电源建设，还可以考虑在大用电户端发展分布式电站，涉及就地直接使用等利用方式的选择。各种开发规模的规划和利用方式的选择与技术经济评价密切相关，加快发展可再生能源不仅要求做好每一个可再生能源项目实施的成本效益分析，还应要求包括项目应用后续环节的整个系统的技术经济评价。这是我国"十一五"期间大力建设风电站，但发电小时数和上网率过低的症结所在。

促进非化石能源的应用是我国乃至世界破解能源环境问题的基本途径，具有重要战略意义。相关领域的研究应该突出：①非化石能源发展总体战略，立足我国具体能源实际和条件，结合世界非化石能源技术发展趋势，形成我国非化石能源整体思路和具体发展路线，合理确定发展阶段和发展路径；②非化石能源技术综合评价，切实制定完善的评价体系，指导非化石能源有序发展；③非化石能源应用机制，包括非化石能源定价机制、非化石能源技术推广机制、非化石能源产品推广机制；④非化石能源技术应用配套设备建设，包括非化石能源供给、传输、应用及相关配套产业的构建；⑤非化石能源研发体系构建，促进多层次研发体系的形成；⑥非化石能源政策研究，基于对于非化石能源整体评价，完善相关政策体系，避免"重复建设"，促进非化石能源合理发展。

（四）农村能源技术经济分析

解决我国农村能源问题不能只限于扩大商品能源供应的思路，发展多元化的能源供应以及分布式电源，可以克服为了小规模的能源需求必须远距离运输的不经济问题。在目前大力发展可再生能源的战略指导下，要多方面入手减少煤炭等化石能源资源的直接燃用消费。因此，充分利用农村的可再生能源资源更显得必要。

在广阔的农村可再生能源种类繁多，主要有太阳能、风能、小水电、秸秆、薪柴、禽畜粪便等，而且数量丰富。为了逐步加大可再生能源在我国能源结构中的比重，必须切实贯彻"因地制宜、多能互补、综合利用、讲求效益"的农村能源建设方针，这也是建设新农村，达到农村经济、生态和社会效益有机结合的社会发展需要。如何实行"讲求效益"，推进农村能源建设，其实质就是要做好各项农村能源技术的经济分析。只有经济效益最佳、使用方式最简捷的项目，才能被广大农民所接受。

目前我国农村能源的供应除了电力之外，仍处于自给自足的阶段，商品化程度很低，只有煤炭资源产地和部分城市周边富裕的农村可以使用煤炭或液化天然气。在我国众多的可再生能源中，小水电开发利用限于在水资源丰富的地区，而沼气的开发利用范围就十分广泛，只要有生物质资源和生活垃圾就可以建设沼气池。沼气技术的应用可以解决长期以来农民做饭、烧水和供暖靠燃烧秸秆和薪柴、燃烧效率低、空气污染严重和对林木过度砍伐等重要问题。

沼气生态农业工程也是将可再生能源和有机农业相结合的生态农业模式。我国农村沼气工程按照建设单元类型可分为两类：一是以禽畜养殖场、废水处理厂为建设单元的大、中型工程；二是以农户为建设单元的小型工程。以农业生产、生活中产生的废弃有机物——人畜粪便和生活污水为原料，通过采用生物质能转换技术的沼气池发酵，产出的气体供农户烧水煮饭、照明，替代了煤、柴、电、液化气等常规能源，优化了农村能源结构；产生的沼液沼渣是优质肥料，可增加土壤有机质，改善土壤结构，改善农作物品质，而且减少化肥、农药用量，节省生产成本。沼气工程的实施，可改变农村传统的生产、生活方式，促进农业生产无害化，减少大气污染物的排放，有利于改善和保护生态环境。如何使这一具有社会效益的技术在我国广大农村推广普及，既需要改变农户的传统思想方式，又需要政府相关的优惠政策激励。因此，对农村沼气生态工程试点进行技术经济评价与应用效益分析计算是政府推广沼气工程政策制定的依据。依据国家计委、建设部《建设项目经济评价方法与参数》，采用成本效益法，以常规能源为参照，以项目财务净现值、投资回收期和财务内部收益率三个指标[①]，说明项目的经济效益，可为政府财政补贴合适

---

① 张建华、杨理芳、赵航：《农村户用沼气"一池三改"生态农业工程模式技术经济评价和应用效益分析》，《大理科技》2007年第2期，第27~31页。

的力度提供必要的参考。

虽然沼气技术是一项优化整体农业资源，使农业系统内物资多层次利用，能量多级循环，实现高产优质、高效低耗、可持续发展的技术，但是由于我国地域辽阔，各地区气候、温度条件以及设施不同均会影响产气效率。因此，在推广沼气技术时，需要分地区，按照气候、植被、农业、林业、畜牧业等基础条件分类，做好试点工作，抓住产气率这一核心技术指标，全面地进行技术经济分析，"因地制宜"地发展此项技术，使农户用得便利，真正有效益，避免建设所谓"形象工程"的投资浪费。

农村能源消费虽然占全国能源消费的比重较低，但农村能源问题引发的污染已经成为我国环境问题的重要因素，整体而言，我国农村能源状况在逐步改进之中，利用水平依然较低。未来农村能源问题研究应重点关注：①农村整体能源体系构建，农村能源消费结构的研究，需要结合我国农村、农业的具体特点，形成各种能源合理利用、有序发展的格局；②农村能源项目综合评价体系建设，重点围绕农村废弃物综合利用项目的技术、规模等问题开展综合评价；③农村能源技术路线的优化，以农业废弃物（秸秆、牲畜粪便）综合利用比较分析，根据不同区域特点，构成农村能源技术最优路径；④能源建设与新农村建设问题研究，将能源体系建设纳入新农村问题研究；⑤农业能源合作机制，包括能源定价、土地利用、能源供给和使用机制、相关优惠扶植政策等。

（五）能源环境技术经济研究

我国以煤炭为主的能源结构在短时期内很难改变，优化能源结构是我国能源发展战略的主要目标之一。能源消费量伴随经济社会发展增加，污染量也随之增加已是不争的现实，生态环境问题、健康问题、大气环境污染引发的国际关系等问题接踵而来。在加强环境法治的政策下，根本出路就在于能源与环境的协调发展，生产过程的环境污染治理（塌陷、地下水资源破坏与污染、二氧化硫排放、温室气体排放、碳排放）及废料的后处理（核燃料废料、节能灯的汞处理）等一系列能源环境的技术经济研究在逐步深入。

首先，要对能源项目的环境影响做出正确评估。能源开发、生产、应用的技术和设备多样化，每一种燃料对环境的影响不同，同种燃料下的各项技术与设备对环境的影响也是不同的。需要计量、统计、归纳整理现实的环境影响数据，指标包括对土地、大气、水体等生态环境以及对人类健康的影响程度。在此基础上，要选择治理技术，做好恢复治理费用的分析。其中的难点在于如何确定环境影响的经济评估标准。

其次，要对能源项目的社会影响做出正确评估。能源的地域分布不均衡特点与能源资源的特性决定了各种大型能源开发项目的复杂性。项目开发直接关系到能源资源供应地与受用地以及能源传输通道所经地域的社会经济发展，影响程度均与技术的选择相关。例如水电开发，是首先选择流域的支流还是干流开发？直接关联到航运、水产、旅游等行业的利益，水资源分配与生态环境等社会问题；煤炭发电项目是选择坑口发电还是在受电地区建厂？是输电还是输煤？各种能源的开发利用技术选择存在着不同的社会影响问题，需要建立能源项目的社会效益评价指标体系的方法和理论，完善能源开发项目的社会效益评价体系研究。这是现代和谐社会建设对能源技术经济研究的要求。

随着对社会经济与环境协调发展的认识提高，能源开发项目的可行性研究就必须做环境影响与治理工程评价，可能最终影响项目的选择决策。这其中既含有能源经济的理论问题，也有技术处理的经济性需要研究，在参考其他国家的研究方法与成果的基础上，我国已采用能源 - 经济 - 环境（3E）模型进行各种污染物对经济发展的影响以及减排 SO_2 和 CO_2 的成本计算；采用一般均衡（CGE）模型进行政策模拟，探究能源开发项目的环境、社会问题等外部性如何合理地内部化。这方面的研究已有大量的文献可以参阅，并呈现出随政策对环境问题关注热点变化而偏重于能源排放 CO_2 的影响研究领域。

能源与环境具有紧密相关性，环境是能源问题研究的主要考虑对象。未来相关领域的研究应包括：①能源技术评价中的环境因素，即在能源项目和工程技术评价中充分考虑环境问题；②能源开采过程中生态环境评估、能源布局的生态环境评估、节能技术生态环境评估；③能源、经济、环境整体理论分析，重点分析三者之间相互影响的关系，从而形成三者之间的最佳匹配；④各主要能源品种，特别是新型能源生产使用过程中的环境影响分析，主要耗能领域减排技术的研发和评估；⑤能源领域中循环经济的环境效益分析。

（六）低碳技术经济研究

21 世纪初，由于政治、经济和气候变化等各种因素，国际社会掀起了发展低碳经济的时代潮流，世界各国在纷纷寻求发展低碳经济的路径，这个问题不仅涉及各国的能源发展战略，甚至影响国家的经济发展模式。因为减排方案和机制的研究可能直接影响未来的国际贸易关系，如美国提出"限额－贸易"模式。究竟哪一种机制可以不损害国家利益，而且更有利于全球环境保护，是需要认真计算分析的。

虽然国内能源环境问题治理的重点在减排二氧化硫和粉尘排放，但由于国际社会对我国在全球温室气体排放量中已占有较大份额的关注，直接关系到国际政治格局、世界经济秩序问题，因此伴随全球气候变化框架公约谈判的进程，国内研究机构对温室气体排放的研究一直在进行。由于中国的能源结构以煤炭为主，在 2007 年中国在全球温室气体净增量中所占比重为 45.4%，人均排放量超过世界平均水平 5%，虽然低于部分发达国家，但超过发展中国家 70%。因此，在缓解全球气候变化、减排二氧化碳的目标下面临更大的压力。中国政府将应对全球气候变化的挑战视为加快我国经济发展方式转变和经济结构调整的重大机遇，积极参与应对气候变化的国际合作，并作为国家经济社会发展的重大战略，于 2009 年底向全世界宣告了"到 2020 年，单位国内生产总值二氧化碳排放量比 2005 年下降 40% ~ 45%"的减排二氧化碳目标。

毫无疑问，减排二氧化碳与能源的生产、消费方式密切相关，如何实现低碳社会的发展，需要进行严格的科学技术经济分析。为确保实现 2020 年我国控制温室气体排放行动目标，进一步做好应对气候变化各项工作，重点在能源的技术经济研究方面。

首先，要分析研究碳排放的途径与数量。因为碳排放量不仅与能源品种有关，而且与使用能源的技术和设备有关，需要对各种能源、各种使用方式下的碳排放量进行测定，掌握现有技术条件下的碳排放量。这是确定未来减排二氧化碳技术路线和战略选择的基本依据。

其次，要收集整理现有各国低碳生产与低碳消费的各种技术方案，包括二氧化碳捕集与封存技术、化石能源替代技术、循环经济技术、节能环保技术、二氧化碳的利用技术等各种低碳技术；以及为减排二氧化碳在能源管理方面的各种政策措施，例如征收碳税、激励可再生能源发展的方案措施等。在资料收集的基础上，需要考证各种技术措施的经济性和政策措施对经济的影响程度。燃料燃烧的排放与植物吸收量及其对气候的影响，关系到未来能源生产结构的发展问题，用能技术的选择和发展趋势；产业政策的可操作性及实施措施，对经济的影响等。深入的技术经济研究可避免单纯追求减排二氧化碳的目标，不计成本、顾此失彼的错误技术路线选择。

最后，要研究建立低碳经济发展指标体系的基本准则。如何界定低碳经济？因为既要低碳，又要经济，并不意味着碳排放越低越好，零排放是不可能的。界定的基本准则关键就是经济性的界定，需要深入分析。

发展低碳技术，加快建设以低碳排放为特征的产业体系，控制温室气体排放的政策措施制定应依据全面的能源技术经济分析，才能建立和完善推进低碳经济的体制与机制。

综合上述分析，在能源技术领域低碳发展研究应主要侧重：①能源碳排放测算，根据不同能源品种、能源资源品质和相关技术合理确定能源碳排放系数，构建较为完善的能源碳排放数据库，为低碳研究和政策制定提供依据；②基于低碳发展的能源技术路径选择，将低碳发展作为能源规划的重要基准；③低碳产业内涵和低碳产业选择中的能源标准，为形成完善的低碳产业体系提供理论和实践支撑；④低碳社会建设中能源因素评估，构建低碳社会的能源评价体系；⑤低碳经济的管理体系建设，合理评价低碳经济相关政策的影响，建立低碳发展的机制，制定促进低碳技术应用的扶植政策。

（七）　智能电网的技术经济研究

要实现低碳经济，首先是对我国电力以煤电为主结构的挑战（2008年我国火电占总装机容量的75.8%）。随着电力需求的快速增长，因为国内水电资源有限，今后电源的建设方向就不得不考虑加快发展风能、太阳能等可再生能源发电。因此，在输电侧大规模开发利用可再生能源发电基地，必须首先克服这些具有随机性与间歇性特点的电源对电网稳定安全的冲击危害，如果由此引发的电网调度难度问题得不到有效解决，就不能正常发挥可再生能源发电设备的作用，将阻碍我国能源战略实现的进程。从这个意义上讲，探讨建设智能电网是一件迫在眉睫的研究课题与建设项目。这个问题对于快速发展可再生能源发电的任何一个国家都是非常重要的。因此，智能电网已成为世界能源战略的研究热点。

智能电网有别于常规电网。低碳型智能电网所需具备的基本特征是：自身损耗低；可有效提高电力设备利用率；电网具备自愈、自修复的能力，保证电能质量；在电源侧可支持多样化的电源，方便各类电网并入；在用电侧可方便电动汽车的充电，配电网智能化和客户终端智能化，实现供需互动的自适应。坚强可靠、经济高效、清洁环保、透明开放、友好互动是智能电网的基本内涵。[①] 智能电网的显著功

---

① 王智冬、李晖、李隽、韩丰：《智能电网的评估指标体系》，《电网技术》2009年第17期，第14～18页。

能是可实现对系统运行状况的快速响应，提高与分布式能源的兼容能力。改造现有电网，建设智能电网，从而提高整个系统的经济性、可靠性和安全性，并有望成为推动经济发展的新增长点。

我国国家电网公司已提出了建设坚强智能电网的发展构想，即建设以统一规划、统一标准、统一建设为原则，以特高压电网为骨干网架，各级电网协调发展，具有信息化、自动化、互动化为特征的国家电网。我国不少电力行业的专家也提出，智能电网的发展需要科学谋划电网发展布局，做到大型能源基地建设和分布式电源的开发相结合，特高压输电网的建设和配电网升级改造相结合，全网的动态监控管理和新型储能设备的研制相结合，智能化变电站和一体化调度中心的建设与电网信息采集系统的建设相结合，以实现我国电网运行安全、自愈、兼容、高效、优质的目标。[1] 智能电网将主要围绕发电、输电、变电、配电、用电、调度、储能[2]等各个环节及通信信息平台进行建设，全面覆盖传统电力系统的所有领域。智能电网建设的涉及面广泛而且将带动相关产业的发展，包括信息产业、制造业等。从建设到所需要的时间看，无论采用哪一条技术路线，绝不是短时间就可以完成的，这是一项超大型的、长期建设项目。

因此，智能电网前期的论证与规划工作非常重要，这涉及投资等一系列具体实质性的运作。在智能电网目标明确的前提下，首先要建立智能电网评估指标体系，通过评估，衡量智能电网发展水平，找出建设的关键点，有计划、有步骤地推进项目发展。智能电网在世界范围内是一项重大技术变革，当前我国现有关键设备及技术标准无法满足建设智能电网的全部要求。技术创新是实现智能电网的关键路径，建立一个系统、完善、开放并拥有自主知识产权的智能电网技术标准体系非常重要。[3] 要研究建立综合量化的智能电网发展评估方法，统筹兼顾各指标间的内在联系和相互制约，确定指标的合理阈值，增强量化评价的可操作性，发挥对智能电网发展建设的指导作用。

其次，选择技术路线。智能电网的研发实施和当代电网的改进发展，代表两条殊途同归的研发路线。智能电网的关键技术，主要包括新系统元件、新型传感和测

---

① 杨德昌、李勇、C. Rehtanz、刘泽洪、罗隆福：《中国式智能电网的构成和发展规划研究》，《电网技术》2009 年第 20 期，第 13~20 页。

② 朱成章：《电力工业的储能时代》，《中外能源》2010 年第 12 期，第 7~11 页。

③ 虞苍璧、杨敏英：《加快我国发展智能电网的必要性与建议》，《能源政策研究》2010 年第 5 期，第 27~32 页。

量技术、先进的控制方法、高级界面和决策支持、集成通信技术 5 个方面。主要难点集中在影响全局较大的先进的控制方法上，包括事件启动的快速仿真决策、协调和自适应控制以及量大面广的分布式智能控制。其中，新系统元件，包括大量可再生能源发电和储能、高温超导输电、灵活交流输电（FACTS）、高压直流输电（HVDC）设备等；新型传感和测量技术，包括高级传感器、智能电表、在线监测装置、相量测量装置（PMU）、广域测量系统（WAMS）等；先进的控制方法，包括事件启动的快速仿真、故障隔离的网络重构、集中控制系统的协调、分布控制系统的自适应，以及量大面广的分布式智能控制等；高级界面包括电网各控制节点之间，以及供需互动有关控制节点之间，为交互方便和安全保密所提供的可视化技术、加密技术和门户管理等，并通过高级应用软件，在正常、紧急和恢复状态下，向供需双方提供所需的决策支持；智能电网各个关键技术领域的系统集成，主要通过包括无线、光纤、电力线宽带（BPL）等所组成的 IC 集成通信技术来实现。应该说，上述 5 个关键技术领域，都分别具有程度不同的研发难点。但对全局影响较大的研发难点和热点，主要集中在先进的控制方法上。包括当代电网研发多年未果、智能电网尤需解决的事件启动的快速仿真决策、控制系统的协调和自适应，以及智能电网中量大面广的分布式智能控制。[①] 以上所述智能电网的关键技术只涉及保障电力快速反应、安全传输的电力电子技术、信息技术、仿真与试验技术等与电网智能化控制密切相关的关键技术，所需研发的关键技术还应有与智能电网相配合的储能技术、分布式电源的规划与接入技术等，智能电网管理技术的研究也不容忽视。

在完成智能电网关键技术路线选择论证与规划后，还需要进行效益与投资分摊的技术经济研究，公平合理的投资回报准则与激励政策是推进项目建设必不可少的。

综合上述分析，未来智能电网的研究具体包括：①智能电网整体规划，借鉴国外先进经验，结合我国能源实际，对智能电网发展进行综合评估，依据建设阶段，合理选择技术路径，实施智能电网的科学建设；②智能电网建设与传统电网的改造，力争实现成本最小化情况下对传统电网的智能化改造与升级；③新型能源与分布式能源站的发展，需要根据我国各地的能源资源状况和地区经济社会发展特点，科学制订技术方案，合理确定发展布局；④与智能电网相关的信息技术研发和综合

---

① 王明俊：《智能电网热点问题探讨》，《电网技术》2009 年第 18 期，第 9～16 页。

集成，全面提升智能电网综合水平；⑤智能电网和特高压电网建设的匹配，实现二者有机结合；⑥智能电网管理体系建设，电网投资融资机制，分布式能源站上网政策，电力价格形成机制和鼓励政策。

（八）洁净煤技术项目的技术经济评价（煤制气、煤制油等煤炭转换技术经济评价）

我国能源资源以煤为主，石油相对匮乏，由于国际原油价格上涨，从国家能源结构特点和能源安全角度考虑，洁净煤的技术研发是非常必要的。因此，我国大力鼓励洁净煤技术的研发，洁净煤产业正逢前所未有的发展机遇。其中煤制油、煤制气是关注的热点，技术研究一直在持续进行，但是关于其推广，各方争议不少，在业内与业外的观点不同。

综合文献资料，积极主张煤制油产业化的主要论点是：

①从战略上看，我国石油资源匮乏，国家需要发展石油替代能源。我国煤炭资源丰富，发展煤制油有资源保障，决定了以煤炭为主要生产原料的现代煤化工产业的崛起。而且，有利于国家的石油安全供应和石油储备计划。

②从市场角度考虑，石油资源短缺，油价一直在高位运转，以煤化工产品替代石油是一种趋势。煤制油大规模商业化投产，可能打破现阶段石油垄断供应的局面，有助于国家能源多元化发展。

③煤制油是煤炭产业的延伸。《煤炭工业发展"十一五"规划》明确提出，"十一五"期间，完成煤炭液化的工业化。有的人认为增加煤炭附加值的最佳途径就是煤制油，甚至设想要将"煤田"变为"油田"。

比较有代表性的最新论证是于 2008 年底正式启动的中国–欧盟能源环境项目。由煤炭信息研究院和奥地利国际咨询中心共同进行的《煤代油最佳技术方案及政策框架可行性研究》表明[①]，以现在煤炭价格 400～600 元/吨计，煤制油的盈利平衡点约为 55～67 美元/桶。根据 2009 年 9 月 1 日的成品油价格测算，间接液化煤制油产品就近销售时盈利空间约为 10.8%，直接液化煤制油产品就近销售时盈利空间约为 13.8%。到 2020 年，在我国低增长情形和高增长情形下，包括煤制甲醇、煤制二甲醚、煤制烯烃和煤制油在内的煤代油产业可以替代 4656 万吨和 1.3675 亿

---

① 《我国煤代油产业产品将有效替代石油消费》，http://www.shengyidi.com/news/d-32158/，来源：新华社，2009 年 9 月 24 日。

吨原油，将占同期国内石油产量的 18.81% 和 40.49%。届时，煤代油产业将对我国石油消费形成有效的替代，发展煤代油产业成为我国的必然战略选择。并认为，经过包括能耗、技术、经济性、环境四个指标的综合测算，直接液化煤制油路线得分最高，其次是煤制甲醇路线，再次是间接液化煤制油路线，最后是煤制二甲醚路线。到 2015 年国内甲醇产能大量过剩，国家不宜支持新上甲醇作为最终产品的项目；国家应鼓励发展二甲醚，大力发展煤制烯烃，慎重发展煤制油。研究表明，煤代油项目受资源因素的影响最大，其次是政策因素和环境因素，技术因素和经济因素影响较小。示范项目为后 10 年产业化发展奠定了基础。

主张煤制油不宜产业化的主要观点是：

通过煤液化合成油实现我国油品基本自给，是目前最现实可行的途径之一。那么，要实现"现实可行"，不但需要估算实现我国油品基本自给的数量是多少，还需要计算为了满足这些油品，而必须进行煤制油替代要多少煤炭作为原料，以及为了煤制油产业需要更多地挖掘煤炭，客观分析这些关联的因素会对我国的社会经济发展带来什么其他问题等。是否将煤制油向大规模商业化发展，绝不单纯是一个产业的发展问题，而是一个社会经济的系统问题。必须将这些关联性的问题进行综合分析、归纳，才能做出比较正确的产业路线选择。在煤制油产业规模化发展的关键问题上需要关注以下问题：

①正确理解"煤制油"的转化系数，不要忽略"煤"与"标煤"的差别，这其中还存在折算系数。每吨油品耗标煤 3.5 吨，3~4 吨标煤折合计算，实际需要的原煤是 4.2~5.6 吨。

②不可小视我国置换 1 吨油所需要的煤炭资源储量。按照我国目前煤炭平均回采率 30% 的开采水平，可以粗略计算，若以 3~4 吨标煤的煤炭换取 1 吨油所需要的煤炭资源量，即需要动用煤炭可采储量 14~18.6 吨。在煤炭开采、煤制油一系列的生产过程中消耗着大量的能源，如果仅仅是为了将固态能源转换为液态能源，而且这种固态能源也是越来越少的资源，显然是不划算的。因此，只有在市场上得不到原油，不得已的情况下才能采取的技术。

③以煤炭、天然气等不可再生能源发展煤基、天然气基替代燃油，实质上是以一种不可再生能源资源替代另一种不可再生能源资源。而且，没有从根本上改变我国高污染的一次能源消费结构。"煤制油"项目实质上是一个高耗能项目。扩大"煤制油"生产规模，必然会加大煤炭消费量。虽然可以在一定程度上缓解石油供应安全问题，但从一次能源消费结构分析，无助于降低我国高污染的煤炭消费比重

状况。而且，如果为了保障石油安全供应，扩大"煤制油"建设规模，是否可以保障煤炭长期供应的稳定与安全？会不会又带来煤炭安全供应的新问题？

④我国煤炭资源状况和供应能力不容乐观。如果按照"煤制油"建厂的经济规模为年产 300 万吨油品以及项目 50 年的寿命期计算，以神华煤直接液化法生产的建设规划测算，生产 1 吨油品需要煤炭 4 吨左右，考虑我国未来煤炭回采率提高的可能性，按照 50% 计算，就近配套煤矿规模的探明储量至少需要在 12 亿吨以上。以南非成熟的煤间接液化的生产转换率计算，生产 1 吨油品需要煤炭 6 吨左右，所需煤炭更多，就近配套煤矿规模的探明储量至少需要在 18 亿吨以上。如果"煤制油"炼厂周围没有如此规模的配套煤矿，则还要附加购置煤炭以及运输等环节的费用，增加原料成本。

实际上，我国资源最为丰富的煤炭资源也不乐观。我国 2005～2008 年煤炭储采比呈下滑趋势（由 2005 年的 52 年下滑至 2008 年的 41 年）。主要原因是：连续数年来煤炭可采储量没有变化，截至 2008 年底，探明煤炭剩余可采储量为 1145 亿吨。尽管勘探技术不断进步，但是资源勘探的难度加大，成本提高，新的资源探明储量增长十分有限，每一年新增探明储量仅弥补了当年的部分开采量，伴随着煤炭开采数量逐年增加，煤炭储采比呈下滑趋势。虽然目前中国的煤炭资源占世界总量的 13.9%，但是若保持目前原煤开采强度，大约可继续开采 41 年，远远低于世界煤炭 122 年的储采比水平。而且我国的人均煤炭开采储量仅为世界平均水平的 55%。我国煤炭生产量逐年增加的背后是动用煤炭储量的增加，即使按照较高的平均回采率为 45% 估算，年动用煤炭储量要超过 60 亿吨。目前我国可供大、中型矿井利用的精查储量仅为 300 亿吨左右①。并不是所有的煤种都适合作"煤制油"的原料，且能够制油的煤炭都是相对优质的煤炭资源，否则出油率过低，将降低生产利润。若将"煤制油"产业化，我国煤炭可开采资源储量的勘探与可供的煤炭资源数量是否有足够的保障，值得深入探讨。

⑤必须关注"煤制油"过程中的环境风险问题。煤炭液化是煤炭洁净利用的发展。问题在于我们不能只看最终产品的环保性，更重要的是要观察、分析在实现这种能源转化、替代的过程中是否经济？是否环保？

我国的煤炭资源和水资源呈"逆向分布"，在煤炭丰富地区水资源一般相对缺乏。"煤制油"建厂经济规模 300 万吨的限制，必须选择在探明储量超过 10 亿吨以

---

① 崔民选主编《2007 中国能源发展报告》，社会科学文献出版社，2007，第 189 页。

上的大型煤炭基地。"煤制油"直接液化项目每吨油置换过程中需要耗新鲜水 10
吨，年耗水量至少需要 3000 万吨。Sasol 公司所采用的间接液化方式，耗水量是直
接液化法的 1.5 倍，更是耗水大户。可见"煤制油"工厂选址的苛刻性，既要煤
炭资源丰富，又要水资源富饶。因此，大规模的"煤制油"将会受到水资源、环
境等问题的硬性约束。大规模地发展"煤制油"产业化，可能会造成水资源短缺
问题以及替代燃料生产过程中造成的水污染问题和大气环境等社会外部性问题。只
有全面地分析一个产业发展所需的资源条件，才可避免顾此失彼带来的巨大损失。
对于一个国家的产业规划需要进行全局性的权衡，对于一个地区的项目规划更需要
深入进行各方面的技术经济分析，做好项目评价。不合理的建设规划将会直接影响
当地生态环境保护和经济社会的稳定和谐发展。

　　还有，"煤制油"过程中会产生大量的二氧化碳，无论是煤炭直接液化还是间
接液化，经分离排放的 CO_2 浓度很高（>90%）。据测算，煤液化生产过程中释放
的二氧化碳，相当于传统油品制造过程释放量的 7~10 倍；煤炭制成的油品在使用
过程中，所产生的二氧化碳也相当于后者的两倍。[1] 这是目前国际关注的温室气体
排放问题。我国由于大量消费煤炭，已经在承受国际温室气体减排的巨大压力。扩
大"煤制油"规划，必然会增加我国一次能源消费结构中的煤炭消费数量，由此
增加的温室气体，又将增加多少 CO_2 封存等措施的处理成本？这些环境风险问题
必须充分考虑。

　　⑥目前"煤制油"项目的经济效益存在极大的不确定性。不少人认为"煤制
油"产业的风险主要是油价波动，由于原煤的费用占了总可变成本费用的 80% 以
上，不可忽视煤炭价格也在随国际石油价格攀升的形势；虽然从石油资源的不可再
生性考虑，石油价格的远期价格呈现上升的趋势，但是油价的波动必然会直接影响
"煤制油"项目的开工率；目前煤炭液化已进入从中试到工业项目的研发阶段，这
中间可能会出现很多问题，需要时间和资金去解决，设备与技术的稳定性将直接决
定其发展的前景。

　　由上述的争执可见，两种观点均有各自的立场。由于煤转化项目的技术性强、
资金密集、投资风险巨大，特别是"煤制油"项目对环境影响严重，是否需要大
规模产业化发展，还是作为战略性储备，是直接关系到我国能源发展战略的争执焦
点问题。对此问题，不可单纯从产业发展的角度出发，而需要采用技术经济的研究

---

[1]　《煤变油：香饽饽还是陷阱》，sinocars.com，2010 - 01 - 14。

方法，全面分析投入产出的社会经济效益。

煤炭液化、气化与煤炭发电都是煤炭产业延伸发展的项目，也是我国未来煤炭洁净利用的发展方向。在如何延伸煤炭产业的问题上，需要依据市场需求以及项目的可行性做出合理的判断与选择。

煤炭是我国基础性能源，在我国能源系统中占据重要位置。尽管在发展战略上仍存在较大争议，但是从我国资源结构来看，未来一段时期内煤炭仍将发挥重要作用；而且从确保我国能源安全角度看，适度发展清洁能源使用技术具有重要的战略意义。具体研究领域包括：①洁净煤项目技术经济综合评价体系建设，构建全生命周期、多角度、多层次全面的评价指标体系，对相关项目开展技术经济评价，促进相关技术合理发展；②密切关注国外洁净煤发展趋势，全面跟踪煤炭资源利用综合技术，加强相关领域的研发投入，完善煤炭洁净利用研发机制；③我国煤炭清洁使用总体战略研究，深入分析煤炭清洁生产技术的应用前景，制定整体发展思路和阶段目标，依据区域资源特点，科学选择相关示范项目的规模和布局，最大限度地降低生态环境的负面影响；④加强煤炭气化、液化产业的技术经济评价和发展政策研究，合理引导传统煤化工项目发展，促进新型煤化工项目健康发展，避免忽视生态环境的"一哄而上"的发展模式，增强产业的持续发展能力。

（九）各项能源替代技术路线的选择

解决我国能源可持续发展问题必须从供、需两方面入手研究，开拓思路。

从能源供应侧入手，要尽可能提供优质能源资源，增加供应量。从目前能源供应侧的替代技术发展看，主要包括可再生能源替代化石能源。特别是在原油的资源量和供应量不足时，大力发展替代油品。在石油替代的研究中，不仅有生物质制油的技术，还有采用较为丰富的化石能源资源如煤炭制成油品的替代方式。另一个重要的替代技术动向就是发展可再生能源发电，包括风力发电技术、太阳能发电技术、潮汐发电技术，以替代煤炭发电技术。对多种替代技术的研究是必要的，但在推广替代技术时，必须全面地进行技术经济分析：不仅需要进行这些替代产品的生产技术经济比较，还要对获得产品的其他路径，如国际市场的贸易前景进行比较。分别从近期需求目标以及远期的国家战略目标考虑，制定替代技术研发与推广的相关政策。

从能源需求侧入手，就是要尽可能减少能源的总消耗数量。因此，大力发展节能技术，包括能源需求侧管理技术，以提高能源利用效率是极为重要的路径。当前，在能源需求侧的替代技术发展方面，特别关注的是要尽可能减少短缺能源资源的消费量，主要是针对传统设备变革其所使用的燃料。例如发展电动汽车替代燃油汽车，虽然研发此项技术设备从产业层面上看与能源无关，但是实际上用能设备的变化将直接影响能源消费的结构以及相关配套的能源供给技术。设备所用能源带来了电力对石油的替代，涉及充电与储能技术的创新、充电服务的布局等一系列问题。

仅从石油替代的技术路线分析，就可以看到两种解决思路各具优势。从供应侧来弥补燃油不足的思路，不需要对车辆做改动。因此，在设备的改造上可以减少费用，但需要在替代油品的研发上增加投入。若从需求侧入手，就是要尽可能地发展其他动力的机车，如电动汽车、燃料电池汽车等，减少对燃油的需求量。研发替代燃油车辆，一则需要增加科研投入解决如电动汽车的行驶公里限制问题，二则还需要增加运输途中补充动力的站点建设费用等其他问题。所以，是发展"煤制油"来解决石油供应短缺问题，还是发展电动汽车、燃料电池车，以及加速电力工业发展，增加电力供应，减少石油需求？选择哪一条技术路线，其关键就在于要通过技术数据进行全面分析，充分了解国内外各种技术的发展现状，包括研发投入、社会环境影响评价等，对各种技术前景做出正确判断，客观地进行技术经济评价。

实现传统能源的替代是未来我国乃至世界整体能源发展的必然选择，然而，能源替代是一项长期性复杂工作。综合前文分析，目前我国能源替代领域的研究应重点关注：①能源替代技术路线的选择，综合比较现有能源替代的各种技术路径，充分考虑未来能源技术的发展趋势，确定我国能源替代品种和具体发展途径；②能源替代的成本分析，根据我国工业化、城市化的具体特点，重点分析能源替代对整体经济社会的影响，测算高耗能领域能源替代成本，为科学决策提供依据；③能源替代配套产业发展，能源供给体系改造，能源需求体系改造，新型能源产品研发和设计，新型能源社会服务体系构建；④能源替代机制研究，深入分析能源替代的内在机制，价格机制在能源替代中的作用，进一步构建和完善我国能源替代政策。

（十）技术创新对能源供需预测的影响

21世纪以来凸现的各种社会经济发展问题，无一不与能源相关，能源储量与需求的矛盾、能源生产与环境等矛盾越来越突出。解决问题的思路主要寄托于科学技术进步，既需要对传统技术和设备不断地进行改造，以提高效率；又需要不断地探索替代能源的新技术，开发利用可再生能源资源，以缓解化石能源资源枯竭的速率。为了缓解能源资源对经济发展的制约，保持人类可持续发展的动力燃料需求，解决能源开发利用对生态环境的破坏问题，对科学技术发展的期望加快了各种能源技术进步的步伐。

制约我国能源发展的主要矛盾是结构性问题。如何调整煤炭、石油、天然气、水电、核电和新能源的比重，提高清洁能源和可再生能源的利用，关键在于各种能源的技术经济指标和国家政策导向。所以，对各种能源资源从资源条件、开发到转换、利用效率、环境影响等都需要展开全面的分析。如天然气，可以作为化工原料，也可以作为燃料直接燃烧，怎样才能使其价值得到充分利用？煤炭是就地转换成电力传输，还是直接运输到消费地区？开发油气田还是开发煤炭液化、气化技术？都是一个值得讨论的能源资源合理利用问题。如何评价各种能源资源的价值，实现各种能源资源的物尽其用，在很大程度上将依据现有的科学技术水平发展，需要动态的观念去重新审视。

自从改革开放以来，国家经济快速发展带动了能源需求量的快速增长，能源产业面临着前所未有的大发展机遇与挑战。为了减缓能源与经济增长之间的紧张矛盾，避免"电荒""油荒""煤荒"等能源危机出现，要积极地在能源供应侧与需求侧寻找解决方案。在能源供应侧通过加大能源资源开采力度、扩大生产与替代能力、加速煤电运输通道建设、增加能源国际贸易、开拓国际能源资源增加能源供应量；在能源需求侧强化节能，力图尽可能地减少需求。无论是增加能源的生产量还是采用节能措施，都离不开生产与利用技术的改进与创新。

科学技术进步一方面提高了能源的开发与使用的效率；另一方面也带来了生产的便利性与生活的舒适性，增加了对使用这些技术的动力需求，即增加了能源的需求，也称为技术进步对需求的反弹效应。历史表明伴随科学技术的发展，能源需求总量的增长趋势一直没有出现下降的拐点。在能源生产与需求总量增长的同时，资源环境问题也日益突出，表现在化石能源资源，特别是石油资源的储量不足以满足人类需求、温室气体排放增加可能导致地球生态环境恶化等方面。替代石油技术、低碳经济技术等应运而生，正处在探讨与发展之中。

人类的欲望与社会经济发展需求在推动各种技术的研发，大大小小的各种能源新技术、能源替代技术与节能减排技术层出不穷，我们正处在一个能源革命的时代。然而，在当前经济全球化的环境下，对各种技术的引进与技术的推广则完全是由其经济效益与社会效益所决定的，绝大多数的技术推广程度则完全取决于其技术经济评价的优劣，只有性价比最优的产品与技术才能被公众所接受，赢得市场的青睐。

在新技术研发阶段以及初始利用时期，政府为了公众的利益与未来的战略目标，在决策时需要依靠科学合理的技术经济评价来判断是否需要支持此项新技术，以及推动新技术所需要的政策支持力度；企业家在选择技术路线时需要对各种方案进行详尽的技术经济可行性分析与比较，才能做出投资的决策；在实施产品能耗标准门槛制度后，每一件耗能产品上市均需要标有明确的能耗信息；居民用户在购买家用电器产品时也需要了解产品的技术性能指标，经过对比做出选择。可见从政府、企业到个人，在社会生产与消费的各个环节都离不开技术经济分析，而几乎所有的产品都离不开能源这一基本的生产要素，能源技术经济的应用越来越广泛，并在国家建立节约型社会的过程中自然地渗透到每一个人的生活之中。

能源是国民经济发展的基础产业，揭示能源与经济之间的各种内在联系，剖析能源资源及产业的发展演变规律，为经济发展提供充足、洁净的能源是经济研究的主要工作目标之一，因此，能源经济成为现代经济学的一个重要分支。能源工程投资大、工期长，一个企业的发展、一个能源项目的建设和战略性资源的开发，新技术的推广普及等都需要做出正确的技术经济分析，才能促进资源的合理配置，保障有限的资金发挥更大的效益，社会经济发展的实际需求无时无刻不在推动能源技术经济学的理论发展。根据社会经济发展进步，改进能源项目的技术经济评价理论和方法，需要增加能源－环境技术的评价；要加强建筑节能等项目的经济评价研究；要对能源生产、利用各环节展开循环经济评价；为了加快能源新技术的研发与推广，还需要深入技术创新理论研究，包括节能减排技术创新，能源开发、替代的技术创新，新能源的技术创新，能源技术进步的机制等。

为了保障经济平稳运行，首先要保障能源的供应安全，做好统筹规划。因此，决策者不仅关心能源供需的长期走势，而且更加强调短期预测的准确性。在经济形势发生转折时期，如果仍然依据能源弹性系数、时序递推等方法对未来能源供需进行预测，往往预测失败。能源需求数量预测与实际需求的巨大差异会严重影响国家经济运行的质量。如我国曾经预测 2000 年煤炭需求为 14 亿吨，并且对煤炭的供应能力做出不乐观的分析，促使中央出台大力发展乡镇煤矿的方针政策，但是却由于对过快发展的众多小煤矿管理不力，造成安全事故频发，社会影响严重。在小煤矿迅猛发展时期我国煤炭产量迅速攀升，同时也严重地破坏了环境与资源，干扰了市场正常秩序，而国家投巨资的大、中型煤矿也不能发挥应有的效益。但 2000 年的实际用量却不足 10 亿吨，过大的预测误差对国民经济造成了负面影响。随后政府又不得不采取关井压产的行政措施，无论对国家还是对投资小煤窑的个体都是极大的损失。随着我国从计划经济向市场经济转化，包括市场竞争、需求收入弹性等多种可变因素的增加，加大了预测的难度，能源供需预测的理论与方法有了根本性的变化。

进入 21 世纪后，环境保护与新能源政策促进了能源技术的发展，加大了对能源结构预测的不确定因素。能源生产端的风电机组技术、太阳能发电技术、核能技术、生物质能源应用技术的发展，能源消费端的汽车传统技术革新、家用电器的变频技术普及、节能灯具、工业节能等新技术的推广，以及不可再生能源资源价格的上涨，均将改变新技术的经济性，也改变能源市场。当前处于研发阶段的洁净煤技术、可燃冰开采技术、氢能技术、核聚变技术等高新技术对未来能源的供应前景可能会发生革新性的转折。如何预测这些大大小小的创新技术发展进程对能源供应与需求的影响，以及近期国际低碳经济的风潮可能造成的贸易壁垒，以及对化石能源的政策调整等各种因素对能源结构的影响均是能源预测的难点。因此，当前的能源需求预测广泛采用了情景分析法。依据研究人员对经济发展形势、技术发展趋势等信息收集程度、知识结构、对未来的想象能力、政策管理等背景设计不同的情景。伴随经济发展对能源的"常规发展"往往被作为未来能源预测的基础。考虑环境因素的清洁能源发展机制等政策与技术的影响，价格变动对技术的影响，以及可预见的、潜在的非连续性事件，分析预测各种情景，通过模型预测未来长期能源供需形势变化的可能趋势，供决策者参考，以提高决策者自身行为的主动影响力，做好非连续性事件的防范对策。

能源供需量的变化直接受到社会经济发展、产业结构、资源禀赋、能源生产与消费结构、各领域的用能技术进步、能源价格等一系列相关因素的影响。在对能源供需的研究中不乏对产业结构与技术进步贡献率的分析，多项对能源产业发展的评价以及对能源供需变化的因素分解研究表明：在影响能源需求的产业结构、规模效率与技术进步等各种因素中，技术进步因素的贡献率越来越显著。因此，更有必要拓展能源技术经济学的研究领域与加强研究理论、方法的改进。既要研究能源供应端的技术进步，包括勘探、开发、传输环节的技术改进对能源供应量变化的影响，还要研究能源消费端的技术进步，用能设备的更新换代、建筑物外壳的保温措施、节能技术发展等对能源消费量变化的影响。如何判断技术进步对能源供需的影响程度是能源技术经济学的重点研究内容。

能源是国民经济运行的基础，能源问题渗透到经济社会的各个领域。综合上述分析，技术创新与能源供需关系研究主要包括：①加强能源技术的预研究，密切跟踪国际能源技术趋势，加快科学的预测研究分析体系，为政府和企业能源技术研发投入提供参考；②开展技术创新的能源评价研究，构建完善的评价体系，重点关注技术创新对能源供需的影响，加强能源供需发展趋势预测，为我国能源战略制定提供科学参考依据；③加强能源技术创新机制研究，深入分析产业层面、企业层面能源技术和节能技术创新机制，了解能源相关技术创新的内在规律，在为能源技术研究提供参考的同时，构建国家能源技术创新体系，全面促进能源技术的研发；④深入分析整体技术进步与能源的关联及其影响，从而在更加广阔的视角下形成能源技术经济问题研究思路。

（十一）能源技术经济评价理论和方法的改进

我国的能源技术经济学基本理论方法是从苏联引进的，并于20世纪80年代初创立的一门新兴学科，是技术经济学的一个应用分支。技术经济学主要探索技术发展的经济规律，经济发展的技术规律，技术与经济相互作用和影响，以取得更好的经济效益、环境效益和社会效益。能源技术经济学按其研究的层面可包括宏观技术经济至微观技术经济。研究领域主要是：能源建设项目的技术经济问题——关于能源项目成本效益问题的技术方案评价；能源项目布局规划的技术经济问题——关于能源开发、运输、利用的规划方案与地区经济协调发展的优化问题；能源技术创新问题——能源技术进步理论、能源技术进步与经济增长之间的相互关系；以及能源技术政策——能源技术创新与经济发展规律的分析。能源技术经济学具体研究的内容有：能源技术经济学的基本理论与方法；能源资源合理有效利用的技术经济问题；能源资源有效配置的技术经济问题；能源资源的技术经济评价；大型能源项目的技术经济分析；能源资源的开发、加工、转换和运输的技术经济问题，以及节能的技术经济问题；能源技术创新的技术经济问题；能源规划的技术经济问题等。①

相对于我国的能源技术经济学研究领域，西方发达国家主要是能源工程学和能源经济学。能源工程学针对能源工程的具体问题提出实施方案，研究能源工程的评价理论和方法。使用微观经济学理论评估各种能源技术对工程项目的影响，并进行

---

① 周德群、杨列勋：《能源软科学：一门亟待发展的交叉性科学》，《管理学报》2008年第5期，第627～632页。

对比分析，寻求最佳方案的提供；评估新能源技术或替代能源技术研发和技术项目的成本和效益以及对产业和社会的影响，提供优先研发的技术选择决策分析，以促进国家能源发展战略的实现；分析市场障碍和能源政策对技术研发与实施的影响；探讨能源管理技术对能源产业发展的影响等问题。能源经济学则是偏重于能源产业与经济发展规律的研究。研究涉及：使用宏观经济学理论研究能源价格对能源产业和社会经济发展的影响；探讨经济发展与能源供需的关系及其内在的规律；分析能源资源优化配置与区域经济发展的关系，包括投资各种类型的能源建设项目对地区、区域经济和宏观经济影响等问题。从以上阐述可见，我国的能源技术经济学研究内容更多属于国外的能源工程学研究范畴，以及分散在各工程学的项目评价中的能源评价。

伴随着国家经济体制改革的进一步深化，市场机制已在相当程度上取代了我国计划指令在资源配置中的基础性作用，能源技术经济的评价方法随之发生变化。同时，伴随着我国经济融入全球化的进程，我们的所有研究领域，都要转移到国际视角下重新审视。中国的技术和产业系统，是国际技术和产业系统中的一个子系统，是国际技术进步和国际技术运行中的一个环节。这是一个巨大的视角转变。[①] 我国在能源发展战略中已确定了资源开发由国内转向利用国内、外能源资源市场的方针。加入 WTO 为开拓国外能源提供了发展机遇，需要我们尽快地了解国际能源市场的规则及动向，项目开发的评价标准和方法，将我国的能源建设项目分析、评价方法与世界接轨，才能赢得更多的机会。同时，做出国内外能源资源开发的正确选择。

将我国的能源建设项目分析、评价方法与世界接轨。进入 21 世纪以来，人们切身感受到全球环境与生态问题凸显，无论减排二氧化碳是否与全球气候变化有直接关系，这个争论直接关系到国际政治与经济关系，也直接关系到各国能源产业的未来发展，环境影响评价被纳入能源项目评价体系。目前我国大量化石能源的生产与利用直接关系到国际气候谈判问题，尤为敏感。还有，在 20 世纪 70 年代以后可持续发展观以及以人为本发展观的确立，世界银行、亚洲开发银行等一些国际金融机构率先在一些投资项目中引入社会效益评价内容，为维护公众利益、规避社会风险的客观需要，重点关注项目的公共性、外部性等问题，分析项目投资建设过程中

---

① 刘满强、陈平、王宏伟、刘建翠：《技术经济学发展报告》，中国社会科学院数量经济与技术经济研究所内部报告，2008。

可能出现的各种社会问题以及提出消除隐患、化解矛盾的措施等。为减少项目建设过程中可能出现的各种社会冲突问题，降低项目投资风险，社会评价在项目评价体系中扮演着越来越重要的角色。在当前我国能源项目的开发中，对环境影响争议最大的水电项目也突出反映对社会效益评价的需求，这将对我国水电的发展战略有直接作用。因此，除了能源项目的技术可行性分析评价、财务分析与国民经济评价等经济效益的分析外，如何正确评价项目的环境影响以及评价项目的社会效益将是我国能源技术经济学需要拓展研究的重要内容。关于能源项目的环境与社会评价的理论与方法研究包括：评价的框架、评价的内容、评价的步骤、评价指标体系的建立、社会效益与经济效益的权衡分析与决策等一系列问题。由此也可以看到，能源技术经济学交叉学科的特点越来越突出。

能源项目的预评估与后评估都非常重要。建设前的预评估也称之为可行性研究报告，需要估算能源工程各种技术方案的效果，进行各个方案价值的比较和决策，是实施投资进行施工前的必要前期工作，现已成为工程项目的程式。但是项目的后评估往往被忽视。跟踪项目实施效果的研究，进行后评估是提高项目评估水平的重要手段，有助于提高项目的管理水平，改进项目评价的理论与方法。这是我国项目管理需要加强的一个重要环节。如何开展能源项目的后评估，也是能源技术经济学需要开展的研究内容之一。

能源技术经济学在我国已有多年发展历史，形成了较为完善的框架体系。随着市场经济的发展和能源环境问题的新变化，能源技术经济学的研究领域不断拓展，形成较为庞杂的系统。根据目前学科发展的现实，有必要对能源技术经济学的内涵、主要内容进行梳理，从而确定学科发展的整体框架，增强能源技术经济学的理论基础和分析方法研究，使得目前较为纷杂的研究有机结合，形成统一的理论体系，同时将经济社会中所面临的新问题、理论研究新成果纳入能源技术经济学分析体系中，进一步促进和规范能源技术经济学的研究，促进学科健康发展，为破解我国能源现实问题和确立国家能源战略提供理论支撑。

（十二）结论

中国能源可持续发展不仅直接与能源资源、能源生产、能源消费、能源运输等问题相关，而且还与国家的宏观经济发展、国际政治局势等问题相关，是一个复杂的社会经济系统问题。其中，技术创新是突破能源约束的关键。要推动技术创新，需要有相应的、基于科学分析的政策与措施。当前我国能源领域需要关注的重大战略性问题有：节能技术经济问题、能源安全的技术经济研究、非化石能源技术经济研究、农村能源技术经济研究、能源环境技术经济研究、低碳技术经济研究、智能电网技术经济研究、洁净煤技术经济研究、各项替代能源技术经济研究，以及各项技术创新对未来能源供需形势的影响分析研究、能源技术经济研究方法的改进等。上述问题的提出更多地立足于我国长期和目前重大现实问题，是我国能源技术经济系统中不同侧面和不同层次问题的反映，既具有一定的独立性，又相互关联，具有内在联系，共同构成一个有机的整体。在上述问题的研究中，既要考虑研究的针对性，又要充分重视能源技术经济的系统性，统筹考虑不同问题之间的关联，为我国能源问题的解决提供科学的指导。能源技术经济研究是制定国家能源战略、能源政策的重要分析工具，强化在能源工程项目、能源战略选择与政策制定的技术经济分析研究，能够促进具有社会经济效益的技术得到较快的发展与推广，实现以节能为手段，逐步转变我国经济发展方式的目标。

第十二章　创新型国家的科技战略、科技政策和科技管理[*]

一　创新型国家的创新体系建设

世界各国发展的历史经验表明，创新能力是决定一个国家在世界格局中所占地位的重要因素。只有勇于创新和善于创新，经济社会发展才能够有不竭的动力，才能够在国际竞争中占据主动。新中国成立以后，特别是改革开放以来，中国政府重视科学技术的发展，把推动科学技术的发展摆在重要战略地位。在科学技术发展的某些领域，比如载人航天、绕月飞行、超级计算机等，中国已经达到先进国家的水平。2009 年，中国科技论文发表数量为 141 万篇，登记科技成果数为 38688 项，发明专利申请授权数为 128489 项。从研究人员的数量、科技成果的数量等方面来看，中国可以说是科技大国，然而还不是科技强国。

尽管中国在许多重要科研领域达到国际先进水平，基础研究的整体水平有了显著提高，一批前沿学科、交叉学科的成果跻身世界先进行列，拥有了一批在农业、工业领域具有重要作用的自主知识产权，全社会科学技术水平显著提高，然而中国科技的总体水平同世界先进水平相比仍有较大差距，自主创新能力不强，特别是企业核心竞争力不强，产业的一些关键领域核心技术受制于人，不少高技术含量和高附加值产品要依赖进口，不仅不利于增强国际竞争力，而且不利于国家安全。

坚持走中国特色自主创新道路，为建设创新型国家而努力奋斗，是新时期我们党做出的事关社会主义现代化建设全局的重大决策。在"我国经济发展必须实现从资源依赖型向创新驱动型的转变，实现从对国外技术的依赖为主向自主创新为主的战略转变"背景下，建设创新型国家的核心就是建立和完善国家创新体系。在

---

* 执笔人：王宏伟等。

知识经济时代，知识基础成为企业、区域乃至国家提高核心竞争力的重要平台，因此国家创新体系既包括提高技术创新能力与效率，也包括提升全社会的知识基础等重要内涵。国家创新体系建设是社会经济与可持续发展的基础，是培养造就高素质人才、实现人的全面发展、促进社会全面进步的引擎，是增强综合国力、提升国际竞争力的必然要求。

国家创新体系是以政府为主导、充分发挥市场配置资源的基础性作用、各类创新主体紧密联系和有效互动的社会系统，主要由各类创新主体、创新基础设施、创新资源、创新机制、创新环境等要素组成。创新资源是创新活动的基础要素，创新人才的培养是促进创新的核心资源，知识信息及知识产权等战略性资源在创新活动中起关键性作用。促进各类创新主体间相互协调与联合是创新体系建设的必要因素。创新机制是保证创新体系有效运转的关键因素。有利于创新的法律法规、政府激励政策、信息网络、大型科研设施与创新基地等内部环境以及有效参与国际竞争与合作的外部环境是国家创新体系建设的基础要素。国家创新体系由技术创新体系、知识创新体系、科技中介服务体系、创新政策体系、区域创新体系等子系统组成。技术创新体系是国家创新体系最重要的组成部分。

国家创新体系同时也是各有关部门和机构相互作用而形成的系统，覆盖了经济、科技和教育部门。经济部门、科技部门、教育部门体制改革的力度，适应市场机制的能力，体制之间的配套改革程度，都或多或少地制约着国家创新体系的建设。企业创新主体地位不落实，会直接影响企业实现技术创新的动力和需求。企业制度改革不到位，将大大削弱其对科技成果、创新人才的吸引力。科技体制改革滞后会影响科技政策的制定、科技经费的有效使用、科研成果的奖励和评价、科技人才潜能的发挥，不利于科技成果的产业化，就会拉大科技与经济结合的距离。教育体制改革滞后，将会直接制约国家创新体系中创新人才的数量和质量，如果教育体制不能从教学内容、教学方法、教学手段上进行全面改革，不能把素质教育落在实处，不能培养一大批适应创新体系建设需要的高水平创新型人才，那就会严重影响创新体系的建设。

培养适应不同层次需求的创新人才，并能够形成适应未来经济社会发展需要的人才培养体制和机制，是国家创新体系建设的基础性条件。抓住了创新性人才这个根本，就拥有了创新的主动权，就拥有了掌握自主知识产权的必备条件。基础研究、应用开发研究和高新技术研究项目是实现创新的物质载体，人的创新能力及创新精神、国家创新实力的强弱具体体现在高新技术项目的研究水平、开发实力和产业化程度上。特别在一些高技术领域，一项重大创新成果，一项产业关联度大、市场前景好的重大项目，会带动产业的升级换代，形成新的经济增长点，会带来经济的飞速发展。在国家层次上选准做好全局性的重大创新项目，可以大大加快高新技术产业的进程。创新基地的建设是构筑国家创新体系的重要环节。对于面向未来发展的重大技术创新课题，必须要有相应的创新基地来支撑，并要形成有利于创新人才开展工作的管理体制和运行机制。创新人才、创新项目和创新基地相互关联、互为条件、相互依存，是一个有机整体。离开了基地，创新人才和项目就失去了创新的物质条件；离开了人才，创新工作无从谈起；离开了项目，创新人才和基地也难以有用武之地。因此，在建立国家创新体系过程中，需要处理好人才、项目和基地的关系，促进相互协调和有效互动，加快创新进程。

在国家创新体系建设中要处理好政府作用与市场机制的关系。一方面，充分依靠市场机制，创新体系才具有活力，紧紧依靠市场，贴近市场，运用市场杠杆，创新才能成功，才能具有不断的创新潜力。另一方面，政府行为对建立国家创新体系也至关重要，政府是创新的发起者、组织者和推动者，通过规划、立法和政策手段，制定科技发展战略，推动创新向前发展。政府的作用是对创新活动进行宏观调控和正确引导，以有利于创新活动的政策调动各方人员的积极性，做好为国家创新体系健康发展的服务工作。政府行为主要表现在宏观调控、制定政策、完善立法、健全创新环境、支持引导性创新、提供创新的资金支持和建立风险基金、协调创新体系中各创新承担者之间的关系等。政府职能、企业行为和市场机制必须区分开来，这是优化创新外部环境所必需的。正确处理好市场机制和政府行为之间的关系，是有效率地建设国家创新体系推进创新进程的根本保证。

建设国家创新体系必须从中国国情和未来发展的需要出发，既要在世界最前沿领域开拓进取，也要有符合中国国情的发展战略与重点。国家创新体系重点要建设以企业为主体、以市场为导向、全面提升产学研相结合的技术创新体系。

使企业成为创新的主体，需要采用需求拉动的研究和开发模式。需求拉动的模式就是先由企业去研究市场，然后根据市场的需求确定研发的目标，由企业邀请科研院所、大专院校共同进行研究开发。这样研究开发出来的成果，能够较快地变成产品，变成生产力，取得实际应用的效果。只有这种模式，才能使企业成为创新的组织者来组织创新，当然也应发挥高等院校和研究院所的重要作用。要想使企业成为创新的主体，关键在于创新动力的来源主要不是来自上级安排，不是来自脱离市场的设想，不是来自闭门造车的攻关，而是来自市场的需要。通过提高技术创新能力，可使企业形成自己的知识产权，生产他人难以模仿的产品，有助于提高企业的市场竞争力，也有利于企业逐渐增强自己的核心能力，走上以技术创新为核心的集约式发展道路。

确立企业成为技术创新主体的关键是深化经济体制改革，实行现代企业制度，给企业以充分经营自主权，使企业真正走向市场，成为技术创新和投入的主体。特别是国有企业要把建立健全技术创新机制作为建立现代企业制度的重要内容。通过国家政策的引导，鼓励所有企业都能积极有效开展研究和开发活动，有条件的企业和企业集团要建立和健全技术开发机构，建立各种形式的企业技术中心，吸引更多的科技创新人才到企业中进行技术创新工作。企业的技术改造、技术引进也必须以市场为牵引，注重用高新技术提升和改造传统产业，把创新贯穿于企业生产经营的全过程，把技术创新实现程度作为考评企业经营者的重要指标，促使企业走上技术创新发展的良性轨道。

构建技术创新体系，增强自主创新能力，加强产学研结合是必经之路。纵观发达国家高新技术产业发展的过程，无不包含着产学研合作的内容。一些大的高技术企业的技术源头，都有深厚的大学和科研院所的研究背景。产学研三方，各有优势，互为补充；只要结合得好，形成合力，就有可能取得重大的创新成果。无论是知识创新，还是技术创新；无论是高技术开发，还是高新技术产业化；无论是基础研究、应用研究，还是高技术研究，在创新的每一个阶段、每个环节都有产学研合作的问题。产学研结合形式多种多样，存在着机制、体制、利益和协调问题。构筑国家创新体系框架，推进创新体系的建设，必须从我国经济、社会发展的战略高度重新认识和评价产学研结合问题，通过实践和探索走出一条具有中国特色的产学研相结合之路。我国产学研结合虽然取得了很大进展，但潜力尚未得到充分发挥。产学研结合要坚持资源共享、优势互补、风险分担的原则，建立形式多样、机制灵活的技术创新合作体制，推动三者之间的人员交流、相互兼职和在职培训。要制订有利于产学研之间人员流动、成果转化、实验室相互开放，以及成果产业化过程中科技和经营管理人员的股权收益等方面的有关办法和实施细则。完善产学研合作各方的评价指标和机制，把技术创新实现程度和对国家创新体系建设的贡献大小，作为考核的重要指标，推动产学研走上紧密合作、协调发展的道路。继续创造条件促进应用型研究开发机构进入企业，或与企业合作，或转制成为科技型企业。国家有关科技开发、产业化项目计划要加大对产学研合作项目的支持力度，形成合力，提升自主创新的能力和水平。

　　技术创新体系的建设要以市场为导向。技术创新的主要动力来自市场，市场是技术创新的基本出发点和最终归宿。企业如果不注重市场需求的变化，不注重根据市场的变化进行技术创新，就将丧失潜在的市场机会，就会在竞争中被淘汰。要弄清市场中有哪些问题亟须通过技术创新来解决，包括近期、中期和远期需要解决的问题。要注重提高对市场分析、挖掘、引导、培植、控制的能力，优化组织体系，确保市场的导向作用。要建立从研发、生产到市场三位一体的机制，避免研发与市场"两张皮"。技术创新是否具有良好的市场效果，是检验技术创新成功与否的根本标准。在强调技术创新着眼于市场需求的同时，不能忽视技术创新引导需求、创造市场的效应，在高新技术领域尤其如此。

　　由于国际竞争的性质和形式发生了巨大的变化，自 20 世纪 80 年代以来，世界各国政府已经全面介入科学技术知识的产生、扩散和应用过程。从科技创新的角度看，综合国力竞争使政府的职能发生了新的变化。一方面，由于综合国力竞争的主体是国家，其实质是国家总体实力的较量，竞争的层次由科研机构和企业层级上升到国家层级，因而是一种更为综合、更为激烈的竞争。在这种情况下，科技创新的主体虽然仍是企业以及科研机构，但已不再仅仅是科研机构和企业自身的事情，而是政府和科研机构及企业共同的事业。政府从总体上规划和引导科学技术知识的生产、扩散及其应用，直接参与科技创新的过程。另一方面，在国际经济关系这个层次上，由于科学技术已经成为最重要的战略资源，所以各国政府既要控制科学技术的输出，同时又鼓励科学技术的输入，以免使自身孤立在世界科学技术发展的潮流之外。于是，跟踪世界科技发展前沿动态，把握世界科技发展趋势，立足本国国情走自主创新之路是建设创新型国家的必然选择。

　　当代科学技术已经从生产力体系中的直接因素变为主导因素，而资源、生态环境同科技的制约和互动关系则主要表现在科技既能够促进生态系统的有效管理，同时又能够极大地改变资源的利用方式和提高资源的利用效率，进而推动和促进经济的健康发展，保障可持续发展和综合国力的提升。构建技术创新体系，既要着眼近期中国科技的发展，又要考虑中长期科技发展；既要立足国内现有基础和条件，又要尽快适应科技创新自身规律和国际竞争的需要；既要在制度、体制、机制方面进行改革创新，又要注重创造有利于科技创新思想产生的环境和条件，注重创新文化的建设和发展。现在我国正处于经济的转型阶段，初步建立了社会主义市场经济体制，但仍不完善。只有从整体上推进，才能使我国在现有体制和基础上，构建起功能齐全、符合国民经济发展需求和国际竞争需要的创新体系。在进行整体推进的过程中，要注意突出重点，抓住关键。在建设和发展国家创新体系的过程中，要站在21世纪发展的战略高度，从提升国家的可持续发展综合国力出发，根据国际形势的不断变化并结合我国的国情和特点，不断调整创新体系建设战略，把创新战略研究作为国家创新体系的构成要素之一纳入创新体系之中。

区域创新体系是国家创新体系的重要组成部分，建设创新型国家，必须加强区域创新体系建设，这是提高区域创新能力、增强区域竞争力、完善国家创新体系的重要保证。区域创新体系主要依赖于对适合地方需要的新知识、新技术和创新的吸收；遍及区域社会结构各个部分的创新扩散；新知识、新技术和创新的生产。区域创新体系建设必须站在国家战略的高度，遵从国家创新体系的整体设计，以区域资源特色、战略目标为着眼点，把增强区域创新能力作为建设国家创新体系的重要内容，通过创建区域创新体系来逐步健全和完善国家创新体系。

区域创新体系是国家创新体系的区域化。在区域创新体系范畴内，叠加了国家和地方的产业、科技和各种社会发展政策。通过区域创新体系建设，需要为企业和产业发展提供适合创新的土壤和环境，提升企业和产业的竞争力，进而提高国家竞争力。区域创新体系需要解决区域协调发展问题，包括区域内协调发展以及区域之间的协调发展。提高区域创新政策与区域资源和产业基础的适配度，是建立和完善区域创新体系的内在要求。

区域经济发展的差别政策以及科技资源分布的不平衡，形成了不同类型的区域创新体系。针对各类区域创新体系的发展程度和面临的主要发展障碍，科技政策需要体现出差异化，提高适配度。在政策基础型地区，完善市场激励机制，增强区域的开放度和外向度，加强系统要素之间的互动。在制造业集聚地区，增加公共研发平台，增强制造部门与知识创造部门的联结。提高区域外向关联度，建立与产业基地的联系。

目前国家创新体系建设存在的问题是，虽然具备了构建国家创新体系的组成要素，但是尚没有真正形成高效运转、相互联系的网络系统。

二 创新型国家科技发展战略

现在世界各国都在各自不同的起点上，努力寻求实现工业化和现代化的道路。一些国家主要依靠自身丰富的自然资源增加国民财富；另一些国家主要依附于发达国家的资本、市场和技术；还有一些国家把科技创新作为基本战略，致力于提高科技创新能力，形成竞争优势。后一类国家可以称为创新型国家，它们共同的特征是：创新综合指数明显高于其他国家，科技进步贡献率在70%以上，研究开发投入占国内生产总值的比重大都在2%以上，对外技术依存度在30%以下。在科技产出方面，这些国家获得的美国、欧洲和日本授权的专利数占世界总量的97%。

我国尽管与创新型国家还存在较大差距，但是特定的国情决定了我们不可能持续依赖资源型和依附型的发展模式，而必须走创新型国家的发展道路，实现经济增长方式从要素驱动型向创新驱动型的根本转变，使科技创新成为经济社会发展的内在动力和全社会的普遍行为，最终依靠制度创新和科技创新实现经济社会持续协调发展。第一，全面建设小康社会的目标，决定了我国必须走创新型国家的发展道路。满足全面建设小康社会的要求，意味着我国必须保持从改革开放到2020年连续40年7%以上的经济高速增长，这在世界经济史上是前所未有的。研究表明，如果我国科技创新能力没有根本提高，要实现建设小康社会所要求的发展目标，是难以做到的。第二，资源、环境的瓶颈制约，决定了我国必须走创新型国家的发展道路。我国能源、水资源等重要资源人均占有量严重不足，生态环境脆弱，面临日益严峻和紧迫的重大瓶颈约束，这些问题的严重性和解决这些问题的复杂性在世界发展史上前所未有。据统计，我国人均能源占有量不到世界平均水平的一半，石油仅为1/10，水资源仅为1/4。与此同时，由于技术落后和长期粗放经营，进一步加剧了环境污染和资源损耗。实践表明，传统的高投入、高消耗、高污染、低效率的路子已经难以为继，依靠科学技术是突破资源和环境瓶颈约束的根本途径。第三，保障国防安全和经济安全，决定了我国必须走创新型国家的发展道路。在全球化进程中，我国面临着日益复杂的国际环境和许多新的问题。确保国防安全，实现祖国统一，维护我国空天、海洋权益，以及应对各类公共安全和新的社会风险等，都对科学技术发展提出了迫切需求。在涉及国防安全和经济安全的关键领域，真正的核心技术是买不来的。如果我们不掌握更多的核心技术，不具备强大的技术创新能力，就很难在急剧变化的世界竞争格局中把握机遇，甚至将丧失战略主动权。

新中国成立60多年来，特别是改革开放以来，我国科学技术取得了举世瞩目的成就，为建设创新型国家奠定了必要的基础。我国科技人力资源总量、研发人员总数居世界前列，这是很多国家无可比拟的，也是我国走创新型国家发展道路的最大优势。经过几代人的努力，我国已经建立了很多国家尚不具备的比较完整的学科布局，这是走创新型国家发展道路的重要基础。我国已经具备了一定的自主创新能力，在生物、纳米、航天等重要领域的研究开发能力已跻身世界先进行列。我国具有独特的传统文化优势，中华民族重视教育、辩证思维、集体主义精神和丰厚的传统文化积累，为我国未来科学技术发展提供了多样化的路径选择。我国完全有条件走创新型国家的发展道路，依靠自主创新提高综合国力和国际竞争力，实现中华民族的伟大复兴。

现在理论界还未在内涵方面对"自主创新"有严格的语言界定，这是因为对"创新"概念本身的内涵界定就十分困难。自熊彼特提出"创新"概念至今已有近百年，"创新"概念经历了一个丰富而复杂的演进过程。人们可以从不同的层面、不同的视角去理解它、研究它。"创新"概念如此，"自主创新"概念也是如此，难以用精练的语言对其内涵进行严格的界定，但是这并不影响我们在中国当前特定的科技发展的大背景下对其进行较为明确的理解。自主创新不是照抄照搬，自主创新不是简单模仿，是在原始创新、集成创新和引进技术基础上的消化吸收，在关键领域掌握更多的自主知识产权，在科学前沿和战略高技术领域占有一席之地。可以将自主创新理解为三个不同层面的创新，即原始创新、集成创新、在消化吸收引进技术基础上的再创新。

我国的科技发展战略正在摆脱改革开放以来的跟踪模仿模式，向以自主创新为主的发展模式转变。之所以把增强自主创新能力确定为我国的科技发展战略，是有着深刻的国内外背景和依据的。我国经济、科技的发展现状要求我们必须把加强自主创新能力放在国家战略的重要位置。改革开放以来，我国的科技事业取得了长足的发展。科技体制改革不断深化，科技环境明显改善，形成了一批重要的科技创新成果。然而毋庸讳言，随着我国社会各项事业的发展和国际环境的复杂多变，以市场换技术为主要形式的跟踪模式的缺陷日益凸显。首先是经济增长速度较快但竞争力不强。无论是从 GDP，还是从外贸进出口总额来看，我国都可以称为世界大国，许多工业品的产量稳居世界前列。然而，缺乏核心技术，国际竞争力不强却是我国面临的突出问题。经济量的强势增长和弱势竞争力并存已成为我国经济社会发展中面临的一个尴尬现实。再者，片面强调比较优势发展模式造成技术对外依赖和自主产业资源的流失。改革开放以来，我国利用劳动力和自然资源的比较优势极大地提升了经济总量。然而依靠劳动力和自然资源的比较优势至多只能使本国的财富比过去有所增加，而不能缩小同发达国家的整体差距，特别是关键领域的国际竞争力的差距。总之，我国科技发展路径过去过分注重跟踪模仿、梯度转移，而自主创新严重不足，这已经成为我国经济、社会、科技事业发展中的突出矛盾。因此，增强科技自主创新能力已成为我国科技发展战略的现实选择。

科学技术是综合国力竞争的决定性因素，自主创新是支撑一个国家崛起的筋骨。引进和学习世界上先进的科学技术是必要的，但更重要的是要立足于自主创新。只有拥有强大的科技创新能力，拥有自主的知识产权，才能提高国际竞争力，才能享有受人尊敬的国际地位和尊严。我国大量引进国外先进技术，对提高我国产业技术水平、促进经济快速发展起到了重要作用，我国的综合国力也有了较大的提升。但是，我国作为一个发展中的社会主义大国，有自身特定的国情需求、国际环境需求和国家战略需求。世界政治、经济中的不确定性因素日益增强，我国除了在国际关系中面临霸权主义和强权政治的压力之外，同样面临发达国家在经济、科技方面的巨大竞争压力。而我国当前的国家竞争力尚不足以从容面对这样的国际环境。实践证明，在关系国计民生和国家安全的战略领域，真正的核心技术是买不来的，企图通过购买核心技术来提升国家竞争力的想法，只能是一相情愿。在激烈的国际竞争中，缺乏核心技术和自主知识产权，就会对国家的经济社会发展和国家安全造成严重威胁。总之，无论是从我国的特定的国情需求、国际环境需求还是从国家战略需求的考虑出发，都必须把增强自主创新能力作为国家的科技发展战略，以此来提升我国的国家竞争力。只有如此，我国才能自立于世界民族之林。

不同的国家有不同的发展战略。对于工业发达国家来说，如果不在高科技及其产业化上保持优势，就有可能沦为技术上的发展中国家；相反，发展中国家如能在某一方面或某几个方面的高科技领域上捷足先登，实现技术跨越，就将带来社会生产力的跨越，有可能后来居上，成为世界强国。近代以来世界科技中心的转移足以证明这一点。现阶段，我国的工业化进程尚未完成，同时还要推进城市化和信息化。全世界已经实现工业化的国家共60多个，这些国家实现工业化花了近300年时间。已经实现工业化的国家，在发展过程中，曾经走过一段以环境污染、资源浪费为代价来推动工业化发展的道路。中国如果也走这条老路，将给自己的生存环境带来难以想象的后果。中国的战略选择是走新型工业化道路，基本理念是科教兴国和可持续发展。传统工业化是指一国或地区的经济结构由农业占统治地位向工业占统治地位转变的经济发展过程，新型工业化就是在这个转变过程中叠加了信息化和现代科学技术发展趋势。信息化是当今世界经济和社会发展的大趋势。全球信息化正在引发当今世界的深刻变革，重塑世界政治、经济、社会、文化和军事发展的新格局。我们不走发达国家"先工业化，后信息化"的老路，而是把工业化与信息化结合起来，优先发展信息产业，以信息化带动工业化，以工业化促进信息化。从我国科技发展的战略全局分析，应该坚持"有所为、有所不为"，选择具有一定基础和优势、关系国计民生和国家安全的关键领域，集中力量，重点突破，实现跨越式发展；工业化与信息化并举，直接采用世界最新科技成果，越过某些技术发展阶段而实现技术经济的跨越，形成后发优势，一步到位实现跨越式发展；坚持以信息化带动工业化，以工业化促进信息化，走出一条科技含量高、经济效益好、资源消耗低、环境污染少、人力资源优势得到充分发挥的新型工业化路子。发展高科技，实现产业化，对每一个国家都是经济上的生产力、政治上的影响力、军事上的战斗力、社会全面进步的推动力。谁想赢得更多的竞争优势和更强的竞争实力，谁就要在发展高科技，实现产业化上尽量占据世界上更大的有利之地。

现在，经济的快速成长，社会的全面进步，更加有赖于高科技的快速发展。由于科学技术，尤其是高科技自身的作用，改变了它在经济发展中只能是资本、劳力的补充和辅助要素的地位，成为在经济活动中最有创造性和最有支配地位的首要的生产力要素。高科技产业化是国家经济的新生长点，是将最新科技研发与创新成果转化为财富的有力手段。在社会主义市场经济体制下，市场竞争是技术创新的重要动力，推进科技进步和创新，必须把科技与市场机制很好地结合起来，发挥市场配置科技资源的基础性作用，要坚持以市场为导向，要以企业为载体实现经济与科技的有机结合，加速科技成果的转化，把我国经济发展切实转到依靠科技进步和创新上来。

增强自主创新能力，建设创新型国家是一项十分复杂的系统工程。建设创新型国家的科技发展战略是：

第一，把基础研究放在自主创新的重要位置。基础研究决定一个民族的原始创新能力，基础研究是自主创新的源头。这已为许多有识之士所认识。然而目前仍有一些科技资源管理者对这个问题没有充分的认识，因而在政府干预科技资源配置的过程中，就出现了基础研究资源投入相对不足的局面。基础研究有两个重要特征。其一是基础研究的成果具有超前性，其深刻的内在价值在当时往往不被人们所认识。其二是基础研究厚积薄发，其进展往往难以预测，需要在宽松的环境下，长期积累才能取得重要成果。绝不能因为它的重要特征而影响对其重要战略地位的认识。首先，基础研究是高新技术的重要源头。人类今天取得的种种伟大成就，包括信息技术、计算机技术、核科学技术、激光技术、生物科学技术无不植根于基础科学研究，尤其是量子论、相对论和生物基因理论。其次，基础研究是实现可持续发展的重要保障。可持续发展的一系列重大问题的解决，都要求基础科学的依据和途径。再次，基础研究是人才培育的重要摇篮。基础研究培育求真务实的创新精神、科学严谨的思维方式以及尊重客观规律的工作作风。有基础研究素养的人才源源不断进入社会、政治、经济、文化、国防等各行各业，就会大大提升现代社会的整体创新能力。最后，基础研究是先进文化的重要组成部分。基础研究是人们探索规律和追求真理的过程，在这个过程中凝结的科学精神、人文精神以及智慧结晶，会极大促进人类思想的解放。现在综合国力的竞争已明显前移到基础研究，对于我国来说，迅速提升基础研究的整体水平和原始创新能力对于贯彻科学发展观、全面建成小康社会、实现中华民族的伟大复兴至关重要。

第二，加快建立以企业为主体、产学研相结合的技术创新体系。建立以企业为主体的技术创新体系对于增强我国自主创新能力至关重要，处理好下面两个关系是当务之急。首先，全社会特别是政府要支持企业大力开发具有自主知识产权的关键技术，打造知名品牌，增强企业的研发能力。企业在自主创新中的主体地位毋庸置疑，企业的技术创新能力是国家科技创新能力的基础。整个国家的资源配置优化和产业升级关键要依靠企业的技术进步和市场竞争力的提升去实现。作为企业应该加快技术研发中心的建设，加大对研发活动的投入，大力开发具有自主知识产权的关键技术，形成自己的核心技术和专有技术，提升企业的核心竞争力。其次，从体制和机制入手，妥善处理好引进技术和自主创新之间的关系。克服重引进、轻消化吸收、轻消化吸收基础之上的再创新的现象。一方面，应充分利用国外的先进技术资源，依托重大工程项目，来优化我们的产业结构，引导外资更多地流向高新技术产业和现有的企业技术改造；另一方面，更要加强对引进技术的消化吸收，并实现在消化吸收基础之上的再创新，来增强我们的持续创新能力。

第三，实施重点跨越战略，在某些关键技术领域实现跨越式发展。当代科学技术的迅猛发展，为我国实现重点领域的跨越式发展带来了重要机遇，要抓住机遇在广泛吸收国外先进科技成果的基础上，在具有相对优势的关键技术领域取得突破。要有所为、有所不为，着眼于科学前沿和国家战略需求，紧紧把握可能发生革命性变革的重要研究方向，选择具有一定基础和优势、对国家发展具有全局和长远影响的关键领域，进行部署和实现突破，掌握发展的主动权。

第四，积极培育和发展战略性新兴产业。战略性新兴产业是以重大技术突破和重大发展需求为基础、知识技术密集、物质资源消耗少、成长潜力大、综合效益好的产业，是新兴科技和新兴产业的深度融合，既代表着科技创新方向，也代表着产业发展方向，对未来经济社会发展具有重大引领带动作用。我国发展节能环保、新一代信息技术、生物、高端设备制造、新能源、新材料、新能源汽车等战略性新兴产业具有全局意义，将为经济社会长期可持续发展提供有力支撑。

第五，加快区域创新集群和区域创新体系建设。区域创新体系是创新型国家建设的关键节点，是带动区域经济结构调整和经济发展方式转变的强大引擎，是各种资源高效集结以促进产业自主创新的重要载体。区域创新体系建设以定位区域创新增长极为突破口，以建立共性技术研发和公共科技服务平台为切入点，促进官、产、学、研等创新资源在区域内有效融合，推动区域创新体系从政策引导型向自主发展型转变。

中国科技进步必须牢牢建立在自主创新的基点之上，依托自身特定的国情，适应自身的战略需求，选择自己的科技发展方向和道路，确立自己的战略目标。要抓住以下几个战略重点：一是把发展能源、水资源和环境保护技术放在优先位置，解决制约国民经济发展的重大瓶颈问题。依靠科技创新开源节流、保护环境，实现从资源消耗型向资源节约型转变，从损害环境的增长向环境友好型增长转变。二是以获取自主知识产权为中心，抢占信息技术战略制高点，大幅度提高我国信息产业的国际竞争力。三是大幅度增加对生物技术研究开发和应用的支持力度，为保障食物安全、优化农产品结构、提高人民健康水平提供科技支撑。四是以信息技术、新材料技术和先进制造技术的集成创新为核心，大幅度提高重大装备和产品制造的自主创新能力。五是加快发展航空航天技术和海洋技术，拓展未来发展空间，保障国防安全，维护国家战略利益。六是加强多种技术的综合集成，发展城市和城镇化技术与现代综合交通技术，以及公共安全预测、预防、预警和应急处置技术，保障公共安全，改善民生，提高人民的生活质量。

在创新型国家建设中要重视利用全球科技资源。科学发展的灵魂在于不同思想和文化的撞击。激烈的科学争论与兼容并蓄的科学宽容，往往能够引发重大的创新突破。通过广泛深入的国际交流与合作，充分吸纳他人的智慧和技术优势，符合科学技术自身发展的内在需求。进入 21 世纪，科技全球化正在成为经济全球化的重要表现形式，科技创新资源在全球范围内的整合和有效配置，使得传统的科研组织结构和创新方式发生了重大变化。特别是生产要素的全球配置，促进了科学和技术知识在全球范围内的流动，形成了技术创新收益的溢出，从而为发展中国家加快技术进步提供了机会和可能。近年来，我国在开展国际科技合作、利用国际科技资源方面取得了丰硕成果。但是，在参与国际科技合作特别是大科学工程方面，我国还面临很多障碍。我们对此应当保持清醒头脑，把握各种稍纵即逝的机遇，积极参与国际大科学工程，充分利用全球科技资源。

人才发展战略是我国发展战略的重要组成部分。中国是一个人口大国，人口问题始终是我国可持续发展面临的首要问题。但是，人口负担只是问题的一个方面，同时更应认识到，巨大的人口也是一笔巨大的财富。把人口负担转化为人力资源财富，使我国成为真正意义上的人力资源大国，这是我国现代化进程的必由之路。当今世界，各国可以用关税、非关税壁垒等手段保护本国的产品，控制生产要素跨国界的流动。但是，唯一无法控制流动的就是人才。我们必须更加积极主动地参与国际人才竞争，全力创造一个有利于留住人才、有利于尖子人才成长的环境。在经济社会发展中要确立人才优先发展战略，充分发挥人才的基础性、战略性作用，做到人才资源优先开发、人才结构优先调整、人才投资优先保证、人才制度优先创新。要进一步提高人才特别是创新人才的地位，使广大科技人员的创新智慧竞相迸发、激励创新热情，涌现大量创新人才。依托国家重大科技项目和重大工程、重点学科和重点科研基地、国际学术交流合作项目等各类平台，在使用中培养人才，在培养中使用人才。积极引导各类人才特别是创新型人才向企业流动，发挥企业人才在创新创业中的主体作用。实施开放的人才战略，按照国际通行的人力资源规则和惯例，在全球范围内开发和配置人才资源，探索国际化人才培养模式，加快推进人才国际化。

三 建设创新型国家的科技政策

确保建设创新型国家战略决策真正落到实处，关键是要制定和完善强有力的政策措施，促进经济政策和科技政策的协调与有机结合，形成激励自主创新的政策导向。

政策是行动的出发点，是实现战略目标的保证。政策需要在实践中检验其正确与否，并在实践中得到丰富和发展。政策的定位是行动准则，政策的作用是实现目的的保证，政策的内涵覆盖行动的出发点、过程和归宿的全程。政策具有时间上的阶段性，政策的正确性需要接受实践的检验，政策制定是一个在实践中不断丰富的过程。科技政策同样遵循这个基本原理，因此，要研究我国创新的科技政策问题，就必须首先弄清如下问题：现阶段的路线和任务是什么？什么样的行动准则才能发挥保证作用？科技政策的内容包括哪些才能符合从行动的出发点到归宿的全程要求？这些科技政策研究制定的主体、程序和方法是什么？科技政策的目前阶段特征是什么？现行科技政策中哪些是被实践检验证明存在不足或需要修正的？实践表明需要丰富哪些科技政策？仅从政策的定义出发还远不能满足构建科技政策内涵框架的需要。从科学社会学的视野看，要研究我国的创新科技政策问题涉及影响我国科学技术发展的各种社会因素，包括经济基础、政治结构、价值观、科技体制、教育体制、社会需要等的状况。什么样的科技政策才能强化积极影响、消除消极影响？什么样的科技政策才能保证我国的科学信息传播交流、科学成果评价与奖励制度高效、公正、激励？什么样的科技政策才能最大限度地避免科技带来的社会问题？科技创新有哪些需求？科技政策的这些内涵如何与创新的需求相对接？这些都是需要研究的问题。

可以将科技政策划分为内部运行政策、外部环境政策、连接协调政策。与此相应，科技政策的导向应是：引导内部运行机制高效，加速外部环境优化，促进连接机制协调。引导内部运行机制高效具体包括：科技投入水平提高；基础研究、应用研究、发展研究、产业化市场化研究等科技活动比例合理；科技法律法规健全。加速外部环境优化是指加速形成并优化有利于科学和技术创新的思想、文化、政治、经济、社会、法律、教育等环境。促进连接机制协调包括科学技术与经济发展相协调、科学技术与社会发展相协调、科学技术与国际竞争相协调。

世界各国的科学技术政策有很多相同之处，包括科学技术与国家目标、科学技术规划和计划、科学技术投入、科学技术人才与基础设施建设、科学技术研究与开发的重点领域和方向任务、科学知识扩散和技术开发应用促进社会和经济发展、竞争与国际合作、知识产权保护等。但各国的科学技术政策除在重点发展方向和领域方面不同外，在科学技术政策制定的主导思想和宏观把握上也各有特点，值得参考和借鉴。

美国的科技政策特点是：科技政策主导思想是全面领先优势；科技政策的内涵广泛，包括从知识发现到经济实现，从科技运行到相关环境和条件；国家对科学技术研究有导向，但只定向不定量；科学政策与技术政策有别，科学政策目标粗放导向，技术政策目标注重实现。科学政策导向为：保持知识领先，有助国家目标，鼓励合作，造就优秀科学家，提高公众素养；技术政策着重：商业环境，产业化，基础设施，军民一体，劳动者队伍。日本的科技政策特点是：科技政策主导思想是竞争能力；着重科技的经济功能；制定实施了《科学技术基本法》；重视科技政策研究。欧盟的科技政策特点是：科技政策的主导思想是联合参与国际竞争与合作；注重欧盟国家间的合作、协调与整体实力；突出强调科学、技术与社会协调发展；对长远战略有较多考虑。俄罗斯的科技政策特点是：科技政策的主导思想是快速和超越式发展；明确科技政策覆盖社会、经济、科学、教育、文化、国防和国家安全、人民生活等相关领域。印度的科技政策特点是：突出科学、技术与社会的理念；将科学技术信息普及和提升公众科学素养作为科技政策首要目标；强调充分利用现代科学技术保护、发展和利用悠久的历史文明；强调必须用科学精神和科学方法来研究和制定科技政策；明确科学技术创新体系不仅包括科学和技术，而且包括法律、金融等社会和经济运行方式的创新。

　　科技创新，已成为当今世界社会文明、经济和发展的新潮流，科技政策必须积极顺应这个潮流；科技政策的鼓励和引导方向必须符合科学技术发展趋势；科技政策必须重视政策的实施与目标的实现；科技政策应该贯穿科学技术活动的全程，直至产业化与市场化；科学技术的社会责任是科技政策的重要方面；科技政策应包括科技创新投入的经济引导；科技政策应成为创新战略实施的体现，促进科学技术自身发展，促进科学技术转化为社会生产力，促进人类文明进步。其中，前者是过程，后两者是归宿。从科学和技术政策促进科学技术转化为社会生产力的归宿看，应引导科学和技术创新走向新经济的轨道，才能形成促进持续创新的新经济循环。从科学和技术政策促进人类文明进步的归宿看，应引导社会形成有利于科学和技术创新的思想、文化、政治、经济、法律、教育等环境。研究制定创新科技政策的准则是：用系统科学的方法，注重以社会发展需要为方向，以国家特定阶段的路线和任务为目标，以科技强国的科技政策成功经验为参照，以科技政策现状为起点，以现行科技政策及实践为基础，以政治、经济、科技、教育等现实为条件，尊重科学技术自身的发展规律。不仅要强调科学技术必须面向经济发展，而且要重视科学技术面向社会发展和科学技术自身发展。在从刀耕火种到信息经济的复杂层次经济形态下，强调熊彼特新经济学思想为知识经济主导的同时，也不能忽略凯恩斯经济学思想的基础。在方向上，解决科学技术创新与社会协调、持续发展的矛盾，即科学技术的社会责任问题。在内涵上，从科技政策研究到市场化战略的全面创新，从文化环境到操作层面的全方位的科技政策；不仅是发布科技政策文件，更注重科技政策的实施与实现。要继承、发展、固本求新，避免落入引进－落后－再引进－再落后的怪圈。在部署上，重视可延续的不断完善，避免朝令夕改。

　　科学和技术的融合是当今科技发展的重要特征。尽管当代科技的构成不同、功能各异，但是它们都基于不同层次的理论与方法，相互联系，彼此渗透交叉，整个科技群体构成了协同发展的复杂体系。进入21世纪后，科技发展的跨学科性日益明显，学科之间的边界更加模糊，纳米、生物、信息以及认知科学之间的交叉融合和渗透，促进了新兴学科的诞生和发展。从宏观上来讲，科学的全球化趋势越来越明显，各个国家相互渗透、相互影响；从微观方面来说，许多科学技术在微观领域的突破推动了科技向前发展。

重大创新更多地出现在学科交叉领域，学科之间、科学与技术之间的相互融合、相互作用和相互转化更加迅速，逐步形成统一的科学技术体系。科技创新被提升为重要战略目标，原始科学创新、关键核心技术创新和系统集成创新的作用日益突出，竞争已前移到原始创新阶段，原始创新能力、关键技术创新和系统集成能力已经成为国家的科技核心竞争力，成为决定国际产业分工地位和全球经济格局的基础条件。

另外，由于高新技术具有高渗透性的特点，许多高新技术都能广泛渗透到其他技术中去，进而改造或提高其他技术的水平。高新技术的发展加快技术集成融合的速度，进而使技术融合成为推动技术创新的一条重要途径。生物、信息、航天等高新技术代表着当今科技发展的方向，是当代科技发展的制高点，也是国际竞争的焦点。在当代社会，市场竞争格局完全发生了变化。虽然市场竞争的最终表现仍然是产品，但是竞争的战线已经前移到产品的研制开发阶段，乃至基础研究阶段。市场竞争胜负的决定因素不再表现在生产活动的最终产品上，而是建立在企业的技术研究和开发能力上。正是这种竞争态势，使发达国家在这场新技术研制实力和新产品开发能力的较量中，赢得了很大的市场份额。

现在国际高新技术转移明显呈现出两个特点：一是国际技术转移不平衡，世界技术市场分布很集中，全球80%以上的科技研究开发在发达国家进行；二是国际高新技术既有竞争，又有合作。一方面是高新技术领域国际转移的摩擦加剧，发达国家为了保持高科技的领先性、垄断性，通过保护知识产权的名义，严格控制先进技术外流；另一方面，随着科技应用的国际化和重大高科技计划工程的多国共同参与，国际科技合作与交流全面展开。一个国家、一个地区如能充分把握国际科技全球化和高技术转移加快的态势，在国际科技舞台上做到善于合作、敢于竞争，将会有效地加快自己的技术创新，实现科技的跨越式发展。

国际科技发展的另一个趋势是，科技产业化加速发展，科技与经济之间的结合日益紧密。一系列新的重大科学发现和技术发明，正在以更快的速度转化为现实生产力，深刻改变着经济社会的面貌。世界主要国家都把发展战略技术及产业作为实现跨越的重要突破口，在全球范围内形成一股势不可挡的科技产业化浪潮。人类基因组、超导、新材料等本属于基础研究的成果转化的速度加快，有的早在研究阶段就申请了专利，很多科学研究的成果迅速转化为产品。

在经济全球化时代，科技人才开发已经成为各国科技发展的重点，使当今科技人才的国际竞争呈现出以下特点。①跨国公司以其明显的优势争夺发展中国家的科技人才。②以信息技术为支撑的互联网的广泛应用缩短了科技人才、雇主与被雇用者之间的空间距离，使人才的竞争成为"零距离竞争"。③移民制度在科技人才"国际竞争"中发挥作用。发达国家普遍建立技术移民制度，使吸引外来科技人才进入制度化阶段。美国是通过移民政策吸引他国科技人才最多的国家，其科技人员有40%来自世界各国，而这40%之中又有70%来自发展中国家。④教育成为国家间人才竞争的重要途径。在高等教育还是精英教育的年代，西方发达国家对科技人才的争夺主要是对已经成才者的争夺。如今国家间科技人才的争夺已经延伸演变为国家间高等教育甚至是中等教育阶段优质生源的争夺。例如近几年来，西方发达国家加大了对我国中学生出国留学的宣传和吸引力度。一些国家对我国的优秀中学生提供奖学金等各种优厚条件，同时附加大学毕业后必须在留学所在国服务若干年限的条件。

国际科技发展所呈现出来的上述特征使我国的国际科技政策环境发生了很大变化，并成为新阶段影响我国科技政策调整的重要因素。今后一个时期我国科技发展总体目标是完善国家创新体系，争取进入具有较强国际竞争力的科学和技术大国行列，为实现全面建设小康社会的国家目标提供强有力的科技支撑。为完成这一发展目标，国家公共财政必须把科技投入放在更加重要和突出的位置。与此同时，还要更加重视科技资金的高效使用问题。一是调整科技投入结构，财政支出优先解决市场资源配置机制不能有效解决的投入问题，如基础研究、前沿技术研究、社会公益研究、科技基础设施，体现国家意志的战略高技术、关键技术和战略产品等。二是提高科技预算的权威性，使科技预算与国家科技发展目标保持一致，提高国家的科技动员能力，提高科技经费的使用效率。三是进一步发展和完善适应社会主义市场经济体制客观要求的多元化科技投入宏观架构，实现政府、企业、金融体系在市场资源配置基础机制之上的科技投入合理分工和协调配合。

我国的科技政策在《国家中长期科学和技术发展规划纲要（2006～2020年）》的指引下，在激励企业加大创新经费投入、吸引创新人才和企业创新设施建设方面初见成效，初步构建起促进自主创新的政策环境。我国的科技政策是针对某一阶段的特定任务，解决全社会创新总体投资的数量与质量问题、区域创新资源配置的结构不平衡问题，诸如创新体系建设中存在寻租空间，需要减少和逐步消除；解决技术人才的单向流动问题；提升企业研发机构的数量与能力，提高企业的创新管理水平；解决知识产权与产业发展能力弱且不平衡的问题，等等。现有科技政策针对性比较强，但大多处于操作层面，这与我国现实的科技生产力水平和管理水平大致相适应。但从长期看，我国的政策应更具有前瞻性、方向性和根本性，消除创新的体制、机制性障碍。充分利用市场配置科技资源，充分尊重企业的主体创新地位，充分发挥大学的基础和生力军作用，充分发挥国家科研机构的骨干和引领作用，建设社会化、网络化的科技中介服务体系，加强先进适用技术推广应用机制，主要解决研究、开发、产业化管理系统的协同问题，避免研发有机过程、全过程的分割；消除科研立项与评价的计划经济时期的烙印，减少科研开发与市场需求脱节；以技术水平或产业化成果作为评价依据，促进科技成果转化为生产力。

在科技领域进行超前部署，是发达国家保持领先地位和后发国家赶超先进的共同做法。一些国家在航空、汽车、微电子、软件等产业领域取得领先地位，很大程度上都是这些国家超前战略部署的结果。对基础科学和前沿技术进行超前部署，对于提高创新能力和国际竞争力具有决定性意义，为此需要在以下方面予以加强：一是调整科技投入结构和支持方式，加大对基础科学、前沿技术和社会公益研究的支持力度，并对基地、队伍给予相对稳定的经费支持；二是进一步扩大科研院所在科技经费、人事制度等方面的决策自主权，提高科技资源整合的能力，增强科研院所自主发展的能力；三是优化科技评价体系，对于基础研究要以学术水平作为主要评价标准，鼓励科学家能够潜心于学术研究，把探索自然规律作为自己的崇高理想；四是鼓励探索，为创新性"非共识"项目提供特别资助，促进各类创新人才脱颖而出；五是建设科技基础条件平台，促进科技资源的社会共享，为各类人才提供平等竞争的条件和机会。

在建设创新型国家的进程中，国家实施了一系列有利于增强我国自主创新能力的科技政策。为重点解决经济社会发展中的重大科技问题，在原国家科技攻关计划基础上，国家开展了科技支撑计划。以重大公益技术及产业共性技术研究开发与应用示范为重点，结合重大工程建设和重大装备开发，加强集成创新和引进消化吸收再创新，着力攻克一批关键技术，提升产业竞争力，为我国经济社会协调发展提供支撑。为了通过核心技术突破和资源集成，在一定时限内完成重大战略产品和关键共性技术，解决制约经济社会发展的重大瓶颈问题，实现创新驱动和内生增长，国家实施了科技重大专项。这些科技重大专项，成为2020年之前我国科技发展的重中之重。在实施科技重大专项的过程中，创新了科技经费核定模式，改进了财政支持方式，建立了间接费用补偿机制和人员激励机制。推动提高自主创新能力的科技政策还包括，通过制定《国家中长期科学和技术发展规划纲要（2006~2020年）》《国家"十一五"科学技术发展规划》《国家"十二五"科学技术发展规划》以及一系列的具体规定和措施，支持高新技术企业发展，鼓励用高新技术改造提升传统产业；鼓励民营资本进行科技风险投资；扶持发展科技中介机构；支持科技创业（风险）投资；鼓励各类主体创办为特色产业服务的区域（行业）科技创新服务机构；推进科技创业孵化中心建设，对科技孵化创业的高科技项目给予创业资金等优惠支持；支持各类科技创新载体和服务平台建设；加强科技人力资源建设。我国科技政策存在的不足是相关政策的动态评价制度没有建立起来，因此在创新型国家的建设中，难以根据实际情况有效率地对科技政策做出调整。

四 创新型国家的科技管理

科技管理是指为了发展科学技术、促进国民经济和社会发展而对科学技术工作采取一系列有组织的活动。再具体点说，就是在充分了解当前科学技术发展的特点与规律性的前提下，应用科学的方法和现代的技术、科学的组织来管理科学研究工作，促进科学技术各个领域朝着预定的方向协调发展，实现建设创新型国家和发展科学技术所提出的各项目标。

我国的科技管理模式形成于20世纪50年代。在新中国成立初期，百废待兴，新中国采取的是中央集权式的计划经济体制，受其影响，科学技术研究领域的管理也采用了中央集权式的"条-块"管理系统。其中，从中央到基层的从上到下的垂直管理的"条"状系统在政治和组织机构上实行控制，中央各部委和地方各级政府对各自管辖的"块"内，对科技活动中的研究工作、科研项目、经费、设备、人员具体管理。在这样一个控制系统之下，科研活动的自由空间很小。

经过几十年的发展，中国的科学技术有了一定的发展，一些成果达到了世界水平。由于科学技术的发展和管理在以政治活动为中心的旧体制中被置于从属地位，科学技术应有的价值被贬低，其应起的作用被削弱。改革开放以后，科技管理体制的改革还是被放在其他改革之后，科学技术的发展则经常被投资、福利等近期经济需要所排挤。

改革开放以来，经过科技体制改革，科技的发展和管理在这个中央集权式的体系内有了很大程度的改良，科学技术的开发在"条-块"之外已能够寻求额外资助，科研工作者的发明创造在一定条件下获得了某些自由。但由于实施的是渐进的、目标不断调整的模式，致使科技改革到现在，我国的科技体制还不是一个真正与市场经济相符的科技体制，许多深层次的问题被掩盖了。展望未来，我国的科技体制仍然有相当大的问题和挑战。

科技管理体制是规范科技活动的规则，制度之所以重要，就因为它是一个持久而有效的激励和约束机制。制度经济学认为，制度是保证交易进行和成本降低的途径，有效的制度安排能达到基于最低成本的最大产出。科技与制度的互动分良性与恶性两种。良性的制度能够遵循科技发展的规律，促进科技飞跃发展，新产品不断开发，形成良性互动。恶性的制度僵化则处处有碍科技发展，科技忙于去应付制度，恶性互动会使制度僵化、机构老化。

一个符合中国国情、符合社会主义市场经济体制的科技管理体制，要保证科学研究体现国家意志和发展战略，使科研预算与目标受到相应的制约。这是确保我国科技长期发展也是我国经济长期发展的基础。

从目前的科技管理来看，我国现行科技体制与社会主义市场经济体制以及经济、科技大发展的要求，还存在着诸多不相适应之处。

第一，仍不符合市场经济体制的要求。在科技资源配置中，市场机制的基础性作用尚未充分发挥。改革开放后我国引进市场经济机制，并走进全球化浪潮之中，但科技管理体制改革的目标一直以科技成果的市场化为目标，确立了企业是技术创新的主体的改革道路，还没有真正建立起符合社会主义市场经济要求的科技体制。在科技资源配置中，市场机制应该充分发挥其应有的指导性作用。然而，目前科技项目的设置并未充分发挥市场经济规律的作用，导致项目研究开发与成果应用分离，科技管理体制与市场经济"脱节"。这表现为两方面：一是科技成果转化难，"走不出去"，在市场上产生的经济效益少；二是科技管理部门作为"智囊团"的作用发挥不够，实业界与科研机构、高校的研发联系不够紧密。目前，我国科技成果转化率和产业化率"两低"的局面依然没有明显改观，我国科技成果转化率和转化速度远远低于发达国家。同时，许多科技成果"含金量低"，离市场及企业要求有较大差距，造成了我国有限的科技资源的极大浪费，降低了科技进步的贡献率，制约了我国经济增长方式的转变和经济结构的战略性调整。

第二，国家宏观科技管理体制没有理顺。国家的目标往往成为部门单位的目标，导致科技预算存在着严重的多个战略目标现象，且缺乏约束。有关部门、各地方在创新活动中彼此分割、政出多门、各行其是、相互脱节，科研活动分散重复的现象十分严重，科技装备、科技文献和科技数据没有实现有效共享，特别是军民创新体系长期分离，导致国家资源的严重浪费，不利于国家目标的实现。

第三，科技创新的宏观决策体制不适应发展的需要。宏观调控能力不足，科技和经济在国家层次上的决策机制中存在许多弊端；缺乏高层次的科技决策咨询、评估、监督机构，不能就科技发展和科技体制的总设计、战略重点提供政策建议与咨询意见。

第四，科研机构管理僵化，行政管理色彩过浓，不利于创新思维形成和优秀创新人才脱颖而出。创新人才严重不足，兼具科技和法律知识的复合型人才较少，既了解本国国情又能把握国际先进制度创新走向的高层次人才队伍尚未形成。创新人才培养机制没有形成。

西方科技发达国家主要存在着两种科技管理体制，即以政府为主导和以企业为主体。由此衍生出两种组织结构体系：一种以企业为主体的多元化组织体系；另一种以政府所属科研院所为主体的单一化组织体系。当然，以企业为主体的科技管理体制并非没有政府干预，没有国家支持的院所的存在，只是它更强调政府的协调作用。一个国家的科技管理体制受本国政治、经济制度的影响，西方国家的科技管理体制随着各国国情形成了各具特色的管理体制。

与我国政府计划调控的科技管理体制相对的是以美、日为代表的政府协调型科技体制。可以说这一体制是多元化政治体制与社会经济、私人所有制的经济体制在科技领域的派生体制。不仅世界许多发达国家采用该体制，第三世界的国家也逐渐向其靠拢。

美国是当今世界科技活动的中心，是世界科技实力最强的国家，拥有特点十分鲜明的科技管理体制。

第一，美国拥有最具代表性的多元分散型科技管理体制。美国是三权分立的政治体制的典型代表，这决定了其多元分散的科技管理体制。美国的立法、行政和司法部门均参与科技活动的管理，所有重大的科技活动都要经过国会立法通过，再由行政部门负责执行和实施，司法部门则拥有对各项法律的解释权。

美国总统和国会的主要作用是制定国家的宏观科技政策，政府各部门为实现各自特定的任务，在编制科技政策和建议方面拥有很大的自主权。联邦政府主要通过制定科技政策、颁布法律法规、规范科技研发经费的分配和研究项目的咨询等手段，对全国的科技活动施加直接或间接的影响。

国会通过对全国科学技术管理的立法权、国家大型科研项目的拨款权、政府各部门科研经费的审批权来保障科技发展。此外，国会还下设技术评估局、科学技术研究和参考服务部等机构。依靠不同专业管理机构对科技计划实施专业化管理，国会有权单独委托有关科研部门组成"特别咨询小组"，聘请有关学科中的知名科学家、教授、专家及工商企业界高级管理人员，对任何科研项目有关疑点进行质询，评估认证其可行性，要求政府有关部门对某些项目重新设计等。

第二，在美国由政府所属研究实验机构、高等院校、企业和其他非营利机构构成的科研体系中，企业的研究机构是美国科研活动的主体，其他机构则主要从事与基础研究和人类生活等相关领域的研究。在以企业为主体的科研体系中，企业不仅是科研活动的主要投入者，还是科研活动的主要承担者和受益者。美国高度自由化的市场经济和对科研活动所抱有的自由发展的观念，从一定程度上也决定了美国以企业为主的科研体系。当然，美国其他研究机构在保持美国基础研究优势、提高人类生活健康水平等方面也做出了很大的贡献。

第三，美国科技管理与决策机构的地位在不断提高。虽然美国倾向于科研活动的自由发展，但鉴于世界竞争环境和国家利益的需要，近10年来美国仍不断改革其科技管理体制，加强对科技活动的宏观管理。如乔治·布什任总统时把科技政策办公室主任提升到内阁部长级；克林顿上台后，于1993年成立了国家科学技术委员会，负责统筹与规划研发工作，与国家安全委员会、国家经济委员会并列，同属国家最高决策机构，有政策制定职能。这些措施都将美国的宏观科技管理提高到了一个新的高度。

第四，美国有着十分完善的科研计划管理与评估体系。美国在用财政、税收和法律等宏观手段控制其科研活动的同时，也十分重视对科研机构、科研计划、科研项目乃至科研人员的管理和评估。一方面，针对政府部门庞大的管理工作人员有着十分详尽的管理细则；另一方面，还针对科研机构、计划、项目和人员等管理对象制定了科学、详细的管理与评估体系，并随时根据需要设立相关管理机构，比如设立技术评价办公室，或是针对某一大型科研计划成立专门的管理机构等。

能够保障庞大的科技活动有序运转，得益于美国科技计划的预算、决策、实施、管理、评价程序严谨而有序，计划的决策、咨询、管理、评价相互衔接、相互作用、相互制约，保证了计划的决策、实施、管理的公开、公平、公正。

与美国相比，日本虽也是政治多元化的三权分立体制。但因政府权力机构占较大比重，反映在科技体制上，就形成了政府直接协调的管理体制。但与政府计划调控相区别的是，日本的工业企业与科研机构有一大部分属私人所有，政府对它们虽有很大的协调权力，但不能最终控制支配。与美国不同，日本设有统一领导科研的主管部门，即内阁科学技术会议及其办事机构科学技术厅和通产省。国家制定了一系列促进科技发展和增强国际市场竞争能力的全国性科研与开发计划。在日本，政府不仅协调有关国家安全重大科技发展规划，且积极协调私人企业的科研活动并加强管理。如制定强有力的产业政策，组织私人企业的发展活动。在科研经费投入总额中，政府所占的比重较少，大部分经费来自企业。

日本的科研体系，主要包括科技厅和通产省（官）、民间企业（产）、高等院校（学）和国立研究机构（研）。日本对科技机构和科研活动的管理，与对其他的行政管理一样，采取"官民分立"和"部门分割"的体制。通过科技厅和通产省制定和推进一定的制度和政策措施，引导和促进产、学、研之间的联合和协作。日本在这种科技体制下，收到良好的效果。

德国科技管理体制采取的是"集中协调"，科技发展总体上奉行"科学自由、科研自治、国家干预为辅、联邦与各州分权管理"的基本原则。国家掌握着科技政策、重点规划、经费和协调的决策权，但与各种科学研发机构又不是行政领导关系。其科研机构呈"金字塔"形排列，形成四级配置的科研体系：以大型研究中心为主的战略导向型基础研究，主要从事跨学科、长周期、需要大型科研装备的尖端技术和"大科学"研究，是围绕大型实验设备形成的全国性研究中心；以高等院校、马克斯·普郎克学会为主从事创新导向型基础研究；以弗朗霍夫协会为主的技术导向型应用研究；以工业企业和私人研究机构为主从事产品导向型应用研究。德国的科研体系分工十分明确，运转自如，相辅相成，是一个多能高效、值得借鉴的科研体系。

韩国作为新兴的工业化国家，其经济的跨越式发展与科技的成功发展是不可分离的。韩国推行的是集权式的管理体制。其科技管理的特点是政府积极干预科技发展。为加速科技进步促进经济的跨越式发展，20世纪80年代，韩国政府提出了"科技立国"的战略方针，通过政策、法令、经济等手段把全国科技工作纳入国家总的战略发展轨道。韩国非常注重科技计划，其科技发展计划与经济发展计划关系极为密切，科技计划目标始终围绕经济发展目标、产业结构的升级而确定。韩国政府目前注意促进基础研究、高新技术及其产业的发展，通过增加投资、加强有关计划等政策、措施加速其发展。并采取建立研究成果商品化的技术转移中介机构和建立科学技术城、设立成果转化专项基金、保护性政策、税制优惠等措施促进成果商品化。

虽然每个国家依据其本国历史、文化传统和习俗，形成了不同的国家科技体系，但作为一种管理目标相同的体制，有共同的结构成分及其分工和职能。

①管理决策机构。即国家所设的部级单位及其下属机构来制定、推行和协调国家科学技术政策。日本是科学技术厅，英国有一个属于首相首席科学顾问管辖的小型部级机构——科学技术办公室，中国的类似机构为科学技术部。

②研究与开发机构，这是科技体系结构中最基本的、最重要的组成部分。基础研究、应用研究、技术开发、商业化应用研究都在这些机构中进行。主要有三类机构：一是高等教育机构，主要指各国的大专院校；二是国家研究组织，各个国家名称不同，较典型的如法国的国家科学研究中心、德国的马普学会；三是工业研究实验室，指科学家与工程师进行技术创新的场所，在发达国家，即指大企业、公司用于从事研究、开发工作的实验室，发展中国家只有少数公司具有从事研究与开发工作的财政实力和研发能力。

③研究投资机构。科技发达国家的此类机构本身不开展研究，而是对企业、大学或国立研究组织以合同方式履行投放研究资金。它们的项目包括基础研究和应用研究。这类机构有美国的国家科学基金会、德国的德意志科学协会、瑞士的国家科学研究基金会和法国的国家空间研究中心等，此类机构在管理体制中的地位日益重要，对国家基础研究方向和重大科技战略的制定有不可替代的作用。

④科技立法。韩国、美国、英国、日本等国家都有着较为完善的科技法律体系。有些国家在对其科技管理体制进行每一次改革和变动时，或是开展重大科技计划时，几乎都会出台相应的法律法规以保障其顺利的实施。

在2006年初的全国科学技术大会上，我国提出了建设创新型国家的奋斗目标。中共中央总书记、国家主席胡锦涛明确指出，建设创新型国家，核心就是把增强自主创新能力作为发展科学技术的战略基点，走出中国特色自主创新道路，推动科学技术的跨越式发展；就是把增强自主创新能力作为调整产业结构、转变增长方式的中心环节，建设资源节约型、环境友好型社会，推动国民经济又好又快发展；就是把增强自主创新能力作为国家战略，贯穿到现代化建设各个方面，激发全民族创新精神，培养高水平创新人才，形成有利于自主创新的体制机制，大力推进理论创新、制度创新、科技创新。

随着创新型国家发展战略的定位，自主创新成为我国实现经济发展方式转变的核心推动力。在构建以企业为主体、产学研紧密结合的技术创新体系的过程中，政府科技管理部门应该成为自主创新这场大戏的"导演"。

科技管理是通过科技计划项目的组织、控制、领导等系列工作，整合并有效利用各方面资源，以实现预期目标的过程。它关系到科技政策能否得到认真正确贯彻，科研机构和队伍的潜力能否充分发挥，科技规划、计划能否顺利实现。因此，我国先后出台了《国家科技计划管理暂行规定》《国家科技计划项目承担人员管理的暂行办法》《科技评估暂行办法》《科学技术评价办法》《关于国家科技计划管理改革的若干意见》等办法，旨在提高我国科研管理水平，为自主创新工作提供良好培育土壤，构建创新型国家。

建设创新型国家，关键在自主创新。拥有自主的科技创新能力，才能使我们在国际竞争中掌握主动权。自主创新的核心竞争力，是全面提高我国科技水平的根本。建设创新型国家，就要改革一切阻滞自主创新的不合理规定和体制，形成勇于自主创新的社会氛围，建立和完善鼓励自主创新的机制和制度。根据目前的情况，对于建立创新型国家，科技管理体制还有一些不适应的地方：①科技法律、法规不健全，科研机构、科研活动缺乏法律保障，科技政策、计划的执行常常无法做到行之有效，没有主体担负效应的责任。②缺乏科技管理协调、整合机制，国家科技决策咨询机制不健全。政出多门、条块分割，往往造成重复立项与支持不足同在、投入不足与浪费低效并存。对重大、重要项目没有科学的咨询、评估和监督机制。③科研评价体系不科学，学术道德败坏，长期以来我国科学研究中"欲速不达"和"急功近利"等现象反复出现，在很大程度上影响了基础研究的整体水平，反过来又影响应用研究的整体水平。④产学研合作模式单一，不能充分利用社会资源来发展科技，不能灵活执行科研任务。

建设创新型国家，需要在科技管理制度改革上有新的突破，要树立新的管理理念，探索新的管理办法，建立新的管理制度。

（一）科技管理改革的目标、内容

党的十七大报告明确指出：深化科技管理体制改革，优化科技资源配置，完善鼓励技术创新和科技成果产业化的法制保障、政策体系、激励机制、市场环境。因此，目前科技管理体制改革的目标主要是改革科技体制、优化科技资源配置、健全科技成果转化机制。建立与社会主义市场经济相适应、符合中国国情、适合建设创新型国家的科技管理体制，健全科技决策评估机制，促进科研活动的宏观环境应该成为未来改革的重点。

科技管理体制的改革，从其核心内容来讲，主要是设定行为主体之间的关系，如政府、企业、高校、研究机构等行为主体之间的关系，理清政府、市场和技术创新主体的定位与功能，整合科技资源，构建具有灵活的、可调整的科技宏观管理的作用机制。在确立新的科技管理体制中，必须遵循市场经济的原则，明确政府、技术创新主体与市场在科技发展中的职能界限，通过立法维护科学技术活动的正常秩序，利用各种经济手段引导科技发展方向及社会科技资源配置，确立国家在重大平台技术、共性技术、公共技术领域的供给作用；确立国家宏观科技管理制度，规范科研机构体系，建立对科技计划、重大科技项目和研究单位进行监督和评估的制度。同时，动员社会资源发展科技，包括科技共同体或各级科协的作用，利用企业家、个人和其他形式的捐助资金作为科技投入的重要补充，鼓励非营利研究机构和民营科技单位从事科研。

在科技管理体制的改革中，树立"以人为本"的观念，人是主体，是最活跃的因素，让人实现"人尽其才"，也是科技管理体制改革的重要使命。适应体制完善、经济转型和新科技革命要求的科技管理体制，在设定行为主体关系时具有较大的包容性、全面的覆盖性与强有力的黏合性，以及比较宽松、有容忍度、开放性等特征，有助于加强技术创新与促进经济增长的有机结合，促进创新活力。

（二）科技管理改革的政策建议

1. 转变政府职能，创新科技管理观念

科技管理创新，科技管理理念必须首先创新。现有科技管理主要思路仍是决策权与执行权一体，这样容易造成科研经费的浪费、科技项目与市场需求脱节。只有转变这种管理思路，才能转变政府职能，建立决策、执行和监督三方分立的科技投入管理机制。

一是实现决策权和执行权的分离。政府科技行政主管部门会同相关部门负责科技投入的规划、计划和预算决策；借鉴国外科研体制，成立专门的社会化管理的分门别类的基金管理委员会负责项目的管理，遵照公开、公平、公正的原则进行。

二是建立多层次的监督问责机制。基金管理委员会负责项目的评估，并评价和监督项目承担者的信用；依法处理各种违规行为；政府科技部门、科研机构、高校等科研部门共同监督、考核项目经费使用情况和使用效益，促使提高项目的筛选、管理和转化水平，并对结果进行追踪问责和后评估。

2. 制定科技法，规范科研机构体系，明确国家、机构和个人的行为

在国外科技管理体制中十分重视科技立法。美国、韩国、英国、日本等国家都有着较为完善的科技法律体系。有些国家在对其科技管理体制进行每一次改革和变

动时，或是开展重大科技计划时，几乎都会出台相应的法律法规以保障改革的顺利实施。我国已经颁布了《科技进步法》《成果转让法》《专利法》等多部有关科技活动的法律，但相关的法律体系并不健全。因此，需要加强这方面的立法。

首先，通过制定科技法，对科技活动内外一些重要的、基本的制度做出规范。不同机构的权利、义务不同，需要界定各类科研机构的法律形式及相应的制度规范，对科研机构的建立、变更、终止和它的权利、义务做出明确规定，保证科研机构的权利不受侵犯，创造一个能使研究机构健康发展的外部环境。

其次，科技人员是科技活动的基本力量，人才是国际竞争的焦点，通过立法保障科技人员的合法权益，同时也规范他们的行为。

最后，以法律的形式来规范科技战略计划，具体明确地规定计划的目标、内容、实施办法、负责实施的机构和法律责任等，有利于保证实施计划的规范性、稳定性。

3. 建立统揽科技全局的宏观协调管理机制

从国家层面优化科技管理体制是进行改革的根本起点。由国家科技行政主管部门全面负责国家科技发展战略与规划、科技政策和重大科技计划的制订，改革现行重大科技资源的配置和遴选办法，统筹协调国家部门、领域的科技计划以及科技投入的分配，监督并考核各部门、各领域科技计划和科技投入。

4. 深化科技管理体制改革，促进产学研合作体制的发展，健全科技成果转化机制

政府应采取多种措施，为建立多种产学研模式提供宏观环境，充分利用社会资源来促进科技的发展。可以借鉴英国的教研公司模式、科学园区模式、联系计划模式（政府联系企业、大学进行成果转化）来建立多种合作模式。产学研模式的多样化和投资主体的多元化将有利于科研成果的转化。

在健全科技成果转化机制方面还应做到：①完善促进科技成果转化的法律法规和激励措施；②采取政策措施，建立技术转移中介机构，促进科技成果产业化；③拓宽科技成果转化融资渠道，发展风险投资、区域性科技银行为科技成果产业化提供信贷支持；④完善对技术交易的税收优惠政策，对技术受让方和技术交易服务机构给予适当的税收优惠政策。

5. 建立健全科技决策咨询和评估监督机制

建立健全国家科技决策咨询机制，成立国家科学技术咨询委员会，让来自政府、科技界、经济界、企业界及其他相关领域的战略专家提供科技发展战略和科技政策方面的决策咨询，从而更准确地把握地方创新资源与宏观发展趋势，更科学地设置项目计划，成功引导科研发展方向。成立若干专门委员会，由各个学科领域的杰出科学家组成，针对经济社会发展中凸显的重大科学与技术问题提出重大计划和项目等相关建议；设立动态专家库，就相关科学与技术问题为政府提供多层次的咨询，并参与科技计划执行过程的技术监督。同时，鼓励争鸣，促进科学决策。

建立专业的科技评估监督机构，可借鉴国外的评估方法和程序对科技项目、科技机构等进行评估。以保证政府科技计划实现国家的目标，并动态地跟踪国家科研院所的绩效，做出动态的评估意见。

健全的评估监督制度可以提高科技评估的质量和水平，增强科技管理过程中的科学化、民主化，从而使科技计划、科技政策和科研项目的实施达到预期的效果。

6. 加强政府导向作用，建立科学的科技人才评价机制

发挥政府的主导作用，建立符合科学技术本身发展规律的、体现学科特点的、分类导向的科技成果评估与评价体系；引导科学与技术研究向支撑国民经济与社会发展、引领攀登科学高峰方向发展。

为了发挥科技人才的能动作用，科研院所和高校要建立面向经济社会发展需要的、科学的人才评价标准；建立以学术与技术级别为主、辅以绩效考核的薪酬制度，给科研人员创造宽松的科研环境。

参考文献

刘大椿：《中国科技体制的转型之路》，山东科学技术出版社，1995。

冯之浚：《国家创新系统的理论与政策》，经济科学出版社，1999。

刘则渊：《现代科学技术与发展导论》，大连理工大学出版社，2003。

王阅、张勤、张劲：《科学思想与创新素质》，上海科技出版社，2003。

王大洲：《技术创新与制度结构》，东北大学出版社，2001。

范英、郑永和等：《海外科学基金评审方法与实践》，科学出版社，2004。

柳卸林：《技术创新经济学》，中国经济出版社，2000。

周振华：《论科技管理体制、机制变革的内生性要求》，《社会科学》2005年第2期。

徐峰：《美国科技管理体制的形成与发展研究》，《科技管理研究》2006年第6期。

鲍悦华、陈强：《瑞士科技管理及其对我国的启示》，《中国科技论坛》2008年第4期。

王九云、孙玮、王滨：《基于建设创新型国家的科技管理体制创新研究》，《学术交流》2009年第4期。

第十三章
制造中心与技术创新中心关系研究*
——兼论中国成为世界技术创新中心的机遇与挑战

一 制造中心、技术创新中心等相关概念的界定

讨论中国如何成为世界制造中心、技术创新中心，首先需要对世界制造中心、技术创新中心的本质和内涵有一个清楚的界定。世界制造中心和技术创新中心之间存在较大关联，它们又与世界工厂、制造业中心、经济中心等概念有着诸多联系和区别，为此在展开分析之前，有必要对相关概念及其相互关系进行明确的界定和辨析。

（一）技术创新的内涵与要素

1. 技术创新与科技创新

技术创新和科技创新在很多场合都被等同为一个概念。其实，它们是两个联系紧密又有所区别的概念，它们对应的英文名称分别是"Technological Innovation"和"Scientific and Technical Innovation"。

"技术创新"从工程上讲，就是工程技术专家共同根据他们所掌握的专门技术知识，对各种技术要素进行新的组合和改进，使技术系统的功能不断接近理想的理论目标的过程（齐建国，1995）。不过近年来，理论界和实务界更倾向于将"技术创新"看作是一个经济或经济学概念。作为经济学概念的"技术创新"最初源于熊彼特的创新理论。熊彼特（Schumpeter，1934）归纳定义了五种经济意义上的创新：①引进新产品；②引进新生产方法；③开辟新市场；④获得新的原材料或半成品供应渠道；⑤实施新的产业组织方式。在收入 NBER 论文集的一篇文章《石油

---

* 执笔人：蔡跃洲等。

炼化工业中的发明与创新》中，Enos（1962）首次对"技术创新"给出了明确的定义。他认为技术创新是几种行为综合的结果，这些行为包括发明的选择、资本投入保证、组织建立、制订计划、招用工人和开辟市场等。Freeman（1982）则指出，技术创新就是新产品、新过程、新系统和新服务的首次商业性转化。

从"技术创新"的上述理解和定义可以看出，技术创新涵盖了新产品或新工艺从设想产生到商业化应用的全过程，包括新设想的产生、研究、开发、商业化生产以及产品的市场销售、转移扩散等一系列活动。1999 年 8 月 20 日公布的《中共中央、国务院关于加强技术创新，发展高科技，实现产业化的决定》对技术创新作了如下定义："企业应用创新的知识和新技术、新工艺，采用新的生产方式和经营管理模式，提高产品质量，开发生产新的产品，提供新的服务，占据市场并实现市场价值。"

关于"科技创新"的内涵，目前国内似乎还未形成较为一致的看法，归纳起来大体有以下三种观点：一是将"科技创新"等同于"技术创新"。如台湾的江文钜、陈志嘉（2008）就认为"科技创新"和"技术创新"只是"Technological Innovation"的不同翻译。二是主张"科技创新"包括"技术创新"。如孙波（2003）认为，科技创新就是从基础研究到应用研究、试验开发以及研究开发成果商业化的全过程，包括"科学创新"和"技术创新"两部分内容。三是认为"科技创新"和"技术创新"有较大区别，如王润良、郑晓齐（2000）主张，科技创新应该是"创立或创造新的科学领域或科学方法"，是发现未知世界的规律并利用科学规律创立新的技术，是一个纯科学技术的概念。"科技创新"和"技术创新"在目的、过程、主体、形式等方面存在本质区别。

对于"科技创新"的上述三种理解，很难说孰对孰错。不过，在本章中，我们倾向于采用上述第三种主张，认为"科技创新"更多的是一个科学技术的概念，它侧重的是基础研究、应用研究本身的创新和突破。

2. 技术创新的几大要素

技术创新作为涵盖新产品或新工艺从最初设想到最终商业化应用全过程的社会活动，同其他社会活动一样具备活动的主体、客体、目的及组织结构（或方式）等要素。

技术创新的主体涉及企业、高校、科研院所等不同组织机构，不过通常认为企业是技术创新最重要的主体。早在熊彼特提出（技术）创新概念时，他就强调创新的主体是企业家。当然，我们认为，企业并非天然就应该成为技术创新的主体，只是在市场经济条件下，企业自身拥有创新的内在冲动，并且在创新活动中扮演着最为重要的推动角色。事实上，在计划经济体制下，通常政府和科研机构才是最重要的技术创新主体。技术创新的客体其实就是整个创新活动的全过程，包括新技术、新设想的形成，新产品的试制，最终大规模的商业化应用及市场价值的实现。而技术创新的目的则是为了获取（超额的）商业利润，这也是企业创新的最为根本的内在驱动。

至于技术创新的组织结构，通常主要包括两个层面。第一个是国家层面，技术创新经常会成为某个国家（经济体），特别是发展中经济体在实现经济起飞过程中实施的重要经济发展战略，由政府通过实施各种政策优惠和倾斜，创造各种外部环境，自上而下推动技术创新活动的开展。现阶段我国"创新驱动发展战略"的确立就是例证。要从国家发展战略的层面全面推动技术创新，必须依靠政府的强力介入。技术创新组织结构的另一个层面则是由企业及其他微观组织共同构成的。包括企业、科研单位及科研人员在内的微观主体，它们是技术创新活动的具体实施者，它们之间往往以商业利益为纽带，通过特定的方式进行协调、合作，共同推动某项（某些）特定技术创新活动的实现。[①]

（二）制造中心与制造业中心

1. 世界制造业中心与世界工厂、世界制造中心和世界制造基地[②]

世界制造业中心经常会与世界工厂、世界制造中心、世界制造基地等概念混淆。作为与制造业集中相关的几个概念和称谓，它们之间确实具有很多关联，很多文献在使用时也经常不加区分。其实，仔细分析不难发现，上述概念的内涵是有所区别的。

世界工厂、世界制造中心和世界制造基地这三者的内涵比较接近，指的都是产品生产加工环节在特定地域内聚集的状态，是为世界市场大规模提供工业品的生产制造基地。为简化起见，在本章中不妨使用"世界制造中心"这个称谓。

"世界制造业中心"则是世界制造中心、营销中心、研发中心三者的统一。通常，伴随着营销中心和研发中心，还会逐步形成品牌中心。在制造业中心形成的初期，上述三者是融为一体的。当今时代，世界制造业的发展则越来越呈现制造中心

---

① 有关技术创新主体、层次等方面的界定，参考了王乃明（2005）的一些观点。
② 有关制造业中心及制造中心、世界工厂、世界制造基地等概念的辨析，参考了郭克莎（2006）及《互动百科——世界工厂》等文献和资料。

与营销中心、研发中心相分离的趋势。分离后的制造中心，一般要受到营销中心和研发中心的支配。当然，随着制造中心本身规模的扩大，在一定程度上也会拉动营销中心和研发中心的逐步转移，使原有的制造中心逐步成为世界制造业分中心，甚至是新中心，并导致世界制造业中心的分散。

2. 制造业中心与技术创新中心的内在一致性①

传统的制造业中心包括制造中心、研发中心、营销中心及品牌中心，涵盖的内容与技术创新所覆盖的新技术、新设想从形成到大规模商业化的全过程是基本吻合的。世界制造业中心从本质上讲应该是世界技术创新中心，是世界技术创新活动的推动者和引领者。因此，世界制造业中心与世界技术创新中心二者之间具有很强的内在一致性。

现代社会公认的三代制造业中心，英国、美国（德国）和日本，它们在成为世界制造业中心的过程中，同时也成长为世界技术创新中心。具有强大技术研发和商业应用能力的"世界制造业中心"，通过对各项制造业新技术的掌握和应用，能够不断提高自身工业技术水平，并在新兴产业以及传统产业上长期保持世界领先地位。

3. 技术创新能力是制造中心向制造业中心乃至经济中心转变的关键

从历史上看，英国、美国及德国成为世界制造业中心时，同时也是世界技术创新中心和世界经济中心。当日本在成为第三代世界制造业中心时，世界制造中心与技术创新中心合一的趋势已开始弱化。20世纪90年代以来，技术创新能力未与制造加工环节同步转移，出现了技术创新中心（或者说研发中心及营销中心）与制造中心相分离的态势。② 美、日、欧等发达经济体依然是世界经济中心和制造业中心，但它们却逐步将制造中心向发展中国家转移，以技术创新中心对世界制造工厂进行控制，形成全球技术创新中心控制制造中心的新趋势。

在当今制造中心与技术创新中心相分离的时代，已经成为"制造中心"的发展中经济体，要想提升制造业水平，逐步转变为"制造业中心"或"制造业分中

---

① 有关"制造业中心"与"技术创新中心"两者内在一致性的分析，参考了陈宝明（2007）、刘丁有（2008）的一些观点和论述。

② 从技术创新的定义可以看出，其最具难度的环节当属研发和营销。具备了研发能力和营销手段，实现最终商业价值将变得容易起来。至于生产环节，只要有相应的资金、设备、劳动力等要素投入，完成起来就相对简单。因此，制造环节以外的其他环节可以统称为技术创新；制造中心以外的其他中心也基本可以称为技术创新中心；制造中心与研发中心、营销中心相分离其实也就可以看成是制造中心与技术创新中心的分离。

心"，关键在于如何提高本土的研发水平和营销水平，将活动链条拓展到制造加工以外的其他环节。换个角度说，就是努力将自身打造成技术创新中心。

（三）小结

从前面的概念辨析可以看出，技术创新本身是一个经济学概念，它指的是新产品、新工艺从概念提出到大规模商业化实现市场价值的全过程，制造业中心与技术创新中心之间有着内在的一致性（见图 13–1）。当今社会，制造中心与研发中心、营销中心及品牌中心相分离的局面已经成为常态。发展中经济体在率先成为制造中心的条件下，要进一步成为现代意义的制造业中心或分中心，关键是要在技术创新方面取得突破，使自身成为技术创新中心。

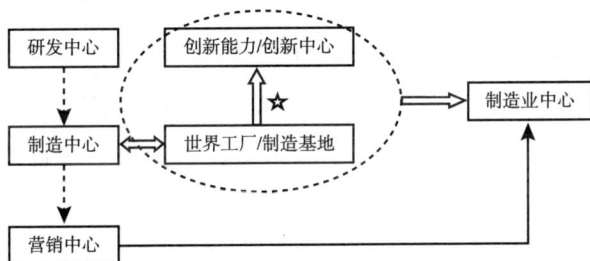

图 13–1 制造业中心、技术创新中心等相关概念的关系

二 实现制造中心向技术创新中心跨越的条件分析

工业革命以来，英国、美国、德国及日本的崛起，基本都遵循了"先制造中心、后创新中心"的一般规律。制造中心的形成需要有足够大的经济和市场规模，以及相应的资源禀赋条件作为支撑。宏观层面庞大的生产规模和微观层面降低成本的逐利冲动既对技术进步产生强烈的需求，也为技术革命的催生提供土壤。在这种条件下，如果能够配合以适时的制度创新和适度的国家干预，经济体便有很大机会实现由制造中心向技术创新中心的跨越和嬗变。

（一）经济、市场规模及资源禀赋条件

1. 经济、市场规模是成为制造中心进而技术创新中心的关键

要成为技术创新中心首先必须成为制造中心，而能否成为制造中心与经济体自

身的经济和市场规模有着密切的关系；制造中心的形成为新技术实现规模经济和市场价值提供了前提和基础，成为培育技术创新中心的乐土。

英国在工业革命以前，通过国际贸易和对外殖民，控制了大量的国际市场和原材料来源。与此同时，在英国国内，工场手工业，特别是棉纺织业，已经具有相当发达的水平。[①] 广阔的海外市场和发达的工场手工业在某种意义上奠定了英国世界制造中心的地位。巨大的市场需求客观上要求加快技术进步，提高劳动生产率；而发达的工场手工业又为最终的技术革命和产业革命的爆发奠定了良好的基础。1765年，出现了最具里程碑意义的两项技术发明——珍妮纺织机和瓦特蒸汽机。这两项发明的广泛应用不仅极大地提高了棉纺织业、采矿业的劳动生产率，更带动了钢铁、冶金、铁路、通信等相关产业的技术革命，进而推动第一次产业革命的全面爆发。英国也得以在此过程中完成了从世界制造中心向技术创新中心的转变。

美国、德国和日本能够成为世界制造中心和技术创新中心，同样与它们拥有的巨大经济规模和市场规模密不可分。其中，美国更多依托的是其国内市场；德国依托的则是整个欧洲（大陆）市场；而日本作为典型的出口导向型经济体，依托的是全球市场。

在制造中心和创新中心分离的今天，后发国家要成为世界制造中心，进而成为世界技术创新中心，其经济和市场规模依然起着至关重要的作用。对于实际控制国际产业价值链的跨国公司来说，后发国家为降低生产成本对于制造中心向创新中心成功跨越依然有着积极的意义。对于实际控制产业价值链的跨国公司来说，为降低生产成本，通常会将生产制造环节向发展中国家转移。经济和市场规模较大的后发经济体因其自身的潜在需求往往能够承接更大规模的产业转移，并逐步形成制造中心。制造中心带来的产业聚集效应将进一步提高生产效率、降低生产成本，从而形成制造中心所在国的产业优势。此时，跨国公司将其制造中心升级为技术创新中心会变得更加有利可图。

2. 资源禀赋结构也是制造中心和创新中心形成的重要因素

除了自身的经济规模外，经济体自身的资源禀赋条件是否具有应用新技术的比较优势，也是促成制造中心进而创新中心形成的重要因素。

制造业中心的形成需要成功实现新技术的产业化，需要通过新技术在企业层面

---

① 工业革命前，圈地运动产生的大量失地农民在客观上促进了英国工场手工业的发展；另外，西班牙尼德兰革命失败后大量逃亡到英国避难的尼德兰工匠也推动了英国工场手工业的发展。

的大规模应用，最大限度地实现市场价值，获取超额商业利润。新技术产业化实现的超额利润很大一部分来自大规模生产带来的规模经济，以及产业集群形成后带来的集聚效应。为此，从生产角度来讲，必须通过大规模投资形成足够大的生产能力，达到生产上的规模经济；从需求角度讲，则需要有广阔的市场空间作为支撑来消化庞大的生产能力。

市场空间的大小首先取决于经济体自身的经济规模。对于大的经济体来说，其自身的国内市场空间很大，能够消化较多的生产能力。而经济体自身的资源禀赋结构则是拓展外部需求的重要条件。如果经济体现有的资源禀赋结构能够与世界已有经济中心（分中心）的禀赋结构形成互补，则将具备较好的贸易条件，基于其自身禀赋优势形成的生产能力将比较容易开拓出广阔的国际市场。

从19世纪末到20世纪初，美国能够成功超越英国成为新的世界制造业中心和世界经济中心，从一定意义上讲与其自身的经济规模和资源禀赋结构是密不可分的。从经济规模上看，早在1820年，美国便成为美洲人口最多的国家，这为美国制造业的发展提供了巨大的需求潜力和国内市场空间。从禀赋结构来看，美国的可耕种土地面积居世界首位，是世界上最大的农产品、家畜、木材生产国之一，而当时作为世界制造业中心和经济中心的英国，其禀赋结构则是可用土地贫乏、劳动力资源丰富，两者恰好形成互补。事实上，正是这种互补为美国提供了庞大的外部需求。

20世纪50~70年代，日本也具备与当年美国类似的市场环境。一方面，从经济规模来说，日本50年代的人口就达到9000万左右，国内需求潜力巨大；另一方面，日本自然资源贫乏，劳动力资源丰富的禀赋结构与美国又形成互补，从而为其提供了广阔的外部市场空间。

（二）技术革命是成为新技术创新中心的前提条件

1. 历史上技术创新中心形成与技术革命之间的关系

近代以来，人类社会经历了三次大的技术革命，相应引发了三次产业革命，在催生新产业的同时，引发了世界制造业的巨大变革，并先后促成英、美、德、日四国由世界制造中心（或分中心）升级为世界技术创新中心。

从18世纪60年代开始，以纺织机械的革新为起点，以瓦特蒸汽机的发明和广泛应用为标志，在英国掀起了世界近代史上的第一次技术革命。此次技术革命直接带动了纺织、机械、冶金、采煤、造船、铁路等行业的迅速发展，在巩固大英帝国世界制造中心和经济中心地位的同时，也使其成为当时无可争议的世界创新中心。

19 世纪 70 年代，在物理学革命、化学革命、生物学革命等科学革命基础上，电力技术、内燃机、通信技术、化工技术等先后取得突破，并引发了近代第二次技术革命。第二次技术革命带动了化学工业、钢铁工业、汽车工业、石油工业、船舶工业等制造产业的迅速兴起，又一次改变了世界制造业的格局。美国虽然不是这次技术革命的发生地，但是电力、内燃机、化工和人造纤维等技术成果在美国得到了非常充分的运用，并逐步确立其世界制造中心进而技术创新中心的地位。而德国则利用其在煤化学的科学成就，迅速开创并发展了合成化学技术和工业，进而由合成燃料带动合成纤维、制药、油漆、合成橡胶、造纸、制酸碱等工业的快速发展。人类从此进入合成化学和人工制品时代，德国也因此成为与美国几乎同时代的世界制造（分）中心和技术创新（分）中心。

20 世纪 40 年代，以微观物理为基础、以信息技术为主导的第三次技术革命开始爆发。信息技术广泛用于原子能、电子计算机技术、空间技术等学科，并引起了传统制造业的自动化和大发展，带动了电子计算机、通信设备、生物医药等新兴制造业的发展。日本在此次技术革命中很好地实现了新技术的产业化，并成为新的世界制造（分）中心和技术创新（分）中心。

2. 技术革命促进技术创新中心形成的机制分析

制造中心和技术创新中心形成后，产业发展中的"马太效应"将不断巩固其优势地位。对于后发国家来说，要成为新的世界制造中心和技术创新中心，必须有非常规的机遇和途径。而技术革命的爆发恰恰能够提供上述非常规契机，其作用机制在于：①技术在现实中内化于物质资本当中，物质更新需要一个周期；②当技术革命出现时，先发国家受原有技术和存量资本的约束，很难在短期内大规模投资于新技术，基于新技术的各种技术创新活动也将因此而滞后；③后发国家则有可能直接跨越原有的技术阶段，直接投资应用新技术，并由此引发以新技术为支撑的技术创新活动，经过一定时期的积累，逐步形成新的技术创新中心。

（三）打造技术创新中心需要相应的制度创新

技术创新的最终结果和目的是促使新技术、新工艺等在全社会范围内的推广应用，因此，必然带来社会生产力的全面革新和发展。从生产力和生产关系的角度来讲，要加速推动社会生产力的发展，就必须有先进的社会生产关系与之相适应。社会生产关系调整变革适应生产力发展的过程，其本质就是制度创新。通过制度创新，适应技术革命和技术创新的要求，为技术创新中心、制造业中心乃至世界经济中心的形成提供制度基础和保障。

历史上，英国于16世纪就率先进行了资产阶级革命，实行分权民主制，形成当时最先进的政治制度。在经济方面，英国又效仿荷兰，建立起稳健的公共财政体制和现代银行业制度；先后取消对农业进口的保护性关税和其他贸易及关税方面的限制；[①] 1624年，英国颁布了《独占法》以保护发明人的知识产权，并创造了其他各种产权制度；在科技文化方面，英国大力发展高等教育，建立皇家学会和科学院制度。这一系列制度方面的改革和创新，为英国成为世界制造业中心和经济中心创造了良好的制度环境。

美国取代英国成为新的世界制造业中心，同样有其制度创新方面的因素。从政治层面来看，1776年，美国通过独立战争摆脱殖民统治。此后，又通过南北战争实现民族统一融合。由华盛顿、富兰克林、杰斐逊等人共同创建的政治体制，具有相当的科学性，适合当时美国国情。从经济和微观企业层面来看，以标准化、规范化为主要特征的现代工业管理制度"泰勒制"和"福特制"在工业生产中被广泛应用，极大地提高了制造业的劳动生产率。[②] 产品变得更为标准化和更具互换性，制造业整体也具有更大的规模和更合理的分工。在专利制度设计方面，通过授予发明者对其发明物拥有产权来激励创新活动，提高本国产品的独创性，加快社会技术创新步伐。这些政治、经济方面的制度创新是美国得以成为新的制造业中心、技术创新中心、科技中心和经济中心的制度基础。

除英、美外，先后成为世界技术创新和制造业中心（或分中心）的德国和日本，其经济的振兴和崛起同样与制度方面的创新密不可分。德国成为欧洲制造业中心和世界制造业分中心之前，于1807年进行了农奴制改革，1840年缔结普鲁士关税同盟。此后，"铁血宰相"俾斯麦统一德国并建立德国的宪法制度。在此基础上，俾斯麦又进一步建立全能银行制度、社会保障制度、教育制度等一系列制度，为德国成为世界制造业（分）中心奠定了制度基础。[③] 日本在"二战"失败后，依

---

① 1846年，对农业进口的保护性关税被取消了；1849年，《航海法》被终止；1860年，英国单方面取消了所有的贸易和关税上的限制，并同法国和其他欧洲国家建立了旨在促进自由贸易的互惠条约。

② 泰勒制和福特制通常被联系在一起，二者本质上都是现代工业生产管理上的一种创新，都强调生产过程中的标准化和规范化，但它们的出发点完全不同。其中，泰勒制是在生产过程既定的条件下，分析这一过程中的不同工作任务，其主要内容包括劳动方法标准化、制定标准时间、有差别的计件工资、挑选和培训工人、管理和分工；福特制恰好相反，其着眼点则是完全改变生产过程本身，以实现生产的变革和劳动的优化，其主要内容包括为装配线确定统一的标准、通过装配线保证作业间衔接的流畅性、不同工序间的相互依赖。

③ 有关德国19世纪制度创新方面的详细情况，尹朝安（2003）做了较为详细的梳理。

靠战胜国的外力推动很快实现了民主改革，成为其战后经济、社会发展的重要制度基础。在企业微观层面，日本企业大多采用年工序列、终生雇佣等劳动雇佣制度，并在生产管理中采用"丰田制"，这些也都成为日本制造业效率不断提高、规模不断壮大的微观制度基础。

（四）国家战略选择和政府强力推动

无论在何种体制下，国家和政府都具有强大的资源动员和组织能力。政府对经济影响的广泛性是其他任何组织和个人都无法企及的。正因为如此，国家层面的战略选择以及战略确定后政府部门的强力推动往往能够加速世界制造中心和技术创新中心的形成（见图 13-2）。

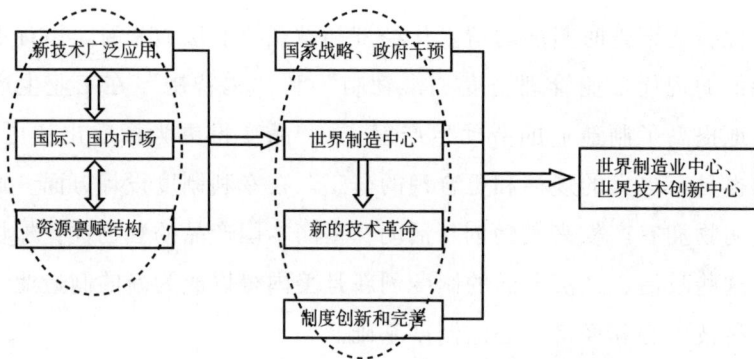

图 13-2　世界制造中心、技术创新中心形成影响因素分析

英国自都铎王朝（1485~1603年）开始就有意识地实施保护主义的政策来扶植其毛纺织业，禁止羊毛原料出口和制成品进口，引进技术工人。经过上百年的不懈努力，终于确立了其毛纺织业的国际领先地位，为工业革命的爆发奠定了基础。美国采纳了亚历山大·汉密尔顿保护制造业的政策主张，使美国摆脱了对英国的依赖，民族工业迅速发展起来。

德国和日本在成为新的制造中心和技术创新中心之前均处于相对落后的状况，对于它们来说，除了政治、经济、社会、企业等各方面的制度创新外，政府强力干预和国家战略实施更是其能够成为新的制造业中心的重要决定性因素。19世纪，德国在俾斯麦的领导下，推行以国家干预为主要特征的李斯特主义；而战后日本在经济起飞期间则先后由政府主导推动了国民经济倍增计划、产业振兴计划。可以说，国家干预主义下的发展战略实施，加速了德、日两国制造业崛起的进程。

三　新中国制造业发展的历程、现状及突出问题

（一）新中国制造业的发展历程

新中国成立 60 多年来，我国的制造业和整个工业经历了一个从无到有、由弱到强、制造业内部结构不断完善的发展历程。按照 10 年左右时间为一个阶段，结合其间发生的一些大的转折性事件，大体可以将新中国成立以来的制造业发展分为六个阶段，具体如下。

第一阶段：1949～1957 年。新中国成立之初，我国的国民经济结构以农业为主，制造业在整个国民经济中的比重非常低。与此同时，我们在国际上面临着西方国家的武力威胁和经济封锁，迅速建立自身的工业体系，特别是发展重工业成为当时的必然选择。经过 3 年的国民经济恢复期后，工业生产迅速增长，工业总产值由 1949 年的 140 亿元增加到 1952 年的 349 亿元，同比增长 1.5 倍，年均增长 35%。"一五"时期，以苏联援建的 156 个大型项目为基础，我国建设了近千个工业项目，其间工业增加值的年均增长率高达 19.8%。这些骨干项目的建成投产带动了一系列制造业部门的建立，并初步形成了较为完备的、独立自主的工业体系。在工业内部，重工业优先发展的指导思想使得轻重工业之间的比例结构也发生了逆转，到 1958 年，重工业产值占工业产值的比重已经超过 50%。

第二阶段：1958～1965 年。这一阶段，我国经历了著名的"大跃进"和国民经济调整。国民经济恢复和"一五"计划顺利完成后，党内急于求成的情绪蔓延滋长，"大跃进"正是在这种指导思想下出现的。"大跃进"中表现出的盲目性导致国民经济重大比例关系严重失调，工业生产变得难以为继。1961 年，我国被迫按照"调整、巩固、充实、提高"八字方针进行国民经济调整，并取得了较好恢复。1963～1965 年，工业增加值年均增长 21.4%，比"二五"期间高出 18.7 个百分点。轻重工业失衡局面也得到较大改善，到 1965 年，重工业产值占工业产值的比重已经降低到 50% 以下。

第三阶段：1966～1977 年。这期间我国经历了"文化大革命"十年和"文化大革命"后的拨乱反正，制造业和整个国民经济经历了大起大落。"文化大革命"期间，由于经济建设方面实施的仍然是"重重轻轻"的赶超战略，整个制造业的结构继续向重工业倾斜。到 1977 年，重工业产值占工业产值的比重已经达到 56%，超过了 1958 年"大跃进"时期的水平。

第四阶段：1978～1987年。在此之前，由于赶超战略的实施，我国制造业发展的重点放在重工业方面，而忽略了消费品制造和人民生活的改善。改革开放后，消费品短缺问题得到重视，消费品制造业在这十年逐渐复苏、发展和壮大，并基本消除了消费品短缺问题，各种票证也逐步成为历史。事实上，轻重工业的相对比重也反映了上述变化，重工业产值占工业产值比重由1978年的56.9%下降为1987年的51.8%，整整降低5个多百分点。

第五阶段：1988～1997年。早在20世纪80年代初期，东部沿海地区便开始大力引进外资企业；民营经济也如雨后春笋般发展起来，并先后形成所谓的苏南模式、温州模式等民营经济发展模式。在改革开放的第二个十年，伴随着外资和民营经济规模的迅速扩大，我国沿海地区的制造业也得以快速发展，内地和沿海地区的制造业以及区域整体经济实力的差距逐渐被拉大。从制造业内部结构来看，重工业和轻工业的相对比重在这段时间里基本保持稳定。

第六阶段：1998年至今。这段时间是中国制造业快速融入世界体系的重要时期。20世纪末以来，计算机互联网技术的高速发展和广泛应用加速了全球经济一体化的进程。这段时间内，中国在金融、国企等方面不断深化改革，并于2001年加入世贸组织，为更好适应全球一体化趋势创造了条件。中国经济日益呈现出的强劲活力吸引了跨国公司纷纷在华设立制造基地，中国的优秀制造企业也开始走向全球，"中国制造"在2000年以后开始闻名全球。在结构方面，制造业的发展呈现新的重化倾向，重工业产值在工业产值中的比重不断提高。2007年，国有及规模以上工业产值中，重工业的比重已经高达70.5%（见表13-1）。

表13-1　1949～2007年有关年份工业增加值及产值结构情况

单位：亿元，%

年份	GDP	工业增加值	工业增加值占GDP比重	轻工业总产值	重工业总产值	轻工业总产值相对比重	重工业总产值相对比重
1952	679.0	119.8	17.6	225	124	64.5	35.5
1958	1307.0	414.5	31.7	503	580	46.5	53.5
1965	1716.1	546.5	31.8	723	679	51.6	48.4
1977	3201.9	1372.4	42.9	1638	2087	44.0	56.0
1978	3645.2	1607.0	44.1	1826	2411	43.1	56.9
1987	12058.6	4585.8	38.0	6656	7157	48.2	51.8
1997	78973.0	32921.4	41.7	55701	58032	49.0	51.0

续表

年份	GDP	工业增加值	工业增加值占GDP比重	轻工业总产值	重工业总产值	轻工业总产值相对比重	重工业总产值相对比重
2000	99214.6	40033.6	40.4	34095	51579	39.8	60.2
2003	135822.8	54945.5	40.5	50498	91774	35.5	64.5
2006	211923.5	91310.9	43.1	94846	221743	30.0	70.0
2007	249529.9	107367.2	43.0	119640	285537	29.5	70.5

注：2000年以后的轻重工业总产值为国有及规模以上企业产值。

资料来源：根据《新中国50年统计资料汇编》、《中国统计年鉴》（2001~2008年）等统计资料整理而得。

（二）中国制造业发展现状

中国的制造业发展现状大体可以归纳为以下几个特点。

1. 制造业总体规模已经非常可观

2000年，我国制造业增加值为384.9亿美元，仅次于美国、日本、德国，居世界第4位；2001年，超越德国，居世界第3位，但与第2位的日本还有较大差距，不足其一半；到2006年，中国与日本在制造业规模上的差距已经大大缩小，仅相差不到40亿美元；2007年、2008年两年日本数据缺失，但从趋势上看，中国的制造业规模应该已经超过日本，居世界第2位（见表13-2）。

表13-2　2000~2008年中、日、韩及西方主要发达国家制造业增加值

单位：亿美元

年份	2000	2001	2002	2003	2004	2005	2006	2007	2008
中　国	384.9	419.1	456.7	539.0	625.2	733.7	893.1	1153.0	1487.5
日　本	1034.1	856.5	807.7	886.3	974.3	978.7	933.8	—	—
韩　国	134.6	119.3	133.6	147.6	179.7	208.6	231.4	256.8	234.7
法　国	190.5	185.4	192.3	227.9	251.6	254.9	257.8	283.2	—
德　国	392.5	388.9	407.5	492.2	559.6	565.9	595.0	—	—
意大利	205.5	204.6	217.8	258.7	292.4	289.5	299.5	—	—
英　国	228.2	215.7	219.8	236.5	270.0	269.6	—	—	—
加拿大	129.5	119.5	120.2	133.0	149.2	—	—	—	—
美　国	1543.0	1460.0	1471.6	1482.9	1558.7	1626.1	1700.0	—	—

资料来源：World Development Indicator。

2. 制造业体系总体比较齐全完备

早在"一五"计划结束时，我国已经初步建立起比较完备的工业体系。经过

此后 50 多年的不断发展和完善，制造业的门类已经非常齐全，整个工业体系也变得更为完备。

3. 某些行业已经有了非常好的发展基础和较强的竞争力

钢铁、汽车、纺织等很多行业总量早已是世界第一；有色金属、石油化工、电力设备、煤炭等传统产业也已形成庞大的产业规模；航空航天等军工领域的技术水平和生产工艺很多已经具备国际先进水平；与新能源、IT 等新兴产业相关的领域也有较好基础，新能源汽车、物联网技术等少数领域甚至具有世界领先水平。

4. 企业核心竞争力不强

我国的制造企业普遍存在规模较小且集中度低的问题。由于种种原因，我国至今尚未形成一批代表行业先进水平、占有较大市场份额、具有国际竞争优势的大型企业和企业集团。民营中小企业，虽然依靠低劳动力成本优势，获取了一定的市场份额，但其自主创新能力却不容乐观，盈利能力也不强。此外，中小企业之间也很难形成有效的专业化配套协作。

（三）技术创新能力不足是中国制造业面临的最大问题

中国制造业存在的最为突出的问题就是技术创新能力不强。这也是中国制造企业缺少核心竞争力的最重要原因。中国制造业技术创新能力不足具体表现在以下几个方面。

1. 制造业整体的对外技术依存度过大

技术引进费用及消化吸收费用与科技 R&D 经费及国内技术支出间的比例，是衡量一个国家对国外技术依赖程度的重要指标。从表 13-3 计算出的结果可以看出，1999~2008 年，虽然我国对外技术依存度一直呈下降态势，但是基本都在 20% 以上，平均为 25.2%；而 OECD 的资料表明，1998 年美国的对外技术依存度仅为 1.9%，日本也仅为 6.4%。事实上，我国的技术自有化工作长期停留在引进、仿制、翻版水平上，导致技术对国外依赖度较大，技术引进工作也陷入"引进－落后－再引进"的恶性循环。

2. 研发主体结构不合理

在前面我们已经指出，技术创新的主体涉及企业、政府、高校、科研院所等不同组织。事实上，在技术创新活动中，不同性质的组织应该发挥不同的作用。其中，政府负责制定政策，为知识创新和技术创新提供有利的外部环境；高等学校及科研院所为技术创新提供知识储备，是知识创新的主体；对于企业而言，由于其具有工业化、商业化和市场应用等技术创新的多项功能，理应成为技术创新活动中最重要的主体。然而，由于体制方面的原因，我国的制造业企业尚未成为技术创新的主要力量。一方面，在现行体制下，我国的科研机构大部分独立于企业。由于与生产不结合而另有独立的运作和评价体系，因此，其技术成果往往缺乏市场前景，且多数与市场需求脱节，达不到可以供企业直接应用的程度。另一方面，由于我国制造业企业，尤其是中小企业，普遍缺乏足够的创新意识和意愿，即使是一些实用性很强、应用前景广阔的产品、技术或工艺，企业也未必愿意投入实现产业化。而研究机构自身往往又缺乏足够的财力、物力、人力进行市场化推广。

表 13 – 3　1999 ~ 2008 年我国大中型企业对外技术依存度

年份	研究与试验发展经费支出(亿元)①	购买国内技术支出(亿元)②	技术引进经费支出(亿元)③	消化吸收经费支出(亿元)④	对外技术依存度(%)⑤
1999	249.9	13.8	207.5	18.1	46.1
2000	353.4	26.4	245.4	18.2	41.0
2001	442.3	36.3	285.9	19.6	39.0
2002	560.2	42.9	372.5	25.7	39.8
2003	720.8	54.3	405.4	27.1	35.8
2004	954.4	69.9	367.9	54.0	29.2
2005	1250.3	83.4	296.8	69.4	21.5
2006	1630.2	87.4	320.4	81.9	19.0
2007	2112.5	129.6	452.5	106.6	20.0
2008	2681.3	166.2	440.4	106.4	16.1
合计	10955.3	710.2	3394.7	527.0	25.2

注：对外技术依存度 = （③ + ④）/ （① + ② + ③ + ④）。

资料来源：基础数据根据《中国统计年鉴》（2000 ~ 2008 年）整理而得。

3. 企业自身的创新能力不足

突出表现为创新投入较少，缺乏有竞争力的自主知识产权。尤其是中小企业，其技术水平和创新能力明显不足，并导致产业总体技术结构层次偏低。企业自主创新偏弱的情况，即使在经济较为发达的东南沿海地区也普遍存在。例如，某东部沿海省份的规模以上工业企业中，目前设有科技机构的还不足 1/10；而某沿海城市近年来具有较大市场竞争力的发明专利仅占其当年专利授权总量的 1/20 左右。至于中西部欠发达地区，企业自主创新能力就更有待提高。西北某省区的科技成果中新产品成果不足 1/5，其中高新技术产品研发成果不足 1/10，大型企业中也仅有不到 1/3 建立了自己的研发机构。

四　中国成为世界制造业中心和技术创新中心的条件、机遇和挑战

（一）中国成为世界制造业中心和技术创新中心的基础条件

改革开放以来，中国经济经历了30多年的持续高速增长，创造了"中国奇迹"。然而，奇迹背后的本质依然是传统的要素扩张型增长模式。面临资源能源、生态环境等各方面压力，以及未来人口结构迅速老龄化的冲击，原有的要素扩张型模式已经难以为继。要实现可持续发展，必须转变经济发展方式，中央也为此提出创新型国家建设等。如何加快由制造中心向技术创新中心和制造业中心的转变已经成为当务之急。

应该说，中国要在未来实现由制造中心向技术创新中心和制造业中心的转变，已经具备了较好的基础条件。具体来说，主要体现在以下几个方面。

1. 中国拥有世界最大的市场规模和需求潜力

中国有13亿人口，2008年，人均GDP刚刚突破3000美元，经济总量就已经是世界第3位，并直逼排名第2位的日本。与此同时，人均GDP 3000美元标志着经济体已经进入中上收入水平的较高发展阶段。在该发展阶段中，居民消费升级和生活改善、全社会城市化进程加快、公共服务水平不断提高等都会带来巨大的需求潜力。拥有如此巨大的市场潜力，中国仅靠自身的市场需求就很容易满足企业大规模生产的需要，从而实现规模经济。这对于吸引最新技术到中国率先实现产业化具有很大的优势。

2. 中国拥有丰富的劳动力资源和科技人才储备

一方面，中国的二元经济结构尚未消除，简单劳动力的无限供给在短期内还将存在，这种资源禀赋结构恰恰与欧美发达国家的禀赋结构形成互补。另一方面，中国的劳动力资源结构已经发生了较大变化。近十年的高等教育扩招，为技术创新和发展制造业提供了大量的人才储备；国内良好的经济发展前景，正吸引越来越多的海外高层次留学人员归国；而近年来国内企业、科研院校在基础研究、应用研究等领域也取得了较为显著的成绩，培养锻炼出一批创新人才和领军人物。这些都为中国成为世界技术创新中心提供了大量的人才储备。

3. 经过60多年的不断发展，我国打下了较好的制造业基础

前面已经提到，中国在计划经济时代已经建立起较为完备的工业体系；改革开放以来，我国更是在钢铁、有色金属、煤炭、石油化工、汽车等传统行业形成了较

好的产业规模和技术创新能力；电子信息产业、生物医药产业等高新技术领域的产业化和技术创新也具备较好的基础。

（二）中国成为世界制造业中心和技术创新中心的时代机遇

1. 信息化时代为制造业发展带来新的机遇

20 世纪中后期，以计算机、通信、互联网等为主要内容的信息技术得到高速发展，并彻底改变了全球制造业发展的格局。信息技术在制造业中的广泛应用，彻底改变了传统的业务流程和工作方法，不断提高制造业的生产效率和竞争力。信息网络技术的应用还大大减弱了国际经济活动对地域的依赖性，促进了制造业的全球化进程和全球范围内的产业分工，并加速全球化进程的推进。

应该说，信息技术的发展对于我国制造业整体水平的提高已经起到了非常重要的推动和促进作用。尽管在目前的制造业全球分工体系中我国还处于产业价值链的低端，但融入全球化的过程本身就使我们的制造业发展具备了进行国际交流的平台。跨国公司在中国布局制造基地的同时，也将与信息技术相适应的生产组织方式、经营管理模式、市场运作机制带到了中国，这些都在潜移默化中提高我国制造业的生产、管理、营销、设计方面的水平。

与此同时，以信息技术为代表的高新技术已经广泛应用于传统产业，使已失去竞争优势的纺织、服装、建筑等劳动密集型产业和钢铁、汽车、化工等资本密集型产业转变为技术密集型的先进制造业，如机械工业中的数控机床和工业机器人，基于全寿命周期的精益、准时、流水生产的现代造船业等。目前，传统产业的高新技术改造尚未完成，其中还孕育着很多的机会。特别需要提到的是当下方兴未艾的物联网技术，其兴起、发展和应用必将对全球制造业的发展带来许多新冲击，也为后发国家追赶先进，成为新的制造业中心提供了机遇。信息技术的发展和对传统产业的渗透，使得后发国家在很多领域不再需要遵循原有的路径亦步亦趋地进行追赶，而是可以与发达国家站在差不多相同的起跑线上。事实上，在物联网的某些技术领域，我们已经取得了较为明显的技术优势。

2. 全球金融危机为中国提供了一个新的契机

2008 年爆发的全球金融危机虽然在很大程度上影响了中国的外需，给中国经济的平稳发展和结构调整优化带来了较大的负面冲击，但也在客观上为中国制造业赶超欧美、成为世界技术创新中心和制造业中心提供了新的契机。

第一，金融危机的出现从某种程度上说明，资本主义的经济制度、社会制度、政治制度，或者说整个上层建筑、生产关系已经与生产力发展出现了不相协调的局面。甚至可以说，西方国家的制度基础已经不再是当今技术创新的最佳土壤。

第二，金融危机下中国经济相对良好的表现，中国政府在应对金融危机方面表现出的高效、务实作风，都在不同程度上体现出我们在发展潜力、制度环境等方面存在的各种优势。而这些优势将有助于吸引全球最新技术在中国实现产业化。

第三，金融危机的起因源于美国次贷危机和房地产泡沫。以房地产和金融创新为代表的虚拟经济泡沫的破裂再次警醒世人，经济的繁荣发展最终还是离不开实体经济的支撑，脱离实体经济的虚假繁荣，最终只能是昙花一现。因此，未来中国经济以及整个全球经济的可持续发展还是应该立足于制造业等实体部门，立足于技术创新。

此外，世界经济分工正处于新的调整期。全球金融危机的出现必然会加速这一过程，同时也为调整带来更多的不确定性，而这些不确定性中恰恰孕育了大量的机遇。

3. 深化改革将为制造业发展注入新的活力

当前，我国的社会主义市场经济体制已日臻完善。经过30多年改革开放，各项体制改革还在进一步深化。体制改革的深化将为生产力水平的提高提供更为适宜的社会生产关系，也为制造业的技术创新和整个创新型国家建设提供更好的制度保障。

应该说，经过30多年的改革开放，以经济体制转变为主要内容的制度性变革，在促进增长方面的潜力迄今已经得到了较为充分的开发。未来，为保持中国经济的可持续发展，我们还将继续深化改革，改善生产关系以更好适应生产力发展和经济发展的需要，为技术创新提供更好的制度基础，使科学技术真正成为第一生产力。事实上，中央政府已经开始从收入分配、医疗卫生、社会保障、教育、科技等方面着手，推动新一轮更为细致和深层次的改革。这些改革带来的制度创新将为我国制造业加快技术创新、提升产业结构注入新的活力。

（三）　中国制造业技术创新和全面升级所面临的挑战

尽管中国成为未来的世界技术创新中心和制造业中心已经具备较好的禀赋和基础条件，信息技术，特别是物联网技术的兴起，以及后金融危机时期虚拟经济与实体经济关系的重塑等，又为我国制造业的全面升级提供了时代机遇。然而，必须清醒地认识到，要实现上述目标，我们同样面临着诸多挑战。

1. 技术创新本身的难度在不断加大

第一次技术革命至今已有大约250年的历史。在此期间，人类社会先后经历了以电气、化工为代表的第二次技术革命和以电子信息为代表的第三次技术革命，科学技术水平得到了极大的提高。在新的科学革命和技术革命没有到来之前，技术进步的空白点已经越来越小，技术进步的空间也越来越有限。在这种背景下，技术创新方面的每一小步都意味着比以往更多的投入和付出。

2. 我国制造业技术创新和全面升级所面临的国际环境日益恶化

首先，国际上技术创新的门槛越来越高。作为发展中国家，虽然我国近年来在经济社会发展和科技进步等方面都取得了较大成就，但是后发国家科技基础薄弱的特征依然存在。这使得我们在未来的技术创新过程中，既要在传统领域追赶世界先进，同时又要在新兴领域与发达国家一道竞争。与此同时，包括日本在内的西方发达国家已经在制造业的国际分工中占据了先机和优势。它们牢牢控制了制造业价值链的高端，从而能够获得更多的资本用于创新投入，进而不断巩固其已有优势。这些都大大增加了我国制造业实现全面升级和赶超的难度。

其次，跨国公司对新技术的控制越来越严。虽然从法理上讲，跨国公司在东道国投资兴办的企业，其性质属于东道国的企业法人。但是，这并不能改变其为母国资本所控制的事实，更不能奢望它们在核心利益上与我们保持一致。跨国公司在核心利益上必定服从于其母国政府利益。在前面的分析中已经谈到，各国政府都清楚地意识到技术创新在提升综合国力中的重要性，技术创新方面的竞争已经成为政府行为。因此，依靠技术引进来实现技术创新和制造业全面升级，最多只能实现相对原有基础上的提高，而且代价通常很大，要实现赶超则根本不现实。

最后，"以市场换技术"战略的负面影响事实上已经开始显现。改革开放以来，我们一直实施的是"以市场换技术"的科技发展战略。这种战略在发展初期确实起到了尽快缩小技术差距的效果。然而，这种方式带来的负面影响也是很明显的。一方面，过分依赖技术引进，往往会将原有的自主创新能力削弱。我国在计划经济时代，原本已经形成了一套比较完备的自主创新体系，但经过改革开放后，很多原有的创新能力反而被破坏，而引进的技术也由于"重引进、轻消化"导向的存在，很难真正做到消化吸收再创新。另一方面，由于国内企业不注重对引进技术的吸收消化，很多较为先进的成套设备引进后，安装调试都依赖国外，在客观上形成了对发达国家的依赖。在这种局面下，要摆脱发达国家的技术垄断和控制，面临的困难和障碍可想而知。

3. 国内在相关制度建设方面尚未形成有利于自主创新的激励导向

为什么中国的大多数企业不重视技术创新，不能成为创新主体？这背后还是整个社会的激励导向出现了偏差，具体涉及以下因素。

第一，现行的分配机制下，创新活动并不能给创新主体带来额外的收益（或超额利润），整个国民收入分配格局处于一种扭曲状态。一是资源配置上的行政垄断和配给，使得分配向一些低技术含量但相对稀缺要素占有垄断地位的行业和企业倾斜，例如房地产开发、矿产资源开采等。二是初次分配环节的种种扭曲，包括环境税、资源税的缺失或畸低，劳动力及部分资源要素价格过低，使得初次分配向资本要素倾斜。只要有充足的资本，便能获取很高的回报而无须去从事风险高、难度大、费时多的技术创新活动。① 三是再分配环节也没有太多专门的倾斜政策。虽然也确实出台了一些投资、税收方面的优惠政策，例如知识产权入股、高科技企业的税收优惠、财政补贴和政府采购等，但从支持力度到制度规范都有待进一步提高和完善。②

第二，现行国有企业领导任免体制、考核机制无法形成强烈的创新激励导向。企业创新通常具有周期长、风险大等特点。由于国有企业领导人通常由上级党委组织部门任免，每届任期5年左右。对于较大的技术创新来说，5年时间很可能难以见到直接的经济效益。而在市场经济条件下，国企领导人业绩考核的主要指标是企业创造的价值和实现的利税。企业领导人从自身前途来考虑，就很难有进行大规模自主创新的积极性。而企业创新作为一项投入很大的活动，没有企业领导人的全力推动和支持，根本不可能有什么大的作为。

第三，对于民营企业来说，国内对待中小企业的种种非国民待遇，给民营企业的技术创新设置了重重障碍。民营企业家（主）通常对其创办的企业具有长期的控制权，不存在国企领导任期短的约束，也应该有很足的动力去进行技术创新获取超额利润。但是，就目前情况而言，民营企业普遍规模较小，其自身的财力往往很难承担技术创新所需的巨额投入以及创新失败所带来的风险。因此，需要政府对其进行大力支持。然而，我国现行的很多政策中，不仅对民营企业缺乏应有的支持，反而设置了种种限制，使得民营企业连同等待遇也难以享受到。例如，财政补贴、

---

① 一个重要的例证就是，很多著名的大型（制造业）国企，或者所谓的著名高科技企业，近年来已纷纷进军房地产业。2009年全国各地频繁出现的"地王"，大多是这些企业的杰作。

② 客观地说，最近20多年来，国家对国内企业技术创新给予的优惠支持非常有限。1988年，国家批准成立中关村高科技园并给予园内高科技企业多种税收优惠政策。2000年，财政部、国家税务总局和海关总署下发《关于鼓励软件产业和集成电路产业发展有关税收政策问题的通知》。2006年，财政部和国家税务总局下发《关于企业创新有关企业所得税优惠政策的通知》。从2008年1月1日起，新的《企业所得税法》实施。这部法律规定，如果属于"国家需要重点扶持的高新技术企业"，按15%的税率征收企业所得税，并可以享受研发费用150%税前抵扣、人才引进落户、用地契税优惠等国家和地方政策。对于企业技术创新给予的财政补贴则更为有限。此外，政府采购方面的倾斜力度到近两年来才有所加大，以前甚至还出现过国内企业产品无法进入政府采购名单的情况。

信贷政策、产业政策（汽车）等方面都存在此类问题。事实上，只要企业建立起自己的研发体系和队伍，通过技术创新获取了第一桶金，它们就具备承担进一步创新风险的能力，而且一旦有了一次创新成功的经验，就会逐渐形成对技术创新发展模式的路径依赖，形成以创新为主调的企业文化，这些都将继续推动企业新的技术创新活动。一个非常成功的例子就是"深圳华为"。

第四，专利保护制度建设相对滞后。如果专利不能得到有效保护，那么通过高风险、高投入取得的技术创新成果就可能无法获得应有的超额利润回报，甚至不能补充投入和支出。在这种情况下，企业进行技术创新的动力肯定不足。

五　中国成为世界技术创新中心和制造业中心的政策建议

根据前面各部分的分析我们可以看出，经过 60 多年的发展，我国的制造业在总量规模、产业布局以及创新能力方面都已具备较好的基础。自身巨大的市场潜力和当前的时代机遇，也都为中国实现制造业全面升级，成为新的世界技术创新中心和制造业中心创造了良好条件。当然，面对日益激烈的国际竞争环境和我们自身制度建设方面的诸多缺陷，中国通向世界技术创新中心和制造业中心之路不可能一帆风顺。为有效应对各种可能的调整，实现上述战略目标，有必要从以下方面进行战略和政策方面的调整。

第一，要切实调整制造业乃至整个经济发展的战略指导思想，从已经实施 20 多年的"以市场换技术"战略及时退出，真正转向自主创新和创新型国家建设战略。只有首先解决指导思想问题，才能从主观上产生技术创新的意愿，才有可能实现制造业的全面升级。

第二，要着眼于长期发展，从国家层面进行合理规划，对企业的自主创新活动进行鼓励和引导。科技成果转化为现实生产力需要一个过程，自主创新本身是个系统工程，不可能一蹴而就，也切忌急功近利。因此，在提出战略的同时，还应从思想引导和制度规范两方面入手，消除企业和地方政府可能出现的急功近利思想和行为。

第三，通过制度创新，加大对企业自主创新活动的利益激励，在全社会形成鼓励创新的导向。具体来说可以考虑以下政策措施：①调整规范收入分配秩序，特别是初次分配秩序，降低房地产开发、资源开采及"两高一资"等无技术含量、无创新贡献行业的利润空间，以遏制社会资源向这些领域集中的趋势。②加大对企业自主创新活动的利益补偿。在税收优惠政策的基础上，充分发挥财政补贴对企业技术创新的引导作用，逐步在技术研究开发补偿和中间试验阶段对企业给予适当补助，补偿和降低企业在技术创新项目上承担的投资风险。鼓励和支持民营企业建立研发机构、实验室和中试基地。完善政府采购制度，给予本土企业自主创新产品优先待遇，必要时通过法律法规形式予以明确。③改革现行以利润为导向的国有企业领导任免和考核机制，将企业自主创新能力提升作为一项重要指标纳入考核体系。与此同时，应逐步取消对民营企业的非国民待遇，并适当收回和限制国外跨国公司在华享有的各项优惠和特别权利。④加强专利保护制度建设。

第四，在实现世界制造业中心、技术创新中心目标的过程中，要充分把握和顺应时代机遇，重点突破，逐步推进。要特别注意把握可能由物联网技术引发的第四次技术革命的时代机遇。选择我们已经具备较好创新基础，在全球范围内已经占据较高技术位势的行业，如航空航天、新一代移动通信等，作为突破口，率先抢占技术制高点和产业价值链制高点。然后，再以点带面，向其他领域延伸。在此过程中，国家相关部门必须给予足够的支持和干预。

参考文献

Enos John L. (1962), *Invention and Innovation in the Petroleum Refining Industry*, NBER book: *The Rate and Direction of Inventive Activity: Economic and Social Factors*, pp. 299 −322.

Freeman Chris (1982), *The Economics of Industrial Innovation*. Frances Pinter, London.

Schumpeter Joseph (1934), *The Theory of Economic Development*. Cambridge, M. A. : Harvard University Press.

陈宝明：《世界先进制造业创新与发展趋势及其启示》，中国科学技术交流中心网站，2007 −03 −22。

程耿东：《世界科技、经济中心的转移及留给我们的思考》，中国科学院网站，2002 −10 −31。

高文书：《世界制造业中心的国际转移与中国的策略选择》，《学术探索》2005 年第 10 期。

郭克莎：《中国制造业发展与世界制造业中心问题研究》，《开放导报》2006 年第 2 期。

黄新亮：《世界科技中心转移的三大动力机制探讨》，《经济地理》2006 年第 5 期。

江文钜、陈志嘉：《"科技创新"概念之诠释》，《生活科技教育月刊》2008 年第 6 期。

赖洪毅：《世界经济中心的转移》，《战略与管理》2003 年第 4 期。

李京文：《科技富国论》，社会科学文献出版社，1995。

李伟：《世界制造中心转移的科学技术背景与中国制造现象》，《甘肃社会科学》2004 年第 6 期。

刘丁有：《世界制造业中心的演变及中国目前的处境与发展趋势》，《开发研究》2008 年第 5 期。

卢文鹏、黄艳艳：《对中国成为世界制造业中心的思考》，《经济学家》2003 年第 2 期。

倪义芳、吴晓波：《世界制造业全球化的现状与趋势及我国的对策》，《中国软科学》2001 年第 10 期。

齐建国：《技术创新——国家系统的改革与重组》，社会科学文献出版社，1995。

孙波：《科技创新浅析》，《科技情报开发与经济》2003 年第 12 期。

孙林岩：《全球视角下的中国制造业发展》，清华大学出版社，2008。

王乃明：《论科技创新的内涵——兼论科技创新与技术创新的异同》，《青海师范大学学报（哲学社会科学版）》2005 年第 5 期。

王润良、郑晓齐：《略论技术创新与科技创新的区别》，《科技导报》2000 年第 10 期。

王喆：《体制创新是科技创新的重要保障——基于"汤浅现象"与"李约瑟难题"的观察》，中国发展观察网，2006 年 4 月 30 日。

尹朝安：《19 世纪中后期德国经济的发展与制度创新》，《德国研究》2003 年第 1 期。

张奋勤、胡思勇、周启红：《什么造就了世界百年经济奇迹（一、二、三）》，《湖北日报》2009 年 9 月 21 日。

郑云、蒋国平：《中国成为世界制造业中心的技术性后发劣势研究》，《商业研究》2006 年第 19 期。

周小亮：《技术创新与制度创新的互动关系：理论比较分析与现实理论假说》，《福建论坛（人文社会科学版）》2008 年第 3 期。

第十四章 碳循环及碳汇产业发展研究[*]

科学观测表明，全球气候变暖的趋势正在加强。多数科学家认为，人类在生产生活中排放过多温室气体（主要成分为二氧化碳）是造成全球变暖的主要原因。因此，通过发展低碳经济，减排以二氧化碳为主的温室气体，遏制全球变暖，是应对全球气候变化的重要途径。

但是，在目前技术水平下，低碳经济对处于工业化进程中的中国来说并不经济，如何走出适合中国国情的碳减排道路，是我国面临的一项重要且紧迫的任务。碳循环是在循环经济理论基础上派生的一种应对全球气候变化的新策略。碳循环是自然界在发生各种化学、物理、地质和生物反应与变化过程中产生的碳存在形态变换和转移。与低碳经济强调从源头减少碳利用的做法不同，碳循环侧重于使碳在碳源与碳汇之间不断循环，在循环过程中创造财富，从而降低经济活动的碳排放强度。

碳源与碳汇是碳循环中的两个重要概念。碳源是指碳排放的源头（sources），是向大气释放 CO_2 和 CH_4 等导致温室效应的气体、气溶胶或它们的前体的任何过程、活动和机制。碳汇是指碳的吸收与储存（sinks and storage），是指从大气中移走 CO_2 和 CH_4 等导致温室效应的气体、气溶胶或它们初期形式的任何过程、活动和机制。如果碳源和碳汇能够在循环中获得平衡，则温室气体在大气中的浓度就会稳定，温室效应便会停止。

碳汇产业，是所有以增加碳汇为主要目标，将导致温室效应的气体、气溶胶或它们的前体进行收集并以某种形式储存的循环经济活动的总称。它包括两种形式：一是基于工业体系的碳捕集和储藏技术等，利用工业化技术将导致温室效应的物质捕集起来进行存储或作为碳循环产业（如利用 CO_2 制造塑料）的原料，实现碳减排；二是基于生物过程的碳汇产业，如林业碳汇、渔业碳汇、草原碳汇等经济活

* 执笔人：李文军、刘强、王红、孙巍等。

动，这些活动实现了碳的固定和储存，并由此减少了大气中的温室气体含量。森林碳汇是最重要的碳汇产业，因为森林具有吸收二氧化碳的超强能力。

碳循环产业是碳汇产业的延伸和扩展，是以减少温室气体排放和节约不可再生含碳资源为目标，将人类在生产生活中产生的温室气体等作为资源实现碳元素循环利用的经济活动的总称。遵循自然规律，通过制度创新，利用先进技术发展碳循环产业可以形成复杂的产业链网络，增加就业，创造财富，将碳循环纳入经济循环之中，在产生温室气体减排效益的同时产生经济效益，使碳循环产业成为增加人类福祉的新业态，促进应对气候变化行动具有经济动力和可持续性。

"十一五"期间我国通过大力发展循环经济，创造了许多成功的碳汇和碳循环产业发展模式，节省了大量化石能源，减少了大量碳汇消耗，有效增加了碳汇，为建设资源节约型、环境友好型社会，降低温室气体排放发挥了重要作用。

中国已经明确把增加森林碳汇作为一个重要的增汇措施。自1998年开始，政府部门相继启动实施了天然林保护、退耕还林、京津风沙源治理、"三北"和长江等地区防护林建设、速生丰产林基地建设以及野生动植物保护六大林业重点工程，并大力提倡全民义务植树，鼓励社会造林。"十一五"末，我国森林覆盖率由2005年的18.21%提高到20.36%。国际专家认为，中国是世界上森林资源增长最快的国家，不仅吸收了大量二氧化碳，而且创造了难以估量的生态价值。

国家"十二五"规划确定的应对气候变化的重要目标是，单位GDP二氧化碳排放年均减少3.7个百分点，到2015年比2010年减少17%，为达到1.66吨/万元做出重要贡献；碳生产力年均提高3.8个百分点，到2015年达到6024元/吨。碳汇与碳循环产业发展要为实现上述目标做出重要贡献。

为此，"十二五"期间碳汇与碳循环产业发展的目标是：

①森林面积每年增加267万公顷，森林蓄积量每年增加12000万立方米，到2015年，森林面积比2010年增加1333万公顷，森林蓄积量比2010年增加6亿立方米；"十二五"期间5年内新增碳汇3亿吨，吸收二氧化碳11亿吨，达到"十二五"期间5年内全国二氧化碳减排总量目标的近20%。

②以大中型沼气等生物质能源为节点，大力发展基于工农业复合循环经济的碳循环产业，在2010年已建设大中型沼气工程2.26万处的基础上，于2015年末达到4.52万处，全部沼气总产量从2010年的约130亿立方米增加到200亿立方米，可替代约1540万吨标煤，减排二氧化碳4035万吨，5年累计生产沼气848亿立方米，约相当于减排二氧化碳1.7亿吨；再加上其他生物质能的利用，5年累计通过

碳循环产业生产生物质能源减排二氧化碳近2.2亿吨。

③通过对全国1.2亿公顷耕地的2%即240万公顷耕地开展碳汇农业管理实践，利用有机肥替代化肥，减少化肥生产过程的碳排放，并通过有机肥施用、秸秆还田和免耕措施改善土壤的碳汇性能，5年累计实现增加碳汇5400万吨，相当于减排二氧化碳近2亿吨。

④通过秸秆作为原材料综合利用节省木材消耗1000万吨，节约碳汇500万吨，相当于吸收二氧化碳1830万吨。

⑤碳汇与碳循环产业的二氧化碳减排总量达到约15.4亿吨，接近"十二五"期间实现排放强度下降目标需要完成的二氧化碳减排量的29%。

为了完成上述定量目标，"十二五"期间，我国碳循环和碳汇产业发展和制度建设的主要任务是：

①建立科学的温室气体管理制度。包括：

第一，建立碳排放计量、监测、审计、核算制度，科学管理二氧化碳排放强度约束性指标。

第二，研究制定动态的碳循环与碳汇产业技术标准体系，加强基础研究和关键技术开发，促进技术路线的优化，增强技术支撑能力。

第三，加强碳排放标志制度的研究，积极推行产品的碳排放标志试点。

第四，建立碳汇银行制度，企业将增加的碳汇和节省的碳汇存入碳汇银行，为碳交易和碳税制度奠定基础。

第五，建立碳汇/碳循环技术与产业数据库、专家智库，免费向社会提供相关信息，建立信息共享机制。

②示范推广碳汇和碳循环产业成功模式。包括：

第一，基于工农业复合循环经济模式，大力发展以大中型沼气等生物质能源为节点的高效碳循环产业体系。

第二，大力发展高效益林业碳汇产业，增加碳汇产业和碳循环产业的资金流，提高林业碳汇产业的经济效益和可持续发展能力。

第三，大力发展农业种植业碳汇、草业碳汇、渔业碳汇、湿地碳汇等产业，在经济发展中增加碳汇。

第四，强力发展碳汇节约型产业，加大对草浆造纸、森林工业"三剩"物制建材、人工制造材料等替代木材资源的产业的支持力度，节省林业碳汇。

第五，大力开发工业碳捕集技术和CO_2利用新技术，全力开发将CO_2作为原料的新产业。

③建立和完善碳汇与碳循环产业激励与扶持政策体系。包括：

第一，研究制定鼓励和支持发展的低碳技术目录，加大对低碳技术研究与开发的支持力度。

第二，积极审慎探索碳税与碳交易制度，尽快在易于核算管理的行业（如冶金、水泥、电力行业等）进行试点示范。

第三，加速建立和完善碳汇基金制度，为未来大规模开发低碳技术和碳汇与碳循环产业提供条件。

第四，将碳汇增加、碳汇物质替代等一视同仁，纳入碳汇管理体系内予以扶持和发展。

第五，大力扶持面向碳汇与碳循环产业的服务业，促进低碳技术、碳循环与碳汇产业技术的推广和扩散。同时，积极宣传，提高公众应对气候变化的意识。

第六，实施积极的应对全球气候变化的国际合作政策，主动向发展中国家转移和扩散低碳与碳循环产业技术。

④实施碳循环与碳汇产业促进重大工程。包括：

第一，设立基于工农业复合循环经济模式的大中型沼气建设工程。尽快改变单纯以沼气为目标的低效率发展沼气的做法，将沼气开发与工农复合循环经济模式结合起来，建立基于先进技术的种植业、饲料工业、养殖业、大型沼气、高效有机肥、农产品加工、节水等跨行业工农复合循环经济联合体，解决沼气池冬季低温不产气和效益低下的节点问题，提升沼气的经济效益和碳循环效率。"十二五"期间集中力量在全国示范 5 家基于高效工农复合循环经济联合体、规模达到 20000 立方米以上、年产沼气量超过 600 万立方米的大型沼气基地。

第二，设立高效益林业碳汇产业体系建设工程。改变单纯以生态效益为目标的低效率造林模式，以碳汇和碳循环产业为主导，利用荒山荒地大力发展具有综合利用效益的碳汇与碳循环产业林。以碳汇和碳循环产业林为基础进行经济开发，形成大规模的生物质能、生物材料、生物保健品、食品、建材产业链，解决就业和促进造林的可持续性问题。"十二五"期间在有条件的地区选择 5 个基于林、材、能、食等多产业配套发展的碳汇与碳循环产业林基地。示范基于林业的高效碳汇与碳循环产业的可持续发展，监测基于林业的碳汇与碳循环产业的资金流与碳汇效率。

第三，设立二氧化碳工业化再利用技术开发工程。碳捕集的难题在于捕集到的

CO_2 得不到利用，还得花费高成本进行储藏。如果能够将 CO_2 作为工业化生产的原材料进行再利用，并使其具有经济效益，就可以使碳捕集成为原材料生产产业，温室气体排放问题可以得到重大缓解。"十二五"期间，应在深入进行技术评估的基础上，选择 3～5 个有前景的技术方向作为攻关课题进行研究与开发，形成技术积累，为未来大规模应用 CO_2 进行技术储备。

一 背景

（一）问题的提出

2010 年是极端天气事件频发的一年。严重高温干旱困扰印度，俄罗斯遭遇近40 年来最严重高温干旱引发森林大火，强风暴"辛加"横扫欧洲，强台风"鲇鱼"横行东南亚，南半球的澳大利亚遭受"200 年一遇"的大洪灾。[①] 是什么导致2010 年极端天气频发？科学家现在还无法给出准确的解释，但大多数科学家愿意承认极端天气同全球气候变化有关。[②] 事实上，2010 年全球变暖的脚步继续加快。2011 年 3 月 20 日，世界气象组织发表公报指出，"2010 年是有记录以来最热的一年!"该组织提供的统计数据显示，2010 年全球平均气温比 1961～1990 年的平均气温高出 0.53℃，专家将 2010 年、2005 年和 1998 年共同列为全球有记录以来最热的年份（前者比后两者分别高出 0.01℃ 和 0.02℃），同时 2001～2010 年也成为有记录以来最热的 10 年。

对于全球变暖的原因，多数科学家认为是人类在生产生活中排放过多温室气体（主要成分为二氧化碳）造成的，但一些科学家对此仍持异议。主流科学家认为，人们焚烧化石矿物以生成能量或砍伐森林并将其焚烧时产生二氧化碳等多种温室气体，由于这些温室气体对来自太阳辐射的可见光具有高度的透过性，而对地球反射出来的长波辐射具有高度的吸收性，能强烈吸收地面辐射中的红外线，也就是常说的"温室效应"，导致全球气候变暖。

科学界对于二氧化碳的定义是：二氧化碳（英文名称：Carbon dioxide）是空气中常见的化合物，其分子式为 CO_2，由两个氧原子与一个碳原子通过共价键连接

---

① 《今后异常天气出现可能更频繁》，《南方日报》2011 年 1 月 27 日。
② 《专家：极端气候频发与全球变暖有关》，《新华日报》2011 年 3 月 23 日。

而成。[①] 二氧化碳是碳或含碳化合物完全燃烧，或生物呼吸时产生的一种无色气体，在干空气中含量占第 4 位，对长波辐射有很重要的辐射效应。在自然界，凡是有机物（包括动植物）在分解、发酵、腐烂、变质的过程中都可释放出 CO_2；石油、石蜡、煤炭、天然气燃烧过程中也要释放出 CO_2；石油、煤炭在生产化工产品过程中，也会释放出 CO_2；所有粪便、腐殖酸在发酵、熟化的过程中也能释放出 CO_2；所有动物在呼吸过程中，都要吸入氧气、吐出 CO_2；所有绿色植物都吸收 CO_2 释放出氧气，进行光合作用。CO_2 气体在自然生态平衡中，进行无声无息的循环。

工业革命以前，大气中的 CO_2 浓度平均值约为 280×10^{-6} ppm，变化幅度大约在 10×10^{-6} ppm 以内。平均而言，这一时期的自然碳排放与碳吸收处于很好的平衡状态。工业革命之后的几百年里，大气中的 CO_2 浓度增加 31%，1995 年大气中的 CO_2 浓度达到 360×10^{-6} ppm。[②] 人类活动造成过量的碳排放，超出自然界的碳吸收能力，使得碳循环的自然平衡逐渐被破坏，碳收支失衡不断增长、积累。

自从过量二氧化碳排放被公认为是全球气候变暖的罪魁祸首以来，世界范围内应对全球气候变暖的行动主要围绕减少二氧化碳气体排放展开。1992 年，在巴西里约热内卢制定了第一个《联合国气候变化框架公约》；1997 年，多个国家签署了《京都议定书》，首次以法规的形式限制温室气体排放；2007 年，通过了具有里程碑意义的"巴厘岛路线图"，要求所有发达国家都必须履行可测量、可报告、可核实的温室气体减排责任，全球减排任务的紧迫性日益凸显。尽管这些纲领性文件对发展中国家的减排任务不做硬性规定，但是面对化石能源急剧减少、各种自然资源走向枯竭、环境恶化的艰难处境，发展中国家必须在减排中求发展、在发展中促减排。

从二氧化碳排放的源头来看，减少碳排放直接意味着要减少化石能源的使用量，这对于仍处于工业化进程中的中国来说，无疑是在短期内难以实现的任务。2010 年国际能源署数据表明，中国在 2007 年化石能源燃烧排放的二氧化碳总量达到 60.3 亿吨，超过美国 2.6 亿吨，比欧盟 27 国的排放总量高出 1/3，占全球排放总量的 20.8%。化石能源消费排放的二氧化碳占所有温室气体排放总量的 3/4 以上，中国已经在总量上成为二氧化碳排放第一大国。开发新能源替代化石能源也是

---

① 维基百科网页。

② 陈光升：《碳循环与碳贸易》，绿色经济国际论坛报告，2008 年 10 月。

达到节能减排的一个途径，但是世界各国发现、使用并普及新能源的道路并不平坦。投资新能源开发的成本很高，且其中的核心技术也被发达国家掌握，造成很大的技术壁垒，这些都给中国这样的发展中国家开发新能源带来很大压力。到目前为止，太阳能、风能等非碳新能源的成本仍然比燃煤火电的成本高出很多。如果我们目前就大规模地发展太阳能发电，必将极大地提高我国工业化的能源成本，使中国的工业化付出更高的成本代价。目前靠政府大量补贴的所谓低碳经济会大大降低国民经济总体投资效率，而且，在技术和减排温室气体的效果上面临着极大的风险。由于光伏电池的硅材料本身耗能极高，需要 15 年左右才能将生产这些材料所耗能源回收回来，以今天的技术创新速度，15 年内这些技术将会被淘汰。其结果很可能是不仅我们用了高成本的能源，而且增加了温室气体排放。[①] 因此，低碳经济对于中国来说并不经济，如何走出适合中国国情的碳减排道路是我国现在面临的一项重要且紧迫的任务。

（二）应对策略

碳是自然界的一个要素，本身承载着诸多功能，参与大自然的有机循环。之所以"碳"现在成为众矢之的，是由于人类活动产生了"过量"的碳，超过了自然界吸收碳的能力，导致一部分碳游离出原本自然、和谐的碳循环圈，造成全球气候变暖。

碳循环是在循环经济理论基础上派生的一种应对全球气候变化的新策略。与低碳经济强调从源头减少碳排放的做法不同，碳循环侧重于碳的末端治理，重点在于如何吸收碳并促使其重新进入自然循环系统或人类生产、生活循环系统中，实现有效再利用。换个角度讲，碳循环是碳汇概念的延展。"碳汇"是《京都议定书》框架下形成的国际"碳排放权交易制度"（简称"碳汇"），是通过陆地生态系统的有效管理来提高固碳潜力，所取得的成效抵消相关国家的碳减排份额。森林碳汇是迄今为止最主要的碳汇形式。从单向碳的流动过程来看，森林固碳应该是完成了碳的末端治理。但是从整个大自然的循环系统来看，森林固碳是碳转变存在形式进入下一个循环过程的前奏。森林吸收二氧化碳，释放出氧气，氧气进入动物体内，再由动物排出体外，进行下一轮循环。

我国循环经济取得的成果为发展碳循环产业奠定了基础。自 2005 年《循环经

---

① 齐建国：《中国应对气候变化应聚焦于提高碳效率促进碳循环》，绿色经济国际论坛报告，2009。

济促进法》颁布以来，各地在发展循环经济方面做了许多有益的尝试，形成了一些较为成功的循环经济运行模式，其中秸秆粪便还田模式、种养生物质能一体化模式、工农复合型循环经济模式等实践了碳的有效循环再利用，为我国发展碳循环产业创造了有利的条件。

我国在清洁发展机制基础上发展起来的碳汇产业为发展碳循环产业进行了有益的探索。2004 年至今，国家林业局已在广西、四川、云南、安徽、山西、河北、辽宁以及北京开展碳汇试点项目，开展植树造林或各类森林经营活动，为我国在碳汇项目管理、碳汇计量、碳汇交易等方面积累了宝贵的经验。2010 年《中国森林生态服务功能评估报告》显示，中国森林生态系统的涵养水源、保育土壤、固碳释氧、积累营养物质、净化大气环境与生物多样性保护 6 项服务总价值为每年 10 万亿元，中国森林植被生物量总量已达 157.7 亿吨，中国森林植被碳储量总量为 78 亿吨。

二　碳循环与碳汇产业有关概念

（一）自然界中的碳循环

1. 碳循环定义

碳循环是自然界在发生各种化学、物理、地质和生物反应和变化过程中产生的碳的形态变换和转移。碳循环可以分为两种类型：一种是短时间尺度内（一天到上千年）的碳循环，主要指在生物和物理变化层面上的碳循环；另一种是长时间尺度内（上千万年）的碳循环，主要是在地质变化层面的碳循环。一般来说，碳循环是发生在自然界的四个主要碳库之间的运动过程，这四个碳库是大气圈、陆地生物圈（包括淡水系统和无生命的有机物质）、海洋（包括溶解在海水中的无机碳以及有生命和无生命的海洋生物区）和沉积岩（包括化石能源）。

沉积岩岩石圈（包括化石燃料）是地球上最大的碳库，含碳量约占地球上碳总量的 99.9%。这个库中的碳活动缓慢，实际上起着储存库的作用。大气圈库、水圈库和生物库中的碳在生物和无机环境之间迅速交换，容量小而活跃，实际上起着交换库的作用。

碳在岩石圈中主要以碳酸盐的形式存在，总量为 2.7×10^{16} 吨；在大气圈中以二氧化碳和一氧化碳的形式存在，总量有 2×10^{12} 吨；在水圈中以多种形式存在；

在生物库中，则存在着几百种被生物合成的有机物。这些物质的存在形式受到各种因素的调节。

在大气中，二氧化碳是含碳的主要气体，也是碳参与物质循环的主要形式。尽管二氧化碳只占大气总量的 0.04%，但它的作用重大，有了它的存在，地球各种生物才能生长。大气中的甲烷和碳氟化合物中也含有碳，这些含有碳的气体都为温室效应做出了"贡献"。在生物库中，森林是碳的主要吸收者，它固定的碳相当于其他植被类型的两倍。森林又是生物库中碳的主要储存者，储存量大约为 4.82×10^{11} 吨，相当于目前大气含碳量的 2/3（见图 14 - 1 和图 14 - 3）。

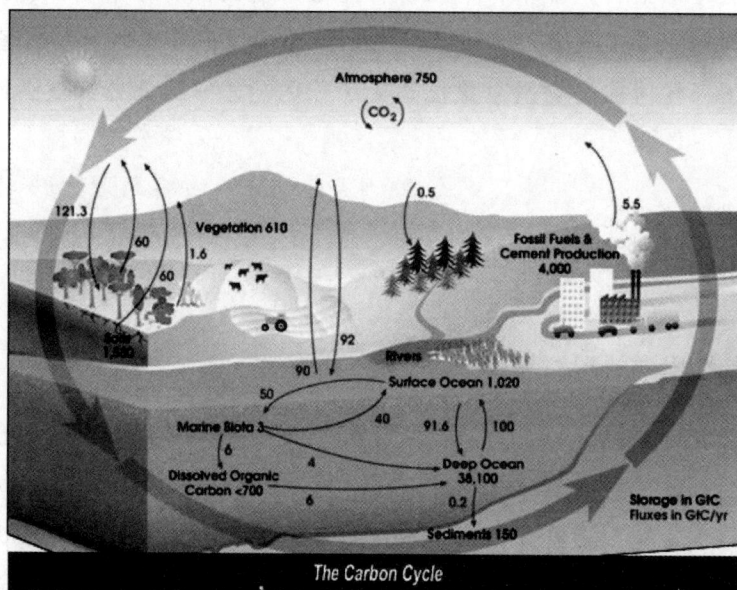

图 14 - 1 全球碳循环图（GTC：一年碳排放量，单位：十亿吨）

资料来源：http：//www. global - greenhouse - warming. com/global - carbon - cycle. html。

虽然大部分的碳存在于岩石圈和海洋之中，主要的地球碳化学循环也是发生在岩石圈和海洋之中，但是在工业革命以来引起碳循环趋势突变的主要有两个方面：化石能源利用和水泥生产、土地利用方式变化。也可以说，碳循环表现为，一方面是基于工业技术的碳循环，另一方面是基于生物过程的碳循环（见图 14 - 2 和图 14 - 3）。

2. 碳源与碳汇

碳源与碳汇是碳循环中的两个重要概念。碳源是指碳排放的源头（sources），是

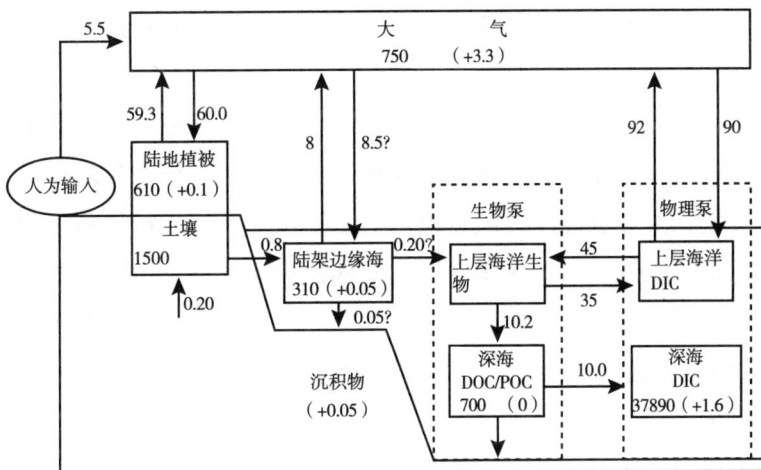

图 14 - 2　碳在全球诸储库间的年平均通量（10^9 吨）

资料来源：戴民汉等：《中国区域碳循环研究进展与展望》，《地球科学进展》2004 年第 1 期。

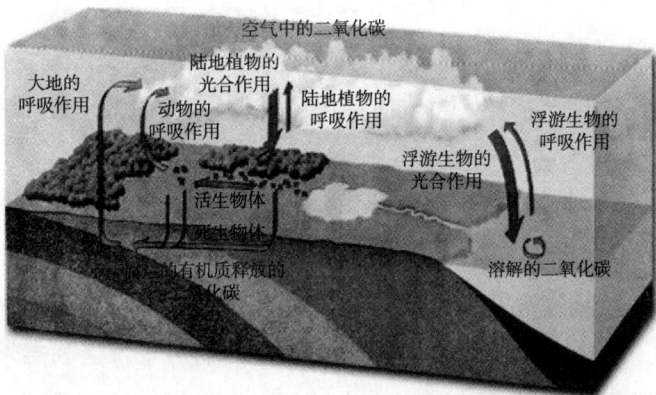

图 14 - 3　碳的生物循环示意图（摘自地球科学网络版）

向大气释放 CO_2 和 CH_4 等导致温室效应的气体、气溶胶或它们初期形式的任何过程、活动和机制。碳汇是指碳的吸收与储存（sinks and storage），是指从大气中移走 CO_2 和 CH_4 等导致温室效应的气体、气溶胶或它们初期形式的任何过程、活动和机制。

（1）碳源。追根溯源，碳大致通过以下六种途径被排放到大气层中：

①通过动植物的呼吸。

②动植物腐烂后排放碳。真菌和细菌分解死去的动物和植物的碳化合物，并在遇到氧气后将碳转化为二氧化碳，或者在没有氧气的情况下转化为甲烷。地球的永

冻层正在融化，释放着大量的甲烷，它对"全球变暖"的贡献度是二氧化碳的 21 倍以上。

③燃烧各类生物质也释放碳。燃烧生物质氧化了生物质中含有的碳，释放二氧化碳。燃烧化石能源，如煤炭、各类石油产品、天然气，会释放储存在地质层长达千万年之久的碳，碳量也在千万吨以上。火在燃烧的过程中也消耗生物质和有机物并排放二氧化碳、甲烷、一氧化碳和烟。那些被火杀死但未被完全消灭的植物会腐烂，然后向大气层释放二氧化碳。

④水泥的生产也是碳源之一。水泥的原材料是石灰石，加热石灰石会排放相当数量的二氧化碳。

⑤海洋表层的水在温度升高时会释放二氧化碳到大气层中。

⑥火山喷发会向大气层释放气体，其中包括水蒸气、二氧化碳、硫黄等。

（2）碳汇。自然界主要通过陆地生态系统和海洋生态系统中形成的碳库"收集"大气层中的碳。

在太阳光的照射下，陆地上植物可以进行光合作用，将二氧化碳转变为碳水化合物，并在此过程中释放氧气。森林和草原是陆地生态系统中重要的收集二氧化碳的汇。动植物死亡后的尸体以碳的形式储存在土壤中，因此，土壤也是重要的碳库。

海洋系统通过多种途径吸收二氧化碳：

①海洋在流向极地的过程中，表层的水温在下降。温度低的海水有利于二氧化碳溶解，即低温海水容易从大气中吸收二氧化碳。反之，温度高的海水容易将二氧化碳释放到大气中去，且与此同时，海水将盐度高的海水输送到海水的底部。在海水周而复始的运动当中，海水中的有机物沉积在海底并经过数千万年形成煤层和石油层。这样一个生物质变过程就是海洋从大气中吸收二氧化碳并最终将二氧化碳储存在生物沉积岩中的过程。

②海洋中容易受到太阳光照射的区域物产丰富，这里的棉状有机物中储存着大量的碳，有些还将碳转化成含有碳酸盐的贝类或者钙化成身体的硬壳。事实上，除了陆地上的森林，海洋中的浮游生物也是非常重要的吸收碳的有机物碳库，大概储存 36 万亿吨碳。当然，温度高的海水中拥有的贝类数量较少，而且近年来随着海水中的酸度增加，贝类容易被腐蚀，贝类减少。这就意味着，海水吸收二氧化碳的速度减慢，越来越多的二氧化碳存在于大气层中，助长了全球变暖。

③贝类有机物死亡后沉落在海洋底部也逐渐形成沉积岩，只有少量的残余的碳被释放到海洋之外。①

（二）人类活动对碳循环的影响

人类活动对碳循环的影响主要体现在两个方面：人为增加碳源和人为减少碳汇。人为增加碳源主要来自人类在生产、生活中燃烧过量化石能源。众所周知，人类在进行工业生产时需要耗费大量能源并产生二氧化碳。在日常生活中，城市中大量民用生活炉灶和采暖锅炉需要消耗大量煤炭，煤炭在燃烧过程中也要释放大量二氧化碳。而在交通运输方面，汽车、火车、飞机、轮船是当代的主要运输工具，它们烧煤或石油产生大量废气，其中含有的主要气体是二氧化碳。

人类减少碳汇主要表现为人类在土地利用方式上的改变。土壤碳库是地球表层系统中最大的碳储库，也是最容易受到人类活动影响的地球表层系统，其中森林土壤、草原土壤等都是重要的二氧化碳的汇。在短期效益的驱使下，毁林开荒、乱砍滥伐、弃牧垦田时有发生，这些行为严重破坏了生态平衡，减少了土壤碳库，从而增加了大气层中的二氧化碳浓度。

为减少人类活动对碳循环的负面影响，各个国家都在寻找各种应对策略和路径。为减少碳源，发达国家在研发各种有望替代化石能源的新能源，如各类可再生能源；为增加碳汇，已经逐渐产生了各种固碳技术，包括碳捕捉和碳储存技术，并且许多国家在《京都议定书》的框架下积极发展碳汇产业。

（三）碳汇产业

碳汇产业，是所有以增加碳汇为主要目标，将导致温室效应的气体、气溶胶或它们的前体进行收集并以某种形式储存的循环经济活动的总称。它包括两种形式：一是基于工业体系的碳捕集和储藏技术等，利用工业化技术将导致温室效应的物质捕集起来进行存储或作为碳循环产业（如利用 CO_2 制造塑料）的原料加以利用，实现碳减排；二是基于生物过程的碳汇产业，如林业碳汇、渔业碳汇、草原碳汇等经济活动，这些活动实现了碳的固定和储存，并由此减少了大气中的温室气体含量。森林碳汇是最重要的碳汇产业，因为森林具有吸收二氧化碳的超强能力。碳汇

---

① 来自 http：//www. global – greenhouse – warming. com/global – carbon – cycle. html。

产业本身也消耗碳汇资源，但它实现"净碳汇"[①]。

自《京都协议书》产生碳汇概念以来，森林碳汇是最主要的碳汇产业，因为森林具有吸收二氧化碳的超强能力。森林面积虽然只占陆地总面积的1/3，但森林植被区的碳储量几乎占到了陆地碳库总量的一半。同时一些国家和地区还进行草原碳汇、渔业碳汇以及农业碳汇方面的探索。

草原碳汇适用于草原资源较为丰富的地区。草原是陆地生态系统中第二大碳库，约占陆地碳库总储量的34%。据推算，1亩天然草原固碳能力为0.1吨，相当于减少二氧化碳排放量0.46吨。由此推算，我国现有草原面积60亿亩，草原固碳能力为6亿吨。[②] 实行适当的退耕还草、增加人工草地、实施轮换放牧等都有助于增加草原碳汇。

农耕地也是重要的陆地碳库之一，约占陆地碳库总储量的17%。传统农业遵循农作物的自然生长规律，对于土壤中的生态环境没有太多改变。在农业现代化过程中，大面积开垦农田、施用化肥和农药破坏了土壤中的生态环境，使农耕地的碳库效应受到威胁。有研究证明，保持土壤湿度、增加土壤的有机物有助于提高农耕地吸收二氧化碳的能力[③]。因此，因地制宜地培育和发展湿地农业、有机农业、农林渔立体混合种植业都可以发挥农业碳汇的作用。

海洋是地球上最大的碳库，整个海洋含有的碳总量达到39万亿吨，占全球碳总量的93%，约为大气的53倍。根据联合国《蓝碳》报告，地球上超过一半（55%）的生物碳或是绿色碳捕获是由海洋生物完成的，这些海洋生物包括浮游生物、细菌、海藻、盐沼植物和红树林。碳汇就是根据这些海洋生物的固碳特点，在沿海地区大规模人工养殖藻类和贝类等海洋生物。

（四）碳循环产业

碳循环产业是碳汇产业的延伸和扩展，是以减少温室气体排放和节约不可再生含碳资源为目标，将人类在生产生活中产生的温室气体等作为资源实现碳元素循环利用的经济活动的总称。将碳汇产业汇集和存储的含碳温室气体作为原材料进行生产创造经济效益，使碳元素在碳、碳水化合物、CO_2 等各种形态之间不断循环转

[①] 净碳汇指产业活动形成的碳汇大于消耗的碳汇而形成的碳汇增量。

[②] 《专家认为：内蒙古应注重发挥草原碳汇功能》，《中国经济时报》2010年1月11日。

[③] 潘根兴、李恋卿、张旭辉：《土壤有机碳库与全球变化研究的若干前沿问题——兼论开展中国水稻土有机碳固定研究的建议》，《南京大学学报》2002年第3期，第100~109页。

化，在转化过程中为人类提供服务，是碳循环产业的基本内涵。

遵循自然规律，通过制度创新，利用先进技术发展碳循环产业可以形成复杂的产业链网络，增加就业，创造财富，将碳循环纳入经济循环之中，在产生温室气体减排效益的同时产生经济效益，使碳循环产业成为增加人类福祉的新业态，促进应对气候变化行动具有经济动力和可持续性。

我国在"十一五"期间大力发展循环经济，一些地区在循环经济实践中大量涉及碳的循环再利用，为发展碳循环和碳汇产业奠定了基础。综合来讲，未来值得进一步摸索和推广的碳循环产业大致有以下三种类型。

第一种，工业碳循环产业。这类产业是以工业生产中产生的含碳废气和废弃物为原料进行二次再加工的碳循环产业。工业生产需要燃烧化石燃料并产生大量二氧化碳气体，而二氧化碳是植物进行光合作用的必要条件之一，储存工业生产中的二氧化碳（例如制成干冰）并进行二次加工可以制成农业用的二氧化碳气体肥料，可以作为食品行业的添加剂，还可以作为一些工业过程的原材料和辅助材料（例如用于油井注入增加石油产量，用于冷藏运输、工业清洗等）。工业生产和汽车消费中产生的废机油可以提炼成柴油、汽油等成品油，替代石油，从而减少这种不可再生能源的开采和使用，既节能减排，还产生经济效益。

第二种，工农复合碳循环产业——"上帝产业"，这类产业是由种植业、食品工业、饲料工业、养殖业、农产品加工产业、沼气等生物能产业、高效有机肥产业等集成的碳循环产业。种植业通过光合作用将二氧化碳转化为各种农产品、粮油和秸秆等有机物产品。粮油类产品除供人类食用外，可以加工成生物柴油等多种工业原料和产品。食物和各种工业原料加工产生的有机废弃物与秸秆一起，通过生物技术可以加工成高质量的饲料用于养殖业，养殖业粪便及农产品加工废弃物可以用来制造沼气，形成高质量的清洁能源。沼气生产剩余物沼渣沼液通过生物技术再加工制成高效有机肥，再返回用于农业生产。秸秆本身也可以进行再加工"变废为宝"，不仅作为造纸业的原材料、建筑装潢材料、结构性材料[1]，还可以作为各种生物材料的原料制成变性纤维素等高端工业产品。在这个循环过程中，在各种技术的集成应用基础上，碳元素以二氧化碳→固液碳水化合物→二氧化碳的形式反复循环，把太阳能转化成人类可以更方便利用的能量，借助太阳能把 CO_2 和水合成转换成各种形态的固体物质资源为人类提供服务，创造经济效益。这是一

---

[1] 著名的福特汽车的方向盘曾经使用稻草制成。

系列借助太阳能、以 CO_2 和 H_2O 为基础的可持续发展、培育世间万物的产业——我们可以把它称为"上帝产业"①。大力发展这种碳循环经济产业链，不仅可以实现经济增长、就业增加，还可以保护环境，达到农业升级增产、农民就业增收、农村能源革命、食品高质安全、水源高效利用、资源节约循环、土地集约利用、碳素高效循环、生态环境保护、应对气候变化等多重目标。我国发展这样的产业链已有一定基础和成功案例，如果在全国全面普及这样的工农业复合型碳循环经济产业链体系，既可以促进经济发展的低碳化，又可以促进国民经济结构全面升级。

第三种，林业碳循环产业。林业碳汇产业是以碳汇为核心，形成植树造林固碳→木材生产→林产品加工→食品生产→清洁能源→有机肥料→林业种植等产业链集成的碳循环产业。我国尚有大量宜林荒山，通过机制和体制创新，可以把植树造林产业化，不仅产生林业碳汇，还可以通过木材加工产品进一步延长固碳周期，使之成为以固碳与碳循环、木材生产、林产品加工等为一体的产业群。通过先进技术大力发展这样的产业链，可以为国民经济创造出新的产业群，成为有中国特色的新兴产业，增加大量就业机会，既促进经济增长，又实现经济增长的低碳化。

三 "十一五"期间碳循环和碳汇产业发展情况

广义而言，碳循环和碳汇产业是关于温室气体碳减排的产业。实现碳减排的手段有三个方面：一是节约，包括能源节约、矿产资源及其材料的节约，尽量减少对含碳物质资源的需求；二是提高碳循环的效率，通过提高效率实现有限资源的长期可持续利用，如循环型农业、循环经济园区以及工农业复合型循环经济；三是土地利用方式的科学化，尽量避免把碳生产能力高的土地资源转变为碳生产能力低的利用方式，也就是合理控制城市用地和其他经济用地规模，保护原生态土地资源。

本章把所有能够提高碳循环效率、减少温室气体排放的经济活动都纳入碳汇产

---

① 从这个意义上说，太阳是上帝，CO_2 是亚当，H_2O 是夏娃，在上帝的安排下，CO_2 和 H_2O 结合生成世间万物，包括人类的生命。这类产业依靠自然、造就自然、创造生命、服务人类，使人类生命体系及其所需要的生存环境不断维持。因此，碳循环产业就是名副其实的"上帝产业"。

业。因此，碳汇产业包括两种形式：一是基于工业体系的能源节约、能源替代和物质循环利用技术，如工业节能技术、节能汽车、以可再生能源替代传统化石能源、再生的木材替代钢材水泥，以及碳捕集和储藏技术等，这些技术实现了碳的减量化并由此实现碳减排；二是基于生物技术的碳汇产业，如种植业碳汇、森林碳汇、渔业碳汇、草原碳汇等，这些活动实现了碳的固定和长期储存，并由此减少了大气中的温室气体含量。

（一）基于工业过程的碳减排与碳循环

1. 能源节约与替代

（1）节能。"十一五"期间，全国单位 GDP 能耗下降 19.1%，全国二氧化硫排放量减少 14.29%，全国化学需氧量排放量减少 12.45%，完成了"十一五"规划纲要确定的目标任务。节能减排的成效主要体现在四个方面：

一是为保持经济平稳较快发展提供了有力支撑。"十一五"期间，我国以能源消费年均 6.6% 的增速支撑了国民经济年均 11.2% 的增速，能源消费弹性系数由"十五"时期的 1.04 下降到 0.59，缓解了能源供需矛盾。

二是扭转了我国工业化、城镇化加快发展阶段能源消耗强度和污染物排放大幅上升的势头。"十五"后三年全国单位 GDP 能耗上升了 9.8%，全国二氧化硫和化学需氧量排放总量分别上升了 32.3% 和 3.5%；"十一五"期间，全国单位 GDP 能耗下降了 19.1%，全国二氧化硫和化学需氧量排放总量分别下降了 14.29% 和 12.45%。

三是促进了结构优化升级。重点行业先进生产能力比重明显提高，大型、高效装备得到推广应用。2009 年与 2005 年相比，电力行业 300 兆瓦以上火电机组占火电装机容量比重由 47% 上升到 69%，钢铁行业 1000 立方米以上大型高炉比重由 21% 上升到 34%，电解铝行业大型预焙槽产量比重由 80% 上升到 90%，建材行业新型干法水泥熟料产量比重由 56.4% 上升到 72.2%。

四是推动了节能技术进步。重点行业主要产品单位能耗均有较大幅度下降，能效整体水平得到提高。2009 年与 2005 年相比，火电供电煤耗由 370 克/千瓦时降到 340 克/千瓦时，下降了 8.11%；吨钢综合能耗由 694 千克标准煤降到 615 千克标准煤，下降了 11.4%；水泥综合能耗下降了 16.77%；乙烯综合能耗下降了 9.04%；合成氨综合能耗下降了 7.96%；电解铝综合能耗下降了 10.06%。

通过能源节约，中国为应对全球气候变化做出了重要贡献。"十一五"通过节能提高能效少消耗能源 6.3 亿吨标准煤，减少二氧化碳排放 14.6 亿吨，得到国际社会的广泛赞誉，也体现了中国负责任大国的形象。[①]

"十一五"期间，国家针对六大高耗能行业，采取了加大节能资金投入、加快节能技术改造、加大淘汰落后产能力度、开展节能重点工程、推广先进节能技术、促进循环经济发展等一系列节能政策措施，节能降耗取得明显成效。

国家统计局能源司数据显示，"十一五"期间，六大高耗能行业累计节能近4 亿吨标准煤，对全社会节能贡献超过 60%。其中，化学原料及化学制品制造业和非金属矿物制品业 5 年累计节能均超过 1 亿吨标准煤，黑色金属冶炼及压延加工业节能 7000 多万吨标准煤，电力热力的生产和供应业节能 8000 多万吨标准煤。

（2）能源结构优化。能源结构优化升级，对完成"十一五"节能减排目标做出了重要贡献。

电力工业"上大压小"，关停煤耗高、污染重的小火电机组，建设超临界、超超临界 60 万千瓦、100 万千瓦高效环保机组，火电供电每千瓦时标准煤耗 5 年下降 30 克，累计节约原煤超过 3 亿吨。大力发展非化石能源，水电、核电、风电发电量 5 年累计超过 3 万亿千瓦时，替代原煤 15 亿吨，减少二氧化碳排放近 30 亿吨。加快天然气开发利用和成品油质量升级，提高煤炭回采率和油田采收率，降低电网线损率，开展节能调度和发电权交易，对节能减排也发挥了积极作用。

"十一五"期间，无论是传统能源结构调整，还是清洁能源发展，都取得了重大进展。经过不懈努力，电力工业"上大压小"成绩显著。截至 2010 年 11 月，累计关停小火电 7210 万千瓦，提前超额完成任务，加速优化了电力工业结构。全国在役火电机组中，30 万千瓦及以上机组比重由 2005 年不到一半，提升到目前的70% 以上。每千瓦时供电煤耗从 370 克下降到 340 克。

"十一五"全国累计关闭小煤矿 9000 处，淘汰落后产能 4.5 亿吨/年。全国千万吨级以上煤炭企业集团达到 50 家，产量 17.3 亿吨，占全国的 58%。

"十一五"期间，水电发展跃上新起点。龙滩、景洪、构皮滩、拉西瓦、小湾、瀑布沟等大型水电站先后建成，累计投产 9000 万千瓦。三峡左右两岸 26 台机

[①] 《"十一五"节能减排显成效 少消耗 6.3 亿吨标准煤》，《人民日报》2011 年 3 月 13 日，http：//news. hexun. com/2011 - 03 - 13/127893134. html。

组、1820万千瓦全部并网发电,累计发电量达到4500亿千瓦时。向家坝、锦屏二级、金安桥、官地、长河坝、沙沱、大岗山等大型、特大型水电站陆续开工。"十一五"是我国水电建设规模和建成投产机组最多的5年。新增投产机组接近我国有水电以来前95年的总和。我国水电装机突破2亿千瓦。在云南石龙坝水电站隆重举办了中国水电百年庆祝大会。

核电发展步伐明显加快。国家先后核准了辽宁红沿河、福建宁德、福建福清、广东阳江、浙江方家山、浙江三门、山东海阳、广东台山、海南昌江、广西防城港10个核电项目,共28台机组、3130万千瓦。目前,在建机组26台、2871万千瓦,在建规模占全球的40%以上。浙江三门、山东海阳和广东台山正在率先建设世界上首批三代核电机组。岭澳二期1号机组、秦山二期扩建3号机组建成投产,结束了我国三年无核电机组投产徘徊不前的历史,使我国在运机组达到13台、1080万千瓦。投运核电机组保持安全稳定运行,多项运行指标在世界核电运行者协会同行评估中居于领先水平。

风电产业迅猛发展,全国风电吊装容量累计达到4000万千瓦,连续5年翻番增长。千万千瓦级风电基地建设有序推进,蒙西和甘肃酒泉风电基地装机均超过500万千瓦,河北、吉林等多个地区装机超过250万千瓦。上海东海大桥10万千瓦海上风电场在世博会期间并网投产,成为除欧洲之外世界上第一座海上风电场。总规模100万千瓦的海上风电特许权项目在江苏启动。2010年,风电发电量预计达到450亿千瓦时,比2009年增长63%。

太阳能产业快速发展,国内光伏发电市场有序启动。2009年,敦煌1万千瓦光伏电站项目实施招标,现已建成,全部并网发电。2010年,又在西部六省区组织了28万千瓦光伏发电项目招标,带动了一批光伏电站项目建设。预计2010年全国光伏发电装机规模达到60万千瓦。形成了比较完整的光伏电池产业链,年产量达到800万千瓦。太阳能热水器安装使用规模继续扩大,保有量超过1.7亿平方米。[①]

2. 水泥行业减排

中国水泥工业积极致力于减排二氧化碳,已取得明显成效,但今后尚有许多工作要做。减排二氧化碳的工作主要体现在以下四个方面。

---

① 《"十一五"能源结构优化　二氧化碳减排30亿吨》,http://www.csee.org.cn/tplt002.aspx? PageId = 690C53E7 - F7B9 - 481A - B771 - B26578A08DB4&ArticleId = d608d1a3 - b451 - 4b1d - 8a3a - b271dd2d9ff2。

（1）调整结构。中国水泥工业结构通常是指技术结构，调整结构就是用先进的新型干法取代落后的生产方法。新型干法是指包括预分解窑烧成、现代粉磨、物料均化和计算机集散控制等技术在内的生产方法。落后生产方法是指立窑、湿法窑、立波尔窑和中空干法窑等生产方法。2008 年落后方法产量中，立窑产量占 95% 以上。

进入 21 世纪后，我国新型干法技术趋于成熟，水泥企业改革深化到位，在国务院有关部门和各级政府的支持下，自 2002 年起，全国掀起新型干法生产线建设高潮，2003 年后新型干法产量开始迅速增长。自 2004 年起，新型干法产量每年以 1 亿吨以上的速度递增；从 2007 年开始，新型干法产量占总产量的比例超过 50%，2008 年达 62%，这是水泥工业结构调整的重大突破。2001 ~ 2008 年，我国水泥新型干法的发展非常迅速。

进入 21 世纪后，我国水泥工业总量的增长和相应的结构调整，主要依靠新型干法的迅速发展。在结构调整中，低煤耗新型干法产量比例的提高与高煤耗落后方法产量比例的降低，使水泥单位产品煤耗下降，熟料煤耗由 2001 年的 150 千克标煤/吨下降到 2007 年的 126 千克标煤/吨。2008 年近 1.2 亿吨落后方法产量由新型干法产量所取代，此项调整节省了 369 万吨标准煤，减排二氧化碳 959 万吨。

（2）发展低温余热发电。利用水泥烧成系统的低温余热进行发电，不需要燃煤，因而不会排放二氧化碳，减少了燃煤发电的二氧化碳排放总量。2008 年，我国水泥工业低温余热发出的电量总计 71 亿千瓦时，相应减排二氧化碳 665 万吨。

从目前低温余热发电的发展趋势看，可以预料，在余下 55% 可设置的现有新型干法生产线上，很快都将全部增添余热发电。此外，低温余热发电将作为一个重要工艺环节在新建生产线时配套建设。

（3）实施多品种多等级通用水泥产品结构模式。生产 1 吨水泥熟料要产生近 1 吨二氧化碳，实施多品种多等级产品结构，可利用工业废渣和石灰石取代部分熟料，从而减少二氧化碳排放。我国水泥工业每年用作混合材的工业废渣和石灰石为 4 亿多吨，减排的二氧化碳量相当可观。

（4）开发低钙水泥新品种。20 世纪 70 年代，中国建材研究院成功开发出硫铝酸盐水泥。这是一种 CaO 含量较低的新品种水泥。硫铝酸盐水泥熟料 CaO 含量较低，比硅酸盐水泥熟料低 24%。生产硫铝酸盐水泥时，由于熟料 CaO 含量较低，原料中石灰石配比下降，因石灰石分解排出的二氧化碳量相应减少。硫铝酸盐水泥熟料烧成时，烧成温度比硅酸盐水泥熟料低100℃，煤耗较低，由燃煤而排出的二氧化碳量也就较少。因此，硫铝酸盐水泥生产比硅酸盐水泥可减排二氧化碳约30%。

3. 循环经济发展

"十一五"期间是我国循环经济快速发展的5年，涌现出多种行之有效的循环经济模式。通过试点示范带动，全国出现了一大批循环经济工业园区、循环经济型企业，为建设资源节约型、环境友好型社会发挥了重要作用。

"十一五"期间，我国坚持开发节约并重、节约优先，按照减量化、再利用、资源化的原则，在资源开采、生产消耗、废物产生、消费等环节，逐步建立全社会的资源循环利用体系。

（1）节约能源。强化能源节约和高效利用的政策导向，加大节能力度。通过优化产业结构特别是降低高耗能产业比重，实现结构节能；通过开发推广节能技术，实现技术节能；通过加强能源生产、运输、消费各环节的制度建设和监管，实现管理节能。突出抓好钢铁、有色、煤炭、电力、化工、建材等行业和耗能大户的节能工作。加大汽车燃油经济性标准实施力度，加快淘汰老旧运输设备。制定替代液体燃料标准，积极发展石油替代产品。鼓励生产使用高效节能产品。

"十一五"期间，我国实施了以下节能重点工程：

低效燃煤工业锅炉（窑炉）改造：采用循环流化床、粉煤燃烧等技术改造或替代现有中小燃煤锅炉（窑炉）。

区域热电联产：发展采用热电联产和热电冷联产，将分散式供热小锅炉改造为集中供热。

余热余压利用：在钢铁、建材等行业开展余热余压利用。

节约和替代石油：在电力、交通运输等行业实施节油措施，发展煤炭液化、醇醚类燃料等石油替代产品。

电机系统节能：在煤炭等行业进行电动机拖动风机、水泵系统优化改造。

能量系统优化：在石化、钢铁等行业实施系统能量优化，使企业综合能耗达到或接近世界先进水平。

建筑节能：严格执行建筑节能设计标准，推动既有建筑节能改造，推广新型墙体材料和节能产品等。

绿色照明：在公用设施、宾馆、商厦、写字楼以及住宅中推广高效节电照明系统等。

政府机构节能：政府机构建筑按照建筑节能标准进行改造，在政府机构推广使用节能产品等。

节能监测和技术服务体系建设：更新监测设备，加强人员培训等。

（2）节约用水。发展农业节水，推进雨水集蓄，建设节水灌溉饲草基地，提高水的利用效率，基本实现灌溉用水总量零增长。重点推进火电、冶金等高耗水行业节水技术改造。抓好城市节水工作，强制推广使用节水设备和器具，扩大再生水利用。加强公共建筑和住宅节水设施建设。积极开展海水淡化、海水直接利用和矿井水利用。

（3）节约土地。落实保护耕地基本国策。管住总量、严控增量、盘活存量，控制农用地转为建设用地的规模。建立健全用地定额标准，推行多层标准厂房。开展农村土地整理，调整居民点布局，控制农村居民点占地，推进废弃土地复垦。控制城市大广场建设，发展节能省地型公共建筑和住宅。到2010年实现所有城市禁用实心黏土砖。

（4）节约材料。推行产品生态设计，推广节约材料的技术工艺，鼓励采用小型、轻型和再生材料。提高建筑物质量，延长使用寿命，提倡简约实用的建筑装修。推进木材、金属材料、水泥等的节约代用。禁止过度包装。规范并减少一次性用品生产和使用。

（5）加强资源综合利用。抓好煤炭、黑色和有色金属共伴生矿产资源综合利用。推进粉煤灰、煤矸石、冶金和化工废渣及尾矿等工业废物利用。推进秸秆、农膜、禽畜粪便等循环利用。建立生产者责任延伸制度，推进废纸、废旧金属、废旧轮胎和废弃电子产品等回收利用。加强生活垃圾和污泥资源化利用。

推动钢铁、有色、煤炭、电力、化工、建材、制糖等行业实施循环经济改造，形成一批循环经济示范企业。在重点行业、领域、产业园区和城市开展循环经济试点。发展黄河三角洲、三峡库区等高效生态经济。

"十一五"期间，我国建设了以下循环经济示范试点工程：

重点行业：建设济钢、宝钢、鞍（本）钢、攀钢、中铝、金川公司、江西铜业、鲁北化工等一批循环经济示范企业。

产业园区：建设资源循环利用产业链及园区集中供热和废物处理中心，建设河北曹妃甸、青海柴达木等若干循环经济产业示范区。

再生资源回收利用：建设湖南汨罗等再生资源回收利用市场和加工示范基地。

再生金属利用：建设若干 30 万吨以上的再生铜、再生铝、再生铅示范企业。

废旧家电回收处理：建设若干废旧家电回收利用示范基地。

再制造：建设若干汽车发动机、变速箱、电机和轮胎翻新等再制造示范企业（见图 14 - 4）。

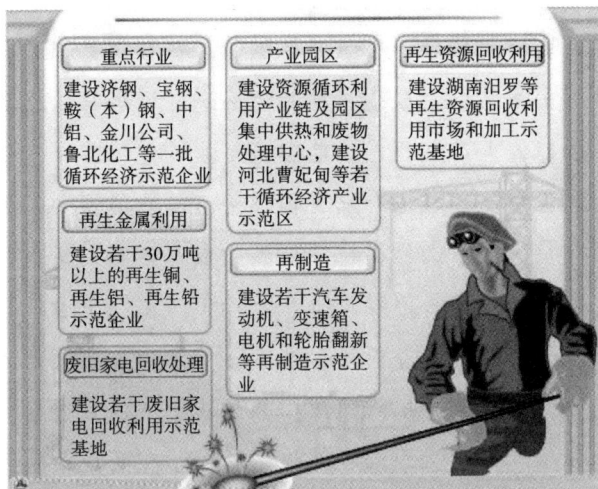

图 14 - 4 "十一五"期间循环经济示范试点工程

（6）强化促进节约的政策措施。加快循环经济立法。实行单位能耗目标责任和考核制度。完善重点行业能耗和水耗准入标准、主要用能产品和建筑物能效标准、重点行业节能设计规范和取水定额标准。严格执行设计、施工、生产等技术标准和材料消耗核算制度。实行强制淘汰高耗能高耗水落后工艺、技术和设备的制度。推行强制性能效标志制度和节能产品认证制度。加强电力需求侧管理、政府节能采购、合同能源管理。实行有利于资源节约、综合利用和石油替代产品开发的财税、价格、投资政策。增强全社会的资源忧患意识和节约意识。

案例 14 - 1 中国钢铁工业循环经济及其能量梯级利用

随着中国经济快速发展和工业化进程加速，中国钢铁产业创造了一个新的世界奇迹。2000 ~ 2010 年，中国年均增产粗钢约 4600 万吨，年均增长速度高达 32%。2010 年，粗钢产量超过 6.27 亿吨，约占世界的 45%，相当于世界产钢量排名后面 20 个国家产钢量之和。

钢铁产业单位增加值能耗是全部工业平均值的 3 倍以上，钢铁全行业能耗约占全国能源总消耗量的 15% 左右[①]，水耗占全国工业用水的 14%，二氧化硫排放量占整个工业排放量的 10%[②]，全部污染物排放接近于全国总排放的 16%。加快钢铁产业循环经济发展，促进节能减排降耗已成当务之急。

钢铁产业生产工艺流程可分为短流程和长流程。短流程钢铁工艺主要是指电炉炼钢、直接还原炼铁炼钢和熔融还原炼铁炼钢。长流程钢铁工艺也称高炉－转炉流程，或高炉－转炉技术体系，主要是指从采矿－选矿到烧结、球团、焦化、高炉炼铁再到转炉炼钢、轧钢的生产过程，目前占绝对主流地位。

钢铁产业的长流程特性非常适合发展循环经济，物质流和能量流通过不同的工序串联作业、协同运行，每个流程都排放废弃物或污染物，但也蕴涵着消纳和处理自身和其他流程废弃物或污染物的潜力。从生产工艺流程来看，钢铁产业发展循环经济，首先是提高每个流程的生产效率，减少资源消耗和废物产生；其次是促使物质、能量在不同流程间的梯级和串联使用，构建物质和能量循环利用网络；最后通过技术创新，尽量使生产紧凑化，或者是缩短流程，实现连续生产，减少物质和能量转换过程中的损耗。

钢铁生产流程中每一个环节都是从加热到冷却，消耗大量能源，而热量仅是作为工艺中物理化学反应的条件，并没有附加到产品中。在不同流程和生产环节的节能基础上，发展循环经济可以通过开发余热余能高效回收与转化技术，对每一个环节的余热余能进行发电，或者是热电联产，连接钢铁生产过程或企业职工生活，实现热能资源的高效梯级利用和循环利用。目前中国钢铁产业循环经济发展中的能量梯级利用和余热余能利用已经非常普遍，主要包括：高炉煤气回收、焦化煤气回收、转炉煤气回收，三种煤气综合用于燃料和发电；焦化余热、高炉余热、转炉蒸汽余热等回收进行梯级利用；高压过程的余压发电利用等。燃气蒸汽热电联产、高炉余压发电（TRT）和干熄焦余热发电等共同构成的余热余能利用体系，大大提高了能源利用效率，降低了单位钢铁产品的综合能耗（见图 14－5）。

---

① 李世俊：《钢铁行业节能减排现状、目标和工作思路——在中国钢铁产业协会第三次会员代表大会上的报告》，《冶金管理》2007 年第 2 期。

② 周生贤：《钢铁行业在污染减排中占举足轻重的位置——在国务院钢铁产业关停和淘汰落后产能工作会议上的讲话》，2007 年 4 月 27 日。

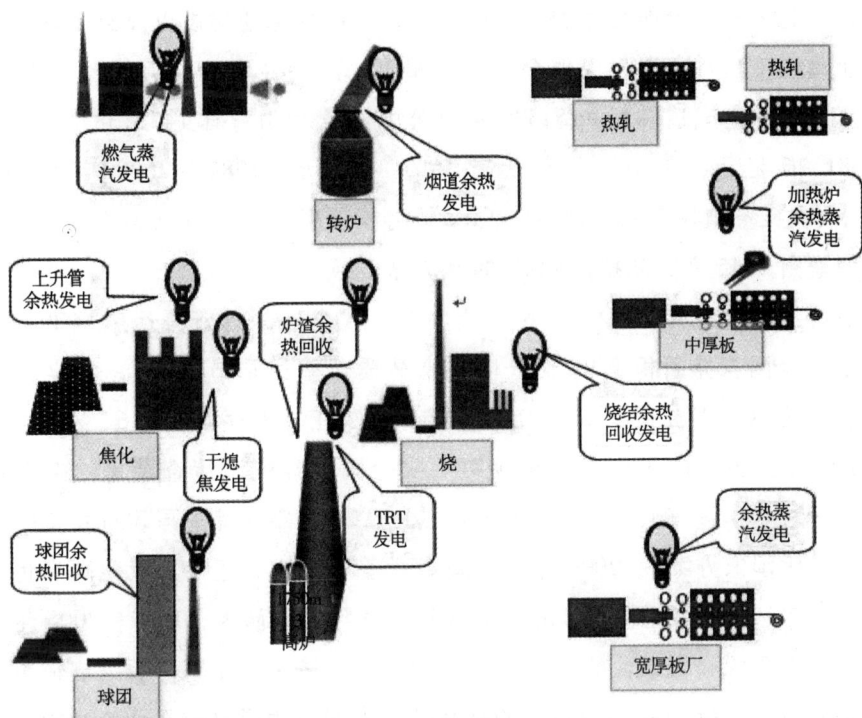

图 14 – 5　钢铁业循环经济路径

（二）基于生物过程的碳减排与碳汇产业

1. 森林碳汇

森林碳汇（Forest Carbon Sinks）是指森林植物吸收大气中的二氧化碳并将其固定在植被或土壤中，从而减少该气体在大气中的浓度。森林是陆地生态系统中最大的碳库，在降低大气中温室气体浓度、减缓全球气候变暖中，具有十分重要的独特作用。扩大森林覆盖面积是未来 30～50 年经济可行、成本较低的重要减缓措施。许多国家和国际组织都在积极利用森林碳汇应对气候变化。

近年来，随着温室效应的加剧，森林的作用与碳汇问题越来越受到人们的重视。目前，森林碳汇已呈现产业化趋势，并逐渐成为推进生态文明建设的一个重要载体。碳汇林业是对传统林业功能的进一步深化。对于我国这样一个发展中大国，在发展经济的同时还要承担来自国际减排的压力，解决这一矛盾最可行、最有效的措施之一就是植树造林、增加森林资源。

我国政府自 1998 年开始，相继启动实施了天然林保护、退耕还林、京津风沙源治理、三北和长江等地区防护林建设、速生丰产林基地建设以及野生动植物保护六大林业重点工程，并大力提倡全民义务植树，鼓励社会造林。截至 2008 年，六大林业重点工程完成造林面积 5153.74 万公顷（含封山育林 1475.38 万公顷）。总投资 2781.26 亿元，其中，国家投资 2416.36 亿元。1981～2008 年，全国共有 115.2 亿人次义务植树 538.5 亿株，城市绿化覆盖率由 10.1% 提高到 35.29%，人均公共绿地由 3.45 平方米提高到 8.98 平方米。

目前，我国人工林面积居世界首位。第七次全国森林资源清查（2004～2008 年）显示，全国森林面积 1.95 亿公顷，森林覆盖率达到 20.36%，活立木总蓄积 149.13 亿立方米，森林蓄积 137.21 亿立方米，人工林保存面积 0.62 亿公顷。森林植被总碳储量达到 78.11 亿吨。相比第六次全国森林资源清查结果，人工林净增 843.11 万公顷，蓄积净增 4.47 亿立方米。根据 2007 年 6 月中国政府发布的《中国应对气候变化国家方案》，2004 年，中国森林净吸收约 5 亿吨二氧化碳当量，约占当年全国温室气体排放总量的 8%。2006 年，国际专家认为，1999～2005 年，中国是世界上森林资源增长最快的国家，不仅吸收了大量二氧化碳，而且创造了难以估量的生态价值。方精云等（2007）的研究结果表明，我国单位面积森林吸收固定二氧化碳的能力显著增强，已由 20 世纪 80 年代的每公顷吸收固定 136.42 吨二氧化碳增加到 21 世纪初的 150.47 亿吨；1981～2000 年的 20 年，我国以森林为主体的陆地植被碳汇大约抵消了我国同期温室气体排放总量的 14.6%～16.1%，其中森林植被吸收约 58 亿吨二氧化碳，相当于同期我国温室气体排放总量的 11.9%。

2009 年 12 月，胡锦涛总书记在联合国气候变化峰会上强调，我国到 2020 年要在 2005 年基础上增加森林面积 4000 万公顷和森林蓄积量 13 亿立方米。可见，林业已成为中国发展低碳经济的最有效途径，国家将加快植树造林步伐，增加森林碳汇功能。2009 年底国家发改委公布《林业产业振兴规划》，明确指出了扩大林业信贷扶持政策。

中国已经明确把增加森林碳汇作为一个重要的增汇措施，而中国林业产权交易所或将成为中国达成森林碳汇交易的第一家。中国林业产权交易所是经过国务院批复，由国家林业局和北京市政府合作设立的公司。

2. 水土保持与生态恢复

土地利用方式的改变和土壤覆盖情况的变化是一个重要的碳源。我国长期以来一直受到水土流失、土壤有机质营养恶化的困扰。"十一五"期间，我国开展了大规模的水土保持与生态修复工作。

"十一五"期间，全国投资 98.63 亿元，较"十五"期间增加了 33%，新增水土流失综合治理面积 23.02 平方公里。5 年内，全国 1200 个县实施了封山禁牧，较"十五"期间增加了 200 多个县。全国共治理小流域 2.1 万多条，初步建成 100 平方公里以上大示范区 62 个，开展了 81 条生态清洁小流域建设。实施生态自然修复 72 万平方公里，其中 40 万平方公里初见成效。

"十一五"期间，水土保持法律法规体系逐步完善。2005 年开始的水土保持法修订工作进展顺利。此外，水土保持方案审查工作也得到强化，5 年里全国共审批水土保持方案 11.5 万个。

2009 年，水利部启动了全国坡耕地水土流失综合治理试点工程。许多昔日水土流失严重的老少边穷地区，经过治理面貌一新，地方特色产业迅速发展，如四川会理的石榴、江西赣南的脐橙、内蒙古东胜的沙棘。在全国，有 600 多个县享受到了国家水土保持重点工程带来的实惠。

通过退耕还林、草原禁牧、小流域治理等活动，土壤生物生产力得到恢复，土地覆盖情况得到改善，土壤碳汇能力得到大大增强。

3. 渔业碳汇

"渔业碳汇"就是指通过渔业生产活动促进水生生物吸收水体中的 CO_2，并通过收获水生生物产品，把这些碳移出水体的过程和机制，也被称为"可移出的碳汇"。这个过程和机制，实际上提高了水体吸收大气 CO_2 的能力。因此，可以把能够充分发挥碳汇功能、具有直接或间接降低大气 CO_2 浓度效果的渔业生产活动泛称为"渔业碳汇"。

在海洋中凡不需要投饵的渔业生产活动，就具有碳汇功能，可能形成海洋碳汇，相应亦可称之为海洋碳汇渔业，如藻类养殖、贝类养殖、增殖放流以及捕捞业等。"碳汇渔业"这一提法应更多理解为"发展的理念"，应能成为推动渔业特别是海水养殖业新一轮发展的驱动力，成为发展蓝色低碳新兴产业的示范。

我国的海水养殖以贝藻类为主，1999~2008 年，通过收获养殖海藻，每年从我国近海移出的碳量平均为 34 万吨；而通过收获养殖贝类，每年从我国近海移出的碳量平均为 86 万吨。两者合在一起，1999~2008 年，我国海水贝藻养殖从水体中移出的碳量共计 4400 多万吨。如果按照林业使用碳的算法计量，我国海水贝藻养殖这 10 年对减少大气 CO_2 的贡献相当于造林 500 多万公顷，直接节省造林价值 400 多亿元。

预计到 2030 年，我国海水养殖产量将达到 2500 万吨。按照现有贝藻产量比例计算，海水养殖将每年从水体中移出大约 230 万吨碳；到 2050 年，我国海水养殖总产量预计达到 3500 万吨，海水养殖碳汇总量可达到 400 多万吨。因此，碳汇渔业的发展对我国和世界食物安全和减少大气中 CO_2 等温室气体的含量都将做出重大贡献。[①]

中国作为海洋大国，应积极发展以海水养殖业为主体的碳汇渔业，抢占蓝色低碳经济的技术高地。

4. 农业与工农复合型循环经济发展

农业是人为温室气体排放的一个重要碳源。主要包括稻田和畜牧养殖业的甲烷气体排放、化肥农药的生产能耗、土地利用方式带来的碳汇能力下降等。

表 14 - 1　传统农业的温室气体排放

	每年二氧化碳排放量（亿吨）	占我国温室气体总排放量（%）
生产农用化学品	4（每年耗掉标准煤 1.4~1.5）	10.95
化学种植业	6.21	17
化学畜禽养殖业	2.23	6.1
化学水产品养殖业	0.1	0.27
合　计	12.54	34.32

资料来源：《中华人民共和国气候变化初始国家信息通报》，2000。

通过循环经济，可以有效减少化肥农药的施用量，提高农业废弃物（如牲畜粪便、农作物秸秆等）的利用效率，从而可以大幅度减少温室气体的排放。

农业循环经济就是把循环经济理念应用于农业生产，在农业生产过程中和产品生命周期中减少资源、物质的投入量和减少废物的产生排放量，实现农业经济和生态环境效益的统一。

我国农业循环经济古已有之。在农业循环经济发展方面，中国具有悠久的历史。中国过去城乡居民的粪便、垃圾、秸秆、绿肥和沼液都是农田宝贵的肥源，农家的畜禽、鱼、桑、蚕、蚯蚓、沼气和菜地、农田、鱼塘、树林、村落构成和谐的农村生态系统，轮作、间作、湿地净化和生物降解等时空生态位被充分利用，可更新资源在低生产力水平和小的时空尺度上循环，这些都可以归为农业循环经济形态。但是，这种循环是封闭保守的，只有从农业小循环走向工、农、商、研结合，生产、消费、流通、还原融通的产业大循环，从小农经济走向城乡一体、脑体结合的网络型和知识型经济，"三农"问题才能得到根本解决，中国农村才能实现可持续发展。

---

① 王泽农：《碳汇渔业：蓝色低碳经济的新兴产业》，《农民日报》2010 年 12 月 13 日，http://www.ce.cn/cysc/agriculture/gdxw/201012/13/t20101213_ 20591645. shtml。

农业循环经济的核心是农业资源、产品、废弃物的循环利用。在农业经济系统中，有以下五个层面上的循环。

（1）单项农产品生产层次的循环。指单项农产品生产中的物质循环，也包括单项农产品生产中减少资源、物质的投入量，以及废弃物的产生量，推行清洁生产，使污染排放最小化。如种植业中通过秸秆还田方式，达到氮、磷、钾、有机质等肥力元素在土壤－作物之间的循环；通过减少化肥、农药的施用量可减少对水体的污染。畜牧业中科学合理地采用饲料配方和饲养管理技术，既可保证畜禽生长所需的营养水平，又可减少粪尿等废弃物的产生量，如利用微生态制剂 EM 以一定比例加入到饲料中，既能使饲料中的蛋白质向有效养分的方向转化，提高饲料利用率，又能抑制产生臭味的腐败过程，大大减轻养殖场周围的恶臭味。

（2）农业生产部门内部层次的循环。指种植业、林业、畜牧业、渔业内部的各品种生产之间的共生互利，物质能量交换，废弃物排放最小化。如种植业的各种间、套种及立体种植方式，使作物在地上高矮交错，分层利用光、热、气；地下深根与浅根作物搭配，分层利用肥水；在时空上"此生彼长""彼长此收"，合理演替，延长对资源利用的时间，扩大资源利用空间。据统计，立体复合种植比单一平面种植的光能利用率提高 1 倍左右。又如养殖业的立体养殖模式，通过莲、鱼、蟹混养，鱼能吃掉莲体上的害虫，蟹能吃掉水中杂草，保证了睡莲无病虫害，排出的粪便又为莲的生长提供了养分，促进莲的生长，增加莲藕的产量；睡莲能吸收二氧化碳，释放氧气，吸收池底有机物，净化水质，为鱼、蟹创造了适宜的生活环境。

（3）农业生产部门间的循环。指农（种植业）、林、牧、渔各业间在生产中相互交换废弃物，使废弃物得以资源化利用。如种养结合的桑基鱼塘系统，地面种桑、桑叶养蚕、蚕沙喂鱼、塘泥肥桑，通过桑叶、蚕沙、塘泥之间的物质循环和能量流动，既减少了种桑的化肥用量，又减少了蚕沙、塘泥对环境的污染，保护了生态环境，增加了经济效益。

（4）人与自然结合的物质和能量的循环。人作为农业生产系统的组织和管理者，同时也通过食物链加入农业生态系统的物质和能量的循环过程中。人作为劳动者通过劳动促进了农业自然生态系统的物质和能量的循环，提高了循环效率；人作为消费者食用作物产品和畜、禽、鱼肉，人的粪便可肥田。

据中国工程院可再生能源发展战略咨询报告资料，中国生物质能源的资源量是水能的 2 倍和风能的 3.5 倍，且分布靠近东部沿海高能耗地区。近期，每年可开发的生物质能源约合 12 亿吨标准煤，超过全国每年能源总耗量的 1/3。同时，在中国发展生物质能源是有效利用各种有机废弃物或排泄物的理想方式。

（5）农业与其他工业部门的复合循环

农业不仅为人类提供直接的食物和其他生活用品来源，而且有很多农产品还是重要的工业原料。农业产品也可以作为生物能源作为化石能源的替代品。由农业提供工业原料，比由矿产资源提供工业和能源原料更为环保，更为可持续，因此，农业和工业的复合循环经济有着十分重要的意义，是解决人类面临的可持续发展的最终解决途径。

案例 14 - 2　河北省邱县工农复合循环经济产业园的碳循环

河北省邱县位于冀南棉花主产区，每年除棉花、棉短绒等产品外，还产生大量的棉花秸秆。同时，黄河故道上建有大面积的林网，每年也产生大量的枝丫材。邱县依托林网发展起较大规模的林下肉鸭养殖、食用菌种植和后续的食品加工，依托林业发展林板加工和家具制造，依托棉花种植发展面纱加工等纺织业，同时把棉花秸秆和枝丫材作为生物质发电的原料，把畜禽粪便、屠宰粪便和其他农业及生活废弃物作为发展沼气的原料，建立了相对完善的固碳和碳循环产业链。这种工农业复合一体化的循环经济产业园大大节省了外部能源和资源投入，大大提高了碳循环效率，有效地减少了温室气体的排放，是一种值得推广的以循环经济减少碳源、增加碳汇的生产模式（见图 14 -6 和图 14 -7）。

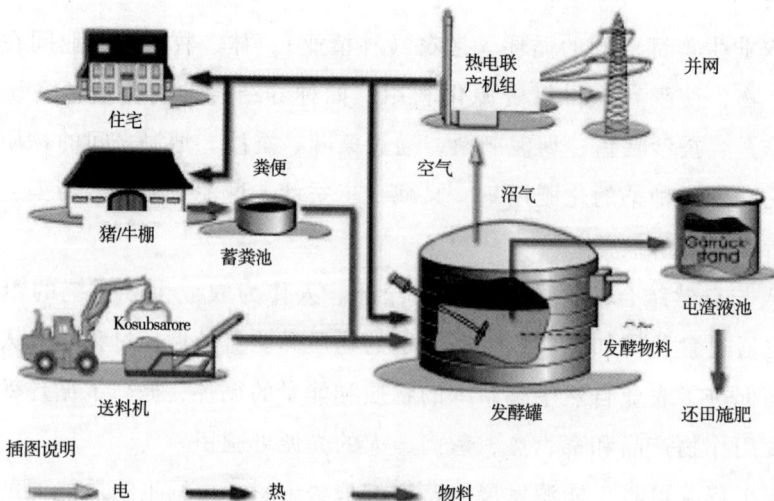

图 14 -6　禽畜粪便加农作物下脚料的沼气发电供热工程

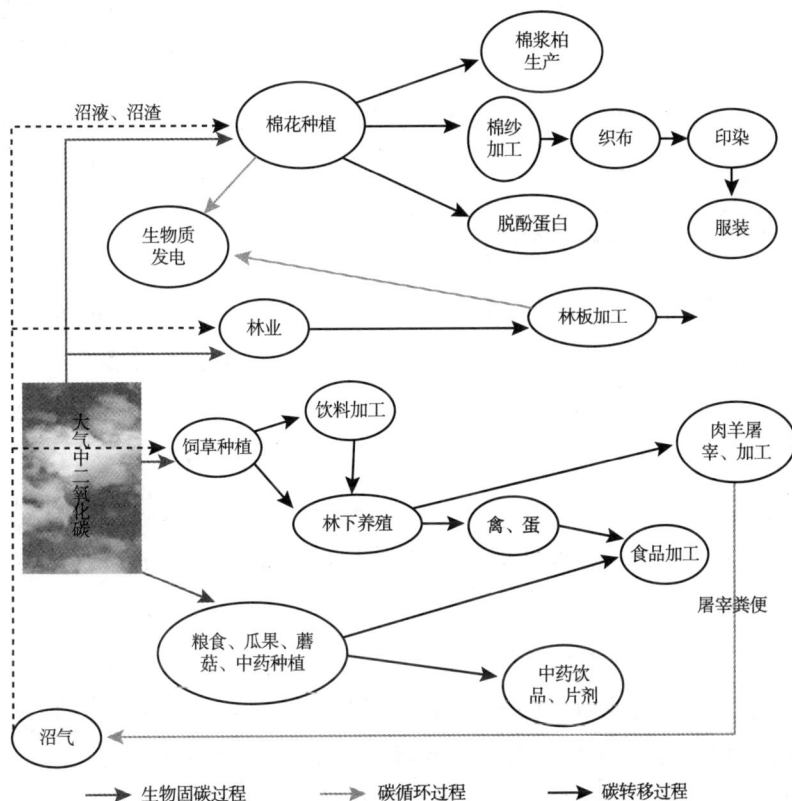

图14-7 河北省邱县工农复合循环经济产业链

案例14-3 山东泉林纸业：工农业一体化低碳绿色草浆造纸循环经济模式

草浆造纸背负了半个世纪高污染低效益的恶名。过去中国的草浆造纸多以年产制浆1万吨以下的小造纸厂为主，不仅产品质量低，而且污染严重。在很多地区，小造纸厂是水环境污染的主要元凶之一。为了整治草浆造纸的污染问题，国家出台了一系列政策，关闭了一大批小造纸厂，支持鼓励了一批经过技术改造升级、达到规模效益水平的大型草浆造纸企业，并在全行业推广循环经济。山东泉林纸业通过引进技术与自主创新相结合，开发了以草浆原色制浆新技术为核心的循环经济技术体系，并与发电厂耦合进行水资源循环利用、碱回收循环利用、黑液污泥回收制有机肥、原色纸开发、包装物回收利用等为一体的低污染草浆清洁造纸循环经济模式。泉林纸业的污水COD排放达到87毫克/升，远好于国家标准，每吨草浆原色纸可节约60千克漂白剂等化学用品，节约木材4.5吨，固碳2.25吨，降低成本800元。这一模式既利用了农业秸秆等废弃物，保护了环境，又替代了木浆造纸，节省了森林资源，增加了碳汇，是一种间接的低碳造纸循环经济模式。

资料来源：齐建国、彭绪庶、刘强主编《中国循环经济发展报告（2009～2010）》，社会科学文献出版社，2010。

（三）土地利用方式的 CO_2 贮量变化

土地利用/覆盖变化是除了工业化之外，人类对自然生态系统的最大影响因素。18世纪～20世纪70年代，中国的森林面积不断减少而农田面积不断增加。近年来，受到政府"退耕还林还草"政策的影响，中国大量荒漠地、农田都转化为草地或林地，中国的六大造林工程（天然林资源保护工程、退耕还林工程、"三北"及长江中下游等重点防护林体系建设工程、京津风沙源治理工程、野生动植物保护及自然保护区建设工程、重点地区速生丰产用材林基地建设工程）促使森林覆盖率不断增加。

森林生态系统是陆地上最大的碳库，即使在森林面积发生很小的变化时都可能引起全球陆地生态系统碳循环的极大变化。许多研究表明，林地转变为耕地后在20～30年内会有20%～50%的有机碳损失，大部分损失来自地表有机质的侵蚀，而且在转换后的最初几年里变化速率最大，然后变化速率慢慢降低，在20年内逐渐达到平衡（大约是原来森林的50%），随后依自然植被、气候、土壤类型、管理实践和时间的变化而变化。

多数研究表明，当森林转化为草地时，大部分的地上生物碳将以 CO_2 的形式释放到大气中，尽管 CO_2 释放速率受人类利用方式的影响。同时，树木根系的分解也会释放大量 CO_2。

Guo 等（2002）采用 meta 分析对伴随土地利用变化产生的土壤碳库变化进行研究，结果表明，由农田转变成草原土壤碳增加19%，由农田转变成人工林和次生林土壤碳分别增加18%和53%。当从农业用地、生态用地转化为城市建设用地时，土壤的碳汇能力基本损失殆尽。

因此，为减少土地利用方式带来的碳排放增加，应加强土地资源的规划管理，保护森林尤其是原始森林，尽量控制草地、耕地转化为城市和建设用地的规模。

我国大面积的人工造林，特别是国家"退耕还林还草"政策的实施亦将增强陆地生态系统的碳汇功能。我国森林面积在1977～1998年增加了 10.2×10^6 公顷，碳储量增加了 370×10^6 吨。因此，最近几十年由于植树造林，中国的森林对于减

缓地球大气 CO_2 的上升是有积极作用的。

"十一五"期间，全国耕地减少过快的势头得到有效遏制，基本农田保护面积稳定在 15.6 亿亩以上。全面落实耕地占补平衡制度，"十一五"期间，批准城市建设用地 270 多万亩，其中耕地 134 多万亩，依法核减不合规用地申请约 39 万亩，其中耕地 17 多万亩。通过严格执行补充耕地以项目形式实施、建设项目与补充耕地项目挂钩等制度，实现了"占一补一"。"十一五"期间，全国共计补充耕地面积近 2000 万亩，多于同期建设占用的 1700 多万亩耕地。

四　碳汇机制创新

（一）国际发展情况

碳交易是《京都议定书》为促进全球温室气体排减，以国际公法作为依据的温室气体排减量交易。在 6 种被要求排减的温室气体中，二氧化碳（CO_2）为最大宗，所以这种交易以每吨二氧化碳当量为计算单位，所以通称为"碳交易"。其交易市场称为碳市（Carbon Market）。

目前世界上的碳交易所共有五个：欧盟的欧盟排放权交易制（European Union Greenhouse Gas Emission Trading Scheme，EU ETS）、英国的英国排放权交易制（UK Emissions Trading Group，ETG）、美国的芝加哥气候交易所（Chicago Climate Exchange，CCX）、澳洲的澳洲气候交易所（Australian Climate Exchange，ACX）、中国的天津排放权交易所（China Tianjin Climate Exchange，TCX）。

由于美国及澳洲均非《京都议定书》成员国，所以只有欧盟排放权交易制及英国排放权交易制是国际性的交易所，美、澳的两个交易所只有象征性意义。截至 2006 年第 3 季，欧盟排放权交易制 2006 年的交易金额达 188 亿美元。

欧洲在推动碳交易方面最为积极。自 2011 年 3 月起，全球飞往欧盟的航空公司都必须向欧盟提交碳排放监测报告，否则将得不到免费排放配额。而到 2012 年，这些航空公司必须参与欧盟碳交易体系（EUETS），以保证到 2013 年能够分配到足够的排放配额，否则将面临巨额罚款，甚至被强迫停航。

《京都议定书》生效后，全球碳交易市场出现了爆炸式的增长，2007 年全球碳交易市场价值达 400 亿欧元，比 2006 年的 220 亿欧元上升了 81.8%，2008 年上半年全球碳交易市场总值甚至与 2007 年全年持平。据联合国和世界银行预测，2012

年全球碳交易市场容量可能达到 1500 亿美元，有望超过石油市场，成为世界第一大市场。

（二）国内发展情况

我国对碳交易越来越重视。现已拥有北京环境交易所、上海环境能源交易所、天津排放权交易所，但目前的交易还仅限于节能环保技术的转让交易。我国积极参与 CDM 项目合作，截至 2009 年 4 月，国家发改委批准的 CDM 项目接近 2000 个，在联合国 CDM 执行理事会注册成功的项目接近 500 个，居世界首位。

"中国东北部敖汉旗防治荒漠化青年造林项目"是《京都议定书》生效以来，我国与国际社会合作的首个林业"碳汇"项目。在第一个有效期的 5 年时间内投资 153 万美元，（约合人民币 1300 万元，其中意大利资助 1150 万元），在内蒙古敖汉旗荒沙地造林 4.5 万亩，使约 2500 名当地农民和林场工人受益。该项目实施的总体目标是提高实施可持续发展政策的能力，并将首次尝试以森林碳汇为途径，将防治荒漠化及改善沙区生存条件与增加荒漠化地区农民收入相结合，填补了我国森林"碳汇"项目的空白。

中国在广西苍梧、环江两县成功开发了全球第一个造林再造林碳汇项目，该项目规划造林面积 4000 公顷，利用造林能吸收并储存二氧化碳（即"固碳"）的功能，通过经 CDM 认可的方法计算后充抵《京都议定书》确定的二氧化碳减排量，由生物碳基金会收购后进行交易。这一项目碳汇将从 2008 年开始交易，销售期为 30 年。碳汇造林全部利用荒山，除了有改善生态、减缓温室效应外，还能帮助山区农民实现减贫目的。其他林业碳汇项目还包括：美国 3M 公司资助的在云南、四川实施的"森林多重效益"项目；日本庆应大学在辽宁营造防风固沙试验林项目；荷兰、芬兰的公司及有关国际组织在河北、山西等地实施的林业项目。这些项目已取得了较大进展，呈现出明显的生态、经济和社会效益。在此基础上，仍需要加大 CDM 在中国市场的运作以及相关政策、标准和方法学研究与试验示范，拓展未来更大的碳汇交易市场份额。

自 2008 年以来，全国各省份纷纷成立环境权益类交易机构。2008 年 8 月 5 日，北京环境交易所和上海环境能源交易所在同一天成立；同年 9 月 25 日，天津排放权交易所成立；随后武汉、长沙、深圳、昆明等地纷纷成立了环境权益交易所。

虽然我国目前尚未建立碳排放权交易体系，但自愿性的碳交易机制和专门平台早在 2010 年世博会期间就已经启动。世博自愿减排活动由上海世博局、上海市发改委、上海市环保局、上海环交所负责组织，通过购买自愿减排量抵消世博会的部分碳排放。

世博自愿减排交易平台的建立是我国系统性的碳交易的开始，在国际上产生了重大影响。

上海环交所世博自愿减排活动平台包括了登录、信息发布、查询、交易、支付、结算、登记注册等在内的多个系统，是我国首个集信息发布、活动推广、减排量交易、结算交割等多种功能于一体的自愿减排交易平台。

从 2011 年 3 月起，上海环境能源交易所对上海首批共 9 家重点工业企业展开碳核算。在此次企业碳核算试点工作中，上海环交所组织相关专业机构，参照国际通用的核算标准，形成适合国情的核算标准体系，对首批 9 家上海虹口区试点工业企业展开碳核算。首批参与碳核算试点工作的企业，涵盖了医疗器械、建筑设备、电气、电子、材料等多个行业。

（三）推动碳汇交易机制的建立和创新

目前我国仍在探索建立碳排放权交易体系，在制度设计方面还需要大量的工作。"十二五"期间，我国应积极探索建立碳汇交易机制和真正意义上的碳排放权交易市场，加强碳汇管理政策和碳汇产业关键技术研究，建立完善碳计量体系等碳汇交易的基础性工作，积极创造条件推动碳汇交易。

林业碳汇的管理和运行离不开政策和法律的指引。目前国内关于林业碳汇的法律研究开始受到学者们的重视。李怒云等（2006）主张建立、实施与碳汇项目的区域布局相配套的管理政策；曹开东（2008）建议推进相关部门规章、区域约束的制订及国家立法，以推动林业碳汇志愿市场的建立；杨华等（2008）主张国内立法要按照各缔约方政府的规定行使等；邓海峰（2009）认为，要通过政策和法律的引导，使市场主体能够看到项目可能带来的潜在生态价值，并通过制度设计，把生态利益转化为现实的经济利益。林业碳汇交易受到森林法、环境法等法律规范的调整，交易本身还受合同法、金融法等法律法规的制约。

构建我国的林业碳汇交易法律制度，需要考虑确定以下几方面内容：

1. 确定林业碳汇交易法律关系主体

林业碳汇交易法律关系主体包括买方和卖方。国际林业碳汇非志愿市场交易是以国家为主体资格的，整个碳汇市场中，碳汇的买方只能概括为《京都议定书》附件 I 中各国政府以及世界银行属下的碳基金，卖方主要是发展中国家。我国要建立碳汇交易市场，需要政府对企业碳排放作出强制性规定，碳汇买方应主要指企业，卖方一般是森林的所有者或经营者，包括个体农户、集体林场、国有林场以及其他拥有或经营森林资源的个人、企业及其他实体。

2. 确定林业碳汇交易法律关系客体

在法学理论上，法律行为的客体应该指法律关系中主体的权利和义务所指向的对象。林业碳汇交易的客体应为林业碳汇，在《京都议定书》中，量化为京都减排单位，即某一组织为完成京都协议规定的排放限制承诺而使用的单位。在《京都议定书》的大背景下，那些必须获得较大空间排放二氧化碳的部门和单位就必然通过有偿购买方式获得其必需的排碳权。我国确定林业碳汇法律关系客体时，应该借鉴发达国家碳汇交易的做法和经验，具有相当的确定性和具体性。

3. 确定林业碳汇交易的第三方

碳汇交易第三方主要是碳汇交易的经纪人和计量认证机构。经纪人的主要作用是寻找合适的碳汇供给方和购买者。计量认证机构是由清洁发展机制执行理事会指定的审议核查机构，主要承担分析碳汇项目和基线设计可行性的责任。经纪人提供的是报告订立交易的机会或者提供订立交易的媒介服务，须按委托人（买方委托或者卖方委托）的指示和要求从事活动，取得报酬，并且对鉴定结果的真实性和有效性承担法律上的责任。我国应该规范发展碳汇交易中介咨询服务行业，使其满足林业碳汇交易第三方的资格和功能要求。

4. 确定林业碳汇交易法律行为的生效要件

林业碳汇交易法律行为的成立与普通民事法律行为同样需要经过要约和承诺两个阶段，该行为成立后需要考虑其是否生效。一般而言，林业碳汇交易生效要件应当包括四点，即当事人的行为能力、意思表示的真实性、交易内容的合法性和特殊的生效要件。

5. 确定林业碳汇交易价格形成机制

交易价格包括市场调节价和政府指导价。林业碳汇的交易价格决定着碳汇交易双方的利益分配和生态效益补偿的计算。因此，林业碳汇交易价格不能按照一般商品的交易原则进行，应执行政府指导价，即由政府价格主管部门或者其他有关部门，依照价格法的规定，按照定价权限和范围规定基准价及其浮动幅度，指导经营者制订的价格。但政府对于林业碳汇交易的指导价不能用同一的价格尺度标准来制订，应结合不同区域的实际情况，根据碳汇项目对当地社区生活的改善程度、生物多样性保护情况、造林成本等因素来综合确定不同区域的指导性价格。关键是要建立合理的交易价格形成机制。

6. 确定林业碳汇交易的履行方式

林业碳汇交易的履行方式保证交易的顺利履行，主要包括事前交易、吨年交易和事后交易三种方式。事前交易是指碳汇交易买方（或投资者）在项目正式实施之前就提供整个项目资本或以交易双方商定的总碳汇支付价款，买方成为项目实际的碳汇拥有者并参与项目的全过程；吨年交易是指林业碳汇交易买方根据项目每年林业碳汇的实际增加量乘以交易商定的价格进行年度支付，买卖双方具有同时履行义务；事后交易是指碳汇卖方自己设计、申请、融资并实施林业碳汇项目，获得核证减排量（CER）后再寻找碳信用买方进行交易，即卖方具有先履行义务。确定林业碳汇交易的履行方式及其相应的抗辩权，是构建相关法律体系必须考虑的内容。

7. 明确林业碳汇交易各主体之间的风险分担和利益分配

风险是交易标的物由于不可归责于双方当事人的事由毁损、灭失所造成的损失。在买卖合同中，标的物毁损、灭失风险转移的基本规则是从交付开始转移。林业碳汇交易中存在特殊的风险。碳汇交易中森林的生长周期较长，林业生产经济效益会受到病虫害等因素的影响而呈现较大的不确定性。在这一期间，国际碳汇市场可能发生很大变化，如果按合同法的基本规则把交付定义为项目履行期届满时，那么在履行期届满时碳汇林的风险才发生转移，就意味着卖方在长达几年至十几年的时间内都要承担森林毁损、灭失的风险，使卖方承担的风险过大。因此，应该在交易主体之间合理确定交易中的风险分担原则和方法。交易生效之前的审批风险也应合理确定。如果双方已有订立交易的意向，那么在交易生效之前的审批风险（即双方认为可以获得审批而最终没有得到批准的风险）应该由双方合理分担，而不应由单独一方来承担。再者，关于林业碳汇项目报酬的风险负担，可以参照租赁合同中关于报酬风险负担的规定。在林业碳汇项目运行过程中，一旦发生风险，买方支付的价款应该由卖方予以返还，这样符合权利义务一致的法律原则。在此认为费用的风险负担不具有溯及力，即已经交付价款的不再返还，没有交付价款的可以不再交付。

8. 林业碳汇交易的违约责任承担方式

法律上违约责任承担主要包括实际履行、违约金、赔偿损失和定金四种主要方式及修理、更换、重作、退货等补充方式。违反林业碳汇交易也构成一种违约责任。它的违约责任承担与普通违约责任承担不完全一致。森林资源的技术性、复杂性决定了其多变性，极易使实际履行变得不可能或不符合交易的目的。而且在林业碳汇交易中规定解除交易的优先权也限制了实际履行原则的适用。林业碳汇交易除追求经济利益外，在很多情况下以获得环境利益为目标，一旦其权利受到损害，不仅经济赔偿无法完全弥补，也很难有其他合适的赔偿方式。因此，在林业碳汇交易中的违约责任承担方式还可以采取替代履行的方式。

9. 林业碳汇交易的争议解决

根据合同法的规定，合同争议解决的常规方法可以有调解、仲裁和诉讼。调解是一种不具有法律强制执行力的方式，所以不适合具有涉外因素的林业碳汇交易。民间仲裁也很难达到林业碳汇交易争议解决所要求的权威性和公正性。一方面，民间仲裁不宜对林业碳汇交易中体现的国家意志进行约束；另一方面，对政府参与的行政仲裁制度，在政府本身是林业碳汇交易一方当事人的情况下，很难做到公正。而国际商事仲裁可以克服民间仲裁的缺陷，是一种可以选择的纠纷解决途径。诉讼对于林业碳汇交易而言是一种有效的纠纷解决方式，通过司法权威确保对争议的公正处理。交易双方当事人是一种合同关系，近似于平权关系，因此，既可以以民事诉讼制度为基础，设计专门的适用于包括林业碳汇交易纠纷在内的环境资源合同纠纷的诉讼制度，或者可以在民事诉讼制度之外，附加若干包括林业碳汇交易纠纷在内的关于环境资源纠纷的不同于普通民事诉讼程序的特别规定。

五 "十二五"发展目标

（一）碳循环与碳汇产业发展总目标

国家"十二五"规划关于今后五年经济社会发展的主要目标中明确提出：单位国内生产总值能源消耗和二氧化碳排放大幅下降，单位国内生产总值能源消耗降低16%，单位国内生产总值二氧化碳排放降低17%。主要污染物排放总量显著减少，生态环境质量明显改善。在积极应对全球气候变化的政策措施中进一步提出：把大幅降低能源消耗强度和二氧化碳排放强度作为约束性指标，有效控制温室气体排放。合理控制能源消费总量，抑制高耗能产业过快增长，提高能源利用效率。强化节能目标责任考核，完善节能法规和标准，健全节能市场化机制和对企业的激励与约束，实施重点节能工程，推广先进节能技术和产品，加快推行合同能源管理，抓好工业、建筑、交通运输等重点领域节能。调整能源消费结构，增加非化石能源比重。提高森林覆盖率，增加蓄积量，增强固碳能力。加强适应气候变化特别是应对极端气候事件能力建设。建立完善温室气体排放和节能减排统计监测制度，加强气候变化科学研究，加快低碳技术研发和应用，逐步建立碳排放交易市场。坚持共同但有区别的责任原则，积极开展应对全球气候变化国际合作。

国家"十二五"规划的相关目标为我国碳循环与碳汇产业"十二五"发展目标设定和重点任务提出了原则要求。根据该目标,我国碳循环与碳汇产业"十二五"发展总目标应包括如下定量目标。

1. 二氧化碳减排量

二氧化碳减排量一般以碳排放强度降低程度衡量。"十二五"发展目标是:我国单位 GDP 二氧化碳排放年均减少 3.7 个百分点,到 2015 年比 2010 年减少 17%。我国政府提出 2020 年要在 2005 年的基础上单位 GDP 碳排放减少 40% ~45%,每年降低 2.67~3 个百分点。国家"十二五"规划提出,单位国内生产总值二氧化碳排放降低 17%,相当于每年减少 3.7 个百分点。

2. 碳生产力强度/碳排放强度

碳生产力强度和碳排放强度是互为倒数的关系,前者是指单位二氧化碳创造的 GDP,后者是万元 GDP 排放的二氧化碳。"十二五"发展目标是:我国碳生产力强度年均提高 3.8 个百分点,碳排放强度年均降低 3.7 个百分点。2010年,我国 GDP 约为 40 万亿元,二氧化碳排放量约为 80 多亿吨,碳生产力强度为 5000 元/吨,碳排放强度为 2 吨/万元。据此计算,到 2015 年,我国碳生产力强度应为 6024 元/吨,碳排放强度应为 1.66 吨/万元;5 年内的二氧化碳排放量将达到 438 亿吨,比碳强度保持 2010 年的 2 吨/万元的情景减少二氧化碳排放 54 亿吨。

3. 碳汇总量

2009 年 9 月,国家主席胡锦涛在联合国气候变化峰会上代表中国政府提出,要大力增加森林碳汇,到 2020 年森林面积比 2005 年增加 4000 万公顷,森林蓄积量比 2005 年增加 13 亿立方米。相当于每年增加森林面积 267 万公顷,增加森林蓄积量 8667 万立方米。国家"十二五"规划提出,"十二五"期间森林覆盖率提高 0.7 个百分点(由 2010 年的 20.36% 提高到 21.66%),森林蓄积量增加 6 亿立方米。据此确定,中国"十二五"期间,应增加森林面积 1333 万公顷,增加森林蓄积量 6 亿立方米。

按照国家"十二五"规划,森林面积每年增加 267 万公顷,森林蓄积量每年增加 12000 万立方米,到 2015 年,森林面积比 2010 年增加 1333 万公顷,森林蓄积量比 2010 年增加 6 亿立方米;5 年内新增蓄积量的植被碳汇将储碳约 3 亿吨,相当于吸收二氧化碳 11 亿吨[①]，达到"十二五"期间实现二氧化碳排放强度下降目标需要完成的二氧化碳减排量的近 20%。

（1）以大中型沼气等生物质能源为节点，大力发展基于工农业复合循环经济的碳循环产业，在 2010 年已建设大中型沼气工程 2.26 万处[②]的基础上，于 2015 年末达到 4.52 万处，全部沼气总产量从 2010 年的约 130 亿立方米增加到达到 200 亿立方米，可替代约 1540 万吨标煤，减排二氧化碳 4035 万吨，5 年累计生产沼气 848 亿立方米，约相当于减排二氧化碳 1.7 亿吨[③]；再加上其他生物质能的利用，5 年累计通过碳循环产业生产生物质能源减排二氧化碳近 2.2 亿吨。

（2）通过对全国 1.2 亿公顷耕地的 2% 即 24 万公顷耕地开展碳汇农业管理实践，利用有机肥替代化肥，减少化肥生产过程的碳排放，并通过有机肥施用、秸秆还田和免耕措施改善土壤的碳汇性能，5 年累计实现增加碳汇 5400 万吨，相当于减排二氧化碳近 2 亿吨[④]。

（3）通过秸秆作为原材料综合利用节省木材消耗 1000 万吨，节约碳汇 500 万吨，相当于吸收二氧化碳 1830 万吨（按 1 吨木材折 0.5 吨碳、折 1.83 吨二氧化碳计）。

（4）碳汇与碳循环产业的二氧化碳减排总量达到 15.4 亿吨，达到"十二五"期间实现排放强度下降目标需要完成的二氧化碳减排量的近 29%。

除了上述定量目标，"十二五"期间，为促进碳汇与碳循环产业发展，还应构筑相应的政策制度保障，确定目标如下：

---

① 森林碳汇的计算需要考虑三个方面：一是新增林地的土壤碳汇作用；二是新增蓄积量的林木碳汇作用；三是还要减去腐死木碳源排放。经过咨询有关专家和查阅文献，目前我国没有森林碳汇的具体数据。新增蓄积量的林木碳汇的计算，则根据 IPCC 的建议，1 立方米木材蓄积量代表的生物量干重为 1 吨，其中含碳 50% 即 0.5 吨，相当于吸收 1.83 吨二氧化碳。一般来说，植被和土壤碳库的比率在 1~5 之间。按照 IPCC 的统计，全球森林植被的碳汇为 3814 亿吨，全球森林土壤的碳汇为 7728 亿吨，碳汇植被和土壤碳库的比率约为 1:2。因此，每立方米蓄积量的储碳量可计为 1.5（=3×0.5）吨。但是，此处土壤碳库的概念是存量，而本测算应该计算造林使土壤碳汇功能改善后增加的碳汇，因此不能使用此数据；而目前没有造林使土壤碳汇功能改善后增加的碳汇的参数，因此，暂时仅计算森林植被本身的碳汇。需要注意的是，新增蓄积量实际的碳汇比森林植被本身的碳汇要高。

② 《农业部副部长张桃林在中国沼气学会第八次全国会员代表大会上的讲话》，《农业工程技术·新能源产业》2010 年第 12 期。截至 2010 年底，全国沼气用户达到 4000 万户，受益人口达 1.55 亿人，已经建设大中型沼气工程 2.26 万处、养殖小区和联户沼气工程 1.99 万处、秸秆沼气示范工程 47 处。农村沼气年产量 130 多亿立方米，沼气有机肥 4 亿吨。

③ 沼气成分中甲烷含量为 55%~70%，此处按 60% 计，则按甲烷热值与标煤热值的比例，计算出 1 立方米的沼气相当于 0.77 吨标煤（或 1 亿立方米的沼气相当于 7.7 万吨标煤）；少燃烧 1 吨标煤相当于减排 2.62 吨 CO_2。

④ 赵洁、王东生：《发展都市农业土肥技术先行》，《农民日报》2011 年 3 月 25 日。文章提出，据专家估算，如果将我国的 18 亿亩耕地的耕作层土壤有机质含量提高 1%，则相当于土壤固定了 27 亿吨有机碳。

第一，研究制定低碳产业发展目录和低碳产业发展门槛政策。

第二，积极推动实施促进碳循环和碳汇产业发展相关的多元化财政政策工具。

第三，积极审慎探索实施对市场主体的耗能排放行为起约束作用的税收政策体系，如碳税等。

第四，健全相关配套的机制，如中介服务机制、产品能耗标志等。

第五，构建林业碳汇交易法律制度，完善制度框架体系和相关配套政策规范。

（二）碳循环产业发展与管理目标

碳循环产业主要是指借助制度创新和技术集成创新，通过延长碳素循环路径，实现产出规模增加情况下的碳效率提高，间接降低碳排放强度的经济活动。在这种情况下，产业范围要足够宽。因为从单一小的产业活动来看，碳素流量可能并不会减少，甚至有可能增加，但由于不同产业活动间建立起物质流，碳素流以固态形式循环，并减少交易环节的碳排放量，最终使总体的单位产出碳排放量出现下降。紧密联合的大型化工基地或冶金化工基地、生态产业园、工农业复合循环经济产业园等都是碳循环产业的例子。

以工农业复合循环经济产业园为例，种植业为养殖业提供有机饲料，在减少养殖业畜禽类动物温室气体排放的同时，利用畜禽废弃物为原料建设沼气系统，沼气系统可供居民生活用能或直接发电，电力供应畜禽屠宰和食品加工业，后者废弃物也可以用来建设沼气系统。沼气系统的沼液和沼渣通过进一步生物发酵处理，加工成液态肥，可以返回种植业。在整个系统中，太阳能和生物技术成为驱动产业园运转的物理支撑，制度上将不同利益主体根据物质流建立紧密合作关系至关重要。由于碳素主要是以固态形式循环，产出增加了，但碳排放量却很低。工农复合循环经济模式的碳循环产业，通过在规模化、设施化、标准化和有机化的基础上，集成农业种植业、养殖业、农副产品加工业和废弃物处理加工业、有机肥、沼气新能源等于一体，延长碳循环路径，促进相对减碳，同时提高农业产业竞争力，通过实现以农促工、以工带农，促进区域城乡一体化发展。工农业复合循环经济是关系农业低碳发展、新农村建设和城乡一体化的综合性集成解决方案，这些都涉及制度创新和技术集成创新，但需要以市场机制为主导，通过利益相关主体的链接形成产业活动。

"十二五"期间，我国碳循环产业的发展目标是，大力发展工农业复合循环经济，鼓励建立紧密联合的大型化工基地或冶金化工基地，发展生态产业园，加大对工业、农业、林业等产业碳循环关键技术的研发和成果应用推广。

（三）碳汇产业发展与管理目标

碳汇产业，尤其是森林碳汇，通过产业方式发展碳汇林，既可以给予当地适当经济补偿，促进其发展，又可以加强生态环境保护和建设，促进可持续发展。开发与利用消耗臭氧层物质替代品也是一种碳汇产业。具备科技智力资源优势和条件的地区，应利用自身科技、人才和市场优势，加快开发利用消耗臭氧层物质替代品。

碳汇交易是发达国家出资向发展中国家购买碳汇指标，通过市场机制实现森林生态价值补偿的一种有效途径。国际上对于林业碳汇问题的研究起始于 20 世纪 60 年代中后期。自 2005 年《京都议定书》正式生效起，国内对林业碳汇的研究逐渐发展起来，主要包括清洁发展机制下对碳汇项目有关问题的认识、造林和再造林碳汇项目的交易规则及政策选择、优先发展区域选择、管理现状、评价指标体系，以及气候变化与中国林业碳汇政策研究等方面。

"十二五"期间，我国碳汇产业的发展目标是，积极探索建立碳汇交易机制和真正意义上的碳排放权交易市场，加强碳汇管理政策和碳汇产业关键技术研究，建立完善碳计量体系等碳汇交易的基础性工作，推动碳汇交易。科学地进行森林经营活动，通过多种途径增强森林碳汇能力。发展湿地、草业、渔业等其他可能的碳汇形式。

森林是地球上最大、最优良的碳汇。要想不断增强森林的碳吸收能力，就需要科学地进行森林经营活动。"十二五"期间，我国应着重从以下途径增加森林碳汇，发展碳汇产业。一是通过造林绿化、退化生态系统恢复、加强森林管理等增加陆地植被和土壤碳储量；二是通过减少毁林、改进采伐作业方式、提高木材利用效率以及加强森林病虫害防治等保护现有森林生态系统中储存的碳，减少其向大气中的排放；三是寻找碳替代，包括以耐用木质林产品替代能源密集型材料，使用太阳能、林木生物质能源等可再生能源；四是通过特殊技术和手段，将大气中的二氧化碳永久地封存于地下和海洋深处。

碳汇管理政策是碳汇管理的核心，对具体的碳汇工作起着重要的指导作用。碳汇政策的制定需要从碳汇管理的实践产生又反过来指导实践。中国碳汇管理政策包括以下方面：①制定宏观政策。为促进 CDM 项目活动的有效开展，2005 年 10 月 12 日，国家发改委颁布了清洁发展机制项目运行管理办法，规定了 CDM 项目管理的相关制度和基本原则。国家林业局也在 2003 年底成立了碳汇管理办公室，具体负责林业碳汇工作的协调和管理。②搭建信息平台。气候变化和林业碳汇是个新事物，普及基础知识和扩大宣传都很重要。为此，除了开展人员培训、国际交流、专题报道外，国家发改委气候办、国家林业局碳汇办及中国气象局等单位还结合各自业务分别搭建了网络信息平台，包括中国清洁发展机制网、中国气候变化信息网、中国碳汇网等，为信息的及时发布和互相交流提供了快速便捷的渠道。③研究优先区域。《京都议定书》正式生效后，为了规范有序地开展 CDM 碳汇项目，国家林业局开展了"造林再造林优选区域选择与评价"研究。拟根据研究结果，制定中国林业碳汇相关的政策、规则和技术标准等，指导和促进 CDM 碳汇项目的开展。④推动碳汇非京都市场的发育。研究林业碳汇问题的根本目的是促进森林生态效益市场化机制的形成。考察目前国际碳交易市场以及中国的经济发展现状，引导和培育非京都碳汇市场的发育是推动中国森林生态效益价值化、实现生态效益补偿市场化的有效途径。因此，尝试建立"绿色碳基金"，吸引企业和个人参与造林绿化，获取碳信用。在提高国民环保意识、减排意识的同时，拓展林业建设的筹资渠道。

"十二五"期间，我国碳汇管理政策研究应加强以下几方面工作：一是森林碳汇产权化。由于排碳权交易的出现，那些需要获得较大空间排放二氧化碳的部门和单位有机会通过购买方式获得排碳权。这样在市场上与排碳权挂钩的林业碳汇必然成为一种资产。因此，拥有林业碳汇就有了财产权利。二是森林生态功能有形化。一方面，形成碳源的单位是确定的，其放出的二氧化碳的数量是可以测定的；另一方面，森林吸收的二氧化碳也是可以计量的。森林生态功能计量的基础上与碳源相对应，成为商品并可以进入市场交易。三是森林生态服务市场化。林业长期为社会经济发展提供经济、生态和社会服务。由于生态效益的外部性，服务对象不明确，难以通过市场实现有偿使用。《联合国气候变化框架公约》的实施及《京都议定书》的生效，把森林汇集二氧化碳放出氧气这一最大生态功能的无形服务有形化了。林业生态补偿多元化的局面正在形成。

六 "十二五"期间主要任务、重点工程和关键技术

"十二五"期间，要完成碳汇和碳循环产业的既定目标，必须明确任务，实施若干重点工程作为试点示范。在示范工程实施过程中，选择优化关键技术路线，探索相关制度建设。

（一）主要任务

"十二五"期间，我国碳汇与碳循环产业发展的主要任务如下。

1. 确定能源与温室气体排放约束性指标

贯彻"十二五"国民经济和社会发展规划有关精神，把大幅降低能源消耗强度和二氧化碳排放强度作为约束性指标，有效控制温室气体排放。采取强有力的政策措施，合理控制能源消费总量，抑制高耗能产业过快增长，提高能源利用效率，为确保到2015年我国单位国内生产总值二氧化碳排放比2010年降低17%左右做出重要贡献。

2. 大力节约能源，降低碳排放强度

目标与手段统一，手段与目标配合，才能取得节能减排的良好效果。"十二五"节能减排尚需强化节能目标责任考核，完善节能法规和标准，健全节能市场化机制和对企业的激励与约束。大力调整产业结构，加快发展服务业和高技术产业，加大淘汰落后产能，改造提升传统产业。实施重点节能工程，推广先进节能技术和产品。加强重点用能单位节能管理，提高能源管理水平。加快推行合同能源管理，促进节能服务产业发展。抓好工业、建筑、交通运输等重点领域节能。

3. 增加森林蓄积量，提高固碳能力

林业碳汇是最优良和最重要的碳汇形式。"十二五"期间，我国应加强重点林业生态工程建设和管理，大力植树造林，提高森林覆盖率，增加森林碳汇，增强森林固碳能力。到2015年，我国森林面积比2010年增加1333万公顷，森林蓄积量比2010年增加6亿立方米。

4. 继续实施重大生态修复工程

重大生态修复工程对我国生态修复和生态环境改善起到重要作用。"十二五"期间宜坚持保护优先和以自然恢复为主，从源头上扭转生态环境恶化趋势。进一步实施重大生态修复工程，巩固天然林保护、退耕还林还草、退牧还草等成果，推进荒漠化、石漠化综合治理，保护好草原和湿地。加快建立生态补偿机制，加强重点生态功能区保护和管理，增强涵养水源、保持水土、防风固沙能力，保护生物多样性。

5. 健全机构，加强林业碳汇管理工作

发展森林碳汇要加强管理，切实避免只种不管或只强调种植忽视养护管理的情况。"十二五"期间应根据林业碳汇发展目标要求，建立健全相应管理机构，明确职责定位，加强林业碳汇管理工作。

在林业碳汇建设方面，应动员多方力量参与。推广清洁发展机制的林业碳汇项目，壮大中国绿色碳汇基金，推动捐资造林增汇减排，就是一种积极有效的方式。2010年8月31日，我国首家以应对气候变化、增加森林碳汇、帮助企业志愿减排为主题的全国性公募基金会——中国绿色碳汇基金会在北京成立。中国绿色碳汇基金会是在全球气候变化背景下诞生的中国第一家以增汇减排、应对气候变化为主要目标的全国性公募基金会。其宗旨是致力于推进以应对气候变化为目的的植树造林、森林经营、减少毁林和其他相关的增汇减排活动，普及有关知识，提高公众应对气候变化意识和能力，支持和完善中国生态效益补偿机制。该基金会采用一种全新的运行模式，即企业和个人捐资到该基金会开展碳汇造林、森林经营等活动，林木所吸收的二氧化碳将记入企业和个人碳汇账户，在网上予以公示；农民通过参与造林与森林经营等活动获得就业机会并增加收入，提高生活质量，由此起到"工业反哺农业、城市反哺农村"的作用。中国绿色碳汇基金会的成立，标志着我国碳汇林业发展迈出了开创性的步伐。这是在强化国家组织植树造林、固碳减排行为的同时，进一步引导企业和个人参与积累碳汇、减少碳排放为主的植树造林和其他公益活动，推进民间增汇减排实践的重要举措。

6. 加强基础研究和关键技术开发，增强技术支撑能力

"十二五"期间发展碳循环碳汇产业，需要将大力加强基础研究和关键技术开发作为重要任务，以夯实理论基础，增强技术支撑能力。应加强应对全球气候变化相关学科建设和基础科学研究，开展全球环境监测、气候变化评估、未来全球气候变化趋势预测研究等，建立完善的陆地和海洋温室气体观测监测系统。建立完善温室气体排放和节能减排统计监测制度。研究提出我国低碳技术发展路线图，加快低碳技术研发和应用。

7. 完善经济政策，形成有效的激励和约束机制

发展碳汇碳循环产业需要完善相关经济政策，形成有效的激励和约束机制。应深化能源价格改革，完善财税和金融支持政策，建立健全生态补偿机制。鼓励、规范和引导自愿减排交易活动，继续推进清洁发展机制项目合作，开展碳排放权交易试点，逐步建立碳排放交易市场，积极探索运用市场机制应对全球气候变化。

8. 积极宣传，提高公众应对气候变化的意识

发展碳循环和碳汇产业，必须加强宣传推广和教育工作，提高公众对应对气候变化的认识。应动员社会各方面力量，充分发挥新闻媒体的舆论监督和导向作用，

大力开展低碳发展的宣传活动，宣传国家实施低碳发展战略的各项方针政策，提高全社会对低碳发展路径的认识，鼓励和倡导低碳生产和消费方式，引导全民积极投身到低碳环保生产生活实践中，促进碳循环和碳汇产业顺利发展。

9. 强化国际合作

气候变化是全球性问题，增加碳汇减少碳排放需要全球加强合作。我国应坚持共同但有区别的责任原则，广泛开展应对全球气候变化国际合作。积极参与各种国际规则的制定，推动建立公平合理的应对全球气候变化国际机制。全面有效参与各种多边、双边气候变化合作，利用国际资金和技术，增强我国控制温室气体排放和适应气候变化的能力。本着"实事求是，量力而行"的方针，通过"南南合作"对发展中国家特别是非洲国家、最不发达国家、小岛屿和其他易受不利影响的发展中国家应对全球气候变化行动提供力所能及的支持。

（二）重点工程

1. 农业碳汇管理措施示范推广

"十二五"期间，我国碳汇产业的重点工作是示范推广农业碳汇管理最佳实践措施。农业碳汇管理措施主要包括两大类，一是用有机肥替代化肥以减少化肥施用过程中的二氧化碳排放；二是改善土壤结构和性能，提高土壤有机质含量，从而增加土壤碳汇。这两种措施是互相关联、相辅相成的。综合来说，国内外的农业碳汇管理最佳实践措施包括少耕免耕及残茬覆盖、节约施用化肥和农药（测土配方施肥技术、缓控释肥、推广抗病品种等）、作物轮作、种植覆盖作物和绿肥（尤其是豆科作物）、推广使用有机肥（包括腐熟有机肥、沼渣沼液有机液态肥等）、秸秆还田覆盖等实践措施。这些碳汇管理措施实际上与有机农业密切相关。

目前我国的有机碳汇农业管理实践刚刚起步。"十二五"期间，可重点推广两种有机碳汇农业管理模式。一是免耕绿肥碳汇农业模式。比如马铃薯免耕与绿肥套种、小麦免耕与豆科绿肥作物套种复种、玉米与绿肥作物套种并与豆科作物轮作等。二是有机碳汇农业模式。比如减少或不用化肥和农药（测土配方施肥技术、缓控释肥、推广抗病品种等）、推广使用有机肥（包括腐熟有机肥、沼渣沼液有机液态肥）等。

示范推广农业碳汇管理最佳实践措施时，要在全国合理布点，优先从北方开始。这是因为，与天气较为炎热的南方地区相比，北方地区由于气候较温凉，植物的呼吸作用较弱，因此，土壤碳汇的作用更大。应及时总结农业碳汇管理方面的经验，在全国加以推广。

2. 草业碳汇管理措施示范推广

我国"十二五"期间发展碳汇产业，草业碳汇也是一种重要途径。"十二五"期间的重点工程是草业碳汇管理措施示范推广。草业碳汇管理措施主要是通过牧草免耕机械直接播种、种植多年生草和豆科牧草、轮牧、种植防风固沙林、避免过度放牧等措施，通过增强植物根系和地上部分的生长，减少对草场土壤的干扰和破坏，加强草场的固碳能力。

"十二五"期间要重点示范推广免耕直播多年生牧草＋防风固沙林草业碳汇模式。示范推广草业碳汇管理最佳实践措施时，优先在内蒙古的呼伦贝尔东部草原和锡林郭勒草原、新疆的伊犁草原、四川的川西高寒草原、青海及甘肃的祁连山草原等处，选择基础条件较好的草场，以农户或牧民户为单位，在政府扶持下开展试验示范。

另外，"十二五"期间应加强草业碳汇机制研究，强化草业碳汇管理工作，总结草业碳汇管理方面的经验，推广先进可行的草业碳汇管理措施。

3. 森林碳汇示范和推广

森林是地球上最大、最优良的碳汇。"十二五"期间应继续大力发展林业碳汇，示范推广已有森林碳汇成功模式。首先，应加强森林和生态系统保护，提高森林覆盖率和生产力，增加碳汇功能。其次，充分利用宜林荒山开展植树造林，通过机制和体制创新，将植树造林产业化，使之成为以固碳与碳循环、木材生产、林产品加工等为一体的产业群。最后，继续实施退耕还林还草工程，修复甚至改善自然环境，增加林业碳汇。

研究表明，固碳林业包括四个方面：

（1）增强碳汇的林业活动，包括造林、再造林、退化生态系统恢复、建立农林复合系统等措施增加陆地植被和土壤碳储量。预计中国在2008～2012年间的第1承诺期，通过大规模的造林和再造林可净吸收碳0.667×10^9吨；到2050年，中国森林年净碳吸收能力将比1990年增加90.4%（Zhang & Xu, 2003）。作为固碳林业，中国的农用林尚有较大的发展空间。

（2）保护和维持森林碳库，即保护现有的森林生态系统中储存的碳，减少其向大气中的排放。主要措施包括减少毁林、改进森林经营作业措施、提高木材利用效率以及更有效的森林灾害（林火、洪涝、风害、病虫害）控制措施，减少对林木和土壤干扰所产生的碳排放，不但能够逐渐增加长期的森林生态系统的碳储量，而且达到保护生物多样性和发挥生态系统服务功能的目的。

（3）通过森林可持续经营，采用一系列的碳管理措施，减少碳排放，增加碳汇，获取最大的固碳收益。降低造林、抚育和森林采伐对林木和土壤碳的扰动影响是保护现有森林碳储存的重要手段。传统的采伐作业对林木的破坏很大，通过改进森林采伐措施可使保留木的破坏率降低 50%，从而降低森林采伐引起的碳排放。此外，通过提高木材利用率，可降低分解和碳排放速率；增加木质林产品寿命，可减缓其储存的碳向大气排放；废旧木产品垃圾填埋，可延缓其碳排放，部分甚至可永久保存。

（4）碳替代措施，通过耐用木质林产品替代能源密集型材料，利用可更新的木质燃料（如能源人工林）和采伐剩余物回收利用作燃料。尽管部分木质产品中的碳最终将通过分解作用返回大气，但森林资源的可再生性可将这部分碳吸收回来，最终避免化石燃料燃烧引起的不可逆转的净碳排放。利用可更新的木质燃料（如能源人工林）和采伐剩余物回收利用作燃料，以生物能源替代化石燃料可降低人类活动的碳排放量。

森林碳汇碳循环产业链的重要模式之一是以碳汇为核心，通过市场机制，形成植树造林固碳→木材生产→林产品加工→食品生产→清洁能源→有机肥料→林业种植等产业链集成的循环经济产业链。发展碳汇林业和实施清洁发展机制（CDM）碳汇项目符合中国林业发展战略，对加快中国林业生态建设、改善区域生态环境、开发生物质能源和减少贫困均有促进作用，也为中国林业发展提供了契机。所以，在中国开展碳汇林业和实施 CDM 造林项目是可行的。我国首先应加强森林和生态系统保护，提高森林覆盖率和生产力，增加碳汇功能。其次，我国尚有大量宜林荒山，通过机制和体制创新，可以把植树造林产业化，使之成为以固碳与碳循环、木材生产、林产品加工等为一体的产业群。通过先进技术大力发展这样的产业链，可以为国民经济创造出新的产业群，成为有中国特色的新兴产业，增加大量就业机会。既促进经济增长，又实现经济增长的低碳化。当然，发展森林碳汇应选择气候变化适宜物种，提高生态系统稳定性及其对气候变化的适应性，同时加大对森林火灾和病虫害的防治。

林业碳汇的重点工程应包括退耕还林还草工程。应合理测算退耕还林还草地区的种植业经济损失，对退耕还林还草的机会成本予以补贴。据估算，我国补贴 5 年的退耕成本，长江流域达 19887 元/公顷，黄河流域达 14686 元/公顷；补贴 10 年的成本，长江流域达 37137 元/公顷，黄河流域达 26686 元/公顷。退耕地用来全部造林或种草的年固碳潜力分别为 2053.38 万吨和 1173.36 万吨。这些碳储量若全部按照《京都议定书》执行，以 20 美元/吨的最低价格在市场进行交易，则我国造林和种草的年固碳总价值分别可达 4.12 亿美元和 2.35 亿美元。如果加强管理，我国退耕地造林的年固碳总价值比按照一般人工林固碳率计算得出的 4.12 亿美元年固碳总价值要高很多。

4. 湿地碳汇示范和推广

除森林的碳汇作用外，在增加碳汇方面，湿地是目前已知的陆地生态系统中仅次于森林的重要碳汇之一，特别是高纬度湿地储存了全球近 1/3 的土壤碳。湿地作为温室气体的储存库、源和汇，在缓解气候变化方面，发挥着重要作用。"十二五"期间，我国应加强湿地生态系统的保护与管理，增强防御气候变化风险的能力，加强海洋生态系统的保护和恢复，建立滨海湿地、红树林和珊瑚礁生态保护区，建立湿地碳汇示范基地，推广湿地碳汇示范基地先进管理措施和经验。

近十年来，许多研究学者逐渐意识到湿地巨大的碳汇能力，并由此展开了一系列湿地碳汇价值的调查，如 20 世纪 90 年代末期，欧美通过大型陆地碳汇监测网络 Euroflux 和 Ameriflux 对湿地进行了长期的碳通量观测和研究。同时，湿地也是重要的碳源，湿地中有机残体的分解过程产生大量的有机气体，其中最重要的是 CO_2 和 CH_4。因此，客观评价湿地的碳汇价值，制定恰当的管理措施对于增加湿地的碳汇能力具有十分重要的现实意义。

有关研究表明，植物功能性状决定着湿地生态系统土壤碳的输入输出。在不同的生物群落中，环境因子选择利于植物在特定温、光、水等条件下生存的功能性状，这些性状往往直接或间接控制着土壤碳汇。当土壤因子（营养、水、氧或 pH）限制植物生长时，控制碳汇的植物性状通常包括：生长率低、C/N 高、根/茎比高、新陈代谢次级产物多、寿命（个体或器官）长、枯落物残留时间长。而当光资源限制植物生长时，与碳汇相关的植物性状与上述相反。目前，虽然讨论植物功能性状与生态系统碳循环关系的研究较多，但仍有许多领域需要进一步的探索。

植物的不同性状对土壤碳的影响可能相反，即一些植物性状增强了土壤碳的输入，但另一些性状却加速了土壤碳的输出。例如禾草似乎因其强大的根系和根茎增加了土壤碳汇，但另一方面，大量的根浸出物、易分解的枯落物以及遍布根、茎的通气管道等也加速了碳的损失。又如灌木因改善冬春季土壤温度或湿度而增强了碳的分解和输出，但其枯落物难以分解又减缓了碳循环。因此，在探明各植物功能性状对碳循环影响的基础上，综合考虑影响土壤碳汇的所有植物功能性状的最终作用结果是准确预测全球碳循环变化的前提。而探索性状间的相互关系，可以允许人们在现有技术条件下，在不同时空尺度上，仅调查有效的易测性状来推测难以准确测量的其他功能性状的作用。

开展芦苇种植，扩大种植规模，建立湿地保护基础是一种重要的湿地碳汇模式。芦苇因适应力强、繁殖力高而广泛分布于各类湿地中，是湿地的重要植被类型。而且，由于芦苇具有重要的经济、生态价值而被各国广泛种植，已成为重要的人工湿地。芦苇通过光合作用吸收大气中的 CO_2 将其转化为有机质，经腐殖化作用将有机质储存在湿地土壤中。汪宏宇 2005 年对盘锦芦苇湿地 CO_2 通量的研究结果表明，芦苇湿地对 CO_2 具有较强的碳汇作用，固定二氧化碳为每公顷 13.32 吨。应在全国有条件的地区选择 5～10 处开展试点，进行科学观测研究，积累可靠数据和经验，在全国示范推广。

水生生物作为湿地的主要生物资源，其碳汇潜力也是十分巨大的，水生生态系统是 CO_2 一个巨大的汇。据测算，小球藻、栅藻和水华鱼腥藻的含碳量分别达到 46.38%、51.28% 和 68.76%。水生高等植物和动物碳汇潜力更不可忽视。

据 Downing 等研究估算，储存在湖泊的生物体有机碳大约为 0.036×10^9 吨。水库在全球碳循环的作用亦不容忽视。20 世纪 70 年代，全世界总的水库面积约为 0.4×10^6 平方公里，碳在水库的滞留率比湖泊大，约为 500 克/平方米，其中 50% 来自土壤，1970 年储存在水库的碳汇总量为 0.1×10^9 吨，估计到 2050 年将达到 0.2×10^9 吨。

通过生物链的作用，水生动物碳汇功能的潜力也是十分巨大的。柴方营等人（2001～2005）在北纬 45°高寒地区的 3000 公顷水域试验证明，每年利用第二和第三营养级水生生物可成功固碳 2500 余吨。

5. 工农（林）业复合碳循环经济模式的示范与推广

工农业复合碳循环经济模式是既能促进产业发展，又能延长碳循环路径、提高碳循环效率、增加碳汇的重要经济模式。"十二五"期间，应把节水型工农业复合碳循环经济产业链作为中国特色的低碳经济模式给予大力支持。加快建立各级财政的循环经济专项基金，把节水型工农业复合碳循环经济产业链作为循环经济主要模式之一，在全国进行模式示范，加快推广扩散力度，以便尽快形成较大规模。

种植业、食品工业、饲料工业、养殖业、农产品加工产业、沼气等生物能产业、高效有机肥产业等集成的循环经济产业链网络是工农业复合碳循环经济产业链模式之一。种植业通过光合作用将二氧化碳转化为粮油及各种农产品和秸秆等有机物产品。粮油类产品除供人类食用外，可以加工成多种工业原料和产品，加工成各种饲料和工业原料。食物和各种工业原料加工产生的有机废弃物与秸秆一起，通过生物技术可以加入高质量的饲料用于养殖业，养殖业粪便及农产品加工废弃物可以用来制沼气，形成高质量的清洁能源。沼液通过生物技术再加工制成高效有机肥，用于农业。在这个循环过程中，在各种技术的集成应用基础上，碳元素以二氧化碳→碳水化合物→二氧化碳的形式反复循环，把太阳能转化成气体能源、各种产品和营养成分供人类使用。大力发展这种碳循环经济产业链，不仅可以实现经济增长、就业增加，还可以保护环境，达到农业升级增产、农民就业增收、农村能源革命、食品高质安全、水源高效利用、资源节约循环、土地集约利用、碳素高效循环、生态环境保护、应对气候变化等多重目标。我国发展这样的产业链已有一定基础和成功案例，如果在全国全面普及这样的工农业复合型循环经济产业链体系，既可以促进经济发展的低碳化，又可以促进国民经济结构全面升级。

6. 行业（企业）碳循环示范与推广

"十二五"期间，应在钢铁、水泥、造纸等传统高耗能、高污染行业，选择若干具有先进碳循环技术支撑、大幅降低能耗和污染排放的企业，建立碳循环示范项目，给予政策支持，积累先进经验，在全行业内加快推广。

草浆造纸产业就是一类重要的有推广价值的碳循环产业链模式，应大力发展。草浆造纸背负了近半个世纪高污染的恶名，但山东泉林纸业已经通过技术创新和循环经济实现了草浆造纸的高效益低污染，彻底改变了该产业的面貌。COD 排放达到 87 毫克/升，远好于国家标准。每吨草浆原色纸可节约 60 公斤漂白剂等化学用品，节约木材 4.5 吨，固碳 2.25 吨，降低成本 800 元。此技术体系如果大范围推广，可以充分利用农业秸秆，提高碳循环效率，大大降低我国造纸业对进口纸浆的依赖。此技术体系我国已经具有核心知识产权，产业基础条件好，对经济社会发展带动强，具有广阔的市场前景。我国每年产生 7 亿多吨秸秆，利用这种先进技术大力发展草浆造纸产业，可以节省大量木材，减少木材砍伐量，实现森林固碳产业的稳定发展。应进一步完善和推广山东泉林草浆造纸产业模式，尽快形成国家草浆造纸循环经济新的技术标准，用新模式全面规范改造我国的草浆造纸产业，把草浆造纸产业发展成具有中国特色的低碳产业模式，纳入碳汇贸易机制给予奖励。

7. 碳循环与碳汇机制研究

开展碳循环与碳汇机制研究是推动产业发展的必要基础和先决条件。"十二五"期间，我国应设立林业碳汇产业专项基金，大力发展林业碳汇产业。要在全国范围内进行林权制度改革。可以进行荒山私有化试点，制定相应林木管理与砍伐技术标准，扩大林木所有者林木经营管理自主权，激励业主植树造林和经营的积极性，并按照碳汇贸易机制给予补贴。为使碳循环和碳汇产业顺利推进和发展，应加强碳循环与碳汇机制方面的专项研究，完善碳汇计量和检测手段，设立排放标准和排放成本核算，建立碳排放检测和认证制度，建立碳排放交易（管理）制度，建立碳排放配额核定和交易的账户管理制度，在国内建立碳排放替代机制，即实施国内清洁发展机制（CDM）项目，积极开展碳排放的有关试点，推动碳汇市场的建立和有序运行。

（三）关键技术简介

1. 概述

中国走低碳发展之路，全面发展循环经济，促进碳循环，提高碳效率，有很多途径。第一，推进市场竞争——资源投入减量化优先，实现广义节能；第二，再使用与再制造——实现高碳能源载体的循环利用；第三，废弃物资源化——碳能源载体资源的替代（粉煤灰、高炉渣、钢渣制水泥，替代水泥熟料）。

围绕这些途径，必须认识并解决其中关键技术，加强技术研发，促进技术成果产业化。"十二五"期间，将低碳发展的重点放在传统产业节能、提高碳能源利用效率上，研究列出碳循环与碳汇关键技术目录，加大科研基金支持力度，加快碳循环与碳汇关键技术研究，重点攻克高耗能领域的节能关键技术促进技术成果产业化，大力提高一次能源和终端能源利用效率。应加强对节能、提高能效、洁净煤、可再生能源、先进核能、碳捕获利用与封存等低碳和零碳技术的研发和产业化投入。探索利用地球工程减缓排放或者温度升高的方式。积极推进煤层气、生物质能、地热、海洋能等能源的科学开发利用及相关技术研究。要慎重发展高成本的太阳能产业，紧密跟踪发达国家低碳经济关键技术研究与开发动态，启动节能与新能源关键重大技术攻关计划，搞好技术储备。

对碳循环和碳汇产业关键技术研发，应加强激励政策和配套支持，鼓励自主创新。通过税收扶持等政策，鼓励企业加大对自主创新成果产业化的研发投入。加大自主创新成果产业化投融资支持力度，营造有利于自主创新成果产业化的良好环境。

2. 主要产业的碳循环碳汇的关键技术

（1）工业节能减排的关键技术措施。国际能源署（IEA）在《能源技术展望》

（IEA，2008）报告中指出，工业领域存在降低能源需求、减少二氧化碳排放的巨大潜能。关键的减排技术措施包括：提高发动机、泵、锅炉、加热系统的热效率；增加材料的循环利用；使用新的更加先进的生产工艺和材料；提高材料使用效率等。工业部门最大的二氧化碳排放源为钢铁工业，非金属矿物制品主要如水泥、玻璃和陶瓷，化学和石化制品。具有节能和降低二氧化碳排放的巨大潜能的新型尖端工业技术主要包括石化工艺中替代蒸馏的先进薄膜技术、钢铁直接浇铸工艺、石化工业使用生物原料来替代石油和天然气等。

具体而言，主要行业的节能减排关键技术包括：

①钢铁工业。主要减排技术有：干法熄焦技术（CDQ），目前，中国已有干熄焦技术装备 49 套，在建项目约 40 套；煤调湿技术（CMC）；高炉炉顶煤气压差发电技术（TRT）；转炉余热蒸汽发电技术；燃气 – 蒸汽联合循环发电技术（CCPP）；采用高炉喷煤技术；氧气转炉炼钢；电炉炼钢；高效蓄热式加热炉技术；高温节能涂料；直接还原和熔融还原技术；CO_2 捕集和封存技术（CCS）。

②石油和化工行业。主要减排技术有：烧碱工业电解槽节能改造；纯碱工业联碱法生产工艺；硫酸工业低温热能回收利用技术；大型密闭电石炉；引进大型合成氨装置；乙烯工业节能减排技术；CO_2 捕集和封存技术（CCS）。

③水泥工业。节能和 CO_2 减排技术主要有：高效粉磨设备及技术；熟料烧成技术；新型干法水泥生产线余热发电；电机拖动系统变频调速节能改造；废弃物替代原料和燃料；CO_2 捕集和封存技术（CCS）。

④玻璃行业。推广应用浮法工艺玻璃生产技术及设备，如熔化技术、成形技术和生产优质低耗浮法玻璃的软件技术及设备等；发展日熔化量 500 吨以上的大型优质浮法玻璃生产线，改造现有技术水平较低的平板玻璃生产线，推广现代化节能窑炉；采用强化窑炉全保温技术，减少燃料消耗；减少废气排放量和火焰空间的热强度，延长窑炉使用寿命；采用先进的熔窑设计技术，优化窑炉结构，合理选用熔窑耐火材料，采用先进的窑炉控制设备和热工控制系统；采用富氧、全氧燃烧技术，减少废气的排放量；采用电辅助加热、玻璃液鼓泡等技术，提高玻璃的熔化率，改善玻璃液熔化质量，降低单位热耗；推广在重油中加入乳化剂或纳米添加剂等添加剂技术；发展玻璃熔窑中低温余热利用及发电。

⑤砖瓦行业。企业节能技术改造，发展空心砖、混凝土砌块、加气混凝土制品等；充分利用工业废渣，包括建筑垃圾和城市生活垃圾，特别是废渣中残余热量的

二次利用；优质节能型产品的开发、生产和推广，推行使用节能型装备，实现清洁化生产工艺和循环经济模式；用窑炉余热人工干燥工艺技术。

⑥造纸工业。采用新型蒸煮、余热回收、热电联产，以及废纸利用技术，同时还要考虑污染物减排；化学制浆采用连续蒸煮或低能耗间歇蒸煮，发展高得率制浆技术和低能耗机械制浆技术；高效废纸脱墨技术；多段逆流洗涤、全封闭热筛选、中高浓度漂白技术和设备；造纸机采用新型脱水器材、真空系统优化设计和运行、宽压区压榨、全封闭式汽罩、热泵、热回收技术等；制浆、造纸工艺过程及管理系统计算机控制技术；提高木浆比重，扩大废纸回收利用，合理利用非木纤维。

⑦有色金属工业。推广先进的铜闪速熔炼工艺，加快淘汰和改造鼓风炉、反射炉、电炉等传统铜熔炼工艺；发展大型氧化铝生产预焙电解槽工艺。

⑧工业部门各行业通用的 CO_2 减排技术。主要有高效变频节能电机、高效燃煤工业锅炉和窑炉、高效工业照明、热电联产和余热、余能回收利用等。

（2）林业固碳减排的关键技术措施。主要包括：

①增强林地碳吸存能力措施。通过选种育种和种植技术，可以提高树木成材速率，增加单位面积的固碳效率。目前，杉木、马尾松、桉树、杨树等速生优良树种的大面积栽培已发挥了巨大的固碳效益。其他具有高碳吸存潜力的林木如杂交柳、杂交杨、柳枝稷、芦竹、柳属灌木等的选育已开始得到重视。今后碳汇人工林的林木选育应从固碳效率出发，重视碳吸存相关的林木性状（如生长速率、含碳率、木材密度、深根性等）和固碳机理的研究。另外，应注意对乡土树种的选择，以增强适应性、保护生物多样性，同时促进就地育苗就地种植，以减少苗木运输过程中的碳排放。

②林地减排措施。在营林生产上应尽量避免采取皆伐、火烧，以减少土壤碳排放。采用良好林地更新方式也能较大程度提高人工林固碳效率。人工促进天然林更新比传统的人工林皆伐火烧后再造纯林能明显提高林分固碳能力。

③确定合理轮伐期。森林碳汇经营目标有别于传统的用材林经营，调整轮伐期长短是保持和提高林地固碳效率的重要管理措施。应兼顾碳汇和木材双重效益，确定碳汇经营的合理轮伐期。

④森林保护。保护现有的成熟森林特别是老龄林将获取很大的碳吸存效益。因此，加强森林防火和病虫害管理，保护现有森林资源，是增加森林碳汇的一个重要途径。

⑤退化地造林。对退化地，因地制宜开展造林活动。在干旱缺水的西部地区，造林选择宜慎重，注意采用适地适树、乡土树种优先、按不同效益区划选择树种、多种乔灌草植物相结合等技术措施，特别需注意造林的负面效应。对于严重退化的红壤侵蚀区，科学的造林模式与人工管理措施相结合对固碳和植被恢复效果亦同样重要。沿海防护林建设也是增加我国森林碳汇能力的途径之一。合理选择沿海防护林树种及混交模式不仅稳定防护林群落，也能够通过改良土壤提高生态系统碳储存能力。

⑥生物能源林。目前我国还有宜林荒山荒地 5700 多万公顷和 1 亿公顷的边际性土地可用于大力发展生物质能源技术，是林产业（生物柴油、生物乙醇燃料）原材料及生产工艺的关键技术。

⑦农林复合经营。农林复合系统固碳，与单一栽培的人工林或农作物相比能获得更高的地上和地下部分净碳吸存。农林复合系统源汇效应取决于其建立前的土地利用情况和当前的管理措施，合理的设计和管理能使其成为有效的碳汇。

⑧木材高利用率加工技术、木制品寿命延长技术和循环利用技术。应用先进木材切割技术可以直接提高原材出材率。木制品使用寿命延长技术可以减少木材的需要量，采用化学药品处理、物理压缩以及与其他材料单元（合成高聚物、金属、非金属等）复合而成的新型材料，可使木制品碳储藏效果延长而减排。

（3）农业固碳减排的关键技术措施。农业减排主要有如下两种主要技术途径：通过土壤吸收大气 CO_2 储存于土壤而增"汇"与通过减少农业活动的 CH_4 和 N_2O 向大气的排放而减"源"，它们构成共同达到降低大气温室气体浓度的农业减排技术。但是，由于农业土壤碳主要是附存于土壤有机质的有机碳，它是极重要的土壤功能活性物质，增汇同时起到改善土壤质量和生产力的作用，而减排技术和措施需要在生产过程中另外增加技术和生产资料投入，可能增加生产成本和农业生产过程的能源消耗成本而带来一定的排放成本。

土壤固碳是农业上最有效和具有生产促进作用的减排技术。国际上已初步构成包括促进作物生物量碳的土壤储存技术（有机物施入、作物秸秆覆盖）、土壤碳保护技术（保护性耕作的物理保护、化学调理剂稳定技术）和外源碳土壤封存技术（废弃物碳土壤封存、深层分派技术）等多方面的农业固碳技术框架。国外推广和实施最为广泛的技术措施是保护性耕作、养分综合管理，以及农田转化为林地和草地等利用转变途径。最近 5 年来，将作物秸秆高温无氧热裂解转化为生物黑炭而封存于土壤的生物黑炭技术等一些固碳减排新兴技术正在世界上试验推广。

①合理施肥。有机无机配合施肥是提高作物产量的关键管理技术，也是提高土壤碳储存的最重要技术，通过增加有机物质输入、改善和优化土壤微生物群落而达到稳定有机质，使土壤得以保持更多的土壤有机碳。通过配方施肥和有机无机配合施肥等合理施肥措施而提高我国土壤有机碳储存是构建我国土壤碳库的重要农业管理途径。

②保护性耕作。国外的保护性耕作是保护和提高土壤碳库的最重要和有代表性的固碳技术途径。各种耕作方式会对土壤造成不同程度的扰动。耕作使得有机质分解条件如土壤透气性和土壤含水量等被改变，同时耕作也破坏了土壤的团粒结构，使稳定的、被吸附的有机质易于分解，增强土壤有机碳的矿化；土壤扰动还改变根系生物量，从而引起土壤呼吸速率加快。因此，少免耕能够明显减弱耕作对土壤的物理干扰，减弱风雨对土壤侵蚀作用，促进土壤有机碳的物理保护，从而减少土壤呼吸损失，延长碳的平均滞留时间，从而增加农田土壤的固碳。结合秸秆还田的保护性耕作的固碳技术中已在全球 70 多个国家推广应用。

③水分管理与灌溉。农田排灌设施配套下水稻产量提高而增加了有机物输入。河流携带悬浮质有机物也提高了有机物质的农田输入。但是，稻田漫/畦灌提高有机碳储存可能与灌溉水在农田的滞留时间延长而增加了悬浮质的输入。因此，合理和良好的灌溉和水分管理可以起到一定的促进土壤有机碳积累而增汇的效果。

④生物能作物生产。通过种植生物能作物生产生物燃料而替代部分化石能源，因生物能是吸收大气 CO_2 而产生能源，因而替补了相应能量的化石燃烧，从而表现减排。生物能作物包括利用边际土地种植柳枝稷和柳树、狼尾草、芒萁等生产生物柴油，农业土地种植玉米、甘蔗、高粱、油菜生产乙醇、甲烷等生物燃料，利用热带湿地种植棕榈树生产棕榈油等。最近 3 年来，关于种植生物能作物生产生物柴油和生物乙醇而替代化石燃料有较多争论。首先牵涉与农业的争地问题。其次，以往的评估过分强调了生物能作物的能源转化效率，而没有考虑转化为生物能生产同样会产生土地利用转变下的碳库损失问题。

虽然针对农田 CO_2、CH_4 和 N_2O 排放都明确了一些有效的减排措施，但由于一些农田温室气体排放之间存在明显的消长关系使得农田温室气体减排呈现复杂性。例如，稻田中期烤田在有效抑制 CH_4 排放的同时，显著增加了 N_2O 排放（Cai et al.，1997），秸秆还田在有效增加土壤碳库量的同时，稻田秸秆直接还田却明显促进了 CH_4 排放（马二登等，2010）。因此，基于 CO_2、CH_4 和 N_2O 排放的综合温室效应为评价指标，寻求农田综合减排措施正成为国内外研究的重点，也是当前农田温室气体减排的核心任务。另外，需要强调的是农田温室气体减排措施要以保证和提高农业生产力为前提，在保证粮食安全的前提下，寻求减缓气候变化的农业管理技术，实现农业的生产效应、环境效应和气候效应的协调统一，促进全球气候变化背景下的农业可持续发展。

农业温室气体减排技术的潜力还需要考虑减排与农业生产力的关系。中国农业应对气候变化首先是保持农业的持续发展，保持对仍然增长着的中国人口粮食和纤维的稳定供应。保持高生产能力下的固碳减排是中国农业缓解气候变化的必然途径，这也是农业当前实际固碳减排能力弱于发达国家的根本缘由。评价一项固碳减排技术的可推广性及可达到的减排潜力需要首先考虑是否是在保持生产能力基础上。因此，宜用单位产出的固碳减排效果评价技术的潜力；另外，考察农业固碳减排技术的减缓气候变化效应，不但需要分析其即时效果，而且需要结合其全作物生长期的能源平衡，即需要对农作物生产的全生命周期的整体分析（LCFA）和用于生产特定收获物的所有环节的能源平衡分析（即农业生产的碳足迹）。有研究表明，从农业系统固碳减排技术的生产和环境效益的集成分析与农作物生产周期的碳足迹分析，可以证明有机无机配合施肥是中国农业减缓气候变化最有效、最经济的技术途径，尤其是中国有机废弃物资源化与循环农业仍是一个亟待解决的问题。对于生物黑炭技术，由于一方面是解决秸秆燃烧释放温室气体问题，另一方面又具有改良土壤和增产的良好效应，将是未来减缓气候变化的一种可行的潜在技术选择。

七 "十二五"期间碳循环及碳汇制度保障体系的建设

（一）编制规划

发展碳循环和碳汇产业，促进经济低碳化转型和发展，需要创新体制机制，优化能源结构，促进低碳减排，发展低碳产业，倡导低碳生活方式，纳入区域经济和社会发展战略和长期规划中。需要制定全国和区域性碳循环和碳汇产业发展规划，为促进碳循环，降低碳排放，提高碳生产力，提供科学指引。

编制国家"十二五"碳循环和碳汇产业发展规划，需要确定发展目标，设定重点任务。将全国单位 GDP 碳排放年均减少 3.7 个百分点，到 2015 年比 2010 年减少 17%；全国碳生产力强度年均提高 3.8 个百分点，由 2010 年的 5000 元/吨提高到 6024 元/吨；5 年内，增加森林 1333 万公顷，增加 6 亿立方米森林蓄积量，提高森林碳汇功能和总量。针对目标提出工作重点、具体措施和保障体系。

省及地区在编制区域经济与社会发展规划和循环经济规划时，应考虑碳循环和碳汇产业发展的内容。在规划编制中，应提高环境准入门槛，设定碳排放门槛，促进产业结构优化。要根据环境容量、资源禀赋和发展潜力，把国土空间划分为优化开发、重点开发、限制开发、禁止开发等主体功能区，制定不同的区域发展政策。根据环境容量和资源承载力确定污染物和碳排放总量控制计划，并以此为基础制定经济发展总体规划和专项规划。在一些特殊的地区，要实行环境优先。严格按照法律法规和环境标准及低碳发展的要求，对经济社会发展规划、经济政策、建设项目等进行严格的环境影响评价，对环境容量不足和污染物及碳排放超过总量控制计划的地区，严格限制有污染物和高碳排放的建设项目的新建和扩建。

在编制重点工程项目规划时，要分析评价重点工程的碳排放强度、碳减排措施、碳汇机制和碳汇交易数量等因素。

（二）配套政策和法规保障

发展碳循环和碳汇产业，促进经济低碳化转型和发展，需要建立一系列配套政策和法规加以保障。

第一，研究制定低碳产业发展目录和低碳产业发展门槛政策。通过设立低碳产业发展指引目录，建立行业准入许可制度，提高市场准入门槛，选择低碳发展重点产业。

第二，积极推动实施碳循环和碳汇产业发展相关的财政方面的政策工具。这些政策工具可以是财政专项基金、国债基金、财政补贴、政府采购、投融资多元化等。具体而言主要有以下一些方面：

一是增加低碳发展的专项预算或者预算科目，例如核算、监督碳排放的能力建设，低碳经济软科学研究，低碳技术及低碳产业发展的应用研究（包括新能源的研究开发），低碳经济法律政策效用的评估，森林碳汇建设等方面。

二是建立稳定的财政增长的低碳经济预算制度，包括建立稳定的预算投入的增长机制，即建立低碳发展与同期财政总收入增长幅度关联的机制。应该将促进低碳发展的政府财力的支出纳入财政预算支出的范围，并增设相应的低碳预算支出的科目，在条件成熟的情况下，以立法的形式，确立低碳预算支出的规模与年均增长的幅度，保证低碳经济发展战略的顺利实施。

三是调整完善低碳发展的补贴政策。在梳理现有补贴政策的基础上，取消对高碳经济的补贴政策，强化有利于低碳发展的补贴政策。包括强化清洁能源发展、低碳技术发展和应用的补贴，强化低碳经济生产、低碳消费的补贴等。

四是通过政府投资成立"碳基金"，以加强碳管理，提升低碳技术开发。碳基金可以采用政府投资、企业运作的方式独立运行，其宗旨和工作重点是帮助企业、居民和公共部门减少碳排放，提高能源利用效率。

五是加大政府采购低碳产品的力度，设立低碳产品政府采购目录，完善政府采购机制。低碳发展取决于低碳产业技术创新，其强大影响力在于即将形成的低碳经济技术范式。这种范式在经济上也意味着低碳产业发展成本和碳排放最小化的双重约束。同时，在技术上也意味着碳排放最小化既是创新的约束条件，也可通过"倒逼机制"促进创新。而政府采购的财政支持模式则可能是通过引导这种"倒逼机制"促进创新，继而推动产业发展低碳化的重要举措。低碳发展具有很强的公共产品或准公共产品性质，应该在优化低碳发展产业目录的基础上，通过政府采购的财政机制促进低碳发展，倡导低碳生活。

六是研究和设计实施低碳发展的多元化投融资政策。低碳发展存在着诸多市场失灵的领域，特别是低碳发展具有很强的外部性，政府的干预是不可或缺的。低碳发展的许多方面都需要政府投入大量的资金。如果在低碳产业和产业低碳化发展中，政府对于公共性强的基础设施建设和产业的运营都由政府包办，难免会面临资金紧张和产业运行效率不高的矛盾。为了缓解资金紧张，并且提高资金的运行效率，研究和设计低碳发展投融资多元化政策和机制显得非常必要和紧迫。

第三，实施对市场主体的耗能排放行为起约束作用的税收政策体系。这主要是指与能源消费有关的各种税、费征收的措施，如碳税、能源税、电税等。利用碳税和限额排放交易制度，通过市场机制促进减排和降低能源消耗。其中，最重要的是让排放者承担由于温室气体排放带来的气候变化的社会成本，这将有助于促进企业向低碳排放、低能耗和较高的产出方向发展，鼓励投资低碳产品和服务。

以碳税而言，碳排放涉及生产环节、流通环节、消费环节等环节，要对碳排放征收税收、费用或实施处罚手段，首先要弄清楚各个环节究竟怎样核算、怎样处理的一些现实问题。这就需要一个核算体系，建立一套计算的指标，用以核算清楚在各个环节的碳排放是多少，按照什么标准收费，甚至要和企业的会计制度挂钩，还要考虑这会对企业的成本，进而对企业的竞争力产生多大的影响，诸如此类的问题都需要统筹考虑。征收碳税是一项很复杂的工作。当前，世界各国都在研究、探讨征收碳税的问题，但是真正付诸行动的国家却寥寥无几。我国在"十二五"期间应积极慎重地探索适应产业发展的碳税政策，对高耗能和高污染的企业按行业有区别地按单位 GDP 的碳排放量进行碳税的征收。这可以让企业去发展高新技术提高生产效率向低碳经济方向进行升级转型，同时也可以改变目前广大民众的生活消费模式，使之变得更加节能环保，也使社会能够持续科学地发展。

第四，健全相关配套机制。按照轻重缓急逐步建立和完善能效标准及审计制度、低碳中介服务机制、碳排放交易市场机制、资源减排协议制度等，以充分发挥低碳政策的效率。还需要建立法律制度、行政方面的监管体系，以及各种各样涉及碳排放的技术标准。建立诸如建筑节能标准、高效机动车燃油标准、家用电器和商业能效标准以及其他行业的排放标准和低碳减排制度，促进能源效率提高和产业发展低碳化。通过推广和实施诸如能效标志制度、碳标志制度或是其他的生态相关的标志制度等，提高消费者和生产者对能源成本和气候变化影响的认识，鼓励他们做出对环境有益的消费和生产决策，以低碳和高能效的产品和服务增强市场竞争力。

第五，构建林业碳汇交易法律制度。林业碳汇的管理和运行离不开政策和法律的指引。目前国内关于林业碳汇的法律研究开始受到学者们的重视。李怒云等（2005）主张建立、实施与碳汇项目的区域布局相配套的管理政策；曹开东（2008）建议推进相关部门规章、区域约束的制订及国家立法，以推动林业碳汇志愿市场的建立；杨华等（2008）主张国内立法要按照各缔约方政府的规定行使等；邓海峰（2009）认为，要通过政策和法律的引导，使市场主体能够看到项目可能带来的潜在生态价值，并通过制度设计，把生态利益转化为现实的经济利益。林业碳汇交易受到森林法、环境法等法律规范的调整，交易本身还受合同法、金融法等法律法规的制约。构建我国的林业碳汇交易法律制度，需要考虑确定以下几方面内容：确定林业碳汇交易法律关系主体、客体和第三方；确定林业碳汇交易法律行为的生效要件；确定交易价格、交易履行方式；明确各主体之间的利益分配、责任承担方式；交易的争议解决。

（三）碳汇/碳循环产业发展模式推广机制

碳汇和碳循环产业大致包括三种形式：一是基于生物技术的固碳产业，比如林业碳汇、渔业碳汇、草业碳汇等；二是通过提高碳循环效率实现有限资源的长期可持续利用的碳循环产业，如循环型农业、循环经济园区以及工农业复合型循环经济；三是土地利用方式的科学化，尽量避免把碳生产能力高的土地资源转变为碳生产能力低的利用方式，也就是合理控制城市用地和其他经济用地规模，保护原生态土地资源。

上述三类碳汇产业形式中，第三种碳循环产业与循环经济的关系最为密切，也更应被"十二五"规划所关注。碳循环产业链模式之一是以种植业为基础，通过集成种植业、食品工业、饲料工业、养殖业、农产品加工产业、沼气等生物能产业、高效有机肥产业等形成的循环经济产业链网络。在这个循环过程中，碳元素以二氧化碳→碳水化合物→二氧化碳的形式反复循环，在每一个转换过程中都产生一定的经济效益。碳循环产业链模式之二是以农业生物质废弃物资源为核心，通过资源化和能源化再生利用，减少对化石燃料资源的消耗，达到减碳低碳的目的。其典型做法一是以山东泉林纸业创新技术为核心的新型草浆造纸产业、以秸秆等农业废弃物生产变性纤维素的生物质资源的材料化再生利用。其典型做法二是以秸秆发电为代表的生物质资源的能源化再生利用。碳循环产业链模式之三是以林业为核心，形成植树造林固碳→木材生产→林产品加工→食品生产→清洁能源→有机肥料→林业种植等产业链集成的循环经济产业链。

为了促进碳汇/碳循环产业的发展，应该建立碳汇/碳循环产业典型发展模式推广机制，尤其是碳循环产业链典型模式的推广。第一，在全国范围内考察研究现有的碳汇/碳循环产业模式，予以总结并提炼经验教训。第二，考察碳汇/碳循环产业的重点节点企业，考察内容包括企业的碳汇/碳循环措施、成效、存在问题及未来发展方向。第三，根据调研成果，宣传推广碳汇/碳循环产业典型发展模式。第四，进一步支持重点节能企业的发展和碳汇/碳循环产业链的形成及完善。第五，在全国全面普及碳循环产业链典型模式。

（四）完善碳会计理论与实务

碳排放、碳交易及报告披露均离不开碳会计，碳会计的发展能够推动形成节约能源资源、保护生态环境和有利于应对气候变化的产业结构、增长方式和消费模式。同样，建设资源节约型、环境友好型社会，提高生态文明水平，走可持续发展之路也必然会推广与普及碳会计的应用。

为推进我国碳循环和碳汇产业的发展，必须完善碳会计理论与实务。

首先，应培育碳会计所需的公允价值准则规范市场环境。着眼于准则体系的前瞻性，结合现实国情，积极研究与碳会计规范相关的配套准则，提高各个准则的系统性和协调性，提高准则的明晰性与操作性，加快我国碳会计理论与实务的发展。

其次，应推进碳会计信息监管与披露。二氧化碳的排放、交易、管理、监管是多部门、跨区域的行为，因此在实践中要协调好环保、财政、监管等部门，才能推进碳会计信息的监管与披露。环保部门应对上市公司的碳会计信息披露作出技术性基础规定。例如，确定污染行业名录、协助国家立法机关建立和健全环境审核制度、明确规定上市公司应披露的主要污染指标数据、在审计机构对上市公司进行环境审计时提供理论支持等。财政部门在制定会计法规、准则时，应参考环保部门的规定及资源管理部门提供的相关数据将环境问题纳入会计法规。公司的会计部门则应按照国家会计法规、准则的规定，准确及时地对外披露本公司的碳会计信息并接受环保部门、金融监管部门和社会审计机构审核。

再次，应加强碳审计监督。环境审计中的碳审计是对碳会计资料作出证据搜集及分析，以评估企业碳状况，然后就资料及一般公认准则之间的相关程度作出结论及报告，同时关注碳排放等信息披露情况。碳审计监督主要依据《大气污染防治法》《环境影响评价法》《中国注册会计师审计准则》《上市公司环境信息披露指南》等法律法规，关注公司执行国家环保政策法规情况及其污染防治设施建设与运行效果，披露公司在生产经营过程中高排放、高耗能、高污染和破坏生态环境等问题。碳审计监督要逐步将审计范围从传统的财务审计领域扩展到土地资源和森林资源、矿产资源、大气污染防治、生态环境建设、土壤污染防治、固体废弃物等审计领域。通过碳审计对碳会计信息的确认、计量、评估及其披露，提高各公司的低碳环保意识，督促和引导全社会都来关心、重视低碳问题。

最后，推进碳会计法规、准则的制定。要制定和完善涉及能源、环保、资源、财税等的法律法规，通过立法、修改法律和采取行动落实这些法律，支持公司走发展低碳经济的道路，为中国走新型工业化道路提供可靠的保障。应完善《环境保护法》《大气污染保护法》等环保法律法规，加紧制定控制二氧化碳排放的各项法律法规，应包括温室气体排放许可、分配、收费、交易、管理等内容。修改相关会计法律法规，将碳会计的核算和监督列入，以法律形式确定它的地位和作用。完善企业会计制度，建立、健全企业会计准则，保证碳会计的核算与披露，便于会计人员使用。

（五） 制度创新

发展碳循环与碳汇产业，需要大力进行制度创新，以创新促发展，在发展中求创新。可能的制度创新包括以下方面。

1. 建立和完善碳排放监测和碳汇计量体系

首先在全国及省级水平建立能源行业及其他碳排放密集行业的二氧化碳（或其他温室气体）排放监测和统计体系。其次，建立农业、林业、渔业和牧业等部门的碳汇或碳汇变化的监测和统计体系。建立数据统计、上报和分析机制。

2. 建立产品碳足迹认证制度

产品碳足迹（Carbon Footprint）指产品或服务在生产、运输、使用和废弃的整个生命周期（或部分）过程中所释放的二氧化碳（和其他温室气体）的总量，通过碳标签展示给消费者和采购商，使消费者和采购商在选择产品时能在知情的情况下将产品碳足迹列入考虑范围。要求企业对产品进行碳足迹盘查和标示，能够便于国家未来开征碳税，提升企业形象，提升产品竞争力。产品碳足迹认证制度已由国家发改委启动前期的研究工作，参与该研究课题的多家国家级认证机构正在积极研发各个行业的标准。

3. 建立适合我国国情的低碳产品认证制度

目前，我国的低碳产品认证工作已经正式启动，由环保部建立了中国环境标志低碳产品认证，是国内首个低碳产品认证标准体系，目前已完成并公布了包括家电和办公用品两类产品（包括家电制冷器具、家用电动洗衣机和数字式多功能复印设备、数字式一体化速印机）的认证标准，在对产品的有毒有害物质、回收利用、污染排放、人体健康等产品综合环境指标提出要求的同时，还规定了产品的二氧化碳排放量。今后应将低碳产品认证体系扩展到其他类产品。建立二氧化碳或温室气体的排放检测机构，包括国家认可的政府和民间检测机构，进行二氧化碳排放的认证。

4. 实行控制温室气体排放目标责任制

根据国家碳排放现状和碳减排目标，根据各地实际情况和减排潜力的测算，将碳强度下降约束性指标分解落实到地方，制定年度碳强度指标和年度碳排放总量指标，并将其纳入地方国民经济和社会发展年度指标体系。

5. 实行由政府管理的碳排放限额控制制度

政府根据行业和技术标准，设立企业的排放标准和排放限额，对超过限额的给予罚款，对低于限额的给予鼓励。奖励资金来源于罚款和财政收入。

6. 进一步完善市场机制下的碳汇交易制度

进一步执行发达国家与发展中国家二氧化碳排放合作的 CDM 清洁发展机制。与此同时，探索建立在国内排量不同的企业之间执行的国内 CDM 机制，允许国内技术先进和资金雄厚的企业以植树造林、技术转让、资金支持等项目建设抵消二氧化碳的排放额度，从而鼓励企业采取多种途径和方式实行二氧化碳减排。

7. 探索建设碳汇交易金融平台

建立碳汇银行制度，为碳汇交易和碳税制度奠定基础。企业将增加或节省的碳汇存入碳汇银行；必要时再从碳汇银行购买碳汇指标，实现自身碳平衡；农牧民和绿化公司在开展碳汇农业、碳汇林业和碳汇草业活动、保护建设天然森林草原湿地和治理沙漠时，将创造的碳汇财富存入碳汇银行并获得相应的碳汇资金。

（六）理论与技术研究

发展碳循环与碳汇产业，需要加强理论研究，提高技术保障能力。

1. 密切跟踪国际碳汇/碳循环领域技术最新进展

加大科研基金支持力度，鼓励以产学研一体化的形式开展碳汇/碳循环关键技术研究，加快技术研究步伐，促进技术成果产业化。列出碳循环与碳汇产业关键技术目录。包括林业碳汇管理技术、农业碳汇管理技术、渔业碳汇管理技术、工业碳汇与碳减排技术、碳捕集与碳储存技术等，进行前瞻性的碳汇/碳循环技术储备，为今后条件适宜时大规模发展低碳经济做好技术和人才准备。完善碳汇计量和检测手段，设立排放标准和排放成本核算。

2. 鼓励开展与碳汇/碳循环技术与产业发展相关的社会科学理论

从经济学的视角出发，结合应对气候变化的低碳经济理论框架，对碳循环/碳汇概念进行梳理和辨析，对碳循环/碳汇产业体系建立比较清晰的理论体系。

3. 开展与碳汇/碳循环技术与产业发展的相关政策研究

调查研究碳汇/碳循环技术与产业发展现状并进行评估，预测未来发展方向，根据国情开展政策研究。研究低碳产业发展目录和低碳产业发展门槛政策。对基于市场失灵理论的低碳政策工具（包括政府管制、税收、补贴、碳基金等手段），基于产权理论的低碳经济政策工具（碳排放权交易制度），基于信息不对称、委托–代理理论的低碳经济政策工具（自愿协议、标签计划）等，进行政策适用性和政策成效评价的研究。

4. 提高科学研究的创新能力

建设国家级碳汇/碳循环研究中心。以企业为主或以区域为基地，建设碳汇/碳循环技术创新中心。开发碳汇/碳循环研究数据库，建立相关专家智库，建立信息共享机制。

（七）国际合作

二氧化碳排放是全球性的环境负外部性现象，因此，碳减排必须通过国际合作才能成功。目前国际上与碳减排有关的国际合作活动主要是以减缓气候变化为主要目标，已形成以联合国为中心制定全球气候变化国际规则，以20国集团、八国峰会、亚太经合组织（APEC）等机制为主开展多边合作，以及在国家间开展单边合作的多层次国际合作模式。

气候公约建立了不同国家在应对气候变化中的合作原则：在"共同而有区别的责任"和"各自能力"的公平原则。在"共同但有区别的责任原则"下，要求各国应当广泛参与环保的国际合作，努力参与国际环境事务，通过国际环境合作，致力于解决全球性的环境问题。

"十二五"期间，我国应加强国际合作，做好以下几方面工作：

1. 继续积极参与各种国际规则的制定，推动建立公平合理的应对全球气候变化国际机制

历史上和目前全球温室气体排放的最大部分源自发达国家，发展中国家的人均排放仍相对较低，为满足其经济和社会发展需要，发展中国家在全球排放中所占的份额将增加。在这种情况下，中国在国际气候变化谈判中正面临日益增大的压力。中国应在公平的基础上，以"各自的能力"坚持履行"共同但有区别的责任"，使发达国家按照约定履行向发展中国家提供资金和技术援助的承诺。在维护中国的基本发展权益的同时，为减缓全球气候变化做出更大贡献。

2. 继续以积极和建设性的姿态参与国际应对气候变化多边合作

参与联合国气候变化谈判、亚太清洁发展和气候伙伴计划，参加亚太经合组织关于气候变化问题宣言的制定、八国集团和五个主要发展中国家气候变化对话（G8+5气候变化对话）、经济大国能源安全和气候变化论坛、"基础四国"气候变化磋商机制等国家间合作活动。

3. 继续努力开展双边气候变化合作

中国与欧盟、印度、巴西、南非、日本、美国、加拿大、英国、澳大利亚等国家和地区已经建立了气候变化对话与合作机制，应该进一步加深合作，把能源节约与替代、碳汇和碳循环产业建设与完善等领域列为合作优先领域，开展技术交流、技术转让或引进。在与发达国家开展合作的同时，与发展中国家开展项目合作，推广我国成功的碳汇与碳循环产业发展经验，使中国为碳减排做出更多的贡献。

4. 鼓励政府部门和研究机构积极与外国政府、国际组织、国外研究机构开展以碳汇和碳循环产业应对气候变化领域的合作研究

合作内容包括碳汇和碳循环产业的基础理论、政策体系、科学技术的研究与交流，以及经验示范等领域。

5. 在政府部门成立固定的碳汇/碳交易国际合作部门

建立咨询专家智库，专门负责国家间合作事宜；以该机构为中心，建设并运行碳汇/碳交易数据信息库，促进国际合作与交流。

（八）宣传推广和教育

发展碳循环和碳汇产业，必须加强宣传推广和教育工作。应动员社会各方面力量，充分发挥新闻媒体的舆论监督和导向作用，大力开展低碳发展的宣传活动，宣传国家实施低碳发展战略的各项方针政策，提高全社会对低碳发展路径的认识，鼓励和倡导低碳生产和消费方式。

把环保要求纳入生产、流通、分配、消费全过程。广泛推行清洁生产，鼓励节能降耗，防范和应对污染事故，构建低消耗、少污染、低碳排放的现代生产体系。出台绿色信贷、污染责任保险、绿色投资等环境经济政策，把产品消费后的处置责任前移到生产者，从而激励生产者按照环境友好的理念进行产品设计，优化生产过程。通过制定引导性的财政和价格政策，引导企业走清洁生产和循环经济之路。通过调整水、电、煤等资源价格促进企业采取资源节约型的生产工艺。建立清洁、安全的现代物流体系，限制高污染产品贸易，完善资源再生回收利用。大力倡导环境友好的消费方式，实行环境标志、环境认证、绿色采购和生产者责任延伸等制度，推行垃圾分类和消费品回收，建立绿色、节约的消费体系。

完善环境保护和低碳发展的模范城市、生态省（市）、生态示范区、环境友好型企业、绿色学校、绿色社区等创建活动，使那些在推进经济发展与环境保护和碳减排相互融合方面取得重要进展的地区获得荣誉和实惠。

参考文献

Mann L. K. , "Changes in soil carbon storage after cultivation". *Soil Science*, 1986, 142: 279 -288.

Bruce P. , Frome M. , "Carbon sequestration in soil". *Journal of Soil and Water Conservation*, 1999, 54, pp. 382 -389.

Guo L. B. , Gifford R. M. , "Soil carbon stocks and land use change: a meta analysis". *Global Change Biology*, 2002, 8 (4), pp. 345 -352.

Fang J. Y. , Chen A. P. , Peng C. H. , et al. , "Change in forest biomass carbon storage in China between 1949 and 1998". *Science*, 292 (22): 320 -322.

李百兴:《推进我国碳会计发展》,《中国社会科学报》2011 年 3 月 10 日。

邹丽梅、王跃先:《中国林业碳汇交易法律制度的构建》,《安徽农业科学》2010 年第 5 期。

李怒云、宋维明:《气候变化与中国林业碳汇政策研究综述》,《林业经济》2006 年第 6 期。

于洪贤、李友华:《生物碳汇类型的特性研究》,《经济研究导刊》2010 年第 5 期。

王平、盛连喜、燕红、周道玮、宋彦涛:《植物功能性状与湿地生态系统土壤碳汇功能》,《生态学报》2010 年第 24 期。

图书在版编目（CIP）数据

技术经济学及其应用/齐建国等著.—北京：社会科学
文献出版社，2014.12
ISBN 978 - 7 - 5097 - 6204 - 2

Ⅰ.①技… Ⅱ.①齐… Ⅲ.①技术经济 - 方法研究
Ⅳ.①F062.4

中国版本图书馆 CIP 数据核字（2014）第 141774 号

技术经济学及其应用

著　　者 / 齐建国　王宏伟　蔡跃洲 等

出 版 人 / 谢寿光
项目统筹 / 恽　薇
责任编辑 / 张景增

出　　版 / 社会科学文献出版社·经济与管理出版中心（010）59367226
　　　　　地址：北京市北三环中路甲 29 号院华龙大厦　邮编：100029
　　　　　网址：www. ssap. com. cn
发　　行 / 市场营销中心（010）59367081　59367090
　　　　　读者服务中心（010）59367028
印　　装 / 三河市东方印刷有限公司

规　　格 / 开　本：787mm × 1092mm　1/16
　　　　　印　张：48.75　字　数：890 千字
版　　次 / 2014 年 12 月第 1 版　2014 年 12 月第 1 次印刷
书　　号 / ISBN 978 - 7 - 5097 - 6204 - 2
定　　价 / 198.00 元

本书如有破损、缺页、装订错误，请与本社读者服务中心联系更换

▲ 版权所有 翻印必究